本书系教育部人文社会科学重点研究基地重大项目
“中华人民共和国民法典评注”（18JJD820001）的研究成果

杨立新 / 主　编
李付雷 / 副主编

中华人民共和国

民法典

释义与案例评注

3 合同编（上）

撰稿人
（以撰写章节为序）
杨立新　李付雷　王艺璇
叶　翔　蔡颖雯　吴万军
王　琦　于　晓　焦清扬

中国法制出版社
CHINA LEGAL PUBLISHING HOUSE

前　言

《中华人民共和国民法典》的诞生，标志着我国进入民事立法法典化的历史时期。从1949年开始，我国的民事立法经历了非法典化时期和类法典化时期，开启了法典化的进程。2020年5月28日，第十三届全国人民代表大会第三次会议审议通过了《中华人民共和国民法典》，标志着我国正式进入民法的法典化时代。

《中华人民共和国民法典》（以下简称《民法典》）作为新中国成立以来第一部以“法典”命名的法律，是法治思想和法治观念不断发展的结果。改革开放以来，民事主体和民事权利的地位提升，民法之于国家、民族、个体的重要作用也为众人所认识，立法机关也提高了对民事立法的重视程度。尤其是近年来，伴随着依法治国理念的不断深入，民法法典化才得以成为现实。

《民法典》是我们中国自己的民法典，是新时代“中国特色”的法治表达。不论是立法体例还是具体内容，都具有中国自己的鲜明特色。可以看到，我国《民法典》包含了我国民事法律关系调整的全部范围和基本规则，是一本具有中国特色的百科全书。

《民法典》的颁布标志着中国民事立法已经展开全新的一页。在这样一个新时期，民法学研究的重大任务是如何准确理解和适用民法典，让民法典在社会生活中发挥更为充分的调整作用。但是，《民法典》的内容博大精深，规则极其复杂，没有经过系统良好的研究和训练，难以掌握其精髓，无法准确适用其规则，以保护民事主体的民事权利、人的尊严，维护正常的民事生活秩序。

本人研究民法已有四十年，有幸参加了民法典编纂的全过程，对民法典各编条文的内涵有比较透彻的理解，在学习和理解上，算是先行了一步。在《民法典》颁布之际，我和我的研究团队对《民法典》开展深入研究，编撰了这套《中华人民共和国民法典释义与案例评注丛书》，通过条文释义和案例评注的方式，阐释民法典各个条文的深刻含义，有助于读者理解民法典的条文，掌握适用的要求，全面掌握民法典的要点。

本套丛书按照《民法典》的编纂体例分为七册，分别是总则编、物权编、合同编、人格权编、婚姻家庭编、继承编及侵权责任编。在内容方面，本套丛书对《民法典》的每一个条文进行阐释。每一条的阐释分为两部分：一是条文解读，通过理论上的探讨，揭示条文的深刻内涵；二是案例评注，通过选取与特定条文直接相关的案例，解读民法典条文的精神。应当说明的是，《民法典》刚刚通过，很多新规则并无直接适用的典型案例，只能援引已经发生的、适用原来的民法单行法裁判的案例，即用旧案阐释新法，因而恳请热心读者理解。

《民法典》博大精深，作者对民法典的理解也在深入之中。同时，编纂这样一部庞大的丛书，主编、副主编以及作者都有经验欠缺、理论准备不足、对条文理解不深等不尽人意之处。如在阐释和说明中存在不当之处，盼读者批评指正，提出宝贵意见。

中国人民大学民商事法律科学研究中心研究员
中国人民大学法学院教授、博士生导师
杨立新

2020年6月26日

凡　例

为行文方便，本书中法律法规和部分规范性文件使用简称，具体如下：

1. 本书中的法律法规使用简称，例如，《中华人民共和国专利法》简称为《专利法》，《中华人民共和国仲裁法》简称为《仲裁法》，《中华人民共和国合同法》简称为《合同法》，等等。

2. 本书中多次出现的法律文件及相关司法解释简称如下：

文件名简称	发文号	文件名全称
《专利法》	中华人民共和国主席令第8号	《中华人民共和国专利法》
《仲裁法》	中华人民共和国主席令第76号	《中华人民共和国仲裁法》
《合同法》	中华人民共和国主席令第15号	《中华人民共和国合同法》
《海商法》	中华人民共和国主席令第64号	《中华人民共和国海商法》
《民事诉讼法》	中华人民共和国主席令第71号	《中华人民共和国民事诉讼法》
《招标投标法》	中华人民共和国主席令第86号	《中华人民共和国招标投标法》
《行政处罚法》	中华人民共和国主席令第76号	《中华人民共和国行政处罚法》
《刑法》	中华人民共和国主席令第80号	《中华人民共和国刑法》
《消费者权益保护法》	中华人民共和国主席令第7号	《中华人民共和国消费者权益保护法》

文件名简称	发文号	文件名全称
《消防法》	中华人民共和国主席令第 29 号	《中华人民共和国消防法》
《物权法》	中华人民共和国主席令第 62 号	《中华人民共和国物权法》
《铁路法》	中华人民共和国主席令第 25 号	《中华人民共和国铁路法》
《食品安全法》	中华人民共和国主席令第 22 号	《中华人民共和国食品安全法》
《涉外民事关系法律适用法》	中华人民共和国主席令第 36 号	《中华人民共和国涉外民事关系法律适用法》
《商业银行法》	中华人民共和国主席令第 34 号	《中华人民共和国商业银行法》
《侵权责任法》	中华人民共和国主席令第 21 号	《中华人民共和国侵权责任法》
《企业破产法》	中华人民共和国主席令第 54 号	《中华人民共和国企业破产法》
《企业国有资产法》	中华人民共和国主席令第 5 号	《中华人民共和国企业国有资产法》
《拍卖法》	中华人民共和国主席令第 24 号	《中华人民共和国拍卖法》
《民法通则》	中华人民共和国主席令第 37 号	《中华人民共和国民法通则》
《老年人权益保障法》	中华人民共和国主席令第 24 号	《中华人民共和国老年人权益保障法》
《劳动法》	中华人民共和国主席令第 24 号	《中华人民共和国劳动法》
《矿产资源法》	中华人民共和国主席令第 18 号	《中华人民共和国矿产资源法》
《建筑法》	中华人民共和国主席令第 29 号	《中华人民共和国建筑法》
《继承法》	中华人民共和国主席令第 24 号	《中华人民共和国继承法》

文件名简称	发文号	文件名全称
《婚姻法》	全国人民代表大会常务委员会委员长令第 9 号	《中华人民共和国婚姻法》
《合伙企业法》	中华人民共和国主席令第 55 号	《中华人民共和国合伙企业法》
《海上交通安全法》	中华人民共和国主席令第 57 号	《中华人民共和国海上交通安全法》
《海商法》	中华人民共和国主席令第 64 号	《中华人民共和国海商法》
《电力法》	中华人民共和国主席令第 23 号	《中华人民共和国电力法》
《担保法》	中华人民共和国主席令第 50 号	《中华人民共和国担保法》
《城市房地产管理法》	中华人民共和国主席令第 32 号	《中华人民共和国城市房地产管理法》
《保险法》	中华人民共和国主席令第 26 号	《中华人民共和国保险法》
《广告法》	中华人民共和国主席令第 16 号	《中华人民共和国广告法》
《反不正当竞争法》	中华人民共和国主席令第 29 号	《中华人民共和国反不正当竞争法》
《专利法实施细则》	中华人民共和国国务院令第 569 号	《中华人民共和国专利法实施细则》

目　　录

第一分编　通　则

第二分编 典型合同

第三分编 准合同

第一分编

通　　则

第一章　一般规定

第四百六十三条　本编调整因合同产生的民事关系。

【条文释义】

本条是对民法典合同编调整范围的规定。

合同编的调整范围，本应该是因合同产生的民事法律关系，即合同法律关系。不过，由于民法典立法体例上的原因，本编规定的内容实际上超出了合同法律关系，还包括无因管理之债和不当得利之债的法律关系。

形成这个问题的原因，是民法典未设置债法总则，而在合同编通则分编中规定了债法的一般性规则，且将侵权责任之债单独规定为侵权责任编，因而使无因管理之债和不当得利之债的规则无处规定。因此，合同编专门规定了第三分编，即“准合同”分编。形成的立法格局是：（1）债法总则的一般性规定包含在合同编的通则之中；（2）合同编的第一分编和第二分编主要规定的是合同之债；（3）合同编的第三分编规定的是无因管理之债和不当得利之债；（4）侵权之债规定在民法典第七编即侵权责任编。

因而，本编不只调整合同法律关系，还调整部分债的法律关系，如无因管理之债和不当得利之债，作为准合同关系进行调整。

【案例评注】

吴某某与陈某1民间借贷纠纷案[①]

基本案情

2010年10月，原告吴某某的岳父，即被告陈某1的父亲陈某2向长寿区人

① 审理法院：重庆市长寿区人民法院，案号：（2014）长法民初字第00239号。

民法院提起诉讼，要求包括被告陈某1在内的五个子女自2004年起每人每月给付其赡养费200元。在长寿区人民法院的主持下，陈某2与陈某1等五个子女达成赡养协议后，陈某2向长寿区人民法院申请撤回起诉。因陈某2自2004年至2010年一直由原告吴某某及其妻子陈某3赡养，被告陈某1另与原告吴某某达成协议一份，载明："陈某1自2004年至2010年未付父亲的赡养费每月100元，共计人民币柒仟贰佰元整（7200元）补给吴某某，叁年时间交清。"该协议由被告陈某1执笔书写，并在书写完毕后，原告吴某某在协议顶端书写"欠条"二字，原告吴某某请求法院判决陈某1向其支付垫付的7200元赡养费。

法院判决

法院认为，原、被告之间达成"协议"（欠条）约定："陈某1 2004年至2010年未付父亲的赡养费每月100元，共计人民币柒仟贰佰元整（7200元）补给吴某某，叁年时间交清。"该协议所依据的背景事实虽然为双方各自对父亲陈某2应尽赡养义务之身份关系，但原、被告之间并不存在赡养义务之身份关系，故原、被告之间达成的"协议"（欠条）应当适用《合同法》之规定。被告陈某1与原告吴某某之间达成的协议系双方当事人的真实意思表示，且不违反法律、行政法规的规定，为有效合同，当事人应当按照约定履行自己的义务。现原告吴某某要求被告陈某1按约定支付其代为垫付的赡养费7200元并无不当，予以支持。

专家点评

在适用合同法的规定之前，法官必须首先认定当事人之间的法律关系的性质，即涉案纠纷是否属于合同纠纷，其根本判断标准是双方是否签订了约定权利义务的合同。本案中，虽然该笔债务是因陈某1向陈某2支付赡养费而起，但吴某某和陈某1之间并无赡养关系，故吴某某的垫付行为实为向陈某1借贷。双方签订的"欠条"约定吴某某为陈某1垫付抚养费，构成借贷法律关系，陈某1应当向吴某某清偿债务，法官依据借贷合同的相关规定判决陈某1向吴某某清偿7200元的债务，适用法律正确。

第四百六十四条　合同是民事主体之间设立、变更、终止民事法律关系的协议。

婚姻、收养、监护等有关身份关系的协议，适用有关该身份关系的法律规定；没有规定的，可以根据其性质参照适用本编规定。

【条文释义】

本条是对合同概念和本编适用范围的规定。

合同概念的定义是：合同是民事主体之间设立、变更、终止民事法律关系的协议。其特征是：（1）合同的主体是民事主体，包括自然人、法人和非法人组织；（2）合同的内容是民事主体设立、变更、终止民事法律关系；（3）合同是协议，是民事主体之间就上述内容达成的协议。因此，合同的本质是民事主体就民事权利义务关系的变动达成合意而形成的协议。

婚姻、收养、监护等有关身份关系的协议也是民事合同，由于其内容的性质不同，因而应当适用有关该身份关系的法律规定。例如，结婚、离婚、收养、解除收养、设置监护等协议，应当适用有关编和其他法律的规定。“等”字包含的不仅是与婚姻、收养、监护等具有相同性质的身份关系的协议，还包含了有关人格关系的协议，例如，人格权编规定的肖像许可使用协议。当这些具有身份关系、人格关系的协议在总则编、人格权编、婚姻家庭编等或者其他法律中没有规定的，可以根据其性质参照适用本编关于合同的规定。

【案例评注】

许某1、李某1离婚后财产纠纷案[①]

基本案情

许某1与李某1于××××年××月××日登记结婚，于××××年××月××日生育大女儿许某2，于××××年××月××日生育小女儿李某2，于2012年12月18日购买广州市番禺区钟村街某村某街某号3楼房屋，并登记在李某1名下。2014年3月31日，双方协议离婚，并达成离婚协议如下：“1. 许某1与李某1自愿离婚……4. 我们夫妻共有财产包括：①坐落于广州市番禺区钟村街某村某街某号3楼归许某2和李某2所有，该房产剩余的银行贷款由许某1负责偿还。”离婚后，双方就《离婚协议书》的履行发生争议。2016年4月23日，双方又签署了《协议书》，约定：“1. 广州番禺某村某街某栋3C的房产于2017年4月23日前进行分割，分割后按房产市价各占50%……4. 房屋处理前房贷费用许某1支付每月

① 审理法院：广东省广州市中级人民法院，案号：（2017）粤01民终14722号。

（¥2000元）。”后来，许某1向一审法院起诉，请求判决广州市番禺区钟村某街某号3楼房屋由许某1、李某1各占50%。

法院判决

关于许某1与李某1于2016年4月23日签订的《协议书》能否撤销双方于2014年3月31日签订的《离婚协议书》中第4条约定把夫妻共同拥有的房屋赠与许某2和李某2的条款，《合同法》第二条规定：“本法所称合同是平等主体的自然人、法人、其他组织之间设立、变更、终止民事权利义务关系的协议。婚姻、收养、监护等有关身份关系的协议，适用其他法律的规定。”许某1与李某1于2014年3月31日签订的《离婚协议书》是两人为解除婚姻关系以及离婚后处理子女抚养、夫妻共同财产和债权债务问题而订立的，是基于婚姻家庭的身份关系所订立的协议，协议的变更应适用《婚姻法》及相关司法解释的规定，不应适用《合同法》的规定。《最高人民法院关于适用〈中华人民共和国婚姻法〉若干问题的解释（二）》第九条规定：“男女双方协议离婚后一年内就财产分割问题反悔，请求变更或者撤销财产分割协议的，人民法院应当受理。人民法院审理后，未发现订立财产分割协议时存在欺诈、胁迫等情形的，应当依法驳回当事人的诉讼请求。”但许某1、李某1均未能举证证实订立《离婚协议书》时对方存在欺诈、胁迫等情形，许某1、李某1在2016年4月23日签订的《协议书》中关于撤销《离婚协议书》第四条关于夫妻共同财产处理所涉的赠与条款，理据不足。因此，对许某1、李某1要求占有涉案房屋的50%产权份额的诉讼请求予以驳回。

专家点评

民法典合同编市场交易关系的基本法律，主要适用于诸如商品交换、提供劳务、信息中介等法律关系。然而，在社会经济生活中，合同术语被广泛使用，并不局限于市场交易关系。比如，政府在社会管理中会签订各式各样的行政合同，人们在家庭生活中也会签订忠实协议、遗嘱合同、家庭财产分割协议等。由于这些法律关系只是采用了合同的外在形式，与市场交换没有本质联系，不应适用《合同法》的规定。本案的争议焦点虽然是财产纠纷，却是基于家庭生活中的身份关系所发生，不属于合同法调整的法律关系，法官拒绝适用合同法的规定，值得赞同。

第四百六十五条　依法成立的合同，受法律保护。

依法成立的合同，仅对当事人具有法律约束力，但是法律另有规定的除外。

【条文释义】

本条是对合同效力的规定。

依法成立的合同受法律保护，指的是合同成立后所发生的法律效力，当事人必须受到合同约定效力的约束。如果当事人在合同依法成立后，不履行合同义务或者不完全履行合同义务，法律将强制其履行，并接受违约责任的制裁。因此，合同的法律效力，一方面是说依法成立的合同对当事人具有的法律上的拘束力，另一方面是不履行合同时法律基于合同而保护当事人的债权。

合同的法律约束力是有限度的，即只对合同当事人发生，对合同以外的人不发生法律拘束力。这就是合同的相对性原则，是对合同的法律约束力不可扩张到合同当事人之外的其他民事主体的准则。

本条第二款规定的但书，含义是在法律另有规定的情况下，可以打破合同相对性原则，主要是：（1）涉他合同，合同约定为他人设置权利的，债务人应当向第三人履行义务，突破了合同相对性原则拘束；（2）债的保全，即债权人代位权和债权人撤销权是为保护债权人债权实现的广义担保形式，一旦法定的条件具备，债权人可以向非合同当事人的债务人或者处分行为的相对人主张代位权或撤销权；（3）第三人侵害债权，债权人得以请求合同外的第三人承担侵权责任。

【案例评注】

刘某某与梁某1、梁某2合同责任纠纷案①

基本案情

原告刘某某主张2016年8月9日其与案外人梁某3签订口头买卖合同，其以2000元的价格购买梁某3鲁C×××××号轿车一辆，案外人梁某3未向其交付车辆。因车辆现在淄博市博山长城机械有限公司，由该公司和梁某1、梁某2三被告控制，故梁某某向法院起诉，请求三被告交付标的车辆。

---

① 审理法院：山东省淄博市博山区人民法院，案号：（2017）鲁0304民初1828号。

法院判决

依法成立的合同，仅对当事人具有法律约束力，即使原告主张的其与案外人之间就涉案车辆的买卖合同成立，因三被告并非买卖合同的相对人，没有向原告交付车辆的法定义务，故原告无权基于与案外人签订的买卖合同要求三被告交付车辆。法院认为，原告的诉求缺乏依据，不予支持。

专家点评

合同责任的相对性，是指合同责任只能发生在特定的债权人与债务人之间，合同关系以外的人不承担违约责任，合同债务人也不对合同关系以外的第三人承担违约责任。在因第三人的行为造成债务不能履行的情况下，一方面，债务人仍应向债权人承担违约责任，债务人承担了责任之后，有权向第三人请求赔偿；另一方面，债权人也只能向债务人请求承担违约责任，而不能越过债务人直接向第三人请求履行合同或者要求承担违约责任。本案被告并不是涉案合同的当事人，即使合同因被告的行为导致不能履行，原告也无权请求被告承担责任。

第四百六十六条 当事人对合同条款的理解有争议的，应当依据本法第一百四十二条第一款的规定，确定争议条款的含义。

合同文本采用两种以上文字订立并约定具有同等效力的，对各文本使用的词句推定具有相同含义。各文本使用的词句不一致的，应当根据合同的相关条款、性质、目的以及诚信原则等予以解释。

【条文释义】

本条是对合同条款解释的规定。

合同解释，是指对合同及其相关资料的含义所作的分析和说明，以确定双方当事人的共同意思。合同解释的根本目的在于使不明确、不具体的合同内容归于明确、具体，使当事人之间的纠纷得以合理解决。如果合同文本是采用两种以上文字订立，并约定具有同等效力的，对各文本使用的词句推定具有相同含义。如果各文本使用的词句不一致的，应当根据合同解释的原则进行解释。

民法典总则编第一百四十二条规定的合同解释规则分为六种，即：

1. 文义解释规则：是指当事人对合同条款的理解有争议的，应当按照合同使用的词句确定该条款真实意思的解释规则。

2. 整体解释规则：也叫作体系解释规则，是指将合同的所有条款和构成部分视为一个统一的整体，从合同的各条款之间以及各构成部分之间的相互联系和总体联系上，阐明争议条款含义的解释规则。

3. 习惯解释规则：是指在合同条款的含义不明或发生争议时，可以参照交易习惯或者惯例予以明确的解释规则。

4. 诚信解释规则：是指在合同用语有疑义时，应依诚实信用原则确定其正确意思，合同内容有漏洞时，应依诚实信用原则予以补充。当事人对合同条款的理解有争议的，应当按照诚实信用的原则确定该条款的真实意思。

5. 目的解释规则：是解释合同应当首先判断当事人的目的。当事人对合同条款的理解有争议的，应当按照订立合同的目的确定该条款的真实意思。

6. 不利解释规则：是指对于合同的内容发生争议时，应当对起草者作不利解释的合同解释规则。这个解释规则主要是针对格式条款的解释，同时对其他非格式条款的解释也有作用。

【案例评注】

杨某某、袁某民间借贷纠纷案①

基本案情

杨某某分包了晟元集团有限公司贵州分公司承包的国酒城建设工程中的水电安装工程。2015 年 10 月 13 日，袁某在杨某某分包的该工程进行水电安装作业时摔伤。后，分别送往仁怀市人民医院、遵义医学院等医院检查治疗，其间，杨某某为袁某在仁怀市人民医院支付医疗费等 38688.64 元（含相关材料复印费 60 元），送往遵义医学院检查支付车费、住宿费、检查费 1011.80 元，通过银行打款和现金支付方式向袁某提供生活费、检查费、治疗费等共计 104500 元。事后，杨某某向法院提起诉讼，要求袁某立即返还杨某某借款 169128.44 元及其利息。

法院判决

杨某某向袁某提供相应款项是事实，但从双方当事人陈述及杨某某提供的相关证据证实，杨某某向袁某提供的款项均是因袁某在杨某某分包的水电安装工程

① 审理法院：贵州省遵义市中级人民法院，案号：（2018）黔 03 民终 2006 号。

工作时受伤，向袁某提供以支付所受伤害的检查费、医疗费、生活费等。按照《民法总则》第一百四十二条第一款“有相对人的意思表示的解释，应当按照所使用的词句，结合相关条款、行为的性质和目的、习惯以及诚实信用原则，确定意思表示的含义”规定，本案杨某某、袁某之间没有民间借贷的意思表示，不存在民间借贷法律关系，杨某某向袁某提供的款项，实为袁某治疗其在杨某某向晟元集团有限公司贵州分公司分包的工程工作时所受伤害预支的医疗费等费用，故而驳回杨某某的诉讼请求。

专家点评

合同解释，“是确定当事人双方的共同意思”，[①] 是指对合同及其相关资料的含义所作的分析和说明，以确定双方当事人的共同意思。合同解释的作用在于探求当事人的真实目的，在表示意思与内在意思不一致的情况下，应依诚实信用原则确定其正确意思，合同内容有漏洞时，应依诚实信用原则予以补充。本案原告在支付给被告款项之时，主要是用以支付被告所受伤害的检查费、医疗费、生活费等，并不存在民间借贷的意思表示，而在事后主张存在民间借贷法律关系，违背了诚信原则，法官根据诚信原则认定双方不存在民间借贷法律关系，应予赞同。

第四百六十七条 本法或者其他法律没有明文规定的合同，适用本编通则的规定，并可以参照适用本编或者其他法律最相类似合同的规定。

在中华人民共和国境内履行的中外合资经营企业合同、中外合作经营企业合同、中外合作勘探开发自然资源合同，适用中华人民共和国法律。

【条文释义】

本条是对无名合同及涉外合同法律适用规则的规定。

无名合同又叫非典型合同，是指法律尚未规定，也未赋予其一定名称的合同。“本法或者其他法律没有明文规定的合同”，就是无名合同。依照合同自由原则，在不违反法律强制性规定和公序良俗的前提下，当事人可以根据实际生活需

---

① 崔建远：《合同法》（第五版），法律出版社2010年版，第352页。

要，选择订立法律没有规范的无名合同。

无名合同对应的是典型合同。典型合同也叫有名合同，是指法律设有规范，并赋予其一定的名称的合同。例如，买卖合同、赠与合同、借款合同等，都是有名合同。

无名合同的法律适用规则是：（1）尊重当事人的约定；（2）适用本编通则对合同规定的一般性规则规定；（3）针对不同类型的无名合同采用本编或者其他法律规定的典型合同的法律规则，即能够找到相类似的典型合同的，参照本编规定的典型合同的规则适用法律，对纯粹的无名合同即法律对其具体事项全无规定的合同，其内容不符合任何有名合同的要件的合同，如果当事人的意思表示不完整，则根据诚信原则，并斟酌交易惯例，确定权利义务关系，解决纠纷。

涉外合同是一方当事人为外方主体的合同，主要包括中外合资经营企业合同、中外合作经营企业合同、中外合作勘探开发自然资源合同等三种类型，本条明确了中国法律适用于涉外合同的效力。

【案例评注】

席某某与成都某公司合同纠纷案①

基本案情

2005年10月20日，原告与被告成都某公司签订《九里堤农贸市场铺面特许经营权转让合同》，约定：原告加盟获得九里堤农贸市场摊位自编号为K49的特许经营权，总价款为63000元，特许经营权使用权限为30年，原告所取得的摊位仅限于经营蔬菜；原告所取得的摊位特许经营权可以依法进行自营、转让、出租、联营等；甲方有权按相关规定对乙方经营活动进行监督管理、乙方须服从甲方的统一经营管理并接受其监督等双方权利义务及违约责任等。合同签订后，原告按约向被告给付了“特许经营权”费63000元，被告亦按约将该摊位交付原告使用。嗣后，原告认为被告的“特许经营转让”违反法律、行政法规强制性规定，遂向法院提起诉讼，请求确认转让合同无效，被告返还价款63000元及其利息。

---

① 审理法院：四川省成都市金牛区人民法院，案号：（2012）金牛民初字第4823号。

法院判决

本案中，双方所签转让合同约定原告加盟的摊位仅限于经营蔬菜，该合同所指向的标的系该摊位的经营权，该经营权可以作转让、出租、联营等处分，而租赁合同中，承租人对租赁物无权作出处分行为，故本案合同不符合租赁合同等其他有名合同的法律特征，属于经营权转让性质的合同，而《合同法》中并未明确列举规定该类合同，故对其应依法认定为无名合同。而签订该合同的原、被告具备合同法律主体资格，也无证据显示当事人意思表示不真实、损害社会公共利益、以欺诈、胁迫手段订立合同、损害国家利益、以合法形式掩盖非法目的、违反法律、行政法规的强制性规定等导致合同当然无效的情形，涉案合同应认定为双方真实意思表示的民事法律行为，真实、合法、有效，故而驳回了原告的诉讼请求。

专家点评

合同是当事人根据自身特定需求签订的风险分配协议，每个当事人订立合同的目的、内容以及外界环境各有不同，因而违约责任的分担也具有高度个性化的特征。限于条文数量、立法技术水平等种种条件，合同法仅仅规定几种较为典型的合同类型，那些法律没有规定的合同类型就只能当作无名合同来对待。然而，法官不能拒绝裁判，法官依然要对无名合同纠纷作出裁判。此时，法官要确定本案合同性质，必须依据无名合同等各自的概念和法律特征为参照，并结合本案合同的法律关系及其所指向的标的等进行比照分析，才能准确地厘清本案合同及由此所生纠纷的法律性质。

第四百六十八条 非因合同产生的债权债务关系，适用有关该债权债务关系的法律规定；没有规定的，适用本编通则的有关规定，但是根据其性质不能适用的除外。

【条文释义】

本条是对非因合同产生的债的关系法律适用的规定。

非因合同产生的债权债务关系，是合同以外的债权债务关系，依照民法典总则编第一百一十八条第二款规定，包括无因管理之债、不当得利之债、侵权责任之债以及法律的其他规定的债，如单方允诺之债。

本条规定的主要目的，是为合同编第三分编规定的无因管理之债和不当得利之债的法律适用提供一般规则的法律依据。同时，也对侵权责任之债以及其他法律规定的债与合同编通则规定的关系予以明确。

对于非合同之债的法律适用规则是：

1. 首先适用有关该债权债务关系的法律规定，即对无因管理之债、不当得利之债等，适用合同编第三分编关于无因管理和不当得利规则的规定。

2. 没有有关债权债务关系的法律规定的，适用本编通则的有关规定。这一规定，就为非合同之债适用本编通则的一般性规定提供了法律依据，凡是非合同之债，只要没有特别规定，就可以适用关于合同通则规定的一般性规则，如合同保全的规定。

3. 根据债的性质不能适用的除外。例如，无论是无因管理之债、不当得利之债还是侵权责任之债，根据其性质都不能适用有关要约、承诺的规定，因此适用除外条款的规定。

【案例评注】

张某、熊某某无因管理纠纷案[①]

基本案情

原告与被告张某系兄妹关系，被告熊某某和被告张某于2000年7月20日登记结婚，并育有一子。2014年4月16日18时，被告熊某某仅仅因为双方孩子与被告张某闹小脾气，便将张某脸部、头部及全身多处打伤，现场人员及派出所民警把昏迷的张某送至七星关区医院紧急治疗，原告及其亲属闻讯后急忙赶往医院，并为其姐张某垫付了所有医疗费。由于张某被熊某某殴打所造成的伤情严重且造成张某精神障碍，2014年4月25日转院至毕节精神病康复医院治疗，该医院诊断张某为短暂性精神障碍。由于二被告之间的家庭矛盾，被告熊某某对张某及孩子不管不问，导致作为兄弟的原告不得不对自己的姐姐及其孩子进行照顾，支付了大量的医药费、抚养费、交通费等，构成无因管理，故而请求被告熊某予以偿还。

---

① 审理法院：贵州省毕节地区中级人民法院，案号：（2017）黔05民终65号。

法院判决

本案争议焦点为原告所提无因管理的主张是否成立。《民法通则》第九十三条规定："没有法定的或者约定的义务，为避免他人利益受损失进行管理或者服务的，有权要求受益人偿付由此而支付的必要费用。"无因管理的成立必须符合以下三个条件：一是管理人没有法定或者约定的义务；二是管理人须为避免他人利益受损失而管理；三是管理人须对他人进行管理或服务。原告与被告张某系亲姐弟关系，原告照顾张某和垫付医药费用是基于亲属关系，不属于无因管理。另外，现有证据不能证实张某受伤后其夫熊某某不承担医药费及相关护理责任，也没有证据证实上诉人对被上诉人女儿的抚养事实和被上诉人不承担抚养责任的事实。因此，原告所提上诉理由不能证明无因管理，驳回其诉讼请求。

专家点评

无因管理，是指没有法定的或者约定的义务，为避免他人利益受损失而进行管理或者服务的一种法律事实。管理人和本人之间因无因管理发生的法律关系，就是无因管理之债，管理人享有债权，本人负有债务。无因管理之债是一种法定之债，《民法通则》第93条规定对无因管理之债的构成要件作出了规定，只有满足该要件才能成立无因管理之债。

第二章　合同的订立

第四百六十九条　当事人订立合同，可以采用书面形式、口头形式或者其他形式。

书面形式是合同书、信件、电报、电传、传真等可以有形地表现所载内容的形式。

以电子数据交换、电子邮件等方式能够有形地表现所载内容，并可以随时调取查用的数据电文，视为书面形式。

【条文释义】

本条是对合同形式的规定。

合同分为书面形式、口头形式和其他形式。法律规定或者当事人约定合同形式的目的是：（1）证据目的；（2）警告目的；（3）境界线目的；（4）信息提供目的；（5）其他目的。

合同的书面形式，是指以文字等有形的表现方式订立合同的形式。合同书和合同确认书是典型的书面形式的合同，即“书面形式是合同书、信件等可以有形地表现所载内容的形式”。书面形式的合同能够准确地固定合同双方当事人的权利义务，在发生纠纷时有据可查，便于处理。所以，法律要求凡是比较重要、复杂的合同，都应当采用书面形式订立合同。使用数据电文，包括电报、电传、传真、电子数据交换和电子邮件等订立的合同，都是能够有形地表现所载内容，并且可以随时调取查用的电子数据，具有与文字等形式订立的合同相同的属性。因而，对于这一类用数据电文订立的合同，视为书面合同，承认其书面合同的效力。

合同的口头形式是以口头语言的方式订立合同，其意思表示都是用口头语言的形式表示的，没有用书面语言记录下来。当事人直接运用语言对话的形式确定合同内容，订立合同，是口头合同。

合同的其他形式有两种：（1）当事人未以书面形式或者口头形式订立合同，

但从双方从事的民事行为能够推定双方有订立合同意愿的，可以认定是合同的其他形式。（2）法律另有规定或者当事人约定采用公证形式、鉴证形式订立的合同。

【案例评注】

史某某与黄某某合同纠纷案[①]

基本案情

2018年8月4日，原告史某某与被告黄某某签订《美容美发门店股权转让协议书》一份，协议约定：1. 被告将坐落于高湖路不夜城对面门店执照名称纳美国际美容美发店的自持有股份内的6%有条件转让给原告，每股人民币5000元，共计30000元，股份价值等于30000元；2. 被告转让股权的前提是原告为被告的正式员工，从协议签订之日起，原告必须在店内工作，若不在店内工作被告有权无偿收回原告持有的股权。协议书签订后，原告于2018年8月23日通过支付宝支付给被告投资款20000元，被告从应付原告工资、分红中扣除10000元作为投资款，以上共计投资款30000元，原告已履行完毕。原告史某某于2018年12月离职，原、被告双方均认可双方合同关系已终止。2018年11月29日，原告通过微信就退还30000元股本金事宜与被告进行协商，被告表示同意退还30000元股本金。因被告未按约定退还款项，原告遂起诉。

法院判决

双方就退还股本金问题虽未签订书面合同，但根据合同法的规定，当事人订立合同，可以采用书面形式、口头形式或者其他形式，现双方通过微信磋商，该磋商内容系双方真实意思表示，内容明确，且不违反法律禁止性规定，法院对被告自愿退还30000元的事实予以确认。虽然被告抗辩双方约定股权不能退还，鉴于双方事后已就退还股本金问题已另行达成协议，应认定为对原合同条款的变更，故其抗辩意见，法院不予采纳。另外，法院判决被告黄某某应返还原告史某某股本金30000元，并支付该款自2019年7月23日（起诉之日）起至款付清日止按中国人民银行同期同档次贷款基准利率计算的利息损失。

---

① 审理法院：浙江省诸暨市人民法院，案号：（2019）浙0681民初12247号。

专家点评

合同形式又称为合同的方式，是当事人合意的表现形式，亦即合同内容的外在表现。在现代合同法中，合同形式的重要性正在逐步下降，合同原则上奉行形式自由的原则，当事人可以采用书面形式、口头形式或者其他形式，一般不会因欠缺形式要件而无效。本案中，双方当事人通过即时通讯的方式约定被告向原告退还股款，一经达成约定，无需其他的形式要件便已成立生效。

第四百七十条 合同的内容由当事人约定，一般包括下列条款：

（一）当事人的姓名或者名称和住所；

（二）标的；

（三）数量；

（四）质量；

（五）价款或者报酬；

（六）履行期限、地点和方式；

（七）违约责任；

（八）解决争议的方法。

当事人可以参照各类合同的示范文本订立合同。

【条文释义】

本条是关于合同条款和示范文本的规定。

合同条款是表达合同当事人约定的合同内容的具体条款。合同应当包含的合同条款是：(1) 当事人的名称或者姓名和住所，表达的是合同主体的内容。(2) 标的，是合同的权利和义务所指向的对象，需要明确写明物品或服务的名称，使合同的标的特定化。(3) 数量，是度量标的的基本条件，应当确切，确认双方认可的计量方法。(4) 质量，也是度量标的的条件，重要性低于数量。(5) 价款和报酬，价款一般针对取得物而言，报酬一般针对取得服务而言，无偿合同不存在价款和报酬条款。(6) 履行期限、地点和方式，履行期限是合同履行的时间规定，履行地点是确定合同义务履行的区域概念，合同的履行方式是履行的具体方法。(7) 违约责任，是当事人在违反合同约定的义务后所应当承担的合同法上的不利后果。(8)解决争议的方法，是指在将来合同发生纠纷应当诉诸何种方式和方法予以解决。

本条第一款在规定上述合同条款中，没有规定合同的主要条款。合同的主要条款是合同的必备条款，缺少必备条款，合同不能成立，缺少其他条款，则可以通过法律规定的确定方法等予以确定，不能导致合同不能成立。合同的主要条款就是标的和数量。

合同的示范文本，是根据合同法的相关规定而制定出的标准式合同样本或者标准合同文本。合同示范文本对于提示当事人在订立合同时更好地明确各自权利义务能够起到重要的作用。在《合同法》实施之后，工商管理部门等机关制定了各类合同的示范文本，发挥了合同示范文本的作用。本条第二款继续强调当事人订立合同可以参照各类合同的示范文本，使自己的权益能够得到保障。

【案例评注】

林某与长沙某投资管理有限公司、徐某股权转让纠纷案[①]

基本案情

2015年2月5日，原告林某与被告徐某签订《股份转让协议》，大致内容为：被告徐某同意受让原告在被告长沙某投资管理有限公司的全部股份（20万元股份）；原告从其股份转让之日起，不再享有被告长沙某投资管理有限公司转让部分的权利和义务，其在被告长沙某投资管理有限公司转让部分的权利义务由被告徐某按受让股份承继。之后，因两被告未按约定办理股东的变更工商登记手续，原告于2017年12月11日向法院起诉，确认原告与被告徐某签订的《股份转让协议》有效，协议继续履行。被告抗辩称，涉案转让协议从内容上看对标的、价格等无约定，从效果上看没有对价，不具备合同的必备条款，不是一个完整的合同，应认定合同不成立。

法院判决

原告与被告徐某均系被告长沙某投资管理有限公司的股东，二人于2015年2月5日签订的《股份转让协议》，系双方真实意思表示，且该股权转让经过了被告长沙某投资管理有限公司股东会决议，亦未违反公司章程及法律法规的强制性

---

① 审理法院：湖南省长沙市雨花区人民法院，案号：(2017)湘0111民初9051号。

规定，合法有效，双方当事人应当依照约定全面履行各自的合同义务。根据《合同法》第十二条“合同的内容由当事人约定，一般包括以下条款：（一）当事人的名称或者姓名和住所；（二）标的；（三）数量；（四）质量；（五）价款或者报酬；（六）履行期限、地点和方式；（七）违约责任；（八）解决争议的方法”之规定，合同条款的内容可由当事人约定，并无限制性或强制性规定，且涉案《股份转让协议》亦包含了上述部分内容，故被告徐某的该意见于法无据，法院不予支持。

专家点评

合同是当事人合意的产物，合同的内容必然是当事人协商一致的结果。从这个意义上说，合同的条款应当是在不违背禁止性法律规范的情况下，由当事人自由决定，而不是由法律规定。当事人订立合同可以参照该条规定，也可以不按照规定的内容订立合同，合同的成立与否，有效与否，并不完全取决于是否遵照该条款订立。除标的和数量外，属于该条规定的某些条款，合同中没有约定，但可以由法律规定或者可以通过行业惯例等予以确定的，仍然可以认为合同成立有效；相反，即使不属于该条所规定的条款，但根据某种合同的特殊性质须必备的条款，合同没有约定的，仍然可以认定该合同不成立。本案中，虽然涉案《股份转让协议》设有对价、但对价并非合同必备条款，不影响合同成立。故，被告的抗辩不能成立。

第四百七十一条　当事人订立合同，可以采取要约、承诺方式或者其他方式。

【条文释义】

本条是对订立合同方式的规定。

合同订立，是缔约人为意思表示并达成合意的状态。合同订立是当事人为实现预期目的，为意思表示并达成合意的动态过程，包含当事人各方为了进行交易，与对方进行接触、洽谈，最终达成合意的整个过程，是动态行为和静态协议的统一体。合同订立与合同成立不同，是两个既互相联系又互相区别的概念。合同成立是合同订立的组成部分，标志着合同的产生和存在，属于静态的协议。合同订立既含合同成立，又包括缔约各方接触和洽商的动态过程，涵盖了交易行为的主要内容。

合同订立的意义是：（1）没有合同订立就没有合同的存在；（2）合同订立是合同权利义务得以实现的前提；（3）没有合同订立就没有合同责任的发生。

合同订立的方式是要约和承诺。在订立合同中，一方当事人提出要约，另一方当事人予以承诺，双方就交易目的及其实现达成合意，合同即告成立。因此，要约和承诺既是合同订立的方式，也是合同订立的两个阶段，其结果是合同成立。

合同成立的其他方式，主要是指格式条款和悬赏广告等。格式条款订立时，要约、承诺的外在形态不够明显，而悬赏广告更是缺少典型的要约、承诺的过程，因而是合同成立的其他方式。

【案例评注】

林某、李某、朱某等房屋买卖合同纠纷案[①]

基本案情

2018年8月11日，林某作为要约人，房产中介作为居间方，双方签订了《诚意购房要约》。2018年8月11日，李某、朱某作为承诺人，房产中介作为居间方，双方签订《承诺与履约定金收据》，约定承诺人同意接受该要约，并承诺将该不动产出售给要约人。协议达成后，林某依据《诚意购房要约》的约定向房产中介支付了居间费用7400元，并通过房产中介向李某、朱某支付了定金35000元。后林某觉得房价浮动较大，咨询房产中介是否有人愿意购买讼争房屋，表示其愿意以原价转让给其他购房人，房产中介亦表示同意找其他购房人。后来，林某以李某、朱某既不履行合同又不退还定金为由，向法院提起诉讼，请求判令解除林某与李某、朱某之间的房屋买卖合同，并向其返还定金35000元和居间费7400元。

法院判决

依法成立的合同，受法律保护。林某作为要约人，通过房产中介发出要约，且该要约内容具体明确，李某、朱某在要约期限内亦通过房产中介作出承诺，双方之间的房屋买卖合意已达成，应当按照约定履行义务。因此，法院驳回了林某的诉讼请求。

① 审理法院：福建省罗源县人民法院，案号：（2018）闽0123民初3034号。

专家点评

合同成立是当事人对合同的主要条款达成一致，是从当事人意思表示一致的角度来讲的，其中必须有利益相互对立，又相互联系的双方或多方当事人。在订立合同中，一方当事人提出要约，另一方当事人予以承诺，合同就告成立。当缔约当事人一方对要约予以承诺的时候，双方或多方经协商达成一致意见，就实现了合同成立的以上要件。因此，要约和承诺既是合同订立的方式，也是合同订立的两个阶段。

第四百七十二条　要约是希望与他人订立合同的意思表示，该意思表示应当符合下列条件：

（一）内容具体确定；

（二）表明经受要约人承诺，要约人即受该意思表示约束。

【条文释义】

本条是对要约及构成条件的规定。

要约是在合同订立过程中，要约人希望和他人订立合同的意思表示。一方当事人以缔结合同为目的，向对方当事人提出合同条件，希望对方当事人接受的意思表示，就是要约，亦称发价、发盘、出盘、出价或者报价。要约的性质，是一种与承诺结合后成立一个民事法律行为的意思表示，本身并不构成一个独立的法律行为。

要约发生法律效力，应当符合下列构成要件：

1. 要约的内容具体、确定。内容具体，是指要约的内容必须具有足以确定合同成立的内容，包含合同的主要条款。要约人发出要约后，受要约人一旦承诺，合同就告成立。内容确定，是指要约的内容必须明确，不能含糊不清，应当达到一般人能够理解其真实含义的水平，否则合同将无法履行。

2. 表明经受要约人承诺，要约人即受该意思表示约束。不论要约人向特定的或者不特定的受要约人发出要约，要约的内容都须表明，一旦该要约经受要约人承诺，要约人即受该意思表示约束，约束的具体表现是要约被承诺后合同即告成立，要约人要受合同效力的约束。在实践中，不可能要求所有的要约都能够明确地、直截了当地写明自己接受要约内容约束的文字，但是，只要当事人发出要约，就意味着自己愿意接受要约意思表示的约束。只要依据要约的条文能够合理分析出要约人在要约中含有已经承诺即受拘束的意旨或者通过要约人明确的订立合同的意图可以合理推断该要约包含了要约人愿意接受承诺后果的意思表示，即可认为符合该要件。

【案例评注】

郑某、花某与泰州某房地产开发有限公司、泰州某物业管理有限公司房屋买卖合同纠纷案[①]

基本案情

2011年2月13日，花某与泰州某房地产公司签订《商品房买卖合同》，由郑某、花某购买泰州某国际家居博览中心1幢××号房屋，购买价为228647元。后郑某、花某领取了《房屋所有权证》《国有土地使用权证》。2011年2月13日，花某（甲方）与泰州某物业公司（乙方）签订《委托经营协议书》，由甲方将泰州某国际家居博览中心××号铺位全权委托乙方进行统一经营、租赁、管理。同时，某物业公司还向郑某、花某发出《商铺回购书》，商铺回购书的内容为：如花某以书面方式明确要求本公司将其所购买的泰州某国际家居博览中心铺位号为××号商铺回购，只要满足特定条件，本公司承诺按该套商铺合同价的120%优先购回。在回购书约定的条件满足后，郑某、花某向法院提出诉讼，请求泰州某物业公司履行其与原告签订的《商铺回购书》。

法院判决

本案中，原、被告对某物业公司发出的商铺回购书是要约还是要约邀请存有争议。从商铺回购书的内容看，其已包含了回购标的物、回购条件、回购价格、回购方式、回购期限、税费承担、手续办理、争议解决等合同主要条款，同时表达了泰州某物业公司愿意接受该商铺回购书约束的意思，故商铺回购书应为要约，并非要约邀请。案涉商铺回购书的内容系合同双方真实意思表示，亦不违反法律法规的强制性规定，经原告确认后，依法成立并有效，对双方均具有约束力。原告在商铺回购书约定的期限内向泰州某物业公司书面申请回购房屋，泰州某物业公司理应依约回购房屋，并支付房屋回购款。

---

① 审理法院：江苏省泰州医药高新技术产业开发区人民法院，案号：（2017）苏1291民初241号。

专家点评

在实践中，不可能要求所有的要约都能够明确地、直截了当地写明自己接受要约内容约束的文字，但是，只要当事人发出要约，就意味着自己愿意接受要约意思表示的约束。只要依据要约的条文能够合理分析出要约人在要约中含有已经承诺即受拘束的意旨或者通过要约人明确的订立合同的意图可以合理推断该要约包含了要约人愿意接受承诺后果的意思表示，即可认为符合该要件。本案中，《商铺回购书》内容清晰明确，表明了泰州某物业管理有限公司受拘束的意思，应认定为要约，原告承诺确认后，合同成立，泰州某物业管理有限公司应当按照要约内容承担回赎义务。

第四百七十三条 要约邀请是希望他人向自己发出要约的表示。拍卖公告、招标公告、招股说明书、债券募集办法、基金招募说明书、商业广告和宣传、寄送的价目表等为要约邀请。

商业广告和宣传的内容符合要约条件的，构成要约。

【条文释义】

本条是对要约邀请的规定。

要约邀请，即要约引诱，也称为邀请要约，是一方希望他人向自己发出要约的表示。

要约与要约邀请的区别是：(1) 要约是一方向另一方发出的意欲订立合同的意思表示；而要约邀请则表明仍处在订立合同的磋商阶段，是订约的准备行为。(2) 要约生效后，受要约人获得承诺资格；而要约邀请仅仅是使相对方当事人获得了信息，从而可以向要约邀请人发出要约。(3) 要约人受要约拘束，在要约有效期限内不得任意撤销要约，要约邀请并未给要约邀请人带来任何义务，相对方发出要约也并不是因为要约邀请赋予了其资格。

拍卖公告、招标公告、招股说明书、债券募集说明书、基金招募说明书、商业广告和宣传、寄送的价目表，都是要约邀请，因而具有这些形式的意思表示都不是要约，而是要约邀请。

在这些形式的意思表示中，只有商业广告和宣传才有特例，即在一般情况下，它们是要约邀请，但是，如果商业广告和宣传具备了要约的要件，即一是内容具体、确定；二是表明经受要约人承诺，要约人即受该意思表示约束，就构成了要约。因此，这样的广告和宣传构成要约，产生要约的法律效力。

【案例评注】

杨某与内蒙古某房地产开发有限公司房屋买卖合同纠纷二审民事判决书[①]

基本案情

2015年1月26日，双方签订《商品房买卖合同》，约定杨某购买内蒙古某房地产开发有限公司开发的位于呼和浩特回民区某金宝街第1号4号楼××号商品房。内蒙古某房地产开发有限公司在宣传某金宝街商铺的商业广告内载明："某金宝街将打造西北第一条拥有户外天幕的商业步行街。天窗、室内商业街、屋顶花园等丰富元素将共同打造出又一城市购物中心的综合魅力。商业街通过天幕、连廊、连续的商业景观、楼梯等将地上三层商业设施及地下空间连为一体，大大丰富了室内及室外空间的景观及趣味性。"并对假日广场、景观步行街等相关设施进行了介绍。杨某以内蒙古某房地产开发有限公司未能兑现其要约中所作的宣传承诺为由，向法院提起诉讼，请求内蒙古某房地产开发有限公司立即采取补救措施，兑现以上宣传承诺。

法院判决

《最高人民法院关于审理商品房买卖合同纠纷案件适用法律若干问题的解释》第三条规定，商品房的销售广告和宣传资料为要约邀请，但是出卖人就商品房开发规划范围内的房屋及相关设施所作的说明和允诺具体确定，并对商品房买卖合同的订立以及房屋价格的确有重大影响的，应当视为要约。该说明和允诺即使未载入商品房买卖合同，亦应当视为合同内容，当事人违反的，应当承担违约责任。因此，在本案商业广告宣传资料中所涉及的天幕、假日广场、扶梯等实质内容部分应视作要约。但是，结合双方当事人的陈述及杨某提供的照片、宣传资料等证据来看，仅能看出涉案房屋并未达到其在宣传时所渲染的经营氛围，并不足以证明内蒙古某房地产开发有限公司利用虚假广告或者虚假宣传的方式售卖房屋。因此，对于杨某的主张不予采信，驳回其诉讼请求。

---

① 审理法院：内蒙古自治区呼和浩特市中级人民法院，案号：（2018）内01民终754号。

专家点评

商业广告在当今社会中大量使用，它是商品生产者或者销售者通过媒体向大众宣传其商品的一种方式。商业广告发布者的主要意图是向大众传递商品信息，希望扩大自己商品的知名度，使更多的人向自己发出要约，购买自己的商品。其内容倾向于商品的质量、效用等，所以没有包含要约所必须的数量条款。在一般情况下，商业广告是要约邀请。但是，实践中一些开发商可能会因此夸大宣传，欺骗消费者，法律因此而规定商业广告中符合要约规定的内容，视为要约，与要约产生同样的法律效力，以加强对消费者的保护。本案中，被告在商业广告中所说的商业步行街等内容明确具体，并会对标的房屋的价值产生重大影响，应当认定为根绝的内容，法院驳回原告的诉讼请求，需要商榷。

第四百七十四条 要约生效的时间适用本法第一百三十七条的规定。

【条文释义】

本条是对要约生效时间的规定。

要约生效，是指要约从什么时间开始发生法律效力。要约生效，对要约人及受要约人都发生法律效力：(1) 对要约人发生拘束力，不得随意撤销或者对要约加以限制、变更或者扩张。(2) 受要约人在要约生效时取得承诺的权利，取得了依其承诺而成立合同的法律地位。

按照总则编第 137 条的规定，我国的要约生效时间采用到达主义。采用到达主义的理由是，要约是希望和他人订立合同的意思表示，要约的约束力不仅针对要约人也针对受要约人。以对话方式发出的要约，在受要约人知道其内容时生效。非对话方式的要约，在要约脱离要约人后，到达受要约人之前，受要约人不可能知悉要约的内容。如果采取发信主义，受要约人还不知道要约的内容，要约发生法律效力对受要约人是不合乎情理的。只有受要约人收到要约后，要约才生效，要约人才能够对此要约针对变化的需求和市场情况，及时地撤回、撤销，既不负法律责任，也不会损害受要约人的利益或者危及交易安全。

【案例评注】

沧州某管道集团有限公司与河北某防腐管件有限公司加工合同纠纷案①

基本案情

原告发给被告加工型号的询价单，型号主要为Φ159及以下直径和Φ219及以上直径的三通管件。2017年9月13日，原告拟定了制式《衬塑加工合同》，主要内容为“一、产品名称：衬塑管件一批，规格型号：Φ159以下，单价300平方米；Φ159以上，单价270平方米，备注：按实际平米数计算。二、衬塑厚度：DN25－DN65－2毫米，DN80－DN150－3毫米，DN200－DN600－4毫米，此厚度为检验底线值。三、本合同签订之日起八天完成交货……六、乙方使用原料塑粉指定：山东昌明牌塑粉。七、付款方式：本合同产品生产完，验收合格后付清加工费。八、如乙方在完成本合同同时违约及终止合同运行乙方将每日赔偿甲方合同额的5%，依次类推”。合同双方签字后，原告分别于2017年9月15日至2017年9月24日分批次将待加工的货物运送到被告处衬塑。原告于2017年9月16日至2017年9月25日分批次从被告处提走已加工完成的货物。最后一批货物加工完成后，被告留置已经衬塑的部分管件。2017年10月1日，原告给付加工费93000元后，提走全部衬塑管件。原告收货后经核算发现，被告加工费计算错误，向法院提起诉讼，要求被告立即返还加工费25665元，并赔偿损失35000元。

法院判决

原告把需要衬塑的三通管件明细清单，发给被告询价，希望邀请被告报价要约。依交易习惯，被告应向原告发出要约的意思表示即报价单，报价单到达原告之时被告的要约生效。原告基于被告的要约条款，制定了制式《衬塑加工合同》书，并采用以“管件Φ159型号”作为“以上”和“以下”单价的划界标准，在“备注”一栏中约定以“实际平方米计算”加工费。原被告双方约定结算加工费，是在加工任务完成后，双方进行实际复核、验收、结算。因此，合同中并没有确定加工费总数，应以实际结算为准。《衬塑加工合同》经当事人签章后生效。原

① 审理法院：河北省孟村回族自治县人民法院，案号：（2018）冀0930民初175号。

被告已经分别分批分次地完成了定作方送货、承揽方加工交付、定作方验收提货的工作任务。2017 年 10 月 1 日，被告交付了工作成果，原告支付了全部加工费。由此可知，《衬塑加工合同》已实际履行完毕。据此，原告关于加工费计算错误等主张，没有证据证明原被告之间履行加工合同过程中的民事法律行为存在《民法总则》《合同法》等法律规定的无效或可撤销、可变更的法定情形，其主张也没有事实依据和法律依据，故不予支持。

专家点评

我国法律规定，合同的成立采用要约承诺的方式，一旦承诺人在要约生效期间承诺，合同便告成立，可以拘束要约人和承诺人。本案原告在被告发送的要约生效时间内作出承诺，《衬塑加工合同》依法成立生效，原被告均应受其约束。

第四百七十五条　要约可以撤回。要约的撤回适用本法第一百四十一条的规定。

【条文释义】

本条是对要约撤回的规定。

要约撤回，是指在要约人发出要约之后，要约生效之前，宣告收回发出的要约，取消其效力的行为。要约撤回也是意思表示撤回，因此规定适用总则编第 141 条关于意思表示撤回的规定。

撤回要约的通知应当在要约到达受要约人之前或者同时到达受要约人。要约撤回的通知不应当迟于受要约人收到要约的时间，才不至于使受要约人的利益受损。以语言对话方式表现的要约，由于是当事人当面进行订约的磋商，要约一经发出，受要约人即刻收到，因而对话要约的性质决定了是无法撤回的。由他人转达的语言要约，视为需要通知的形式，可以撤回。

以电子数据形式发出的要约，因其性质，发出和收到之间的时间间隔几乎可以忽略不计，也难以撤回。因为要约人的要约撤回无法先于或同时与要约到达收件人。

要约撤回只能是非直接对话式的要约和非电子计算机数据传递方式的要约，即主要是书面形式的要约。为了使后发出的要约撤回通知早于要约的通知或与要约的通知同时到达受要约人，要约人应当采取比要约更迅捷的送达方式。

要约撤回符合要求的，发生要约撤回的效力，视为没有发出要约，受要约人没有取得承诺资格。要约撤回的通知迟于要约到达受要约人的，不发生要约撤回的效力，要约仍然有效，受要约人取得承诺的资格。

【案例评注】

司某与某银行股份有限公司信用卡纠纷案①

基本案情

2012年2月13日，司某填写了某银行股份有限公司（以下简称某银行）信用卡信用卡申请表，向某银行申请办理信用卡。后某银行批准了司某的申请，向司某发放了卡号为×××的信用卡。2012年2月25日，信用卡通过短信方式激活，发送短信的为司某在信用卡申请表中预留的手机号码150××××××××。截至2015年1月8日，司某尚欠某银行信用卡欠款本金165111.28元、利息57699.74元、滞纳金和费用75185.46元，合计297996.48元。某银行在一审中起诉称：司某于2012年2月15日向某银行申请办理了某银行信用卡，卡号为×××。由于司某开卡消费，对信用卡用款不予清偿，经某银行多次催促未果，诉至一审法院要求判令司某偿还某银行欠款本金165111.28元、利息57699.74元、滞纳金和费用75185.46元，合计297996.48元。司某抗辩称，在提交该申请表后不久即拨打客服电话向某银行声明不再办理信用卡了，客服人员答复：你申请使用信用卡的材料还没到，收到材料，就停止办理。此后司某未再询问，直到司某申请贷款时才得知在某银行办理了一张信用卡，但始终未收到任何信用卡，因此司某与某银行之间的合同应属无效合同。

法院判决

关于某银行与司某之间的信用卡合同关系是否成立及合同效力的问题。司某填写并提交信用卡申请表，表示遵守信用卡领用合约的各项规则并签字确认应视为要约。司某在二审中主张其曾在信用卡申请表到达某银行前，拨打电话明确告知某银行其不再办理涉案信用卡，要求撤回办理信用卡的申请，某银行告知会在收到信用卡申请表后撤回。但某银行对此不予认可，司某未能提交证据予以证明，且其对所拨打电话的时间及所拨打的电话号码亦未能准确陈述，因对该事实法院无法核实，故对司某该项主张不予采信，司某未能在申请办理信用卡的要约

① 审理法院：北京市第二中级人民法院，案号：（2016）京02民终3302号。

到达某银行前撤回要约。某银行收到信用卡申请表审核予以批准发卡视为作出承诺。承诺需要以通知的方式作出，即某银行需要将办理的信用卡邮寄送达司某在信用卡申请表中指定的地址。由于司某已经收到涉案信用卡，即某银行的承诺通知到达司某，司某与某银行之间的信用卡合同关系依法成立并生效。司某主张其与某银行之间的信用卡合同无效，缺乏事实和法律依据，法院不予采信。

专家点评

在要约发出后，正常情况下会在到达受要约人时生效，撤回要约需要在发出要约之后，要约生效之前，宣告收回发出的要约。要约的撤回符合规定的，发生要约撤回的效力，视为没有发出要约，受要约人没有取得承诺资格。要约撤回的通知迟于要约到达受要约人的，不发生要约撤回的效力，要约仍然有效，受要约人取得承诺的资格。本案中司某没有证明其在要约生效前发出撤回通知，要约生效，并且某银行依法作出承诺，双方的信用卡合同成立。

第四百七十六条 要约可以撤销，但是有下列情形之一的除外：

（一）要约人以确定承诺期限或者其他形式明示要约不可撤销；

（二）受要约人有理由认为要约是不可撤销的，并已经为履行合同做了合理准备工作。

【条文释义】

本条是对要约撤销的规定。

要约撤销，是要约人在要约生效之后，受要约人作出承诺之前，宣布取消该项要约，使该要约的效力归于消灭的行为。要约撤销与要约撤回的区别在于，要约撤销发生在要约生效之后，受要约人可能已经作了承诺和履行的准备，允许要约人撤销要约，可能会损害受要约人的利益和交易安全。要约撤回没有这样的问题。

鉴于要约的本质要求要约一旦生效就不允许随意撤销的传统观点，本条在规定要约可以撤销的同时，规定了以下限制性的条件：

1. 要约人以确定承诺期限或者以其他形式明示要约不可撤销。（1）要约中确定了承诺期限，就意味着要约人向受要约人允诺在承诺期限内要约是可以信赖的。在承诺期限内，发生不利于要约人的变化，应当视为商业风险；也意味着受要约人在承诺期限内取得了承诺资格和对承诺期限的信赖，只要在承诺期限内作出承诺，就可以成立合同。即便受要约人没有发出承诺，但受要约人可能已经在为履约做准备，待准备工作就绪后再向要约人承诺，订立合同。因此，在承诺期限内，不得撤销要约。(2) 以其他形式明示要约不可撤销，当然就不可以撤销，如在一定时间内不可撤销的，根据交易习惯等可以认为标明“保证现货供应”“随到随买”等字样的要约，就是不得撤销的要约。

2. 受要约人有理由认为要约不可撤销，并且已经为履行合同做了准备工作，判断标准是：(1) 要约中没有承诺期限，也没有通过其他形式表明要约是不可撤销的；(2) 受要约人有理由认为要约是不可撤销的，如要约使用的言辞足以使受要约人相信，在合理的时间内，受要约人可以随时承诺而成立合同；(3) 受要约人在发出承诺的通知之前，已经为履行合同做了准备工作。

【案例评注】

张某1、张某2等与陆某等股权转让纠纷案①

基本案情

2011年年初，陆某以筹建某公司为由邀请张某1、张某2进行投资，张某1、张某2于2011年3月7日分别将股本金210000元、150000元打入陆某指定的三明市鑫力工贸发展有限责任公司账户。某公司于2011年9月15日进行工商注册登记，陆某任公司总经理及董事职务。2012年1月1日，某公司向张某1、张某2出具了金额为231000元和165000元的两本《股权证》。2014年3月4日，陆某向张某1、张某2出具一份《股权收购承诺书》，内容：本人愿意收购张某1投资福建省星林实业股份有限公司股权贰拾叁万壹仟元，收购张某2投资的福建省星林实业股份有限公司股权壹拾陆万伍仟元。以上股权收购款于2014年3月31日前结清，特此承诺。然而陆某、某公司出具该承诺书后，经张某1、张某2多次向陆某、某公司及其家人催讨，陆某、某公司均未能支付收购款，张某1、张某2向法院提出诉讼，请求判令陆某、某公司共同支付张某1股权转让款231000元及利息26649元。

---

① 审理法院：福建省三明市梅列区人民法院，案号：(2017) 闽0402民初38号。

法院判决

要约是可以撤回或者撤销的。陆某出具承诺书的行为应视为向张某1、张某2发出要约，并实际送达至张某1、张某2手中，已经不能撤回，只能适用撤销的规定。而根据《合同法》第十九条的规定，下列情形的要约不得撤销：一是要约人确定了承诺期限或者以其他形式明示要约不可撤销；二是受要约人有理由认为要约是不可撤销的，并已经为履行合同做了准备工作。具体到本案中，张某1、张某2提供的《股权收购承诺书》确定了股权转让的标的物、交易时间、交易价格等内容，已具备合同的主体内容，对双方具有约束力，不属于可撤销的要约。陆某对股权金额及支付时间约定明确，可构成双方的股权转让协议，应当按承诺的约定履行义务，其辩解现因经济困难，待有钱时再履行协议的意见法院不予支持。

专家点评

本案争议焦点是《股权收购承诺书》是否可以被撤销。涉案《股权收购承诺书》明确表明“股权收购款于2014年3月31日前结清”，亦即要约人确定了承诺期限，受要约人可以在2014年3月31日前作出承诺。对于受要约人意味着受要约人在承诺期限内取得了承诺资格。受要约人基于对承诺期限的信赖，可以合理认为，只要在承诺期限内作出承诺就可以成立合同。在张某1、张某2提出转让股权之后，实际上就是作出了承诺，股权转让合同成立，对陆某具有拘束力，陆某应该依据《股权收购承诺书》履行合同。

第四百七十七条　撤销要约的意思表示以对话方式作出的，该意思表示的内容应当在受要约人作出承诺之前为受要约人所知道；撤销要约的意思表示以非对话方式作出的，应当在受要约人作出承诺之前到达受要约人。

【条文释义】

本条是对要约撤销生效时间的规定。

要约人行使要约撤销权，应当发生在要约生效之后，受要约人作出承诺之前作出。如果发生在受要约人收到要约之前或者收到要约的同时到达，为要约撤回。如果受要约人已经发出承诺通知，即使承诺通知仍然在途中，要约人撤销要约无异于撕毁合同，要约人应当承担违约责任或者缔约过失责任。

本条规定的要约撤销生效时间的具体要求是：

1. 撤销要约的意思表示以对话方式作出的，该意思表示的内容应当在受要约人作出承诺之前为受要约人所知道，即仍然采取知道主义，且为在受要约人作出承诺之前为受要约人知道。

2. 撤销要约的意思表示以非对话方式作出的，应当在受要约人作出承诺之前到达受要约人。如果在承诺之后要约撤销的意思表示才到达受要约人的，就不再是要约撤销，而是违约行为，因为要约已经承诺，合同即成立。

【案例评注】

唐某某等与徐某某房屋买卖合同纠纷案①

基本案情

2018年7月25日，唐某某、甄某某（出卖人）与王某（买受人）拟订《北京市存量房屋买卖合同》，约定出卖人所售房屋为坐落在北京市昌平区-1至2层全部（以下简称涉案房屋），成交价格为1450万元，签订本合同前，买受人向出卖人支付定金100万元，该定金于过户当日时抵作本房屋成交价款。同日，唐某某、甄某某已在《北京市存量房屋买卖合同》《补充协议》和《变更买受方协议书》中签字，但因为中介费问题，王某在上述协议中并未签字亦未支付剩余定金，因协商未果，故唐某某、甄某某于2018年7月27日从豪宅网房地产顾问公司将部分合同取回。2018年7月28日，王某给付唐某某定金90万元并于当日对上述合同进行了补签。后唐某某、甄某某主张双方约定了新的合同履行条件，即先行支付800万元再签合同，但其未提交书面证据予以证明双方已达成新的协议，徐某某表示对上述新的履行条件不予认可。唐某某、甄某某向法院起诉，主张卖方在27号取回合同当时明确提出了新的交易条件，一是找新客户，二是卖方提出新的付款条件，合同已经实质变更，需要各方重新达成合意，房屋买卖合同不成立。

① 审理法院：北京市第一中级人民法院，案号：（2019）京01民终7759号。

法院判决

虽然要约可以撤销，撤销要约的通知应当在受要约人发出承诺通知之前到达受要约人。唐某某、甄某某于 2018 年 7 月 25 日在《北京市存量房屋买卖合同》《补充协议》《变更买受方协议书》中均签署了名字，同意上述合同及协议的内容，表明其发出要约且接受要约的意思表示的约束。虽唐某某、甄某某于 2018 年 7 月 27 日取回了部分合同，但并未明确表示撤销要约或解除合同并告知豪宅网房地产顾问公司和徐某某。直到王某于 2018 年 7 月 28 日给付剩余定金 90 万元后完成了合同签字，唐某某、甄某某并未以明示的方式表示过撤销要约，且收受了 90 万元定金，故王某与唐某某、甄某某订立的《北京市存量房屋买卖合同》《补充协议》和王某、徐某某与唐某某、甄某某《变更买受方协议书》成立且生效，当事人应当按照合同的约定履行各自的权利义务，故而驳回了原告唐某某、甄某某的诉讼请求。

专家点评

本案的争议焦点是出卖人是否已经撤销了出卖房屋的要约。要约人如要撤销要约，需在要约生效之后，受要约人作出承诺之前，宣布取消该项要约，使该要约的效力归于消灭的行为。一旦受要约人作出承诺，合同便告成立，要约人应当受到合同的拘束，无权撤销要约。本案原告已经在《北京市存量房屋买卖合同》上签字，并且接受了买受人支付的定金，合同已经成立，出卖人无权撤销要约。

第四百七十八条　有下列情形之一的，要约失效：

（一）要约被拒绝；

（二）要约被依法撤销；

（三）承诺期限届满，受要约人未作出承诺；

（四）受要约人对要约的内容作出实质性变更。

【条文释义】

本条是对要约失效事由的规定。

要约在特定的情形下会丧失效力，对要约人和受要约人不再产生拘束力，要约人不再受要约的约束，受要约人也不再有承诺的资格，即使作出“承诺”，也不再发生承诺的效力，这就是要约失效。

要约失效的事由是：

1. 要约被拒绝。受要约人直接向要约人明确表示对要约予以拒绝，拒绝的通知到达要约人时要约失效。

2. 要约依法被撤销。要约人依照法律的规定撤销要约，发生要约失效的法律效力。撤销要约后，如果收到受要约人拒绝要约的通知，可以免除要约人撤销要约的法律责任。

3. 承诺期限届满，受要约人未作出承诺。凡是要约定有承诺期限的，必须在该期限内作出承诺，超过承诺期限受要约人未作出承诺，要约失效。

4. 受要约人对要约的内容作出实质性变更。承诺是对要约内容的全部接受，凡是对要约的内容进行实质性变更的，都是新的要约，受要约人变成了要约人，原要约人成为受要约人，原要约人发出的要约失效。

【案例评注】

新化县某矿业有限公司与柏宏公司合同纠纷案①

基本案情

2017年3月13日12时09分始，被告方柏宏公司工作人员江某通过微信方式与原告法定代表人联系南非原矿的买卖，江某向原告新化县某矿业有限公司法定代表人传送了“某矿业合同.PDF（微信电脑版）”。2017年3月13日15时31分，原告法定代表人通过微信向被告方工作人员江某传送了《购销合同》，并于2017年3月13日15时32分即时就被告要约中第七条“结算方式与期限”的要约中“保证金的支付”等内容进行了更改，由原要约中的“合同签订后两个工作日”即2017年3月15日变更为“要到星期五才有钱哦”。事后，新化县某矿业有限公司向一审法院起诉请求，依法确认原告与被告于2017年3月13日互传的《购销合同》未成立。

法院判决

原、被告双方虽意欲通过要约、承诺的方式订立《购销合同》，被告向原告

① 审理法院：湖南省新化县人民法院，案号：（2017）湘1322民初1376号。

发送了要约，原告亦作出了承诺，但原告的承诺对被告的要约进行了实质性的变更，被告的要约失效；原告的承诺系其向被告发出的新的要约，原告的法定代表人与被告的业务经理虽通过微信和当面的协商，但被告无证据证明原、被告双方已就该新的要约达成了新的一致的意思表示的事实，被告对原告的新的要约的默示在既无法律规定，又无交易习惯的情况下，依法不能构成承诺，故对原告认为双方之间的《购销合同》法律关系不成立的观点，法院予以采纳。

专家点评

承诺是对要约内容的全部接受，凡是对要约的内容进行实质性变更的，都应当认为是新的要约，受要约人实际上就变成了要约人，原要约人成为受要约人。在这种情况下，原要约人发出的要约失效，承诺人无法对原要约作出承诺，也就失去了依据原要约成立合同的基础。一般情况下，对于要约中标的、数量、价款、支付方式、违约责任、争议解决方式的变更都属于实质性变更，导致要约失效。本案原告对被告要约中的支付期限作出了变更，实质性地改变了要约内容，导致原要约失效。

第四百七十九条　*承诺是受要约人同意要约的意思表示。*

【条文释义】

本条是对承诺的规定。

承诺也叫接盘，是指受要约人同意要约的意思表示。承诺以接受要约的全部条件为内容，其目的在于与要约人订立合同。

承诺应当符合下列条件：

1. 承诺须由受要约人或者其代理人向要约人作出。承诺是受要约人的权利，在承诺期限内，要约人不得随意撤销要约，受要约人一旦承诺，就成立合同，要约人不得否认。这种权利是直接由要约人赋予的。

2. 承诺是受要约人同意要约的意思表示。同意要约，是以接受要约的全部条件为内容，是无条件的承诺，对要约的内容既不得限制，也不得扩张，更不能变更，但对要约的非实质性变更除外。

3. 承诺必须在规定的期限内到达要约人。承诺必须遵守承诺期间，没有规定承诺期间的，按照民法典第 481 条第 2 款规定确定。

4. 承诺的方式必须符合要约的要求。承诺应当以通知的方式作出。要约规定承诺须以特定方式作出，否则承诺无效的，承诺人承诺时须符合要约人规定的承诺方式。

【案例评注】

陈某与岑某房屋买卖合同纠纷案[①]

基本案情

2014年1月29日，案外人谢某签署委托书，将其所有的坐落于宁波市江东区江东南路xx号xx室内房屋，委托被告岑某办理出租、房产抵押登记注销后出售事宜。2014年2月28日，被告为向案外人出售涉案房屋，在《存量房屋买卖中介合同》上签字。后，该交易因故未成。2014年7月31日，某房产公司工作人员对2014年2月28日的《存量房屋买卖中介合同》中的购买人、合同价款、合同签订时间等内容进行修改，并交由原告签字。合同修改、原告签字时，案外人童某在场。诉讼中，被告认可童某系其妻子。原告陈某在合同上签字后，即将30万元款项交付某房产中介公司。某房产公司工作人员毛某出具收条，载明："收条，今收到陈某购买谢某位于江东区江东南路xx号xx室的房屋定金人民币叁拾万元，于2014年8月5日归还谢某的代理人岑某。收条人：毛某，2014.7.31。"2014年9月26日，原告向法院提起诉讼，要求被告双倍返还定金，并支付相应损失。

法院判决

当事人订立合同，采取要约、承诺方式，要约是希望和他人订立合同的意思表示，承诺是受要约人同意要约的意思表示。本案被告在《存量房屋买卖中介合同》上签字，系对2014年2月28日的合同相对人作出的意思表示，并非向本案原告作出。2014年7月31日原告签字的该份《存量房屋买卖中介合同》，已对2014年2月28日《存量房屋买卖中介合同》作出实质性修改，构成新要约，无证据证明被告对合同修改知情并同意或事后予以追认。原、被告并未就涉案房屋买卖达成合意，房屋买卖合同未成立。被告未实际收取定金款项。原告要求被告双倍返还定金，并支付相应损失，无事实及法律依据，法院不予支持。

---

① 审理法院：浙江省宁波市江东区人民法院，案号：（2015）甬东民初字第1008号。

专家点评

本案争议焦点是原被告之间是否成立了房屋买卖合同。例如，要在双方当事人之间成立买卖合同，必须经过要约承诺的过程，即受要约人同意要约。承诺是以接受要约的全部条件为内容的，是无条件的承诺，对要约的内容既不得限制，也不得扩张，更不能变更。任何对要约进行限制、扩张、变更的意思表示，都是新的要约。本案原告对 2014 年 2 月 28 日《存量房屋买卖中介合同》作出了实质性修改，构成新要约，被告没有在事后对新要约作出承诺，所以双方没有成立房屋买卖合同。

第四百八十条　承诺应当以通知的方式作出；但是，根据交易习惯或者要约表明可以通过行为作出承诺的除外。

【条文释义】

本条是对承诺方式的规定。

承诺的方式，是受要约人将承诺的意思送达要约人的具体方式。

承诺的法定形式是通知方式，称为积极的承诺方式，是受要约人以明示的方式，包括对话语言、信件、数据电文，如电报、电传、传真、电子数据交换和电子邮件等，可以明确无误地表达承诺意思表示内容的形式。

选择通知以外的行为方式进行承诺的是：（1）根据交易习惯或者要约表明可以通过行为的形式作出承诺的，也是符合要求的承诺方式。交易习惯是指某种合同的承诺适合以行为作为承诺方式，如悬赏广告或者当事人之间进行交易的某种习惯。（2）要约人在要约中表明可以通过行为作出承诺。只要这种表明没有违背法律和公序良俗，就对受要约人产生拘束力，要约人应当依照要约人规定的方式进行承诺。例如，要约人在要约中明确表明“同意上述条件，即可在某期限内发货”的，就表明了要约人同意受要约人以发货行为作为承诺的意思表示。

缄默或者不行为不能作为承诺的方式，以缄默或者不行为回应要约的，承诺不成立，而不是承诺无效。因为要约人没有权利为受要约人设定义务。在要约人要求受要约人以缄默或者不行为作为承诺方式的情况下，受要约人不想承诺须以明确方式拒绝要约人，否则合同将会自动成立，构成强制交易，违反合同自由原则。

【案例评注】

屠某与颜某民间借贷纠纷案[①]

基本案情

2013年7月12日，屠某以加急的方式向颜某在中国工商银行的账户（账号为62××××64）汇入了30万元，并在其填写的“中国农业银行个人结算业务申请书”中的“附加信息及用途”一栏内注明“借款”字样。因屠某认为颜某至今未偿还上述款项，遂向法院提起诉讼，提出颜某应偿还借款30万元及相应利息，本案诉讼费由其承担。颜某对收到屠某汇款的30万元不持异议，但对款项的性质提出异议，称双方之间根本不存在民间借贷法律关系，本案款项的性质实为屠某给颜某小姨子的生活费。

法院判决

双方均没有任何关于借款的书面证据，原告在将款项汇给被告之前，也没有被告提出借款并要求原告向其汇款的意思表示；在原告向被告汇款的凭证中由原告填写在“附加信息及用途”一栏的“借款”字样，是原告单方填写的，并无证据证明原告在填写时得到了被告的许可或事后追认。因此，即使原告汇款是事实，但因其在汇款时的“借款”作为其发出的要约，但在没有得到被告的承诺的情况下，不能认为双方之间的民间借贷合同成立，原告据此要求被告按照民间借贷的法律关系归还30万元的本息，没有事实及法律依据，法院对其主张，不予支持。

专家点评

本案的争议焦点是上诉人收到的30万元的款项性质，即双方之间是否存在民间借贷的法律关系。屠某在汇款时备注用途为“借款”，构成向颜某发出的贷款要约，只有在颜某作出承诺之后才能成立借贷合同。一般情况下，承诺人应以通知的方式作出承诺，缄默或者不行为不视为承诺。缄默或者不行为，是指受要约人没有作出任何意思表示，不能从受要约人的缄默或者不行为中确定其是否具有承诺的意思表示。本案中，原告并无证据证明被告对原告的要约作出了承诺，双方的借贷合同没有成立。

---

① 审理法院：广西壮族自治区南宁市中级人民法院，案号：（2015）南市民四终字第92号。

第四百八十一条　承诺应当在要约确定的期限内到达要约人。

要约没有确定承诺期限的，承诺应当依照下列规定到达：

（一）要约以对话方式作出的，应当即时作出承诺；

（二）要约以非对话方式作出的，承诺应当在合理期限内到达。

【条文释义】

本条是对承诺期限的规定。

承诺期限，实际上是受要约人资格的存续期限，在该期限内受要约人具有承诺资格，可以向要约人发出具有拘束力的承诺。承诺资格是要约人依法赋予受要约人的有期限的权利。

确定承诺期限有两种方法：

1. 要约确定了承诺期限的，承诺应当在要约确定的期限内到达要约人。要约人在要约中明确规定承诺期限有以下方法：（1）承诺期限为一个明确的时间终点，如6月30日，承诺期限为自要约生效到该时间终点；（2）规定自收到要约之日起的一段时间内，如收到要约起一个月内。

2. 要约没有确定承诺期限的，承诺应当依照下列规定到达方为有效承诺：（1）要约以对话方式作出的，应当即时作出承诺。有的要求即时作出承诺，有的商定另行约定承诺时间，有约定的依照约定，没有约定或者约定不明的，视为没有约定，应当即时作出承诺。（2）要约以非对话方式作出的，承诺应当在合理期限内到达。确定合理期限考虑的因素：一是根据要约措辞的缓急；二是根据要约的内容；三是根据某种特定行业的习惯做法；四是根据一个理智、善良、业务水平中等的交易人，正常的考虑、准备时间；五是根据合理的在途时间。

【案例评注】

邓某与中国云南某经济技术合作公司房屋买卖合同纠纷案[①]

基本案情

原告邓某系被告中国云南某经济技术合作公司职工。诉争房屋坐落于昆明市

① 审理法院：云南省昆明市官渡区人民法院，案号：（2015）官民一初字第6363号。

云南民办科技园福德升华小区二期21幢××号，建筑面积70.63平方米，房屋登记所有权人为被告中国云南某经济技术合作公司。1996年5月10日，被告发布《国际公司集资购房方案》，载明暂定1992年12月31日前参加工作的正式职工、合同制职工均可参加本次集资购房，集资时间为1996年5月15日至5月30日。1996年7月8日，被告公司房改办发布《通知》，载明因公司目前资金不足，预先垫付不出购新房款项，故通知参加福德小区27栋购房的职工需每户预交40000元，1996年7月30日前缴纳预交款可享受一次性交款折扣，待办完100%产权证归个人时结算，以多退少补的原则办理。1996年6月5日，原告向被告支付70000元购房款，被告向原告出具云南省收款专用发票并加盖被告财务专用章。1996年7月16日被告以自己名义与云南升华房地产公司签订《房屋销售合同》，购买了福德小区24幢2－7楼3－4号共12套房屋。1996年11月28日，被告向云南升华房地产公司缴纳了12套房的购房款共计1018944元，每套房单价为84912元。后对该合同中房屋的幢号进行了变更，最终由福德小区24幢2－7楼3－4号房确认为21幢2－7楼3－4号房。2012年11月26日被告申请办理诉争房屋所有权登记，2012年12月13日诉争房屋所有权登记至被告名下，登记的房号为昆明市云南民办科技园福德升华小区二期21幢404号。现原告诉至法院，主张原告与被告的集资购房合同合法有效，判令被告为原告办理产权过户，将标的房屋产权办理登记在原告名下。

法院判决

被告于1996年向公司职工发布了《国际公司集资购房方案》和预付房款《通知》，这两份文件内容具体确定，明确载明公司员工在规定期限内预交购房款40000元，便可完全获得福德小区集资购房所购房屋的全部产权，故符合要约构成要件，其实质是被告向包括原告在内的职工发出的订立集资购房合同的要约；而原告在被告确定的期限内，以预交集资购房款的行为作出同意被告要约的承诺，该承诺已生效，故原、被告之间集资购房买卖合同已成立并生效，受法律保护，对双方当事人具有法律约束力。诉争房屋虽交房后一直由原告占有使用，但被告未按照约定将房屋产权登记办理至原告名下以保证原告享有诉争房屋的所有权，应承担相应违约责任，故原告的诉讼请求，有事实及法律依据，法院予以支持。

专家点评

本案争议焦点是原被告双方是否有效成立集资购房买卖合同。被告公司房改办发布的《通知》中载明，1996 年 7 月 30 日前缴纳预交款可享受一次性交款折扣，构成向原告发出的集资购房买卖合同要约。在此情况下，要约人在要约中明确规定承诺期限的，受要约人应当按照要约的承诺期限承诺，否则为无效承诺。1996 年 6 月 5 日，原告在要约期间内向被告支付 70000 元购房款，构成对被告要约的承诺，双方成立集资购房买卖合同，对原被告均有约束力，被告应该按照合同约定将标的房屋产权办理登记在原告名下。

第四百八十二条　要约以信件或者电报作出的，承诺期限自信件载明的日期或者电报交发之日开始计算。信件未载明日期的，自投寄该信件的邮戳日期开始计算。要约以电话、传真、电子邮件等快速通讯方式作出的，承诺期限自要约到达受要约人时开始计算。

【条文释义】

本条是对信件、电报等形式的要约承诺期限的规定。

以信件方式作出的要约，承诺期限应当以信件载明的日期开始计算承诺期限。信件没有载明日期的，应当自投寄该信件的邮戳日期开始计算。这些都能够判断和确定信件要约确定的承诺期间。信件载明的日期，是指发信人在书写载有要约内容的信件时所签署的日期，是信封内的内容。

以电报方式作出的要约，承诺期限应当自电报交发之日开始计算。按照到达主义的规则，要约应当自到达受要约人时生效，受要约人取得承诺资格，开始计算承诺期限。但是，在仅仅规定了承诺期限的长度，而没有确定具体起算点的要约中，依照这种做法进行，由于使用电报形式要约，其迅捷的方式意味着受要约人能够在极短的时间内收到要约，规定自电报交付之日为承诺期限起算点合乎情理。电报的交发之日，是指发报机关在发报纸上记载的日期。

以电话、传真、电子邮件等快捷通讯方式发出的要约，承诺期限从要约到达受要约人的时间开始计算，电话以接听为准，传真、电子邮件即适用总则编第 137 条第 2 款规定的该数据电文进入受要约人的特定系统时生效。

【案例评注】

李某等与莫某等房屋买卖合同纠纷案①

基本案情

2009年6月28日，出卖人莫某与买受人李某、何某双方签订《北京市存量房屋买卖合同（经纪成交版）》，约定被告莫某将位于宣武区广外大街×号荣丰嘉园三期×楼×号房屋售予二原告（当时被告尚未取得标的房屋所有权），建筑面积35.67平方米，房屋总价款93.5万元。签订合同同时，买受人支付定金2万元。关于权属转移登记一栏，有关双方共同向房屋权属登记部门申请办理权属转移登记手续的具体期限内容未填写。2014年5月9日，二原告向被告邮寄的书面《函》："根据该房屋买卖合同，你们还应在该房屋产权证办理完毕后的5个工作日告知我们及中介公司北京链家房地产经纪有限公司，并办理后续的房屋权属转移登记（过户）手续，将该房屋过户至我夫妇名下。"但是，双方对于办理后续手续的期限未见约定。后来，被告未向二原告转移过户标的房屋，二原告现诉至法院，请求判令被告协助原告将标的房屋所有权过户到原告何某、李某名下，并要求被告向原告支付违约金。

法院判决

原、被告双方自愿签订的《北京市存量房屋买卖合同》《补充协议》，约定内容亦不违反法律、行政法规的效力性强制性规定，故双方应当按照合同约定履行各自的义务。双方在签署上述合同时，被告虽未取得房屋产权证明，但鉴于被告自2010年3月即取得了涉案房屋的产权证明，已具备协助二原告办理房屋过户手续的条件，理应在合理期限内为二原告办理涉案房屋的过户手续。

但是，双方签订的《北京市存量房屋买卖合同（经纪成交版）》，关于权属转移登记一栏，有关双方共同向房屋权属登记部门申请办理权属转移登记手续的具体期限内容未填写，故原告无法依据上述合同主张被告逾期办理房屋产权过户的违约责任。关于原告向被告邮寄的信函的性质，该信函能否作为被告逾期协助原告办理房屋产权过户的起算点？对此，法院认为：信函是一种单方的行为，是对原合同中双方当事人未明确约定的逾期办理房屋产权过户的期限作了新的约定。

---

① 审理法院：北京市西城区人民法院，案号：（2014）西民初字第21423号。

要约以信件或者电报作出的，承诺期限自信件载明的日期或者电报交发之日开始计算。信件未载明日期的，自投寄该信件的邮戳日期开始计算。要约以电话、传真等快速通讯方式作出的，承诺期限自要约到达受要约人时开始计算。本案中被告在接到二原告的要约后一直未作回应，并在庭审中明确表示拒绝二原告的要约。因此，二原告的要约至此已失效，双方未能就办理权属转移登记手续的具体期限作出约定。

由于原告与被告签订的《北京市存量房屋买卖合同（经纪成交版）》及《补充协议》均并未明确约定被告为原告办理房屋过户手续的具体时限，被告对于二原告发出信函的内容亦未认可。考虑到二原告于双方签署涉案合同的当年10月即已经搬入涉案房屋居住至今已长达5年，且由于被告未及时为二原告办理房屋产权过户手续，至今原告尚有44万元房款未向被告支付，故该行为并未给二原告造成实际经济损失，且双方在涉案合同中对于办理房屋产权过户手续的具体期限未作明确约定，故二原告要求被告承担延期办理房屋过户手续违约金的诉讼请求，没有依据，不予支持。

专家点评

本案的争议焦点是双方是否对办理权属转移登记手续的具体期限作出约定，如果已经作出约定，被告未按约定日期办理权属转移登记手续就应承担违约责任，否则就不需承担违约责任。由于《北京市存量房屋买卖合同（经纪成交版）》及《补充协议》均并未明确约定被告为原告办理房屋过户手续的具体时限，原告向被告发出信函是对原合同中双方当事人未明确约定的逾期办理房屋产权过户的期限作了新的约定，构成新要约。该新要约是以信件或者电报作出的，承诺期限自信件载明的日期或者电报交发之日开始计算，被告在接到二原告的要约后一直未做回应，导致新要约失效，双方仍未对办理房屋过户手续的期限作出约定，被告也就无需对二原告承担违约责任。

第四百八十三条 承诺生效时合同成立，但是法律另有规定或者当事人另有约定的除外。

【条文释义】

本条是合同成立时间的规定。

合同成立的时间，是双方当事人的磋商过程结束，达成共同意思表示的时间界限。

合同成立的时间标志是承诺生效。承诺生效，意味着受要约人完全接受要约的意思表示，订约过程结束，要约、承诺的内容对要约人和受要约人产生法律拘束力。承诺生效时，合同即告成立。如果当事人对合同是否成立存在争议，则以能够确定当事人名称或者姓名、标的和数量的达成合意的时间，为认定合同成立的标准，其他内容依照有关合同内容确定和合同内容解释的规定予以确定。

【案例评注】

魏某、杜某餐饮服务合同纠纷案①

基本案情

2017 年 7 月 19 日，魏某、杜某、杜某某祖孙三代共四口人为办“满月宴”，提前两天到雷琴饭店定桌，魏某、杜某、杜某某看了菜单并调整了部分菜肴，双方口头约定十一桌（十桌正式、一桌备用），每桌价格为 600 元，并明确了办桌时间为两天后的 2017 年 7 月 22 日，临走时魏某、杜某、杜某某留了雷琴饭店的名片及联系电话。7 月 22 日雷琴饭店按照魏某、杜某、杜某某的要求制作并摆放好菜肴，但魏某、杜某、杜某某始终未到。雷琴饭店开车出去寻找，在“梨园农家”饭店将其找到，后双方争执并报警，公安机关接警后，固定证据、调解未果；经一审法院多次调解亦未果，其间雷琴饭店申请鉴定，涉案菜肴的单价 600 元/桌。

法院判决

魏某、杜某、杜某某一家祖孙三代四口人提前两天到雷琴饭店，为两天后（2017 年 7 月 22 日）的满月宴准备订桌，双方就订桌的具体事宜进行了进一步确定，并修改选定了菜单，每桌 600 元，明确了具体定十桌备一桌，这些应视为魏某、杜某、杜某某的要约；雷琴饭店与魏某、杜某、杜某某的商谈、确定菜单、每桌 600 元、明确定十桌备一桌，魏某、杜某、杜某某临走时，雷琴饭店又给魏某、杜某、杜某某提供了名片及联系电话，这些应视为雷琴饭店的承诺；结合魏某、杜某、杜某某到实际办桌的“梨园农家”饭店的订桌过程，也是口头合同、订十桌备一桌、修改菜单、每桌 600 元、未付定金、未签书面合同；综上，一方

① 审理法院：安徽省淮北市中级人民法院，案号：（2018）皖 06 民终 1121 号。

要约生效、另一方承诺也生效，承诺生效时合同成立，依法成立的合同，自成立时生效。魏某、杜某、杜某某最后决定在“梨园饭店”办满月宴，应当及时到雷琴饭店通知变更或撤销口头合同、或者打电话给雷琴饭店通知变更或撤销口头合同、或者发短信给雷琴饭店变更或撤销口头合同，而不是置之不理、不负责任或其他理由，以至于给雷琴饭店造成实际损失，对此，魏某、杜某、杜某某应当承担违约过错责任。最终，法官判令魏某、杜某、杜某某应承担雷琴饭店各项损失6020 元

专家点评

本案的争议焦点是当事人之间的口头合同是否依法成立。法律规定当事人订立合同，可以有书面形式或口头形式。当事人发出的要约到达受要约人时生效，要约以对话方式作出的，应当即时作出承诺，承诺到达要约人时生效，承诺生效时合同成立，依法成立的合同自成立时生效。本案中，在魏某、杜某、杜某某向雷琴饭店发出订桌要约之后，雷琴饭店立即向他们承诺接受要约，合同在雷琴饭店作出承诺时成立生效，双方当事人都应受其拘束。事后，魏某、杜某、杜某某改选梨园饭店，违反了其与雷琴饭店之间的订桌合同，应当承担违约责任。

第四百八十四条　以通知方式作出的承诺，生效的时间适用本法第一百三十七条的规定。

承诺不需要通知的，根据交易习惯或者要约的要求作出承诺的行为时生效。

【条文释义】

本条是对承诺生效时间的规定。

承诺生效时间，是承诺在何时发生法律拘束力。承诺生效时间在合同法的理论和实践中具有重大意义：(1) 由于承诺的时间就是合同成立的时间，因而承诺在什么时间生效，就直接决定了合同在什么时间成立。(2) 由于合同的成立时间和生效时间的一致性，因而承诺生效之时又是合同生效之日，是双方享有合同权利、承担合同义务之日。(3) 合同的生效时间可能涉及诉讼时效、履行期限利益等问题。(4) 合同的成立又涉及合同签订地，以至于法院管辖权、准据法的确定等问题。

承诺的生效时间依照需要通知和不需要通知的不同，确定方法是：

承诺是以通知方式作出的，承诺生效的时间依照民法典总则编第 137 条规定确定，采用到达主义。

承诺不需要通知的，应当根据交易习惯或者要约的要求作出承诺的行为时生效。(1) 根据交易习惯，某种承诺的性质可以确定用行为的方式承诺，该承诺行为实施的时间，就是承诺生效的时间。(2) 如果要约已经表明承诺可以由行为作出的意思表示，则实施该行为的时间就是承诺生效时间。

【案例评注】

戴某 1、杨某、戴某 2 与中华联合财产保险股份有限公司大连分公司海上保险合同纠纷案[①]

基本案情

2013 年 9 月 12 日和 16 日，于某以刘某的名义分两次在被告下属的开发区支公司业务三部投保了团体意外伤害保险。上述两份保险单所附的被保险人名单中没有本案死者戴某 3。上述两份保险业务的办理均是王某 2 接受被告业务员王某 1 的委托，收取于某指定的办理人员刘某的相关保险款项后，再通过王某 2 的工作人员将款项和名单汇给被告业务员王某 1，由王某 1 打印保险单和发票，而后，再给付刘某。2013 年 12 月 31 日 21 时许，于某经营的丹渔捕 3045 渔船出海作业，于 1 月 6 日失联。2014 年 1 月 3 日，于某更换了包括死者戴某 3 在内的部分被保险人（将 2013 年 10 月 11 日确定的投保人员名单中的武某替换成戴某 3），该项操作是王某 2 通过其在东港的代办点的邮箱 dgfanhualoz163. com，于 2014 年 1 月 3 日 14：56 发送给被告业务员王某 1 的信箱 dl189@ 163. com 当中，该信箱显示为发送成功。而后，被告业务员王某 1 没有就此批船员的更换问题向于某以及代办人刘某作出任何同意或者拒绝的意思表示。于某经营的丹渔捕 3045 渔船出海作业后该船及船上 8 名船员均失踪。2014 年 3 月 24 日，丹东渔港监督处出具了《东港市丹渔捕 3045 渔船失踪事件调查报告》，报告中载明失踪船员名单中包括本案受害人戴某 3 在内共计 8 人。2014 年 10 月 15 日，大连海事法院作出（2014）大海特字第 81 号民事判决书宣告戴某 3 死亡。戴某 1、戴某 2 分别为死者戴某 3 的

---

① 审理法院：大连海事法院，案号：(2016) 辽 72 民初 620 号。

父亲和女儿，杨某是死者戴某3的妻子，三原告按照被告的要求将索赔材料交给被告的代理人王某2对该案进行理赔申请，被告通过其代理人王某2将《保险拒赔或注销通知书》交给案外人于某，理由为投保单与批单中均查无此人。三原告遂向法院提出诉讼请求，请求判令被告给付意外伤害身故保险金200000元。

法院判决

关于于某委托刘某办理保险合同是否成立且合法有效，按照《保险法》第二条的规定，本案涉案渔船实际经营人于某指定的投保办理人员刘某通过被告的保险代理人王某2订立团体人身意外伤害保险合同，将涉案渔船的船员作为被保险人，对可能发生的事故和被保险人死亡等保险责任作出约定，被告收取了保费并出具了保单，该保险合同是双方真实意思表示，依法成立，合法有效，对双方均有法律约束力，合同双方必须严格按照合同约定履行自己应承担的义务。

于某的代理人刘某通过被告的代理人王某2于2014年1月3日向被告业务员发出邮件提出人员替换申请，将包括本案死者戴某3在内的6名船员予以更换，死者戴某3是将2013年10月11日确定的被保险人名单中的武某予以替换。现有证据证明该更换被保险人的邮件业经被告的业务员王某1接收，其在此后直至出险也并未就此名单的变更作出任何意思表示。三原告主张涉案渔船实际经营人于某与被告以往的更换被保险人名单的操作中，也是通过被告在东港的代理人王某2及其工作人员将更换名单以邮件的形式发给被告业务员王某1，王某1直接更换，若不能更换，王某1则电话通知。《合同法》第二十六条规定："承诺通知到达要约人时生效。承诺不需要通知的，根据交易习惯或者要约的要求作出承诺的行为时生效。"本案涉案渔船实际经营人于某更换被保险船员的申请的邮件已经由被告代理人发送给被告业务员，且已经自动接收成功，并没有提出任何异议。

根据双方以往的交易习惯，于某要更改被保险船员即把相关名单提交给被告在东港的代理人，并由其通过邮件的方式发送给被告业务员即可，无需有任何形式上的批注。此时，于某的合同义务已经完成，被告代理人或者业务员在接收于某关于更换被保险船员的申请或者邮件后，就应当及时作出批改或者拒绝的决定。若没有作出，按照交易习惯应视为被告对更换被保险船员申请的默认和同意批改及加注。因而，应认定该份保险合同被保险人员名单更换达成一致，应视为保险合同变更成立，法院判令被告给付原告戴某1、杨某、戴某2保险理赔款200000元。

专家点评

本案的争议焦点是保险合同中被保险人替换变更是否生效。在原来的被保险人名单中，戴某3并不包含在内，于某将包括本案死者戴某3在内的6名船员予以更换属于新要约，需要获得被告保险公司的承诺之后才能生效。按照交易习惯，如果被告保险公司不作反对，应视为被告对更换被保险船员申请的默认和同意批改及加注。在这种情况下，承诺生效的时间应当根据交易习惯或者要约的要求作出承诺的行为时为准，即承诺在被告保险公司看到新要约时便已生效，被告保险公司应当依法承担保险理赔责任。

第四百八十五条 承诺可以撤回。承诺的撤回适用本法第一百四十一条的规定。

【条文释义】

本条是对承诺撤回的规定。

承诺的撤回，是指在发出承诺之后，承诺生效之前，宣告收回发出的承诺，取消其效力的行为。

法律规定承诺人的承诺撤回权，是由于承诺的撤回发生在承诺生效之前，要约人还未曾知晓受要约人承诺的事实，合同没有成立，一般不会造成要约人的损害，因而允许承诺人可以根据市场的变化、需求等各种经济情势，改变发出的承诺，以保护承诺人的利益。

民法典总则编第141条规定了意思表示撤回的规则，承诺撤回权的行使规则适用该条的规定。因此，撤回承诺有严格的时间限制，即撤回承诺的通知应当在承诺到达要约人之前或者同时到达要约人。

按照这样的规则，以对话方式作出的承诺实际上无法撤回。由他人转达的语言承诺，由于转达需要时间，可以按照承诺撤回权行使的时间限制，予以撤回。采用电子数据形式的承诺，因其本身的性质也难以撤回。对非直接对话方式承诺和非电子数据传递方式的承诺，则可以行使撤回权。为了使后发出的承诺撤回通知早于承诺的通知或者与承诺的通知同时到达要约人，承诺人应当采取比承诺更迅捷的送达方式。

承诺的撤回符合撤回权行使期限规定的，发生承诺撤回的效力，即视为没有发出承诺，合同没有成立。承诺撤回的通知迟于承诺到达受承诺人的，不发生承诺撤回的效力，承诺仍然有效。

【案例评注】

朱某与卫某房屋买卖合同纠纷案[①]

基本案情

2016年9月15日，原告朱某与被告卫某在第三人处签订《存量房屋买卖合同》，约定由被告购买原告所有的位于北京市房山区×号楼×层×单元×房屋一套，房屋总价款为272万元，第三人为买卖双方提供居间服务。《合同》第三条约定“买受人向出卖人支付人民币20万元整作为购房定金。”第十一条约定：“出卖人应于2016年9月30日前向居间方提供真实有效的存量房房源核验资料，如出卖人迟延不提交房源核验资料，视为违约，出卖人应按照总房价款的20%向买受人支付违约金。”第十三条约定：“本合同自三方签字（盖章）之日起生效。对本合同的解除，应当采用书面形式。”签订合同当日原、被告、第三人工作人员均在场，原、被告将合同日期落款为“2016年9月10日”，当时第三人未签字盖章，第三人称合同由总公司盖章后交于原、被告。2016年9月15日下午，被告方返回第三人处将《合同》划掉，但合同内容仍可分辨。事后，2016年9月15日原告支付卖方定金20万元，但被告向原告明确表示不再继续履行合同，原告诉至法院请求：1. 原、被告解除合同；2. 被告支付违约金54.4万元；3. 被告双倍返还原告定金40万元。

法院判决

2016年9月15日，原、被告双方在《存量房屋买卖合同》签字，该签字行为表示其各自愿意接受合同条款的约束，属于合同订立环节的“承诺行为”，单就被告签字的法律行为中，原告与第三人均可视为要约人，被告为承诺人。《合同法》第二十七条明确规定：“承诺可以撤回。撤回承诺的通知应当在承诺通知到达要约人之前或者承诺通知同时到达要约人。”本案中，被告的签字行为表示受该合同条款的约束，被告当场签字时该承诺即已经到达要约方，无法撤回，故被告签字后到第三人处划掉合同的行为其形式与时间要件均不能构成对承诺的撤回，而不论该行为是否发生在第三人签字盖章之前，该合同已成立并生效。依法成立的合同受法律保护，被告2016年9月16日向原告明确表示不再出售房屋，

---

① 审理法院：北京市房山区人民法院，案号：（2016）京0111民初13906号。

构成根本违约，应当按照合同约定承担违约责任。最终，法官判决解除涉案房屋买卖合同，被告卫某返还朱某定金20万元，并给付原告朱某违约金40万元。

专家点评

本案争议焦点在于双方签订的《存量房屋买卖合同》是否已经成立并生效，也即被告返回第三人处将《合同》划掉的行为是否构成对承诺的撤回。根据法律规定，承诺的撤回必须发生在承诺生效之前，此时要约人还未曾知晓受要约人承诺的事实，合同没有成立，不会对要约人造成信赖损失。一旦承诺到达要约人，承诺便随之生效，合同也就成立，承诺人无权再撤回承诺。本案中，被告签字行为构成承诺，该承诺随即到达要约方，《存量房屋买卖合同》已经成立生效，被告事后将《存量房屋买卖合同》划掉的行为不构成对承诺的撤回，仍应受到合同的拘束。

第四百八十六条 受要约人超过承诺期限发出承诺，或者在承诺期限内发出承诺，按照通常情形不能及时到达要约人的，为新要约；但是，要约人及时通知受要约人该承诺有效的除外。

【条文释义】

本条是对逾期承诺及效果的规定。

逾期承诺，是指受要约人在超过承诺期限发出承诺或者在承诺期限内发出承诺，按照通常情形不能及时到达要约人的，向要约人发出的承诺。

逾期承诺的特点是：（1）逾期承诺须是受要约人向要约人发出的，完全接受要约的意思表示。（2）逾期承诺须是在承诺期限届满后发出或者在承诺期限内发出承诺，按照通常情形不能及时到达要约人，因而不是合格的承诺。

因受要约人原因的承诺迟到，是受要约人虽然在承诺期限内发出承诺，但是按照通常情形，该承诺不能及时到达要约人，从而使承诺到达要约人时超过承诺期限。本条将其纳入逾期承诺中，一并规定法律效果。

逾期承诺的效力是：

1. 逾期承诺不发生承诺的法律效力。由于在承诺期限届满之后，受要约人不再有承诺的资格，因而逾期承诺的性质不是承诺，对要约人没有承诺的约束力，不能因此而成立合同。

2. 逾期承诺是一项新要约。逾期承诺因时间因素而不具有承诺的性质，但它还是对要约人的要约内容作出了响应，故应视为新要约。该新要约须以原来的要约和逾期承诺的内容为内容。对方可以在合理的时间内给予承诺，即按照一般的承诺期限作出承诺的，合同成立。

3. 要约人及时通知受要约人该承诺有效的情况下，逾期承诺具有承诺的法律效力。逾期承诺到达要约人，要约人认为该逾期承诺可以接受的，应当按照当事人的意志，承认承诺的效力，合同成立。

【案例评注】

梁某、广东省佛山市顺德区伦教街某股份合作经济社租赁合同纠纷案[①]

基本案情

2016年11月30日，广东省佛山市顺德区伦教街某股份合作经济社（以下简称某股份社）（合约中为甲方）与梁某（合约中为乙方）签订了一份《承租合约》，约定由乙方承租甲方位于佛山市顺德区伦教某村某市场旁案涉档位，租赁期限从2017年1月1日至2017年12月31日，租赁期间租金共19098元。2017年10月26日，某股份社发出《公告》："……2. 本次档位的续签合同时间从2017年10月31日起至2017年11月13日止。如原租赁户不在上述规定的时间内到某股份社续签档位合同，股份社则按原租赁户自动放弃续签原档位处理，该档位股份社将按照不低于底价，不超过承租期限的原则，以先到先得的方式公开对外承租。3. 本次固定档位续租期限为一年，从2018年1月1日起至2018年12月31日止，合同期内的租金在续签合同时一次性缴交。"2017年11月13日，某股份社的财务人员开具两份金额分别为19671元、13825元的顺德农商银行进账单给梁某到银行缴款，但梁某在当天没有办理缴款手续。2017年11月14日，梁某按上述缴款金额转账给某股份社。2017年11月21日，某股份社与案外人卢某开就位于佛山市顺德区伦教某村某市场旁案涉档位签订了承租合同。2017年12月14日和12月19日，某股份社通过银行转账方式分别退回19671元、13825元给梁某。此后，梁某因未能就涉案档位、临时档位与某股份社签订承租合同，遂向法院提起诉讼，请求继续租赁涉案档位。

① 审理法院：广东省佛山市中级人民法院，案号：（2018）粤06民终6582号。

法院判决

某股份社于2017年10月26日发出公告，告知原承租户若要续租固定档位，需于2017年10月31日至2017年11月13日期间与某股份社续签合同，否则视为放弃续租的权利。上述公告形式应为要约邀请。梁某陈述其于2017年11月13日曾到某股份社处作出续租的意思表示，应视为其向某股份社发出了要约，但此时某股份社并未与梁某签订书面的租赁合同，而是向梁某开具了两份金额分别为19671元、13825元的顺德农商银行进账单给梁某到银行缴款，该出具进账单的行为仅能表示某股份社同意在梁某缴纳了相关款项后与其续签租赁合同，为新的要约。而梁某并未在公告规定的期间内交付款项、续签合同，即梁某未在规定时间内作出承诺。梁某于2017年11月14日即公告规定的期限届满后才缴纳租金，根据《合同法》第二十八条的规定："受要约人超过承诺期限发出承诺的，除要约人及时通知受要约人该承诺有效的以外，为新要约。"故梁某于2017年11月14日缴纳租金的行为为新的要约，此时某股份社有权拒绝作出承诺，梁某不能以单方缴纳租金的行为主张案涉租赁合同成立。综上所述，关于案涉档位及临时档位的租赁合同没有成立，梁某的诉讼请求没有法律依据。

专家点评

本案争议焦点是梁某是否与某股份社续签了租赁合同。合同成立需要经历要约和承诺两个阶段，某股份社发出的《公告》属于续签租赁合同的要约，该要约明确载明承诺人应在2017年11月13日前缴纳了相关款项后才能完成承诺，而梁某直至2017年11月14日才缴纳相关款项，该承诺行为超过了承诺期限，不具有成立合同的效力。但是，它还是对要约人的要约内容作出了响应，因此应当视为新要约，某股份社可以在合理的时间内给予承诺，也可拒绝承诺。由于某股份社未对该新要约作出承诺，双方也就没有续签租赁合同，梁某没有法律依据继续占有使用涉案档位。

第四百八十七条　受要约人在承诺期限内发出承诺，按照通常情形能够及时到达要约人，但是因其他原因致使承诺到达要约人时超过承诺期限的，除要约人及时通知受要约人因承诺超过期限不接受该承诺外，该承诺有效。

【条文释义】

本条是对承诺迟到及效果的规定。

承诺迟到，是承诺人在承诺期限内发出承诺，按照通常情形能够及时到达要约人，但是因其他原因承诺到达要约人时超出了承诺期限。承诺迟到和逾期承诺不同，逾期承诺的受要约人发出承诺的时间也已经超出了承诺期限。

非因受要约人原因的承诺迟到，须具备以下要件：（1）受要约人须在承诺期限内发出承诺。（2）承诺到达要约人时超过了承诺期限。（3）承诺超过承诺期限到达要约人不是由于受要约人的原因，而是因邮电局误投、意外事故等其他原因造成承诺迟延到达。

非因受要约人原因的承诺迟到的法律效力是，原则上该承诺发生承诺的法律效力，但要约人及时通知受要约人因承诺超过期限不接受承诺的，不发生承诺的效力。承认这种承诺迟到发生承诺效力的原因，是因为这种承诺的迟到不能归责于受要约人，受要约人相信他的承诺能够及时到达，并使合同成立。善意受要约人基于这种合理的信赖，可能已经为合同的履行作出了准备。不过，承诺迟到毕竟是事实，要约人有权表示拒绝，如果在接到迟到的承诺时就及时通知受要约人因承诺超过期限不接受该承诺的，则应当尊重当事人的意志和选择，使承诺不发生法律效力。

【案例评注】

张某与陆某、广州市某综合市场有限公司股权转让纠纷案[①]

基本案情

陆某与张某均是某公司的股东。2011 年 10 月 14 日，张某曾向陆某发出了《关于“广州市某综合市场”股权问题》的函件，主要内容为：一、张某将某公司交由陆某独自负责经营，并根据陆某和陆荣煊商谈某公司有关事宜时，陆某提出愿意一次性补偿 260 万元收购张某在某公司拥有 50% 的股份，经张某慎重考虑后同意，三日内收到全部款项张某就将转让某公司的有关手续与陆某办妥，今后公司就属于陆某一人拥有；二、接此函后，务求在短时间内给予答复，如果三日

① 审理法院：广东省高级人民法院，案号：（2013）粤高法民二申字第 560 号。

内得不到陆某答复，张某随时将所属股份出让于有意购买该股份的任何个人和公司，今后处理公司有关事宜将由新股东与陆某洽谈等。陆某于2011年10月15日收到上述《关于“广州市某综合市场”股权问题》函件，2011年10月17日晚21时，其通过快递公司向张某发出函件，内容为：《关于“广州市某综合市场”股权问题》函收到，陆某同意按张某的条件解决双方之间的股权纠纷，请张某在收到本函之日起三日内将收取转让款的银行资料发给陆某，以便陆某划款，另请在收到陆某划款之日起三日内备齐股权变更所需的资料，以便办理股权变更等相关事宜。快递凭证显示该函件于2011年10月19日由张某签收。2011年10月20日，张某出具了复函，主张陆某迟至2011年10月17日才作出承诺，已不符合约定的条件，张某不同意陆某的新要约，双方的股权转让合同不成立。

法院判决

由于陆某通过快递公司寄送函件的时间为2011年10月17日晚21时，并未超过《关于“广州市某综合市场”股权问题》函件要求的三天承诺时间即2011年10月16日至2011年10月18日，虽然张某收到陆某承诺函件时的2011年10月19日已超过上述时间段，但张某并未提供充分证据证明其已及时通知陆某其不接受该承诺。在此情况下，根据《合同法》第二十九条“受要约人在承诺期限内发出承诺，按照通常情形能够及时到达要约人，但因其他原因承诺到达要约人时超过承诺期限的，除要约人及时通知受要约人因承诺超过期限不接受该承诺的以外，该承诺有效”的规定，认定陆某的承诺有效，双方的股权转让合同已成立。

专家点评

本案争议焦点是双方的股权转让合同是否成立生效。陆某于2011年10月15日收到上述《关于“广州市某综合市场”股权问题》的要约，应当按照要约载明的期限在2011年10月16日至2011年10月18日之间作出承诺，但其承诺迟至2011年10月19日才到达要约人处，已经超出承诺期限。但是，这一迟到非因受要约人的原因，除非要约人及时通知因承诺超过期限不接受承诺的，原则上该迟到的承诺发生承诺的法律效力。由于张某并未提供充分证据证明其已及时通知陆某其不接受该承诺，所以该承诺仍然发生承诺效力，双方之间成立股权转让合同。

第四百八十八条 承诺的内容应当与要约的内容一致。受要约人对要约的内容作出实质性变更的，为新要约。有关合同标的、数

量、质量、价款或者报酬、履行期限、履行地点和方式、违约责任和解决争议方法等的变更，是对要约内容的实质性变更。

【条文释义】

本条是对承诺与要约一致性原则及承诺对要约实质性变更的规定。

承诺与要约内容一致性原则，是承诺的一般规则。承诺是以接受要约的全部条件为内容的，是对要约的无条件认可，因而承诺的内容须与要约的内容一致。这就是英美法的“镜像原则”，即要求承诺如同镜子一般照出要约的内容。

随着社会经济的发展，在保证交易安全的前提下，合同规则对传统有所修正，区分承诺变更的实质性和非实质性，规定不同的效果。本条后段规定的是受要约人对要约的内容作出实质性变更及效果的规定。

受要约人对要约的内容作出实质性变更的效果，是成立新要约。凡是对要约的内容进行了实质性变更的，意味着受要约人不同意要约人的要约，因此一律作为新要约处理，在学理上称为反要约。

判断受要约人对要约内容的实质性变更，是依据对要约的主要内容进行的变更：(1) 合同标的的变更，改变了要约人的根本目的，发生了根本的变化；(2) 数量、质量的变更，对要约人的权利义务有重大影响；(3) 价款或者报酬的变更，对要约人将来的权利义务有重大影响；(4) 履行期限的变更，改变了当事人的期限利益。(5) 履行地点的变更，关系到运费的负担、标的物所有权的转移和意外灭失风险的转移；(6) 履行方式的变更，对双方的权利有不同影响；(7) 违约责任的变更，有可能不利于要约人；(8) 解决争议方法的变更，有可能不利于要约人。这些变更都属于对要约内容的实质性变更。

【案例评注】

原告潘某某与被告张某某确认合同效力纠纷案①

基本案情

被告张某某是原告潘某某的姐夫。2005 年 3 月被告根据房改政策购买了南京

① 审理法院：江苏省南京市鼓楼区人民法院，案号：(2016) 苏 0106 民初 11017 号。

际华三五·三服装有限公司开发的虎踞北路房屋的房改产权。2006年2月27日原告代被告向际华公司支付了涉案房屋的购房款10万元，后于2010年9月1日又代被告支付了37750元，共计137750元，际华公司对此出具了两份收据。在37750元的收据中，际华公司注明如下内容："房款应交72320元，应收904.37元，应退21774元；公积金13700元；实交37750.37元。"际华公司将涉案房屋交付被告后，被告交由原告及原告父母共同居住，其间原告出资进行了装潢，原告父母支付了有关水、电、气、物业等费用。被告则实际居住在薛某的房屋内。由于对是否存在虎踞北路房屋买卖协议及归属发生争议，原告遂向法院起诉，请求确认原、被告之间就涉案房屋存在买卖合同关系，并确认该合同合法有效，理由和事实如下：2010年9月被告以口头协议的形式将涉案房屋卖给原告，原告共支付175224元用于购买该房屋，该房屋已交付原告，原告装修后居住至今。

被告张某某辩称，被告是南京际华三五·三服装有限公司的职工，2003年参加单位房改，取得本市鼓楼区虎踞北路84幢7－×室房屋，2010年单位施行售后退换购房政策，被告将上述房屋退还给单位，换购了涉案房屋，因被告的岳父母房屋面积较小，房屋比较老，原告离异带着独女在外居住，为了照顾老人并且改善家庭住房环境，被告岳父母与被告协商，由被告将涉案房屋换购后给被告岳父母居住，换购所需费用由原告承担，因此产生了现在的居住状况，现涉案房屋是由被告岳父母和原告共同居住，涉案房屋水、电、物业等日常费用由被告岳父母承担。但被告没有和原告就涉案房屋买卖达成口头协议，请求法院驳回原告的诉讼请求。

审理过程中，被告称当时同意房屋产权登记在岳父母及原告名下，且被告同意放弃继承岳父母该房屋遗产的承诺，但原告对此不同意，故双方未能协商一致，并申请岳父母出庭作证。原告的父亲潘某、母亲薛某出庭作证时陈述，原告是小女儿，被告是大女婿，买涉案房屋是家庭成员五人共同商量的，大女婿排队后可以购买涉案房屋，便用大女婿的名字购买房屋，用大女儿、大女婿的虎踞北路房屋与证人夫妻的薛某房屋互换，在取得涉案房屋后，产权应登记在证人夫妻及小女儿即原告共三人名下，大女儿、大女婿现在也同意在证人夫妻去世后房屋再归小女儿所有，如果原告只过户至原告一人名下，证人现在不同意，当时有矛盾所以没有签协议等。

法院判决

法院认为，原、被告之间未形成涉案房屋的买卖合同法律关系，理由如下：(1) 原、被告之间未签订书面的房屋买卖合同，而对于原告主张的口头协议，被告并不认可，故原告应对认定合同有效成立所必备的要约、承诺事实承担证明责任。(2) 涉案房屋和虎踞北路房屋均是被告依据有关房改政策购买的福利性质的房屋，原告对此不享有相关权利，被告提供的证人是原告的父母、被告的岳父母，证人夫妇是薛某房屋的房改购房人，证人陈述的内容特别是涉案房屋将来应登记在原告和证人夫妇共计三人名下，符合老年人保护自己住房权利的现实状况，法院对此予以采信。(3) 原告主张其要约是单独购买被告的涉案房屋，被告对此承诺同意。但原告提供的录音资料等证据，并不能证明被告对此没有任何异议，被告在交涉过程中也提出合同履行等异议，被告在庭审中对此不予认可，故法院对原告主张不予采信。(4) 被告表示其同意原告购买房屋的条件是涉案房屋的产权应登记在原告的父母和原告三人名下，以保护老年人的合法权益，由于该内容是对合同主体、履行内容等条款的实质性变更，故如果该主张属实，则应认定原告的要约失效。而被告庭审中提供的证人证言等证据可以印证被告提出的该抗辩事实。因此，法院认定被告对原告的承诺提出了实质性变更，故原告的要约失效。综合上述分析，虽然原告代被告实际支付了有关购房款，但双方对于合同主体、履行内容等不能达成一致协议，故不应认定双方的房屋买卖合同关系成立，驳回原告潘某某的诉讼请求。

专家点评

本案的争议焦点是原被告之间是否成立涉案房屋的买卖合同。一般情况下，合同成立应该经过要约承诺的过程，受要约人的承诺的内容应当与要约人发出的要约内容一致，如果受要约人对要约的内容作出实质性变更的，有关合同标的、数量、质量、价款或者报酬、履行期限、履行地点和方式、违约责任和解决争议方法等的变更都是对要约内容的实质性变更，除非要约人同意承诺人对要约的变更，否则双方不能成立合同。本案被告表示，其同意原告购买房屋的条件是涉案房屋的产权应登记在原告的父母和原告三人名下，该内容是对合同主体、履行内容等条款的实质性变更，应认定原告的要约失效，双方没有成立合同。

第四百八十九条 承诺对要约的内容作出非实质性变更的，除要约人及时表示反对或者要约表明承诺不得对要约的内容作出任何变更外，该承诺有效，合同的内容以承诺的内容为准。

【条文释义】

本条是对承诺对要约内容作出非实质性变更的规定。

承诺对要约的内容作出非实质性变更的，原则上为有效承诺，合同的内容以承诺的内容为准。非实质性变更的内容，是指民法典合同编第488条规定的内容实质性变更之外的要约内容的变更，即除对要约的合同标的、数量、质量、价款或者报酬、履行期限、履行地点和方式、违约责任和解决争议方法的变更外，都属于非实质性变更。例如，在要约的条款后又附加了建议，在承诺中添加了新的条款重复或者强调了要约的内容。除此之外，即使承诺对要约的实质性条款只作了轻微的变更，并未改变其实质性，确认为非实质性变更，将有利于促进交易、节约交易费用。

对要约的非实质性变更在下列情况下无效：(1) 变更了要约内容的承诺到达要约人后，要约人及时对承诺人表示反对的，该“承诺”不发生承诺的效力，是一种新要约。(2) 要约人在要约中明确表示承诺不得对要约的内容作出任何变更的，承诺对要约的内容的非实质性变更，为反要约即新要约。

【案例评注】

武汉地产公司与李某某、詹某某房屋买卖合同纠纷案[①]

基本案情

武汉地产公司系武汉市江岸区汇悦天地项目开发商，于2015年8月14日取得汇悦天地一期1号至9号楼住宅的商品房预售许可证。2015年8月，李某某、詹某某在看到汇悦天地的销售广告后，于2015年8月22日前往售楼部与武汉地产公司签订《汇悦天地》认购合同，约定本认购合同经甲乙双方盖章、签字，于乙方支付定金后生效，于甲、乙双方签订《武汉市商品房买卖合同》后终止。2015年9月2日，李某某、詹某某再次来到售楼部与武汉地产公司进行协商，双方对合同主要条款达成一致意见后，李某某、詹某某向武汉地产公司支付了首期购房款734160元，并提交了银行贷款的相关资料，武汉地产公司向李某某、詹某某出具《销售不动产统一网络发票》，款项性质记载为“预收

① 审理法院：湖北省武汉市江岸区人民法院，案号：(2017) 鄂0102民初3640号。

购房款”。同日，双方办理了商品房买卖合同网上签约程序。之后，武汉地产公司将上述《武汉市商品房买卖合同》打印出来交由李某某、詹某某签字，但李某某、詹某某对合同附件三第二条的约定有异议，要求武汉地产公司进行修改，双方对此未能协商一致，李某某、詹某某遂拒绝在《武汉市商品房买卖合同》上签字。

另查明，武汉地产公司在前期销售时，将涉案房屋前后公共绿化带标注为“庭院”，并在销售广告中使用“前庭后院大赠送”等宣传用语，但在《武汉市商品房买卖合同》附件三第二条中约定：1. 出卖人在销售该期商品房时作出的所有承诺均以双方签订的本买卖合同为准（任何口头承诺、说明等均不具有法律效力）。销售宣传资料、沙盘模型等所标注的道路、绿化及围墙边界等，受规划控制要求，仅作为参考，最终以实际竣工为准；2. 出卖人对规划建设范围之外的环境、公共设施、道路交通等的说明或价格，仅为买受人提供参考信息，不构成对买受人的允诺；3. 因受规划及相关管理规定约束，且宣传资料及沙盘模型受表现方法或比例所限，部分附属物或构筑物在宣传物料及沙盘模型上的标示仅为示意或存在一定差异，或可能未予以标示，最终应以规划批复或实际竣工为准，该等宣传物料及沙盘模型不构成对买受人的允诺。李某某、詹某某正是因为该条约定与武汉地产公司的前期承诺不符，要求修改遭拒后，至今未在《武汉市商品房买卖合同》上签字确认，也未办理贷款手续。

事后，武汉地产公司诉至法院，请求确认其与李某某、詹某某之间关于汇悦天地一期第7号楼2单元1层×号的商品房买卖合同未成立。李某某、詹某某抗辩称双方已对房价、房屋基本情况、付款方式等书面达成一致，双方的买卖合同已依法成立。

法院判决

法院认为，原告武汉地产公司与被告李某某、詹某某签订的汇悦天地认购合同系双方当事人的真实意思表示，属有效合同，但该认购合同只是双方对买卖房屋达成的初步协议，并不等同于商品房买卖合同。虽然武汉地产公司已经为李某某、詹某某办理了网签手续，但李某某、詹某某对网签版本的合同条款有异议，要求武汉地产公司进行修改，被武汉地产公司拒绝，说明双方当事人并未达成合意。虽然李某某、詹某某只是对合同附件三中的部分条款有异议，属于对要约的内容作出非实质性变更，但根据《合同法》第三十一条“承诺对要约的内容作出非实质性变更的，除要约人及时表示反对或者要约表明承诺不得对要约的内容作出任何变更的以外，该承诺有效，合同的内容以承诺的内容为准”的规定，在武汉地产公司已经明确表示反对的情况下，李某某、詹某某的承诺并未生效，武汉地产公司与李某某、詹某某之间的商品房买卖合同尚未成立。

专家点评

本案争议焦点是原被告双方是否成立了房屋买卖合同。合同成立是以双方对合同内容意思表示一致为前提的，如果受要约人对要约内容作出非实质变更，要约人表示反对的，双方就未对合同内容达成意思表示一致，合同无法成立。本案中，虽然涉案房屋买卖合同附件三的内容为非实质内容，但在被告李某某、詹某某提出异议后，原告明确拒绝接受这一异议，双方没有达成意思表示的一致，应当认定为合同没有成立，法院判决值得赞同。

第四百九十条 当事人采用合同书形式订立合同的，自当事人均签名、盖章或者按指印时合同成立。在签名、盖章或者按指印之前，当事人一方已经履行主要义务，对方接受时，该合同成立。

法律、行政法规规定或者当事人约定合同应当采用书面形式订立，当事人未采用书面形式但是一方已经履行主要义务，对方接受时，该合同成立。

【条文释义】

本条是对采用合同书订立合同成立时间的规定。

合同生效的原则是承诺生效时合同成立。合同成立的时间，是双方当事人的磋商过程结束，达成共同意思表示的时间界限。如果双方当事人约定签定合同书的，双方的协议只是合同磋商的结果，还需要签订合同书，并且自当事人在合同书上签字、盖章或者按指印的时候成立。签字、盖章或者按指印，是订约人最终对合同书或者确认书的承认，是自愿接受其约束的意思表示，也是当事人签署合同书的三种形式，除非有特别约定，只要有其中一种签署形式，就发生合同成立的效力。双方签字、盖章或者按指印不在同一时间的，以最后一方签字、盖章或者按指印的时间为合同成立的时间。

有两个特殊情形：

1. 在合同书签字、盖章或者按指印之前，如果当事人一方已经履行主要义务，对方予以接受时，该合同成立，对此主张合同未成立的，不予采信。

2. 法律、行政法规规定或者当事人约定合同应当采用书面形式订立，当事人未采用书面形式，但是一方已经履行主要义务，对方接受时，该合同也成立，对此主张合同未成立的，也不予采信。

【案例评注】

武汉地产公司与李某某、詹某某房屋买卖合同纠纷案[①]

基本案情

武汉地产公司系武汉市江岸区汇悦天地项目开发商，于2015年8月14日取得汇悦天地一期1号至9号楼住宅的商品房预售许可证。2015年8月，李某某、詹某某在看到汇悦天地的销售广告后，于2015年8月22日前往售楼部与武汉地产公司签订《汇悦天地》认购合同，约定本认购合同经甲乙双方盖章、签字，于乙方支付定金后生效，于甲、乙双方签订《武汉市商品房买卖合同》后终止。

2015年9月2日，李某某、詹某某再次来到售楼部与武汉地产公司进行协商，双方对合同主要条款达成一致意见后，李某某、詹某某向武汉地产公司支付了首期购房款734160元，并提交了银行贷款的相关资料，武汉地产公司向李某某、詹某某出具《销售不动产统一网络发票》，款项性质记载为“预收购房款”。同日，双方办理了商品房买卖合同网上签约程序，该网签版《武汉市商品房买卖合同》（合同编号：市150104995）记载：出卖人武汉地产公司，买受人李某某、詹某某；买受人所购商品房为汇悦天地一期第7号楼2单元1层×号房；建筑面积共163.44平方米，单价为平方米11405.78元；买受人于2015年9月9日前，一次性存入商品房首付款754160元，其余价款办理贷款；出卖人应当在2016年6月30日前，将符合条件的商品房交付买受人使用。合同还对违约责任、交房条件、产权登记等作出约定。

之后，武汉地产公司将上述《武汉市商品房买卖合同》打印出来交由李某某、詹某某签字，但李某某、詹某某对合同附件三第二条的约定有异议，要求武汉地产公司进行修改，双方对此未能协商一致，李某某、詹某某遂拒绝在《武汉市商品房买卖合同》上签字。事后，武汉地产公司诉至法院，请求确认其与李某某、詹某某之间关于汇悦天地一期第7号楼2单元1层×号的商品房买卖合同未

① 审理法院：湖北省武汉市江岸区人民法院，案号：（2017）鄂0102民初3640号。

成立。李某某、詹某某抗辩称，双方已对房价、房屋基本情况、付款方式等书面达成一致，李某某已实际履行了合同义务，武汉地产公司也接受了李某某的购房款并开具了发票，双方的买卖合同已依法成立。

法院判决

法院认为，原告武汉地产公司与被告李某某、詹某某签订的汇悦天地认购合同系双方当事人的真实意思表示，属有效合同，但该认购合同只是双方对买卖房屋达成的初步协议，并不等同于商品房买卖合同。虽然武汉地产公司已经为李某某、詹某某办理了网签手续，但李某某、詹某某对网签版本的合同条款有异议，要求武汉地产公司进行修改，被武汉地产公司拒绝，说明双方当事人并未达成合意。虽然李某某、詹某某只是对合同附件三中的部分条款有异议，拒绝在《武汉市商品房买卖合同》上签字，由于李某某、詹某某已支付的房款只占总房款的四成左右，余款部分也未办理贷款，不属于已经履行主要义务的情形，故法院对李某某、詹某某的上述抗辩理由不予采纳，认定合同没有成立。

专家点评

本案争议焦点是双方是否已经成立房屋买卖合同。当事人约定采用合同书形式订立合同的，自当事人均签字、盖章或者按指印时合同才能成立。在签字、盖章或者按指印之前，如果当事人一方已经履行主要义务，对方接受时，合同亦能成立。本案中，双方签订的房屋认购合同约定房屋买卖合同应当采用合同书的形式，但被告李某某、詹某某事后拒绝在合同书上签字，并且已支付房款只占总房款的四成左右，余款部分也未办理贷款，不构成已经履行主要义务的情形，应当认定双方未成立房屋买卖合同。

第四百九十一条 当事人采用信件、数据电文等形式订立合同要求签订确认书的，签订确认书时合同成立。

当事人一方通过互联网等信息网络发布的商品或者服务信息符合要约条件的，对方选择该商品或者服务并提交订单成功时合同成立，但是当事人另有约定的除外。

【条文释义】

本条是对信件、数据电文合同签订确认书和网络合同成立时间的规定。

对于采用信件和电子数据订立合同的，实际上在符合要求的承诺作出之后，合同就成立了。不过，如果当事人约定还要签订确认书的，则在签订确认书时，该合同方成立。因此，双方签署确认书的时间，是信件、数据电文合同成立的时间。

网络购物的买卖合同和网络服务合同，通常是在线上签订合同，并且缺少明显的要约、承诺的行为标志。根据网络交易的特点，确认网络交易中的合同订立，一方在互联网等信息网络发布的商品或者服务信息，只要符合要约条件的，就认为是网络交易合同的要约。对方也就是消费者在网络上选择该商品或者服务，并提交订单的，为承诺。当网络交易服务界面显示提交订单成功时，合同成立。因而，界面显示“提交订单成功”时，就是网络交易合同的成立时间。

【案例评注】

科誉实业有限公司与天展广告传播有限公司广告合同纠纷案[①]

基本案情

2010年12月16日，天展公司向科誉公司卢某总经理发出一份传真件，主要内容为，介绍科誉公司是一家专业经销办公家具的供应企业，已通过ISO9001质量认证体系认证，着力为大众提供智能化办公设施、办公座椅等办公家具，等等。该传真件上方手写“本1个彩版广告清样请卢某总经理确认后签个字或盖章后传回：021－54378719。上海天展广告传播有限公司2010.12.16”。同日，科誉公司负责人在该份传真件下方手写“卢某总经理已确认刊登2010.12.16”，并加盖公章后回传。2010年12月20日，《消费日报》C8版《中国城市品牌导刊》刊登了上述传真件内容。

天展公司依据上述传真件以及2010年12月20日的《消费日报》全版一份以及独立的C8版两份，表示其已履行为科誉公司刊登广告的义务，要求科誉公司按照口头商定的价格向其支付广告费人民币18万元。科誉公司表示，其从未与天展公司达成有偿刊登广告的合意。当时吴某某（天展公司诉讼代理人）称可免费试登广告，科誉公司才于传真件上签名确认。此传真件中缺少最关键的一节即对广告价格的约定，且与实际刊登版面亦存在出入（传真件记载C4版，报纸刊登在C8版），故此传真件有别于一份正式的广告合同。

嗣后，天展公司向科誉公司催要人民币18万元广告费未果，遂向原审法院提

---

① 审理法院：上海市第二中级人民法院，案号：（2012）沪二中民四（商）终字第529号。

起诉讼，要求判令科誉公司支付天展公司广告费人民币18万元。科誉公司认为，根据《广告法》第二十条的规定："广告主、广告经营者、广告发布者之间在广告活动中应当依法订立书面合同，明确各方的权利和义务"。天展公司未遵循《广告法》的规定，刻意采用不与对方签订书面广告合同、不约定具体广告费用等模糊手段擅自刊登广告后再恶意主张高额广告费用，有违诚信。双方不成立广告合同关系。天展公司则认为按照《合同法》第三十三条的规定："当事人采用信件、数据电文等形式订立合同的，可以在合同成立之前要求签订确认书。签订确认书时合同成立。"故当科誉公司在天展公司发出的"广告清样"上签名回传时，双方已经形成广告合同关系。

法院判决

法院认为，我国《合同法》确实对多种形式建立的合同关系予以认可和保护，但当作为特别法的《广告法》中对广告合同的形式要件明确要求应当以书面方式订立，而与作为一般法的《合同法》条文产生竞合时，特别法的适用应当优于一般法。故在广告活动中发生的业务往来应当以书面合同为基础。此外，本案系争"广告清样"未对双方的权利义务作出明确的约定，例如，明确的刊登版面、刊登期数、广告价款、支付时间、方式、违约责任等。根据《合同法》的相关规定，要约的内容必须是具体和确定的，且必须满足构成一个合同成立所必备的主要条件，如合同的主体、标的、数量、价金等。同时，要约中还要表明一经受要约人承诺，要约人即受该意思表示的约束等内容。反观本案"广告清样"，并不符合上述要求，故该份"广告清样"不能等同于《合同法》中的确认书，亦不能等同于一份有效的广告合同。天展公司另称，其已口头与对方达成了一致的广告价格，但未提供证据加以印证，科誉公司对此亦不予认可。故，法院无法确认双方形成了广告合同关系，对原告天展公司的诉讼请求不予支持。

专家点评

本案的争议焦点是天展公司与科誉公司之间是否成立广告合同关系。从案件事实来看，原被告双方是采用信件、数据电文等形式订立广告合同的，应当签订合同确认书。《广告法》第二十条规定："广告主、广告经营者、广告发布者之间在广告活动中应当依法订立书面合同，明确各方的权利和义务。"因此，在双方之间发送"广告清样"并不能等同于《合同法》中的确认书，亦不能等同于一份有效的广告合同，只有在签订书面合同文本之后才能宣告合同成立，法院应当依法认定双方没有成立广告合同关系。

第四百九十二条 承诺生效的地点为合同成立的地点。

采用数据电文形式订立合同的，收件人的主营业地为合同成立的地点；没有主营业地的，其住所地为合同成立的地点。当事人另有约定的，按照其约定。

【条文释义】

本条是对合同成立地点的规定。

合同成立地点，是当事人经过对合同内容的磋商，最终意思表示一致的地点。最终意思表示一致以承诺的生效为标志。确定合同生效地点的一般原则，是以承诺生效的地点为合同成立的地点。合同成立地点成为缔约地，对于合同的纠纷管辖、法律适用等具有重要意义。

采用数据电文形式订立合同的，没有明显的承诺生效地点，因而以收件人的主营业地为合同成立的地点；如果收件人没有主营业地，其住所地为合同成立的地点。如果采用数据电文形式订立合同的当事人对合同成立地点另有约定的，按照其约定确定合同成立地点。

【案例评注】

中国邮政储蓄银行股份有限公司丽江市古城区支行与李某某信用卡纠纷案[①]

基本案情

2014年12月26日，被告向原告申领了卡号62××××37的信用卡，被告使用该卡进行透支消费至2016年6月21日，且被告透支消费后，未按信用卡协议约定履行还款义务，截至2019年4月11日止仍然拖欠本息及滞纳金等合计14743.2元。经原告多方催收，被告用隔三差五小金额归还透支款的方法应付，缺乏按约归还透支款的实际行为，被告的行为已构成违约，故原告诉至丽江市古城区人民法院，提出如下诉讼请求：1. 判令被告在十日内向原告归还透支信用卡

① 审理法院：云南省丽江市古城区人民法院，案号：（2019）云0702民初925号。

本金10318.79元；2. 判令被告在十日内向原告给付计算至2019年4月11日的透支款利息、滞纳金及相关费用4424.41元；3. 判令被告继续给付自2019年4月12日起至实际还款之日的透支款利息、滞纳金（按合同约定暨中国人民银行规定利率、费率计算）。

法院判决

丽江市古城区人民法院认为，原、被告之间的信用卡合约系格式合同，合约第九条约定由合约签订地有管辖权的人民法院管辖，合约中未载明合约签订地。对此，根据《合同法》第二十六条和第三十四条之规定，承诺通知到达要约人时生效，承诺生效的地点为合同成立的地点，根据上述规定，持卡人收到信用卡片与通知书时，承诺生效，而承诺生效的地点即为持卡人在申请书中注明的邮寄地址，该地点为合同签订地。本案中，被告在申请书中载明住宅地址为云南省大理白族自治州大理市湾桥镇甸中村委会6社95号，信用卡片领取方式为挂号邮寄，寄送地址为单位地址即云南省丽江市玉龙县巨甸镇巨甸街，该单位地址所在法院为管辖法院，故丽江市玉龙县人民法院为管辖法院，故裁定把本案移送丽江市玉龙县人民法院处理。

专家点评

本案的争议焦点是丽江市古城区人民法院是否具有管辖权，法官需要认定涉案合同的成立地点，以确定管辖法院。由于涉案信用卡合同没有约定合同成立地点，法官应当依据承诺生效的地点来确定合同成立地点，我国合同法规定承诺生效采用到达主义，即承诺到达要约人时生效。涉案合同的承诺为原告发送信用卡片与通知书的行为，被告收到信用卡片和通知书时承诺生效，而承诺生效的地点即为持卡人在申请书中注明的邮寄地址，即云南省丽江市玉龙县巨甸镇巨甸街，该地点为合同签订地，管辖法院也就是云南省丽江市玉龙县基层法院。

第四百九十三条 当事人采用合同书形式订立合同的，最后签名、盖章或者按指印的地点为合同成立的地点，但是当事人另有约定的除外。

【条文释义】

本条是对采用合同书签订合同成立地点的规定。

以合同书形式（包括确认书形式）订立合同，当事人最后签字、盖章或者按指印的地点为合同成立的地点。双方当事人签字、盖章或者按指印的地点在同一处的，双方当事人的签字、盖章或者按指印同时、同地完备时，则该地点为承诺生效的地点，是合同的成立地点。签字、盖章或者按指印不在同一地点的，合同书和确认书上双方当事人的签字或者盖章完备时，合同成立。所以，当事人最后签字、盖章或者按指印的地点，为合同成立地点。

在实践中，合同约定的签订地与实际签字、盖章或者按指印的地点不符的，应当认定约定的签订地为合同成立地点；合同没有约定签订地，双方当事人签字、盖章或者按指印不在同一地点的，应当认定最后签字、盖章或者按指印的地点为合同的成立地点。

【案例评注】

鑫融基投资担保有限公司与河南嵩声电缆有限公司、洛阳汇泽路桥工程有限公司借款合同纠纷案[①]

基本案情

原告鑫融基投资担保有限公司与被告洛阳汇泽路桥工程有限公司签订有《委托担保合同》，与被告洛阳正程金属制品有限公司、洛阳市景源弹簧制造有限公司、河南嵩声电缆有限公司、胡某1、刘某、胡某、张某、胡某2、胡某3、史某、曲某、王某、张某1、张某2、姬某签订有《（保证）反担保合同》，两份合同均约定了：合同履行过程中发生争议，可以通过协商解决，协商不成，由合同签订地人民法院管辖。一审法院认为，涉案合同的签订地为洛阳市涧西区，洛阳市涧西区法院对本案享有管辖权。河南嵩声电缆有限公司上诉称，该案18名被告均在偃师市人民法院管辖范围之内，并且各被告的签字地点均在偃师市，并不在洛阳市涧西区，应当由偃师市人民法院管辖该案。被上诉人鑫融基投资担保有限公司答辩称，答辩人与上诉人河南嵩声电缆有限公司及其他原审被告对管辖法院进行了书面约定，且并未违反法律禁止性规定，属于有效的约定管辖，本案应当由双方约定的涧西区人民法院管辖。

---

① 审理法院：河南省洛阳市中级人民法院，案号：（2016）豫03民辖终460号。

法院判决

法院认为，双方当事人在合同中对管辖条款有明确约定："由合同签订地人民法院管辖，本合同签订地为洛阳市涧西区。"根据《最高人民法院关于适用〈中华人民共和国合同法〉若干问题的解释（二）》第四条中规定："采用书面形式订立合同，合同约定的签订地与实际签字或者盖章地点不符的，人民法院应当认定约定的签订地为合同签订地。"故上诉人河南嵩声电缆有限公司称实际签订地点在偃师市应由偃师市人民法院管辖的理由不能成立，不予支持。

专家点评

本案的争议焦点是涉案合同的签订地，这牵涉管辖法院的确定，对于各方当事人的诉讼利益影响重大。对于合同签订地的确定，合同法贯彻了合同自由的原则，即当事人可以约定合同签订地，优先于依据签字、盖章或者按指印的地点来认定合同成立地点。本案中，涉案合同对管辖条款有明确约定："由合同签订地人民法院管辖，本合同签订地为洛阳市涧西区"，由此可以确定合同签订地为洛阳市涧西区，故而洛阳市涧西区对本案具有管辖权。

第四百九十四条 国家根据抢险救灾、疫情防控或者其他需要下达国家订货任务、指令性任务的，有关民事主体之间应当依照有关法律、行政法规规定的权利和义务订立合同。

依照法律、行政法规的规定负有发出要约义务的当事人，应当及时发出合理的要约。

依照法律、行政法规的规定负有作出承诺义务的当事人，不得拒绝对方合理的订立合同要求。

【条文释义】

本条是对国家指令性任务或国家订货任务订立合同的规定，与《合同法》第38条规定相比，本条规定不仅明确列举了国家是根据抢险救灾、疫情防控或者其他需要下达任务，而且增加了国家指令性任务、国家订货任务的合同当事人法定义务。

国家指令性任务，是指国家根据国家的整体利益和社会公共秩序的需要，下达的要求有关部门和组织必须执行的任务。直接依据国家指令性任务签订的合同是计划合同。国家订货任务虽非国家指令性任务，但是，是由国家下达的订货任务。在这些按照国家指令性任务和国家订货任务订立合同时，当事人应当依照国家法律和行政法规规定的权利和义务订立合同。

在实践中，按照国家指令性任务订立的合同越来越少，主要集中在国防军工、重点建设项目以及国家战略储备的需要。对于国家还必须掌握的一些重要物资，将以国家订货方式逐步取代重要物资分配的指令性任务管理。国家订货任务与国家指令性任务管理的主要区别是，订货的价格比过去进一步放开，国家也不再保证生产企业的生产条件，但可以做协调工作。在市场经济体制下，还必须针对市场自身的弱点和消极方面，保留和改善国家对经济的宏观调控。

指令性计划和国家订货任务合同的有关民事主体应当依照有关法律和行政法规规定的权利义务订立合同。强调这一点，一方面是维护国家计划的权威性和计划性，不得违背国家的意志，借口以企业自己的利益而损害国家的计划。另一方面，则是维护企业的合法权益，不因执行国家计划而损害当事人的权利。这样规定，兼顾了国家和当事人双方的利益。需要注意的是，这里的"有关的法律、行政法规"，是规定法人或者非法人组织在订立这些合同的权利义务的法律和行政法规，不包括行政规章、地方法规和其他规范性文件。

合同需要经历要约与承诺两个阶段。指令性计划和国家订货任务合同也不例外。不过，此时的要约和承诺具有一些特别的要求。一方面，是依照法律、行政法规规定负有发出要约义务的当事人，应当及时发出合理的要约，不能拖延，更不能借机提出不合理的要约。另一方面，是依照法律、行政法规规定负有承诺义务的当事人，不能拒绝对方合理的订立合同的要求。违反强制性缔约义务，应当承担民事责任。这是对应当发出要约和应当承诺的当事人发出要约和进行承诺的要求，属于民事主体对国家指令性计划和国家订货任务订立的合同的强制性缔约义务，是必须履行的。

本条新规则的要点是：

（1）明确了国家指令性任务订立合同的范围。《合同法》第38条只规定了国家是根据需要下达指令性任务，但并未指出基于何种需要。本条规定将"需要"明确为抢险救灾、疫情防控或者其他需要，细化了"需要"的情形。

（2）新增了国家指令性计划、国家订货任务中当事人的法定义务。原《合同法》第三十八条只规定了国家指令性计划、国家订货任务中有关民事主体应当依法订立合同，而未规定具体的订立规则。本条规定新增了这一内容，明确了当事人负有及时提出要约和不得拒绝对方承诺的法定义务，补足了这一立法漏洞。这样一来，当有关民事主体的行为违背了及时提出要约或者不得拒绝承诺的法定义务时，国家可以以本条规定为规范依据，请求有关民事主体承担民事责任。

【案例评注】

许某某与神州公司侵权责任纠纷案①

基本案情

2014年11月期间，原告许某某在神州公司网站填写租车信息并提交后，网页显示不能租车。原告曾于2012年起诉被告租赁合同纠纷，称其从神州公司网站上预订小轿车一辆，租赁地点在上海，并可享受首租首日半价优惠，但被告向其提供了非上海牌照的限行车辆，且不允许其享受半价优惠，故诉至法院，要求退还租金109.67元以及优惠租金164.5元，并要求被告公开赔礼道歉，停止误导、欺诈消费者的行为，法院判令被告退还原告租金246.75元。原告认为，神州公司基于上述纠纷将原告加入了租车"黑名单"，请求法院判令神州公司将其从"黑名单"中移除。

法院判决

法院认为，诚实信用原则是民法的基本原则，要求民事主体从事民事活动时应当秉持诚实、恪守承诺，善意行使权利和履行义务，维持各方当事人的利益平衡。本案中，被告通过网络平台订立租赁合同、提供车辆租赁服务，其作为经营者应当遵循诚实信用原则。被告辩称系因原告存在扰乱公司正常经营的行为而将原告纳入不予交易的当事人系统，但被告并未就此提供证据，故法院对其抗辩不予采信。现有证据下，被告并无正当理由而将原告纳入不予交易的当事人系统，应属滥用其缔约权利的行为，违背了诚实信用原则，应予改正。故对于原告要求将其从被告公司"黑名单"中撤销的诉讼请求，法院予以支持。鉴于被告不予交易的当事人系统仅在其公司内部使用，被告将原告纳入该系统，尚不足以对原告造成严重的精神损害，故原告要求被告公开赔礼道歉并赔偿精神损害抚慰金的诉讼请求，法院不予支持。

---

① 审理法院：北京市朝阳区人民法院，案号：（2015）朝民初字第20236号。

专家点评

本案的争议焦点是被告是否负有承诺义务，不得拒绝原告订立合同的请求，即被告是否负有强制缔约义务。在公共服务交易中，债务人的营业关涉基本民生，并在特定时空下享有垄断或相对垄断的权利，相对人对合同的缔结存在民生依赖，故而法律对服务提供者施加了强制缔约义务，需要面向社会公众广泛地接受订立合同的要约。本案被告从事公共交通运输业务，负有面向社会公众强制缔约的义务，将原告拉入“黑名单”，并拒绝接受原告的订单违反了强制缔约义务，法官要求被告将原告从被告公司“黑名单”中撤销的判决，值得赞同。

第四百九十五条　当事人约定在将来一定期限内订立合同的认购书、订购书、预订书等，构成预约合同。

当事人一方不履行预约合同约定的订立合同义务的，对方可以请求其承担预约合同的违约责任。

【条文释义】

本条是对预约及效力的规定。

预约，也叫预备合同或合同预约，是指当事人之间约定在将来一定期限内应当订立合同的预先约定。而将来应当订立的合同叫本约或者本合同。预约是订立合同的意向，本约是订立的合同本身。预约的表现形式，通常是认购书、订购书、预定书。

预约也是约，即合意。预约成立之后，产生预约的法律效力，即当事人在将来一定期限内订立本约的债务。双方均负有债务的，为双务预约，单方负有债务的，为单务预约。预约的成立应当遵循合同成立的一般规则。

判断一个约定是预约还是本约，应探求当事人的真意来确定，真意不明的，应当通观合同的全部内容确定：(1) 合同要素已经明确、合致，其他事项规定明确，已无另行订立合同必要的，为本约。(2) 如果将来系依所订合同履行而无须另订本约，即使名为预约，也应认定为本约。(3) 预约在交易上属于例外，当对一个合同是预约还是本约有疑问时，应认定为本约。(4) “初步协议”“意向性协议”等，只要不具有将来订立本约的法律效力，不认为是预约；具有将来订立本约的效力的，应当认定为预约。

预约成立，当事人即负有履行预约所规定的订立本约的义务，只要本约未订立，就是预约没有履行。预约的当事人一方不履行预约约定的订立合同义务的，对方当事人可以请求其承担预约的违约责任。预约违约责任的确定，依照预约的约定或者参照违约责任的法律规定。

【案例评注】

姚某某与福城公司房屋买卖合同纠纷案①

基本案情

2014年4月14日，福城公司（出让人、甲方）与姚某某（买受人、乙方）签订福城广龙苑商品房认购合同，约定乙方自愿认购由甲方开发的呼和浩特市回民区福成广龙苑项目×室×厅住宅，该住宅暂定建筑面积96平方米。附赠地下储藏室一间。乙方自愿认购福城广龙苑项目车位一个。该住宅建筑面积平均单价为4450元每平方米，住宅总价暂定427200元，车位使用权单价10万元每个。暂定总房款527200元。乙方团购住宅的楼栋号、单元号、层次、门牌号根据内蒙古自治区新闻出版广电局出具的书面证明确定，结算单价执行内蒙古自治区新闻出版广电局（以下简称广电局）根据政府规定实行一房一价的价格体系制定的团购价格表中的相应单价，结算单价确定后依据本认购合同暂定建筑面积调整住宅总价、总房款、作为第2次、第3次付款依据。甲方向乙方交付商品房的时间为2015年12月31日。第五条违约责任约定，甲方逾期超过30天交付团购商品房的，应按已收乙方购房款总额（含住宅、车位）的每日万分之五，向乙方支付违约金。甲方取得商品房预售许可证之日起，30个工作日内与乙方签订《商品房买卖合同》，自双方签订的《商品房买卖合同》、项目车位使用权买卖协议生效时本认购合同自行生效。该认购合同签订后，乙方共交付516656元。

后来，双方对合同履行发生争议，姚某某认为，福城．广龙苑商品房认购合同的签订系姚某某与福城公司真实意思表示，该合同效力等同于房屋买卖合同，已经完全具备了买卖合同的主要条款，至于最后需要签订正式的商品房买卖合同仅仅是形式上稍加变动而已，故向一审法院起诉请求：1. 判令福城公司承担合同中逾期交房违约金127872.36元（以516656元为基数，按日万分之

① 审理法院：内蒙古自治区呼和浩特市中级人民法院，案号：（2017）内01民终4140号。

五，从 2016 年 1 月 1 日计算至 2017 年 5 月 10 日，请求支付至实际交房之日）；2. 判令福城公司按照合同附件 2 的约定更换盼盼牌安全防护门；3. 判令福城公司承担本案诉讼费。

法院判决

法院认为，涉案合同系预约合同，理由是：第一，在签订认购合同之时，涉案地块的拆迁工作尚未完成，还没有取得房地产开发的证照，也没有取得预售许可证，并不具备签订商品房买卖合同的法定条件。第二，认购合同第一条约定"……该住宅暂定建筑面积约 96 平方米……"；认购合同第七条明确约定"本认购合同约定之房屋的数据与户型以合同附图作为参考，并以政府及相关部门最终批准之数据为准"；认购合同第十条约定"……甲方取得《商品房预售许可证》之日起，30 个工作日内与乙方签订《商品房买卖合同》……"以上约定证明，对涉案项目没有取得预售许可证等事实买受人是明知的，且约定了在取得预售许可证后签订正式的商品房买卖合同。第三，双方签订认购合同后，根据广电局出具的书面证明确定房屋价格、坐落等内容正是对签订正式的买卖合同磋商过程，双方权利义务的最终确定，均要以《商品房买卖合同》为准，故而双方签订认购合同的性质系预约合同。

由于预约合同只是赋予了权利方要求义务方签订本约合同的请求权以及以此请求权为基础而要求义务方承担的包括违约责任、解除预约合同、损害赔偿等民事责任。本案中双方当事人签订的认购合同为预约合同，故姚某某要求依该认购合同交付逾期交房的违约金、更换安全防护门的请求不属于预约合同的请求权范围，该项主张没有事实和法律依据，法院不予支持。

专家点评

本案的争议焦点是涉案合同的性质，即属于预约合同还是本约合同。预约合同的订立目的为本约合同的缔结，双方当事人签订预约合同后，双方当事人不仅负有进一步磋商的义务，更具有最终达成本约的义务，预约合同的效力和法律约束力只能是"使当事人产生诚信磋商以订立本约合同的义务"，而非履行本约合同的义务，因为本约合同尚未订立。本案中，在双方签订涉案合同之时，被告尚不具备签订本约合同的条件资质，并且双方明确在涉案合同中约定将来另行签订《商品房买卖合同》，可以认定涉案合同属于预约合同。虽然原告不能请求被告按照《商品房买卖合同》来承担违约责任，如果被告具有违约行为，拒绝签订《商品房买卖合同》的，仍可请求其承担损害赔偿的违约责任。

第四百九十六条 格式条款是当事人为了重复使用而预先拟定，并在订立合同时未与对方协商的条款。

采用格式条款订立合同的，提供格式条款的一方应当遵循公平原则确定当事人之间的权利和义务，并采取合理的方式提示对方注意免除或者减轻其责任等与对方有重大利害关系的条款，按照对方的要求，对该条款予以说明。提供格式条款的一方未履行提示或者说明义务，致使对方没有注意或者理解与其有重大利害关系的条款的，对方可以主张该条款不成为合同的内容。

【条文释义】

本条是对格式条款及提供格式条款一方义务的规定。

格式条款合同，是指当事人为了重复使用而预先拟定，并在订立合同时未与对方协商的条款。采用格式条款合同与一般合同不同，主要特征是：（1）格式条款合同一般是由居于垄断地位的一方所拟订；（2）格式条款合同的对方当事人处于从属地位；（3）格式条款合同是完整、定型、持久的合同类型；（4）格式条款合同可以用不同的、但必须是明确的书面形式表达出来。

格式条款合同与示范合同不同。示范合同是指通过相关专业法规、商业习惯等确立的，为当事人订立合同时参考的文本格式，对双方当事人没有强制约束力，当事人可以参照，也可以不参照；可以修改示范合同的条款和格式，也可以增减示范合同的条款。格式条款合同是对方当事人没有选择余地的、只能服从的合同。

格式条款的优势是便捷、易行、高效，缺点是无协商余地，双方地位不平等。故对提供格式条款的一方当事人规定了法定义务：（1）遵循公平原则确定当事人权利义务的义务；（2）采取合理的方式提示对方注意免除或者减轻其责任等与对方有重大利害关系条款的义务；（3）按照对方的要求对该条款予以说明的义务。

提供格式条款的一方未尽上述第二项和第三项规定的提示义务和说明义务，致使对方当事人没有注意或者理解与其有重大利害关系的条款的，对方当事人可以提出主张，认为该条款不成为合同的内容，即不对当事人发生拘束力。对此，法院和仲裁机构应当支持对方当事人的这一主张。

【案例评注】

某银行恩济支行与王某财产损害赔偿纠纷案[①]

基本案情

2015年6月2日，某银行恩济支行工作人员推荐，在某银行恩济支行购买“前海开源中证军工指数型证券投资基金”，认购金额为96.6万元。在王某购买上述基金过程中，某银行恩济支行对王某做了风险评估，王某填写了《个人客户风险评估问卷》。该问卷中，在“以下哪项最能说明您的投资经验”项下王某的选项为“大部分投资于存款、国债等，较少投资于股票基金等风险产品”“以下哪项最符合您的投资态度”项下王某的选项为“保守投资，不希望本金损失，愿意承担一定幅度的收益波动”“您的投资目的”项下王某的选项为“资产稳健增长”“您的投资出现何种程度的波动时，您会呈现明显的焦虑”项下王某的选项为“本金10%以内的损失”。根据王某填写的上述问卷，某银行恩济支行确定王某的风险评估结果为稳健型。填写前述问卷的同时，王某在《须知》《确认书》上签字。但上述《须知》和《确认书》的内容系通用的一般性条款，未有关于王某本次购买的基金的具体内容和相关说明。

2018年3月28日，王某进行了基金赎回，赎回金额为389518.05元，本金亏损576481.95元。王某向一审法院起诉请求：1. 判令某银行恩济支行向王某赔偿亏损576481.95元；2. 王某所投本金（96.6万元）自购买涉案理财产品之日起至给付之日止的同期银行存款利率；3. 诉讼费由某银行恩济支行承担。诉讼中，王某和某银行恩济支行均确认，在王某购买前述基金时，某银行恩济支行未向王某出示和提供基金合同及基金招募说明书。王某称某银行恩济支行未向其说明基金合同及基金招募说明书的相关情况；某银行恩济支行称其向王某说明了基金合同及基金招募说明书的相关情况，但某银行恩济支行未就其该主张向该院提交相应证据。

法院判决

法院认为，某银行恩济支行在本案中存在如下过错：

首先，某银行恩济支行向王某主动推介了“风险较大”的“经评估不适宜购

① 审理法院：北京市第一中级人民法院，案号：（2018）京01民终8761号。

买”的理财产品。涉诉基金的招募说明书中载明“不保证基金一定盈利”、“不保证最低收益”、该基金为“较高风险”品种，该基金的上述特点与王某在风险评估问卷中表明的投资目的、投资态度等风险偏好明显不符，应属于不适宜王某购买的理财产品。同时，某银行恩济支行也没有按照金融监管的要求由王某书面确认是客户主动要求了解和购买产品并妥善保管相关记录。据此可以认定，某银行恩济支行主动向王某推介该基金，存在重大过错。

关于某银行恩济支行称涉诉基金的基金管理人、基金托管人及部分代销机构将该基金的风险等级确定为“中风险”适合王某购买的主张，该院认为，基金管理人、基金托管人及基金代销机构均与该基金存在一定程度的利害关系，其对该基金的风险评级缺乏客观性，且该风险评级结果与基金招募说明书中揭示的基金为“较高风险”品种的内容不一致，故该院对某银行恩济支行的前述主张不予采信。

其次，某银行恩济支行未向王某说明涉案基金的运作方式和风险情况，其推介行为存在明显不当。本案中，在王某购买涉诉基金过程中，某银行恩济支行未向王某出示和提供基金合同及招募说明书，没有尽到提示说明义务，应认定某银行恩济支行具有侵权过错。某银行恩济支行虽主张其向王某说明了涉诉基金的相关情况，但未向该院提交相应证据，故该院对其该主张不予采信。另外，王某购买涉诉基金时在《须知》《确认书》上签字，但上述《须知》和《确认书》的内容系通用的一般性条款，未有关于王某本次购买的基金的具体说明和相关内容，故王某的上述签字行为并不能免除某银行恩济支行就涉诉基金的具体相关情况向王某作出说明的义务，亦不能因此而减轻某银行恩济支行未向王某说明涉诉基金具体相关情况的过错。

综合以上分析，某银行恩济支行在向王某推介涉诉基金过程中，存在明显不当推介行为和重大过错，若无某银行恩济支行的不当推介行为王某不会购买涉诉基金，相应损失亦无从发生，故应认定某银行恩济支行的过错行为与王某的损失之间存在因果关系。在此情况下，王某要求某银行恩济支行赔偿其前述损失的诉讼请求，于法有据，法院予以支持。

专家点评

本案的争议焦点是被告某银行恩济支行是否尽到提示说明义务。在金融消费合同中，金融机构往往会提供格式合同，从而对相关交易的风险、服务内容、违约责任等事项作出约定。金融消费者作为非金融专业的人士，很可能无法完全理解相关金融交易的交易风险，这就需要金融机构对金融消费者尽到合理的提示说明义务。本案中，被告某银行恩济支行向王某主动推介了“风险较大”的“经评估不适宜购买”的理财产品，却未有向王某对本次购买的基金的具体内容和风险责任进行说明，视为未将相关条款订入合同，被告不能据此而主张免责。

第四百九十七条　有下列情形之一的，该格式条款无效：

（一）具有本法第一编第六章第三节和本法第五百零六条规定的无效情形；

（二）提供格式条款一方不合理地免除或者减轻其责任、加重对方责任、限制对方主要权利；

（三）提供格式条款一方排除对方主要权利。

【条文释义】

本条是对格式条款无效事由的规定。

格式条款具有以下情形之一无效：

1. 格式条款具备民法典第一编第六章第三节和第506条规定的情形，即无民事行为能力人实施的民事法律行为、虚假的民事法律行为、违反法律强制性规定的民事法律行为、违背公序良俗的民事法律行为、恶意串通的民事法律行为，以及造成对方人身损害、因故意或者重大过失造成对方财产损害的免责条款，都一律无效。

2. 提供格式条款一方不合理地免除或者减轻责任、加重对方责任、限制对方主要权利。这些情形都不是合同当事人订立合同时所期望的，与当事人订立合同的目的相悖，严重地损害对方当事人的合法权益，明显违背公平原则等民法基本原则，因而都是导致格式条款无效的法定事由，只要出现其中一种情形，格式条款就无效。

3. 提供格式条款一方排除对方主要权利。排除对方当事人的主要权利，将导致对方当事人订立合同的目的不能实现，因而属于格式条款绝对无效的情形。

【案例评注】

何某某与和锦房产公司房屋买卖合同纠纷案[①]

基本案情

2013年3月19日，原、被告签订了一份《商品房买卖合同》，约定：由原告购买被告开发的“和锦名苑”5幢1单元8层1-××号房屋，房屋总价款189062元，买受人首期支付购房总价款的30%，即人民币59062元，其余房款130000元向顺庆联社新建信用社、银行或住房公积金管理机构借款支付；被告应当在2014年2月28日前向原告交付房屋，房屋在交付时应当取得规划验收批准文件、建筑工程竣工验收备案表；商品房达到约定的交付条件后，被告应当在交付的7日前，书面通知原告办理交接手续的时间、地点以及应当携带的证件；被告应当在2012年11月30日前，取得该商品房所在楼栋的权属证明，如因被告的责任未能在本款约定期限内取得该商品房所在楼栋的权属证明的，双方同意按照下列方式处理：买受人有权退房。买受人退房的，出卖人应当自退房通知送达之日起10日内退还全部已付款，并按照全部已付款的1‰向买受人支付违约金。买受人不退房的，合同继续履行，自出卖人应当取得该商品房所在楼栋的权属证明期限届满之次日起至实际取得权属证明之日止，出卖人应当按日计算向买受人支付全部已付款1‰的违约金，并于出卖人实际取得权属证明之日起30日内向买受人支付；商品房交付使用后，双方共同向权属登记机关申请办理房屋权属转移登记，如因被告责任，原告未能在商品房交付之日起365日内取得房屋所有权证书的，双方同意按照下列方式处理：买受人有权退房。买受人退房的，出卖人应当自退房通知送达之日起30日内退还全部已付款，并按照银行同期存款利率给付利息。买受人不退房的，自买受人应当取得房屋所有权证书的期限届满之次日起至实际取得房屋所有权证书之日止，出卖人应当按日计算向买受人支付全部已付款万分之0.5‰的违约金，并于买受人实际取得房屋所有权证书之日起20日内由出卖人支付。2013年8月27日，原告所购买房屋经竣工验收合格，同一天被告在南充晚报上刊登和锦名苑一期房屋的交房公告，原告所购房屋5号楼交房时间为2013年9月6日。

在签订《商品房买卖合同》的同一天，原、被告又签订了一份《商品房买卖合

① 审理法院：四川省南充市顺庆区人民法院，案号：2017川1302民初2256号。

同》的补充协议，约定：1. 合同中所称房地产权属证书仅指该房屋所有权证。……出卖人应当在该商品房始登记完成后365日内，协助买受人办理房屋所有权证。2. 双方同意，若因出卖人未能在买卖合同第二十条第二款约定日期届满时取得该商品完成后所在楼栋的权属证明，但买受人仍在第二十条第三款约定日期届满取得该商品房《房屋所有权证》的，则出卖人无须承担任何违约责任。3. 双方同意，买卖合同第二十条所述之出卖人责任是指：(1) 出卖人的权属证件不齐；(2) 出卖人未缴齐应缴政府管理部门的相关费用。除上述两种情况外的其他原因使房产权属登记机关未在合同约定的期间内给予办理该商品房的《房屋所有权证》，出卖人均不承担任何责任。若买受人无法按期取得商品房权属证书是买受人或政府管理部门的原因造成的，则出卖人不承担任何责任。

原告认为，该补充协议第六条、第十条是典型的格式条款，严重违背公平原则，免除了提供格式条款一方当事人应当承担的赔偿义务，排除对方当事人合法权益遭受侵害时追偿的权利，应当无效。按照合同约定，被告应当在交付房屋365天内协助原告办理房屋所有权证书，但至今被告也没有为原告办理房屋所有权证书，被告应当为其违约行为对原告作出相应的赔偿，请求法院：1. 判令被告立即为原告办理房屋所有权证和土地使用权证；2. 判令被告支付逾期办理土地使用权证和房屋所有权证的违约金9130元。

法院判决

法院认为，首先，和锦房产公司作为格式条款的提供方，应当依法履行说明和提示义务，但和锦房产公司对补充协议第十条无任何足以引起对方注意的文字、符号、字体等特别标识，和锦房产公司亦未举证证明其已就该格式条款内容对何某某进行了说明。其次，根据《最高人民法院关于审理商品房买卖合同纠纷案件适用法律若干问题的解释》第十八条“由于出卖人的原因，买受人在下列期限届满未能取得房屋权属证书的，除当事人由特殊约定外，出卖人应当承担违约责任：（一）商品房买卖合同约定的办理房屋所有权登记的期限”之规定，出卖人与买受人既可以约定出卖人协助办理房屋权属证书的期限，也可以约定出卖人不承担逾期未履行该协助义务的违约责任。故补充协议第十条规定关于出卖人协助办理房屋权属证书，仅指房屋所有权证且协助期限为该商品房初始登记完成后365日内之约定，符合法律规定。根据该约定，出卖人应当承担协助买受人办理房屋所有权证逾期的违约责任，仅是免除了出卖人协助买受人办理土地使用证逾期的违约责任，这并没有排除买受人的主要权利。因此，何某某与和锦房产公司签订的“补充协议”第十条格式条款不符合《最高人民法院关于适用〈中华人民共和国合同法〉若干问题的解释（二）》第十条应当认定无效的情形，何某某诉请认定"补充协议"第十条格式条款无效的理由不成立，法院不支持。最后，虽然和锦房产公司没有就"补充协议"格式条款免除其逾期交房违约责任，履行提示和说明义务，根据《最高人民法院关于适用〈中华人民共和国合同法〉若干问题的解释（二）》第九条之规定，买受人何某某可向人民法院申请撤销该格式条款。但根据《合同法》第五十五条关于"有下列情形之一的，撤销权消灭：（一）具有撤销权的当事人自知道或者应当知道撤销事由之日起一年内没有行使撤销权"之规定，何某某在签订补充协议后一年内没有向法院提出申请撤销格式条款，故其撤销权已消灭。综上，基于以上理由，"补充协议"第六条、第十条格式条款对双方当事人和锦房产公司、何某某均具有法律约束力，驳回原告何某某的诉讼请求。

专家点评

本案的争议焦点是涉案合同的补充协议第六条、第十条的效力。在实践中，由于合同双方的实际地位不对称，拥有优势的一方常常会在格式条款中约定不利于对方的内容，或者不合理地免除或者减轻其责任、加重对方责任、限制对方主要权利，或者排除对方主要权利。为了矫正这种利益失衡状况，合同法规定格式条款中出现上述情形的，相关条款无效。本案中，补充协议第十条规定关于出卖人协助办理房屋权属证书，出卖人应当承担协助买受人办理房屋所有权证逾期的违约责任，仅是免除了出卖人协助买受人办理土地使用证逾期的违约责任，这并没有排除买受人的主要权利，故不属于格式条款无效的情形。

第四百九十八条　对格式条款的理解发生争议的，应当按照通常理解予以解释。对格式条款有两种以上解释的，应当作出不利于提供格式条款一方的解释。格式条款和非格式条款不一致的，应当采用非格式条款。

【条文释义】

本条是对格式条款解释的规定。

格式条款解释，是在当事人对格式条款的含义存在不同理解时，应当依据何种事实、原则对该条款作出合理的说明。当对格式条款的理解发生争议时，应当对格式条款的内容进行解释。

格式条款解释的方法是：

1. 通常解释原则。格式条款解释的一般原则，是对有争议的合同条款按照通常的理解予以解释。

2. 不利解释原则。对格式条款有两种以上解释的，应当作不利于对格式条款的提供方的解释。这是因为格式条款是由特定的一方当事人提供的，其服从性和不可协商性有可能使对方当事人的意思表示不真实，因而使其利益受到损害。格式条款在整体上会出现有利于提供者而不利于相对方的问题等。为平衡这种不公正现象，保护消费者利益，采取不利解释原则。

3. 格式条款和非格式条款不一致的，应当采用非格式条款。这是指在格式条款合同中，既存在格式条款，又存在非格式条款，内容不一致，采用不同的条款会对双方当事人的利益产生重大影响。对此，非格式条款处于优先地位，应当采用非格式条款确认合同内容，与该非格式条款相矛盾的格式条款无效。

【案例评注】

陈某某与邓某某、唐某某等民间借贷纠纷案①

基本案情

2012 年 2 月 21 日，原告陈某某与被告邓某某签订系格式条款的借款合同一份，载明借款金额 130000 元，月利率 3%，借款期限 1 个月，自 2012 年 2 月 21 日起至 2012 年 3 月 20 日止，并约定如到期不还，违约金每天 1300 元。被告邓某某和唐某某系夫妻关系。被告陈某、戴某在担保人处签名。当日原告履行了出借义务。另外，在合同第四部分倒数第一行与第二行之间紧贴上行有小型打印文字“担保期限自还款之日起两年”。该文字的打印字体与本合同其他文字打印字体明显不一致，且行距的排列与整篇其他行距不成一体。借款发生后，几位被告均未还款。原告现诉至法院，要求被告邓某某、唐某某归还借款 130000 元及约定利息和违约金，并承担本案诉讼费用，被告陈某、戴某承担连带清偿责任。被告陈某、戴某辩称，担保属实，但是该借款有邓某某本人所有的车子和土地作抵押，并且约定还款期限是 1 个月，担保人的担保责任期限已届满，我们不应当再承担还款责任。

---

① 审理法院：江苏省阜宁县人民法院，案号：（2014）阜良民初字第 0115 号。

法院判决

首先，原、被告签订的借款协议中“担保条款”部分的倒数第一行于第二行之间夹着半行小型打印文字“担保期限自还款之日起两年”，被告陈某、戴某辩称该文字在签订协议时没有载明，系原告事后添加，而原告陈某某解释协议打印出来就是如此，并未更改。法院认为，该行文字从字体大小及整体排列来看，与通篇协议不成一体，而除该行文字外，整份合同文字清楚，条理清晰，并无其他因打印出现的瑕疵；其次，对于协议双方关键性的约定，如确系在打印时出现问题，引起偏差，原告完全可以及时重新打印，以避免日后之争议，故原告的陈述有悖常理，与生活逻辑不符；最后，案涉合同由原告提供，系格式条款，根据法律规定，引起争议时，应作不利于提供格式条款的一方的解释，故法院对借款协议上“担保期限自还款之日起两年”不应认定为原、被告双方的原始约定。

《担保法》第十九条规定，当事人对担保方式没有约定或约定不明确的，按照连带责任保证承担保责任；第二十六条规定，连带责任的保证人与债权人未约定保证期间的，保证期间为全部债务履行期届满之日起六个月。在合同约定的保证期间和前款规定的保证期间，债权人未要求保证人承担保证责任，保证人免除保证责任。对照此法律规定，法院没有认定原、被告约定保证期间，本案被告陈某、戴某的担保期间应当是主债务履行期届满之日起六个月，即 2012 年 3 月 20 日起至 2012 年 9 月 20 日止。在此期间，原告若未向保证人主张还款，则保证人免责。根据原告当庭提供的证据显示，原告陈某某向被告陈某、戴某主张保证责任的最早时间是 2013 年 2 月 24 日，而上述二被告均否认在此之前，原告曾向他们主张责任。换言之，原告没有证据证明在法定的担保期间内，曾向保证人主张保证责任，故对被告陈某某、戴某当庭提出免责的抗辩意见，法院依法予以采信，无需承担连带清偿责任。

专家点评

本案争议的焦点是“担保期限自还款之日起两年”是否应认定原、被告签订借款合同时的原始约定。合同是对双方权利义务的事先约定，对双方当事人和法官均具有拘束力，法官依据合同约定来裁判。但在很多情况下，合同约定并不是十分明确的，法官在依据合同约定裁判案件之前需要对合同条款进行解释。由于格式条款是由当事人一方提供，未与对方协商，合同法规定格式条款出现歧义时应当作出不利于提供格式条款一方的解释。本案中，“担保期限自还款之日起两年”的条款，从字体大小及整体排列来看，与通篇协议不成一体，有可能是原告事后添加，原被告双方发生分歧。由于原告是格式条款的提供方，应作不利于原告的解释，即“担保期限自还款之日起两年”不应认定为原、被告双方的原始约定。

第四百九十九条　悬赏人以公开方式声明对完成特定行为的人支付报酬的，完成该行为的人可以请求其支付。

【条文释义】

本条是对悬赏广告及规则的规定。

悬赏广告，是指广告人以公开广告的形式允诺对完成指定行为并给付一定报酬，行为人完成该种行为后，有权获得该报酬的行为。其特征是：（1）悬赏广告是要式行为，悬赏广告一经发出，即产生悬赏要约的拘束力；（2）悬赏广告是有赏行为，即约定有报酬，对于完成悬赏行为的人，按照广告确定的数额给付酬金；（3）悬赏广告是向不特定的任何人发出，当悬赏行为完成之后，行为人就已经确定；（4）悬赏广告的悬赏行为是合法行为。

对悬赏广告的性质，有契约说和单方允诺说的不同看法。本条规定悬赏广告的性质属于合同，是广告人以不特定的多数人为对象发出的要约，只要某人完成指定的行为即构成承诺，双方成立合同。悬赏广告的效力是，完成广告行为的人享有报酬请求权，广告人负有按照悬赏广告的约定支付报酬的义务。悬赏人不履行或者不适当履行支付报酬义务的，构成违约行为，应当承担违约责任。

【案例评注】

古丽尼萨汗·某某尔拉等与新疆高荣房地产开发有限公司悬赏广告纠纷案[①]

基本案情

2015年9月，原告购买了被告开发的江南商贸城的两套商品房。2015年11月24日，被告公司下发文件《关于江南商贸城“感恩回馈老业主”活动实施细

① 审理法院：新疆阿克苏地区阿克苏市人民法院，案号：（2016）新2901民初2396号。

则》，文件载明："时间范围：2015年11月28日至2015年12月31日；参与条件：必须是江南商贸城业主；奖励标准：老业主如再次购买或老业主推荐亲戚朋友，在活动期间购买江南商贸城商铺，老业主可获得新购买商铺面积×300元每平米的标准，作为之前购买商铺隔层补助现金奖励等"。2015年11月27日，被告公司下发文件《关于江南商贸城"感恩回馈老业主"活动政策》，文件载明："老客户带新客户购买商铺回款达到5万元，同时，A区一层、二层成交价不低于原总价的4.2折，B区一层二层、C区一层二层成交价不低于原告总价5.6折-30000元，给予老客户每平方米300元奖励；如低于上述成交价，则给予老客户每套商铺3800元奖励"。回馈活动资格界定：(1) 老客户必须亲自陪同；(2) 新客户为首次上门看房（如之前有过来访并距上次来访时间未超过7天，则不符合此政策)；(3) 填写《感恩回馈老业主》；(4) 新客户在介绍后缴纳5万元以上每间定金。

2015年12月22日，经原告介绍亚某某在江南商贸城商铺购买两套商铺A-1×-1××号及A-1×-1××号，每套面积62.14平方米，每套商铺原总价647250.2元，成交价254774元。原告介绍售出两套商铺后，被告公司未给予奖励，原告遂诉至法院，请求被告支付奖励7600元。

法院判决

法院认为，悬赏广告是悬赏人以公开方式声明对完成一定行为的人支付报酬的意思表示。本案中被告以公开方式声明老业主如再次购买或老业主推荐亲戚朋友，在活动期间购买江南商贸城商铺，老业主可获得奖励。原告介绍他人购买被告公司江南商贸城的商铺，被告公司应当给予奖励。原告介绍他人购买位于公司江南商贸城A区商铺原总价647250.2元，成交价254774元，成交价定于原总价的4.2折，按照活动政策应当给予原告每套商铺3800元的奖励。被告辩称原告介绍的两套商铺，只有一套符合新客户的标准，未提交证据予以证实，法院不予采信。最终，法院判决：一、被告新疆高荣房地产开发有限公司于本判决生效后向原告支付奖励7600元（3800元/每套×2套）；二、驳回原告其他诉讼请求。

专家点评

本案的争议焦点是被告应否向原告支付介绍他人购房的报酬。悬赏广告主要有两各层面的意义：一是悬赏广告人意思表示的外化，即向不特定人发出悬赏要约，并声明对完成一定行为的人给予报酬的意思表示；二是指此意思表示与指定行为的完成结合而成立的法律行为，悬赏人对完成指定行为的人负有给付报酬的义务。本案中，被告公司下发文件《关于江南商贸城“感恩回馈老业主”活动实施细则》，声明老客户介绍其他人买房可以获得奖励报酬，构成向不特定的老客户发出悬赏要约。原告介绍其他人购房后，就完成了“细则”指定的行为，有权请求被告公司支付约定的报酬。

第五百条 当事人在订立合同过程中有下列情形之一，造成对方损失的，应当承担赔偿责任：

（一）假借订立合同，恶意进行磋商；

（二）故意隐瞒与订立合同有关的重要事实或者提供虚假情况；

（三）有其他违背诚信原则的行为。

【条文释义】

本条是对缔约过失责任的规定。

缔约过失责任，也称为先契约责任或者缔约过失中的损害赔偿责任，是指在合同缔结过程中，当事人因自己的过失致使合同不能成立，对相信该合同为成立的相对人，基于此项信赖而生的损害应负的损害赔偿责任。

缔约过失责任的法律特征是：(1) 是缔结合同过程在中发生的民事责任；(2) 是以诚实信用原则为基础的民事责任；(3) 是以补偿缔约相对人损害后果为特征的民事责任。

缔约过失责任的作用在于保护交易安全，可以规范人们在缔约过程中恪守良性交易行为准则，禁止商业欺诈，促进公平交往。

缔约过失责任的主要表现是：

1. 假借订立合同，恶意进行磋商。恶意磋商实际上已经超出了缔约过失的范围，而是借恶意借订立合同之机加害于对方当事人或者第三人。对此造成的损失应当予以赔偿。

2. 故意隐瞒与订立合同有关的重要事实或者提供虚假情况。故意隐瞒构成缔约过失，如知道或者应当知道合同无效的原因存在而不告知对方，使对方产生信赖而造成损失。

3. 有其他违背诚信原则的行为。这是缔约过失责任的主要部分，只要当事人在缔约过程中具有违背诚信原则的过失，使对方相信合同已经成立，因而造成损失的，都构成缔约过失责任。

缔约过失责任的形式，是损害赔偿。对方因基于对对方当事人的信赖，而相信合同成立产生的信赖利益损失，有过失的一方缔约人应当全部予以赔偿。

【案例评注】

武陵源区卫生局与天达公司、乾坤公司合同纠纷案[①]

基本案情

2012年10月，乾坤公司受武陵源区卫生局的委托，就武陵源区卫生局所需彩超政府采购计划进行公开招标。天达公司参与此次招投标活动，并于2012年11月21日向乾坤公司交纳40000元的保证金。经讨论，确定第一中标候选人为天达公司；第二中标候选人为湖南省粮油食品进出口集团有限公司；第三中标候选人为湖南湘顺医疗器材有限公司。

2012年11月23日，第二中标候选人就天达公司标书中的技术参数部分向武陵源区卫生局及乾坤公司提出质疑，武陵源区卫生局要求天达公司答复，同时告知乾坤公司在正式确定中标结果之前不得擅自发出中标通知书，乾坤公司同意。2012年12月5日，武陵源区卫生局向武陵源区财政局采购办建议对本次招标项目予以废标。

2012年12月31日，乾坤公司向天达公司发出《中标通知书》。2013年1月16日，天达公司与湖南中康医用技术有限公司签订了医疗设备采购合同，并支付定金50万元。之后，因武陵源区卫生局未与天达公司签订彩超采购合同，天达公司因而未能履行与湖南中康医用技术有限公司签订的医疗设备采购合同，其所交定金50万元亦不予退回。

此后，张家界财政局驳回了广州碧信医疗器械有限公司因不满乾坤公司对"武陵源卫生局所需彩超公开招标项目"作出的质疑答复提出的投诉。2013年1月24日，天达公司分别向张家界市武陵源区政府采购办、武陵源区卫生局发出函告，要求武陵源区卫生局依据《中标通知书》列明的签约时间按时签订合同，二者均确认收函，但武陵源区卫生局在收函后并未与天达公司签订合同。2013年3月4日，天达公司再次向武陵源区卫生局发出函告要求签订合同。武陵源区卫生局在收到函告后，仍未与天达公司签订合同。天达公司遂向法院起诉，请求武陵源区卫生局赔偿其遭受的损失。

---

① 审理法院：湖南省张家界市中级人民法院，案号：（2014）张中民二再终字第10号。

法院判决

法院认为，乾坤公司作为采购代理机构，有权以书面形式发出《中标通知书》。天达公司接到《中标通知书》后，基于当时的实际情况，其有理由相信其已成为中标人，其并不知道乾坤公司是自行发出的《中标通知书》并基于此产生信赖利益，为履行招标项目签订合同，并没有违背诚实信用原则。在招标项目没有依法废标的前提下，采购人武陵源区卫生局没有依法按时确定中标人，并将中标结果告知第一中标候选人天达公司，基于事实不足以免除其基于诚实信用原则产生的通知和告知义务，依照《合同法》第四十二条的规定，被上诉人武陵源区卫生局应承担缔约过失责任，张家界市武陵源区卫生和计划生育局应赔偿上诉人张家界天达科技发展有限公司经济损失 65863 元。

专家点评

本案的争议焦点是被告是否应当承担缔约过失责任。在合同订立过程中，虽然双方尚未成立合同法律关系，但在缔约谈判过程中仍会给对方造成合理信赖，如果一方当事人违背诚实信用原则，有可能会损害对方的信赖利益，故而合同法要求其承担缔约过失责任，以充分保护当事人在缔约过程中的信赖利益。本案中，在招标项目没有依法废标的前提下，被告武陵源区卫生局没有依法按时确定中标人，并将中标结果告知第一中标候选人原告天达公司，导致原告天达公司为准备履行合同遭受损失，应当承担缔约过失责任。

第五百零一条 当事人在订立合同过程中知悉的商业秘密或者其他应当保密的信息，无论合同是否成立，不得泄露或者不正当地使用；泄露、不正当地使用该商业秘密或者信息，造成对方损失的，应当承担赔偿责任。

【条文释义】

本条是对缔约当事人承担保密义务的规定。

当事人在订立合同过程中，凡是知道对方当事人的商业秘密或者其他应当保密的信息，都必须负有保密义务，禁止向他人泄露，也禁止自己不正当地使用。这是因为，商业秘密和其他应当保密的信息，对当事人具有重要的财产价值，一旦失密，将会造成重大损失。基于缔约的需要，当事人开诚布公进行谈判、缔约，一旦掌握了对方的上述秘密，就必须负有保密义务。

知悉对方当事人的商业秘密或者其他应当保密的信息的当事人，如果违反保密义务，向他人泄露该秘密或者自己不正当地使用该商业秘密或者信息，凡是给对方造成损失的，都应当承担损害赔偿责任。这种损害赔偿责任的性质，应当根据缔约或者合同发展的不同阶段确认。如果发生在缔约过程中，为缔约过失责任；如果发生在合同无效阶段，构成合同无效责任；如果发生在合同履行阶段，构成违约责任；如果发生在合同履行完毕之后，则构成后契约责任。

【案例评注】

冯某诉微软中国公司缔约过失责任纠纷案[①]

基本案情

微软拼音输入法是微软公司开发并赠送客户使用的软件，有1.0、1.5、2.0、3.0、4.0共5个版本。冯某在使用电脑过程中发现2.0版有部分汉字的注音不正确，遂根据《字符和信息编码国家标准汇编》、词源、辞海等进行比对，查找出该版本的百余处注音错误。随后冯某又对1.5版、3.0版等进行对比，也查找出了一些错误。2001年9月至10月，冯某分3次从他认为存在注音错误的汉字中选出35个字，与其他33个注音正确的字混合在一起，以传真方式发给微软中国公司，注明了资料的来源并声明："……愿与微软中国公司切磋交流，续表待联系后定夺。谨防侵权。"同年11月上旬，冯某与微软中国公司就该不该付酬以及以何种名义付酬进行协商，未达成任何意向。12月13日，冯某再次向微软中国公司发出传真，指出"色、馇、~、钅界、扌于、铰、犬、石票"几个字的注音错误，并以表格形式将错误处、正确注音、对比样本页码一一列举，同时备注"任何单位、个人均不得发表与本表格形式、字样相同的清理结果，本人保留公开本表全部内容的权利"等。

2001年12月，微软中国公司根据某公司对拼音输入法2.0版126处错误注音校对表，以补订形式删除、更正了122个字的注音，其中有5个字的注音与冯某所指出的10个字注音错误中的5个相吻合。此后，微软中国公司又根据国家语

① 谭兆平：《商业秘密和缔约过失责任》，载《人民法院报》，网址：https：//www. chinacourt. org/article/detail/2004/09/id/133278. shtml。

委的审核意见，以补订形式删除、更正了1103处注音，其中有4个字的注音与冯某所指出的10个注音错误中的4个相吻合。2002年1月，微软中国公司正式回告冯某，以没有委托其进行校对为由，不同意支付酬金。冯某以“微软拼音输入法错误的发现和改正的方法属于商业秘密”为由，依照《合同法》第四十三条的规定，诉请微软中国公司赔偿损失1万元（以2000年12月13日传真中的10个字的注音，按每字1000元计算而来），并赔礼道歉。但未对“微软拼音输入法错误的发现和改正的方法”举证。

法院判决

一审法院认为，冯某纠出的10个字的注音错误不构成我国法律保护的商业秘密，微软中国公司以补订形式进行的补正行为未致冯某信赖利益损失，也未违反诚信原则。依据《反不正当竞争法》第十条第三款、《合同法》第四十三条的规定，判决驳回了冯某的诉讼请求。在二审中，微软中国公司基于冯某对IT产业的热心，奖励其9888元，调解结案。

专家点评

本案的争议焦点是冯某指出的微软公司输入法注音错误是否属于商业秘密的范畴，再则微软中国公司自动纠正注音错误的行为是否构成缔约过失责任。商业秘密是指不为公众所知悉、能为权利人带来经济利益、具有实用性并经权利人采取保密措施的技术信息和经营信息。在缔约过程中，经过双方的谈判磋商，一方可能会知悉对方所拥有的商业秘密，如果擅自使用就会给对方造成损失，合同法为保护商业秘密就要求其承担缔约过失责任。本案的关键在于微软公司输入法的注音错误是否属于商业秘密，如果是商业秘密微软公司就有可能负有缔约过失责任，否则就失去了承担缔约过失责任的前提基础。由于微软拼音输入法的注音是对不特定用户公开的，所有用户都可通过对比正确注音而发现错误，不具有秘密性，故而不属于商业秘密，微软公司也就不可能侵害原告的商业秘密。

第三章　合同的效力

第五百零二条　依法成立的合同，自成立时生效，但是法律另有规定或者当事人另有约定的除外。

依照法律、行政法规的规定，合同应当办理批准等手续的，依照其规定。未办理批准等手续影响合同生效的，不影响合同中履行报批等义务条款以及相关条款的效力。应当办理申请批准等手续的当事人未履行义务的，对方可以请求其承担违反该义务的责任。

依照法律、行政法规的规定，合同的变更、转让、解除等情形应当办理批准等手续的，适用前款规定。

【条文释义】

本条是对合同生效时间的规定。

合同的效力是合同对当事人的法律强制力。合同一经法律所承认，当事人就必须履行。合同的生效时间，是指已经成立的合同在当事人之间产生了法律拘束力，即通常所说的法律效力。合同生效时间，是合同在什么样的时间发生法律约束力。"同时成立之原则"，是合同生效时间的基本规则，即合同的成立与其效力同时发生。

合同生效时间包含两个内容：(1) 合同生效的一般时间界限，是合同依法成立。这里的"依法"，为承诺生效，合同即告成立。在这种情况下，合同成立和合同生效的时间是一致的。(2) 法律另有规定或者当事人另有约定的，按照法律规定或者当事人约定的合同生效时间发生法律效力。例如，当事人约定合同经过公证后生效，则在公证后合同生效。

本条第2款规定的是法律规定的合同生效时间。按照法律、行政法规规定应当办理批准等手续生效的合同，在办理了相关的手续时生效。如果没有办理批准等手续，该合同不生效，但不是合同无效，仍然可以通过补办手续而使其生效。因此，未办理批准等手续，并不影响合同履行报批、登记等义务条款以及相关条款的效力，这意味着：（1）这时的合同并非无效，而是未生效；（2）尽管合同不生效，但是这些条款的效力仍然不受影响，负有履行报批手续义务的一方仍然应当负担履行报批手续的义务，继续报批；（3）负有履行报批义务的当事人拒不履行该义务，使该合同无法生效的，应当承担损害赔偿责任，对对方当事人因此造成的损失，承担缔约过失责任。

本条第3款规定的是，法律、行政法规规定合同的变更、转让、解除等情形也须办理批准等手续生效的，与合同生效须批准是相同的，因此也应当按照第2款规定的上述规则处理。

【案例评注】

韦某1与韦某2确认合同有效纠纷案[①]

基本案情

原、被告是兄妹关系，原告与被告经协商共同出资购买商品房，于2017年6月20日与柳城鸿泉综合旅游开发有限公司签订《商品房买卖合同》，共同出资购买位于广西柳城县×××商品房，现未接收房屋，亦未办理不动产权证。2017年8月15日，原告与被告共同向中国工商银行股份有限公司柳城县支行办理按揭贷款，签订了《个人购房借款担保合同》，之后，原告自2018年1月起承担了偿还按揭贷款。2019年2月13日，原告与被告经对所购买的商品房协商一致，以甲方为被告、乙方为原告签订《两人合伙买房协议》。《两人合伙买房协议》第一条约定，购房实际总价款1280000元，购房首付款及其他费用总计共出资398730.02元，原告已出资278730.02元，被告已出资120000元，之后按揭贷款自2018年1月16日起至庭审时已由原告负责每月还贷5237.18元（已交清）。《两人合伙买房协议》第二条约定，被告自愿放弃共同购买的上述商品房的所有权利，由原告垫付购房款给被告120000元，由原告拥有所购房产的所有权。第三条约定，所购房产是按揭贷款购买取得，以原告韦某1名义还清贷款，此后，原告对房产的占有、使用或处分等办理一切手续过程中，被告不得以任何理由阻碍或拒绝。第五条约定，本协议仅是双方约定，不对抗第三方（贷款方：中国工商银行柳城支行）。第六条约定，原告承担还款义务，房产所有权归原告，原告支付给被告首付款120000元。协议经双方签字即生效。之后，原告起诉请求确认协议有效。

---

① 审理法院：广西壮族自治区柳城县人民法院，案号：（2019）桂0222民初362号。

法院判决

依法成立的合同，自成立时生效。法律、行政法规规定应当办理批准等手续生效的，依照其规定。原告与被告签订《两人合伙买房协议》，是双方当事人的真实意思表示，协议约定购买房产按揭贷款的偿还和最终房产权属，并表示是双方内部协议不得对抗第三人，该协议不损害国家利益和社会公共利益，不违反法律效力性禁止性规定，协议合法有效。依照《合同法》第四十四条，《物权法》第十五条的规定，法院判决确认原告韦某1与被告韦某2于2019年2月13日签订的《两人合伙买房协议》有效。

专家点评

本案争议焦点是双方签订的《两人合伙买房协议》是否有效。合同法奉行合同自由原则，除当事人另有约定或者法律规定需要履行审批手续外，合同就在成立时立刻生效。本案中，双方签订的《两人合伙买房协议》是双方的真实意思表示，并无违反法律强制性规定和公序良俗的内容，亦无需经申请办理批准手续，应在合同成立时生效，法院的判决值得赞同。

第五百零三条 无权代理人以被代理人的名义订立合同，被代理人已经开始履行合同义务或者接受相对人履行的，视为对合同的追认。

【条文释义】

本条是对无权代理人订立合同发生追认效力的规定。

无权代理人以被代理人的名义订立的合同，受民法典总则编第171条拘束，未被被代理人追认，该合同就对被代理人不发生效力。本条规定的规则是，对于无权代理人以被代理人的名义订立的合同，尽管被代理人没有明示表示追认，但是被代理人已经开始履行该合同约定的义务或者对对方当事人的履行行为予以受领的，就以被代理人的实际行为，表明他已经接受了该合同订立的事实，并且承认其效力，因而视为被代理人对该合同予以追认，无权代理人订立的该合同，被代理人应当承受法律上的后果，负担应当履行的义务，享有应当享有的权利。对此，被代理人不得再主张该合同对其不发生效力，善意相对人也不得对该合同行使撤销权。

【案例评注】

刘某诉甲保险公司无权代理合同纠纷案[①]

基本案情

袁某系刘某之母，刘某系李某之母。2011 年 1 月，袁某以刘某的名义在甲保险公司处为李某购买人寿保险，投保人系刘某，被保险人系李某，并于当天办理了缴保费专用银行卡。2011 年 1 月，袁某与甲保险公司签订保险合同时，袁某未提供刘某的授权委托书，但 2012 年 1 月、2013 年 1 月，刘某均从自己的账户向缴保费专用银行卡转入 2.5 万元，并于当天被自动划扣为保费。2015 年 3 月，刘某以保险合同系袁某签订，自己不知情为由，请求法院确认该保险合同无效。

法院判决

合议庭经合议认为，袁某未经刘某授权以刘某名义签订合同，系无权代理人。刘某声称自己对保险合同的签订不知情，但却缴了两期保费，系履行保险合同义务，应当视为对保险合同的追认，保险合同有效，故依法驳回了刘某的诉讼请求。

专家点评

本案的争议焦点是袁某与保险公司签订的保险合同对刘某是否有效。在无权代理合同中，由于代理人未经被代理人同意与相对人签订合同，不符合被代理人的意思表示，原则上不能对被代理人生效。但是，如果被代理人事后已经履行合同义务或者接受相对人履行的，属于以行为追认代理人的代理行为，得以弥补代理人签订合同时的代理权瑕疵，标的合同发生效力。本案中，刘某在袁某无权代理与保险公司签订保险合同后，缴纳了两期保费，系履行保险合同义务，构成对保险合同的追认，保险合同有效。

第五百零四条　法人的法定代表人或者非法人组织的负责人超越权限订立的合同，除相对人知道或者应当知道其超越权限外，该代表行为有效，订立的合同对法人或者非法人组织发生效力。

---

① 刘逼：《无权代理人以被代理人名义签订合同，被代理人履行合同义务，合同有效》，网址：http：//lsjfy. chinacourt. gov. cn/public/detail. php？ id =850。

【条文释义】

本条是对法人的法定代表人、非法人组织的负责人超越权限订立合同效力的规定。

民法典总则编第61条第3款规定："法人章程或者法人权力机构对法定代表人代表权的限制，不得对抗善意相对人。"对此，究竟应当如何确定法人的法定代表人等超越权限订立合同的效力问题，需要作进一步规定。

与第61条规定相衔接，本条规定，法人的法定代表人或者非法人组织的负责人，在订立合同时超越权限，对于这种合同是否具有法律效力，主要的标准是相对人是否知道或者应当知道其超越权限。如果相对人知道或者应当知道对方的法定代表人或者负责人超越权限，这个相对人就是非善意，订立的合同就不发生效力，法人或者非法人组织就可以以此对抗非善意的相对人，主张合同无效或者不生效。如果相对人不知道也不应当知道法定代表人或者负责人订立合同超越权限，且无过失，即相对人为善意，则该合同发生法律效力，法人或者非法人组织不得以法定代表人或者负责人超越权限而对抗善意相对人，不得主张该合同无效。

【案例评注】

陈某某与公路运输公司保证合同纠纷案①

基本案情

公路运输公司系国有资本投资设立并控股的一人有限责任公司，公司重大决策由董事会决定。陈某某承包公路运输公司的车辆。2013年9月，公路运输公司的法定代表人秦某某（2013年12月30日法定代表人由秦某某变更为王某）向陈某某借款。陈某某分别于2013年9月8日、9月9日向秦某某汇款10万元、20万元，并于同年9月9日向秦某某交付现金20万元。2013年9月9日，秦某某向陈某某出具借条一份，载明"今借陈某某人民币伍拾万元整，借期六个月归还"，并在担保人处加盖公路运输公司的公章。秦某某取得借款后，未向陈某某归还借款。陈某某于2014年6月25日以公路运输公司未为秦某某借款承担保证责任为由向原审法院起

① 审理法院：浙江省宁波市中级人民法院，案号：（2014）浙甬商终字第932号。

诉，请求判令：公路运输公司即时归还陈某某借款50万元，并按中国人民银行同期贷款年利率6%支付自2014年3月10日起至判决确定履行日止的利息损失。

法院判决

法院认为，秦某某虽为公路运输公司的法定代表人，但其加盖公路运输公司公章为自己借款提供担保，属于违反法定忠实义务的无权代表行为。且公路运输公司系国有资本控股公司，根据《企业国有资产法》第三十条、第三十三条之规定，国有资本控股公司为他人提供大额担保，须经公司股东会、股东大会或者董事会决定，秦某某的行为亦超越了其权限。秦某某无权代表行为的对外效力，根据《合同法》第五十条之规定，应考量陈某某是否知道或者应当知道秦某某的行为超越权限。案件中，陈某某系公路运输公司的车辆承包人，应当知晓公路运输公司性质以及相关议事规则，理应知道公路运输公司对外提供担保需要经董事会决定，且秦某某以公路运输公司为其个人债务提供担保，其行为具有明显的超越代表权的外观，陈某某根据借条理应知道秦某某的行为不是代表公路运输公司的职务行为。因此，综合考虑案件的交易经过和事实，陈某某不属于《合同法》第五十条保护的善意相对人，故秦某某的代表行为对公路运输公司不产生效力，借条不能约束公路运输公司，涉案保证合同无效。陈某某要求公路运输公司对秦某某的债务承担保证责任的诉讼请求无事实和法律依据，不予支持。

专家点评

本案的争议焦点是涉案保证合同是否有效。根据合同法规定，法人的法定代表人或者非法人组织的负责人超越权限订立的合同，如果相对人知道或者应当知道其超越权限的，该合同对法人或者非法人组织不发生效力。由此可知，在认定超越代理权限的合同效力时，相对人是否具有善意是关键，如果相对人为善意则合同有效，否则无效。本案中，公路运输公司系国有资本投资设立并控股的一人有限责任公司，该公司原法定代表人秦某某未经公司董事会同意，在涉案借条落款的担保人处加盖公路运输公司公章为自己向陈某某借款提供担保，且陈某某系公路运输公司的车辆承包人，二者具有密切的交易关联，应当知道秦某某的代表行为超越其权限，不具有善意，应当认定涉案保证合同无效。

第五百零五条 当事人超越经营范围订立的合同的效力，应当依照本法第一编第六章第三节和本编的有关规定确定，不得仅以超越经营范围确认合同无效。

【条文释义】

本条是对超越经营范围订立合同效力的规定。

民法典第一编第65条规定："法人的实际情况与登记的事项不一致的，不得对抗善意相对人。"这一规定，在当事人超越经营范围订立的合同的效力方面，仅仅是说法人不得以此对抗善意相对人，但是在具体的合同效力上，应当如何体现，需要进一步规定。

本条确定的规则是，当事人超越经营范围订立的合同的效力，应当依照总则编第六章关于民事法律行为效力问题的规定以及本编关于合同效力的规定来确定，如果具有无效的事由，则应当确定合同无效，如果属于可撤销民事法律行为，则依照撤销权人的意志确定撤销还是不撤销，如果是效力待定的民事法律行为，则应当依照具体规则处理。如果不存在这些方面的法定事由，那么，这个合同就是有效的，不能仅仅以订立合同超越了该法人或者非法人组织的经营范围而确认合同无效。这样的规则，体现了第65条规定的不得对抗善意相对人的要求。如果相对人是非善意，则应当依据上述民事法律行为效力的基本规则确定合同的效力。

【案例评注】

杨某、邹某某租赁合同纠纷案①

基本案情

2016年9月23日，原告邹某某与被告杨某签订了一份《关于由矿沙中提取金银场地的租赁协议书》，协议约定：被告将位于田东县杨某家庭农庄沙金加工场地大榕树下六个池出租给原告，租期为3年，租金为每年10万元，在原告进场前先预交2万元租金和5000元水电费押金，2个月后付清3个月租金的余额，以后一次性交3个月租金，先交租金后使用；被告负责外围的安全保卫工作，配合原告生产，提供良好的生产环境与条件，无偿提供现有的住房和生产设备，不足部分由原告负责购买，费用由原告负责，期满后设备必须完好交还被告；外围的协商关系（包括政府职能部门的关系）由被告负责协调，保证原告生产的正常化

① 审理法院：山西省运城市垣曲县人民法院，案号：(2016) 晋0827民初313号。

进行，如发生非政府职能部门原因影响生产，产生经济损失，由被告承担其经济责任；在租赁期间，被告不得以任何理由为难原告，如有此现象，被告负责赔偿原告所产生的经济损失；生产过程中产生的废渣由原告负责处理，费用由原告承担。协议签订当天，原告按约定向被告转账支付预付租金及水电押金共计25000元，被告也向原告出具收条予以佐证。协议签订后，被告所提供的场地与协议内容不符，而原告未实际进场经营，并向被告提出要求解除合同，退还租金及押金。

由于双方未达成一致意见，原告遂向一审法院提起诉讼，提出如下诉讼请求：1. 撤销原告邹某某与被告杨某签订的《关于由矿沙中提取金银场地的租赁协议书》；2. 被告返还原告预交的场地租金及水电费25000元；3. 被告赔偿原告造成的误工费、交通费5000元。

法院判决

法院认为，根据《金银管理条例》第十九条："申请经营（包括加工、销售）金银制品、含金银化工产品以及从含金银的废渣、废液、废料中回收金银的单位，必须按照国家有关规定和审批程序，经中国人民银行和有关主管机关审查批准，在工商行政管理机关登记发给营业执照后，始得营业。"从此条法律规定得知，提取金银属于国家特许经营。原、被告2016年9月23日签订《关于由矿沙中提取金银场地的租赁协议书》，系双方当事人的意思真实表示，该协议约定被告提供场地、部分设备等给原告，由原告从事矿沙中提取金银的经营活动，但原、被告均未能提交已取得相关部门特许从事提取或回收金银经营活动的审批手续，应视为原、被告未取得特许经营的资格。《最高人民法院关于适用〈中华人民共和国合同法〉若干问题的解释（一）》第十条："当事人超越经营范围订立合同，人民法院不因此认定合同无效。但违反国家限制经营、特许经营以及法律、行政法规禁止经营规定的除外。"因此，原、被告双方签订的合同当属于无效合同，依法应当确认合同无效。被告认为合同合法有效的主张，于法相悖，不应采信。《合同法》第五十六条："无效的合同或者被撤销的合同自始没有法律约束力"，第五十八条："合同无效或者被撤销后，因该合同取得的财产，应当予以返还"。因此，被告依据无效合同取得的原告预付租金20000元及水电押金5000元，理应退还。原告明知自己未取得特许经营，也未尽到对被告是否取得涉案协议约定提取沙金的相关合法经营手续的审查义务，其自身存在过错，其主张要求被告支付误工费、交通费，于法无据，不应支持。依照《合同法》第五十六条、第五十八条，《金银管理条例》第十九条，《最高人民法院关于〈中华人民共和国合同法〉适用若干问题的解释（一)》第十条之规定，法院判决：一、确认原告邹某某与被告杨某2016年9月23日签订的《关于由矿沙中提取金银场地的租赁协议书》无效；二、被告杨某于本判决生效之日起十日内向原告邹某某退还预付场地租金20000元及水电押金5000元，共计25000元。

专家点评

本案的争议焦点是涉案租赁合同的效力。在经济生活中，许多当事人会超越经营范围订立合同，事后各方当事人可能会因此而对合同效力发生争议，之前也有许多案件认定超出经营范围的合同无效，导致对经济生活干涉过多，引发诸多不良后果。为纠正这一弊端，现行法规定法官不得仅以超越经营范围确认合同无效，但如果合同违反其他强制性规定的，仍然可能会导致无效。本案中，提取金银属于国家特许经营，涉案租赁合同系被告提供场地、部分设备等给原告，由原告从事矿沙中提取金银的经营活动，但双方均未能提交已取得相关审批手续，未取得特许经营的资格，应当认定为无效。

第五百零六条 合同中的下列免责条款无效：

（一）造成对方人身损害的；

（二）因故意或者重大过失造成对方财产损失的。

【条文释义】

本条是对合同免责条款无效的规定。

合同免责条款，是指双方当事人在合同中预先达成一项协议，免除将来可能发生损害的赔偿责任的合同条款。合同免责条款的特点是：(1）免责条款具有约定性；(2）免责条款须以明示方式作出，并规定在合同中；(3）免责条款具有免责性，对当事人具有相当的约束力。故本条只规定免责条款无效的事由，排除这两个具体事由的免责条款，其他都是有效的。合同免责条款分为人身伤害的免责条款和财产损害的免责条款。

1. 人身损害的免责条款，是在合同中约定免除当事人在履行合同中造成人身伤害，对方当事人对此不负责任，免除其赔偿责任的条款。这种免责条款是无效的。按照这一规定，在所有的劳动合同中，双方当事人约定免除人身伤害赔偿责任的，都没有法律上的拘束力，都不能预先免除雇主的赔偿责任。不过这一规定有特例，如在竞技体育中，对于某些有严重危险的项目，事先约定免除人身伤害的竞赛者的民事责任，为有效。例如，拳击、散打、跆拳道、搏击等项目，一方过失造成对方的人身伤害，并不承担赔偿责任；只有故意伤害对方当事人的，才应当承担赔偿责任。

2. 对财产损害的事先免责条款无效的规定，是因故意或者重大过失造成对方财产损害的也予以免责，就是无效的免责条款。这样的免责条款，将会给对方当事人以损害他人财产为合法理由，若合同当事人都可以在合同中借签订免责条款，逃避任何法律制裁，那么受害人在免责条款的约束下，将无从得到法律上的救济。因此，确定这种免责条款无效。

【案例评注】

苏某某与佛山南海万达广场有限公司确认合同无效纠纷案[①]

基本案情

被告为从事房地产开发经营的有限责任公司。2014 年 5 月 4 日，原告向被告交纳了定金 50000 元，向被告认购南海 × × × 房。2014 年 9 月 24 日，原、被告签订《广东省商品房买卖合同》，约定原告向被告购买由被告开发预售的 × × × 房，总房价 2273392 元，合同还对面积确认及面积差异处理、付款方式及期限、逾期付款的违约责任、交付期限、逾期交房的违约责任、规划设计的变更约定、交接、装饰设备标准承诺的违约责任、基础设施及公共配套建筑正常运行的承诺、产权登记的约定、保修责任等权利义务进行了约定。

同日，原、被告还签订了一份《合同补充协议》，对送达方式、付款及逾期付款、房屋交付、规划及设计变更、房屋装修装饰及设备标准、配套设施设备、办理产权登记手续、房屋质量及保修、前期物业管理、广告效力及示范单位、合同解除违约责任、不可抗力及其他条款作出补充约定。

2015 年 6 月 28 日，被告出具发票，确认收取原告购房款 2269245 元。2015 年 8 月 9 日，原告签署房屋交接单。

2016 年 5 月 11 日，原告提起本案诉讼。诉讼中，原告明确因风机噪音和餐饮废气排放影响其权利，其主张权利需以补充协议无效为前提，故提起本案诉讼。

---

① 审理法院：广东省佛山市南海区人民法院，案号：（2016）粤 0605 民初 7853 号。

法院判决

法院认为，原告在签订《广东省商品房买卖合同》的同时签订了《合同补充协议》，现原告仅主张《合同补充协议》无效，其主张不能成立，理由如下：(1) 该补充协议的签订符合房屋买卖交易习惯。在实践中，房地产销售企业在签订房屋买卖合同时，都会另行拟定比较详细的条款以进一步明确双方的权利义务，即并非本案被告特意拟定补充协议加重原告责任、免除自己责任。(2) 该补充协议的签订主体合法，被告是具有房产开发及销售资质的企业法人，原告是具有完全民事行为能力的自然人，双方均具备签署补充协议的行为能力，该补充协议自原、被告签章或签名之日起即成立并生效。(3) 原、被告之间为商品房买卖合同关系，被告的主要责任就是向原告提供符合法律要求的房屋并协助办理房产所有权证书，相对应，原告的主要权利就是收取房屋、办理过户手续及使用，该部分权利义务在商品房买卖合同中已作相应的约定，补充协议并未对上述权利义务作出免除或加重。(4) 原告已支付完全部购房款，并办理了房屋交接手续，在原告办理完房地产权证后，原、被告之间的房屋买卖合同履行完毕，补充协议中有关合同履行的约定已对原、被告的权利义务无影响，现原告再主张确认该部分约定无效已无实际意义。(5) 补充协议其他条款中有关原告承诺放弃权利的约定，应根据被告违约行为对原告权利造成影响的程度，结合纠纷的实际情况，考虑该条款对原告有无约束力，故此部分约定并非当然无效。当原告权利受损害主张权利时，如果被告以此约定对抗，法院才应审查该部分约定权利义务是否对等，被告以此约定抗辩能否免责等，但本案中原告并未向被告主张任何实体权利，法院不宜直接认定该部分条款的效力。(6) 至于原告提出的风机噪音和餐饮废气影响权利的问题，原告购买房屋后，基于物权享有对房屋占有使用的权利，当其权利受损时，基于物权保护可向任何侵权人主张权利，原告认为以补充协议无效作为主张权利的前提的理由不能成立。综上，原告起诉请求确认《合同补充协议》无效的事实和理由并不充分，法院依法对原告主张不予支持。

专家点评

本案的争议焦点是涉案补充协议中的免责条款是否无效。在缔约过程中，如果双方当事人的现实地位不平等，一方可能会利用自身优势要求对方接受不合理的免责条款，实质造成当事人意思表示的不自由。为了矫正这一缺陷，合同法规定，造成对方人身损害的和故意或者重大过失造成对方财产损失的免责条款无效。本案中，涉案补充协议的内容符合房屋买卖交易习惯，被告并无加重原告责任、免除自己责任的情形，不符合免责条款无效的情形，法院驳回原告的诉讼请求值得赞同。

第五百零七条 合同不生效、无效、被撤销或者终止的，不影响合同中有关解决争议方法的条款的效力。

【条文释义】

本条是对合同解决争议条款效力的规定。

当一个合同不生效、无效、被撤销或者终止时，合同不再对当事人具有拘束力。当事人对合同发生争议，如果合同因不生效、无效、被撤销或者终止，该合同解决争议的条款也都无效或者不发生效力，就使合同争议的解决丧失了解决的具体办法。因此，无论是合同不生效、无效、被撤销或者终止，都不能影响合同关于解决合同争议方法的条款的效力，解决争议，必须按照原来合同的约定进行。

具体包括的内容是：(1) 合同不生效的，但是在争议发生时，解决争议的条款已经生效。(2) 合同被宣告无效的，解决合同争议方法的条款继续有效，不能因合同无效而使其无效。(3) 合同被撤销的，解决合同争议方法的条款不能撤销，仍然有效。(4) 合同终止，意味着合同消灭，但是解决合同争议方法条款的效力不能消灭。

【案例评注】

徐某1与徐某2、季某民间借贷纠纷案[①]

基本案情

原告徐某1与被告徐某2系堂兄弟关系。被告徐某2、季某原系夫妻关系，双方于2011年4月22日登记结婚，2014年4月经法院判决离婚。2011年6月3日，两被告向原告借款。原告于同日向信用社贷款20万元并通过转账方式将其出借给两被告。因两被告未按约还款，原告于2013年5月20日用向他人所借的20

① 审理法院：浙江省常山县人民法院，案号：(2015) 衢常商初字第623号。

万元归还了信用社贷款。同年5月28日，原告又以房屋装修为由向信用社贷款20万元用以归还向他人所借款项，两被告为原告提供抵押担保，三方签订《个人抵押借款合同》一份，约定借款金额为20万元；借款期限为2013年5月29日起至2015年5月25日止；利息按月利率8.3025‰计算；还款方式为到期还本，按季还息。次日，被告徐某2向原告出具借条一份，约定所欠20万元于两年内归还，利息按月利率2%计算；如逾期未还，可向原告所在地法院起诉，由此产生的律师费由借款人承担。原告按约履行《个人抵押借款合同》向信用社还本付息后，向两被告催索借款无果，为此诉至法院，诉请：1、两被告归还原告借款本金200000元并支付利息；2、两被告赔偿原告律师代理费6000元；3、诉讼费用由两被告负担。

法院判决

本案原告以房屋装修为由向金融机构套取信贷资金又转贷给两被告，且两被告事先知道，双方之间的借款合同违反法律法规强制性规定，应认定为无效。合同无效，合同当事人因该合同取得的财产，应当予以返还。因此，两被告基于无效合同取得的20万元款项，应当予以返还，并应承担已实际向信用社支付的利息。合同无效不影响合同中有关解决争议方法的条款的效力，因此对原告要求两被告承担律师费损失的请求予以支持，被告徐某2、季某还应共同返还原告徐某1借款本金20万元并支付自2013年5月29日起至2015年5月25日止按月利率8.3025‰计算的利息。

专家点评

在经济生活中，合同时常会因违反法律强制性规定、公序良俗等原因而导致无效，合同对当事人不再具有拘束力。但是，法官在认定合同无效之后，当事人往往会因此而发生纠纷。对此，《民法典合同编》第507条规定，合同中的争议解决条款不会因此而无效，既可以为法官定分止争提供依据，也更为符合当事人的真实意思。在本案中，涉案借款合同虽然无效，并不影响合同中有关“律师费由借款人承担”的争议解决条款的效力，法官据此要求被告承担原告的律师费损失有理有据。

第五百零八条 本编对合同的效力没有规定的，适用本法第一编第六章的有关规定。

【条文释义】

本条是对认定合同效力适用民事法律行为效力规则的规定。

在原《民法通则》和原《合同法》之间，曾经存在民事法律行为效力规则和合同效力规则的双重规制，部分规定之间存在冲突。这是在松散型民法中不可避免的问题，故只能以新法优于旧法的原则处理。

在编纂民法典中，对这样的做法进行了整合和调整，在第一编规定了完整的民事法律行为效力的规则。在合同编的本章，拾遗补缺，规定了部分合同效力的条款，如第506条。故在确定合同效力上，首先要适用本编规定的规则，这是特别法；本编没有规定的，适用民法典总则编关于民事法律行为效力的规则。二者综合起来，就是确定合同效力的完整规则。

【案例评注】

某银行湖墅支行与赵某某、高某某管辖纠纷案①

基本案情

原审原告某银行湖墅支行以高某某、赵某某为被告向杭州市拱墅区人民法院起诉称，高某某与某银行湖墅支行签订了《最高额抵押合同》和《个人贷款借款合同》，赵某某向某银行湖墅支行出具了《共同还款承诺书》，某银行湖墅支行按约发放了200万元贷款，但期限届满后高某某、赵某某均未归还本金及利息。为此，某银行湖墅支行诉请判令高某某和赵某某共同偿还借款本金200万元及利息，并要求高某某承担抵押担保责任。

诉讼中，某银行湖墅支行提交了《个人贷款借款合同》《最高额抵押合同》《他项权证》《共同还款承诺书》等证据，其中《个人贷款借款合同》第十五条记载“甲、乙双方在履行本合同过程中发生争议时，可以通过协商解决，也可以直接向乙方所在地人民法院起诉”，高某某在该合同上作为甲方签字盖章，某银行湖墅支行在该合同上作为乙方盖章。赵某某在《共同还款承诺书》第二条承诺对高某某与某银行湖墅支行签订的上述借款合同项下债务承担连带共同还款责任，“具体权利义务按照借款人与贵行签订的相关合同执行”。原审法院裁定，高

① 审理法院：浙江省杭州市中级人民法院，案号：(2015)浙杭辖终字第1115号。

某某与某银行湖墅支行签订的《个人贷款借款合同》和《最高额抵押合同》均约定就合同争议向某银行湖墅支行所在地法院提起诉讼，该约定不违反级别管辖和专属管辖的规定，亦不影响当事人的实体权益，合法有效，故原审法院基于当事人约定而对本案具有管辖权。

赵某某不服原审裁定，上诉称，根据《民事诉讼法》第二十一条的规定“对公民提起的民事诉讼，由被告住所地人民法院管辖”，赵某某的身份证住址为杭州市江干区景芳五区某室。涉案合同约定争议由某银行湖墅支行所在地法院管辖，该合同系格式合同，银行未对条款尽详细说明义务，故该协议管辖条款无效。因此，本案应由杭州市江干区人民法院管辖。

法院判决

上诉法院认为，某银行湖墅支行（作为乙方）与高某某（作为甲方）签订有一份《个人贷款借款合同》，其中约定“如有争议可向乙方所在地人民法院起诉”，该约定意思表示明确，符合上述法律规定，合法有效。赵某某向某银行湖墅支行出具的《共同还款承诺书》中对该《个人贷款借款合同》的内容亦予以确认。至于涉案合同是否系格式合同、银行是否尽到说明义务、合同是否无效，需经实体审理判定，且并不影响合同中有关解决争议方法的条款的效力。故原审法院基于上述约定，作为“乙方（某银行湖墅支行）所在地法院”对本案享有管辖权。赵某某要求由被告住所地人民法院管辖之主张不能成立。原审裁定正确，法院对赵某某的上诉请求不予支持。

专家点评

本案的争议焦点是涉案合同中的管辖权约定是否有效。在司法实践中，标的合同经常会因各种原因而被认定为无效，如违反法律强制性规定、违背公序良俗等，法律为了妥善解决合同无效引发的纠纷，从而规定合同无效不影响合同中有关解决争议方法的条款的效力。本案中，虽然被告提出涉案合同可能会因属于格式合同、未尽说明义务等原因导致无效，由于涉案合同关于管辖权的约定属于争议解决条款，即使涉案合同无效也不会影响管辖权约定条款的效力，法官应当依据合同中的管辖权条款确定有管辖权的法院。

第四章　合同的履行

第五百零九条　当事人应当按照约定全面履行自己的义务。

当事人应当遵循诚信原则，根据合同的性质、目的和交易习惯履行通知、协助、保密等义务。

当事人在履行合同过程中，应当避免浪费资源、污染环境和破坏生态。

【条文释义】

本条是对履行合同原则的规定。

合同履行是合同债务人全面地、适当地完成其合同义务，以确保债权人的合同债权得到完全实现。

合同履行的原则，是指当事人在履行合同债务时应当遵循的基本准则。当事人在履行合同债务中，只有遵守这些基本准则，才能够实现债权人的债权，当事人期待的合同利益才能实现。

本条规定了三个合同履行原则：

1. 遵守约定原则，亦称约定必须信守原则。依法订立的合同对当事人具有法律约束力。双方的履行过程一切都要服从于约定，信守约定，约定的内容是什么就履行什么，一切违反约定的履行行为都属于对该原则的违背。遵守约定原则包括：（1）适当履行原则，合同当事人按照合同约定的履行主体、标的、时间、地点以及方式等履行，且均须适当，完全符合合同约定的要求。（2）全面履行原则，要求合同当事人按照合同所约定的各项条款，全部而完整地完成合同义务。

2. 诚实信用原则，对于合同及合同履行的各个方面均应适用，根据合同的性质、目的和交易习惯履行合同义务。具体包括：（1）协作履行原则，要求当事人要基于诚实信用原则的要求，对对方当事人的履行债务行为给予协助，一是及时通知，二是相互协助，三是予以保密。（2）经济合理原则，要求当事人在履行合同时应当讲求经济效益，付出最小的成本，取得最佳的合同利益。

3. 绿色原则，依照民法典第9条规定，履行合同应当避免浪费资源、污染环境和破坏生态，遵守绿色原则。

【案例评注】

王某某与孙某买卖合同纠纷案①

基本案情

原告王某某于2016年向被告孙某提供网架球坯，共计110530元，至今仍剩余41530元未支付，并于2017年3月5日向原告出具欠条一份，内容为：2017年3月5日，今欠王某某球坯款41530元，署名孙某1。庭审中，被告承认孙某1是其小名，该欠条系被告出具。经原告多次催讨，被告至今未付，故诉至法院。被告孙某辩称：如果原告给被告开具增值税发票，被告就将货款给付原告，原告不能开具增值税发票被告就不给付货款。

法院判决

法院认为，原、被告之间的买卖合同有效，原告已履行交付货物的义务，被告所欠货款有欠条予以证明。因此，对于原告要求被告偿还货款41530元的主张，予以支持。关于被告要求原告开具发票的问题，法院认为，合同义务分为主合同义务与附随义务，一方单纯违反附随义务，在已经履行了主合同义务的情况下，另一方以对方未履行附随义务提出的抗辩理由，不能成立，除非附随义务的履行与合同目的的实现具有密切联系。而交付普通发票的义务属于合同附随义务，本案系原告诉请判令被告支付货款的买卖合同纠纷，原告已将网架球坯交付被告，已经履行了主合同义务，被告尚未支付全部货款。因被告不能证明双方存在“先开具发票再付款”的约定，故被告不能以原告未履行开具发票的附随义务作为拒绝支付货款的抗辩理由。被告亦未提出反诉，被告可另行诉请原告开具发票，在本案中，法院不予受理。

专家点评

本案的争议焦点是被告违反附随义务可否成为原告拒绝给付货款的抗辩理由。附随义务的存在是为了协助实现主给付义务，法律依据诚实信用原则，要求当事人

---

① 审理法院：江苏省徐州市铜山区人民法院，案号：（2017）苏0312民初3552号。

履行的通知、协助、保密等义务。尽管如此，在某些情况下，一方违反附随义务有可能会导致对方无法实现合同目的，此时对方有权提出先履行抗辩权或者同时履行抗辩权，要求违反附随义务方履行附随义务。本案中，原告未履行给付发票的附随义务，有可能会导致被告无法实现申报税款等目的，对企业经营造成重大影响，被告主张“原告不能开具增值税发票被告就不给付货款”实为行使先履行抗辩权，法官在未要求原告开具发票的前提下判令被告给付货款，是否恰当值得斟酌。

第五百一十条 合同生效后，当事人就质量、价款或者报酬、履行地点等内容没有约定或者约定不明确的，可以协议补充；不能达成补充协议的，按照合同相关条款或者交易习惯确定。

【条文释义】

本条是对合同非主要条款补充和确定方法的规定。

如前所述，合同的标的和数量是主要条款，其他条款属于非主要条款。当事人就合同的主要条款达成合意即合同成立，非主要条款没有约定或者约定不明确，并不影响合同成立，采用确定的方法予以确定。

对合同的非主要条款没有约定或者约定不明的解决办法是：

1. 补充协议。只要事后进行补充协议即可。补充协议对非主要条款作出明确约定，合同内容即为完善，可以进行履行。对合同的非主要条款进行协议补充，应当遵循自愿原则，协商一致即可。

2. 进行确定。当事人就合同的非主要条款的补充协议不能达成一致，则应当依照合同的有关条款或者交易习惯予以确定。

【案例评注】

金某与何某、某有限责任公司买卖合同纠纷案[①]

基本案情

第二被告为某有限责任公司（自然人独资），股东何某为第一被告，出资额

① 审理法院：江西省新余市渝水区人民法院，案号：（2015）渝民初字第00016号。

3000 万，出资比例 100.0%，同时担任法定代表人。第二被告于 2014 年 3 月 9 日、2014 年 3 月 14 日、2014 年 3 月 21 日、2014 年 4 月 20 日四次向原告购买碎米合计 186.61 吨。2014 年 7 月 7 日，原告与第二被告经结算，第二被告欠原告货款合计 424510 元，当日第二被告向原告付款 24510 元，第一被告在《辉宏公司与金某购碎米明细表上》确认并签名“何某肆拾万元整 2014.7.7”。清算后，原告多次向二被告要求支付拖欠货款未果，原告于 2014 年 12 月 16 日向法院提起诉讼，请求第二被告清偿货款及其利息，第一被告承担连带清偿责任。

法院判决

法院认为，本案属于买卖合同纠纷，原告与第二被告之间的买卖行为已构成买卖关系，合法有效。原告按双方约定履行了供货义务，第二被告拖欠原告货款构成违约，依法应承担支付货款的民事责任。故，对原告要求第二被告支付货款 400000 元的诉请，法院予以支持。对原告要求第二被告承担逾期付款损失 15000 元以及承担自 2014 年 12 月 4 日起至实际付款之日止的逾期付款损失的诉请，原告与第二被告未对货款支付期限进行明确约定。根据《合同法》第六十一条“合同生效后，当事人就质量、价款或者报酬、履行地点等内容没有约定或者约定不明确的，可以协议补充；不能达成补充协议的，按照合同有关条款或者交易习惯确定”的规定，法院确定第二被告应自双方结算之日起即 2014 年 7 月 7 日起承担支付货款的义务，逾期未履行义务应承担逾期付款的损失，另因原告与第二被告未约定逾期付款违约金或违约金的计算方式，根据《最高人民法院关于审理买卖合同纠纷案件适用法律问题的解释》第二十四条第四款“买卖合同没有约定逾期付款违约金或者该违约金的计算方法，出卖人以买受人违约为由主张赔偿逾期付款损失的，人民法院可以中国人民银行同期人民币贷款基准利率为基础，参照逾期罚息利率标准计算”的规定，法院确定按中国人民银行同期贷款年利率 6% 计算逾期付款损失。因此，本案中第二被告的逾期付款行为已给原告造成损失计人民币为 9733.33 元（400000 元 ×6% ÷360 天 ×146 天 =9733.33 元暂计算至 2014 年 12 月 3 日止），对原告主张该损失予以支持，超出部分不予支持。

同时，法院支持原告要求第二被告承担自 2014 年 12 月 4 日起至实际付款之日以上述利率计算标准所造成的逾期付款损失。关于原告要求第一被告应对第二被告所欠货款及逾期付款损失承担给付责任的诉请，第二被告为一人有限责任公司，是自然人独资公司，其股东为第一被告，本案在审理期间，第一被告未向法院提供证据证明，第二被告的财产独立于第一被告自己的财产，第一被告应对第二被告所欠原告货款及逾期付款损失承担连带责任。

专家点评

本案的争议焦点是两被告是否应当向原告支付拖欠货款的利息。在真实的市场交易中，市场主体通过讨价还价的谈判方式缔结契约、督促契约条款的履行等是需要花费成本的，使得缔约者必须在“交易成本”及“合同完整度”之间作出取舍。也就是说，当事人的缔约行为会受到交易成本的制约，需要在权衡缔约成本和预期收益的基础上，决定是否对特定违约损害作出约定，如果谈判成本很高以至于超出事先约定可以带来的收益，双方就会放弃对特定事项的协议，导致不完全合同的产生，留待损害实际发生后再行协商或者交由法院来裁决。为应对合同的不完整性，合同法允许当事人事后对未约定事项进行事后约定，如果当事人不能达成“补充协议”，法官就应按照合同有关条款或者交易习惯填补合同漏洞。本案中，当事人未对迟延支付货款的利息作出约定，且双方不能在事后达成补充约定，法院参照中国人民银行同期人民币贷款基准利率来填补该漏洞，至为恰当。

第五百一十一条　当事人就有关合同内容约定不明确，依据前条规定仍不能确定的，适用下列规定：

（一）质量要求不明确的，按照强制性国家标准履行；没有强制性国家标准的，按照推荐性国家标准履行；没有推荐性国家标准的，按照行业标准履行；没有国家标准、行业标准的，按照通常标准或者符合合同目的的特定标准履行。

（二）价款或者报酬不明确的，按照订立合同时履行地的市场价格履行；依法应当执行政府定价或者政府指导价的，依照规定履行。

（三）履行地点不明确，给付货币的，在接受货币一方所在地履行；交付不动产的，在不动产所在地履行；其他标的，在履行义务一方所在地履行。

（四）履行期限不明确的，债务人可以随时履行，债权人也可以随时请求履行，但是应当给对方必要的准备时间。

（五）履行方式不明确的，按照有利于实现合同目的的方式履行。

（六）履行费用的负担不明确的，由履行义务一方负担；因债权人原因增加的履行费用，由债权人负担。

【条文释义】

本条是对合同非主要条款继续确定的规定。

所谓继续确定，就是当事人就有关合同内容约定不明确，依照前条规定仍不能确定的，应当进一步确定，以便使合同债务得到履行。

继续确定适用的方法是：

1. 质量要求不明确的，按照强制性国家标准履行；没有强制性国家标准的，按照推荐性国家标准履行；没有推荐性国家标准的，按照行业标准履行；没有国家标准、行业标准的，按照通常标准或者符合合同目的的特定标准履行。其实，这个标准的顺序应当倒过来，即首先是通常标准、合同目的的特定标准，其次是行业标准，最后是国家标准。

2. 价款或者报酬不明确的，按照订立合同时履行地的市场价格履行；依法应当执行政府定价或者政府指导价的，按照规定履行。这个规定很明确。

3. 履行地点不明确，给付货币的，在接受货币一方所在地履行；交付不动产的，在不动产所在地履行；其他标的，在履行义务一方所在地履行。

4. 履行期限不明确的，债务人可以随时履行，债权人也可以随时要求履行，但是应当给对方必要的准备时间。

5. 履行方式不明确的，按照有利于实现合同目的的方式履行，如按照标的物的性质确定履行方式。

6. 履行费用的负担不明确的，由履行义务一方负担；因债权人原因增加的履行费用，由债权人负担。

【案例评注】

恒地公司与林某某物业服务合同纠纷案[①]

基本案情

林某某系厦门市湖里区嘉兴里22号308室的业主，其房屋位于永升新城小区

① 审理法院：福建省厦门市中级人民法院，案号：（2016）闽02民终2779号。

内，建筑面积为85.9平方米。2011年10月11日，永升业委会（甲方）与厦门鑫志高物业服务有限公司（乙方）签订了一份《永升新城委托物业服务合同》，约定甲方委托乙方对永升新城小区提供统一的、专业化的物业服务，服务期限自2011年10月15日起至2013年12月31日止，乙方负责或接受甲方委托向业主和物业使用人收取物业管理费、车辆场地占用费、公共维修金等，其中多层住宅的物业服务费收费标准为0.5元/平方米/月、公共维修金收取标准为0.2元/平方米/月，小高层住宅的物业服务费收费标准为0.9元/平方米/月、公共维修金收取标准为0.25元/平方米/月。双方还对其他权利和义务作出了约定。2012年3月21日，恒地公司名称由厦门鑫志高物业服务有限公司更名为恒地公司。2013年期间，永升新城小区过半数业主已支付物业管理费且已付费业主的专有部分总和占小区建筑物总面积过半数。

2013年1月4日，恒地公司向永升业委会发出一份《关于永升新城提价实施的函》，载明永升新城物业服务费提价意见征询工作已于2012年12月顺利完成，征询结果已经专有部分占建筑物总面积过半数的业主且占总人数过半数的业主同意（双过半原则），已具备提价的条件：自2013年1月1日起，永升新城物业管理综合服务费用作出如下调整：多层住宅由0.5元/平方米/月调整为0.7元/平方米/月、小高层住宅由0.9元/平方米/月调整为1.1元/平方米/月、店面商场由1元/平方米/月调整为1.2元/平方米/月。2013年1月24日，业委会主任陈某在该函件下方备注“按相关法律规定执行。业主同意（双过半原则）其材料必须是真实、可靠，不得有半点虚假。如以上情况不属实，由此产生的后果由恒地公司负全责”。2014年1月10日，恒地公司与永升业委会签订《永升新城委托物业服务合同补充协议》，约定原《永升新城委托物业服务合同》第六条所约定的服务期限顺延至2015年12月31日止，第九条所约定的多层住宅的物业服务费用标准为0.7元/平方米/月、公共维修金为0.2元/平方米/月，小高层住宅的物业服务费用标准为1.1元/平方米/月、公共维修金为0.25元/平方米/月等。

事后，林某某未向恒地公司支付2011年10月15日至2015年6月30日的物业管理费及公维金，恒地公司向一审法院起诉，请求判令：1. 林某某向恒地公司立即支付自2011年10月15日至2015年6月30日的物业公维金、水电公摊等费用共3222元；2. 林某某按每日千分之三支付逾期付款滞纳金（自逾期之日起计算至实际付清上述款项之日止）。林某某抗辩称，恒地公司在物业管理过程中存在瑕疵，故不应支付物业管理费。

法院判决

法院认为，恒地公司与永升业委会签订的《永升新城委托物业服务合同》及

《永升新城委托物业服务合同补充协议》系当事人的真实意思表示，内容不违反法律、行政法规的强制性规定，合法有效，该两份合同依法对全体业主均具有约束力。现恒地公司主张物业管理费自 2013 年 1 月 1 日起即已提高至多层住宅按 0.7 元/平方米/月、小高层住宅按 1.1 元/平方米/月计算。根据恒地公司向永升业委会发出的商洽函件及永升业委会的陈述可知，永升业委会虽对恒地公司提高物业收费标准的商洽函件持保留意见（要求恒地公司所提供业主同意的材料真实可靠），但在事后亦通过将业主意见的汇总结果向业主公示、由业主提出异议的方式对恒地公司所提之征询结果进行了核实，并通过以新的物业管理收费标准续签合同的方式对物业管理费的提高予以了确认。而永升新城小区 2013 年物业管理费的支付情况亦可体现专有部分占建筑总面积过半数的业主且占总人数过半数的业主已按提高后的标准支付了物业管理费，业主的上述行为应视为对此前提价征询意见的确认、追认或相应的变更。因此，永升新城小区物业管理费自 2013 年 1 月 1 日起提高收费标准符合《物业管理条例》第十一条及第十二条的规定，小区业主应按提高后的标准支付物业管理费。本案中，林某某房屋的建筑面积共 85.9 平方米，属多层住宅，其 2011 年 10 月 15 日至 2015 年 6 月 30 日应支付的物业管理费为 2426.68 元、公维金为 764.51 元，共计 3191.19 元。因物业服务合同及补充协议对物业管理费及公维金的支付期限未作约定，根据《合同法》第六十二条之规定，恒地公司可随时要求林某某履行支付义务，但需给予林某某必要的准备时间，故恒地公司关于要求林某某支付 2011 年 10 月 15 日至 2015 年 6 月 30 日上述费用的诉讼请求部分成立。

另外，据林某某提交的照片、双方在本案审理过程中的陈述以及现场勘查可知，恒地公司提供的物业管理服务存在诸多瑕疵及不完善之处，林某某作为业主通过迟延支付相关费用进行救济和抗辩，不宜认定为违约，恒地公司要求林某某支付滞纳金的诉讼请求，依据不充分，应不予支持。

专家点评

本案的争议焦点是恒地公司是否有权要求林某某缴纳物业管理费及公维金。不完全合同理论的核心洞见就是任何一个合同都有可能是不完整的，破除了“人为自己立法”的迷信，为法官填补合同漏洞奠定了正当性基础。本案中，涉案物业合同没有对林某某向恒地公司支付物业管理费及公维金的期限作出约定，属于不完全合同，法官应当对其填补确定该期限。合同法规定，履行期限不明确的，债务人可以随时履行，债权人也可以随时要求履行，但是应当给对方必要的准备时间。恒地公司关于要求林某某支付 2011 年 10 月 15 日至 2015 年 6 月 30 日上述费用，已经给与林某某相应的准备时间，法官应予支持。

第五百一十二条 通过互联网等信息网络订立的电子合同的标的为交付商品并采用快递物流方式交付的，收货人的签收时间为交付时间。电子合同的标的为提供服务的，生成的电子凭证或者实物凭证中载明的时间为提供服务时间；前述凭证没有载明时间或者载明时间与实际提供服务时间不一致的，以实际提供服务的时间为准。

电子合同的标的物为采用在线传输方式交付的，合同标的物进入对方当事人指定的特定系统且能够检索识别的时间为交付时间。

电子合同当事人对交付商品或者提供服务的方式、时间另有约定的，按照其约定。

【条文释义】

本条是对网络交易电子买卖合同的商品交付时间的规定，以前的法律对此没有规定，这是根据网络交易发展的实际情况规定的新规则。

确定网络交易合同的交付时间，分为三种情形：

1. 网络买卖合同的商品交付，采用快递物流方式交付标的物的，应当以收货人的签收时间为交付时间，因为签收时间准确记载了买受人受领交付的标的物的时间。网络服务合同，由于没有明显的交付标志。因此，以生成的电子凭证或者实物凭证中载明的时间为实际提供服务时间，例如，约车服务行为的实际服务时间，就是电子凭证记载的时间；如果前述凭证没有载明时间或者载明时间与实际提供服务时间不一致的，以实际提供服务的时间为准。

2. 电子合同的标的采用在线传输方式交付的，例如，网络咨询服务合同，合同标的为咨询报告，在该报告进入对方当事人指定的特定系统并且能够检索识别的时间为交付时间。例如，发送的邮件打不开，另行发送并且能打开的时间为交付时间。

3. 电子合同当事人对交付商品或者提供服务的方式、时间另有约定的，按照其约定。例如，网络买卖合同的买受人主张自己选择快递物流取货的，将买卖标的物交付给买受人自己选择的快递物流单位的时间为交付时间。

【案例评注】

霞浦瑞智公司、刘某某网络购物合同纠纷案①

基本案情

被上诉人刘某某通过天猫商城购买了上诉人瑞智母婴专营店的婴幼儿配方乳粉。上诉人通过汇通快递邮寄给被上诉人。被上诉人收货当天就申请退货、退款。上诉人根据被上诉人的申请立即退款，双方达成一致意见解除合同的条件为：退货、退款。上诉人及时履行了退款义务，被上诉人却一直未履行退货义务。一审认定本案适用网络购物合同纠纷，由买受人住所地法院管辖，上诉人霞浦瑞智公司提出上诉，主张应该将该案移送到出卖人所在地法院管辖。

法院判决

上诉法院认为，本案为网络购物合同纠纷。《民事诉讼法》第二十三条规定："因合同纠纷提起的诉讼，由被告住所地或者合同履行地人民法院管辖。"《最高人民法院关于适用〈中华人民共和国民事诉讼法〉的解释》第二十条规定："以信息网络方式订立的买卖合同，通过信息网络交付标的的，以买受人住所地为合同履行地；通过其他方式交付标的的，收货地为合同履行地。合同对履行地有约定的，从其约定。"本案所涉买卖合同是以信息网络方式订立，通过快递物流方式交付货物，故收货地为合同履行地，且合同对合同履行地没有约定。根据订单信息显示，收货地为江西省上饶市广丰区洋口镇，故江西省上饶市广丰区为合同履行地。原审法院作为合同履行地人民法院依法对本案有管辖权。至于本案网络购物合同是否解除，属于案件实体审理的范围，不属于本案管辖权异议审理对象。上诉人提出被上诉人刘某某滥用诉权，这不是管辖权异议的正当理由，故该上诉理由不能成立。原审裁定认为原告住所地为合同履行地，适用法律不当，应予纠正，但裁定结果正确，应予维持。

专家点评

本案的争议焦点是涉案网络购物合同的履行时间。在通常的买卖合同中，出卖人将标的物交付给买受人或者承运人时，合同就已经履行，合同履行地也就是

① 审理法院：江西省上饶市中级人民法院，案号：（2018）赣11民辖终9号。

交付地。但在网络购物合同中，买受人一般不能决定标的物的承运人，标的物在运输过程中灭失的风险较高，法律规定网络购物合同的交付时间即买受人收货时，可以将该风险转嫁给出卖人，提高对消费者的保护程度。本案中，原被告双方是以网络购物的方式签订合同，属于网络购物合同纠纷，其性质并不因双方事后解除合同而改变，法院认定合同履行时间为买受人收到货物时，履行地也就是买受人所在地。

第五百一十三条　执行政府定价或者政府指导价的，在合同约定的交付期限内政府价格调整时，按照交付时的价格计价。逾期交付标的物的，遇价格上涨时，按照原价格执行；价格下降时，按照新价格执行。逾期提取标的物或者逾期付款的，遇价格上涨时，按照新价格执行；价格下降时，按照原价格执行。

【条文释义】

本条是对执行政府定价或政府指导价价格调整的规定。

合同的标的物属于政府定价或者政府指导价的，必须按照政府定价和政府指导价确定其价格，当事人不得另行约定价格。

政府定价是国家对少数关乎国计民生的产品由政府直接确定价格，企业不得违背的定价。政府指导价是政府对少数产品确定一个中准价，各地根据当地情况做出具体定价，按照当地政府确定的定价进行交易，当事人应当执行这种定价。

合同在履行过程中，如果遇到政府定价或者政府指导价作调整时，确定产品价格的原则是保护按约履行合同的一方。具体办法是：

1. 执行政府定价和政府指导价的，在履行中遇到政府定价或者政府指导价作调整时，应按交付时的政府定价或者政府指导价计价，即按新的价格执行：交付货物时，该货物提价的，按已提的价格执行；降价的，则按所降的价格计算。

2. 当事人逾期交货的，该产品的政府定价或者政府指导价提高时，按原定的价格执行；该产品政府定价或者政府指导价降低时，按已降低的价格执行。

3. 当事人超过合同规定时间提货或付款的，该产品的政府定价或者政府指导价提高时，按已提高的价格计价付款；该产品政府定价或者政府指导价降低时，则按原来合同所议定的价格执行。

【案例评注】

裴某某与永兴建材厂、琚某某买卖合同纠纷案[①]

基本案情

被告永兴建材厂又名新乡市新邦水泥有限公司，生产经营水泥。原告裴某某于2014年8月22日在该厂订购73吨水泥。原告裴某某按每吨220元，将货款16060元交付给被告琚某某后，被告永兴建材厂为其出具了标号为932.5、数量为73吨的提货单黑红两联单。提单号码为000773，并盖有新乡市新邦水泥有限公司财务专用章。在原告裴某某提货时，被告永兴建材厂已停止生产，未向原告裴某某供货。后原告裴某某多次向被告永兴建材厂、琚某某催要该水泥及货款。被告永兴建材厂、琚某某以种种理由，一直未给付原告裴某某水泥，也未退还货款。随后，原告提起诉讼，要求二被告退还16060元货款及利息，或者按水泥现价退还19710元货款。

法院判决

法院认为，买卖合同是出卖人转移标的物的所有权于买受人，买受人支付价款的合同。本案中原告裴某某向被告永兴建材厂支付货款后，被告永兴建材厂为原告裴某某出具了73吨水泥的提货单，但被告永兴建材厂一直未将该73吨水泥交付给原告裴某某。因该水泥厂一直处于停产状态，该买卖合同已无法继续履行，应予解除，故原告裴某某要求被告永兴建材厂退还已交付的水泥款，予以支持。《合同法》第六十三条第二款规定，逾期交付标的物的，遇价格上涨时，按照原价格执行；价格下降时，按照新价格执行。本案中，被告永兴建材厂逾期交付货物，且因停产已无法交付，原告裴某某要求被告永兴建材厂退还货款，法院予以支持，应以当时的购买价格退还，即每吨220元，73吨，也就是16060元。因此，原告裴某某要求按现在市场价每吨270元返还货款，理由不能成立。对于被告琚某某收取货款的行为，是履行被告永兴建材厂的职务行为，应由被告永兴建材厂承担权利义务，故原告裴某某要求被告琚某某退还货款的理由不能成立，法院不予支持。因原被告双方对逾期交货设有约定利息，原告裴某某要求被告永兴建材厂支付利息的请求，不予支持。

---

① 审理法院：河南省封丘县人民法院，案号：（2018）豫0727民初1240号。

专家点评

本案的争议焦点是被告应当以何时的价格返还给原告价款。合同是一种面向未来的法律关系，债务人履行债务会受到各种情势的影响，很有可能无法按期履行合同债务，影响债权人合同权利的实现。为了鼓励守约，惩罚违约，合同法规定逾期交付标的物的，遇价格上涨时，按照原价格执行；价格下降时，按照新价格执行。但是，本案被告逾期未能交付标的货物，需要向原告返还预付的价款，与给付货款不同。为了惩罚被告的违约行为，如果价格上涨则应按照新价格执行，如果价格下降就按照原价格执行，才能起到惩罚违约的效果。本案法官要求被告按照原来的低价返还价款，实际上无法起到惩罚违约的效果，需要商榷。

第五百一十四条 以支付金钱为内容的债，除法律另有规定或者当事人另有约定外，债权人可以请求债务人以实际履行地的法定货币履行。

【条文释义】

本条是对金钱债务履行方式的规定。

金钱债务，又称为金钱之债、货币之债，是指以给付一定数额的金钱为标的的债务。金钱债务的履行，涉及清偿时用何种货币支付的问题。本条规定的规则是：(1) 法律规定或者当事人有约定的，依照法律规定或者当事人约定的货币种类予以支付。如法律规定在境内不能以外币支付而应当以人民币结算；当事人约定的支付币种不违反国家法律规定的，当然也没有问题。(2) 债权人可以请求债务人以实际履行地的法定货币履行。法定货币是指不代表实质商品或货物，发行者亦没有将货币兑现为实物义务，只依靠政府的法令使其成为合法通货的货币。法定货币的价值来自拥有者相信货币将来能维持其购买力。例如，我国大陆地区的法定货币是人民币，香港地区是港币，澳门地区是澳门币。当金钱债务涉及这些地区时，债权人可以提出用实际履行地的法定货币清偿债务。

【案例评注】

拉图拉甘（青岛）国际酒业集团有限公司与尚某劳动合同纠纷案[①]

基本案情

原告与被告先后签订了3份固定期限的劳动合同，合同期限分别为2010年3月1日至2011年2月28日、2011年3月1日至2012年2月28日、2012年3月1日至2014年6月20日。被告在原告处工作期间2013年有5天未休年休假。2014年6月23日原告以劳动合同到期为由为被告出具了解除/终止劳动合同报告书及解除终止劳动合同人员登记表。2014年5月16日被告与原告签订了协议，内容为："甲方：拉图拉甘（青岛）国际酒业集团有限公司　乙方：尚某甲乙双方就乙方在职期间提成和奖励款的支付作出如下协议……2、乙方同意甲方将以上款项中的58000元以实物的形式支付。这里的实物是指甲方经营的各类酒水（清仓酒除外），价格以批发价为准。

被告向青岛市崂山区劳动争议仲裁委员会提起仲裁，请求被申请人支付申请人2014年1月提成即协议中提到的58000元，青岛市崂山区劳动争议仲裁委员会做出的青崂劳人仲案字（2014）第408号裁决书，裁决被申请人拉图拉甘（青岛）国际酒业集团有限公司在本裁决生效之日起十日内支付申请人尚某提成和奖励款58000元。原告对该裁决不服，诉至法院。

法院判决

法院认为，关于被告主张的58000元提成问题，虽然《劳动法》第五十条规定，工资应当以货币形式按月支付给劳动者本人；《山东省企业工资支付规定》第十七条规定，企业应当以货币形式支付劳动者工资，不得以实物或者有价证券等代替货币支付。但根据《最高人民法院关于审理劳动争议案件适用法律若干问题的解释（三）》第十条规定："劳动者与用人单位就解除或者终止劳动合同办理相关手续、支付工资报酬、加班费、经济补偿或者赔偿金等达成的协议，不违反法律、行政法规的强制性规定，且不存在欺诈、胁迫或者乘人之危情形的，应当

① 审理法院：山东省青岛市崂山区人民法院，案号：（2014）崂民三初字第497号。

认定有效。”因被告与原告于2014年5月16日签订的协议明确约定被告的提成和奖励款中的58000元以实物的形式支付，且该约定没有违反法律、行政法规的强制性规定，被告亦未能提供证据证明原被告签订上述协议存在欺诈、胁迫或者乘人之危的情形。为此，法院应认定原被告签订该协议有效，原被告应按照协议约定履行其权利义务。为此法院对被告要求原告以货币形式支付其提成和奖励款58000元的诉讼请求不能予以支持。

专家点评

本案的争议焦点是原告应以何种方式支付被告主张的58000元提成。在涉及支付金钱为内容的债务中，通常以实际履行地的法定货币履行债务对债权人和债务人都较为便利，故而除合同另有约定外，债权人可以请求债务人以其所在地的法定货币清偿债务。但在本案中，被告与原告签订的协议明确约定被告的提成和奖励款中的58000元可以实物的形式支付，并未违反法律强制性规定，对双方当事人均有拘束力，原被告应按照协议约定履行其权利义务。

第五百一十五条　标的有多项而债务人只需履行其中一项的，债务人享有选择权；但是，法律另有规定、当事人另有约定或者另有交易习惯的除外。

享有选择权的当事人在约定期限内或者履行期限届满未作选择，经催告后在合理期限内仍未选择的，选择权转移至对方。

【条文释义】

本条是对选择之债选择权的规定。

选择之债，是指债的关系在成立之时，确定的标的有数个，当事人在履行时可以选定其中一个而为给付的债。其要件是：(1) 须预定数种给付债务；(2) 须于数种给付债务中选定其一为给付。凡在债的给付标的、履行时间、方式、地点等诸方面可供选择的债，都为选择之债。

选择之债因选择权的行使，而最终确定一个给付为债的标的，并因此产生溯及既往的效力。在数种给付中，确定其一为给付，就是选择之债的确定。选择权也叫择定权，是指在选择之债中，一方当事人享有的因自己的意思表示而引起选择之债变更为简单之债的形成权。

选择权以属于债务人为原则，因为债务毕竟是要由债务人实际履行的，债务人在履行债务之前如果选择之债规定的数种选择不能确定，债务人不能作履行的准备，从而也就不能很好地履行债务。将选择权归属于债务人，既有利于保护债务人的利益，也有利于债务的履行。如果法律另有规定或者当事人另有约定，则从其规定或者约定。

选择权可以转移。转移的条件是，享有选择权的当事人在约定期限内或者履行期限届满未作选择，经催告后在合理期限内仍未选择的。选择权转移至对方的，由新的选择权人行使。

【案例评注】

赵某与罗某某合伙协议纠纷案[①]

基本案情

原告罗某某和被告赵某原来系合伙关系，后来决定停止合伙关系，赵某在拆伙时向罗某某出具三笔款项为38000元、16594元和38900元。对于第一笔38000元的款项，赵某在出具该欠条时明确承诺“定于1月内付清此款或给竹签或退拉丝机”，后来赵某未能按时还款，罗某某向法院提起诉讼，请求赵某支付该款项。一审法院判决赵某应向罗某某支付38000元，赵某不服，提起上诉。

法院判决

上诉法院认为，对于38000元欠条本身，赵某在出具该欠条时明确承诺“定于1月内付清此款或给竹签或退拉丝机”。该承诺具有选择性，债务人赵某履行其中一项即可清偿该38000元债务。赵某逾期未履行上述承诺，罗某某在本案中请求赵某返还38000元欠款，罗某某对原先的选择性债权最终确定为要求赵某履行其中的“付清此款”。二审期间，经法院释明后，罗某某仍坚持该“付清此款”的债务履行方式，法院予以尊重。原审判决赵某清偿38000元给罗某某，既符合双方当事人的约定，又尊重债权人的选择，法院予以维持。赵某上诉请求以返还拉丝机抵销38000元欠款债务，依据不足，法院不予支持。

---

① 审理法院：广东省佛山市中级人民法院，案号：(2014)佛中法民二终字第984号。

专家点评

本案争议是被告应该如何向原告清偿第一笔债权。在经济生活中，某些债权的债务标的本身具有不确定性，当事人在订立合同时尚无法确定以何种方式清偿债务更具便利性，故而在合同中约定多种清偿债务的方式，当届至清偿期时才最终确定采用何种方式清偿债务。这种选择性债务是当事人自主约定的结果，符合合同自由的原则，法官应当予以尊重。当双方当事人对于选择何种方式清偿债务出现分歧时，法律规定债权人享有选择权，因为债务最终是由债务人履行的，债务人可以选择最为经济有效的方式来履行。如果享有选择权的当事人在约定期限内或者履行期限届满未作选择，经催告后在合理期限内仍未选择的，选择权转移至对方。本案中，债务人赵某在合同履行期限内既没有履行合同，也未行使选择权，选择权转移至原告债权人处，原告要求债务人支付38000元是行使选择权的结果，应予支持。

第五百一十六条 当事人行使选择权应当及时通知对方，通知到达对方时，标的确定。标的确定后不得变更，但是经对方同意的除外。

可选择的标的发生不能履行情形的，享有选择权的当事人不得选择不能履行的标的，但是该不能履行的情形是由对方造成的除外。

【条文释义】

本条是对选择之债选择权行使规则的规定。

选择权是形成权，一经行使，即发生选择的效力，被选择的债务就被特定化，其他选项的债务消灭。故享有选择权的当事人在行使选择权时，以对相对人作出意思表示而发生效力，即及时通知对方，通知到达对方时，债务标的确定，从而使该选择之债自始成为简单之债。基于该意思表示的此种效力，该意思表示非经相对人同意，不得变更，也不得撤销，只有在对方当事人同意的情况下才除外。

如果在选择之债的数种给付中，其中一个或数个因不可抗力等原因而履行不能时，则选择权人只能就剩余的给付加以选择。尤其是只有一种可以履行而其他均发生履行不能时，则当事人丧失选择的余地，只能按可以履行的标的履行，选择之债变更为简单之债，无须另行选择。此种不能履行应当以不可归责于无选择权的当事人为限。如果该履行不能因无选择权的当事人的行为所致，则选择权人仍然有权就该不能履行的给付加以选择。如果选择权人为债务人，可以通过选择不能履行的给付而免予承担自己的债务；如果选择权人为债权人，则其可以通过选择不能履行的给付而解除合同，追究对方的违约责任。

【案例评注】

董某某与李某某买卖合同纠纷案[①]

基本案情

2011年1月7日，许某某和原告董某某签订转让协议，约定将宣城市九龙石灰厂转让与原告。并由原告向许某某出具转让款欠条一份。2016年3月17日，原、被告李某某达成转让协议一份，约定原告将其经营的宣城市九龙石灰厂及附属设施以76.8万元价格转让与被告。协议第二条约定：转让款项为人民币76.8万元，双方签订此协议后乙方李某某暂时支付定金6.8万元，三日内乙方应配合甲方办理工商变更登记手续，再在三日内支付甲方30万元，余款肆拾万元自2016年7月起每月月底前向甲方董某某以市场价购买乙方石灰的方式支付五万元（须达到甲方质量要求，如达不到要求按现金支付），总欠款在2017年元月27日前付清，甲方须保证该厂保持石灰厂现状，否则乙方有权解除该协议并可要求甲方全款无条件退回定金。第三条：签订协议后六个月内的其他纠纷，甲方必须协助解决（如有与村民未解决事项均由甲方承担解决）。第六条：违约责任，本协议签订后，甲乙双方均应信守本协议，乙方如有未按期付款或有任何一方违反本协议则为违约，违约方应向守约方支付违约金（10万元）并承担由此所造成的一切经济损失。后被告支付了定金6.8万元，办理工商变更登记后又支付30万元。

后来，被告未支付应付款5万元，董某某向法院提出诉讼请求：判令被告偿付到期转让款5万元并承担逾期付款约定违约金10万元。

法院判决

法院认为，依原、被告间签订的转让协议的性质，被告对原告所负债务为选

---

① 审理法院：安徽省宣城市宣州区人民法院，案号：（2016）皖1802民初3923号。

择之债，第一种是原告接收被告供货。第二种是若货物质量未达要求，可要求被告支付货款。因被告未按时供货的行为从根本上已使第一种方式给付不能，则上述选择之债特定化。故原告要求被告支付相应货款法院予以支持。原告选择主张要求被告支付5万元及违约金10万元，结合被告违约的情形及对原告造成的损失，该违约金明显过高，应予调整，法院酌定自违约之日起至实际支付之日止按年利率24%计算违约金为宜。

专家点评

本案的争议是涉案合同标的的确定。在选择之债中，法律虽然赋予债务人以选择权，却也施加了诸多限制，债务人选择的债务标的必须具备可履行性，这样对债务履行才具有意义。本案中，涉案合同约定被告可以用提供石灰的方式支付剩余转让款（每月5万元），实际上是允许债务人，也就是被告选择采用提供石灰或者支付余款的方式清偿债务，属于选择之债，债务人可以选择按时供货或者支付货款，由于债务人已经违约，导致按时供货不再可能，涉案合同的标的也就随之确定化，转变为支付货款的债务，原告要求被告支付相应货款应予以支持。

第五百一十七条 债权人为二人以上，标的可分，按照份额各自享有债权的，为按份债权；债务人为二人以上，标的可分，按照份额各自负担债务的，为按份债务。

按份债权人或者按份债务人的份额难以确定的，视为份额相同。

【条文释义】

本条是对可分之债及规则的规定。

可分之债，是指在债的关系中，债权或者债务是可以分割的债。可分之债的性质为复数之债，且只是因为标的的同一而联系在一起，各债权或者债务并无共同目的，故各债权人或者债务人发生的事项，原则上不对其他债权人或者债务人产生效力。债权或者债务是否可以分割的标准是：（1）债权或者债务的分割是否损害债的目的。分割不损害债的目的的，为可分给付；否则为不可分给付。（2）债权或者债务的分割是否在约定中予以禁止。（3）债权或者债务分割是否符合交易习惯和标的物的用途。比如，钥匙与锁的关系，不能仅交付其一。

可分之债分为可分债权和不可分债务。债权人为二人以上，标的可分，按照份额各自享有债权的，为按份债权。

可分之债的效力是：(1) 对于可分之债，能够形成为按份之债。债务人可以依其份额向债权人分别作出履行。(2) 可分之债可以实行部分免除、抵销等。

【案例评注】

吴某某、候某某与邳某某民间借贷纠纷案①

基本案情

被告邳某某与第三人吴某2原系夫妻关系，二原告系第三人吴某2之父母。2013年7月初，被告邳某某与第三人吴某2为购买坐落于宝坻区霍各庄镇翡翠花园小区3-2-××楼房，提出向二原告借款，2013年7月10日，原告候某某遂用自己的天津农商银行卡（账号62×××49）给被告邳某某的中国农业银行卡（账号62×××13）转账100000元。后因楼房需要装修，第三人吴某2又从二原告处借款30000元。2014年1月21日，被告邳某某与第三人吴某2为原告出具了借条，借条载明：因买房向父母借款10万元、装修借款3万元，邳某某、吴某2签字。现二原告以被告邳某某拒绝向二原告偿还其应承担的65000元借款为由诉至法院。

法院判决

法院认为，合法的借贷关系受法律保护。因被告邳某某、第三人吴某2原系夫妻关系，上述债务是在被告邳某某、第三人吴某2夫妻关系存续期间为共同购买楼房所产生的，故上述债务应当按夫妻共同债务处理，应由被告邳某某、第三人吴某2共同偿还。二原告虽主张第三人吴某2已经偿还了二原告借款65000元，而该案诉争的65000元，二原告只要求被告邳某某负责偿还，不要求第三人吴某2偿还，对此法院认为，因夫妻共同债务为不可分债务，其性质属于连带债务，且被告邳某某与第三人吴某2在法院协议离婚时约定坐落于宝坻区霍各庄镇翡翠花园小区3-2-××楼房归吴某2所有，而从原告处的借款130000元正是为购买该楼房所借，同时二原告系第三人吴某2的父母，其放弃对债务人之一即第三

① 审理法院：天津市宝坻区人民法院，案号：(2016) 津0115民初2807号。

人吴某2的诉讼请求，必然会增加被告邳某某的义务，违背了民法的公平原则，二原告主张第三人吴某2已经偿还了借款65000元的问题，从被告与第三人的离婚时间看，二人的离婚时间是2016年3月17日，而本案二原告于2016年3月18日提起民间借贷诉讼，因此即使二原告主张的第三人还款事实存在，也不能排除第三人所偿还的借款以双方共同财产偿还的可能性。综上，本案二原告主张的借款65000元，应由被告邳某某、第三人吴某2共同偿还。

专家点评

本案争议焦点是被告所应承担的债务份额。在多数人债务案件中，各个债务人应当按照自己的份额清偿债务，如果不能明确区分各自所应承担的份额，则应平均分担。本案中，涉案债务是邳某某和第三人吴某2为了家庭共同生活而借贷的，应当作为二者的共同债务来清偿，由于双方不能明确区分各自所应承担的份额，应当平均分担。事后，虽然原告声称第三人吴某2清偿了一半债务，但其是用夫妻共同财产清偿，被告邳某某所应承担的债务也应减少，法官判决由邳某某和第三人吴某2共同承担剩余债务值得赞同。

第五百一十八条 债权人为二人以上，部分或者全部债权人均可以请求债务人履行债务的，为连带债权；债务人为二人以上，债权人可以请求部分或者全部债务人履行全部债务的，为连带债务。

连带债权或者连带债务，由法律规定或者当事人约定。

【条文释义】

本条是对连带债权和连带债务的规定。

连带之债，是指在一个债的关系中，债权人或者债务人有数人时，各个债权人均得请求债务人履行全部债务，各个债务人均负有履行全部债务的义务，且全部债务因一次全部履行而归于消灭的债。其中，具有连带关系的数个债权人为连带债权人，享有的债权为连带债权；具有连带关系的数个债务人为连带债务人，所负的债务为连带债务。

连带之债产生于两种原因：（1）法定连带之债，如合伙债务、代理上的连带债务、共同侵权行为的损害赔偿责任为连带之债，以及法律规定的其他连带之债。（2）意定连带之债，当事人通过协议，约定为连带债权或者连带债务，如数个借款合同债务人就同一借贷，约定各负清偿全部债务的义务。

成立连带之债须具备的要件是：（1）债的一方或者双方当事人为二人以上；（2）债的标的须为同一；（3）数个债的目的须具有同一性；（4）连带债权人之间或者连带债务人之间须有连带关系，即对于数个债权人或者债务人中的一人发生的非关于个人利益的事项，对于其他债权人或者债务人也发生同样的效力。

连带债权的部分或者全部债权人均可以请求债务人履行债务，其债权实现的，消灭债务人的债务；连带债务的部分或者全部债务人，都有义务满足债权人对部分或者全部债务人履行全部债务的请求，部分债务人履行全部债务的，连带债权全部消灭。

【案例评注】

许某某与原某某、王某某等民间借贷纠纷案①

基本案情

原告许某某与被告原某某之间存在多次借贷，2014 年 2 月 15 日，原某某欲再次向原告借款，经双方结算，被告原某某尚欠原告前期借款，加上本次原告交付款项，被告原某某共计向原告借款 1000000 元，并为原告出具借据，约定借款期限为三个月，未约定利息。被告王某某、王某 2、张某某、王某 3、王某 4 在借据中以连带保证人身份签字，各保证人与原告未约定保证份额及保证期间。2014 年 8 月份借款期限届满后，被告原某某归还 200000 元，余下款项经原告多次讨要拒不归还。为此，原告特提起诉讼，请求判令：1. 被告原某某归还原告借款 800000 元；2. 被告王某某、王某 2、张某某、王某；3. 王某 4 对本案借款承担连带归还责任。

法院判决

保证合同依法有效。因保证合同中各保证人均为被告原某某对原告许某某所负债务提供保证，且各自之间与原告未约定保证份额，应当认定为连带共同保证。由于保证合同未约定保证期间，保证期间应为主债权届满后六个月，即至 2014 年 11 月 15 日止，本案中原告在保证期间内曾向保证人之一的被告王某 3 主张保证债务，彼时该请求权效力是否及于其他保证人。原告许某某在保证期间内

---

① 审理法院：河南省修武县人民法院，案号：（2015）修民云初字第 158 号。

向作为保证人之一的王某3主张保证债务，其效力应及于其他保证人，被告王某3、王某某、王某2、张某某、王某4应当承担连带保证责任。

专家点评

本案的争议焦点是其他保证人是否应当承担连带责任。连带责任是由债务人以外的其他人承担清偿责任，超出了债务本身的义务范围，必须由法律规定或者当事人约定。本案中，各个保证人均为被告原某某对原告许某某所负债务提供保证，实质上是同意为被告所负债务承担连带责任，原告要求保证人根据保证合同承担连带责任，应予认可。

第五百一十九条 连带债务人之间的份额难以确定的，视为份额相同。

实际承担债务超过自己份额的连带债务人，有权就超出部分在其他连带债务人未履行的份额范围内向其追偿，并相应地享有债权人的权利，但是不得损害债权人的利益。其他连带债务人对债权人的抗辩，可以向该债务人主张。

被追偿的连带债务人不能履行其应分担份额的，其他连带债务人应当在相应范围内按比例分担。

【条文释义】

本条是对连带债务之债务份额的规定，规则与本法总则编第178条第2款规定的连带责任规则基本相同。不同的是，详细规定了连带债权人之间内部追偿的规则。

连带债务对外不分份额，只有对内才分份额，连带债务人在内部对自己的份额承担最终责任。

连带债务人可以事先约定份额，或者根据实际情况确定份额。债务份额难以确定的，视为份额相同，各个债务人以同等份额承担最终责任。

在连带债务，对外由于每一个债务人均负有履行全部债务的义务，债权人有权向连带债务人中的数人或者全体请求履行。被请求的债务人不得以还有其他债务人而互相推诿，也不得以自己仅负担债务中的一定份额为由而拒绝履行全部债务。连带债务人这时承担的清偿责任，是连带债务的中间性清偿责任。

在承担中间性清偿责任中，如果实际承担债务的连带债务人承担了超过自己份额的，有权就超出部分在其他连带债务人未履行的份额范围内向其追偿。在行使追偿权时，承担了超出自己份额的中间性清偿责任的债务人，实际上相应地享有了债权人的权利，但是，行使这种债权不得损害债权人的利益。连带债务人在行使追偿权时，如果其他连带债务人对连带债务的债权人享有抗辩权的，可以向该债务人主张对债权人的抗辩，对抗该债务人的追偿权。

连带债务与连带责任的连接点，在于连带债务的不履行。连带债务不履行，发生连带责任。至于连带债务和连带责任的规则，是相同的，并没有质的差别。

部分连带债务人承担了中间责任之后，承担中间责任的连带债务人对未承担债务的连带债务人享有追偿权。在这个规则里，存在的问题是，如果未承担债务的连带债务人不能履行其应当分担的债务份额即自己的最终债务的，不能让承担了中间债务的连带债务人独自负担该债务，只要还有其他有清偿能力的连带债务人，也应当分担不能履行其债务的连带债务人不能履行的债务。究竟应当如何负担，方法是，其他连带债务人在相应范围内按比例分担。例如共有五名连带债务人，每个连带债务人的最终份额为百分之二十；当一个连带债务人承担了全部清偿债务后，在追偿中，其中一名连带债务人不能履行自己的债务份额，其他四名连带债务人对不能负担最终债务份额的这百分之二十债务，每人应当分担四分之一，已经承担连带清偿责任的连带债务人可以向这三个连带债务人每人追偿四分之一债务，自己负担四分之一。

这里其实还有问题，就是四名分担不能履行连带债务的债务人的债务后，就其分担的这部分债务，对未履行债务的连带债务人仍然享有追偿权。这种情形，尽管本条没有规定，但是在理论上和实践中是应当如此的。

【案例评注】

何某与刘某追偿权纠纷案①

基本案情

原告何某与被告刘某及第三人钟某因合作开发旅游事项欠蒋某旅游团款15万元。为此，蒋某向桂林市象山区人民法院提起诉讼，经审理，法院作出（2018）桂0304民初278号判决书，判决：原告何某与被告刘某和第三人钟某共同付给蒋

① 审理法院：广西省桂林市象山区人民法院，案号：（2018）0304民初2321号。

某旅游团款15万元，并支付违约金13500元，三人共同承担案件受理费1765元。判决生效后，蒋某申请强制执行，原告与第三给付蒋某案款165064.54元及执行费2624.46元，共计167689元。随后，原告何某向法院提出诉讼，请求判令被告向原告支付因被告不履行（2018）桂0304民初278号判决书的还款义务，而由原告垫付的款项27945元及利息。

法院判决

法院认为，原告诉请的27945元系其认为167689元由何某、钟某两人共同支付，被告应当承担的三分之一，原告代付50%，享有追偿权，支持了原告的请求。

专家点评

在连带债务中，债权人往往会寻找资力强的一个连带责任人主张全部债权，导致其他连带责任人无需承担清偿义务的情况出现。为了矫正这一不公平结果，法律允许实际承担债务超过自己份额的连带债务人，就超出部分在其他连带债务人未履行的份额范围内向其追偿，并相应地享有债权人的权利。本案中，原告、被告和第三人是连带债务人，所应承担的债务份额相同。在原告承担责任后，超出了其所应承担的份额，有权就超出自己份额的部分向被告追偿。

第五百二十条 部分连带债务人履行、抵销债务或者提存标的物的，其他债务人对债权人的债务在相应范围内消灭；该债务人可以依据前条规定向其他债务人追偿。

部分连带债务人的债务被债权人免除的，在该连带债务人应当承担的份额范围内，其他债务人对债权人的债务消灭。

部分连带债务人的债务与债权人的债权同归于一人的，在扣除该债务人应当承担的份额后，债权人对其他债务人的债权继续存在。

债权人对部分连带债务人的给付受领迟延的，对其他连带债务人发生效力。

【条文释义】

本条是对连带债务人之一所生事项涉他效力的规定。

在连带债务中，就一债务人所生的事项，效力有的及于其他债务人，有的不及于其他债务人。前者称之为有涉他效力的事项，后者称为无涉他效力的事项。

在连带债务中，有涉他效力的事项包括：

1. 部分连带债务人履行、抵销债务或者提存标的物的，其他债务人对债权人的债务在相应范围内消灭；该债务人可以依照前条规定向其他债务人追偿。

2. 部分连带债务人的债务被债权人免除的，在该连带债务人所应承担的份额范围内，其他债务人对债权人的债务消灭。

3. 部分连带债务人的债务与债权人的债权同归于一人的，在扣除该债务人所应承担的份额后，债权人对其他债务人的债权继续存在。

4. 债权人对部分连带债务人的给付受领迟延的，对其他连带债务人发生效力。

还有一个涉他效力的事项，本条没有规定，学理认为，当部分债务人得到法院的有利判决，且其判决非基于该债务与债权人个人关系的，其他债务人可以援用该判决而拒绝履行，但该债务人受败诉的判决，其效力不及于其他债务人。

【案例评注】

陈某某与候某1、候某2民间借贷纠纷案①

基本案情

2017年5月2日，候某1、候某2、林某某、候某3四人作为借款人共同向陈某某出具一份借条，载明："兹向陈某某借取现金人民币200000.00（大写：贰拾万元整），借款期限3个月，借款期限内利息按每月5000.00（大写：伍仟元整）计算，（还款账号：陈某某4340621820108441建行福州市马尾支行亭江分理处）……"

2017年5月3日，陈某某通过建设银行名下账户向候某3账户转账150000元。2018年2月23日，陈某某作为债权人、候某3作为债务人、候某1作为证明人，三方共同签订一份还款证明，载明："借款人候某3、候某1、林某某三人向陈某某借款本金：人民币200000.00（大写：贰拾万元整）、截至2018年2月利息：人民币70000.00（大写：柒万元整），三人合股平摊。现候某3本人已于2018年2月23日归还此次借款（本金66667.00大写：陆万陆仟陆佰陆拾柒元整、利息23333.00大写：贰万叁仟叁佰叁拾叁元整，合计90000.00大写：玖万元整）。本金利息已还清。"同日，候某3在前述借条左下方空白处签名书写日

① 审理法院：福建省漳州市龙文区人民法院，案号：（2018）闽0603民初1551号。

期，候某3签名的上方一行手写记载“候某3本金和利息已还清”。

庭审过程中，陈某某确认收到候某3偿还的借款本金66667元、利息23333元；收到候某1支付的利息10000元。

后来，陈某某向法院提起诉讼，请求判令候某1、候某2、林某某、候某3共同偿还借款本金133333.33元及以200000元为基数自2017年5月2日起至还清款项之日止按月利率2%计算的利息（已经支付的23333.33元作为利息抵扣）。

法院判决

法院认为，本案债务系候某1、候某2、林某某、候某3四人的连带债务。陈某某作为连带债务的债权人，有权对债务人中的一人、或数人、或其全体，同时或先后请求为债务的全部或部分予以给付。本案中，陈某某在候某3偿还1/3份额的债务后，免除了候某3对剩余债务的连带责任。免除是债的消灭原因之一，在连带债务中，债权人免除某一债务人债务的行为是否能够对其他债务人也产生效力，原则上取决于债权人的意思。如果债权人仅愿意免除某一债务人的债务，则该免除行为对其他连带债务人不发生效力。其他连带债务人主张债权人免除行为有免除全体连带债务人债务的意思时，应当对此负担举证责任。候某1、候某2、林某某均未举证证明陈某某存在免除他们债务的意思表示，故该免除行为对候某1、候某2、林某某不发生效力。但是，由于债权人免除某一连带债务人的行为可能会导致其他连带债务人在履行债务后无法向该债务人追偿，这可能会损害其他连带债务人的利益。因而，在债权人仅向某一债务人作出免除其债务的意思表示时，虽然其他债务人不能主张自己的债务同时被免除，但在被免除债务的连带债务人应当分担的债务份额内，其他债务人原则上不再负担清偿的义务。本案共同借款人为候某1、候某2、林某某、候某3四人，候某3向陈某某偿还了1/3的债务，陈某某的诉请候某1、候某2、林某某承担连带还款责任的借款本金和利息已经扣除了候某3偿还部分，并未损害候某1、候某2、林某某的利益，应予支持。

专家点评

本案的争议焦点是债权人免除候某3的债务对其他连带债务人的效力。在连带债务中，出于种种原因，债权人可能会免除其中某个连带债务人所应承担的部分债务，此时如果依然允许债权人请求其他债务人承担全部的连带债务，将有可能导致债权人获得二次清偿，超出债权本身的利益。此时，为避免这一不当结果的发生，合同法规定在被免除债务的连带债务人所应承担的份额范围内，其他债务人对债权人的债务消灭。本案中，债务人候某3清偿其所应承担的部分债务后，债权人免除了候某3所应承担的连带责任，其他债务人应在候某3所应承担的份额范围内免除连带责任，只需对剩余债务承担连带责任。

第五百二十一条 连带债权人之间的份额难以确定的，视为份额相同。

实际受领债权的连带债权人，应当按比例向其他连带债权人返还。

连带债权参照适用本章连带债务的有关规定。

【条文释义】

本条是对连带债权规则的规定。

在对外关系上，连带债权的债权人是不分份额地享有债权。但是在连带债权人的内部，享有份额。连带债权人的债权份额，应当按照约定或者实际情况确定。连带债权人之间的份额难以确定的，视为份额相同，按照相同的份额享有债权。

由于连带债权的债权人可以向债务人主张债权，债务人都有满足连带债权人部分或者全部的权利主张的义务，因而会形成实际受领超过自己份额的连带债权人。当出现这种情形时，该债权人应当按照份额的比例向其他连带债权人返还，其他债权人按照份额的比例享有债权利益的返还请求权。

连带债权的规则多数与连带债务的规则相同。因此，对连带债权适用法律，应当参照适用本章连带债务的有关规定。

【案例评注】

李某某与曹某某民间借贷纠纷案[①]

基本案情

2007年，被告曹某某向原告丈夫高某某借款5万元，并在2007年6月7日向

① 审理法院：江南省卢氏县人民法院，案号：（2017）豫1224民初270号。

高某某出具欠条一张。载明："今借高某某伍万元正（信用社贷款）曹某某 2007 年 6 月 7 日。"现原告李某某以被告曹某某拒不归还借款本金 5 万元及利息为由，起诉至法院。另查明：李某某与高某某于 1986 年 8 月 24 日登记结婚，农历 2016 年正月初五高某某因病去世。

法院判决

被告曹某某向原告丈夫高某某借款 5 万元，有欠条为证，事实清楚，双方债权债务关系明确，被告曹某某理应偿还该借款。根据《继承法》第三条、第二十六条，《最高人民法院关于贯彻执行〈中华人民共和国继承法〉若干问题的意见》第三条之规定，夫妻一方死亡后，以已故方个人名义或者双方名义的债权，除有约定外，应当为夫妻共同债权，并非死亡一方的遗产。该债权为夫妻的连带债权，享有连带债权的每个债权人都有权要求债务人履行义务。故原告作为高某某的妻子有权在高某某死亡后起诉要求被告偿还借款，原告的诉讼请求应予支持。

专家点评

本案的争议焦点是原告是否有权请求被告清偿债务。在连带债权中，所有的债权人都有权请求债务人清偿债务，但如果受领的债权超出自己所应得的份额的，则应向其他连带债权人返还。本案中，涉案债权发生在高某某的婚姻存续期间，属于夫妻共同享有的连带债权，享有连带债权的每个债权人都有权要求债务人履行义务。在高某某死亡后，原告有权请求被告向其清偿所有债权，然后再向高某某的继承人予以分配。

第五百二十二条 当事人约定由债务人向第三人履行债务，债务人未向第三人履行债务或者履行债务不符合约定的，应当向债权人承担违约责任。

法律规定或者当事人约定第三人可以直接请求债务人向其履行债务，第三人未在合理期限内明确拒绝，债务人未向第三人履行债务或者履行债务不符合约定的，第三人可以请求债务人承担违约责任；债务人对债权人的抗辩，可以向第三人主张。

【条文释义】

本条是对向第三人履行债务的规定。

向第三人履行，也叫第三人代债权人受领。合同当事人约定向第三人履行合同的，只要该第三人符合法律或合同规定的接受履行资格，能够受领的，该第三人就成为合同的受领主体，是合格的受领主体，有权接受履行。第三人接受履行时，第三人只是接受履行的主体，而不是合同当事人。第三人替债权人接受履行不适当或因此给债务人造成损失的，应由债权人承担民事责任。第三人替债权人接受履行，通常是因为第三人与债权人之间存在一定关系，但第三人并不是债权人的代理人，不应当适用关于代理的规定。

当构成向第三人履行债务时，债务人应当向第三人履行清偿义务，履行增加的费用，应当由债权人负担。当债务人未向第三人履行债务或者履行债务不符合约定的，构成违约行为，债务人应当向债权人承担违约责任。

在向第三人履行中，如果法律规定或者当事人约定第三人可以直接请求债务人向其履行债务，第三人可以直接向债务人请求履行债务，债务人应当向其履行。第三人只要未在合理期限内对其请求债务人向其履行债务的意思予以明确拒绝的，债务人未向第三人履行债务或者履行债务不符合约定的，第三人可以请求债务人承担违约责任；债务人如果对债权人享有抗辩的权利，可以直接向第三人主张其对债权人的抗辩予以抗辩，发生向债权人抗辩的效力。

【案例评注】

冉某和与谯某某买卖合同纠纷案[①]

基本案情

冉某和以按揭付款的方式向贵州小松工程机械有限公司购买了一台P××××型挖掘机。于2015年3月15日，冉某和将该挖掘机转卖给谯某某，并签订了《挖掘机出售协议》，冉某和已向谯某某交付了挖掘机。2016年6月27日双方签订补充协议为："甲方于2015年3月将小松牌130型挖掘机转让给乙方，前期协议款叁拾万元已于2015年9月付清给甲方，甲方在小松公司按揭款从2015年3月起由乙方全面负责到付清为止，现由于乙方违约没将按揭款从2016年1月付小松公司共计人民币壹拾万伍仟元整（1至6月），乙方向甲方承诺三十天将此款（105000元）付给甲方，到期不付，乙方以双倍金额赔偿给甲方办理相关手续，而且从2016年7月份应向小松公司继续支付按揭款由乙方付清为止"。因谯某某

① 审理法院：贵州小沿河土家族自治县人民法院，案号：（2016）黔0627民初1581号。

未付清按揭款项，贵州小松工程机械有限公司于2016年7月13日向贵州省贵阳市观山湖区人民法院提起诉讼，请求冉某和向其支付拖欠的按揭贷款188528.78元和利息20926.69元，两项合计209455.47元。2016年9月20日，在观山湖区人民法院的主持调解下，冉某和与贵州小松工程机械有限公司达成了支付挖掘机款协议，其中，“一、冉某和向贵州省小松工程机械有限公司支付货款200000元，该款于2016年10月20日前付100000元，余款100000元于2017年1月23日前付清”。贵阳市观山湖区人民法院以此协议制作了“（2016）黔0115民初2168号调解书”，于当日，谯某某在冉某和持有的调解书上签字承诺：“本人在冉某和处购买小松牌130挖掘机一台（系二手转让）属实，经贵阳市观山湖区人民法院民事调解书［（2016）黔0115民初2168号］，本人自愿代为支付上述调解书款项，按照调解书所限定时间，如果没有支付，一切后果本人承担”。由于谯某某在2016年10月20日未支付上述调解书上的款项，冉某和于2016年10月21日向贵州小松工程机械有限公司支付100000元货款。冉某和于2016年11月1日法院提起诉讼，在诉讼中，冉某和向贵州小松工程机械有限公司付清了余下的货款100000元。

法院判决

法院认为，本案冉某和与被告谯某某签订协议约定，由冉某和将其从贵州小松工程机械有限公司以按揭付款方式购买的挖掘机转让给谯某某，谯某某支付冉某和300000元及余下的按揭贷款。冉某和向谯某某履行了交付挖掘机义务。后因谯某某并未按协议全面履行支付按揭贷款义务，贵州小松工程机械有限公司对冉某和提起了诉讼。在法院的主持下，该公司与冉某和达成了调解协议。按协议，冉某和应向贵州小松工程机械有限公司支付购买挖掘机余款200000元。谯某某在冉某和所领取的调解书上签字承诺代冉某和履行调解书上的付款义务，该承诺行为属于当事人约定由债务人向第三人履行债务，并未违反法律规定，谯某某应当履行。因谯某某未履行，故应向冉某和承担违约责任，判令由被告谯某某于本判决生效后十日内给付原告冉某和购买挖掘机款200000元。

专家点评

本案的争议焦点是原告是否有权要求被告承担违约责任。在利益第三人合同中，当事人约定由债务人向第三人履行债务的，债务人未向第三人履行债务或履行不符合约定，应向债权人承担违约责任。本案中，原被告双方约定，由被告向第三人贵州小松工程机械有限公司支付购买挖掘机余款200000元，属于由债务人向第三人履行债务，符合法规规定，对双方均具有拘束力。由于被告没有按照约定及时向第三人贵州小松工程机械有限公司履行清偿义务，违反了双方约定，应当向原告承担违约责任。

第五百二十三条 当事人约定由第三人向债权人履行债务，第三人不履行债务或者履行债务不符合约定的，债务人应当向债权人承担违约责任。

【条文释义】

本条是对第三人履行的规定。

由第三人履行，也叫第三人代债务人履行，是指在合同的履行中，由第三人代替债务人向债权人履行债务。第三人代债务人履行，是合同履行主体的变化。第三人代替债务人履行债务的特点，是第三人与债权人、债务人并未达成转让债务协议，第三人并未成为合同当事人，只是按照合同当事人之间的约定，代替债务人向债权人履行债务，并不构成债务转移。根据合同自由的原则，只要不违反法律规定和合同约定，且未给债权人造成损失或增加费用，由第三人履行是有效的。

构成由第三人履行，即当事人约定由第三人向债权人履行债务的，如果第三人不履行债务或者履行债务不符合约定，债务人构成违约行为，应当向债权人承担违约责任。可以将由第三人履行中的第三人列为无独立请求权的第三人参加诉讼，没有独立的诉讼地位。

【案例评注】

程某某与于某某、久天公司民间借贷纠纷案①

基本案情

2009年1月23日，被告于某某向原告借款100000元，该款由被告久天公司担保，同时约定，该款定于2009年3月22日前由香缘过滤材料有限公司在被告

① 审理法院：浙江省安吉县人民法院，案号：（2009）湖安商初字第1551号。

久天公司工程款中首先代扣给原告程某某。借款到期后，经原告催讨，被告于某某未归还借款，被告久天公司亦未承担担保责任，以致成讼。二被告辩称，根据当时各方的约定，该借款最终由香缘过滤材料有限公司在浙江久天建设公司与其承包的工程款中的款项支付给本案原告，因此原告应就争议款项向香缘过滤材料有限公司主张。

法院判决

法院认为，原告程某某与被告于某某间借贷关系明确，受法律保护。被告于某某向原告借款，理应按约定还款时间及时履行归还的义务，现被告一直拖欠未付，应承担相应的民事责任。被告久天公司也未承担担保责任，亦属违约，亦应承担相应的民事责任。由于本案借款实际主体为原告方程某某、被告方于某某，而香缘过滤材料有限公司则是借款合同约定履行债务的第三人，作为代为履行中的第三人并非合同的相对方，原合同债务人即本案被告于某某在第三人代为履行中仍没有脱离原合同债务关系，仍是承担债务的相对方，第三人发生违约时，债权人只能追究原合同相对方的违约责任，而与第三人无关，本案被告不能因第三人香缘过滤材料有限公司未从工程款中直接代扣给原告程某某而拒绝承担偿还借款的责任，故对二被告的辩称不予采纳。据此，法院判决被告于某某归还原告程某某借款 100000 元，久天公司对上述款项承担连带清偿责任。

专家点评

合同具有相对性，债权人只能向债务人主张权利，一旦发生违约情事，债权人原则上也只能向债务人主张违约责任。根据民法典合同编第 523 条的规定，第三人履行不符合合同约定的，应由债务人向债权人承担违约责任。本案中，虽然涉案债权没有获得及时清偿是由于第三人香缘过滤材料有限公司未从工程款中直接代扣给原告程某某造成的，但是香缘过滤材料有限公司并非合同当事人，而是履行债务的第三人，违约责任应该有债务人，也就是本案中的二被告承担。

第五百二十四条 债务人不履行债务，第三人对履行该债务具有合法利益的，第三人有权向债权人代为履行；但是，根据债务性质、按照当事人约定或者依照法律规定只能由债务人履行的除外。

债权人接受第三人履行后，其对债务人的债权转让给第三人，但是债务人和第三人另有约定的除外。

【条文释义】

本条是对第三人代为履行债务的规定。

当一个债务已届履行期，债务人不履行债务，该不履行债务的行为有可能损害第三人的利益时，即第三人对履行该债务具有合法利益的，第三人产生代为履行债务的权利，有权向债权人代为履行，以使自己的合法利益得到保全。如果根据债务的性质、按照当事人约定或者依照法律规定，该债务只能由债务人履行的，不适用第三人代为履行的规则。

第三人代债务人履行之后，债权人已经接受第三人履行的，债权人对债务人的债权就转让给了第三人，第三人对债务人享有该债权，可以向债务人主张该债权。如果债务人和第三人对如何确定他们之间的债权债务关系另有约定，则按照约定办理，不受这一债权转让规则的拘束。

【案例评注】

荣某与吴某1买卖合同纠纷案[①]

基本案情

原告荣某系在平江县新城区浮桥街从事“老黄货运”家私物流，被告吴某1在南江、浯口等地经营家私店的家具从原告处进购。截至2010年1月2日，被告吴某1共欠原告货款101900元，后被告吴某1偿还了部分欠款。2010年2月12日，被告吴某1向原告出具欠条，欠条载明“今欠老黄货运货款人民币陆万元整(60000元)。”后因被告吴某1未偿还欠款，故原告曾于2012年1月起诉被告吴某1，要求其偿还欠款。2012年2月底，被告吴某1的父亲吴某2代吴某1偿还了10000元欠款。2012年3月12日，被告吴某2作为被告吴某1的委托代理人与原告达成一致协议，协议约定被告吴某1和其委托代理人吴某2同意在2012年12月30日前偿还原告20000元，在2013年12月30日前一次性偿还30000元。原告同意后向平江县人民法院撤回对被告吴某1的诉讼。法院诉讼费被告吴某1和其委托代理人吴某2承担300元。上述协议，经原告和被告吴某1的委托代理人签字之日起生效。该协议签订之后，被告吴某2偿还了原告15000元欠款并支

---

① 审理法院：湖南省平江县人民法院，案号：（2015）平民初字第963号。

付了300元诉讼费，但尚欠35000元欠款至今未偿还。原、被告对欠款利息并无约定。诉讼中，原告表示放弃300元诉讼费的主张。在本案审理过程中，被告吴某1曾与原告协商，要求原告撤诉。因原、被告对还款事宜无法达成一致意见，故协商未果。

法院判决

法院认为，合法的债权债务关系应当受到法律保护。本案中，被告吴某1曾欠原告荣某货款60000元，双方认可该笔欠款已经由被告吴某2偿还了25000元，下欠35000元尚未偿还，事实清楚，证据确实充分，被告吴某1应当履行还款义务。另外，虽然该笔欠款原由被告吴某1所欠，但是被告吴某2在与原告荣某签订的协议中约定，两被告同意在2012年12月30日前偿还原告20000元，在2013年12月30日前一次性偿还30000元，原告荣某与被告吴某2均在该协议上签字确认。该协议实际上是被告吴某2与原告荣某达成的“利益第三人合同”，协议合法有效。因此，被告吴某2应当与被告吴某1共同履行还款义务。

专家点评

本案的争议焦点是原告应当向哪一方请求偿还货款。根据合同法的规定，当事人约定由第三人向债权人履行债务的，如果第三人不履行债务或者履行债务不符合约定的，债务人应当向债权人承担违约责任。本案中，被告吴某2作为被告吴某1的委托代理人与原告达成一致协议，约定被告吴某1和其委托代理人吴某2共同向原告清偿货款，属于当事人的真实意思表示，且不违反法律强制性规定，合法有效，对各方当事人均有拘束力。由于吴某2未能按时向原告清偿债务，原告有权请求被告吴某1和其委托代理人吴某2承担违约责任，对其诉讼请求应予支持。

第五百二十五条　当事人互负债务，没有先后履行顺序的，应当同时履行。一方在对方履行之前有权拒绝其履行请求。一方在对方履行债务不符合约定时，有权拒绝其相应的履行请求。

【条文释义】

本条是对同时履行抗辩权的规定。

双务合同的同时履行抗辩权，是指当事人互负债务，没有先后履行顺序的双务合同，当事人一方在他方未为对待给付以前，可以拒绝自己为履行的抗辩权。合同履行中的同时履行抗辩权、后履行抗辩权和不安抗辩权都是一时性抗辩权，当行使抗辩权的法定事由消灭后，债务仍须履行。其作用是：（1）平衡当事人之间的权益，维护当事人的权利；（2）维护交易秩序；（3）增进双方当事人之间的协作。

同时履行抗辩权在符合下列条件时才可以行使：（1）须依据同一双务合同双方当事人互负债务、互享债权；（2）须双方当事人互负的债务均已届清偿期；（3）须对方当事人未履行债务；（4）须对方的对待给付是可能履行的。

同时履行抗辩权的行使后果，是在对方履行之前，有权拒绝其履行请求，这种拒绝履行不构成违约。

一方在对方履行债务不符合约定时，也可以行使同时履行抗辩权，但是这种抗辩权的行使，不是全面对抗对方的履行要求，而是针对不完全履行的部分行使抗辩权，即有权拒绝对方相应的履行请求。例如：（1）对迟延履行，可以行使同时履行抗辩权；（2）受领迟延，可以在迟延的范围内主张同时履行抗辩权；（3）对部分履行，可以针对不履行的部分主张同时履行抗辩权；（4）对瑕疵履行，可以针对瑕疵履行部分，行使同时履行抗辩权。

【案例评注】

原告摄影公司与被告田某某债权纠纷案①

基本案情

2009年7月，被告田某某向原告摄影公司申办了7个摄影证，约定每证按2000元计算，共计应为14000元，后双方商定为10000元。2009年8月1日，被告田某某在原告摄影公司处领取摄影证，缴纳了3800元，并出具尚欠原告摄影公司管理费6200元欠条。原告摄影公司出具收据，证明被告田某某已缴纳3800元管理费。之后，原告摄影公司多次向被告田某某催讨6200元的欠款，但被告田某某均以原告摄影公司尚欠其4个摄影证为由拒交该款，故引发纠纷诉至法院。

法院判决

原告摄影公司与被告田某某基于合同关系形成债权债务关系，原告摄影公司

① 审理法院：湖南省张家界市永定区人民法院，案号：（2011）张定法民二初字第13号。

主张被告田某某应给付其管理费6200元；被告田某某行使同时履行抗辩权，称因被告田某某向原告摄影公司申办的是7个证，因只得到3个摄影证，故只交3800元管理费，虽然尚欠原告摄影公司6200元管理费未给付，但原告摄影公司应将余下4个摄影证发放给被告田某某，否则，被告田某某有权拒付下欠原告摄影公司的6200元管理费。在本案中，由于被告田某某行使同时履行抗辩权，故原告摄影公司应负举证证明自己已经全面履行合同义务，即原告摄影公司应承担已经将被告田某某申办的7个摄影证如数发放给被告田某某的举证责任，但原告摄影公司提交的证据不足以证明其已经全面履行合同义务，即已将7个摄影证如数发放给被告田某某，故对原告摄影公司的主张不予支持。

专家点评

本案的争议焦点是原告是否有权请求被告支付价款。根据法理，同时履行抗辩权指当事人互负债务，没有先后履行顺序的，应当同时履行，一方当事人履行债务不符合合同约定时，包括未履行合同以及履行不符合约定，如部分履行或者瑕疵履行等，相对一方当事人依法律规定可以拒绝其履行要求。本案中，原被告双方并未约定履行顺序，而原告摄影公司提交的证据不足以证明其已经全面履行合同义务，即已将7个摄影证如数发放给被告田某某，被告有权行使同时履行抗辩权，拒绝向原告支付剩余价款。

第五百二十六条 当事人互负债务，有先后履行顺序，应当先履行债务一方未履行的，后履行一方有权拒绝其履行请求。先履行一方履行债务不符合约定的，后履行一方有权拒绝其相应的履行请求。

【条文释义】

本条是对后履行抗辩权的规定。

后履行抗辩权，是指在双务合同中约定有先后履行顺序，负有先履行义务的一方当事人未依照合同约定履行债务，后履行债务的一方当事人可以依据对方的不履行行为，拒绝对方当事人请求履行的抗辩权。后履行抗辩权的特点是：（1）后履行抗辩权在本质上是对违约的抗辩；（2）后履行抗辩权是负有后履行义务一方当事人履行权益的反映；（3）后履行抗辩权是不同于合同解除权的救济方式。

行使后履行抗辩权的要求是：(1) 对合同义务的全部抗辩，即先履行的当事人对合同义务全部不履行的，后履行的当事人对全部履行义务都可以拒绝履行。(2) 对合同义务的部分抗辩，即先履行的当事人履行债务不符合合同约定的，后履行的当事人的抗辩只能与对方当事人相应的履行请求进行抗辩，不得对其他的履行请求进行抗辩。

后履行抗辩权的效力是，后履行抗辩权的行使，产生后履行一方可以一时性中止履行债务的效力，对抗先履行一方的履行请求，依此保护自己的期限利益。在先履行一方采取了补救措施，变违约为适当履行的情况下，后履行抗辩权消灭，后履行一方须履行自己的债务。同时，后履行抗辩权的行使并不影响后履行一方向违约方主张违约责任。

【案例评注】

成某、盛某与沈某房屋买卖合同纠纷案[①]

基本案情

2017 年 10 月 8 日，原告成某、盛某与被告沈某签订房屋买卖合同一份并和南通兆丰房产销售代理有限公司签订房地产买卖居间协议一份，约定被告向原告购买南通市崇川区同和嘉苑 19 幢 706 室及车库 19 幢 × ×，总价款为 1118000 元，于 2017 年 10 月 8 日前支付购房定金 10 万元，2017 年 12 月 15 日第二次支付房款 50 万元，第三次、第四次分别支付房款 51 万元、18000 元并注明具体时间以原告领房产证时间为准，后续过户当天结清房款。任何一方违约，支付对方违约金 23 万元，承担对方实际发生的律师费、诉讼费、交予居间方的佣金费用。合同签订后，原告成某在 2017 年 10 月、11 月间向被告发送通知书三份，内容分别为通知被告支付定金 10 万元及解除合同，被告已收到上述通知。

原告成某、盛某向法院提出诉讼，请求：1. 请求确认解除原、被告之间签订的房屋买卖合同；2. 判令被告支付违约金 23 万元及律师费 1 万元，共计 24 万元。被告提出抗辩称，延迟交付定金是行使先履行抗辩权，向买受人出示产权资料是出卖方的合同义务，也是生活常理，在出卖方没有先履行义务之前，买受人可以行使先履行抗辩权，要求出卖方提供真实合法的产权资料。

---

① 审理法院：江苏省南通市崇川区人民法院，案号：(2018) 苏 0602 民初 364 号。

法院判决

原、被告之间房屋买卖中除定金条款因被告未实际交付不生效外其余内容依法成立并生效。原告盛某诉称的事实和理由表明其对案涉房屋买卖的相关事宜是明知并认可的。被告未交付的定金10万元从合同约定看亦是首次支付的房款，经原告多次催告后仍未给付，原告据此发出解除通知要求解除房屋买卖合同于法有据，被告亦已收到通知，案涉房屋买卖合同已经解除。合同未明确原告需先提供产权资料，被告主张所谓先履行抗辩不能成立。对于违约金，应以违约造成的损失为基础，兼顾合同履行情况、当事人过错程度以及预期利益进行综合衡量，合同约定的违约金明显过分高于造成的损失，考虑律师费、中介佣金等情况，根据公平原则和诚实信用原则，酌情确定为40000元。

专家点评

本案的争议焦点是原告未按时交付定金是否属于行使先履行抗辩权。在合同履行过程中，双方应当按照合同约定的履行顺序，只有合同约定对方先履行的，一方才能提出先履行抗辩权，不得随意主张先履行抗辩，否则就有可能构成迟延履行，应当承担违约责任。本案中，涉案合同约定由被告先交付定金，没有要求原告先交付产权资料，被告未交付定金10万元构成违约，原告有权解除合同，并要求被告承担违约责任。

第五百二十七条 应当先履行债务的当事人，有确切证据证明对方有下列情形之一的，可以中止履行：

（一）经营状况严重恶化；

（二）转移财产、抽逃资金，以逃避债务；

（三）丧失商业信誉；

（四）有丧失或者可能丧失履行债务能力的其他情形。

当事人没有确切证据中止履行的，应当承担违约责任。

【条文释义】

本条是对不安抗辩权及行使条件的规定。

不安抗辩权，是指在双务合同中有先履行义务的一方当事人，在有确切证据证明对方当事人有丧失或者可能丧失履行能力因而不能履行合同义务时，享有的暂时中止履行的抗辩权。在通常情况下，双务合同的一方当事人依约定应先履行其债务时，不得对后履行一方提出抗辩。但是，当先履行义务一方发现后履行一方当事人的财产状况显形减少，可能危及先履行一方当事人债权实现时，如仍强迫先履行义务一方当事人先为给付，则可能出现先履行的一方当事人履行了债务，自己的债权却无法实现的情形，故特设不安抗辩权予以保护。

发生不安抗辩权应当具备的条件是：（1）合同确立的债务合法有效；（2）双方当事人因同一双务合同互负债务且有先后履行顺序；（3）须在合同成立后对方发生财产状况恶化且有难为给付的可能。

按照本条规定，后履行义务的当事人具有下述条件的，先履行义务的当事人可以行使不安抗辩权：（1）经营状况严重恶化，该方当事人极有可能无力清偿债务；（2）转移财产、抽逃资金以逃避债务；（3）严重丧失商业信誉，其履约能力必然受到影响，构成先期履约危险；（4）有其他丧失或者可能丧失履行债务能力的情形。

对于上述行使不安抗辩权的情形，先履行债务的当事人负有举证责任，须举证证明上述情形确实存在。如果不能举证或者举证不足以证明上述情形存在，即主张不安抗辩权的，构成违约行为，应当承担违约责任。

【案例评注】

钟某某诉刘某某、兰某借款纠纷案[①]

基本案情

自2008年起，原告钟某某陆续借款给被告刘某某、兰某用于做生意。2013年6月21日，原告与二被告结算，借款总额为1850000元，二被告共同向原告出具借条一张，载明："今借到钟某某现金人民币计壹佰捌拾伍万元正（¥1850000），借款时间为壹年。今借人：刘某某、兰某（签名、捺印）"二被告均在借条上签名并捺上手印。原、被告双方口头约定利息按每月2.8%计算。自立具打下借条后，二被告累计向原告归还支付利息12万元。后来，原告得知被告大部分财产已被法院冻结，财务状况发生了严重恶化，被告已经构成预期违约。为维护原告的合法权益，特诉至法院，请求判令被告偿还原告本金人民币壹佰捌拾伍万元（¥1850000），以及未支付的剩余利息人民币贰拾肆万贰仟陆佰元（¥242600）

① 审理法院：江西省赣州市章贡区人民法院，案号：（2014）章民三初字第217号。

(利息按照约定的每月2.8%计算，从2013年6月21日计算至2014年1月20日，扣除已支付的利息12万元，剩余利息为￥242600)，合计人民币2092600元以及还清款项时为止的利息。

法院判决

法院认为，合法的借贷关系受法律保护，原告钟某某与被告刘某某、兰某的借贷关系依法成立。对于原告主张的利息，因被告出具的借条未予约定，且原告提供的录音资料及视频资料均无法证明被告承认约定利息，原告提供的证人当庭的陈述亦模棱两可，含糊不清，故原告要求从2013年6月21日按月利率2.8%计息，法院不予支持。但自原告起诉之日起，可按中国人民银行同期同类贷款利率计算利息。原告提供的企业信息，可以证明原告行使不安抗辩权具有事实依据，且至本案判决前，被告债务的履行期限已届满。被告兰某在借条上“今借人”处签名，系共同债务人，应承担清偿责任。相关证据证明二被告已出现资金困难、支付能力欠缺、欠债过多难以清偿，到期将不能或没有能力履约的情况，已经构成了预期违约，原告主张提前解除合同并要求二被告还本付息，符合法律规定，予以支持。

专家点评

本案的争议焦点是原告是否有权行使不安抗辩权，要求被告提前清偿债务。通常情况下，当事人应当按照合同约定的时间顺序履行合同，不得要求对方提前履行合同，否则就会构成违约，应当承担违约责任。但在不安抗辩权情形下，对方已经发生将来无法依约履行合同的情势，如果依然等到合同约定时间再要求对方履行合同，可能要面临合同无法履行的风险，故而法律允许当事人要求对方提前履行合同。本案中，虽然涉案借款合同约定的清偿期限尚未届至，但被告债务人的账户已经遭到冻结，将来极有可能无法按时清偿债务，原告债权人要求被告提前清偿债务属于行使不安全抗辩权，应予支持。

第五百二十八条　当事人依据前条规定中止履行的，应当及时通知对方。对方提供适当担保的，应当恢复履行。中止履行后，对方在合理期限内未恢复履行能力且未提供适当担保的，视为以自己的行为表明不履行主要债务，中止履行的一方可以解除合同并可以请求对方承担违约责任。

【条文释义】

本条是对不安抗辩权行使及效果的规定。

法律为求双务合同当事人双方利益的平衡，规定主张不安抗辩权的当事人对后履行一方当事人负担通知义务。法律要求主张不安抗辩权的一方当事人在提出权利主张的同时，应当立即通知另一方。不安抗辩权的行使取决于权利人一方的意思，无须取得另一方同意的必要。法律使其负即时通知义务，是为了避免另一方当事人因此受到损害。

通知的另一个目的在于，经过通知，便于后履行一方在获此通知后，及时提供充分的履行债务担保，以消灭不安抗辩权。不安抗辩权消灭后，先履行一方应当恢复履行。

不安抗辩权行使后产生的法律后果是：

1. 先履行一方发出通知后，在后履行一方当事人没有提供适当担保之前，有权中止自己的履行。

2. 后履行一方当事人接到通知后，向对方提供了适当担保的，不安抗辩权消灭，合同恢复履行，主张不安抗辩权的当事人应当承担先履行的义务。

3. 先履行债务的当事人中止履行并通知对方当事人后，对方当事人在合理期限内既没有恢复履行能力，也没有提供适当担保的，先履行债务的当事人产生法定解除权，可以单方解除合同，同时还可以主张追究后履行一方的违约责任。

【案例评注】

石某某与朱某、蔡某某合同纠纷案[①]

基本案情

2015年1月29日，原告与被告朱某作为发起人签订协议一份，协议约定：原告与被告朱某共同注册成立金满地公司，对位于惠水县政务中心广场东侧、纸酒路南侧，占地总面积38.5亩、宗地编号为6号的土地进行商住开发，金满地公司注册资本为1000万元，原告占股份1%，认缴出资额10万元，朱某、蔡某某占股份99%，原告为公司法定代表人，在金满地公司以招拍挂形式取得该宗地块

① 审理法院：贵州省惠水县人民法院，案号：(2016) 黔2731民初521号。

的开发权3日内，由原告代为支付该土地全部土地出让金以及与本地块有关的全部税费4200万元，且办理土地使用证后3日内，被告向原告支付第一次付款金额800万元，余下的3400万元分两次向原告支付。同时约定在金满地公司以招拍挂形式取得该宗地块的开发权7日内，金满地公司法定代表人变更为被告朱某。

2015年4月8日，金满地公司注册成立，公司股东为石某某、周某1、朱某、蔡某某、周某2、潘某某，其中石某某占1%股份，认缴出资额10万元（于2015年3月23日已交纳），周某1占股份40%（将其中24%的股份转让给潘某某），认缴出资额600万，朱某认缴出资额380万元（2015年6月前交纳，但直至2015年10月31日，被告朱某仅向金满地公司账户汇入认缴的出资额中的316666元），蔡某某占股份34%（于2015年3月23日已交纳，并将其中18%的股份转让给潘某某），周某2占股份1%，认缴出资额10万元（于2015年3月23日已交纳），潘某某占股份42%，至起诉时，被告朱某尚未将其认缴的380万元出资额交纳完。

2016年3月2日，被告朱某以受股东周某2的委托为名召集股东会（未见委托书），并要求按照协议的约定将金满地公司的法定代表人变更为朱某，因被告朱某一直未履行协议的约定，已严重违约，丧失商业信誉，故原告在会上反对将法定代表人变更为朱某，并要求被告于2016年3月15日前支付第二期款项2500万元，但被告亦未履行。事后，综上，原告向法院提起诉讼行使不安抗辩权和先履行抗辩权，要求被告继续履行原告与被告朱某签订的发起人协议，并提供价值相当于3400万元的财产作为担保，同时承担违约金100万元。

法院判决

法院认为，原告以被告一直未履行协议的约定，严重违约，丧失商业信誉，原告有权行使不安抗辩权和先履行抗辩权，要求被告继续履行双方签订的发起人协议，并提供价值相当于3400万元的财产作为担保的主张，行使不安抗辩权于法有据。而根据《合同法》第六十七条、第六十八条的规定，当发生不安抗辩权时，法律赋予合同相对方请求对方提供担保的权利，且也未禁止法院或仲裁机构责令对方提供担保。被告朱某等股东并未在约定出资额范围内足额认缴出资，同时也未在约定期限内缴纳出资800万元，故原告完全有理由质疑被告方的合同履行能力，行使不安抗辩权，要求被告提供担保。综上，基于维护合同、保障交易安全，原告要求被告提供担保的主张有事实、有依据，也有利于双方取得信任，继续履行合同义务，故法院予以采纳。

至于原告要求被告支付未能如期履行协议的义务而应承担的违约金100万元；本案系行使不安抗辩权，合同相对方请求对方提供担保，等待对方提供担保，若对方提供担保后，则不安抗辩权消灭，合同继续履行，现合同尚处于履行中止阶段，并未解除，故原告之主张，法院不予支持。

专家点评

本案的争议焦点是原告是否有权要求被告提供担保。在不安抗辩权的情形下，发生不安抗辩权情事的当事人对于能否履行合同存在极大不确定性，此时如果对方当事人先履行合同，将来可能无法获得对待给付，面临巨大风险。此时，法律允许先履行当事人延期履行债务，请求对方提供担保，对方没有提供担保和恢复履行能力时，可以解除合同，对方提供担保后，则不安抗辩权消灭，先履行一方应该继续履行，以保障先履行方的利益。本案中，被告一直未履行协议的约定，严重违约，丧失商业信誉，原告符合行使先履行抗辩权的条件，有权要求被告提供担保。

第五百二十九条 债权人分立、合并或者变更住所没有通知债务人，致使履行债务发生困难的，债务人可以中止履行或者将标的物提存。

【条文释义】

本条是对因债权人原因债务人中止履行或提存的规定。

在合同履行过程中，债务人应当诚实守信，积极履约，满足债权人的债权要求。但是，由于债权人的原因，而使债务人履行发生困难时，就不能认为债务人违约。

本条规定的就是这样的情形：当债权人发生分立、合并或者变更住所，却没有通知债务人，致使债务人履行债务发生困难的，债务人可以采取的救济措施是：（1）不强制债务人必须履行债务，而是规定债务人可以中止履行，这种中止履行不是违约行为，因为有合法的不履行原因。（2）将标的物提存，提存以后，债务人已经将债务履行完毕。债务人依照后一种办法以提存方式消灭合同之债。应具备的条件是：债务须是已到履行期限，未到履行期限的债务不能以提存方式履行。

【案例评注】

淮北市粮食收储公司与王某委托合同纠纷案①

基本案情

2003年，王某因企业改制与淮北市海孜粮食收储中心解除劳动合同。2004年1月20日，淮北市海孜粮食收储中心与王某签订《协议书》，双方约定："王某同志向海孜粮食收储中心交纳保证金壹万元，海孜收储中心聘请王某同志管理百善分站事务，负责百善站房屋的管理租赁、安全保卫、房屋租金的收缴等，月工资300元由中心站在所收房租中发放，除此之外，单位不负担其他一切福利待遇和费用，全部房租按月收取并交中心站财务，中心站待收齐当月房租上交后，发当月工资。"2004年到2014年，王某按照年租金42500元的标准收取上述房屋的租金后，全部进行转交，王某的"工资"即处理委托事务的费用也由300元上调到400元，并全部给付完毕。根据淮北市粮食局淮粮人〔2012〕51号文件，淮北市海孜粮食收储中心于2012年5月30日被撤销，其资产并入淮北市粮食收储公司。根据淮北市粮食局2015年3月31日淮粮办〔2015〕37号文件，安徽淮北国家粮食储备库与淮北市粮食收储公司合并，原"安徽淮北国家粮食储备库""淮北市粮食收储公司"两单位的固定资产、债权债务统一并入新成立的"安徽淮北国家粮食储备库"。2015年以后，淮北市粮食收储公司、安徽淮北国家粮食储备库和王某因转交房屋租金等问题发生争议，王某仅交租金18600元，王某收到6个月的"工资"2400元。2017年9月1日之后，王某不再管理涉案房屋租赁事务，并尚有收取的65050元房屋租金没有转交。2018年3月21日，淮北市海孜粮食收储中心在淮北工商部门登记注销。

淮北市粮食收储公司向法院提出诉讼，请求：1. 判令王某给付原告房屋租金100274.84元及逾期付款利息暂计8999元，逾期利息诉讼期间继续计算至王某实际清偿完毕之日止；2. 依法判决确认解除淮北市粮食收储公司与王某之间委托关系。

法院判决

法院认为，关于王某拖欠淮北市粮食收储公司房屋租金数额问题。当事人对自己提出的诉讼请求所依据的事实有责任提供证据加以证明。没有证据或者证据

① 审理法院：安徽省淮北市烈山区人民法院，案号：（2019）皖0604民初680号。

不足以证明事实主张的，承担不利后果。淮北市粮食收储公司根据2015年以前收取的租金标准，计算王某理论上应当收取的实际租金数额100274.84元，并以此数额向法院提起诉讼。现淮北市粮食收储公司提供的证据不足以证明其事实主张，王某辩称因房屋租不出去，并自认仅收到租金65050元。故对王某在处理淮北市粮食收储公司委托事务中收到的房屋租金认定为65050元。

关于王某是否应当支付逾期返还租金利息的问题。淮北市海孜粮食收储中心虽然于2012年5月30日被淮北市粮食局撤销，但该撤销行为并不导致淮北市海孜粮食收储中心法律意义上法人资格的消灭。淮北市海孜粮食收储中心在2018年3月21日完成注销登记后，其法人资格才归于消灭，故其权利和义务在2018年3月21日才被淮北市粮食收储公司继受。但是，根据淮北市粮食局淮粮人〔2012〕51号文件，淮北市海孜粮食收储中心于2012年5月30日被撤销，其资产并入淮北市粮食收储公司；根据淮北市粮食局2015年3月31日淮粮办〔2015〕37号文件，安徽淮北国家粮食储备库与淮北市粮食收储公司合并，原“安徽淮北国家粮食储备库”“淮北市粮食收储公司”两单位的固定资产、债权债务统一并入新成立的“安徽淮北国家粮食储备库”。现淮北市粮食收储公司至今未办理注销登记，其依然具备企业法人资格。在上述情况下，淮北市粮食收储公司和安徽淮北国家粮食储备库作为原告，自身都不知道谁是本案委托合同解除和提起诉讼的主体。在委托合同中委托方不明确的情况下，王某履行转交租金的义务和行使索要“工资”的权利均发生困难，可以中止履行委托合同，故对淮北市粮食收储公司要求王某支付逾期返还租金利息的诉讼请求，法院不予支持。

专家点评

本案系因淮北市海孜粮食收储中心与王某之间的民事活动产生的纠纷，争议的焦点为王某拖欠淮北市粮食收储公司房屋租金数额，王某是否应当支付逾期返还租金利息。在合同履行过程中，如果债权人分立、合并或者变更名称，债权人没有通知债务人的情形，可能会导致债务人无法确定向何方当事人履行债务，出现履行困难，此时债务人可以中止履行。本案中，淮北市海孜粮食收储中心于2012年5月30日被淮北市粮食局撤销，导致债权人主体不明，被告无法确定债权人，有权中止履行合同。

第五百三十条 债权人可以拒绝债务人提前履行债务，但是提前履行不损害债权人利益的除外。

债务人提前履行债务给债权人增加的费用，由债务人负担。

【条文释义】

本条是对提前履行债务的规定。

提前履行，是指在履行期限到来之前的履行，是合同履行中履行行为的变动。提前履行既可以是债务人自己要求提前履行自己的债务，也可以是债权人请求债务人提前履行。在后一种情况，如果债务人同意的，自然可以提前履行；债务人不同意的，可以拒绝债权人的请求。本条规定的是前一种情形。

合同双方当事人应当严格按照合同约定的期限履行，才能体现双方的合意，实现共同利益。债务人提前履行很可能损害债权人的利益。在一般情况下，债务人提前履行并没有给债权人带来好处，甚至可能给债权人造成困难，故债权人可以拒绝债务人提前履行债务，但是，提前履行不损害债权人利益的除外。分两种情况：（1）如果履行期限是为债务人的利益设定的，债务人可以提前履行自己的义务，因为一般不能限制当事人放弃自己的利益，这种履行是适当的，债权人应当接受。（2）如果债的履行期限是为债权人利益设定的或者关涉双方的利益，则债务人非经债权人的同意，不得提前履行。例如，在加工承揽合同中，承揽方提前交付定作物，应当事先与对方达成协议，并按协议进行。未经定作方同意提前交付定作物，定作方有权拒收。

提前履行给债权人增加的费用，应当由债务人承担。债务人拒绝承担的，应当强制其承担。

【案例评注】

杨某某诉许某某房屋买卖合同纠纷案①

基本案情

原告杨某某和被告许某某经双流县中和镇天天房介部的介绍，签订了《房屋购销合同》，约定被告许某某将自己所有的位于成都高新区中和街道仁和路金桂花园·丹桂苑的15－3栋6楼×号房屋一套（建筑面积148.25平方米、房屋所有权证号为双房权证双权字第0181461号）出卖给原告杨某某，总价款668000元。合同签订后，原告杨某某支付了定金20000元。双流县中和镇天天房介部为原告杨某

① 审理法院：四川省成都市高新技术产业开发区人民法院，案号：（2011）高新民初字第90号。

某分别在交通银行、邮政储蓄银行申请贷款，均未果。因被告许某某急于收取房款，经双流县中和镇天天房介部的业主兼工作人员袁某协调，原告杨某某同意一次性付款，并准备好了房款。袁某通知被告许某某前往领取，被告许某某拒绝领取。

2010年11月28日，被告许某某前往双流县中和镇天天房介部协商解除《房屋购销合同》，在被告许某某提交的录音材料中可以听出，双流县中和镇天天房介部的工作人员及原告杨某某的丈夫高某均当场多次表示可以一次性付款，但被告许某某拒绝接受，坚持以《房屋购销合同》约定的为贷款支付房款、原告杨某某迄今未办理好贷款为由解除《房屋购销合同》，原告杨某某的丈夫高某未表示同意解除合同。

由于被告许某某迟迟不向原告杨某某交付房屋，亦不配合原告杨某某到房地产管理登记机关办理买卖房屋产权变更登记，原告杨某某诉至法院，请求人民法院依法判决：1. 被告许某某向原告杨某某履行交付位于成都高新区中和街道仁和路金桂园·丹桂苑15幢－3－6－×号房屋（房屋所有权证号：双房权证双权字第0181461号）；2. 被告许某某协助原告杨某某到买卖标的（房屋）所在地房地产登记机关办理所买卖房屋的产权变更（过户）登记。

法院判决

法院认为，根据原、被告签订的《房屋购销合同》第一条的约定，涉案房屋除定金20000元外的第一笔房款188000元，应在买卖双方到成都市房地产交易中心将涉案房屋的产权证交买卖过户科受理，买卖过户科出据受理单后（或者办理产权公证）买方杨某某才是付给卖方许某某。第二笔房款460000元应在涉案房屋的过户手续完成后，买方杨某某拿到涉案房屋和新产权证后由银行一次性支付给被告许某某，且原、被告双方在《房屋购销合同》并未约定明确的按揭办理期限，《房屋购销合同》签订于2010年10月15日，截至2010年11月28日，共计44天，即原告杨某某得到的办理按揭的时间为44天，尚未超出合理期限，即原告杨某某还有权要求被告许某某给付合理期限办理按揭手续。因被告许某某拒绝继续等待办理按揭手续，原告杨某某同意一次性支付房款，系提前履行付款义务，根据《合同法》第七十一条第一款“债权人可以拒绝债务人提前履行债务，但提前履行不损害债权人利益的除外”的规定，被告许某某无证据证明原告杨某某提前全额支付房款有损其作为债权人的利益，故，被告许某某以原告杨某某在44天内未办理好按揭而要求解除合同的，理由欠充分，其解除行为无效，法院不予支持。

但是，原告杨某某虽然向被告许某某作出了一次性支付房款的意思表示，但迄今为止并未提供其上述房款已经支付的任何证据，无论是按照双方签订的《房屋购销合同》还是按照原告杨某某提前履行给付义务来考量，原告杨某某均尚未实际履行。故，涉案房屋的实物交付及产权过户条件均尚未成就，对原告杨某某的该项诉讼请求，法院不予支持。

专家点评

本案的争议焦点是原告是否有权一次性向被告支付房款，即提前履行付款义务。一般情况下，债务人应当按照合同约定的时间履行债务，否则就会构成违约。但是，债务人提前履行合同义务使得债权人的合同利益提前实现，通常不会使债权人遭受损失，反而会获得利益，故而法律原则上允许债务人提前履行合同，但会给债权人造成不便的除外。本案中，由于被告许某某拒绝继续等待办理按揭手续，原告杨某某同意一次性支付房款，实质上是提前履行付款义务，而被告许某某无证据证明原告杨某某提前支付价款会损害其利益，故被告许某某欠缺解除合同的理由，不应获得支持。

第五百三十一条 债权人可以拒绝债务人部分履行债务，但是部分履行不损害债权人利益的除外。

债务人部分履行债务给债权人增加的费用，由债务人负担。

【条文释义】

本条是对部分履行债务的规定。

部分履行相对于全面、适当履行而言。依法订立的合同具有法律效力，当事人双方必须全面地、适当地履行合同，使合同权利人的权利得到完全实现。如果当事人只部分履行合同，另外的部分不履行，当事人预期目的就不能实现。当事人依据合同的标的数量履行债务，而该标的的质量或规格不符合合同要求，对另一方当事人来说，这种履行没有经济意义。

部分履行不是根本没有履行，而只是部分履行合同债务。对于债务人的部分履行，债权人有拒绝受领权，拒绝受领债务人的部分履行债务。这种拒绝受领权只是相对于部分履行对于债权人的利益有损害而产生的。如果部分履行不损害债权人利益，则债权人不享有拒绝受领权，不能拒绝债务人的部分履行。

债务人部分履行债务有可能给债权人增加接受履行的费用。这种费用的产生是由于债务人的部分履行造成的，应当由债务人负担。

【案例评注】

景某某与刘某、张某某民间借贷纠纷案[①]

基本案情

2017年12月15日，被告刘某、张某某向原告景某某借款20000元，并向原告出具借条一份；2018年4月10日，被告刘某、张某某再次提出向原告借款20000元，原告同意后委托其朋友樊某某向张某某的账户内转账20000元，二被告未出具借条。借款后，原告多次催要上述40000元借款，二被告仅认可借款20000元，否认其余借款20000元，曾委托他人向原告返还借款20000元，原告以被告试图用20000元还清40000元债务为由拒收。现原告诉至法院要求二被告返还借款40000元，并按照年利率8.3%支付从起诉之日起至还款之日止的利息。

法院判决

法院认为，原、被告之间借贷关系明确，原告向二被告催要借款后，二被告应当在合理期限内返还借款，但其未予返还，其行为违约，原告诉讼要求二被告返还借款的诉讼请求，理由正当，应予支持。

原告要求二被告按照年利率8.3%支付借款40000元从起诉之日起至全部款项归清之日止的利息，二被告辩称双方未约定借款利息，且其曾多次委托他人向原告返还20000元，原告均拒绝收款，因此不同意承担利息，根据《合同法》第七十二条第一款："债权人可以拒绝债务人部分履行债务，但部分履行不损害债权人利益的除外。"以及第一百一十九条第一款："当事人一方违约后，对方应当采取适当措施防止损失的扩大；没有采取适当措施致使损失扩大的，不得就扩大的损失要求赔偿"之规定，二被告归还借款20000元的部分履行债务行为不损害原告的利益，原告拒绝受领20000元系不适当的措施，故原告不得再主张该20000元借款的利息，又根据《最高人民法院关于审理民间借贷案件适用法律若干问题的规定》第二十九条第二款第一项："（一）既未约定借期内的利率，也未约定逾期利率，出借人主张借款人自逾期还款之日起按照年利率6%支付资金占用期间利息的，人民法院应予支持"之规定，二被告应按照年利率6%支付借款20000元从2019年1月18日起至实际还款之日止的利息。

---

① 审理法院：甘肃省庆阳市西峰区人民法院，案号：（2019）甘1002民初824号。

专家点评

本案的争议焦点是被告应当以 20000 元还是 40000 元的本金向原告支付利息。在合同履行过程中，债务人应当依约全面履行合同义务，部分履行合同的有可能无法实现债权人的合同目的或者给债权人增加受领成本，债权人可以拒绝债务人部分履行债务。但是，如果部分履行不损害债权人利益，债权人应该依据诚实信用原则接受债务人的履行，对于债务人部分履行债务给债权人增加的费用，可以请求债务人负担。本案中，涉案标的是金钱，二被告归还借款 20000 元的部分履行债务行为不损害原告的利益，原告不应拒绝受领，故原告不得再主张该 20000 元借款的利息。

第五百三十二条　合同生效后，当事人不得因姓名、名称的变更或者法定代表人、负责人、承办人的变动而不履行合同义务。

【条文解读】

本条是对合同主体其他变动不得拒绝履行的规定。

合同主体的姓名、名称的变更，以及法定代表人、负责人、承办人的变动，是经常出现的。为了避免当事人因为这些主体的变动而在合同履行中发生争议，防止当事人假借姓名、名称变更或者法定代表人、负责人、承办人的变动而不履行合同义务，故在合同生效后，当事人不得因姓名、名称的变更或者法定代表人、负责人、承办人的变动而不履行合同的义务。

自然人在改名前已经以其原姓名参与了某种法律关系，其姓名的改变不应影响他人和社会的利益。故当事人以其原姓名签订的合同亦应严格遵守，不得因姓名的改变而不履行合同义务。

法人和非法人组织名称的变更只是其文字标记的变更，不是合同主体的变更，法人和其他组织不能因名称的变更而不履行合同义务。

法人的法定代表人以及非法人组织的负责人、承办人的变更也不影响合同的履行。法人和非法人组织都依法享有合同主体资格，可以作为合同法律关系的主体，具有合同权利能力和合同行为能力，不能因法定代表人、负责人或者承办人的变动而不履行合同义务。

【案例评注】

四川阆中农村商业银行股份有限公司与陈某某金融借款纠纷案[①]

基本案情

2011年11月17日，被告陈某某与阆中市农村信用合作联社签订借款合同一份，向阆中市农村信用合作联社借款30000元，借据载明：被告陈某某向阆中市农村信用合作联社借款金额为30000元，借款日期为2011年11月17日，借款到期日为2012年11月15日，借款用途为购买材料，执行月利率为10.1133‰，结息方式为按季结息，被告陈某某在借款人栏签字捺印。借款合同签订后，阆中市农村信用合作联社按照合同约定发放了贷款，借款到期后经阆中市农村信用合作联社多次催收，被告陈某某未按合同约定偿还借款本金及利息，现仍结欠借款本金30000元及利息。2014年7月3日，阆中市农村信用合作联社在四川经济日报刊登对被告陈某某的贷款催收公告，被告仍未按合同约定履行还款义务，原告遂诉至法院，请求判令被告立即偿还原告借款本金30000元及利息，并承担案件诉讼费。

另查明阆中市农村信用合作联社经南充市工商局核准，作出（川工商）名称变核内字［2015］第001935号企业名称变更核准通知书，核准企业名称变更为四川阆中农村商业银行股份有限公司。

法院判决

法院认为，原阆中市农村信用合作联社与被告签订的借款合同合法有效，其借贷关系受法律保护，双方应按照合同约定全面履行自己的义务。阆中市农村信用合作联社经工商局批准变更为四川阆中农村商业银行股份有限公司，原阆中市农村信用合作联社的权利义务应当由名称变更后的四川阆中农村商业银行股份有限公司承担，原告起诉主体适格。借款合同签订后，原阆中市农村商业银行股份有限公司按照约定向被告陈某某发放了借款，借款到期后被告未按照合同约定偿还借款本金及利息的行为是错误的，应当承担逾期履行期间的债务利息，故原告诉请判令被告立即偿还借款本金及利息于法有据，法院予以支持。关于借款利息，原、被告约定的借款利率不违反法律规定，原告主张按合同约定利率支付借款利息，法院予以支持。

---

① 审理法院：四川省阆中市人民法院，案号：（2016）川1381民初字2777号。

专家点评

本案的争议焦点是原告的主体是否适格。合同是一种面向未来的权利，从合同订立到合同履行之间尚存在一段不确定时期，合同当事人在此期间可能会发生姓名、名称的变更或者法定代表人、负责人、承办人的变动，当事人的权利义务并不因此而发生变更，以免当事人借此逃避合同拘束。在本案中，涉案借贷合同的原告贷款人的法人名称发生了变更，这一变更并不影响原告所应承担的放贷义务和请求借款人返还本金利息的权利，原告有权在借款合同到期后请求被告清偿债务。

第五百三十三条　合同成立后，合同的基础条件发生了当事人在订立合同时无法预见的、不属于商业风险的重大变化，继续履行合同对于当事人一方明显不公平的，受不利影响的当事人可以与对方重新协商；在合理期限内协商不成的，当事人可以请求人民法院或者仲裁机构变更或者解除合同。

人民法院或者仲裁机构应当结合案件的实际情况，根据公平原则变更或者解除合同。

【条文释义】

本条是对情势变更原则的规定。

情势变更原则，是指在合同成立后，订立合同的基础条件发生了当事人在订立合同时无法预见的、不属于商业风险的重大变化，仍然维持合同效力履行合同对于当事人一方明显不公平的情势，受不利影响的当事人可以请求对方重新协商，变更或解除合同并免除责任的合同效力规则。

在合同领域，对情事变更原则的适用条件是相当严格的，应当具备的条件是：(1) 须有应变更或解除合同的情势，即订立合同时合同行为的基础条件发生了变动，在履行时成为一种新的情势，与当事人的主观意思无关。(2) 变更的情势须发生在合同成立后至消灭前。(3) 情势变更的发生不可归责于双方当事人，当事人对于情势变更的发生没有主观过错。(4) 情势变更须未为当事人所预料且不能预料，而且不属于商业风险。(5) 继续维持合同效力将会产生显失公平的结果。

情势变更原则适用的法律效力是：（1）当事人重新协商，即再协商，再协商达成协议的，按照协商达成的协议确定双方当事人的权利义务关系。（2）再协商达不成协议的，可以变更或解除合同并免除当事人责任。人民法院或者仲裁机构应当结合案件的实际情况，根据公平原则确定变更或者解除合同。

情势变更原则发生两次效力。第一次效力，是维持原法律关系，只变更某些内容。第一次效力多用于履行困难的情况，变更方式包括增减给付、延期或分期给付、变更给付标的或者拒绝先为给付。第一次效力不足以消除显失公平的结果时，发生第二次效力，是采取消灭原法律关系的方法以恢复公平，表现为终止合同、解除合同、免除责任或者拒绝履行。

【案例评注】

腾跃公司与张某合同纠纷案[①]

基本案情

2010年7月，张某与鑫诚公司签订《商品房买卖合同》（合同编号2010－006），购买鑫诚公司开发建设的位于淮南市田家庵区商铺，建筑面积72.59平方米，总金额1538781.00元。2010年9月1日，腾跃公司（甲方）、张某（乙方）、鑫诚公司（担保方）、中融业公司（担保方）四方签订了《商铺委托经营合同》，合同约定：乙方将自己合法拥有独立产权的阳光365花园22号楼××号商铺的使用权委托给甲方统一招租经营，委托经营期限为15年，即自2010年9月1日至2025年8月31日止。商铺租金收益从第四年起计算，具体计算方式为：第四年至第七年，甲方每年按照商铺买卖合同总价的9%向乙方支付租金收益；第八年至第十年，甲方每年按照商铺买卖合同总价的10%向乙方支付租金收益；第十一年至第十五年，甲方每年分别按照商铺买卖合同总价的11%、12%、13%、14%、15%向乙方支付租金收益。租金收益结算时间为每年最后5个工作日。另外，合同还约定：在委托经营期间，为充分保障乙方利益，由安徽鑫诚集团和合肥中融业担保公司联合担保乙方的利益；在乙方委托经营期间收益不能保证的情况下，由开发商和担保公司按照《商品房买卖合同》总价的两倍联合回购商铺产权。甲方腾跃公司、担保方鑫诚公司及中融业公司均在合同上盖章确认，乙方张某亦在合同上签字确认。委托经营合同签订后，腾跃公司将张某名下的商铺连同

① 审理法院：安徽省淮南市田家庵区人民法院，案号：（2019）皖0403民初2573号。

其他业主的商铺整体租赁给淮南市拉芳舍餐饮有限公司从事酒店经营业务。2010年12月30日，张某向鑫诚公司缴纳了购房款，并取得安徽省淮南市销售不动产专用发票，金额为1538781元。2011年1月25日，张某取得了阳光365花园22楼××号商铺的产权证书。

后来，同样受托经营的淮南市鑫诚房地产开发有限公司的商铺因民事纠纷被法院依法强制执行，并变卖抵付给银行，淮南市拉芳舍餐饮有限公司无法继续经营而被迫停业。原告腾跃公司以情势变更为由，向法院提出诉讼请求，请求法院依法解除原告和被告张某之间于2010年9月1日签订的《商铺委托经营合同》。

法院判决

法院认为，在案涉《商铺委托经营合同》中，鑫诚公司为本案原告提供担保，且鑫诚公司亦将自有房产交由原告经营管理。在原告与鑫诚公司有业务往来的情况下，可以推知原告对鑫诚公司的经营情况有所了解。关于涉案商铺的地理位置、内部结构以及商铺之间的布局，原告在签订合同时已充分知悉，具体经营计划亦由原告自行制定，在将所有商铺统一规划使用时，基于正常经济人的理性考量，原告有能力且应当预料到部分商铺产权变动的状况将影响到商铺整体经营计划的实施，故本案原告所称因鑫诚公司房产被拍卖抵付致使无法整体经营的情况，应属于原告在签订合同时可以预见到的商业风险，且系自身经营管理不善所致，不应适用情势变更原则，驳回原告的诉讼请求。

专家点评

本案的争议焦点是鑫诚公司房产被拍卖抵付致使无法整体经营的情况是否属于情势变更。通常情况下，依法成立生效的合同对当事人具有法律约束力，各方当事人均应秉持诚实信用原则，忠实、全面履行合同约定的内容，不得擅自变更或者解除合同。只有在订立合同的基础条件发生了当事人在订立合同时无法预见的、不属于商业风险的重大变化时，继续履行合同对于当事人一方明显不公平的，当事人才能向司法机关请求变更或解除合同。本案中，原告所经营的淮南市拉芳舍餐饮有限公司与鑫诚公司的经营状况有紧密关联，鑫诚公司的经营一旦发生变故就有可能影响到原告的业务经营，这是原告在订立合同之时就有能力且应当预料的商业风险，不属于情势变更的事由，无权因此而主张解除《商铺委托经营合同》。

第五百三十四条 对当事人利用合同实施危害国家利益、社会公共利益行为的，市场监督管理和其他有关行政主管部门依照法律、行政法规的规定负责监督处理。

【条文释义】

本条是对政府有关部门依法管理合同职权的规定。

这一规定是对《合同法》第127条内容进行整理作出的规定，赋予政府市场监督管理部门和其他有关行政主管部门对合同的监督管理职权。对当事人利用合同实施危害国家利益或者社会公共利益行为的，政府主管部门有权依法进行监督，并且依法作出处理。

【案例评注】

博戎公司与槐荫监管局市场行政处罚案[①]

基本案情

2015年12月28日，槐荫监管局下属匡山市场监督管理所接12315消费者投诉转办单，要求其调解处理孙某与博戎公司交易纠纷。槐荫监管局根据调查材料，确认以下事实：2015年11月29日，孙某与博戎公司签订代购车合同书，该合同第六条规定："六、合同解除：1. 甲方按约定方式通知乙方提车后*日内未将全部购车款付清或未到合同约定地点办理提、验车手续，即视为乙方单方面解除了本购车合同，届时甲方有权不再另行通知乙方即可自行处置乙方所购车辆，所收取的预付款不予退回；已付清全款的，将扣除20%以后返还乙方。2. 因甲方或其他非乙方因素造成本合同无法继续履行的，甲方应于*日内将所收代购全部款项一次性返还乙方，其他责任不予承担。"该合同约定交车日期为2015年12月15日，孙某按约交纳"订金"10000元。后车辆因故未按时交付，截至2015年12月26日，博戎公司通知孙某提车时，孙某认为车辆与自己的要求不符，提出解除合同，但博戎公司依据上述合同第六条的规定拒不退款。

2016年3月7日，槐荫监管局向博戎公司送达济槐市监合字［2016］第18003号行政处罚告知书，告知博戎公司，其与孙某订立的汽车销售合同违反了

① 审理法院：山东省济南市槐荫区人民法院，案号：（2016）鲁0104行初37号。

《合同法》第五条及《合同违法行为监督处理办法》第九条之规定，构成利用格式条款免除自己违约责任的行为，拟根据《行政处罚法》第二十三条“行政机关实施行政处罚时，应该责令当事人改正或者限期改正违法行为”和《合同法》第一百二十七条、《合同违法行为监督处理办法》第十二条之规定，责令博戎公司立即改正违法行为，并罚款10000元。该告知书同时告知了博戎公司陈述、申辩的权利。2016年3月15日，槐荫监管局作出济槐市监合字［2016］18003号行政处罚决定书，对博戎公司进行如上了处罚。博戎公司对该行政处罚决定书不服，遂向法院提起行政诉讼。

法院判决

法院认为，双方当事人主要存在两个方面的争议焦点：一是博戎公司是否存在利用格式条款免除自己违约责任的合同违法行为，二是槐荫监管局作出的行政处罚决定书适用法律是否正确。

关于第一点，该合同预先拟定了甲方、提车地点为博戎公司以及乙方承担违约责任而甲方不承担违约责任的内容，而将乙方姓名或单位名称、代购车型、合同总价款、付款方式和时间等位置留下空白，打印形成后以手写方式填齐空白部分的内容，足以认定该合同是博戎公司为了重复使用而预先拟定并在订立合同时未与孙某协商，属于采用格式条款订立的合同。同时，该合同第六条第二项，明确载明“因甲方或其他非乙方因素造成本合同无法继续履行的，甲方应于叁日内将所收代购全部款项一次性返还乙方，其他责任不予承担”，应认定博戎公司存在采用格式条款订立合同以免除自己因违约依法应当承担违约责任的违法行为。

关于第二个争议焦点，博戎公司采用格式条款订立合同免除自己因违约依法应当承担的违约责任，违反行政管理秩序，属于合同违法行为，应当按照《行政处罚法》第三条规定的“公民、法人或者其他组织违反行政管理秩序的行为，应当给予行政处罚的，依照本法由法律、法规或者规章规定，并由行政机关依照本法规定的程序实施”以及上述规章条款，给予行政处罚。《合同法》第四十条是对格式条款效力方面的规定，属于民事权利义务范畴，与行政处罚范畴的上述规定不存在冲突和矛盾。因此，槐荫监管局适用《合同违法行为监督处理办法》第十二条之规定作出涉案行政处罚决定书正确，亦符合《行政处罚法》第七条规定的“公民、法人或者其他组织因违法受到行政处罚，其违法行为对他人造成损害的，应当依法承担民事责任”。

综上，槐荫监管局作出涉案行政处罚决定书，证据确凿，适用法律、法规正确，符合法定程序，处罚得当，原告博戎公司请求撤销该行政处罚书不符合法律规定，法院不予支持。

专家点评

合同法以合同自由为基本原则，当事人可以自由约定双方的权利义务，但是由于资源禀赋等各种原因，当事人之间的缔约能力存在实质不平等，如果完全赋予当事人缔约的自由就有可能会导致一方利用自身的优势地位损害对方的利益，进而损害国家社会的公共利益，需要行政主管机关主动介入纠正这种不当行为，以期实现社会公平正义。本案中，原告通过格式合同免除自己因违约依法应当承担违约责任，属于违法行为，槐荫监管局有权依法对其进行处罚，以纠正这一违法行为。

第五章 合同的保全

第五百三十五条 因债务人怠于行使其债权或者与该债权有关的从权利，影响债权人的到期债权实现的，债权人可以向人民法院请求以自己的名义代位行使债务人对相对人的权利，但是该权利专属于债务人自身的除外。

代位权的行使范围以债权人的到期债权为限。债权人行使代位权的必要费用，由债务人负担。

相对人对债务人的抗辩，可以向债权人主张。

【条文释义】

本条是对债权人到期债权行使债权人代位权的规定。

债权人代位权，是指债权人依法享有的为保全其债权，以自己的名义行使属于债务人对相对人权利的实体权利。当债务人怠于行使属于自己的债权或者与该债权有关的从权利，而害及债权人的权利实现时，债权人可依债权人代位权，以自己的名义行使债务人怠于行使的债权。其特征是：（1）债权人代位权是债权的从权利；（2）债权人代位权是债权人以自己的名义代债务人之位行使的权利；（3）债权人代位权的目的是保全债权；（4）债权人代位权的性质是管理权。

本条规定的是债权人债权到期的代位权，其行使要件是：（1）债权人对债务人的债权合法；（2）债务人怠于行使其债权或者与该债权有关的从权利；（3）影响债权人到期债权的实现；（4）债务人的权利不是专属于债务人自身的权利。

债权人行使代位权，是向人民法院请求以自己的名义行使债务人对相对人的权利。行使权利的范围，应当以债务人到期债权或者与该债权有关的从权利为限，对超出到期债权范围以外的部分，不能行使代位权。债权人行使代位权所支出的费用，由债务人负担，债权人可以向其追偿。

债权人行使代位权时，相对人对债务人的抗辩，可以向债权人主张，如相对人因债务超过诉讼时效而取得抗辩权，该抗辩权可以直接向债权人行使，可以对抗债权人代位权。

【案例评注】

某国土局与某招商局公司、某乙公司等债权人代位权纠纷案①

基本案情

1999年7月20日，某国土局、某甲公司、某招商局公司三方共同签订了《债务关系转移合同》，约定：某招商局公司欠某国土局土地征用费21833446.50元的债务全部由某甲公司承担。后某甲公司与某国土局先后于2000年7月20日、2001年3月29日签订两份《交款合同》，分别约定：某甲公司应于2000年9月30日前、2001年12月20日前各向某国土局支付800万元、1000万元。某甲公司系某乙公司投资开办的公司，而某乙公司未按规定将注册资金注入某甲公司。以上事实均经法院生效判决确认。此外，法院生效裁定认为，某乙公司应在注册资金不实的21441941元范围内对某国土局承担责任。

1998年4月12日，某乙公司曾与某招商局公司签订《债权债务清算协议书》，约定某招商局公司将占地13241.4平方米的某项目用地的土地使用权以评估价34441941元抵偿给某乙公司，用以抵偿某招商局公司欠某乙公司的3481.55万元欠款，双方之间债权债务全面结清；招商局公司应于协议生效之日起第二日将土地交由某港招公司开发使用。但该土地使用权至今未转移至某港招公司名下。

另查明，某招商局公司系由某招商实业开发公司投资成立。1995年，某招商实业开发总公司改制为某港招公司。1999年8月，某招商局公司改制为有限责任公司，并更名为某招商房地产公司。在改制过程中，某乙公司与某招商局公司协商，某招商局公司承担原招商局公司230万元美元债务，其余资产、债权、债务由某乙公司承担。

因某乙公司既不向某国土局承担注册资金不实的赔偿责任，也不以诉讼或者仲裁方式向某招商局公司主张到期债权，已造成某国土局债权受损，故某国土局提起代位权诉讼，请求判令由某招商局公司履行某乙公司对某国土局的债务。

---

① 参见《最高人民法院公报》2012年第6期，有改动。审理法院：一审法院为四川省成都市中级人民法院，案号：（2007）成民初字第19号；二审法院为四川省高级人民法院；案号：（2008）川民终字第90号；再审法院为最高人民法院，案号：（2011）民提字第210号。

法院判决

一审法院认为，根据法院生效裁定，某国土局对某甲公司享有本金1800万元及利息的债权，某乙公司因出资不实，在21441941元范围内对某国土局承担责任。某乙公司与某招商局公司于1998年4月12日签订的《债权债务清算协议书》为双方当事人的真实意思表示，不违反法律规定，应属合法有效。根据该协议约定，某招商局公司对某乙公司负有给付占地13241.40平方米的某项目用地的土地使用权之义务，但未履行。某招商局公司经改制更名后，变更为某招商房地产公司，故某招商局公司所负给付某乙公司土地使用权的义务由改制更名后的某招商房地产公司承担。《最高人民法院关于适用〈中华人民共和国合同法〉若干问题的解释（一）》第十三条规定："合同法第七十三条规定的'债务人怠于行使其到期债权，对债权人造成损害的'，是指债务人不履行对债权人的到期债务，又不以诉讼方式或者仲裁方式向其债务人主张其享有的具有金钱给付内容的到期债权，致使债权人的到期债权未能实现。"根据此规定，债权人行使代位权的前提条件之一是债权人怠于行使具有金钱给付内容到期债权，从而导致债权人的到期债权未能实现。而在本案中，某国土局所主张的某乙公司对某招商局公司享有的债权为土地使用权给付之债，并非具有金钱给付内容的债权，故某国土局提出的行使代位权的主张，不符合《最高人民法院关于适用〈中华人民共和国合同法〉若干问题的解释（一）》有关代位权构成要件之规定，对其诉讼请求不予支持。

二审法院认为，依据现有事实，某乙公司是某国土局的债务人。某国土局在本案中主张行使代位权，其主要依据是某乙公司与某招商局公司签订的《债权债务清算协议》，依据该协议，可以确定协议双方存在债权债务关系，即某招商局公司对某乙公司负有债务，且为金钱债务；至于协议关于以土地作价清偿的约定，只是双方选择了结债权债务的方式，其是否合法有效，不影响这一基本事实认定。此时，某国土局可以某招商局公司为次债务人，依法行使代位权。但综合本案现有证据，其后某招商局公司确有改制的事实存在，且因改制而注销；招商局公司改制注销时，就其债权、债务及资产与某招商实业开发有限公司签订了《债权、债务及资产处置协议》并记载于工商机关的相关登记档案中，明确除由某招商房地产公司代某招商局公司偿还230万美元外，其他债权、债务和资产均由某乙公司承担。该230万元美元业已偿还。据此，依照《债权、债务及资产处置协议》，招商房地产公司承受的仅是某招商局公司原欠相关银行的金融债务，且已实际履行，其他债权债务及资产，由某乙公司自行承担；而某乙公司本系武侯国土局的债务人，不存在行使代位权的问题。

再审法院认为，本案的诉讼焦点是：某国土局能否对某招商房地产公司行使代位权。该焦点问题可以分解为两个具体问题：其一，某国土局能否对改制前的某招商局公司行使代位权？其二，改制后的某招商房地产公司应否对原招商局公司的债务承担责任？关于第一个问题。本院认为，根据《合同法》第七十三条关于“因债务人怠于行使其到期债权，对债权人造成损害的，债权人可以向人民法院请求以自己的名义代位行使债务人的债权，但该债权专属于债务人自身的除外”之规定，债权人代位权是债权人为了保全其债权不受损害而以自己的名义代债务人行使权利。本案中，某国土局因土地征地费问题与某招商局公司、某甲公司签订《债权债务转移合同》以及某国土局与某甲公司签订的《交款合同》已为人民法院生效法律文书确认为有效，武某国土局对四川港招公司的债权合法确定，因此某甲公司是某国土局的债务人。某乙公司因在开办某甲公司过程中出资不实而被生效的裁判文书认定应在注册资金不实的21441941元范围内对某国土局承担责任，故某乙公司亦是武某国土局的债务人，某国土局对某乙公司的债权亦属合法且已确定。某乙公司与某招商局公司于1998年4月12日签订《债权债务清算协议书》，约定某招商局公司应将其某项目用地的土地使用权以评估价34441941元抵偿其所欠某乙公司的3481.55万元的债务。该协议书系双方当事人真实意思表示，不违反法律、行政法规强制性规定，应属有效。根据该协议，某招商局公司对某乙公司负有3481.55万元的金钱债务，某招商局公司对某乙公司负有给付某项目用地土地使用权的义务。本院认为，某乙公司与某招商局公司双方协议以土地作价清偿的约定构成了代物清偿法律关系。依据民法基本原理，代物清偿作为清偿债务的方法之一，是以他种给付代替原定给付的清偿，以债权人等有受领权的人现实地受领给付为生效条件，在新债务未履行前，原债务并不消灭，当新债务履行后，原债务同时消灭。本案中，某乙公司与某招商局公司虽然签订了《债权债务清算协议书》并约定“以地抵债”的代物清偿方式了结双方债务，但由于该代物清偿协议并未实际履行，因此双方原来的金钱债务并未消灭，据此，某招商局公司是某乙公司的债务人，进而是某国土局的次债务人。根据《合同法》第七十三条以及本院《最高人民法院关于适用〈中华人民共和国合同法〉若干问题的解释（一）》第十一条、第十三条之规定，因为某乙公司既未向某国土局承担注册资金不实的赔偿责任，又未以诉讼或者仲裁方式向招商局公司主张已到期债权，致使债权人某国土局的债权未能实现，已经构成《合同法》第七十三条规定的“债务人怠于行使其到期债权，对债权人造成损害”。因此，某国土局有权行使代位权，但该代位权的行使范围应以其对某乙公司的债权即注册资金不实的21441941元范围为限。关于第二个问题，即改制后的某招商房地产公司应否对原招商局公司的债务承担责任。本院认为，为了更好地审理企业改制相关的民事纠纷案件，最高人民法院专门制定了《关于审理与企业改制相关的民事纠纷案件若干问题的规定》，该规定所确立的法人财产原则、企业债务承继原则以及企业债务随企业财产变动原则，旨在防止企业在改制过程中造成企业财产流失，避免损害债权人的利益。本院认为，企业改制或者改造只是企业变更的一种形式，根据法人财产原则和企业债务承继原则，变更设立后的公司应当承继原企业的债权债务。虽然某招商局公司在改制时与某乙公司签订了《债权、债务及资产处置协议》，约定除欠某银行的款项外，其他债务由某乙公司承担。但无论是某招商局公司对成都港招公司负有的3481.55万元的债务，还是某招商局公司欠某银行的230万美元的贷款，均是某招商局公司改制前的对外负债，根据法人财产原则以及企业债务承继原则，改制后的某招商局公司均应负责偿还改制前的招商局公司的债务。尽管改制后的某招商局公司在注册资金数额、股东构成、企业性质等方面均有别于原招商局公司，但企业改制只是转换企业的组织形式和变更企业的经济性质，原企业的债权债务并不因改制而消灭。根据法人财产原则和企业债务承继原则以及本院《关于审理与企业改制相关的民事纠纷案件若干问题的规定》第五条关于“企业通过增资扩股或者转让部分产权，实现他人对企业的参股，将企业整体改造为有限责任公司或者股份有限公司的，原企业债务由改造后的新设公司承担”之规定，原招商局公司对某乙公司的债务应由改制后的招商房地产公司承担。故某国土局将某招商局公司作为次债务人，要求其承担原招商局公司所欠成都港招公司的债务，不仅符合《合同法》第七十三条和本院《最高人民法院关于适用〈中华人民共和国合同法〉若干问题的解释（一）》关于债权人代位权制度及其构成要件之规定，而且符合本院《关于审理与企业改制相关的民事纠纷案件若干问题的规定》的原则和规定。因此，某国土局关于要求某招商房地产公司承担原招商局公司所欠某乙公司债务的请求，于法有据，应予支持，某招商房地产公司应在21441941元范围内向武某国土局承担清偿责任。根据《最高人民法院关于适用〈中华人民共和国合同法〉若干问题的解释（一）》第二十条关于“债权人向次债务人提起的代位权诉讼经人民法院审理后认定代位权成立的，由次债务人向债权人履行清偿义务，债权人与债务人、债务人与次债务人之间相应的债权债务关系即予消灭”之规定，某招商局公司向某国土局履行21441941元的清偿责任后，某国土局与某港招公司、某国土局与四川港招公司、某港招公司与某招商局公司之间相应的债权债务关系即予消灭。

专家点评

本案涉及到民法典合同编第 535 条关于债权人代位权的规定。该规定以原《合同法》第 73 条为基础，对债权人行使代位权的情形予以进一步完善。

如最高人民法院所述，本案的争议焦点是某国土局能否对某招商局公司行使代位权。其又可分解为两个具体问题：其一，某国土局能否对改制前的某招商局公司行使代位权？其二，改制后的某招商局公司应否对原招商局公司的债务承担责任？

对于第一个问题，关于代位权的行使要件，民法典合同编第 535 条第 1 款规定，因债务人怠于行使其债权以及与该债权有关的从权利，影响债权人的到期债权实现的，债权人可以向人民法院请求以自己的名义代位行使债务人对相对人的权利，但是该权利专属于债务人自身的除外。本案中，法院生效裁定已经认定某乙公司是某国土局的债务人。而某招商局公司拖欠某乙公司 3481.55 万元的债务并约定以某项目用地土地使用权抵偿，但未履行。一审法院认为该债务为土地使用权给付之债而非金钱之债，因此不符合代位权行使要件，二审及再审法院认为双方之间的约定系代物清偿协议，依据民法基本原理，新债不履行，旧债不消灭，因此某乙公司仍对某招商局公司享有金钱债务，某国土局可对某招商局公司的代位权成立，应当说二审及再审法院的观点合法合理。此外，民法典合同编第 535 条第 1 款的规定其实对《最高人民法院关于适用〈中华人民共和国合同法〉若干问题的解释（一）》第十三条规定的“金钱债权”的限制作了修改，从其表述来看，其并未限制债务人对次债务人的债权为金钱债权。总之，某国土局向某招商局公司行使代位权的条件成就。

对于第二个问题，根据法人财产原则和企业债务承继原则以及《最高人民法院关于审理与企业改制相关的民事纠纷案件若干问题的规定》第 5 条关于“企业通过增资扩股或者转让部分产权，实现他人对企业的参股，将企业整体改造为有限责任公司或者股份有限公司的，原企业债务由改造后的新设公司承担”之规定，原招商局公司对某乙公司的债务应由改制后的招商局公司承担。

第五百三十六条 债权人的债权到期前，债务人的债权或者与该债权有关的从权利存在诉讼时效期间即将届满或者未及时申报破产债权等情形，影响债权人的债权实现的，债权人可以代位向债务人的相对人请求其向债务人履行、向破产管理人申报或者作出其他必要的行为。

【条文释义】

本条是对未到期债权行使债权人代位权的规定。

债权人对债务人享有的债权在履行期届满之前，行使债权人代位权须有必要的条件。该条件是，债务人对相对人享有的权利可能存在诉讼时效期间即将届满或者未及时申报破产债权等情形，影响债权人的债权实现。在符合这样的条件要求的情况下，债权人可以行使债权人代位权，其具体方法是：

1. 可以以债务人的名义，代位向债务人的相对人请求其向债务人履行，这是典型的代位权行使方法。

2. 相对人在破产程序中的，债权人可以代债务人之位，向破产管理人申报债权，将该债权纳入破产财产清偿范围，期待在破产清算中实现债权。

3. 作出其他必要的行为，如符合条件的，可以请求查封、冻结财产等。

后两种方法，超出了传统债权人代位权的范围，其目的仍然是保全债务人的财产以保护自己的债权，是针对实际情况所作的规定，对于保全债权人的债权具有重要意义。

【案例评注】

郑某、某甲公司建设工程施工合同纠纷案[①]

基本案情

2005 年 3 月 28 日，某甲公司发布其某建筑工程招标文件。2005 年 4 月 30 日，某甲公司向某乙公司发出中标通知书，由某乙公司取得前述工程，包干总价计 5740522 元。2005 年 5 月 10 日，某乙公司广州分公司（甲方）、郑某（乙方）签署《协议书》大致约定：乙方负责该工程的招投标工作、与发包方的工程建筑合同的签订和履行，并承担因此产生的所有费用，甲方应为乙方提供各项手续和文件，协助办理施工用的各种上岗证以及各类报批、报建工作（不含费用）；乙方违反工程建筑合同约定或国家法律规定令甲方遭遇的法律责任均由乙方承受，

---

① 审理法院：一审法院为广东省广州市黄埔区人民法院，案号：（2017）粤 0112 民初 2356 号；二审法院为广东省广州市中级人民法院，案号：（2019）粤 01 民终 4136 号；再审法院为广东省高级人民法院，案号：（2019）粤民申 6846 号。

乙方实缴工程税金，同意按工程总造价的1.8%给甲方支付管理费；发包方支付的工程款直接汇入甲方账户，甲方扣除管理费、税金等，余款由乙方支配，乙方独立核算、自负盈亏，总揽工地的人、财、物和债权债务，甲方有权对施工进度、质量、安全、资金使用等事项作检查等。同月12日，某甲公司和某乙公司签署《建设工程施工合同》。2007年8月3日，某甲公司组织工程竣工验收，出具了相应报告。2011年3月22日，某甲公司和某乙公司开始进行工程结算，2016年11月23日，某甲公司在最终决算书上盖章，载明截至当月已付款10609922.93元（完税开具发票部分计8305522元），余1332751.32元未付。后续结算过程均由郑某负责办理，由其代表某乙公司签字。现郑某起诉请求某甲公司向其支付工程款及利息。在法院审理过程中，经释明，郑某承认其挂靠在某乙公司承揽工程。法院一审支持了郑某的诉讼请求，某甲公司不服提起上诉，二审法院认为郑某不具备原告资格，故应驳回其诉讼请求，如郑某认为某乙公司怠于履行到期债权可依法提起代位权诉讼，后郑某提起再审。其中，其认为二审裁定认定"如郑某认为某乙公司怠于向某甲公司行使到期债权，对其造成损害，可依法提起代位权诉讼"于法无据的理由是：行使代位权的前提是两个债权均已到期。而根据某乙公司与郑某签订的挂靠协议，某乙公司拿到某甲公司的工程款后再给郑某，现在某乙公司没有拿到工程款，因此郑某对某乙公司的债权尚未到期，无法适用该代位权的规定。

法院判决

一审法院认为，连贯在案的中标通知书、《协议书》、《建设工程施工合同》，以及郑某出面操作后续结算进程一系列情况来看，可认定其借用施工资质的事实成立，某乙公司没有基于其声言之"合作关系"举证证明实质上参与了工程建设管理，无法否定郑某作为实际施工人的地位，目前没有证据表明某甲公司在签约发包时就清楚某乙公司出借资质，故从某种意义上讲，郑某与某甲公司形成事实上的建设工程施工合同关系。根据《最高人民法院关于审理建设工程施工合同纠纷案件适用法律问题的解释》的明确规定，本案《协议书》《建设工程施工合同》统归无效，不受法律保护；虽然合同无效，由于所在厂房及附属设施已建成投用多年，不妨碍郑某径行参照约定主张工程款和利息以折价补偿其劳动成果的权利。某甲公司辩解施工方未尽提供竣工验收备案资料、开具全额发票之义务，但其毕竟早已获取不动产权属登记，出于在合同无效情形下权利义务对等性的考虑，难以再对抗郑某的付款请求，唯施工方不规范作为的因素无疑影响附着计息，故限以起诉之日始，准按中国人民银行公布的同期同类贷款基准利率计至清偿之日止。

二审法院认为，《最高人民法院关于审理建设工程施工合同纠纷案件适用法律问题的解释》第二十六条规定：“实际施工人以转包人、违法分包人为被告起诉的，人民法院应当依法受理。实际施工人以发包人为被告主张权利的，人民法院可以追加转包人或者违法分包人为本案当事人。发包人只在欠付工程价款范围内对实际施工人承担责任。”根据前述规定，实际施工人一般应按照合同相对性原则有序诉讼，仅在特定条件下允许其直接向发包人主张工程款。郑某主张其借用某乙公司的施工资质，以某乙公司的名义与某甲公司签订《建设工程施工合同》，故其与某乙公司系挂靠与被挂靠的关系。但郑某所举证据不足以证明前述主张，某乙公司、某甲公司亦不予认可。且从相关文件的形成过程看，虽然《建设工程施工合同》签订时间晚于《协议书》，但在《协议书》签订前，某甲公司已向某乙公司发出中标通知书，此时某甲公司已获得涉案工程。因此，应认定某乙公司取得涉案工程后，再将工程转包给郑某。郑某主张其与某乙公司系挂靠与被挂靠的关系，缺乏事实依据，本院不予采纳。综合在案证据，某甲公司并不知晓某乙公司将涉案工程违法转包给郑某，对郑某履行转包合同的情况亦不知情，如允许郑某直接向其主张工程款，则某甲公司无法有效行使抗辩权，诉讼结果极有可能损害某甲公司的合法权利，也会扰乱建筑市场秩序，使转包、违法分包等违法行为继续泛滥，损害国家和社会公共利益。此外，涉案《建设工程施工合同》不存在无效的情形，依法成立并生效，不存在合同相对性减弱的情形。在此情况下，郑某与某甲公司并无直接利害关系，郑某无权突破合同相对性直接向依某甲公司主张工程款，并要求某乙公司承担连带责任。郑某的起诉不符合民事诉讼的受理条件，应驳回起诉。如郑某认为某乙公司收到某甲公司支付的工程款，而未向其转付，可另循法律途径向某乙公司主张权利。如郑某认为某乙公司怠于向某甲公司行使到期债权，对其造成损害，可依法提起代位权诉讼。

再审法院认为，本案是建设工程施工合同纠纷，争议焦点为申请人郑某是否属于《最高人民法院关于审理建设工程施工合同纠纷案件适用法律问题的解释》第二十六条规定的“实际施工人”。该条规定：“实际施工人以转包人、违法分包人为被告起诉的，人民法院应当依法受理。实际施工人以发包人为被告主张权利的，人民法院可以追加转包人或者违法分包人为本案当事人。发包人只在欠付工程价款范围内对实际施工人承担责任。”根据前述规定，实际施工人可以自己的名义起诉直接向发包人主张工程款。

本案中，涉案的中标通知书、《协议书》、《建设工程施工合同》，尤其是《协议书》中有关郑某介入招投标和对工程项目负总责、某乙公司广州分公司仅协办手续文件和收取管理费等约定，以及郑某进行后续结算等证据，初步证明申请人郑某属于借用某乙公司施工资质名义与涉案工程发包方某甲公司签订建设工程施工合同的承包人，属于涉案工程的实际施工人，其有权根据《最高人民法院关于审理建设工程施工合同纠纷案件适用法律问题的解释》第二十六条之规定，直接向发包人某甲公司起诉主张工程款。二审裁定在已认定某乙公司取得涉案工程后，再将工程转包给郑某的情况下，又以郑某无权突破合同相对性直接向某甲公司主张工程款，其起诉不符合民事诉讼的受理条件为由，裁定驳回郑某的起诉不当，本院予以纠正。郑某关于其作为涉案工程的实际施工人，有权依照《最高人民法院关于审理建设工程施工合同纠纷案件适用法律问题的解释》第二十六条之规定以自己的名义提起本案诉讼的再审申请理由成立，本院予以支持。

专家点评

首先，对于本案，其实际上属于建设工程施工合同纠纷，争议焦点为郑某是否属于《最高人民法院关于审理建设工程施工合同纠纷案件适用法律问题的解释》第26条规定的“实际施工人”。该条第1款规定，实际施工人以转包人、违法分包人为被告起诉的，人民法院应当依法受理。第2款规定，实际施工人以发包人为被告主张权利的，人民法院可以追加转包人或者违法分包人为本案当事人。发包人只在欠付工程价款范围内对实际施工人承担责任。依据本案合同文件、工程的实际施工情况以及后续由郑某出面参与结算等事实，应认定郑某为“实际施工人”，其可依据前述第26条直接请求发包人即某甲公司支付拖欠的工程款。

二审法院认为，实际施工人一般应按照合同相对性原则进行有序诉讼，仅在特定条件下允许其直接向发包人主张工程款。其欲向某甲公司直接主张权利需要在符合债权人代位权行使要件的情况下提起代位权诉讼。对此，郑某在再审申请中提出二审法院的此项认定于法无据：代位权的行使要件之一是两个债权均已到期，郑某对某乙公司的债权尚未到期，无法适用该代位权的规定。应当说，二审法院的裁判系对《最高人民法院关于审理建设工程施工合同纠纷案件适用法律问题的解释》第26条的理解有误，不是本案的争议焦点，不过其也引出了债权人代位权的行使是否应以债权人的债权已到期为要件的问题，对此，学界存在不同声音。《合同法》第73条有关代位权的规定未明确此项要件，《最高人民法院关于适用〈中华人民共和国合同法〉若干问题的解释（一）》第11条有关代位权的规定中将债权人的债权以到期列为债权人代位权的行使要件之一。不过，这种刚性的规定在特殊情况下可能对债权人的保护不利，因此，民法典合同编第 536 条结合实践需求，对债权人的债权未到期时可行使代位权的情形专门予以规定。其规定，债权人的债权到期前，债务人的权利可能存在诉讼时效期间即将届满或者未及时申报破产债权等情形，影响债权人的债权实现的，债权人可以代位向债务人的相对人请求其向债务人履行、向破产管理人申报或者作出其他必要的行为。该规定周全了对债权人利益的保护。

第五百三十七条　人民法院认定代位权成立的，由债务人的相对人向债权人履行义务，债权人接受履行后，债权人与债务人、债务人与相对人之间相应的权利义务终止。债务人对相对人的债权或者与该债权有关的从权利被采取保全、执行措施，或者债务人破产的，依照相关法律的规定处理。

【条文释义】

本条是对债权人代位权行使方法及结果的规定。

债权人行使代位权，应当向人民法院起诉，由人民法院确认是否可以行使代位权。人民法院经过审理，认定债权人主张的代位权成立的，就可以判决由债务人的相对人直接向债权人履行债务。债权人接受相对人的履行后，债权人与债务人、债务人与其相对人之间相应的权利义务消灭。

事实上，这样的结果不是传统的债权人代位权的行使方法和结果。债权人代位权是保全债务人的财产，行使代位权的后果是使债务人对相对人的债权得以保全，以增加债务人履行债务的财产资力。我国在《合同法》立法中，采取了相对人直接向债权人履行债务的做法，可以节省司法资源，避免债权人多次起诉，造成讼累，是有较好的价值的，但与债权人代位权的管理权性质不同。

债务人对相对人的债权或者与该债权有关的从权利如果被采取保全、执行措施或者债务人破产的，则应当依照民事诉讼法、破产法等相关法律的规定，进行处理。

【案例评注】

某建设公司等与某搅拌站债权人代位权纠纷案①

基本案情

法院生效判决认定，某甲公司拖欠某搅拌站 1043993 元货款及利息。某建设公司曾欠某甲公司 108299726 元工程款，现有证据仅可证明某建设公司向某甲公司支付了 9421679.79 元。某搅拌站起诉请求某建设公司向其支付 1043993 元及利息。

法院判决

一、二审法院均认为，根据《合同法》第七十三条的规定，因债务人怠于行使其到期债权，对债权人造成损害的，债权人可以向人民法院请求以自己的名义代位行使债务人的债权，但该债权专属于债务人自身的除外。根据《最高人民法院关于适用〈中华人民共和国合同法〉若干问题的解释（一）》第十一条的规定，债权人提起代位权诉讼，应当符合下列四个条件：（1）债权人对债务人的债权合法；（2）债务人怠于行使其到期债权，对债权人造成损害；（3）债务人的债权已到期；（4）债务人的债权不是专属于债务人自身的债权。本案中，某搅拌站作为债权人，以债务人某甲公司怠于行使对次债务人某建设公司的债权为由提起代位权诉讼，符合法律规定。

在代位权诉讼中，债权人行使代位权的请求数额超过次债务人对债务人所负债务额的，对超出部分不予支持。依据本案事实，某建设公司尚欠某甲公司工程款的金额远大于某甲公司对某搅拌站所负债务数额。因此，本案中，应由某建设公司向某搅拌站直接清偿某甲公司拖欠某搅拌站的货款及利息等，在实际清偿后，某建设公司与某甲公司之间相应的债权债务关系即予消灭。

专家点评

本案涉及民法典合同编第 537 条关于债权人代位权行使方法的规定。该规定借鉴《最高人民法院关于适用〈中华人民共和国合同法〉若干问题的解释

---

① 审理法院：一审法院为北京市海淀区人民法院，案号：（2016）京 0108 民初 34080 号；二审法院为北京市第一中级人民法院，案号：（2019）京 01 民终 4475 号。

（一）》第20条，对债权人代位权的行使方式予以进一步完善。

本案中，某甲公司拖欠某搅拌站的货款，某建设公司拖欠某甲公司的工程款，且因某甲公司怠于行使其对某建设公司的欠款影响了某搅拌站到期债权的实现，根据民法典合同编第535条，某搅拌站主张行使代位权的条件成立。根据民法典合同编第537条的规定，人民法院认定代位权成立的，由债务人的相对人向债权人履行义务，债权人接受履行后，债权人与债务人、债务人与其相对人之间相应的权利义务终止。本案法院判决次债务人某建设公司直接向某搅拌站在其某搅拌站对某甲公司享有的债权范围内向其履行债务，在实际清偿后，某建设公司与某甲公司之间相应的债权债务关系即予消灭。该判决于法有据。

第五百三十八条　债务人以放弃其债权、放弃债权担保、无偿转让财产等方式无偿处分财产权益，或者恶意延长其到期债权的履行期限，影响债权人的债权实现的，债权人可以请求人民法院撤销债务人的行为。

【条文释义】

本条是对债务人无偿处分财产行使债权人撤销权条件的规定。

债权人撤销权，是指债权人依法享有的为保全其债权，对债务人无偿或者低价处分作为债务履行资力的现有财产，以及放弃其债权或者债权担保、恶意延长到期债权履行期限的行为，请求法院予以撤销的权利。本条规定的是对债务人无偿处分财产行为的撤销权。

债权人撤销权的目的是保全债务人的一般财产，否定债务人不当减少一般财产的行为（欺诈行为），将已经脱离债务人一般财产的部分，恢复为债务人的一般财产为目的的权利。当债务人实施减少其财产或者放弃其到期债权而损害债权人债权的民事行为时，债权人可以依法行使这一权利，请求法院对该民事行为予以撤销，使已经处分了的财产回复原状，以保护债权人债权实现的物质基础。

债权人对债务人无偿处分行为行使撤销权的要件是：（1）债权人与债务人之间有债权债务关系；（2）债务人实施了处分财产的积极行为或者放弃债权、放弃债权担保的消极行为；（3）债务人的行为须有害于债权；（4）无偿处分行为不必具备主观恶意这一要件。

债权人对债务人无偿处分财产害及其债权的行为是：（1）放弃其债权，债务人放弃对自己作为债权人的相对人享有的债权，无论是到期还是未到期债权，均可行使撤销权。（2）放弃债权担保，债务人对自己的债务人对自己负有的债务，由相对人或者第三人设置的担保予以放弃，使债务人享有的债权失去担保的财产保障，对债权人的债权构成威胁，可以行使撤销权。（3）无偿转让财产，债务人无偿将自己的财产转让给他人，使债权人的债权实现构成威胁，可以行使撤销权。（4）恶意延长其到期债权的履行期限，债务人对相对人享有的债权已经到期，为逃避债务延长履行期限，也是对债权构成威胁，可以行使撤销权。

【案例评注】

冉某乙与秦某、冉某甲等债权人撤销权纠纷案[①]

基本案情

2014年3月3日，冉某甲、张某因资金周转困难向秦某借款，秦某向冉某甲、张某提供借款20万元，冉某甲、张某于当日向秦某出具借条，并约定于2015年3月3日前归还借款。借款到期后，冉某甲、张某未向秦某偿还借款本金和支付利息，以资金不足为由向秦某表示延期还款，2016年3月4日，冉某甲向秦某出具承诺书一份，承诺若在2016年12月31日前未能还款，则将房产变卖之后清偿借款。2016年12月31日借款到期后，秦某催收借款，冉某甲再次表示延期还款，2018年5月24日，冉某甲再次向秦某出具一张借条，借条表明因未向秦某清偿2014年3月3日的借款，愿意将位于某房屋抵押、出售后归还借款。因冉某甲、张某未按照约定的期限归还借款，秦某于2019年1月11日向法院提起诉讼，法院生效判决判定冉某甲、张某于该判决生效后十日内偿还秦某借款本金198000元及相应的利息。判决生效后，因冉某甲、张某未按期履行义务，秦某向一审法院申请强制执行。

2014年12月1日，冉某甲、张某作为赠与人，冉某乙作为受赠人，双方签订《房屋赠与协议》一份，约定冉某甲、张某将其所有的某房屋赠与冉某乙，该赠与协议经某公证处公证。

现秦某起诉请求撤销该赠与协议。

---

① 审理法院：一审法院为重庆市黔江区人民法院，案号：（2019）渝0114民初5635号；二审法院为重庆市第四中级人民法院，案号：（2019）渝04民终1607号。

法院判决

一、二审法院均认为，债务人处分自己的财产或权利，不得损害债权人的利益。冉某甲、张某于 2014 年 3 月 3 日向秦某借款 20 万元，后多次延长借款期限，截至 2019 年 4 月 10 日仍有本金 198000 元及相应的利息未予支付，判决生效后已经进入执行程序，双方的债权债务关系明确。冉某甲、张某将其所有的某房屋赠与冉某乙，没有证据证明冉某甲、张某另有其他财产可以对债务有清偿能力，故前述房屋赠与行为损害了债权人秦某的合法权益，秦某请求撤销冉某乙与冉某甲、张某之间的房屋赠与协议，符合法律规定，予以支持。

专家点评

本案涉及民法典合同编第 538 条关于对债务人无偿处分财产权益行使债权人撤销权条件的规定，该规定以《合同法》第 74 条为基础，增加了放弃债权担保、恶意延长到期债权的情形。

本案的争议焦点是案涉房屋赠与协议应否撤销。民法典合同编第 538 条规定，因债务人以放弃其债权、放弃债权担保、无偿转让财产等方式无偿处分财产权益，或者恶意延长其到期债权的履行期限，影响债权人的债权实现的，债权人可以请求人民法院撤销债务人的行为。本案中，冉某甲、张某在拖欠秦某借款不予归还的情况下，将其名下房屋无偿赠与冉某乙，且没有证据证明冉某甲、张某另有其他财产可以对债务有清偿能力，因此该赠与行为损害了冉某甲债权的实现，符合债权人撤销权的行使要件，故对秦某撤销房屋赠与协议的请求应予支持。

第五百三十九条 债务人以明显不合理的低价转让财产、以明显不合理的高价受让他人财产或者为他人的债务提供担保，影响债权人的债权实现，债务人的相对人知道或者应当知道该情形的，债权人可以请求人民法院撤销债务人的行为。

【条文释义】

本条是对债务人有偿处分财产行使债权人撤销权的规定。

债务人有偿处分自己财产的行为，原本与债权人的利益无关，但是债务人为逃避债务，恶意低价处分，就危及了债权人的债权。如果受让人对债务人低价处分财产行为知道或者应当知道该情形的，构成恶意。因此，债权人可以行使撤销权，撤销债务人与受让人的低价处分行为，保存债务人履行债务的财产资力。

债权人对债务人低价处分财产行为行使撤销权的要件是：（1）债权人与债务人之间有债权债务关系；（2）债务人实施了明显不合理的低价处分财产的积极行为；（3）债务人的行为须有害于债权；（4）债务人有逃避债务的恶意，低价处分财产行为的受让人知道或者应当知道该情形。

债权人对债务人低价处分财产行为行使撤销权的情形是：（1）债务人以明显不合理的低价转让财产，即债务人以明显低于正常的合理价格转让自己的财产；（2）以明显不合理的高价受让他人财产，债务人以明显高于正常的价格受让他人的财产，相当于转移自己的资产；（3）为他人的债务提供担保，债务人在应当履行对债权人的债务情形下，将自己的财产为他人提供担保，将减少自己承担债务的财产资力。当出现这三种情形，具备上述行使要件，即影响债权人的债权实现，债务人的相对人知道或者应当知道该情形的，债权人可以请求人民法院撤销债务人的行为。

【案例评注】

康某甲与某公司等债权人撤销权纠纷案[①]

基本案情

2016 年 12 月 8 日，康某甲驾车与徐某发生碰撞。经公安交通管理部门认定，康某甲承担全部责任。依生效调解书，康某甲应给付徐某 16 万元，康某甲除在徐某住院期间支付过 1 万元外，一直未付剩余款项。徐某遂向法院申请强制执行，但仍未能获得赔偿款。某公司系康某甲出资设立的自然人独资公司，注册资本为 600 万元，2016 年 12 月 15 日，康某甲与康某乙签订《转让协议》，公司股东、董事、经理及法定代表人一并由康某甲变更为康某乙。2018 年 10 月，公司股东、董事、经理及法定代表人一并由康某乙变更为刘某。康某甲与康某乙的《协议书》载明：截至 2016 年 11 月 30 日康某甲向康某乙借款 22401 元，乙方同意以其

① 审理法院：一审法院为北京市海淀区人民法院，案号：（2017）京 0108 民初 55217 号；二审法院为北京市第一中级人民法院，案号：（2019）京 01 民终 7957 号。

名下某公司100%股权清偿上述债务，甲方同意受让该股权；康某甲在某公司的出资方式为认缴，并未实际出资；经双方确认，康某甲名下某公司100%股权的转让价格为4万元整；康某乙对康某甲的22401元债权视为支付康某甲股权转让费，不足部分于变更工商登记后3日内补足。该《协议书》落款日期为2016年11月30日。此外，现有证据证明康某甲于公司设立时实缴200万元出资。

现徐某起诉请求撤销康某甲与康某乙的股权转让行为。

法院判决

一、二审均法院认为，债权人撤销权，是因债务人有损害债权的行为，债权人享有的撤销该行为的权利。《合同法》第七十四条规定："因债务人放弃其到期债权或者无偿转让财产，对债权人造成损害的，债权人可以请求人民法院撤销债务人的行为。债务人以明显不合理的低价转让财产，对债权人造成损害，并且受让人知道该情形的，债权人也可以请求人民法院撤销债务人的行为。撤销权的行使范围以债权人的债权为限。债权人行使撤销权的必要费用，由债务人负担。"本案中，第一，康某甲的股权转让行为发生在徐某的债权产生之后，符合撤销权行使的时间要件；第二，现有证据证明康某甲于公司设立时实缴200万元出资，与协议书的表述矛盾，且康某甲未举出4万元转让价格的形成过程。因此，康某甲以4万元价格转让某公司全部股权的行为，属于以明显不合理的低价转让财产的行为；康某乙对康某甲以明显不合理的低价转让财产，仍予配合完成转让手续，系出于明知状态的故意行为。第三，该转让行为致法院未能强制执行康某甲名下财产，对徐某的债权造成损害。因此徐某的撤销权成立，对其主张予以支持。

专家点评

本案涉及民法典合同编第539条关于对债务人有偿处分财产行使债权人撤销权的规定，该规定以《合同法》第74条为基础，增加了以明显不合理的高价受让他人财产、为他人的债务提供担保的情形。

对于债务人有偿处分财产的行为，应对债权人撤销权设定更高的行使要件。依据民法典合同编第539条的规定，债务人以明显不合理的低价转让财产、以明显不合理的高价受让他人财产或者为他人的债务提供担保，影响债权人的债权实现，债务人的相对人知道或者应当知道该情形的，债权人可以请求人民法院撤销债务人的行为。本案中，康某甲与康某乙的股权转让行为虽为有偿转让，但系以明显不合理的低价，并且协议书中关于"未实际缴纳出资"的记载与事实不符，双方亦未能举证证明4万元转让价格的形成依据。因此，应认定康某乙知道康某甲系以明显不合理的低价转让，对徐某撤销股权转让行为的请求应予支持。

第五百四十条 撤销权的行使范围以债权人的债权为限。债权人行使撤销权的必要费用，由债务人负担。

【条文释义】

本条是对债权人行使债权人撤销权的范围和费用的规定。

债权人对债务人处分其债权、财产危及其债权的行为行使撤销权，是为了保护自己的债权，同时也是对债务人处分其财产危及债权人债权行为的矫正，是保全自己债权的行为。因此，债权人行使撤销权的范围，应当以保全自己的债权为限，一般不能超出保全自己的债权的范围，只有在债务人处分的财产或者权利是一个整体无法分割时，才可以对该整体行为进行撤销，超出的部分不属于不当行为。同时，由于撤销权保全的是债务人的财产，即使将来用撤销权行使后回复到债务人的财产清偿对债权人的债务，也是债务人应当履行的义务，因此，债权人行使撤销权所需的费用，由债务人负担。债权人已经支出这一费用，可以向债务人追偿。

【案例评注】

刘某等与赵某债权人撤销权纠纷案[①]

基本案情

法院四份生效判决认定王某应向赵某共偿还借款65万元及相应违约金。2017年11月7日，赵某就前述判决申请强制执行，四个强制执行案件均已终结本次执行程序，原因均为未能查到被执行人可供执行的财产、申请执行人亦未能提供被执行人可供执行的财产及线索并表示同意终结本次执行程序。2017年11月6日，王某与刘某结婚。2017年11月7日，王某与刘某离婚。同日，王某与刘某签订离婚协议书载明：位于顺义区的某房产，离婚后归女方所有，女方需支付男方

---

① 审理法院：一审法院为北京市顺义区人民法院，案号：（2018）京0113民初20679号；二审法院为北京市第三中级人民法院，案号：（2019）京03民终13931号。

120万元。2017年11月7日，刘某向王某转账120万元。涉诉房屋系限价商品住房。2015年4月1日的《北京市住房和城乡建设委员会关于已购限价商品住房上市时同地段普通商品住房价格确定问题的批复》载明……已购限价商品住房家庭取得契税完税凭证或房屋所有权证满五年后，可以按市场价出售所购住房。在我市公布限价商品住房同地段普通商品住房价格之前，购房家庭缴纳房屋契税后，按照税务部门核定的计税价格与原购房价格之差的35%交纳土地收益等价款。现赵某认为案涉房屋系以明显不合理的低价转让，起诉请求撤销刘某、王某离婚协议书中关于财产分割的协议。

法院判决

一、二审法院认为，第一，根据查询到的同时段涉诉房屋周边小区的房屋价格，综合考虑涉案房屋的性质、物业、新旧程度以及限价商品住房上市的相关规定等问题，双方约定的120万元的房屋售价明显低于市场正常售价的30%以上，应视为不正常的低价。第二，刘某作为理性人，王某同意与其通过结婚、离婚的方式买卖涉案房屋，明显是为了规避相关规定，故在王某以不合理低价出售房屋时，刘某对此应持有谨慎怀疑态度，即使刘某不知晓受到损害的具体债权人姓名，其亦应知晓该行为有可能损害他人利益。第三，撤销权的行使范围以债权人的债权为限。但本案中涉及的处分财产为房产，无法分割，故法院对赵某要求撤销全部处分行为的诉讼请求予以支持。

专家点评

本案涉及民法典合同编第540条关于债权人撤销权行使范围的规定，其承继自《合同法》第74条第2款。根据前述规定，债权人行使撤销权的范围，应当以保全自己的债权为限，一般不能超出保全自己的债权的范围。只有在债务人处分的财产或者权利是一个整体无法分割时，才可以对该整体行为进行撤销，超出的部分不属于不当行为。本案中，债务人王某处分的财产为房产，无法分割，故法院判决对赵某要求撤销全部处分行为的诉讼请求予以支持合法合理。

第五百四十一条 撤销权自债权人知道或者应当知道撤销事由之日起一年内行使。自债务人的行为发生之日起五年内没有行使撤销权的，该撤销权消灭。

【条文释义】

本条是对行使债权人撤销权除斥期间的规定。

债权人撤销权是形成权，存在权利失权的问题。因此，适用除斥期间的规定。本条规定的债权人撤销权的除斥期间，与民法典总则编第152条规定的除斥期间相同，即自债权人知道或者应当知道撤销事由之日起，为一年时间；如果债权人不知道也不应当知道撤销事由，即自债务人实施的处分财产行为发生之日起，最长期间为5年，撤销权消灭。对此，适用民法典总则编第199条关于除斥期间的一般性规定，不适用诉讼时效中止、中断和延长的规定。除斥期间届满，撤销权消灭，债权人不得再行使。

【案例评注】

王某与甲公司、乙公司债权人撤销权纠纷案①

基本案情

王某系甲公司债权人，甲公司与乙公司于2005年9月21日签订《房屋协议转让书》，约定甲公司将其名下的房产按合同约定价格转让给乙公司。2010年12月1日，法院生效判决判令甲公司协助乙公司办理房屋过户手续。2011年3月7日，王某以甲公司以明显不合理的低价转让案涉房屋，对其债权造成损害为由，向法院提起诉讼请求行使撤销权。

法院判决

一审、二审和再审法院均认为，甲公司与乙公司于2005年9月21日签订《房产转让协议书》后，甲公司的债权人如认为该协议损害自己的利益，其就可以向人民法院起诉请求撤销该协议。换言之，甲公司的债权人王某之撤销权在债务人甲公司签订《房产转让协议书》的2005年9月21日即产生，撤销权之产生不以债权人王某是否知道协议的签订为前提。法院生效判决判令甲公司协助其办

---

① 审理法院：一审法院为北京市第一中级人民法院，案号：（2010）一中民初字第17475号；二审法院为北京市高级人民法院，案号：（2011）高民终字第3346号；再审法院为最高人民法院，案号：（2012）民申字第6761号。

理涉诉房屋过户手续仅是协议履行中的行为，其未在协议之外对债权人王某产生新的损害，故不应以此生效判决作出的时间作为撤销权的产生时间。本案中，王某于2011年3月7日向一审法院提起诉讼请求行使撤销权，其起诉时已经超过了撤销权的5年存续期间，故对其请求不予支持。

专家点评

本案涉及民法典合同编第541条关于债权人撤销权行使期间的规定，《合同法》第75条亦对此予以规定。依据前述规定，债权人撤销权的行使受到除斥期间的限制，撤销权应当自债权人知道或者应当知道撤销事由之日起一年内行使，同时，撤销权行使的最长期间为债务人的行为发生之日起五年内。

本案中，甲公司与乙公司《房屋转让协议书》的签订时间为2005年9月21日，此时，王某的撤销权既已产生，王某于2011年3月7日向一审法院提起诉讼请求行使撤销权，其起诉时已经超过了撤销权的5年存续期间，撤销权已消灭。

第五百四十二条 债务人影响债权人的债权实现的行为被撤销的，自始没有法律约束力。

【条文释义】

本条是对债权人撤销权行使效果的规定。

债权人撤销权的目的是保全债务人的财产，而不是直接用债务人的财产清偿债务。因此，债权人向法院起诉主张撤销债务人损害债权的财产处分行为，人民法院支持其主张，撤销了债务人损害债权人利益的行为，其后果是该处分行为自始没有法律约束力，处分的财产回归债务人手中，成为履行对债权人债务的财产资力。

债权人在撤销债务人的财产处分行为后，行使自己债权的行为，司法实践的做法是可以直接请求实现债权，是违反“入库规则”的。本条不再作出这样的规定，坚持“入库规则”，是正确的选择。

【案例评注】

黄某、谢某等与胡某、杜某债权人撤销权纠纷案①

基本案情

2013年11月，原告黄某、苏某以生命权、健康权、身体权纠纷向被告胡某提起诉讼，2014年2月，法院生效判决认定被告胡某应承担原告损失的80%，应向原告黄某、谢某等支付死亡赔偿金等。判决生效后，因被告未履行付款义务，原告向法院申请强制执行，后因被告名下暂无财产可供执行而执行终结。

2013年9月24日，被告胡某与被告杜某协议离婚，双方签署《自愿离婚协议书》，其中约定……2. 双方婚后共同置有一房产，地址：天宝西路×××弄×××号×××室，权利人为杜某、胡某、胡某乙（二人之子），离婚后该房产权利归女方杜某所有，男方胡某放弃该房产权，其他权利人份额不变。2014年1月2日，上海市虹口区天宝西路×××弄×××号×××室的产权变更登记至被告杜某及第三人胡某乙名下。后原告起诉请求法院依法判令撤销两被告在离婚协议书中所作的，胡某放弃产权的约定。

法院判决

法院认为，因债务人放弃其到期债权或者无偿转让财产，对债权人造成损害的，债权人可以请求人民法院撤销债务人的行为。被告胡某审理中表示，其在将谢某甲送进医院后即被警察告知其生存概率很低，故被告胡某应明知将要对此承担赔偿责任。在此情形下，被告胡某在《自愿离婚协议书》中将上海市虹口区天宝西路×××弄×××号×××室中属于自己的产权份额放弃归被告杜某所有，而此后的执行终结裁定书明确表示被告胡某名下并无财产可执行，说明被告胡某实际没有偿债能力，故被告胡某在离婚时放弃房屋产权份额的行为对四原告的权益造成了损害。现四原告要求撤销两被告《自愿离婚协议书》第二条关于房屋处理的约定，实际是要撤销两被告之间房屋产权变更的行为，对此，本院认为四原告的该项主张于法有据，本院予以支持。两被告的产权变更行为一旦被撤销，即自始没有法律效力，故上海市虹口区天宝西路×××弄×××号×××室的房屋产权应恢复登记为2013年9月24日《自愿离婚协议书》签署时的状态。

---

① 审理法院：上海市杨浦区人民法院，案号：（2017）沪0110民初5190号。

专家点评

本案涉及民法典合同编第 538 条关于债权人撤销权的行使要件及第 542 条关于债权人撤销权行使效果的规定。本案中，依据胡某的陈述，其在谢某甲送进医院后即被警察告知其生存概率很低，故被告胡某应明知将要对此承担赔偿责任。在此情况下，仍在离婚协议书中放弃自己对案涉房屋的权益，在胡某无其他财产可供执行的情形下，胡某放弃房屋权益的行为影响了原告债权的实现，故原告的债权人撤销权成立。而根据民法典合同编第 542 条，债务人影响债权人的债权实现的法律行为被撤销的，自始没有法律约束力，故法院判决上海市虹口区天宝西路×××弄×××号×××室的房屋产权应恢复登记为 2013 年 9 月 24 日《自愿离婚协议书》签署时的状态，于法有据。

第六章　合同的变更和转让

第五百四十三条　当事人协商一致，可以变更合同。

【条文释义】

本条是对协议变更合同的规定。

合同的变更，分为法定变更、裁判变更和协议变更。本条规定的是协议变更。

合同变更的协商一致原则强调两层含义：(1) 合同当事人协商一致就可以变更合同，强调的是合同变更的动因是当事人的意思表示一致，即达成变更合同的合意，这个规则受民法典总则编第5条规定的自愿原则即意思自治原则规范，即民事主体“按照自己的意思设立、变更、终止民事法律关系”。(2) 强调广义合同变更的类型，将合同变更区别于因情势变更原则发生的法定变更和依照合同可变更、可撤销事由请求法院、仲裁机构裁决变更合同的裁判变更，以及协议变更。本条规定的合同变更是协议变更，区别于法定变更和裁判变更。

协议变更，是合同变更的主要类型，是民法典合同编规定的典型的合同变更类型。任何一个合同，在其成立之后以及在其生效之后，只要当事人协商一致，都可以进行变更。在社会生活中，当事人在订立了合同之后，很多都是签订《补充协议》《备忘录》等表达变更合同的意思表示。通过这些《补充协议》《备忘录》等协议变更合同内容，就是对合同的协议变更。

协商一致就是合意，即意思表示一致。之所以已经成立、生效的合同可以在当事人协商一致的情况下进行变更，是因为合同本来就是由当事人协商一致订立起来的。既然合同当事人可以依据协商一致的原则订立合同，当然也可以依据协商一致而变更合同。合同变更的协商一致原则完全符合民法典总则编关于意思自治原则和民事法律行为的规定。

如果一方当事人要变更合同，另一方当事人不同意变更合同，或者双方都有变更合同内容的意愿，但是双方意思表示的内容不能达成一致，还存在分歧，就是没有协商一致，还没有形成合同变更的意思表示一致，合同变更的合意就没有成立，所以不成立合同变更，不发生合同变更的效果，原合同继续有效。

【案例评注】

张某 1 与张某 2 赠与合同纠纷案[①]

基本案情

2004 年 9 月 27 日，张某 2 与吕某登记结婚，2006 年 10 月 6 日，张某 1 出生。2013 年 10 月 28 日，张某 2 与吕某在滁州市民政局协议离婚，协议约定：婚生女张某 1 由女方抚养……夫妻共有的位于滁州市 × 路 × 室的房屋所有权归女儿张某 1 所有，房地产权证的业主姓名变更手续自离婚后一个月内办理，男方必须协助女方办理变更的一切手续……本协议生效后在执行过程中发生争议的，双方应协商解决。2014 年 1 月 27 日，张某 2 与吕某共同签署一份说明，内容为：大成路 × 号 × 幢 × 室的房屋房产证在吕某处保管，在女儿十八周岁时男女双方配合过户女儿名下。在孩子未满十八周岁前房产不可售卖。后来，张某 1 诉讼至法院，请求判令张某 2 配合张某 1 将位于安徽省滁州市 × 路 × 室的房屋产权过户登记在张某 1 名下。

法院判决

法院认为，当事人协商一致，可以变更合同。本案涉及的房屋系登记在张某 2 与吕某名下，张某 2 与吕某在离婚协议中约定将该房屋赠与婚生女张某 1，后双方又对过户时间进行变更，该变更不违反法律强制性规定，行为有效，现张某 1 未满十八周岁，办理房产过户的期限未到，故对张某 1 的诉讼请求，法院不予支持。

专家点评

本案的争议焦点是原告是否有权要求被告按照原来签订的离婚协议登记过户标的房产。合同是当事人之间约定的法律，一经成立生效，不但会对各方当事人具有拘束力，经过各方当事人同意之后也可对合同内容进行变更，从而依据要求各方当事人按照变更后的内容履行合同。本案中，虽然原来的离婚协议约定将涉案房屋赠与婚生女张某 1，但事后双方签订补充协议变更了原来的赠与协议，经协商一致发生法律效力，原告无权要求被告将涉案房屋过户登记到其名下。

---

① 审理法院：安徽省滁州市琅琊区人民法院，案号：（2017）皖 1102 民初 1715 号。

第五百四十四条 当事人对合同变更的内容约定不明确的，推定为未变更。

【条文释义】

本条是对合同变更禁止推定原则的反向规定。

合同变更禁止推定，是指当事人变更合同的意思表示须以明示方式为之，在当事人未以明示方式约定合同变更的，禁止适用推定规则推定当事人有变更合同的意愿。禁止推定规则是合同变更须以明示方式为之的应有之意。

在合同变更中适用禁止推定规则的原因，是因为合同变更一旦确认，将改变原合同的权利义务内容，甚至改变原合同的性质，会产生消灭原合同的效力，不仅消灭原合同的主债务，而且消灭其从债务，因此会使原合同当事人缔结合同所期待的法律后果发生重大改变，如果在当事人没有明示的意思表示的情况下，就推定合同变更，将会对一方当事人产生严重的不利影响，损害其权益。合同变更不得进行推定，就是要防止这种结果的出现。

本条没有直接规定合同变更的禁止推定规则，是从反面规定了反推定规则，是禁止推定规则的另一种表现形式，也是要维护原合同的稳定性，维护当事人之间利益关系原有的格局，防止出现因新合同对合同变更的约定不明而认定发生了合同变更，进而损害一方当事人的权益。因此，凡是一方或者双方当事人主张合同变更时，只要约定变更的新合同对变更的内容约定不明确的，直接推定为未变更。不过，对一方主张变更，另一方主张未变更的，推定为未变更没有问题；如果双方当事人都主张变更，只是对变更的内容约定不明确，则可以让当事人重新协商变更内容，能够达成一致的，不适用反推定规则；只有达不成变更协议，仍然属于变更的内容约定不明确的，再推定原合同没有变更。

【案例评注】

顾某某与符某某、刘某某等民间借贷纠纷案[①]

基本案情

2014 年 1 月 24 日，符某某向顾某某借款 500000 元并出具借条一份，内容载

① 审理法院：江苏省江阴市人民法院，案号：（2015）澄滨民初字第 01458 号。

明："今有符某某向顾某某借人民币 500000 元，借期半年，2014 年 6 月 30 号之前归还。"同日，符某某、刘某某、王某某与顾某某签订协议一份，内容载明"今有符某某、刘某某、王某某向顾某某借人民币 500000 元，按借条 2014 年 6 月 30 日前归还"。2014 年 6 月 30 日，符某某和顾某某签订还款协议一份，内容载明"符某某共计向顾某某借款 500000 元，符某某承诺还款方式为分期还款，2015 年 2 月 18 日前还款 180000 元，2016 年 2 月 7 日前还款 180000 元，2017 年 1 月 27 日前还款 140000 元，任何一期不付，顾某某有权就剩余金额一并主张。借款利率为月息 1%，如符某某未能按时偿还本金及利息，符某某应当承担逾期利息，逾期利息以本金为基数，按每日万分之六计算。因符某某违约，顾某某为实现债权所产生的费用（包括但不限于诉讼费、律师费等）由符某某及担保人承担。"2015 年 6 月 9 日，顾某某具状诉至法院要求符某某、刘某某、王某某归还借款利息等。

被告刘某某、王某某辩称：2014 年 6 月 30 日，顾某某与符某某签订的还款协议是对之前借款事实的补充协议，是对原借款合同的变更，该协议中除符某某在借款人处签名外，他二人既未在借款人处也未在担保人处签字。顾某某以默示方式免除了对刘某某、王某某的债务。

法院判决

法院认为，顾某某与符某某签订还款协议时，符某某并未提供其他新的担保，且是在符某某未能按约定还款的状况下，顾某某在未能保障自身债权顺利实现时却免除刘某某、王某某的债务显然与常理不符。刘某某、王某某主张符某某与顾某某签订的还款协议是对借条的变更，根据《合同法》第七十八条之规定，当事人对合同变更的内容约定不明确的，推定为未变更，还款协议中并未就免除刘某某、王某某债务进行约定，不应视为进行变更。在有多个借款人时，出借人可以和单个借款人就还款期限、金额等达成意见，并不影响与其他借款人之间的权利义务关系。该还款协议中由符某某确认了借款金额、还款期限，并签字确认在无其他证据证明时应当视为顾某某和符某某之间达成的协议，与刘某某、王某某无涉，因此对于刘某某、王某某的主张，法院不予采信，判令符某某、刘某某、王某某应于本判决发生法律效力之日起 10 日内返还顾某某借款本金 500000 元。

专家点评

本案的争议焦点是顾某某与符某某 2014 年 6 月 30 日签订的还款协议是否免

除了对刘某某、王某某的债务。在合同成立生效之后，各方当事人的权利义务随即确定，合同变更会对当事人的权利义务造成严重影响。为维护原合同的稳定性，保障当事人之间利益关系原有的格局，法律规定合同变更不得进行推定，必须有明确的意思表示。本案中，顾某某与符某某 2014 年 6 月 30 日签订的还款协议中并未就免除刘某某、王某某的债务进行约定，并且符某某此时已经出现违约，如果顾某某继续变更合同免除刘某某、王某某的债务将会加剧债权不能实现的风险，债权人顾某某也无变更合同的动机，不应认定为双方已经变更了合同。

第五百四十五条 债权人可以将债权的全部或者部分转让给第三人，但是有下列情形之一的除外：

（一）根据债权性质不得转让；

（二）按照当事人约定不得转让；

（三）依照法律规定不得转让。

当事人约定非金钱债权不得转让的，不得对抗善意第三人。当事人约定金钱债权不得转让的，不得对抗第三人。

【条文释义】

本条是对债权转让及范围的规定。

债权转让是债的移转的一种形式。债的移转，是指通过债的关系当事人与第三人协议的方式，在不改变债的客体和内容的情况下，对债的主体进行变更的债的转移形态。故债的移转就是债的主体之变更，包括债权转让、债务转移以及债权债务概括转移三种形式。

债权转让，也叫债权让与，是指债权人通过协议将其享有的债权全部或者部分地转让给第三人的行为。债权转让是债的关系主体变更的一种形式，它是在不改变债的内容的情况下，通过协议将债的关系中的债权人进行变更。债权转让的构成要件是：（1）须有有效的债权存在；（2）债权的转让人与受让人应达成转让协议；（3）转让的债权必须是依法可以转让的债权；（4）债权的转让协议须通知债务人。

债权转让的范围，原则上是可以转让的债权都可以转让。不可以转让的债权，本条规定了三种：（1）根据债权性质不得转让，主要是合同是基于当事人的身份关系订立的，合同权利转让给第三人，违反当事人订立合同的目的，如收养合同；（2）按照当事人约定不得转让，当事人在订立合同时约定禁止将合同债权转让给第三人的，当然该债权不得转让；（3）依照法律规定不得转让，如果法律对某种合同债权规定禁止转让，转让就违反了法律规定，自然不得转让。

如果当事人在合同中约定非金钱债权不得转让的，当事人应当遵守约定，对该非金钱债权不得转让。债权人一旦转让非金钱债权，原则上应当是无效的，但是，这种约定不得对抗善意第三人，如果受让债权的第三人是善意，即对合同当事人约定的非金钱债权不得转让不知情，且无过失的，第三人主张转让有效的，发生债权转让的效果。

【案例评注】

孔某某与王某1、王某2债权转让合同纠纷案[①]

基本案情

被告王某1、王某2系夫妻关系。被告王某1曾向第三人渠某某借款，并于2012年9月12日出具借条一张，载明："借渠某某现金叁拾捌万元（380000.00）（其中拾捌万不付利息）以前手续作废从2012年10月每月至少还伍万元正。"但被告未按约定履行。

因第三人渠某某欠原告孔某某借款，2013年10月18日渠某某作为出让人与原告孔某某签订债权转让协议书一份，载明："2012年9月12日经双方结算，债务人王某1向渠某某借款叁拾捌万元，现渠某某将以上债权转让给孔某某，该债权由孔某某向王某1主张并享有。"原告孔某某遂于当日诉来法院，请求被告偿还借款38万元及利息。

法院判决

法院认为，债权人可以将债权的全部或者部分转让给第三人，并应当通知债务人。法院向被告送达了原告的起诉状等法律文书即可视为已向被告通知了债权转让的事实，转让合同即已生效。被告辩解债权转让未通知被告、转让程序不合法的意见，于法无据，不予采信，判令被告王某1、王某2于本判决书生效后十日内偿还原告孔某某借款本金38万元并支付利息。

---

① 审理法院：山东省滕州市人民法院，案号：（2016）鲁0481民初6629号。

专家点评

本案的争议焦点是原告是否有权请求被告偿还本金38万元并支付利息。在现代经济社会中，债权已经成为财产中的重要部分，与其他财产一样具有流通转让的性质，并且法律允许债权人将其所拥有的债权予以转让。法律规定，债权人转让债权的，债权人与受让人签订的转让协议成立后便生效，受让人也即获得标的债权。本案中，渠某某作为出让人与原告孔某某签订债权转让协议书后，原告孔某某便对被告获得标的债权，有权要求被告清偿，应予支持。

第五百四十六条 债权人转让债权，未通知债务人的，该转让对债务人不发生效力。

债权转让的通知不得撤销，但是经受让人同意的除外。

【条文释义】

本条是对债权转让应通知债务人的规定。

合同的债权人转让其债权的，应当通知债务人。债权转让的通知一旦到达债务人，即发生债权转让的后果。如果债权人未将转让其债权的行为通知债务人，该转让对债务人不发生法律效力。

债权转让的通知应当以到达债务人时产生法律效力。到达，是指债权转让的事实经过一定的方式使债务人知悉，如书面通知送到债务人的住所或者口头告知债务人等。法律对通知的形式未作要求，所以债权人无论以何种形式将债权转让的事实通知债务人，都是适当的。如果因债务人以外的原因使债权转让的通知没有到达债务人的，则对债务人不发生任何效力。

债权转让通知的时间，应当在债务人依照原来的约定履行债务之前进行，如果通知到达债务人的时间晚于债务人的实际履行，对债务人不产生法律拘束力。债务人的履行不符合原来约定的时间的，不影响该通知对债务人的拘束力，但债务人的履行符合约定时间，只是履行的其他方面不符合合同的约定或者法律的规定的，债权转让的通知对债务人不发生法律效力。

将债权转让通知对方的直接后果是，使该转让协议对债务人产生法律拘束力。一经通知，债务人即应当依照债权转让协议对债权的受让人承担履行债务的义务，债务人不得再行向原债权人履行债务。

债权转让的通知送达债务人以后，即发生法律效力，债权人不得再行撤销。只有在债务人同意债权人撤销通知时，债权转让的协议才能失去效力。

【案例评注】

杨某某与刘某某租赁合同纠纷案①

基本案情

2015 年 11 月 30 日，王某 1、苗某某、李某、王某 2（作为甲方、出租方）与被告刘某某（作为乙方、承租方）签订了《商场租赁合同》。合同约定甲方将位于涉县步行街 C 区 2 楼整体出租给被告刘某某，面积约 3300 平方米”（其中苗某某个人的 1－9 号 C 幢－E 房产面积为 675 平方米，1－9 号 C 幢－F 房产面积 233 平方米，共计 908 平方米）；同时租金支付约定 2015 年 11 月 30 日至 2020 年 11 月 30 日每年为 125 万元整。从 2020 年 11 月 30 日至 2025 年 11 月 30 日每年为 130 万元整。采取一次付款方式，一年一付，每年 10 月 30 日前付清。如拖延一天，按 5% 交纳滞纳金，超过 10 天，甲方有权终止合同，将本商场无条件收回，乙方不可以提任何附加条件。合同签订后，苗某某将房屋租赁给被告使用至 2017 年 6 月 19 日。

2017 年 6 月 19 日，涉县人民法院作出（2014）涉执字第 59 号之十三执行裁定书，将上述两处房产交付给了涉县农村商业银行股份有限公司，以抵偿（2013）涉民物特字第 1 号民事裁定书确定的借款本金 800 万元及利息和实现债权与担保权利而发生的各项费用。为此，上述两处房产的所有权已发生转移，致租赁合同终止。但被告刘某某未支付苗某某 2015 年 11 月 30 日至 2017 年 6 月 19 日期间的房屋租赁费。

2018 年 6 月 2 日，苗某某（作为甲方、转让方）与原告杨某某（作为乙方、受让方）签订一份《债权转让协议》，协议载明：因甲方于 2011 年 1 月向乙方借款 120 万元无力偿还，甲方同意将出租给被告刘某某的涉县涉城镇温州步行街 1－9 号 C 幢－E 房产、1－9 号 C 幢－F 房产自 2015 年 11 月 30 日起的租赁费 532399.33 元及利息转让给原告杨某某。同时约定甲方在签订转让协议后三日内将债权转让的事宜告知债务人刘某某，在告知债务人刘某某债权转让事宜后转让协议生效。2018 年 6 月 3 日，苗某某向被告刘某某出具一份《债权转让通知书》，内容为苗某某将租赁给被告刘某某的温州步行街 1－9 号 C 幢－E 房产、1－9 号

① 审理法院：河北省涉县人民法院，案号：（2018）冀 0426 民初 1730 号。

C幢－F房产自2015年11月30日起的租赁费532399.33元及利息转让给原告杨某某，让被告在接到通知后直接向原告杨某某履行全部义务。经协商未果，原告杨某某遂于2018年7月9日将被告诉诸法院，请求法院判决被告给付原告位于涉县步行街1－9号C幢－E房产和1－9号C幢－F房产的租赁费532399.33元，及自2015年11月30日至给付之日止的利息（按年利率24%计算）。

法院判决

法院认为，原告杨某某与苗某某不但签订了书面的债权转让协议，且原告提供的视频资料中苗某某对债权转让的真实性也进行确认和声明，足以证实该债权转让行为的成立并生效。合同法规定，债权转让，应当通知债务人，但法律没有规定债权人必须要亲自通知债务人，也没有明确规定债权转让通知的形式和时间，所以结合为客观、高效、及时地维护权利人的合法利益的立法精神，对此应当作宽泛理解，应当认定债权人的近亲属、代理人，或者受让人在通知债务时提供了债权转让合同等确切证据，或者债权人在债权转让时没有通知债务人，但债权人的受让人直接以债务人为被告提起诉讼的方式，均可以作为合法债权转让的通知方式，应当对债务人产生法律效力。结合本案查明的事实，该债权转让行为，没有致债务人错误履行、重复履行或者加重债务人履行债务的负担，没有损害债务人的利益，故应当认定债权转让的通知已告知了被告刘某某，被告刘某某理应向原告履行债权转让通知书所确定的义务。另外，债权人苗某某是否涉嫌刑事犯罪行为和在犯罪通缉期间与其对外进行民事法律行为并不冲突。原告杨某某对所主张租赁费转让的请求已完成了举证责任，所提供的证据可形成一证据链条，具高度的盖然性。为此，原告该诉讼请求应予支持。

专家点评

本案所争议的焦点为：苗某某是否将该债权转让给了原告杨某某，债权转让的通知是否送达了被告刘某某。在债权转让案件中，债务人是承担清偿债务的责任，受让人如要向债务人主张债权，必须以债务人有效获得债权转让的通知为前提，以保护债务人的利益。本案中，苗某某向被告刘某某出具一份《债权转让通知书》，已经将债权转让的事实通知给债务人，债权人主体发生变更，债务人应该向受让人，也就是原告履行债务。

第五百四十七条 债权人转让债权的，受让人取得与债权有关的从权利，但是该从权利专属于债权人自身的除外。

受让人取得从权利不因该从权利未办理转移登记手续或者未转移占有而受到影响。

【条文释义】

本条是对债权转让从随主原则的规定。

从随主原则，是债权转让的重要规则。主债权发生转移时，其从权利应随之一同转移，但该从权利专属于债权人自身的除外。随同债权转移而一并转移的从权利，包括担保物权和其他从权利。

债权的从权利是指与主债权相联系的，但自身并不能独立存在的权利。债权的从权利大部分是由主债权债务关系的从合同规定的，也有的本身就是主债权内容的一部分。例如，通过抵押合同设定的抵押权、质押合同设定的质权、保证合同设定的保证债权、定金合同设定的定金债权等，都属于由主债权的从合同设定的从权利。违约金债权、损害赔偿请求权、留置权、债权解除权、债权人撤销权、债权人代位权等，则属于由主债权或者依照法律的规定产生的债权的从权利。

债权的从权利作为债权的一部分内容，债权人转让其债权的，附属于主债权的从权利也一并由受让人取得。如果转让双方在转让协议中明确规定了债权的从权利与主债权一并转让的，在主债权转让的同时，从权利一并转移。即使债权的从权利是否转让没有在转让协议中作出明确规定，也与主债权一并转移于债权的受让人。例外情况是，如果债权的从权利是专属于债权人的权利，不会发生与主债权同时转移的效力。

债权转让中从权利的随从转移具有法定性。如果受让人取得了从权利，该从权利未办理权利变更登记，或者未转移占有的，不影响债权转让引发从权利转移的效力，不因该从权利未办理转移登记手续或者未转移占有而受到影响。

【案例评注】

袁某某与高某某等人金融不良债权转让合同纠纷案[①]

基本案情

2014年5月23日，潍坊银行与被告高某某、赵某某签订2014年第0523第

① 审理法院：山东省青州市人民法院，案号：（2017）鲁0781民初3450号。

102号《个人借款合同》一份，合同约定被告高某某、赵某某共同向潍坊银行借款50万元，借款期限自2014年5月23日起至2015年5月22日止，年利率为8.4%，自逾期之日起按本合同约定的利率上浮50%计收罚息。

同日，被告金兴起公司与潍坊银行签订2014年第0523第102号《保证合同》一份，合同约定被告金兴起公司对被告高某某、赵某某的上述债务承担连带责任保证。保证期间为自主合同项下借款期限届满之次日起两年。保证担保的范围包括主合同项下的主债权本金、表外业务敞口、贴现资金、利息、复利、罚息、违约金、损坏赔偿金、汇率损失以及潍坊银行为实现主债权、追索保证责任而发生的费用（包括但不限于律师、公证、鉴定、评估、登记、保险、过户、拍卖等事项的费用）和所有其他应付费用。

上述合同签订当日，潍坊银行将发放的贷款50万元存入被告高某某在潍坊银行处开立的存款账户。截止到2015年7月29日，被告高某某、赵某某尚欠潍坊银行借款本金50万元，利息15655.14元。

2015年7月29日，潍坊银行与原告签订2015年0729债权转让字1号《债权转让协议》一份，协议约定潍坊银行将其享有的对被告高某某的债权（本金50万元，利息15655.14元）转让给原告袁某某。原告于协议签订当日支付潍坊银行债权转让价款515655.14元。合同签订当日，潍坊银行将债权转让通知书通过全球邮政特快专递方式邮寄给被告高某某。原告将债权转让价款515655.14元支付潍坊银行。

原告袁某某向法院提出诉讼请求：1. 请求依法判令被告高某某偿还原告借款本金50万元；支付利息及罚息141655.14元（利息计算至2017年5月21日，此后利息按月利率12.6%计算至借款本息付清之日），上述合计641655.14元；2. 被告赵某某对上述费用承担共同清偿责任；3. 被告金兴起公司对上述费用承担连带清偿责任。

法院判决

法院认为，《合同法》第七十九条规定，债权人可以将合同的权利全部或者部分转让给第三人。该法第八十条第一款规定，债权人转让权利的，应当通知债务人，未经通知，该转让对债务人不发生效力。该法第八十一条规定，债权人转让权利的，受让人取得与债权有关的从权利，但该从权利专属于债权人自身的除外。本案中，潍坊银行作为债权人转让债权，已经通知了债务人高某某，该债权转让合法有效，原告作为受让人，取得与债权有关的从权利。因此，原告诉请判令被告高某某、赵某某共同偿还借款本息，被告金兴起公司承担连带清偿责任，符合法律规定，法院予以支持。

《最高人民法院关于适用〈中华人民共和国担保法〉若干问题的解释》第二十八条规定，保证期间，债权人依法将主债权转让给第三人的，保证债权同时转让，保证人在原保证担保的范围内对受让人承担保证责任。但是保证人与债权人事先约定仅对特定的债权人承担保证责任或者禁止债权转让的，保证人不再承担保证责任。可见，担保权属于从权利，担保权一并转让是债权转让的法定后果，不受是否通知担保人的影响，保证是担保的一种方式，债权转让后，保证人应向债权受让人履行保证的义务。因此，原告诉请判令被告金兴起公司承担连带清偿责任，符合法律规定，法院予以支持。

专家点评

本案的争议焦点是原告是否取得涉案债权的从权利。从权利与主债权密切相关，可以促进主债权的实现，但其自身并不能独立存在，除特殊情形外，合同法规定从权利原则上应当随着主权利而转让给受让人。本案中，金兴起公司对涉案债权提供保证，是附随于涉案债权的从权利，且不属于专属于债权人自身的权利，应当随着涉案债权的转让而转让给原告，原告在获得涉案债权后有权向金兴起公司主张保证责任。

第五百四十八条 债务人接到债权转让通知后，债务人对让与人的抗辩，可以向受让人主张。

【条文释义】

本条是对债权转让后对原债的抗辩仍可对抗新债权人的规定。

债权受让人取代原债权人的地位成为新的债权人，债务人不应因债权的转让而受有损害，所以债务人用以保证其权利的权利都应继续有效。故债务人接到债权转让通知时，债务人对让与人原来享有的抗辩及抗辩权，仍然存在，并且可以向受让人主张，对抗债权的受让人履行请求权。

债务人享有的抗辩及抗辩权包括：(1) 法定抗辩事由，是法律规定的债的一方当事人用以主张对抗另一方当事人的免责事由，如不可抗力；(2) 在实际订立合同以后，发生的债务人可据以对抗原债权人的一切事由，债务人可以之对抗债权的受让人，如债务人享有撤销权的；(3) 原债权人的行为引起的债务人的抗辩权，如原债权人的违约行为，原债权人有关免责的意思表示，原债权人的履行债务的行为等；（4）债务人的行为所产生的可以对抗原债权人的一切抗辩事由，如债务人对原债权人已为的履行行为，可以对抗新的债权人。

【案例评注】

于某某与刘某某、杜某某民间借贷纠纷案[①]

基本案情

2011年5月5日，被告刘某某向马某1借款10万元，约定还款期限为2011年6月5日，担保人为杜某某，未约定利息，刘某某出具制式借据一份；2012年4月9日，被告刘某某向马某1借款40万元，未约定还款期限和利息，刘某某出具借条一份，内容为："今借到现金肆拾万元整400000元整刘某某2012.4.9日"；2012年8月3日，被告刘某某向马某1借款50万元，未约定还款期限和利息，刘某某出具借条一份，内容为："今借到现金伍拾万元整500000元整刘某某2012.8.3"；2012年9月10日，被告刘某某、杜某某向马某1共同出具借条一份，内容为："借条刘某某今借到现金人民币壹佰万元整1000000元整刘某某杜某某2012.9.10"。该份借条主文内容上划了一道横线。以上四份借条后由马某2持有。

原告于某某于2012年11月15日和2013年2月20日分两次借给马某2、李某现金200万元。2013年12月10日，马某2、李某与原告签订债权转让协议两份，马某2、李某为甲方（债权出让人），原告于某某为乙方（债权受让人）。其中一份协议载明："一、截至本协议签署前，债务人刘某某拖欠甲方欠款二百万元及利息。二、现甲方将以上债权转让给乙方，乙方同意受让……"另一份协议载明："一、截至本协议签署前，债务人杜某某拖欠甲方欠款壹佰百万元及利息。二、现甲方将以上债权转让给乙方，乙方同意受让……"2013年12月16日，马某2向刘某某、杜某某以特快专递方式送达了债权转让通知书。

庭审中，二被告提供了马某1出具的证明二份和收条一份。其中，2013年2月2日证明内容为："2011年至今刘某某将所有小额借款已全部结清，所有欠条作废。马某1证明人：周某某2013.2.2"；2013年2月7日证明内容为："2011年至今杜某某将所有小额借款已全部结清，所有欠条作废。马某1证明人：周某某2013.2.7"；2013年5月1日收条内容为："今收到刘某某现金叁百万元整（30000000元）收款人：马某12013.5.1"。

---

① 审理法院：山东省高密市人民法院，案号：（2014）高民初字第259号。

法院判决

法院认为，马某2、李某持有刘某某、杜某某出具的四份借条，其将该债权转让给本案原告，并通知了本案被告，该转让行为符合我国法律规定，合法有效。原告可以依据债权转让协议向被告主张权利。但被告作为债务人，对让与人的抗辩，可以向受让人主张。本案借款形式上发生在被告与马某1之间，被告对原告取得债权的途径提出异议，并对债权已经归还和不存在举证证明。而原告虽对取得债权的途径做出说明，但对债权的发生过程并不清楚，亦未提供证据证实。其自己认可款项是通过马某1出借，而马某1也证明本案借款或已偿还或实际未发生。被告对让与人的抗辩，在本案中已向原告提出，在此情况下，原告负有进一步举证证明的义务，举不出证据，则应认定被告的抗辩成立。因此，对原告的诉讼请求，法院不予支持，其权利可向让与人主张，或待证据充分后另行主张。

专家点评

本案的争议焦点是被告是否有权向原告提出抗辩。在债权转让之后，受让人取得了原债权，有权向债务人主张清偿，但是这必须以不损害债务人的权利为前提。因此，虽然债权人的主体发生了变更，债务人依然可以向受让人主张让与人的抗辩。本案中，被告已经证明其已经向让与人归还债务，标的债权因此而消灭，原告也就失去了向被告主张清偿的前提基础，被告的抗辩成立。

第五百四十九条　有下列情形之一的，债务人可以向受让人主张抵销：

（一）债务人接到债权转让通知时，债务人对让与人享有债权，且债务人的债权先于转让的债权到期或者同时到期；

（二）债务人的债权与转让的债权是基于同一合同产生。

【条文释义】

本条是对债权转让后原债抵销权仍然有效的规定。

债务抵销是合同法的重要制度，是债的消灭方式之一，在债权转让中同样适用。被转让的债权如果存在债权人与债务人互负债务的情形，各以其债权充当债务的清偿，可以主张抵销。即使该债权被转让，债务人接到债权转让通知，债权发生转移，如果债务人对原债权人享有的债权先于转让的债权到期或者同时到期的，债务人可以向债权的受让人即新的债权人主张抵销，而使其债务与对方的债务在相同数额内互相消灭，不再履行。

本条规定了两种可以抵销的情形：

1. 债务人接到债权转让通知时，债务人对让与人享有债权，并且债务人的债权先于转让的债权到期或者同时到期的。行使要件是：（1）债务人接到债权转让通知时，债权转让已经完成；（2）债务人对让与人享有债权，即债权人和债务人相互负有债务、享有债权；（3）债务人的债权先于转让的债权到期或者同时到期的，即债权人转让债权时，债务人对债权人的债权已经到期或者同时到期的，不包括没有到期的债权。符合这三个要件的要求，债务人可以对新债权人行使抵销权。

2. 债务人的债权与转让的债权是基于同一合同产生。债务人的债权与转让的债权都是基于同一个合同产生，就具有债权的关联性，因此可以抵销。

【案例评注】

张某某与李某1买卖合同纠纷案[①]

基本案情

被告李某1与其父亲李某2、叔父李某3为给他人制作门窗长期在原告张某某经营的利川市吕鑫铝材门市购买铝材。2015年3月29日经结算，被告李某1给原告张某某出具了欠条一张，欠条载明："李某1今欠张某某材料款伍仟陆佰玖拾元整（5690元）欠款人李某1 2015年3月29日"，被告李某1出具欠条后未向原告付款。2016年1月26日，原告张某某与被告叔父李某3对双方2015年赊购材料及付款情况进行核对，李某3向原告退还了其所购部分铝材，经核对折抵后，原告可退还李某3货款2000元或者李某3再在原告处购买价值2000元的材料，原告之妻王某即给李某3出具了退货清单一份，该清单载有"2000元钱明年拿材料2016年1月26号王某"。嗣后，李某3既未到原告处购买材料，也未要求原告退还货款2000元。不久，李某3得知被告尚欠原告材料款未付后便将王某出具的退货清单交与被告用以抵扣，接着李某3将抵扣货款事宜通知了原告。后原告要

---

① 审理法院：湖北省利川市人民法院，案号：（2017）鄂2802民初1290号。

求被告付款，被告于2016年10月3日向王某支付了1000元，王某给被告出具了收条一张，收条载明“暂收李某11000元（壹仟元整）2016年10月3号王某”。后经原告多次催收，被告再未还款。2017年3月28日，原告诉至法院并提出前述诉讼请求。审理中，原告认可被告2016年10月3日向其妻王某支付的货款1000元并同意在本案中扣减，但不同意在本案中抵扣李某3的退货折价款2000元。

法院判决

被告李某1承认原告张某某的诉讼请求部分即给付原告材料款5690元，不违反法律规定，法院予以支持。本案的争议焦点在于被告叔父李某3的退货折价款2000元可否抵扣本案欠款。《合同法》规定，债权人可以将合同的权利全部或者部分转让给第三人。债权人转让权利的，应当通知债务人。未经通知，该转让对债务人不发生效力。债权人转让权利的通知不得撤销，但经受让人同意的除外。债务人接到债权转让通知时，债务人对让与人享有债权，并且债务人的债权先于转让的债权到期或者同时到期的，债务人可以向受让人主张抵销。当事人互负到期债务，该债务的标的物种类、品质相同的，任何一方均可以将自己的债务与对方的债务抵销，但依照法律规定或者按照合同性质不得抵销的除外。当事人主张抵销的，应当通知对方。通知自到达对方时生效。本案中，李某3在得知被告欠付原告货款后已将其在原告处享有的退货折价款2000元转让给被告用以抵销本案货款，并通知了原告，该转让一经通知即对原告发生效力。李某3转让其在原告处享有的退货折价款2000元给被告李某1的通知未经被告同意不得撤销，转让后被告即享有对原告的债权2000元，原、被告互负债务的标的物种类、品质相同。因此，被告可以将李某3在原告处享有的退货折价款2000元与本案债务抵销。被告辩称的理由成立，于法有据，法院予以采纳。

专家点评

本案的争议焦点是被告是否有权将李某3在原告处享有的退货折价款2000元与本案债务抵销。在债权转让之后，受让人获得了对债务人的债权，如果债务人和受让人互负债权，如果种类性质相同，法律则允许双方进行债务抵销。本案中，被告从李某3处受让2000元其对原告的债权后，被告便有权向原告主张清偿，由于被告已经对原告负有债务，在原告向被告主张债权时，被告有权向原告主张抵销。

第五百五十条 因债权转让增加的履行费用，由让与人负担。

【条文释义】

本条是对债权转让增加履行费用负担的规定。

债权转让无需债务人同意，只要通知送达即可。因为这是债权人转让自己的权利，对债务人而言，对债权人的变更于自己的利益关系并不大。尽管如此，如果债权人转让债权，使债务人履行债务增加了新的费用的，仍然是对债务人不利的，这样增加的履行费用，应当由让与债权的让与人负担，是公平合理的。

【案例评注】

丁某某与金属材料公司金融不良债权追偿纠纷案①

基本案情

1996年5月16日，被告金属材料公司因经营需要，向中行东港支行借款130万元，双方签订编号为96年贸信字第051号借款合同，期限5个月，月利率为8.91‰。同年，双方又签订96年贸信字第100号借款合同，借款28万元。1998年4月9日，中行东港支行与被告签订《最高额抵押合同》，被告提供办公楼房对上述两笔贷款提供抵押担保。后被告未按期清偿贷款本息。2002年3月21日，中行东港支行将债权130万元及利息转让给东方资产公司，并致函被告告知债权转让的事实，被告在债权转让通知回执上盖章确认。东方资产公司又在《大众日报》《山东法制报》上公告公示，向被告催收相应债权。2006年5月10日，东方资产公司与白沙投资公司签订资产转让协议，将受让债权转让给白沙投资公司，同时在《大众日报》上进行公示，并以特快专递的方式通知被告，被告未予清偿。2012年5月9日，白沙投资公司将受让债权转让给瑞唐咨询公司，两公司均通过特快专递的方式告知被告债权转让及向被告催收债权的事实。2012年8月16日，瑞唐咨询公司将上述债权转让给原告丁某某，并将债权转让的事实告知被告，被告亦签收了债权转让协议，原告多次通过短信等方式向被告催收债权，但被告未按时清偿该债务。原告丁某某遂向法院起诉，请求判令被告支付原告受让债权本金130万元，并支付债权本金的滋生利息，由被告承担本案诉讼费用。被告辩称，《担保法》第61条规定，最高额抵押的主合同债权不得转让，因被告与

① 审理法院：山东省日照市东港区人民法院，案号：（2014）东商初字第1633号。

中行东港支行签订《最高额抵押合同》，故债权转让无效。

法院判决

法院认为，最高额抵押的主合同债权不得转让的基本前提是所担保的债权不确定，在最高额抵押权所担保的债权额确定前，最高额抵押权只能与其基础法律关系同时转让。因为最高额抵押权具有从属性，其基础法律关系是最高额抵押权存在的前提；在最高额抵押权人不转让基础法律关系，只转让某一具体债权时，最高额抵押权不随之转让。而在最高额抵押权所担保的债权确定后，抵押权应随同其所担保的债权一同转让。因为此时的最高额抵押权已经转变为普通抵押权，自应允许与主债权一同转让。作为本案而言，合同中明确载明是为两笔借款进行抵押担保，借款期限在1996年即已届满，2002年3月21日，中行东港支行将借款130万元本息转让给东方资产公司时，债权数额是明确的，此时的最高额抵押权已经转为普通抵押权，且借款合同中也没有规定债权不得转让，而借款人已经丧失信用，主借款合同债权形成不良债权。商业银行将其不良债权转让给非金融机构的，没有法律或者行政法规对此做出明确的禁止性规定，只要商业银行不良债权的转让不在禁止转让的情形之列，即应当认定转让行为有效，故而支持原告请求支付涉案债权本息的诉讼请求。

专家点评

在现代社会中，债权已经成为一种极为重要的财产类型，债权的流通可以促进资源的优化配置，提高财产的使用效率。为了促进债权流转，法律规定债权人转让债权无需债务人同意，但是当债权人主体变更后，可能会给债务人带来损害，最为典型的就是可能会提高债务人清偿债务的费用。为避免债务人因债权人转让债权人遭受损害，民法典合同编第550条规定，因债权转让增加的履行费用由让与人承担。本案中，涉案债权几经转让，被告金属材料总公司需要频繁去确认受让人，有可能会给其造成困扰，进而提高清偿债务的成本，被告有权请求让与人承担这部分增加的履行费用。

第五百五十一条　债务人将债务的全部或者部分转移给第三人的，应当经债权人同意。

债务人或者第三人可以催告债权人在合理期限内予以同意，债权人未作表示的，视为不同意。

【条文释义】

本条是对债务转移的规定。

债务转移，也称债务让与，是指债务人将其负有的债务转移给第三人，由第三人取代债务人的地位，对债权人负责给付的债的转移形态。

债务转移的要件是：（1）须有有效的债务存在，自然债务不能转移；（2）转让的债务应具有可转让性，法律规定不得转移、当事人约定不得转移以及依照性质不得转移的债务，不得转移；（3）须有债务转移的内容，债务受让人成为债权人的债务人；（4）须经债权人同意，如果债权人不同意债务转让，则债务人转让其债务的行为无效，不对债权人产生拘束力。

债务转移分为全部转移和部分转移：（1）债务的全部转移，是债务人与第三人达成协议，将其在债的关系中的全部债务一并转移给第三人。（2）债务的部分转移，是债务人将债的关系中债务的一部分转移给第三人，由第三人对债权人承担该部分债务。

债务人转移债务征求债权人意见的，债权人如果未回复意见，债务人或者拟受让债务的第三人可以催告债权人在合理期限内予以同意。该合理期限届满，债权人未作表示的，视为不同意，不发生债务转移的效果。

【案例评注】

何某1与周某某债务转移合同纠纷案[①]

基本案情

周某某曾于2013年6月向案外人何某2借款300万元，何某2于2014年8月向何某1借款100万元。鉴于此，周某某、何某1、何某2三人经过沟通，周某某表示愿意承担何某2所欠何某1借款中的50万元，并于2015年12月8日、2016年2月5日向何某1分别支付了15万元、10万元计25万元。2016年5月，周某某邀约何某1完善承担何某2转债50万元的手续，将自己于2016年3月27日打印好的《何某2转债说明签字表》交由何某1填写转债的日期、息金的处理。双方约定，债权人何某1的50万元债权于2015年11月26日从原何某2欠

① 审理法院：湖南省澧县人民法院，案号：（2018）湘0723民初1429号。

款中转至周某某名下，债权从转债之日起按月息2%计息，由债务承担人周某某于2016年8月31日前还清本息；上述债务的清偿，何某1不得委托他人代收或采取非常规手段或违法催收，否则，债务承担人周某某有权拒绝履行。此后，周某某又于2016年5月10日、2016年9月8日、2017年1月23日分别向何某1偿还了10万元、5万元、10万元共计25万元，剩余款项则以何某1未提供何某2出具的委托转债手续为由拒绝支付。何某1多次催讨未果，诉争发生。

法院判决

法院认为，周某某与何某1就何某2所欠50万元债务的承担达成的债务转移合同合法有效。周某某违反合同，应当按合同承担清偿债务并支付利息的违约责任。因双方对本金、利息的清偿顺序没有约定，故应当依法按先息后本的顺序进行清偿。何某1请求周某某偿还本金及利息的理由成立。但计算利息的起算日应为2015年的11月26日而不是1月16日；超出该范围计算的利息不予支持。周某某的答辩意见，没有法律依据，法院不予采纳，判令周某某偿还何某1本金67083.24元、利息24373.58元合计91456.82元。

专家点评

本案的争议焦点是原告是否有权要求被告清偿剩余债权。在现实经济生活中，每个人的资信能力都有不同，由不同的主体清偿债务的结果也就有差异，如果债务人将债务转移给他人，可能会因受让人没有清偿能力而导致债权人的债权无法实现，所以债务转让必须经过债权人同意。本案中，周某某与何某1就何某2所欠50万元债务的承担达成的债务转移合同经债权人何某1的同意，合法有效，被告周某某应当承担向原告何某1清偿50万元债务的责任，现在被告没有清偿剩余债务，原告有权要求被告承担继续清偿的责任，法院的判决值得赞同。

第五百五十二条　第三人与债务人约定加入债务并通知债权人，或者第三人向债权人表示愿意加入债务，债权人未在合理期限内明确拒绝的，债权人可以请求第三人在其愿意承担的债务范围内和债务人承担连带债务。

【条文释义】

本条是对债务加入的规定。

债务加入，也称并存的债务承担，指原债务人并没有脱离原债务关系，第三人又加入原存的债务关系中，与债务人共同承担债务。

构成债务加入的要件是：（1）第三人与债务人约定，第三人加入债务，与债务人共同承担债务；（2）第三人或者债务人通知债权人或者向债权人表示，第三人愿意加入债务，与债务人共同承担债务；（3）债权人同意或者在合理期限内未明确表示拒绝。符合这三个要件要求的，构成债务加入。

债务加入的效果是：（1）对债权人的效力，债务加入使债权人的债权进一步得到保障，债权人既可以向原债务人主张权利，也可以向第三人主张清偿，但仅享有一个债权，而不是两个债权；（2）对原债务人的效力，第三人承诺履行仅为第三人加入原债务，原债务人并不脱离原债权债务关系，仍对债权人负履行合同的义务，依然享有对债权人的合理抗辩权；（3）对第三人的效力，是第三人成为债务人，与原债务人一起向债权人承担义务，可以行使原债务人对债权人的抗辩；（4）对第三人与原债务人关系的影响，是第三人和债务人向债权人并列承担清偿责任，责任性质是连带责任，即第三人在其愿意承担的债务范围内和债务人承担连带债务。

【案例评注】

滕某某与吴某1、吴某2民间借贷纠纷案[①]

基本案情

原告滕某某与案外人黄某某是夫妻关系。2012年6月6日，被告吴某1向黄某某借款人民币10万元，并出具借条给黄某某。2016年6月6日，原告经黄某某同意，将该笔借款的债权人由黄某某改为原告滕某某，被告吴某1重新出具借条给原告。借条载明：被告吴某1借到原告滕某某人民币10万元，借期12个月，即自2016年6月6日至2017年6月5日止，按月利率2%计算利息，每个季度还息，到期归还本金。被告吴某1借款后，仅偿还了2016年6月6日至2016年12

① 审理法院：广西壮族自治区玉林市玉州区人民法院，案号：（2019）桂0902民初2538号。

月31日的利息。2018年2月1日，被告吴某1写下一份《承诺书》给原告。承诺2018年6月30日前还清借款10万元给滕某某，2017年利息每月2000元，共计24000元，本金加利息共124000元。但到期后，被告吴某1仍然未偿还借款本金及利息给原告。原告向被告吴某2追索，要求其偿还该笔欠款。原告通过电话要求被告吴某2还款，并将通话进行录音。录音材料记载被告吴某2的原话有："真的他（被告吴某1）不还你的，我着（得）还给你""你放心，这数我会整通（付清）给你""四婆你放心，这钱（被告吴某1）他不还你，我就还"等内容。随后，原告向法院起诉，请求法院判决两被告吴某1、吴某2共同偿还借款本金人民币10万元及利息约46000元。

法院判决

法院认为，被告吴某1欠原告借款本金10万元，有被告吴某1出具的《借条》和《承诺书》为证，吴某1应当及时清偿该债务。关于原告以被告吴某2曾口头承诺若被告吴某1未还款其则代为偿还为由，主张被告吴某2也应偿还本案借款本金及利息，法院认为被告吴某2在录音中的承诺不能认定为债务加入：本案的通话录音为一般的日常谈话，虽然通话内容是围绕本案借款，被告吴某2也表示会还清这笔借款，但是被告吴某2不是为了债务加入的目的而与原告交谈，其也没有为自己的口头承诺承担债务加入带来的法律效果的意愿。同时，在行为上，被告吴某2也没有向原告支付过钱款。故在既没有书面形式的债务加入合同，也没有其他行为佐证的情况下，仅仅根据通话中包含有承担还款责任的部分交谈内容，并不能认定双方签订了具有法律约束力的债务加入合同。因此，被告吴某2不构成债务加入，原告请求被告吴某2共同偿还本案借款本金及利息，无事实和法律依据，本院不予支持。

专家点评

在债务加入中，由于加入债务的一方相对于债权人是纯粹承担债务，不享受权利，故而需要对认定第三人是否构成债务加入采取严格标准，要求第三人有明确的债务加入目的，并向债权人作出明确的债务加入意思表示。在第三人在作出该表示时，还清楚知道会产生债务加入的法律效果，且愿意受该效果的约束。本案中，虽然被告吴某2作为一个完全行为能力人，在电话中明确表示愿意清偿借款吴某2，应当知悉其法律后果，应当构成债务加入。由于债务加入并非要式合同，无需签订书面合同，法官以此为依据认定吴某2不构成债务加入，不应赞同。

第五百五十三条 债务人转移债务的，新债务人可以主张原债务人对债权人的抗辩；原债务人对债权人享有债权的，新债务人不得向债权人主张抵销。

【条文释义】

本条是对债务转移中债务人抗辩权和抵销权的规定。

债务人转移其债务后，新债务人取得原债务人的一切法律地位，有关对债权人的一切抗辩和抗辩权，新债务人都有权对债权人主张。债务的受让人取得的抗辩权的内容主要包括：（1）法定的抗辩事由，如不可抗力。（2）在实际发生债的关系以后发生的债务人可据以对抗债权人的一切事由，新债务人可以之对抗债权人。例如，可撤销的合同原债务人享有的撤销权，债权人的违约行为，债权人有关免责的意思表示，以及原债务人对债权人已经实施的履行行为，新债务人都可以其对抗债权人。

债务转移后，原债务人享有的对债权人的抵销权不发生转移，即原债务人对债权人享有债权的，新债务人不得向债权人主张抵销。原因是，债务转移是特定债务的主体变更，原债务人没有转让的自己对债权人享有的债权，当然不在转让的范围之内。原债务人对债权人享有的债权，仍然可以向债权人主张。

【案例评注】

郭某某与卢某某债务转移合同纠纷案①

基本案情

2018年4月28日，原告与梁某签订《借款合同》一份，约定原告分期向梁某提供人民币3000万元的借款，用于武汉的招投标业务。合同签订后，原告陆续向其支付了人民币1500万元。2018年11月14日，原告发现梁某已对外负有较多债务，决定停止继续向其提供借款，要求梁某偿还上述全部债务，梁某告知原告已无力偿还，但被告卢某某尚欠其230万元欠款，并将原告带到被告卢某某处，

---

① 审理法院：湖北省洪湖市人民法院，案号：（2019）鄂1083民初190号。

被告卢某某向原告出具了承诺书一份，载明："梁某先后为本人提供了人民币贰佰叁拾万元用于武汉华胜联合创新科技有限公司的资金周转。因郭某某资金紧张，梁某于2018年11月14日带郭某某女士来找本人，并约定将该笔贰佰叁拾万资金本应由梁某偿还给郭某某女士的资金转由本人偿还给郭某某女士，本人承诺于2018年12月上旬将此贰佰叁拾万元资金偿还给郭某某女士。"但至今，被告卢某某未履行还款义务。原告认为，被告卢某某作为完全民事行为能力人且在意思表示真实的情况下自愿承诺代梁某承担还款义务，应当遵守承诺并及时履行，请求法院判令被告偿还原告借款本金230万元及利息。

法院判决

法院认为，《合同法》第八十五条规定："债务人转移义务的，新债务人可以主张原债务人对债权人的抗辩。"被告卢某某新债务人就梁某（原债务人）与原告郭某某（债权人）的民间借贷涉嫌集资诈骗罪提出抗辩。经查，梁某（原债务人）因涉嫌集资诈骗罪于2018年11月16日被深圳市公安局南山分局刑事拘留，2018年12月20日被依法逮捕，原告郭某某亦向深圳市公安局南山分局报案。该案于2019年3月19日移送起诉，正在审理过程中。《最高人民法院关于审理民间借贷案件适用法律若干问题的规定》第五条第一款规定："人民法院立案后，发现民间借贷行为本身涉嫌非法集资犯罪的，应当裁定驳回起诉，并将涉嫌非法集资犯罪的线索、材料移送公安或者检察机关。"本案原债务人梁某涉嫌集资诈骗罪，属非法集资类犯罪，对原告郭某某的起诉，应当裁定驳回起诉。

专家点评

本案的争议焦点是法院是否应当驳回原告的起诉。在债务转移后，虽然受让人应当承担向债权人清偿债务的责任，同时也获得了对于债权人的抗辩权，可以向债权人提起原债务人的抗辩。本案中，梁某（原债务人）因涉嫌集资诈骗罪于2018年11月16日被深圳市公安局南山分局刑事拘留，这就导致原债务本身的合法性可能存在瑕疵，被告作为新债务人也就有可能针对原告的主张提出相应的抗辩。在原债务人集资诈骗罪案件尚未审理清楚之前，本案中的债务关系仍有待澄清，法院应当裁定驳回起诉。

第五百五十四条 债务人转移债务的，新债务人应当承担与主债务有关的从债务，但是该从债务专属于原债务人自身的除外。

【条文释义】

本条是对债务转移从随主原则的规定。

对附属于主债务的从债务，在债务人转让债务以后，新债务人一并应对从债务予以承担。这是从随主原则的具体体现。

从属于主债务的从债务，因主债务的转移而一并发生转移，即使当事人在转让债务时未在转让协议中明确规定从债务问题，也不影响从债务转移给债务的受让人，尤其在全部债务转移时，原债务人的地位由受让人取得，从而脱离债的关系。债权人权利的实现只能依赖于新债务人的履行行为，新债务人自然应当对从债务予以承担。例如，附属于主债务的利息债务等，因债务转移而将移转至承担人。例外的是，第三人原来向债权人所提供的担保，在债务转移时，若担保人未明确表示继续承担担保责任，则担保责任将因债务转移而消灭。

专属于原债务人的从债务，在主债务转移时不必然随之转移。专属于原债务人的从债务，是指应当由原债务人自己来履行的附属于主债务的债务。一般在债务转移之前已经发生的从债务，要由原债务人来履行，不得转由债务的受让人来承担。对于与债务人的人身相关或者与原债务人有特殊关联的从债务，应由原债务人来承担，不随主债务的转让而由新债务人承担。

【案例评注】

朱某 1 与苏某某民间借贷纠纷案[①]

基本案情

2013 年 3 月 21 日，经朱某介绍苏某某向朱某 1 借款 200000 元，双方约定利息为月息 3 分，苏某某于借款当日给朱某 1 出具借条一份，借条内容为：“今借到朱某 1 现金贰拾万元正（200000 元），借款人：苏某某，2013 年 3 月 21 日。”朱某 1 以现金方式将 200000 元交付给苏某某。借款后苏某某按月利率 3% 支付利息至 2014 年 8 月。后朱某 1、苏某某、朱某 2 经过协商达成协议，协议约定：苏某某将其承包的潘集区泥河镇黄圩社区六安新村工程转让给朱某 2 承建，朱某 2 给付苏某某 7 套房，苏某某欠朱某 1 的借款本息由朱某 2 偿还。协议达成后，

① 审理法院：安徽省淮南市潘集区人民法院，案号：（2017）皖 0406 民初 9 号。

2014年9月的利息6000元朱某2已支付给朱某1，2014年10月20日至2015年1月20日的利息朱某2给朱某1出具欠条一份，欠条内容为："今欠到朱某1利息叁万陆仟元整（36000元），注：2014年10月20日至2015年1月20日，欠款人：朱某2，2015年1月20日。"36000元欠款中含2012年8月22日苏某某、苏某共同向朱某1借款200000元的利息。2015年1月22日以后的利息无人再支付。该借款经催要无果，朱某1诉至法院。

法院判决

法院认为，证人朱某、苏某、黄某的证言及朱某2向朱某1支付了1个月的利息，并给朱某1出具欠3个月利息的欠条，同时庭审中朱某2也认可，房子建好出售后偿还该笔借款，可以认定朱某1、苏某某、朱某2三方就债权债务转移已经达成一致意见，苏某某向朱某1借款已经转移给朱某2事实存在。朱某2已经向朱某1支付部分利息，朱某2也未提供证据证明借款利息系苏某某专属。故苏某某向朱某1借款本金200000元及利息应由朱某2负责偿还。苏某某称债务已经转移给朱某2，其不应再承担偿还责任，证据充分，理由正当，法院予以采纳。朱某1称其没有同意债务转移给朱某2，要求苏某某偿还借款本息，证据不足，法院不予支持。朱某2称给付的1个月利息及欠的3个月利息是代付的，谈债务转让时没有谈利息的事情。另外，现在房屋已抵付给他人，不愿偿还该笔债务，朱某2未提供证据予以证实，且理由不当，对其辩称法院不予采纳。借款时双方约定月息3%，该利息约定已超出年利率24%的规定，但朱某1起诉时按年利率24%计息，符合法律规定。因借款是按月支付利息，已支付的利息应截止到每月的21日，未支付的利息朱某1主张105731.51元，符合法律规定。

专家点评

本案的争议焦点是被告朱某2是否应该向原告朱某1支付涉案债权的利息。在债务转移后，为了保障债权更好地获得清偿，附属于主债务的从债务也随之转让给受让人，债权人有权向受让人主张相关的从债务。本案中，朱某1、苏某某、朱某2经过协商达成协议，约定由被告朱某2承担苏某某的债务，而相关的借款利息亦非苏某某专属，被告朱某2应当向原告朱某1承担清偿本金利息的责任。另外，朱某2已经向朱某1支付部分利息，其事后抗辩债务转让时没有谈利息的事情，不应承担相关利息，不应予以采纳。

第五百五十五条 当事人一方经对方同意，可以将自己在合同中的权利和义务一并转让给第三人。

【条文释义】

本条是对债权债务概括转移一般规则的规定。

债权债务概括移转，是指债的关系当事人一方将其债权与债务一并转移给第三人，由第三人概括地继受这些债权和债务的债的移转形态。债权债务概括移转与债权转让及债务转移不同之处在于，债权转让和债务转移仅是债权或者债务的单一转让，而债权债务概括转移则是债权与债务的一并转让。

债权债务概括转移，一般由债的一方当事人与债的关系之外的第三人通过签订转让协议的方式，约定由第三人取代债权债务转让人的地位，享有债的关系中转让人的一切债权并承担转让人一切债务。

可以进行债权债务概括转移的只能是双务之债，如双务合同。仅仅一方负有债务，另一方享有债权的合同以及单务合同，不适用债权债务概括转移。

债权债务概括转移的法律效果，是第三人替代合同的原当事人，成为新合同的当事人，一并承受转让的债权和债务。

【案例评注】

景某立与佳瑞特公司、谢某欣债权债务概括转移合同纠纷案[①]

基本案情

2011 年 8 月 6 日，河南省某实业公司（乙方）与鲁山县交通局（甲方）签订《招商合作投资意向书》，由双方合作投资建设鲁山县华阳、华运两座客运站，建设资金由乙方投入，在双方没有进行其他合作之前，乙方投入的资金，按照甲方借款对待。后，因景某立与河南省某实业公司的实际控制人谢某欣系朋友关系，二人随后达成口头协议，谢某欣将《招商合作投资意向书》中承建的华阳、华运两座客运站转让给景某立建设。从 2011 年 9 月 28 日至 2011 年 12 月 7 日，景某立分 6 次将 1500 万元转让款汇到谢某欣指定的银行账户。由于其他原因导致

---

① 审理法院：河南省平顶山市中级人民法院，案号：（2018）豫 04 民终 273 号。

协议涉及的建设工程一直未能开工建设，景某立开始向河南省某实业公司及谢某欣讨要工程转让款。2012 年 12 月 18 日，河南省某实业公司（甲方）与景某立（乙方）签订了《关于河南省佳瑞特实业有限公司与鲁山县交通运输局合作项目在鲁山县××庄征地建设客运站退转款协议》。2012 年 6 月及 2015 年 3 月，景某立先后两次以民间借贷的理由向本院提起诉讼，要求谢某欣偿还借款。2015 年 8 月，景某立提起诉讼，起诉谢某欣及河南省某实业公司，要求解除双方于 2012 年 12 月 18 日签订的退转款协议，并要求谢某欣、河南省某实业公司偿还借款 943.87666 万元及利息。

法院判决

关于双方口头约定的项目转让合同及签订的退转款协议效力如何认定的问题。本案中，河南省某实业公司与鲁山县交通局签订《招商合作投资意向书》后，河南省某实业公司的实际控制人谢某欣与景某立达成口头协议，将该投资意向书中属于河南省某实业公司的权利和义务全部转让给景某立，但该转让行为未经过合同一方当事人鲁山县交通局同意，二审中河南省某实业公司、谢某欣提交的证据也不能证明该转让行为经过鲁山县交通局同意。根据原《合同法》第八十八条的规定："当事人一方经对方同意，可以将自己在合同中的权利和义务一并转让给第三人"。因此，河南省某实业公司、谢某欣和景某立口头约定的项目转让合同及签订的退转款协议均无效。河南省某实业公司、谢某欣的上诉理由不成立，本院不予支持。

关于河南省某实业公司、谢某欣是否应当向景某立返还 506.01 万元及利息的问题。根据原《合同法》第五十八条之规定："合同无效或者被撤销后，因该合同取得的财产，应当予以返还；不能返还或者没有必要返还的，应当折价补偿。有过错的一方应当赔偿对方因此所受到的损失，双方都有过错的，应当各自承担相应的责任。"因为双方达成的合同及退转款协议无效，因此，河南省某实业公司、谢某欣应当返还景某立支付的转让款 506.01 万元。

专家点评

债权债务概括移转，是指债的关系当事人一方将其债权与债务一并转移给第三人，由第三人概括地继受这些债权和债务的债的移转形态。根据民法典合同编第 555 条的规定，"当事人一方经对方同意，可以将自己在合同中的权利和义务一并转让给第三人"，债权债务概括转移须得到债务关系双方的同意。也就是说，在本案中，债权债务转让行为有效的前提是河南省某实业公司与景某立的口头协议经《招商合作投资意向书》另一方当事人鲁山县交通局的同意。由于河南省某实业公司与景某立是私下签订口头协议，而并未取得鲁山县交通局的同意，因而该转让行为当然无效，而以转让行为为主要内容的河南省某实业公司和景某立的口头协议也当然无效。

第五百五十六条 合同的权利和义务一并转让的，适用债权转让、债务转移的有关规定。

【条文释义】

本条是对债权债务概括转移具体规则的规定。

由于债权债务概括转移在转让债权的同时，也有债务的转让。因此，应当适用债权转让和债务转移的有关规定。应当特别强调的是，为保护当事人的合法权利，不因债权债务的转让而使另一方受有损失，债权债务概括转移必须经另一方当事人同意，否则转让协议不产生法律效力。

【案例评注】

均博阶点公司诉西单商场买卖合同案[①]

基本案情

2010年1月1日起，原告均博阶点公司与被告西单商场建立买卖合同关系，由原告均博阶点公司向被告西单商场供应商品，被告西单商场向原告均博阶点公司支付货款。双方在合作过程中就货款结算周期没有作出具体约定，但交易惯例为90天左右结算一次货款。

后原告均博阶点公司出具《变更申请》，载明：“均博阶点公司因业务发展需要的原因，于2012年11月18日起变更为博纳丰业公司。从2012年11月18日起原均博阶点公司与贵单位发生的各项债权债务全部由博纳丰业公司负责。变更后出现的一切问题与均博阶点公司无关，责任由变更后的博纳丰业公司承担。”《变更申请》上加盖了原告均博阶点公司与博纳丰业公司的公章及财务章。后来，

① 审理法院：北京市西城区人民法院，案号：（2016）京0102民初24710号。

原告均博阶点公司向法院提起诉讼，请求被告西单商场支付货款。

原告均博阶点公司在庭审中称其与博纳丰业公司是两个独立的法人，事实上并未发生合并、重组等变更事由。

法院判决

法院认为，根据《变更申请》的内容，被告西单商场有理由相信原告均博阶点公司于2012年11月18日发生了主体变更，原告均博阶点公司与西单商场之间尚存的债权债务将由博纳丰业公司概括承受，博纳丰业公司亦同意继受上述债权债务。而被告西单商场在庭审中陈述其已向博纳丰业公司履行了相关给付义务，表明被告西单商场亦同意此种债权债务的转移行为。通过债权债务的概括转移，原告均博阶点公司涉案货款的请求权已经转让给博纳丰业公司，其对于货款抵扣的相应抗辩权也一并转让给了博纳丰业公司。因此，原告均博阶点公司要求被告西单商场支付涉案货款的诉讼请求，于法无据，不予支持。

专家点评

合同主体的变更涉及权利义务的一并转让，属于债权债务的概括转移情形，依法应当适用债权转让和债务转移的法律规定，亦即需要合同相对方的同意。本案中，虽然原告是以主体名称变更名义申请将涉案合同的权利义务由博纳丰业公司承担，但原告与博纳丰业公司事实上并未发生合并、重组等情事，仍未两个相互独立的主体。根据实质重于形式的原则，《变更申请》并非合同主体名称的变更，而是债权债务概括转移协议。在合同相对方也就是被告西单商场同意后，债权债务转让协议生效，原告退出涉案合同关系，也就失去了请求被告支付货款的权利。

第七章　合同的权利义务终止

第五百五十七条　有下列情形之一的，债权债务终止：

（一）债务已经履行；

（二）债务相互抵销；

（三）债务人依法将标的物提存；

（四）债权人免除债务；

（五）债权债务同归于一人；

（六）法律规定或者当事人约定终止的其他情形。

合同解除的，该合同的权利义务关系终止。

【条文释义】

本条是对债的终止及事由的规定。

债的终止，也叫债权债务关系终止或者债的消灭，是指债的当事人之间的债的关系在客观上已经不复存在，债权与债务归于消灭。

债的消灭原因，本条规定为六种，即：(1) 债务已经履行，即清偿；(2) 债务相互抵销；(3) 提存；(4) 免除；(5) 混同；(6) 其他原因。除此之外，解除也能消灭债的关系。

这些债的消灭原因综合起来分为以下三种：(1) 基于债的目的达到而消灭，即债权人的预期利益得到了满足。(2) 基于当事人的意思而消灭，当事人一致意思要消灭债的关系可以消灭债。(3) 基于法律的直接规定而消灭，如合同的法定解除，当事人死亡或丧失行为能力、法人的终止等。

债权债务消灭后发生的效力是：(1) 债的当事人之间的债权债务关系消灭，债权人不再享有债权，债务人不再负担债务。(2) 债权的担保及其他从属的权利义务消灭。(3) 负债字据的返还，有负债字据的债的关系消灭后，债务人可以请求返还或者涂销负债字据；债的关系部分消灭的或者负债字据上载有债权人其他权利的，债务人可以请求将债的消灭的事由记入负债字据。债权人主张不能返还或者不能记入的，债务人可以请求债权人出具债的消灭证书。（4）附随义务履行。（5）不影响债的关系中结算和清理条款的效力。

本条之所以将解除从债的消灭事由中单独规定出来，是因为合同的解除是合同尚未履行完毕就推翻合同约定，将已有的合同解除掉。这与上述六种债的消灭是不一样的。

【案例评注】

郭某芳诉李某确认合同终止纠纷案[①]

基本案情

2010年12月25日，郭某芳向李某借款6万元，并给李某出具借条一份，载明“借条今借现金陆万元整郭某芳2010年12月25日”。双方未约定利息及还款期限。2012年6月16日，李某银行账户分别于12时22分、12时26分、12时29分、12时31分、12时32分共存入现金4.8万元，12时33分转账存入0.2万元，合计进账5万元。郭某芳主张该5万元是其存入李某账户，用于归还借款，并提供了银行存款凭条予以证实。李某否认是郭某芳存入。2012年8月30日，郭某芳向李某还款1万元，李某在上述借条上注明“2012年8月30日还壹万元整”。上述借条现仍由李某持有。

法院判决

法院认为，李某自认其和郭某芳之间仅有涉案6万元借款关系，没有其他借款关系，且借款既没有利息，也未约定还款期限。根据《合同法》规定，郭某芳可以随时返还借款。郭某芳和李某一致确认，2012年8月30日郭某芳偿还借款1万元。对于2012年6月16日李某银行账户上存入的5万元，郭某芳持有银行存款凭证，能够证明是其存入。李某虽然否认是郭某芳存入，但其对该5万元来源不能作出合理解释，也未提供证据证明不是郭某芳存入。本院对李某的抗辩不予采信。综上，郭某芳已于2012年归还李某全部6万元借款，双方该借款合同权利义务终止。法院据此判决，双方借款合同已履行完毕。

---

① 审理法院：江苏省徐州市云龙区人民法院，案号：（2016）苏0303民初6721号。

专家点评

根据民法典合同编第 557 条第 1 款的规定，债务已经按照约定履行的，债权债务终止。司法实务中类似案件的难点多在于证据证明问题上，法院在审理过程中多围绕证据问题展开。在本案中，争议焦点为郭某芳和李某的借款合同是否已经履行终止。原被告之间的借款合同既未约定利息，也未约定还款期限，郭某芳持有银行存款凭证证明其已向李某还款，李某无法证明钱款的其他来源，因而法院依照《合同法》第九十一条规定判决李某与郭某芳 2010 年 12 月 25 日成立的借款 6 万元合同权利义务终止，借款合同已履行完毕，有事实依据，合法合理。

第五百五十八条　债权债务终止后，当事人应当遵循诚信等原则，根据交易习惯履行通知、协助、保密、旧物回收等义务。

【条文释义】

本条是对后契约义务的规定。

后契约义务，也叫后合同义务，是指合同的权利义务终止后，当事人依照法律的规定，遵循诚信原则和交易习惯应当履行的附随义务。

合同关系终止之后，债权债务即告消灭，当事人之间不再存在任何关系。不过，按照现代合同法观念，合同关系终止之后，当事人之间还存在一定的关系，这就是合同在后契约阶段的附随义务。后契约的附随义务将债的关系终止后的当事人仍然连接在一起，按照附随义务的要求，将附随义务履行完毕，当事人之间债的关系才真正消灭。

后契约义务的确定根据，是法律规定和交易习惯。前者如本条规定的通知、协助、保密、旧物回收的义务；后者如售后三包服务等。

法定的后契约义务包括：（1）通知义务，即合同的权利义务终止后，应当通知对方，如提存后应当通知债权人。（2）协助义务，即合同的权利义务终止后，应当协助对方处理与原合同的有关事务。（3）保密义务，即当事人在合同过程中知悉的对方当事人的商业秘密等，应当予以保守。（4）旧物回收义务，是体现绿色原则确定的后契约义务，对能够回收的旧物予以回收。

后契约义务具有强制性。在后契约阶段，当事人不履行附随义务，给对方当事人造成损害的，应当承担后契约的损害赔偿责任。

【案例评注】

某行濮阳市老城支行诉濮阳县某局委托代理合同终止后不履行后合同义务赔偿损失案[①]

基本案情

1995年11月3日，某行濮阳市老城支行与濮阳县某局签订了“代收邮电费协议书”。协议约定：某局委托某行代收邮电费，由某行向邮电用户发放某银行长城项目卡；每月3日前，某局向某行提供委托代扣邮电费的收据及数据；每月10日前，某行先垫资把上月发生的邮电费划归某局账户；当用户的长城卡账面余额不足以扣付每月电话费时，某行可为用户提供当月的信用透支贷款服务，代为偿还邮电费；如用户在规定期限内仍不缴费的，由某局负责进行停止使用通讯等处理，直至用户缴齐全部欠交的租用费和滞纳金后，由某行书面通知某局予以恢复用户的邮电通讯的使用权。该协议自当月开始履行，某行收费后向用户出具由某局提供的“话费收据”，并加盖“某银行代收（邮电）费专用章”印章。1996年11月10日，双方又签订了《委托代收邮电费补充协议书》，约定由于用户欠费，某行要求对其停机处理的，某局在未接到某行书面通知之前，任何人无权私自开通，否则该用户所欠费用及滞纳金均由某局承担。1997年7月，某局未向某行提供上月话费数据盘，双方协议未再履行。截止到1997年7月21日，某行共垫资993833.68元。同年7月25日、8月8日，某行书面通知某局对欠费用户停机，某局虽在通知上签字同意停机，但未实际履行。后经某行要求，某局作为原告，某行为其委托代理人向当地法院起诉了部分欠费用户，收回部分话费。但现仍有669790.73元欠费垫资款未收回。

原告某行向濮阳市中级人民法院提起诉讼称：与被告某局签订的协议性质为委托代理合同。用户所欠话费，不应由其承担。协议中“以信用透支贷款的方式，由其代用户偿还邮电费”的约定无效。被告单方解除合同，且不履行停机催收义务，应依法赔偿其经济损失。要求解除双方签订的协议，确认上提条款无效，由被告支付其垫付的电话费669790.73元及利息203772.47元。

---

① 审理法院：河南省高级人民法院，案号：（2013）渝四中法民终字第00244号。

被告某局答辩称：协议履行中，原告因不能完好地履行其义务，主动与我方商定解除了协议，不存在请求法院解除的问题。原告所提协议条款并不违法及显失公平。双方协议已解除，其无需履行停机催收的义务。原告所主张的669790.73元是按协议约定由原告给用户的贷款，与其无关。

法院判决

濮阳市中级人民法院认为，某局与某行签订的“代收邮电费协议书”“委托代收邮电费补充协议书”，意思表示真实、内容合法，应属有效。原告起诉称因有重大误解，委托协议中的垫资条款应无效。因协议不违背其真实意思，目的合法，不损害国家、集体和第三人利益，该条款应属有效。原告应对代收话费垫资后果有明确的认识，不存在对此有重大误解的情况。1997年7月，双方虽已没有合同关系存在，但双方处于事实上的不平等状态，某局应按公平、诚实信用等原则，履行必要的协助义务，以消除这种不平等。某行亦需某局继续履行停机协收的义务，以减少风险弥补自己的损失。某局虽在某行的通知上签字，实际却不予履行，致使某行的垫资无法收回，某局应予全额赔偿。虽然用户未向某行缴纳欠费是引起某行损失的根本原因，但某局不履行停机协助催收的后合同义务是引起某行损失的直接原因，原告以某局为被告起诉并无不当，故某局认为原告的损失与其无关的主张不予支持。某行在与某局签订协议时，对自己的行为可能造成的损失应当预见，但由于缺乏应有的注意而没有预见，原告的缺乏注意是构成其本身所受损害的促发原因，因此其对损失的发生亦有过失，应相应地减轻被告的赔偿金额，故原告要求被告支付利息203772.47元的诉讼请求不予支持。

专家点评

合同关系终止之后，债权债务即告消灭，当事人之间不再存在任何关系。协助义务，即合同的权利义务终止后，应当协助对方处理与原合同有关的事务。后契约义务具有强制性。在后契约阶段，当事人不履行附随义务，给对方当事人造成损害的，应当承担后契约的损害赔偿责任。在本案中，尽管双方已经终止协议，但是被告应按公平、诚实信用等原则，履行必要的协助义务。客观来说，原告须被告的协助行为以减少原告的损失。可以说尽管用户未向某行缴纳欠费是引起某行损失的根本原因，但某局未履行停机协助催收的义务是引起某行损失的直接原因，因此应当对某行的损失承担责任。

第五百五十九条　债权债务终止时，债权的从权利同时消灭，但是法律另有规定或者当事人另有约定的除外。

【条文释义】

本条是对债权债务终止后债权的从权利一并消灭的规定。

债消灭之后，债的当事人之间的债权债务关系消灭，债权人不再享有债权，债务人不再负担债务。在债的主债权债务关系消灭后，附随于主债权债务关系的从债权债务关系也随之一并消灭。例如，担保物权、保证债权、违约金债权、利息债权等，在债的关系消灭时一并消灭。如果法律另有规定，或者当事人另有约定，则依照法律规定和当事人约定，不予消灭。

【案例评注】

邓某某与曾某1、曾某2民间借贷纠纷案①

基本案情

原告邓某某与被告曾某1均是做砂石生意的，之间有过生意往来，被告曾某1以其经营的砂石厂资金周转困难为由向原告借款，于2001年11月27日原告在被告曾某1的厂里以现金方式出借了88000元；而另一笔350000元借款是被告曾某1陆续向原告借款产生的，因为时间久远，具体多少笔不记得。后来，在2001年11月27日，被告曾某1再次向原告借款时，因为原告觉得借款金额大，故要求被告曾某1补一张《借据》给原告。被告曾某1分别立下了二张《借据》给原告收执。其中一张《借据》的内容为："兹借到邓某某现金人民币捌万捌仟元正. ￥88000元正。借款人曾某1"。另一张《借据》的内容为："兹借到邓某某现金人民币叁拾伍万捌仟元正。￥350000元正。借款人曾某1"。二张《借据》的落款日期均为2001年11月27日。

原告陈述被告曾某1借款后没有偿还过借款，后于2012年5月17日，被告曾某1写下《借款》字条，与原告约定用其老家派潭镇东升社门牌××一幢3层约500平方米的房子作抵押借款，租金作为还款由原告收取，从2013年1月1日

① 审理法院：广东省增城市人民法院，案号：（2019）粤0118民初5119号。

开始收取，直至还清借款，担保人为曾某2。但原告去收取租金时，才发现该房在2013年1月1日前已被出售，原告未收取任何租金，被告及担保人至今未偿还借款本息。因此，原告向法院提起诉讼，请求被告曾某1还款，曾某2承担保证责任。被告曾某1、曾某2提出抗辩称，标的债务已经超出诉讼时效。

法院判决

法院认为，本案债务履行期限为2013年1月1日，而原告未能按约定如期收到用以偿还借款的租金，即表明被告曾某1以其行为表示不履行偿还债务的义务，因此本案纠纷的诉讼时效应从被告曾某1不履行义务的2013年1月1日起计算，之后被告曾某1以及《借款》中的担保人也未收到原告要求还款的催告，诉讼时效未发生中断，原告于2019年才向本院提起本案诉讼，已超过诉讼时效，原告的主张理据不足，不予支持。

关于被告曾某2是否应承担保证责任的问题。《担保法》第五条规定，担保合同是主合同的从合同。由此可见，担保债务是主债务的从债务。担保债务以主债务的存在为前提，主债务消灭，担保债务消灭。由于本案作为主债务人的被告曾某1无需再承担还款责任，故作为保证人的被告曾某2亦无需承担保证责任。

专家点评

从债务的功能目的是保障主债务更好地实现，一旦主债务终止之后，从债务随即失去存在的意义，也将失去效力，正所谓“皮之不存毛将焉附”。本案中，被告曾某2的担保债务是为了保障原告邓某某和被告曾某1之间的借贷关系，由于原告请求曾某1清偿主债务已经超过诉讼时效，失去强制执行能力，曾某2无需承担担保责任方才合理。否则，曾某2承担担保责任之后，将无法向曾某1追偿，甚为不公。

第五百六十条 债务人对同一债权人负担的数项债务种类相同，债务人的给付不足以清偿全部债务的，除当事人另有约定外，由债务人在清偿时指定其履行的债务。

债务人未作指定的，应当优先履行已经到期的债务；数项债务均到期的，优先履行对债权人缺乏担保或者担保最少的债务；均无担保或者担保相等的，优先履行债务人负担较重的债务；负担相同的，按照债务到期的先后顺序履行；到期时间相同的，按照债务比例履行。

【条文释义】

本条是对原本债务清偿抵充的规定。

清偿抵充，是指同一债权人负担数宗债务的债务人，其给付的种类相同，所提出的给付不足以清偿全部债务时，决定清偿抵充何种债务的债法制度。例如，债务人欠银行数宗欠款，设置担保、利息高低各不相同，在其给付不能清偿全部债务时，该次清偿应偿还哪笔欠款，就是清偿抵充。

清偿抵充的成立条件是：（1）债务人须对同一债权人负担数宗债务；（2）债务人负担的数宗债务的种类相同；（3）债务人提出的给付不足以清偿全部债权。

清偿抵充分为约定抵充、指定抵充和法定抵充。

1. 约定抵充，是指当事人之间事先约定债务人的清偿系抵充何宗债务。如果当事人之间就债务人的清偿系抵充何宗债务有约定时，应从其约定。

2. 指定抵充，是指当事人一方以其意思指定清偿人的清偿应抵充的债务。指定抵充应当具备两个条件：一是指定应于清偿时为之，并且一经指定不得撤回；二是指定抵充的指定权人为清偿人。

3. 法定抵充，是指当事人在未指定抵充时，依据法律规定决定清偿人的清偿应抵充的债务。本条第 2 款规定的法定抵充顺序是：（1）债务人未作指定的，应当优先履行已到期的债务；（2）几项债务均到期的，优先履行对债权人缺乏担保或者担保最少的债务；（3）担保数额相同的，优先履行债务人负担较重的债务；（4）负担相同的，按照债务到期的先后顺序履行；（5）到期时间相同的，按比例履行。

【案例评注】

杨某飞诉王某辉等借款合同纠纷案①

基本案情

2015 年 2 月 9 日，被告王某辉、王某慧为原告出具借条一份，内容为：今贷

① 审理法院：内蒙古自治区察哈尔右翼后旗人民法院；案号：（2016）内 0928 民初 836 号。

到杨某飞人民币5万元，月息2分，期限6个月，按月结息，到期归本。同年，被告又为原告出具借条两份，分别借款5万元和13万元。2015年—2016年，原告通过手机转账的方式分别向被告付款132950元。2015年—2016年期间，被告向原告分别还款共计77250元。

法院判决

法院经审理认为，原告杨某飞与被告王某辉、王某慧分别形成的借款合同及原告杨某飞与被告王某辉、王某慧二人形成的借款合同是双方当事人的真实意思表示，具有法律约束力。被告王某辉、王某慧分多次支付原告杨某飞共计77250元现金，应当根据双方的约定并按照债务到期的先后顺序以及先抵充利息后抵充本金的顺序进行抵充。本案中，首先是被告王某慧于2015年5月23日向原告借款1万元最先到期，其次是被告王某辉于2015年4月1日向原告借款5万元到期，再次是被告王某慧于2015年8月8日向原告借款1万元到期，最后是被告王某辉、王某慧于2015年2月9日向原告借款5万元到期。被告王某辉支付原告的22000元现金，应当抵充其于2015年4月1日向原告借款5万元的本金；被告王某慧支付原告的55250元现金，首先应当抵充其于2015年5月23日向原告借款1万元，其次抵充其于2015年8月8日向原告借款1万元，再次抵充被告王某辉、王某慧于2015年2月9日向原告借款5万元的6个月利息6000元，最后抵充被告王某辉、王某慧于2015年2月9日向原告借款5万元的本金29250元。因此，被告王某辉尚欠其于2015年4月1日向原告借款50000元的本金28000元；被告王某辉、王某慧尚欠其于2015年2月9日向原告借款5万元的本金20750元。

本案中，因被告王某辉于2015年11月8日向原告借款13万元时，双方约定的借款月利率4%超出了法律规定的2%，且双方约定按月结息、期限6个月、到期归本，故被告王某辉应当返还原告借款本金13万元，并按照月利率2%支付原告6个月利息15600元；被告王某慧应当返还原告借款112950元（除去抵充的2万元）。对于被告王某慧于2016年1月15日、1月21日、6月13日通过银行卡转账方式分别为原告支付2万元、1600元、4200元三笔款项，因在本院作出的（2016）内0928民初577号民事判决中加以认定，并在原告提供的被告王某辉、王某慧于2015年10月8日出具借条向其借款20万元中作为还款予以扣减，故不能认定这三笔款项为本案还款。因被告王某辉、王某慧系夫妻关系，且借款用于二被告共同经营的小额贷款公司，故应当对返还借款、支付利息互负连带清偿责任。据此，法院依法判决：一、被告王某辉返还原告杨某飞借款28000元；

二、被告王某辉、王某慧返还原告杨某飞借款 20750 元；三、被告王某辉返还原告杨某飞借款本金 13 万元，支付原告杨某飞借款利息 15600 元；四、被告王某慧返还原告杨某飞借款 112950 元；五、被告王某辉、王某慧对上述各项债务互负连带清偿责任；六、驳回原告杨某飞的其他诉讼请求。

专家点评

根据民法典合同编第 560 条第 2 款，债务人未作指定的，应当优先履行已到期的债务；几项债务均到期的，优先履行对债权人缺乏担保或者担保最少的债务；担保数额相同的，优先履行债务负担较重的债务；负担相同的，按照债务到期的先后顺序履行；到期时间相同的，按比例履行。本案为借款合同纠纷案件，由于贷款人通常在借款到期后才提起诉讼，故借款债务的清偿抵充顺序为：没有担保的借款债务；担保数额最少的借款债务；负担较重的借款债务；先到期的借款债务。与此同时，在借款人与贷款人没有约定借款本金与利息清偿顺序的情况下，还应当按照先抵充利息后抵充本金这一顺序进行抵充。本案中，原告杨某飞与被告王某辉、王某慧分别形成的借款合同及原告杨某飞与被告王某辉、王某慧二人形成的借款合同均没有担保，故被告王某辉、王某慧支付原告的 77250 元现金，应当根据双方的约定并按照债务到期的先后顺序以及先抵充利息后抵充本金的顺序进行抵充。综上所述，被告王某辉、王某慧分多次支付原告杨某飞共计 77250 元现金，应当根据双方约定，并按照借款债务到期的先后顺序以及先抵充利息后抵充本金的顺序进行抵充。

第五百六十一条 债务人在履行主债务外还应当支付利息和实现债权的有关费用，其给付不足以清偿全部债务的，除当事人另有约定外，应当按照下列顺序履行：

（一）实现债权的有关费用；

（二）利息；

（三）主债务。

【条文释义】

本条是对利息之债与费用之债清偿抵充的规定。

债务人除了原本债务之外，还应支付利息和费用之债，而债务人的清偿不足以清偿全部债务时，应当按照清偿抵充的约定顺序进行，没有约定的，依照法定抵充顺序为之。

法定抵充顺序是：（1）实现债权的有关费用；（2）利息之债；（3）主债务。上述抵充顺序，均具有前一顺序对抗后一顺序的效力。

【案例评注】

宋某才诉宋某明民间借贷纠纷案[①]

基本案情

2015年3月18日，经协商，被告向原告借款10万元，被告向原告出具借条一张载明："借到宋某才现金拾万元整，月付息贰分计算，借款期半年，如有变化面议，借款人宋某明，2015年3月18日。"从2015年4月17日，被告分七次支付了七个月的利息14000元。2017年1月25日，原告再收到被告归还的10000元。借款到期后，虽经原告多次催取，被告未能还本付息，以致成讼。

法院判决

法院经审理认为，原告与被告之间的民间借贷合法有效。原告认可被告已支付利息24000元（包括2017年1月25日被告支付的10000元）。被告提出2017年1月25日支付的10000元用于归还本金而非支付利息，但被告提供的原告出具的收到该款收条未注明归还本金，根据最高人民法院的相关司法解释，不能明确归还本金还是利息的，其给付不足以清偿全部债务的，清偿顺序先利息后本金，因此该10000元应视为归还利息。该借款已到期，被告未依约还款，构成违约。被告应当归还尚欠借款本金100000元并支付相应利息。2015年3月18日至2017年2月17日的利息共计46000元。原告起诉时按月利率1.5%计算2017年2月18日至2017年4月17日的利息，不违反法律规定，本院予以支持，该三个月的利息共计4500元。故被告尚欠的利息为26500元（46000元+4500元-24000元）。

专家点评

根据民法典合同编第561条的规定，除当事人另有约定外，债务人给付不足

① 审理法院：江西省宜丰县人民法院，案号：（2017）赣0924民初381号。

以清偿全部债务的，应当按照实现债权的有关费用、利息、本金的顺序进行偿还。在本案中，借条显示被告向原告借款10万元整，月息以两分计算，被告分七次支付了14000元。若被告于还款期限内还款，则被告应当向原告支付本金加利息共124000元，现被告已支付14000元，原告于2017年1月25日收到的10000元应当视作归还利息。而由于借款到期被告仍未还款，从借款日起至开庭日前，被告共应支付利息46000元，由于被告已经支付利息24000元，故被告尚且拖欠利息26500元，包括本金被告一共应当向原告支付126500元。

第五百六十二条　当事人协商一致，可以解除合同。

当事人可以约定一方解除合同的事由。解除合同的事由发生时，解除权人可以解除合同。

【条文释义】

本条是对合同协议解除和约定解除的规定。

合同的解除分为协议解除、约定解除和法定解除三种类型。

协议解除，也叫合意解除、解除契约或反对契约，是指在合同有效成立后、尚未履行完毕之前，当事人双方通过协商达成协议，而使合同效力消灭的双方民事法律行为。协议解除，双方当事人须在解除合同的事项上达成意思表示一致，确定合同解除；协议还要对合同存续期间发生的各种权利义务关系如何处理也须达成意思表示一致。当事人在这两方面达成合意，合同即可解除。

约定解除，是指在原合同中通过解除权条款，或另外签订一个合同，赋予一方或双方当事人在一定条件下享有解除权，有权解除合同。约定解除是单方解除合同。约定解除与附解除条件的区别是：（1）解除条件原则上可以附加于一切民事法律行为及意思表示，而合同约定解除仅限于合同领域。（2）解除条件成就后，附解除条件的民事法律行为当然且自动地消灭，在合同约定解除时，解除条件的具备仅仅是使合同当事人享有了解除权，当解除权人依法行使解除权予以解除时，才会使合同之债解除。（3）所附解除条件成就，一般是使附解除条件的民事法律行为向将来失去效力，并不溯及既往，而合同的解除则是使合同关系自始消灭。

【案例评注】

邓某华、文某英、李某平诉
四川某连锁酒店有限公司房屋租赁合同纠纷案[①]

基本案情

2007年4月29日，邓某华、文某英、李某平（以下简称邓某华等三人）与四川某连锁酒店有限公司（以下简称某酒店公司）签订合同，将邓某华等三人所有的房屋租赁给某酒店公司，租赁期限为十二年零三个月，租赁费为每年30万元，支付方式按年支付，每年6月25日前支付，先付租金，后使用。合同约定，某酒店公司应于每年6月30日前对案涉房屋投保“综合财产险”，金额不低于800万元，并在投保后三日内向邓某华等三人移交投保凭据复印件，如未按约办理保险，相应的责任由承租人承担。邓某华等三人可自行到保险公司对案涉房屋投综合财产险2000万元，一切费用由某酒店公司承担，若某酒店公司不承担此费用，则视为其提前终止合同，邓某华等三人有权终止本合同的执行。

合同履行中，某酒店公司未严格按照合同约定的时间支付租金。2008年，存在迟延支付租金一天至十天不等的情况；2009年、2010年、2011年某酒店公司支付租金等均存在迟延支付。邓某华等三人接受了租金，仅于2009年1月20日向某酒店公司发函，要求对方承担迟延支付租金产生的违约金7559.38元。同时，某酒店公司按约于2007年、2008年为案涉房屋投保了800万元的综合财产险，2009年、2010年为案涉房屋仅投保了280万元的综合财产险，且未将2007年至2010年的4张保险单复印件交予邓某华等三人。

原告因多次催讨保险费未果，遂以某酒店公司多次迟延支付租金、未依约办理案涉房屋综合财产险及未按约转交投保凭据复印件，且在邓某华等三人自行投保后仍不承担保险费，合同约定的解除条件已经成就为由，提起诉讼，请求：解除合同；某酒店公司承担保险费、相应的违约金等。

法院判决

根据《合同法》第五条和第九十三条之规定，法院判决被告四川某酒店发展有

---

① 审理法院：四川省南充市中级人民法院，案号：（2014）南中法民终字第1411号。

限公司在本判决生效后五日内给付原告邓某华、文某英、李某平违约金共计71.6万元；被告四川安逸酒店发展有限公司给付原告邓某华、文某英、李某平保险费23948.27元（被告已将该款付至本院账户，三原告可在本判决生效后立即领取）。

专家点评

合同解除权的立法价值取向是相关主体之间的利益平衡，对利益平衡的追求需要对约定解除权进行必要的限制。当严格执行当事人约定可能导致当事人利益严重失衡时，法院可基于公平原则的考量而施加影响，以保证合同主体利益的基本均衡。邓某华等三人按约履行了交付租赁物的义务，某酒店公司虽存在迟延给付租金的情形，但邓某华等三人接受了租金，仅发函要求某酒店公司给付违约金。同时，某酒店公司未按约为案涉房屋足额投保并缴纳保险费的行为已构成违约，符合约定的解除条件，但该违约行为既未动摇合同的履行基础，也不影响邓某华等三人合同目的的实现，且某酒店公司的违约行为轻微，在可以以给付违约金的方式弥补邓某华等三人的损失时，应慎用合同解除权。在诉讼中，邓某华等三人仍继续收取租金，某酒店公司亦愿意给付邓某华等三人为租赁物投保而实际发生的保险费，表明双方仍愿继续履行合同。在某酒店公司投保不足期间，客观上未造成租赁房屋受损的后果。加之，合同约定的履行期才过半，某酒店公司将租赁房屋用于经营规模较大、期限较长、前期投入较多的酒店业，解除合同将导致不经济、不利益，基于民法公平原则以及利益均衡等因素，应当依法限制邓某华等三人行使合同解除权，合同不予解除。

第五百六十三条　有下列情形之一的，当事人可以解除合同：

（一）因不可抗力致使不能实现合同目的；

（二）在履行期限届满前，当事人一方明确表示或者以自己的行为表明不履行主要债务；

（三）当事人一方迟延履行主要债务，经催告后在合理期限内仍未履行；

（四）当事人一方迟延履行债务或者有其他违约行为致使不能实现合同目的；

（五）法律规定的其他情形。

以持续履行的债务为内容的不定期合同，当事人可以随时解除合同，但是应当在合理期限之前通知对方。

【条文释义】

本条是对合同法定解除的规定。

法定解除，是指合同在有效成立后尚未履行或未完全履行完毕前，由于法律规定的事由行使解除权，而使合同归于消灭的行为。

法定解除的条件是：

1. 因不可抗力致使不能实现合同目的，须符合不可抗力并导致不能实现合同目的两个条件。

2. 在履行期限届满之前，当事人一方明确表示或者以自己的行为表明不履行主要债务，即明示的预期违约和默示的预期违约。

3. 当事人一方迟延履行主要债务，经催告后在合理期限内仍未履行，表明债务人根本就没有履行合同的诚意，或者根本就不可能履行合同。

4. 当事人一方迟延履行债务或者有其他违约行为致使不能实现合同目的，即根本违约。

5. 法律规定的其他情形，如当事人在行使不安抗辩权而中止履行的情况下，如果对方在合理期限内未恢复履行能力并且未提供适当的担保，则中止履行的一方可以解除合同。另外，《消费者权益保护法》第24条规定的七天无理由退货，就是该法规定的法定的合同解除权。

以持续履行的债务为内容的不定期合同，如房屋租赁合同，当事人都可以在合理期限之前通知对方后，解除合同。

【案例评注】

某村民委员会与通辽某有限公司确认合同解除通知效力纠纷上诉案[①]

基本案情

原告通辽某有限公司（原哲里木盟治安粮食仓库）与被告某村民委员会1997年1月1日签订了一份《承包沙荒地合同》。被告将位于其村北荒地（四至为：西边长约1750米，起点自去旧庙东150米处至古力本吉阿力嘎坨子，北边长约600米，起点自古力本吉阿力嘎坨子向东至鲁大阿力嘎坨子，东边鲁大阿力嘎坨

① 审理法院：内蒙古自治区通辽市中级人民法院，案号：（2017）内05民终1441号。

子至宝某父亲坟南200米处，南边长约1700米，起点自宝某父亲坟南200米处至去北庙路东150米处）承包给了原告。约定承包期限为30年，自1997年1月1日起至2027年1月1日止。原告1997年至2015年的土地承包费已交清，2017年1月原告向被告缴纳2016年、2017年的土地承包费时被告拒绝收取，并以原告方已违反合同约定为由于2017年2月22日向原告送达了《解除合同通知书》。

法院判决

法院认为，关于涉案解除合同通知书是否生效的问题。虽然根据合同第二条，承包费必须在每年的一月一日前一次交清；如乙方逾期不交，甲方有权无代价及时收回沙荒地，另包他人（按乙方违约处理）。但根据被上诉人提供的、且上诉人认可的十七张收据可以看出，在合同实际履行过程中，承包费的缴纳日期并非只在每年的一月一日。因此可以看出，上诉人是容许被上诉人在其他时间缴纳承包费的。此外，承包费的缴纳同时需要双方的配合责任，如果一方当事人不配合则无法缴纳，且综合被上诉人提交的贾某某的证人证言可以认定，被上诉人2016年承包费未缴纳双方均存在过错责任。因此，仅以被上诉人未缴纳承包费为由解除合同不符合合同及法律的规定，本院不予支持。如果上诉人认为被上诉人在承包过程中存在其他违约行为，可以依照相关法律规定向被上诉人主张相关的违约责任。

专家点评

根据民法典合同编第563条的规定，因当事人迟延履行的，在经催告后合理期限内仍未履行或致使不能实现合同目的，可以解除合同。所以一般来说，未按合同约定履行的，经催告后仍未履行的并且达到不能实现合同目的的后果的，法院应当支持要求解除合同一方的诉求。但是本案既不满足迟延履行，也不满足不能实现合同目的两个条件。因为在本案中，即使合同规定承包费必须特定日期前交清，并且规定届时未交清的按违约处理。但根据原被告双方的过往习惯，在合同实际履行过程中，承包费的缴纳日期并非均在每年的一月一日，可以说双方默认在其他时间缴纳承包费。另外，承包费的缴纳也需要双方当事人的配合，而且承包费的延迟缴纳并不会导致合同目的不能实现。因而法院判定当事人无权解除合同于法有据。

第五百六十四条 法律规定或者当事人约定解除权行使期限，期限届满当事人不行使的，该权利消灭。

法律没有规定或者当事人没有约定解除权行使期限，自解除权人知道或者应当知道解除事由之日起一年内不行使，或者经对方催告后在合理期限内不行使的，该权利消灭。

【条文释义】

本条是对解除权行使期限的规定。

对某种约定解除权或者法定解除权，法律规定或者当事人约定了解除权行使期限的，期限届满当事人不行使的，该解除权消灭。

对某种约定解除权或者法定解除权，法律没有规定或者当事人没有约定解除权行使期限的，可用两种方法确定其行使期限：（1）以除斥期间确定，即除斥期间为一年，自解除权人知道或者应当知道解除事由之日起一年内不行使；（2）通过催告确定，即经对方催告后，在合理期限内解除权人不行使解除权的，该权利消灭。

不论是约定的解除权行使期限，还是法定的解除权行使期限，都是不变期间，不适用中止、中断和延长的规定。

【案例评注】

张某慧诉兴义市某房地产开发有限责任公司商品房预售合同纠纷案[①]

基本案情

2011年6月14日、2011年6月10日张某慧与某公司分别签订了合同编号为056、063号的《商品房买卖合同》及《合同补充协议》，主要约定，张某慧向某公司购买位于兴义市穿云洞公园C区一层×号、A－1－×号商铺，建筑面积分别为51.95平方米、27.12平方米，购房总价款分别为2691010元、1621776元，两间商铺总价款为4312786元，认筹优惠金额425000元，实收金额为3887786元。合同签订之日交付两间商铺首期房款共1957786元，余款1930000元办理银行按揭支付。两份《商品房买卖合同》除房屋面积、价款、位置等外的其他权利义务

① 审理法院：四川省南充市中级人民法院，案号：（2014）南中法民终字第1411号。

完全相同。合同仅约定在未按约定交房时，买受人有权退房，但未规定退房的方式和面积差异处理的方式。合同约定，建筑工程施工图设计文件的该商品房结构形式、户型、空间尺寸、朝向设计变更影响到买受人所购商品房质量或使用功能的，出卖人应当在设计审查单位批准变更之日起10日内，书面通知买受人。出卖人未在规定时限内通知买受人的，买受人有权退房。买受人应当在收到通知之日起15日内作出是否退房的书面答复。买受人逾期未予以书面答复的，视同接受变更。《合同补充协议》主要内容为交付的通知方式。

2013年7月、2014年4月张某慧等人因逾期交房与某公司产生纠纷，为此后者向前者支付违约金1259280元，双方对此金额无异议，本院予以确认。2014年3月29日某公司在黔西南日报刊登交房公告，2015年8月20日某公司向各业主发布交房告知书，2015年8月24日、2015年9月10日张某慧在《房屋交付验收表》中"同意收房"一处打钩并在业主签名处签名捺印进行确认。A－1－29号房屋，约定的建筑面积为27.12平方米，实测面积为35.76平方米，误差面积为8.64平方米，误差比例为31.86%；C－1－16号房屋，约定的建筑面积为51.95平方米，实测面积为54.75平方米，误差面积为2.8平方米，误差比例为5.39%。

法院判决

法院认为，根据《合同法》第九十五条以及相关司法解释的规定，解除权行使的合理期限为三个月。对方当事人没有催告的，解除权应当在解除权发生之日起一年内行使；逾期不行使的，解除权消灭的规定，解除权属于形成权，适用除斥期间，逾期不行使的，解除权消灭。关于因迟延交付房屋而解除合同的问题，涉案《商品房买卖合同》约定的交房时间为2012年5月31日，因某公司未在该约定的时间及时交房，张某慧等人于2013年7月、2014年4月向有关部门上访，此时张某慧已明知其按时接房的权利受到了侵害，但张某慧并未主张解除合同，而是与某公司达成协议，要求继续履行合同并由某公司支付其1259280元违约金。第一，合同约定的解除条件成就后，有解除权的一方当事人可以向对方发出解除合同通知，也可以要求对方继续履行合同，但只能择其一而行之。第二，对于逾期交房的解除权，因合同并未选择逾期交房应按照哪一种方式来执行，也未明确约定逾期多少日买受人有权利退房。张某慧最迟应在2014年7月前因逾期交房主张解除合同，逾期未主张，该权利已经消灭。关于面积误差比绝对值超过3%要求解除合同的问题，某公司交付的房屋存在面积误差比绝对值大于3%的事实，依据《最高人民法院关于审理商品房买卖合同纠纷案件适用法律若干问题的解释》第十四条的规定，张某慧享有合同的解除权，但解除权属于形成权，应适用除斥期间，截至本案起诉前，其均未行使合同解除权，已明显超过一年的除斥期间，该解除权已消灭。

关于因设计变更而解除合同的问题，合同第十七条约定：（一）……建筑工程施工图设计文件的该商品房结构形式、户型、空间尺寸、朝向设计变更影响到买受人所购商品房质量或使用功能的，出卖人应当在设计审查单位批准变更之日起10日内，书面通知买受人，出卖人未在规定时限内通知买受人的，买受人有权退房。买受人在2015年8月24日、2015年9月10日就已经接房，按照交易习惯及常识推定张某慧在接房时已明知设计变更，但亦未在一年的除斥期间内及时主张合同解除，现解除权已消灭，故对张某慧起诉主张解除合同的请求，本院不予支持。

专家点评

根据民法典合同编564条的规定，为了维护交易秩序的稳定，法律对解除权的期限进行了设定，要求有解除权的一方当事人在合理期限内行使权利，一般来说要求有解除权的一方当事人在一年内行使权利，双方当事人有约定的从约定，自解除权人知道或者应当知道有解除事由之日起计算时限。这是因为，若权利人长期不行使解除权，会影响当事人双方权利义务关系的稳定，进而影响交易安全，故对解除权的行使设置一定的时限限制。在本案中，关于因设计变更而解除合同的问题，双方当事人在合同中约定了10天的解除权期限。张某慧在接房后并未及时主张合同解除，因而法院对张某慧的解除诉求不予支持的决定于法有据。

第五百六十五条 当事人一方依法主张解除合同的，应当通知对方。合同自通知到达对方时解除；通知载明债务人在一定期限内不履行债务则合同自动解除，债务人在该期限内未履行债务的，合同自通知载明的期限届满时解除。对方对解除合同有异议的，任何一方当事人均可以请求人民法院或者仲裁机构确认解除行为的效力。

当事人一方未通知对方，直接以提起诉讼或者申请仲裁的方式依法主张解除合同，人民法院或者仲裁机构确认该主张的，合同自起诉状副本或者仲裁申请书副本送达对方时解除。

【条文释义】

本条是对解除权生效时间的规定。

解除权的性质是形成权，行使解除权的方式是通知。故确定解除权生效时间的基本规则是：

1. 解除权人在行使解除权时，只要将解除合同的意思表示通知对方，即产生解除的效力，解除权生效的时间采到达主义，即合同自通知到达对方时解除。

2. 通知载明债务人在一定期限内不履行债务则合同自动解除，债务人在该期限内未履行债务的，合同自通知载明的期限届满时解除。对方如果对行使解除权解除合同有异议，任何一方当事人都可以向法院起诉或者仲裁机构申请，请求确认解除合同的效力。人民法院或者仲裁机构确认解除权成立的，按照上述解除权生效时间的规定裁判。

如果当事人一方未通知对方，而是直接向法院或者仲裁机构起诉或者申请，以诉讼或者仲裁方式主张解除合同的，人民法院或者仲裁机构支持该方当事人行使解除权主张的，合同自起诉状副本或者仲裁申请书副本送达对方的时间，为合同的解除时间。

【案例评注】

刘某炜与四川某房地产集团有限责任公司
房屋买卖合同纠纷上诉案①

基本案情

2014年2月15日，刘某炜与四川某房地产开发有限责任公司（以下简称某公司）签订了两份商品房买卖合同，约定：某公司未按约定的期限和条件交付商品房的，逾期超过15日，刘某炜有权退房；某公司应当自退房通知送达之日起30日内退还全部已付款，并按全部已付款的3%向刘某炜支付违约金等内容。签订合同的同时，刘某炜向某公司出具授权委托书，约定将其购买的两套商品房委托某公司在一段时间内统一经营管理（含装修）。2014年12月31日，某房产公

① 审理法院：四川省德阳市中级人民法院，案号：（2016）川06民终555号。

司未向刘某炜交房。2015 年 4 月 6 日，刘某炜对商铺建筑质量及初装情况进行确认，接收商铺，并签收了收房确认单、商铺验收记录。“收房确认单”载明：本人已提交证件办理所需资料和税费，并已办理完毕收房手续，正式接收该商铺，特此声明。“商铺验收记录”载明：已查验本人所购商铺，对商铺的建筑质量和初装情况表示认可，本人正式接收该商铺，特此声明。同日，刘某炜出具委托书一份，委托某房产公司为其办理所购商铺的产权证明，并递交了办理房屋产权证明相关资料。同时，刘某炜向某房产公司交纳办理所购房屋产权证所需费用合计 17554 元。2015 年 5 月 12 日，“什邡青年财富中心”竣工验收合格，2015 年 5 月 15 日，“什邡青年财富中心”项目进行竣工验收备案。现刘某炜认为某房产公司逾期交房，要求解除合同，诉至法院，主张权利。

法院判决

法院认为，本案中，刘某炜行使解除权主要是基于《商品房买卖合同》第十三条关于逾期交付房屋的约定。根据该约定，房屋应当于 2014 年 12 月 31 日前交付，逾期超过 15 日的，买受人有权退房，某房产公司应当自退房通知送达之日起 30 日内退还全部已付款，并按全部已付款的 3% 向买受人支付违约金。按此约定，只要被上诉人超过 2015 年 1 月 15 日未交付房屋，刘某炜从 2015 年 1 月 16 日起即开始享有解除权，但上诉人并未行使解除权。且在被上诉人已实际逾期数月的情况下，刘某炜又于 2015 年 4 月 16 日与被上诉人办理完毕收房手续，并向某房产公司出具委托书、提交身份证复印件、交纳办证费用，委托被上诉人代为办理所购商铺的产权证。刘某炜明知其享有约定解除权，又确认收房、委托办理产权证的行为，表明其希望继续履行合同以实现合同目的，应当认定为上诉人以实际行为放弃解除权。刘某炜提交的律师函及邮寄回执，无法证明其主张合同已经解除的事实，故本院不予采信。刘某炜放弃解除权后，又以相同理由主张解除合同，缺乏事实及法律依据，本院对其该主张不予支持。

专家点评

根据民法典合同编第 565 条的规定，解除权的生效时间是解除权人发出的解除通知到达对方，以诉讼或者仲裁的方式申请解除并得到支持的自起诉状副本或仲裁申请书的日期。可以发现我国对解除权的生效时间主要采取的是通知主义模式。但在实践中，对解除权是否生效首先须判断当事人是否享有解除权。就约定解除权而言，其自约定的解除条件成就时产生，在解除权行使期限届满、或虽未届满但权利人放弃的情形下归于消灭。放弃解除权，是指当事人明知其已享有解除权可终止合同权利义务，但其并没有行使该权利，而是以明示或者实际行为表明其愿意继续履行合同的意图。譬如在本案中，尽管当事人刘某炜提交了律师函和邮寄回执用以证明其发出了解除合同的通知，但是从客观事实上来看，其仍然在履行与某房产公司的合同，因而尽管该合同达到了解除条件，但应当认定刘某炜放弃了其能行使的解除权。

第五百六十六条　合同解除后，尚未履行的，终止履行；已经履行的，根据履行情况和合同性质，当事人可以请求恢复原状或者采取其他补救措施，并有权请求赔偿损失。

合同因违约解除的，解除权人可以请求违约方承担违约责任，但是当事人另有约定的除外。

主合同解除后，担保人对债务人应当承担的民事责任仍应当承担担保责任，但是担保合同另有约定的除外。

【条文释义】

本条是对合同解除效力的规定。

解除效力，是指合同之债解除后所产生的法律后果。

合同解除的直接法律后果，是使合同关系消灭，合同不再履行。解除之前的债权债务关系应当如何处理，涉及解除的溯及力问题。如果具有溯及力，则对解除之前已经履行的部分，就要发生恢复原状的法律后果；如果解除不具有溯及力，则解除之前所为的履行仍然有效存在，当事人无须恢复原状。

本条规定的规则是：(1) 尚未履行的，履行终止，不再继续履行；(2) 已经履行的，一是根据履行情况和合同性质，二是根据当事人是否请求的态度决定，当事人既可以请求恢复原状，也可以不请求，完全取决于当事人的意志。请求恢复原状的，这种合同之债解除就具有溯及力，反之，就不具有溯及力。当事人也可以采取其他补救措施，并有权要求赔偿损失。根据合同的履行情况和合同性质，能够恢复原状，当事人又予以请求的，则可以恢复原状。如果根据履行情况和合同性质是不可能恢复原状的，即使当事人请求，也不可能恢复原状。例如，租赁、借贷、委托、中介、运输等合同，都是不能恢复原状的。至于损害赔偿，合同的解除不影响当事人要求损害赔偿的权利。只要合同不履行已经造成了债权人的财产利益损失，违约方要进行赔偿，就应当予以赔偿。如果解除合同的原因是不可抗力，则不发生损害赔偿责任。

合同是因违约而解除的，未违约的一方当事人是解除权人，可以请求违约方承担违约责任，如果当事人另有约定，则按照当事人的约定办理。

主合同解除后，尽管主合同的债权债务关系消灭，但是其担保人对债权人的担保权利并不一并消灭，担保人（包括第三人担保和债务人自己担保）对债务人应当承担的民事责任并不消灭，仍应承担担保责任，但是担保合同另有约定的除外。

【案例评注】

王某华与海南某房地产开发有限公司商品房预售合同纠纷上诉案[①]

基本案情

2010年6月13日，原、被告双方签订海南清水湾认购书，约定：1. 原告王永华认购瀚海银滩项目A09区D幢×号房产，认购总房价为人民币26499644元；2. 定金100万元须于签署本认购书时或之前付清，第一期房款14900644元须于2010年6月19日前付清，第二期房款10599000元以银行按揭贷款方式支付；3. 如因认购方原因逾期向出售方支付以上约定购房款，逾期超过90日的，出售方有权解除本认购书及商品房买卖合同，另行处置该物业，认购方须按总房价的10%向出售方支付违约金。同日，原、被告双方签订了商品房买卖合同，合同约定：买受人逾期付款超过90日的，出卖人有权解除合同。出卖人解除合同的，买受人按累计应付款的10%向出卖人支付违约金。商品房买卖合同附件四合同补充协议约定：买受人获取的银行按揭贷款的年限、金额以银行最终批复为准；如因买受人贷款申请全部不获银行批准的，买受人须在出卖人通知后七日内前来出卖人售楼部办妥相关手续，同时付清原申请贷款金额之购房款。如买受人逾期90日仍未向出卖人缴清以上约定款项的，出卖人有权解除本合同，买受人须向出卖人支付总房款10%的违约金。

合同签订后，由于房地产政策改变，余款10599000元无法办理按揭贷款。被告于2010年7月8日向原告发出关于补交房价款的通知书，要求原告前来售楼部付清应付未付之购房款，如逾期90日仍未缴清，被告有权解除合同，原告应支付总房款10%的违约金。

---

① 审理法院：海南省高级人民法院，案号：（2012）琼民一终字第49号。

2010年10月22日，原告申请将余款的付款方式变更为分期付款，并约定了分期次数、时限和数额。因原告没有在约定期限内付清第三期房款8599000元，被告再次向原告发出了催款通知书。2011年7月1日，原告再次向被告申请变更付款期限，逾期付款5599000元滞纳金自2011年7月1日起收取，每天按万分之三计算。双方于2011年7月5日签订商品房买卖合同变更协议，约定原告应于2011年7月5日之前支付房款300万元、2011年9月30日前支付房款5599000元；原告应自2011年7月1日起至实际付清购房全款之日止，每日按尚未付清购房款数额的万分之三向被告支付违约金。同日，原告向被告支付了300万元，但余款5599000元原告一直未支付。被告在2011年10月12日、11月14日、12月28日催收无果后，于2012年2月23日向原告发出解除合同通知书。原告同意解除合同，并愿意按未付款5599000元的10%承担违约金即559900元，被告则要求原告按总房款26499644元的10%支付违约金即2649964.4元，双方协商未果。

法院判决

法院认为，关于合同解除后违约金责任如何承担问题及对合同关于违约金约定的理解问题。结合涉诉合同的约定可知，无论付款方式是按揭贷款还是分期付款，对因买房人逾期付款超90日导致合同解除，买房人应承担总房款10%的违约责任是具体、明确的。另外，合同解除制度设置的目的在于因一方当事人的根本违约致使合同履行利益不能实现时，对方当事人能从中获得一定的补偿。因合同解除意味着交易失败，被告合同履行的利益不能实现。因此，无论原告已支付的款项是多少，其应承担的因根本违约导致合同解除后果的违约责任是一样的，而不是原告支付的房款越多，被告获得的救济就应该越少。而且，商品房买卖合同第七条约定的违约责任是为了弥补因买受人违约给出卖人带来的损失，违约性质越严重则违约责任越严重，即合同解除的违约责任必然比继续履行情形下的违约责任重，因此以已付款项的多少来衡量解除合同的违约责任，违背当事人订立合同的本意，也不利于维护合同的稳定性。综上，被告主张以总房款26499644元的10%即2649964.4元计收违约金有事实根据和合同、法律依据，本院予以采纳。

专家点评

根据民法典合同编第566条的规定，因违约解除合同的，当事人可以请求违约方承担违约责任。违约责任是合同义务的转化形态，在一方当事人不履行合同义务时，以违约责任作为其合同义务的替代品。违约导致合同解除的责任应比继续履行情形下的违约责任更严厉。在本案中，合同条款明确约定，对因买房人逾期付款超 90 日导致合同解除的，买房人应承担总房款 10% 的违约责任，既然双方当事人在签订合同时已经明确规定有违约金条款就说明双方当事人对违约责任有所共识。在此前提下，若将违约金基数定为逾期应付款，既不利于敦促义务人积极地履行义务，也不符合合同拟定者的原意。

第五百六十七条 合同的权利义务关系终止，不影响合同中结算和清理条款的效力。

【条文释义】

本条是对合同消灭后其结算和清理条款效力的规定。

合同消灭后，不影响合同中的结算和清理条款的效力。这是因为，合同的债权债务关系消灭，如果将在合同中约定的合同之债的结算和清理条款也一并消灭，将会使债务关系的结算和清理失去法律依据，势必影响当事人之间交易关系的清结。因此，在债的关系消灭之后，并不影响债的关系中结算和清理条款的效力，使债权人和债务人之间的结算和清理能够有据可依。

结算是经济活动中的货币给付行为，如银行汇票的结算、商业汇票的结算、银行本票的结算、汇兑、委托收款等。当事人在合同中约定了结算条款的，合同消灭后，应当按照约定的方式结算。

清理是指对债权债务进行清点、估价和处理。如果合同约定了对债权债务清理的条款，合同消灭后，应当按照合同约定进行清理。

【案例评注】

王某某诉宏洲公司特许经营合同纠纷案[①]

基本案情

2014 年 4 月 9 日，原告王某某加盟被告公司设立的雄洲早餐车，交付抵押金人民币 15000 元。2015 年 4 月 19 日，原告提出解除双方加盟关系，要求被告退

① 审理法院：辽宁省沈阳市苏家屯区人民法院，案号：（2015）苏民三初字第 1155 号。

还抵押金人民币 15000 元，被告收回经营网点后，未将抵押金退还原告。双方多次协商未果，故原告诉至法院，要求被告退还抵押金人民币 15000 元。

法院判决

法院认为，原、被告虽未签订书面的特许经营合同，但是已经形成了事实的特许经营（加盟）合作关系，该行为未违反法律、行政法规的强制性规定，应为合法有效，双方应按照约定履行各自义务。当事人主张解除合同，应当通知对方。合同自通知到达对方时解除。合同的权利义务终止时，不影响结算和清理条款的效力。被告拒绝退还原告抵押金的行为是造成纠纷的主要原因，应负全部责任，应当退还原告王某某抵押金人民币 15000 元。

专家点评

合同是一种面向未来的法律关系，能否最终得到履行往往受到诸多情势的影响，当事人在订立合同之时都要面对合同不能得到履行的风险。为此，当事人可能会在合同中事先约定合同履行出现障碍时的结算和清理条款，从而固定交易风险，避免争议的发生。《民法典》第 567 条规定，合同关系终止后，结算和清理条款的效力依然存续，有助于合同争议的解决，也符合双方的预期。本案中，虽然争议特许经营合同已经解除，但是退还抵押金的条款属于结算和清理条款，其效力不受影响，被告仍应依约退还原告交付的抵押金。

第五百六十八条 当事人互负债务，该债务的标的物种类、品质相同的，任何一方可以将自己的债务与对方的到期债务抵销；但是，根据债务性质、按照当事人约定或者依照法律规定不得抵销的除外。

当事人主张抵销的，应当通知对方。通知自到达对方时生效。抵销不得附条件或者附期限。

【条文释义】

本条是对法定抵销的规定。

抵销，是指当事人互负给付债务，各以其债权充当债务的清偿，而使其债务与对方的债务在对等额内相互消灭的债的消灭制度。抵销的债权即债务人的债权称为自动债权、抵销债权或反对债权；被抵销的债权，即债权人的债权，叫作被动债权、受动债权或主债权。抵销分为法定抵销与合意抵销两种。

法定抵销，是指由法律规定两债权得以抵销的条件，当条件具备时，依当事人一方的意思表示即可发生抵销效力的抵销。这种通过单方意思表示即可产生抵销效力的权利，是形成权。行使抵销权，就是行使形成权，只要具备了法定的抵销条件，当事人一经提出抵销的请求，抵销即发生法律效力。

法定抵销须具备的要件是：（1）双方当事人必须互负债权、债务；（2）双方当事人所负债务的给付须是同一种类；（3）主张抵销的债务必须均届清偿期；（4）双方所负债务必须都属于可抵销的债务。具备这些条件，双方当事人均取得此项权利，既可以即时行使，也可以放弃。

抵销为处分债权的单方法律行为，应当适用关于法律行为和意思表示的法律规定。当事人主张抵销的，应当通知对方。通知自到达对方时生效。抵销不得附条件，也不得附期限，原因为抵销附条件或者附期限，会使抵销的效力变得不确定，既有违抵销的本意，也有害于他人的利益。

法定抵销的效力是：（1）双方的债权债务于抵销数额内消灭；（2）抵销的意思表示溯及于得为抵销之时，即相互间的债权溯及可以为抵销时按照抵销数额而消灭。

【案例评注】

姜某与某甲公司等民间借贷纠纷案[①]

基本案情

2015年4月2日，被告某甲公司与原告姜某签订借款合同1份，约定被告向原告借款200000元，双方约定借款期限自2015年4月2日至2015年10月2日，月利率1%。

2015年6月9日，被告某甲公司与原告姜某签订借款合同1份，约定被告向原告借款40000元，双方约定借款期限自2015年6月9日至2015年9月9日，月利率1%。

2015年6月28日，被告某甲公司与原告姜某签订借款合同1份，约定被告向原告借款391000元，双方约定借款期限自2015年6月28日至2015年9月28

---

① 审理法院：山东省梁山县人民法院，案号：（2016）鲁0832民初3146号。

日。上述三笔借款共计631000元，原告姜某向被告借款200000元，相抵销后，被告欠原告借款431000元。上述款项到期后经原告催要未果，因而原告向本院起诉。

法院判决

法院认为，当事人互负债务，该债务的标的物种类、品质相同的，任何一方均可以将自己的债务与对方的债务抵销。债务应当清偿。原告姜某将自己欠被告某甲公司的债务抵销后，被告某甲公司欠原告姜某借款431000元，事实清楚，证据充分，本院予以认定。借贷双方约定借款年利率未超过年利率24%，出借人请求借款人按照约定支付利息的，人民法院应予支持。原、被告约定的借款月利率1%，未超出了法律规定的范围，本院予以支持。

专家点评

根据民法典合同编第568条的规定，当事人互负债务，该债务的标的物种类、品质相同的，任何一方可以将自己的债务与对方的到期债务抵销。该条是对法定抵销的规定，即当条件具备时，依当事人一方的意思表示即可发生抵销效力的抵销。法定抵销权是通过单方意思表示即可产生抵销效力的权利，属于形成权，行使抵销的权利，具有形成权的性质。只要具备了法定的抵销条件，当事人一经提出抵销的请求，抵销即发生法律效力。在本案中，原、被告互存借贷关系，属于标的相同，双方互相享有法定抵销权，因而当原告提出将自己的债务与对方的债务相互抵销的请求，并且将该请求通知对方时，抵销有效。

第五百六十九条　当事人互负债务，标的物种类、品质不相同的，经协商一致，也可以抵销。

【条文释义】

本条是对合意抵销的规定。

合意抵销，也叫约定抵销、意定抵销，是指当事人双方基于协议而实行的抵销。

合意抵销重视的是债权人之间的意思自由，因而可以不受法律所规定的构成要件的限制，当事人只要达成抵销合意，即可发生抵销的效力。之所以这样规定，是因为债权属于债权人的私权，债权人有处分的权利，只要其处分行为不违背法律、法规与公序良俗，法律就无权干涉。

当事人之间这种抵销的合意是一种合同，因而其成立也应当依民法关于意思表示的一般规定和民法典合同编关于合同订立的规则进行。

合意抵销的效力及与法定抵销的区别是：(1) 抵销的根据不同，一个是法律规定，另一个是当事人约定。(2) 债务的性质要求不同，法定抵销要求当事人互负债务的种类、品种相同；合意抵销则允许当事人互负债务的种类、品种不同。(3) 债务的履行期限要求不同，法定抵销要求当事人的债务均已届清偿期；合意抵销则不受是否已届清偿期的要求。(4) 抵销的程序不同，法定抵销以通知的方式为之，抵销自通知到达对方时生效；合意抵销采用合同的方式为之，双方达成抵销协议时发生抵销的效力。

【案例评注】

上诉人北京中某科技发展有限公司与被上诉人信某投资有限公司、一审被告北某有限责任公司、一审被告正某投资有限公司房屋买卖合同纠纷案①

基本案情

2009年6月30日，北京中某科技发展有限公司（以下简称中某公司）为甲方，北某有限责任公司（以下简称北某公司）为乙方，信某投资有限公司（以下简称信某投资公司）为丙方，正某投资有限公司（以下简称正某投资公司）为丁方，签订《资产转让协议》约定：转让标的是位于北京市朝阳区建国路108号的第112幢一层A、A1号、二层房屋产权及相应土地使用权。协议内容包括，中某公司愿意将转让标的转让给信某投资公司，信某投资公司同意受让该转让标的。转让价款为中某公司因转让归其所有的转让标的（现登记于北某公司名下）自信某投资公司获得的款项。北某公司作为转让标的的登记公示的所有权人以及房产出租人，知晓、同意中某公司、信某投资公司间的转让行为，并保证配合办理所有相关的变更登记手续以及本协议约定的租金结算事宜。

中某公司、北某公司确认，信某投资公司应将上述转让价款按协议约定期限支付至中某公司指定的账户。各方同意并确认，信某投资公司采用分两期付款方

① 审理法院：最高人民法院，案号：(2014) 民一终字第58号

式支付转让价款，第一期支付1.5亿元，第二期支付4000万元，具体的支付期限由中某公司、北某公司、信某投资公司另行商定。中某公司、北某公司保证于2009年10月31日前办理完毕全部变更登记手续，将转让标的过户至信某投资公司名下，并将变更登记之后的权属证书原件、租赁协议原件等与转让标的有关的资料全部移交给信某投资公司。若中某公司、北某公司未能在约定期限内将转让标的变更登记至信某投资公司名下并移交相关资料，则中某公司、北某公司自收到信某投资公司款项之日起至款项全部还清之日止，按日万分之五的标准向信某投资公司支付违约金。若中某公司、北某公司未能在2009年10月31日之前将转让标的变更登记至信某投资公司名下并移交相关资料，信某投资公司有权解除该协议。中某公司、北某公司特此明确，信某投资公司一旦解除本协议，则北某公司放弃鉴于6所述《协议》第一条约定的对信某投资公司全部债权，北某公司用此种方式代替中某公司偿还信某投资公司已付转让价款及违约金，北某公司代替中某公司偿还的最高金额以协议第一条约定的最高债权额1.8亿元为限。

2010年1月8日，信某投资公司以特快专递的方式，分别向中某公司、北某公司、正某投资公司发出解除合同通知，称：根据《资产转让协议》第5.2条的约定，若中某公司及北某公司未能在2009年10月31日前将转让标的变更登记至信某投资公司名下并移交相关资料，信某投资公司有权解除协议。因违约纠纷，信某投资公司诉至法院，请求判令中某公司、北某公司偿还已付房屋转让价款1.5亿元并支付违约金。

法院判决

就北某公司对信某投资公司享有的债权能否依据《资产转让协议》5.2条约定抵销信某投资公司支付的1.5亿元购房款及违约金的问题，法院认为本案中某公司、北某公司、信某投资公司和正某投资公司签订的《资产转让协议》，系各方当事人的真实意思表示，不违反法律、行政法规的强制性规定，合法有效。中某公司上诉主张依据《资产转让协议》5.2条约定及信某投资公司发出落款时间为2009年11月4日《解除合同通知》发生信某投资公司债权与北某公司依据《协议》第一条约定对信某投资公司享有债权约定抵销后果，该主张符合协议的文义解释和合同履行情况。在本案中，信某投资公司发出的落款时间为2009年11月4日的《解除合同通知》明确要求由北某公司以放弃根据《协议》对其享有的最高额1.8亿元为限持债方式代替中某公司偿还转让价款及违约金。该抵销属于约定抵销，约定抵销不以互负债务均已到期为必要。从《解除合同通知》后果而言，该《通知》到达时，即发生约定抵销的后果。

综上，最高人民法院认为，中某公司上诉主张根据《资产转让协议》约定及信某投资公司发出的落款时间为2009年11月4日的《解除合同通知》，信某投资公司的转让价款及违约金债权与北某公司基于《协议》第一条约定对信某投资公司债权发生抵销，该主张事实依据和法律依据充分，予以支持。

专家点评

合意抵销不以当事人互负债务标的物种类、品质相同为要件。另外，约定抵销不以双方互负债务均已到期为必要，只要双方协商一致，愿意在履行期到来之前将互负债务抵销，应尊重当事人的意思自治。可以说，合同解除权人主动发出解除合同通知并明示其债权与合同约定第三人未届清偿期或未至给付条件债权抵销，应视为其对期限利益或抗辩放弃，应尊重其意思自治并维护诚实信用。在本案中，当合同解除条件达成时，信某投资公司可有两种选择：一是要求作为房屋出卖方的中某公司返还购房款及承担违约金，二是放弃期限利益、按照《资产转让协议》5.2条之约定，由北某公司代替中某公司偿还以最高债权额1.8亿元为限的已付转让价款及违约金。而一旦信某投资公司选择后者，承载其意思表示的《解除合同通知》到达对方，则发生债权抵销的后果。

第五百七十条 有下列情形之一，难以履行债务的，债务人可以将标的物提存：

（一）债权人无正当理由拒绝受领；

（二）债权人下落不明；

（三）债权人死亡未确定继承人、遗产管理人，或者丧失民事行为能力未确定监护人；

（四）法律规定的其他情形。

标的物不适于提存或者提存费用过高的，债务人依法可以拍卖或者变卖标的物，提存所得的价款。

【条文释义】

本条是对提存及条件的规定。

提存，是指债务人于债务已届履行期时，将无法给付的标的物提交给提存部门，以消灭债务的债的消灭方式。提存的意义是使债务人将无法交付给债权人的标的物交付给提存部门，消灭债权债务关系，从而免除债务人为债务履行的困扰，为保护债务人的利益提供了一项行之有效的措施。

债务人提存的条件是：(1) 债权人无正当理由拒绝受领，债权人存在正常的抗辩事由而拒绝受领的，不得提存。(2) 债权人下落不明使债务人无法履行。(3) 债权人死亡未确定继承人，或者丧失民事行为能力未确定监护人，债务人失去履行对象。(4) 法律规定的其他情形，如债权人分立、合并或者变更住所没有通知债务人，致使履行债务发生困难的，债务人可以将标的物提存。

提存作为债的消灭原因，提存的标的物应与合同约定给付的标的物相符合，否则不发生清偿的效力。给付的标的物是债务人的行为、不行为或单纯的劳务，不适用提存。其他不适宜提存或者提存费用过高的，如容积过大之物，易燃易爆的危险物等，应由债务人依法拍卖或变卖，将所得的价金进行提存。

【案例评注】

徐某与蔺某梅房屋买卖合同纠纷案[①]

基本案情

蔺某梅与徐某、李某德（系徐某之子）签订一份《房产转让合同书》，该协议约定：蔺某梅将其私有的位于乌鲁木齐市经济技术开发区一套住房转让给徐某，房款分三次支付。合同签订后，蔺某梅将该房产交付徐某使用，徐某先后将合同中约定的定金及前两笔房款共计46万元交给蔺某梅，剩余29万元房款未付。后来，蔺某梅的丈夫李某文向法院起诉要求确认该《房产转让合同书》协议无效，徐某反诉要求继续履行该房屋买卖协议。乌鲁木齐市中级人民法院作出(2012)乌中民四终字第566号民事判决，判决蔺某梅、李某文继续履行与徐某于2010年10月18日签订的《房屋转让合同》，并办理涉案房屋的房产过户手续。

2013年3月11日14时10分至14时30分，徐某与乌鲁木齐市公证处公证员张向东、工作人员虞某前往蔺某梅住所送达房款，因徐某要求蔺某梅出具收条并注明双方再无任何纠纷，蔺某梅认为还应支付相关房款利息，故双方无法达成一致。当日，徐某将房款29万元交至乌鲁木齐市公证处办理提存，该处审核后认为双方合同中未约定付清房款再办理过户手续，不符合公证提存的条件未予办理。

---

① 审理法院：新疆维吾尔自治区乌鲁木齐市中级人民法院，案号：(2014) 乌中民四终字第1186号。

后蔺某梅多次前往公证处索要该笔款项，因利息问题与徐某无法达成一致，乌鲁木齐市公证处没有将该笔款项支付给蔺某梅。蔺某梅追讨余款未果，于是向法院提起诉讼。

法院判决

法院认为，依据（2013）头执字第18－1号执行裁定书，徐某应当自2013年1月17日至2013年2月17日前往相关部门办理过户手续，而徐某直至2014年4月25日才办理完过户手续。在此期间徐某将29万元房款交至乌鲁木齐市公证处，由于此款不具备提存条件，故公证处未办理公证提存手续，导致蔺某梅在一年内多次找公证处要求给付房款29万元未果。由于蔺某梅和徐某在利息问题上无法达成一致，之后公证处将房款及利息返还徐某。导致蔺某梅无法取得上述房款，直至蔺某梅诉至法院，徐某也未将29万元房款支付给蔺某梅。因此，徐某理应承担逾期付款的利息。依照《民事诉讼法》第一百七十条第一款第三项之规定，判决徐某支付原告蔺某梅房屋转让款290000元，以及支付蔺某梅延期支付房屋转让款利息25447.50元。

专家点评

根据民法典合同编第570条的规定，存在债权人无正当理由拒绝受领、债权人下落不明的难以履行债务的、债权人死亡未确定继承人、遗产管理人或者丧失民事行为能力未确定监护人等情况的，债务人可以将标的物提存。提存制度的目的与意义主要是债务人将无法交付给债权人的标的物交付给提存机关，消灭债权债务关系，从而免除债务人为债务履行的困扰，但是这一制度的行使是有前提条件的。在本案中，蔺某梅与徐某并未就延迟支付房款的利息达成一致，一旦公证机关进行提存，则可能伤及债权人的利益。并由于此款不具备提存条件，故公证处未办理公证提存手续并将款项退还给徐某的行为并无不妥，徐某并未履行合同约定义务，因而除支付房屋转让款外，还应当支付迟延履行产生的利息。

第五百七十一条 债务人将标的物或者将标的物依法拍卖、变卖所得价款交付提存部门时，提存成立。

提存成立的，视为债务人在其提存范围内已经交付标的物。

【条文释义】

本条是对提存成立及效果的规定。

提存成立的标志，是债务人将标的物或者将标的物依法拍卖、变卖所得价款交付提存部门。在将标的物或者标的物拍卖、变卖的价款交付提存部门时，提存成立。

提存成立的，发生提存的法律效果，即视为债务人在其提存范围内已经交付标的物。标的物的所有权在提存成立时发生物权变动，由债务人享有转变为由债权人享有。

【案例评注】

布尔津县某矿业有限责任公司诉新疆某新材料有限公司买卖合同纠纷案[①]

基本案情

2014 年 4 月 21 日，原、被告签订《石英砂产品购销合同》一份，约定由原告为被告供应石英砂。合同履行时限为壹年，自合同签订生效之日开始计算。运输方式及到达站港费用负担为汽车运输、运输费用由需方承担，供方负责装车。验收标准、方法为石英砂到厂后，由新疆某新材料有限公司现场验收，如果产品存在质量瑕疵，不能满足本合同第二条的质量要求，新疆某新材料公司应当责令供方二日内拉走该批石英砂，同时因上述质量问题造成的需方窝工、停工的损失由供方承担赔偿责任。结算方式及期限为完成双方约定的合同 6000 吨供应数量后进行结算。自合同签订之日，双方不得违约，如有一方违约，违约方向守约方支付该标的的 30% 的违约金。合同签订后，自 2014 年 5 月原告向被告共拉运石英砂 7706. 95 吨，单价为 128 元/吨（不含税），合计 986489. 6 元。现被告欠原告货款 461489. 6 元，原告代付税金 47948. 72 元，二项合计 509438. 32 元。且至今仍有 4500 吨石英砂未为被告拉走，原告遂将被告诉至法庭。

---

① 审理法院：新疆生产建设兵团第（农）七师中级人民法院，案号：（2017）兵 0502 民初 76 号。

法院判决

法院认为，原、被告签订的《石英砂产品购销合同》是双方的真实意思表示，合法有效。原告按约向被告拉运石英砂 7706.95 吨，被告也应按约全面履行付款义务，其部分履行付款义务的行为违反法律规定，理应承担相应的违约责任。故原告要求其支付货款 461489.6 元及税金 47948.72 元的诉讼请求有理，本院予以支持。对原告要求被告限期将已生产的4500 吨石英砂拉运完毕，并支付相应货款 576000 元的诉讼请求。第一，对原告生产的 4500 吨石英砂是否为 2014 年 6 月为被告所生产，因原告未提供相应的证据证明该批石英砂是在 2014 年 6 月生产，也未提供证据证明该批石英砂系专门为原告所生产，同时，原告也没有证据证实其在生产完毕后已通知被告来提货或其已经送货，故对原告 4500 吨石英砂为 2014 年 6 月为被告所生产的陈述不予采信；第二，即便 4500 吨石英砂系 2014 年由原告为被告生产，因原、被告双方并未明确运输方式，故原告有随时向被告履行送货的义务，但其并未履行该义务。此外，《合同法》规定了提存制度，如果原告履行了送货义务，而被告无正当理由拒绝受领的，原告可以将标的物依法提存。即便 4500 吨石英砂系 2014 年由原告为被告生产，原告对于未交付该批石英砂以及相对应的价款 576000 元，应当按照“到货验收”的约定全面履行自己的义务。原告应当先履行交付货物义务，经被告验收后由被告履行支付相应价款的义务，先履行一方未履行的，后履行一方有权拒绝其履行要求。原告既未履行送货义务，由被告进行验收，也未将标的物依法进行提存，故被告有权拒绝支付相对应的价款。故对原告要求被告限期将已生产的 4500 吨石英砂拉运完毕，并支付相应货款 576000 元的诉讼请求不予支持。

专家点评

根据民法典合同编第 571 条的规定，有债权人无正当理由拒绝受领的、债权人下落不明的、债权人死亡未确定继承人或者丧失民事行为能力未确定监护人、法律规定的其他情形的、难以履行债务的，债务人可以将标的物提存。同时，当债务人将标的物或者将标的物依法拍卖、变卖所得价款交付提存部门时，提存成立。提存成立的，视为债务人在其提存范围内已经交付标的物。根据上述规定，如果债务人履行了送货义务，而债权人无正当理由拒绝受领的，债务人可以将标的物依法提存。即使债权人拒绝履行受领，债务人仍然可以通过提存制度结束与债权人的债权债务关系。在本案中，即使被告未履行验证义务，也不能免除原告的送货义务，因为检验义务必须在收到货以后的一定时间内履行，否则被告即丧失了抗辩的权利，并且原告可以通过提存的方式完成履行交货义务。

第五百七十二条　标的物提存后，债务人应当及时通知债权人或者债权人的继承人、遗产管理人、监护人、财产代管人。

【条文释义】

本条是对债务人提存后通知义务的规定。

债务人将标的物或者变价款提存后，负有通知义务，应当及时通知债权人受领提存物。也可以通知债权人的继承人、遗产管理人、监护人、财产代管人。在提存时，债务人应附具提存通知书。在提存后，应将提存通知书送达债权人或债权人的继承人、遗产管理人、监护人、财产代管人。

【案例评注】

胡某军诉连云港市某区房屋征收局等公证损害责任纠纷案[①]

基本案情

2013年7月8日，连云港市某区人民政府作出连区征补字［2013］第1号《房屋征收补偿决定书》，决定对被征收人胡某军的房屋实施征收，并对其进行经济补偿共131万余元，全部提存于某公证处。后，原告至公证处申领补偿款，领取到转账支票。另查明，2013年7月28日，公证处作出《领取提存物通知书》，载明原告的补偿款提存于公证处，原告应持相关材料到公证处领取。该通知书作出后，公证处称其向征收局进行了送达，征收局称因原告对涉案《房屋征收补偿决定书》提起了行政复议和行政诉讼，因此《房屋征收补偿决定书》在判决生效之前处于效力待定状态，生效之前原告不能领取补偿款。且公证处和征收局从未收到过原告的申领请求，在法院作出生效判决后，原告于2016年2月到公证处申领，征收局当天就提供了《领取提存物通知书》。原告称其从来没有收到过《领取提存物通知书》，也没看过原件，公证处只给了一份复印件。

---

① 审理法院：江苏省连云港市中级人民法院，案号：（2018）苏07民终242号。

原告将公证处与征收局诉至法院，要求其二者承担返还补偿款以及赔偿提存期间所产生的利息。

法院判决

法院认为，关于《领取提存物通知书》的送达问题，被告征收局在2013年7月8日作出的《房屋征收补偿决定书》中就已明确告知原告补偿款已全部提存至公证处，未向原告送达通知书是因为原告选择对《房屋征收补偿决定书》提起复议及行政诉讼。在生效判决未作出前，《房屋征收补偿决定书》的效力处于待定状态，原告既选择提起行政诉讼，在诉讼期间其无法依据《房屋征收补偿决定书》领取相应补偿款，公证处或征收局在诉讼期间未向其送达《领取提存物通知书》未对其权利产生侵害。至于利息问题，应当根据中国人民银行同期活期存款利率计算，由公证处向原告支付。

专家点评

根据民法典合同编第572条的规定，标的物提存后，债务人应当及时通知债权人或者债权人的继承人、遗产管理人、监护人、财产代管人。这一通知方式并无固定格式，债务人可以行政文书、诉讼文书等方式履行通知义务。在本案中，《房屋征收补偿决定书》中即有关于补偿款已提存至公证处的相关内容，因而债务人已经履行了通知义务。根据《提存公证规则》第18条之规定，提存人应将提存事实及时通知提存受领人。（1）以清偿为目的的提存或提存人通知有困难的，公证处应自提存之日起七日内，以书面形式通知提存受领人，告知其领取提存物的时间、期限、地点、方法。（2）提存受领人不清或下落不明、地址不详无法送达通知的，公证处应自提存之日起六十日内，以公告方式通知。公告应刊登在国家或债权人在国内住所地的法制报刊上，公告应在一个月内在同一报刊刊登三次，该公证规则也未将提存通知局限于受领通知书一种形式。

第五百七十三条　标的物提存后，毁损、灭失的风险由债权人承担。提存期间，标的物的孳息归债权人所有。提存费用由债权人负担。

【条文释义】

本条是对提存标的物意外灭失风险承担规则的规定。

按照本章第571条第2款规定提存成立的，视为债务人在其提存的范围内已经交付标的物，提存的标的物的所有权归债权人享有。既然债权人是提存标的物的所有权人，因此应当承担标的物意外灭失风险，损失由债权人承担。同样，既然提存的标的物属于债权人所有，则提存期间标的物的孳息，包括法定孳息和天然孳息，都归属于债权人所有。同时，提存标的物相当于债权人对自己所有的标的物交由提存机构保管。因此，提存的费用由债权人负担。

【案例评注】

陈某诉某药业公司国内销售中心买卖合同纠纷案①

基本案情

案外人海南某公司与被告某药业销售中心于2001年2月至2005年3月期间存在买卖合同关系，海南某公司为某药业销售中心供应药品。2005年3月25日海南某公司向某药业销售中心供应药品价值18204元，某药业销售中心未能按约履行付款义务。遂海南某公司于2007年在天津市南开区人民法院对其提起诉讼，主张其给付海南某公司连同上述18204元在内拖欠的货款共计257428.17元，法院支持了18204元的给付请求。海南某公司于2008年4月1日向天津市南开区人民法院对某药业公司申请强制执行，执行内容为要求某药业公司给付货款18204元、诉讼费用260元及加倍支付货款的迟延履行金。某药业销售中心已于2008年1月2日将18204元货款提存至天津市南开区人民法院。执行法官于2008年8月18日以执行笔录的方式将此事实告知了海南某公司的委托诉讼代理人陈某、高某明，即本案原告及其委托诉讼代理人，并告知其将该款进行发还，但陈某、高某明以诉讼费用及迟延履行金尚未执行为由，拒不领取货款18204元。后2012年4月19日海南某公司委托诉讼代理人陈某表示自愿放弃申请执行迟延履行金，领取了货款18204元，案件执行终结。

海南某公司与原告于2013年4月3日订立债权转让协议，约定海南某公司将上述18204元货款的从权利即主张赔偿逾期付款损失债权的权利转让给陈某。同日，陈某、海南某公司将书面债权转让通知以邮政快递的方式送达了某药业销售中心和某药业集团。后陈某又分别于2014年11月25日、2016年11月22日再次以邮政快递的方式将债权转让通知送达了某药业销售中心和某药业集团。现陈某起诉要求某药业销售中心和某药业集团偿还货款18204元。

---

① 审理法院：天津市北辰区人民法院，案号：（2016）津0113民初8447号。

法院判决

法院认为，案外人海南某公司基于买卖合同关系对二被告享有18204元货款债权。该债权实现后海南某公司仍有权基于该18204元主张二被告赔偿逾期付款损失，原告从海南某公司取得该债权后，有权向二被告主张赔偿逾期付款损失。本院认为，原告主张的逾期付款损失实际系基于被告某药业销售中心逾期付款产生的违约责任。海南某公司在向二被告主张18204元货款时并未主张赔偿逾期付款损失，但根据（2007）南民三初字第2978号民事判决书确定的事实，该货款债权形成于2005年3月25日海南某公司供货之时。双方在买卖合同中未约定履行期限，二被告应在收到货物后履行给付货款义务，且海南某公司作为履约一方有权随时主张货款。2007年12月3日判决确定该货款债权之时，二被告违约拖欠货款的行为已实际发生，海南某公司有权主张二被告赔偿逾期付款损失。故原告主张自2005年3月25日起算逾期付款损失，并无不当，本院依法确认。2007年12月3日二审判决作出后，某药业销售中心于2008年1月2日将18204元货款提存至天津市南开区人民法院。海南某公司于2008年4月1日向天津市南开区人民法院申请对某药业公司强制执行。2008年8月18日，当时作为海南某公司委托诉讼代理人的原告陈某在被执行法官告知可领取该提存货款18204元后，以被告债务未足额履行为由拒绝受领，直至2012年4月19日陈某受领该18204元。在此期间，18204元货款保存在天津市南开区人民法院，被告某药业销售中心的提存行为虽能够形成债务履行的法律后果，但二被告均并未提交证据证实在提存后向海南某公司进行了通知，海南某公司在2008年8月18日接到法院受领通知后，应及时受领款项防止损失扩大，可就被告未履行部分继续申请执行。故2008年8月18日至2012年4月19日产生的逾期付款损失，属海南某公司未及时受领提存款造成，并非被告未履行货款造成，原告无权主张。

专家点评

民法典合同编第573条的规定，是对标的物提存标的物意外灭失风险承担规则的规定，标的物提存后即发生风险转移的后果，毁损、灭失以及孳息所有权等均转移至债权人。但是标的物提存能否发生债务履行的法律后果，取决于债务人是否履行适当的提存手续，也就是通知债权人。而在本案中，尽管某药业销售中心和某药业公司将货款保存在人民法院，但二被告并未对海南某公司进行通知，因而此时提存并未发生效力，实际提存生效的时间节点应当是海南某公司收到法院通知时生效。然而由于海南某公司此时未及时受领款项，因而这部分造成的逾期付款不应当计入损失，并非被告未履行造成的，因而这一部分的货款原告不能主张权利。

第五百七十四条　债权人可以随时领取提存物。但是，债权人对债务人负有到期债务的，在债权人未履行债务或者提供担保之前，提存部门根据债务人的要求应当拒绝其领取提存物。

债权人领取提存物的权利，自提存之日起五年内不行使而消灭，提存物扣除提存费用后归国家所有。但是，债权人未履行对债务人的到期债务，或者债权人向提存部门书面表示放弃领取提存物权利的，债务人负担提存费用后有权取回提存物。

【条文释义】

本条是对债权人提取提存物权利和期限的规定。

债权人对提存物享有领取权。债权债务关系的标的物提存后，发生债权消灭、标的物所有权转移的后果，提存物的权属归原债权人享有。因此，债权人有权提取提存物，可以随时领取提存物。

例外的情形是，如果债权人对债务人负有到期债务的，即债务人对债权人享有债权的，在债权人未履行债务或者提供担保之前，债务人可以向提存部门提出要求，拒绝债权人领取提存物，提存部门根据债务人的要求，应当拒绝其领取提存物。这等于是扣押债权人享有权属的提存物作为担保。不过，既然债务人将其标的物提存，存在这种情形的比较少见。

债权人领取提存物权利的时限，自提存之日起五年内不行使而消灭。领取权消灭后，提存物扣除提存费用后，归国家所有。但是在两种情况下，提存物的权属回转给债务人：（1）债权人未履行对债务人的到期债务；（2）债权人向提存部门书面表示放弃领取提存物权利。出现这两种情形之一的，债权人对提存物的权属消灭，标的物的权属回转给债务人，享有取回权，债务人在负担了提存费用后，有权取回提存物。

【案例评注】

邱某利诉左某股权转让纠纷案①

基本案情

2016年3月4日，邱某利作为转让方、左某作为受让方签订转让协议，约定邱某利将其持有的博森瑞公司股权（占总股份的50%）、盈众公司股权（占公司总股份的40%），以合计42万元转让给左某；于2016年2月5日正式转让；转让方须对公司办理相关变更手续提供必要的支持与配合，变更过程中发生的相关税费由转让方和受让方各承担50%；受让方在工商局取得变更后的营业执照后，由公证处将转让费42万元支付给转让方。

同日，左某与邱某利签订提存协议，约定左某于协议签订后2个工作日内将42万元转入东方公证处指定的银行账户；邱某利将其持有的博森瑞公司50%的股权和盈众公司40%的股权在税务、工商部门办理完股权转让手续后，双方本人须于5个工作日内同时亲自到公证处，左某向东方公证处出示博森瑞公司的营业执照，东方公证处将42万元转入邱某利个人账户；若2016年8月1日之前未办理完变更手续，左某可单方到公证处并决定不再办理提存事项，公证处工作人员将向邱某利进行电话核实确认，邱某利应在接到核实电话后3个工作日内向公证处提供已经履行完毕本协议约定义务的书面材料，如邱某利未接听电话或接听电话对上述内容没有异议或不能在上述时限内向公证处提供已经履行完毕本协议约定义务的书面材料，东方公证处可将42万元转入左某指定的个人账户。

同日，左某与邱某利签订补充协议，鉴于博森瑞公司、盈众公司已经完成了法定代表人变更手续以及博森瑞公司股权、税务等事宜的变更转让手续，双方一致同意，将在东方公证处提存的42万元中的15万元作为博森瑞公司的全部转让费用转账至邱某利的账户。待盈众公司的股权、税务等全部事项变更完毕后，上述提存款项剩余的27万元转账至邱某利的账户。时间截至2016年10月31日，如上述公司的股权、税务等事项仍没有办理完毕，由邱某利负责联系相关财务咨询公司协助办理上述公司的股权、税务等事项的变更手续，双方应积极协助、配合。2016年9月20日，邱某利与徐某签订转让协议，约定邱某利将其持有的盈众公司中的股权以28.8万元转让给徐某；于2016年9月20日正式转让，自转让

① 审理法院：北京市石景山区人民法院，案号：（2017）京0107民初17894号。

之日起，邱某利对已转让的出资不再享有出资人的权利和承担出资人的义务，徐某以其出资额在企业内享有出资人的权利和承担出资人的义务。

原告称，被告在配合原告办理完股权转让之后拒不配合原告进行盈众公司税务事项的变更，因此提存款项剩余的27万元不能转账至原告账户。被告的行为已构成违约，故原告诉至法院。

法院判决

就原告提出的提取剩余的27万元提存款项的诉求，法院认为，邱某利提取提存款是有约定条件限制的，在提取条件没有成就或不能成就的情况下，提存款均不能归属于邱某利。同时，在此股权转让商事行为中，邱某利、左某作为交易主体应作出符合其利益的商业判断。邱某利在转让其持有的盈众公司40%股权过程中，与左某、徐某先后签有转让协议，故最终股权受让人的认定，应以案涉股权的工商登记为依据。邱某利向徐某转让其所持盈众公司40%的股权，不符合向第三人履行的特征。作为合同相对性原则的例外，义务人向第三人履行其对权利人的义务时，需要合同双方有明确的约定或有权利人的指示、追认等行为。本案原告邱某利虽主张其将所持盈众公司40%股权转让给徐某系受被告左某指示，但其未提供证据证明；且双方证人王某出庭作证其是分别接受邱某利、徐某的指示和授权办理盈众公司股权变更事宜，并未提及受左某指示的任何内容。根据谁主张谁举证的原则，邱某利应承担举证不能的后果。综上所述，原告邱某利的诉讼请求缺乏事实和法律依据，本院不予支持。

专家点评

根据民法典合同编第574条的规定，债权人可以随时领取提存物，但是债权人对债务人负有到期债务的，在债权人未履行债务或者提供担保之前，提存部门根据债务人的要求应当拒绝其领取提存物。该条规定实际上等于是扣押债权人享有权属的提存物作为担保。尽管在实践中这种纠纷较为少见，但在股权转让纠纷中也并非完全不可一见。例如，在本案中，邱某利和左某约定只有在股权转让手续办理完毕的情况下，债权人才能提取剩余提存款，而当债权人未履行股权转让手续或债权人未提供相应担保时，公证机关得以拒绝债权人提取剩余提存款。

第五百七十五条　债权人免除债务人部分或者全部债务的，债权债务部分或者全部终止，但是债务人在合理期限内拒绝的除外。

【条文释义】

本条是对免除的规定。

免除，是指债权人抛弃债权，从而全部或者部分消灭债的关系的单方法律行为。免除是无因行为、无偿行为、不要式行为。

免除应当具备的条件是：(1) 免除的意思表示须向债务人为之，免除的意思表示在到达债务人或其代理人时生效。(2) 债权人须对被免除的债权具有处分能力，如法律禁止抛弃的债权不得免除。(3) 免除不得损害第三人利益，如已就债权设定质权的债权人，不得免除债务人的债务而对抗质权人。

免除的效力是使债的关系消灭。债务全部免除的，债的关系全部消灭；债务部分免除的，债的关系于免除的范围内部分消灭。主债务因免除而消灭的，从债务随之消灭。但从债务免除的，不影响主债务的存在，但其他债务人不再负担该份债务。

债权人作出免除的意思表示后，债务人可以拒绝。债务人拒绝债务免除的意思表示，应当在合理期限之内为之，超出合理期限的，视为免除已经生效，消灭该债权债务关系。

【案例评注】

纽某公司诉傲某公司买卖合同纠纷案[①]

基本案情

2012 年 1 月 12 日，纽某公司和傲某公司签订《傲某公司 1 万吨/年异丁烷脱氢示范装置三偏心高温蝶阀和气动开关球阀门采购合同》一份。主要约定：纽某公司向傲某公司提供“三偏心高温蝶阀”15 台和“气动开关球阀”10 台。质量技术要求和标准须按照技术服务协议的有关保证值保证供货质量。

2014 年 2 月 10 日，纽某公司项目负责人纪某向傲某公司总经理褚某通过电子邮件明确表示：“关于贵司后续货款问题，纽威股份经过讨论决定，余款做折让处理，烦请贵司开具金额为 464000 元的红票，纽威据此销账。附件为折让协议，请过目！谢谢！”（之后还有一句话：盼复！）。该邮件附件中有《折让协议》

① 审理法院：上海市第一中级人民法院，案号：(2018) 沪 01 民终 3290 号。

一份，内容："乙方（纽某公司）于2012年05月销售给傲某公司开关球阀（合同编号2012－051－PO－06），发票号码2353××××/21313242、发票总金额：580,000.00元（含税）。因该批货物存在质量问题，经双方友好协商，乙方同意给予甲方销售折让464000元（含税）。"2015年1月15日，纽某公司向傲某公司发送对账函一份。该份对账函明确载明：截至2015年1月15日，傲某公司尚欠货款46.40万元。2015年1月23日，傲某公司收到上述对账函后，在该函中注明："已付20%预付款，剩余80%等质量问题解决后处理。"

纽某公司认为傲某公司拖延支付剩余货款46.40万元，造成纽某公司在资金占用等方面的经济损失，已构成违约，将傲某公司诉至法院。

法院判决

法院认为，本案的争议焦点是纪某于2014年2月10日发送的电子邮件是否构成债务免除。采购合同第十八条约定：纪某是供方项目负责人，其负责合同履行过程中的联络、确认合同履行事宜等相关问题。合同落款处也载明，纪某是授权代表。由此可见，纪某发送电子邮件的行为不应视为其个人的意思表示，而是纽某公司的意思表示。纪某在邮件中明确承认所供货物有质量问题，愿意免除货款，这应视为纽某公司的单方允诺，纽某公司应当遵守。故纽某公司再提起本案诉讼，有违诚信。据此判决：驳回纽某公司的诉请。

专家点评

根据民法典合同编第575条的规定，债权人免除债务人部分或者全部债务的，债权债务部分或者全部终止，但是债务人在知道或者应当知道免除之日起合理期限内拒绝的除外。免除是债权人抛弃债权，从而部分或全部消灭债权人和债务人之间债权债务关系的单方法律行为。免除应当向债务人为之，免除的意思表示到达债务人时生效，作出免除意思表示的人必须是拥有对债权处分能力的自然人或法人。在本案中，作出免除意思表示的纪某是供方项目负责人，负责合同履行过程中的联络、确认合同履行事宜等相关问题。因而纪某拥有该债权的处分权能，因而其在电子邮件中明确承认的质量问题以及免除货款应当被视作债务免除。据此，纽某公司与傲某公司之间的债权债务关系消灭。

第五百七十六条　债权和债务同归于一人的，债权债务终止，但是损害第三人利益的除外。

【条文释义】

本条是对混同的规定。

混同，是指债权和债务同归于一人，而使合同关系消灭的事实。债因混同而消灭，系基于债的关系成立须有两个主体的观念，任何人不得对自己享有债权，同一人同时为债务人和债权人时，有悖于债的观念，故债的关系自应主体混同而消灭。

混同以债权与债务归属于同一人而成立，与人的意志无关，属于事件。发生混同的原因是：(1) 概括承受，是债的关系的一方当事人概括承受他人权利与义务。(2) 特定承受，是因债权让与或者债务承担而承受权利和义务。

混同的效力是导致债的关系的绝对消灭，并且主债务消灭，从债务也随之消灭，如保证债务因主债务人与债权人混同而消灭。

混同虽然产生债的消灭的效力，但在例外的情形下，即涉及第三人利益时，虽然债权人和债务人混同，但是合同并不消灭。例如，债权出质时，债权不因混同而消灭。

【案例评注】

甲某诉乙保险公司财产保险合同纠纷案①

基本案情

原告甲某为其名下的车辆A向被告乙保险公司投保交强险、车辆损失险、第三者商业责任险（以下简称商业三者险）。《机动车交通事故责任强制保险条款》第5条约定，“交强险合同中的受害人是指因被保险机动车发生交通事故遭受人身伤亡或者财产损失，但不包括被保险机动车本车车上人员和被保险人”；《机动车交通事故责任强制保险条款》第8条约定，“被保险人在使用被保险机动车过程中发生交通事故，致使受害人遭受人身伤亡或者财产损失，依法应当由被保险人承担的损害赔偿责任……”；《商业三者险条款》第3条约定，“本保险合同中的第三者是指因被保险机动车发生意外事故遭受人身伤亡或者财产损失的人，但不包括保险人、被保险人、保险人和保险事故发生时保险机动车本车上的人员”；

---

① 审理法院：上海市虹口区人民法院，案号：(2014) 虹民五（商）初字第956号。

《商业三者险条款》第6条约定，“保险机动车在被保险人或其允许的合法驾驶人使用过程中发生意外事故，致使第三者遭受人身伤亡或财产的直接损失，对被保险人依法应支付的保险金额，保险人依照本保险合同的约定，对于超过机动车交通事故责任强制保险各分项赔偿限额的部分给予赔偿”。《商业三者险条款》第9条约定，“下列人身伤亡、财产损失和费用，保险人不负责赔偿……（三）被保险人或其允许的驾驶人所有、承租、使用、管理、运输或代管的财产的损失”。

A车与B车的所有人均为甲某。2014年8月9日15时，在本市南北高架共和新路出口处，案外人甲某之妻丙某驾驶的A车追尾撞上原告甲某驾驶的B车，致车辆受损。经公安部门认定丙某负事故全部责任。2014年8月26日，B车维修完毕，维修费用为48000元。乙保险公司于2014年9月29日出具机动车保险损失计算书，载明修理费总金额为48000元。

甲某与丙某系夫妻关系，双方于2009年登记结婚，夫妻关系存续期间未约定夫妻分别财产制。

甲某将乙保险公司诉至法院，要求其支付赔偿及修理费用。

法院判决

法院认为，原告依据交强险、商业三者险主张权利，应符合责任保险的本质。根据《保险法》第六十五条规定，责任保险是以被保险人依法对第三者应负的赔偿责任为保险标的。交强险和商业三者险本质上是责任保险，即以需对第三者承担侵权责任为前提。侵权责任系因民事主体自身的过错侵害行为而对他人所应承担的一种义务。侵权之债关系中存在两个以上主体是应有之义。任何人不得对自己享有债权，向自己请求或履行债务亦毫无意义。当债权、债务同归一人时，侵权之债归于消灭。本案中，侵权人虽然为实际驾驶沪A车辆的案外人丙某，且存在独立财产意义上的两辆车和两份保险合同关系，但从终局责任主体而言，债权、债务同归一人，即丙某为债务人，甲某为债权人。基于双方的夫妻身份和我国夫妻财产法定共有制，在无证据证明事故发生时夫妻双方分别财产的情况下，从财产关系而言在法律上应视为一人，夫或妻一方以家庭共有财产向另一方履行给付的，构成债权债务混同，侵权损害赔偿之债也因此消灭。因此，独立意义上的侵权责任并不存在，不符合责任保险适用的前提，甲某无法基于责任保险主张理赔。

专家点评

根据民法典合同编第576条，债权和债务同归于一人的，债权债务终止，但是损害第三人利益的除外。所谓混同，就是指债权和债务同归于一人，而使合同关系消灭的事实。混同的发生不以当事人的意志为转移，因而非属于法律行为而是事件。债之所以可以因混同而消灭，实基于任何人不得对自己享有债权这一朴素的观念，当一人既为债务人也为债权人时，债的关系自应消灭。除此之外，由于在侵权法上，基于夫妻身份和我国夫妻法定财产共有制，丈夫与妻子就财产关系而言应当视为一人，因为夫或妻无法以家庭共有财产向另一方履行给付。因而在本案中，丙某并不对甲某承担独立意义上的侵权责任，丙某和甲某在债权债务意义上实为同一人，既然并不存在独立意义上的甲某与丙某之间的侵权责任，则不符合责任保险的适用前提，甲某无法据此向保险公司提出索赔。

第八章　违约责任

第五百七十七条　当事人一方不履行合同义务或者履行合同义务不符合约定的，应当承担继续履行、采取补救措施或者赔偿损失等违约责任。

【条文释义】

本条是对违约行为和违约责任类型的规定。

违约行为形态主要是：

1. 不履行合同义务，主要形态是拒绝履行，是指债务人对债权人表示不履行合同的违约行为。履行期限届至之前的拒绝履行为预期违约，履行期限届满之后发生的拒绝履行是实际违约行为。也包括履行不能，是债务人在客观上已经没有履行能力或者法律禁止该种债务的履行。

2. 履行合同义务不符合约定，一是迟延履行，是指债务人能够履行，但在履行期限届满时却未履行债务的违约行为，也包括债权人的受领迟延行为。二是瑕疵履行，是指债务人虽然履行了债务，但其履行不符合债务本质的违约行为。确定瑕疵履行的标准是履行期届满，仍未消除履行的瑕疵或者另行给付。

违约行为的后果是承担违约责任。违约责任的方式是：（1）继续履行；（2）采取补救措施；（3）赔偿损失；（4）其他违约责任方式。

【案例评注】

刘某捷诉某通信公司电信服务合同纠纷案[①]

基本案情

2009 年 11 月 24 日，原告刘某捷在被告某通信公司营业厅申请办理“神州行

① 审理法院：江苏省徐州市泉山区人民法院，案号：（2011）泉商初字第 240 号。

标准卡”，手机号码为1590520xxxx，付费方式为预付费。原告当场预付话费50元，并参与某通信公司充50元送50元的活动。在业务受理单所附《中国移动通信客户入网服务协议》中，双方对各自的权利和义务进行了约定，其中第四项特殊情况的承担中的第1条为：在下列情况下，乙方有权暂停或限制甲方的移动通信服务，由此给甲方造成的损失，乙方不承担责任：（1）甲方银行账户被查封、冻结或余额不足等非乙方原因造成的结算时扣划不成功的；（2）甲方预付费使用完毕而未及时补交款项（包括预付费账户余额不足以扣划下一笔预付费用）的。

2010年7月5日，原告在某通信官方网站网上营业厅通过银联卡网上充值50元。2010年11月7日，原告在使用该手机号码时发现该手机号码已被停机，原告到被告的营业厅查询，得知被告于2010年10月23日因话费有效期到期而暂停移动通信服务，此时账户余额为11.70元。原告认为被告单方终止服务构成合同违约，遂诉至法院。

法院判决

法院认为，电信用户的知情权是电信用户在接受电信服务时的一项基本权利，用户在办理电信业务时，电信业务的经营者必须向其明确说明该电信业务的内容，包括业务功能、费用收取办法及交费时间、障碍申告等。如果用户在不知悉该电信业务的真实情况下进行消费，就会剥夺用户对电信业务的选择权，达不到真正追求的电信消费目的。

依据原《合同法》第三十九条的规定，采用格式条款订立合同的，提供格式条款的一方应当遵循公平原则确定当事人之间的权利和义务，并采取合理的方式提请对方注意免除或者限制其责任的条款，按照对方的要求，对该条款予以说明。电信业务的经营者作为提供电信服务合同格式条款的一方，应当遵循公平原则确定与电信用户的权利义务内容，权利义务的内容必须符合维护电信用户和电信业务经营者的合法权益、促进电信业的健康发展的立法目的，并有效告知对方注意免除或者限制其责任的条款并向其释明。业务受理单、入网服务协议是电信服务合同的主要内容，确定了原被告双方的权利义务内容，入网服务协议第四项约定有权暂停或限制移动通信服务的情形，第五项约定有权解除协议、收回号码、终止提供服务的情形，均没有因有效期到期而中止、解除、终止合同的约定。而话费有效期限制直接影响到原告手机号码的正常使用，一旦有效期到期，将导致停机、号码被收回的后果，因此被告对此负有明确如实告知的义务，且在订立电信服务合同之前就应如实告知原告。如果在订立合同之前未告知，即使在缴费阶段告知，亦剥夺了当事人的选择权，有违公平和诚实信用原则。被告主张

“通过单联发票、宣传册和短信的方式向原告告知了有效期”，但未能提供有效的证据予以证明。

综上，本案被告既未在电信服务合同中约定有效期内容，亦未提供有效证据证实其已将有效期限制明确告知原告，被告暂停服务、收回号码的行为构成违约，应当承担继续履行等违约责任，故对原告主张“取消被告对原告的话费有效期的限制，继续履行合同”的诉讼请求依法予以支持。

专家点评

根据民法典合同编第577条之规定，当事人一方不履行合同义务或者履行合同义务不符合约定的，应当承担继续履行、采取补救措施或者赔偿损失等违约责任。在当事人签订的合同为格式合同时，首先须结合格式合同的特点对合同义务进行合理解释，提供格式合同的一方应当遵循公平原则确定当事人之间的权利义务，并采取合理的方式提请对方注意免除或者限制责任的条款。本案涉及的电信服务合同，正是典型的格式合同，电信服务企业在订立合同之前未告知原告有关有效期限限制的内容，即使在缴费阶段告知，亦剥夺了当事人的选择权。可以说，电信服务企业在订立合同时未向消费者告知某项服务设定了有效期限限制，在合同履行中又以该项服务超过有效期限为由限制或停止对消费者服务的，构成违约，应当承担违约责任。

第五百七十八条 当事人一方明确表示或者以自己的行为表明不履行合同义务的，对方可以在履行期限届满前请求其承担违约责任。

【条文释义】

本条是对预期违约责任的规定。

预期违约责任，也叫期前违约，是指在合同履行期届满之前，一方当事人无正当理由而明确表示其在履行期届满之前将不履行合同或者以其行为表明其在履行期届满以后也不可能履行合同，应当承担的合同责任。其特点是：(1) 预期违约行为发生在合同履行期届满之前；(2) 预期违约行为的具体表现是未来将不履行合同义务；(3) 预期违约侵害的合同债权是期待的债权；(4) 预期违约不是仅有一种救济手段，也可以等待履行期限届满之后，要求债务人继续履行或者承担实际违约责任。

预期违约分为两种：

1. 明示毁约，是指一方当事人无正当理由，明确、肯定地向另一方当事人表示他将在履行期限到来之际，不履行合同约定的义务的违约行为。构成要件是：（1）毁约方必须肯定地向对方提出毁约的表示；（2）毁约方必须明确表示在履行期限到来以后不履行合同义务；（3）毁约方必须表示不履行合同的主要义务；（4）明示毁约没有正当理由，明显具有过错。

2. 默示毁约，是指当事人一方在合同履行期限届满之前，以自己的行为表明不履行合同约定的债务的违约行为。与明示毁约相比，明示毁约是当事人公开表示毁约，有明确的意思表示；默示毁约系当事人没有明确的表示，只是在行为上表现出不再履行合同债务的意思。

预期违约的法律后果是，对方当事人可以在履行期届满之前请求其承担违约责任，而不必等待履行期届满之后再主张实际违约责任。

【案例评注】

甲公司诉乙公司证券纠纷案①

基本案情

2011年2月23日，被告乙公司发行面值总计10亿元的2011年度第一期中期票据，简称11＊＊MTN1，期限五年，票面利率5.85%，利息兑付日为自2012年至2016年中每年的2月24日，本金兑付日为2016年2月24日。2012年4月5日，原告甲公司通过全国银行间同业拆借中心购入面值5000万元的11＊＊MTN1债券。乙公司另于2011年4月20日发行2011年度第二期中期票据，简称11＊＊MTN2。2015年4月21日，被告发布公告称11＊＊MTN2债券“应于2015年4月21日兑付利息，由于本公司发生巨额亏损，未能按期兑付本年利息”。2015年6月25日，11＊＊MTN1票据持有人会议决议要求对该债券提前加速到期，并将采取民事诉讼。原告认为，被告已经丧失兑付能力，显然不能于到期日履行兑付义务，故根据《合同法》第一百零八条的相关规定请求判令被告立即按面值兑付原告持有的5000万元11＊＊MTN1票据债券的本金及利息。后因被告进入破产重整程序，故原告将诉讼请求调整为判令确认原告对被告享有债权本金5000万元以及截至进入重整程序前的利息。

① 审理法院：上海市浦东新区人民法院，案号：（2015）浦民六（商）初字第4310号。

法院判决

法院认为，本案的争议焦点在于被告乙公司是否存在《合同法》第一百零八条规定的默示拒绝履行（预期违约）行为。首先，从双方合同的约定来看，尽管被告发生了《募集说明书》约定下的“违约事件”，但合同并未赋予原告就此主张被告提前兑付的权利。其次，被告虽对其他债券存在违约行为，但每一项债券的发行和兑付均系被告的独立履约行为，对其中任何一项债券丧失兑付能力并不必然延及其他债券的兑付结果，且被告对涉案债券一直按期兑付利息，无论从主观上还是行为的外化表现上，均未表明其将不履行涉案债券的兑付义务。因此，在案证据不足以证明被告出现了《合同法》第一百零八条规定的默示拒绝履行的情形。原告的该项主张缺乏法律和合同依据，法院不予采纳。鉴于被告的重整申请已于2016年1月8日被法院裁定受理，根据《企业破产法》相关规定，原告对被告就涉案债券形成的债权于2016年1月8日视为到期，原告要求确认对被告享有债权本金5000万元及相应利息的主张，法院予以支持。

专家点评

根据民法典合同编第578条之规定，当事人一方明确表示或者以自己的行为表明不履行合同义务的，对方可以在履行期限届满之前要求其承担违约责任。该条规定了预期违约制度，即指在合同履行期届满之前，一方当事人无正当理由而明确表示其在履行期届满之前将不履行合同或者以其行为表明其在履行期届满以后也不可能履行合同所应当承担的合同责任。预期违约的法律后果是，对方当事人可以在履行期届满之前要求其承担违约责任，而不必等待履行期届满之后再主张实际违约责任。预期违约制度的适用前提之一是涉及的义务为合同约定的义务，若一方当事人拒绝履行的义务并非合同中所约定的义务，则不适用预期违约制度，因为另一方当事人本不就此享有权利。在本案中，原告本无提前兑付的权利，因而不能适用预期违约规则。

第五百七十九条　当事人一方未支付价款、报酬、租金、利息，或者不履行其他金钱债务的，对方可以请求其支付。

【条文释义】

本条是对不履行金钱债务违约责任的规定。

未支付价款、报酬、租金、利息以及不履行其他金钱债务的违约行为，都是金钱债务的违约行为。这些不履行金钱债务的行为，都构成违约责任，对方当事人可以请求其支付，是债权人行使金钱债务的二次请求权，是继续履行的违约责任方式，债务人应当继续履行。继续履行是主要的合同责任方式，即继续按照合同的约定进行履行，适用范围是一切生效合同没有实际履行或者没有完全履行的场合，并且该合同能够履行、合同也有继续履行的必要。

对于金钱债务的债务人迟延履行的，除继续履行外，还可以请求债务人承担违约金、赔偿逾期利息等违约责任。

【案例评注】

董某平诉郑某迪民间借贷纠纷案[①]

基本案情

2010 年 9 月 1 日，被告郑某迪以资金短缺为由向原告董某平借款人民币 70 万元，约定月息 1%。同时又约定 2010 年 12 月底付息 28000 元，2011 年 1 月 15 日至 2011 年 11 月 15 日，每月付本金 60000 元，余款本息在 2011 年 12 月底付清。后被告郑某迪仅于 2010 年 12 月底前支付利息 28000 元，余款欠本息未付。

原告董某平于 2011 年 6 月 14 日，以此为由，向原审法院提起诉讼，请求判令：被告郑某迪立即偿还本金 700000 元，支付利息 35000 元（自 2011 年 1 月 1 日至 5 月 30 日），并按月利率 1% 继续支付利息至本金付清之日。

法院判决

法院认为，被告郑某迪向原告董某平借款人民币本金 700000 元，约定月利率 1%，已经支付利息 28000 元，尚欠本金 700000 元以及 2011 年 1 月 1 日之后的利息未付的事实清楚，合法的借贷关系受法律保护，债务应当清偿。被告虽然在借条前段注明付款日期是 2011 年 12 月 30 日之前，但在借条后段又重新对付款期限作了分期承诺，故应当从 2011 年 1 月 15 日起分期归还本案借款。借条是证明双方当事人存在借贷合意和款项已经实际交付的重要依据。被告没有按照借条承诺的分期付款的期限向原告履行还款义务，已经构成对借条中承诺的还款期限的根本违约，既然是根本违约，那么作为债权人的原告，有权对本

---

① 审理法院：浙江省台州市中级人民法院，案号：（2011）浙台商终字第 376 号。

案未到期的债权一并同时主张请求返还。因此，原告的诉讼请求成立，依法予以支持。

专家点评

根据民法典合同编第 579 条的规定，当事人一方未支付价款、报酬、租金、利息或者不履行其他金钱债务的，对方可以要求其支付。不履行金钱债务的违约责任也与金钱相关，主要包括继续履行和支付违约金。当债务人无正当理由不履行金钱债务时，债权人可以诉请法院要求二次履行和强制地继续履行。对于金钱债务来说，继续履行是主要的违约责任形式，适用范围是一切生效合同没有实际履行或者没有完全履行的场合。金钱债务与其他债务的不同之处在于，金钱债务能够履行，合同也有继续履行的必要，因而法院通常会支持债权人要求的继续履行的诉求。另外，对于金钱债务迟延履行的，还可以请求债务人承担违约金、逾期利息等责任方式。在本案中，郑某迪违背了借条的后段的承诺分期付款义务，属于根本违约，因此法院支持原告的诉讼请求，于法有据。

第五百八十条　当事人一方不履行非金钱债务或者履行非金钱债务不符合约定的，对方可以请求履行，但是有下列情形之一的除外：

（一）法律上或者事实上不能履行；

（二）债务的标的不适于强制履行或者履行费用过高；

（三）债权人在合理期限内未请求履行。

有前款规定的除外情形之一，致使不能实现合同目的的，人民法院或者仲裁机构可以根据当事人的请求终止合同权利义务关系，但是不影响违约责任的承担。

【条文释义】

本条是对非金钱债务继续履行及除外条款以及不能继续履行致使合同目的不能实现的当事人请求终止合同的规定。与原《合同法》第 110 条规定相比，增加了不能继续履行致使合同目的不能实现的当事人有权请求终止合同的新规则。

除了金钱债务之外的其他合同债务，都是非金钱债务。债务人对非金钱债务不履行或者履行债务不符合约定的，是违约行为，应当承担继续履行的责任。

本条但书规定的例外情形是：(1) 法律上或者事实上不能履行，即履行不能，是指债务人在客观上已经没有履行能力，或者法律禁止该种债务的履行，如以交付特定物为给付标的的合同，该特定物已经毁损、灭失。法律不能，是指基于法律的规定而构成的履行不能，如出卖禁止流通物合同的履行不能。事实不能，是指基于自然法则而构成的履行不能，如特定物的灭失而造成的履行不能。(2) 债务的标的不适于强制履行或者履行费用过高，不适于强制履行是无法继续履行，履行费用过高是在成本上不合算。(3) 债权人在合理期限内未请求履行，继续履行成为不必要。在合同履行中出现上述三种情形，债权人不能再请求继续履行，但是并不妨碍债权人请求债务人承担其他违约责任。

本条增加的新规则是：有前款规定的除外情形之一，致使不能实现合同目的的，人民法院或者仲裁机构可以根据当事人的请求终止合同权利义务关系，但是不影响违约责任的承担。

《民法典合同编（草案二审稿）》第 353 条第 2 款也有类似规定："合同不能履行致使不能实现合同目的，有解除权的当事人不行使解除权，构成滥用权利对对方显失公平的，对人民法院或者仲裁机构可以根据对方的请求解除合同，但是不影响违约责任的承担。"这一对守约方在其享有解除权却故意不行使解除权而致使合同陷入僵局时，违约方可以请求解除合同的规定，受到一些民法学者的反对，要求删除。立法机关在 2019 年 12 月的民法典草案合体审议稿中，将其删除。但是，又有很多学者不同意将其删除，应当对滥用权利侵害违约方合法权益使合同陷入僵局的行为提供救济方法。立法机关在本条增加第二款，即上述内容，表述更为和缓，但是仍然被很多学者批评。

非金钱债务合同债务违约方不履行债务，属于本条第 1 款规定的三种情形之一，为继续履行除外情形，如果因而致使不能实现合同目的的，当事人可以请求人民法院或者仲裁机构裁决终止合同权利义务关系。这一规则的含义是：

(1) 出现上述情形，当事人可以行使终止合同的请求权，将不能继续履行的非金钱债务合同予以消灭，不能让该合同陷入僵局。

(2) 享有请求权的不仅是守约方，也包括违约方，通常应当是守约方提出终止合同的请求，但是，如果守约方拒不请求终止合同，违约方也可以行使终止合同的请求权，请求终止合同。

(3) 不论是守约方行使终止合同解除权，还是违约方行使终止合同请求权，合同终止的，都不影响违约责任的承担，违约方该承担的违约责任，必须承担。

(4) 这种终止合同的请求权，不是单纯的形成权，不能由请求权人一经行使即发生形成权的后果，而是须向人民法院或者仲裁机构提出请求，由人民法院或者仲裁机构裁决是否应当终止合同。

【案例评注】

无锡人体冷冻胚胎权属纠纷案①

基本案情

沈某与刘某都是独生子女，两人于2010年10月登记结婚。2012年8月，因自然生育困难，沈某与刘某到南京市某医院，通过人工辅助生殖方式培育了13枚受精胚胎，其中4枚符合移植标准。但就在植入母体前一天，夫妻二人因交通事故死亡。夫妻双方的父母就4枚冷冻胚胎的归属产生争议，协商不成，诉诸法院。

法院判决

法院认为，虽然沈某夫妇生前与医院签订了相关知情同意书，约定胚胎冷冻保存期为一年，超过保存期同意将胚胎丢弃，但是沈某夫妇因意外死亡导致合同不能继续履行，南京某医院不能根据知情同意书中的相关条款单方面处置涉案胚胎。

在我国现行法律对胚胎的法律属性没有明确规定的情况下，确定涉案胚胎的相关权利归属，还应考虑以下因素：一是伦理。该受精胚胎不仅含有沈某夫妇的DNA等遗传物质，而且含有双方父母两个家族的遗传信息，双方父母与涉案胚胎亦具有生命伦理上的密切关联性。二是情感。双方父母“失独”之痛，非常人所能体味。沈某夫妇遗留下的胚胎成为双方家族血脉的唯一载体，承载着精神慰藉、情感抚慰等人格利益。三是特殊利益保护。胚胎具有孕育成生命的潜质，比非生命体具有更高的道德地位，应受到特殊尊重与保护。

法院同时认为，原卫生部的相关规定，是卫生行政管理部门对相关医疗机构和人员在从事人工生殖辅助技术时的管理规定。南京某医院不得基于部门规章的行政管理规定对抗当事人基于法律享有的正当权利。

专家点评

根据民法典合同编第580条的规定，当事人一方不履行非金钱债务或者履行非金钱债务不符合约定的，对方可以要求继续履行，但法律上或者事实上不能履

---

① 审理法院：江苏省无锡市中级人民法院，案号：（2014）锡民终字第01235号。

行的，债务的标的不适于强制履行或者履行费用过高，债权人在合理期限内未要求履行除外。债权人享有的继续履行请求权实际上就是债的强制履行力，而非违约责任，但其具有违约救济的效果。自债务人角度而言，基于强制履行之规则，债务人必须给付其所负担的标的物，不能通过损害赔偿替代标的物的给付。自债权人角度而言，债权人必须先为强制履行之请求或补救履行之请求，然后才能提起解除或损害赔偿之请求。[①] 但是对于一些特殊的债权，譬如具有人身属性的债权、标的物属于特定物等，在一些违约情形下债权人不宜请求强制履行，而只能以其他方式代替继续履行。

第五百八十一条 当事人一方不履行债务或者履行债务不符合约定，根据债务的性质不得强制履行的，对方可以请求其负担由第三人替代履行的费用。

【条文释义】

本条是对不得强制履行的非金钱债务由第三人替代履行的规定。

当事人一方不履行债务或者履行债务不符合约定，根据债务的性质属于不得强制履行的，应当是非金钱债务。金钱债务不存在不得强制履行的问题。

非金钱债务由第三人替代履行的要件是：（1）债务人承担的债务不履行或者履行债务不符合约定；（2）该债务为非金钱债务；（3）该非金钱债务不得进行强制履行。符合这三个要件要求的，可以适用由第三人替代履行。

第三人替代履行的方法是：（1）债权人可以请求债务人负担费用；（2）寻找合适的第三人，由第三人替代债务人履行该非金钱债务。

【案例评注】

缪某等诉乙公司买卖合同纠纷案[②]

基本案情

甲公司与乙公司买卖合同纠纷一案，已经嘉定法院（2009）嘉民二（商）

① 王洪亮：《强制履行请求权的性质及其行使》，载《法学》2012 年第 1 期。

② 审理法院：北京市朝阳区人民法院，案号：（2007）朝民初字第 14945 号。

初字第314号判决确认，乙公司负有向甲公司开具发票的义务。缪某、王某向上海市嘉定区市场监督管理部门申请注销乙公司登记，出具的《清算报告》中明确，股东对乙公司的未了债务承担清偿责任。但该报告刻意回避了强制执行开具发票事项。缪某、王某系乙公司的股东，依据上述《清算报告》的承诺，应当对乙公司的上述债务承担法律责任。综上，请求撤销嘉定法院（2017）沪0114执异11号执行裁定，依法追加缪某、王某为（2009）嘉执字第4173号案被执行人。

法院判决

法院认为，当事人申请追加第三人为被执行人，应当符合法律规定的情形。本案中，缪某、王某虽于《清算报告》中承诺对乙公司的未了债务承担清偿责任，但此处所指的公司未了债务应具有可代替履行性。现生效法律文书确认的乙公司负有向甲公司开具发票的义务，该义务并非金钱债务，而是专属于乙公司法人的行为，无法由第三人替代履行。据此，甲公司主张追加缪某、王某为（2009）嘉执字第4173号案被执行人，缺乏法律依据，不能成立。嘉定法院驳回甲公司的追加申请，并无不当，本院予以维持。

专家点评

根据民法典合同编第581条的规定，非金钱债务不适合强制履行的，可以由第三人替代履行。由第三人替代履行的要件是，债务人承担的债务不履行或者履行债务不符合约定；该债务为非金钱债务；该非金钱债务不得进行强制履行。然而必须注意的是，并非所有的债务都可以由第三人替代履行，如具有人身特定属性的债务，即不能由第三人替代履行。涉案纠纷中，尽管生效法律文书所确认的开具发票的义务属于非金钱债务，但是该义务专属于乙公司法人的债务，无法由第三人替代履行，特别是无法由乙公司的股东代为履行，因而法院驳回甲公司的追加申请，并无不当，于法有据。

第五百八十二条　履行不符合约定的，应当按照当事人的约定承担违约责任。对违约责任没有约定或者约定不明确，依据本法第五百一十条的规定仍不能确定的，受损害方根据标的的性质以及损失的大小，可以合理选择请求对方承担修理、重作、更换、退货、减少价款或者报酬等违约责任。

【条文释义】

本条是对履行不符合约定采取补救措施的规定。

对于非金钱债务，如果债务人履行不符合约定，应当承担的违约责任主要是采取补救措施。如果在合同中对因履行不符合约定承担违约责任没有约定或者约定不明确，应当采取办法进行确定。确定的办法是：

1. 依照民法典第510条规定进行确定。合同当事人就质量、价款或者报酬、履行地点等内容的违约责任没有约定或者约定不明确的，可以协议补充，不能达成协议的，按照合同的有关条款、合同性质、目的或者交易习惯确定采取补救措施的违约责任。

2. 受损害方可以根据标的的性质以及损失的大小，合理选择应当采取的补救措施的违约责任，如承担修理、重作、更换、退货、减少价款或者报酬等，请求对方承担。

【案例评注】

中山市某物业管理公司诉马某川物业服务合同纠纷案[①]

基本案情

马某川系帝璟东方园小区业主。2007年9月8日，马某川与某物业管理公司签订一份物业服务合同，约定：马某川所住302房面积155.86平方米；某物业管理公司在本合同生效后的2007年7月1日开始实施物业服务工作，并从次月起计收物业服务费，于每月5日前收取；住宅按总建筑面积收取物业管理费每月每平方米2.3元收取，公共梯灯电费由业主分摊；业主或物业使用人逾期交纳物业服务费，则从逾期之日起每天按应交物业服务费的3%。交纳滞纳金……合同签订之后，马某川依约履行了交费义务。

2009年10月，因马某川楼下的业主在露台上加建玻璃顶棚，某物业管理公司没有阻止，也没有采取有效的保安措施保障其物业的安全，故马某川从2010年1月起拒绝交费。

某物业管理公司遂因物业费纠纷将马某川诉至法院。

---

① 审理法院：广东省中山市中级人民法院，案号：（2012）中中法民一终字第835号。

法院判决

法院认为，本案的争议焦点为马某川主张享有减交物业服务费用的理据是否成立。物业公司面向全体小区业主提供的物业管理服务具有公共物品的性质，关系到全体业主的切身利益，如允许个别业主以物业服务存在一般瑕疵为由拒交物业管理费用，将造成物业公司运营经费不足，影响其维持正常服务，最终损害小区中其他正常交费的业主利益。故本院认为，在物业服务合同关系中，业主认为某物业管理公司提供的服务存在一般瑕疵并不足以构成拒交物业费的正当理由，只有当物业公司提供的服务有较大瑕疵，影响业主正常生活时，相关业主才可以此为抗辩理由减免物业费。从本案的具体情形分析，马某川楼下的业主擅自在露台上加建玻璃顶棚，对马某川的安全保障造成了较大的妨碍。依照《物业管理条例》第 46 条第 1 款关于“对物业管理区域内违反有关治安、环保、物业装饰装修和使用等方面法律、法规规定的行为，物业服务企业应当制止，并及时向有关行政管理部门报告”之规定，某物业管理公司应当阻止该玻璃顶棚的建设，并主动、及时将此情况报告给行政管理部门，请求处理。某物业管理公司主张其履行了上述法定职责，但并未提供相应证据予以佐证，其应承担举证不能的不利法律后果。某物业管理公司造成的安全隐患确实给马某川的正常生活、居住带来一定程度的影响。故根据本案具体情况，马某川行使瑕疵履行抗辩权、请求减免服务费用具有相应合理性，本院可予酌情支持。综合本案事实，本院现酌定马某川尚欠物业服务费用可适当减免 20% 的幅度，至于其余合理的物业服务费用及对应部分的逾期付款违约金，马某川仍应当支付。

专家点评

根据民法典合同编第 582 条的规定，履行不符合约定的，应当按照当事人的约定承担违约责任。对于非金钱债务的瑕疵履行，可以由双方当事人可以协议补充，不能达成协议的，按照合同的有关条款、合同性质、目的或者交易习惯确定采取补救措施的违约责任。涉案合同属于服务合同，存在一般瑕疵并足以构成拒交服务费的正当理由，但是物业公司的行为确实给马某川的正常生活、居住带来一定程度的影响，因而原告请求减免服务费用具有相应合理性，故而法院判决原告尚欠物业服务费用可适当减免 20% 的幅度，而其余合理的物业服务费用及对应部分的逾期付款违约金仍须支付，于法有据，合情合理。

第五百八十三条 当事人一方不履行合同义务或者履行合同义

务不符合约定的，在履行义务或者采取补救措施后，对方还有其他损失的，应当赔偿损失。

【条文释义】

本条是对继续履行、采取补救措施后可并用损害赔偿的规定。

合同的当事人一方不履行合同义务或者履行合同义务不符合约定的，应当承担继续履行和采取补救措施等违约责任，使对方当事人的债权目的得到实现。但是，违约方承担这些违约责任只能实现受损害一方的合同目的，却不能弥补受损害一方因此造成的损失。因此，当违约方承担了继续履行和采取补救措施之后，对方当事人还有其他损失的，违约方当然要承担损害赔偿的违约责任，受损害方有权利请求其承担损害赔偿责任，以补偿自己的损失。

【案例评注】

马某辉与和县某新型材料有限公司买卖合同纠纷上诉案[①]

基本案情

2013 年 5 月至 2014 年 3 月期间，某新型材料有限公司与马某辉之间发生矿粉买卖关系。2014 年 9 月 1 日经双方对账结算，马某辉共欠某新型材料有限公司货款、承兑贴息、代付运费及借款合计 197846. 95 元。马某辉在对账单上签字并予以确认。由于马某辉一直未缴清该款项，某新型材料有限公司将马某辉诉至法庭，并要求其偿还该款项和赔付相关利息。

法院判决

法院认为，某新型材料有限公司与马某辉之间的买卖合同系双方真实意思表示，且符合法律规定，该合同是合法有效的，对合同双方具有法律约束力，双方应当按约定全面履行自己的义务，某新型材料有限公司按约提供货物矿粉，马某辉应当履行支付货款的义务。马某辉辩称原告诉请已过诉讼时效，但 2014 年 9 月 1 日双方对账结算，并未明确约定还款期限，诉讼时效应当从债权人要求债务人

---

① 审理法院：安徽省马鞍山市中级人民法院，案号：（2018）皖 05 民终 409 号。

履行义务的宽限期届满之日起计算，某新型材料有限公司诉请并未超过诉讼时效，对马某辉该抗辩理由不予采信。故某新型材料有限公司要求马某辉支付货款197846.95元的请求，符合法律规定，本院予以支持。买受人的逾期付款其实是变相地占用了出卖人的资金，这种损失对出卖人来说实际上是资金被占用的利息损失。故原告请求被告赔偿利息损失于法有据。因原、被告对付款期限未明确约定，亦未提供相关催要欠款的证据，本院予以适当调整为自起诉之日起计算逾期付款利息，利率为中国人民银行同期贷款基准利率。

专家点评

根据民法典合同编第583条的规定，当事人一方不履行合同义务或者瑕疵履行的，在履行义务或者采取补救措施后，应当赔偿对方的其他损失。承担违约责任只是原合同目的实现的方式，若受损害一方因对方违约而造成了额外的损失得不到赔偿，违约责任制度的设计就不够完善。因而法律规定，当违约方承担了继续履行和采取补救措施之后，对方当事人还有其他损失的，违约方应当承担这些损失的赔偿责任。正如在本案中，马某辉拒绝支付某新型材料有限公司197846.95元资金，并且某新型材料有限公司的请求因为对方对账结算故而并未超过诉讼时效，可以说，买受人的逾期付款实际上是变相占用了出卖人的资金，进而造成了出卖人的利息损失。因此，法院支持原告要求被告赔偿利息损失的诉求于法有据，合情合理。

第五百八十四条　当事人一方不履行合同义务或者履行合同义务不符合约定，造成对方损失的，损失赔偿额应当相当于因违约所造成的损失，包括合同履行后可以获得的利益；但是，不得超过违约一方订立合同时预见到或者应当预见到的因违约可能造成的损失。

【条文释义】

本条是对违约损害赔偿责任的规定。

赔偿损失这种违约责任方式，是违约责任中应用最广泛的一种，违约责任中损害赔偿责任的目的是，作为对违约行为造成的损害进行的补偿，合同的受损害方有权获得其在合同中约定的利益，通过给付这种损害赔偿，旨在保护合同当事人的期待利益。

违约损害赔偿责任的方式有两种，即补偿性损害赔偿和惩罚性损害赔偿。一般的合同违约责任适用补偿性损害赔偿，不得适用惩罚性赔偿。惩罚性赔偿只有在商品欺诈和服务欺诈中才可以适用，不得随意扩大适用范围。

本条规定了确定违约补偿性损害赔偿范围的原则：（1）赔偿实际损失规则：损失赔偿额应相当于因违约所造成的损失，包括合同履行后可以获得的利益。后一句是对合同履行可得利益赔偿的表述，是合同当事人在合同履行中的期待利益。（2）可预期损失规则：违约损害赔偿的最高限额不得超过违约一方订立合同时预见到或者应当预见到的因违约可能造成的损失。掌握这个限额，可以按照合同当事人订立合同的预期利益考虑。应当说明的是，对于加害给付责任，并不考虑这样的赔偿限额。

【案例评注】

李某柏诉南京某公司商品房预售合同纠纷案[①]

基本案情

原告李某柏（乙方）与被告某公司（甲方）签订《美仕别墅》商品房买卖契约，同年交付了房屋。2008年，李某柏向某公司报告该房屋存在质量问题。李某柏诉至法院，要求某公司对房屋楼板进行修复以达到安全使用的合格标准并赔偿损失50万元。法院对该案审理后认为，某公司交付的房屋存在质量问题，致使李某柏不能居住使用该房屋，故某公司应当赔偿因此给李某柏造成的租金损失，该损失应当截止李某柏知道房屋可以安全居住为止。现原告李某柏再次起诉，请求法院判令被告某公司支付其租金损失及其他费用。从前一案件的审理情况来看，双方曾于2011年7月22日对该鉴定报告进行质证，李某柏认为在2011年7月22日之后还应当给其合理的准备时间，故其可主张租金损失至2011年9月21日；对于租金标准，李某柏提供租赁协议、租金发票等证据，证明2011年10月起，其房屋出租的月租金为21000元，某公司则认为租金标准应当按照法院询价结果确定。

---

① 审理法院：江苏省南京市中级人民法院，案号：（2015）宁民再终字第28号。

法院判决

法院认为，关于租金损失的计算标准问题，原审法院以南京市江宁区物价局价格认证中心咨询的意见作为涉案房屋的租金标准，并以此计算房屋租金损失，即 2010 年涉案房屋租金认定为 9000 元/月，2011 年认定为 9900 元/月。根据市场一般行情，决定房屋租赁价格的因素主要包括房屋面积、户型、地理位置、装潢档次、周边环境等因素，物价局价格认证中心出具的询价意见仅是认定房屋租赁价格的参考和证据材料，而不应成为认定涉案房屋租金标准的直接依据。根据法院查明的事实，物价局价格认证中心出具的房屋租金标准远低于美仕别墅区位的同类房屋实际市场租赁价格，故该询价标准不符合当时涉案房屋租赁市场价格的实际情形。因此，原审法院仅以向物价局的询价标准来认定涉案房屋租金损失显失公平，在计算涉案房屋租金实际损失时，应当综合房屋市场租赁价格的真实情况据实予以认定。而李某柏提交的同地段房屋租赁协议虽证明涉案小区有业主出租房屋租金可达到每月 21000 元以上，但该租金价格仅系个别业主根据自己房屋的区位及装修情况，结合租房人的实际需求，协商达成的价格，并不具有普遍性。因某公司交付的房屋存在质量问题，致李某柏无法正常居住，李某柏要求赔偿损失，符合法律规定。比较物价部门的询价意见和上级法院调取的同区域别墅租金清册，差距悬殊，后者所体现的租金单价更能反映案涉房屋当时的真实租赁价格，应予以采用。关于 2010 年 4 月 21 日至 12 月的租金损失，法院酌定为 143229 元（61. 36 × 280. 22 元/月 × 8. 33 个月）；2011 年 1 月至 7 月 22 日的租金损失，法院酌定为 127330 元（67. 82 × 280. 22 元/月 × 6. 7 个月），以上合计 270559 元。

专家点评

根据民法典合同编第 584 条的规定，违约损害赔偿责任的确定原则主要为实际损失赔偿规则和可预期损失赔偿规则，前者指的是损失赔偿额应当相当于因违约所造成的损失，后者指的是最高限额不得超过违约方订立合同时预见到或者应当预见到的因违反合同所可能造成的损失。实践中经常存在实际损失不好计算的情况，此时应当按照当地的同期标准进行实际损失的计算较为合理。但是有时涉案标的存在一定的特殊性，导致当地的同期标准作为计算标准并不合理。此时法院可以结合当事人提供的证据以及主动调查的结果，相互权衡得出一个合理的计算标准。如在本案中，法院认为相比较于物价部门的询价意见和上级法院调取的同区域别墅租金清册，后者所体现的租金单价更能反映案涉房屋当时的真实租赁价格。

第五百八十五条 当事人可以约定一方违约时应当根据违约情况向对方支付一定数额的违约金，也可以约定因违约产生的损失赔偿额的计算方法。

约定的违约金低于造成的损失的，人民法院或者仲裁机构可以根据当事人的请求予以增加；约定的违约金过分高于造成的损失的，人民法院或者仲裁机构可以根据当事人的请求予以适当减少。

当事人就迟延履行约定违约金的，违约方支付违约金后，还应当履行债务。

【条文释义】

本条是对违约责任中违约金和赔偿金的规定。

违约金和违约损害赔偿都是救济违约损害的违约责任方式，当事人在合同中既可以约定违约金条款，根据违约情况向对方支付一定数额的金钱；也可以约定在因违约造成损失的赔偿额的计算方法，在实际发生违约时，按照约定的违约金或者赔偿金的计算方法进行。

违约金是指按照当事人的约定或者法律直接规定，一方当事人违约的，应当向另一方支付的金钱。包括约定违约金和法定违约金。违约金具有多种性质，但主要性质是违约赔偿金。违约金的适用可能与违约损害赔偿的适用经常发生冲突。违约金与违约损害赔偿是一致的，适用违约金，在没有造成损害时，就是惩罚性违约金，造成损害，就是赔偿性违约金；既然是赔偿性违约金，就应当与违约的损失相结合。原则是：(1) 约定违约金的，就应当按照违约金的约定执行；(2) 约定的违约金低于造成损失的，可以请求增加，俗称“找齐”，这是因为违约金具有损害赔偿性质，只要低于实际损失，就应当找齐；(3) 约定的违约金过分高于造成的损失的，可以请求适当减少。“过分高于”的标准，应是当事人约定的违约金超过造成损失的百分之三十的，一般可以认定为过分高于造成的损失。

当事人在约定违约金条款中，如果对当事人迟延履行约定违约金的，当然应当按照约定承担违约金，但是承担了违约金责任之后，并不能因此而免除其继续履行的义务，违约方还须继续履行应当履行的债务。

【案例评注】

上海某贸易公司诉某建设公司买卖合同纠纷案[①]

基本案情

2011 年 5 月 6 日，某贸易公司与某建设公司签订《供销合同》，由某建设公司向某贸易公司购买钢材，用于某建设公司承建的天津市塘沽区杭州道静安里农贸市场工程。合同约定：具体供货数量、型号、规格、单价以送货单记载为准；某建设公司应在收到货物之日起60 日内结清所送钢材货款；违约金按所供货款总额的日千分之一计算。合同签订后，某贸易公司如约履行了合同，自 2011 年 5 月 6 日至 2011 年 7 月 25 日，分五批给某建设公司供货总计 203.451 吨，价值 1073584 元。其中 2011 年 5 月 6 日供货金额为 625504 元；2011 年 5 月 25 日供货金额为 119727 元；2011 年 6 月 8 日供货金额为 130465 元；2011 年 6 月 29 日供货金额为 172878 元；2011 年 7 月 25 日供货金额为 25010 元。因某建设公司未支付上述货款，某贸易公司遂提起诉讼。原告请求依法判令：（1）被告立即给付原告货款 1073584 元；（2）被告给付原告违约金 375015.35 元（暂计算至 2012 年 7 月 5 日）及至实际给付之日的违约金；（3）本案诉讼费由被告承担。

法院判决

二审法院认为，本案双方当事人对货款本金数额没有争议，争议的焦点为双方约定的违约金标准是否过高、如过高应如何调整。上诉人主张其从民间高息融资，但不能提供证据，故原审法院认定上诉人的损失实为被上诉人逾期付款的损失，并无不当。按照有关规定，逾期付款损失可以中国人民银行同期同类人民币贷款基准利率为基础，参照逾期罚息利率标准计算。故原审法院认定双方约定的违约金标准为日 1‰过高，亦无不当。关于违约金的下调标准，以中国人民银行同期同类人民币贷款逾期罚息利率为基础，上浮 30% 计算。据此，原审法院所作判决事实清楚，适用法律正确，应当予以维持，上诉人的上诉请求，不能成立。

专家点评

根据民法典合同编第 585 条的规定，违约金和违约损害赔偿是违约的金钱责

---

① 审理法院：天津市第二中级人民法院，案号：（2012）二中速民终字第 1496 号。

任方式。违约金分为法定违约金和约定违约金两种。约定的违约金低于造成的损失时，人民法院或者仲裁机构可以根据当事人的请求予以增加；约定的违约金过分高于造成的损失的，人民法院或者仲裁机构可以根据当事人的请求予以适当减少。通常，约定的违约金低于实际损失的，可以请求增加，而约定的违约金过分高于造成的损失的，可以请求适当减少。“过于高于”的标准，指的是当事人约定的违约金超过造成损失的30%。此外，承担违约金责任后，并不能因此而免除其继续履行的义务，违约方还须继续履行应当履行的债务。在本案中，原审法院认定双方违约金标准为1‰每日高于造成损失的30%，因而下调至以中国人民银行同期同类人民币贷款逾期罚息利率为基础上浮的30%并无不当，于法有据。

第五百八十六条 当事人可以约定一方向对方给付定金作为债权的担保。定金合同自实际交付定金时成立。

定金的数额由当事人约定；但是，不得超过主合同标的额的百分之二十，超过部分不产生定金的效力。实际交付的定金数额多于或者少于约定数额的，视为变更约定的定金数额。

【条文释义】

本条是对定金及其数额的规定。

定金，是指以担保债权实现为目的，依据法律规定或双方当事人约定，由一方在合同订立时或订立后至合同履行之前，按照合同标的额的一定比例，预先给付对方的一定数额货币的担保形式。其特征是：（1）定金的权利义务关系产生于定金合同；（2）定金是典型的债的担保形式；（3）定金担保是一种双方当事人担保；（4）定金的支付须在合同履行前进行。

我国的定金是担保债权实现的方式，基本性质是违约定金，也具有证约定金、成约定金、解约定金、立约定金的性质，与违约金、预付款、押金都有明显的区别。

定金基于定金合同产生，因而定金的成立是指定金合同的成立。定金合同，是指依附于主合同，为担保债权实现而设定定金权利义务关系的从合同。定金合同是实践性合同，自其交付定金之时起成立。定金合同并不仅限于在买卖合同中适用，在承揽合同、建设工程勘察设计合同中都有适用。

定金均以货币交付，且定金的数额以合同标的额的比例作为根据。确定定金数额的原则是：(1) 定金数额由当事人约定，当事人可以自由约定定金数额。(2) 定金数额受最高限额的限制，即不得超过主合同标的额的百分之二十，超过该限额的定金约定无效。(3) 实际交付的定金数额多于或者少于约定的定金数额的，视为变更约定的定金数额，以实际交付的定金数额为准。

【案例评注】

某文化公司诉中博影视公司返还保证金案①

基本案情

2006 年 3 月 28 日，被告中博影视公司（甲方）与原告某文化公司（乙方）签订《流媒体电影短片广告经营合作框架备忘录》，主要约定如下内容：双方合作的主体是甲方出品的流媒体电影短片，并以之作为广告载体开展贴片广告、植入式广告、广告电影、联合促销等商业开发和经营活动；乙方向甲方缴纳 30 万元保证金，以其作为双方结成长期战略合作伙伴，共同进行流媒体电影短片商业开发运营之保证，该保证金在合作备忘录约定期满后（2006 年 12 月 31 日）15 日内返还给乙方；在双方签署本合作备忘录后，乙方分两期向甲方支付上述保证金，在 4 月 15 日前支付 15 万元，在 4 月 30 日支付剩余的 15 万元；在合作框架备忘录期限内乙方单独终止合同，该保证金不退还；在合作框架备忘录期限内甲方单独终止合同，按该保证金双倍退还乙方。

上述备忘录签订后，2006 年 4 月 18 日，原告向被告支付保证金 15 万元。原告某文化公司于 2007 年 4 月 26 日诉至本院，要求被告中博影视公司返还保证金 15 万元。

法院判决

法院认为，就“保证金”的性质而言，一方面，双方在备忘录中明确约定了“乙方向甲方缴纳 30 万元保证金，以其作为双方结成长期战略合作伙伴，共同进行流媒体电影短片商业开发运营之保证，该保证金在合作备忘录约定期满后（2006 年 12 月 31 日）15 日内返还给乙方”“合作期满甲方须保证返还乙方保证金”“在合作框架备忘录期限内乙方单独终止合同，该保证金不退还；

① 审理法院：北京市第二中级人民法院，案号：(2007) 二中民终字第 12498 号。

在合作框架备忘录期限内甲方单独终止合同，按该保证金双倍退还乙方”等内容，由此可见，双方在备忘录中记载的保证金实际约定为定金性质，应具有解约定金之效力，定金交付后，交付定金的一方可以按照合同的约定以丧失定金为代价而解除合同。另一方面，由于定金合同为实践合同，不仅要有当事人的合意，还要以交付为要件，故定金合同应从定金给付方实际支付定金之日起生效；定金合同签订后，如果应当交付定金的一方实际交付的定金数额多于或者少于约定数额，则视为变更定金合同，被告已收受原告交付的15万元定金，可认定原、被告双方之间的定金数额已变更为15万元，定金从合同于2006年4月18日生效。

关于定金应否予以退还一节，质言之，解约定金是当事人为保留解除主合同的权利而交付的定金，定金合同生效后任何一方不得擅自变更或解除合同，除非双方协商一致并达成书面协议，亦即原告在未擅自解除合同的情况下，即有权要求定金抵作价款或收回。双方约定合同期限为2006年3月1日至同年12月31日，被告又未能提供证据对原告在合同履行过程中存有擅自解除合同的情形予以证实。据此，被告自当在合同期满后向原告返还定金。

专家点评

民法典合同编第586条规定了定金的性质、成立、数额限制以及定金变更的方式。定金，是当事人可以约定一方向对方给付一定数额的金钱作为债权的担保。定金合同是实践合同，自实际交付定金时成立。定金的数额不得超过主合同标的额的百分之二十，超过部分不产生定金效力。另外，定金合同的判定与定金的称呼并无必然关系，主要看合同所约定的性质。涉案合作备忘录中约定的保证金条款符合定金条款的性质和内容，所以其实质是定金条款。定金合同签订后，如果应当交付定金的一方实际交付的定金数额多于或者少于约定数额，则视为变更定金合同。涉案被告接受原告交付的15万元定金，可认定双方之间的定金数额已变更为15万元，定金合同于2006年4月18日生效。现涉案被告未能举证证明原告在合作备忘录期限内单独终止合同，所以被告应在合同期满后向原告返还定金15万元。

第五百八十七条 债务人履行债务的，定金应当抵作价款或者收回。给付定金的一方不履行债务或者履行债务不符合约定，致使不能实现合同目的的，无权请求返还定金；收受定金的一方不履行债务或者履行债务不符合约定，致使不能实现合同目的的，应当双倍返还定金。

【条文释义】

本条是对定金效力的规定。

定金的主要效力是抵作价款或收回以及定金罚则。

定金的主要效力，是在主合同履行后，定金应当抵作价款或者收回。抵作价款是以定金抵销货币给付义务，应当优先适用，只有在不能抵作价款时，才考虑退还定金的办法。

定金的另一个主要效力是定金罚则。当一方当事人违约时，定金罚则发生效力。给付定金的一方不履行约定的债务或者履行债务不符合约定致使不能实现合同目的的，无权要求返还定金；收受定金的一方不履行约定的债务，或者履行债务不符合合同约定致使不能实现合同目的的，应当双倍返还定金。适用定金罚则的条件是不履行债务，即违约。违约的归责事由属于哪一方当事人，就由哪一方当事人承担定金罚则的后果。违约的归责事由属于给付定金一方，则由给付定金一方承担，属于收受定金一方，则由收受定金一方承担。具体的违约行为，可以是主观上的原因，也可以是客观上的原因，具体原因不论，只要不履行债务即可适用定金罚则。

当合同债务不能履行是因不可归责于双方当事人的事由时，不履行者当然不应承担民事责任，定金作为合同的担保也就不再发生效力，应当使其回复原状，收受定金一方应当将定金返还给付定金的一方当事人。

【案例评注】

张某某诉七里河区某儿童城租赁合同纠纷案①

基本案情

2018年9月12日，原告张某某与被告某儿童城签订《场地租赁合同》一份，约定被告向原告出租位于兰州市敦煌路349号万辉国际广场×号楼“孩子王国儿

① 审理法院：北京市第二中级人民法院，案号：（2007）二中民终字第12498号。

童城”二楼经营场地，建筑面积46平方米，租赁期限为3年。另约定场地租金为每平方米月租金160元整，签订合同当日支付第一年度租金88320元。双方同意本租赁合同签订当日将之前原告支付给被告的定金人民币22080元转为履约保证金，用于保证原告逾期支付租金、水电暖、燃气等费用及违约责任保证。还约定原告逾期支付租金超过30日的，被告有权解除租赁合同。

2018年9月12日，原告张某某向被告某儿童城交付押金22080元，但被告未按约定交付经营场地，为此原告起诉要求解除租赁合同，由被告双倍退还定金。庭审中查明，原告未缴纳租赁场所租金，被告未向原告交付租赁场所。

法院判决

法院认为，本案属于租赁合同纠纷，依法成立的租赁合同受法律保护。关于本案的违约责任问题，租赁合同签订后，原告未按约定交付房屋租金，庭审中表示其与被告协商，其实际租赁的场地按实际接受租赁场地的时间缴纳场地租金，被告辩称因原告未缴纳场地租金故未向原告移交租赁场地，但未向法庭提供租赁合同中应向原告提供的出租场地具体位置，因此该租赁合同实际仅履行原告向被告交付押金的行为，合同其他约定尚未履行，双方均存在违约行为。现原、被告双方均同意解除租赁合同，故本院予以准许。关于原告主张被告双倍退还定金的诉讼请求，庭审中查明，原告缴纳的款项已在租赁合同中约定为履约保证金，故不适用定金罚则，本院支持按原告实际缴纳的22080元予以退还。

专家点评

民法典合同编第587条规定了定金罚则，即给付定金的一方不履行约定的债务的，无权要求返还定金，收受定金一方不履行约定的债务的，应当双倍返还定金。适用定金罚则的条件为当事人不履行债务或瑕疵履行，简言之即违约。违约的归责事由属于哪一方当事人，就由哪一方当事人承担定金罚则的后果。另外，若合同中约定的定金实际不是定金而是其他性质的保证金则不能适用定金罚则。例如，涉案合同中双方约定的款项实际为履约保证金，并且双方并无约定定金罚则，因而尽管双方均存在违约行为，也均同意解除租赁合同，但是该22080元款项并非定金，因而不能适用定金罚则，法院判决按原告实际缴纳的款项数额予以退还，于法有据，合情合理。

第五百八十八条 当事人既约定违约金，又约定定金的，一方违约时，对方可以选择适用违约金或者定金条款。

定金不足以弥补一方违约造成的损失的，对方可以请求赔偿超过定金数额的损失。

【条文释义】

本条是对违约金与定金竞合选择权的规定。

违约金和定金可能发生竞合，如当事人在合同中既约定违约金，又约定定金的，当一方违约时，就发生了违约金和定金的竞合。定金与违约金的区别是：(1) 交付的时间有区别。定金是在合同履行之前交付的，而违约金是在发生违约行为之后交付的。(2) 根本目的不同。定金的目的是担保债权实现，而违约金是民事责任方式，是合同当事人违反合同所应承担的财产责任。(3) 作用不同。定金有证约作用和预先给付的作用，在合同已经履行的情况下，定金还可以抵作价款。违约金则没有这些作用。因此，当一方违约同时触发违约金条款和定金罚则时，就会发生违约金和定金的竞合。

当出现违约金和定金竞合时，非违约方产生选择权，可以选择适用违约金或者定金条款，请求违约方承担这两种责任中的一种违约责任，或者是给付违约金，或者是执行定金条款，不能合并适用违约金和定金条款。

如果非违约方选择适用定金条款，而约定的定金不足以弥补违约方违约给非违约方造成的损失的，非违约方可以请求违约方赔偿超过定金数额的损失。

【案例评注】

邓某诉孔某能房屋买卖合同纠纷案[①]

基本案情

2010 年 4 月 6 日，邓某（乙方）、孔某能（甲方）与中介方某房地产信息有限公司（丙方）签订存量房屋买卖中介合同一份，合同约定：孔某能将其所有的位于宁波市中河街道金地国际公馆 6 号 1 幢 3 单元 × 室房屋转让给邓某；价款为人民币 185 万元，签约日付定金 10 万元，2010 年 5 月 15 日付 50 万元并过户，余款 125 万元办理按揭贷款，于银行正式放贷和甲方交房后当天支付给甲方；如因

① 审理法院：浙江省宁波市中级人民法院，案号：(2010) 浙甬民二终字第 514 号。

银行放贷政策或乙方个人资信影响按揭额度或不能批下，不足部分或全额按揭款由乙方在接到丙方通知、法定放贷时间三日内现金补足；除甲方、丙方原因外，乙方违约不能履行合同的，承担以下违约责任：（1）乙方不得退回已支付的定金；（2）乙方延期付款10天内，需支付甲方每天500元，超过10天以上则按第一条作违约处理，并另外支付甲方违约金10万元。双方签订合同后，邓某向孔某能支付了10万元定金。2010年4月下旬，邓某通知孔某能因房贷新政限制无法履行合同，要求解除双方合同，退回已付定金。邓某起诉称请求判令解除双方房屋转让协议，由孔某能返还邓某购房定金10万元。

法院判决

法院认为，邓某与孔某能之间签订的房屋买卖合同，系双方真实意思表示，又不违反法律、行政法规的强制性规定，依法确认有效，双方均应按约履行。根据双方合同约定，国家政策的改变，导致银行房贷政策的变化，并非邓某贷款不成拒绝履行合同的法定事由。邓某未按约履行付款义务，应承担违约责任。现双方一致同意解除合同，予以准许。《合同法》第一百一十五条规定："当事人可以依照《担保法》约定一方向对方给付定金作为债权的担保。债务人履行债务后，定金应当抵作价款或者收回。给付定金的一方不履行约定的债务的，无权要求返还定金；收受定金的一方不履行约定的债务的，应当双倍返还定金。"《合同法》第116条规定："当事人既约定违约金，又约定定金的，一方违约时，对方可以选择适用违约金或者定金条款。"本案双方当事人在合同违约责任中既约定不得退回已支付定金，又约定支付违约金10万元，该约定违反法律规定。邓某不履行合同约定的债务，无权要求返还定金，对孔某能反诉请求另行支付10万元违约金，不予支持。故判决解除邓某与孔某能于2010年4月6日签订的存量房屋买卖中介合同且驳回邓某的其他诉讼请求。

专家点评

民法典合同编第588条规定了定金和违约金竞合的情况，当出现违约金和定金竞合时，非违约方有选择权，可以选择适用违约金或者定金条款，请求违约方承担这两种责任中的一种违约责任，或者是给付违约金，或者是执行定金条款，而合并适用违约金和定金条款。如果非违约方选择适用定金条款，而约定的定金不足以弥补违约方违约给非违约方造成的损失的，非违约方可以请求违约方赔偿超过定金部分的损失。涉案合同中既规定了定金不退还，又规定了违约金条款，属于竞合的情况，实际上原告只能选择适用其中的一种条款，而不能既要求退还定金又支付违约金。法院根据事实情况，判决解除合同，定金不予退还，也不支持反诉另行支付10万元违约金的诉求，于法有据。

第五百八十九条 债务人按照约定履行债务，债权人无正当理由拒绝受领的，债务人可以请求债权人赔偿增加的费用。

在债权人受领迟延期间，债务人无须支付利息。

【条文释义】

本条是对债权人拒绝受领和受领迟延赔偿责任的规定。

拒绝受领，是指对于已经提供的给付，债权人无理由地拒绝接受。受领迟延，也叫债权人迟延，是指债权人对债务人已经提供的履行未为受领或者未为其他给付完成所必要的协力的违约行为。

债权人对于给付的受领，首先表现为一种权利行使的结果，即受领是债权效力的直接表现。受领的性质，是合同履行的义务，是债的效力的表现。构成拒绝受领和受领迟延应当具备的要件是：（1）债务内容的实现须以债权人的受领或者其他协助为必要；（2）债务人依照债务的本质提供了履行；（3）债权人拒绝受领或者受领不能，后者是指债权人不能为给付完成所必需的协助的事实，包括受领行为不能和受领行为以外的协助行为不能，是债权人不为受领或者协助的消极状态，是否基于债权人的主观意思，在所不问。

对债权人拒绝受领和受领迟延，本条规定了两个法律效果：（1）债务人可以请求债权人赔偿履行所增加的费用，债务人提出增加费用请求权的，法院和仲裁机构应当支持；（2）在债权人受领迟延期间，债务人无须支付利息，债权人请求的，予以驳回。

【案例评注】

周某梅与重庆某劳务有限公司租赁合同纠纷执行案[①]

基本案情

周某梅与重庆某劳务公司因租赁合同纠纷对簿公堂，后法院判决某劳务公司

① 审理法院：重庆市江北区人民法院，案号：（2013）江法民执字第102号。

在判决生效之日起10日内给付周某梅租金、上下车费、维修费34125元；返还周某梅租赁钢管5440米、扣件6823套，如返还不能，则赔偿租赁物损失115715元，该判决已送达双方当事人。

收到判决后，某劳务公司于2012年12月19日以特快专递的方式向周某梅发函，表明其愿意履行生效判决确定的返还义务，并随函附其公司联系人姓名、电话，要求周某梅在收到函件后3日内与公司联系，协商返还租赁物事项。快递单显示周某梅及其委托代理律师均拒签，函件于2012年12月21日被退回至某劳务公司。某劳务公司随即于2012年12月24日向重庆市江北区人民法院执行局提交通知函，说明情况。2013年1月5日，周某梅向重庆市江北区人民法院申请强制执行，要求法院强制执行租金、上下车费、维修费34125元及赔偿租赁物损失115715元。

在执行中，申请人坚持认为其无协助被执行人履行之义务，被执行人未按生效判决履行返还义务已成为事实，理应执行租赁物损失115715元，坚持“要钱不要物”。而被执行人强调其未能履行生效判决确定的返还义务皆因申请人逾期不受领造成，在申请人拒绝提供交付地点、确定交付时间情况下其无法履行返还义务，本案不符合返还不能情形，坚持“还物不赔钱”。据此，申请人和被申请人之间产生纠纷。

法院判决

法院认为，法院判决生效后，债务人自愿履行返还义务，债权人能够受领而不受领或不提供必要协助，后以债务人逾期未履行为由向法院申请强制执行，要求赔偿租赁物损失的，人民法院不予支持，并可认定债权人构成受领迟延，且不得要求债务人承担迟延履行责任。经过法院多次协调并配合双方当事人友好沟通协商，最终确定被执行人某劳务公司在2013年1月17日将租赁物钢管5440米、扣件6823套运至申请人现经营场所并负责卸货，申请人周某梅负责清点钢管、扣件数量，被执行人某劳务公司予以配合。2013年1月18日，被执行人某劳务公司如期履行了返还义务，并将案款34125元支付申请人周某梅，申请人签收了所有钢管及扣件。2013年1月19日，重庆市江北区人民法院依法解除了对被执行人某劳务公司银行账户的冻结，案件至此执行完毕

专家点评

民法典合同编第589条规定了债权人受领迟延时的法律责任。债权人无正当理由拒绝受领的，债务人可以要求赔偿因此而增加的费用。从债权债务关系上来说，若债权人拒绝受领，是债权人行使处分权的表现，债务人既不能强制债权人

受领，也不能依此要求解除合同。但受领很难说是债权人的绝对权利或绝对义务，因为若将受领作为债权人的绝对权利，债权人在债务人主动履行债务时无正当理由拒绝受领，对债务人带来的损失如何赔偿则无相应理论依据。若受领作为债权人的一项绝对义务，要求债权人承担不受领之绝对不利益的责任，明显对债权人不公平，也不符合社会实践。本案中，申请人周某梅无正当理由拒绝受领被执行人某劳务公司返还的钢管、扣件等，被执行人某劳务公司不得请求解除合同或请求申请人周某梅承担损害赔偿责任，但申请人周某梅也应承担必要的协助义务，也不得因其自身的受领迟延行为而要求被执行人某劳务公司承担迟延履行的义务。

第五百九十条　当事人一方因不可抗力不能履行合同的，根据不可抗力的影响，部分或者全部免除责任，但是法律另有规定的除外。因不可抗力不能履行合同的，应当及时通知对方，以减轻可能给对方造成的损失，并应当在合理期限内提供证明。

当事人迟延履行后发生不可抗力的，不免除其违约责任。

【条文释义】

本条是对不可抗力在合同中发生后果的规定。

在合同的履行过程中，如果发生了不可抗力，民法典总则编第 180 条规定的一般原则是不承担民事责任，法律另有规定的，依照其规定。本条对合同领域中发生不可抗力的规定，就是法律另有的规定。

当事人一方因不可抗力不能履行合同的，并不一定全部免除责任，而是要根据不可抗力的实际影响程度确定。不可抗力是不能履行合同的部分原因的，部分免除责任；不可抗力是不能履行合同的全部原因的，全部免除责任；法律如果另有规定的，依照规定，如保价邮包因不可抗力发生灭失的，不免除赔偿责任。当不可抗力不能履行合同时，一方当事人应当及时通知对方，以减轻可能给对方造成的损失。同时，应当在合理期限内提供不可抗力而不能履行合同的证明。

在不可抗力发生之前，当事人一方发生迟延履行的，不能履行合同的原因在于履行迟延，因为如果及时履行债务，不可抗力的影响就可能不会发生，因此不免除履行迟延一方的违约责任。

【案例评注】

邱某诉甲期货公司期货经纪合同纠纷案①

基本案情

邱某系甲期货公司客户，长期在甲期货公司进行期货交易。甲期货公司向其客户提供了电话交易和网上交易等多种交易方式，包括一款由乙公司设计和维护的网上期货交易软件。2010年1月7日，期货市场开盘后，大连商品期货交易所多个期货合约的价格出现大幅下跌。当日上午10时至10时15分，该网上交易系统出现客户登录缓慢和无法正常登录交易的异常情况。甲期货公司经调查后，确定系乙公司提供的软件程序处理能力不足导致客户在该时段无法正常交易。嗣后，通过软件更新修补了上述系统漏洞。

邱某向法院起诉，主张自己在当日持有大量期货合约，本拟在10时全部平仓，因上述故障致使其无法及时成交，只能在10时15分后以较低价格平仓，产生了122万元的损失。要求判令甲期货公司全额赔偿。

法院判决

法院认为，双方当事人之间存在期货经纪合同法律关系。为实现该主要义务，甲期货公司为邱某提供了包括两款网上交易软件系统（其中一款由乙公司设计）在内的多种交易途径，允许客户通过这些软件，藉由自备的电子计算机、智能手机等终端向甲期货公司发送交易指令；并在甲期货公司设置对应的指令接受网关和服务器，以完成交易指令接收。虽然网上交易软件系统并非甲期货公司设计和维护，但却系甲期货公司提供给客户用于传达交易指令的工具。因此，甲期货公司对之负有通知、协助、保护等合同附随义务，避免因自己提供的软件或服务损害客户的合法权益。此次故障的原因在于接收客户交易指令的网关程序本身存在瑕疵，而且该瑕疵完全可以通过测试加以发现，并通过程序更新予以修补。故不属于《合同法》第一百一十七条规定的因不可抗力所致损失可免责的范围。甲期货公司未经充分测试即将之提供客户使用，以致系统在交易期间发生故障，违反了其应尽的注意义务，构成违约，应当就此对造成的客户损失承担赔偿责任。

但上述交易系统故障既不会直接导致邱某所持合约或资金发生减损，也不会

---

① 审理法院：上海市高级人民法院，案号：(2013) 沪商民五（商）终字第1号。

导致邱某所持合约的价格发生变动。该故障直接导致的只是邱某在上述故障时间段使用该系统进行交易的机会丧失。恰逢当时期货合约价格大幅波动，邱某又持有大量合约，交易机会的丧失引发了最终的交易亏损。甲期货公司理应对其违约行为导致的机会损失进行赔偿。在计算机会损失的赔偿金额时，法院综合考量了以下因素：一是邱某可能下达平仓指令的盖然率；二是合约价格快速下跌过程中以最高价格实际成交的盖然率；三是邱某在发现系统故障后未及时采取其他交易方式进行平仓，违反了《合同法》第一百一十九条规定的减损义务，应对损失扩大部分自行承担责任。最终法院酌情确定甲期货公司应当赔偿的损失金额为 34 万元。

专家点评

民法典合同编第 590 条规定了不可抗力免责的规定，即当事人一方因不可抗力不能履行合同的，根据不可抗力的影响，部分或者全部免除责任，但是法律另有规定的除外。然而在实践中有多种不可抗力的形式，法院在审判中也必须对何为不可抗力进行判断。如在本案中，期货网上交易软件故障是否属于不可抗力即存在不同看法。期货网上交易软件系统系期货公司提供给客户用于传达交易指令的工具，虽非期货公司设计和维护，但期货公司对之负有合同附随义务，应避免因自己提供的软件或服务损害客户的合法权益。接收客户交易指令的网关程序本身存在瑕疵，期货公司可以通过测试加以发现，并通过程序更新予以修补，因而不属于合同法意义上的不可抗力。期货公司违反其应尽的注意义务，未经充分测试即将之提供给客户使用，以致系统在交易期间发生故障，造成客户损失的，应当对客户损失承担相应的赔偿责任。

第五百九十一条 当事人一方违约后，对方应当采取适当措施防止损失的扩大；没有采取适当措施致使损失扩大的，不得就扩大的损失请求赔偿。

当事人因防止损失扩大而支出的合理费用，由违约方负担。

【条文释义】

本条是对非违约方防止损失扩大义务的规定。

在合同履行过程中，如果一方当事人出现违约行为时，另一方不能无动于衷，任凭损失的扩大，而应当积极采取措施，防止损失的扩大，尽量减少损失，保护好双方当事人的利益。这就是非违约方的防止损失扩大的义务。非违约方没有履行这一义务，没有积极采取适当措施，致使自己的损失扩大的，不得就扩大的损失请求赔偿。

由于非违约方积极采取措施防止损失的扩大，尽管是自己的损失的扩大，但是减少的是违约方的赔偿责任，维护的是违约方的利益。因此，当事人因防止损失扩大而支出的合理费用，由违约方负担。非违约方应当提供证据证明自己在防止损失扩大中支出合理费用的证据，请求违约方予以赔偿。

【案例评注】

闫某与赵某房屋买卖合同纠纷上诉案[①]

基本案情

2012年11月25日，赵某与闫某经某公司居间签订房屋买卖合同，由赵某购买闫某名下涉诉房屋。合同约定成交价格为373万元，并对合同履行和违约责任等作出详细约定。合同签订后，赵某支付定金5万元。2012年12月3日，赵某与某公司共同对涉诉房屋进行网签。网签之前，闫某即表示不再履行合同。2014年6月11日，赵某起诉闫某，请求判令：（1）解除双方签订的房屋买卖合同；（2）闫某协助赵某办理涉诉房屋网签注销手续；（3）闫某向赵某双倍返还定金，共计10万元；（4）闫某向赵某赔偿预期利益损失93.3万元、中介费5.6万元。闫某辩称：房屋买卖合同因恶意串通、损害国家利益而无效，且赵某应对合同无效承担主要责任，出卖人无过错，不应承担责任；对于预期利益损失，闫某主张已在合同签订后告知赵某不再履行合同，赵某不仅没有减少损失，反而与我爱我家擅自办理了网签，导致其此后无法另行购买房屋，是赵某自己扩大了损失，其应自行承担不利后果。故反诉要求确认房屋买卖合同无效。

法院判决

法院认为，生效判决已认定闫某未取得配偶同意即出售房屋，且其配偶拒绝履行房屋买卖合同，最终导致合同无法履行，其行为已构成违约，应承担合同解除的违约责任；而守约方可得主张的损害赔偿范围既包括实际损失，也包括可

---

① 审理法院：重庆市江北区人民法院，案号：（2013）江法民执字第102号。

得利益损失。关于实际损失，其主要指守约方为履行合同所积极支出的费用，若合同因对方违约而解除，该费用支出即转化为守约方的实际损失。本案中介行为已经完成，赵某为此支付的中介费 5.6 万元即属于因合同解除导致的实际损失。关于可得利益损失，此系保护守约方的履行利益，在合同因出卖人一方的原因无法履行而导致解除时，一旦标的物价格上涨，该标的物涨价的预期利益不能为买受人所享有，其损失即属于可得利益损失。买受人赵某在明知或应知房屋买卖合同因共有产权人异议而无法继续履行的情况下，应及时采取措施防止损失扩大，否则，不得就扩大的损失要求赔偿。在第一次诉一审开庭时，闫某的配偶到庭明确表示不同意履行合同，在法律明确规定当共有人拒绝转移房屋所有权时合同继续履行不能的情形下，赵某作为理性的购买人，应对合同无法履行的诉讼结果具有合理预期。考虑到诉讼的周期以及重新鉴定的时间成本，在认定预期可得利益损失时，对涉案房屋的价值及合理升值部分不再予以重新评估鉴定，而是参考合理的鉴定时点房屋升值的具体情况，综合考虑合同履行不能的过错及风险的负担、损失的可预见性及减损规则等因素，结合当事人合同违约及履行的具体阶段，以及赵某为合同履行仅支付了 5 万元定金的客观情况，酌定具体的赔偿数额。据此判决闫某赔偿赵某中介费损失 5.6 万元、预期利益损失 30 万元。

专家点评

民法典合同编第 591 条规定了非违约方防止损失扩大义务，即当事人一方违约后，对方应当采取适当措施防止损失的扩大；没有采取适当措施致使损失扩大的，不得就扩大的损失要求赔偿。当事人因防止损失扩大而支出的合理费用，由违约方负担。在本案中，买受人赵某在明知或应知房屋买卖合同因共有产权人异议而无法继续履行的情况下，应及时采取措施防止损失扩大，否则，不得就扩大的损失要求赔偿。在第一次诉一审开庭时，闫某的配偶到庭明确表示不同意履行合同，在法律明确规定当共有人拒绝转移房屋所有权时合同继续履行不能的情形下，赵某作为理性的购买人，应对合同无法履行的诉讼结果具有合理预期。在此情况下，赵某可以通过解除合同、主张定金罚则、要求违约赔偿并进行替代房屋购买的方式维护自己的合法权益。而赵某未在合理期间内购买替代性的房屋，其对于此后房价上升的风险与损失应自行承担。本案中，赵某与中介公司在出卖人明确拒绝履行的情况下，自行依据之前签订的授权网上签约的手续办理了网签，对自身的后续购房造成了实际影响，对房价上涨的风险应承担主要责任。

第五百九十二条 当事人都违反合同的，应当各自承担相应的责任。

当事人一方违约造成对方损失，对方对损失的发生有过错的，可以减少相应的损失赔偿额。

【条文释义】

本条是对双方违约和违约过失相抵规则的规定。

在合同履行过程中，当事人都违反合同的，构成双方违约，即一个合同的不履行或者不适当履行，是双方都有违约行为，每一方的违约行为都对违约后果的发生具有原因力。双方违约的法律后果，是双方当事人按照各自的过错程度和违约行为的原因力，各自承担相应的后果责任。

同样，在合同履行过程中，只是当事人一方的违约行为造成对方损失，但是受损害的对方对损失的发生也有过错的，构成合同责任中的也有过失，应当实行过失相抵。过失相抵的法律后果是，按照受损害一方当事人对自己损害发生的过错程度，对违约方减少相应的损失赔偿额。

【案例评注】

魏某涛与武汉某汽车租赁公司合同纠纷上诉案[①]

基本案情

2016年4月8日，魏某涛与某汽车租赁公司签订《购车合同》并约定：所购车型为滴滴快车版CNG爱丽舍，某汽车租赁公司作为甲方与魏积涛作为乙方签订《汽车租赁合同》和《汽车租赁补充合同》。合同内容除包括租赁合同的基本条款外，还包括投资合作事宜：甲方确保乙方已经获得“网络约租车”平台所辖地区运营代理权，并确保开始运营该项目；甲方与乙方在本合同的关系是“网络约租车”项目车辆投资合作关系，没有直接关联的企业从属关系；“网络约租车”项目武汉地区的所有运营权和管理权属于甲方所有。

① 审理法院：湖北省武汉市中级人民法院，案号：(2019)鄂01民终8454号。

后因魏某涛未按约交纳租金，某汽车租赁公司于2018年3月14日将号牌号码为鄂A×××××的小型轿车收回，车辆实际行驶公里数为63921公里。该车截至2018年3月14日，产生违章记录3分罚款800元，路边停车欠费88元，ETC欠费1064元，共计欠费1952元，该款已由某汽车租赁公司垫付，魏某涛对此违章及欠费均予以认可。魏某涛与某汽车租赁公司因合同解除纠纷诉至法院。

法院判决

法院认为，本案双方均存在违约行为。某汽车租赁公司应当履行向魏某涛提供相关的网络平台，提供道路运输证并保证涉案车辆具备合法运营资质的义务，因某汽车租赁公司未提供符合合同约定的车辆，即未依约办理道路运输证，已构成违约。魏某涛未按合同约定缴纳租金的行为亦已构成违约。根据《合同法》第一百二十条的规定“当事人双方都违反合同的，应当各自承担相应的责任”。鉴于本案双方均存在违约行为，故对魏某涛主张的要求某汽车租赁公司支付违约金17728.6元及某汽车租赁公司反诉请求主张的要求魏某涛逾期缴纳租金违约金1250元以及支付解除合同违约金24960元的请求均不予支持。

专家点评

民法典合同编第592条规定了双方违约和违约过失相抵规则，也即若当事人双方都违反合同的，应当各自承担相应的责任。当事人一方违约造成对方损失，对方对损失的发生有过错的，可以减少相应的损失赔偿额，并且若双方当事人均违反合同的，则应当综合双方过错程度对双方的损失进行重新评估。在本案中，法院认为，综合双方过错程度和庭审查明事实，双方合同约定案涉车辆用于“网络租约车”，某汽车租赁公司未能提供符合约定的道路运输证，影响魏某涛开展网约车业务，在本案诉讼中，应负主要责任。魏某涛未按合同约定缴纳租金的行为亦已构成违约。因而权衡两者的过错程度，适当减少魏某涛的租金费用，并判决某汽车租赁公司退还多交的保险费于法有据。

第五百九十三条 当事人一方因第三人的原因造成违约的，应当依法向对方承担违约责任。当事人一方和第三人之间的纠纷，依照法律规定或者按照约定处理。

【条文释义】

本条是对违约责任中第三人原因的规定。

违约责任中的第三人原因，是指合同当事人一方不能履行合同债务的原因，是由于第三人的行为引起的。在侵权责任中也存在第三人原因，但是发生的法律后果不同，民法典侵权责任编第1175条规定，侵权责任的第三人原因是由第三人承担侵权责任，行为人免除责任。违约责任中的第三人原因不免除违约方的违约责任。因此，违约方的违约行为虽然是第三人的原因所致，但是违约方仍然应当依法对非违约方承担违约责任。

由于造成违约的真正原因是第三人的行为，如果不采取必要措施对违约方承担责任的后果进行补救，是不公平的。因此，本条后段规定，当事人一方和第三人之间的纠纷，依照法律规定或者按照约定处理。按照法律规定，就是违约方对第三人取得追偿权，有权向第三人就承担违约责任的损失请求赔偿。如果合同中有关于第三方原因造成违约的责任规定的，则依照规定处理。

【案例评注】

吴某牛诉齐某等租赁合同纠纷案[①]

基本案情

原告称被告齐某、张某亚合伙租赁原告所有的博途拖拉机（机牌号苏08C4213）一台，用于收割打捆使用，租金为每月24000元，双方订立了租赁合同。被告高某刚于2017年11月20日担保向原告归还上述拖拉机，合同还约定了其他事项。现三被告仅支付了7000元租金，剩余租金至今未予支付，经原告多次催要均未果。被告齐某、张某亚辩称，2017年8月16日因为被告齐某与安徽的一位农业经纪人发生劳务纠纷，连同从原告租赁拖拉机在内的几台机器都被这位经纪人扣押，至今这些机器还在被扣押状态。

法院判决

法院认为，租赁合同是出租人将租赁物交付承租人使用、收益，承租人支付

① 审理法院：江苏省盱眙县人民法院，案号：（2018）苏0830民初682号。

租金的合同。本案中，原告已向本院举证证明原告与被告齐某、张某亚之间就机牌号为苏08C4213的博途拖拉机存在租赁合同关系，双方签订的《租赁合同》系双方真实意思表示，不违反法律、法规强制性规定，本院予以确认，故双方当事人均需要按照该合同约定履行义务。现原告已经履行了将拖拉机交付给被告齐某、张某亚使用的义务，被告齐某、张某亚也应当按照合同约定支付租金。被告齐某、张某亚因第三人原因造成违约的，仍应当向原告承担相应的违约责任，被告齐某、张某亚与第三人之间的纠纷依照法律规定或者约定另行解决，与本案无关。

专家点评

根据民法典合同编第593条的规定，当事人一方不能免除因为第三人的原因造成违约时的违约责任。而当事人一方和第三人之间的纠纷，依照法律规定或者按照约定处理。违约责任中的第三人原因指的是，合同当事人一方不能履行合同债务的原因是由于第三人的行为所引起的。第三人行为引起的违约并不能免除违约方的违约责任。例如，涉案租赁合同的违约实因被告与其他人的纠纷引起，直接违约原因是第三人扣押了被告从原告处租赁的拖拉机，但是这并不能免除被告的违约责任，其仍然应当向原告承担相应的违约责任。而被告与第三人之间的纠纷，可按照法律规定或按照约定进行另案处理。

第五百九十四条 因国际货物买卖合同和技术进出口合同争议提起诉讼或者申请仲裁的时效期间为四年。

【条文释义】

本条是对国际货物买卖和技术进出口合同诉讼时效的规定。

我国违约责任的诉讼时效，适用民法典总则编第188条第1款规定，为三年。由于国际货物买卖合同和技术进出口合同争议涉及国际私法问题和国内外、境内外的管辖问题，因此适当延长一般诉讼时效的期间，提起诉讼和申请仲裁的诉讼时效期间为四年，以更好地保护合同当事人的合法权益。四年诉讼时效期间的起算，仍然是自当事人知道或者应当知道其权利受到损害以及义务人之日起计算。

【案例评注】

雷某公司与和某公司海上货运代理合同纠纷案[①]

基本案情

2014年4月17日，雷某公司与买方某公司以形式发票达成买卖合同约定：某公司向雷某公司购买一批电热水壶，分别为LF1001型号和LF1005型号的电热水壶各1260个，单价分别为每个10美元和10.50美元，每种型号的电热水壶各有配件26件，单价为3.50美元，货款总额为26012美元；贸易方式为FOB顺德，在生产前预付30%定金，70%余款见提单复印件时支付。

雷某公司、和某公司均确认，在下列电子邮件和QQ通信中发现余小姐、Leyla和扬某均为同一人。2014年7月14日，雷某公司一名叫Bella的员工向Leyla发送电子邮件，委托Leyla办理本案货物的订舱事宜，并附上雷某公司出具的订舱单。该订舱单载明托运人为纺织公司，收货人和通知方均为某公司，装货地为顺德容奇，卸货地为比利时安特卫普（AntwerpBelgium）。9月22日，余小姐通过QQ号与和某公司员工刘某联系，委托和某公司为其安排订舱运输本案货物。

2014年10月20日，和某公司通过电子邮件将本案货物的正本提单扫描件发给扬某核对。同日，Bella发邮件给余小姐询问本案货物的正本提单是否已寄出给雷某公司。10月27日，Bella又发邮件给余小姐，询问提单何时可以给雷某公司，雷某公司要凭正本提单收款，至少要把正本提单的扫描件给雷某公司。10月29日，和某公司发邮件给扬某称本案货物将于10月31日到达目的港，何时能付款。11月4日，扬某将正本提单扫描件通过电子邮件发给了雷某公司。同日，和某公司收到905美元。11月5日，和某公司出具正本提单签收单，Leyla在该签收单上签名确认，取走了正本提单。

据此，雷某公司要求确认余小姐与和某公司形成表见代理，雷某公司与和某公司之间成立货运代理合同关系，和某公司在未尽必要审查义务的情况下，将雷某公司的提单交给身份不明的人，是导致提单丢失的直接原因，其应承担赔偿损失的责任。

和某公司辩称该案诉讼时效的起算起点从知道或应当知道权益受到侵害起算。根据一审查明的事实，没有证据证明经雷某公司多次与和某公司沟通请求交付提单的事实。且根据海商法的相关规定，雷某公司应当从货物装船开始就有权

---

① 审理法院：广东省高级人民法院，案号：（2017）粤民终2457号。

要求承运人立即签发提单。而雷某公司与卖方的贸易方式可以不出示提单正本原件，基于海商法相关规定，雷某公司有权利主张交付提单但通过贸易的安排放弃了自己的法定权利应自行承担法律后果。故本案诉讼时效应当从2014年11月4日，雷某公司不向承运人或代理人主张交付正本提单时起算。

法院判决

就诉讼时效问题，法院认为，雷某公司的诉请是否已过诉讼时效的问题。原《合同法》第一百二十九条规定："因国际货物买卖合同和技术进出口合同争议提起诉讼或者申请仲裁的期限为四年，自当事人知道或应当知道其权利受到侵害之日起计算。因其他合同争议提起诉讼或者申请仲裁的期限，依照有关法律的规定。"根据该法律规定，本案为海上货运代理合同纠纷，诉讼时效应适用原《民法通则》有关诉讼时效的规定。原《民法通则》第一百三十五条规定："向人民法院请求保护民事权利的诉讼时效期间为二年，法律另有规定的除外。"第一百三十七条规定："诉讼时效期间从知道或者应当知道权利被侵害时起计算。但是，从权利被侵害之日起超过二十年的，人民法院不予保护。有特殊情况的，人民法院可以延长诉讼时效期间。"根据本案已查明的事实，雷某公司于2015年5月22日得知本案货物在目的港被提走，即此时才知道其权利受到侵害，故本案的诉讼时效亦应从该日起算。雷某公司于2016年12月6日起诉，未过诉讼时效。和某公司上诉主张，本案诉讼时效应从雷某公司应当获取提单之日起算，该主张不符合本案事实及上述法律规定，故本院不予支持。。

专家点评

根据民法典合同编第594条的规定，因国际货物买卖合同和技术进出口合同争议提起诉讼或者申请仲裁的期间为4年，起算点为当事人知道或者应当知道其权利受到损害以及义务人之日起。一般合同违约责任的诉讼时效，适用民法典·总则第188条第1款规定，为3年。但由于国际货物买卖合同和技术进出口合同争议涉及国际私法以及国内外、境内外的管辖问题，因此比一般的诉讼时效稍微延长。然而并非所有涉及国际货物买卖以及技术进出口事宜的均适用4年的诉讼时效，如本案实际上为海上货物代理合同纠纷，而非国际货物买卖合同纠纷，因而应当适用《民法通则》规定的2年诉讼时效规定。而根据本案已查明的事实，雷某公司于2015年5月22日得知货物提走时，才知道其权利受到侵害，之前雷某公司无法遇见也不能遇见其权利可能遭受侵害，因而本案诉讼时效应从该日起算，所以本案并未过诉讼时效。

第二分编

典型合同

第九章　买卖合同

第五百九十五条　买卖合同是出卖人转移标的物的所有权于买受人，买受人支付价款的合同。

【条文释义】

本条是对买卖合同概念的规定。

买卖合同，是出卖人转移标的物的所有权于买受人，买受人支付相应价款的合同。买卖合同是在民事法律中拥有漫长发展历史的最重要的传统合同，是商品交换发展到一定阶段的产物，是商品交换的最基本、最重要、最有代表性的法律形式。

买卖合同的法律特征是：(1) 买卖合同是转移标的物的所有权的合同；(2) 买卖合同是双务合同；(3) 买卖合同是有偿合同；(4) 买卖合同是诺成性合同；(5) 买卖合同一般是不要式合同。

买卖合同的当事人包括出卖人和买受人：(1) 买受人，须具有相应的民事行为能力，具有特殊身份的人不能成为特定买卖合同的买受人，如监护人不得购买被监护人的财产，受托人不得购买委托人委托其出售的财产，公务人员及其配偶不得购买由该公务人员依职权出售、变卖的财产，有限责任公司以及股份有限公司的董事、经理不得同本公司订立合同或者进行交易成为特定买卖合同的买受人。(2) 出卖人，除须具备相应的民事行为能力外，根据本编第 597 条第 1 款规定，还应当是买卖合同标的物的所有权人或者其他有处分权人。

【案例评注】

崔某通与孟某意等买卖合同纠纷上诉案①

基本案情

孟某意与被告某公司签订《商品房买卖合同》，购买众凯嘉园小区第8幢×号房屋一套，并缴纳房款350000元。某公司将房屋交付原告，孟某意占有使用该套房屋至今。过后，崔某通与被告某公司签订了《商品房买卖合同》，约定以每套50万元的价格购买4套房屋（包括孟某意所购买的房屋），同日签订保证书，载明此房屋买卖合同作为借款抵押合同，不作为正常房产销售，并在抵押期间不另行转让和抵押，后者有权在到期后以50万元/套的方式回购上述房屋。若到期不能归还则在一个月内无条件完成房屋过户。过后，因并未归还借款，双方产生纠纷，崔某通向一审法院起诉请求：1. 判令原告与被告某公司任丘分公司所签订商品房买卖合同有效，并判令被告某公司任丘分公司协助原告办理房产登记手续；2. 确认二被告签订的商品房买卖合同无效。

法院判决

法院认为，通过崔某通提供的《商品房买卖合同》和崔某通与被告某公司任丘分公司订立的《保证书》，可知双方的真实意思表示应为某公司任丘分公司以约定房屋向崔某通的借款提供抵押担保。崔某通与被告某公司任丘分公司订立的合同不存在《合同法》第五十二条规定的合同无效的情形，该合同为有效合同。由于上诉人崔某通不能证实其在法定期间内向房管部门申请登记，又因被上诉人孟某意购买房屋在先并按合同约定支付购房款且已经实际入住，被告某公司任丘分公司应协助被孟某意办理涉案房屋登记手续。崔某通与被告某公司任丘分公司之间的纠纷可另行解决。

专家点评

根据民法典合同编第595条的规定，买卖合同是出卖人转移标的物的所有权于买受人，买受人支付价款的合同。判断一份合同是否是买卖合同的要件之一是买受方和出卖方存在转移物品所有权的目的。若两者不存在转移物品所有权的目

---

① 审理法院：河北省沧州市中级人民法院，案号：（2018）冀09民终1465号。

的，即使其订立合同时的用语为“买卖”，但是实际上是以保证还款为目的的，则不能以买卖合同进行处理。例如，本案原告崔某通提供的《商品房买卖合同》和崔某通与被告某公司任丘分公司订立的《保证书》，可知双方的真实意思表示应为某公司任丘分公司以约定房屋向崔建通的借款提供抵押担保。因而该合同并非买卖合同，而是担保合同，崔某通不能依照该合同请求法院转移房屋所有权。

第五百九十六条 买卖合同的内容一般包括标的物的名称、数量、质量、价款、履行期限、履行地点和方式、包装方式、检验标准和方法、结算方式、合同使用的文字及其效力等条款。

【条文释义】

本条是对买卖合同内容的规定。

买卖合同的内容应由当事人约定。应当包括的主要内容是：

1. 标的，是买卖合同双方当事人权利义务的指向对象，是买卖合同的主要条款。

2. 数量，标的物的数量是确定买卖合同标的物的具体条件之一，是买卖合同成立的主要条款。

3. 质量，是确定买卖合同标的物的具体条件，是这一标的物区别于另一标的物的具体特征。

4. 价款，是当事人取得标的物所有权所应支付的对价，通常指标的物本身的价款。

5. 履行的期限、地点和方式，都直接涉及当事人的期限利益、案件管辖、履行方法等，意义重大。

6. 包装方式，对标的物起到保护和装潢的作用。

7. 检验标准和方法，应当明确规定。

8. 结算方式，是指出卖人向买受人交付标的物之后，买受人向出卖人支付标的物价款、运杂费和其他费用的方式。

9. 合同使用的文字及其效力。

10. 违约责任，是督促当事人履行债务，使非违约方免受或者少受损失的法律措施，对当事人的利益关系重大。

【案例评注】

合肥某道路材料有限公司与合肥市某建筑工程有限公司等买卖合同纠纷上诉案①

基本案情

2013年6月5日，程某斌与某道路公司签订一份《销售合同》，约定某建筑公司向某道路公司购买水稳，某建筑公司指定现场人员褚某征签收水稳送货单，付款方式为转账，供方处某道路公司加盖公章，需方处有程某斌签名。程某斌为某建筑公司派驻项目部的负责人。

后双方发生争执，某道路公司向法院起诉请求判令某建筑公司和某公司立即支付货款本息791943元，并承担本案诉讼费用。某道路公司向法院提供了几份证据，包括临泉路水稳明细单一份，签字人处有蔡某文（法定代表人）签名，并书写已付104.9万元，下欠116万贷款；欠条一份，言明：今欠到蔡某文水稳款壹佰壹拾陆万正；关于请求垫付某建筑公司临泉东路二标段一工区材料款的申请，言明：本协议签订后，由某公司先行垫付材料款570000元，本人收到该款项后不得再以任何方式向某公司主张剩余债权，亦不得以任何理由和方式向合肥市重点局等任何第三方相关部门上访或向人民法院起诉某公司等，如发生上述情形的，本人同意向某公司返还上述款项，并承担垫付款30%的违约金。某道路公司陈述，某公司先行垫付的材料款已实际支付，支付方式为公司将款项向材料商转账，由其进行统一分配。

法院判决

法院认为，关于案涉合同的结算，某道路公司出具的“临泉路水稳明细单”签字人处仅有某道路公司法定代表人蔡某文签名确认，未注明结算时间，证据形式上应认定为某道路公司单方制作，虽然某道路公司举出程某斌出具的欠条与“临泉路水稳明细单”相互印证。但是，首先，该欠条因程某斌无法查找而存在证明瑕疵，其次，如认定该欠条就是某建筑公司对案涉合同的结算，该结算过程相对于较高的合同价款亦显得随意、松散。该组证据对待证事实存在证明瑕疵；

① 审理法院：安徽省合肥市中级人民法院，案号：（2017）皖01民终7411号。

关于某建筑公司向某道路公司支付合同价款的确认，某道路公司对于其自认已收到的570000元合同价款提出，该570000元合同款是由总包方某公司垫付，并通过材料商梁启好统一分配，一审中，某公司对于某道路公司的上述陈述予以确认，但某道路公司对其上述陈述无法提供支付凭证予以佐证，因此，某道路公司对于570000元的付款与某建筑公司的关联性以及案涉合同已付款金额的确认存在证明瑕疵。

某建筑公司系案涉工程的合法分包单位，而程某斌作为某建筑公司在该工程的委托代理人，以某建筑公司的名义与某道路公司签订《销售合同》。在合同履行完毕后，程某斌又以欠条形式对差欠的货款数额予以确认。虽然某建筑公司辩称程某斌对外签署材料采购合同必须加盖该公司的合同专用章，但是某建筑公司和程某斌的内部约定不能对抗善意第三人。结合某建筑公司法定代表人出具的授权委托书，本院认为某建筑公司应对程某斌的上述行为承担相应的民事责任，即某建筑公司应向某道路公司支付差欠的货款本息。

专家点评

根据民法典合同编第596条的规定，买卖合同的内容还可以包括包装方式、检验标准和方法、结算方式、合同使用的文字及其效力等条款。买卖合同的内容除标的和数量外，还包括质量、履行期限、履行地点和履行方式、价款、违约责任、包装方式、检验方法和标准、结算方式和合同使用的文字及其效力。但是，在经济生活中，大部分的合同都是“不完全”的。当事人可能会因为疏乎大意，交易成本的限制等各种原因，欠缺在合同中订立上述条款。本案中，《销售合同》的结算条款较为简单，设有对逾期利息事项作出约定，此时需要法官对相应事项予以填补。由于被告未在合同约定期限内支付货款，给原告造成了经济损失，法院应当要求被告支付相应的逾期利息损失。

第五百九十七条　因出卖人未取得处分权致使标的物所有权不能转移的，买受人可以解除合同并请求出卖人承担违约责任。

法律、行政法规禁止或者限制转让的标的物，依照其规定。

【条文释义】

本条是对买卖合同标的物的规定。

买卖合同的标的物，是指买卖合同中买或者卖的某物。买卖合同的标的物附着于所有权，故对标的物的买卖，其实就是对标的物所有权的买卖，在买卖合同中，取得标的物的所有权是买受人的交易目的，将标的物的所有权转移给买受人，是出卖人的主要义务。转移标的物的所有权是在交付标的物的基础上，实现标的物所有权的转移，使买受人获得标的物的所有权。

出卖人出卖标的物及其所有权，是其在买卖合同中的主要义务，因而必须享有标的物的所有权或者处分权。出卖人出卖其享有所有权的标的物，当然可以转让标的物的所有权。出卖人不享有标的物的所有权，但是享有标的物的处分权，同样可以通过买卖合同出让标的物的所有权，完成买卖合同的主要义务。如果因出卖人未取得标的物的处分权，致使标的物所有权不能转移的，就不能实现转让标的物及其所有权的义务，买受人也无法取得标的物的所有权，出卖人构成根本违约，因而买受人享有法定解除权，可以解除买卖合同，并请求出卖人承担违约责任。

买卖合同转让的标的物须具有合法流通性，如果是法律、行政法规禁止或者限制转让的标的物，依照其规定，不能转让或者限制转让。

【案例评注】

马某永与张某波买卖合同纠纷上诉案[①]

基本案情

张某波从马某永处购买了一辆牵引车，但是实际上该车为马某永从张某俊处转让获得，且其明知张某俊与河南某实业有限公司就该车签订了分期付款以及所有权保留合同。2016 年 3 月 23 日，河南某实业有限公司将该车扣留，张某波遂诉至一审法院。马某永反诉要求张某波赔偿经济损失 127000 元，并要求其将牵引车及挂车返还。另查明，2016 年 9 月 12 日，经河南至诚旧机动车鉴定评估有限公司鉴定，豫 P××××× 牵引车及豫 L－A666 挂车在鉴定评估基准日的价值为 83000 元，张某波就此支付鉴定费 2500 元。

法院判决

法院认为，《合同法》第一百三十二条规定：“出卖的标的物，应当属于出卖人所有或者出卖人有权处分。法律、行政法规禁止或者限制转让的标的物，依照

① 审理法院：河南省开封市中级人民法院，案号：（2017）豫 02 民终 3144 号。

其规定。”本案中，豫P×××××牵引车属于张某俊以分期付款的方式所购买的，该车已抵押于中国某银行股份有限公司郑州桐柏路支行，且张某俊也向担保人河南某实业有限公司承诺其对该车仅具有使用权，故应视为张某俊无权处分该车。张某俊未经相关权利人许可将该车转让给马某永，从马某永偿还车辆贷款的行为看，马某永知晓该车存在抵押贷款及限制处分的事实。后马某永在隐瞒上述事实的情况下又将该车转让给了张某波，此转让行为属无权处分，且未得到相关权利人的追认，故张某波与马某永于2015年5月19日签订的《车辆转让协议》应属无效。因《车辆转让协议》无效，因合同取得的财产，双方应予返还。有过错的一方应当赔偿对方因此受到的损失。

专家点评

根据民法典合同编第597条的规定，出卖人出卖标的物并将所有权转移至买受人是其在买卖合同中的主要义务。因而，如果因出卖人未取得标的物的处分权，致使标的物所有权不能转移的，就不能实现转让标的物及其所有权的义务，买受人也无法取得标的物的所有权，这就使得买卖合同的目的无法实现。该条的修改主要是赋予了买受人以法定解除权，如在本案中，马某永与张某波签订合同时，马某永隐瞒车辆抵押的事实，后也无相关权利人予以追认，马某永转让车辆的行为系无权处分，张某波可以要求解除合同，基于双方于2015年5月19日签订的《车辆转让协议》取得的财产，应予返还。

第五百九十八条 出卖人应当履行向买受人交付标的物或者交付提取标的物的单证，并转移标的物所有权的义务。

【条文释义】

本条是对出卖人交付标的物或单证并转移所有权义务的规定。

出卖人在买卖合同中的主要义务，就是交付标的物和标的物的所有权。交付标的物，是将标的物交付给买受人，如果标的物是用提取标的物的单证形态表现的，交付提取标的物的单证也构成交付，如交付仓单。

在交付标的物的同时，出卖人负有转移标的物所有权的义务，将标的物的所有权转移给买受人。标的物所有权转移的原则是：标的物所有权自标的物交付时起转移，但法律另有规定的除外。规则是：（1）动产买卖，除了法律另有规定或者当事人另有约定外，所有权依交付而转移。（2）就船舶、航空器、车辆等特殊类型的动产，所有权一般也自交付之时起转移，但未依法办理登记手续的，所有权的转移不具有对抗第三人的效力。(3) 不动产所有权的转移须依法办理所有权转移登记。未办理登记的，尽管买卖合同已经生效，但标的物的所有权不发生转移。

【案例评注】

陈某与李某峰房屋买卖合同纠纷上诉案①

基本案情

李某峰与陈某经中介某房产销售有限公司居间服务后，于2017年6月12日签订《徐州市存量房买卖协议》一份，双方约定陈某自愿将坐落于徐州市欧洲商城南侧博爱大厦的房产以人民币148万元的价格卖给李某峰，并且约定于协议签订之日，李某峰支付给陈某5万元定金作为购房款，该协议还约定了双方应于2017年7月15日之前办理完房产过户手续，同时约定了佣金价格、违约责任等条款。协议签订后，李某峰给付陈某定金5万元，陈某当日即向李某峰出具了定金收条。经江苏新百世房产销售有限公司凯旋门店经纪人高某强安排，双方按约定于2017年7月5日到坝子街产权处办理过户，此时，因双方均认可以中介测算价格105万元进行网签备案，故未对涉案房屋再进行评估。在涉案房屋产权过户办理过程中，陈某要求李某峰当天付清剩余款项43万元，李某峰则表示陈某应先在产权处网签合同上签字并且由陈某夫妻双方先在43万元差额款的收条上签字后才能交付差额款43万元，故2017年7月5日当天，双方因差额款支付问题未达成一致意见导致涉案房屋产权过户未能办成。后，房产经纪人高某强又安排双方于2017年7月14日至建国路不动产登记局办理过户手续，但因双方没有对具体时间进行明确约定，过户仍未办成。李某峰遂以陈某违约为由诉至一审法院。

法院判决

法院认为，根据《合同法》第八条之规定，依法成立的合同，对当事人具有法律约束力。当事人应当按照约定履行自己的义务，不得擅自变更或者解除合同。《合同法》第一百五十三条规定，出卖人应当履行向买受人交付标的物或者交付提取标的物的单证，并转移标的物所有权的义务。《合同法》第一百五十九

① 审理法院：江苏省徐州市中级人民法院，案号：(2017) 苏03民终8199号。

条规定，买受人应当按照约定的数额支付价款。本案中，双方当事人于 2017 年 6 月 12 日签订的《徐州市存量房买卖协议》系双方意思的真实表示，且未违反法律、行政法规的禁止性规定，依法自成立时生效，双方当事人亦应按照协议约定条款各自履行相应义务。在该协议履行过程中，尽管李某峰同意在过户时将 105 万元房款打入监管资金账户，差额款 43 万元一次性付清，但双方当事人对办理过户手续与支付差额款项孰前孰后、收条由陈某个人还是其夫妻共同签字的问题上约定不明确，导致合同在履行过程中产生纠纷。李某峰虽享有要求办理涉案房屋产权过户对陈某要求其提前支付差额款的同时履行抗辩权，但其提出的陈某夫妻双方应先共同签字出具收条而后其再支付差额款项的要求，有违当时双方已到银行办理付款手续的常理，故李某峰存在一定过错；陈某于网签合同上签字之前，要求李某峰必须先支付差额款的行为亦不能对抗李某峰的同时履行抗辩权，故陈某也存在一定的过错。双方虽约定于 2017 年 7 月 14 日再次办理过户手续，但因没有对具体办理时间进行明确约定，导致协议约定的过户事项最终未能实现。因此，对该协议的履行不能，双方均存在一定过错。现李某峰请求继续履行该协议，陈某对此不持异议，故对此请求，予以支持。

专家点评

民法典合同编第 598 条规定了出卖人在买卖合同中的主要义务，也即交付标的物和标的物的所有权。如果标的物是用提取标的物的单证形态表现的，交付提取标的物的单证也构成交付。就不动产的交付而言，必须办理相关登记手续。在本案中，陈某与李某峰签订的《徐州市存量房买卖协议》及双方履行该协议过程中对支付差额房款与办理过户手续的先后、收条是否需要陈某夫妻共同签字的问题约定不明。双方当事人互负债务，没有先后履行顺序的，应当同时履行，本案当事人在 2017 年 7 月 5 日当天均到达了产权处，从李某峰提出陈某夫妻双方共同签字出具收条再付款的要求和陈某要求李某峰先付差额款再办理网签的行为看，双方主观上均有履行合同的意愿，但因先后履行顺序发生了争吵，导致合同未能及时有效地履行。因而法院判决原被告履行合同约定的义务，于法有据，合情合理。

第五百九十九条　出卖人应当按照约定或者交易习惯向买受人交付提取标的物单证以外的有关单证和资料。

【条文释义】

本条是对交付买卖标的物单证以外的有关单证和资料的规定。

出卖人的义务之一，是除在交付标的物或者提取标的物单证并转移所有权外，还应当按照约定或者交易习惯，向买受人交付提取标的物的单证以外的有关单证和资料，如购买商品的保修单、使用说明书等。这项义务是出卖人在买卖合同中应当履行的从义务，是辅助合同主义务的义务，以实现买受人的交易目的。

【案例评注】

华浦公司与林某佑商品房预售合同纠纷上诉案[①]

基本案情

2014年12月17日，林某佑（乙方、买受人）、华浦公司（甲方、出卖人）签订《商品房买卖合同》（FZ1412XJ025063）。合同主要约定：1. 林某佑购买华浦公司预售的位于福州市台江区办公号房，建筑面积187.6平方米，交易总金额4314800元；2. 付款方式及期限：林某佑于2014年12月17日前付定金100000元、于2015年1月16日前付房款4214800元；3. 华浦公司应当在2015年3月31日前，依照国家和地方人民政府的有关规定，将同时符合各项约定条件的商品房交付买受人使用；4. 本合同在履行过程中发生的争议，由双方当事人协商解决……协商不成的，依法向人民法院起诉。上述合同还约定了其他事项。上述合同签订后，林某佑分别于2014年12月17日、2014年12月19日向华浦公司转账支付100000元、4214800元，合计4314800元。2014年12月22日，林某佑取得案涉房屋预告登记证明。华浦公司于2014年12月25日向林某佑出具金额为4314800元的《收款收据》，其中载明交款项目为“收到华班大厦24层08办公全额购房款2015年4月换正式发票”。但华浦公司至今未向林某佑出具销售不动产统一发票。据此，原告将华浦公司诉至法院。

① 审理法院：福建省福州市中级人民法院，案号：（2017）闽01民终6299号。

法院判决

法院认为，双方当事人签订的《商品房买卖合同》应认定系双方当事人的真实意思表示，且内容不违反法律法规的禁止性规定，系有效合同，双方均需依约履行。现林某佑已依约按期支付全部购房款，依照《合同法》第一百三十六条："出卖人应当按照约定或者交易习惯向买受人交付提取标的物单证以外的有关单证和资料"的规定，华浦公司作为出卖人应为林某佑出具销售不动产统一发票。现林某佑诉请华浦公司出具销售不动产统一发票，于法有据，法院予以支持。

专家点评

民法典合同编第599条规定了出卖人在买卖合同中的从义务，也即除交付标的物、转移所有权外，出卖人还应按照约定或者交易习惯，向买受人交付提取标的物的单证以外的有关单证和资料。实践中，这些单证可以为保修卡、使用说明书、发票等。这些单证的交付尽管不会影响买卖合同本身的履行，但是会影响买受人对标的物所享有的特定权利的行使。具体来说，根据《最高人民法院关于审理买卖合同纠纷案件适用法律问题的解释》第七条的规定，这些单证和资料主要应当包括保险单、保修单、普通发票、增值税专用发票、产品合格证、质量保证书、质量鉴定书、品质检验证书、产品进出口检疫书、原产地证明书、使用说明书、装箱单等。本案中，华浦公司应当向原告提供销售不动产统一发票。

第六百条 出卖具有知识产权的标的物的，除法律另有规定或者当事人另有约定外，该标的物的知识产权不属于买受人。

【条文释义】

本条是对买卖合同知识产权保留条款的规定。

出卖具有知识产权的标的物的，除法律另有规定或者当事人另有约定外，该标的物的知识产权并不随同标的物的所有权一并转移于买受人。这就是"知识产权保留条款"，其规范目的在于保护知识产权人的权利，防止知识产权被侵犯。例如，购买著作权人享有著作权的作品，只能买到这本书，而不能买到这本书的著作权，著作权仍然保留在作者手中。同样，购买专利产品，买受人买不到专利权；购买著名品牌的商品，买受人也买不到该商品的商标权。

【案例评注】

金某红与河北省泊头市某仪表有限公司买卖合同纠纷案①

基本案情

2011年8月2日，泊头市某仪表有限公司的代理人孟某周和被告朱某斌签订了一份《IC卡智能水表供货合同》，合同约定金某红（供方）向泊头市某仪表有限公司（需方）出售“普惠”牌IC卡智能水表。合同签订后，供方向需方供货一定数量。需方收取供方水表后，支付供方水表款456076元，扣除备用水表货款，剩余货款应为404039元。需方将水表分别安装于四个社区。工程完工后，某煤化实业有限公司通过了“维简费工程完成情况报表”，发包方、施工方及某煤化实业有限公司的审计、监察部门负责人均在该报表上签字。截至2015年5月14日，某煤化实业有限公司已向被告支付了南桥、北矿、南井头三个社区的全部工程款，马村矿社区因涉及破产清算工作，未完全支付工程款。2012年7月，需方完成水表安装工程后，供方在催要水表款无果的情况下，利用技术手段，限制水表使用。需方又对供方的软件解码，保证水表正常使用。

由此，金某红将泊头市某仪表有限公司诉至法院，要求其承担违约责任。

法院判决

就原告利用技术手段控制水表，被告通过第三方解码服务，是否构成违约的问题？法院认为，《合同法》第一百三十七条规定，出卖具有知识产权的计算机软件等标的物的，除法律另有规定或者当事人另有约定的外，该标的物的知识产权不属于买受人。本案的IC卡智能水表载有原告的计算机软件知识产权，智能水表出卖被告后，该知识产权依然为原告所有，原告有管理使用的权利。原告在被告未能按照合同约定履行付款义务的情况下，原告可以利用自己技术控制水表，以维护合法债权，不构成违约。另外，即使原告的水表软件服务存在问题，被告可以协商、诉讼等方式要求原告承担继续履行、采取补救措施、赔偿损失的违约责任，但被告未经原告同意，自行解码，侵犯了原告的知识产权，被告的行为具有违法性，其产生的费用，本院不予支持。

---

① 审理法院：福建省福州市中级人民法院，案号：（2017）闽01民终6299号。

专家点评

民法典合同编第600条规定了买卖合同知识产权保留条款，也即出卖具有知识产权的计算机软件等标的物的，除另有约定或法律规定外，不转移知识产权权利的归属。这条规定的规范目的在于保护知识产权人的权利，防止知识产权被侵犯。在本案中，涉案标的IC卡智能水表载有原告的计算机软件知识产权，智能水表出卖被告后，该知识产权依然为原告所有，因而原告可以通过自己的技术手段控制水表，即使原告的水表软件服务存在问题，被告也不能通过自行解码的方式，绕过原告的知识产权防护措施，被告的行为侵犯了原告的知识产权，具有违法性。法院据此判定原告该行为并不构成违约，事实证据充足，于法有据。

第六百零一条 出卖人应当按照约定的时间交付标的物。约定交付期限的，出卖人可以在该交付期限内的任何时间交付。

【条文释义】

本条是对出卖人按照时间期限交付标的物的规定。

出卖人应当按照约定的时间交付标的物，时间是约定的期日，出卖人应当在该期日交付标的物。约定交付期限的，即约定了交付的起始日到终止日的，出卖人可以在该交付期限内的任何时间交付，但应当在交付前通知买受人。出卖人提前交付标的物的，应当取得买受人的同意，否则买受人可以拒绝受领，但提前交付不损害买受人的利益的除外。出卖人提前交付给买受人增加费用的，由出卖人负担。

【案例评注】

贵阳某房地产开发有限公司与朱某商品房销售合同纠纷上诉案[①]

基本案情

2013年8月2日，原告朱某与被告贵阳某房地产开发有限公司签订一份《商

① 审理法院：贵州省贵阳市中级人民法院，案号：（2017）黔01民终6839号。

品房买卖合同》，约定原告购买被告建设的某房产。该合同第八条“付款方式及期限”约定原告采取分期付款方式：买受人于签订合同当日支付第一期房款131796元，余款1120000元须于2013年8月7日支付……第11条“交付时间和条件”约定出卖人应当在2014年10月30日前向买受人交付该商品房；第十三条“逾期交房责任”约定：除不可抗力外，出卖人未按照第十一条约定的期限和条件将该商品房交付买受人的，按照逾期时间，分别处理……（2）逾期超过60日，买受人有权退房……买受人要求继续履行合同的，合同继续履行，自第十一条约定的交付期限届满之次日起至实际交付之日止，出卖人按日计算向买受人支付全部已付款万分之0.5的违约金，并于该商品房实际交付之日起3日内向买受人支付违约金。该合同同时对交接手续、面积差异处理等其他事项作了约定。该合同签订后，原告按约支付了房款，但被告未能按期交房。2015年7月24日，被告在《贵阳晚报》刊登“交房通知”，通知购买创艺时代主城的业主办理收楼手续。嗣后，原告因与被告协商赔付逾期交房违约金事宜未果，遂诉至法院。

法院判决

法院认为，合同签订后，原告朱某按约支付了购房款，但被告未按照合同约定向原告交付房屋，已构成违约，应当向原告承担逾期交房的违约责任。现双方争议焦点之一为该违约金计算的起止时间。被告虽辩称逾期时间应予扣除88天，但其向法院提交的“2012年—2014年停工证明”罗列事项，不属于不可抗力或其他可以延期交房的法定事由，故对被告此辩称，法院不予采信。根据双方合同约定，被告交付房屋的期限为2014年10月30日前，但直至2015年7月24日被告方才履行交付房屋义务，故被告逾期时间应从双方约定交房最后期限次日起算至2015年7月23日，共计264日。

专家点评

民法典合同编第601条规定了买卖合同的交付时间期限，即出卖人应当按照约定的时间期限交付标的物。有约定交付期限的，可以在任意期限内交付，提前交付的应当取得买受人的同意，除提前交付不损害买受人的利益的买受人可以拒绝受领外。延迟交付的也应当获得买受人的同意，否则无其他免责事由则构成违约。通常约定交付期限还与违约金的起算点密切相关。在本案中，被告向法院提交的“关于贵阳市在中高考期间加强噪声污染监督管理的相关新闻稿件组成的一份‘2012年—2014年停工证明’”，以证明逾期交房是因为政府原因导致，从而主张免责。但是法院认为，停工情况属于一般情况，系房产企业可以预料的事项，既不属于不可抗力或其他可以延期交房的法定事由，也不属于双方合同约定的工期顺延事由，从而判决不应顺延扣除该部分的交付房屋的时间。

第六百零二条 当事人没有约定标的物的交付期限或者约定不明确的，适用本法第五百一十条、第五百一十一条第四项的规定。

【条文释义】

本条是对未约定标的物交付期限或约定不明确确定方法的规定。

当事人未约定标的物的交付期限或者约定不明的，按照以下顺序的方法进行：(1) 依照本编第 510 条规定，双方可以协议补充，确定交付期限。(2) 如果不能达成补充协议的，按照合同有关条款或者交易习惯确定。(3) 仍然不能确定的交付期限的，依据本编第 511 条第 4 项规定，债务人可以随时交付标的物，债权人也可以随时要求履行，但是应当给买受人或者出卖人以必要的准备时间。

【案例评注】

洪某昂等与王某均合同纠纷上诉案[①]

基本案情

某公司成立于 2004 年 3 月 2 日，2007 年 6 月 6 日至 2014 年 7 月 23 日期间，该公司股东包括洪某昂、叶某平、江某强等，于 2014 年 7 月 24 日变更为深圳伽某公司法人独资。2014 年 7 月 22 日，洪某昂等共同签订《退货申请确认单》，约定王某均退还某公司的货物共计 60 万元，邵某丽退还某公司的货物共计 42 万元，具体详见退货清单；付款方式采用现金方式直接支付到王某均和邵某丽的个人账户上，付款时间在工商营业执照过户签名之后、收到深圳伽某公司支付的第一笔款之后付清第一笔，第二次收到后付第二笔。退货由王某均和邵某丽分别向所有股东按收款比例发放退货，如无需退货的股东请给予书面凭证，若不需要发票的扣货物款的 5%。当天，某公司全体股东共同与深圳伽某公司签订了关于某公司的股权转让协议，协议约定某公司全体股东将公司 100% 股权转让给深圳伽某公司。

---

① 审理法院：广东省中山市中级人民法院，案号：(2017) 粤 20 民终 6176 号。

嗣后，洪某昂等与王某均和邵某丽就退货协议产生争议，起诉至法院主张解除合同。

法院判决

关于洪某昂、叶某平、江某强、陈某立上诉主张先退货后付款或者退货与付款同时履行的问题，法院认为依据《合同法》第一百三十九条“当事人没有约定标的物的交付期限或者约定不明确的，适用本法第六十一条、第六十二条第四项的规定”，第六十二条“当事人就有关合同内容约定不明确，依照本法第六十一条的规定仍不能确定的，适用下列规定……（四）履行期限不明确的，债务人可以随时履行，债权人也可以随时要求履行，但应当给对方必要的准备时间……”的规定，洪某昂、叶某平、江某强、陈某立可以随时要求王某均履行退货义务。洪某昂、叶某平、江某强、陈某立一审辩称王某均迟延退货导致不能实现合同目的，但并未提供证据证明其已通知王某均退货，而王某均经催告后在合理期限内仍未履行或者王某均明确表示不履行退货义务，且王某均一、二审均表示愿意履行退货义务，故洪某昂、叶某平、江某强、陈某立要求行使法定解除权，理由不成立。

专家点评

民法典合同编第602条规定了交付期限的推定，也即未约定交付期限或约定不明确的，须首先通过协议补充，未达成补充协议的，可以根据合同条款或交易习惯确定，根据这些仍未确定的，出卖人可以随时交付标的物，买受人也可以随时要求履行。在本案中，洪某昂等签订《退货申请确认单》，约定王某均和邵某丽各退货款60万元和42万元。但是在退货申请确认单中，当事人多方并未约定退货履行期限。因而根据民法典合同编第602条的规定，出卖人可以随时要求履行退货义务，但并未提供证据证明其已通知王某均履行退货义务，同时根据法律规定，该退货通知必须给买受人留有一定的时间。故而，当买受人愿意履行退货义务时，出卖人不得以此行使法定合同解除权。

第六百零三条 出卖人应当按照约定的地点交付标的物。

当事人没有约定交付地点或者约定不明确，依据本法第五百一十条的规定仍不能确定的，适用下列规定：

（一）标的物需要运输的，出卖人应当将标的物交付给第一承运人以运交给买受人；

（二）标的物不需要运输，出卖人和买受人订立合同时知道标的物在某一地点的，出卖人应当在该地点交付标的物；不知道标的物在某一地点的，应当在出卖人订立合同时的营业地交付标的物。

【条文释义】

本条是对买卖合同标的物交付地点的规定。

买卖合同标的物交付地点的确定方法是：

1. 出卖人应当按照约定的地点交付标的物。约定在哪里交付，哪里就是交付地点。

2. 当事人没有约定交付地点或者约定不明确的，依照民法典第510条的规定，进行补充协商，按照协商确定的交付地点为交付地点。

3. 通过补充协商仍然不能确定交付地点的，适用下列规定：（1）标的物需要运输的，出卖人应当将标的物交付给第一承运人以运交给买受人，交付第一承运人的地点为交付地点；（2）标的物不需要运输，出卖人和买受人订立合同时知道标的物在某一地点的，出卖人应当在该地点交付标的物，该地点为交付地点；不知道标的物在某一地点的，应当在出卖人订立合同时的营业地交付标的物，出卖人订立合同时的营业地是交付地点。

【案例评注】

韩某红与李某朋买卖合同纠纷上诉案①

基本案情

李某朋与韩某红口头达成协议，约定李某朋自韩某红处购买葡萄糖酸钠及丙烯酸。2017年4月25日，李某朋通过银行转账的方式支付韩某红货款及运费共计53800元，并通过手机短信的方式告知韩某红交付货物的地点及联系人。韩某红回复短信内容为："车来了，司机15××××593，西王葡酸3400×10=34000元，丙烯酸2×6800=13600元，塑料桶10×80=800元，运费450×12=5400

① 审理法院：山东省济南市中级人民法院，案号：（2018）鲁01民终660号。

元，共53800元，您再核对下吧”。李某朋未收到韩某红所交付的货物，于是向法院起诉要求解除合同并退还货款及运费。

法院判决

法院认为，李某朋、韩某红之间口头达成买卖关系，李某朋向韩某红除支付货款还另外支付运费的事实，说明其系委托韩某红代办托运，韩某红应按照李某朋的要求将涉案货物交付承运人。但韩某红提交的鹏森物流货物运单中既没有记载李某朋短信中指定的收货人肖某军及其联系方式，也没有记载李某朋的名字及联系方式，该物流运单收货人处空白，故不能证明韩某红已按约定履行向李某朋交付货物的义务，物流公司最终向谁交付货物系取决于韩某红的指令，李某朋至今亦未收到涉案货物。据此，法院判决韩某红退还李某朋货款及运费共计53800元。

专家点评

民法典合同编第603条规定了交付地点规则，也即有约定从约定，需要运输的交付给第一承运人为交付地点，不需要运输的则以订立合同时双方所知的地点为交付地点或以出卖人订立合同时的营地为交付地点。但在实践中可能遇见双方既未以书面形式确定交付地点，也未以书面形式确定是否需要承运，此时应当结合是否应当需要支付运费来判断双方对承运方式的理解。如在本案中，买受方和出卖方实际并未达成书面买卖合同，但从支付的款项不仅包括货款也包括运费可以说明双方对标的物需要运输这一事实予以认可，出卖方应按照买受方的要求将涉案货物交付承运人。法院据此判决韩某红违约并退还李某朋货款及运费，于法有据，合情合理。

第六百零四条　标的物毁损、灭失的风险，在标的物交付之前由出卖人承担，交付之后由买受人承担，但是法律另有规定或者当事人另有约定的除外。

【条文释义】

本条是对买卖合同标的物意外灭失风险负担规则的规定。

买卖合同标的物意外灭失风险负担，是指对买卖合同标的物由于不可归责于双方当事人的事由而毁损、灭失所造成的损失应当由谁承担的规则。

买卖合同标的物意外灭失风险负担规则分两种：

1. 当事人约定的规则，是标的物意外灭失风险负担的规则可以由当事人约定。当事人约定风险负担原则的，按照约定处理。

2. 法律规定的规则，是当事人没有特别约定的，应当按照法律规定的风险负担的一般规则处理，即标的物毁损、灭失的风险依标的物的交付而转移，即标的物在交付之前发生意外灭失风险的，风险由出卖人承担；标的物在交付之后发生意外灭失风险的，风险由买受人承担。

【案例评注】

林某生诉福州某公司等买卖合同纠纷案①

基本案情

2015年5月10日，某公司与林某生签订《买卖合同》，合同约定，某公司以总价人民币273000元的价格向林友生出售装载机一台，林某生于合同签订当天支付首付款60000元，其余的款项分7期支付。若林某生逾期支付任何款项，则视为合同项下全部款项均已到期，且某公司有权要求林某生自逾期付款之日起按照所欠款项的日千分之一支付违约金。如若发生争议，由福州市仓山区人民法院管辖。合同签订后，某公司依约向林某生交付了合同约定的装载机，林某生亦出具物件接收证书，确认收到合同约定的装载机。

2017年11月22日，林某生的工人马作兴等人被人催讨债务时该装载机被拖走，林某生以此为由拒绝支付尾款。双方发生纠纷，诉至法院。

法院判决

法院认为，案涉《买卖合同》签订之后，某公司依约向林某生交付了装载机，林某生业已接收使用装载机并取得所有权，依照《合同法》第一百四十二条关于“标的物毁损、灭失的风险，在标的物交付之前由出卖人承担，交付之后由买受人承担……”的规定，装载机的毁损、灭失风险在交付之后已转由林某生承担，并不能成为买受人拒付货款的理由，故对于林某生以装载机被人拖走为由拒付欠付货款的辩称，本院不予采纳。

---

① 审理法院：福建省福州市中级人民法院，案号：（2018）闽01民终1420号。

专家点评

民法典合同编第604条规定了标的物毁损、灭失的风险，除法律规定和当事人约定外，标的物毁损、灭失的风险与标的物交付规则相统一，标的物在交付之前发生意外灭失风险的，风险由出卖人承担；标的物在交付之后发生意外灭失风险的，风险由买受人承担。在本案中，林某生与某公司签订的分期付款买卖合同写明，装载机于首付款后交付，同时该装载机毁损、灭失的风险就由某公司转移至林某生。因而之后发生的装载机被扣押而不能使用的风险也应当由林某生承担，而与某公司无关。何况，林某生可待该案侦查结束后，基于其对装载机所享有的所有权向实际取走人主张返还。因而林某生以此为由拒付货款的辩称，于法无据。

第六百零五条 因买受人的原因致使标的物未按照约定的期限交付的，买受人应当自违反约定时起承担标的物毁损、灭失的风险。

【条文释义】

本条是对因买受人交付期限违约标的物意外灭失风险负担的规定。

在买卖合同履行中，如果出卖人已经按照约定将标的物运送至买受人指定的地点，并且交付给承运人的，之后的标的物意外灭失风险由买受人负担，承担后果责任。但是，当事人在合同中有特别约定的，应当按照当事人的约定确定由哪一方负担标的物意外灭失的后果。

【案例评注】

湛江市某汽车公司与湛江某船舶工程公司买卖合同纠纷上诉案[①]

基本案情

2015年11月13日，某船舶工程公司、某汽车公司达成口头买卖车辆的协

---

① 审理法院：广东省湛江市中级人民法院，案号：（2017）粤08民终144号。

议。约定：某船舶工程公司向某汽车公司购买南京依维柯汽车一辆，车价为12.8万元，某船舶工程公司付款后某汽车公司要在十天内交付汽车给某船舶工程公司。当日，某船舶工程公司通过银行转账的方式给某汽车公司支付了购车款12.8万元。2015年11月21日，南京赛福特汽车服务有限公司给某汽车公司发来一辆南京依维柯NJ6484型汽车。2016年8月12日，某船舶工程公司向某汽车公司因后者未交付汽车而解除买卖汽车协议的通知，并要求某汽车公司退还预付款。某汽车公司并未作出回应，也未退还预付款。嗣后，某船舶工程公司将某汽车公司诉至法院，某汽车公司反诉要求某船舶工程公司支付车辆保管费用。

法院判决

法院认为，关于某船舶工程公司应否支付保管费及应支付多少保管费给某汽车公司的问题。根据《合同法》第一百四十三条“因买受人的原因致使标的物不能按照约定的期限交付的，买受人应当自违反约定之日起承担标的物毁损、灭失的风险”的规定，买受人有接收标的物的义务。如前所述，某汽车公司已履行了通知某船舶工程公司提车的义务。某船舶工程公司没有将车提走，导致某汽车公司承担保管涉案车辆的责任，某船舶工程公司应支付保管费给某汽车公司。某汽车公司没有证据证明该公司与某船舶工程公司之间达成按每天100元的标准支付保管费的协议，参照本地收取停车费的标准，并结合本案的具体情况，酌定某船舶工程公司按每天20元的标准支付保管费。某汽车公司主张保管费从2015年12月1日计至某船舶工程公司实际提车之日止，故某船舶工程公司应从2015年12月1日至该公司实际提车之日止，按每天20元的标准向某汽车公司支付保管费。某汽车公司上诉主张保管费从2015年12月1日至某船舶工程公司实际提车之日止，按每天100元的标准支付，超出部分，本院不予支持。

专家点评

民法典合同编第605条规定了因买受人或者出卖人原因意外灭失风险负担规则的规定，买卖合同的履行中除开不可归责于买受人或出卖人的意外之外，还有可能因买受人或出卖人原因产生的一些导致标的物出现毁损或灭失的风险，特别是当因买受人的原因导致的标的物未按照约定的期限交付的，则从此时起买受人应当自违反约定之日起承担标的物毁损、灭失的风险，而不再遵循标的物交付规则由出卖人承担。在本案中，尽管该车并未出现毁损、灭失的风险，但是根据该条规定的精神可以得出，当因买受人的原因而发生给付迟延时，买受人应当由此承担发生的保管费用。某船舶工程公司因自己的原因并未提车而致使某汽车公司发生了多余的保管费用，由此其应当承担自迟延交付之日起的保管费用。

第六百零六条 出卖人出卖交由承运人运输的在途标的物，除当事人另有约定外，毁损、灭失的风险自合同成立时起由买受人承担。

【条文释义】

本条是对在途买卖合同标的物意外灭失风险负担的规定。

出卖人出卖交由承运人运输的在途标的物，是指出卖人享有所有权的标的物，已经交由承运人运输，处于运输中，在此期间，出卖人与买受人签订买卖合同，将该标的物的所有权出卖给买受人的情形。这种情形称为路货买卖，例如，出卖人将标的物装上开往某地的运输工具如轮船，在运输途中寻找买主订立买卖合同。按照指示交付的规则，自该合同成立之时，就完成了指示交付，标的物的所有权发生转移。因此，该买卖合同的标的物发生毁损、灭失的风险，自该买卖合同成立时起，由买受人承担后果。如果卖方在订立合同时已经知道或者应当知道货物已经遗失或者损坏，而又不将这一事实告知买方，则这种遗失或者损坏后果应当由卖方承担。

【案例评注】

任某国诉重庆某商贸有限公司买卖合同纠纷案[①]

基本案情

任某国为重庆某商贸有限公司河北省邯郸分公司负责人。2012 年 8 月 3 日，某公司与任某国签订《诗仙太白酒经销合同》，约定：1. 任某国为某公司在邯郸市辖区的经销商；2. 经销期限三年，从 2012 年 8 月 3 日至 2015 年 8 月 3 日；3. 产品结算价额以双方约定的价格执行；4. 任某国向某公司订购产品实行先款后货。合同签订后，任某国向某公司交纳了保证金 300000 元。从 2012 年 4 月到

① 审理法院：广东省湛江市中级人民法院，案号：（2017）粤 08 民终 144 号。

2012 年 11 月，某公司数次向任某国提供了价值 896264.80 元的诗仙太白酒。某公司为了支持任某国开展经营活动，没有按照约定先款后货，但任某国接受产品后拒绝支付货款。某公司为证明其于 2012 年 9 月 4 日通过金永快递公司向任某国发货 700 件商品酒，在一审中提交了 2012 年 9 月 4 日出库单 2 张、石家庄市裕华区金永配货服务站 2012 年 9 月 3 日出具的货物运单 1 张。该货物运单载明，斯某勇（某公司员工）在 2012 年 9 月 3 日将 700 件货物交金永配货服务站运送至邯郸交任某国收取，但该运单“提货人”栏无签名。

某公司起诉要求：1. 解除某公司与任某国签订的《诗仙太白酒经销合同》；2. 判令任某国支付某公司货款 596264.80 元；3. 诉讼费由任某国负担。

法院判决

法院认为，本案的争议焦点是任某国是否收到 2012 年 9 月 4 日某公司通过金永快递公司托运的 700 件货物。本院认为，根据任某国与某公司签订的《诗仙太白酒经销合同》第六条“交货和运输……3. 甲乙双方同意，在甲方库房交货。交货时，乙方应认真查验。发现有瑕疵情况，应及时向甲方提出。4. 应乙方要求，甲方可以代办运输，相关费用由乙方承担”的约定，双方根据不同的交付方式约定了两种交货方式：一是需方自提，二是由供方代办运输，交货地点在供方库房。《合同法》第一百三十三条规定：“标的物的所有权自标的物交付时起转移，但法律另有规定或者当事人另有约定的除外”，第一百四十二条规定：“标的物毁损、灭失的风险，在标的物交付之前由出卖人承担，交付之后由买受人承担，但法律另有规定或者当事人另有约定的除外”，第一百四十四条规定：“出卖人出卖交由承运人运输的在途标的物，除当事人另有约定的以外，毁损、灭失的风险自合同成立时起由买受人承担。”双方讼争的 700 件货物，某公司依照约定代办运输，后交付金永快递公司承运，货运单表明其作为出卖人的交付义务已经完成。代办运输也说明运输合同的真正托运人是任某国，而非某公司。至于任某国是否收到该批货物，是任某国与金永快递公司之间的关系，如其确实未收到该批货物可以向金永快递公司而非某公司主张权利。因而，法院认为，任某国关于其没有收到 2012 年 9 月 4 日某公司通过货运公司托运的 700 件货物的辩称不能成立。

专家点评

民法典合同编第 606 条规定了在途标的物的风险负担规则，即当买卖的标的物为在途标的物时，除当事人另有约定外，毁损、灭失的风险自合同成立时起由买受人承担。在途标的物是指，在买卖合同签订之时，标的物已经交由承运人运输，处于运输途中。这类案件的争议焦点往往在于涉案的标的物是否交由承运人。在实践中，通常以货物运单等为证明交付给承运人的证据。例如，涉案的700件商品酒是否已交由承运人，某公司提供了一张货物运单，该运单载明某公司员工已将涉案700件商品酒交由金永配货服务站，但提货人处并无签名。这就证明了出卖人的交付义务已完成，至于原告是否收到该批货物，则应由原告与承运公司协商解决。因而原告不能以其未收到托运的商品酒为由拒绝支付货款。

第六百零七条 出卖人按照约定将标的物运送至买受人指定地点并交付给承运人后，标的物毁损、灭失的风险由买受人承担。

当事人没有约定交付地点或者约定不明确，依据本法第六百零三条第二款第一项的规定标的物需要运输的，出卖人将标的物交付给第一承运人后，标的物毁损、灭失的风险由买受人承担。

【条文释义】

本条是对出卖人将标的物交付第一承运人意外灭失风险负担的规定。与《合同法》第145条规定相比较，增加了第1款规定的“标的物运送至买受人指定地点并交付后的毁损灭失风险由买受人承担”的新规则。这个规则原来规定在民法典合同编草案第604条第2款，民法典将其移至本条第一款规定。

对于双方约定由出卖人将买卖合同标的物运送至买受人指定的地点，交由承运人运送的，标的物的毁损灭失风险如何承担，《合同法》没有规定，只是规定了本条第2款规定的规则。从逻辑上说，这种情形必须有一个意外灭失风险负担规则，否则，将无法确定由谁承担风险。本条补充规定的这个新规则，就是解决这个问题的。在合同中，出卖人一方按照约定，只要将标的物运送至买受人指定地点，并且一经交付给承运人后，标的物的毁损、灭失风险就由买受人承担。这里存在一个意外风险转移的标志点，就是将标的物交付给承运人。在交付承运人之前，意外灭失风险为出卖人负担，交付承运人之后，买受人承担意外灭失风险。

买卖合同的当事人没有约定标的物的交付地点或者约定不明确，如果是属于民法典合同编第603条第2款第1项关于“标的物需要运输的，出卖人应当将标的物交付给第一承运人以运交给买受人”规定的，自出卖人将标的物交付第一承运人之后，就完成了标的物的交付义务，该标的物的所有权发生转移，由买受人享有。交付之后的标的物毁损、灭失的风险发生了转移，也由出卖人转移给买受人，交付之后的标的物发生了毁损、灭失的，由买受人承担后果。

【案例评注】

陈某与未某卿买卖合同纠纷案[①]

基本案情

2017 年 7 月 4 日，陈某通过网上交易平台从未某卿处购买白色木质板双人床，并已向未某卿支付货款 1500 元。双方微信聊天记录显示出卖人“不包运输”。陈某通过网上交易平台指定 58 速运为承运人，负责涉案货物的运输。陈某支付运费 66 元。

陈某提交的运输订单信息显示始发地为北京市海淀区龙岗路，目的地为北京市西城区。货物跟踪显示 2017 年 7 月 4 日 21 点 41 分 21 秒司机已在发货地就位，21 点 41 分 36 秒开始运输，22 点 30 分 15 秒到达最终目的地。

2017 年 7 月 5 日上午，未某卿发现涉案货物的一块床板在花池边未装车；同日，陈某在拼装涉案货物时因缺少床板致拼装困难与未某卿取得联系，遂得知一块床板遗落未装车。双方自此发生争议。

2017 年 7 月 5 日晚，陈某向未某卿通知解除合同，并要求未某卿拉回床板，双方因是否履行交货义务而产生纠纷，对簿公堂。

法院判决

二审法院认为，本案中，陈某与未某卿系通过网上交易平台订立的买卖合同，双方在网上交易平台中达成一致的内容应属合同条款，对双方均具有约束力。根据业已查明的事实，陈某与未某卿在交易中确认涉案货物不包运输，且未某卿向陈某提供的地址为“海淀清河龙岗路水木天成小区 2 高楼 × ×”，结合陈某通过 58 速运平台联系承运人，且将货物始发地标注为“水木天成小区（海淀清河龙岗路水木天成小区 2 高楼 × ×）”的行为，可以认定双方已对货物的交付地点达成一致，即“海淀清河龙岗路水木天成小区 2 高楼 × ×”，陈某关于未某卿应将涉案货物装车才完成交付义务的主张和双方关于货物交付地点的约定相悖，本院不予支持，一审法院关于本案中双方没有就交付地点进行明确约定的认

---

① 审理法院：北京市第二中级人民法院，案号：（2017）京 02 民终 11498 号。

定有误，本院予以纠正。

对于陈某主张应解除双方所订买卖合同的意见，本院认为，因双方明确约定了交货地址，未某卿在上述地址将货物交付给承运人后，即完成了交付义务，并且由于双方约定货物不包运输，因此合同价款也仅为货物价款，故无论从双方的约定还是从合同的对价来看，并无证据显示未某卿负有将货物搬运至楼下或装车的合同义务，未某卿主张其仅属好意帮助的意见本院予以采信。因此，陈某以未某卿未全面履行合同义务为由主张解除合同，缺乏事实和法律依据，本院不予支持。

专家点评

民法典合同编第 607 条规定了交付地点约定不明而须运输的标的物的风险负担规则，也即当交付地点约定不明而标的物需要运输的，标的物毁损、灭失的风险自交付给第一承运人后由出卖人转向买受人承担。在互联网交易愈发发达的当今，与过往相比，在确定交付地点上存在更多的证据加以证明。如在本案中，尽管原被告在微信聊天记录中并未说明交付地址，但是结合第三方交易平台的记录可以发现陈某已向承运人提交了货物始发地，而该始发地与未某卿提供的地址相同，因而可以认为双方已就交付地点达成了共识。既然双方已经就交付地点达成共识，则涉案纠纷不能适用民法典合同编第 607 条的规定。

第六百零八条 出卖人按照约定或者依据本法第六百零三条第二款第二项的规定将标的物置于交付地点，买受人违反约定没有收取的，标的物毁损、灭失的风险自违反约定时起由买受人承担。

【条文释义】

本条是对买受人未收取买卖标的物意外灭失风险负担的规定。

当事人对买卖合同的标的物交付地点没有约定或者约定不明确，交付的标的物又不需要运输的，如果出卖人和买受人订立合同时知道标的物在某一地点的，出卖人应当在该地点交付标的物；不知道标的物在某一地点的，应当在出卖人订立合同时的营业地交付标的物。当出卖人将标的物放置在订立合同知道标的物在某一地点的或者不知道标的物在某一地点而放置在出卖人订立合同的营业地的，都是符合法律规定的交付行为，这就是在特定地点交付标的物。出卖人将标的物置于上述两个交付地点之一，就完成了交付，发生标的物的所有权移转，同时也发生了标的物意外灭失风险负担的转移。如果买受人违反约定没有收取已经交付的标的物的，则自买受人违反约定之日起，标的物的毁损、灭失风险转移给买受人，由买受人承受标的物毁损、灭失后果。

【案例评注】

某公司诉龙岩市新罗区矿业管理办公室等买卖合同纠纷案①

基本案情

2011年10月10日，罗某平以某公司黄洋分公司（受托方）的法人代表名义与新罗矿管办（委托方）签订了《委托书》一份，主要约定委托事项：1. 收购559.7吨（毛重）铅锌矿石；2. 所得款存入委托方国库的罚没款专柜中。同时，罗某平以某选矿厂名义出具《便条》一份，注明：今收到新罗区矿管办查扣的岩山乡玉宝村董某华（董某雄）无证矿点铅锌矿559.2吨，（此矿无品位、土很多）过磅单20张。

2011年10月28日，福建龙岩某化验测试中心受新罗矿管办委托，对该铅锌矿进行检测后出具《检测报告》一份。2011年11月2日，龙岩市新罗区价格认证中心向新罗矿管办出具《价格证明》，确定平均出矿价格（不含税费）为160元/吨，即共计价值89472元。

2012年9月24日，一审法院依法对董某华因无证开采上述559.7吨铅锌矿犯非法采矿罪的事实予以认定，并判决扣押的被告人董某华所开采的铅锌矿计559.7吨，予以没收，上缴国库。

另外，某公司黄洋分公司（甲方）与罗某平（乙方）于2010年6月30日签订《租赁协议》一份。协议主要约定：1. 某公司黄洋分公司将黄洋选矿厂现在的正常运行的厂房、设备、备品备件、尾矿库、办公室及生活设施等租赁给罗某平；2. 租金为每年110万元，按季缴纳。上季度末缴纳下季度的租赁金27.5万元，方能取得下季度的生产权利；3. 罗某平租赁期间应确保选矿厂及尾矿库的安全，如发生安全事故，所造成的一切损失由郭阿平承担；4. 罗某平生产的产品由罗某平自行销售，如罗某平愿将产品卖给某公司黄洋分公司，价格由双方商定；5. 租赁期限暂定二年等。

同时，经2017年4月7日督查，新罗矿管办认为黄洋选矿厂未履行《委托书》约定的义务，导致原堆放场内已搭盖临时建筑，委托黄洋选矿厂收购的铅锌

① 审理法院：福建省龙岩市中级人民法院，案号：（2017）闽08民终1797号。

矿已灭失，故诉至法院，请求判令某公司、某公司黄洋分公司、罗某平立即向新罗矿管办赔偿因铅锌矿灭失造成的损失89552元。

法院判决

法院认为，2011年10月10日罗某平与新罗矿管办签订的《委托书》虽名为委托，但其实质内容是将查扣的铅锌矿交由罗某平收购，即直接出售给罗某平，而不是委托罗某平出售。该做法与财政部发布的《罚没财物和追回赃款赃物管理办法》第九条第二项“属于专管机关管理或专营企业经营的财物，如金银、外币、有价证券、文物、毒品等，应及时交由专管机关或专营企业收兑或收购”的规定相符。因此，双方之间成立买卖合同关系而非委托合同关系，本案案由应为买卖合同纠纷。

而根据《合同法》第一百四十二条的规定，买卖合同中“标的物毁损、灭失的风险，在标的物交付之前由出卖人承担，交付之后由买受人承担”，本案中罗某平出具了《便条》，表明已经收到了铅锌矿559.2吨，收到“过磅单20张”也表明货物数量已经确定，标的物已经交付，标的物毁损、灭失的风险已经转移给买受人罗某平。虽然查扣的铅锌矿并未放置在罗某平经营的黄洋选矿厂内，但铅锌矿堆放的地点在龙岩市新罗区下鲜帮溪畔双方都是清楚的，《合同法》第一百四十六条规定，“出卖人按照约定或者依照本法第一百四十一条第二款第二项的规定将标的物置于交付地点，买受人违反约定没有收取的，标的物毁损、灭失的风险自违反约定之日起由买受人承担。”标的物因罗某平未及时收取导致毁损、灭失，亦应由罗某平自行承担。

专家点评

民法典合同编第608条规定了买受人未收受买卖标的物意外灭失的风险规则。若出卖人和买受人已约定了交付地点，则交付须按约履行。若出卖人和买受人对标的物的交付地点没有约定或者约定不明的，标的物不需要运输的，则出卖人应当将标的物在订立时双方均知晓的地点交付标的物，或应当在出卖人营业地交付标的物。若标的物需要运输的，则交付在出卖人交付标的物给第一承运人时完成。在本案中，罗某平和新罗矿管对于铅锌矿堆放于新罗区下鲜帮溪畔双方的事实均已知晓，尽管查扣的铅锌矿并未放置在罗某平经营的黄洋选矿厂内，但是根据民法典合同编第603条的规定，在双方当事人对交付地点并无约定的情况下，应当以订立合同时双方均知晓的地点交付标的物。因而涉案标的物铅锌矿已交付完毕，罗某平应就其未及时收取所导致的铅锌矿的毁损、灭失自行承担责任。

第六百零九条 出卖人按照约定未交付有关标的物的单证和资料的，不影响标的物毁损、灭失风险的转移。

【条文释义】

本条是对未交付标的物单证和资料的意外灭失风险负担的规定。

在动产买卖合同中，出卖人交付了买卖合同的标的物，就转移了标的物的所有权。在交付标的物的同时，还应当交付标的物的单证和资料的，应当一并交付。没有交付单证和资料，并不意味着权属没有转移。交付单证和资料仅仅是从义务，而不是主义务。动产交易只要完成交付标的物的主义务，标的物的所有权就发生转移。因此，不能因为有关单证和资料没有交付而认为交付没有完成。既然标的物的所有权已经发生转移，标的物意外灭失风险当然也就由买受人负担，承担标的物意外灭失风险的后果。

【案例评注】

华联公司与琨福公司买卖合同纠纷申请案①

基本案情

2010年3月19日，琨福公司、华联公司通过传真形式签订《棉花销售合同》一份，约定：琨福公司向华联公司购买20箱棉花，按商检净重结算，单价为15880元/吨，提单号为EPIRNDVVAI02617。交货地点及方式为青岛锦泰库交货，琨福公司自行提货，出库费用由琨福公司承担，仓储费自2010年4月3日后由琨福公司承担。华联公司保证货物在2010年3月23日前通关完毕，琨福公司在2010年3月23日前付款提货，2010年3月27日前付清全款，否则合同取消或双方重新商定价格。华联公司在收到琨福公司全款后向琨福公司办理货权转移手续并开具增值税发票。合同约定合同传真件有效，并约定了收款账号及纠纷解决方式等其他内容。2010年3月22日至23日，琨福公司通过银行电汇将货款支付给华联公司。

---

① 审理法院：最高人民法院，案号：（2013）民提字第138号。

2010年3月24日，华联公司通过传真将《货权转移证明》（编号：ZSHL 10031802-0324）发送给琨福公司抄送：青岛多利是公用型保税仓库。2010年3月31日，华联公司通过传真向琨福公司发出提货提示。2010年4月22日，置有涉案货物的仓库发生火灾，部分货物被烧毁。4月27日至28日，琨福公司从锦泰公司提取了剩余货柜5箱750件，箱号分别为：9612234、9616142、9367644、9182304、9058767，共计120.35吨，并支付了出库费及仓储费2398元。

2011年9月19日，琨福公司以华联公司为被告向山东省潍坊市中级人民法院提起本案诉讼，请求人民法院判令：华联公司继续履行合同，交付琨福公司印度棉花15箱，计361.6065吨，并赔偿琨福公司违约金78万元，若不能履行则请求解除与华联公司间的原棉花销售合同，华联公司返还琨福公司货款5742311.22元，并赔偿琨福公司经济损失1417497.48元，诉讼费用由华联公司承担。

法院判决

法院认为，本案双方当事人对于何为“货权转移手续”可以满足向仓储方的提货要求各执一词，琨福公司不认可华联公司关于“货权转移手续”即是《货权转移证明》的主张。根据仓储保管人锦泰公司与存货人华联公司签订的《货物储运合同》第一条第六项的约定，商品出库时，要有锦泰公司提供的正式出库单，发货完毕要由承办人签字方可放行。该合同第二条第五项约定，一切货物出库凭证由锦泰公司负责人签字并加盖业务专用章的提货单标明的商品规格数量放行，放行货物须与提货单相符，凡不符合上述要求，锦泰公司擅自放货引起的损失由锦泰公司承担。可见，仓储保管人锦泰公司对于本案所涉货物的提货手续有着具体明确的要求，应包括正式出库单和提货单。故本案合同中约定的“货权转移手续”应当包括仓单、提货单或者出库单的权利凭证和相关手续。本案中的《货权转移证明》既非出库单也非提货单，华联公司关于琨福公司持有《货权转移证明》传真件即可提取货物的主张既不符合法律规定，也不符合当事人《货物储运合同》的相关约定，该主张不能成立。

综上，本案中琨福公司已将7653469.22元货款支付给华联公司，华联公司应依约在收到货款后向琨福公司办理全部货权转移手续，但华联公司仅向琨福公司交付《货权转移证明》，而未能交付出库单或提货单，没有完成办理交付货权所需的全部手续，应承担违约责任。

专家点评

民法典合同编第609条规定了未交付有关标的物的单证和资料时标的物毁损、

灭失风险的规定。根据民法典合同编第 604 条的规定，标的物毁损、灭失风险转移与标的物所有权的转移相协调。实践中可能引发争议的是何为不影响标的物交付的单证，如涉案纠纷中的双方当事人即对何为标的物交付必须的提货手续产生争议。根据民法典合同编第 908 条、第 910 条的规定，存货人交付仓储物的，保管人应当给付仓单。仓单是提取仓储物的凭证。存货人或者仓单持有人在仓单上背书并经保管人签字或者盖章的，可以转让提取仓储物的权利。因而涉案合同中约定的“货权转移手续”应当包括仓单、提货单或者出库单，并且出卖人也未提供证据证明双方当事人之间存在可以使用其他凭证作为标的物交付的交易习惯。因而，法院认定《货权转移证明》的交付并不能引起标的物交付的法律效果于法有据。

第六百一十条　因标的物不符合质量要求，致使不能实现合同目的的，买受人可以拒绝接受标的物或者解除合同。买受人拒绝接受标的物或者解除合同的，标的物毁损、灭失的风险由出卖人承担。

【条文释义】

本条是对质量根本违约拒绝受领权、解除权及意外灭失风险负担的规定。

在买卖合同中，出卖人交付的标的物不仅不符合质量要求，而且还致使不能实现合同目的，即构成标的物质量的根本违约，买受人享有拒绝受领权和合同解除权，可以行使拒绝受领权，且并不构成违约；也可以直接行使解除权而解除合同，使合同归于消灭，保护自己的合法权益。买受人行使拒绝接受标的物或者解除合同的，标的物的毁损、灭失风险由出卖人承担。

【案例评注】

高某诉云南某汽车贸易有限公司买卖合同纠纷案[①]

基本案情

2007 年 6 月 21 日，云南某汽车贸易有限公司以人民币 570000 元的价格将指

① 审理法院：云南省昆明市五华区人民法院，案号：（2011）五法黑民重字第 2 号。

挥官 5654CC 越野车出售给陈某，陈某在使用该车数月后，委托案外人梁某（时系被告云南某汽车贸易有限公司业务员）代其出售指挥官 5654CC 越野车。2007 年 9 月 6 日，由赵某以“云南某汽车贸易有限公司世博车市经理”的名义，将该车出售并交付给高某。2007 年 9 月 30 日，安邦财产保险股份有限公司向高某出具《个人汽车消费贷款履约保证保险保险单》一份。

2007 年 10 月 13 日，案外人甘某工在使用指挥官 5654CC 越野车过程中肇事，造成该车受损，为此引发高某与中国人民财产保险股份有限公司昆明市分公司之间的保险合同纠纷。该保险合同纠纷案在审理过程中，云南鼎丰司法鉴定中心受人民法院委托作出鉴定报告，鉴定意见中将损坏修复费用评估为人民币 92630 元。后指挥官 5654CC 越野车由云南兴星汽车服务有限公司修复，高某支出修理费用人民币 122990 元。

嗣后，高某将云南某汽车贸易有限公司诉至法院，其声称在使用车辆过程中发现被告早在 2007 年 6 月就已将该车出售给第三人，第三人已经事实使用并维修过车辆，原告所购车辆并非新车。原告认为，被告将已经出售并由第三人使用、维修过的车辆充作新车出售给原告的行为属于欺诈行为，其应按照法律对消费者权益保护的规定承担民事责任，因此提起诉讼，要求：1. 被告返还原告购车款 570000 元，车辆退还被告，被告另行赔偿原告 570000 元；2. 被告承担本案诉讼费用。

法院判决

就出卖物的瑕疵担保责任，法院认为，被告作为本案买卖关系中的出卖人，其依法负有标的物瑕疵担保责任，即其向买受人交付的标的物质量应当符合合同约定或者法律规定，否则即应按照法律规定承担违反标的物瑕疵担保责任的法律后果。本案中，车辆买卖合同对标的物的质量并无约定，根据法律对标的物质量约定不明确的规定，出卖人应当按照国家标准、行业标准、通常标准或者符合合同目的的特定标准承担标的物质量瑕疵担保责任，即本案应当按照上述规定确定标的物的质量标准。由于原告在购车时并不知道车辆在出售前已经被第三人使用的事实，故应当认定原告购买的车辆应为符合国家标准、行业标准、通常标准的“新车”。实际履行过程中，被告将第三人已经使用过的车辆，在未向原告明示标的物质量瑕疵的前提下，将存在质量瑕疵的标的物交付原告的行为违反了法律对出卖人质量瑕疵担保责任的规定，相关法律后果在本案中依法应由被告承担，因此，被告在本案中应当按照《合同法》第一百五十五条“出卖人交付的标的物不符合质量要求的，买受人可以依照本法第一百一十一条的规定要求承担违约责任”的规定承担该法第一百一十一条“质量不符合约定的，应当按照当事人的约定承担违约责任。对违约责任没有约定或者约定不明确，依照本法第六十一条的规定仍不能确定的，受损害方根据标的的性质以及损失的大小，可以合理选择要求对方承担修理、更换、重作、退货、减少价款或者报酬等违约责任”规定的违约责任。

专家点评

民法典合同编第610条规定了标的物的瑕疵担保责任，以及由此引起的风险负担规则。出卖人交付的标的物不仅不符合质量要求，而且还致使不能实现合同目的的，属于根本违约，此时买受人可以行使拒绝受领权，并要求解除合同，并不构成违约。实践中所遇到的情况多为标的物质量并无约定的情况，如在本案中买卖双方在合同中并未就交付车辆的质量进行约定。此时应当按照国家标准、行业标准、通常标准或者符合合同目的的特定标准对标的物质量瑕疵担保责任进行确定。法院据此认定原告购买的车辆应为符合国家标准、行业标准、通常标准的“新车”，被告所交付的第三人已经使用过的车辆，并未向原告明示标的物质量瑕疵，应当承担瑕疵担保责任，合情合理。

第六百一十一条 标的物毁损、灭失的风险由买受人承担的，不影响因出卖人履行义务不符合约定，买受人请求其承担违约责任的权利。

【条文释义】

本条是对标的物意外灭失风险负担不影响违约责任的规定。

标的物意外灭失风险负担，与承担违约责任是两种不同的规则，前者是由于买卖合同的标的物发生不可归责于当事人的原因而意外灭失，法律判断这种意外灭失风险由哪一方负担的规则；后者是当事人一方违反合同义务，应当向对方承担违约责任，救济对方因违约而发生损害的规则。

这两种后果可能会发生重合，如一方出卖人因自己的过失而违约，而其违约行为刚好阻碍了标的物所有权的转移。这时，标的物毁损、灭失的风险由出卖人承担，但不影响因其履行债务不符合约定，买受人请求其承担违约责任的权利。再如，出卖人交付标的物而未交付有关标的物的单证或资料，标的物的毁损、灭失风险虽然已经转移由买受人承担，但出卖人仍应负债务不履行的违约责任。

【案例评注】

闫某立与郝某伟、曹某买卖合同纠纷案[①]

基本案情

闫某立通过第三人山西某机械信息服务公司从郝某伟处购买了一台山重建机牌GC208－8、整机编号为J5QD0459的挖掘机。该服务转让协议的内容包括，如标的物出现毁损、灭失事件，则本协议自事件发生之日解除，甲乙双方应根据约定确定风险承担的责任方。

合同生效后，双方依约履行了付款和交车义务，2017年1月15日闫某立收到挖掘机后在使用时，于2017年2月14日被不知名的第三方强行拖走，报案后经万荣县公安局予以追回，于2017年2月22日退还给闫某立。闫某立以郝某伟交付给闫某立的挖掘机不符合双方合同的约定（即保证合法拥有标的物的所有权，且标的物上不存在任何产权纠纷或债务纠纷）已构成根本违约，致使合同的目的无法实现且给闫某立造成了巨大的损失，要求解除合同、赔偿损失。

法院判决

法院认为，闫某立、郝某伟、第三人山西某机械信息服务公司之间签订的《工程设备转让服务协议》是三方当事人的真实意思表示，不违反法律、行政法规的禁止性规定，合法有效。双方当事人均应按约定履行义务。现郝某伟已按约交付了挖掘机，闫某立作为买受人也缴纳了相应价款，双发就合同的相关义务也履行完毕，合同的目的也已实现。闫某立以郝某伟交付给闫某立的挖掘机不符合双方合同的约定，已构成根本违约，致使合同的目的无法实现且给闫某立造成了巨大的损失，要求解除合同。其请求不符合合同约定解除的条件和法律规定法定的条件，故对闫某立的请求法院不予支持。关于闫某立要求返还购车款和赔偿损失的请求，因不符合合同解除的条件，其要求返还购车款和赔偿损失的请求，法院不予支持。

专家点评

民法典合同编第611条规定了标的物的瑕疵担保责任以及由此引起的风险负

---

① 审理法院：山西省忻州市中级人民法院，案号：（2018）晋09民终107号。

担规则。标的物毁损、灭失的风险由买受人承担的，不影响因出卖人履行债务不符合约定，买受人要求其承担违约责任的权利。这也就是说即使标的物已经交付，毁损、灭失的风险已转由买受人承担，但买受人依然可以请求出卖人因瑕疵履行而承担违约责任的权利。如在本案中，闫某立与郝某伟之间的挖掘机买卖合同已经履行完毕，该挖掘机的毁损、灭失的风险已转由闫某立承担，但是闫某立仍然可以要求郝某伟承担瑕疵履行的违约责任。然而由于在本案中，闫某立在购买案涉旧设备时应当知道该设备无发票、合格证，其应当对购买无发票、合格证的旧设备可能存在的风险有预判力。但涉案设备曾被第三方拖走的事实并不能证明第三方对该设备享有所有权，且该设备经公安机关追回并交还闫某立，并不影响闫某立占有使用，因而其解除合同的理由既无合同约定也不符合法定解除条件。

第六百一十二条 出卖人就交付的标的物，负有保证第三人对该标的物不享有任何权利的义务，但是法律另有规定的除外。

【条文释义】

本条是对买卖合同标的物权利瑕疵担保的规定。

权利瑕疵担保又称追夺担保，是指出卖人担保其出卖的标的物的所有权完全转移于买受人，第三人不能对标的物享有任何权利的担保义务。这一规则要求的是，出卖人就交付的标的物负有保证第三人不得向买受人主张任何权利的义务。

出卖人违反权利瑕疵担保责任的，应当承担违约责任。具体表现是：（1）出卖人出卖标的物为无权处分且不符合善意取得要件；（2）抵押人将已经设定抵押并办理了抵押登记的财产出卖给买受人，出卖人未通知抵押权人或者未告知买受人的；（3）共有人出卖共有财产或者出卖共有财产中他人的份额；（4）出卖人向买受人出售第三人享有法定优先权的财产；（5）出卖人出售给买受人的财产上存在第三人的租赁权；6. 出卖人出售给买受人的财产，第三人可以根据知识产权主张权利或者要求的；7. 其他情形。

本条规定的法律另有规定的除外条款，是指如果专门法律对有权利瑕疵的标的物买卖作出特别规定的，则首先要适用该特别规定。

出卖人对标的物的权利瑕疵担保责任，与民法典物权编关于善意取得的规定相互联系。本条规定的是出卖人应当保障自己出卖的标的物第三人没有权利主张。物权编规定的善意取得制度，是一旦出现出卖人出卖标的物没有所有权或者没有处分权，由于第三人善意取得，而买受人不能取得标的物的所有权的，则应当按照物权编的规定，由第三人取得其所有权，买受人只能主张损害赔偿。如果第三人善意取得的主张不成立，则买受人能够取得买卖标的物的所有权。

【案例评注】

刘某喜与张某志买卖合同纠纷上诉案[①]

基本案情

2013年4月23日，张某志（甲方）与刘某喜（乙方）签订《购车协议》，约定：张某志将车牌号为京KC3987号的奥迪A6L轿车一辆出售给刘某喜，保证此车手续真实合法，无经济纠纷、无违章、无任何法律纠纷，购车款为110000.00元整。违章以2013年4月23日12点为止。刘某喜实际交付给张某志购车款108000元（张某志认可）后，并实际占有使用该车辆。2017年7月28日，广东省惠州市惠城区公安局作出扣押决定书一份，通过敦化市公安局，以该车辆属被盗车辆而予以扣押。实际上，本案涉案车辆登记所有人为隗某春，初登时间为1999年6月7日，发动机号：036516。2010年3月15日，徐某玲向广东惠州市公安局惠城区分局下角派出所报案，该派出所立案受理。现刘某喜以“张某志处分了该车辆，未经过车辆所有权人的同意”为由，将张某志诉至法院，主张双方签订的合同无效，张某志应返还给自己曾支付的购车款108000元。

法院判决

法院认为，关于涉案车辆购车款108000元应否返的问题。根据《合同法》第五十八条和第九十七条的规定，合同无效或合同解除均可产生返还财产及赔偿损失的法律后果。如前文所述，涉案车辆买卖合同应认定为有效，故本院对涉案合同效力问题不再赘述，而对涉案合同是否符合解除条件、进而应否支持其返还购车款及赔偿利息损失的诉请进行审查。根据《合同法》第一百五十条关于标的物权利瑕疵担保的规定，出卖人张某志就交付的标的物即涉案买卖车辆，负有保证第三人不得向买受人即刘某喜主张任何权利的义务。在张某志与刘某喜于2013年4月23日签订的购车协议中，双方也约定保证此车手续真实合法，无经济纠纷、无违章、无任何法律纠纷。现涉案车辆因被广东省惠州市惠城区公安局认定

---

① 审理法院：吉林省延边朝鲜族自治州中级人民法院，案号：（2018）吉24民终90号。

为盗抢车辆而予以扣押，致使不能实现合同目的，根据《合同法》第一百四十八条关于标的物瑕疵担保责任、第九十四条关于合同的法定解除以及第九十七条解除的效力的规定，涉案车辆买卖合同应予法定解除，刘某喜要求张某志返还购车款 108000 元的诉请，有事实和法律依据，本院予以支持。

专家点评

民法典合同编第 612 条规定了标的物的权利瑕疵担保责任，与质量瑕疵担保相似，均是保护买受人的利益。简言之，出卖人应使买受人取得无瑕疵之物或权利，否则有失公平，且不利于交易的安全与稳定。因而当第三人可以向买受人主张权利时，出卖人应当就出卖的标的物存在的权利瑕疵向买受人承担违约责任。譬如在本案中，出卖人张某志应当就交付的标的物负保证第三人不得向买受人主张任何权利的义务，而该涉案车辆实为盗抢车辆，可以说出卖人出卖标的物为无权处分且不符合善意取得要件，所以出卖人应当就该权利瑕疵向买受人承担违约责任。

第六百一十三条　买受人订立合同时知道或者应当知道第三人对买卖的标的物享有权利的，出卖人不承担前条规定的义务。

【条文释义】

本条是对出卖人不承担标的物权利瑕疵担保责任的规定。

买卖合同的标的物权利瑕疵担保责任，是出卖人出卖标的物的主要义务之一，即须保障自己出卖的标的物的权属属于自己，第三人没有权利争议。反之，将要承担权利瑕疵担保责任。本条规定的是例外情形，即在本条规定的情形下，出卖人不承担权利瑕疵担保责任。

例外的情形是，在买卖合同订立时，出卖人出卖的标的物确实存在权利瑕疵，但是买受人知道或者应当知道第三人对买卖的标的物享有权利。如果出现这种情形，出卖人对出卖的标的物不负担权利瑕疵担保义务，买受人自负其责。

另外，买受人依据保护交易安全的规定，善意取得标的物的所有权的，出卖人也无须承担违反权利瑕疵担保责任。

【案例评注】

王某龙与翟某方买卖合同纠纷上诉案①

基本案情

2014年7月19日，原告翟某方购买被告王某龙销售的“三一牌”二手挖掘机一台，车型SY215C、机器编号10SY021295558、车架号SY021CB10063068。原告当天按约定支付挖掘机款22万元，被告承诺此车不是盗抢车、纠纷车，若有事由被告负责。但是原告购买被告的挖掘机系祖某利以按揭贷款方式购买，并由江苏某资产管理有限公司提供担保。因祖某利不能按期还款，江苏某资产管理有限公司代其偿还了贷款。2015年11月18日，江苏某资产管理有限公司派员将挖掘机拖走。原告据此将被告诉至法院，要求解除合同并返还购车款22万元。

法院判决

法院认为，依法成立的合同，对当事人具有法律约束力，当事人应当按照约定履行自己的义务。根据本院核实的有关情况及原审法院实地调查的取证情况，机器编号为10SY021295558的挖掘机与车架号为SY021CE10063068的挖掘机确系同一台挖掘机，亦即案外人祖某利用以抵押、按揭贷款购买的挖掘机，一审法院对此认定符合法律规定，并无不当。根据已生效的江苏省昆山市人民法院（2015）昆商初字第00010号民事判决书，案外人祖某利以案涉挖掘机作为抵押所贷款额已由某资产管理有限公司于2013年10月代为清偿，本案双方买卖合同发生于2014年7月，此时该挖掘机上所设抵押权已自然解除，原审法院认定案涉车辆为抵押车不正确，应予纠正。王某龙在出售挖掘机时承诺“此车不是偷抢车、纠纷车、债权不清车，若有事归王某龙负责”，但其所售车辆在出售后因涉及案外人祖某利（登记车主）与某资产管理有限公司之间纠纷而被扣走并用以执行该纠纷中债务，王某龙未能保证所售车辆不存在纠纷，依法应承担相应的违约责任。双方在交易中，王某龙虽未出示车辆发票，但其对涉案车辆的权利存有承诺，致使翟某方相信王某龙对该车拥有处分权并予以购买，并不能认定翟某方知道或者应当知道第三人对买卖的车辆享有权利，王某龙以此认为其权利瑕疵担保责任已经免除的主张，本院不予采信。

---

① 审理法院：河北省邢台市中级人民法院；案号：（2017）冀05民终3311号。

专家点评

民法典合同编第613条规定了对权利瑕疵担保责任的免除规则。也即出卖人应使买受人取得无瑕疵之物或权利，否则有失公平。但是出卖人承担标的物权利瑕疵担保责任也存在一定限制，就是当买受人在订立合同时知道或应当知道第三人对标的物享有权利的，因买受人对可能遭受第三人对标的物的权利主张有所预期，也不会影响交易安全，所以此时应当免除出卖人的瑕疵担保责任。实践中可能碰到买受人在订立合同时知道或应当知道第三人享有权利的证明难题。例如，在本案中被告以未出示车辆发票为由证明原告知道或者应当知道第三人对买卖的车辆享有权利，但是买卖双方在出售标的物时已经对“此车不是偷抢车、纠纷车、债权不清车，若有事归王某龙负责”达成共识，因而该证据的说服力大于未出示车辆发票的证据。因而法院判决被告应当承担权利瑕疵担保责任，于法有据，合情合理。

第六百一十四条 买受人有确切证据证明第三人对标的物享有权利的，可以中止支付相应的价款，但是出卖人提供适当担保的除外。

【条文释义】

本条是对可能出现买卖标的物权利瑕疵买受人抗辩权的规定。

在买卖合同履行中，如果买受人有确切证据证明第三人对标的物享有权利，出现第三人对买卖合同标的物权属发生争议的，出卖人不能向买受人交付标的物权属的情形的，即买受人可以行使合同履行抗辩权的条件。因此，只要出卖人没有对标的物瑕疵提供适当担保的，买受人就可以行使合同履行抗辩权，中止支付相应的价款。如果第三人对标的物享有权利等情形没有出现或虽然出现了但出卖人提供了适当担保的，买受人不得以此为抗辩权行使的基础，主张终止支付相应的价款，否则应当承担违约责任。

对于第三人对标的物享有权利的证明责任，由买受人承担。

【案例评注】

纪某文与王某萍买卖合同纠纷上诉案[①]

基本案情

2012年6月8日，王某萍（合同甲方）与纪某文（合同乙方）签订一份买卖合同，合同内容为：大宇300挖掘机属于甲方王某萍所有，经甲乙双方友好协商，就买卖一事达成如下协议：挖掘机总卖价共计60万元，付款方式为乙方于2012年6月9日前把挖掘机款46万元一次性付给甲方，余下14万元于2013年6月18日一次付清；挖掘机如果被厂家、银行或法院收回，甲方不负责；如果何某南对挖机所有权有疑问，甲方负责协调解决。合同签订后，纪某文给付王某萍定金1万元，王某萍于2012年6月8日给纪某文出具收到纪某文付款31万元收据，王某萍向纪某文交付了挖掘机，因纪某文未按照合同约定支付剩余14万元货款，引起诉讼。

法院判决

法院认为，王某萍、纪某文之间签订的买卖合同是双方当事人真实意思表示，不违反法律、行政法规的强制性规定，依法应予保护。纪某文在收到王某萍交付的挖掘机后，理应按照合同约定付款，拖延给付的，应承担违约责任。关于纪某文所称王某萍没有提供证据证明其所出售的挖掘机无权利瑕疵，该合同可能为无效合同的问题。根据《合同法》第一百五十二条的规定，买受人有确切证据证明第三人可能就标的物主张权利，可以中止支付相应的价款。本案中，王某萍于2012年6月将挖掘机交付给纪某文后，该挖掘机至今一直处于纪某文支配状态，该挖掘机的GPS设备是否被拆除，是否存在权属争议，纪某文未提供证据证明。庭审中纪某文认可在此期间无第三人就该挖掘机向其主张过权利，纪某文也没有提供其他确切证据证明该挖掘机可能存在权利瑕疵，因此，纪某文拒绝付款的理由不能成立。此外，挖掘机GPS设备的拆除不影响其通常目的的实现，本案也不存在《合同法》第五十二条造成合同无效的情形，买卖合同合法有效，且已实际履行，纪某文理应及时支付货款。

---

① 审理法院：江苏省徐州市中级人民法院，案号：（2017）苏03民终2841号。

专家点评

民法典合同编第614条是买受人对可能出现的权利瑕疵的履行抗辩权的规定。在买卖合同履行时若买受人发现第三人可能就标的物主张权利，即可能引发出卖人不能向买受人交付标的物或买受人可能受到第三人对标的物主张权利的争诉，此时为及时止损，避免引起更大的交易风险，法律赋予买受人以中止履行的权利，但债务人提供适当担保的，买受人则不得以此为理由行使履行抗辩权。在实践中，往往需要买受人证明确实存在可能出现的权利瑕疵，否则仍需继续履行买卖合同。例如，在本案中，买卖双方在交付挖掘机后，挖掘机一直处于买受人的控制之中，且买受人也未提供其他证据证明第三人曾就该挖掘机主张权利。因而，买受人不享有中止履行的抗辩权，应当及时支付货款。

第六百一十五条 出卖人应当按照约定的质量要求交付标的物。出卖人提供有关标的物质量说明的，交付的标的物应当符合该说明的质量要求。

【条文释义】

本条是对出卖人按照约定质量要求交付标的物的规定。

对买卖合同标的物的质量要求，是买卖合同的重要条款，是买受人订立买卖合同实现缔约目的的重要方面。履行买卖合同债务，出卖人应当按照约定的质量要求交付标的物，否则，买卖合同的买受人不能实现合同目的。

确定买卖合同标的物的质量，通常是在买卖合同中专门约定标的物的质量条款，出卖人交付标的物，按照合同的质量条款保证标的物的质量，就符合合同的要求。除此之外，如果出卖人在合同的附件中提供有关标的物的质量说明的，该买卖标的物质量说明是合同的组成部分，应当作为标的物质量的约定，出卖人交付的标的物应当符合该说明的质量要求，不符合该说明的质量标准的，应当认为违反标的物质量的约定，构成违约行为。

【案例评注】

沙吾提某与叶某等种植回收合同纠纷上诉案[①]

基本案情

2016年7月29日，原告沙吾提某与被告叶某签订《蔬菜订单种植收购合同》。合同约定：原告依据被告叶某反馈的市场信息为被告叶某开展蔬菜种植供应；待蔬菜收获后，被告叶某负责收购、加工、销售；由被告叶某提供种植蔬菜的品种要求及收购规格标准，原告负责种植蔬菜产品交付给被告叶某；白菜的品种为优抗78号；原告向被告叶某交付的白菜达到市场出售品相、无腐叶、无黄叶、无空心、无烧心、无黑根、无老帮、包心紧实、无松散、无掉叶，以及符合其他农药残留标准，要求单棵重量2.5公斤以上，符合所种植同一品种的特征（参照种子特征特性），不合格产品不予收购；装运前及卸货后，被告叶某验收质量，发现不合格的不予收购，产生的一切费用由原告负责；原告蔬菜收获后，被告叶某必须在二日内到原告处拉运；原告负责将蔬菜包装完毕后，码放在地头，便于被告叶某装车拉运；被告叶某收购白菜1000吨，单价每公斤0.3元，共计300000元，具体依据原告实际收获数量为准；原告交付给被告叶某蔬菜后，被告叶某自行拉运，因运输时间长造成腐烂等均由被告叶某自己负责；蔬菜如有病虫害，原告第一时间通知被告叶某，被告叶某进行技术指导，如原告违约则支付违约金50000元。原告签订合同后，在五十三团十八连、七连种植了大面积的白菜。

截止2016年11月19日，原告种植的白菜大面积长势不好并且大部分未收获。被告叶某收购原告白菜19680公斤，每公斤0.3元，合计5904元。原告认为因被告未按约定收购原告的白菜，给原告造成了巨大的经济损失，遂将被告诉至法院。

法院判决

法院认为，上诉人（一审原告）沙吾提某与被上诉人（一审被告）叶某签订的《蔬菜订单种植收购合同》系双方当事人真实意思表示，不违反国家法律、行政法规的强制性规定，合同合法有效。上诉人与被上诉人在《蔬菜订单种植收购合同》第3条中第3项对白菜的质量提出了明确具体的要求，即交付的白菜达到

① 审理法院：新疆生产建设兵团第三师中级人民法院，案号：（2017）兵03民终121号。

市场出售品相，无腐叶、无黄叶、无空心、无烧心、无黑根、无老帮、包心紧实、无松散、无掉叶，以及符合其他农药残留标准，要求单棵重量2.5公斤以上，符合所种植同一品种的特征（参照种子特征特性）。同时，明确约定不合格产品不予收购。《合同法》第一百五十三条规定，出卖人应当按照约定的质量要求交付标的物。出卖人提供有关标的物质量说明的，交付的标的物应当符合该说明的质量要求。结合双方签订的《蔬菜订单种植收购合同》的约定，上诉人应当对其主张的产品已达到合同约定的质量标准进行举证，上诉人没有证据或者证据不足以证明其事实主张的，由负有举证责任的上诉人承担不利后果。根据原告提供的拍摄于2016年11月2日、2016年11月19日的八张照片，可以认定上诉人种植的白菜与合同中约定的白菜收购标准存在明显差距，不符合合同约定的收购标准。一、二审庭审过程中，上诉人亦未提交证据证明其所种植的大白菜符合合同约定的收购标准。双方签订的《蔬菜订单种植收购合同》约定：装运前及卸货后，乙方验收质量，发现不合格的不予收购，产生的一切费用由上诉人负责。被上诉人未收购不符合质量标准的白菜符合合同约定，不属于违约情形。上诉人关于其按合同约定种植白菜，被上诉人没有按照合同约定及时拉运白菜，给上诉人造成经济损失的上诉主张，没有事实依据，本院不予支持。

专家点评

民法典合同编第615条是出卖人应当按约定的质量要求交付标的物的规定。质量条款是买卖合同中最重要的条款之一，出卖人履行买卖合同的义务之一就是按照约定的质量要求交付货物，否则就不能达成合同目的。若出卖人和买受人在订立合同时提供了有关标的物的质量说明，应当视作合同约定的一部分，有法律拘束力。譬如，涉案合同规定了交付标的物的质量标准为，“达到市场出售品相，无腐叶、无黄叶、无空心、无烧心、无黑根、无老帮、包心紧实、无松散、无掉叶，以及符合其他农药残留标准，要求单棵重量2.5公斤以上”，达不到标准的买受人可以拒绝收购。而根据原告方提供的照片，其所交付的标的物显然未达到约定的质量标准，因而被告拒绝收购符合合同约定，原告请求被告支付经济损失的主张，没有事实依据，法院的判决于法有据。

第六百一十六条　当事人对标的物的质量要求没有约定或者约定不明确，依据本法第五百一十条的规定仍不能确定的，适用本法第五百一十一条第一项的规定。

【条文释义】

本条是对标的物质量要求确定方法的规定。

在买卖合同中，当事人如果对标的物的质量标准没有约定或者约定不明确，可以通过法律规定的质量标准确定方法予以确定。确定的办法是：(1)依照民法典第510条进行补充协议，通过补充协商，确定标的物的质量标准；(2)在补充协商中，双方当事人不能达成补充协议的，应当依照民法典第511条第1款之规定，首先按照合同的有关条款或者交易习惯确定；(3)按照合同的有关条款或者交易习惯仍然不能确定的，出卖人应按照国家标准、行业标准履行；没有国家标准，行业标准的，出卖人应按照通常标准或者符合合同目的的特定标准确定。

【案例评注】

罗某与某经营部买卖合同纠纷上诉案①

基本案情

2017年3月18日，罗某到位于掇刀区五星市场31号的某经营部订购“三开吊滑门”1扇，用于家庭卫生间隔断，起到干湿分离作用。双方签订了《订货单》1份，订货单约定：吊滑门1扇，单价350元/㎡，要求挡水，颜色为砂银(磨砂银白色)，价款合计900元。付款方式：客户确认订单后付30%预付款，余款发货前付清。交货方式：收到余款后，货送到需方指定地点，代办托运费需方支付。交货时间：收到定金后7天内交货。产品保修期为一年。订货单未对滑门厚度、限位装置进行约定。某经营部向位于武汉市汉口东西湖舵落口大市场的厂家“非凡卫浴”订购了三开吊滑玻璃门1扇，吊滑门到货之后，某经营部安排人员到罗某位于掇刀区某小区的家中进行了安装。罗某向某经营部支付货款900元。嗣后，罗某主张吊滑门存在质量问题，经工商部门调解无效，向法院起诉要求某经营部退还货款以及相关损失。

法院判决

二审法院认为，依据《合同法》第三十二条、第四十四条第一款的规定，罗

① 审理法院：湖北省荆门市中级人民法院，案号：(2017)鄂08民终1311号。

某与某经营部签订的《订货单》已成立并生效。某经营部已将滑门安装完毕，罗某已支付货款。《订货单》已经实际履行完毕。罗某请求某经营部退还货款的理由是，滑门存在质量问题，要求解除《订货单》，双方退货退款。依据《合同法》第九十四条的规定，在合同履行完毕后，罗某要想行使合同的法定解除权，就必须举证证明某经营部安装的滑门存在质量问题，构成违约，致使不能实现合同目的。罗某主张滑门存在质量问题，主要是指滑门厚度、限位装置没有达到要求。故罗某必须举证证明某经营部安装的滑门厚度、限位装置存在问题，构成违约，致使不能实现合同目的。

《订货单》中对滑门厚度、限位装置没有约定。依据《合同法》第一百五十四条的规定，当事人对标的物的质量要求没有约定或者约定不明确，依照《合同法》第六十一条、第六十二条的规定来确定。本案中，对滑门厚度、限位装置没有补充协议，《订货单》中也没有相关的条款，罗某与某经营部之前也没有达成相关的交易，形成交易习惯，故应按照国家标准、行业标准来履行，没有国家标准、行业标准的，按通常标准或者符合合同目的的特定标准来履行。罗某和某经营部均没有提交相关证据来证明滑门厚度、限位装置有国家标准或者是行业标准。故滑门厚度、限位装置应按通常标准或者符合合同目的的特定标准来履行。本案中，滑门是安装在罗某家的卫生间，作为隔断门来使用的。罗某提供的证据不足以证明某经营部安装的滑门，不符合卫生间里滑门的通常标准或者是不能作为卫生间里的滑门使用。并且，罗某也不申请就滑门是否存在质量问题进行鉴定。故罗某认为某经营部安装的滑门厚度、限位装置存在问题，进而认为滑门质量有问题，不能实现合同目的的理由不能成立。罗某不能行使合同的法定解除权，当然也就不能依据《合同法》第九十七条的规定，主张解除合同，要求退货退款。故罗某不能要求某经营部退还货款900元。罗某的该项上诉理由不能成立，本院不予支持。

专家点评

民法典合同编第616条是有关质量标准的确定规则。在实践中经常出现买卖合同中未规定质量条款的情况，此时应当先按照本编第510条的规定进行补充协商，若不能达成补充协议的，则应当按照本法第511条第1款的规定，按照合同条款的解释或交易习惯确定，还不能确定的则应按照国家、行业标准履行。例如，在本案中，原告和被告的买卖合同中未有就所交付的滑门质量作出约定，也未达成嗣后协议。本案的难点在于原被告均未提交有关滑门相关的国家标准和行业标准，因而法院按照符合合同目的的特定标准，即该滑门是安装于卫生间作为隔断门使用的，而该滑门厚度、限位装置并不存在原告所诉的质量问题，因而原告的诉讼请求不能成立，应当予以驳回。

第六百一十七条 出卖人交付的标的物不符合质量要求的，买受人可以依据本法第五百八十二条至第五百八十四条的规定请求承担违约责任。

【条文释义】

本条是对标的物不符合质量要求违约责任的规定。

出卖人在履行买卖合同的义务中，如果交付的标的物不符合质量要求，应当承担违约责任。按照本条规定，质量违约的责任是采取补救措施和承担损害赔偿责任：

1. 出卖人交付的标的物不符合质量约定的，应当按照当事人在买卖合同中约定的方法承担违约责任。对违约责任没有约定或者约定不明确，经过补充协议仍然不能确定的，买受人根据标的物的性质以及损失的大小，可以合理选择要求对方承担修理、重作、更换、退货、减少价款或者报酬等补救措施的违约责任。

2. 出卖人交付的标的物质量不符合合同约定，给对方造成损失的，构成加害给付责任，应当对买受人承担赔偿责任，损失赔偿额应当相当于因违约所造成的损失，既包括标的物本身的损失，也包括因标的物质量不合格造成人身损害的损失，承担补偿性的损害赔偿责任。如果出卖人提供商品或者服务有欺诈等违法行为，符合《消费者权益保护法》《食品安全法》等关于惩罚性赔偿责任规定的，应当承担惩罚性赔偿责任。

【案例评注】

吕某奎与某公司买卖合同纠纷上诉案①

基本案情

2016 年 11 月，某公司与吕某奎签订《地板购销合同书》一份，双方约定：

---

① 审理法院：辽宁省沈阳市中级人民法院，案号：（2017）辽 01 民终 12129 号。

供方系某公司，需方系吕某奎。某公司保证所用材料符合甲方需求，保证产品符合合同规定的质量和规格；某公司对所供货物实行5年保修，在保修期内，对于因产品质量问题造成的损坏，某公司负责免费维修，对于吕某奎因使用不当（地面发水等）造成的地板损坏，吕某奎方应提供一定维修费用；某公司所交付的产品、型号、规格、质量不符合合同规定的，某公司应视货物具体情况予以修理或调换，并承担因修理、调换而支出的实际费用。

2016年12月末，某公司将141间房屋地板安装完成，经双方确认，合计价款为201630元。同年12月25日，吕某奎给付某公司货款50000元。吕某奎于某公司交付工程后，进行保洁过程中发现某公司提供的地板出现了鼓包和起泡的现象。案件审理过程中，吕某奎向法庭出示了存在质量问题的地板，该地板直观可见出现鼓包和起泡现象，吕某奎诉称，该地板在经过沾水拖布打扫后，出现上述现象，并与某公司进行协商此事未果，故剩余货款一直未给付。

就此双方引发纠纷，吕某奎将某公司诉至法院。

法院判决

二审法院认为，吕某奎上诉主张141间房屋的地板都存在质量问题，在地板安装完成后统一做了保洁工作发现的地板鼓包、起泡、开裂问题，其系经中间人介绍向某公司订制地板，某公司提供地板应当为符合国家标准及合同标准的合格产品，故某公司应就案涉问题地板向其承担损失赔偿责任。对此情节，某公司抗辩认为该企业有14年生产历史，案涉地板既有产品质量合格证，也有相应的行业检验证明及相应的生产资质，其中甲醛含量是国家强制的检验项目，因地板由吕某奎订制，根据吕某奎需要进行生产，验收合格后才能安装，否则吕某奎也不能收货，且地板出现鼓包、起泡、开裂现象与安装方式及保洁方式等很多方面原因有关，不同意承担赔偿损失责任。

本院经审查，案涉地板购销合同第一条中关于地板的名称、型号、颜色、数量约定具体见预留样板，在合同第七条第一款约定：某公司保证所用材料符合吕某奎方需求，保证产品符合合同规定的质量和规格。且合同第九条第一款约定某公司所交付的产品、型号、规格、质量不符合合同规定的，某公司应视货物具体情况予以修理或调换，并承担因修理、调换而支出的实际费用。现某公司不能向法庭提供证据证明涉案批次地板符合相关国家标准或行业标准，无法证明其生产的地板系合格产品，一审法院根据吕某奎向提供的141间房屋的地板明细表及相应的问题地板照片，认定上述141间地板确实存在致使合同目的不能实现的质量问题，某公司应对其违约行为促成纠纷负全部责任，并无不当，本院予以确认。

专家点评

民法典合同编第617条是标的物不符合质量标准的违约责任规定。据上所述，交付符合质量标准的标的物是出卖人应履行的重要义务之一，因而若出卖人交付了不符合质量标准的标的物，买受人可以根据约定的方法要求出卖人承担违约责任，可以合理要求出卖人承担修理、重作、更换、退货、减少价款或报酬等违约责任，若造成额外损失构成加害给付的，还应当承担这一部分损失的赔偿责任。例如，在本案中，原被告已就地板的质量、规格达成符合国家标准和合同标准的一致协议，并且就被告公司应视货物具体情况予以修理或调换，并承担因修理、调换而支出的费用，因而法院判定被告应对地板存在质量问题负违约责任，并无不当，于法有据。

第六百一十八条 当事人约定减轻或者免除出卖人对标的物瑕疵承担的责任，因出卖人故意或者重大过失不告知买受人标的物瑕疵的，出卖人无权主张减轻或者免除责任。

【条文释义】

本条是对出卖人不告知标的物瑕疵造成损害不减免责任的规定。

在买卖合同中，当事人如果在合同中约定交付的标的物出现瑕疵可以减轻或者免除出卖人应当承担的责任的，当出卖人交付的标的物存在瑕疵的，按照约定减免责任。例如，销售残次品等买卖合同。具体的处理方法是：

1. 根据当事人之间的约定，出卖人已经向买受人告知标的物存在瑕疵，或者在主观上没有过失，或者在主观上只有一般过失，可以按照合同的约定，减轻或者免除出卖人的违约责任。

2. 如果出卖人因故意或者重大过失不向买受人告知标的物存在瑕疵的，属于隐瞒标的物瑕疵，构成产品欺诈，出卖人无权主张减轻或者免除责任，应当承担违约责任，采取补救措施或者赔偿责任，符合法律规定的甚至要承担惩罚性赔偿责任。

【案例评注】

李某与某地产公司商品房销售合同纠纷案[①]

基本案情

李某与某地产公司签订《银川市商品房买卖合同（预售）》及《补充协议》，合同约定，李某购买正源南街919号房屋，总价529万元，其中第七章商品房质量及保修责任第十六条第四项约定："该商品房为住宅的，建筑隔声情况符合国家标准。"补充协议第四条第五项约定："如买受人所购买的商品房为已竣工备案之现房，出卖人已提示买受人须在签订买卖合同前对房屋现状进行实地查看。买受人确认，签订买卖合同时对该商品房现状（包括实测面积、结构、装修情况、基础配套设施、周边环境、质量状况等）均已知悉并认可。买受人同意该商品房按现状交付，在买卖合同约定交付期限届满时与出卖人联系办理交接手续，出卖人不再书面另行通知，买受人不得以房屋现状与约定标准不一致为由提出异议。"同时双方还约定了其他权利义务。合同签订后，李某依约支付房款，某地产公司交付房屋。现李某因居住过程中，房屋毗邻的金凤八街交通噪音污染事宜与被告协商未果，李某认为被告交付的房屋存在质量瑕疵，故诉至法院，请求被告履行防噪义务，并承担违约责任。

法院判决

法院认为，原、被告就已竣工商品房所有权转移事宜签订商品房买卖合同，因合同履行发生权利义务纠纷，本案案由应为商品房销售合同纠纷。本案中，原、被告签订的《银川市商品房买卖合同（预售）》及《补充协议》系双方当事人真实意思表示，内容未违反法律和行政法规强制性规定及社会公益，合法有效，双方均应全面、适当履行合同义务。被告对包括涉案房屋的项目建设施工符合银川市规划管理局规划要求，且经银川市环境监测中心站、自治区环境监测中心站验收监测，银川市环境保护局、宁夏回族自治区环保环境保护厅环保等单位验收，将通过竣工验收合格的商品房所有权转移于原告，已履行适当义务，原告现有证据不能证实涉案房屋交付时噪声超过了相应的国家标准。另外，补充协议第四条第五项虽为格式条款，但从条款内容看，主要涉及原告对自己所购房屋现状（周边环境、质量状况等）的了解与知悉，而房屋现状涉及原告的利益，原告

---

① 审理法院：宁夏回族自治区银川市金凤区人民法院，案号：（2017）宁0106民初1431号。

作为购房者，在签订合同前对欲购房屋及房屋所在地块周边信息应进行相应了解，如有疑问或者异议，可在签订合同时向被告提出，且原告购买房屋临近道路是否为城市公用公路等信息完全可由原告通过多种途径自行获取。因此，该条款并不存在法定无效情形或免除被告自身责任、加重原告责任及排除原告主要权利的情形，原告亦未举证证明被告存在故意隐瞒或欺诈情形，该条款为有效条款，故原告主张被告隐瞒标的物瑕疵、违约、存在过错不能成立。原告申请对涉案房屋室内噪音进行鉴定，但未能证明涉案房屋交付时噪声超过了相应的国家标准，故本院未予准许。综上所述，原告诉请被告履行合同义务、实施整改、保障建筑隔声符合国家标准依据不足，本院不予支持。

专家点评

民法典合同编第618条是出卖人隐瞒标的物质量问题的责任规则。在买卖合同中当事人可以约定减轻或者免除标的物质量瑕疵责任，但是出卖人故意或者重大过失隐瞒标的物质量问题的除外。在实践中，合同约定的情况较好证明，比较困难的是如何认定出卖人在隐瞒标的物质量问题时存在故意或者重大过失。例如，在本案中，双方当事人约定“买受人在签订买卖合同前已对房屋进行实地查看，签订买卖合同时对商品现状已知悉并认可，则出卖人不得以房屋现状与约定标准不一致为由提出异议”，尽管该条不存在法定无效情形或加重原告责任，因为有效。但原告申请对房内噪音进行鉴定，而未证明涉案房屋交付时噪音超过相应标准，不仅如此，原告也并未证明被告存在故意隐瞒或者欺诈的情形。因而法院不支持原告的诉请，于法有据，合情合理。

第六百一十九条 出卖人应当按照约定的包装方式交付标的物。对包装方式没有约定或者约定不明确，依据本法第五百一十条的规定仍不能确定的，应当按照通用的方式包装；没有通用方式的，应当采取足以保护标的物且有利于节约资源、保护生态环境的包装方式。

【条文释义】

本条是对出卖人标的物包装方式确定方法的规定。

包装方式，是指在交付时对标的物的包装方法，既包括包装物的材料，也包括对标的物包装的操作方式。包装方式对标的物的品质保护具有重要作用，特别是对那些易腐蚀、易碎、易潮、易变质的标的物，包装方式更为重要。因此，出卖人在交付标的物时，必须按照约定的包装方式交付标的物。

具体方法是：

1. 买卖合同对标的物包装方式有明确约定的，出卖人应当按照约定的包装方式交付标的物。

2. 买卖合同对包装方式没有约定或者约定不明确的，可以依照民法典第510条规定，作业补充协议，达成补充协议的，依照补充协议约定的包装方式交付标的物。

3. 经过补充协议仍然不能达成包装方式的补充协议的，应当按照合同有关条款或者交易习惯确定。

4. 按照合同的有关条款或者交易习惯仍不能确定的，应当按照通用的方式包装。

5. 该类标的物没有通用的包装方式的，应当采取足以保护标的物且有利于节约资源、保护生态环境的包装方式包装，这是绿色原则在合同法中的具体体现。

【案例评注】

安徽某公司、与徐某军生命权、健康权、身体权纠纷案①

基本案情

2015年7月26日，合肥某科技有限公司与某公司签订了一份《11KW分散机定购合同》，合同约定由合肥某科技有限公司向被告购买11KW液压升降分散机一台及500L不锈钢拉缸两只，由某公司负责发运至合肥某科技有限公司所在地，运费由某公司支付。2015年8月17日，某公司指派货车司机董某虎驾驶车牌号为皖A×××××的小型货车将合肥某科技有限公司所购买的液压分散机运送至合肥某科技有限公司门口。因货物自重过重，人工无法卸货，故徐某军提供了手动叉车一台，用于卸货。在卸货过程中该液压分散机发生倒塌致使徐某军手臂被货物尖锐部位划伤。徐某军被鉴定为十级伤残，伤后误工期以365日、护理期以150日、营养期以60日为宜，伤残等级与本次外伤存在直接因果关系。由此，徐某军将安徽某公司诉至法院，请求赔偿各项损失。

---

① 审理法院：安徽省合肥市中级人民法院，案号：（2017）皖01民终6375号。

法院判决

法院认为，本案中，合肥某科技有限公司与某公司签订的《分散机定购合同》仅约定由某公司负责发运货物至合肥某科技有限公司所在地并支付运费，并未约定应当由谁负责卸货。结合本案实际，合肥某科技有限公司购买的系重达850千克的大型设备，仅靠人工无法完成卸货行为，双方均认可用于卸货的叉车系由徐某军自行提供，结合大型设备交易习惯，徐某军自行提供了用于卸货的叉车设备，应认定为由买方合肥某科技有限公司负责卸货。叉车是一种涉及生命安全，危险性较大的起重机械，国家对于叉车已纳入特种设备行列进行管理，对于叉车驾驶操作员安全操作有着较为严格的规定，《叉车安全操作规程》装卸一项中第七条的规定，叉车叉物作业时，禁止人员站在货叉周围，以免货物倒塌伤人。徐某军作为完全民事行为能力人，应当尽到谨慎的注意义务，远离卸货现场。同时在卸货现场，徐某军作为合肥某科技有限公司的法定代表人在明知货物重量和体积的前提下仍然使用手动叉车进行卸货，存在疏漏，故徐某军本身对损害的发生具有过错。某公司作为该设备的供应方，作为长期供应相关货物并负责运输的供货方，应当预见在卸货过程中的危险性，避免发生伤人现象，但某公司并未及时告知相关危险。该分散机作为大型化工设备，在运输过程中并未采取任何包装措施，致使货物尖锐部分直接裸露在外也是导致货物倒塌时将徐某军手臂划伤的重要原因之一。某公司辩称双方曾口头约定无需对货物进行包装，但并未提供相应的证据予以证明，故一审法院认定某公司应当按照《合同法》第一百五十六条的规定，采取足以保护标的物的方式对货物进行包装，故某公司对该损害的发生也存在过错。综上分析，徐某军及某公司对损害后果的发生均有过错，根据各自的过错程度，本院综合认定某公司对徐某军的损失承担50%的赔偿责任，徐某军根据其过错程度自行承担50%的损失。徐某军的身体健康权受到侵害，理应获得相应赔偿。徐拥军要求某公司赔偿其误工费、护理费、营养费、残疾赔偿金、精神抚慰金、交通费、鉴定费等于法有据，应予支持。

专家点评

民法典合同编第619条是对出卖人标的物包装方式的规定。交付标的物应当对标的物进行适当的包装，这不仅是对标的物进行保护的必须，在一定情形中也是对买受人的保护。如在本案中，分散机作为大型化工设备，出卖人在运输过程中并未采取任何包装措施，货物尖锐部分直接裸露在外，这属于典型的不适当包装，尽管双方并未约定包装方式，也未就包装方式达成后续共识，此时应当通过交易习惯或者通用的包装方式对包装进行确定。很明显，出卖人作为该设备的供应方应当预见卸货过程中的危险性，因而其在无证据证明已约定无需包装的情况下，应当为货物提供适当的包装，将尖锐部分包裹住，避免引起对买受人以及货物本身的损害。但是买受人在卸货中也存在一定的过失，因而法院判决出卖人承担部分买受人的损失，于法有据，合情合理。

第六百二十条 买受人收到标的物时应当在约定的检验期限内检验。没有约定检验期限的，应当及时检验。

【条文释义】

本条是对买受人对标的物检验期限的规定。

在买卖合同中，买受人收到标的物时，有及时检验的义务。标的物检验符合要求的，应当受领，完成标的物的交付；不符合要求的，则应当进行交涉，交付并没有完成。

买受人履行检验义务应当在检验期限内履行。确定检验期限，应当视买卖合同中是否有约定检验期限来确定：

1. 当事人约定有检验期限的，买受人应当在约定期限内及时检验，不能超出约定的检验期限进行检验。

2. 买卖合同中如果没有约定检验时限，则应当及时进行检验。“及时”是一个不确定概念，对当事人而言，应当在收到标的物之后，尽快地在合理期限内进行检验，不能无故拖延；在发生争议之后，法官和仲裁机构应当根据实际情况，确定及时的合理期限。

在检验期限内，出卖人应当负有提供标的物的技术资料的义务，以使买受人能够正常地对标的物进行检验。出卖人是否履行或者及时履行这一义务，也是对买受人是否履行检验义务的一个判断的依据。

【案例评注】

见某进诉某科技股份有限公司新疆分公司等买卖合同纠纷案[①]

基本案情

2013年8月27日，被告王某德与原告某科技股份有限公司新疆分公司签订农业机械买卖合同约定，被告王某德从原告处购买打模机、运模机各一台，价值总计720000元。双方约定被告王某德向原告支付首付款100000元，余款的50%到2013年12月20日前付清，另50%余款截至2014年12月15日前付清。合同还约定被告没有完全支付全部货款前，标的物所有权归原告所有。后被告见某进支付了首付款100000元。2014年9月6日，原告与被告王某德、见某进三方签订了两份《合同补充说明》，补充说明约定，本案所涉及打模机、运模机各一台的所有权及债务权归被告见某进所有。2014年10月10日，原告收到被告王某德申请的农机补贴款100000元，余款520000元至今未给付原告。另查明，中国人民银行×××年、2013年同期同类一至三年期人民币贷款基准年利率为年息6.15%。原告诉请被告支付货款及利息得到法院支持，被告上诉辩称被上诉人交付的运模车的型号与合同约定不一致，合同约定的型号是10吨，被上诉人交付的是MYS－6型号；被上诉人多次要求调换型号，均遭拒绝，以致上诉人无法使用该产品，几年来要求退货未果。

法院判决

法院认为，上诉人二审提供的农机发货清单载明，被上诉人提供给上诉人的运模车型号为MYS－6，与被上诉人一审提交的运模车使用说明书的型号一致，该说明书载明最大载重量为10吨，与双方合同约定的载重量一致，故上诉人辩称被上诉人提供的运模车与合同约定不符的辩解理由与事实不符，本院不予采信。生产许可证、产品合格证、质量保证书等“三证”的作用是证明产品合格，本案诉争的运模车于2013年已经交付使用，截至2017年被上诉人起诉时，上诉人从未就质量提出异议。《合同法》第一百五十八条第二款规定：“当事人没有约定检验期间的，买受人应当在发现或者应当发现标的物的数量或者质量不符合约定的合理期间内通知出卖人。买受人在合理期间内未通知或者自

---

① 审理法院：新疆生产建设兵团第八师中级人民法院，案号：（2017）兵08民终1045号。

标的物收到之日起两年内未通知出卖人的，视为标的物的数量或者质量符合约定……”《最高人民法院关于审理买卖合同纠纷案件适用法律问题的解释》第二十条第一款规定：“合同法第一百五十八条规定的检验期间、合理期间、两年期间经过后，买受人主张标的物的数量或者质量不符合约定的，人民法院不予支持。”根据上述事实和法律规定，应认定被上诉人交付的运模车符合合同约定，上诉人以未给付“三证”为由拒付货款，没有依据。合同中约定货款未付清前，标的物所有权不发生转移，当上诉人未按约付款时，被上诉人既可要求上诉人支付剩余货款，亦可行使取回权，选择权在被上诉人，上诉人辩称被上诉人只能行使取回权的上诉理由没有依据。经本院实地调查，上诉人购买的运模车属农机具挂车，依据现有规定无强制性规定必须挂牌照，且一五・团及各农牧团场交警部门为方便农户生产经营，春耕及秋收时不限制农机用车在道路上正常行驶通行，上诉人辩称运模车无法挂牌照导致其无法使用的理由本院不予采信。

专家点评

民法典合同编第620条是对检验期限的规定。检验期限是买卖合同中的一大重点问题，检验期限的确定对于买受人和出卖人都有着重要的意义。若检验期限过长，则可能存在长时间无法结束买卖合同关系，不利于出卖人一方；若检验期限过短，则可能不利于买受人发现潜在的问题。因而，对于检验期限的确定，通常应以约定为主，约定不明的应当以“合理期间”为限。例如，在本案中，买受人在两年后才主张交付的运模车与合同约定不符，以此为理由拒绝履行合同义务，法院根据《最高人民法院关于审理买卖合同纠纷案件适用法律问题的解释》第20条第1款的规定不支持上诉人上诉请求，于法有据，合情合理。

第六百二十一条　当事人约定检验期限的，买受人应当在检验期限内将标的物的数量或者质量不符合约定的情形通知出卖人。买受人怠于通知的，视为标的物的数量或者质量符合约定。

当事人没有约定检验期限的，买受人应当在发现或者应当发现标的物的数量或者质量不符合约定的合理期限内通知出卖人。买受人在合理期限内未通知或者自收到标的物之日起二年内未通知出卖人的，视为标的物的数量或者质量符合约定；但是，对标的物有质量保证期的，适用质量保证期，不适用该二年的规定。

出卖人知道或者应当知道提供的标的物不符合约定的，买受人不受前两款规定的通知时间的限制。

【条文释义】

本条是对买受人检验期限对标的物异议通知权的规定。

在出卖人交付标的物之后，买受人应当履行检验义务，并且对检验标的物发现问题提出异议通知。标的物异议通知的重要价值在于，买受人在检验期限提出标的物异议通知的，双方应当进行协商，如果确认异议通知的事实存在，出卖人构成违约行为；如果怠于提出异议通知，则视为标的物的质量和数量符合约定。因此，标的物异议通知对双方当事人的利益关系重大。

对此的处理方法是：

1. 当事人在买卖合同中约定有检验期限的，买受人发现标的物存在问题的，应当在检验期限内，将标的物的数量或者质量不符合约定的情形通知出卖人。如果买受人怠于通知的，即超过检验期限未进行异议通知的，视为标的物的数量或者质量符合约定。

2. 当事人在买卖合同中没有约定检验期限的，买受人在发现或者应当发现标的物的数量或者质量不符合约定的，应当在合理期限内通知出卖人。如果买受人在合理期限内未通知或者自收到标的物之日起二年内未通知出卖人的，视为标的物的数量或者质量符合约定。如果对标的物定有质量保证期的，应当适用质量保证期，不适用该二年的规定。

3. 如果出卖人在交付标的物时知道或者应当知道自己所提供的标的物不符合约定的，在客观上构成欺诈行为。为保护欺诈行为受损害的一方即买受人的利益，买受人提出标的物异议通知的时间限制应当放宽，不受前两款规定的通知时间，即检验期限和合理期限的限制。超出这两种期间限制而提出异议通知的，亦为有效通知，即买受人可以在发现标的物质量或者数量不符合约定的任何时间，向出卖人主张责任的承担。

【案例评注】

安徽省某科技股份有限公司与某公司买卖合同纠纷上诉案[①]

基本案情

2014年9月18日，原告安徽省某科技股份有限公司作为甲方，被告某公司作为乙方，签订合同一份，约定：1. 甲方向乙方购买超声波热量表、超声波水表等商品，货款总计181450元；2. 产品技术标准、质量要求：按照国家及招标文件要求的技术指标，按原厂包装，以确保产品为原厂生产和未经使用的产品。若发现设备非原厂产品或非全新产品，或达不到国际及招标参数技术要求的产品，乙方赔偿甲方200%的设备货款，并承担给甲方造成的一切后果；3. 交货时间、方式、地点为：合同签订后30日内到货；4. 验收标准、方法、地点及期限为：按合同第二条验收，提出异议期为交货后30天内；5. 结算方式为：货到现场经甲方验收合格并开具增值税发票甲方付总货款50%（货到一周后），安装调试完毕付总货款的45%（货到45天内），留5%货款作售后质保金（18个月付清）。

原告提交的招标公告中记载有技术标准及要求为“不锈钢表体、双通道测量方式（四个超声波探头）”。庭审中原告称其与被告签订合同前，向其发送过该招标文件的电子版。被告称原告未向其提供过招标文件，也未告知过招标文件中的上述要求，其向原告提供了样表，原告认为符合要求，双方遂签订合同。庭审中原告提交的投标文件中，关于被告公司计量器具型式评价报告部分并未记载有原告主张的该技术标准。

现原告称被告提供的产品不符合合同要求，并请求解除合同、被告赔偿损失，双方协商未果，遂引发本案纠纷。

法院判决

法院认为，依据《合同法》第一百五十八条之规定，当事人约定检验期间的，买受人应当在检验期间内将标的物的数量或者质量不符合约定的情形通知出卖人。买受人怠于通知的，视为标的物的数量或者质量符合约定。依据《最高人民法院关于审理买卖合同纠纷案件适用法律问题的解释》第二十条条之规定，《合同法》第一百五十八条规定的检验期间、合理期间、两年期间经过后，买受

① 审理法院：河南省郑州市中级人民法院，案号：（2018）豫01民终3986号。

人主张标的物的数量或者质量不符合约定的，人民法院不予支持。

原被告签订的合同对验收标准及期间约定为“按合同第二条验收，提出异议期为交货后30天内”。该合同并约定“合同签订后30日内到货”。庭审中被告称其按合同约定于2014年10月向原告交货，原告在本次诉讼前从未向其提出过质量异议。原告称交货时间为2015年3月，其在3月收到业主方告知函后立即告知被告重新发货，并于2015年6月向被告发出律师函。庭审中原告未提交证据证明其于2015年3月向被告提出过质量异议，其提交的律师函不能证明已实际送达，且该律师函记载的时间距其所称的收货时间也已超过了30日。此外，可以确认被告向原告交付产品后，原告并未按合同约定的质量异议期向被告提出质量异议，并按照合同约定的期间（货到现场验收合格后）支付了50%货款，原告的上述行为应视为认可该合同项下产品的数量及质量符合约定。

因而，对原告解除合同、退还设备款、赔偿损失等请求法院不予支持。

专家点评

民法典合同编第621条是对买受人检验期限内标的物异议通知义务的规定。买受人在检验期限发现货物存在质量上问题的应当及时通知出卖人，为出卖人提供修理、重作等弥补履行措施预留适当的时间，若买受人怠于履行通知义务，则为避免双方权利义务处于不确定的状态，应当视为出卖人的履行符合约定。未避免可能存在的潜在瑕疵问题，法律还规定买受人应当在发现质量问题后在合理期限内通知出卖人。如果买受人在合理期限内未通知或者自标的物收到之日起两年内未通知则免除出卖人的质量瑕疵担保责任。在本案中，某科技股份有限公司不仅未通知乙方某公司提出质量异议，并且其按照合同约定的期间（货到现场验收合格后）支付了50%货款，应视为某科技股份有限公司认可该合同项下产品的数量及质量符合约定，因而法院并不支持原告解除合同、退还设备款等请求，于法有据，合乎情理。

第六百二十二条　当事人约定的检验期限过短，根据标的物的性质和交易习惯，买受人在检验期限内难以完成全面检验的，该期限仅视为买受人对标的物的外观瑕疵提出异议的期限。

约定的检验期限或者质量保证期短于法律、行政法规规定期限的，应当以法律、行政法规规定的期限为准。

【条文释义】

本条是对约定检验期限、质量保证期间过短补救方法的规定。

在买卖合同中，会出现当事人约定的检验期限、质量保证期间过短的问题。当出现这样的问题时，应当依照本条规定的办法处理，保护好双方当事人的利益：

1. 当事人在买卖合同中约定的检验期限过短，根据标的物的性质和交易习惯，买受人在检验期限内难以完成全面检验的，该期间仅视为买受人对外观瑕疵提出异议的期间。对于标的物的内在瑕疵的检验期限，本条没有明确规定的，视为没有约定或者约定不明确，应当按照第510条的规定进行补充协议，协议不成的，按照第511条规定确定适当的期间。

2. 在买卖合同中，双方当事人约定的检验期限或者质量保证期间短于法律、行政法规规定期限的，应当以法律、行政法规规定的期限为准。例如，法律规定的质量保证期间为2年的，双方当事人在合同中约定的质量保证期间为1年，则应当以法律规定的2年为准。

【案例评注】

某机械制造公司与陆某买卖合同标的物质量异议纠纷案[①]

基本案情

陆某从某机械制造公司处购买了16台机器，从2013年4月6日至7月28日，陆某陆续收到了某机械制造公司交付的16台机器，并支付了105万元货款。其中有多台机器出现质量问题，2013年8月3日，陆某向某机械制造公司传真信函，提出机器不能正常运转。同年8月7日、2014年2月至4月，陆某多次通过手机短信与某机械制造公司相关人员联系，就机器安装、调试等问题进行够沟通。在此期间，某机械制造公司曾多次派人修理、更换零部件，但一直未能修复机器。嗣后，陆某将某机械制造公司诉至法院，要求其退还其所支付的货款。

在一审审理中，陆某申请对1台高毛机和9台大圆机进行司法鉴定，鉴定事项为涉案机器能否长期稳定生产出合格产品。一审法院委托浙江某机械检测中心有限公司（以下简称某机械检测公司）对所涉机器进行司法鉴定。鉴定过程中，

① 审理法院：江苏省连云港市中级人民法院，案号：（2015）连商终字第00278号。

为防止机器使用中的正常损耗影响鉴定结果，尽量使机器恢复至交付时的客观状态，鉴定机构同意某机械制造公司对相关机器进行了为期2天的检查、维护、调试，对少量易损件亦进行了更换。2015年4月20日，某机械检测公司出具质量鉴定报告，主要内容为：涉案高毛机运转故障频繁，不能正常稳定生产用户方和制造方约定的合格产品；涉案大圆机的关键零部件的制造质量未达到企业标准要求，不能保证大圆机长期稳定生产运转。

法院判决

法院认为，法院委托某机械检测公司进行司法鉴定，鉴定报告可以作为认定案件事实的证据。根据鉴定机构的鉴定结论，高毛机运转故障频繁，不能正常稳定生产用户方和制造方约定的合格产品；大圆机的关键零部件的制造质量未达到企业标准要求，不能保证大圆机长期稳定生产运转。据此可以认定，某机械制造公司高毛机1台、大圆机9台的质量不符合合同约定，某机械制造公司存在违约行为。《合同法》第一百四十八条规定，因标的物的质量不符合质量要求，致使不能实现合同目的的，买受人可以拒绝接受标的物或解除合同。据此，对于陆某要求退还不合格机器的诉讼请求，应予支持。因某机械制造公司供货的另外6台机器，陆某没有提出质量异议，是合格产品，故陆某应当支付货款53.6万元。陆某实际付款105万元，多付货款51.4万元，某机械制造公司应当退还。某机械制造公司认可应当给付陆某安装费和刀针费2300元，法院对此予以确认。至于陆某要求赔偿相关损失的诉讼请求，因陆某未能举证证明损失的具体计算方式以及与本案的关联性，因此在本案中不予理涉。

专家点评

民法典合同编第622条是对出卖人和买受人约定的检验期限过短的弥补条款。买卖合同中可能存在原被告双方约定的检验期限与标的物的性质和和交易习惯相比过短的情况，此时法律对其作出一定的调整，主要有两种方法，对依据性质不能在约定的检验期间内完成检验的只视约定的检验期限为外观瑕疵的检验期限，约定的检验期限短于质保期间、短于法律、行政法规规定的期限的，则应当按后者确定检验期限。对隐蔽质量瑕疵提出异议的合理期限，应当综合产品的性质、瑕疵检验方法的难易程度等因素进行认定。例如，在本案中陆某从某机械制造有限公司购买的机器在安装调试、投入使用后频繁出现故障，无法生产出合格产品，出卖人根据买受人的反映，虽多次进行维修、调试，该机器仍无法正常稳定地生产产品，应当认定买受人已经在合理期限内提出了质量异议。

第六百二十三条 当事人对检验期限未作约定，买受人签收的送货单、确认单等载明标的物数量、型号、规格的，推定买受人已经对数量和外观瑕疵进行检验，但是有相关证据足以推翻的除外。

【条文释义】

本条是对买受人签收送货单等推定对数量和外观瑕疵进行检验的规定。

标的物数量和外观瑕疵的检验推定，是指虽然买受人对标的物的数量、质量未进行检验，但是根据法律规定的情形，推定其进行了数量和外观瑕疵检验的规则。

这一规则的适用条件是：（1）在买卖合同中，当事人对标的物的检验期间未作规定；（2）出卖人已经将买卖标的物交付买受人；（3）买受人对出卖人送交的标的物签收了送货单、确认单，这些单据载明了标的物数量、型号、规格等内容。符合这三个要件的，就可以推定买受人对标的物的数量和外观瑕疵进行了检验，并认为其符合要求。

适用这一推定，对受推定事实约束的买受人予以救济机会，如果买受人能够举证证明自己对标的物的数量和外观瑕疵未做检验事实属实，则可以推翻推定。买受人尚未确认标的物的数量和外观瑕疵的，仍然可以提出标的物的异议通知。

【案例评注】

郭某祥与贵州六盘水某汽车销售服务有限公司分期付款买卖合同纠纷上诉案①

基本案情

2016年11月13日，原告郭某祥与被告贵州六盘水某汽车销售服务有限公司签订购车合同，约定购车价为214800元。2016年12月5日，原告与被告签订了《某汽车金融有限公司汽车消费抵押贷款合同》。原告主张2016年12月10日到被告处提车后，发现所提车并无大灯自动开闭功能，于2017年4月20日打电话

① 审理法院：贵州省六盘水市中级人民法院，案号：（2018）黔02民终507号。

向被告核实得知，原告欲购车型为2016款2.5LCVT运动版，实际购得的为2014款2.5LCVT豪华版，与欲购车型并不相符，现所购车型并无大灯自动开闭功能，且被告并未明确告知该情况，故被告存在欺诈行为。后经双方协商以及六盘水市消费者协会的调解均无果，遂诉至法院。另查明，某汽车销售有限公司于2016年12月5日向各专营店出具了《工作联络单》，车型为2016款2.5LCVT运动版车辆，于2017年1月1日起停止生产供应。

法院判决

法院认为，原告与被告之间签订的《购车合同》，合同双方均具有相应的民事权利能力和民事行为能力，签约主体适格，意思表示真实，内容并不违反法律、行政法规的强制性规定，当事人应当按照约定全面履行自己的义务。根据《最高人民法院关于适用〈中华人民共和国民事诉讼法〉的解释》第九十条的规定："当事人对自己提出的诉讼请求所依据的事实或者反驳对方的诉讼请求所依据的事实，应当提供证据加以证明……"，原告主张所购车型与其欲购车型不符，存在欺诈行为，但其提供的证据并不足以证实原告欲购车型为2016款2.5L排量的四驱运动版，应承担举证不力的后果，且根据车辆交易习惯，为降低交易风险，原告在购车前就应该对车辆各方面性能进行综合了解比对，接收车辆时有义务审核该车辆的外观及相关配置情况，收到车辆附随信息资料时亦有义务审核资料内容，现原告已将涉案车辆使用达四个多月之久才行使权利，结合原告的机动车注册登记信息及当天接车时在被告处收到的《车辆一致性证书》《整车出厂安全检验单》等相关资料内容，在轮胎规格、车重、灯光配置等信息上均能体现原告接收的车辆为2014豪华款。综上，原告主张的诉讼请求因证据不足，予以驳回。

专家点评

民法典合同编第623条是有关外观瑕疵已进行检验的证据规则，也即在对检验期间未做约定的，买受人对载明标的物数量、型号、规格等送货单、确认单等进行签收的，可以推定买受人已对数量和外观瑕疵进行检验。例如，在本案中，原告本应在提车后应对车辆型号等关键信息及时进行核对，且车辆所附的车辆购置税发票中也载明了车辆类型、厂牌型号、车辆识别代码等关键信息，但原告实际在使用四个月后才以其所提的车辆与所购买的车辆不符，且未提供充分的证据证实被上诉人向其提供的商品或服务有欺诈行为，应由其承担举证不利的法律后果，故而法院驳回原告的诉讼请求，于法有据，合乎情理。

第六百二十四条 出卖人依照买受人的指示向第三人交付标的物，出卖人和买受人约定的检验标准与买受人和第三人约定的检验标准不一致的，以出卖人和买受人约定的检验标准为准。

【条文释义】

本条是对向第三人交付标的物标准不一致的规定。

在买卖合同中，如果买受人依照本编第522条之规定，指示出卖人向第三人履行合同义务交付标的物的，出卖人应当向第三人交付标的物。当出现了出卖人与买受人约定的检验标准与买受人与第三人约定的检验标准不一致，发生争议的，应当有一个确定的方法来确定标的物的检验标准。本条规定，出现这两个检验标准不一致时，应当以出卖人和买受人约定的检验标准为准，理由是出卖人与买受人约定的检验标准是双方确定的检验标准，买受人与第三人约定的检验标准不能改变出卖人与买受人约定的检验标准。如果第三人坚持其与买受人约定的检验标准，则应由买受人负责，而不能因此责令出卖人承担买受人与第三人约定的检验标准，增加自己的负担。

【案例评注】

某国际公司与艾亿沃德公司买卖合同纠纷上诉案①

基本案情

2012年10月10日，艾亿沃德公司与某国际公司签订《合作合同》，某国际公司采购艾亿沃德公司行业用平板电脑，并规定了具体技术参数要求（见合同第一编第一条1.2）。该合同约定："卖方将在合同签订后2个月内交付样品，买方确保在60天内对样品进行验收并出具验收报告……卖方保证产品能按期按需完成，并同意在合同签订后两日内预交10万元保证金给买方作为保证，否则，视为卖方违约……买方保证需在货物到达指定地点后60天内对其验收，验收时间不得超过15天，如果45天内没有验收报告给具卖方，卖方将视为产品验收合格，一

① 审理法院：北京市第一中级人民法院，案号：（2018）京01民终195号。

旦验收合格，买方将在10日内付清所有余款……”2013年1月29日至2013年10月29日，某国际公司共计向艾亿沃德公司汇款146万元。嗣后，某国际公司因涉案平板电脑的移动电源质量出现问题，将艾亿沃德公司诉至法院，要求其退还货款并赔偿损失。艾亿沃德公司则辩称移动电源并非由其直接提供，而是由其采购并向常德市工商局提供。庭审中，其提供了一份常德市工商行政管理局出具的关于移动电源需求的说明、移动电源的检验报告及常德市工商行政管理局出具的情况说明。艾亿沃德公司认为上述合同约定系某国际公司与第三方之间签订的，且移动电源的检测报告无法证实平板电脑存在质量问题。

法院判决

法院认为，本案争议的焦点是艾亿沃德公司是否提供了符合双方合同约定技术规范的平板电脑以及合同款项履行情况。关于检验标准问题，某国际公司认为双方平板电脑的技术规范应当符合其与第三方签订合同的使用规范。出卖人依照买受人的指示向第三人交付标的物，出卖人和买受人之间约定的检验标准与买受人和第三人之间约定的检验标准不一致的，以出卖人和买受人之间约定的检验标准为标的物的检验标准。本案中，双方对平板电脑的技术规范进行了明确约定，现某国际公司提交了第三方出具的证明及移动电源检验报告，据此证明艾亿沃德公司未提供符合某国际公司与第三方签订合同要求的产品，但某国际公司提供的并非平板电脑的检测报告，且其与第三方签订的合同对艾亿沃德公司亦没有约束力。因而，法院对某国际公司主张艾亿沃德公司平板电脑质量不合格应当承担违约责任的答辩意见不予认可，其应当按照合同约定全面履行合同义务。

专家点评

民法典合同编第624条是有关向第三人交付标的物检验标准不一致的规定，即若出现买受人和第三人约定检验标准与出卖人和买受人约定的检验标准不同的，以后者为准。因为在实践中，出卖人很难得知买受人和第三人所约定的检验标准，并且该向第三人履行的合同的权利义务仍然由买受人和出卖人享受和承担。例如，在本案中涉案《合作合同》和《订购合同》中并未体现涉案平板电脑需满足最终用户需求，某国际公司亦未能提供证据证明其将最终用户需求告知艾亿沃德公司，某国际公司提交的第三方出具的证明及移动电源检验报告均不是针对涉案《合作合同》和《订购合同》中的平板电脑。因此，法院判定某国际公司应当全面履行合同义务，对其退还货款的诉请予以驳回。

第六百二十五条 依照法律、行政法规的规定或者按照当事人的约定，标的物在有效使用年限届满后应予回收的，出卖人负有自行或者委托第三人对标的物予以回收的义务。

【条文释义】

本条是对约定买卖标的物有效使用年限届满回收义务的规定。

买卖合同的标的物在有效使用年限届满后出卖人负有回收义务，有两种情况：（1）法律、行政法规规定应当回收；（2）当事人在买卖合同中约定应当回收。

出现上述情形之一，不管当事人在合同中对回收义务人有约定还是无约定，回收的义务人是出卖人，而不是买受人。当标的物在有效使用年限届满后，由出卖人承担回收义务，出卖人既可以自行回收，也可以委托第三人回收。回收标的物的费用，有约定的依照其约定，没有约定的，由出卖人负担，因为出卖人是负责回收的义务人，理应由其承担回收标的物的费用。

【案例评注】

裕融公司等诉庆源公司买卖合同纠纷案[①]

基本案情

2014年12月23日，裕融公司（出租方/甲方）与齐亭公司（承租方/乙方）、周某庆、刘某（连带保证人）签订《融资租赁合同》一份。同日，裕融公司（购买方/出租方）、齐亭公司（确认方/承租方）与庆源公司（卖方）签订《买卖合同》，合同约定标的物系上述融资租赁合同中载明的设备。2014年12月23日，由齐亭公司签署的《租赁物验收证明书》确认编号为05×××11租赁合同项下的租赁物已收到，且于当日验收合格并同意于2014年12月30日正式起租。2014年12月23日，裕融公司（甲方）与庆源公司（乙方）签订编号为05×××11的《回购合同》一份，庆源公司同意就《融资租赁合同》项下的1台租赁物在符合回购条件时进行回购。该合同第三条约定了回购条件："租赁合同履行期

---

① 审理法院：天津市北辰区人民法院，案号：（2016）津0113民初8447号。

间，承租人任意一期租金逾期超过30日而未支付的，回购条件在逾期之第30日成就。”第六条则约定了回购合同项下标的物的回购价格的计算方法：“承租人全部未支付净租金本金总额×1.05”，其中承租人应付的净租金本金总和=租赁物件购买金额-履约保证金。第七条对回购标的物回收方式作出如下约定：“甲方通知乙方，由乙方负责准备回购所需的全部准备工作；在双方商定具体日期后，由甲方派出法务人员及项目经理，由乙方派出技术人员，现场拆机，清点造单，封箱并指导吊装车，标的物装车完毕，由乙方人员在回购交付单上签字；拆装封箱及运输等费用由乙方承担；标的物装车完毕并驶出承租方所在厂区或公司，视为回购交付完毕。”同时，“乙方承诺在回购交付完毕之日起五个工作日内，将全额回购款支付给甲方”。

过后，当回购条件达成时，裕融公司要求被告庆源公司对融资租赁合同项下的标的物设备进行回购，被告庆源公司至设备存放地点对设备进行检验，发现设备缺失了包括激光器、切割头、遥控器在内的部件，目前设备尚未办理交接。对此，原告裕融公司认为原告不承担租赁合同标的物的灭失风险，即便设备存在部件缺失，原告亦有权要求被告庆源公司按照约定的回购价格进行回购。双方就此发生争议，诉至法院。

法院判决

法院认为，本案原、被告之间的标的物回购纠纷源于裕融公司与第三人齐亭公司之间的融资租赁关系，根据合同约定，承租人齐亭公司有任意一期租金逾期超过30日未支付，裕融公司既有权依据《融资租赁合同》的约定，向齐亭公司主张支付全部未付租金，也有权依据《回购合同》的约定，要求庆源公司回购租赁物，支付回购价款。裕融公司依据《回购合同》要求庆源公司承担支付回购价款的民事责任，是基于《融资租赁合同》中承租人的租金支付义务而产生。经查，原告裕融公司已向法院提起诉讼，要求齐亭公司支付全部未付租金及逾期付款违约金，连带保证人承担连带清偿责任，并获得（2015）园商初字第03913号民事判决支持。根据民事诉讼损失补偿原则，当承租人、保证人或回购义务人中任何一方履行了相应付款责任后，其余债务人相对于债权人裕融公司的给付义务则应予以免除。（2015）园商初字第03913号民事判决书已判决齐亭公司给付裕融公司租金及违约金，合同连带保证人承担连带清偿责任，如该判决得到执行，裕融公司的损失将全部获得弥补。在（2015）园商初字第03913号民事判决书尚未确定能否得到履行的情况下，原告另行起诉要求庆源公司支付回购价款，尚不具有事实基础和法律依据，本院不予支持。

专家点评

民法典合同编625条是有关约定买卖标的物有效使用年限届满回收义务的规定，并且规定了在回收的情境中出卖人负有回收的义务。这一条规定分为两个层面，第一层面是指标的物是否回收须结合法律规定或当事人约定，第二层面指的是，回收义务由出卖人承担。如在本案中，根据《回购合同》的约定，裕融公司有权利要求庆源公司承担回购租赁物的义务，回收租赁物的义务则根据法律规定应当由庆源公司承担。即使在《回购合同》中并无回收条款的规定，该义务也应当由庆源公司承担。故而，庆源公司至设备存放地点对设备进行检验等确实行为应当视作回收的必要流程。至于庆源公司是否具体履行回购义务，则应当视具体情境而定。

第六百二十六条 买受人应当按照约定的数额和支付方式支付价款。对价款的数额和支付方式没有约定或者约定不明确的，适用本法第五百一十条、第五百一十一条第二项和第五项的规定。

【条文释义】

本条是对买受人支付价款数额和支付方式的规定。

支付价款是买受人的主要义务，是出卖人交付标的物并转移所有权的对价条件，出卖人必须依约履行。

对价款数额的确定。价款数额由总价和单价构成。总价为单价乘以标的物的数量。合同约定的总价与单价不一致的，又不能证明总价为折扣价的，原则上应当按照单价计算总价。当事人对价款的确定须遵守国家物价法规的强制性规定。在买卖合同中，买受人应当按照约定的数额支付价款。如果对价款数额没有约定或者约定不明确的：（1）应当按照本编第510条之规定，可以补充协议；（2）不能达成补充协议的，依照本编第511条第2项之规定，按照订立合同时履行地的市场价格履行，依法应当执行政府定价或者政府指导价的，按照规定履行。具体的办法是：当事人在合同中约定执行政府定价的，在合同约定的交付期限内政府价格调整时，按照交付时的价格计价。逾期交付标的物的，遇价格上涨时，按照原价格执行；价格下降时，按照新价格执行。逾期提取标的物或者逾期付款的，遇价格上涨时，按照新价格执行；价格下降时，按照原价格执行。

对价款支付方式的确定。首先，价款的支付方式可以由当事人约定，有约定的，依照其约定的支付方式履行。其次，如果当事人在合同中对价款支付方式没有约定或者约定不明确，依照本编第510条的规定，可以补充协议；不能达成补充协议的，依照本编第511条第5项的规定，按照有利于实现合同目的的方式履行。当事人关于价款支付方式的约定，不得违反国家关于现金管理的规定。

【案例评注】

尤某涛等诉李某平房屋买卖合同纠纷案[①]

基本案情

2016年8月28日，被告尤某涛作为卖方与原告李某平作为买方及第三人作为居间方签订了一份《房屋买卖合同》，主要内容显示：原告自愿购买被告房产，房产及其配套设施的总价款为100万元；原告同意自本合同签订时支付定金3万元，其中佣金1.5万元，余额作为代收的定金1.5万元，原被告双方同意该定金在立契前暂由第三人代为保管；原被告双方于签订本合同后，应共同到贷款银行办理相关按揭贷款手续，被告按合同申请贷款的比例向原告支付首付款，其余价款用银行贷款支付，定金充抵首付房款的同时转为物业交割保证金，仍暂由第三人保管，待物业全部顺利交割完毕后，原告凭买卖双方签字的物业交割清单及有关单据，向第三人领取物业交割保证金；原被告双方应在本合同签订之日起90个工作日内，共同到房管局立契并办理房产过户及相关手续，并积极提供过户需要的相关证件和资料……若原被告双方均违反上述约定，在原被告双方约定的立契日期的次日，第三人将房屋产权证或售房保证金退还原告，同时将购房定金退还被告，除非三方达成新的协议；如原被告任何一方拒绝履行合同或解除合同，或发生本条约定的其他违约责任，均由违约方向另一方支付房屋实际成交价的10%作为违约金等。原告称2016年8月28日签订合同时口头约定首付款走资金监管，8月30日到银行办理手续第二次见面被告向原告出具定金收据时，明确首付款走资金监管。被告辩称收据上“此定金冲当资金监管首付款”是第三人让写的，约定走资金监管是贷款那部分，首付款是现金支付。

后来原告李某平因为被告尤某涛多次拒绝履行合同诉至法院，诉请被告判令解除原告与被告及第三人签订的房屋买卖合同并承担违约责任。

---

① 审理法院：河南省郑州市金水区人民法院，案号：(2017) 豫0105民初17714号。

法院判决

法院认为，原、被告及第三人于2016年8月28日签订的《房屋买卖合同》系当事人真实意思表示，依法成立并生效，对双方均有约束力，双方均应依约履行各自义务。房屋买卖合同履行不下去，系因双方对首付款支付方式产生分歧，被告辩称首付款应现金支付，房屋买卖合同显示“原告按合同申请贷款的比例，向被告支付首付款”对支付方式没有约定，被告未提交双方有现金支付的补充协议，对被告该辩称，不予采纳。原告称口头约定首付款走资金监管，但原告举证不足以证明双方有此约定，原告诉请被告承担违约责任，依约向原告支付违约金10万元，法院不予支持。原告诉请解除2016年8月28日签订的房屋买卖合同，被告同意解除合同，法院予以确认。原告要求被告返还2万元定金，本院予以支持。第三人对双方首付款的支付没有明确约定，未尽到谨慎、合理审查义务，且在纠纷发生初期未能协调解决，原告诉请佣金10000元，应由第三人返还。本案中，原告为履行合同实际支出贷款费用8000元，被告应补偿原告8000元。

专家点评

民法典合同编第626条是有关买受人支付价款和支付方式的规定。对价款数额的确定和支付方式的确定，应当按照有约定从约定，没有约定先看能否达成补充协议，不能达成补充协议的价款数额可按照订立合同时履行地的市场价格履行，依法应当执行政府定价或者政府指导价的，按照规定履行。对于价款支付方式，应以约定为主，若不能达成补充协议的，应以交易习惯和按照有利于实现合同目的方式履行。在本案中，原、被告所签订的《房屋买卖合同》中未对首付款进行约定，该合同显示“原告按合同申请贷款的比例，向被告支付首付款”。并就首付方式进行约定，原告并未对首付款走资金监管提供证据，在两方均有意向解除合同时，法院确认解除合同于法有据，原告要求被告返还定金也应予以认可。

第六百二十七条 买受人应当按照约定的地点支付价款。对支付地点没有约定或者约定不明确，依据本法第五百一十条的规定仍不能确定的，买受人应当在出卖人的营业地支付；但是，约定支付价款以交付标的物或者交付提取标的物单证为条件的，在交付标的物或者交付提取标的物单证的所在地支付。

【条文释义】

本条是对买受人价款支付地点的规定。

在买卖合同履行中，买受人支付价款的地点，分为有约定和无约定两种情况确定：

1. 价款的支付地点由双方当事人约定。双方当事人在买卖合同中约定了价款支付地点的，买受人应当按照约定的地点支付价款。

2. 对价款支付地点没有约定或者约定不明确的，可以依照本编第510条规定，由双方进行补充协议，按照补充协议的约定地点支付价款。

3. 双方当事人不能达成补充协议的，买受人应当在出卖人的营业地支付，但是，如果约定支付价款以交付标的物或者交付提取标的物的单证为条件的，则不以出卖人的营业地为支付地点，而应当在交付标的物或者提取标的物单证的所在地支付。

【案例评注】

王某与江油市某房地产开发有限公司商品房预售合同纠纷①

基本案情

原告王某通过他人认识李某钢，得知通过其买房子可以获得优惠，于2006年6月24日与李某钢签订了商品房预定协议，约定出卖人为四川省江油市某房地产开发有限公司，买受人为王某，以89000.00元预定江城苑商住楼商品用房江城苑小区1幢2单元5楼×号，约定王某将预交购房定金一次性付清，王某在预定协议上签字，李某钢盖某房地产开发公司公章。因合同签订当日，王某未随身携带购房款，后于2006年6月26日在李某钢太白社区的办公室将约定购房款89000元现金一次性交付给李某钢，李某钢一个人下楼到江城苑项目部开具收据，约10分钟后，李某钢将加盖有“江城苑项目部”印章的工商服务业统一收款收据交付给王某夫妇。该收款收据显示：客户名称为王某，项目为“江城苑小区”1#－2－×商品房一次性购房款，单价1000元/㎡，金额89000元，收款人：李，备注：此款不含配套费，在换正式购房合同时应收清6800元。后王某多次找该房产公司

① 审理法院：四川省绵阳市中级人民法院，案号：（2015）绵民终字第1303号。

协助办理产权证，某房产公司均未协助。

嗣后，王某将某房地产开发有限公司诉至法院，请求由某房产公司协助王某办理江城苑1幢2单元×号房屋的土地使用权和房屋所有权登记手续。

法院判决

法院认为，本案的焦点在于在整个房屋买卖的过程中王某是否有理由相信李某钢有代理权。从购买期房的行为过程中来看，一般购买开发商出售的期房，首先应到售楼部，找到开发商或售楼人员了解房屋情况决定是否购买，决定购买后签订正式的房屋买卖合同，缴纳预付款或全部购房款，合同经过房管部门备案，本案中的王某仅凭自己知道李某钢与许某茂（挂靠某房产公司）合伙便找李某钢个人要求购买房屋，且还有优惠，二人在李某钢作为社区工作人员的太白社区的办公室签订了预定协议，并未签订正式的商品房买卖合同，签约地点也并非某房产公司或者许某茂为“江城苑项目部”所设立的工作地点，李某钢亦不是某房产公司的法定代表人及公司的成员，房屋作为不动产与家庭生活息息相关，也是一项重要的资产，王某作为一个具备完全民事行为能力的人，在整个预定协议签订及购房的过程中没有具备谨慎审查的义务，作出不符合交易习惯的购房行为，王某没有证据能够证明其有理由相信李某钢构成了表见代理，并且某房产公司没有参与任何售房或授权的实质行为及书面的行为。所以，本案中李某钢以某房产公司的名义与王某签订购房协议的行为不能构成表见代理。

并且，从房屋价款的支付来看，预定协议中未约定房屋价款的支付地点。按照法律规定，对支付地点没有约定的，应当在接受货币一方所在地履行，如仍不能确定接受货币一方所在地，买受人应当在出卖人营业地支付。根据王某陈述，王某的房款缴纳是在李某钢太白社区的办公室将钱交给了李某钢本人，王某关于支付房款的陈述并不符合相关法律规定。李某钢在以社区工作人员身份的社区办公室将盖有江城苑项目部印章的收款收据交付给王某，其行为仍不能构成表见代理。

李某钢的行为不构成表见代理，因而原告的诉讼请求法院不予支持。

专家点评

民法典合同编第627条是买受人支付价款地点的规定，分为有约定的和无约定的两种。有约定的从约定，未达成补充协议的，买受人应当在出卖人的营业地交付，但以交付标的物或者交付提取标的物的单证为条件的除外。按约定的支付价款的地点进行价款的交付不仅可以成为适当履行的一个重要条件，实践中可以成为判断表见代理的一个因素。例如，在本案中，尽管预定协议未约定房屋价款的支付地点，但根据民法典合同编第627条的规定，对支付地点没有约定的，应当在接受货币一方所在地或出卖人的营业地支付，对应到本案中也就是应当在某房产公司营业地进行付款。但是原告实际上是在李某钢太白社区的办公室将钱款交付给李某钢本人，因而不能构成表见代理，故而法院驳回了原告请求某房产公司协助其办理土地使用权和房屋所有权登记手续，于法有据。

第六百二十八条 买受人应当按照约定的时间支付价款。对支付时间没有约定或者约定不明确，依据本法第五百一十条的规定仍不能确定的，买受人应当在收到标的物或者提取标的物单证的同时支付。

【条文释义】

本条是对买受人支付价款时间的规定。

在买卖合同中，价款的支付时间可以由双方当事人约定，如果没有约定或者约定不明确，按照法律规定的方法进行确定。

1. 买卖合同中当事人约定了价款交付时间的，买受人应当按照约定的时间支付价款。

2. 当事人在合同中对支付时间没有约定或者约定不明确的，按照本编第510条规定，当事人可以补充协议，达成补充协议的，按照协议的时间支付价款。

3. 当事人不能达成补充协议的，买受人应当在收到标的物或者提取标的物单证的同时支付。价款支付迟延时，买受人要继续支付价款，并且要支付迟延支付价款的利息。

如果出卖人违约，买受人有拒绝支付价款、请求减少价款、请求返还价款的权利。如果出卖人交付的标的物有重大瑕疵以致难以使用时，买受人有权拒绝接收交付，有权拒绝支付价款。如果出卖人交付的标的物虽有瑕疵，但买受人同意接受，买受人可以请求减少价款。标的物在交付后部分或者全部被第三人追索，买受人不但有权解除合同、请求损害赔偿，而且有权要求返还全部或部分价款。

【案例评注】

穆森公司与孙某买卖合同纠纷上诉案①

基本案情

穆森公司在孙甲处买15头牛，并由拉货的司机崔某周写下欠条，写明2014年10月11日拉走6头牛，净重4302公斤，金额105829.2元；2014年10月12日拉走6头牛，净重4166公斤，金额102483.6元；2014年10月13日拉走3头牛，净重1688公斤，金额41524.8元，以上共计249837.6元。后因穆森公司拖欠孙甲货款，双方对簿公堂。庭审中，穆森公司的银行流水显示其在2014年10月14日穆森公司向孙乙账户转账50000元，2014年10月22日穆森公司向孙甲账户转账149830元，2014年11月28日穆森公司向孙乙账户转账50000元。孙甲称上述149830元系穆森公司另向其购买肥牛的货款，另外两笔50000元系穆森公司向孙乙的付款，与其无关。

法院判决

法院认为，关于双方当事人之间是否存在买卖合同关系，孙甲持穆森公司雇用人员拉牛时出具的欠条，主张与穆森公司存在买卖合同关系，并要求穆森公司给付剩余货款。穆森公司对欠条的内容不持异议，虽否认与孙甲之间存在买卖合同关系，但未能就此提供证据，应当承担举证不能的法律后果，故一审法院对孙甲关于双方当事人之间存在买卖合同关系的事实主张予以采信，处理并无不当。穆森公司关于双方之间不存在买卖合同关系的上诉主张本院不予支持。关于穆森公司是否已付清欠条所载货款，穆森公司称支付给孙乙的两笔50000元系支付欠条所载货款，因穆森公司与孙甲之间另存在买卖合同关系，穆森公司亦未举证证明孙乙有权代孙某收取货款，故穆森公司关于欠条所载货款已支付的上诉主张，本院不予采信。一审法院判令穆森公司支付孙甲剩余货款100007.6元，处理正确。

专家点评

民法典合同编第628条是买受人支付价款时间的规定，分为有约定和无约定的两种。有约定的从约定，未达成补充协议的，买受人应当在收到标的物或者提

---

① 审理法院：北京市第二中级人民法院，案号：(2018) 京02民终1969号。

取标的物单证的同时支付。例如，在本案中，双方订立了购买肉牛的合同，并且从付款的时间和数额上来看，可以发现剩余货款为100000元，由于孙甲与孙乙间不存在代为收款的协议，因而穆森公司与孙乙之间的首付款记录不能用以证明其已向孙甲支付了相应的货款。当双方的买卖合同中未约定支付价款时间，双方也未就价款支付时间达成补充协议的，因而根据本法的规定，穆森公司应当在交付标的物，即肉牛的同时进行价款的交付，延迟支付的应当承担相应的欠款利息。法院据此判决穆森公司自2014年10月13日起承担相应的欠款利息，于法有据。

第六百二十九条 出卖人多交标的物的，买受人可以接收或者拒绝接收多交的部分。买受人接收多交部分的，按照约定的价格支付价款；买受人拒绝接收多交部分的，应当及时通知出卖人。

【条文释义】

本条是对出卖人多交标的物的规定。

在买卖合同履行过程中，有可能出现出卖人多交标的物的情形。对此，关键在于买受人的态度，即买受人是否愿意接收多交的标的物。买受人既可以接收多交的标的物，也可以拒绝接收多交的标的物，选择权在于买受人：

1. 买受人选择接收多交部分标的物的，对多交的标的物，应当按照双方订立合同时约定的标的物的价格计算并支付价款，而不是按照交付时的价格计算。

2. 买受人拒绝接收多交部分的，应当及时通知出卖人，出卖人应当将多交付的标的物取回，取回标的物的费用由出卖人负担。

【案例评注】

华高公司与金科公司买卖合同纠纷上诉案[①]

基本案情

2015年7月1日、2015年7月22日、2015年11月30日，金科公司与华高公司先后三次签订《购销合同》，合同内容均约定华高公司向金科公司购买阻燃

① 审理法院：湖北省荆州市中级人民法院，案号：（2017）鄂10民终1409号。

高抗冲聚苯乙烯 10000 千克，单价为每千克 1.73 美元，总价款 17300 美元，交货时间均为 2015 年 12 月 20 日前，卖方送货到买方仓库，结算方式为 T/T。合同签订后，金科公司按合同约定分别于 2015 年 7 月 6 日、9 月 18 日和 11 月 13 日向华高公司送去 30000 千克。华高公司退货 8350 千克，实际收货 21650 千克，累计货款 36935.50 美元。同时，金科公司还于 2015 年 12 月 4 日向华高公司送去改性塑料 PS03C（破碎料）1 吨，货款价值人民币 5300 元。华高公司收到上述货物后，未能按合同约定向金科环保公司支付货款。嗣后，金科公司将华高公司诉至法院要求其按合同约定支付价款。

法院判决

法院认为，金科公司与华高公司在自愿平等的基础上签订买卖阻燃高抗冲聚苯乙烯和改性塑料 PS03C（破碎料）的购销合同是双方当事人的真实意思表示，合法有效，依法应受法律保护。华高公司收到金科公司供应的货物后，应按诚实信用原则，按双方签订的合同约定履行付款义务，但其在合同约定的还款期限过后未给付货款，《合同法》第一百零七条规定："当事人一方不履行合同义务或者履行合同义务不符合约定的，应当承担继续履行、采取补救措施或者赔偿损失等违约责任。"故华高公司应承担偿付货款及逾期付款的违约责任。金科公司主张以中国人民银行发布的同期同类贷款利率为基础，参照逾期罚息利率计算自逾期付款之日起至实际支付完毕之日止的利息，符合法律规定，法院予以确认。华高公司抗辩称对金科公司破碎料的诉讼请求没有合同关系，不应支持。《合同法》第一百六十二条规定："出卖人多交标的物的，买受人可以接收或者拒绝接收多交的部分。买受人接收多交部分的，按照合同的价格支付货款；买受人拒绝接受多交部分的，应当及时通知出卖人。"华高公司无证据证明其拒绝接收多交的破碎料并通知金科环保公司，故其该项抗辩意见，法院不予支持。

专家点评

民法典合同编第 629 条是多交标的物的处理规则，对此立法者主要考虑的是买受人的意愿和态度，买受人既可以选择接受也可以选择拒绝，接受的应当按照双方订立合同时约定的价格进行支付，拒绝的则应及时通知出卖人。例如，在本案中，尽管金科公司与华高公司仅签订了阻燃高抗冲聚苯乙烯 10000 千克，实际上金科公司向华高公司交付 30000 千克标的物，华高公司实际收货 21650 千克，且并未提供证据其拒绝接收多余标的物。同时，金科公司还交付了除该合同约定外的破碎料，华高公司予以接收的行为是以默认的方式表明合同的成立和生效。

因而法院判决华高公司应当以合同约定的价格支付多余的阻燃高抗冲聚苯乙烯的货款以及接收的破碎料，于法有据，合情合理。

第六百三十条 标的物在交付之前产生的孳息，归出卖人所有；交付之后产生的孳息，归买受人所有。但是，当事人另有约定的除外。

【条文释义】

本条是对买卖标的物孳息归属（买卖合同利益承受规则）的规定。

买卖合同的利益承受，也叫买卖标的物孳息归属规则，是指标的物于买卖合同订立前后所生孳息归纳一方当事人享有的规则。标的物于合同订立前后所生孳息的归属，即利益承受，与买卖合同的标的物风险负担密切相关，二者遵循同一原则，即权利归谁所有，利益和风险就归谁享有或者负担。

标的物的孳息，是指标的物在合同履行期间产生的增值或者收益，既包括天然孳息，也包括法定孳息。买卖合同利益承受中的孳息，主要是天然孳息，但是也包括有些法定孳息。前者如树木的果实、牲畜的幼畜；后者为买卖正在出租房屋的租金。

利益承受的规则是：

1. 标的物在交付之前产生的孳息，归出卖人所有，如买卖牲畜，在交付之前出生的幼畜，归出卖人所有。

2. 标的物交付之后产生的孳息，由买受人承受，如交付之后的出租房屋，收取的租金归买受人所有。

3. 合同另有约定的，依其约定，不适用上述规则。

【案例评注】

徐某、曾某房屋买卖合同纠纷案[①]

基本案情

2015 年 10 月 17 日，原告徐某（买方）与被告曾某（卖方）在深圳某房地产营

---

① 审理法院：广东省惠州市中级人民法院，案号：（2017）粤 13 民终 957 号。

销策划有限公司签订了一份《房地产买卖合同》，约定以430000元购买住房一套，购房定金20000元。原告在进行上述物业产权交易变更手续办理之当日向被告支付第一期房款即160000元，余下房款原告以所购买的上述物业作为抵押物向银行申请按揭贷款。合同签订后，原告徐某于2015年10月19日通过银行转账的方式向被告曾某支付定金20000元。原告徐某称由于考虑到按揭贷款审批时间过长，亦想尽快办理房屋过户手续，于是2015年12月29日短信联系被告曾某要求通过一次性付款方式来尽快完成交易，被告曾某表示同意。被告曾某于2016年1月25日向按揭银行提前办理了还款手续，并于2016年1月29日办理了抵押权注销登记手续。此后，原、被告双方未到房产管理局办理产权交易变更手续。原告认为，被告不履行合同义务，遂向本院提起诉讼，提出上述诉讼请求。被告则反诉要求原告支付房屋的增值金额。

法院判决

关于被告曾某要求原告徐某支付涉案房屋增值金额的问题。本院认为，孳息，原指繁殖生息，是相对原物而言，即孳息是由原物派生而来，包括天然孳息及法定孳息。天然孳息是指依据物的自然性能或者物的变化规律而取得的收益。法定孳息是指因法律行为而得到的利息、租金以及其他收益。房屋的增值部分，是指房屋市场价格上涨或者增加的部分，属于自然增值，不属于房屋的孳息。因此，被告曾某依据《合同法》第一百六十三条之规定，要求原告徐某支付涉案房屋增值金额，没有事实及法律依据，本院不予支持。原、被告约定房屋交付使用的时间为卖方收齐楼款当天。至法庭辩论结束前，原告徐某没有向被告曾某付清购房款。因此，原告请求被告将涉案房屋交付原告使用，并因此要求被告承担逾期交房的违约责任，没有事实依据，本院不予支持。

专家点评

民法典合同编第630条是有关标的物孳息归属的规则。这里的孳息不仅包括自然孳息还包括法定孳息，是指标的物在履行过程中所产生的增值或收益。标的物的孳息归属规则与标的物的风险转移规则遵循同一个原则，即风险与收益均归属同一个人。判断交付孳息的诉讼请求是否合理首先需要明确孳息的定义，并非所有的增值金额均为孳息。法定孳息是指因法律行为而得到的利息、租金以及其他收益，而涉案房屋的增值部分，是指房屋市场价格上涨或增加的部分，属于自然增值，而非房屋的孳息。不仅如此，原被告并未完成房屋的交付，因而也不满足标的物孳息归属转移的条件，因而法院拒绝被告要求支付涉案房屋增值金额的请求，于法有据。

第六百三十一条 因标的物的主物不符合约定而解除合同的，解除合同的效力及于从物。因标的物的从物不符合约定被解除的，解除的效力不及于主物。

【条文释义】

本条是对交付标的物不符合约定解除合同的从随主原则的规定。

在买卖合同履行中，出卖人交付的标的物不符合约定的，对方当事人可以因对方违约而解除合同。当交付的标的物有主物和从物之分时，主物与从物只有一个不符合约定，另一个是符合约定的，关于解除的效力范围怎样确定，本条规定的规则是：

1. 因标的物的主物不符合约定而解除合同的，解除合同的效力及于从物，合同有关的主物和从物部分一并解除。

2. 因标的物的从物不符合约定被解除的，解除的效力不及于主物，只能解除合同的从物部分。

【案例评注】

王甲等与王乙等房屋买卖合同纠纷上诉案[①]

基本案情

2017年4月10日，王甲（甲方）、王乙、骆某（乙方）及朝信公司（丙方）签订《购房意向合同》一份，约定王乙、骆某向王甲转让其位于杭州市水木清华西区房屋一套，建筑面积约230平方米，转让总价359万元，付款方式为商业贷款，首付款支付时间为正式合同签订后十个工作日内。该合同中总价所包含的随房赠送部分为空白。合同对违约责任做出了如下约定：“1、本意向合同经甲乙双方签字后，甲方或乙方违约，违约方应按房屋转让总价的10%向对方支付违约金。2、本意向合同经甲乙双方签字后，若因甲、乙单方或双方原因，导致房屋不能成交或以不通过丙方的途径成交，违约方应支付本合同第5条第3款的金额

① 审理法院：浙江省杭州市中级人民法院，案号：（2017）浙01民终8636号。

作为丙方从事居间活动支出的费用。”案涉房屋位于杭州市余杭区，建筑面积230.33平方米，房屋所有权人为王乙。房屋结构为三层，车库及储藏室位于一楼（架空层）。杭州博雅房地产开发有限公司营销部向王乙、骆某出具情况说明一份，载明如下内容：“兹有购房人王甲购买水木清华苑西区8幢×号商品房，建筑面积234.33平方米，单价5546.81元/平方米，总房款人民币1299782元。该商品房车库位于该商品房架空层内，车库和储藏间使用款已包含在总房款内。”

其间，王乙、骆某提出意向合同中并未写明赠送内容，约定的房屋总价359万元并不包含房屋的一楼车库及储藏室。王甲对此不予认可，认为车库及储藏室系房屋不可分割的部分，已经包含在房屋总价中。双方协商未果，最终未能签订正式的房屋买卖合同。因双方未能协商解决，2017年5月23日，王甲诉至一审法院，请求判令：1. 解除王甲与王乙、骆某于2017年4月10日签订的《购房意向合同》；2. 王乙、骆某向王甲返还购房定金100000元；3. 王乙、骆某向王甲支付违约金359000元。

法院判决

法院认为，本案的争议焦点在于案涉《购房意向合同》的效力、未能签订正式房屋买卖合同的原因以及王甲是否能够据此要求解除合同、退还定金并主张违约金。法院认为，根据法律规定，当事人订立合同，采取要约、承诺方式。要约是希望和他人订立合同的意思表示，承诺是受要约人同意要约的意思表示。当事人采用合同书形式订立合同的，自双方当事人签字或者盖章时合同成立。本案中，王甲具有以359万元价格购买案涉房屋的意思表示，并以此发出要约。王乙、骆某对此亦表示同意，故做出承诺。《购房意向合同》经王甲、王乙、骆某及居间方朝信公司签字确认，且系双方当事人真实意思表示，内容亦不违反法律法规的禁止性规定，应当认定为合法有效，对各方均具有约束力。法院认为，案涉房屋系排屋结构，双方争议的车库及储藏室位于该房屋的一楼架空层，且与房屋本身互通，属于房屋不可分割的部分。王乙、骆某认为房屋总价359万元不包括车库及储藏室，二者应另行计价不符合常理，法院不予采信。双方签订的意向合同中约定的房屋总价359万元应包括整体房屋结构，现王乙、骆某拒绝按照上述约定签订正式房屋买卖合同已构成违约，应当承担相应的赔偿责任。

专家点评

民法典合同编第631条是有关交付主物不符合约定和交付从物不符合约定对彼此的解除效力规则。因交付主物不符合约定解除合同的，效力及于从物，但因交付从物不符合约定解除合同的，效力不及于主物，该规则与合同的主从效力规则相协调。主物和从物的确定也可能引发实践中的争议。例如，在本案中，原告方认为车库属于赠与的部分，并非从物，而被告方则认为车库独立于房屋本身存在，非属于赠与的部分，应当属于从物。法院从案涉房屋的结构分析，争议的车库和储藏室位于房屋一楼架空层，与房屋本身互通，并不可分割，车库和储藏室均为标的物的一部分。因此，被告以此为由拒绝签订购房协议构成违约，应当承担违约责任。

第六百三十二条 标的物为数物，其中一物不符合约定的，买受人可以就该物解除。但是，该物与他物分离使标的物的价值显受损害的，买受人可以就数物解除合同。

【条文释义】

本条是对交付数物其中一物不符合约定的解除权的规定。《合同法》第165条规定，当该物与他物分离使标的物的价值显受损害的，该解除权属于当事人，本条规定的新规则是，该解除权只属于买受人，出卖人不享有该解除权。

在买卖合同中，买卖的标的物为数物，有的物符合约定，有的物不符合约定，受让人的解除权应当如何确定，本条规定的第一个规则是：其中一物不符合约定的，买受人可以就该物解除，例如购买大米、面粉若干，大米符合约定，面粉不符合约定，可以就面粉的买卖部分予以解除，大米部分的买卖不能解除。

本条规定的第二个规则，改变了《合同法》第165条规定的规则。《合同法》第165条但书规定："但该物与他物分离使标的物的价值显受损害的，当事人可以就数物解除合同。"该物与他物分离使标的物的价值明显受损害的，当事人可以就数物解除合同，就包括买受人和出卖人。买受人显受损害，当然可以解除合同。可是，如果在这种情况下，也准许出卖人解除合同，在逻辑上是讲不通的，即出卖人出卖的数物出现这种情形，还可以解除合同，显然不合情理。例如，出卖人出卖对联，上联符合约定，下联不符合约定，可以一并解除应当是买受人的权利，而不是出卖人的权利。本条这个新规则改变了《合同法》第165条存在的这个逻辑错误，是完全有道理的。

【案例评注】

胜于蓝公司诉某国土资源和房屋管理局建设用地使用权出让合同纠纷案[①]

基本案情

2010年5月4日，某规划局致某国土资源和房屋管理局高新区分局（下称土房高新分局）《建设用地规划条件函》（渝规高新条件函［2010］0001号）载明，你局渝国土房管高新函［2010］32号函收悉，经研究，回复如下：一、规划条件。（二）地块规划条件。［二郎科技新城］组团，［M］分区，［M2－1/02］地块，用地性质：R2－二类居住用地。公共设施配套要求：社区保健站、社区组织工作用房、垃圾收集点。［M4－2/01］地块，用地性质：R2－二类居住用地。公共设施配套要求：幼儿园、社区组织工作用房、公厕、垃圾收集点、文化活动站、体育活动场地。［M4－3/02］地块，用地性质：C2－商业金融用地。公共设施配套要求：农贸市场。

2010年6月14日，市土房局当时的直属处级事业单位——某土地和矿业权交易中心（下称市土矿交易中心）发布竞买通知，同年7月2日，胜于蓝公司在该《须知》竞买人处盖章并参加了此次竞买，并获得了上述土地使用权，于2010年7月29日签订了《国有建设用地使用权出让合同》。

2015年11月27日，胜于蓝公司向市土房局递交给某九龙坡区国土资源管理局（下称九区土房局）的《关于解除建设用地使用权出让合同的函》称：原出让合同中明确约定出让人应在2010年10月31日前将该宗地交付给我公司并同意交付土地条件为场地平整达到拆迁完毕。但由于该地块因污染治理和拆迁原因，造成该地块的交付未能按合同约定执行。我司多次催促交地，至今仍有M4－3/02地块未交付我司。在此情况下，截止2013年8月我司已缴纳土地价款50690万元。鉴于上述原因，我司特向贵局申请退还延迟交地长达5年之久的M4－3/02地块并解除该地块合同，同时补偿由此给我司造成的巨大经济损失及退还相关费用。双方因此发生纠纷，原告就此诉请法院解除M4－3/02相关的土地使用权转让合同。

---

① 审理法院：重庆市第五中级人民法院，案号：（2016）渝05民初225号。

法院判决

法院认为，关于本案标的物为数物的合同解除，《合同法》第一百六十五条规定，标的物为数物，其中一物不符合约定，买受人可以就该物解除，但该物与其他物分离使标的物的价值显受损害的，当事人可以就数物解除合同。第一百六十六条规定，出卖人分批交付标的物的，出卖人对其中一批标的物不交付或者交付不符合约定，致使该批标的物不能实现合同目的的，买受人可以就该批标的物解除。本案某规划局于2010年5月4日致土房高新分局《建设用地规划条件函》（渝规高新条件函〔2010〕0001号）载明，［M2－1/02］地块用地性质为R2－二类居住用地；［M4－2/01］地块用地性质为R2－二类居住用地，公共设施配套要求有幼儿园、社区组织工作用房、公厕、垃圾收集点、文化活动站、体育活动场地；［M4－3/02］地块用地性质为C2－商业金融用地，公共设施配套要求：农贸市场。非常明显，规划中三地块为一个相互联系相互依存且不可分割的整体，胜于蓝公司请求解除合同，除非将三地块的合同全部解除，而其中有两个地块已经开发不可能解除，故胜于蓝公司请求解除其中一块于法不允。

专家点评

民法典合同编第632条是有关数物并存的合同解除规则。有关数物并存的合同解除，立法者考虑到解除数物之间可能有关联性，因此针对不同情况对合同解除权做了不同的规定。通常情况下，法律赋予当事人解除特定物的合同解除权，但若该物与其他物存在价值上的关联以致可以赋予当事人以解除数物的合同。实践中，当数物之间存在价值上的关联时，法院往往也以此限制当事人解除买卖特定一物合同的权利。如在本案中，规划中的三地块分别为居住用地、活动用地和商业金融用地，属于相互联系相互依存且不可分割的整体，因而原告仅请求解除一块土地使用权转让合同的请求未被法院所认可。

第六百三十三条 出卖人分批交付标的物的，出卖人对其中一批标的物不交付或者交付不符合约定，致使该批标的物不能实现合同目的的，买受人可以就该批标的物解除。

出卖人不交付其中一批标的物或者交付不符合约定，致使之后其他各批标的物的交付不能实现合同目的的，买受人可以就该批以及之后其他各批标的物解除。

买受人如果就其中一批标的物解除，该批标的物与其他各批标的物相互依存的，可以就已经交付和未交付的各批标的物解除。

【条文释义】

本条是对买卖标的物分批交付部分违约解除权的规定。

分批交付，是指买卖合同的标的是种类物，并分批进行交付的交付方法。分批交付标的物，其中一批不交付或者交付不符合约定，买受人解除合同的效力规则是：

1. 就其中一批解除。出卖人分批交付标的物的，出卖人对其中一批标的物不交付或交付不符合约定，致使不能实现合同目的的，买受人可以就该批标的物解除，效力不及于其他各批交付的标的物。

2. 就该批和今后各批的解除。出卖人不交付其中一批标的物或交付不符合约定，致使今后其他各批标的物的交付不能实现合同目的的，买受人可以就该批以及今后其他各批标的物解除，此前交付的各批标的物不能解除。

3. 全部解除。出卖人已经就其中一批标的物解除，该批标的物与其他各批标的物相互依存的，买受人可以就已经交付的和未交付的各批标的物，全部予以解除。

【案例评注】

永旺公司与幸尚公司买卖合同纠纷案[①]

基本案情

自 2014 年 6 月左右，永旺公司与幸尚公司开始合作。2015 年 1 月 1 日，永旺公司（乙方）与幸尚公司（甲方）就乙方经销甲方 LUCKY 系列产品事宜签订了《经销商协议》。从 2014 年开始至双方签订合同履行期间，永旺公司共计从幸尚公司处采购价值 856605.6 元的各类化妆用品，包括指甲油、睫毛膏、眼影、眉笔等，其中指甲油类合计 526089.6 元（标注 LUCKY 数额为 343167.54 元），三色眼影类合计 75324.6 元，睫毛膏类合计 1070.1 元，眉笔类合计 128673 元，泪袋笔和眼

① 审理法院：福建省福州市中级人民法院，案号：（2017）闽 01 民终 90 号。

线笔合计82684.8元。另，“LUCKY”图标为已经注册的商标，但未注册在化妆品（与本案有关的包括指甲油、眼影、眉笔等）类别。幸尚公司出售给永旺公司的LUCKY浓密睫毛膏、LUCKY卷翘睫毛膏、LUCKY三色眼影均未依法备案。

据此，永旺公司诉至法院要求解除合同，退还已支付的货款。

法院判决

法院认为，本案的争议焦点在于幸尚公司在已构成违约的情况下应向永旺公司退还的货款金额及违约金的认定。幸尚公司与永旺公司于2015年1月1日签订的案涉《经销商协议》，明确约定了双方权利义务，所附《授权书》亦以书面方式确认永旺公司经销案涉LUCKY系列产品的区域及范围。双方部分案涉产品的交易虽发生在《经销商协议》签订之前，但在此前双方并未签署其他书面合同，以及《经销商协议》未对货物的数量、交易时间等进行限定的情况下，案涉《经销商协议》亦可认定为对双方之前交易的书面确认，幸尚公司关于2014年发生的所有交易不受《经销商协议》约束的主张不能成立，本院不予采纳。幸尚公司主张案涉交易仅部分批次产品存在瑕疵，不应据此解除案涉合同，但幸尚公司未能举证瑕疵产品所对应的具体批次，故幸尚公司的上述抗辩意见缺乏事实依据，本院亦不予采纳。永旺公司以已销售的产品对其会产生交易风险和法律风险为由，主张该部分产品的货款也应当退还，但在永旺公司未举证证明已售产品亦已造成其实际损失的情况下，其关于已销售产品的货款应当返还的诉请，于法无据，若已售产品实际产生相应损失，永旺公司可依法另行主张。关于破损产品的责任承担问题，法院根据双方过错程度确定责任承担比例并无不当。综上，认定幸尚公司应当退还的货款总额为447032.58元正确。

专家点评

民法典合同编第633条是有关分批交付标的物的合同解除规则，也即分批交付标的物的，若其中一批标的物的交付不符合规定以至于不能实现合同目的的，买受人可以就该批标的物部分解除合同，若该批标的物的瑕疵履行可能使今后的交付均不能实现合同目的的，买受人可以就该批标的物和今后交付的标的物部分解除，若该批标的物与其他标的物相互依存以至于影响整体合同目的的，买受人也可以解除影响范围内的合同。涉案合同就是典型的分批次买卖合同，原告可以就部分批次产品存在瑕疵而解除部分批次案涉合同，由于分批次间的标的物并无联系，因而其可以就部分的批次解除合同。

第六百三十四条 分期付款的买受人未支付到期价款的数额达到全部价款的五分之一，经催告后在合理期限内仍未支付到期价款的，出卖人可以请求买受人支付全部价款或者解除合同。

出卖人解除合同的，可以向买受人请求支付该标的物的使用费。

【条文释义】

本条是对分期付款买卖合同付款违约的规定。

分期付款买卖，是指买受人将其应付的总价款按照一定期限分批向出卖人支付的买卖合同。分期付款买卖是一种特殊形式的买卖，通常用于房屋、机动车、高档消费品的买卖。由于买受人的分期支付货款影响了出卖人的资金周转，故分期付款的总价款可略高于一次性付款的价款。

在分期付款买卖中，出卖人须先交付标的物，买受人在受领标的物后分若干次付款，因而出卖人存在不能实现价款债权的风险。在交易实践中，当事人双方就分期付款买卖通常有以下特别约定：

1. 所有权保留特约，是指买受人虽先占有、使用标的物，但在双方当事人约定的特定条件（通常是价款的一部或者全部清偿）成就之前，出卖人保留标的物的所有权，待条件成就后，再将所有权转移给买受人。

2. 请求支付全部价款或者解除合同，买受人未付到期价款的数额达到全部价款的五分之一的，出卖人可以请求买受人支付全部价款或者解除合同，除非当事人另有约定。

3. 出卖人解除合同可以请求买受人支付该标的物的使用费，买受人应当向出卖人支付的该标的物的使用费，按照市场价格计算。使用费可以从已经支付的价款中扣除，剩余部分应当返还。标的物有毁损的，买受人应当支付损害赔偿金。

【案例评注】

罗某江等诉某机电设备公司等分期付款买卖合同纠纷案[①]

基本案情

2013 年 4 月 5 日，出卖人某机电设备公司与被告罗某江签订《工矿产品购销

① 审理法院：贵州省贵阳市中级人民法院，案号：(2018) 黔 01 民终 1184 号。

合同》，约定被告罗某江向某机电设备公司购买规格型号为 YC230LC－8，单价为 800000 元的玉柴牌挖掘机一台，运费 38000 元，总价 838000 元。该合同第八条约定“结算方式：合同签订后，买受人预付首付款 200000 元整后办理提机手续，贷款金额 640000 元办理 3 年融资租赁，每月支付租金（还本付息）20428 元，自 2013 年 5 月 5 日起至 2016 年 4 月 5 日止。贷款未付前，设备产权属出卖人所有。”被告罗某江于同日接收了本案设备。

因《工矿产品购销合同》签订后，并未成功办理融资租赁，被告罗某江通过分期付款的形式向原告支付货款。被告罗某江首付冲抵 200000 元，共计付款 545000 元，逾期欠款 293008 元、滞纳金 91677.93 元。

原告因催款未果，遂将被告诉至法院要求被告支付全部价款。

法院判决

法院认为，根据《合同法》第一百三十三条“标的物的所有权自标的物交付时起转移，但法律另有规定或者当事人另有约定的除外。”第一百三十四条“当事人可以在买卖合同中约定买受人未履行支付价款或者其他义务的，标的物的所有权属于出卖人”的规定，本案中，罗某江与某机电设备公司签订的《工矿产品购销合同》第八条约定“货款未付清前，设备产权属出卖人所有。”可见当事人在买卖合同中约定了所有权保留，现购买人罗某江尚有 288000 元的货款未付清，讼争设备所有权由出卖人某机电设备公司所有，在购机人迟延履行付款义务的情况下，某机电设备公司作为挖掘机的所有人可以处分该挖掘机，拖回挖掘机并不违反法律和合同约定。另外，根据《合同法》第一百六十七条第一款“分期付款的买受人未支付到期价款的金额达到全部价款的五分之一的，出卖人可以要求买受人支付全部价款或者解除合同”的规定，本案中上诉人罗某江尚未支付的货款达 288000 元，占总货款 36%，超过五分之一。因此，出卖人某机电设备公司可以选择要求买受人支付全部价款或者解除合同，现某机电设备公司诉请买受人支付全部价款，于法有据。

专家点评

民法典合同编第 634 条是有关分期付款买卖合同的解除规则。在分期付款买卖中，由于出卖人须先交付标的物，买受人在受领标的物后分若干次付款，因而对于出卖人不能实现价款债权的风险，法律为出卖人设置了一定的风险平衡规则，当买受人未支付到期价款的金额达到全部价款的 20% 并经催告未在合理期限内支付价款的，出卖人可以要求解除合同或支付全部价款。涉案合同中，买受人尚未支付的货款达到总货款的36%，出卖人可以选择解除合同或支付全部价款，不仅如此由于双方还约定了所有权保留规则，因而出卖人可以将货物取回，买受人可以在支付全部价款后向出卖人主张权利。法院判决于法有据，合情合理。

第六百三十五条 凭样品买卖的当事人应当封存样品，并可以对样品质量予以说明。出卖人交付的标的物应当与样品及其说明的质量相同。

【条文释义】

本条是对样品买卖标的物质量的规定。

样品买卖又称之为货样买卖，是指当事人双方约定一定的样品，出卖人交付的标的物应当与样品具有相同品质的买卖合同。

样品又称为货样，是指当事人选定的用以决定标的物品质的货物，通常是从一批货物中抽取出来或者由生产、使用部门加工、设计出来的，用以反映和代表整批商品品质的少量实物。

由于样品买卖是在普通买卖关系中附加了出卖人的一项“须按样品的品质标准交付标的物”的担保，故样品买卖除适用普通买卖的规定外，还产生下列效力：

1. 封存样品予以说明。样品买卖合同在订立时，当事人就应当将样品封存，并且可以对样品质量予以说明，以作为样品买卖合同标的物的质量标准。

2. 出卖人交付的标的物应当与样品及其说明的质量相同，即在合同的实际履行中，出卖人交付标的物的质量，应当与样品的质量及其说明相一致。在判断交付的标的物是否与样品及其说明的质量相同时，应当依据合同的性质以及交易的习惯确定。

3. 出卖人交付的标的物与样品及其说明的质量不相同的，高于样品及其说明的，当然没有问题；低于样品及其说明的标准的，构成违约行为，买受人可以解除合同或者追究出卖人的违约责任。

【案例评注】

吉盈公司与悦晨公司买卖合同纠纷上诉案①

基本案情

2016年7月6日，吉盈公司（定作人）与悦晨公司（承揽人）签订购销合同一份，约定：悦晨公司向吉盈公司供应2400米MS13款，55%棉、45%涤大提花面料，单价25.5元，金额61200元。第一条，对面料检测要求：A. 面料的纤维成为不含甲醛、偶氮，色牢度3级以上，符合欧洲环保标准，大货颜色同样品颜色一致，色牢度不得低于4级，成品布料需要水洗，不得有浮色；B. 换片率控制在2%之内；C. 面料缩水横缩/直缩按客户要求，可裁门幅不得低于156CM；D. 卷筒式包装，单层塑料薄膜外加蛇皮袋包装，蛇皮袋外贴缸号；E. 面料水洗后不得有色差，价格含税费；F. 大货送到吉盈公司指定地点……第三条，悦晨公司对质量负责的期限，出货前悦晨公司提供大货品质样各色3米给吉盈公司，确认后方可安排出货，收到面料后15天内，如有质量问题开裁前请通知悦晨公司，一经开裁悦晨公司不承担相应责任。双方还约定了其他事项。庭审中，吉盈公司主张签订合同时已经约定“符合欧洲环保标准”，并口头说明向外商出口，悦晨公司对该此否认，称其并未披露出口合同。吉盈公司并未进一步提出证据证明签订合同时向悦晨公司披露了出口合同的具体约定。

双方确认的实际供货情况：悦晨公司向吉盈公司供货两批，于2016年8月5日第一批供货1206.1米，于2016年8月11日第二批供货1321.1米，总计2527.2米；第一批供货有瑕疵，双方协商将第一批货物按合同约定价款打五折处理，金额为15377.78元，第二批货物按照合同约定价款结算，金额为33688.05元，总计49065.83元。吉盈公司向悦晨公司付款情况：2016年7月14日支付1.2万元，8月5日支付2万元，8月5日支付17065.83元，总计49065.83元。2016年8月12日，吉盈公司向悦晨公司开具金额为49065.83元的增值税专用发票一张。

现吉盈公司主张第二批供货面料存在质量问题，致其出口成衣被外商退货，悦晨公司应当赔偿吉盈公司出口代理人和外商签订合同（即下文列明吉盈公司提

① 一审法院：江苏省南京市秦淮区人民法院，案号：（2016）苏0104民初10147号；二审法院：江苏省南京市中级人民法院，案号：（2017）苏01民终5625号。

供的证据9）的金额29317.8美元，折算为人民币193497.48元（吉盈公司一审诉讼请求金额）。

法院判决

法院认为，依据《合同法》第一百六十八条的规定，凭样品买卖的当事人应当封存样品，并可以对样品质量予以说明。出卖人交付的标的物应当与样品及其说明的质量相同。本案中，双方当事人约定大货的技术标准、质量要求以及定作物的检验标准均同品质确认样，故本案系凭样品买卖的合同关系。依据吉盈公司的陈述，悦晨公司生产的十余米提花面料样品即案涉合同第二条、第六条约定的品质确认样，吉盈公司据此制作的成衣样品已经外商确认，而吉盈公司是在大货成衣制作的烫洗阶段发现案涉接缝滑移问题，据此可以推定，悦晨公司提供的品质确认样不存在接缝滑移的质量问题。但是，双方当事人却未依据前述法律规定封存样品，导致发生大货质量问题争议之时，无法提供定作物的检验标准。就鉴定结论而言，悦晨公司否认吉盈公司提供的成衣系使用案涉面料加工而成，且吉盈公司委托的加工厂腾泓公司将加工业务进行了转委托，吉盈公司无法证明该成衣所用面料就是悦晨公司提供的面料，双方无法就鉴定检材达成一致意见。就堆放现场来看，已经无法区分第一批供货与第二批供货所制成衣。综上，法院认定吉盈公司主张悦晨公司提供的面料存在质量问题，没有根据，不予支持。

专家点评

民法典合同编第635条是有关样品买卖的特殊规定。实际上样品买卖就是在普通买卖中增加了出卖人须按样品的品质标准交付标的物的约定，因此对于样品买卖合同来说，法律要求当事人封存样品，出卖人所交付的标的物应与样品的质量相同。一般来说高于样品的质量应当不存在违约的问题。封存样品的必要性在于在实践中提供质量样品的比照标准。如在本案中，由于双方当事人未依据前述法律规定封存样品，就不能在发生争议时提供定作物的检验标准。但即使如此，由于买受人享有双重质量保险，一是在出货前对样品进行确认出卖人才安排出货，二是在收到面料后的15天内、开裁之前，仍可对全部货物的品质进行检验。因而法院据此认定吉盈公司已认可货物质量于法有据，合情合理。

第六百三十六条　凭样品买卖的买受人不知道样品有隐蔽瑕疵的，即使交付的标的物与样品相同，出卖人交付的标的物的质量仍然应当符合同种物的通常标准。

【条文解读】

本条是对样品买卖标的物隐蔽瑕疵的规定。

在样品买卖合同中，出卖人提供的样品存在隐蔽瑕疵，买受人并不知道的，就失去了样品的作用，如果确认该样品是样品买卖合同标的物的质量标准，将会使买受人的利益受到损害。

隐蔽瑕疵，与外观瑕疵相对应，是不经专业的特别检验，难以发现的商品瑕疵。按照默示瑕疵担保责任规则的要求，出卖人对隐蔽瑕疵同样承担质量担保责任。故买受人不知道样品有隐蔽瑕疵的，即使交付的标的物与样品相同，也不能认定样品买卖合同标的物的质量符合要求，确定出卖人交付的标的物的质量不能以该样品为准，而仍然应当符合同种物的通常标准。当出卖人提供的样品存在隐蔽瑕疵，并按照具有隐蔽瑕疵的样品提供买卖合同标的物，不符合同种物的通常标准，买受人不知情的，可以追究出卖人的违约责任。

【案例评注】

邓某君诉蔡某龙等网络购物合同纠纷案[①]

基本案情

2016年3月19日，蔡某龙、祝某辉通过浙江淘宝网络有限公司的网络平台向邓某君经营的网店购买男士休闲裤1000条，单价为37元每条，并由蔡某龙向邓某君支付货款37000元。邓某君在收到货款后，向蔡某龙发货807条，尚有193条未发货。蔡某龙、祝某辉收货后，销售了118条。蔡某龙、祝某辉称，因货物质量存在问题，尚有689条未能销售。2016年4月5日，蔡某龙、祝某辉通过网络向邓某君和浙江淘宝网络有限公司提出货物质量存在问题，要求退款，但双方一直未能协商一致。

2016年4月8日，蔡某龙、祝某辉委托国家纺织品服装服饰产品质量监督检验中心（广州）对裤子进行检测，经检测后，作出如下检测结论：未标注制造者的地址，耐久性标签未标产品号型、耐久性标签未标注纤维成分及含量、标注的产品标准不正确、未标注安全类别。据此，蔡某龙、祝某辉将邓某君诉至法院要求其退还货款，承担瑕疵担保责任。

---

① 审理法院：贵州省贵阳市中级人民法院，案号：（2018）黔01民终1184号。

法院判决

法院认为，在蔡某龙、祝某辉向邓某君支付货款后，邓某君交付的货物应当符合国家标准或行业标准，根据蔡某龙、祝某辉提供的检测报告及当庭提交的物证，邓某君所提供的裤子确实存在一定的质量问题，根据《合同法》第一百六十九条规定，凭样品买卖的买受人不知道样品有隐蔽瑕疵的，即使交付的标的物与样品相同，出卖人交付的标的物的质量仍然应当符合合同种物的通常标准。现蔡某龙、祝某辉要求邓某君退回货款，法院予以支持。至于退款金额的确定，蔡某龙、祝某辉订购了1000条裤子，并支付了1000条裤子的货款37000元，邓某君实际向蔡某龙、祝某辉发货数量是807条，另外193条未发货，蔡某龙、祝某辉收到货物后销售了118条，尚有689条没有销售，所以邓某君应当退还的货款是（689+193）×37=32634元。同时，蔡某龙、祝某辉应当将689条裤子退还给邓某君，如蔡某龙、祝某辉不能退还，则以相应的价格折抵邓某君的应退货款。

专家点评

民法典合同编第636条是有关样品买卖的特殊责任规定。样品作为质量担保可以给买受人和出卖人提供一定的质量标准，但若出卖人提供的样品存在隐蔽瑕疵，即不通过专业的检测无法发现的隐蔽瑕疵，仍然应当按照同种类物的通常标准处理。例如，在本案中，由于邓某君交付的货物存在拉链、未标注制造者地址等隐蔽质量问题，而这些问题不经专业检测并不能被合理发现，因而即便所交付的标的物符合邓某君提供的样品的质量，但是其仍然应当符合一般裤子的质量标准。由于检验报告显示这些裤子并不符合一般裤子的质量标准，因而法院判决邓某君应当退还货款，于法有据，合情合理。

第六百三十七条 试用买卖的当事人可以约定标的物的试用期限。对试用期限没有约定或者约定不明确，依据本法第五百一十条的规定仍不能确定的，由出卖人确定。

【条文释义】

本条是对试用买卖试用期限的规定。

试用买卖合同，是指当事人双方约定于合同成立时，出卖人将标的物交付买受人试验或者检验，并以买受人在约定期限内对标的物的认可为生效要件的买卖合同。其特征是：（1）试用买卖约定由买受人试验或者检验标的物；（2）试用买卖是以买受人对标的物的认可为生效条件的买卖合同。

由于试用买卖合同的生效是以买受人在标的物试用期间对标的物认可为条件，因而试用期限对确定买受人的认可具有重要意义。故本条规定的对试用期限的规则是：

1. 试用买卖合同当事人可以约定标的物的试用期限，当事人在合同中约定的试用期限对双方当事人具有拘束力。

2. 试用买卖合同的当事人对试用期限没有约定或者约定不明确的，按照民法典第510条规定，可以进行补充协议，达成补充协议的，按照补充协议确定的试用期限确定。

3. 当事人不能达成补充协议的，由出卖人确定试用期限。

在用上述三种办法确定的试用期间内，买受人应当作出对试用买卖合同标的物是否认可的意思表示，购买该标的物，或者拒绝购买该标的物。

【案例评注】

陆某与罗某芝、戴某红试用买卖合同纠纷案[①]

基本案情

2015年7月17日，陆某与罗某芝签订了“华津时代”直饮机试用买卖合同，合同载明：产品的购买和安装日期为2015年7月17日，产品名称为华津时代，直饮机的价款为3280元，整机包一年（耗材除外），售后服务二十年及安装地址等内容。口头约定免费试用期为一个月。直饮机安装完毕后，罗某芝表明货款由其女儿戴某红支付，戴某红也同意支付货款。在直饮机安装后的一个月内，罗某芝向陆某反映直饮机漏水，陆某到其家中查看情况，得知漏水系直饮机的废水管冒出下水道所致，并予以处理。同年9月，陆某要求戴某红支付货款时，戴某红因在装修房屋提出延期付款，得到陆某同意。半年后，陆某到罗某芝家中清洗直饮机完毕离开后，鞋柜上的压力桶落到地上，桶内的水冲出来打湿了房间，罗某芝便不再使用直饮机，且要求陆某收回，戴某红因此拒绝支付货款。

嗣后，双方发生争议，诉至法院。

---

① 审理法院：贵州省铜仁市中级人民法院，案号：（2016）黔06民终566号。

法院判决

法院认为，陆某与罗某芝于2015年7月17日签订的“华津时代”直饮机试用买卖合同，是在自愿、平等、协商的基础上签订的合同，系双方的真实意思表示，没有违反法律规定，合法有效，双方应当按照合同约定切实履行各自的权利义务。陆某为罗某芝安装了直饮机，并履行了必要的义务，罗某芝在试用期内没有要求退货，根据《合同法》第一百七十一条“试用买卖的买受人在试用期内可以购买标的物，也可以拒绝购买。试用期届满，买受人对是否购买标的物未作表示的，视为购买”之规定，应视为罗某芝已经同意购买直饮机，罗某芝按照合同约定应当支付货款3280元。鉴于陆某同意戴某红代其母亲罗某芝支付货款，根据《合同法》第八十四条“债务人将合同的义务全部或者部分转移给第三人的，应当经债权人同意”之规定，罗某芝支付货款的义务已经转移给戴某红，故戴某红应当支付货款3280元。据此，判决陆某与罗某芝于2015年7月17日签订的“华津时代”直饮机试用买卖合同有效，由戴某红于判决生效后5日内支付陆某货款3280元。

专家点评

民法典合同编第637条是有关试用买卖试用期限的规定，即有约定从约定，若未能达成补充协议的，则由出卖人决定试用期限的具体时间。并且要格外注意的是，未就试用买卖的期限长短达成共识的，并不会影响试用买卖合同的效力。例如，在本案中，法院认定陆某与罗某芝签订的“华津时代”直饮机试用买卖合同，是在自愿、平等、协商的基础上签订的合同，系双方的真实意思表示。就支付方式而言，直饮机安装完毕后，买受方罗某芝表明货款由其女儿戴某红支付，戴某红也同意支付货款。试用期是否约定以及约定是否明确并不影响试用买卖合同的效力。故法院认定罗某芝、戴某红关于试用买卖合同无效的主张不能成立，于法有据，合情合理。

第六百三十八条 试用买卖的买受人在试用期内可以购买标的物，也可以拒绝购买。试用期限届满，买受人对是否购买标的物未作表示的，视为购买。

试用买卖的买受人在试用期内已经支付部分价款或者对标的物实施出卖、出租、设立担保物权等行为的，视为同意购买。

【条文解读】

本条是对试用买卖合同买受人对标的物购买选择权的规定。

试用买卖合同在试用期限内，买受人对购买还是拒绝购买试用的标的物享有选择权，决定购买该标的物，或者拒绝购买该标的物。该权利属于买受人，他人不得干涉。出卖人认可的意思表示就是选择权的行使。该意思表示既可以是口头的，也可以是书面的。

在有些情况下，尽管买受人虽然未作出认可的意思表示，即未作出购买该标的物的意思表示，法律规定应当视为认可：

1. 买受人在试用期限届满后未作出是否认可的意思表示，既不表示购买，也不表示拒绝购买的，视为认可购买该标的物，且标的物已经交付，买受人应当履行买受人的义务；

2. 买受人对试用买卖的标的物支付部分价款，对标的物实施出卖、出租、设定担保物权等行为的，视为同意购买，标的物交付，买受人应当履行其义务。

买受人同意购买标的物或者视为同意购买标的物的，买卖合同即发生效力，双方当事人应按约定履行合同。在试用期限买受人作出拒绝购买的意思表示的，该买卖合同不产生效力。

【案例评注】

建成公司与绿色大地公司买卖合同纠纷上诉案①

基本案情

2015 年 9 月 25 日，建成公司向绿色大地公司购买价值共 28820.42 元的产品。2015 年 11 月 25 日，建成公司向绿色大地公司退回价值 6852.7 元的货物，且余下货款 21967.72 元一直未付。建成公司称双方签订的是试用合同，绿色大地公司向建成公司提供复合铁钛漆等货物，但建成公司使用复合铁钛漆后发现质量问题，经专业工程师的检验该产品为不合格产品，不符合使用要求，因此建成公司停止使用并将余下的货物全部退回给绿色大地公司，以该行为明确表示拒绝购买绿色大地公司的产品。绿色大地公司主张该合同为买卖合同，而非试用合同，因而其经催收无果，于 2016 年 9 月 14 日将建成公司诉至法院。

---

① 审理法院：广东省佛山市中级人民法院，案号：（2017）粤 06 民终 3712 号。

法院判决

对于建成公司与绿色大地公司是否构成试用买卖关系，法院认为绿色大地公司主张与建成公司之间构成买卖合同关系，并提交了产品送货单、增值税发票作为证据，建成公司亦确认收到了案涉产品并已使用，故绿色大地公司的举证责任已初步完成。现建成公司主张双方之间是试用关系，其使用案涉产品的原因是基于产品试用，应由其进行举证。但建成公司仅能提供其单方面出具予绿色大地公司的复函，此外，未能提交有效证据证明双方已就案涉产品为试用达成过合意，而光凭交易过程中的部分退货，也无法据此必然推断出案涉的货物为试用用途，故依据《最高人民法院关于适用〈中华人民共和国民事诉讼法〉的解释》第九十条“当事人对自己提出的诉讼请求所依据的事实或者反驳对方诉讼请求所依据的事实，应当提供证据加以证明，但法律另有规定的除外。在作出判决前，当事人未能提供证据或者证据不足以证明其事实主张的，由负有举证证明责任的当事人承担不利的后果”的规定，一审法院判决建成公司于判决发生法律效力之日起十日内向绿色大地公司支付货款21967.72元及利息于法有据。上诉人建成公司不服一审判决，提起上诉，二审法院予以维持。

专家点评

民法典合同编第638条是对试用买卖合同中买受人对标的物的认可规定。遵循意思自治原则，若试用买卖中有对买受人同意购买标的物的规定，则按照约定处理，没有约定买受人未作表示、支付价款或部分价款、对标的物进行处分的应当视为同意购买，当事人有特别约定的除外。实践中对于试用买卖的确定主要是以双方的合同确定，在未形成书面协议的时候，必须以当事人之间的口头沟通记录为证明。但是在本案中，仅一方主张买卖合同为试用买卖合同，而另一方则主张为买卖合同，且主张买卖合同关系的一方提交了送货单、增值税发票为证据，买受人也确认收到了案涉产品并进行了使用，因而从证据规则的角度来看，出卖人已完成了证明责任，而主张试用买卖合同的一方未完成举证任务，因而法院并未适用试用买卖的规则，于法有据。

第六百三十九条 试用买卖的当事人对标的物使用费没有约定或者约定不明确的，出卖人无权请求买受人支付。

【条文释义】

本条是对试用买卖合同标的物使用费的规定。

试用买卖合同，按照其本来的含义，就是将标的物交给买受人试用，在试用期限，买受人可以购买，也可以不购买。在试用期限买受人对试用标的物的使用就是试用，而不是购买。

对于试用期限买受人对试用的标的物是否需要缴纳使用费，确定试用期限使用费缴纳规则是：

1. 依照当事人在试用买卖合同中的约定确定，约定缴纳使用费的，应当缴纳使用费，约定不缴纳使用费的，不缴纳使用费。

2. 当事人对标的物使用费没有约定或者约定不明确的，应当确定为不缴纳使用费，因而出卖人无权要求买受人缴纳标的物使用费。

【案例评注】

四平外加剂公司与德全水泥公司买卖合同纠纷上诉案①

基本案情

2012年6月12日，上诉人四平外加剂公司将燃煤催化剂5吨及催化剂试验附属器材加料器、变频器各3台送至被上诉人德全水泥公司，由德全水泥公司接收。双方以德全水泥公司为甲方，四平外加剂公司为乙方签订《燃煤催化剂试用协议》，该协议第二条中约定：乙方承诺试用期限燃煤催化剂达到：1. 熟料煤耗实际同比下降5%；2. 熟料升重≥1250千克/立升，游离钙0.6－1.5%；3. 熟料强度3d≥30Mpa、28d≥60Mpa；4. 产量：最低保证6600吨/天（生料料耗1.55，生料投料量420吨/小时）。第七条中约定：甲方确认试验成功，则应向乙方支付货款13万元整及设备款1.2万元，合计14.2万元。该协议中双方并没有约定试用期限。涉案5吨燃煤催化剂，已由德全水泥公司试用完。2012年6月25日，四平外加剂公司参与试验的郭某新在《催化剂实验对比表》上签名，德全水泥公司的崔某也于2012年11月10日在该对比表上签名，该对比表中记载“通过数据的比对，节煤不明显、对熟料立升重提高明显、对熟料的强度有所提高”。2012

① 审理法院：吉林省延边朝鲜族自治州中级人民法院，案号：（2014）延中民二终字第219号。

年11月1日、11月3日，四平外加剂公司分别给德全水泥公司送发票形式催要货款137075元（燃煤催化剂款：5吨×26780元/吨=133900元，运费3175元），两次所送发票均由德全水泥公司员工签收。现四平外加剂公司提起诉讼，请求法院判令德全水泥公司给付购买燃煤催化剂拖欠的货款本金133900元，利息15626元，运费3175元，合计152701元。

法院判决

法院认为，上诉人四平外加剂公司与被上诉人德全水泥公司签订的燃煤催化剂试用合同，是双方当事人的真实意思表示，不违反法律、行政法规的对合同效力的规定，故有效。虽然双方未约定试用期限，但德全水泥公司将试用燃煤催化剂用完为止，并未提出拒绝购买的意思表示，应视为试用期限结束后未拒绝购买。根据《合同法》第一百七十一条“试用买卖的买受人在试用期内可以购买标的物，也可以拒绝购买。试用期间届满，买受人对是否购买标的物未作表示的，视为购买”的规定，应认定德全水泥公司购买了涉案标的物燃煤催化剂。德全水泥公司两次签收发票的行为，也应视为同意支付价款（货款及运费）的行为。因此，本院对四平外加剂公司根据发票要求德全水泥公司支付价款的诉求予以支持。因双方未约定迟延付款期间的利息，又是试用买卖合同关系，所以本院对四平外加剂公司要求德全水泥公司支付利息的诉求不予支持。

专家点评

民法典合同编第639条是关于试用买卖使用费的规则。该规定与试用合同的本质相统一，在试用期限买受人对试用标的物的使用，仅是买受人对做出是否购买的评估过程，因而未约定使用费的买受人并不需要支付试用费。因试用费争议多出现在试用买卖合同未达成购买意向后，实践中出现的疑问主要是如何判断试用期限结束后买受人对标的物表示认可。如该一审法院即认为案涉试用买卖合同并未达成购买合意，因而得出本案没有证据证明当事人之间约定了使用费，只有出卖人单方出具票据证明了买卖标的物的单价和总货款。该价款，既不是当事人合意的价款，也不是被告认可的价款，只能确认是出卖人对出卖标的物价款的主张而已。但是二审法院则结合《催化剂实验对比表》的签名和内容将签收发票的行为认定为买受人以行为的方式确定购买标的物，后者的判定与原被告证据所显示的内容更为贴合。

第六百四十条 标的物在试用期内毁损、灭失的风险由出卖人承担。

【条文释义】

本条是对试用买卖标的物在试用期毁损灭失风险负担的规定。

在买卖合同中，都存在买卖标的物意外灭失风险的问题，原则上是由对标的物享有所有权的一方负担意外灭失风险的后果。在试用买卖合同中，同样适用这样的规则，但是存在部分变化。

1. 在标的物试用期标的物意外毁损灭失的风险，都由出卖人负担，因为试用买卖合同的标的物试用期，标的物的所有权并未转移，即实际上并未交付，买受人仅仅是试用，而不是取得了标的物的所有权，因而由对标的物享有所有权的出卖人负担意外灭失风险的后果。

2. 当买受人一方拒绝购买试用标的物时，买受人负有返还试用标的物的义务。这时，如果是因可归责于买受人的事由而造成标的物毁损、灭失而返还不能，买受人应当对出卖人负赔偿责任，赔偿标的物的损失。

【案例评注】

天安公司诉吕某刚保险代位求偿权案[①]

基本案情

2003 年 7 月 22 日，天安公司与郭某香签订私家汽车保险合同（由保险单、投保单和私家汽车保险条款组成），约定郭某香为自己所有轿车向天安公司投保私家汽车保险，保险合同受益人为郭某香，投保险别包括有汽车盗抢损失险等；约定的保险期限为 2003 年 7 月 23 日起至 2004 年 7 月 22 日止。上述保险合同履行期间，时至 2004 年 4 月 30 日，郭某香与吕某刚订立《协议》1 份，约定郭某香将该轿车交吕某刚试用两个月，如车况良好则作价转让给吕某刚，并另外签订购车协议；如有质量问题，该车还给原车主。嗣后，郭某香即将上述车辆交给吕某刚试用。同年 6 月 14 日晚，吕某刚将该车停放在其居住地溪北新村空地上时被

---

① 审理法院：江苏省无锡市滨湖区人民法院，案号：（2005）锡滨民二初字第 221 号。

盗。次日，吕某刚向公安机关报案，后经公安机关立案侦查，至今车辆未能查获。2005年1月10日，天安公司依据其与郭某香签订的私家汽车保险合同，向郭某香支付了保险赔款56810元。同日，郭某香签署权益转让书，承诺将已取得赔款的苏B—A9060号车辆的一切权益转给天安公司。天安公司因与吕某刚就该车损赔偿问题协商不成，形成诉讼。

法院判决

人民法院经审理后认为，天安公司与郭某香签订的私家汽车保险合同、郭某香与吕某刚之间签订的汽车试用协议均是各自真实一致的意思表示，且无违法，应均有约束力。天安公司在投保车辆被盗的保险事故发生后，已依据保险合同约定向被保险人郭某香履行了给付赔款义务，依法同时取得了向事故发生责任人代位求偿的权利。至于郭某香与吕某刚签订的《协议》，无论其定性属汽车试用买卖关系抑或保管关系，该协议内容已导致对车辆实际控制、占有的改变，实际占有人吕某刚在协议期间对车辆负有妥善保管以及在协议期满后（如双方无意签订正式车辆买卖合同时）将原车完好无损地返还给原车辆所有人郭某香的义务；在此期间所发生的车辆损坏、灭失等风险责任亦转移至吕某刚承担；协议期满吕某刚不能交付车辆的，即负有照价赔偿的责任。本案中，吕某刚在占有、使用涉案车辆期间，将车辆停放于无专人看管的场所、且在毫无防范措施的情况下被盗，以致车辆发生灭失，依法应向郭某香承担赔偿责任；天安公司对被保险人郭某香理赔后，依法具有在赔偿金额范围内代位行使郭某香向致使事故发生的责任人吕某刚代位求偿的权利。综上，天安公司要求吕某刚赔偿给其保险赔款损失56810元的主张与法律和事实相符，法院予以支持。吕某刚辩称其对车辆被窃不存在保管不善过错的主张与事实不符，法院不予采信。

专家点评

民法典合同编第640条是对试用买卖标的物在试用期出现毁损、灭失情况的风险负担的规定。在试用买卖期间，由于所有权仍归出卖人所有，因而毁损、灭失的风险也应当由出卖人承担。但由于在试用期间标的物在买受人的控制下，若由买受人的原因造成标的物的毁损和灭失，则由买受人承担赔偿责任也是理所当然。正如同在本案中，吕某刚和郭某香签订的是试用买卖合同，在此期间所有权仍属郭某香享有，但由于买受人吕某刚在占有、使用涉案车辆期间，将车辆放于无人看管的场所，对车辆的被盗存在过失，应当向出卖人郭某香承担赔偿责任，是车辆被盗事故的最终赔偿责任人。因此，天安公司对被保险人郭某香进行理赔后，得以代位郭某香向吕某刚行使求偿的权利。

第六百四十一条 当事人可以在买卖合同中约定买受人未履行支付价款或者其他义务的，标的物的所有权属于出卖人。

出卖人对标的物保留的所有权，未经登记，不得对抗善意第三人。

【条文释义】

本条是对买卖合同所有权保留的一般性规定。

在买卖合同中，所有权保留的特约，是指买受人虽先占有、使用标的物，但在双方当事人约定的特定条件（通常是价款的一部或者全部清偿）成就之前，出卖人保留标的物的所有权，待条件成就后，再将所有权转移给买受人的特别约定。这种特约一般适用于动产买卖，不动产的买卖不适用这种方法。

所有权保留，既是买卖合同的特别约定，也是一种担保物权。从担保物权的角度解释，所有权保留是指在转移财产所有权的商品交易中，根据法律规定或者当事人约定，财产所有权人转移财产占有于对方当事人，而保留其对该财产的所有权，待对方当事人交付价金或者完成特定条件时，所有权才发生转移的担保物权。

所以，当事人在买卖合同中关于买受人未履行支付价款或者其他义务的，标的物的所有权属于出卖人的约定，就是所有权保留，既是分期付款买卖合同的特别约定，也是分期付款买卖合同的出卖人为保护自己的价款债权而设置的物权担保，用保留的标的物的所有权，对债权进行担保。

所有权保留的担保物权，可以进行担保物权的登记。出卖人对标的物保留的所有权未经登记的，不得对抗善意第三人。

【案例评注】

李某等诉时某等买卖合同纠纷案[①]

基本案情

黄某宏从新乡某汽车销售服务有限公司购买“宝马”牌小型轿车，并约定了

① 审理法院：宁夏回族自治区青铜峡市人民法院，案号：（2017）宁0381民初2810号。

所有权保留条款和取回权条款。2014年2月，黄某宏与第三人豫顺公司签定了《分期付款洗车买卖和服务合同》，约定黄某宏向新乡某汽车销售服务有限公司付清首付款156620元，剩余318000元由豫顺公司付清，车辆所有权归豫顺公司所有，并不因车主登记为黄某宏而改变。2015年7月、8月，被告时某出钱让被告邓某涛从案外人李某伟处购得×××号“宝马”牌小型轿车。2015年9月7日，被告时某以215000元的价格将×××号“宝马”牌小型轿车卖给原告李某，并交付转押协议、行驶证、保险、发票（复印件），原告李某先后共计支付给被告时某购车款195000元。

2016年1月1日凌晨，原告李某停放在青铜峡市裕民街道办事处派胜水岸世家小区的×××号“宝马”牌小型轿车被第三人豫顺公司开走，并将该车辆通过原车主黄某宏转卖他人。现原告李某提出诉讼请求，依法确认原告与二被告之间的车辆买卖协议无效。

法院判决

关于本案第三人是否属于车辆保留所有权人并享有取回权的问题，法院认为，第三人与原车主黄某宏只是通过签订《分期付款汽车买卖和服务合同》约定作为车辆保留所有权人并享有车辆取回权和第二顺位抵押权人，但在车辆登记管理机构既未登记为涉案车辆×××车主，也未进行抵押登记，不属于合同法中的“保留所有权人”。合同约定的上述内容只能约束合同相对人，对外不具有公示效力。第三人与原车主黄某宏的法律关系应是担保债权人。第三人无权仅凭原车主黄某宏授权无偿私自从原告李某处取回车辆。理由如下：（1）原车主黄某宏虽然在车辆管理机构登记为车主，但第三人未提供证据证明车辆从原车主黄某宏手中流转出去的真实情况，也未作出合理解释。第三人辩称车辆从黄某宏手中流转出去的原因是丢失，车辆丢失作为刑事案件，公安机关却未立案，不符合实际情况，第三人辩称无法自圆其说；（2）第三人损失是因与原车主黄某宏之间存在经济纠纷，原车主违反双方合同约定，没有履行按时向银行偿还车贷等违约行为造成的，第三人应向黄某宏主张，而不是由本案原告李某和被告时某承担；（3）原告和被告时某购买该车辆时支付对价，其债权受法律保护；（4）第三人在其权利受到侵害的情形下，应通过诉讼等法律途径请求确认其权利，擅自通过私力救济，其行为不具有合法性。综上所述第三人的行为严重侵害了购车人原告李某的财产权益，现该车辆已被第三人处分，第三人应当支付原告和被告时某购买车辆已付车款。

关于原告李某和被告时某车辆买卖合同是否有效，被告时某是否享有处置权的问题。(1)根据原《合同法》第五十二条规定，原告李某和被告时某车辆买卖合同不存在法定无效的情形，当然有效。(2)根据《物权法》第二十三条、第二十四条规定，动产物权的设立和转让，自交付时发生效力，机动车物权的设立、变更、转让和消灭，未经登记，不得对抗善意第三人，原告李某和被告时某在受让涉案车辆时已取得机动车的物权，被告时某自然享有车辆的处置权。

专家点评

民法典合同编第641条是关于所有权保留的一般性规定，即允许当事人约定所有权保留规则，但该约定未经登记不得对抗善意第三人。所有权保留，既是分期付款买卖合同的特别约定，也是一种担保物权，因此所有权保留担保未经登记不能对抗善意第三人，这符合担保物权的一般规则。例如，在本案中，原车主和第三人之间仅签订的是所有权保留合同，但其约定的所有权保留未经登记不得对抗善意第三人，特别是没有向银行偿还车贷等问题造成损害的，第三人应当向原车主主张权利，而不能向李某和被告主张权利。

第六百四十二条 当事人约定出卖人保留合同标的物的所有权，在标的物所有权转移前，买受人有下列情形之一，造成出卖人损害的，除当事人另有约定外，出卖人有权取回标的物：

（一）未按照约定支付价款，经催告后在合理期限内仍未支付；

（二）未按照约定完成特定条件；

（三）将标的物出卖、出质或者作出其他不当处分。

出卖人可以与买受人协商取回标的物；协商不成的，可以参照适用担保物权的实现程序。

【条文释义】

本条是对所有权保留的担保物权人取回权的规定。

所有权保留作为担保物权的一种，最重要的担保价值，就在于出卖人将分期付款的标的物交付买受人后，还保留自己对标的物的所有权，正是基于该所有权保留，出卖人享有买卖合同标的物的取回权。当出现危及其价款债权时，出卖人可以行使取回权，追回交付给买受人占有的买卖标的物。

故本条规定的出卖人取回权的规则是，当事人约定出卖人保留合同标的物的所有权，在标的物所有权转移前，买受人有下列情形之一，对出卖人造成损害的，除法律另有规定或者当事人另有约定外，出卖人有权取回标的物。产生取回权的原因是：（1）买受人未按照约定支付价款，经催告后在合理期限内仍未支付；（2）买受人未按照约定完成特定条件；（3）买受人将标的物出卖、出质或者作出其他不当处分。

实现取回权的方法是：（1）出卖人行使取回权，取回标的物。（2）协商确定，出卖人可以与买受人协商实现取回权的办法。（3）当事人协商不成的，参照适用担保物权的实现程序，如拍卖或者变卖标的物，用价款优先偿还未支付的价金等。

【案例评注】

奥神公司诉氟美斯公司买卖合同纠纷案①

基本案情

2014年6月17日，原告奥神公司、被告氟美斯公司签订一份《销售合同》，约定原告为供方，被告为需方，产品名称为聚酰亚胺短纤，数量2吨，单价20万元/吨，金额40万元，供方对质量负责的条件是企业标准、产品检测报告，异议期限为到货10日内提出质量异议，交货方式为依据需方要求分批交货，2014年6月21日前完成全部供货，合同第七条约定结算方式及期限为银行转账，每批交货前结算上一批货款，但最长账期不超过30天，合同第八条约定产品的所有权自买方向需方付清货款时转移，但需方未付清货款的产品，其所有权仍属供方。合同签订后，原告于2014年6月20日前向被告交付了2吨聚酰亚胺短纤货物。2014年11月21日，原、被告又签订了一份关于聚酰亚胺短纤的《销售合同》，约定产品数量13.5吨，单价20万元/吨，金额270万元，交货方式为依据需方要求分批交货，2014年12月31日前完成全部供货，其他条款内容与双方2014年6月17日所签《销售合同》相同。该份合同签订后，原告于2014年11月28日前向被告交付了13.5吨聚酰亚胺短纤货物。2015年1月25日，被告通过银行承兑汇票转账支付给原告货款50万元。

2016年9月20日，原告委托江苏田湾律师事务所向被告发出《律师函》，要求被告在收函后5日内与原告奥神公司联系，商谈还款事宜，并及时支付拖欠奥

① 审理法院：江苏省连云港经济技术开发区人民法院，案号：（2018）苏0791民初42号。

神公司的货款260万元。被告于2016年9月22日收到《律师函》后，向原告回函商谈解决办法，希望得到原告谅解，退还货物，以抵还尚欠货款。后被告未能按原告要求支付所欠货款，原告也未同意被告送还库存货物。

2017年5月3日，被告又向原告购买聚酰亚胺短纤产品0.6吨，金额9.6万元，双方签订了一份《销售合同》，本案诉讼中，原、被告双方一致确认该份合同双方已履行完毕，被告转账支付了10万元，其中付清该份合同货款9.6万元后剩余的4000元抵充之前所欠货款，为此，被告尚欠原告货款为259.6万元。

法院判决

原告奥神公司与被告氟美斯公司签订的关于聚酰亚胺短纤产品的《销售合同》，是双方当事人真实意思表示，且不违反法律法规强制性规定，合法有效。该《销售合同》约定，原告作为供方销售给被告聚酰亚胺短纤产品，被告作为需方支付相应货款，双方之间系买卖合同关系。原告奥神公司向被告氟美斯公司提供了货物，被告氟美斯公司已收到货物并使用了部分货物，且未提出质量异议，被告氟美斯公司应当按照合同约定及时向原告支付货款，拖欠部分货款至今不予给付，侵害了原告的合法权益，依法应承担给付尚欠货款及逾期利息的民事责任。根据双方合同约定，结算期限为每批交货前结算上一批货款，但最长账期不超过30天，被告尚欠原告货款所涉货物最后发货、交货时间是2014年11月28日，故原告奥神公司要求被告氟美斯公司支付拖欠货款259.6万元及承担从2014年12月28日起按中国人民银行同期贷款利率计算至被告实际支付之日的逾期付款利息的诉讼请求，合法有据，本院依法予以支持。

本院认为，双方所签《销售合同》第八条约定“产品的所有权自买方向需方付清货款时转移，但需方未付清货款的产品，其所有权仍属供方。”该约定条款是货物所有权保留条款，是约定被告未付清货款，该货物所有权仍属于原告，即原告为了保障其债权权利实现而享有的货物取回权，是原告为了确保其利益不受到侵害，但是否行使货物取回权或要求被告支付货款，原告有选择权。本案原告选择要求被告支付货款，而不要求取回货物，被告则应当履行支付货款的合同义务，且被告对其辩称理由未能提供相关证据证明，故被告的观点不能成立，本院不予采信。

专家点评

民法典合同编第642条是有关所有权保留合同中出卖人所享有的取回权规则。所有权保留作为担保物权的一种，最重要的价值是为出卖人提供买受人到期不能支付价款时的风险保护规则，因而取回权的行使前提条件是买受人违反约定，在未按照约定支付价款，经催告后在合理期限内仍未支付；未按照约定完成特定条件；将标的物出卖、出质或者作出其他不当处分。例如，在本案中，由于涉案合同中包含“产品的所有权自买方向需方付清货款时转移，但需方未付清货款的产品，其所有权仍属供方。”因而属于规定所有权保留的合同，当买受人未缴清货款时，出卖人既可以选择取回货物，也可以选择解除合同。当原告选择解除合同时，法院应当予以支持。

第六百四十三条 出卖人依据前条第一款的规定取回标的物后，买受人在双方约定或者出卖人指定的合理回赎期限内，消除出卖人取回标的物的事由的，可以请求回赎标的物。

买受人在回赎期限内没有回赎标的物，出卖人可以以合理价格将标的物出卖给第三人，出卖所得价款扣除买受人未支付的价款以及必要费用后仍有剩余的，应当返还买受人；不足部分由买受人清偿。

【条文释义】

本条是对出卖人取回标的物后买受人回赎权的规定。

在买卖合同中，出现了出卖人享有取回权的事由的，出卖人取回买卖标的物之后，买受人享有回赎权，可以在回赎期限回赎买卖标的物。其规则是：

1. 回赎权的产生，是在出卖人依照民法典第642条第1款的规定取回标的物之后，出卖人一旦取回买卖标的物，买受人即产生回赎权。

2. 回赎期限，即双方当事人可以约定回赎期限，或者出卖人指定合理的回赎期限。

3. 回赎权的行使要件，是买受人消除出卖人取回标的物的事由，即买受人支付了未按照约定支付的价款，或者买受人按照约定完成了特定条件，或者买受人将出卖、出质或者作出其他不当处分的标的物收回。

在具备了上述三个要件之后，买受人可以要求回赎标的物，出卖人应当将取回的标的物交付给买受人。

买受人取得了回赎权，但是在回赎期限内没有回赎标的物的，出卖人可以以合理价格出卖标的物，出卖所得价款在扣除原买受人未支付的价款及必要费用后仍有剩余的，应当返还原买受人；不足部分由原买受人清偿。

【案例评注】

海星公司诉盛华塑料厂买卖合同纠纷案[①]

基本案情

2006年6月29日，原告海星公司与盛华塑料厂签订《工矿产品购销合同》一份，合同约定："一、产品名称型号、商标、数量、金额、供货时间：海星HXF468的注塑机一台，合同价款人民币350000元，10天内发货……九、结算方式及期限：合同签订时付首付款245000元，余款105000元在设备运到之日起三个月内无条件一次性付清……十二、解决合同纠纷的方式：按《合同法》向供方所在地人民法院提起诉讼；十三、其他约定事项：在需方货款没有付清之前，设备的所有权属于供方，需方无权转让或出售。"合同签订后，被告支付了首付款245000元，余款105000元未付，原告于2006年7月17日依约交付了货物。2007年8月11日、2008年1月8日、2010年10月14日原告三次发函催促被告支付余款105000元，被告均未支付。

法院判决

法院认为，原、被告双方当事人签订的《工矿产品购销合同》，因当事人主体适格、意思表示真实且不违反法律、法规的强制性、禁止性规定，故合法有效，对双方当事人均具有法律约束力，双方均应严格依约履行。双方所签订的是动产买卖合同，原告作为出卖人已履行交付标的物的义务，被告作为买受人应及时履行支付价款的基本义务。根据《合同法》第一百三十四条"当事人可以在买卖合同中约定买受人未履行支付价款或者其他义务的，标的物的所有权属于出卖人"的规定，本案中，海星公司与被告盛华塑料厂签订的《工矿产品购销合同》中"在需方货款没有付清之前，设备的所有权属于供方，需方无权转让或出售"的约定符合上述法律规定，说明本案中双方依据《合同法》第一百三十四条的规定约定买受人支付价款之前出卖人保留所有权，在买受人支付全部价款时，所有权才发生转移，现被告盛华塑料厂未按约付清价款，注塑机的所有权人仍属于原告，而所有权包括占有、使用、收益、处分四项权能，出卖人可以取回标的物，故对于原告要求返还注塑机的诉讼请求，符合法律规定，本院应予支持。原告作

① 审理法院：浙江省宁波市鄞州区人民法院，案号：(2010) 甬鄞邱商初字第308号。

为出卖人行使取回权后，买受人即被告在出卖人指定的合理回赎期限内，履行价款清偿义务的，可以重新占有标的物；被告在指定的回赎期限内没有回赎标的物的，出卖人可以依法拍卖标的物或者解除合同，出卖人拍卖标的物的，拍卖所得的价款扣除未清偿价金、取回费用以及拍卖费用后仍有剩余的，应将剩余的部分返还给被告。综上，依照《合同法》第一百三十四条、第一百六十七条，《最高人民法院关于民事诉讼证据的若干规定》第二条的规定，判决被告盛华塑料厂返还原告海星公司型号为 HXF468 的注塑机一台。

专家点评

民法典合同编第 643 条是对出卖人取回标的物后买受人回赎权的规定，也即当出卖人取回标的物后，买受人可以在特定期限内回赎标的物，若没有回赎标的物的，出卖人可以合理价格出卖，若扣除买受人未支付的价款及必要费用后仍有剩余的，应当返还原买受人，若有不足的应由买受人补足。例如，在本案中，原被告双方在合同中规定了“在需方货款没有付清之前，设备的所有权属于供方，需方无权转让或出售”，因而涉案合同属于所有权保留相关合同。由于所有权包括占有、使用、收益、处分四项权能，出卖人可以取回标的物，故对于原告要求返还注塑机的诉讼请求法院应当予以支持。而根据民法典合同编第 643 条的规定，此时买受人享有在合理期限内回赎标的物的权利，因在本案中买受人未行使该权利，法院支持出卖人取回标的物的诉求，于法有据，合乎情理。

第六百四十四条 招标投标买卖的当事人的权利和义务以及招标投标程序等，依照有关法律、行政法规的规定。

【条文释义】

本条是对招标投标买卖适用法律的规定。

招标投标，是指由招标人向数人或公众发出招标通知或招标通告，在诸多投标中选择自己最满意的投标人并与之订立合同的方式。招标投标买卖的当事人的权利和义务，以及招标投标的程序，都有专门的法律规定，应当依照专门的法律和行政法规的规定进行。

简要的招标投标程序是：

1. 招标，是招标人采取招标通知或招标公告的形式，向数人或者公众发出投标邀请。

2. 投标，是投标人按照招标文件的要求，向招标人提出报价的行为。

3. 开标和验标，开标是招标人在召开的投标人会议上，当众启封标书，公开标书内容。验标是验证标书的效力，对不具备投标资格的标书、不符合招标文件规定的标书以及超过截止期限送达的标书，招标人可以宣布其无效。

4. 评标和定标，评标由招标人依法组成的评标委员会负责，由招标人和专家组成，成员应在5人以上。定标是招标人对有效标书进行评审，选择自己满意的投标人，决定其中标。定标是对投标的完全接受，因此是承诺。

5. 签订合同书，中标人接到中标通知书后，在指定的期间与地点同招标人签订合同书，招标投标即告完成。

【案例评注】

博达公司与某公司重庆分公司、某公司招标投标买卖合同纠纷案[①]

基本案情

2007年10月8日，某公司重庆分公司进行材料采购生产用石灰招标，博达公司投标并中标。博达公司与某公司重庆分公司签订《石灰投资建设协议书》，博达公司进行了前期项目建设工作并完成石灰生产线（含石灰粉）的建设。2011年1月1日至2013年12月，根据博达公司与某公司重庆分公司签订的多分供销合同，博达公司向某公司重庆分公司供应了大块石灰石和竖窑石灰。2014年6月13日，某公司重庆分公司决定暂时停产。博达公司向法院起诉，要求解除《石灰投资建设协议书》并赔偿各类经济损失。

法院判决

一审法院认为博达公司与某公司重庆分公司签订的《石灰投资建设协议书》及一系列供销合同的性质应为招标投标买卖合同，合法有效。《石灰投资建设协议书》的具体履行情况符合法定解除条件，博达公司有权解除该合同。博达公司主张损害赔偿，既具有法律依据，亦符合双方在《石灰投资建设协议书》中的约定。损失依据相关鉴定机构出具的鉴定报告确定为人民币50101617.72元。因某公司重庆分公司是某公司的分支机构，故某公司重庆分公司的责任也应由某公司

---

① 审理法院：一审法院为重庆市高级人民法院，案号：（2015）渝高法民初字第00069号；二审法院为最高人民法院，案号：（2019）最高法民终511号。

承担。

某公司重庆分公司、某公司以本案为一般买卖合同关系，而非招标投标买卖合同，且一审认定的赔偿金额不合理等为由提起上诉。二审法院认为一审法院对合同性质认定并无不妥，但对于合同的解除时间认定不当，应予调整；损失认定存在的错误，应予纠正。

专家点评

合同性质的认定应根据合同的签订背景、内容、主要条款、目的以及合同双方当事人所设立的权利义务关系进行判定。招标人通过招标公告、投标邀请书向特定或不特定人发出要约邀请，投标人通过投标发出要约，招标人选定中标人作出承诺或再经磋商而签订的买卖合同为招标投标买卖合同。作为一种特殊的买卖合同，招标投标买卖合同既有一般买卖合同的属性，又因在缔约过程中引入了招标投标，使其具有自己独有的特性。本案中，某公司重庆分公司因投产氧化铝项目，对所需符合特定生产工艺和技术要求的石灰、石灰石进行公开招标，招标内容对生产工艺、产品标准及投标人的矿产资源拥有状况、市场情况及生产能力等因素规定了条件。博达公司中标后，双方签订了案涉协议，约定了合作期限、双方每两年签订一次供销合同等内容，同时还约定了双方除具有一般买卖合同的权利义务外，还具有定向收购、对矿区建设进行监督检查以及因自身原因导致对方基建及生产损失可寻求赔偿的权利义务等。因此，案涉协议与一系列供销合同组成的整体符合招标投标买卖合同的法律特征。其中，案涉协议即为招标投标买卖合同的基础框架性协议，而其后一系列供销合同则是招标人与中标人再经磋商而签订的买卖合同，故案涉协议及一系列供销合同的性质应为招标投标买卖合同。

第六百四十五条　拍卖的当事人的权利和义务以及拍卖程序等，依照有关法律、行政法规的规定。

【条文释义】

本条是对拍卖适用法律的规定。

拍卖是对物品的拍卖，即以公开竞价的方法，将标的物的所有权转移给最高应价者的买卖方式，分为法定拍卖和意定拍卖、委托拍卖和自己拍卖、强制拍卖和任意拍卖。

拍卖的程序是：

1. 签订拍卖委托合同，约定拍卖的权利义务关系。

2. 拍卖公告和拍品展示。在拍卖日的前7日发布拍卖公告，拍卖前应当展示拍卖标的不得少于2日。

3. 竞买，是以应价的方式向拍卖人作出应买的意思表示，竞买人彼此互不隐瞒情况，以公开的方式应价，形成竞争。竞买的性质属于要约。

4. 拍定，是拍卖人在竞买人众多的应价中选择最高者予以接受的意思表示，其法律性质属于承诺。拍卖人一经拍定，拍卖合同即告成立。

拍卖的效力是：

1. 拍卖人应当履行交付标的物和转移标的物所有权的义务。

2. 拍卖人的瑕疵担保责任，拍卖人应当对交付的标的物承担瑕疵担保责任。

3. 买受人支付价款和再拍卖。买受人应当按照约定向拍卖人支付价款和佣金，未按照约定支付价款的，应当承担违约责任，或者由拍卖人将拍卖的标的物再行拍卖。再拍卖时，原拍卖的买受人应当支付第一次拍卖中买卖双方应支付的佣金。

4. 流拍，在拍卖中，由于起拍价格过高造成的拍卖失败，对拍卖的标的物得不到想要成交的数额。

【案例评注】

五洋公司诉吴某、杨某拍卖合同纠纷案[①]

基本案情

2014年8月29日，五洋公司的破产申请被法院受理。2016年1月，五洋公司将持有的绍兴县某农业开发有限公司50%的股权委托柯桥法院通过淘宝网司法拍卖网络平台进行公开拍卖。第一次拍卖，吴某以129万元的价格拍得，但未按期付清拍卖余款。第二次拍卖时杨某以122.6万元的价格拍得，但未按期付清拍卖余款。第三次拍卖，上述标的物方以84万元竞拍成功。为此，五洋公司起诉要求：判令吴某、杨某共同赔偿拍卖价款差额损失45万元（其中吴某以45万元为限，杨某以38.6万元为限）。

---

① 一审法院：浙江省绍兴市柯桥区人民法院，案号：（2017）浙0603民初0893号；二审法院：浙江省绍兴市中级人民法院，案号：（2018）浙06民终2051号。

法院判决

一审法院认为被告缴纳保证金，参与竞拍应视为知悉并接受上述约定内容，对被告有约束力，原买受人应承担相应补偿责任。至于悔拍导致的补差，根据浙高法鉴复〔2016〕2号文件，按每个悔拍人在所有悔拍人补差金额之和中所占比例来确定各悔拍人应承担的补差金额。吴某以本案系网络拍卖，仅规定扣除保证金，而未规定需补足差价等为由提起上诉。二审法院认为《最高人民法院关于人民法院网络司法拍卖若干问题的规定》第二十四条第一款仅是针对拍卖保证金的处理，并未明确规定悔拍人无需补交差价。且在拍卖须知中明确提示竞拍人，悔拍后原买受人应当对扣除保证金后不足部分予以补交，吴某作为完全民事行为能力人参与竞拍，应当受竞拍规则的约束，理应承担悔拍的法律后果。

专家点评

本案是拍卖合同纠纷，涉及执行拍卖规定、拍卖法的适用问题。我们应注意到本案涉及的拍卖并非执行阶段的司法拍卖，是破产阶段的破产财产拍卖，二者的法律行为性质不同。司法拍卖是人民法院基于民事执行等进行财产变价的公法行为，应适用民事执行拍卖规定及网络拍卖规定；破产财产拍卖则是管理人借用人民法院司法拍卖平台对破产财产进行处置的私法行为，应适用拍卖法规定。两种拍卖的法律行为属性决定了拍卖内容的告知义务、保证金规则、瑕疵担保责任、法院管辖、责任承担方式等方面存在较大不同。对于在公开竞价成交后又拒不履行款项支付义务的原买受人而言，其不仅直接损害了委托人的利益，更扰乱了市场的秩序，该种极不诚信的行为会对市场秩序造成较大不良影响。依据《拍卖法》第39条第2款之规定，如再行拍卖的价款低于原拍卖价款的，原买受人应当承担相应的补偿责任。

第六百四十六条　法律对其他有偿合同有规定的，依照其规定；没有规定的，参照适用买卖合同的有关规定。

【条文释义】

本条是对其他有偿合同准用买卖合同规则的规定。

合同分为有偿合同和无偿合同。有偿合同是当事人享有合同权利须向对方支付对价的合同，如租赁合同。无偿合同是享有合同权利而不需支付对价的合同，如借用合同和赠与合同。

在有偿合同中，买卖合同是基准性合同，是有偿合同的典型代表。因此，物权编规定买卖合同条文的内容是最完整、最详细的。在有关买卖合同的规定中，集中了有偿合同的主要规则，基本上属于有偿合同高弹性的规则。为避免立法条文的重复和繁杂，在部分有偿合同中就不再详细规定有偿合同的一般性规则，直接可以适用关于买卖合同的相应规则。因此，法律对其他有偿合同有规定的，直接依照其特别规定适用法律；如果没有明文规定的，则应当参照适用民法典物权编有关买卖合同的规定。

【案例评注】

风帆公司与葆利公司承揽合同纠纷案[①]

基本案情

2012 年 11 月 26 日，风帆公司与葆利公司签订加工合同，由葆利公司委托风帆公司加工女式长裤。合同对加工服装的数量、单价、金额、代工范围等内容进行了约定，但对质量检验期间未作明确约定。风帆公司交付后，以葆利公司拒不支付加工费为由提起诉讼，要求葆利公司支付加工费及延期付款利息。

法院判决

法院认为双方的主要争议在于加工物是否存在质量瑕疵等问题。关于质量瑕疵，讼争加工合同对检验期间未作明确约定。对此，法院依据《合同法》第一百五十八条第二款“合理期间”作为“检验期间”的判断，认为葆利公司在 2013 年 1 月 18 日向风帆公司提出质量异议尚在合理期间内，但葆利公司未将讼争标的物抽样封存就出货给下家，导致讼争质量瑕疵程度无法查明，应自行承担相应的责任。判令葆利公司向风帆公司支付加工费。

专家点评

根据民法典第 621 条第 2 款的规定，本案在当事人对“检验期间”未约定的情况下，葆利公司应当在发现或者应当发现服装质量不符合约定的合理期间内通知风帆公司。根据《最高人民法院关于审理买卖合同纠纷案件适用法律问题的解

---

① 审理法院：浙江省绍兴市越城区人民法院，案号：（2013）绍越商初字第 691 号。

释》第17条的规定，"合理期间"应当综合当事人之间的交易性质、交易目的、交易方式、交易习惯、标的物的种类、数量、性质、安装和使用情况、瑕疵的性质、买受人应尽的合理注意义务、检验方法和难易程度、买受人或者检验人所处的具体环境、自身技能以及其他合理因素，依据诚实信用原则进行判断。本案中，经综合考虑标的物的种类、数量、葆利公司主张的质量瑕疵以及检验该质量瑕疵所需方法，法院最终作出了"葆利公司在2013年1月18日向风帆公司提出质量异议尚在合理期间内"的认定。

第六百四十七条 当事人约定易货交易，转移标的物的所有权的，参照适用买卖合同的有关规定。

【条文释义】

本条是对互易合同法律适用的规定。

互易合同，也叫物换物合同、易货贸易或者易货交易合同，是指当事人双方约定以货币以外的财物进行交换的合同。互易合同也是转移财产所有权的合同，与买卖合同的区别在于，互易合同是双方当事人都转移财产的所有权，即以交付和转移自己所有的财产和所有权的目的，其中没有货币作为中介。互易合同的当事人互为互易人，互易人各自享有取得对方互易标的物的权利，负有将本人的互易标的物交付对方的义务。

互易合同的基本类型是：（1）单纯互易，是指当事人双方并不考虑给付对方的财产的价值，而只追求相互的财产所有权转移的互易。（2）价值互易，是指当事人双方以标的物的价值为标准，互换财产标的物的互易。

互易合同一经成立生效，其效力适用买卖合同的规定。互易合同当事人应当负担以下义务：（1）按照合同约定向对方交付标的物并转移所有权；（2）当事人相互对其应交付的标的物负瑕疵担保义务；（3）当事人的互易为补足价款的价值互易的，负有补足价款的一方应当按照约定的时间、地点补足应当缴纳的价款。当事人不履行其补足价款义务的，应当承担违约责任。

【案例评注】

周某与杨某、邵某互易合同纠纷案[①]

基本案情

2014年7月23日，村民尹某将其饲养的27只带病山羊卖给邵某。次日，邵某将其中的26只卖给周某。7月25日，周某与杨某商议以牛羊互易，最终，杨某以三头黄牛外加640元补足金同周某的26只山羊互换。经检查，羊群患有羊痘病。截至2014年10月10日，26只羊共死亡23只，尚存活3只。为此，杨某提起诉讼，要求周某赔偿经济损失。

法院判决

一审法院认为，周某用于互易的羊群经检测患有羊痘病，具有瑕疵。羊只的大量死亡给杨某造成了较大的损失，应由周某承担民事赔偿责任。但杨某在交易过程中，未尽到检查标的物的义务，避免交易风险，应自负20%的责任。

周某以双方均口头约定过风险责任各自承担等为由提起上诉。二审法院认为周某交付的标的物存在质量瑕疵，给杨某造成经济损失，应承担相应的违约责任。

专家点评

本案系互易合同纠纷，杨某用三头黄牛加640元钱与周某的26只羊互换，双方间的行为系补足金互易合同。所谓互易就是以物换物，互易合同就是当事人双方以金钱以外的财物互相交换的合同。互易分为一般互易与补足价金的互易。补足价金的互易指的是当事人约定一方向另一方移转金钱外的财产权，而另一方除移转金钱外的财产权外并应支付一定的金钱，以补足互换的两物的差价的互易。根据民法典典型合同编第647条规定，出卖人交付的标的物不符合质量要求的，买受人可以依照本法第582条至第584条的规定请求承担违约责任。互易合同中，当事人相互就自己交付的标的物向对方负瑕疵担保责任，即当事人应保证向对方交付的标的物无瑕疵。本案中，周某用于互易的山羊经检测患有羊痘病，具有瑕疵，依法应承担相应的民事赔偿责任。

---

① 审理法院：一审法院为云南省梁河县人民法院，案号：（2014）梁民二初字第28号；二审法院为云南省德宏傣族景颇族自治州中级人民法院，案号：（2015）德民二终字第20号。

第十章　供用电、水、气、热力合同

第六百四十八条　供用电合同是供电人向用电人供电，用电人支付电费的合同。

向社会公众供电的供电人，不得拒绝用电人合理的订立合同要求。

【条文释义】

本条是对供用电合同概念和缔约方式的规定。

供用电合同是指供电人向用电人供电，用电人支付电费的合同。其法律特征是：(1) 供用电合同的标的物是无形物，通常称为自然力。因电能供应对保障社会正常运转具有十分重要的作用，供用电合同在履行中对供电质量及连续性的要求非常高，国家对供电人应连续供电义务作出了严格要求。(2) 供用电合同是强制缔约合同，供电一方负有强制缔约义务，没有正当理由不得拒绝用电人的缔约请求。(3) 供用电合同是双务、有偿合同，供电人有义务按合同约定向用电人供应符合合同要求的电能，违约应承担相应责任；用电人有义务按合同约定向供电人及时、足额交付电费，否则亦应承担相应责任。(4) 供用电合同通常是格式条款，实行统一价格。

本条第 2 款规定的是供电单位的强制缔约义务。强制缔约义务也叫强制性合同，是指在若干特殊情形下，个人或者企业负有应相对人的请求与其订立合同的义务，负有强制性缔约义务的人非有正当理由不得拒绝。这种强制性力量来源于法律的规定，旨在保护消费者，限制居于垄断地位的公用事业单位当事人。因为一旦消费者的要约被拒绝，要约人将无法从他处获得该种服务或商品。供电企业就是这样的公用事业单位，负有强制缔约义务，故向社会公众供电的法人或者非法人组织，不得拒绝用电人合理的订立合同的要求。违反者，应当承担法律责任。

【案例评注】

庄沛某与供电公司供用电合同纠纷案[①]

基本案情

2010年5月22日，庄沛某将东莞市沙田镇的房产出租给他人开办了泰盈公司。2010年9月13日，泰盈公司与供电公司签订《供用电合同》，由供电公司向泰盈公司供电。2013年7月15日，供电公司以泰盈公司涉嫌窃电为由，中止供电。2013年12月31日，庄沛某与泰盈公司终止了租赁合同关系，收回房产，但多次申请供电公司恢复供电均被拒。为此，庄沛某提起诉讼，要求供电公司立即供电，确定供用电合同关系，并赔偿经济损失10万元。

法院判决

审理法院认为供电公司以未清偿完案外人泰盈公司所拖欠的电费而拒绝向庄沛某供电没有法律依据，限供电公司于本判决生效之日起三日内与庄沛某建立供用电合同关系，对庄沛某所有的房产供电，并支付经济损失10万元。

专家点评

根据民法典第648条以及《电力法》第26条第1款“供电营业区内的供电营业机构，对本营业区内的用户有按照国家规定供电的义务；不得违反国家规定对其营业区内申请用电的单位和个人拒绝供电。”以及《电力供应与使用条例》第32条“供电企业和用户应当在供电前根据用户需要和供电企业的供电能力签订供电合同”的规定，供电企业具有强制缔约的义务，无“正当理由”的情况下不得拒绝缔约。本案中，供电公司以案外人泰盈公司涉嫌窃电为由拒绝给涉案房产供电。但案外人泰盈公司是否存在窃电、窃电的金额是多少以及责任应如何承担均未有有效的法律文书予以认定，案外人泰盈公司的供电合同纠纷与本案属于两个不同的法律关系，结合供电公司具有强制缔约的义务，故庄沛某要求供电公司确认与其的供用电合同关系，并对其所有的房产供电符合法律规定。

---

① 审理法院：广东省东莞市第二人民法院，案号：（2014）东二法沙民二初字第100号。

第六百四十九条　供用电合同的内容一般包括供电的方式、质量、时间，用电容量、地址、性质，计量方式，电价、电费的结算方式，供用电设施的维护责任等条款。

【条文释义】

本条是对供用电合同内容的规定。

供用电合同的主要内容是：

1. 供电方式、质量、时间：供电方式，是供电人以何种方式向用电人供电，包括主电源、备用电源、保安电源的供电方式以及委托供电等。供电质量，是供电的频率、电压和供电可靠性三项指标。频率是以频率允许偏差来衡量，电压质量是以电压的闪变、偏离额定值的幅度和电压正弦波畸变程度衡量，供电可靠性是以供电企业对用户停电的时间及次数来衡量。用电时间是用电人有权使用电力的起止时间。

2. 供电容量、地址、性质：用电容量，是供电人认定的用电人受电设备的总容量，以千伏安（千瓦）表示。用电地址是用电人使用电力的地址。用电性质包括用电人行业分类和用电分类，行业分类分为农业、工业、建筑业等七大类和城乡居民生活用电。用电分类分为大工业用电、非普工业用电、农业生产用电、商业用电、居民生活用电、非居民照明用电、趸售用点和其他用电。

3. 计量方式和电价、电费的结算方式：计量方式是供电人如何计算用电人使用的电量，电价即电网销售电价，实行国家统一电价。电费是电力资源实现商品交换的货币形式，应当按照国家核准的电价和用电计量装置记录，收取电费。

4. 供用电设施的维护责任：应当依供用电设施的产权所属划分，也可由双方约定。除此之外，供用电双方还可在合同中约定违约责任及双方同意的其他条款。

【案例评注】

某供电局与梁某供用电合同纠纷案[①]

基本案情

2006 年 12 月，经梁某申请，某供电局为其安装三相四线电表一套。双方签

① 审理法院：广东省珠海市斗门区人民法院，案号：（2017）粤 0403 民初 1566 号。

订的《低压供用电合同》对用电地址、用电分类、电费缴纳时间、违约责任等进行了详细约定。现梁某出现欠费，某供电局向法院提起诉讼，要求梁某支付电费及违约金。

法院判决

法院经审理认为《低压供用电合同》合法有效，应受法律保护。某供电局按约安全供电，梁某却逾期不交付电费，应当按照约定支付违约金。故某供电局要求梁某支付拖欠的电费及违约金，有事实和法律依据，依法予以支持。

专家点评

本案系供用电合同纠纷，根据民法典第649条规定，用电者和供电者签订的《供用电合同》各项条款对双方均具有法律约束力。在双方在合同中约定了违约责任的情况下，任何一方违约，应向对方承担相应的违约赔偿责任。

第六百五十条 供用电合同的履行地点，按照当事人约定；当事人没有约定或者约定不明确的，供电设施的产权分界处为履行地点。

【条文释义】

本条是对供电合同履行地点的规定。

供电合同的履行地点，是供用电合同双方当事人行使其权利、履行其义务的地点，具体是指供电人将电力的所有权转移给用电人的转移点。由于发电、供电和用电都是在一条线上进行的，因此，供用电合同的履行地点必须界分清楚，明确权利、义务和责任，不仅对供用电双方具有重要价值，而且对出现问题时追究责任具有重要意义。例如，在电力事故发生后，以供用电合同的履行地点为界，谁享有电力的产权，谁就应当承担后果责任。

供用电合同的履行地点的确定有两种方法：（1）按照当事人约定，约定以何种方式界分履行地点，就以该种界限为准；（2）当事人没有约定或者约定不明确的，则以供电设施的产权分界处为履行地点。

【案例评注】

明星公司与某电力公司供用电合同纠纷案①

基本案情

2016 年 3 月 26 日下午 6 点左右，明星公司的表上线被人锯断，表上线的产权属于某电力公司德州经济开发区公司，多次向某电力公司德州经济开发区公司反映无果。明星公司向山东省德州市德州经济开发区人民法院提起诉讼，要求电力公司恢复供电并赔偿损失。

法院判决

审理法院认为本案双方当事人没有约定合同履行地，涉案供电设施的产权分界处位于德州经济开发区长河街道办事处郭家庵村，本案合同履行地应为德州经济开发区长河街道办事处郭家庵村，故德州市德州经济开发区人民法院对本案有管辖权。

专家点评

本案系供用电合同纠纷，对于合同纠纷的管辖法院，根据《民事诉讼法》第 23 条的规定，由被告住所地或者合同履行地人民法院管辖。对于供用电合同的履行地点，根据民法典第 650 条的规定，在当事人没有约定或者约定不明确时，供电设施的产权分界处为履行地点，故德州市德州经济开发区人民法院对本案有管辖权。

第六百五十一条　供电人应当按照国家规定的供电质量标准和约定安全供电。供电人未按照国家规定的供电质量标准和约定安全供电，造成用电人损失的，应当承担赔偿责任。

---

①　审理法院：一审法院为山东省德州市德州经济开发区人民法院，案号：（2016）鲁 1491 民初 762 号；二审法院为山东省德州市中级人民法院，案号：（2016）鲁 14 民辖终 274 号。

【条文释义】

本条是对供电人安全供电义务与违约责任的规定。

供电人作为供用电合同的供电一方，应当按照国家规定的供电标准和约定安全供电。用电人提出申请后，供电人应当尽快确定供电方案，并在一定期限内正式书面通知用户。供用电合同订立后，供电人应当按照合同约定的时间向用电人供电。当事人对供电质量标准有约定的，依其标准供应；当事人没有特别约定的，则根据用电人具体的用电意图以推定的标准或者国家规定的标准供电。供电人必须安全、合格地供电，不得超过电力系统正常状况下所供电能的频率的电压允许的偏差。这是供电人应当履行的供电义务。

供电人违反上述供电义务，未按照国家规定的供电标准和约定安全供电，并且造成用电人的预期利益和固有利益损失的，应当承担违约损害赔偿责任或者侵权损害赔偿责任。

【案例评注】

蒲某某等与某供电公司供用电合同纠纷案[①]

基本案情

蒲某与他人开办生态养鸡场，某供电公司为养鸡场供电，其中，鸡舍风机的用电为380伏三相电。2015年6月30日晚上10点左右，某供电公司在未通知的蒲某的情况下中断了三相电中的一相电流，造成鸡舍风机停电及损坏。为此，蒲某等起诉至法院，要求某供电公司赔偿损失。

法院判决

法院认为蒲某等与某供电公司之间存在事实上的供用电合同关系。某供电公司在未通知蒲某的情况下断电，导致蒲某等不能及时采取有效的预防措施，某供电公司对养鸡场的损失存在过错，应负主要责任，遂判令某供电公司赔偿蒲某等损失23814元。

---

① 审理法院：中方县人民法院，案由：（2015）方民二初字第240号

专家点评

本案系供用电合同纠纷。民法典第651条规定，供电人负有安全供电的义务，否则应赔偿由此给用电人造成的损失。此外，根据《电力法》第29条“供电企业在发电、供电系统正常的情况下，应当连续向用户供电，不得中断。因供电设施检修、依法限电或者用户违法用电等原因，需要中断供电时，供电企业应当按照国家有关规定事先通知用户”的规定，如供电人在发现供电线路故障后，应当履行通知义务。本案中，某供电公司怠于通知导致蒲某等不能及时采取有效的预防措施，某供电公司对蒲某等的养鸡场损失存在过错，应负主要责任。养鸡场鸡舍要随时保持通风、通气，蒲某没有做好相应的预防、保护措施，应对养鸡场蛋鸡的死亡造成的损失应自负次要责任。

第六百五十二条　供电人因供电设施计划检修、临时检修、依法限电或者用电人违法用电等原因，需要中断供电时，应当按照国家有关规定事先通知用电人；未事先通知用电人中断供电，造成用电人损失的，应当承担赔偿责任。

【条文释义】

本条是对供电人因故中断供电的通知义务与违约责任的规定。

在供用电合同履行期间，对因供电设施计划检修、临时检修、依法限电或者用电人违法用电等原因，需要中断供电时，按照国家有关规定，供电人负有事先通知用电人的义务。这是因为，电力在社会生产、生活中的特殊作用，要求供电人的供应须是连续不断的。供电人在发电、供电系统正常的情况下，应当连续向用电人供电，不得中断，这是供电人应当履行的义务。供电人因供电设施计划检修、临时检修、依法限电或者用电人违法用电等原因，需要中断供电时，应当按照国家有关规定事先通知用电人。

供电人因故需要停止供电时，应当按照下列要求事先通知用户或者进行公告：（1）因供电设施计划检修需要停电时，供电人应当提前7天通知用户或者进行公告；（2）因供电设施临时检修需要停止供电时，供电人应当提前24小时通知重要用户；（3）因发电、供电系统发生故障需要停电、限电时，供电人应当按照事先确定的限电序位进行停电或者限电。引起停电或者限电的原因消除后，供电人应当尽快恢复供电。用电人如因未事先得到断电通知而遭受的损失，由供电人赔偿。

用电人对供电人正当检修、停电、限电，负有容忍义务。

【案例评注】

董某诉某电力分公司供电合同纠纷案[①]

基本案情

2015年12月，董某在村里修建冷库一间，从事肉类储存销售。冷库用电由某电力分公司供用。2016年4月20日，董某购进价值6万元的1500套羊下水存储在冷库中。后某电力分公司强行断电。在多次协商未果的情况，董某购买发电机进行发电，但仍无法正常供电，最终造成冷库中储存的羊下水全部发臭腐烂变质。为此，董某起诉至法院，要求某电力分公司赔偿损失并退还预付电费。

法院判决

一审法院认为董某与某电力分公司的供用电合同合法有效。董某按约交付电费，某电力分公司理应安全供电。现某电力分公司拒绝供电，给董某造成的损失理应承担。但因董某提供的证据不能证明断电后冷库中储存物的具体数额，无法确定其具体损失，故仅判令某电力分公司赔偿董某购买发电机费9200元并退还董某电费853.1元。

董某不服一审判决提起上诉，二审法院以董某的具体损失是多少，基本事实不清。一审已查明某电力分公司的停电行为给董某造成损失未予判处，适用法律错误，判令撤销原审判决，发回重审。

专家点评

本案系供用电合同纠纷。根据民法典第652条规定，在发电供电系统正常的情况下，供电人应当连续向用户供电，任何单位不得中断用户的用电。因供电设施检修、依法限电等原因需要中断供电时，应按照国家有关规定事先通知用电人。未事先通知用电人中断供电，造成用电人损失的，应当承担损害赔偿责任。

---

① 审理法院：一审法院为陕西省延川县人民法院，案号：（2017）陕0622民初236号；二审法院为陕西省延安市中级人民法院，案号：（2017）陕06民终1667号。

因自然灾害等原因断电，应按照国家有关规定及时抢修，否则造成用电人损失的，应承担损害赔偿责任。本案中某电力分公司在未通知董某的情况下停电，在董某协商要求恢复供电时，拒绝连续供电，故给董某造成的损失被告理应承担。对董某要求赔偿购买发电机费用，该费用是某电力分公司断电后，董某为减少库存损失，采取积极的救助行为，故对该损失请求赔偿应予支持。某电力分公司已中断给董某供电，故对剩余电费应予退还。

第六百五十三条 因自然灾害等原因断电，供电人应当按照国家有关规定及时抢修；未及时抢修，造成用电人损失的，应当承担赔偿责任。

【条文释义】

本条是对因自然灾害等原因断电时供电人抢修义务的规定。

造成断电的自然灾害等原因，通常是指不可抗力的原因，按照本法总则编第180条关于不可抗力免责的规定以及本编第590条规定，供电人对此不负责任。但是，由于连续供电的重要性，供电人必须以诚实善意的态度去克服灾害的影响，最大限度地减少自然灾害等原因造成的损失。因此，因自然灾害等原因断电，供电人应当按照国家有关规定及时抢修，及时恢复供电。按照规定，引起停电或限电的原因消除后，供电企业应在三日内恢复供电。不能在三日内恢复供电的，供电企业应向用户说明情况。如果供电人怠于职守，故意拖延，迟迟不能恢复供电，使用电人因此而遭受损失的，供电人应承担赔偿责任。

【案例评注】

廖某与某供电公司供用电合同纠纷案[①]

基本案情

廖某在当阳市草埠湖镇新河队辖区从事渔业养殖。2015年5月1日晚8时许，当阳市草埠湖镇河西供电铁塔部件因大风原因出现断落和故障，导致该辖区

① 审理法院：湖北省当阳市人民法院，案号：（2015）鄂当阳民初字第01809号。

停电。2015年5月1日22时1分，某供电公司派工作人员现场勘察；2015年5月2日11时31分，某供电公司许可抢修；2015年5月3日10时1分，抢修结束。停电期间，廖某及其他养殖户因鱼池增氧机无法工作，致使大量鲜鱼死亡，造成廖某的损失金额为122500元，鉴定费用2650元。廖某特诉至法院，要求某供电公司赔偿上述损失。

法院判决

法院认为，廖某养殖的鱼的死亡原因系供电铁塔部件断落发生供电故障，增氧机无法工作致鱼缺氧引起。气象局的证明显示，铁塔部件断落发生供电故障时附近有"正北风六级（不排除局部有8级及以上大风出现）"，但上述风力尚不构成不可抗力，因此本案中停电事故的发生应定性为自然灾害引起。本案中，断电是晚上8时许，许可断塔抢修是第二天上午11时许，抢修结束的时间是第三天上午10时许。某供电公司未尽到及时抢修的义务。停电期间，某供电公司未事先履行通知义务，导致廖某无法及时采取减损措施，对损害后果的发生存在一定过错。同时，廖某自身存在重大过错，其长期从事渔业养殖，应有基本的风险防范意识，在未与某供电公司签订保证不断电的特殊供电合同的情形下，应自备应急电源；且停电事故发生后，廖某自身也可以采取措施进行减损。综上所述，对于廖某的损失，由某供电公司承担10%的赔偿责任为宜。

专家点评

本案系供用电合同纠纷。停电事故的发生系自然灾害引起，停电时间接近两天，某供电公司作为专业的供电企业，应当以诚实善意的态度去克服灾害的影响，最大限度地减少自然灾害等原因造成的损失，但是因某供电公司未及时抢修以及未履行通知义务，导致廖某无法及时采取减损措施，对损害后果的发生亦存在一定的过错，按照民法典第653条的规定应当承担按过错比例承担损害赔偿责任。

第六百五十四条 用电人应当按照国家有关规定和当事人的约定及时支付电费。用电人逾期不支付电费的，应当按照约定支付违约金。经催告用电人在合理期限内仍不支付电费和违约金的，供电人可以按照国家规定的程序中止供电。

供电人依据前款规定中止供电的，应当事先通知用电人。

【条文释义】

本条是对用电人应当及时支付电费义务的规定。

用电人既然使用电能，就应履行交付电费的义务。用电人应当按照国家有关规定和当事人的约定及时向供电人交付电费；如双方当事人在合同中约定了交费时间，用电人应当按约定时间交费。用电人逾期不交电费，应当承担的责任是：（1）如果合同中有违约金条款，用电人应按照约定向供电人支付违约金。（2）如果没有约定违约金，则用电人应支付电费的逾期利息。（3）经催告用电人在合理期限内仍不支付电费和违约金的，供电人可以按照国家规定的程序中止供电。供电人中止供电，应当事先通知用电人。

【案例评注】

某供电分公司诉李某供用电合同纠纷案①

基本案情

2003 年 6 月 11 日，某供电分公司与李某签订供用电合同，合同中对电价和收费方式等作了详细约定。合同于 2004 年 6 月 10 日到期以后，双方未继续签订供用电合同，但某供电分公司一直按照约定向李某供电，李某也继续使用某供电分公司所供电能并按照原合同的约定每月交费。2009 年 4 月，李某开始欠缴电费。为此，某供电分公司起诉至法院，要求李某支付拖欠的电费及违约金。

法院判决

法院认为某供电分公司与李某签订的原合同到期后，虽未重新签订合同，但某供电分公司仍按照合同的约定向李某供电，李某也继续使用某供电分公司所供电能并交费，双方已成立供用电合同关系。某供电分公司已按照合同的约定向李某履行了供电的义务，李某应按照合同的约定支付电费，故某供电分公司要求李某支付拖欠电费的诉讼请求有事实依据和法律依据。

---

① 审理法院：湖南省衡阳市南岳区人民法院，案号：（2016）湘 0412 民初 178 号。

专家点评

根据民法典第654条规定，用电人应当按照合同约定及时支付电费，用电人逾期不支付电费的，应当按照约定支付违约金。本案中，供电人与用电人签订的供用电合同到期后，双方虽未签订新的供用电合同，但仍按照原合同继续履行权利义务的，成立供用电合同关系。李某逾期不支付电费，构成违约，但双方并没有约定具体的违约金计算标准，可以参照中国人民银行规定的金融机构计收逾期贷款利息的标准计算逾期付款违约金。

第六百五十五条 用电人应当按照国家有关规定和当事人的约定安全、节约和计划用电。用电人未按照国家有关规定和当事人的约定用电，造成供电人损失的，应当承担赔偿责任。

【条文释义】

本条是对用电人安全用电义务与违约责任的规定。

用电人对电力设施的安全负有保持义务。用电人按照国家有关规定和双方当事人的约定用电，是其应尽的义务。用户用电不得危害供电、用电安全和扰乱供电、用电秩序。

用户不得有下列危害供电、用电安全，扰乱正常供电、用电秩序的行为：(1)擅自改变用电类别；(2)擅自超过合同约定的容量用电；(3)擅自超过计划分配的用电指标；(4)擅自使用已经在供电企业办理暂停使用手续的电力设备或者擅自启用已经被供电企业查封的电力设备；(5)擅自迁移、更动或者擅自操作供电企业的用电计量装置、电力负荷控制装置、供电设施以及约定由供电企业调度的用户受电设备；(6)未经供电企业许可，擅自引入、供出电源或者自备电源擅自并网。用电人实施了上述行为，会打乱电力生产的供需平衡，极易影响整个电网的稳定运转，引起不必要的拉闸限电、停电，给供电人和其他用户造成不应有的损失。

用电人未按照国家有关规定和当事人的约定安全、节约和计划用电，擅自改动供电人的用电计量装置和供电设施、擅自超负荷用电等，造成供电人损失的，应当承担损害赔偿责任。

【案例评注】

某供电局诉大康上中公司、陈少某供用电合同纠纷案①

基本案情

2010年4月7日，某供电局与大康上中公司签订《供用电合同》，某供电局向大康上中公司供电。2013年8月28日，某供电局工作人员进行用电检查，发现“伪造高压计量柜门封，通过接线盒前段二次线，利用小铜线将A、C相二次线短接，造成分流未达到漏计窃电后果”。某供电局工作人员当场报警并拍照取证。陈少某在《某供电局用电检查问题通知书》上签字确认。2013年9月6日，某供电局向大康上中公司发出《某供电局用电检查处理意见通知书》，大康上中公司故意致使用电计量装置计量不准或者失效用电，该行为属窃电行为，要求大康上中公司补交电费374623.70元、代收窃电燃气燃油加工费11531.52元、追加补交电费三倍的违约使用电费1123871.10元，陈少某在该通知上签字确认。2013年9月26日，大康上中公司向某供电局缴清电费及燃气燃油加工费，但违约使用电费拒不缴纳，故某供电局诉至法院，要求大康上中公司支付违约使用电费，陈少某对承担连带清偿责任。

法院判决

一审法院认为在合同履行过程中，实际用电人陈少某违约使用电量，大康上中公司应按合同约定补交电费及赔偿违约金。合同约定违约金为电费的三倍，明显过高，该院依法调整为电费的30%，即115846.57元［（374623.70元+11531.52元）×30%］。某供电局要求陈少某对大康上中公司的债务承担连带责任，无合同及法律依据，不予支持。

二审法院认为当事人不仅要受到供用电合同约束，而且应当遵守国家有关规定安全用电。大康上中公司的窃电行为直接影响供用电秩序，涉及公共安全和利益，其违约程度严重，明显有别于一般的违约行为，故不宜对合同约定的违约使用电费的计算标准下调酌减，以免减少窃电行为的违约成本。实际用电人陈少某具体实施了窃电行为，对其窃电行为产生的后果应承担相应的责任，故撤销一审判决第二项，支持某供电局的诉讼请求。

---

① 审理法院：一审法院为广东省深圳市罗湖区人民法院，案号：（2015）深罗法民二初字第3175号；二审法院为广东省深圳市中级人民法院，案号：（2017）粤03民终13603号。

专家点评

本案系供用电合同纠纷。《电力法》第71条规定，盗窃电能的，由电力管理部门责令停止违法行为，追缴电费并处应交电费五倍以下的罚款；构成犯罪的，依照刑法有关规定追究刑事责任。《电力供应与使用条例》第31条也规定，禁止窃电行为。窃电行为包括：（一）在供电企业的供电设施上，擅自接线用电；（二）绕越供电企业的用电计量装置用电；（三）伪造或者开启法定的或者授权的计量检定机构加封的用电计量装置封印用电；（四）故意损坏供电企业用电计量装置；（五）故意使供电企业的用电计量装置计量不准或者失效；（六）采用其他方法窃电。《供电营业规则》第102条则规定，供电企业对查获的窃电者，应予制止，并可当场中止供电。窃电者应按所窃电量补交电费，并承担补交电费三倍的违约使用电费。拒绝承担窃电责任的，供电企业应报请电力管理部门依法处理。窃电数额较大或情节严重的，供电企业应提请司法机关依法追究刑事责任。本案中，对于窃电行为，实际用电人陈少某已确认，大康上中公司亦盖章确认。根据上述相关规定和合同约定，某供电局有权要求大康上中公司支付补交电费三倍的违约使用电费，即大康上中公司应向某供电局支付违约使用电费1123871.10元，陈少某应对大康上中公司的上述债务承担连带清偿责任。

第六百五十六条 供用水、供用气、供用热力合同，参照适用供用电合同的有关规定。

【条文释义】

本条是对供用水、气、热力合同参照适用供用电合同规则的规定。

供用水、供用气、供用热力合同，是指一方提供水、气、热力供另一方利用，另一方支付报酬的合同。提供水、气、热力的一方为供应人，利用水、气、热力的一方为利用人。

供用电、水、气、热力合同具有的共同属性是：

1. 公用性，它们的消费对象是一般的社会公众，涉及公众生活和社会经济发展，因此供应人一方须保障所有人都能够平等地享有与供应人订立合同利用这些资源的权利。

2. 公益性，供用合同的目的不只是让供应方从中得到利益，更主要的是为了满足人民的生产、生活需要，提高人民的生活水平。供应人不是纯粹的营利性企业，而是以提高公共生活水平等公益事业为目标的企业。故供应人不得随意将收费标准提高。

3. 继续性，供用电、水、气、热力合同的标的物都是一种对能源的利用，无论对于哪一方当事人都不是一次性的，而是持续不断的，因此是继续性合同。

4. 合同消灭的非溯及性，供用电、水、气、热力合同的标的物都是可消耗物，在一次利用以后不再存在，即为返还不能。因此，供用电、水、气、热力合同因各种原因终止以后，其效力只能向将来的方向发生，不能溯及过去。

由于这些合同与供用电合同的性质和规则基本上是一致的，因此本条规定参照适用供用电合同的有关规定。

由于供用电、水、气、热力合同的使用是大量的、经常的、持续的，采用格式条款实属必然。供应人提供格式条款，利用人申请订立合同只要在格式条款上签名，并添上相应事项，合同即告成立，不必再作更多的协商。

【案例评注】

某供热公司与王雄某供用热力合同纠纷案①

基本案情

2006 年 10 月，某供热公司与王雄某签订供热协议书，对王雄某住宅的供暖、收费以及双方的权利义务关系作了明确约定。协议约定供热期间，用热户必须每月缴纳采暖费，逾期则承担违约责任。现王雄某未缴纳 2015 年 10 月 15 日至 2016 年 4 月 15 日 1 个采暖期的采暖费 2483. 3 元。为此，供电公司提起诉讼，要求王雄某缴纳拖欠的采暖费并承担违约金 521. 5 元。

法院判决

审理法院认为某供热公司与王雄某签订的供用热力合同合法有效。某供热公司向王雄某提供热力后，王雄某应履行给付采暖费的义务。现王雄某未按期缴费构成违约，同时合同约定逾期交费按每月 6‰承担违约金，该约定不违反法律规定，均应得到支持。

---

① 审理法院：甘肃省永昌县人民法院，案号：（2017）甘 0321 民初第 1528 号。

专家点评

本案系供用热力合同纠纷，供用热力合同是供热人向采暖人供热，采暖人支付采暖费的合同。根据民法典第656条的规定，该类合同参照适用供用电合同的有关规定。民法典第654条规定“用电人应当按照国家有关规定和当事人的约定及时支付电费。用电人逾期不交付电费的，应当按照约定支付违约金”。本案中，供热公司向王雄某提供热力后，王雄某拒不按时给付采暖费，故某供热公司可根据民法典第654条的规定要求王雄某支付拖欠的采暖费并支付违约金。

第十一章　赠与合同

第六百五十七条　赠与合同是赠与人将自己的财产无偿给予受赠人，受赠人表示接受赠与的合同。

【条文释义】

本条是对赠与合同概念的规定。

赠与合同是指赠与人将自己的财产及权利无偿给予受赠人，受赠人表示接受赠与的合同。在赠与合同中，转让财产的一方为赠与人，接受财产的一方为受赠人。赠与行为是赠与人依法处分自己财产的法律行为，要求自然人作为赠与人必须有民事行为能力的限制。接受赠与是一种纯获利的行为，法律承认无民事行为能力人和限制民事行为能力人的受赠人法律地位。赠与合同的性质是：（1）赠与是诺成合同；（2）赠与是无偿法律行为；（3）赠与合同是单务合同；（4）赠与合同不是商品流通的法律形式；（5）赠与合同为非要式合同。赠与合同的种类分为：（1）附条件赠与和无条件赠与；（2）履行道德义务的赠与和非履行道德义务的赠与。

赠与合同的效力是：（1）赠与合同的生效时间，在受赠人表示接受赠与，如果该合同不存在妨碍合同生效的消极条件时，该合同生效。（2）赠与合同的效力内容是：①交付赠与标的物；②瑕疵担保责任，一般不要求赠与人承担瑕疵担保责任，但在附义务赠与中，赠与的财产有瑕疵的，赠与人在附义务的限度内承担与出卖人相同的瑕疵担保责任；赠与人故意不告知赠与财产的瑕疵或保证赠与的财产无瑕疵，造成受赠人损失的，应当承担损害赔偿责任。

赠与合同无效的情形是：（1）以赠与为名规避有关限制流通物和禁止流通物规定的赠与合同无效。（2）国有财产或者集体财产的行政管理者，除非有特殊情况并经特别批准，不得将所管理财产赠与他人，但是国有财产或者集体财产已经被授予他人经营管理，并由经营管理人依法赠与处分的除外。（3）以规避法律义务为目的的赠与无效。

【案例评注】

金源公司与冯某某确认合同效力纠纷案①

基本案情

2007年1月30日，冯某某（合同乙方）与金源公司签订《林地林木转让合同书》，金源公司将其具有合法使用权的林地、林木使用权转让给乙方，作为乙方为甲方工作十年的报酬。冯某某一直为被告工作至2011年年底。但金源公司拒绝将合同载明的林地及林木登记到冯某某名下，双方发生本案纠纷。

法院判决

一审法院认为涉案《林地林木转让合同书》不属于金源公司辩称的赠与合同，合法有效。双方均应按照约定全面履行自己的义务。现冯某某已按约定为金源公司工作了十年，金源公司却未将该合同书载明的林木所有权转让给冯某某，未协助冯某某办理登记手续，其行为已构成违约，应承担相应责任。判令金源公司协助冯某某将约定的林木所有权在判决生效之日起60日内变更登记至冯某某名下。

金源公司以涉案《林地林木转让合同书》实为赠与合同且赠与行为没有经过公司其他权利人同意属无效合同为由提起上诉。二审法院认为无论从合同标题、内容条款还是实际履行等情况分析，涉案合同不具备赠与合同的法律特征且已不可撤销，判决驳回上诉，维持原判。

专家点评

根据民法典第657条的规定，赠与合同是赠与人将自己的财产无偿给予受赠人，受赠人表示接受赠与的合同，通常是建立在亲情、友情关系或某种特殊情感、特殊关系基础之上。涉案合同的标的是冯某某为金源公司工作十年及无偿退还其享有金源公司全部股份，金源公司将合同载明的1700亩林地、林木使用权转让给冯某某，其标的是确定的、可能的，合同双方当事人互负给付义务，不具备赠与合同的法律特征，金源公司无权单方撤销或解除合同。

---

① 审理法院：一审法院为广西壮族自治区贺州市八步区人民法院，案号：（2012）贺八民二初字第815号；二审法院为广西壮族自治区贺州市中级人民法院，案号：（2013）贺民二终字第20号。

第六百五十八条 赠与人在赠与财产的权利转移之前可以撤销赠与。

经过公证的赠与合同或者依法不得撤销的具有救灾、扶贫、助残等公益、道德义务性质的赠与合同，不适用前款规定。

【条文释义】

本条是对赠与的任意撤销及限制的规定。

赠与的任意撤销，是指无须具备法定情形，由赠与人依其意思任意撤销赠与合同。撤销的时间应当在赠与财产的权利转移之前。赠与已经撤销，视为没有赠与合同，双方当事人之间不再存在赠与的权利义务关系。赠与人任意撤销赠与合同，没有期限的限制，即不存在除斥期间的约束。赠与合同允许任意撤销并且不受除斥期间的限制，是因为赠与是无偿行为。

即使如此，对于赠与的撤销也不是绝对的，在一定的情形下，赠与人不得撤销赠与。不得撤销赠与的情形是：（1）标的物已经交付或已办理登记等有关手续的，这时赠与的标的物已经转移，赠与行为已经完成，因而不得撤销；（2）赠与合同订立后，已经过公证证明，表明赠与的意思表示已经经过慎重考虑，并且提交公证机关证明，也不得任意撤销；（3）依法不得撤销的具有救灾、扶贫、助残等公益、道德义务性质的赠与合同，由于当事人之间具有道德上的因素，如果允许赠与人任意撤销，与公益和道义不符，因此也不得任意撤销。

【案例评注】

董某与张爱某赠与合同纠纷案[①]

基本案情

受赠人董某系赠与人张爱某的孙女。2013 年 3 月 28 日，张爱某将其所有的洛阳市农校后街12 号房产赠与董某，董某同意接受，双方办理了公证手续。公证

① 审理法院：一审法院为河南省洛阳市老城区人民法院，案号：（2015）老民初字第 420 号；二审法院为河南省洛阳市中级人民法院，案号：（2015）洛民终字第 2498 号。

后，张爱某未将房产过户到董某名下。现赠与房产拆迁，张爱某领取拆迁补偿款653828元。为此，董某提起诉讼，要求确认赠与合同有效，张爱某返还拆迁补偿款40万元。

法院判决

一审法院认为张爱某的赠与行为已经公证，张爱某不享有任意撤销的权利。现赠与房产在办理过户登记之前已经被拆迁，赠与房产已转化为拆迁补偿款且由张爱某占有，因此张爱某应当履行赠与合同义务将拆迁补偿款支付给董某。

张爱某以公证存在违法、违规且涉案房产未办理过户登记手续为由提起上诉。

二审法院认为经过公证的赠与合同非因法定事由不得撤销。张爱某作为赠与人在赠与合同未全面履行之时与房屋征迁部门达成协议，同意将房屋拆迁，导致赠与无法完成，构成违约，应当承担相应的违约责任。判令驳回上诉，维持原判。

专家点评

本案系赠与合同纠纷。根据民法典第658条规定，对于经过公证的赠与合同，赠与人非因法定事由不得撤销。本案中，赠与房产虽未办理过户登记手续，但法律、行政法规并未规定办理登记手续是不动产赠与合同的生效要件。且张爱某的赠与行为与董某的受赠行为均是双方真实意思的表示，符合法律规定，因此双方之间的赠与合同合法有效。赠与人张爱某应当按照法律规定办理过户登记手续。现赠与的房产在办理过户登记之前被拆迁，赠与的房产转化为拆迁补偿款，张爱某负有将拆除补偿款支付给董某的义务。此外，涉案房产的拆迁补偿款共计为653828元，现董某要求张爱某返还拆迁补偿款40万元，不会使张爱某的经济状况显著恶化，生活陷入困境。故董某的诉请依法应得到支持。

第六百五十九条 赠与的财产依法需要办理登记或者其他手续的，应当办理有关手续。

【条文释义】

本条是对赠与特殊财产需要办理登记等手续的规定。

赠与是转移所有权的无偿行为，对于不动产等赠与物，不仅要交付财产，还要根据法律规定进行过户登记等应当办理的手续，才能实现所有权的转移。故赠与人向他人赠与依法需要办理登记等手续的，应当办理有关手续。

依照法律规定，有的需要办理登记或者其他手续的，是登记转移所有权，有的需要办理登记手续的却不是转移所有权。登记与赠与是否成立是否有影响，要根据法律规定来确定。如果法律规定登记只是备案的性质，虽未履行办理登记手续，赠与合同应当成立，登记并不影响赠与合同的成立。如果法律规定登记是合同的成立要件，则赠与合同成立必须履行登记手续，否则合同不成立。如果法律规定登记是合同的生效要件，未经登记，不影响合同的成立，只是合同不生效力。

【案例评注】

周某诉周述某、第三人肖素某赠与合同纠纷案[①]

基本案情

周述某与第三人肖素某原系夫妻关系，周某系二人之子。周述某与第三人肖素某于2015年9月1日协议离婚，离婚协议约定："周述某、肖素某共有的自建商住楼一栋272.12平方米位于金堂县淮口镇淮洲大道×××－×××号归周某所有。"现因周述某拒不配合办理产权过户手续，故周某诉至法院。

法院判决

法院认为，周述某与第三人约定共有的案涉房屋归婚生子周某所有，是周述某与第三人对案涉房屋进行了共同处分，即将该房屋赠与周某，其实质上是一种财产赠与行为。周某作为受赠人以诉求过户的行为明确表示接收赠与，作为赠与人的周述某应当按照协议的约定配合办理案涉房屋的过户相关手续，故判令周述某于本判决生效之日起30日内配合周某办理金堂县淮口镇淮洲大道×××－×××号房屋的过户相关事宜。

专家点评

依据民法典第465条、第509条的规定，周述某与第三人在离婚协议中关于财产分割的条款，系双方对案涉房屋进行的共同处分，对男女双方均具有法律约束力，任何一方都不能随意变更或撤销，应全面履行各自的义务。本案的赠与物

---

① 审理法院：四川省金堂县人民法院，案号：（2017）川0121民初2088号。

为房产，而房屋作为不动产，根据民法典第208条以及659条的规定，应当依照法律规定登记。鉴于离婚协议中并没有对过户的时间进行约定。据此，根据民法典第511条的规定，履行期限不明确的，债权人可以随时要求履行，但应给对方必要的准备时间。故法院给予了周述某30天的履行期限。

第六百六十条 经过公证的赠与合同或者依法不得撤销的具有救灾、扶贫、助残等公益、道德义务性质的赠与合同，赠与人不交付赠与财产的，受赠人可以请求交付。

依据前款规定应当交付的赠与财产因赠与人故意或者重大过失致使毁损、灭失的，赠与人应当承担赔偿责任。

【条文释义】

本条是对受赠人的交付请求权及赠与人责任的规定。

一般的赠与合同是无偿行为，因此订立赠与合同后，赠与人是可以撤销合同的。但是，具有救灾、扶贫、助残等公益、道德义务性质的赠与合同或者经过公证的赠与合同，赠与人的赠与目的，是履行道德义务。履行道德义务的赠与对赠与人的约束力较强，不能任意撤销。

对于公益赠与以及履行道德义务的赠与或者经过公证的赠与合同，一经成立，不得任意撤销，赠与人必须履行赠与义务，交付赠与物，并对赠与物的所有权予以转移给受赠与人。如果不予赠与，则应当承担继续履行的违约责任。

本条第1款规定的应当交付的赠与财产，因赠与人故意或者重大过失致使毁损、灭失的，不仅不能将赠与物转移给受赠与人，而且会造成受赠与人的损失，因此，赠与人应当承担损害赔偿责任。

【案例评注】

赵某1诉赵某2赠与合同纠纷案[①]

基本案情

2017年6月20日，胡某与赵某2协议离婚，协议约定：位于郑州市金水区

① 审理法院：河南省郑州市金水区人民法院，案号：（2018）豫0105民初200号。

的房产离婚后归男方所有，剩余银行贷款由男方独立承担，该房产在婚生子赵某1（2014年6月5日出生）成年后归其所有。现赵某1以赵某2私自将该房产出售，并将售房款130万元据为己有为由提起诉讼，要求被告2赔偿赵某1售房款60万元。

法院判决

法院认为赵某2与胡某离婚时约定涉案房产归赵某2所有，剩余银行贷款由赵某2独立承担，该房产在孩子成年后归孩子所有，该约定是双方的真实意思表示。而赵某2在离婚后将涉案房产售予他人，赵某1现在虽未成年，但赵某2的售房行为致使赠与不能实现，损害了受赠人赵某1的权益。故判决赵某2于判决生效之日起30日内支付赵某1人民币60万元。

专家点评

本案系赠与合同纠纷，赠与人为赵某2，受赠人为赵某1，该赠与行为发生在赵某1与胡某离婚时，建立在赵某1与胡某夫妻身份关系解除、且双方约定房产归赵某1所有的基础之上。因此，赵某1与胡某在离婚协议中将共同财产赠与未成年子女的约定与其双方解除婚姻关系、婚生子的抚养、夫妻共同财产分割等内容构成了一个整体。如果允许一方反悔，那么男女双方离婚协议的“整体性”将被破坏，故这种赠与行为不得撤销。在赵某2和胡某明确约定了该房产待赵某1成年后归其所有的情况下，赵某2擅自将房产进行出售致使赠与不能实现，损害了受赠人赵某1的合法权益，根据民法典660条的规定，赠与人赵某2应承担赔偿责任。

第六百六十一条 赠与可以附义务。

赠与附义务的，受赠人应当按照约定履行义务。

【条文释义】

本条是对附义务赠与的规定。

附义务的赠与，也叫附负担的赠与，是指以受赠人对赠与人或者第三人为一定给付为条件的赠与，即受赠人接受赠与后负担一定义务的赠与。附义务赠与的特征是：（1）附义务赠与是在接受赠与时附加一定的条件；（2）附义务赠与所附义务的限度应当低于赠与物的价值；（3）一般情况下，赠与行为在后，附条件的履行在先，但是可以另外约定；(4) 所附义务既可以向赠与人履行，也可以向第三人履行；(5) 所附义务是赠与合同的组成部分，不是独立的合同。

法律确认附义务的赠与有效，受赠人接受赠与的，应当按照约定履行所附义务，否则为违约行为，应当承担违约责任。

【案例评注】

颜仁某诉颜果某和徐忠某附义务赠与合同纠纷案①

基本案情

颜仁某系孤寡老人，颜果某和徐忠某系夫妻。2017 年 1 月 16 日，颜仁某与颜果某和徐忠某、案外人颜满某签订协议，约定颜仁某所有的房屋被征收后所得征收款 50 万元，分给颜果某和徐忠某 20 万元，分给颜满某 20 万元，自己留存 10 万元。颜仁某由上述两家人共同赡养照顾。协议签订后，颜仁某把钱给了颜果某和徐忠某，但颜果某和徐忠某却拒绝履行赡养义务。为此，颜仁某提起诉讼，要求撤销对颜果某和徐忠某赠与 20 万元的行为，颜果某和徐忠某返还颜仁某财产 20 万元。

法院判决

法院认为，各种证据证明颜果某和徐忠某未按赠与协议的约定履行其应尽的赡养义务，颜仁某作为赠与人有权撤销赠与，颜仁某的诉讼请求依法成立，应予支持。

专家点评

本案为附义务赠与合同纠纷。根据民法典第 661 条的规定，赠与可以附义务，受赠人应当按照约定履行义务。本案中，双方于 2017 年 1 月 16 日签订的协议书约定，颜仁某征收款 50 万元，分给颜果某和徐忠某 20 万元，颜果某和徐忠某和分得另外 20 万元的颜满某两家应当负责照顾颜仁某所有的衣食住行及三病两痛，让老人安度晚年。该协议属于附义务的赠与合同，协议内容系双方的真实意思表示，不损害国家、集体、他人利益，合法有效。上述协议书签订后，颜果某和徐

① 审理法院：一审法院为江苏省南通市港闸区人民法院，案号：(2016) 苏 0611 民初 1887 号；二审法院为江苏省南通市中级人民法院，案号：(2017) 苏 06 民终 1394 号。

忠某未尽赡养义务，颜仁某作为赠与人有权撤销赠与，可以向受赠人颜果某和徐忠某要求返还赠与的财产。

第六百六十二条　赠与的财产有瑕疵的，赠与人不承担责任。附义务的赠与，赠与的财产有瑕疵的，赠与人在附义务的限度内承担与出卖人相同的责任。

赠与人故意不告知瑕疵或者保证无瑕疵，造成受赠人损失的，应当承担赔偿责任。

【条文释义】

本条是对赠与人瑕疵担保责任的规定。

赠与是无偿合同，一般不要求赠与人承担瑕疵担保责任，受赠人不得因赠与物有瑕疵而要求赠与人承担违约责任。但是有两个例外：

1. 在附义务赠与中，如果赠与的财产有瑕疵的，赠与人在附义务的限度内承担与出卖人相同的瑕疵担保责任，这是因为赠与合同是无偿合同使然，既然赠与物有瑕疵，虽然不能要求赠与人承担完全的瑕疵担保责任，但是对所附条件而言，赠与的价值与所附条件的价值相当，才符合公平原则。

2. 赠与人故意不告知赠与财产的瑕疵或保证赠与的财产无瑕疵，造成受赠人损失的，应当承担损害赔偿责任：（1）赠与财产存在的瑕疵，如果赠与人已明知但未履行告知义务或者故意隐瞒赠与财产的瑕疵，受赠人因此受到损失的，应承担损害赔偿责任；赠与人对赠与财产的瑕疵仅在其明知而故意不告知的情况下承担瑕疵担保责任。对于因重大过失而不知其赠与财产上存在瑕疵，对于赠与人虽未告知但受赠人已知赠与的财产有瑕疵，不发生因信赖赠与财产无瑕疵而受有损害的问题，赠与人此时也无瑕疵担保责任。（2）赠与人保证赠与财产无瑕疵，指的是其保证赠与财产具有同类财产的通常效用或价值。保证赠与物无瑕疵而实际有瑕疵，造成损害的赔偿范围也应限于受赠人信赖赠与财产具有保证的价值而受到的信赖利益损失，不应包括赠与物完全没有瑕疵时所得到的利益损失。信赖利益损失，主要指订约支出的费用，受领该赠与财产的费用。受赠人就因赠与物的瑕疵所造成的直接损失亦得请求损害赔偿。

【案例评注】

李国某诉全南县南迳镇人民政府、陈远某赠与合同纠纷案[①]

基本案情

李国某为南迳镇武合村村民。2017 年 11 月 18 日，陈远某（原驻村干部、南迳镇农业服务中心主任）应李国某要求把存放在南迳镇政府值班室 2016 年购买的 50 包油菜种子免费、无条件送给了李国某，但种子种下去没发芽。为此，李国某提起诉讼，要求南迳镇人民政府和陈远某赔偿损失。

法院判决

审理法院认为南迳镇人民政府农业服务中心工作人员陈远某应李国某要求将镇里 2016 年购买的油菜种子送给李国某，被告陈远某既未附加条件，也没有收取费用。因此，李国某与南迳镇人民政府形成了无偿赠与合同关系。本案中，李国某的证据不能证明南迳镇人民政府故意不告知种子存在瑕疵或者保证过种子无瑕疵，李国某也没有证据证明南迳镇人民政府赠送的种子是假劣种子。故驳回李国某的诉讼请求。

专家点评

本案是无偿赠与合同纠纷。根据民法典 662 条的规定，赠与人对赠与的财产存在的瑕疵不承担责任，但附义务的赠与或赠与人故意不告知瑕疵或者保证无瑕疵，造成受赠人损失的除外。本案中，陈远某将同一批种子也赠与给了他人，但种子能够发芽。至于李国某得到的种子未能发芽的原因，确定为李国某在种下种子后，用未放熟的火土盖面，因未放熟的火土含碱性过高，从而导致种下的种子全部未发芽。作为一个有种植经验的农民，李国某应具备辨别是否属于老种子、是否过期、能不能种植的能力，当 2017 年 12 月 3 日发现未发芽的时候，种植油菜的季节并未彻底过去，李国某有机会另行购种补种或种植其他农作物，及时采取补救措施，但李国某坚持要求和等待村里及镇政府等上级部门来处理，该行为本身就是错误的。李国某只有前期的投入，既没有实际种植，也没有继续付出相应的劳动，其主张的损失是其假设出来的，没有事实和证据支持。

---

① 审理法院：江西省全南县人民法院，案号：（2019）赣 0729 民初 176 号。

第六百六十三条　受赠人有下列情形之一的，赠与人可以撤销赠与：

（一）严重侵害赠与人或者赠与人近亲属的合法权益；

（二）对赠与人有扶养义务而不履行；

（三）不履行赠与合同约定的义务。

赠与人的撤销权，自知道或者应当知道撤销事由之日起一年内行使。

【条文释义】

本条是对赠与人法定撤销权与除斥期间的规定。

赠与的法定撤销，是指具备法定条件时，允许赠与人或其继承人、监护人行使撤销权，撤销赠与合同的行为。法定撤销与任意撤销不同，必须具有法定理由，在具备这些法定事由时，权利人可以撤销赠与。

赠与人的法定撤销事由规定为三种情形：

1. 受赠人严重侵害赠与人或赠与人的近亲属。严重侵害，一些大陆法系国家将其限定在受赠人对赠与人及其近亲属实施的故意犯罪行为。民法典继承编第1125条也将继承人丧失继承权的法定事由限定在继承人故意实施的犯罪行为中。不过，此处的严重侵害行为，是指受赠人对赠与人及其近亲属实施的触犯《刑法》和违反《治安管理处罚条例》的行为，含故意和重大过失两种。

2. 受赠人对赠与人有扶养义务而不履行的。因违反抚养义务而撤销其受赠权，符合正义原则。

3. 不履行赠与合同约定的义务。在附义务的赠与合同中，受赠人如果不按约定履行该负担的义务，有损于赠与人利益的，赠与人可以行使法定撤销权。

赠与人行使撤销权应当自知道撤销原因之日起一年内为之，超过一年不行使的，为超过撤销权的除斥期间，该撤销权即消灭。

【案例评注】

胡某诉王瑚某赠与合同纠纷案[①]

基本案情

胡某与王逢某系夫妻关系，二人共生育四名子女，共有位于遵义市住房一套。王逢某于2011年去世。2012年10月18日，胡某及其他三名子女在贵州省名城公证处办理了放弃继承权公证，王逢某遗留的上述财产由王瑚某继承。同日，胡某与王瑚某办理了赠与公证，胡某将遵义市住房中属于其所有的那一半房屋赠与受赠人王瑚某一人单独所有。但双方至今尚未办理产权变更登记手续。现胡某以王瑚某未尽赡养义务和自己实施赠与行为的目的自始没有实现为由，提起诉讼，要求撤销其与王瑚某签订的《赠与合同》。

法院判决

一审法院认为本案中赠与财产虽然尚未办理转移登记，但《赠与合同》已经公证，故胡某对该《赠与合同》不享有任意撤销权。驳回胡某的诉讼请求。胡某以生效判决已经证明王瑚某未尽赡养义务且胡某经济困难为由提起上诉。二审法院认为胡某诉请撤销赠与合同符合法定的条件，判令撤销贵州省遵义市汇川区人民法院（2017）黔0303民初3076号民事判决；撤销2012年10月18日胡某与王瑚某签订的《赠与合同》。

专家点评

根据民法典第663条的规定，对赠与人有扶养义务而不履行的，赠与人可以撤销赠与，但需满足四个条件：

第一，需受赠人对赠与人有扶养义务。本案中，王瑚某对自己的母亲胡某负有赡养义务，属于民法典第663条中所规定的负有扶养义务的人。

第二，须受赠人拒不履行对赠与人的扶养义务。王瑚某是否尽到自己的扶养义务是判断胡某主张撤销赠与合同的请求权基础是否具备的关键。根据生效判决，结合胡某和王瑚某共同的其他亲属证词，可以认定王瑚某作为受赠人没有尽

---

① 审理法院：一审法院为贵州省遵义市汇川区人民法院，案号：（2017）黔0303民初3076号；二审法院为贵州省遵义市中级人民法院，案号：（2018）黔03民终271号。

到作为子女所应尽的义务。依据一般理性人的判断标准，如果王瑚某尽到了赡养义务，胡某不会因此而提起赡养权纠纷的诉讼，贵州省遵义市汇川区人民法院更不会判决王瑚某履行给付抚养费的义务。

第三，须受赠人有扶养能力。本案中，胡某年老多病，收入少，支出多，经济困难，王瑚某具备经济上的扶养能力。

第四，满足权利行使的时限要求，根据民法典663条的规定，赠与人行使撤销权，自知道或者应当知道撤销原因之日1年内行使。虽然本案赠与行为发生在2012年10月18日，但胡某于2017年7月6日以王瑚某未尽赡养义务为由提起诉讼，同日又提起本案诉讼。2017年9月15日，贵州省遵义市汇川区人民法院作出的（2017）黔0303民初3078号民事判决确定王瑚某应对胡某尽赡养义务。以生效判决为依据，胡某行使权利未过期。

综上所述，不论从经济条件考虑，还是弘扬尊老爱幼的中华传统美德出发，王瑚某都应对胡某履行赡养义务。从行使法定撤销权的条件来看，主张撤销赠与合同具备事实基础和法律基础。

第六百六十四条 因受赠人的违法行为致使赠与人死亡或者丧失民事行为能力的，赠与人的继承人或者法定代理人可以撤销赠与。

赠与人的继承人或者法定代理人的撤销权，自知道或者应当知道撤销事由之日起六个月内行使。

【条文释义】

本条是对赠与人的继承人或法定代理人法定撤销权与除斥期间的规定。

在一般情况下，法定赠与撤销权应由赠与人本人享有，但在因受赠人的违法行为致使赠与人死亡或者丧失民事行为能力时，赠与人的继承人或者法定代理人享有法定撤销权。这是因为赠与人的继承人或者法定代理人往往与该赠与人有密切的亲缘关系，关注赠与人的财产，往往都能达成一致意见积极行使该撤销权，以维护赠与人的利益。

赠与人的继承人或者法定代理人的撤销权，自知道或者应当知道撤销事由之日起六个月内行使，即继承人和法定代理人的法定撤销权的除斥期间，比赠与人的法定撤销权的除斥期间要短，为六个月。

【案例评注】

王礼1诉王礼2赠予合同纠纷案[①]

基本案情

王玉某和徐淑某系夫妻，共同生育王礼1和王礼2。2003年12月，王玉某和徐淑某在延安市宝塔区公证处办理公证，将位于延安市运输公司家属院房屋一套赠与王礼2，但一直未办理房产过户手续。2005年2月1日，王玉某死亡。2010年4月20日，徐淑某与王礼1在延安市公证处办理继承权公证，王礼1明确放弃对王玉某遗产的继承权。王礼2与徐淑某共同生活期间，2013年4月16日家中失火，徐淑某因家门反锁，无法离开居住房屋，导致一氧化碳中毒死亡。王礼1以此为由提起诉讼，要求撤销徐淑某赠与王礼2的房产赠与合同。

法院判决

审理法院认为王玉某和徐淑某赠与王礼2的房屋虽未办理过户手续，但该赠与房屋由王礼2占有、使用，该赠与行为有效。王礼1未提供王礼2有违法行为以及该行为与徐淑某的死亡有因果关系的证据，故驳回王礼1的诉讼请求。

专家点评

根据民法典第664条的规定，本案中王礼1系作为王玉某和徐淑某的法定继承人要求行使撤销权，但是赠与人的继承人行使该项权利必须符合法定条件，即赠与人死亡或者丧失民事行为能力，并且赠与人死亡或者丧失行为能力是由于受赠人的不法行为所致。王玉某系因病死亡，徐淑某虽系失火一氧化碳中毒死亡，但王礼1并不能证实徐淑某的死亡系王礼2的不法行为所致，所以王礼1要求撤销赠与的条件不能成就，诉讼请求依法不予支持。

第六百六十五条 撤销权人撤销赠与的，可以向受赠人请求返还赠与的财产。

---

① 审理法院：陕西省延安市宝塔区人民法院，案号：（2014）宝民初字第01931号。

【条文释义】

本条是对撤销权行使效果的规定。

无论是赠与人的任意撤销赠与，还是赠与人或者其继承人、法定代理人的法定撤销，其撤销权都是形成权。赠与撤销权一经行使，即发生撤销赠与法律行为的效力，其效力溯及既往。撤销权行使的效力分为两个方面：

1. 对赠与人而言，行使撤销权后，赠与人产生发还赠与财产的请求权，赠与人可以向受赠人请求返还赠与财产。

2. 受赠人产生返还赠与财产的义务，应当向赠与人返还赠与财产，并将赠与财产的所有权一并返还给赠与人。

【案例评注】

冯琪某与邹剑某赠与合同纠纷案[①]

基本案情

2010年3月13日，冯琪某与邹剑某签订《协议书》约定，冯琪某作为聆海公司的大股东，聘用邹剑某到公司工作。邹剑某承诺在公司工作期限五年以上。协议还约定，如果邹剑某工作满五年，则冯琪某自愿将事先支付给邹剑某的100万元赠与邹剑某。无论任何原因导致邹剑某工作不足五年的，邹剑某必须在离开工作岗位5日内，将此100万元款项全额退还给冯琪某个人。邹剑某2012年12月离开公司。故冯琪某提起诉讼，要求撤销双方之间的赠与合同，邹剑某返还赠与款100万元并支付利息。

法院判决

一审法院认为冯琪某与邹剑某在协议书中约定邹剑某在公司工作满五年的前提下，冯琪某将100万元赠与给邹剑某。截至2012年12月邹剑某离开公司时，其工作期限不足五年，邹剑某没有履行赠与合同约定的义务，故冯琪某依法享有撤销权，并要求邹剑某返还100万元赠与款。邹剑某以将原审将业绩提成和购车

---

① 审理法院：一审法院为河南省郑州高新技术产业开发区人民法院，案号：(2013) 开民初字第1846号；二审法院为河南省郑州市中级人民法院，案号：(2014) 郑民四终字第1212号。

款认定为赠与款等为由提起上诉。二审法院认为邹剑某并没有按约履行所附义务，冯琪某有权撤销赠与并要求邹剑某返还财产，邹剑某并没有依约返还，构成违约，原审判决邹剑某返还100万元赠与款并从本案立案之日起支付银行同期贷款利息，并无不当。

专家点评

本案所涉的《协议书》系附义务的赠与合同。根据民法典第663条的规定，受赠人不履行赠与合同约定的义务的，赠与人可以撤销赠与。本案中，冯琪某将100万元赠与给邹剑某的所附条件是自愿工作且工作满五年以上，即邹剑某这两项义务都应当在完全履行的情况下才能获得该100万元的赠与款。本案中，邹剑某在公司的工作未满五年是不争事实，基于该事实，邹剑某并没有按约履行所附义务，根据民法典第665条的规定，冯琪某有权撤销赠与并要求邹剑某返还100万元赠与款。

第六百六十六条 赠与人的经济状况显著恶化，严重影响其生产经营或者家庭生活的，可以不再履行赠与义务。

【条文释义】

本条是对赠与人拒绝履行赠与义务的规定。

由于赠与行为是无偿行为，故赠与人除了享有任意撤销权和法定撤销权保护自己之外，还规定了赠与人在法律规定的情形下，享有拒绝履行赠与义务的权利，也是为了更好地保护赠与人的合法权益。

赠与人行使拒绝履行赠与义务的条件，是经济状况显著恶化，严重影响生产经营或者家庭生活。这是两个并列的条件：（1）经济状况显著恶化，严重影响其生产经营；（2）经济状况显著恶化，严重影响其家庭生活。只要具备其中一个要件，就构成拒绝履行赠与义务的权利。经济状况显著恶化，应当不是一般的恶化，而是达到显著的程度。严重影响，应以客观标准判断，参照赠与人生产经营或者家庭原有生活的标准判断。

拒绝履行赠与权的性质是形成权，一经行使，即发生效力。赠与人行使拒绝履行赠与权，既可以用口头形式表示，也可以用书面形式为之。如果是在诉讼中，还可以在诉讼中作为抗辩事由提出，同样发生拒绝履行赠与的效果。

【案例评注】

任润某与周永某等物权确认纠纷案[①]

基本案情

周永某与任润某系母子关系。2000 年 4 月 1 日，任润某与周永某及另外四名子女就位于广州市番禺区市桥康乐路康乐园 15 号二梯 × 房产（以下简称涉案房屋）签订《备忘协议》，各方均确定涉案房屋为周家祖屋，房屋所有权归任润某及周荣某所有，两人去世后由周永某及另外四名子女共同平均继承。含周永某在内的家庭成员可以随时使用，但长期使用者需承担房屋的一般基本开支。任润某系涉案房屋产权人这一事实后经法院生效法律文书确认。现任润某为了要周永某搬离涉案房屋，将涉案房屋暂停供电。为此，周永某向法院提起诉讼，要求确认周永某对涉案房屋享有共同使用权等。

法院判决

审理法院认为，任润某和周永某因《备忘协议》而形成了事实上的无偿赠与合同关系。周永某作为有经济收入的成年子女，无权要求年迈母亲在损害自己利益的情况下继续对其进行无偿资助。任润某撤销关于使用权的赠与承诺、要求周永某迁出的要求正当合理，周永某主张案涉房屋的使用权没有合同依据和法律依据，其要求确认其对涉案房屋具有使用权的诉讼请求不予支持。

专家点评

任润某是讼争房屋的合法产权人已经生效法律文书确认，其作为产权人依法对房屋享有占有、使用、处分、收益的权利。周永某、任润某以及其他家庭成员签订的《备忘协议》约定，周永某作为家庭成员可以随时使用案涉房屋，但长期使用者需承担房屋的一般基本开支。周永某及其家人自 1992 年起就居住在案涉房屋内，25 年来一直免费使用。在周永某没有支付过房款和租金的情况下，任润某属于无偿赠与的合同一方，周永某则属于纯粹受益的合同一方。至本案发生时，任润某已年届八旬，在其健康情况及经济状况日益恶化的情况下，无偿付出行为无疑会严重影响自己的生活。据此，根据民法典第 666 条以

---

① 审理法院：广东省广州市番禺区人民法院，案号：（2013）穗番法民三初字第 1038 号。

及《老年人权益保障法》第16条第2款“老年人自有的或者承租的住房，子女或者其他亲属不得侵占，不得擅自改变产权关系或者租赁关系”之规定，周永某作为有经济收入的成年子女，无权要求年迈母亲在损害自己利益的情况下继续对其进行无偿资助。故周永某起诉要求确认其对涉案房屋具有使用权的诉讼请求不应得到支持。

第十二章　借款合同

第六百六十七条　借款合同是借款人向贷款人借款，到期返还借款并支付利息的合同。

【条文释义】

本条是对借款合同概念的规定。

借款合同，是指借款人向贷款人借款，到期返还借款并支付利息的合同。借款人是借进款项的一方当事人，可以是自然人、法人或非法人组织，法律对借款人的资格并未作任何限制。贷款人是借出款项的一方当事人，可以是适格贷款人的法人即商业银行、信托投资公司等经中国人民银行批准，有经营金融业务资格的金融机构，其他民事主体也可以进行民间借贷，也是合格的贷款人。

借款合同的特征是：(1) 借款合同的标的物为货币。货币本身是消费物，一经使用即被消耗，原物不再存在。所以，借款人在借到款项投入使用后，无法再向贷款人返还“原来”的借款，在合同到期时只能返还给贷款人同种货币的款项本息。(2) 借款合同是转让借款所有权的合同，货币是消耗物，在借款合同中，借款一旦交付给借款人，则该款项即归借款人使用并所有，贷款人对该款项的所有权则转化为合同到期时主张借款人偿还借款本息的请求权。(3) 借款合同一般是有偿合同，除法律另有规定外，都向借款人按一定标准收取利息。利息是借款人取得并使用借款的对价，故借款合同是有偿合同。自然人之间借款对利息如无约定或约定不明确，视为不支付利息。(4) 借款合同一般是诺成、双务合同，自然人之间口头借款合同要求是实践性合同。

贷款人在与借款人签订借款合同前，须首先了解借款人业务活动及财务状况，对借款人的经营情况进行调查，根据调查情况，决定是否向借款人发放贷款。借款人在借款合同订立过程中，应当按照贷款人的要求，提供与借款有关的真实情况。在订立借款合同时，贷款人为了确保借款人能够按时返还借款，要求借款人提供相应担保的，借款人应当提供。

【案例评注】

邓从某诉李1、李2债务转移合同纠纷案[①]

基本案情

李1、李2系兄妹关系，王某系李1、李2母亲。王某两次向邓从某借款。后王某于2013年8月31日病逝。王某病危期间，因邓从某索款，李1、李2向邓从某出具了一份借条，借条载明：2013年开远市木花果村86号李1、李2向开远市云龙小区1单元302号邓从某老人借款46000元。还款日期为木花果村分房子后，一次性还清大概是2014年2月30日。如果2014年2月30日房子钱分不下来就延期下去。现邓从某以借款为由起诉李1、李2，要求二人偿还借款46000元及利息。

法院判决

审理法院认为，本案邓从某与李1、李2之间不存在借款的事实，不属于借款合同关系纠纷。李1和李2以出具借条的形式向邓从某表示愿意为母亲偿还所欠借款，双方之间形成债务转移合同关系，故本案名为借款，实为债务转移合同纠纷。原、被告之间的债务转移合同具有法律效力。故邓从某有权要求李1和李2履行债务，但对邓从某支付利息的主张，不予支持。

专家点评

根据民法典第667条的规定，借款合同是借款人向贷款人借款，到期返还借款并支付利息的合同。本案中，《借条》中虽然载明李1、李2向邓从某借款46000元。但借款却发生在邓从某与李1、李2的母亲王某之间，二人出具借条系为母亲偿还借款，构成债务承担。虽然两被告并未与原告直接发生借贷关系，但在两被告承担他们的母亲的债务后，仍然负有向原告清偿的义务。

第六百六十八条 借款合同应当采用书面形式，但是自然人之间借款另有约定的除外。

---

① 审理法院：云南省开远市人民法院，案号：（2015）开民二初字第323号。

借款合同的内容一般包括借款种类、币种、用途、数额、利率、期限和还款方式等条款。

【条文释义】

本条是对借款合同形式和内容的规定。

借款合同是要式合同，通常都应当采用书面形式，以固定双方当事人的权利义务关系。只有自然人之间的民间借贷在另有约定的情况下，可以用口头形式订立合同，不过，即使是民间借贷，最好也采用书面形式，以防止出现纠纷之后无法确定权利义务关系。

借款合同的内容包括：借款种类，如长期借款或者短期借款等；币种，是人民币还是外币；用途，即借款使用的目的；数额，即借款的数量；利率，是借款人和贷款人约定的应当收取的利息与出借资金的比率；期限，是借款人在合同中约定的应当借款的时间；还款方式，是贷款人和借款人约定以什么结算方式偿还借款给贷款人。

以上列举的是借款合同的基本条款，借款合同的当事人还可以约定其他需要约定的内容，如担保等。

【案例评注】

陈菊某与张承某借款合同纠纷案①

基本案情

张承某因投资饮用水需要向陈菊某借款，陈菊某多次累计出借给对方 90 万元。双方口头约定利息。现张承某仅归还 7.13 万元，尚欠 82.87 万元未还，为此，陈菊某向法院提起诉讼，要求张承某立即归还借款 828700 元并承担利息。

法院判决

审理法院认为：每一笔借款发生时张承某对陈菊某出具的凭证都是借条，故本案系借款而非投资款。借款本金为 92 万元，张承某借款后曾部分还款，但

---

① 审理法院：江苏省江阴市人民法院，案号：（2018）苏 0281 民初 11914 号。

2017年10月17日重新出具的借条上载明的借款金额仍为90万元，该事实证明二人之间存在口头的利息约定。鉴于双方在庭审中同意将货款进行折抵，故判令张承某偿还陈菊某借款本金74.5944万元及利息。

专家点评

本案系借款合同纠纷。对于借款合同的形式，根据民法典第668条的规定，借款合同应当采用书面形式，但是自然人之间借款另有约定的除外。本案中，借款人和出借人均为自然人，故合同形式自然不必仅限于书面形式，还可以采用口头形式或者其他形式。根据陈菊某出示的多份借条足以证明陈菊某和张承某之间存在借款合同关系，通过借条的内容则可以证实二者之间确实存在口头上的利息的约定。故陈菊某的诉讼请求依法应得到支持。

第六百六十九条 订立借款合同，借款人应当按照贷款人的要求提供与借款有关的业务活动和财务状况的真实情况。

【条文释义】

本条是对借款人应向贷款人提供真实情况的规定。

贷款人与借款人签订借款合同前，必须首先了解借款人业务活动及财务状况，对借款人的经营情况进行调查，根据调查情况，决定是否向借款人发放贷款。借款人在借款合同订立过程中，应当按照贷款人的要求，提供与借款有关的真实情况，从而使贷款人能够系统分析借款人的信用状况，为贷款提供依据。

如果借款人故意隐瞒上述真实情况或者捏造虚假情况，应当按照民法典关于欺诈的规定处理。

【案例评注】

竹山农商行与年祥公司、朱剑某等金融借款合同纠纷案[1]

基本案情

2016年7月5日，年祥公司向竹山农商行申请借款845万元。双方签订的借

① 审理法院：湖北省竹山县人民法院，案号：（2017）鄂0323民初1911号。

款合同对年利率、期限、还款方式以及违约责任等进行了详细约定。金三角公司、安旭公司、香泉映月公司、朱剑某、胡家某、冯云某、赵开某、徐六某对借款提供连带保证责任。现年祥公司未按约清偿借款本息，竹山农商行遂提起诉讼。

法院判决

审理法院认为竹山农商行与年祥公司签订借款合同，与金三角公司、安旭公司、香泉映月公司、朱剑某、胡家某、冯云某、赵开某、徐六某签订担保合同，系当事人的真实意思表示，且不违反相关法律规定，分别自该合同成立时发生法律效力。年祥公司未按照合同约定偿还借款本息，已构成违约，应当承担偿还借款本金 845 万元、支付利息及罚息等违约责任，保证人应依法对上述债务承担连带保证责任。

专家点评

本案系金融借款合同纠纷。根据民法典第 669 条以及《商业银行法》第 35 条的规定，借款人应当按照贷款人的要求提供与借款有关的业务活动和财务状况的真实情况。司法实践中，担保人也会依据上述规定提出抗辩，以期可以免除其担保责任。但我们认为《商业银行法》第 35 条并不是关于合同效力的强制性规范。同时民法典第 669 条中规范的是借款人的义务，而不是贷款人的义务。银行是否存在违规贷款的情形及其发放贷款之后是否对借款人执行借款合同的情况包括贷款资金的流向、用途等及借款人的经营及财务状况等进行跟踪调查和检查等，对于贷款人即银行而言，性质上属于风险控制条款，即使贷款人银行未进行相关的审查，没有尽到相关义务，对借款合同和保证合同的效力以及借款人的偿还责任不应产生影响。

第六百七十条　借款的利息不得预先在本金中扣除。利息预先在本金中扣除的，应当按照实际借款数额返还借款并计算利息。

【条文释义】

本条是对借款合同禁止利息先扣的规定。

借款合同禁止利息先扣。所谓的利息先扣，是在贷款人发放借款之时，就将一部分利息在本金中预先扣除的做法。利息先扣的问题在于，在支付本金时就预先扣除一部分利息，就使借款人从一开始就没有得到全部的借款数额。例如，借款100万元，约定月息百分之二为2万元，在支付本金时，只支付88万元，其余12万元作为六个月的利息预先扣除，借款人实际使用的借款金额就是88万元。

当事人约定利息先扣的，在法律上不具有效力，其办法，是按照实际借款数额认定借款本金，并计算利息。如上例，贷款人出借借款利息先扣12万元，实际支付88万元，就按照88万元计算本金，月息二分，为1.78万元。

【案例评注】

刘书某与庞福某、褚秀某民间借贷纠纷案①

基本案情

第三人喜盈门公司与庞福某签订《借款合同》，其中约定庞福某借款本金450000元。庞福某与褚秀某系夫妻关系，褚秀某自愿对本案债务承担还款责任。后，第三人喜盈门公司、庞福某和刘书某三方约定，第三人喜盈门公司将合同约定的权利义务转让给刘书某。刘书某预先扣除了前半年的利息33750元，向庞福某实际支付借款本金416250元。但合同到期后，庞福某未能如期还款。为此，刘书某提起诉讼，要求褚秀某与庞福某偿还借款本息及费用。

法院判决

审理法院认为第三人与庞福某、刘书某之间的借款行为合法有效，借款到期后，庞福某拖延不还于法无据，应向刘书某偿还借款并承担违约责任。但刘书某于借款当日扣除利息于法无据，应认定实际借款金额为人民币416250元并据此计算利息。

专家点评

根据民法典第670条的规定，出借人不得预先从本金中扣除借款利息。这种预先从本金中扣除借款利息的行为也就是我们通常所说的“砍头息”。“砍头息”在民间借贷中大量存在，但我国法律法规对此是严禁的。不仅民法典670条进行了规定，《最高人民法院关于审理民间借贷案件适用法律若干问题的规定》第27条也进行了类似的规定。本案中，双方约定的借款金额为450000元，但刘书某却预先扣除了前半年的利息，仅实际支付借款本金416250元，故根据上述规定，本案借款本金应认定了416250元。

---

① 审理法院：山东省青岛市市北区人民法院，案号：（2015）北民初字第4440号。

第六百七十一条 贷款人未按照约定的日期、数额提供借款，造成借款人损失的，应当赔偿损失。

借款人未按照约定的日期、数额收取借款的，应当按照约定的日期、数额支付利息。

【条文释义】

本条是对支付借款迟延责任的规定。

在借贷合同的履行中，贷款人应当按照约定的日期和数量提供借款，借款人应当按照约定的日期、数额收取借款，均不得迟延履行上述义务。如果贷款人或者借款人违反上述义务，构成违约行为。承担的违约责任是：

1. 贷款人未按照约定的日期、数额提供借款，如果造成了借款人的损失，应当对借款人承担赔偿损失的违约责任。

2. 借款人未按照约定的日期、数额收取借款的，也构成受领迟延的违约责任，承担责任的方式是应当按照约定的日期、数额支付利息，不能因为未使用借款而主张抗辩。

【案例评注】

企业联合会与某银行、云环公司金融借款合同纠纷案[①]

基本案情

企业联合会系社会团体法人，内设转贷基金，以解决有关企业银行还贷所需。2013 年 6 月 18 日，云环公司因在某银行处开具的 2000 万元银行承兑汇票即将到期，向企业联合会申请人借款 2000 万元，某银行向企业联合会出具《转贷承诺书》，承诺该笔借款用于兑付到期债务，某银行于 2013 年 6 月 21 日完成贷款资金发放，并负责将贷款资金划转至企业联合会转贷基金账户。为此，企业联合会于 2013 年 6 月 18 日与云环公司签订《借款协议书》，办理了相关手续，并将

① 审理法院：一审法院为浙江省余姚市人民法院，案号：（2013）甬余商初字第 1163 号；二审法院为浙江省宁波市中级人民法院，案号：（2014）浙甬商终字第 928 号。

收款人为云环公司、金额为2000万元的转账支票直接交给某银行的工作人员。但某银行却未能按约将贷款资金划转至企业联合会转贷基金账户，云环公司亦一直未归还上述借款本息。为此，企业联合会提起诉讼，要求云环公司归还借款本金2000万及利息和违约金；某银行对上述款项承担连带赔偿责任。

法院判决

一审法院认为某银行出具的《转贷承诺书》合法有效，某银行应当依约全面履行承诺义务。现某银行的违背诚实信用的行为，导致云环公司不能如约归还企业联合会借款，也直接导致企业联合会无法收回借款，某银行依法应对由此造成企业联合会的损失承担赔偿责任。判令某银行对云环公司不能履行部分款项承担赔偿责任。

某银行不服一审判决提起上诉。二审法院认为某银行违反《转贷承诺书》的约定，造成企业联合会的贷款无法及时得到归还，应承担相应的民事赔偿责任。某银行认为其不承担赔偿责任的上诉主张，理由难以成立，故驳回上诉，维持原判。

专家点评

按约定日期、数额提供借款是贷款人最基本、最主要的义务。而在目前的金融环境下，贷款人往往处于强势地位，不按合同约定的时间提供贷款，甚至任意撕毁合同的行为，屡见不鲜。因此，民法典第671条规定，贷款人未按照约定日期和数额提供贷款，造成借款人经济损失的，应当承担违约责任，即赔偿损失。本案中，某银行虽非《借款协议书》的当事人，但其作出的承诺是确保上述《借款协议书》履行的先决条件。现某银行在收到企业联合会出借给云环公司的款项后，未履行承诺义务，有违诚实信用原则。该行为导致云环公司不能如约归还企业联合会借款，也直接导致企业联合会无法收回借款，某银行依法应对由此造成企业联合会的损失承担赔偿责任。

至于赔偿损失的范围如何界定，依据民法典第584条“损失赔偿额应相当于因违约造成的损失，包括合同履行后可以获得的利益；但是，不得超过违约一方订立合同时预见到或者应当预见到的因违约可能造成的损失。”的规定，某银行应当承担因其违反承诺给企业联合会造成的损失，包括合同履行后可得收益。

第六百七十二条 贷款人按照约定可以检查、监督借款的使用情况。借款人应当按照约定向贷款人定期提供有关财务会计报表或者其他资料。

【条文释义】

本条是对贷款人有权检查、监督借款使用情况的规定。

贷款人是借款合同的出借人，对于借款人使用借款的安全享有重大利益，因此，借款人负有按照约定的用途使用借款的义务，贷款人享有检查、监督的权利。贷款人在借贷关系存续期间，对借款人使用借款的情况，按照约定可以进行检查，监督借款的使用情况，发现涉及借款安全的问题，可以要求借款人予以纠正或者采取必要措施。由于借款人负有应当按照合同约定的用途使用借款的义务，应当接受贷款人的检查和监督，并且负有按照约定向贷款人定期提供有关财务会计报表或者其他资料。违反这些义务的，贷款人有权采取必要措施。

【案例评注】

某银行（中国）上海分行诉刘某等金融借款合同纠纷案[1]

基本案情

2010 年 2 月 26 日，刘某、刘某某、罗某某与某银行（中国）有限公司上海分行（以下简称某银行）签订《房产抵押贷款合同》，约定由某银行向刘某提供本金额度为人民币 63 万元用于房屋装修。刘某、刘某某、罗某某将其所有的坐落于上海市 XX 室的房产抵押给某银行作为履约担保。合同签订后，抵押房产依约办理抵押登记手续，某银行履行了放款义务。但刘某虽经某银行多次催要，拒绝按约向某银行提供贷款实际用于装修的证明文件。此外，抵押房产也出现被法院查封的情况。为此，某银行提起诉讼，要求刘某归还贷款本息及费用，刘某某、罗某某对上述还款义务承担连带清偿责任并处置抵押物。

法院判决

审理法院认为某银行在发放系争贷款以后，有权对贷款用途进行跟踪监督，当发现系争贷款没有按照合同中约定的用途使用时有权提前收回剩余贷款本息。现刘某、刘某某、罗某某存在违反系争贷款合同的行为，某银行主张三被告连带承担归还剩余贷款本息以及行使抵押权具有事实和法律依据，应予支持。

---

① 审理法院：上海市浦东新区人民法院，案号：（2011）浦民六（商）初字第 S2560 号。

专家点评

根据民法典第672条的规定，某银行有权监管其贷款资金的使用情况。本案中，双方约定的借款用途是用于房屋装修，但刘某却一直未向某银行提供相关的证明文件，构成违约。据此，根据民法典第673条的规定，某银行有权提前收回贷款。

第六百七十三条 借款人未按照约定的借款用途使用借款的，贷款人可以停止发放借款、提前收回借款或者解除合同。

【条文释义】

本条是对借款人未按照约定用途使用借款的违约责任的规定。

借款人从贷款人订立借款合同并取得借款所有权后，应当按照合同约定的用途使用借款，保障借款的安全，防止出现损害债权人利益的情形。借款人未按照约定的借款用途使用借款的，就是违约行为，应当承担违约责任，贷款人可以停止发放借款，提前收回借款或者解除合同，以保障自己的资金安全，防止借款人的违约行为损害自己的债权实现。

【案例评注】

孙亚某与某银行固原支行金融借款合同纠纷案[①]

基本案情

2014年11月，孙亚某与某银行固原支行签订借款合同，某银行固原支行给孙亚某贷款13万元，借款用途为购装饰材料。贷款发放后，经某银行固原支行的上级检测，发现孙亚某将部分借款购买了股票。因孙亚某拒不配合调查，某银行固原支行于2015年10月16日向孙亚某送达告知函，告知其未按合同约定借款用途使用款项且不配合调查，构成违约，要求立即清偿未偿还的贷款本息及费用等。2016年5月9日，孙亚某提取公积金账户资金13.23万元，于2016

① 审理法院：一审法院为宁夏回族自治区固原市原州区人民法院，案号：(2019) 宁0402民初2951号；二审法院为宁夏回族自治区固原市中级人民法院，案号：(2019) 宁04民终660号。

年 8 月 4 日清偿了剩余借款及利息和违约金。现孙亚某以被迫取出了公积金用于清偿某银行固原支行贷款，失去了公积金贷款资格为由提起诉讼，要求判令双方签订的借款合同无效，某银行固原支行赔偿给孙亚某造成的各项经济损失 6.8 万元等。

法院判决

一审法院认为涉案借款合同合法有效。因孙亚某未按照约定的借款用途使用借款，构成了违约，某银行固原支行有权要求孙亚某立即清偿剩余借款及利息等内容。故判决驳回孙亚某的全部诉讼请求。

孙亚某不服一审判决，提起上诉。二审法院认为某银行固原支行在孙亚某将贷款资金流入银证证券市场，且拒绝配合调查的情形下，解除合同的行为符合合同约定和法律规定。孙亚某自行向某银行固原支行清偿了合同项下的借款本息，亦未提供有效证据证明因合同解除给其造成实际损失。判决驳回上诉，维持原判。

专家点评

本案系借款人未按照约定用途使用借款违约责任产生的纠纷。根据民法典第 673 条的规定，借款人擅自改变借款用途的，贷款人可以按照借款合同约定停止发放借款、提前收回借款或者解除合同。在借款合同中，借款用途条款之所以为法定条款，是因为贷款人在审批贷款时，是根据贷款用途来确定借款人是否具有相应的还款能力，继而作出是否同意放贷。如果借款人擅自改变借款用途，可能会导致贷款人到期不能收回贷款。

第六百七十四条　借款人应当按照约定的期限支付利息。对支付利息的期限没有约定或者约定不明确，依据本法第五百一十条的规定仍不能确定，借款期间不满一年的，应当在返还借款时一并支付；借款期间一年以上的，应当在每届满一年时支付，剩余期间不满一年的，应当在返还借款时一并支付。

【条文释义】

本条是对借款人支付利息期限的规定。

借款合同通常是有偿合同，其借款利息就是对借款的报偿。因此，借款人应当按期支付借款利息，以保障贷款人出借贷款的利益回报。

确定借款利息期限的办法是：

1. 当事人约定。在借款合同中有借款利息支付期限约定的，借款人应当按照约定，按期支付利息。

2. 对支付利息的期限没有约定或者约定不明确，应当依照民法典第 510 条的规定进行补充协商，按照补充协议约定的支付利息期间支付利息。

3. 补充协议仍然不能确定的，确定利息支付期限的方法是，借款期间不满一年的，应当在返还借款时一并支付；借款期间一年以上的，应当在每届满一年时支付，剩余期间不满一年的，应当在返还借款时一并支付利息。

【案例评注】

李某与刘玉某民间借贷纠纷案①

基本案情

李某与刘玉某于 2017 年 12 月 24 日签订委托理财协议，协议约定：李某出借资金的期限为 12 个月，利息按月息 1 分计算。现李某以刘玉某拒不还款为由，于 2018 年 8 月 13 日向法院提起诉讼，要求刘玉某偿还借款本息。

法院判决

审理法院认为原、被告约定的还款日期尚未到达前，被告作为债务人没有明确表示不偿还借款且原告的权利尚未受到损害，原告作为债权人不能提前起诉，裁定驳回李某的起诉。

专家点评

本案于 2017 年 12 月 24 日签订的《委托理财协议》约定借款期限为 12 个月，利息为按月息 1 分计算，还款方式为按期付息，到期还清本金。但对于利息的支付时间，双方却并进行明确约定，属于对利息的支付期限约定不明确，根据民法典第 674 条的规定，利息应当在返还借款时一并支付。因此在本案的借款本息尚未到期的情况下，依据《民事诉讼法》第 124 条第 6 项“依照法律规定，在一定

① 审理法院：河南省永城市人民法院，案号：（2018）豫 1481 民初 8118 号。

期限内不得起诉的案件，在不得起诉的期限内起诉的，不予受理”之规定，李某的起诉应予驳回。

第六百七十五条 借款人应当按照约定的期限返还借款。对借款期限没有约定或者约定不明确，依据本法第五百一十条的规定仍不能确定的，借款人可以随时返还；贷款人可以催告借款人在合理期限内返还。

【条文释义】

本条是对借款人返还借款义务与期限的规定。

按期返还借款是借款人的主要义务，必须履行。返还借款的按期，就是按照借款的清偿期清偿还款债务。

确定还款期限的办法是：

1. 当事人在借款合同中有约定的，约定的期限是还款期限，借款人应当按照约定的还款期限清偿借款。

2. 借款合同对借款期限没有约定或者约定不明确，应当按据民法典第510条规定，双方当事人可以协议补充，按照补充协商的期限为还款期限。

3. 通过补充协商仍然不能达成补充协议的，借款人可以随时向贷款人返还借款，贷款人不得拒绝；贷款人也可以随时向借款人请求返还，但应先进行催告，并给借款人保留合理的准备期限，合理期限的标准应根据具体情况确定。在合理的准备期限届满后，如果借款人仍不能按时归还借款本金和利息，则应承担违约责任。

【案例评注】

刘明某与马俊某民间借贷纠纷案[①]

基本案情

马俊某因做生意资金周转困难，向刘明某借款30万元，《借条》载明：“今

① 审理法院：河南省封丘县人民法院，案号：（2017）豫0727民初1946号。

借到刘明某现金三十万元整，利息二分（月息）。借款人：马俊某 2017年3月22日夜。”2017年6月15日，马俊某通过微信转账向刘明某支付利息6000元。现因马俊某不还款，刘明某向法院提起诉讼，要去马俊某偿还本息。

法院判决

审理法院认为刘明某和马俊某之间形成了事实上的借款合同关系。马俊某应当按照约定返还借款和利息。对借款期限没有约定或者约定不明确的，借款人可以随时返还，贷款人可以催告借款人在合理期限内返还。判令马俊某于判决生效后十日内偿还刘明某借款30万元及利息。

专家点评

根据民法典第510条、511条以及675条的规定，当事人对还款期限没有约定或约定不明确的，可以协议补充，不能达成补充协议的，借款人可以随时返还；贷款人可以催告借款人在合理期限内返还。本案中，借贷双方存在事实上的借款关系，但对于借款时间却没有约定。因此，贷款人在给予借款人必要准备时间的情况下，可以随时请求借款人履行。

第六百七十六条 借款人未按照约定的期限返还借款的，应当按照约定或者国家有关规定支付逾期利息。

【条文释义】

本条是对借款人未按照约定期限还款责任的规定。

借款人未按照约定的还款期限清偿还款债务，构成违约行为，应当承担违约责任。逾期还款的违约责任，通常的方法是除继续履行清偿借款的责任外，还要承担按照约定或者依照国家规定的要求，承担支付逾期利息的责任。

逾期利息应当按照当事人的约定处理，当事人没有约定的，可以协商补充，补充协议不成的，依照国家规定的逾期利息的方法确定。

【案例评注】

高树某与郑国某、余某民间借贷纠纷案[①]

基本案情

郑国某和余某系夫妻。2015 年 4 月 17 日，郑国某向高树某借款 30 万元，借条载明：借款本金 30 万元，于 2015 年 8 月 17 日前全部归还，如不能按时归还借款，向高树某支付本金的 20% 作为违约金，以及支付高树某为追讨借款所产生的合理费用。现借款到期，郑国某未还款，高树某向法院提起诉讼，要求郑国某和余某偿还借款本金及逾期利息。

法院判决

审理法院认为：双方约定了借款归还时间，郑国某理应按约还款。该借款系夫妻共同债务，郑国某、余某应当共同归还。现逾期归还，应承担违约责任。依照法律规定，逾期利息按不超出年利率 24% 计算。综上，判决郑国某、余某于本判决生效后七日内共同归还给借款本金 30 万元，并按年利率 24% 支付逾期付款利息。

专家点评

本案系借款合同纠纷。借款人负有按时归还借款的义务。本案中，郑国某、余某逾期还款，应按照民法典第 676 条的规定，向高树某支付自逾期还款之日起的逾期利息。至于逾期利息的标准，根据《最高人民法院关于审理民间借贷案件适用法律若干问题的规定》第 29 条和第 30 条的规定，有约定的从其约定，但以不超过年利率 24% 为限。没有约定或者约定不明的，人民法院可以区分不同情况处理：（1）既未约定借期内的利率，也未约定逾期利率，出借人主张借款人自逾期还款之日起按照年利率 6% 支付资金占用期间利息的，人民法院应予支持；（2）约定了借期内的利率但未约定逾期利率，出借人主张借款人自逾期还款之日起按照借期内的利率支付资金占用期间利息的，人民法院应予支持。

---

① 审理法院：浙江省金华市婺城区人民法院，案号：（2016）浙 0702 民初 10485 号。

第六百七十七条 借款人提前返还借款的，除当事人另有约定外，应当按照实际借款的期间计算利息。

【条文释义】

本条是对提前还款及利息的规定。

民法典合同编第530条规定，债务人可以主张提前履行，债权人可以拒绝债务人提前履行债务，但是提前履行不损害债权人利益的除外。在借款合同中，根据借款合同的实际情况，不适用该条规定。

本条规定借款人提前还款的规则是：

1. 在借款合同中，借款人是可以提前返还借款的，债权人应当同意，不适用可以拒绝债务人提前履行债务的规定，因为提前还款不会造成债权人利益的损害，只是少收利息而已，并且早日收回借款还可以继续出借。

2. 提前还款的利息问题，首先是按照当事人的约定处理；如果没有约定的，应当按照实际借款的期间计算利息。

【案例评注】

刘宗某与张田某、鲁某民间借贷纠纷案[①]

基本案情

张田某与鲁某系夫妻。2007年5月24日，张田某向刘宗某借款150万元，约定月息2.2分。其间，张田某自2008年1月至2019年6月间，多次向刘宗某还款共计179万元。现刘宗某向法院提起诉讼，要求张田某与鲁某偿还借款本金50万元及利息（利息按月息2分计算，自2009年6月21日起计算至判决实际履行完毕之日止）。

法院判决

本案借款本金150万元，借款期间自2007年5月24日至2008年6月1日，共计374天，利息数额共计为40万元，因此双方约定的年利率为26%。该约定

---

① 审理法院：山东省滕州市人民法院，案号：（2017）鲁0481民初1014号。

超出法律规定，超出部分不予支持。对于张田某已按照年利率26%支付的利息部分，不超出法律规定的年利率36%，系其自愿支付，法院不予处理。张田某每一次偿还的款项，均按照双方约定的利率以实际借款期间计算利息，超出应付利息部分的款项应作为本金从借款总额中予以扣除。综合计算得出截至2009年6月24日张田某已偿还借款本金1015796元及利息，尚欠借款本金484204元未还。该债务为张田某与鲁某的夫妻共同债务。判令张田某、鲁某偿还借款本金484204元及逾期利息（以484204元为基数，自2009年6月25日起至给付完毕之日止，按照年利率24%计算）；

专家点评

在有息借款合同中，借款人支付的利息通常是根据借款期限确定的，借款人提前还款意味着缩短了借款期限，出借人同意的，则意味着借贷双方将原借款期限进行了变更，据此，借款人只要按照实际借款期间支付利息即可。

当然，在某些借款合同中，借贷双方对提前还款作了禁止性或限制性的约定，如明确约定不能提前还款，或提前还款需要承担一定的违约金，这种约定原则上具有法律效力，此时可以根据约定处理提前还款问题。

第六百七十八条　借款人可以在还款期限届满前向贷款人申请展期；贷款人同意的，可以展期。

【条文释义】

本条是对还款期限届满后展期的规定。

展期，是把原来约定的期限向后推迟或者延长。当借款合同约定的还款期限将要届满，当事人约定在还款期限届满时在向后推迟或者延长期限的，就是借款合同借款期限的展期。还款期限届满请求展期，是借款人的权利，可以根据自己的资金需求，申请展期。但是，借款人申请展期，只是一方的意思表示，需要另一方的同意，才能够达成合意。如果双方当事人都同意借款人展期，借款合同期限届满就可以展期。展期的要求是，借款人须在还款期限届满之前申请，如果超过了还款期限，就构成违约，再申请展期，就可能出现以新还旧的问题了。以新还旧，是用新的借款清偿到期的借款，即用新债务清偿旧债务。

借款合同展期之后，借款人就有了新的还款期限，应当按照展期后的期限清偿债务。

【案例评注】

邳州信用社与富伟公司、邳州市铁富镇人民政府金融借款合同纠纷案[①]

基本案情

1999年8月28日、1999年8月30日，富伟公司向邳州信用社分两次贷款共计400万元，邳州市铁富镇人民政府（以下简称铁富镇政府）的下属单位邳州市铁富镇财政所（以下简称财政所）为其提供了担保，并承诺在贷款展期后仍承担连带保证责任。贷款到期后，富伟公司未归还本息。经多次催要后，邳州信用社和富伟公司订立《协议书》，对上述债务进行了展期。铁富镇政府在《协议书》上盖章，确认对上述债务承担连带保证责任。故邳州信用社请求判令富伟公司立即偿还贷款本金400万元及至2008年8月20日的利息110万元；铁富镇政府对上述欠款本息承担连带保证责任。

法院判决

一审法院认为富伟公司未按约向邳州信用社还款，贷款展期后，富伟公司也未还款，故邳州信用社要求富伟公司偿还借款，应当支持。财政所与邳州信用社签订的《保证担保合同》因违反禁止性规定而无效。合同中明确保证期限为借款到期后二年，但是贷款展期后保证责任的约定不明确，故保证期限为主债务履行届满之日起两年。邳州信用社未在保证期间内向保证人主张权利，保证人免责。虽然铁富镇政府在2003年12月12日邳州信用社与富伟公司签订的贷款延期归还《协议书》上盖章，但该《协议书》中并未约定保证条款，不能证明富镇政府是该《协议书》的担保人。综上，判决：（1）富伟公司于判决生效后15日内偿还邳州信用社贷款本金400万元、利息110万元。（2）驳回邳州信用社对铁富镇政府的诉讼请求。

邳州信用社不服一审判决，提起上诉。二审法院认为财政所为富伟公司向邳州信用社的贷款提供的保证行为无效。铁富镇政府在2003年12月12日签订的

---

① 审理法院：一审法院为江苏省徐州市中级人民法院，案号：（2008）徐民二初字第0126号；二审法院为江苏省高级人民法院，案号：（2009）苏民二终字第0168号；再审法院为最高人民法院，案号：（2011）民申字第660号。

《协议书》上加盖公章，不能被认定是其愿意提供担保的行为，该行为亦不能引起诉讼时效的中断，邳州信用社与铁富镇政府之间并未成立一个新的保证合同。判决驳回上诉，维持原判。

邳州信用社向最高人民法院申请再审，本案指令江苏省高级人民法院再审。再审法院认为财政所是铁富镇政府的下属部门，是代表国家行使行政管理权的国家行政机关的行政职能部门，因此，其提供保证的行为，应属无效。富伟公司没有在贷款到期之前向邳州信用社申请贷款展期，保证人也没有出具同意保证贷款展期的书面证明。而且，本案贷款期限在 1 年以内，属于短期贷款，其展期期限累计不得超过原贷款期限。因此，本案情形不构成贷款展期，故保证期间按约定应为自借款之日起至借款到期后二年，即自 1999 年 8 月 28 日至 2002 年 4 月 20 日和自 1999 年 8 月 30 日至 2002 年 5 月 20 日。邳州信用社未能在上述保证期间内向保证人主张权利，保证人的保证责任消灭，其于 2008 年 11 月提起诉讼，已经超出保证期间。至于铁富镇政府在 2003 年 12 月 12 日签订的《协议书》上加盖公章的行为，不能认定其有提供保证的意思表示，亦不能认定成立了新的保证行为。综上，维持江苏省高级人民法院（2009）苏民二终字第 0168 号民事判决。

专家点评

根据民法典第 678 条的规定，借款人在还款期限届满前可以向贷款人申请展期。《中国人民银行贷款通则》第 12 条则规定，贷款展期：不能按期归还贷款的，借款人应当在贷款到期日之前，向贷款人申请贷款展期。是否展期由贷款人决定。申请保证贷款、抵押贷款、质押贷款展期的，还应当由保证人、抵押人、出质人出具同意的书面证明。短期贷款展期期限累计不得超过原贷款期限。根据上述规定，我们可以看出借款人申请贷款展期，应遵循以下原则：（1）在贷款到期日之前申请。（2）有担保的，应当取得担保人的书面同意。（3）短期贷款展期期限累计不得超过原贷款期限。本案中，涉案的两笔贷款均为贷款期限不足 1 年的短期贷款，本案《协议书》签订于 2003 年 12 月 12 日，早已超过双方约定的 2000 年 4 月 20 日和 2000 年 5 月 20 日的还款期；保证人没有出具同意展期的书面说明；2 年的延长还款期也明显超出原贷款期，故《协议书》不符合贷款展期的法律特征。

第六百七十九条 自然人之间的借款合同，自贷款人提供借款时成立。

【条文释义】

本条是对自然人之间借款合同性质的规定。与《合同法》第210条规定相比，改变了“自贷款人提供借款时生效”的规则，改为“自贷款人提供借款时成立”的新规则。

自然人之间的借款合同，就是民间借贷，其性质是实践性合同，即自贷款人提供借款时成立，也就是贷款人将借款交付给借款人时，借款合同成立。规定自然人之间的借款合同自贷款人提供借款时生效，虽然也能够解释为实践性合同，但是存在一个问题，只要诺成借款，不论是否生效，因为已经成立，借款人都可以要求履行而使合同生效。确定自贷款人提供借款时成立，就更表明了借款合同的实践性，达成合意，借款合同并不成立，直至提供借款时才成立，就会使自然人之间的民间借贷减少不必要的纠纷。

本条规定的言外之意，是除自然人之间的借款合同外，其他法人、非法人组织之间，以及法人或者非法人组织与自然人之间的借款合同，都是诺成合同，而不是实践合同。

【案例评注】

武松某诉赵现某民间借贷纠纷案[①]

基本案情

2013年2月，赵现某在许昌市某工地承包该工程外架施工，武松某在工地做监理。施工期间，赵现某分两次给武松某人民币共计18000元。2013年4月6日，赵现某向武松某出具欠条一份，内容为“今欠到武松某现金陆万元整，赵现某2013年4月6日”。现武松某以赵现某借款不还为由起诉至本院，要求赵现某偿还借款本息。

法院判决

审理法院认为武松某诉赵现某民间借贷纠纷的依据是赵现某亲笔书写的“欠条”，该“欠条”虽系赵现某书写签名，但是赵现某辩称该“欠条”系非法债务

---

① 审理法院：河南省许昌市建安区人民法院，案号：（2015）许县长民初字第28号。

且借款并未实际交付，武松某未能举证证明借款交付赵现某的事实，故驳回武松某的诉讼请求。

专家点评

本案系自然人之间的借款合同纠纷，对于自然之间的借款合同，我国法律明确规定是实践合同，即该合同仅有双方当事人的合意不能成立，必须要有实际的交付行为。本案中，武松某虽然持有赵现某书写的欠条，但却提供不出已经实际支付借款的事实，根据民法典第679条的规定，武松某的诉讼请求依法不应支持。

第六百八十条　禁止高利放贷，借款的利率不得违反国家有关规定。

借款合同对支付利息没有约定的，视为没有利息。

借款合同对支付利息约定不明确，当事人不能达成补充协议的，按照当地或者当事人的交易方式、交易习惯、市场利率等因素确定利息；自然人之间借款的，视为没有利息。

【条文解读】

本条是对借款合同利息之债的规定。

对于借款合同的利息之债，本条规定的基本规则是：

1. 借款合同分为本金之债和利息之债。利息之债是否存在，依据当事人的约定。当事人对利息之债有约定的，依据其约定确定。

2. 禁止高利放贷。这是通过民法典规定的借贷合同必须遵守的准则。目前，民间借贷中的高利放贷比较普遍，有的甚至比较疯狂，甚至有约定月息10%的高利贷，年息就是120%。高利贷破坏国家金融秩序，损害借款人的合法权益，必须予以禁止。因而，凡是借款合同约定支付利息之债的，借款的利率应当依照国家的有关规定确定，不得违反国家关于利息之债的有关规定进行约定。例如，自然人之间的借款合同可以约定支付利息，但约定的利息不得违反国家有关限制高利贷的规定，即月息二分为上限；月息超过二分至不满三分的，为自然债务，不予强制保护；月息三分以上的为非法利息。

3. 如果借款合同对支付利息之债没有约定，视为没有利息，为无息借款；不过，如果在借款的主合同上没有约定利息，但是在补充合同上规定有利息之债，则为有息借款。

4. 借款合同对支付利息约定不明确的，可以协议补充，协议补充不成的，对于法人、非法人组织之间的借贷以及法人、非法人组织与自然人之间的借贷，应当按照当地或者当事人的交易方式、交易习惯、市场利率等因素确定利息；对于自然人之间的借款，支付利息约定不明确的，视为没有利息，为无息借款。

【案例评注】

冉苑某与向某民间借贷纠纷案[①]

基本案情

2016年年初，向某以给工人发工资为由向原告借款10万元，月利率3%，但对借款期限未作约定。借款发生后，向某多次通过微信转账方式给冉苑某共计25000元。后因向某未再继续还款，冉苑某向法院提起诉讼，要求向某偿还借款本金10万元并按年利率24%支付利息。

法院判决

审理法院认为向某多次向冉苑某支付利息，其约定的月利率为3%，未超过年利率36%，故向某已支付的利息法院不予干涉。但向某并未按月支付利息，其提前返还超过其应支付利息的部分应视为返还本金，根据转账的数额和时间，截至2017年1月10日，确认向某向冉苑某返还了借款本金6299.31元，支付了利息18700.69元，尚欠冉苑某本金93700.69元。判决向某于判决生效之日起五日内返还冉苑某借款本金93700.69元并自2017年2月1日起按年利率24%支付利息自借款还清之日止，利随本清。

专家点评

在我国的借款合同纠纷案件中，即便是当事人自愿支付的，借款利率最高也不得超过年利率36%，超过部分的利息无效，视为偿还了本金。当然，即使当事人约定了利息按照年利率36%计算，但借款人逾期还款，出借人起诉到法院，则法院对未还部分的利息按照年利率24%执行。本案中，对于冉苑某与向某约定利息为3%月利率，对于已经支付的法院不予干涉，但对于超出36%的部分，应视为向某向冉苑某已经偿还的借款本金。

---

① 审理法院：湖北省利川市人民法院，案号：（2018）鄂2802民初4907号。

第十三章 保证合同

第一节 一般规定

第六百八十一条 保证合同是为保障债权的实现，保证人和债权人约定，当债务人不履行到期债务或者发生当事人约定的情形时，保证人履行债务或者承担责任的合同。

【条文释义】

本条是对保证合同概念的规定。

保证合同是为保障债权的实现，当债务人不履行到期债务或者发生当事人约定的情形时，保证人履行债务或者承担责任的合同。

保证合同的特征是：

1. 保证合同是依附于主合同的从合同，以主合同的存在为基础和前提，是从属于主债的从债。

2. 保证合同具有人身性，其担保的属性称为“人保”，是以保证人的信誉作为担保的基础，保证合同的建立与保证人的人格、身份密不可分。

3. 保证合同具有补充性，其功能既表现在担保功能以督促债务人的债务履行；也表现在保证的补充性，当债务期限届满债务人不履行主债务的时候，保证人才履行保证债务，即保证合同系以主债务的不履行为生效条件的合同。

4. 保证合同具有相对独立性，尽管依附于主债而存在，却是区别于主债的从债，具有相对独立性。

保证合同的当事人为主债权人和保证人，他们之间通过保证合同约定保证债务。保证人是接受主债务人的委托，为债权人的债权提供担保，与债权人之间构成保证合同关系，与主债务人之间不存在保证合同关系。

【案例评注】

李林某与李云某、任润某合伙协议纠纷案[①]

基本案情

2005年，任润某、汤凯某、李云某三人合伙承包了德阳市槐树店路的拆迁项目，李林某系三人所聘请的出纳，李林某又系李云某之弟，2010年10月19日李林某给任润某和汤凯某出具了一张欠条，内容为：经李云某、任润某、汤凯某三人算账，德阳槐树店项目李云某欠任润某、汤凯某各68618元。此欠条由李林某代李云某出具，如果李云某不认账，该欠款由李林某全权承担，还款日期为2010年12月30日前还清。现任润某诉至法院，要求李林某承担还款责任。

法院判决

一审法院认为李林某的行为不构成保证，李林某出具欠条并承诺如果债务人不认可债务的成立由其承担还款责任的行为是属于附条件的民事法律行为，任润某、李林某之间的债权债务关系成立。判令李林某于本判决生效之日起十日内归还任润某欠款68618元及利息。

李林某以自己不是合伙人，不应承担内部合伙债务等为由提起上诉。二审法院认为李林某的上诉没有事实和法律依据，判决驳回上诉，维持原判。

专家点评

根据民法典第681条和第684条的规定，保证合同是为保障债权的实现，保证人和债权人约定，当债务人不履行到期债务或者发生当事人约定的情形时，保证人履行债务或者承担责任的合同。内容上应包括被保证的主债权的种类、数额、债务人履行债务的期限、保证的方式、范围和期间等条款。本案中，从《欠条》内容来看，欠款发生在李云某、任润某、汤凯某之间。李林某承诺如果李云某不认账，该欠款由其全权承担。这种承诺属于附条件的民事法律行为，而不是保证合同。

---

① 审理法院：一审法院为四川省成都市金牛区人民法院，案号：（2011）金牛民初字第1371号；二审法院为四川省成都市中级人民法院，案号：（2011）成民终字第4782号。

第六百八十二条 保证合同是主债权债务合同的从合同。主债权债务合同无效的，保证合同无效，但是法律另有规定的除外。

保证合同被确认无效后，债务人、保证人、债权人有过错的，应当根据其过错各自承担相应的民事责任。

【条文释义】

本条是对保证合同性质和主合同与从合同效力关系的规定。

保证合同与主债权债务合同之间的关系，是主合同和从合同的关系，即主债权债务合同是主合同，保证合同是从合同。

在主债权债务合同的效力与保证合同效力的关系上，保证合同的效力随从于主债权债务合同的效力。主债权债务合同有效，保证合同原则上有效，如果保证合同本身无效，不影响主债权债务合同的效力；主债权债务合同无效，则保证合同必定无效，主合同和保证合同均为无效。其原因是，主债权债务合同无效的，保证合同失去了所保证的债权债务合同，自然无效。

保证合同被确认无效后，包括主债权债务合同无效引发的保证合同无效和保证合同本身无效，并非不产生民事责任，而是依据过错责任原则的要求，由有过错的债务人、保证人、债权人，根据各自的过错程度，承担相应的民事责任。例如，债务人、保证人、债权人各自都有过错，且过错均等，则每个主体承担三分之一的民事责任。

【案例评注】

王后某与惠农担保公司保证合同纠纷案[①]

基本案情

2014 年 2 月 19 日，王后某与借款人桐城市涉农企业联合会（以下简称联合会）签订融资款合同，向王后某借款 62 万元。惠农担保公司作为担保人为本合同履行提供资金担保。联合会结息至 2015 年 5 月止，支付王后某利息共计 159940 元。2015 年 8 月，法院判决联合会犯非法吸收公众存款罪……追缴联合会

---

① 审理法院：安徽省桐城市人民法院，案号：（2016）皖 0881 民初 1535 号。

违法所得60399877元，返还给各被害人，该判决于2017年4月1日生效。现王后某以惠农担保公司为担保人应承担相应责任为由提起诉讼，要求惠农担保公司偿还借款本息。

法院判决

法院认为，联合会以融资款合同的合法形式掩盖非法吸收公众存款的非法目的，致合同无效，存在过错；联合会的业务范围是提供法律法规、产销政策、市场行情权益保护等方面的咨询服务，无金融许可资质，王后某将资金投向无金融许可资质的单位，存在过错，应承担相应的风险责任。故本案合同无效，双方均有过错，应承担相应的返还财产的责任。王后某返还已收取的利息159940元，惠农担保公司向王后某返还借款本金62万元，两笔资金相抵，惠农担保公司仍应返还借款本金460060元。王后某主张后期利息的诉讼请求，于法无据，不予支持。

专家点评

本案系保证合同纠纷，融资款合同形式上虽表现为借款、融资，但在这一合法形式掩盖之下，实为向不特定社会对象吸收资金，扰乱国家金融秩序，变相吸收公众存款，属无效合同，故惠农担保公司以担保人身份在借款合同上签字盖章，根据民法典第682条第1款的规定，该担保行为亦属无效。对此，王后某本身也有过错，也需承担一定的民事责任。

第六百八十三条 机关法人不得为保证人，但是经国务院批准为使用外国政府或者国际经济组织贷款进行转贷的除外。

以公益为目的的非营利法人、非法人组织不得为保证人。

【条文释义】

本条是对保证人资格的规定。

保证人的资格，是自然人、法人、非法人组织能够作为保证人，为债权人提供保证的条件。保证人的资格，最主要的是具有民事行为能力和相当财产的保证资力。

本条规定是从否定保证人的资格作出规定的，排除了不能作为保证人的组织，其余的民事主体都具有保证人资格。

不得作为保证人的组织是：

1. 机关法人，但是经国务院批准为使用外国政府或者国际经济组织贷款进行转贷的除外，如原来存在的人民政府以及有关部门提供的保证，都因为保证人没有保证资格而使保证合同无效。

2. 以公益为目的的非营利法人、非法人组织，原因是这种组织提供保证，一旦承担保证责任时，会损害公益。

【案例评注】

王淑某与刘益某、某医院等民间借贷纠纷案①

基本案情

2014 年 10 月 20 日，王淑某与刘益某签订借款合同，刘益某向王淑某借款 30 万元，借期一个月。借款后，刘益某于 2015 年累计归还 20 万元。2015 年 10 月 20 日，刘益某担任某医院院长期间，向王淑某出具一份加盖医院公章的承诺书，某医院对该借款承担不可撤销的连代担保责任。现王淑某向法院提起诉讼，要求刘益某归还借款 10 万元及利息，某医院承担连带还款责任。

法院判决

审理法院认为王淑某与刘益某之间的借款合同是双方真实意思的表达，真实有效，各方理应恪守。被告未如约还款，造成纠纷的产生，应承担及时还款责任。但本案中某医院系全民所有制非营利性综合医院，故不能作为本案民间借贷的保证人。最终法院驳回王淑某对某医院的诉讼请求。

专家点评

本案纠纷发生在 2016 年，故审理法院依据《担保法》第 9 条“学校、幼儿园、医院等以公益为目的的事业单位、社会团体不得为保证人”的规定，驳回王淑某对某医院的诉讼请求。民法典第 683 条对上述规定进行了修改，修改为“以公益为目的的非营利法人、非法人组织不得为保证人”。根据该规定，法院今后在审查该类保证人资格时，应审查该类保证人是否具备下列两个条件：第一，以公益为目的；第二，非营利性，二者缺一不可。

---

① 审理法院：山西省太原市万柏林区人民法院，案号：（2016）晋 0109 民初 2207 号。

第六百八十四条 保证合同的内容一般包括被保证的主债权的种类、数额，债务人履行债务的期限，保证的方式、范围和期间等条款。

【条文释义】

本条是对保证合同主要内容的规定。

保证合同的内容，依照意思自治原则，应当由当事人约定。在订立保证合同时，一般包括以下条款：

1. 被保证的主债权的种类、数额：如被保证的债权是银行贷款，具体数额是多少。

2. 债务人履行债务的期限：决定保证责任的开始时间。

3. 保证的方式：承担的保证责任是一般保证还是连带责任保证。

4. 保证的范围：即在主债权的何种范围内承担保证责任。

5. 保证的期间：即保证人在保证责任开始后应当在何种期间承担保证责任。

6. 当事人认为需要约定的其他事项。

【案例评注】

夏某某诉刘某某保证合同纠纷案[①]

基本案情

2013年7月2日，刘某某书写下保证一份：本人刘某某为李某林担保在与李某林结算工程款时通知夏某某到场收款，如不通知由本人支付。2013年11月27日，夏某某因与刘某仙、李某波之间产生买卖合同纠纷，夏某某起诉到本院，生效的民事判决书确定刘某仙、李某波于本判决生效后三十日内向夏某某支付钢材欠款人民币257000元。判决生效后，夏某某于2014年2月26日申请本院执行，但一直执行未果。现夏某某依据2013年7月2日刘某某书写下的保证提起诉讼。

---

① 审理法院：云南省维西傈僳族自治县人民法院，案号：(2016) 云3423民初82号。

法院判决

审理法院认为：从夏某某提交的刘某某书写的字据来看，并没有具体的名称。从字据内容来看，并没有明确本案刘某某与李某林所结算的工程款，就包含夏某某与刘某仙、李某波之间的钢材欠款中。本案中的刘某某为李某林提供担保，依据原告所提交的诉讼证据，并不能推定本案刘某某为刘某仙、李某波的债务提供担保。最终法院驳回了夏某某的诉讼请求。

专家点评

根据民法典第684条的规定，保证合同应当包括以下内容：（1）被保证的主债权种类、数额；（2）债务人履行债务的期限；（3）保证的方式；（4）保证担保的范围；（5）保证的期间；（6）双方认为需要约定的其他事项。本案中，刘某某于2013年7月2日签署的内容为在与李某林结算时通知原告到场的书面材料显然没有上述条款要求的具体约定内容，并未体现双方或多方当事人的意思表示。从内容上看，刘某某承诺的结算对象是李某波，而并非李某波、刘某仙。而李某波与夏某某之间是否存在债务关系以及具体的债务内容并没有为人民法院的生效判决所确认。故刘某某的承诺没有实际履行的可能性，夏某某的诉讼请求依法不应支持。

第六百八十五条 保证合同可以是单独订立的书面合同，也可以是主债权债务合同中的保证条款。

第三人单方以书面形式向债权人作出保证，债权人接收且未提出异议的，保证合同成立。

【条文释义】

本条是对保证合同形式的规定。

保证合同是要式合同，必须采取书面形式作出。保证合同的具体表现形式是：

1. 单独订立的书面合同。即在主合同之外，另行订立保证合同。

2. 主合同中的保证条款。在主合同中设置保证条款，也是保证合同的表现形式。但是，有保证条款的主合同，需要在合同当事人中，将保证人列明，并且要在主合同上签字或者盖章。

3. 保证书或者保函。是第三人单方以书面形式，向债权人作出保证的。在保证书或者保函上应当有保证人的签字，保证书或者保函等作出后，债权人接收且未提出异议的，保证合同即告成立。

【案例评注】

窦才某与东圣酒业、星坤建设、恒丰房地产、豪森包装、第三人恒基汇通保证合同纠纷案[①]

基本案情

2015 年 1 月，窦才某与恒基汇通签订《债权转让协议》，窦才书将对外投资债权 10 万元转让给恒基汇通。东圣酒业、星坤建设、恒丰房地产、豪森包装 2014 年 10 月 10 日共同出具承诺书，承诺对于通过恒基汇通合作投资客户，如果未能收回投资款的，该四公司将以全部财产对投资行为产生的债权实现承担连带保证责任。债权转让协议签订后，恒基汇通分四次共计偿还本金 38155 元。现窦才某起诉恒基汇通，并要求东圣酒业、星坤建设、恒丰房地产、豪森包装承担担保责任。

法院判决

一审法院认为本案中，东圣酒业、星坤建设、恒丰房地产、豪森包装于 2014 年 10 月 10 日单方出具承诺，窦才某作为债权人在知晓承诺时接受且未提出异议，且窦才某符合东圣酒业、星坤建设、恒丰房地产、豪森包装承诺中的对象，故该保证成立。

东圣酒业、星坤建设、恒丰房地产、豪森包装以其没有为窦才某提供保证担保为由提起上诉。二审法院认为保证合同成立，驳回上诉，维持原判。

专家点评

根据民法典第 685 条的规定，保证合同的表现形式既可以是单独订立的书面合同或者主合同中的保证条款，也可以是第三人单方以书面形式向债权人出具保证书或者保函，本案的保证合同即第三人单方出具的保证书。从《承诺书》的内容来看，虽未直接注明债权人名称，但所针对的债权人范围是特定的，所指向的主债务是具体的，所包含的“连带清偿”的担保意思也是明确的，能够构成保证

---

① 审理法院：一审法院为四川省绵竹市人民法院，案号：（2017）川 0683 民初 1863 号；二审法院为四川省德阳市中级人民法院，案号：（2018）川 06 民终 249 号。

合同关系中的要约，东圣酒业、星坤建设、恒丰房地产、豪森包装将此《承诺书》原件交与债权人代表持有，并允许恒基汇通将其作为与各债权人签订《债权转让协议》的附件使用，应当认定系东圣酒业、星坤建设、恒丰房地产、豪森包装以书面形式向特定债权人发出要约。《承诺书》所涉各债权人接受承诺并未提出异议，双方保证合同即告成立。

第六百八十六条 保证的方式包括一般保证和连带责任保证。

当事人在保证合同中对保证方式没有约定或者约定不明确的，按照一般保证承担保证责任。

【条文释义】

本条是对保证方式的规定。

保证方式是指保证人承担保证责任的具体方式，只有两种保证方式，一是一般保证，二是连带责任保证。

保证人承担何种保证方式，依照保证合同约定，保证合同约定保证人承担何种保证方式，就应当承担何种保证方式。

当事人在保证合同中如果没有对保证方式作出约定或者约定不明确的，原《担保法》的规定是推定为承担连带责任保证。这种规定不对，因为保证人承担保证责任，一般是没有特别利益的，因此不能要求过高，当事人在保证合同中没有约定保证方式或者约定不明确的，就推定承担的是连带责任保证，使保证人的权利义务及利益关系发生不平衡。因此，本章在规定这个问题时，改变了这个做法，即当事人在保证合同中对保证方式没有约定或者约定不明确的，推定为承担一般保证，而不是连带责任保证。

【案例评注】

彭荣某与王家某保证合同纠纷案[①]

基本案情

2017年3月22日和2017年4月16日，原告彭荣某先后与秦岭公司签订

---

① 审理法院：安徽省马鞍山市花山区人民法院，案号：（2017）皖0503民初5891号。

《茶叶、果品、农副土特产品购销合同》和《产品消费·销售（促销合作）合同》，被告王家某在两合同上签字，承诺投资款如出现问题，由王家某承担本金。合同签订后，原告先后投入2.5万元和6.5万元，并领取部分产品。此后，原告彭荣某每周收到案外人张颂某以药王茶名义的商户汇入的款项，一直到2017年8月15日。2017年11月5日，彭荣某向秦岭公司发函要求解除合同。现原告以被告为该两笔借款承担连带保证责任为由，提起诉讼，要求被告偿还借款32624元。被告辩称是产品销售合同，不存在借款。药王茶已经报案，会有退款。被告称其也是受害者，没有拿原告一分钱。

法院判决

法院认为彭荣某向秦岭公司投资，王家某对本金提供保证，表明彭荣某与秦岭公司进行投资结算，如彭荣某从秦岭公司收到投资回报不足投资本金的，王家某填补不足本金部分。王家某的保证系对彭荣某投资本金的一般保证。本案彭荣某未与秦岭公司进行结算，也未对秦岭公司进行诉讼执行，即要求王家某承担保证责任，王家某予以拒绝。故对彭荣某的诉讼请求，本院不予支持。

专家点评

根据民法典第686条的规定，保证方式分为一般保证和连带保证。对于一般保证，根据民法典第687条的规定，保证人在就债务人的财产依法强制执行仍不能履行债务前，有权拒绝承担保证责任。在本案中，从合同内容来看，被告王家某提供的是一般保证责任，依法享有先诉抗辩权。

第六百八十七条 当事人在保证合同中约定，债务人不能履行债务时，由保证人承担保证责任的，为一般保证。

一般保证的保证人在主合同纠纷未经审判或者仲裁，并就债务人财产依法强制执行仍不能履行债务前，有权拒绝向债权人承担保证责任，但是有下列情形之一的除外：

（一）债务人下落不明，且无财产可供执行；

（二）人民法院已经受理债务人破产案件；

（三）债权人有证据证明债务人的财产不足以履行全部债务或者丧失履行债务能力；

（四）保证人书面表示放弃本款规定的权利。

【条文释义】

本条是对一般保证与先诉抗辩权的规定，与《担保法》第17条的规定相比，增加了主张先诉抗辩权除外事由的范围。

一般保证，是指当事人在保证合同中约定，在债务人不能履行债务时，由保证人承担保证责任，代为履行债务的保证方式。一般保证其实就是附条件的保证，即以债务人不履行债务为条件，条件具备时，保证人才承担保证责任。

一般保证的突出特点是保证人享有先诉抗辩权。先诉抗辩权也叫检索抗辩权，是指保证人基于其一般保证的特定地位所享有的，于债权人未就债务人的财产强制执行无效果前，对债权人得拒绝代债务人履行清偿义务的抗辩权。保证人一旦行使先诉抗辩权，即可对抗债权人的履行债务的请求，拒绝承担保证责任。

先诉抗辩权行使的条件是，主合同纠纷未经审判或者仲裁，并就债务人的财产强制执行仍不能履行债务，实际上就是债务人已经无财产可供强制执行。

不得行使先诉抗辩权的事由，是在出现法定事由时，保证人不得以先诉抗辩权对抗债权人清偿债务的请求。这些事由是：第一，债务人下落不明，且无财产可供执行，保证人不得行使先诉抗辩权；第二，人民法院已经受理债务人破产案件，保证人不得行使先诉抗辩权；第三，债权人有证据证明债务人的财产不足以履行全部债务或者丧失履行债务能力，保证人不得以先诉抗辩权对抗债权人的请求；第四，保证人书面表示放弃本款规定的权利，即放弃先诉抗辩权，愿意为债务人承担保证责任。

本条确定的新规则是：

（1）增加了“债务人下落不明，且无财产可供执行”的先诉抗辩权行使的除外事由。对债务人下落不明且无财产可供执行的，保证人不得主张先诉抗辩权。

（2）增加了“债权人有证据证明债务人的财产不足以履行全部债务或者丧失履行债务能力”的除外事由。财产不足以履行全部债务，或者丧失履行债务能力，确有证据证明的，保证人不得主张先诉抗辩权。

【案例评注】

某银行股份三明分行与再担保公司保证合同纠纷案[①]

基本案情

2013年7月10日，某银行股份三明分行与再担保公司、华屹公司签订《再担保合同》。对于符合要求的福建省内中小企业融资项目，由华屹公司为某银行股份三明分行的债务人向某银行股份三明分行提供担保，由再担保公司为华屹公司向某银行股份三明分行提供再担保；担保方式为一般保证责任。2013年11月25日，闽晋燃料公司向某银行股份三明分行借款470万元用于支付货款，华屹公司为该笔借款提供连带保证责任担保。贷款到期后，闽晋燃料公司未能按约还款，扣除华屹公司交纳的100万元保证金及其产生的利息后，闽晋燃料公司尚欠借款本金3737261.57元和利息74938.94元。为此，某银行股份三明分行向法院提起对闽晋燃料公司、华屹公司的诉讼。判决生效后，闽晋燃料公司、华屹公司因无财产可供执行，法院终结本次执行。某银行股份三明分行遂起诉至法院。

法院判决

一审法院认为本案一般保证责任法律关系成立。鉴于闽晋燃料公司、华屹公司现无财产可供执行，故再担保公司应向某银行股份三明分行偿还本案债务。再担保公司在承担上述一般保证责任后，有权向闽晋燃料公司、华屹公司等追偿。

再担保公司以其承担一般保证责任的条件还未成就等为由提起上诉。二审法院认为再担保公司无证据证明债务人尚有可供执行的财产，故再担保公司关于其承担保证责任的条件未成就的抗辩意见，不予采纳。

专家点评

根据民法典第687条的规定，一般保证责任的保证人享有先诉抗辩权，但下列四种情形除外：（1）债务人下落不明，且无财产可供执行；（2）人民法院已经

---

① 审理法院：一审法院为福建省福州市鼓楼区人民法院，案号：（2015）鼓民初字第5851号；二审法院为福建省福州市中级人民法院，案号：（2016）闽01民终2459号。

受理债务人破产案件；（3）债权人有证据证明债务人的财产不足以履行全部债务或者丧失履行债务能力；（4）保证人书面表示放弃本款规定的权利。本案中，再担保公司以华屹公司尚有对其他案外人的债权以及股权投资、固定资产等可供执行为由，主张其承担保证责任的条件尚未成就，但却无证据加以证明，故再担保公司关于其承担保证责任的条件未成就的抗辩意见不成立，再担保公司承担保证责任后可向债务人追偿。

第六百八十八条　当事人在保证合同中约定保证人和债务人对债务承担连带责任的，为连带责任保证。

连带责任保证的债务人不履行到期债务或者发生当事人约定的情形时，债权人可以请求债务人履行债务，也可以请求保证人在其保证范围内承担保证责任。

【条文释义】

本条是对连带责任保证的规定。

连带责任保证，是指债务人在债务履行期届满时未履行债务或者发生当事人约定的情形时，债权人既可以请求债务人履行债务，也可以请求保证人在其保证范围内履行保证责任的保证方式。

连带责任保证中，保证人与债务人的地位是平等的，保证人不享有先诉抗辩权。只要债务履行期届满或者约定的情形出现，债务人未履行债务的，不问其原因如何，也不问债务人有无履行能力，债权人均可不请求债务人履行债务，而直接向保证人请求履行保证债务，保证人须承担保证责任，不得主张履行顺序的抗辩。

应当明确的是，连带责任的保证属于不真正连带债务。尽管在保证人和债务人之间存在债权人可以选择的连带关系，但是最终的债务承担必定是由债务人承担的，而不是分为份额，各自承担自己的份额，因此不是典型的连带责任。当保证人承担了保证责任之后，对债务人产生追偿权，可以向债务人请求赔偿自己应为债务人清偿债务而造成的全部损失。

【案例评注】

融资担保公司与某银行施甸支行保证合同纠纷案[①]

基本案情

2016年8月12日，融资担保公司与某银行保山分行签订《担保协议》，自愿为某银行保山分行的信贷客户提供担保。2016年12月6日，融资担保公司与某银行保山分行下设的施甸支行签订《保证合同》，为大本事公司与施甸支行的700万元贷款提供连带保证。因大本事公司无法偿还借款利息，融资担保公司垫付三个月利息。后贷款到期，某银行保山分行从融资担保公司在账户中划走7250159.68元用于偿还借款本息。融资担保公司起诉至法院，要求免除自己20%的贷款本金，某银行保山分行返还强行从原告账户内划走的贷款本金等合计1527319.21元。

法院判决

审理法院认为，案涉借款合同和保证合同均合法有效。保证合同约定的保证方式是连带保证，故债务人大本事公司在借款到期后，无法清偿借款及利息的情况下，某银行保山分行按照保证合同的约定将融资担保公司账户中的存款划走用于实现其债权的行为既符合法律规定，也符合双方当事人的约定。本案也不存在保证人的免责情形。驳回融资担保公司的诉讼请求。

专家点评

本案系保证合同纠纷，融资担保公司承担的保证方式是连带保证责任。根据民法典第688条的规定，当债务人不履行到期债务或者发生当事人约定的情形时，债权人既可以请求债务人履行债务，也可以请求保证人在其保证范围内承担保证责任或者同时要求债务人和保证人一起承担责任。本案中当债务人大本事公司的到期借款无力清偿时，某银行保山分行有权将融资担保公司账户中的存款划走用于清偿大本事公司的到期债务。

---

① 审理法院：云南省保山市施甸县人民法院，案号：（2018）云0521民初275号。

第六百八十九条　保证人可以要求债务人提供反担保。

【条文释义】

本条是对保证合同反担保的规定。

反担保，又叫求偿担保，是第三人为债务人向债权人提供的担保，担保人为将来承担担保责任后对债务人的追偿权的实现而设定的担保。在债务人以外的第三人为债务人向债权人提供保证时，保证人承担了保证责任后，即成为债务人的新债权人，为避免或减少其追偿权实现的风险，可以要求债务人提供反担保。反担保的担保权人为本担保人即保证人，是债务人或者第三人为本担保的保证人提供的担保，担保方式限于保证、抵押和质押。反担保具有重要意义，是维护本担保人即保证人的利益、保障其将来可能发生的追偿权得以实现的有效措施。

保证人向债务人要求提供反担保请求的，债务人应当提供反担保，以自己的财产或者第三人的财产订立反担保合同，为保证人提供反担保。

【案例评注】

锦业公司与兴港公司、嘉润公司等追偿权纠纷案[①]

基本案情

2013年1月10日，嘉润公司向案外人刘瑞某借款3000万元，锦业公司就该笔借款提供担保，兴港公司和时万某为嘉润公司提供反担保。后嘉润公司未按约定还款，锦业公司代嘉润公司偿还了借款本息。

法院判决

审理法院认为，锦业公司作为担保人为嘉瑞公司的债务提供担保且承担了保证责任后，有权向债务人嘉瑞公司追偿，并有权要求时万某及兴港公司承担反担保责任。

专家点评

我国民法典合同编第689条规定：保证人可以要求债务人提供反担保。无论

---

① 审理法院：河南省郑州高新技术产业开发区人民法院，案号：（2016）豫0191民初6013号。

本担保人、反担保人都是为债务人提供担保，但二者对应的债权不同。本案中，本担保人对应借贷债权，债权人是刘瑞某，债务人不履行还款义务，刘瑞某可向本担保人锦业公司追偿。反担保人对应追偿债权，债权人是本担保人锦业公司，债务人不履行追偿债务，本担保人锦业公司可向反担保人兴港公司追偿。因此，反担保的实现依赖本担保的履行。只有本担保人锦业公司履行了本担保义务，代债务人嘉瑞公司偿还了债务，才能获得追偿债权。获得追偿债权后，债务人嘉瑞公司仍不履行追偿义务的，本担保人锦业公司可向反担保人兴港公司追偿，行使反担保权利。因此反担保的重要意义在于维护本担保人即保证人的利益、保障其将来可能发生的追偿权得以实现。

第六百九十条 保证人与债权人可以协商订立最高额保证的合同，约定在最高债权额限度内就一定期间连续发生的债权提供保证。

最高额保证除适用本章规定外，参照适用本法第二编最高额抵押权的有关规定。

【条文释义】

本条是对最高额保证的规定。

最高额保证，是保证的一种特殊形式，是在最高债权额限度内，对一定期间内连续发生的不特定同种类债权提供的保证，是银行融资业务中较常用的担保方式。其特征是：(1) 最高额保证所担保的债务在保证设立时可能已经发生，也可能没有发生，最高额保证的生效与被保证的债务是否实际发生无关。(2) 最高额保证所担保的债务为一定期间内连续发生的债务。(3) 最高额保证约定有保证人承担保证责任的最高限额。(4) 最高额保证所担保的不是多笔债务的简单累加，而是债务整体，各笔债务的清偿期仅对债务人有意义，并不影响保证人承担保证责任。

最高额保证通常适用于债权人与债务人之间具有经常性的、同类性质的业务往来，多次订立合同而产生的债务，如经常性的借款合同或者某项商品交易合同关系等。对一段时期内订立的若干合同，以订立一份最高额保证合同为其担保，可以减少每一份主合同订立一个保证合同所带来的不便，同时仍能起到债务担保的作用。

最高额保证的期间与普通保证的期间不同。最高额保证在设定时，其担保的债权尚未发生或虽已发生却仍处于变动的不特定状态之中，债权额是不确定的，只有一定期间届满，决算期届至，债权额才能确定，保证人的保证责任才能产生。因此，在最高额保证合同中，保证期间虽然从性质上也是保证人承担保证责任的责任期间，但其存在两个期间：（1）保证人应对一系列债权承担责任的范围期间；（2）在不特定债权额确定之后，债权人向保证人主张权利的期间。

最高额保证与最高额抵押的基本规则相同，因此规定除适用本章规定外，还可以参照适用第二编最高额抵押权的有关规定。

【案例评注】

刘贵某、侯春某金融借款合同纠纷案[①]

基本案情

2011 年 4 月 19 日，刘贵某向郓城农商行借款 45 万元。侯春某、王庆某、江衍某作为保证人与郓城农商行签订最高额保证合同，就借款人自 2011 年 4 月 19 日至 2014 年 4 月 14 日的借款本金 45 万元及利息等承担连带保证责任。合同签订后，郓城农商行向被告发放借款 45 万元，刘贵某于 2013 年 1 月 31 日前还清该笔借款。2013 年 1 月 31 日，郓城农商行又向刘贵某发放借款 246000 元，约定还款日期为 2014 年 4 月 12 日。现借款到期，刘贵某未按约还款，侯春某、王庆某、江衍某亦未尽担保责任。

法院判决

一审法院认为，涉案借款合同以及最高额保证合同均属有效民事合同。刘贵某在偿还了 45 万元的情况下，又向郓城农商行借款 246000 元，后未履行双方约定偿还借款本息，已构成违约。借款人违约期间，仍在担保人与郓城农商行签订的最高额保证合同的保证期间内，故担保人仍应承担保证责任。判令刘贵某于本判决生效后十日内偿还借款本金 246000 元及相应利息，侯春某、王庆某、江衍某承担连带清偿责任。

刘贵某、侯春某、王庆某、江衍某不服一审判决，以侯春某、王庆某、江衍

---

① 审理法院：一审法院为山东省郓城县人民法院，案号：（2016）鲁 1725 民初 972 号；二审法院为山东省菏泽市中级人民法院，案号：（2018）鲁 17 民终 1615 号。

某仅对借款人的前一次借款进行了担保为由提起上诉。二审法院认为侯春某、王庆某、江衍某与郓城农商行签订的是最高额保证合同，涉案两次借款合同均在案涉保证合同约定期限内，故案涉最高额保证合同适用于案涉246000元借款合同。判令驳回上诉，维持原判。

专家点评

最高额保证本来就是对不特定债权进行的担保，根据民法典合同编第690条规定，最高额保证合同的不特定性债权确定后，保证人应当对在最高债权额限度内就一定期间连续发生的债权余额承担保证责任。最高额保证需要明确决算期和决算日，决算日是指当事人约定的决算期到期日，而不是最后一笔债权的发生日。本案中，双方约定的“2011年4月19日至2014年4月14日”为决算期，2014年4月14日为决算日。即使在约定的决算期间内，实际发生的债权总额超过最高限额，也不影响保证人在该最高限额内承担保证责任。

第二节 保证责任

第六百九十一条 保证的范围包括主债权及其利息、违约金、损害赔偿金和实现债权的费用。当事人另有约定的，按照其约定。

【条文释义】

本条是对保证范围的规定。

保证范围，是指保证人对债权人债权的实现应当承担保证责任的范围。确定保证范围的规则是：

1. 有约定的，按照约定确定保证责任范围。依照合同自由原则，确定保证责任的具体范围，应按照保证合同的约定确定。约定的保证责任范围与主债务的范围并不一致时，应当允许，保证责任范围只能比主债务轻，不能比主债务为重，否则应当缩减至主债务的限度。

2. 没有约定的保证责任的确定。依照本条规定，保证担保的范围包括主债权及利息、违约金、损害赔偿金和实现债权的费用。不过，在保证债务成立后，主债务人与债权人约定的或约定增加的利息、违约金，属于新增加的债务，保证人未同意担保的，不应列入保证范围。

【案例评注】

某银行中关村分行诉海开公司保证合同纠纷案①

基本案情

2007年1月24日，京门公司与某银行签署《人民币资金借款合同》，载明：甲方向乙方借款人民币5670万元。本合同项下的贷款利率为月利率，利率为月利率5.61‰。本合同项下的贷款逾期罚息利率为固定利率，即月利率8.415‰。如果甲方未按期归还债务本息，乙方可按贷款本金的0.21‰向甲方收取违约金。借款逾期后，对甲方未按时还清的借款本金和利息，自逾期之日起至本息全部清偿之日止按罚息利率和本合同约定的结息方式计收利息和复利。

2007年1月24日，海开公司（甲方）与某银行（乙方）签署《保证合同》，为确保京门公司（债务人）与乙方签订的《人民币资金借款合同》即主合同的履行，保障乙方债权的实现，甲方愿意为债务人与乙方依主合同所形成的债务提供连带责任保证。保证范围为债权本金5670万元及利息（包括复利和罚息）、违约金、赔偿金和乙方为实现债权而发生的费用（包括但不限于诉讼费、仲裁费、财产保全费、差旅费、执行费、评估费、拍卖费等），保证期间自保证合同生效之日起至主合同项下的债务履行期限届满之日后两年止。同日，某银行向京门公司发放贷款5670万元。

2008年11月10日，海淀法院作出（2008）海民破字第1号民事裁定，裁定受理京门公司提出的破产申请。2008年12月11日，某银行向京门公司破产管理人申报债权，债权总额为61541410.91元。2012年11月8日，海淀法院作出（2008）海民破字第1-1号民事裁定，裁定京门公司和解。2012年12月7日，海淀法院作出（2008）海民破字第1-2号民事裁定，裁定认可京门公司和解协议，终止京门公司和解程序。2013年1月6日，京门公司破产管理人通过银行汇款方式向某银行支付61541410.91元。某银行请求法院，判令海开公司为京门公司承担保证责任，向某银行支付自2008年11月10日起至实际清偿之日止的欠款人民币31263498.41元。

---

① 审理法院：北京市海淀区人民法院；案号：（2013）海民初字第04072号。

法院判决

法院认为，某银行已在京门公司破产程序中申报债权，且其所申报的债权数额业已经法院确定，且被京门公司清偿。海开公司作为保证人，其承担的保证责任范围不应超出破产程序中京门公司所承担的债务总额，驳回了某银行的诉讼请求。

专家点评

保证合同是从合同，应当根据主债权来确定保证范围，保证人承担保证责任不应超出主债权范围。本案中，债务人京门公司破产后，已经与某银行就主债权的范围协商一致为61541410.91元，并且某银行也是按照这一数额向法院申报债权的。因此，保证人海开公司的保证方范围也应据此来确定，不应对超出这一范围的债务承担保证责任。在债务人京门公司清偿对某银行的61541410.91元债务后，海开公司的保证责任也随之消灭，不应再对某银行提出的31263498.41元债务承担保证责任。

第六百九十二条 保证期间是确定保证人承担保证责任的期间，不发生中止、中断和延长。

债权人与保证人可以约定保证期间，但是约定的保证期间早于主债务履行期限或者与主债务履行期限同时届满的，视为没有约定；没有约定或者约定不明确的，保证期间为主债务履行期限届满之日起六个月。

债权人与债务人对主债务履行期限没有约定或者约定不明确的，保证期间自债权人请求债务人履行债务的宽限期届满之日起计算。

【条文释义】

本条是对保证期间的规定。

保证期间，是确定保证人承担保证责任的期间。换言之，保证人只在保证期间内对其担保的主债务负保证责任，而于保证期间届满后，保证人不再负保证责任。保证期间只能为在保证人的保证责任发生后的一定期间，而不能是保证责任发生前的一定期间。保证期间是不变期间，不发生中止、中断、延长的情形。

保证期间的确定，分为约定的保证期间和法定的保证期间：

1. 约定的保证期间。按照合同自由原则，双方当事人对保证期间有约定的，按照约定的期间确定。约定的保证期间早于主债务履行期限或者与主债务履行期限同时届满的，视为没有约定。

2. 法定的保证期间。一般保证的保证人与债权人未约定保证期间或者约定不明确的，保证期间为主债务履行期限届满之日起六个月。连带责任保证的保证人与债权人未约定保证期间或者约定不明确的，债权人有权自主债务履行期限届满之日起六个月内要求保证人承担保证责任。债权人与债务人对主债务履行期限没有约定或者约定不明确的，保证期间自债权人要求债务人履行义务的宽限期限届满之日起计算。

一般保证，在合同约定的保证期间和法定的保证期间，债权人未对债务人提起诉讼或者申请仲裁的，保证人免除保证责任。连带责任保证，在合同约定的保证期间和前款规定的保证期间内，债权人未要求保证人承担保证责任的，保证人免除保证责任。

【案例评注】

某银行张湾支行与实信达、宏图房地产公司等金融借款合同纠纷案①

基本案情

2014年12月26日，某银行张湾支行和实信达公司签订《流动资金借款合同》，由某银行张湾支行向实信达公司发放一年期的短期贷款2000万元。宏图房地产公司用其四套房屋及土地为该借款提供抵押担保。金佳公司、付某龙、饶某为该借款提供连带责任保证，保证期间为：自主合同项下的借款期限届满之次日起二年。后借款展期至2016年12月1日，宏图房地产公司自愿继续承担担保责任，并追加周某、吕某平为保证人，保证责任期间为：自主合同项下的借款期限届满之次日起二年。但借款展期到期后，实信达公司仍无力还款。某银行张湾支行故而起诉实信达公司还款，宏图房地产公司承担抵押责任，金佳公司、付某龙、饶某、吕某平、周某就实信达公司的债务承担连带清偿责任。

---

① 审理法院：湖北省十堰市张湾区人民法院，案号：（2018）鄂0303民初282号。

法院判决

审理法院认为金佳公司、付某龙、饶某、吕某平等的连带责任担保期限自主合同项下的借款期限届满之次日起二年，即自 2015 年 12 月 27 日起至 2017 年 12 月 27 日，某银行张湾支行虽在 2016 年 11 月 25 日至 2016 年 12 月 14 日分别向金佳公司、付某龙、吕某平等催收贷款，该行为只发生诉讼时效的中断，保证人的保证期间不发生中止、中断和延长的法律后果。因某银行张湾支行未在双方约定的担保期间内主张权利，故金佳公司、付某龙、饶某、吕某平等的保证责任免除。

专家点评

根据民法典第 692 条的规定，保证期间是一种除斥期间，不会发生中止、中断和延长的法律后果。债权人未能在保证期间内向保证人主张权利的，应承担对其不利的法律后果。本案中，保证期间并不会因借款展期而发生中止、中断和延长，在保证期间经过后，被告的保证责任也随即免除，债权人无权要求被告承担保证责任。

第六百九十三条 一般保证的债权人未在保证期间对债务人提起诉讼或者申请仲裁的，保证人不再承担保证责任。

连带责任保证的债权人未在保证期间请求保证人承担保证责任的，保证人不再承担保证责任。

【条文释义】

本条是对债权人未在保证期间主张权利丧失保证债权的规定。

债权人对保证人主张权利，应当在保证期间内进行。如果债权人在保证期间内没有主张权利，将会发生法律后果，即债权人丧失对保证人的保证债权，保证人不再承担保证责任。

由于一般保证和连带责任保证的规则不同，因此债权人未主张保证债权的形式也有所不同。按照本条规定：

1. 一般保证的债权人未在保证期间对债务人主张保证债权，是未提起诉讼或者申请仲裁，因而丧失保证债权，保证人不再对其承担保证责任。

2. 连带责任保证的债权人未在保证期间对保证人主张承担保证责任，既包括未提起诉讼或者申请仲裁，也包括未直接向保证人主张，债权人丧失保证债权，保证人也不再对债权人承担保证责任。

【案例评注】

张海某与邵某、陈秋某借款合同纠纷案[①]

基本案情

邵某、陈秋某夫妇经营园林绿化生意，因资金周转，向张海某借款30000元，约定：借款期限为六个月，月利率按3分计算，担保人为李某。该借据出具日期为2015年12月1日。借款到期后，邵某、陈秋某夫妇未还款。张海某2018年5月10日提起诉讼，要求邵某、陈秋某夫妇还款，李某承担连带责任。

法院判决

审理法院认为张海某与邵某、陈秋某夫妇之间已形成债权债务关系，张海某对被告邵某、陈秋某夫妇的请求合法有效，依法予以支持。但因张海某未在保证期间内对李某提起诉讼，李某的保证责任免除。驳回张海某对李某的起诉。

专家点评

根据民法典第693条的规定，债权人未在保证期间内对一般保证人提起诉讼或申请仲裁或未在保证期间内对连带责任保证人主张承担保证责任的，保证人免责。本案中，双方约定的借款期限为六个月，借据出具日期为2015年12月1日，因此主债务的到期日为2016年5月31日。对于保证期间，因债权人和保证人没有约定，根据民法典第692条第2款的规定，应为主债权履行期限届满之日起6个月，为2016年11月30日止。至本案2018年5月10日立案，早已超过李某的保证期间，故李某不再承担保证责任。

第六百九十四条 一般保证的债权人在保证期间届满前对债务人提起诉讼或者申请仲裁的，从保证人拒绝承担保证责任的权利消

---

① 审理法院：河南省内乡县人民法院，案号：（2018）豫1325民初1715号。

灭之日起，开始计算保证债务的诉讼时效。

连带责任保证的债权人在保证期间届满前请求保证人承担保证责任的，从债权人请求保证人承担保证责任之日起，开始计算保证债务的诉讼时效。

【条文释义】

本条是对保证债务诉讼时效起算的规定。

保证期间和诉讼时效是不同的期间。保证期间是保证债权人可以主张保证债权的期间，这是债权人对保证债务的第一次请求权的行使。当债权人主张保证债务，保证人拒绝履行保证债务之时起，债权人产生过保证债权的二次请求权，二次请求权适用诉讼时效期间。

由于一般保证和连带责任保证规则不同，计算诉讼时效也有所不同。依照本条规定：

1. 一般保证的债权人在保证期间届满前对债务人提起诉讼或者申请仲裁的，是行使第一次请求权，如果保证人履行保证债务的，就没有问题了。如果保证人主张先诉抗辩权被驳回，保证人拒绝承担保证责任的抗辩权就消灭，从该权利消灭之日起，开始计算保证债务的诉讼时效。

2. 连带责任保证的债权人在保证期间届满前要求保证人承担保证责任，主张保证债权的，从债权人要求保证人承担保证责任之日起，开始计算保证债务的诉讼时效。

【案例评注】

邵海某诉张某等借款合同纠纷案[①]

基本案情

2014 年 7 月 21 日，邵海某向张某提供借款 100 万元用于资金周转，借款期限自 2014 年 7 月 21 日起到 2014 年 9 月 15 日止。凡今兄弟公司、丁惠某、陈婷

① 审理法院：一审法院为四川省成都市高新技术产业开发区人民法院，案号：（2016）川 0191 民初 918 号；二审法院为四川省成都市中级人民法院，案号：（2017）川 01 民终 13887 号。

某为该借款提供连带责任保证担保，但对保证期间未作约定。2014 年 10 月 20 日，各方当事人签订《还款协议》确认张某共计向邵海某借款 100 万元，张某、凡今兄弟公司、丁惠某、陈婷某于2014 年 10 月 30 日前全部还清。现邵海某提起诉讼，要求张某归还借款本息及费用，凡今兄弟公司、丁惠某、陈婷某承担连带清偿责任。

法院判决

一审法院认为邵海某未举证其在法定的保证期间内向陈婷某主张过权利，故陈婷某的保证期间已经过，邵海某要求其对案涉借款承担保证责任的诉求，一审法院不予支持。

邵海某以陈婷某并未对其作为保证人的保证责任已过保证期间或诉讼时效进行抗辩等为由提起上诉。二审法院认为 2014 年 10 月 20 日，陈婷某在《还款协议》上签字，表明邵海某向其主张过权利，保证债务的诉讼时效开始计算，邵海某在诉讼时效期间提起本案诉讼，故陈婷某应当承担连带保证担保责任。邵海某的该项上诉主张成立，予以支持。

专家点评

根据民法典第 694 条的规定，债权人在保证期间内对一般保证人提起诉讼或对连带责任保证人请求承担保证责任的，开始计算保证债务的诉讼时效。本案中，陈婷某等人对保证期间未作约定，根据民法典第 692 条的规定，保证期间为主债务履行期限届满之日起六个月。本案主债务履行期限届满之日为 2014 年 9 月 15 日，故保证期间至 2015 年 3 月 15 日。2014 年 10 月 20 日，陈婷某等人在《还款协议》上签字，尚在保证期限内。自 2014 月 10 月 20 日起，陈婷某等人的保证债务诉讼时效开始计算。

第六百九十五条　债权人和债务人未经保证人书面同意，协商变更主债权债务合同内容，减轻债务的，保证人仍对变更后的债务承担保证责任；加重债务的，保证人对加重的部分不承担保证责任。

债权人和债务人变更主债权债务合同的履行期限，未经保证人书面同意的，保证期间不受影响。

【条文解读】

本条是对变更主合同对保证责任发生影响的规定。

任何合同在订立之后，都可以经过当事人协商对合同内容进行变更。主合同和保证合同是两个合同，尽管有主合同和从合同之别，但毕竟是两个合同。因此，主合同变更须当事人合意，从合同即保证合同的变更亦须债权人与保证人达成合意。债权人与债务人变更协商变更主合同，债权人与保证人协商变更保证合同，使主从合同的变更相一致，当然没有问题。

问题是，债权人与债务人变更主合同，保证人不知情，即不知道主合同的变更，则只有主合同发生变更，原则上从合同并未变更。具体的规则是：

1. 债权人和债务人未经保证人同意，协商变更主债权债务合同内容，减轻债务人的债务的，由于保证合同并未变更，因而保证人仍须对变更后的债务承担保证责任；但是加重债务人的债务的，保证人对加重的部分不承担保证责任，因为保证人并未对变更后的债务承诺提供保证。

2. 债权人与债务人对主合同履行期限作了变更，未经保证人书面同意的，也是由于保证合同并未变更，因而保证期间仍然为原合同约定的期间或者法律规定的期间，保证期间不受影响。

【案例评注】

马万某与李新某、朱海某、北极公司、杨某、桂尚某保证合同纠纷案[①]

基本案情

2013年6月17日，北极公司和朱海某向李新某借款600万元，双方约定借款为现金。杨某、桂尚某、马万某承担保证责任。同日，李新某将票面金额合计为600万元的承兑汇票向朱海某给付，朱海某、北极公司明确收到该承兑汇票，且不存在贴现费用。现因朱海某、北极公司未按期还款，杨某、桂尚某、马万某也未承担保证责任，故李新某诉至法院，请求朱海某、北极公司于返还借款本息，杨某、桂尚某、马万某对上述款项承担连带清偿责任。

---

① 审理法院：一审法院为宁夏回族自治区石嘴山市中级人民法院，案号：(2014)石民初字第35号；二审法院为宁夏回族自治区高级人民法院，案号：(2014)宁民终字第169号。

法院判决

一审法院认为李新某以承兑汇票方式向朱海某、北极公司支付借款，并未加重保证人责任，故杨某、马万某关于借款人与出借人变更主合同履行方式，其保证责任免除的抗辩意见不能成立，不予支持。

马万某以借款合同签订后进行了重大变更为由提起上诉。二审法院认为在签订《借款合同》的当日，李新某即向朱海某给付了承兑汇票，马万某对此未表异议，应视为马万某对此是知情的，且给付承兑汇票的方式不属于对合同的重大变更，亦未加重保证人责任，故马万某主张李新某与朱海某恶意串通变更了主合同履行方式，应免除其保证责任的上诉理由不能成立，判决驳回上诉，维持原判。

专家点评

根据民法典第695条的规定，主合同内容的变更对保证人保证责任的影响，关键看这种变更是否属于对合同的重大变更，有没有加重保证人的责任。对于加重债务的，保证人对加重的部分不承担保证责任。这是因为保证合同是从合同，具有从属于主债务的性质，保证责任的范围不得超出主债务的范围。只要主合同的变更不加重保证人的保证责任，保证责任就不应受到主合同变更的影响，而不论主合同变更是否征得保证人的同意。本案中，虽然借款合同约定借款为现金，李新某给付的是承兑汇票，但给付承兑汇票的方式不属于对合同的重大变更，亦未加重保证人责任借款人，故保证人马万某仍然要对主债务承担保证责任。

第六百九十六条 债权人转让全部或者部分债权，未通知保证人的，该转让对保证人不发生效力。

保证人与债权人约定禁止债权转让，债权人未经保证人书面同意转让债权的，保证人对受让人不再承担保证责任。

【条文释义】

本条是对债权人转让主债权对保证责任效力的规定。

债权人转让全部债权或者部分债权，实际上是在转让两个债权，一是主合同的债权，二是保证合同的债权。债权人转让这两个债权，都应当符合债权转让的规则，即通知债务人，否则，转让债权不发生债权转让的后果。因此，债权人将主债权的全部或者部分债权转让给第三人的，如果通知了保证人，就是将保证合同的保证债权也一并转移，转让债权的通知到达保证人后，保证人即成为受让人即新债权人的保证人，对受让人即新债权人承担相应的保证责任。未通知保证人的，保证合同的保证债权就没有转让，因此该转让主债权的行为对保证人不发生效力，保证人对受让人不承担保证责任，因原债权人的债权已经消灭或者部分消灭，保证债权亦随之消灭或者部分消灭。

上述规则的例外情形是，如果保证人与债权人在保证合同中约定，保证人仅对特定的债权人承担保证责任或者约定禁止债权转让的，债权人在保证期间内未经保证人书面同意转让全部或者部分债权的，因债权人违反保证合同的约定，保证债权没有转让，保证人就受让人即新债权人的债权不再承担保证责任。

【案例评注】

徐某与丁某、王某、苏州投资有限公司债权转让合同纠纷案①

基本案情

2013 年 12 月 30 日，金泛鑫公司向案外人鑫庄小贷公司借款 300 万元。丁某、苏州投资公司对该借款提供担保。2015 年 4 月 28 日，徐某从鑫庄小贷公司受让该债权。2015 年 9 月，金泛鑫公司注销并由其股东丁某、王某分得公司剩余净资产。2016 年 2 月 1 日，鑫庄小贷公司通过快递的形式向丁某、王某、苏州投资公司寄送《债权转让通知书》，送达结果均为退信。2016 年 2 月 19 日，鑫庄小贷在扬子晚报 B2 版（全省版分类信息）刊登了债权转让公告。现徐某起诉至法院，要求丁某、王某归还借款本息和律师费，苏州投资公司承担连带保证责任。

法院判决

审理法院认为：2015 年 4 月 28 日徐某与鑫庄小贷公司签订《债权转让协议书》时，金泛鑫公司尚未注销，鑫庄小贷公司应当通知但未予通知，直至金泛鑫公司于 2015 年 9 月 2 日注销。本案寄送给丁某、王某以及苏州投资公司的《债权转让通知书》均被退回，未达到通知的目的。鑫庄小贷公司采取的在报纸刊登债权转让公告的方式并非法定的通知形式，不产生通知的法律效果。故案涉债权转让对丁某、王某以及苏州投资公司不发生效力，驳回原告的诉讼请求。

---

① 审理法院：江苏省苏州市虎丘区人民法院，案号：（2016）苏 0505 民初 553 号。

专家点评

根据民法典第 696 条的规定，债权人转让权利的，应当通知保证人，未经通知，该转让对保证人不发生效力。但法律法规对债权转让通知的具体方式没有规定，在司法实践中，最高人民法院的公报案例认为，债权人以登报的形式通知债务人的，债权转让对债务人发生法律效力。同时最高人民法院相关案例答复：债权转让通知义务的规定，起诉即为通知，债务人应诉即为通知。综合最高人民法院多份生效判决，笔者认为只要债权人实施了有效的通知行为，债权转让就应对保证人发生法律效力。

第六百九十七条 债权人未经保证人书面同意，允许债务人转移全部或者部分债务，保证人对未经其同意转移的债务不再承担保证责任，但是债权人和保证人另有约定的除外。

第三人加入债务的，保证人的保证责任不受影响。

【条文释义】

本条是对主合同债务人转让债务对保证责任效力的规定。

主合同的债务人转让债务，转让的是对主合同债权人的债务，须债权人同意方可。就一般的规则而言，主合同的债务人转让债务，并不是转让保证合同的债务，对保证人的利益并不发生影响，因为保证人的债权人是主合同的债权人，保证合同并未发生变化。但是，保证人成为债权人的保证债务人，一般都是由于与债务人有相当关系，才肯为其向债权人提供保证，债务人一旦发生变化，就会改变保证人与债务人的关系，对保证人会发生不利益。所以，主合同的债务人转让债务，也应当经过保证人的同意，即债权人应当征得保证人的同意。

本条第 1 款规定的规则是，债权人未经保证人书面同意，允许债务人转移全部或者部分债务，保证人对未经其同意转移的债务不再承担保证责任，但是债权人和保证人另有约定的除外。例如，债权人和保证人约定同意转让保证债务或者债务人在保证合同中约定转让债务保证人也承担保证责任的，应当依照约定。

本条第 2 款规定的规则是，第三人加入债务的，只是增加了债务人，原债务人并未脱离主合同的债务人地位，保证人的利益并未受到影响，因此保证人的保证责任不受影响，应当继续承担保证责任。

【案例评注】

张英某与任建某、张某、胡淑某、赵清某民间借贷纠纷案[1]

基本案情

2007年4月15日，张某、胡淑某向张英某借款2万元，承诺于2007年7月15日还款。任建某、赵清某作为担保人在借款协议上签字。2013年8月5日，在张某、赵清某未在场的情况下，张英某与任建某、胡淑某经过协商，由任建某给张英某出具了一份还款计划，承诺由任建某于2013年12月31日前还清2007年4月15日的借款2万元，胡淑某不再承担还款责任。现张英某诉请法院要求任建某、张某、胡淑某共同偿还借款本息；赵清某对上述借款本息承担连带清偿责任。

法院判决

审理法院认为张英某、任建某、胡淑某于2013年8月5日达成的还款计划应视为他们之间对该笔借款的重新约定，约定中明确该笔借款与胡淑某无关系，该约定系双方当事人的真实意思表示，内容合法有效，故对张英某要求胡淑某偿还借款的诉讼请求不予支持。张英某无证据证实其转让债务时取得赵清某的书面同意，故对张英某要求赵清某承担保证责任的诉讼请求不予支持。

专家点评

民法典第697条是对债权人的权利行使进行的限制。较好地平衡了担保人、债务人和债权人的利益。这是因为第三人提供担保一般是基于其与债务人之间的特殊信任关系或者对债务的资产、信誉有所了解。一旦未经担保人同意，债务人擅自转移债务的，将给担保人带来较大风险。司法实践中应当注意以下几点：(1) 该规定只适用于第三人提供担保的情况。(2) 债权人允许债务人转移债务必须要经提供保证人的书面同意，如果不是书面形式，应视为不存在担保人的同意。根据民法典第469条的规定，书面形式是指合同书、信件和电文（包括电传、电报、传真、电子数据交换和电子邮件）等可以有形地表现所载内容的形式。(3) 债务转移可以是全部债务转移给他人，也可以是将部分债务转移给他

① 审理法院：宁夏回族自治区中宁县人民法院，案号：(2014) 中宁民初字第477号。

人。(4) 未经担保人书面同意，债权人许可债务人全部转移债务的，担保人的全部担保责任免除。债权人许可债务人转移部分债务的，则担保人的该部分担保责任免除。

第六百九十八条 一般保证的保证人在主债务履行期限届满后，向债权人提供债务人可供执行财产的真实情况，债权人放弃或者怠于行使权利致使该财产不能被执行的，保证人在其提供可供执行财产的价值范围内不再承担保证责任。

【条文释义】

本条是对一般保证的债权人放弃或怠于行使权利免除保证责任的规定。

一般保证的保证人享有先诉抗辩权，债务人在未穷尽其财产履行债务之前，债权人不得向一般保证人主张保证债权。正因如此，一般保证的保证人在主债务履行期限届满后，可以向债权人提供债务人可供执行财产的真实情况，使债权人及时行使自己的债权，向债务人主张债权。在这样的情况下，债权人如果放弃或者怠于行使自己的债权，致使债务人的该财产不能被执行的，债权人向一般保证人主张保证债权，让保证人承担保证债务的，保证人可以拒绝债权人的请求，但是应在其提供可供执行财产的价值范围内不再承担保证责任。

【案例评注】

张某与马某保证合同纠纷案①

基本案情

张某为案外人陈某向马某借款进行担保，后陈某未按约还款，马某提起诉讼，法院判决陈某偿还马某借款本金 50 万元并支付利息 193350 元；如陈某经依法强制执行后，仍未全面清偿前述债务，由张某对债务不能清偿的部分承担保证责任。该份判决书确认张某提供的陈某在海南与他人合作建房一栋的事实，且三方签订的协议书显示陈某名下有汽车一辆。2018 年 2 月 27 日，法院以陈某去世

① 审理法院：湖南省长沙市芙蓉区人民法院，案号：(2019) 湘 0102 民初 11131 号。

且名下无可供执行的财产为由要求张某承担担保责任。故张某以马某放弃、怠于行使权利，导致债务人名下的财产不能被执行，应免除张某的全部保证责任为由提起诉讼。

法院判决

审理法院认为在马某诉陈某、张某民间借贷纠纷一案中，马某在起诉后立即申请财产保全，查封了陈某、张某名下足额的财产。判决生效后，马某及时向人民法院申请了强制执行。因此，马某未放弃权利也未怠于行使权利。在执行过程中，法院依法拍卖了陈某名下位于卧龙湾的房屋，并依法审查了张某提供的陈某在海南合作建房的相关证据材料，无证据证明该房屋的权属属于陈某，也不足以证明陈某获得了该房屋的拆迁补偿款，人民法院无法对该房屋及拆迁补偿款采取执行措施。登记在陈某名下的车辆，因该车辆不在陈某、马某、张某或人民法院的控制之下，人民法院事实上无法执行该车辆。综上，导致海南合作建房的房屋和陈某名下的车辆未被执行的原因，并非马某放弃或怠于行使权利所导致。故张某要求免除保证责任，证据不足，驳回其诉讼请求。

专家点评

民法典第687条规定，当事人在保证合同中约定，债务人不能履行债务时，由保证人承担保证责任的，为一般保证。一般保证的保证人在就债务人财产依法强制执行仍不能履行债务前，有权拒绝承担保证责任。但是有下列情形之一的除外：（1）债务人下落不明，且无财产可供执行；（2）人民法院受理债务人破产案件；（3）债权人有证据证明债务人的财产不足以履行全部债务或者丧失履行债务能力；（4）保证人书面放弃本款规定的权利。可见，一般保证的保证人享有先诉抗辩权，即债权人必须先行对主债务人主张权利，在经强制执行仍不能得到清偿的情况下，方能要求一般保证人承担保证责任。因此，在债务人有财产但因债权人怠于或放弃行使权利而使该财产不能被执行的，一般保证保证人可依据民法典第698条的规定要求免责。但注意的是该条款仅适用一般保证的保证人，不适用于连带保证保证人。

第六百九十九条 同一债务有两个以上保证人的，保证人应当按照保证合同约定的保证份额，承担保证责任；没有约定保证份额的，债权人可以请求任何一个保证人在其保证范围内承担保证责任。

【条文释义】

本条是对共同保证的规定。

两个以上的保证人共同为同一债务人的同一债务提供保证的，是共同保证。共同保证分为按份保证和连带保证：

1. 按份保证，是数个共同保证人与债权人约定保证的各自份额，按照约定的保证份额承担保证责任的共同保证。在按份保证中，保证人不承担连带责任。不过，按份保证必须由保证人与债权人有特别约定，如无特别约定，则数个保证人应负共同保证责任，也就是说，他们共同对债权人负连带责任。

2. 连带保证，是数个共同保证人与债权人没有约定保证份额或者约定不明确，共同作为债务人的保证人，并对全部债务负连带责任的共同保证。在连带保证中，债权人可以请求任何一个保证人承担全部保证责任，保证人都负有担保全部债权实现的义务。连带保证的特点在于他们彼此之间是连带关系，都要向债权人负连带责任。

【案例评注】

兰次某与富有公司、复兴公司保证合同纠纷案①

基本案情

2014 年 5 月 13 日，富有公司、复兴公司向兰次某出具《还款计划》，载明：原李宗某欠兰次某设备款 128647 元由富有公司和复兴公司承担担保偿还责任。现兰次某以富有公司和复兴公司未支付欠款为由诉至法院。

法院判决

审理法院认为富有公司和复兴公司在《还款计划》上载明其对欠款进行担保并盖章予以确认，符合我国担保法中关于保证担保的构成要件，应认定富有公司和复兴公司为此欠款提供了担保，应承担保证责任。《还款计划》中未约定保证份额，故保证人都负有担保全部债权实现的义务。判决富有公司和复兴公司共同对本案判决确定的金额相互承担连带责任。

---

① 审理法院：四川省宜宾市珙县人民法院，案号：（2019）川 1526 民初 333 号。

专家点评

根据民法典第699条的规定，共同保证分为按份保证（即约定了保证份额）和连带保证（没有约定保证份额）两种。对于按份保证，保证人只需按照自己的份额承担保证责任即可。但对于连带保证，债权人有权选择任何一个保证人承担全部保证责任，而被选择的任何一个保证人都有承担全部保证责任的义务。本案中，富有公司和复兴公司并未对保证份额进行约定，故二者应承担连带保证责任。

第七百条 保证人承担保证责任后，除当事人另有约定外，有权在其承担保证责任的范围内向债务人追偿，享有债权人对债务人的权利，但是不得损害债权人的利益。

【条文释义】

本条是对保证人承担保证责任后享有追偿权的规定。

保证人承担保证责任后，对债务人产生追偿权。该追偿权是请求权，追偿权人即保证人成为债务人的新债权人，债务人对保证人负有债务，保证人有权向债务人追偿。

保证人对债务人即被保证人行使追偿权的条件，即追偿权产生的条件是：（1）保证人向债权人履行了保证债务；（2）因保证人的履行而使债务人对债权人免责；（3）保证人履行保证债务无过错。

保证人取得追偿权，就成为债务人的债权人，享有债权人的权利，有权在其承担保证责任的范围内向债务人追偿，享有债权人对债务人的权利。但是，保证人在行使债权时，不得损害债权人的利益。

【案例评注】

郑敏某与龚辉某、李梅某、华水公司等追偿权纠纷案[①]

基本案情

2013年7月2日，龚辉某向扬帆某借款300万元，郑敏某与华水公司提供担

① 审理法院：浙江省金华市婺城区人民法院，案号：（2017）浙0702民初7545号。

保。后因龚辉某、李梅某未还款，扬帆某提起诉讼。法院判令龚辉某和李梅某共同归还借款本金、违约金及实现债权的费用等；郑敏某及华水公司对上述款项共同承担连带清偿责任。执行过程中，永欣公司提供执行担保，郑敏某支付执行款519596.1元。现郑敏某诉请龚辉某和李梅某支付代偿款519596.1元及利息损失；华水公司和永欣公司各自对上述款项承担1/3的清偿责任。

法院判决

审理法院认为郑敏某代龚辉某、李梅某支付代偿款事实清楚。保证人承担保证责任后享有追偿权，故对郑敏某要求被告龚辉某、李梅某偿还代偿款的诉讼请求，予以支持。郑敏某承担的保证责任，不足涉案的1/3款项，故其主张其他保证人承担清偿责任缺乏依据，不予支持。

专家点评

本案系保证人的追偿权纠纷，根据民法典700条的规定，保证人承担保证责任后可以向债务人追偿。追偿的范围为保证人承担保证责任的范围。该类案件应注意保证人在承担保证责任时享有债务人所享有的抗辩权，如其在承担保证责任时怠于行使债务人对债权人的抗辩，而作出大于债务人应承担债务范围的清偿，对扩大部分，保证人丧失追偿权，债务人有权在被追偿时对保证人提出抗辩。

第七百零一条　保证人可以主张债务人对债权人的抗辩。债务人放弃抗辩的，保证人仍有权向债权人主张抗辩。

【条文释义】

本条是对保证人享有债务人对债权人抗辩的规定。

保证合同是主合同的从合同，地位上具有从属性，且是为了债务人的利益对债权人提供担保。因此，不论是一般保证还是连带责任保证，债务人对于债权人所有的抗辩，都从属于保证人，保证人均可对债权人提出主张。即使债务人对债权人已经放弃抗辩的，保证人仍然有权就此向债权人主张抗辩，并且发生抗辩的效果。

【案例评注】

李金某与李某、王晓某借款合同纠纷案[①]

基本案情

2009年10月30日，王晓某与李金某签订《借款合同》约定王晓某向李金某借款1300万元，李某提供无限连带担保责任并提供给房产作抵押。现李金某以王晓某未还款、李某未承担连带保证责任为由提起诉讼，要求王晓某还款、李某承担连带保证责任。

法院判决

一审法院认为王晓某对借款事实予以认可，应当偿还借款本息；虽然李某主张本案借款合同及抵押合同无效，但未提交相应证据予以否认。法院判令王晓某于本判决生效之日起十日内偿还李金某借款1300万元及利息，李某对上述款项承担连带责任。

李某以《抵押合同》被伪造为由提起上诉。二审法院认为出借人必须对资金来源、交付事实等承担举证责任，一般存在于借款人否认借款事实发生的情形，在本案借款人王晓某始终承认该借款事实发生的前提下，本案始终是围绕着上诉人李某主张的《抵押合同》是否被伪造的上诉理由进行的，在李某的抗辩理由不断被否定后，仅依借款事实的部分证据缺失无法作出有利于李某上诉主张的判决内容，故驳回上诉，维持原判。

再审法院认为，虽然王晓某认可已经收到1300万元借款，但在李某对1300万元的借款有无实际发生提出抗辩的情形下，李金某仍应对1300万元借款的交付承担举证责任。李金某提供的《借款协议》《借款合同》《借据》不足以证明借款已经交付，判决本案发回重审。

重审法院认为在王晓某对李金某主张已出借讼争款项不持异议，且表示愿意偿还的情况下，李金某请求判令王晓某偿还借款本息的诉讼请求应予支持。但李某对1300万元的借款有无实际发生提出抗辩，李金某应对1300万元借款的交付

---

① 审理法院：一审法院为山西省太原市中级人民法院，案号：（2011）并民初字第156号；二审法院为山西省高级人民法院，案号：（2012）晋民终字第33号；再审法院为最高人民法院，案号：（2016）最高法民再224号；重审法院：山西省太原市中级人民法院，案号：（2017）晋01民再25号。

承担举证责任。李金某仅凭其提交的《借款协议》《借款合同》《借据》及对王晓某的催款函等证据不足以证明借款已经交付，故李某作为担保人主张不承担保证责任的抗辩理由应予支持。

专家点评

本案系自然人之间的民间借贷纠纷，案涉金额高达1300万元，但对于款项的交付，借贷双方刻意将“银行转账支付”相关条款划掉，手写了“现金交付，以借款人出具借据为准”。这显然与常理不符。虽然借款人认可已经收到该笔借款，放弃了对借贷关系是否成立的抗辩，但李某作为保证人仍可以依据民法典第701条的规定，向债权人提出抗辩。此外，《最高人民法院关于审理民间借贷案件适用法律若干问题的规定》第十六条第二款也明确规定，被告抗辩借贷行为尚未实际发生并能作出合理说明，人民法院应当结合借贷金额、款项交付、当事人的经济能力、当地或者当事人之间的交易方式、交易习惯、当事人财产变动情况以及证人证言等事实和因素，综合判断查证借贷事实是否发生。本案业经多次审理，最终认定债权人李金某对于款项交付方式及交付时间的陈述与其所举证据相矛盾，且无论是其之前主张的现金交付还是之后主张的票据和转账交付，其均未举出证据证明涉案借款已经实际交付，驳回李金某对李某的诉讼请求。

第七百零二条　债务人对债权人享有抵销权或者撤销权的，保证人可以在相应范围内拒绝承担保证责任。

【条文释义】

本条是对保证人享有债务人抵销权或者撤销权的规定。

保证合同是主合同的从合同，保证人是为债务人的利益向债权人提供保证的，与主合同的债务人具有一体性。因此，债务人对债权人享有抵销权或者撤销权的，保证人享有相应的利益。当债权人向保证人主张保证债权时，保证人可以在债务人享有的抵销权和撤销权相应的范围内，拒绝承担保证责任。例如，债务人对债权人享有债权，或者享有抵销权，就该范围内的债务，保证人可以拒绝承担保证责任。

【案例评注】

李云某与张后某和吴子某、第三人陈某和谢芙某保证合同纠纷案[①]

基本案情

第三人系夫妻关系，双方在外欠下巨额债务。因部分债务到期，2014 年 6 月 13 日，陈某让谢芙某以其在湖南投标公路工程需要保证金为由，向李云某借款 150 万元。出于对谢芙某的个人信任，张后某和吴子某夫妻对该借款进行担保。2015 年 1 月 8 日，李云某以谢芙某涉嫌诈骗为由报案。2016 年 3 月 18 日，陈某、谢芙某以合同诈骗罪被判处有期徒刑 9 年、7 年以及罚金各 5 万元，并对陈某、谢芙某的非法所得人民币 142 万元继续予以追缴。现李云某诉至法院，要求张后某、吴子某对谢芙某借款 150 万元及利息承担连带清偿责任。

法院判决

审理法院认为李云某与第三人谢芙某和陈某于 2014 年 6 月 13 日签订的借款合同，以及与张后某和吴子某于当日签订的保证合同均为无效合同。本酌定张后某、吴子某在相应的过错范围内，承担 142 万元不能追缴部分的五分之一赔偿责任。李云某其他超出部分的诉讼请求，缺乏事实和法律依据，不予支持。

专家点评

根据民法典第 702 条的规定，保证人可以在债务人对债权人享有抵销权或者撤销权的相应范围内拒绝承担保证责任。本案所涉担保，担保人系受谢芙某欺诈，该担保合同可归属因重大误解订立，担保人亦可行使撤销权，致担保合同被撤销。合同撤销后，各方应按过错程度承担相应的法律责任。本案中，张后某和吴子某虽然是在谢芙某的欺骗下签订保证合同，但结合其商业经验判断，在为债务人提供担保，特别是涉及金额较大时，应当具有一定的风险防范意识，进行相应的风险评估，并做好风险防范工作，其在缔约过程中有一定的过错，也需要承担相应的民事责任。

---

① 审理法院：安徽省安庆市迎江区人民法院，案号：（2016）皖 0802 民初 1067 号。

第十四章 租赁合同

第七百零三条 租赁合同是出租人将租赁物交付承租人使用、收益，承租人支付租金的合同。

【条文释义】

本条是对租赁合同概念的规定。

租赁合同是指出租人将租赁物交付承租人使用、收益，承租人支付租金的合同。在出租合同关系中，出租人是负有将租赁物交付对方使用、收益的当事人，承租人是以租赁合同可以取得租赁物的使用、收益并向出租人交付租金的当事人。租赁合同的标的物即租赁物，是指出租人于合同生效后应交付承租人使用、收益的物。租赁物既可以为动产，也可以为不动产。

租赁合同的特征是：(1）租赁合同为双务、有偿、诺成性合同；(2）租赁合同是转移财产使用、收益权的合同；(3）租赁合同是承租人须交付租金的合同；(4）租赁合同具有临时性；(5）租赁合同终止后承租人须返还租赁物。

租赁合同的种类有：(1）动产租赁合同与不动产租赁合同；(2）定期租赁合同与不定期租赁合同；(3）本租合同和转租合同。

【案例评注】

成都公司与欧某房屋租赁合同纠纷案①

基本案情

成都公司欲租赁房屋用于开办电影院，于2017年6月4日与出租人欧某、何

① 审理法院：一审法院为四川省南充市顺庆区人民法院，案号：(2019）川1302民初3149号；二审法院为南充市中级人民法院，案号：(2019）川13民终4082号。

某签订《房屋租赁合同》一份，对于租赁房屋交付、使用、收益、租金支付及违约责任等做了明确的约定，合同签订后成都公司支付了定金5万元；后双方又对租金和装修时间签订了《补充协议》一份。合同及补充协议签订后，在房屋具备交付和使用条件的情况下，成都公司因自身商业风险问题不想履行合同，出租人遂起诉至法院；成都公司反诉要求返还定金。

法院判决

一审法院认为双方签订的《房屋租赁合同》及《补充协议》依法成立、合法有效；成都公司依法承担违约责任。成都公司上诉认为该出租房屋不具备交付条件，其行为也不是严重违约。二审法院认为成都公司系基于对商业价值的考量要求终止合同，一审法院认定其违约并无不当，维持原判。

专家点评

根据民法典第703条关于租赁合同的规定，成都公司因商业决策想要开办电影院，而欧某、何某恰有适合其租赁的房屋，双方就租赁房屋达成合意，签订《房屋租赁合同》和《补充协议》，对租赁房屋交付、使用、收益、租金支付及违约责任等作了明确的约定，该租赁关系依法成立且合法有效。本案争议焦点是出租房屋未完成交付是谁的责任。根据民法典第509条的规定，欧某、何某完成了合同约定和法定的交付义务，成都公司基于对商业价值的考量不想履行合同且要求终止合同，已经构成违约，应当按照民法典第577条、第588条的规定承担违约责任，最终二审法院维持一审判决。

第七百零四条 租赁合同的内容一般包括租赁物的名称、数量、用途、租赁期限、租金及其支付期限和方式、租赁物维修等条款。

【条文释义】

本条是对租赁合同主要内容的规定。

租赁合同的主要内容是：

1. 租赁物的名称：约定租赁物的具体名称，可以是种类物，也可以是特定物。

2. 租赁物的数量：明确交付租赁物和返还租赁物的具体数量。

3. 租赁物的用途：如制造加工精密仪器的机床不能用于制造加工一般的器件等。

4. 租赁期限：明确约定租赁期限的起始和终止的时间。

5. 租金及其支付期限和方式：是租赁合同的主要条款，明确约定具体数额，支付期限的起止时间，支付的方式是人民币还是外币等。

6. 租赁物维修：明确约定由出租人维修，或者承租人维修，以及维修方法和费用负担。

7. 其他条款：如违约条款、解决争议的条款和解除权条款等。

【案例评注】

世佳公司房屋租赁合同纠纷案[①]

基本案情

出租人世佳公司与承租人康丘乐公司签订《房屋租赁合同》一份，约定双方各自的权利义务，但在合同履行过程中，双方对于合同中约定的“前三年年租金不变，第四年起租金按本工业区厂房租价增减变动系数作为调整价格的参考，每三年调整一次”具体标准是什么发生争议，最终诉至法院。

法院判决

一审法院认为该条属于双方约定不明，并依法启动鉴定程序，确定具体租金数额后，依法判决；因康丘乐公司在二审过程中，支付了1万元租金，二审判决将一审判决第二项康丘乐公司需要支付的租金数额由58638.04元变更为48638.04元，其他予以维持。

专家点评

民法典第704条是关于租赁合同应具备哪些内容的明确规定，是租赁关系双方当事人签订租赁合同的指引，如果租赁合同中对于租赁合同内容某一项或者某些项没有约定或者约定不明，则在合同履行过程中极易产生争议和纠纷，可能最终演化为双方的诉讼，本案的发生就是双方当初在合同中对于“……每三年调整一次”的具体标准没有明确约定导致的。在法院根据民法典第510条和第511条关于合同约定不明的规定仍无法具体数额的情况下，通常会启动鉴定程

---

① 审理法院：一审法院为上海市闵行区人民法院，案号：（2015）闵民五（民）初字第2305号；二审法院为上海市第一中级人民法院，案号：（2016）沪01民终7821号。

序来确定具体数额。

第七百零五条 租赁期限不得超过二十年。超过二十年的，超过部分无效。

租赁期限届满，当事人可以续订租赁合同；但是，约定的租赁期限自续订之日起不得超过二十年。

【条文释义】

本条是对最高租赁期限限制的规定。

租赁期限，是出租人与承租人约定的对租赁物的使用期限。租赁期限的一般规则是自由约定，但是有最高期限的限制。设定租赁合同的最高限制，是为了适应客观情况的不断变化，特别是不动产，其价格会因经济形势的变化而发生较大的变化，对一方当事人产生经济上的不利益，需要均衡当事人之间的利益关系。

我国的租赁期限最高限制为20年，超过20年的，超过的部分约定无效，要缩短为20年。对租赁合同最高期限的限制，并不妨碍当事人在租赁期届满后，继续续订租赁合同。续订租赁合同会给双方当事人对租赁利益关系给予一个缓冲期，重新考虑双方之间的权利义务关系。所以，在租赁期限届满后，当事人可以续订租赁合同，但是约定的租赁期限也受最高期限的限制，自续订之日起不得超过20年，这就是租赁合同的约定更新。当然，租赁合同期满也可以进行法定更新，即租赁合同期满后，承租人仍然租赁，交付租金，出租人仍然收取租金，原租赁合同就成为无期限合同。

【案例评注】

林廷某、农业机械局确认合同无效纠纷案[①]

基本案情

2001年1月12日，农业机械局与该局职工林廷某签订《房屋使用权合同》

---

① 审理法院：一审法院为山东省临沂市兰山区人民法院，案号：（2018）鲁1302民初8533号；二审法院为山东省临沂市中级人民法院，案号：（2019）鲁13民终2128号。

一份，将沿兰山区银雀山路×号与临西一路交界处×号经营房租赁给林廷某，租期自2001年1月31日起至2031年1月31日止，林廷某只有使用权。后双方因房屋使用产生纠纷，农业机械局诉至法院。

法院判决

一审法院依据《合同法》第二百一十四条关于“租赁期限不得超过二十年。超过二十年的，超过部分无效”的规定，支持农业机械局的诉请。林廷某不服一审判决上诉至临沂市中级人民法院，临沂中院认为双方之间是租赁合同纠纷，一审法院使用法律正确，依法予以维持。

专家点评

根据民法典第705条关于租赁期限的规定，沿用了《合同法》第214条的规定，并没有改变该条规定。租赁期限不能超过20年，该20年的起算时间自双方最初租赁之日起算，含租赁合同约定的租赁期以及后续的续租期限，总计不得超过20年，这已达成基本法律共识。该案中双方约定租赁期限为30年，显然超过法律规定最长的20年，对于超过部分，一、二审法院均认定超过的十年部分无效。

第七百零六条 当事人未依照法律、行政法规规定办理租赁合同登记备案手续的，不影响合同的效力。

【条文释义】

本条是对租赁合同登记备案的规定。

有些租赁合同在订立之后，需要依照法律、行政法规的规定进行登记备案，特别是不动产租赁合同关系，更是如此。不过，这种租赁合同的登记备案，不对租赁合同的效力产生影响，即使不登记备案，也不影响租赁合同的效力。

如果当事人在租赁合同中约定备案登记才生效的，应当进行登记备案，否则租赁合同无效。但是，如果约定了备案登记生效，没有备案登记当事人就交付了租赁物，并且实际使用、收取租金的，该租赁合同仍然有效。

【案例评注】

某邮政局与吴静某租赁合同纠纷案[①]

基本案情

2013年5月30日，原告（反诉被告，原某邮政局）与被告吴静某（反诉原告）签订《房地产租赁合同》，双方对租赁场所、租金等作了明确约定，双方特别约定“合同经双方签章后，自房地产租赁管理机构登记之日起生效”，后双方因种种原因，直至该案一审中双方都没有办理登记备案手续。

法院判决

一审法院认为双方之间的合同虽然依法成立，但是因合同中明确约定合同自房地产租赁管理机构登记之日起生效，因而合同属于成立未生效的合同。所以对原告邮政公司请求确认合同有效，被告吴静某反诉确认合同无效，均缺乏法律根据，不予采信。

专家点评

根据民法典第706条关于租赁合同备案的规定，虽然法律、行政法规规定需要办理租赁合同备案登记，但是不办理备案登记不影响合同的效力。所以本案如果在现有法律体系下，案件审判结果可能会不一样。该规定在《合同法》中并没有规定，在民法典中该条对于当事人未依照法律、行政法规规定办理租赁合同登记备案手续的合同效力问题作了规定，该条是对现有法律、行政法规规定应当办理备案登记而未办理情况下合同效力问题的积极回应，如《城市房地产管理法》第54条规定，租赁合同双方当事人应当在签订租赁合同后到房管部门登记备案。

理解本条需要与合同需要审批生效进行区分，如果法律、行政法规规定必须经过审批才生效的情形下，未经审批合同是无效的；备案登记更多涉及行政管理层面，不是强制性规定。

第七百零七条 租赁期限六个月以上的，应当采用书面形式。当事人未采用书面形式，无法确定租赁期限的，视为不定期租赁。

---

① 审理法院：广东省揭阳市榕城区人民法院，案号：（2015）揭榕法民一初字第138号。

【条文释义】

本条是对租赁合同形式的规定。

租赁合同并非绝对的要式合同。不过，本条规定租赁合同的形式有两个内容：（1）租赁期限为6个月以上的租赁合同，应当使用书面形式，即为要式合同；（2）无论是何种租赁合同，如果未采用书面形式，因而无法确定租赁期限的，就不认为是有期限的租赁合同，而视为不定期合同，适用不定期租赁合同的规则。

【案例评注】

赢想力公司与酷立方公司房屋租赁合同纠纷案[①]

基本案情

赢想力公司承租酷立方公司位于南京市浦口区某房屋一套，租期从2017年8月15日至2018年5月14日，但双方未签订租赁合同。赢想力公司按约支付租金，后租赁使用期间双方产生纠纷，赢想力公司按酷立方公司的要求，搬离承租房屋，但租金返还等问题未能合理解决，赢想力公司遂起诉至法院。

法院判决

一审法院认定租赁期限六个月以上的，应当采用书面形式。当事人未采用书面形式的，视为不定期租赁，租赁合同合法有效，并对赢想力公司的诉请依法进行判决。

专家点评

根据民法典第707条是关于租赁合同书面化的规定，根据该规定，租赁期限六个月以上的，应当采用书面形式。当事人未采用书面形式，无法确定租赁期限的，视为不定期租赁。该条与《合同法》第215条的区别在于增加了“无法确定租赁期限的”这句话，《合同法》第215条认为只要是不采取书面形式都是不定期租赁，因而本案判决依照《合同法》第215条的规定认定未不定期租赁合同关系，但是如果按照民法典707条的规定，该案则应认定为定期租赁合同，只是欠

① 审理法院：江苏省南京市浦口区人民法院，案号：2018苏0111民初1717号。

缺书面合同形式。所以，需要注意该条与《合同法》第215条的区别。

第七百零八条 出租人应当按照约定将租赁物交付承租人，并在租赁期限内保持租赁物符合约定的用途。

【条文释义】

本条是对出租人交付租赁物的规定。

租赁合同生效之后，出租人负有按照约定将租赁物交付给承租人的义务，以满足承租人对租赁物的占有、使用和收益的租赁目的。

出租人的主要义务是：

1. 依合同约定交付租赁物的义务。交付租赁物是移转标的物的占有于承租人。出租人应于合同约定的时间交付租赁物。依合同约定的使用性质不以标的物的交付为必要，则出租人应作成适于承租人使用的状态。租赁物有从物的，出租人于交付租赁物时应当同时交付从物。出租人不能按时交付标的物，应负迟延履行的违约责任。

2. 出租人应保持租赁物适于使用、收益的状态。出租人不仅应使交付的租赁物适于约定的使用、收益状态，而且于租赁关系存续期间也应保持租赁物的状态适合于约定的使用、收益。当承租人的使用、收益因毁损以外的原因，受有妨害或有受妨害的危险时，出租人负有除去或防止的义务。第三人侵夺租赁物或为其他妨害时，承租人得基于自己对租赁物的占有权，直接对第三人主张占有的返还或请求排除妨害，也可代位行使出租人的物上请求权。在标的物受到自然侵害而不适于约定的使用、收益状态时，出租人应当予以恢复。

【案例评注】

净雅公司、君儒公司租赁合同纠纷案[①]

基本案情

2015年9月1日，净雅公司出租部将房屋租给君儒公司用于客房、豆捞使用。

① 审理法院：一审法院为山东省临沂市兰山区人民法院，案号：（2016）鲁1302民初11006号；二审法院为山东省临沂市中级人民法院，案号：（2018）鲁13民终5158号。

在案涉合同前，净雅公司曾将案涉房屋外的其他部分出租给案外人金荣某和冯升某经营连锁酒吧。现君儒公司以酒吧声音太大严重影响其经营为由提起诉讼。

法院判决

一审法院以净雅公司在明知君儒公司是经营客房所用并且保证酒吧经营不会影响君儒公司客房经营，却不能保证出租的房屋符合法定标准、适合客房经营所用，应承担违约责任。净雅公司以一审认定其承诺证据不足，且其不是适格主体和不应担责为由提起上诉。二审法院依据《合同法》第二百一十六条的规定，认为出租人依合同约定向承租人交付租赁物并于租赁关系存续期间保持租赁物符合约定的用途，是出租人的首要义务。净雅公司违约，应当承担责任。

专家点评

根据民法典第708条是关于出租人交付符合合同约定租赁物的规定，本条延用了《合同法》第216条的规定。本条的立法主旨是关于出租人交付租赁物并维持租赁物符合约定用途的义务的规定。出租人履行交付义务的内容包括两个方面：一是依合同约定交付租赁物，二是保持租赁物符合约定的用途，如果出租人没有履行在租赁期限保持租赁物符合约定用途义务，应当承担法律责任。而本案中，净雅公司在明知君儒公司是经营客房所用并且保证酒吧经营不会影响君儒公司客房经营，其出租的房屋不符合合同约定，依法依约均应承担法律责任。

第七百零九条　承租人应当按照约定的方法使用租赁物。对租赁物的使用方法没有约定或者约定不明确，依据本法第五百一十条的规定仍不能确定的，应当根据租赁物的性质使用。

【条文释义】

本条是对承租人使用租赁物方法的规定。

承租人在占有租赁物后，应当合理利用租赁物。对租赁物的合理利用包括：

1. 在双方当事人就租赁物的使用方法有明确约定时，应当按照双方约定的方法使用租赁物。

2. 在双方当事人对使用方法没有约定或者约定不明确时，可以依据本编第510条规定，由双方当事人补充协议确定，达成协议的，按照协议的使用方法使用；如果经补充协议无法达成合意，则应当按照租赁物的性质使用，如以居住为使用方法的房屋租赁，不能作为商用使用。

承租人不依约定的方法或者租赁物的性质使用、收益的，出租人得请求承租人停止其违反义务的行为。

【案例评注】

爱家公司与昊泰公司房屋租赁纠纷案①

基本案情

爱家公司与昊泰公司签订租赁合同后，因在履行过程中，爱家公司因不按合同约定、分割使用租赁物，被昊泰公司起诉，要求承担违约责任。

法院判决

新疆维吾尔自治区高级人民法院认定爱家公司违约，需要承担违约责任。爱家公司向最高人民法院提出再审，其理由是爱家公司主要义务是交付租金，既然已经足额交付，就可以按照自己意志使用，不存在违约行为，且昊泰公司对于分割出租行为是知晓的，所以二审判决是错误的。最高院再审认为根据《合同法》第二百一十二条和第二百一十七条的规定，承租人不仅负有交付租金的法定义务，也负有按照约定方法使用租赁物的法定义务；并且不能苛求出租人负有随时掌握租赁物使用情况的义务，最终驳回爱家公司的再审申请。

专家点评

根据民法典第709条关于承租人不当使用租赁物需要承担违约责任的规定，承租人在承租租赁物期限内需要按照合同约定的方法和符合租赁物性质的使用方法使用租赁物，如果违反合同约定使用租赁物，必然要承担违约责任。本案双方当事人在《房屋租赁合同》中对租赁物用途作出了约定，即："乙方承租甲方房屋必须以超市为主体进行经营。未经甲方同意，乙方不得改变以超市为主体的经营形式。"爱家公司虽足额支付了租金，但因昊泰公司是以爱家公司不按约定方法使用租赁物为由提起违约之诉，二审判决合理合法，予以驳回。

---

① 审理法院：二审法院为新疆维吾尔自治区高级人民法院，案号：（2011）新民一终字第196号；再审法院为最高人民法院，案号：（2012）民申字第1055号。

第七百一十条　承租人按照约定的方法或者根据租赁物的性质使用租赁物，致使租赁物受到损耗的，不承担赔偿责任。

【条文释义】

本条是对承租人合理使用租赁物正常损耗不负赔偿责任的规定。

承租人在使用租赁物过程中，都会对租赁物造成正常的损耗，不仅是动产如此，即使不动产在使用中，也会有正常的损耗。对于这种损耗，只要承租人是按照约定的方法或者租赁物的性质使用租赁物，就是正常的损耗，对此，承租人不用承担赔偿责任。

【案例评注】

恒东公司与曹吉某、多文某租赁合同纠纷案①

基本案情

2008 年 1 月 31 日，恒东公司与曹吉某签订租赁合同，曹吉某将其所有的、位于太原市小店区北格镇北格村的公棚院出租给恒东公司使用，但是对于租赁物的使用方法未作约定。因于 2009 年 11 月 9 日，租赁房屋屋顶因下雪坍塌，造成恒东公司损失，恒东公司怀疑是房屋质量问题，双方协商未果，曹吉某诉求之一是要求恢复原状；恒东公司也针对性的提出了反诉。

法院判决

一审法院认为虽然合同未明确约定租赁物的使用方法，但从合同内容来看，双方对于租赁物的建设状况及租赁物的使用方法是明知的。恒东公司属于合理使用，不违反合同约定，对于曹吉某要求恢复原状的诉请不予支持。恒东公司虽然上诉，但并未涉及曹吉某恢复原状的一审诉请。

专家点评

根据民法典第 710 条的规定，承租人按照约定的方法或者根据租赁物的性质

---

① 审理法院：一审法院为山西省太原市小店区人民法院，案号：（2016）晋 0105 民初 2696 号；二审法院为山西省太原市中级人民法院，案号：（2017）晋 01 民终 4384 号。

使用租赁物，致使租赁物受到损耗的，不承担赔偿责任；虽然合同没有约定如何使用，但可以根据合同相关条款或者交易惯例等予以确定。如果承租人按照约定使用租赁物，因合理使用造成租赁物的损耗，承租人不承担赔偿责任。本条延用了《合同法》第218条关于正当使用租赁物的责任。本案中，租赁合同虽然没有明确约定使用方法，但是根据租赁合同的内容可以确定，恒东公司在租赁房屋内进行生产经营，租赁物的现状是恒东公司按约定方法使用租赁物致使租赁物受到损耗的结果，其作为承租人不承担赔偿责任。所以，恒东公司无需承担责任。

第七百一十一条 承租人未按照约定的方法或者未根据租赁物的性质使用租赁物，致使租赁物受到损失的，出租人可以解除合同并请求赔偿损失。

【条文释义】

本条是对承租人致使租赁物受到损失的规定。

与承租人按照约定的方法或者根据租赁物的性质使用租赁物形成损耗相反的是，如果承租人没有按照约定的方法或者租赁物的性质使用租赁物，因此造成租赁物受到损失的，不仅是违约行为，也是对出租人财产权利的侵害。

对此，出租人的救济方法是：

1. 出租人有权解除合同，行使的是法定或者合同约定的解除权。

2. 请求承租人承担损害赔偿责任，这种损害赔偿责任既是违约责任，也是侵权责任，出租人可以选择一个适当的请求权，救济自己的损害。这两个救济损害的权利，可以一并行使，既解除合同，又请求损害赔偿。

【案例评注】

吴海某与梁海某房屋租赁合同纠纷案[①]

基本案情

2012年2月23日，梁海某与吴海某签订《个人房屋租赁合同》，梁海某将自

① 审理法院：一审法院为北京市朝阳区人民法院，案号：（2015）朝民初字第13612号；二审法院为北京市第三中级人民法院，案号：（2015）三中民终字第09892号。

有房屋租给吴海某。2015 年 2 月 17 日，涉案房屋租期即将届满，吴海某与梁海某进行了房屋交接及结算。但因房屋破损严重，梁海某不同意退还押金并要求赔偿损失，双方协商无果，最后吴海某诉至法院，梁海某提出反诉。

法院判决

一审法院认为，梁海某不退还押金不符合法律规定，但是承租人未按约定方法或租赁物性质使用租赁物，致使租赁物受到损失的，出租人可以要求赔偿损失，因而梁海某于租住期限内造成的房屋损坏应予赔偿。吴海某虽然上诉，但是对于不正当使用租赁房屋需要承担的赔偿责任没有提出上诉。

专家点评

如果说民法典第 710 条是关于承租人按约定使用租赁物不承担责任的规定，民法典第 711 条则是反向规定承租人需要承担责任。承租人在租赁期限内，未按照约定的方法或者根据租赁物的性质使用租赁物，致使租赁物受到损失的，出租人可以解除合同并请求赔偿损失。《合同法》第 219 条对于承租人未正当使用租赁物需要承担责任也作出了明确的规定，本案中梁海某提供的证据足以证实吴海某在租赁期限内对租住房屋破坏严重，按照法律规定，其需要承担梁海某因此支付的维修费用。

第七百一十二条 出租人应当履行租赁物的维修义务，但是当事人另有约定的除外。

【条文释义】

本条是对出租人负担租赁物维修义务的规定。

除法律规定或合同另有约定外，出租人对租赁物有维修义务。出租人的该项义务，实际上是出租人应维持租赁物合于使用、收益状态义务的延伸。维修是指于租赁物不合约定的使用、收益状态时，对租赁物予以修理，以使承租人得以按照约定正常使用、收益。维修义务的构成是：（1）确有维修的必要，是指租赁物需要维修方能满足承租人依约定对租赁物为使用、收益。（2）有维修的可能，指损毁的租赁物在事实上能够修复，并且在经济上也合算。（3）在租赁期限内承租人已为维修的通知，承租人应为通知而未为通知的，出租人不发生维修租赁物的义务。

法律另有规定或者当事人另有约定的，租赁物的维修按照规定或者约定进行。

【案例评注】

红丽园公司与诚信公司房屋租赁合同纠纷案[①]

基本案情

1998年5月29日，诚信公司与红丽园公司签订《房屋租赁意向协议书》，约定在讼争房屋土建工程完工后，将房屋交付红丽园公司使用，1999年4月12日，诚信公司与红丽园公司签订《房屋租赁合同》，诚信公司将房屋交付红丽园公司。但合同履行过程中，因房屋原有质量及装修问题等原因，双方发生争议，红丽园公司诉请解除合同赔偿损失，诚信公司亦提出反诉。

法院判决

一审法院认为诚信公司虽及时交付了房屋，但房屋存在严重渗漏水的质量问题，其应承担主要责任；红丽园公司未依约按时交纳房租及在装修时未关闭暖气阀门，也没有预留检修口，造成暖气跑水致使大面积装修被浸泡，也应承担一定责任。红丽园公司上诉认为一审法院认定装修责任在于红丽园公司与鉴定报告不符。二审法院认为在第二个采暖期，红丽园公司使用不当，致使损失扩大，扩大损失应由其自行承担。

专家点评

根据民法典第712条关于出租人维修义务的规定，出租人对于租赁物首先要保证租赁物适合出租，并且对于租赁期限内租赁物的维修承担维修责任，合同另有约定除外。《合同法》第220条、第221条对此也作了明确的规定。本案中租赁房屋渗漏水导致的损失主要原因在于诚信公司交付的房屋存在严重的质量问题，其作为出租人保证租出房屋适租是其首要义务，如果出租房屋存在质量问题，其应当承担维修义务，但是因为怠于维修，造成红丽园公司权益受损，其应依法承担责任。

第七百一十三条 承租人在租赁物需要维修时可以请求出租人在合理期限内维修。出租人未履行维修义务的，承租人可以自行维

① 审理法院：一审法院为甘肃省高级人民法院，案号：（2001）甘民初字第5号；二审法院为最高人民法院，案号：（2002）民一终字第4号。

修，维修费用由出租人负担。因维修租赁物影响承租人使用的，应当相应减少租金或者延长租期。

因承租人的过错致使租赁物需要维修的，出租人不承担前款规定的维修义务。

【条文释义】

本条是对出租人不履行维修义务承租人可自行维修的规定。

承租人在租赁物需要维修时，可以发出通知，要求出租人在合理期限内维修。如果出租人接到通知后不履行维修义务，承租人可以对租赁物自行进行维修，其维修费用应当由出租人负担，承租人出具维修费用单据，出租人据实予以承担。如果因维修租赁物而影响承租人使用的，承租人享有减少租金或者延长租期的请求权，出租人应当依照其请求，相应减少出租人的租金，或者相应延长租期，以弥补承租人的损失。

在承租过程中，如果是因承租人的过错，致使租赁物需要维修的，则是承租人的过错所致，对自己过错造成的损失应当承担责任，出租人不承担维修费用、同意解除合同以及减少租金或者延长租期的责任。

【案例评注】

醉美公司与海慈公司房屋租赁合同纠纷案[①]

基本案情

2012 年 12 月 12 日，出租人海慈公司将上海市淮海中路 158 号、188 号三层房屋出租给醉美公司，双方租赁合同约定租赁期限内，如醉美公司发现房屋及其附属设施有损坏或故障时，应及时通知海慈公司修复，费用由海慈公司承担；后履行合同过程中因房屋漏水和空调系统问题，双方纠纷不断升级，最后诉至法院。海慈公司要求解除合同、返还场地、支付租金、水电费；醉美公司提出反诉，要求继续履行合同，赔偿其损失等。

---

① 审理法院：一审法院为上海市卢湾区人民法院，案号：(2007) 卢民三（民）初字第 458 号；二审法院为上海市第一中级人民法院，案号：(2008) 沪一中民二（民）终字第 2058 号。

法院判决

一审法院认为在租赁期限内出租人负有保修义务；醉美公司应首先选择向海慈公司报修，在海慈公司不履行维修义务时可以选择自行维修，维修费用由海慈公司承担，而不应当不付或拒付租金。醉美公司上诉认为，海慈公司不维修房屋漏水，醉美公司依法可以不支付租金。二审法院认为醉美公司违反合同约定，逾期不支付租金累计超过2个月，经催告尚未支付，符合合同约定的解除条件。现海慈公司依约要求解除合同，于法有据，本院予以支持。

专家点评

根据民法典第713条关于出租人不尽维修义务应承担责任的规定，出租人在租赁期内负有使租赁物适合承租人租赁使用的义务，出租人不维修，承租人可以自行维修，但费用由出租人承担。本案中海慈公司作为出租人，在房屋出现漏水和空调系统问题时应及时予以维修，如其不维修，醉美公司可以自行维修，但其不能以此拒付租金。出租人的主要义务是交付符合合同约定的租赁物，承租人的主要义务是支付租金。维修义务与支付租金义务不是对等的，这也是一、二审法院没有支持醉美公司因房屋漏水和空调系统问题造成其损失为由拒付租金的原因。本条延用了《合同法》第221条的规定，但是该条新增第2款，即将承租人在租赁物使用过程中导致的租赁物需要维修的，由承租人自己担负责任，也即过错责任原则。

第七百一十四条 承租人应当妥善保管租赁物，因保管不善造成租赁物毁损、灭失的，应当承担赔偿责任。

【条文释义】

本条是对承租人妥善保管租赁物的规定。

承租人在租赁期限内占有租赁物的，负有妥善保管租赁物的义务。承租人应以善良管理人的注意保管租赁物。租赁物有收益能力的，应保持其收益能力。

承租人保管不善，违背妥善保管租赁物的义务致使租赁物毁损灭失的，应对出租人承担损害赔偿责任，可以依照债务不履行的违约责任确定；在承租人系因故意或过失致租赁物毁损时，也可以依照民法典侵权责任编的规定处理，构成民事责任竞合。出租人可选择其一向承租人主张赔偿损失。

【案例评注】

李厚某、李洪某与某公司、某公司项目经理部租赁合同纠纷案[①]

基本案情

2013年2月21日，某公司渝黔铁路土建1标项目部与李厚某签订《挖掘机租赁合同》一份，挖掘机系李厚某和李洪某合伙所买。合同约定出租方承担租赁期内的所有维修保养费用和操作人员的工资；负责租赁物在租赁期内的保管、丢失和毁损的责任。2014年12月14日，挖掘机作业完后驾驶员将其停放在珞璜镇卫生院对面，次日凌晨2时左右，被案外人郑小波点火毁损。李厚某和李洪某要求某公司承担挖掘机毁损的赔偿。

法院判决

一审法院认为，根据租赁合同约定，保管义务并不在于某公司，而是由李厚某和李洪某负责，所以其主张不成立。李厚某和李洪某上诉称一审法院认定租赁关系错误且李厚某签订的合同对李洪某无约束力。二审法院以合同属于租赁合同为由，认定一审判决合法合理，并维持原判。

专家点评

根据民法典第714条关于承租人保管义务的规定，承租人在租赁期限内负有保管承租标的物的义务，因保管不善造成租赁物毁损、灭失的，应当承担赔偿责任。本案为租赁合同纠纷，按照法律规定，某公司需要承担保管挖掘机的义务，通常情况下，挖掘机毁损的责任应该由其承担，但是关于租赁标的物挖掘机的保管义务在合同中做了另行约定，即由出租人负责，毁损的风险转移到出租人身上，因而二审法院依据《合同法》第231条的规定维持一审判决，不支持李厚某和李洪某要求某公司承担赔偿责任的诉求。

第七百一十五条 承租人经出租人同意，可以对租赁物进行改善或者增设他物。

---

① 审理法院：一审法院为重庆市江津区人民法院，案号：（2015）津法民初字第01614号；二审法院为重庆市第五中级人民法院，案号：（2016）渝05民终3313号。

承租人未经出租人同意，对租赁物进行改善或者增设他物的，出租人可以请求承租人恢复原状或者赔偿损失。

【条文释义】

本条是对承租人改善租赁物或者增设他物的规定。

承租人在承租租赁物期限内，原则上不得随意对租赁物进行改善或者增设他物，除非出租人同意。承租人只有经出租人同意，才可以对租赁物进行改善或者增设他物。承租人在对租赁物进行改善或者增设他物时，应当在约定的范围内进行，不能超过双方当事人约定的范围。

如果承租人未经出租人同意，就对租赁物进行改善或者增设他物的，违反了承租人的义务，属于违约行为，出租人可以请求承租人恢复原状。对于改善或者增设他物给租赁物造成损失的，承租人应当承担损害赔偿责任。

【案例评注】

纺织公司、潘贤某房屋租赁合同纠纷案[①]

基本案情

2013年12月30日，纺织公司与潘贤某签订《房屋、停车场地租赁协议书》，约定经营范围由被告自行决定。在协议履行过程中，因潘贤某进行装饰装修发生争议，在潘贤某装饰完毕后，纺织公司诉请之一是恢复原状。

法院判决

一审法院认为依照法律规定未经出租人同意，对租赁物进行改善或者增设他物的，出租人可以要求承租人恢复原状或者赔偿损失。但依照双方合同第六条第3项租赁期满或者导致协议终止时，对有关物品、设施的处理原则中约定的项目与被告在维修、装饰、改善、增设他物的内容基本一致，且纺织公司在潘贤某装修过程中未提出异议，更为重要的是装饰装修并没有改变房屋的主体结构、影响房屋的整体质量。所以驳回纺织公司诉请。纺织公司上诉主张一审法院错误解释

---

① 审理法院：一审法院为浙江省新昌县人民法院，案号：（2017）浙0624民初1810号；二审法院为浙江省绍兴市中级人民法院，案号：（2017）浙06民终2766号。

合同目的，且对于转租默认的说法是错误的。二审法院认为潘贤某的装饰装修行为不违反法律规定和合同约定内容，且没有破坏房屋主体结构，驳回纺织公司上诉，维持原判。

专家点评

根据民法典第715条关于承租人添付的规定，承租人对租赁物进行改善或者增设他物必须经过出租人同意，未经同意的，出租人可以请求承租人恢复原状或者赔偿损失。纺织公司依照《合同法》第223条的规定提起诉讼符合法律规定。但是能否得到支持除了看法律规定还需要看合同约定、实际情况和证据，虽然潘贤某装修方案未告知纺织公司存在瑕疵，但是整体性符合法律和合同约定，装修并未改变房屋主体结构和整体质量，且装修、改造、增设施工长达半年之久，纺织公司未提出异议。二审法院驳回纺织公司上诉，维持原判，值得赞同。

第七百一十六条　承租人经出租人同意，可以将租赁物转租给第三人。承租人转租的，承租人与出租人之间的租赁合同继续有效；第三人造成租赁物损失的，承租人应当赔偿损失。

承租人未经出租人同意转租的，出租人可以解除合同。

【条文释义】

本条是对转租的规定。

在租赁合同中，承租人的义务之一，是未经出租人同意不得转租。承租人经过出租人同意，将租赁物转租给第三人，构成合法转租，转租合同有效。

出租人的同意，既可以是在承租人转租前，经概括授权的方式，也可以个别认可的方式表示同意，还可以在转租事实发生后采用予以追认的方式。

转租合同成立，在同一个租赁物上就出现了出租人、转租人（承租人）和次承租人三种主体，形成转租合同的法律关系。当事人之间的法律关系是：

1. 转租人与次承租人的关系，与普通的租赁并无区别，但在出租人与承租人之间的租赁关系与承租人和次承租人之间的租赁关系同时终止时，次承租人可以直接将租赁物返还给出租人，免除其对于承租人的返还义务。

2. 出租人与承租人之间的租赁关系不因转租而受影响，承租人并应就因次承租人应负责的事由所产生的损害向出租人负赔偿责任。至于损害的发生，承租人有无过失在所不问，只要是可归责于次承租人的事由即可。

3. 出租人与次承租人之间原本并不存在直接的法律关系，但基于保护出租人利益的法律目的，确认以下法律关系：次承租人可以直接向出租人履行承租人应当履行的义务，出租人也可以直接向次承租人行使转租人可以行使的权利。

转租是以承租人享有租赁权为基础的。在承租人的租赁权因合同终止等原因消灭时，次承租人不能向出租人主张租赁权。如果因此导致次承租人不能得到租赁权而受有损害，次承租人也只能向转租人请求赔偿。

未经出租人同意，承租人对租赁物转租构成违约行为，是不合法的转租。其法律关系是：

1. 转租人与次承租人之间的租赁合同可以生效，转租人负有使次承租人取得对租赁物的使用、收益权利的义务，因转租人不能行使次承租人取得租赁物的使用、收益的权利，次承租人可以向其主张违约的损害赔偿责任。在双方当事人订立租赁合同时，次承租人如果误信转租人业已取得出租人的允许，可以认识错误为理由行使合同的撤销权，以营造次承租人更大的选择空间。

2. 承租人擅自转租为严重的违约行为，出租人有权解除合同。

3. 次承租人的租赁权不得对抗出租人。在出租人终止租赁关系时，出租人自得直接向次承租人请求返还租赁物。但如果出租人不终止租赁关系，出租人得以所有权为据向次承租人主张排除妨害。

【案例评注】

叶爱某、赵秀某房屋租赁合同纠纷案[①]

基本案情

2017 年 5 月 14 日，赵秀某将余杭区一处房屋出租给叶爱某，租期为 5 年。2017 年 11 月 5 日，叶爱某将房屋转租给第三人肖莹。赵秀某起诉要求解除合同，支付违约金等。

① 审理法院：一审法院为浙江省杭州市余杭区人民法院，案号（2018）浙 0110 民初 9586；二审法院为浙江省杭州市中级人民法院，案号：（2018）浙 01 民终 9219 号。

法院判决

一审法院认为叶爱某未经赵秀某同意，对外转租，构成违约，赵秀某有权解除合同。叶爱某上诉认为合同中虽未约定不得转租，但未约定并非禁止或不同意，而是默认可转租，约定大于法定，因此转租合法。二审法院依据《合同法》第二百二十四条的规定，否认其上诉理由，支持赵秀某一审该项诉请。

专家点评

根据民法典第716条关于承租人不得私自转租的规定，承租人在租赁期限内，未经出租人同意，不得转租租赁物，如果转租，出租人有权解除合同。本案叶爱某未经赵秀某同意即对外转租，违反《合同法》第224条规定的规定，叶爱某又没有证据证实赵秀某曾口头同意其转租，也没有证据证实赵秀某有民法典718条规定的六个月未提出异议规定的情形。二审法院驳回叶爱某的上诉，维持原判。值得赞同。

第七百一十七条　承租人经出租人同意将租赁物转租给第三人，转租期限超过承租人剩余租赁期限的，超过部分的约定对出租人不具有法律约束力，但是出租人与承租人另有约定的除外。

【条文释义】

本条是对转租期限的规定。

出租人同意转租的，转租合同约定的租赁期限应当在承租人的剩余租赁期限内，即转租期限不能超过本租所剩期限，超出承租人于本租所剩余租赁期限的转租期间无效，对出租人不发生法律上的拘束力。不过，转租期限超过本租的期限部分，如果出租人与承租人另有约定，予以同意的，等于对本租又约定了新的租赁期限，超出本租期限的转租期限就成为本租期限，对各方当事人都具有法律效力。

转租合同的次承租人在与本租当事人之间发生争议时，可以参加诉讼，次承租人的身份是无独立请求权的第三人。

【案例评注】

周永某与孙建某土地承包经营权出租合同纠纷案①

基本案情

2010年，孙建某通过村里领导权某将承包地口头租给了赵某，赵某又将地转租给了周永某，后周永某将租赁费交给了权某开始租种。2012年9月，孙建某要收回承包地时才得知转租事宜，2013年4月要求周永某退出承包地，周永某未予以理睬，孙建某即铲除其地上附着物，被周永某起诉。

法院判决

一审法院认为周永某并未与孙建某签订租赁合同，且现有证据并不能证实周永某有2013年的租赁权，所以其诉请不能支持。周永某上诉称自己是承租人不是转承租人，且如果没有书面委托明示的，他人代其签订的协议一律无效，这只能纵容被上诉人违法毁约和侵权。二审法院认为本案孙建某与赵某属于不定期租赁，出租人随时可以要求解除租赁合同，周永某属于转租情形，转租期限不可以超过承租期限。因本案中转租为无效合同，所以周永某的上诉于法无据，驳回上诉。

专家点评

根据民法典第717条关于转租期限的规定，承租人在租赁期限内，经出租人同意，可以转租，但是转租期限不得超过租赁期限，超过部分对出租人不具有约束力。本案孙建某将土地租赁给赵某，双方未签订书面合同，租赁期限未约定，根据民法典707条关于“租赁期限六个月以上的应当采用书面形式。当事人未采用书面形式的视为不定期租赁”，《合同法》第232条“……不定期租赁，当事人可以随时解除合同”及《最高人民法院关于审理城镇房屋租赁合同纠纷案件具体应用法律若干问题的解释》第15条规定：“承租人经出租人同意将租赁房屋转租给第三人时，转租期限超过承租人剩余租赁期限的，人民法院应当认定超过部分的约定无效。但出租人与承租人另有约定的除外”等规定，本案转租

---

① 审理法院：一审法院为甘肃省定西市临洮县人民法院，案号：（2014）临民二初字第225号；二审法院为甘肃省定西市中级人民法院，案号：（2014）定中民三终字第153号。

期限超过租赁期限，超过部分无效，所以，一、二审法院对于周永某一、二审诉请均未支持。

第七百一十八条 出租人知道或者应当知道承租人转租，但是在六个月内未提出异议的，视为出租人同意转租。

【条文释义】

本条是对出租人对转租默示同意的规定。

出租人对承租人转租的默示同意，是指出租人知道或者应当知道承租人转租，超过异议期限而不反对，即发生同意转租的意思表示。换言之，承租人已经构成擅自转租，自出租人知道或者应当知道之日起，出租人享有六个月的异议期，在六个月内可以提出异议。一经提出异议，转租即为无效。超出六个月异议期，出租人没有提出异议的，推定出租人默示同意转租，该转租合同有效，认可承租人和次承租人之间的转租合同的效力。

【案例评注】

吴菊某与邹建某房屋租赁合同纠纷案①

基本案情

吴菊某租赁龙西股份合作社房屋后，又分别于2010年1月6日、2014年2月22日、2017年1月11日与邹建某签订租赁合同。2018年2月22日，吴菊某发函不再同意续租合同，要求邹建某搬离租赁房屋，邹建某认为自己有优先租赁权，不同意搬离。

法院判决

一审法院认为转租超过六个月，出租人未提出异议视为同意，现转租期满，承租人吴菊某收回自用，并非对外转租，邹建某不能行使优先承租权。邹建某上诉理由主要是优先承租权。二审法院认为吴菊某与龙西股份合作社签订的租

① 审理法院：一审法院为江苏省苏州市吴中区人民法院，案号：（2018）苏0506民初2672号；二审法院为江苏省苏州市中级人民法院，案号：（2018）苏05民终6481号。

赁合同明确约定不得转租，因而吴菊某转租无效，但主张无效的主体应是龙西股份合作社而不是邹建某；关于优先续租权，因吴菊某自用，本案不涉及优先续租权。

专家点评

根据民法典第718条的规定，承租人在租赁期限内转租，出租人知道或者应当知道且在六个月内未提出异议的，视为出租人同意转租。根据《最高人民法院关于审理城镇房屋租赁合同纠纷案件具体应用法律若干问题的解释》第16条的规定，出租人知道或者应当知道承租人转租，但在六个月内未提出异议，其以承租人未经同意为由请求解除合同或者认定转租合同无效的，人民法院不予支持。据此规定，本案主张转租合同无效的主体是龙西股份合作社，而不是邹建某，所以邹建某主张合同无效的诉请没有得到法院支持。关于优先续租权，民法典第734条规定了承租人的优先续租权，本案中一、二审法院均以吴菊某自用为由驳回邹建某诉请，优先承租权的前提是在出租人将房屋另租的情形下，而如果转租人吴菊某自用，则不涉及优先承租权问题。

第七百一十九条 承租人拖欠租金的，次承租人可以代承租人支付其欠付的租金和违约金，但是转租合同对出租人不具有法律约束力的除外。

次承租人代为支付的租金和违约金，可以充抵次承租人应当向承租人支付的租金；超出其应付的租金数额的，可以向承租人追偿。

【条文释义】

本条是对承租人拖欠租金次承租人可以代缴的规定。

在转租合同的法律关系中，承租人对出租人承担缴纳租金义务，次承租人对转租人承担缴纳租金义务。承租人对出租人拖欠租金，属于根本违约，出租人当然可以主张与承租人解除合同。但是由于存在转租关系，涉及次承租人的转租合同利益，如果因为承租人未缴纳租金而解除租赁合同，次承租人的转租合同将无处依附而消灭。对此，次承租人可以代承租人缴纳拖欠的租金和违约金，并可以以此作为抗辩理由进行抗辩，主张出租人不得解除合同。

次承租人缴纳的租金和违约金其实是替承租人履行义务。因此，次承租人代为支付的租金和违约金，可以抵作转租的租金；超出其应付的租金数额的，可以向承租人追偿。

【案例评注】

孙红某、某公司房屋租赁合同纠纷案①

基本案情

孙红某将涉案房屋交付圣帝亚购物中心代为租赁经营。圣帝中心又将房屋租赁给某公司。孙红某以逾期交纳租赁费为由曾起诉圣帝中心，法院判决《代租协议》于2017年1月1日解除。孙红某起诉某公司要求支付2017年1月1日至2017年8月13日的使用费。

法院判决

一审法院认为某公司的租赁合同合法有效，且已经交付至2018年11月18日的房屋租赁费，驳回孙红某的诉请。孙红某上诉认为圣帝中心与某公司转租部分无效，代租协议解除后，同仁堂使用期间的费用应予以支付。二审法院认为某公司在代租协议解除后继续使用孙红某房屋应支付使用费，某公司可以在承担责任后向圣帝中心追偿。

专家点评

根据民法典第719条关于次承租人代付租金的规定，在转租合同约束出租人的情况下，承租人拖欠出租人的租金的，次承租人可以代为支付租金和违约金，代为支付部分可以折抵租金，超过部分可以追偿。本案中，某公司曾作为第三人参与孙红某与圣帝中心的他诉中，应视为孙红某同时向圣帝亚购物中心、某公司即墨药店通知解除租赁合同。在租赁合同自2017年1月1日解除后，某公司应将租赁费交给孙红某，因此某公司向圣帝亚中心支付租赁费而扩大的损失应由其自行承担，其以已足额支付圣帝中心租金不存在过错为由，不向孙红某支付房屋占用费于法无据；某公司多支出的租金，可以依据《最高人民法院关于审理城镇房

---

① 审理法院：一审法院为山东省青岛市即墨区人民法院，案号：（2017）鲁0282民初8242号；二审法院为山东省青岛市中级人民法院，案号：（2018）鲁02民终1169号。

屋租赁合同纠纷案件具体应用法律若干问题的解释》第17条的规定向圣帝中心另行主张。

第七百二十条 在租赁期限内因占有、使用租赁物获得的收益，归承租人所有，但是当事人另有约定的除外。

【条文释义】

本条是对承租人享有租赁物收益权的规定。

占有、使用、收益，是承租人签订租赁合同使用租赁物的应有之意，是承租人通过租赁合同实现的合同目的。因此，承租人在租赁期限内对租赁物占有、使用中而使租赁物获得收益的，其收益的权属当然属于承租人所有。如果当事人在合同中另有约定，那就是另外一回事了，应当按照约定处理。

【案例评注】

伯伦物业与刘春某、东北印刷厂房屋租赁合同纠纷案[①]

基本案情

伯伦物业承租东北印刷厂的伯伦大厦后将一楼126室转租给刘春某，2009年3月25日，双方订立租赁合同书一份，租期一年。2009年4月28日，东北印刷厂发出通知，要求收回房屋，交由沈阳海外华侨招商实业公司经营。刘春某即与沈阳公司办理租赁事宜，但交给伯伦公司的租赁费，未予以退还。刘春某起诉伯伦物业要求返还租金。

法院判决

一审法院认为，伯伦物业与东北印刷厂的合同于2008年12月31日到期，之后变为不定期租赁，2009年4月28日东北印刷厂收回房产，伯伦物业不再具有对外出租权利，其多收取的租金61250元应予以退还。伯伦物业上诉主张其出租时具有出租权，其收取的租金已移交给东北印刷厂，应由东北印刷厂返还租金。

---

① 审理法院：一审法院为辽宁省沈阳市和平区人民法院，案号：（2011）沈和民二初重字第00027号；二审法院为辽宁省沈阳市中级人民法院，案号：（2014）沈中民二终字第569号。

二审法院认为伯伦物业在2009年4月28日之后丧失出租权，因而也就不能再享有收取租金的权益。从而驳回其上诉。

专家点评

根据民法典第720条关于承租人收益的规定，在承租期限内，除合同另有约定外，租赁收益应归承租人所有。但是租赁期限届满后，承租人无权再收取承租利益，否则就会变成不当得利。《合同法》第225条明确规定，在租赁期限内因占有、使用租赁物获得的收益，归承租人所有，但当事人另有约定的除外。在2009年4月28日之前，伯伦物业可以收取租金，但是之后因其丧失承租权，对丧失之前多收取的租金没有保有的依据，应予以退还刘春某。

第七百二十一条　承租人应当按照约定的期限支付租金。对支付租金的期限没有约定或者约定不明确，依据本法第五百一十条的规定仍不能确定，租赁期限不满一年的，应当在租赁期限届满时支付；租赁期限一年以上的，应当在每届满一年时支付，剩余期限不满一年的，应当在租赁期限届满时支付。

【条文释义】

本条是对承租人按期支付租金的规定。

租金，是承租人使用、收益租赁物的对价，一般以金钱计算，但在当事人约定以租赁物的孳息或其他物品充当租金的也可以。

租金的数额由当事人自行约定，但法律对租金数额有特别规定的，应依法律的规定约定；当事人约定的租金高于法律规定的最高限额的，其超过部分为无效。承租人支付租金应依当事人约定的数额交付。租金虽为租赁物使用、收益的代价，但自己因承租人的事由而致不能对租赁物的一部分或全部为使用、收益的，不能免除或部分免除承租人交付租金的义务，仍应按约定的数额交付租金。由于承租人的原因致租赁物全部毁损灭失的，当事人之间的租赁合同终止，承租人应负损害赔偿责任，其交付租金的义务应当终止。

承租人支付租金应当按照约定的支付期限进行。租金支付期限的确定方法是：

1. 承租人应当按照约定的期限支付租金，约定的支付期限必须遵守。

2. 租赁合同对支付期限没有约定或者约定不明确的，依照民法典合同编第510条的规定，当事人可以补充协议，按照补充协议确定支付期限。

3. 补充协议仍不能确定的，支付期限的确定办法是：租赁期限不满一年的，应当在租赁期限届满时支付；租赁期限在一年以上的，应当在每届满一年时支付，剩余时间不满一年的，应当在租赁期限届满时支付。

【案例评注】

惠民公司奇台分公司与奇果公司房屋租赁合同纠纷案[①]

基本案情

2014年3月26日，奇果公司与惠民公司签订了2份商铺租赁合同，约定租金一次性缴纳107050元，但是奇果公司并未一次性交纳。2014年3月26日至2016年12月2日，分五次合计交纳租金80000元。因未足额交付租金，2016年12月20日惠民公司上锁封门，并提起诉讼，要求奇果公司支付租金。

法院判决

一审法院认为，关于租金的支付方式双方在实际履行过程中已经变更履行方式，在未达成合意的情况下，按实际租用时间计算租金。惠民公司上诉人认为一审判决适用《合同法》第二百二十六条属于适用法律错误，奇果公司构成违约应支付违约金。二审法院认为奇果公司在惠民公司锁门后未再使用，租金不应再继续支付；但是奇果公司租赁期间逾期支付租金，构成违约，应支付违约金。

专家点评

根据民法典第721条关于租金支付的规定，在承租期限内，租金支付期限按照双方约定确定，没有约定或者约定不明的，如果按照《合同法》第226条也即民法典第510条之规定仍无法确定的情况下，按年为一个交付周期，不满一年的，应当在租赁期限届满时支付。本案关键的在于双方关于租期约定是否明确，一审法院认为虽然合同中有明确约定，但是后续履行过程中，发生了变更，视为约定不明，奇果公司按年度交付租金，并没有违约；二审法院对此问题虽然没有明

---

① 审理法院：一审法院为新疆维吾尔自治区奇台县人民法院，案号：（2018）新2325民初2595号；二审法院为新疆昌吉回族自治州中级人民法院，案号：（2019）新23民终905号。

确，但是从其判决结果来看，认为奇果需要赔偿违约金，则意味着否认了一审判决的认定。

第七百二十二条　承租人无正当理由未支付或者迟延支付租金的，出租人可以请求承租人在合理期限内支付；承租人逾期不支付的，出租人可以解除合同。

【条文解读】

本条是对承租人违反支付租金义务的规定。

承租人按期支付租金是其义务。承租人没有正当理由，未支付或者迟延支付租金的，构成违约行为。对此，出租人救济违约后果的方法是：

1. 催告。承租人未支付租金或者迟延支付租金，出租人有权对承租人进行催告，采用通知的方式，请求承租人在合理期限内支付租金，合理期限是宽限期，如三个月。

2. 在出租人催告中提出的宽限期内，承租人仍不支付租金的，出租人产生解除权，可以解除合同。一经行使该解除权，该租赁合同即告解除。

【案例评注】

煜丰公司与消防支队房屋租赁合同纠纷案①

基本案情

2010年，消防支队将一栋房屋租赁给壹号公馆公司，2013年10月11日，消防支队同意壹号公馆公司将房屋转租给煜丰公司，后煜丰公司拖欠租金，消防支队提起诉讼。

法院判决

一审法院认为，消防支队在租赁期间多次催告，煜丰公司至今未支付租金，但是转租协议合同主体不是消防支队，所以其不能主张解除合同。煜丰公司上诉

---

① 审理法院：一审法院为广西壮族自治区防城港市港口区人民法院，案号：（2017）桂0602民初332号；二审法院为广西壮族自治区防城港市中级人民法院，案号：（2017）桂06民终1110号。

认为其不支付租金是有正当理由和得到消防支队同意，不存在无正当理由不支付租金的情形。二审法院认为，消防支队与壹号公馆公司协议，因不足额及时支付租金，消防支队已经登报解除双方协议书，煜丰公司上诉理由不成立。

专家点评

根据民法典第722条关于租金的未支付、迟延支付和逾期不支付租金的规定，租赁合同承租人的主要义务是支付租赁费，如果承租人无正当理由，未支付或者迟延支付租金的，且在合理期限内承租人逾期不支付的，出租人可以解除合同。《合同法》第227条也规定承租人逾期支付租金，出租人可以解除合同。本案中，虽然有转租情形的存在，但是壹号公馆公司拖欠租金，在出租人消防支队多次催告后，仍不支付租金，煜丰公司虽然主张代壹号公馆公司支付租金，但是并无诚意实际履行，此种情形下，消防支队诉请解除合同，合理合法。

第七百二十三条 因第三人主张权利，致使承租人不能对租赁物使用、收益的，承租人可以请求减少租金或者不支付租金。

第三人主张权利的，承租人应当及时通知出租人。

【条文释义】

本条是对租赁物权利瑕疵担保责任的规定。

出租人的权利瑕疵担保责任，是指出租人应担保不因第三人对承租人主张权利而使承租人不能依约使用、收益租赁物的责任。如果出租人未经租赁物的所有权人或处分权人许可即出租他人之物，或者租赁物因受其他用益物权的限制，致使承租人事实上不能对租赁物使用、收益的，即发生出租人承担权利的瑕疵担保责任问题。

出租人权利瑕疵担保责任的构成要件是：（1）有第三人就租赁物向承租人主张权利的事实发生。（2）第三人就租赁物向承租人所主张的权利发生于租赁物交付之前，妨害了承租人对租赁物的使用、收益。（3）承租人于合同订立时不知有权利瑕疵存在。（4）承租人在第三人主张权利时及时通知了出租人。承租人未通知的，构成违约责任。

出租人承担权利的瑕疵担保责任的，承租人可以请求减少租金或者不支付租金。其中不支付租金，既包括暂时不支付租金，也包括解除租赁合同而终局地不支付租金。

【案例评注】

隆昌县佳鑫公司、郑兴某租赁合同纠纷案[①]

基本案情

2015年9月，佳鑫公司将租赁石燕桥镇政府的厂房出租给郑兴某，郑兴某租赁后，在修建围墙、安装机器设备的过程中，郑兴某遭到佳鑫公司债权人的阻挠（包括断电、断路等），无法正常使用该厂房，郑兴某随后一直未使用佳鑫公司提供的厂房，之后该租赁物被强制执行。佳鑫公司提起诉讼要求郑兴某支付租赁费等费用。

法院判决

一审法院认为债权人的行为并不导致郑兴某不能使用该租赁物，即便有，郑兴某也没有尽到通知出租人的义务，所以郑兴某的该抗辩法院不支持。佳鑫公司上诉认为郑兴某还应支付2016年9月6日至2017年7月31日的租金，郑兴某上诉认为合同无效，且是第三人行为导致承租人无法使用租赁物。二审法院认为，租赁厂房在政府协调下，郑兴某同意继续履行合同、使用租赁物，并且在案涉租赁场地修建了围墙，安装了部分机器设备。郑兴某使用了佳鑫公司的租赁房屋，应向佳鑫公司支付租赁费。

专家点评

根据民法典第723条关于租赁物的权利瑕疵的规定，租赁期内，如果出现因第三人主张权利导致承租人使用租赁物不能的情形，承租人可以请求减少租金或者不支付租金，在严重情形下可以主张解除合同，但是承租人有及时通知出租人的义务。本案中，虽然郑兴某在使用租赁物过程中，有第三人阻挠，但是在政府协调下，郑兴某同意继续履行合同、使用租赁物，并且在案涉租赁场地修建了围墙，安装了部分机器设备，此种情况下，其不符合《合同法》第228条和本条规定的不能使用租赁物的情形，其仍需按照合同约定支付租金。

---

① 审理法院：一审法院为四川省隆昌市人民法院，案号：（2017）川1028民初2712号；二审法院为内江市中级人民法院，案号：（2019）川10民终418号。

第七百二十四条 有下列情形之一，非因承租人原因致使租赁物无法使用的，承租人可以解除合同：

（一）租赁物被司法机关或者行政机关依法查封、扣押；

（二）租赁物权属有争议；

（三）租赁物具有违反法律、行政法规关于使用条件的强制性规定情形。

【条文释义】

本条是对承租人法定解除权的规定。

承租人产生法定解除权的原因，是由于非承租人原因使租赁物无法使用，构成根本违约，因此承租人产生法定解除权。

承租人产生法定解除权的事由是：

1. 在租赁过程中，司法机关或者行政机关依法查封了租赁房屋，承租人无法使用，承租人可以请求解除。

2. 租赁房屋出现了权属争议，租赁房屋到底是谁的都不知道，承租人当然可以要求解除合同。

3. 租赁物违反《建筑法》《消防法》等法律、行政法规关于房屋使用条件的强制性规定。

在上述三种情况下，租赁房屋没有适住条件，承租人享有法定解除权，可以行使解除权，要求法院解除租赁合同。

【案例评注】

凌银公司与胡某某房屋租赁合同纠纷案①

基本案情

凌银公司租赁上海市闸北区糖业烟酒公司经营性房屋，并于2011年3月3日与胡某某签订租赁合同。因凌银公司不能提供房产证，胡某某不能办理营业执照

① 审理法院：一审法院为上海市闸北区人民法院，案号：（2012）闸民三（民）初字第472号；二审法院为上海市第二中级人民法院，案号：（2013）沪二中民二（民）终字第489号。

被行政处罚。双方就合同解除及赔偿事宜未达成一致，胡某某起诉要求解除合同，赔偿损失；凌银公司反诉要求支付租金、赔偿损失。

法院判决

一审法院认为，双方合同已经协商解除；判令凌银公司返还保证金。凌银公司上诉认为合同解除是因为胡某某的原因，其应该承担责任。二审法院认为，在因凌银公司原因而致胡某某不能实现租赁目的的情况下，胡某某有权主张解除合同；双方于2011年9月8日协商解除。虽然合同解除主要原因在于凌银公司，但胡某某对诉争租赁物是否能够满足租赁目的未作审慎核查，对合同的解除亦有一定责任。

专家点评

根据民法典第724条关于承租人解除权的规定，如果因为非承租人的原因致使租赁物无法使用，承租人可以解除合同，该条列举了三种情形：司法或者行政查封；权属有争议；违反法律、行政法规关于使用条件的强制性规定。本案应属于第三种情形，即租赁物具有违反法律、行政法规关于使用条件强制性规定的情形。胡某某因为凌银公司不能提供房产证而无法办理营业执照，不能从事市场经营活动，这是合同解除的主要原因，但胡某某未作审慎核查，对合同的解除亦有一定责任，对于合同解除双方均有过错。

第七百二十五条　租赁物在承租人按照租赁合同占有期限内发生所有权变动的，不影响租赁合同的效力。

【条文释义】

本条是对买卖不破租赁的规定。

买卖不破租赁，是租赁权物权化的体现，是指在租赁关系存续期限内，承租人对租赁物的占有和使用可以对抗第三人，即使该租赁物所有权人或享有其他物权的人也不例外。我国确认租赁权的对抗效力，不论房屋租赁要求进行登记备案是否妥当，但经由登记备案，承租人的租赁权即可具有对抗的效力。无论是需要进行登记的租赁还是不需要进行登记的租赁，无论是动产租赁还是不动产租赁，租赁权都具有对抗效力。承租人可以基于租赁权对第三人主张排除妨害请求权。

适用买卖不破租赁的条件是：（1）租赁合同成立并且已经生效；（2）租赁物

已经交付给承租人，被承租人实际占有；(3) 租赁物的所有权变动发生在租赁期限内；(4) 出租人或者租赁物的所有人将租赁物所有权让与第三人。具备上述条件，即使租赁物的买受人不知道该租赁合同的存在，租赁关系仍然能够对抗该买受人，租赁关系对买受人具有拘束力。

租赁房屋在租赁期限内发生所有权变动，承租人请求房屋受让人继续履行原租赁合同的，符合买卖不破租赁原则要求，应予支持。例外的是：(1) 当事人另有约定，依照约定；(2) 房屋在出租前已设立抵押权，因抵押权人实现抵押权发生所有权变动；(3) 房屋在出租前已被人民法院依法查封。上述三种情形，都不适用买卖不破租赁规则。

【案例评注】

九华公司与花样公司房屋租赁合同纠纷案[①]

基本案情

2008 年 3 月 13 日，假日酒店与花样公司签订租赁合同，租赁期限为 2008 年 3 月 1 日至 2014 年 3 月 30 日。2011 年 6 月 10 日假日酒店与九华公司签订补充合同，将房屋抵债给九华公司。因花样公司不支付租赁费，被九华公司起诉到法院。

法院判决

一审法院认为，买卖不破租赁，但承租人应当支付租金，并且在租赁期满后返还租赁物。二审法院认为，租赁物在租赁期限内发生所有权变动的，不影响租赁合同的效力。受让人在受让该租赁物的所有权时与承租人产生新的租赁合同关系，成为一个新的出租人。九华公司取得产权的时间是 2012 年 5 月 30 日，所以花样公司应支付自 2012 年 6 月后的租赁费及使用费，租赁期满后应依法返还租赁房产。

专家点评

根据民法典第 725 条关于所有权变动后的合同效力的规定，租赁物在承租人依据租赁合同占有期限内发生所有权变动的，不影响租赁合同的效力，也即是俗

---

① 审理法院：一审法院为陕西省宝鸡市渭滨区人民法院，案号：(2014) 渭滨民初字第 01233 号；二审法院为陕西省宝鸡市中级人民法院，案号：(2015) 宝中民三终字第 00019 号。

称的买卖不破租赁。租赁物在租赁期限内发生所有权变动，不对租赁关系产生影响，承租人需要向新出租人交付租赁费。另外租赁期满，根据《最高人民法院关于审理城镇房屋租赁合同纠纷案件具体应用法律若干问题的解释》第 18 条的规定，房屋租赁合同履行期限届满，出租人请求负有腾房义务的承租人支付逾期腾房占有使用费。本案亦是如此，花样公司需要向九华公司支付租期内的租金以及租期届满后继续占用的使用费。

第七百二十六条 出租人出卖租赁房屋的，应当在出卖之前的合理期限内通知承租人，承租人享有以同等条件优先购买的权利；但是，房屋按份共有人行使优先购买权或者出租人将房屋出卖给近亲属的除外。

出租人履行通知义务后，承租人在十五日内未明确表示购买的，视为承租人放弃优先购买权。

【条文释义】

本条是对承租人对租赁房屋享有优先购买权的规定。

承租人的优先购买权，是指当出租人出卖承租人租赁的房屋时，承租人在同等条件下，依法享有优先于其他人购买房屋的权利。承租人的优先购买权依法产生，只能属于特定人享有，具有一定的专属性，承租人不能将该权利转让给他人享有。承租人只有在特定的法律事实出现时才可以行使：

1. 承租人的优先购买权发生于出租人转让房屋所有权时。

2. 出租人出卖租赁房屋应尽到通知义务。承租人应当在接到通知后的 15 天之内履行优先购买权。

3. 承租人仅在同等条件下享有优先购买权。同等条件是指价格的同一，主要是指出让价，包括价格、交付房价期限、方式等，至于所出售房屋的部位、数量应无区别；如果出租人基于某种特殊原因给予了其他买受人一种较优惠的价格，而此种优惠能以金钱计算，则应折合金钱加入价格中。如果不能以金钱计算，则应以市场价格来确定房价。

对抗承租人优先购买权的事由是：

1. 房屋按份共有人行使优先购买权的，依照物权优先原则，可以对抗承租人的优先购买权。

2. 出租人将房屋出卖给近亲属，包括配偶、父母、子女、兄弟姐妹、祖父母、外祖父母、孙子女、外孙子女的，其近亲属的购买权优先。

3. 承租人放弃优先购买权，即出租人履行通知义务后，承租人在15日内未明确表示购买的，视为承租人放弃优先购买权。

【案例评注】

杨尾某与中信公司房屋租赁合同纠纷案①

基本案情

2014年4月4日，王天某与中信公司签订《房屋租赁合同》，租赁期限自2014年4月8日起至2017年4月7日止。2016年11月8日，中信公司将房屋转让给王玉某和陶月某。王天某与杨尾某于2016年2月17日离婚，杨尾某为实际使用人。杨尾某一审起诉要求行使承租人优先购买权。

法院判决

一审法院认为，杨尾某并非租赁合同主体，不能行使优先购买权。杨尾某与租赁合同签定主体是夫妻关系，且一直经营使用，应为合同相对人，二审法院认为，杨尾某与王天某之间的离婚协议是其内部协议，不能因此改变租赁合同的主体，其不是租赁合同相对人，不能行使优先购买权。

专家点评

根据民法典第726条关于承租人优先购买权的规定，出租人出卖租赁房屋需在合理期限内通知承租人，承租人在同等条件下享有优先购买权，但是承租人在十五日内未明确表示购买的，视为放弃优先购买权；承租人的优先购买权不优先于房屋按份共有人和出租人近亲属。若出租人未尽通知义务，则承租人可以根据《最高人民法院关于审理城镇房屋租赁合同纠纷案件具体应用法律若干问题的解释》第21条规定，要求出租人承担赔偿责任。但请求确认出租人与第三人签订的房屋买卖合同无效的，人民法院不予支持。同时需要明确该条是赋予承租人的权利，根据合同相对性，不是租赁合同主体不能主张该权利。

① 审理法院：一审法院为湖北省武汉市武昌区人民法院，案号为（2018）鄂0106民初7594号；二审法院为武汉市中级人民法院，案号：（2018）鄂01民终10232号。

第七百二十七条　出租人委托拍卖人拍卖租赁房屋的，应当在拍卖五日前通知承租人。承租人未参加拍卖的，视为放弃优先购买权。

【条文释义】

本条是对拍卖租赁物承租人行使优先购买权的规定。

出租人委托拍卖人拍卖租赁房屋时，不能像用一般买卖方式出让租赁房屋一样，以通知的方式通知承租人。因而，本条规定，出租人委托拍卖行对出租房屋进行拍卖时，应当在拍卖的五日前，以通知方式通知承租人，承租人主张购买出租房屋的，应当参加拍卖，通过竞买的方式实现自己的权利，但是在竞买中不存在优先购买权的问题，仍然是出价高者获得购买的资格。如果经通知后承租人未参加拍卖，应当认定承租人放弃优先购买权，不得再主张优先购买权。

【案例评注】

花溪塑料厂与魏某房屋租赁合同纠纷案①

基本案情

花溪塑料厂与魏某签订房屋租赁合同，2012 年合同到期后没有续订合同，但是魏某一直使用。2014 年 1 月 3 日，花溪塑料厂发出合同到期后不再续租的通知。双方经协调，约定租赁期限至 2015 年 6 月。2014 年 8 月 13 日，花溪塑料厂委托拍卖该房屋，但其未书面通知魏某拍卖事宜。后房屋由曾建英拍得，但房屋未办理过户手续。后因魏某未交房租，花溪塑料厂起诉要求房租，魏某反诉主张优先购买权和赔偿损失。

法院判决

一审法院认为花溪塑料厂侵害了魏某的优先购买权，应赔偿损失，酌情 10

---

①　审理法院：一审法院为贵州省贵阳市花溪区人民法院，案号：（2015）花民重字第 64 号；二审法院为贵阳市中级人民法院，案号：（2016）黔 01 民终 4740 号。

万元。花溪塑料厂上诉认为其不存在侵害魏某优先购买权问题。二审法院认为花溪塑料厂在拍卖之前未在合理期限内通知魏某，侵害其优先购买权，应赔偿损失。

专家点评

根据民法典第727条关于拍卖情形下承租人优先购买权的规定，在出租人委托拍卖的情形下，应在拍卖五日前通知承租人。承租人未参加拍卖的，视为放弃优先购买权，但本案中在贵阳市公共资源交易监管网上发布了转让公告，但因网络信息的指向对象并不具有针对性、唯一性和专向性，不足以作为其依照法律规定将涉案门面拟出售的情况有效地通知到承租人魏某的依据，根据《最高人民法院关于审理城镇房屋租赁合同纠纷案件具体应用法律若干问题的解释》第21条和第23条的规定，花溪塑料厂未依法通知的行为构成侵权，应承担赔偿责任。

第七百二十八条 出租人未通知承租人或者有其他妨害承租人行使优先购买权情形的，承租人可以请求出租人承担赔偿责任。但是，出租人与第三人订立的房屋买卖合同的效力不受影响。

【条文释义】

本条是对出租人侵害承租人优先购买权救济的规定。

出租人违反义务侵害承租人的优先购买权的，主要是未通知承租人，以及其他妨害承租人行使优先购买权的行为。当构成出租人侵害承租人优先购买权时，其救济方式是对抗出租人与买受人买卖合同的效力，还是其他方式，在实践中存在争议。最高人民法院在司法解释中规定其救济方式是损害赔偿，而不是必须保障承租人优先购买，其理由是，承租人的优先购买权基于租赁的债权而产生，与基于物权而产生的共有人的优先购买权不同。本条采纳了这种做法，如果出租人未通知承租人或者有其他妨害承租人行使优先购买权的情形，构成侵害承租人的优先购买权，救济方式是承租人可以请求出租人承担赔偿责任，对承租人造成的实际损失承担赔偿责任。

对于出租人与第三人订立的房屋买卖合同，由于采用了对承租人受损害采取赔偿责任的方式救济，而不是保障承租人的优先购买权，因此出租人与第三人买卖合同的效力不受影响。

【案例评注】

林天某、某信用合作社合同纠纷案[①]

基本案情

2015年9月25日，某信用合作社与林天某签订房屋租赁协议，2015年12月31日租期满后，双方未续租，但是林天某一直使用。2017年5月10日，某信用合作社将涉案房屋出卖给第三人林玉国，并签订房产转让协议。林天某起诉某信用合作社主张优先购买权，要求某信用合作社承担赔偿责任。

法院判决

一审法院认为，房屋无合法产权，租赁合同为无效合同，林天某主张优先购买权无法律依据。林天某上诉主张确认林玉某、某信用合作社之间的买卖协议无效，保护林天某的优先购买权。二审法院认为，案涉房屋无合法手续，所以租赁合同无效，且其无权主张某信用合作社与林玉某合同无效。

专家点评

根据民法典第728条关于出租人未尽通知义务法律后果的规定，出租人未通知，承租人可以主张损害赔偿责任，但不能主张出租人与第三人合同无效。本案中，林天某是否具有优先购买权需要看其租赁合同合法有效与否，本案案涉房屋为违法建筑，租赁合同无效，自然也不存在承租人优先购买权问题。又根据《最高人民法院关于审理城镇房屋租赁合同纠纷案件具体应用法律若干问题的解释》第21条的规定，即便林天某优先购买权存在，但是在房屋已经出卖的情况下，主张出租人与第三人合同无效，人民法院不予支持。因而，其主张不可能得到支持。

第七百二十九条　因不可归责于承租人的事由，致使租赁物部分或者全部毁损、灭失的，承租人可以请求减少租金或者不支付租金；因租赁物部分或者全部毁损、灭失，致使不能实现合同目的的，承租人可以解除合同。

---

① 审理法院：一审法院为河南省郏县人民法院，案号：（2018）豫0425民初60号；二审法院为河南省平顶山市中级人民法院，案号：（2018）豫04民终2948号。

【条文释义】

本条是对租赁期限内租赁物意外灭失风险负担规则的规定。

租赁物的意外灭失风险负担，即当由于不可归责于承租人和出租人双方当事人的事由，致使租赁物部分或全部毁损、灭失的法律后果，自罗马法以来就形成了由物之所有人负担风险，即“不幸事件只能落在被击中者头上”的法律观念，出租人应负担此种情形下标的物毁损灭失的风险。

出现不可归责于承租人事由，致使租赁物部分或者全部毁损、灭失的，除风险由出租人负担外，对于承租人而言，可以适用的救济方法是：

1. 承租人可以请求减少租金或者不支付租金，出租人应当准许。

2. 因租赁物部分或者全部毁损、灭失，致使合同目的不能实现的，承租人可以解除合同，可以协商解除，也可以单方解除。

【案例评注】

孙彦某与龙王庙镇政府租赁合同纠纷案[①]

基本案情

为繁荣龙王庙镇经济，2006 年 3 月 13 日孙彦某、龙王庙镇政府签订《合同书》一份，孙彦某在租赁土地上投资建设，2011 年 9 月 14 日，龙王庙镇政府通知孙彦某租赁的土地要进行复耕，孙彦某不同意，之后被强拆。孙彦某要求继续履行合同，赔偿损失。

法院判决

一审法院认为孙彦某有权要求继续履行，但是土地已经被村民耕种，实施履行不能，关于赔偿损失，因其不申请鉴定，证据不足，不予支持。孙彦某上诉认为，其可以再行自建，可以履行，损失已经举证，不需要鉴定。二审法院认为继续履行事实不能，孙彦某可以主张违约责任，对于部分损失，二审法院予以认定。

---

① 审理法院：一审法院为山东省菏泽市中级人民法院，案号：（2011）菏民三初字第 36 号；二审法院为山东省高级人民法院，案号：（2014）鲁商终字第 76 号。

专家点评

根据民法典第729条的规定，如果因不可归责于承租人的原因导致租赁物部分或全部灭失、毁损的，承租人可以减付或不付租金，致使合同目的不达的，可以解除合同。本案中，根据以上有关第一个焦点问题的分析，涉案租赁合同已经不适宜继续履行，故龙王庙镇政府应当退还孙彦某尚未履行的租赁期所对应的租金并赔偿资金占用期间的损失。

第七百三十条　当事人对租赁期限没有约定或者约定不明确，依据本法第五百一十条的规定仍不能确定的，视为不定期租赁；当事人可以随时解除合同，但是应当在合理期限之前通知对方。

【条文释义】

本条是对不定期租赁解除权的规定。

租赁合同通常是定期租赁合同，存在租赁期限。不定期租赁合同表现为三种情形：（1）租赁合同当事人明确约定是不定期租赁；（2）当事人在租赁合同中对租赁期限没有约定；（3）当事人在租赁合同中对租赁期限有约定，但是约定不明确，依据民法典第510条关于补充协商的规定仍不能确定的，视为不定期租赁。其中第一种是确定的不定期租赁，第二种是推定的不定期租赁，第三种是视为不定期租赁。

不管是哪种不定期租赁合同，当事人都可以随时解除合同，但是在解除合同之前，应当进行催告，并且给出合理期限作为宽限期，当宽限期届满时，当事人可以解除租赁合同。

【案例评注】

招商物流公司与惠成公司房屋租赁合同纠纷案①

基本案情

2006年12月1日，招商公司沈阳分公司与惠成公司签订《仓储合同》一份，

① 审理法院：一审法院为辽宁省沈阳市中级人民法院，案号：〔2014〕沈中民二初字第54号；二审法院为辽宁省高级人民法院，案号：（2016）辽民终12号。

合同到期后，双方未续签合同，招商公司按原合同交纳租金至2012年6月，因招商公司未交纳租金，惠成公司于2012年10月26日将仓库贴上封条，并更换了钥匙。招商公司诉请违约责任、赔偿损失；惠成公司反诉仓储费用和维修费用。

法院判决

一审法院认为仓储合同实为租赁合同，合同到期后为不定期租赁，惠成公司可以随时解除合同，但招商公司需要支付租金和赔偿维修费用。招商公司上诉认为双方不是租赁合同关系；惠成公司认为损失计算错误。二审法院认为双方仓储合同期满后，变为不定期租赁合同关系，并以此对于双方其他问题依法判决。

专家点评

根据民法典第730条关于租期不明的处理的规定，如果租赁合同对租赁期限没有约定或者约定不明确，依据民法典第510条的规定仍不能确定的，视为不定期租赁。当事人可以随时解除合同，但是应当在合理期限之前通知对方。本案中，从实际履行来看，2012年7月5日之前，惠成公司接受了招商公司按原《仓储合同》的租金标准支付的租金。此后，惠成公司于2012年8月6日按续租协议开具的4张租金发票，招商公司财务人员将发票收下。依据《合同法》第215条的规定："租赁期限六个月以上的，应当采用书面形式。当事人未采用书面形式的，视为不定期租赁。"据此，一审判决认定双方没有签订续租协议，形成了不定期租赁合同法律关系，该认定正确。

第七百三十一条　租赁物危及承租人的安全或者健康的，即使承租人订立合同时明知该租赁物质量不合格，承租人仍然可以随时解除合同。

【条文释义】

本条是对租赁物危及承租人人身安全的法定解除权的规定。

在租赁合同中，对于租赁物的质量，出租人负有告知义务。在一般情况下，租赁物的质量问题一经告知，承租人在使用、收益租赁物时，就会加以注意，防止发生危险。不过，租赁物存在危及承租人的安全或者健康的质量问题，并且会发生更危险的事由，租赁物的质量问题就不是一般的质量问题了，而是关系承租人的人身健康和安全问题。对此，即使承租人订立合同时明知该租赁物质量不合格，承租人只要以租赁物的质量问题存在危及承租人的安全和健康的情形为由行使解除权，主张解除合同的，法院应当支持。

【案例评注】

张秀某与蔡立某房屋租赁合同纠纷案[①]

基本案情

2016年7月18日，张秀某租用蔡立某的涉案房屋。后张秀某主张2016年11月该单元邻居装修大面积喷漆导致气味通过暖气管道缝隙进入涉案房屋内，屋内气味刺鼻，无法居住，2017年1月13日，张秀某搬离了涉案房屋，并于2017年1月18日同蔡立某办理了房屋交接，蔡立某予以否认。

法院判决

一审法院认为，张秀某未能提交充分有效证据证明涉案房屋存在《合同法》第二百三十三条规定的情形，驳回其诉请，张秀某上诉认为租住房屋屋内装修气味过重，整个环境很差，影响张秀某正常居住和身体健康，其要求解除合同合理合法。二审法院认为，张秀某提供的录音证据也并不足以证明涉案房屋质量不合格的程度危及到其作为承租人的安全或健康，驳回其上诉。

专家点评

根据民法典第731条关于租赁物的瑕疵担保的规定，如果租赁物危及承租人的安全或者健康的，承租人仍然可以随时解除合同，不论承租人订立合同时是否明知。张秀某主张涉案房屋环境严重不适合居住，符合《合同法》第233条“租赁物危及承租人的安全或者健康的，即使承租人订立合同时明知该租赁物质量不合格，承租人仍然可以随时解除合同”的规定。但蔡立某对张秀某的主张不认可，张秀某提供的录音证据也并不足以证明涉案房屋质量不合格的程度危及其作为承租人的安全或健康，故一审法院对张秀某要求解除合同并返还各项费用的诉讼请求不予支持，并无不当。

---

① 审理法院：一审法院为山东省济南市市中区人民法院，案号：（2017）鲁0103民初1428号；二审法院为山东省济南市中级人民法院，案号：（2018）鲁01民终1950号。

第七百三十二条 承租人在房屋租赁期限内死亡的，与其生前共同居住的人或者共同经营人可以按照原租赁合同租赁该房屋。

【条文释义】

本条是对房屋租赁权主体变更的规定。

房屋租赁权的主体变更，是指在房屋租赁合同存续期限内，当承租人死亡后，租赁权的主体可以依照本条规定进行变更的规则，包括租赁权的法定让与和租赁权的承继：

1. 租赁权的法定让与，是承租人在房屋租赁期限内死亡，与其生前共同居住的人可以按照原租赁合同继续租赁该房，至租赁合同期限届满为止。

2. 租赁权的承继，是承租人租赁房屋后以个体工商户或者合伙方式从事经营活动，承租人在租赁期限内死亡、被宣告失踪或者宣告死亡后，其共同经营人或者其他合伙人承继租赁权的地位，请求按照原租赁合同租赁房屋的，发生承租人的变更，可以继续租赁该房屋进行经营活动，至原房屋租赁合同租赁期限届满为止。

【案例评注】

朱晓某诉吴慧某房屋租赁合同纠纷案[①]

基本案情

本市松江区仓桥弄房屋为公有住房，原承租人为吴正某。朱晓某为吴正某之外甥女，吴慧某为吴正某之女，朱晓某、吴慧某的户籍现仍在该房屋内。2007年6月13日，吴慧某依法将承租人变更至其名下。2013年2月，朱晓某起诉至原审法院，请求判令撤销第三人确定将本市松江区仓桥弄房屋承租户名变更为吴慧某的行为。

法院判决

一审法院认为吴慧某户籍在系争房屋处，且没有明显不符合承租人资格的事

---

① 一审法院：上海市松江区人民法院，案号：(2014) 松民三（民）初字第622号；二审法院：上海市第一中级人民法院，案号：(2014) 沪一中民三（民）终字第1452号。

由，故朱晓某主张撤销第三人确定将系争房屋承租户名变更为吴慧某的行为的请求，法院不予支持。朱晓某上诉称上诉人当时为涉案公房的合格同住人，故应当撤销该项承租户名的变更。二审法院认为审查的重点，在于被上诉人吴慧某是否具有系争房屋的公房承租人资格，而根据本案查明的事实和证据，吴慧某应属具备系争房屋的承租人资格，故原审对于朱晓某主张撤销承租户名变更行为的诉请不予支持，并无不当。。

专家点评

根据民法典第732条关于共同居住人或共同经营人的规定，承租人在房屋租赁期限内死亡的，与其生前共同居住的人或者共同经营人可以按照原租赁合同租赁该房屋。根据上海市的有关规定，公有居住房屋的承租人死亡后，其生前在本处有常住户口的共同居住人或者没有符合上述条件的人员，其生前具有本市常住户口的配偶和直系亲属，有权继续履行租赁合同。在出租人确定了承租人以后，相关人员可以对承租人的资格提出异议，但法院审理异议的范围仅限于审查出租人确定的承租人是否具备承租人资格。根据本案查明的事实，吴慧某户籍在系争房屋处，且没有明显不符合承租人资格的事由，故法院驳回朱晓某的诉请。

第七百三十三条 租赁期限届满，承租人应当返还租赁物。返还的租赁物应当符合按照约定或者根据租赁物的性质使用后的状态。

【条文释义】

本条是对租赁期限届满返还租赁物的规定。

承租人于租赁合同约定的租赁期限届满，租赁关系消灭时，应向出租人返还租赁物。返还租赁物的要求是，应当按照约定或者租赁物的性质使用后的状态。这是因为，承租人在租赁期限内占有、使用和收益租赁物时，负有妥善保管租赁物的义务。对返还的租赁物状态的要求是：（1）符合租赁合同约定，即约定的对返还租赁物时状态的要求；（2）根据租赁物的性质进行使用后的状态，如租赁房屋的性质是居住，返还租赁房屋时，仍然应当是居住的状态。

【案例评注】

姜燕某与新立机械公司房屋租赁合同纠纷案①

基本案情

2009年12月30日，新立机械公司下属单位天阶公司与姜燕某签订为期三年的房屋租赁合同，自2010年4月1日至2013年3月31日。现合同已到期且不再续签，但姜燕某拒不腾退房屋。

法院判决

一审法院认为，根据查明事实，姜燕某与原出租人天阶公司签订的《房屋租赁合同书》租赁期限于2013年3月31日届满，姜燕某应当将诉争房屋返还。姜燕某认为租赁合同到期后其一直在交纳租金，新立机械公司认可，应视为原租赁合同续约成功。二审法院认为合同到期后，新立机械公司明确表示不再续租，姜燕某应当退还房屋。

专家点评

根据民法典第733条关于租赁物的返还的规定，也即租赁期满后，如果双方不能续租，则承租人需要返还租赁物，且租赁物需符合按照约定或者根据租赁物的性质使用后的状态，否则承租人需要承担违约责任。租赁期限届满，承租人应当返还租赁物。本案中，姜燕某与新立机械公司的房屋租赁合同于2013年3月31日届满，虽然姜燕某继续使用租赁物，但新立机械公司已明确表示不再续租。故在租赁期间届满后，新立机械公司要求姜燕某返还诉争房屋，合理合法。姜燕某上诉称，其已支付2013年至2014年的房屋租金6.9万元且新立机械公司已接受，应视为合同续约成功。但在姜燕某支付该笔费用之前，新立机械公司已经向一审法院起诉要求姜燕某返还房屋并支付房屋使用费，即已经对姜燕某继续使用诉争房屋的行为提出了异议，新立机械公司收取该笔款项的行为并不代表同意与姜燕某续租。故姜燕某所持其与新立机械公司已就诉争房屋续约成功的上诉理由不能成立。

---

① 审理法院：一审法院为上海市松江区人民法院，案号：(2014)松民三（民）初字第622号；二审法院为上海市第一中级人民法院，案号：(2014)沪一中民二（民）终字第1452号。

第七百三十四条 租赁期限届满，承租人继续使用租赁物，出租人没有提出异议的，原租赁合同继续有效，但是租赁期限为不定期。

租赁期限届满，房屋承租人享有以同等条件优先承租的权利。

【条文释义】

本条是对租赁期满承租人续租权和优先承租权的规定。

租赁合同约定的租赁期限届满后，承租人享有两个权利：

1. 续租权。在租赁合同约定的租赁期限届满后，如果承租人继续使用租赁物，出租人没有提出异议的，视为续租，原租赁合同继续有效，实际上是成立了新的租赁合同。这个新成立的租赁合同是不定期租赁合同，适用不定期租赁合同的规定确定双方当事人的权利义务关系。

2. 优先承租权。房屋租赁合同约定的租赁期限届满后，承租人要求续租，他人也要求承租的，原承租人享有优先承租权，在同等条件下，优先承租，订立新的租赁合同。优先承租权的基本条件是同等条件，主要是租金数额，也包括租赁期限等。在订立新的租赁合同时，只要约定条件是一样的，原承租人就可以优先承租。

【案例评注】

洪山宾馆、康霸公司土地租赁合同纠纷案[①]

基本案情

自 1995 年 12 月 22 日起，康霸公司一直租用洪山宾馆的建筑用地，租赁期限为 10 年。2006 年合同到期后，双方未再续订合同，但是康霸公司一直租赁使用，后双方因租赁费等发生争议，洪山宾馆起诉到武汉中院，康霸公司也提起了反诉，庭审中康霸公司认可洪山宾馆主张 2014 年 9 月 30 日解除不定期合同。

---

① 一审法院为湖北省武汉市中级人民法院，案号：(2015) 鄂武汉中民商初字第 00678 号；二审法院为湖北省高级人民法院，案号：(2017) 鄂民终 396 号。

法院判决

一审法院根据《合同法》第二百三十六条关于不定期租赁的法律规定，认定《洪山宾馆土地使用租赁合同书》继续有效，且为不定期租赁，双方租赁关系于2014年9月30日解除。之后双方均上诉但双方均对一审法院认定为不定期租赁没有异议。

专家点评

根据民法典第734条的规定，租赁期满，承租人继续使用租赁物，出租人没有提出异议的，原租赁合同继续有效，但租赁期限为不定期，而本案恰符合该条的规定，合同于2006年到期后，双方没有签订书面合同，但是康霸公司仍然使用租赁物，对于租赁物使用，洪山宾馆也没有提出异议，只是因为租赁费产生争议，所以双方至2014年9月30日之前是不定期租赁法律关系。民法典第734条第1款继续延用了《合同法》第236条的规定，没有作调整，但是增加了第二款，也就是在房屋租赁情形下，房屋承租人的优先承租权，这也是从租赁关系的稳定性和维护交易双方权益的角度考虑的，保护房屋承租人的优先续租权。

第十五章　融资租赁合同

第七百三十五条　融资租赁合同是出租人根据承租人对出卖人、租赁物的选择，向出卖人购买租赁物，提供给承租人使用，承租人支付租金的合同。

【条文释义】

本条是对融资租赁合同概念的规定。

融资租赁合同是指出租人根据承租人对出卖人、租赁物的选择，向出卖人购买租赁物，提供给承租人使用，承租人支付租金的合同，是第二次世界大战后发展起来的，融金融、贸易和租赁为一体的新型信贷方式，在世界范围内尤其是在经济发达国家获得发展。融资租赁合同就是融资租赁交易的法律表现形式。

融资租赁合同是由两个合同、三方当事人结合在一起的合同，两个合同是由融资租赁公司与承租人所签定的融资性租赁合同和由融资租赁公司与供应商所签定的买卖合同。三方当事人，即出卖人、出租人（即买受人）和承租人。其过程是：(1) 由用户（未来的承租人）与供应商协商确定买卖设备（未来的租赁物）的合同条件；(2) 用户向融资租赁公司提出融资性租赁申请；(3) 融资租赁公司作为出租人与用户（承租人）订立融资性租赁合同；(4) 由融资租赁公司（出租人）作为买受人与供应商订立买卖合同；(5) 供应商（出卖方）向承租人交货；(6) 承租人向出租人交付物件受领证，并支付第一期租金；(7) 买受人（出租人）向出卖人支付买卖价金。两个合同并不是独立存在，在效力上相互交错，主要体现在：买卖合同的出卖人不是向买卖合同的买受人履行现实交付标的物的义务，而是向另一合同即租赁合同中的承租人交付标的物，承租人享有与受领标的物有关的买受人的权利和义务；在出卖人不履行买卖合同义务时，承租人得在一定前提下，向出卖人主张赔偿损失；买卖合同的双方当事人不得随意变更买卖合同中与租赁合同的承租人有关的合同内容。

【案例评注】

某包装公司与某纸业公司诉某融资租赁公司合同纠纷案[①]

基本案情

2011年8月17日，原告某包装公司、某纸业公司与被告某融资租赁公司签订两份编号均为XYRZZ－11020的“融资租赁合同”，其中一份“融资租赁合同”约定被告根据二原告的选定和要求，与设备供应商签订“三方协议书”，从设备供应商处购买瓦楞纸机一套出租给二原告使用；并对瓦楞纸机的规格、型号、设备供应商等进行了约定。其中第一部分“商务条款”第二条“其他商务条款”约定了租赁期限、首期租金、年租利率等，第三条“租赁物的保险”约定了保险类别、保险期限、保险费支付方式、投保价值等，第四条“担保”约定了二原告的法定代表人施某提供连带保证责任。另一份“融资租赁合同”约定：二原告为购买瓦楞纸机与设备供应商某机械股份有限公司签订了“买卖合同书”，设备总价20000000元，二原告已支付13000000元，但尚未取得设备的所有权；二原告为融通资金用于生产经营，拟将该设备出售给被告，同时再向被告以融资租赁的形式回租设备使用，被告同意出资购买并回租给二原告。其中第一部分“商务条款”第二条“货款支付”约定了货款20000000元分三期支付：（1）第一期支付购买价款13000000元，其中二原告应向被告支付的租赁保证金2000000元和首期租金4000000元共计6000000元从租赁物购买价款13000000元中抵扣，抵扣后被告应向二原告支付货款7000000元（被告支付7000000元的前提是收到原告支付的租赁手续费480000元、设备供应商开具并经原告加盖公章的金额为13000000元的收款收据、原设备采购合同复印件和等额增值税发票原件、已交付部件的“受领租赁物通知书”原件）。（2）第二期支付购买价款6000000元，被告在收到设备供应商出具的设备合格证正本、剩余部件“发货通知书”原件、经二原告加盖公章的全额增值税发票复印件，以及二原告出具的“付款通知书”及租赁物“所有权转移证明”原件的情况下，7个工作日内向二原告开具面额为6000000元的银行承兑汇票。（3）最后支付购买价款余额1000000元。设备验收合格后12个月，被告在收到二原告出具的“验收合格证明”正本、“付款通知书”正本后，

---

① 审理法院：一审法院为福建省厦门市思明区人民法院，案号：（2013）思民初字第8783号；二审法院为福建省厦门市中级人民法院，案号：（2014）厦民终字第415号。

向二原告开具面额为1000000元的银行承兑汇票。第三条“其他商务条款”约定了首期租金、租赁保证金、租赁手续费、租金总额等。第四条“租赁物的保险”约定了保险类别、保险期限、保险费支付方式、投保价值等。2011年11月14日，原告某纸业公司向被告发出“申请函”，申请对“融资租赁合同”中第三条“商务条款”进行变更。

法院判决

本案争议焦点在于：原告提交的“融资租赁合同一”是否有实际履行、是否有效？根据《合同法》第二百三十七条的规定，融资租赁合同是出租人根据承租人对出卖人、租赁物的选择，向出卖人购买租赁物，提供给承租人使用，承租人支付租金的合同。根据出卖人的不同，融资租赁合同可分为直租式融资租赁合同和回租式融资租赁合同。直租式融资租赁合同是指出租人向出卖人购买租赁物，然后将租赁物出租给承租人使用，承租人向出租人支付租金的方式；回租式融资租赁合同是指出租人向承租人购买租赁物，然后出租给承租人使用，承租人向出租人支付租金的方式。本案原、被告分别提交的“融资租赁合同”虽然签订的时间、合同编号均一致，但合同的内容大相径庭。二原告提交的“融资租赁合同一”明确约定被告根据二原告的选定和要求，从设备供应商处购买瓦楞纸机出租给二原告使用；而被告提交的“融资租赁合同二”则约定被告向二原告购买设备后再出租给二原告使用。故原告提交的“融资租赁合同一”系直租式融资租赁合同，被告提交的“融资租赁合同二”系回租式融资租赁合同。在此后的实际履行过程中，原、被告又签订了“补充协议”。从“补充协议”的内容来看：首先，明确了该协议系对双方于2011年8月17日签订的“融资租赁合同”的变更；其次，对于合同第一部分“商务条款”第二条“货款支付”、第三条“其他商务条款”、第四条“租赁物的保险”均作了相应的变更，而上述条款与被告提交的“融资租赁合同二”能一一对应，而与原告提交的“融资租赁合同一”完全不相符；最后，该协议系应原告某纸业公司的要求签订的，且原告某纸业公司亦根据协议的约定向被告支付了相应的租金，故本院认定该协议系对“融资租赁合同二”的补充和变更，原告提供的“融资租赁合同一”并未实际履行。虽然原告提供的“融资租赁合同一”并未实际履行，但该合同签订系双方当事人当时的真实意思表示，并未违反法律和行政法规的强制性规定，应为有效合同。

专家点评

虽然双方当事人均确认“融资租赁合同一”未实际履行，但该合同并未违反法律、行政法规的强制性规定，某包装公司、某纸业公司亦未举证证明该合同非其真实意思表示，故其主张“融资租赁合同一”无效无事实和法律依据，本院不予支持。从“融资租赁合同二”与“补充协议”的内容来看，“补充协议”系对“融资租赁合同二”关于货款支付、其他商务条款以及租赁物的保险等事项作出的变更与补充，二者相关内容能够相互对应，且某融资公司根据协议的约定向某纸业公司支付了货款，某纸业公司亦依约向某融资公司支付了租金，“融资租赁合同二”及“补充协议”均已得到实际履行，故“融资租赁合同二”“补充协议”均系双方当事人的真实意思表示，并不违反法律和行政法规的强制性规定，应认定为有效合同。

第七百三十六条 融资租赁合同的内容一般包括租赁物的名称、数量、规格、技术性能、检验方法，租赁期限，租金构成及其支付期限和方式、币种，租赁期限届满租赁物的归属等条款。

融资租赁合同应当采用书面形式。

【条文释义】

本条是对融资租赁合同主要内容和形式的规定。

融资租赁合同应当约定的主要内容是：(1) 租赁物名称：合同的租赁物条款应当写明租赁物的名称；(2) 数量：对具体的租赁物的数量应当写明；(3) 规格：对租赁物的规格需要明确约定；(4) 技术性能：对租赁物的技术性能亦须明确约定；(4) 检验方法：采用何种检验方法应当明确约定；(6) 租赁期限：约定合同明确的起止时间；(7) 租金构成及其支付期限和方式、币种：对租金的总额、构成的部分、支付期限、支付方式、支付的币种等，都须明确约定；(8) 租赁期限届满租赁物的归属：约定租赁物最终归何方当事人所有；(9) 其他条款：如租赁物的交付、使用、保养、维修、保险、违约责任等条款，都须约定。

由于融资租赁合同的法律关系复杂，融资金额较大，履行期较长，为了明确当事人的权利义务关系，法律规定融资租赁合同应当采用书面形式，为要式合同。

【案例评注】

李某某与中地长泰公司、刘某某融资租赁合同纠纷案①

基本案情

中地长泰公司承建饶河县公安局技术业务用房，刘某某系中地长泰公司双鸭山分公司的技术负责人。因工程需要塔吊等相关设备，刘某某先后二次与李某某到博然公司看塔吊及其他设备。2012 年 4 月 25 日，刘某某给李某某出具协议。该协议载明，机械设备进场：塔吊、搅拌机、切断机、弯曲机、调直机、圆据、大门、水箱两只、灰斗一个、垃圾箱一个，除塔吊外，以上 9 种设备及工具共计 26500 元，本次付款 20000 元，尚欠 6500 元。塔吊：租金每月 12000 元，押金 10000 元。在 5 月 10 日前付清 22000 元及上项 6500 元。李某某将塔吊及其他设备运送至饶河县公安局办公楼施工工地。2012 年 5 月末，中地长泰公司在安装塔吊时发现该塔吊旋转电机存在故障，并与李某某联系，经李某某同意该电机交由刘某某维修，约定维修费 4000 元。三日内刘某某将电机维修完毕，通知中地长泰公司的负责人王文某提取电机，给付修理费。王文某与李某某联系让其交付修理费，李某某以中地长泰公司应先给付租赁费为由，拒绝支付。因中地长泰公司与李某某均未交付电机修理费，导致电机被留置在修理人处。刘某某在维修电机的三日内与中地长泰公司达成塔吊租赁协议，并在塔吊未维修完时将其自己的塔吊租赁给中地长泰公司，且在两日内将塔吊安装使用。庭审中李某某变更诉讼请求，要求中地长泰公司给付从 2012 年 4 月 25 日至 2013 年 5 月租赁期 12 个月的租金 144000 元。

法院判决

本案争议焦点是，此案案由是融资租赁合同还是租赁合同。按照《合同法》的相关规定，融资合同的内容包括租赁名称、数量、规格、技术性能、检验方法、租赁期限、租金构成及其支付期限和方式、币种、租赁期间届满租赁物的归属等条款。融资租赁合同应当采用书面形式。其法律特征是，出卖人有向承租人交付租赁物及瑕疵担保的义务。而租赁合同规定，出租人应当按照约定将租赁物

---

① 审理法院：一审法院为黑龙江省双鸭山市饶河县人民法院，案号：（2012）饶民商初字第 54 号；二审法院为黑龙江省双鸭山市中级人民法院，案号：（2014）双民商终字第 47 号；再审法院为黑龙江省高级人民法院，案号：（2017）黑民再 45 号。

交付承租人，并在租赁期间保持租赁物符合约定的用途。本案没有证据证明出卖人、出租人、承租人签订了融资租赁合同，双方均认可出卖人是将租赁物交付给出租人李某某，而不是交付给承租人中地长泰公司。故本案系租赁合同而非融资租赁合同，李某某对租赁物负有租赁物符合约定用途的义务；李某某交付的租赁物不能够达成正常使用状态，其无权利收取租赁费。原审判决中地长泰公司向李某某交付租赁费有误，应予纠正。中地长泰公司请求其不应给付李某某租赁费有理，应予支持。

专家点评

融资租赁合同是出租人根据承租人对出卖人、租赁物的选择，向出卖人购买租赁物，提供给承租人使用，承租人支付租金的合同。承租人以支付租金的方式，取得对租赁物的占有和使用。从性质上来看，租金不仅是租赁物占有、使用的对价，而且是租赁物购买价格分期负担的对价；从数量上看，租金的价值不仅包括了租赁物的购买价格，还包括了购买价款的利息以及出租的合理利润。融资租赁合同应当采用书面形式。《最高人民法院关于审理融资租赁合同纠纷案件适用法律问题的解释》第 1 条规定，人民法院应当根据《合同法》第 237 条的规定，结合标的物的性质、价值、租金的构成以及当事人的合同权利和义务，对是否构成融资租赁法律关系作出认定。经查，李某某未与中地长泰公司签订书面合同，双方之间权利义务约定不明，出卖人博然公司亦未直接向承租人中地长泰公司交付租赁物塔吊。且从双方约定的租金来看，双方只约定月租金数额，未约定租期，致租金具体数额无法确定，从而无法体现出双方在达成塔吊租赁意向时租金构成中包含了购买诉争塔吊 18 万元分期负担的对价及租金的价值还包括了购买价款的利息及出租的合理利润，综上，双方间的法律关系不具有融资租赁合同的特征。李某某购买塔吊后出租给中地长泰公司使用，由中地长泰公司交付租金，双方间形成租赁法律关系。本案中，李某某在将塔吊交付给中地长泰公司后，负有使塔吊在租赁期间符合约定用途的义务，而塔吊在进场后尚未使用时电机即发生故障，致使中地长泰公司无法使用塔吊，应认定李某某无权收取租赁费。

第七百三十七条　当事人以虚构租赁物方式订立的融资租赁合同无效。

【条文释义】

本条是对禁止虚构租赁物订立融资租赁合同的规定，《合同法》和以往的司法解释对此都没有规定。

所谓当事人以虚构租赁物等方式订立融资租赁合同，就是以虚构的租赁物作为标的签订虚假的融资租赁合同。在融资租赁合同中，扣除了虚构的租赁物，不存在租赁物和购买租赁物的法律关系，其实剩下的就是融资法律关系了。用虚构租赁物的方式订立融资租赁合同，其实就是非法融资合同。按照本条规定，这种虚构租赁物订立的融资租赁合同，是无效的合同。

不过，依照本法总则编第 146 条第 2 款关于“以虚假的意思表示隐藏的民事法律行为的效力，依照有关法律规定处理”的规定，以合法形式掩盖非法目的的民事法律行为，是隐藏行为，应当根据被隐藏的行为的性质适用法律。当用形式上的融资租赁合同掩盖非法的融资行为，融资行为是非法的，则该融资行为当然是无效的。

如果融资租赁合同所隐藏的融资行为，其实就是民间借贷，而民间借贷的行为是合法行为，那么，这种融资行为应当是合法行为，应当按照民间借贷的法律规定确定行为的效力，就不一定都是无效的。这样的理解，是否形成本法第 146 条第 2 款规定和本条规定相冲突呢？笔者认为，本条规定的是“租赁合同无效”，是建立在掩盖非法目的为要件，既然是非法目的是隐藏的行为，当然该融资租赁合同是无效的。如果以虚构租赁物的方式隐藏的不是非法目的，而是合法的行为，则适用本法第 146 条第 2 款规定确认被隐藏行为的效力规则，是没有问题的。

【案例评注】

北京天翼公司等与农投融资公司融资租赁合同纠纷案[①]

基本案情

2009 年 6 月 25 日，农投融资公司与北京天翼公司、漯河天翼公司共同签订

---

① 审理法院：一审法院为北京市第一中级人民法院，案号：（2015）一中民（商）初字第 8392 号；二审法院为北京市高级人民法院，案号：（2017）京民终 326 号。

一份《农业投资公司与北京天翼公司及漯河天翼公司日光温室建设、租赁及购买协议书》。2014年3月1日，同日，北京天翼公司作为共同承租人一和共同承租人二漯河天翼公司共同与出租人农投融资公司签订一份编号为NZ－YW02－003－000的《融资租赁合同》，《融资租赁合同》附件一《租赁附表》中载明：本租赁附表为《融资租赁合同》不可分割的部分，并就本租赁附表列明的租赁物构成相对独立的租约，除非特殊说明，本租赁附表项下的术语与《融资租赁合同》具有相同的解释或含义，若本租赁附表与《融资租赁合同》约定不一致，应以本租赁附表为准。

《融资租赁合同》签订的当日，北京天翼公司、漯河天翼公司共同向农投融资公司出具《付款通知》，载明："根据上述《融资租赁合同》和《租赁附表》，北京天翼公司、漯河天翼公司特此发出本付款通知，向贵公司申请于2014年月日支付租赁物购买价款计5800万元，用于购买《租赁附表》项下的租赁物，其中请贵司扣除保证金642万元和第一年租金638万元后，实际支付4520万元。本付款通知不可撤销。"

同日，北京天翼公司、漯河天翼公司向农投融资公司出具《所有权转移证书》，载明："我方已收到贵方于2014年3月1日签订的《融资租赁合同》项下《租赁附表》中《租赁物清单》所列租赁物的全部购买价款。我方确认，自2014年3月1日起，上述《租赁附表》中《租赁物清单》项下租赁物的所有权由我方转移给贵方。除非特殊说明，本证书项下的术语与《融资租赁合同》具有相同的解释或含义"。

同日，北京天翼公司、漯河天翼公司出具《实际租金支付表》，载明：本支付表是《融资租赁合同》项下《租赁附表》所对应的实际租金支付情况表，该表中约定的起租日、租赁成本、租赁利率、租金的两种支付方式及留购价款条款均与《融资租赁合同》附件一《租赁附表》中约定的内容一致。

法院判决

关于本案《融资租赁合同》的性质及合同效力问题。北京天翼公司、漯河天翼公司出于融资的需要，将日光温室出售给出租人农投融资公司，再从农投融资公司处租回继续使用，并按期向农投融资公司支付租金，属于融资租赁法律关系的售后回租交易模式。本案各方在上述基础上建立的《融资租赁合同》，符合《合同法》第二百三十七条及《最高人民法院关于审理融资租赁合同纠纷案件适用法律问题的解释》有关融资租赁合同中权利义务关系的规定。关于本案《融资租赁合同》与《日光温室建设、租赁及购买协议书》及《三方协议》的关系问题。根据已查明的事实，北京天翼公司、漯河天翼公司与农投融资公司签订《日光温室建设、租赁及购买协议书》，农投融资公司依约定投资建设了600座日光温室并出租给北京天翼公司使用，北京天翼公司向农投融资公司支付租金并于2012年回购了1000万元（120座）日光温室。2014年3月1日，农投融资公司与北京天翼公司、漯河天翼公司共同签订《三方协议》，约定拟由北京天翼公司向农投融资公司一次性支付剩余日光温室全部购买款及租金后，三方提前终止《日光温室建设、租赁及购买协议书》。三方均同意，在北京天翼公司付清《日光温室建设、租赁及购买协议书》项下4520万元后，《日光温室建设、租赁及购买协议书》终止，农投融资公司将所属的480座日光温室所有权于2014年3月1日移交给北京天翼公司。当日，北京天翼公司、漯河天翼公司与农投融资公司签订《融资租赁合同》，依据该合同，北京天翼公司将案涉日光温室所有权移交给农投融资公司，农投融资公司向北京天翼公司支付租赁物购买价款5800万元，其中扣除保证金642万元及第1期、第2期租金638万元后，实际需支付4520万元，该数额与北京天翼公司、漯河天翼公司在《日光温室建设、租赁及购买协议书》中的剩余租金及购买价款数额相一致。2014年5月31日，农投融资公司以转账支票向北京天翼公司付款4520万元，完成其在《融资租赁合同》项下的付款义务。其后，北京天翼公司以背书形式向农投融资公司付款4520万元，完成了《三方协议》中其对农投融资公司的付款义务。农投融资公司也向一审法院出具说明，称其与北京天翼公司的《日光温室建设、租赁及购买协议书》已经终止，各方权利义务已经履行完毕。基于以上事实，本院认为，本案《融资租赁合同》与《日光温室建设、租赁及购买协议书》以及《三方协议》存在一定的关联性，但签约主体不同，权利义务设定也不同，上述协议应属相关方对各自商业利益的整体安排，本案所涉《融资租赁合同》的签署系各方的真实意思表示，且不违反法律法规的强制性规定，该《融资租赁合同》应属有效。

专家点评

融资租赁合同兼具融资与融物的双重属性，通过融物达到融资的目的，其权利义务与借款合同存在一定的相似性，但二者亦存在本质区别，相较而言，融资租赁合同要求有租赁物的存在、所有权转移，并且涉及出租人、承租人和出卖人三方当事人，而借款合同并无租赁物的存在，只有货币的借入与偿还关系，并且仅涉及借款人与贷款人两方当事人。本案中，《融资租赁合同》中约定合同项下的租赁物为住宅房屋、日光温室等建筑物，且租赁物真实存在，该合同中亦约定租赁物的选择并未依赖出租人的技能和判断，也未受到出租人的任何影响或干涉，承租人对租赁物的选择和租赁所有权的真实性、准确性、完整性、合法性等负责，《融资租赁合同》还约定了在合同签订当日，合同项下全部租赁物的所有权即自承租人转移至出租人，出租人从承租人处购买租赁物并出租给承租人使用，承租人承租租赁物向出租人支付租金，故法院认为《融资租赁合同》的上述约定符合融资租赁合同的法律特征。通过查明事实可知，《三方协议》中约定在该协议签订的当日，农投融资公司将剩余租赁物所有权移交给北京天翼公司，故北京天翼公司、漯河天翼公司在与农投融资公司签订《融资租赁合同》之时已取得合同项下租赁物的所有权，北京天翼公司、漯河天翼公司将合同项下其自有租赁物的所有权转让给农投融资公司，再从农投融资公司处租回该物使用，并分期向农投融资公司支付租金，双方系采取售后回租的交易方式，故农投融资公司和北京天翼公司、漯河天翼公司之间形成融资租赁法律关系，双方签订的《融资租赁合同》，系双方真实意思表示，其内容未违反我国法律、行政法规的强制性规定，合法有效，

第七百三十八条 依照法律、行政法规的规定，对于租赁物的经营使用应当取得行政许可的，出租人未取得行政许可不影响融资租赁合同的效力。

【条文释义】

本条是对特定租赁物经营未经行政许可对合同效力影响的规定，《合同法》以前对此没有规定，本条是借鉴最高人民法院司法解释第3条规定的精神，规定的新规则。

在融资租赁合同中，一般的租赁物的经营，是不需要经过行政许可的。但是，对于一些特定的机器设备等的融资租赁经营，如果的需要经过行政许可的，出租人在经营这类需要经过行政许可的租赁物的经营时，如果没有经过政府的行政许可，是否影响到融资租赁合同的效力问题，有不同的看法。《合同法》对此没有规定。《最高人民法院关于审理融资租赁合同纠纷案件适用法律的解释》第3条规定："根据法律、行政法规规定，承租人对于租赁物的经营使用应当取得行政许可的，人民法院不应仅以出租人未取得行政许可为由认定融资租赁合同无效。"

本条借鉴上述规定，确定的规则是：依照法律、行政法规的规定，对于租赁物的经营使用应当取得行政许可，出租人未取得行政许可的，并不影响融资

租赁合同的效力，该合同对双方当事人具有拘束力。至于对出租人的违规行为，则应当依照相应的法律、行政法规的规定，可以予以处罚，制裁其违规行为，但是，不能使订立融资租赁合同的当事人因此受到影响。这样的规则，最大程度地尊重当事人的意思自治，并不因为租赁物的适用违反行政许可而使合同无效。

【案例评注】

某医院与知博永业公司合同纠纷案[①]

基本案情

2004年12月21日，知博永业公司与某医院签订《租赁合同》，约定：某医院向知博永业公司租赁医疗设备用于设立某医院肿瘤粒子刀治疗中心；租赁标的为美国超声引导系统、三维粒子植入放射治疗系统，总价值380万元；租赁费用为收入的80%减去成本后的余额。某医院责任及义务：(1)提供符合设备安装条件和工作要求的诊疗场所和办公设备；(2)提供有临床经验的专、兼职医护人员；(3)配合知博永业公司完成设备安装、调试、验收。启用后负责设备的保管和日常清洁保养；(4)负责有关医政、物价申报等事宜；(5)负责宣传广告内容的审核和办理审批手续；(6)负责医疗质量的监管，协调处理医疗纠纷和医疗事故；(7)负责协调中心与各科室的协作关系。知博永业公司的责任及义务：(1)出资购买本合同第一条约定的设备，和该项设备的运输、安装、调试；(2)负责设备的维修保养；(3)安排专人参加中心的运营管理，负责中心医疗市场的开拓、宣传、推广、培训工作；(4)中心用的药物，由知博永业公司负责采购。某医院有关科室办理相关手续及入库；租金给付方式为：中心的收入与成本均在某医院账户内收付，由某医院管理办公室和财务处按本合同第三条和本条前款的计算方法核算应付知博永业公司的租赁费，并在结算前向知博永业公司提供收支清单，知博永业公司确认后，由某医院支付给知博永业公司；租赁费按月结算，于次月20日前结清；租赁期限为八年；租赁期满后，所有设备归某医院所有，双方权利义务终止。由于政策、政府部门指令的原因造成合同无法履行，双方互不承担赔偿责任。

---

① 审理法院：一审法院为北京市西城区人民法院，案号：(2017)京0102民再7号民事判决；二审法院为北京市第二中级人民法院，案号：(2018)京02民再142号。

知博永业公司于2004年12月31日与建信公司签订《销售合同》（合同编号：×××），约定：知博永业公司向建信公司购买的设备名称为：美国超声引导系统、三维粒子植入放射治疗系统；设备价格为：人民币叁佰捌拾万元整。知博永业公司于2005年7月25日向建信公司支付了合同价款380万元。

2005年3月30日，知博永业公司将设备交付某医院，某医院工作人员在《某医院接收美国超声引导系统；三维粒子植入放射治疗系统设备清单及价格》表（以下简称《接收清单》）上签字确认接收。

2009年3月11日，某医院向知博永业公司发函：鉴于根据双方2004年12月21日签订的《租赁合同》，我院自2006年9月1日起租用贵公司三维粒子植入放射治疗系统的行为不符合国家规定，卫生部督导组于2007年1月责令我院停止履行该合同，终止与贵公司合作关系至今。我院解除双方合作关系的方式之一是收购该系统。经询价，该系统当时的购入价约为1500000元人民币。在此价格基础上，我院拟参照财政部、卫生部的相关规定及该系统的使用年限进行折旧予以购买。知博永业公司与某医院未能就涉案设备的折价问题达成一致意见，故知博永业公司于2009年8月提起本案之诉。现涉案租赁设备仍在某医院处。

法院判决

涉案《租赁合同》的内容包括出租人根据承租人对出卖人、租赁物的选择，向出卖人购买租赁物，提供给承租人使用，承租人支付租金等内容，符合《合同法》第二百三十七条关于融资租赁合同的定义，应认定该合同性质为融资租赁合同。该合同系双方当事人的真实意思表示，不违反国家法律及行政法规的强制性规定，合同合法有效。当事人应按合同约定履行各自义务。

涉案《租赁合同》签订后，知博永业公司与建信公司签订了《销售合同》，出资购买了涉案医疗设备系统，并交付给某医院，某医院进行了验收、安装和使用。知博永业公司履行了其作为出租方应尽的合同义务。在合同履行过程中，某医院拒不履行合同的行为构成违约，依法应承担违约责任。知博永业公司要求某医院赔偿原购买租赁设备投资损失款以及相应利息损失的请求，理由正当，应予支持，但利息损失的具体起算时间应以知博永业公司向建信公司付款时间为起算时间，对超出此时间部分，法院不予支持。

关于某医院所述《租赁合同》因卫生部指令而停止，根据双方约定，因政策、政府部门指令的原因造成合同无法履行的，双方互不承担赔偿责任的答辩意见。庭审中，某医院出具卫生部办公厅转发的大型医院巡查办公室对某医院巡查工作反馈意见函件，经审查，该函件“存在问题及建议”部分内容并未明确指向本案《租赁合同》项下的融资租赁法律关系，该函件尾部亦写明“提出的建议仅供参考”，由此表明该函件并不具有强制命令性。由此，某医院以该约定提出的抗辩，无事实依据，法院不予采信。

专家点评

融资租赁合同的出租人通过融物的方式向承租人提供融资，租赁物的经营使用与出租人没有直接关系；融资租赁合同的承租人负有支付租金的义务，该租金并非是租赁物使用收益的对价，而是融资成本的对价；因此，租金条款作为融资租赁合同区别于普通租赁合同的重要条款，是认定是否构成融资租赁合同的关键因素。本案中，某医院与知博永业公司所签《租赁合同》中关于租赁费的构成、结算方式约定为：“收入的80%减去成本后的余额为租赁费，中心的收入与成本均在某医院账户内收付，由某医院管理办公室和财务处按本合同的第三条和本条前款的计算方法核算应付知博永业公司的租赁费，并在结算前向知博永业公司提供收支清单，知博永业公司确认后，由某医院支付知博永业公司，租赁费按月结算”，上述租金约定的实质为出租人与承租人共担经营风险，共享经营收益，与融资租赁合同中出租人收取固定的融资成本及合理利润作为租金，不直接参与租赁物经营使用的方式有明显区别，因此，涉案《租赁合同》并非融资租赁合同。因该合同中同时包含“知博永业公司参与运营管理、市场开拓等工作，以及租赁物到期后所有权转移至某医院”等内容，其权利义务与合同法规定的租赁合同及其他有名合同亦有一定区别。因此，应认定涉案《租赁合同》的性质为无名合同。

第七百三十九条　出租人根据承租人对出卖人、租赁物的选择订立的买卖合同，出卖人应当按照约定向承租人交付标的物，承租人享有与受领标的物有关的买受人的权利。

【条文释义】

本条是对融资租赁合同交付标的物的规定。

在融资租赁合同中，承租人具有买受人的地位，出租人是根据承租人对出卖人、租赁物的选择订立的买卖合同，并且租赁物也是由承租人使用，将来还会将所有权转移给承租人。因此，虽然买卖合同是出租人和出卖人订立的，但是对买卖合同的标的物也就是融资租赁合同的租赁物，须由出卖人直接交付给承租人。

同时，承租人在融资租赁合同中，相当于出卖人与出租人订立的买卖合同中的买受人的地位，并享有与受领买卖合同标的物有关买受人的权利，在买卖合同中，买受人的一切权利承租人都享有，出卖人向承租人交付标的物，承担租赁物的瑕疵担保责任。

【案例评注】

某医院与中恒公司融资租赁合同纠纷案[①]

基本案情

2016年2月26日，中恒公司（出租人）与某医院（承租人）签订编号为×××-801-160012《融资租赁合同》。同日，中恒公司（买受人）、某医院（承租人）与远程视界公司（出卖人）签订《设备买卖合同》（编号：×××-801-160012-MM-1/1），约定中恒公司作为出租人与承租人某医院签订了编号为×××-801-160012的《融资租赁合同》及相关附属文件，买受人向承租人指定的远程视界公司购买租赁设备并出租给承租人使用。出卖人应直接将设备交付给承租人，承租人应按本合同约定受领设备。承租人对设备验收后，应及时接收设备并向买受人出具租赁物接受证明书，承租人出具租赁物接受证明书之日即为设备交付日，若出卖人实际交付设备后，承租人未提出书面异议且在2个工作日内未向买受人出具租赁物验收证明书，视为设备已经交付并验收合格，出卖人实际交付设备之日即为设备交付日。鉴于承租人系设备实际使用人，有关本合同设备的质量及根据本合同出卖人应提供的其他服务或者承担的义务，均由出卖人直接向承租人负责，出卖人交付的设备质量有瑕疵，迟延交付或未交付或出卖人未履行本合同项下其他义务，由承租人直接向出卖人索赔，买受人不承担任何责任，上述情形均不影响承租人按融资租赁合同约定向买受人履行支付租金及其他合同义务。出卖人逾期交付设备的，买受人有权要求出卖人支付违约金并承担因此给买受人造成的损失。根据本合同一方向他方发出的全部通知以及各方的文件往来及与本合同有关的通知和要求等，必须用书面形式，可采用信函、传真、专程送达等方式传递，原件与传真件具有同等法律效力。2015年3月15日，中恒公司通过银行转账方式向远程视界公司支付设备款合计4662260元。

---

① 审理法院：一审法院为北京市大兴区人民法院，案号：（2018）京0115民初8933号；二审法院为北京市第二中级人民法院，案号：（2019）京02民终3751号。

某医院主张该案所涉融资租赁合同中涉及的设备尚有一台价值338000元的设备没有到货，其提交证人龚某的一份书面证言。中恒公司对证人证言不予认可，其主张某医院从未向其出具租赁物验收证明，也未出具关于租赁物未交付的说明，视为设备已经全部交付。某医院主张中恒公司的违约金标准过高。

另查，某医院提交2017年12月21日，其向远程视界公司发送的函告书，载明的内容为，由于远程视界公司未按照双方之间签订的《数字化眼科区域协同医疗示范工程合作协议书》及《补充协议》的约定，应由远程视界公司支付中断近3个月应付给中恒公司的租金，导致中恒公司于近期给某医院发送了缴款告知书，要求某医院立即支付租金，鉴于上述情况，某医院拟要求远程视界公司按照协议向中恒公司支付租金或与中恒公司商议取得中恒公司认可。

法院判决

中恒公司与某医院签订的《融资租赁合同》，中恒公司、某医院与远程视界公司签订的《设备买卖合同》，均系各方当事人的真实意思表示，其内容不违反国家法律、行政法规关于合同效力的强制性规定，应属合法有效。各方均应按照合同约定履行各自的义务。某医院作为承租人应当按照合同约定及时缴纳租金费用，现某医院逾期未缴纳部分租金，某医院的行为已经构成违约。某医院主张设备未完全交付，《融资租赁合同》中已经约定了“自租赁物最晚交付之日起2日内承租人未向出租人出具《租赁物验收证明书》，且未对租赁物向出租人提出书面异议的，视为承租人对租赁物清点验收完毕……因出卖人原因影响租赁物的正常使用时，无论承租人是否提起索赔或获得赔偿，均不影响本合同的效力与履行，承租人应按时、足额支付租金。”某医院如认为其在最晚交付之日前未收到全部设备，应当及时向中恒公司提出异议，某医院未提供证据证明其向中恒公司及时告知上述情况，且未能提供证据证明设备签收情况，故该院对某医院的抗辩意见不予采纳，对中恒公司主张某医院支付全部未付租金的请求，有事实及法律依据，该院予以支持，对于中恒公司主张某医院支付到期未付租金及未到期租金的违约金的请求，违约金约定的标准过高，且中恒公司未提交证据证明其实际损失数额，故该院以实际损失为基础，兼顾合同的履行情况、当事人的过错程度以及预期利益等综合因素，根据公平原则和诚实信用原则予以衡量，以到期未付租金数额为基数，对违约金标准依法予以调整。

专家点评

《融资租赁合同》《设备买卖合同》系各方当事人的真实意思表示，不违反法律、行政法规的强制性规定，故合法有效。中恒公司已依约向出卖方远程视界公司支付设备款，某医院亦应当依约支付租金。现某医院未依约支付租金，构成违约，应当承担相应的违约责任。某医院主张租赁物未完全交付，中恒公司构成违约，某医院欠付的租金数额应相应予以扣减。因某医院未举证证明其曾就租赁物交付情况向中恒公司提出过书面异议，且依照《融资租赁合同》及《设备买卖合同》的约定，出卖方的违约行为并不影响某医院向中恒公司按时、足额履行支付租金的义务。

第七百四十条 出卖人违反向承租人交付标的物的义务，有下列情形之一的，承租人可以拒绝受领出卖人向其交付的标的物：

（一）标的物严重不符合约定；

（二）未按照约定交付标的物，经承租人或者出租人催告后在合理期限内仍未交付。

承租人拒绝受领标的物的，应当及时通知出租人。

【条文释义】

本条是对承租人对出卖人交付标的物行使拒绝受领权的规定。

在买卖合同中，买受人享有拒绝受领权，当出卖人交付的标的物不符合约定等原因出现时，就可以拒绝受领交付的标的物。在融资租赁合同中，承租人具有买受人的地位。因此，也享有买受人所享有的拒绝受领权。

承租人行使拒绝受领权的事由是：（1）租赁物严重不符合约定，承租人可以拒绝受领；（2）出卖人未按照约定交付租赁物，经承租人或者出租人催告，在催告的合理期限内仍未交付，即出卖人迟延交付标的物，构成根本违约，承租人有权拒绝受领。

承租人行使买受人的拒绝受领权，拒绝受领租赁物的，应当及时通知出租人。符合上述规定的条件的，出卖人构成违约行为，应当取回租赁物，采取补救措施或者承担其他违约责任。

【案例评注】

海翼公司与秦某利、润通公司等融资租赁合同纠纷案①

基本案情

2012年12月26日，出租人海翼公司与承租人秦某利签订了一份编号为×××－201212－14858的《融资租赁合同》，合同约定：经双方协商一致，出租人同意向承租人租出、承租人同意向出租人租入本融资租赁合同所述租赁物件；租赁物出卖人润通公司。2012年12月26日，润通公司依约交付XG822LC型厦工挖掘机（整机编号×××）一台供秦某利租赁使用，并由秦某利出具租赁物件接收证书，接受证书载明：经验收，租赁物件在所有方面均满足承租人在《融资租赁合同》项下的租赁要求。上述合同签订当日，秦某利即通过润通公司支付海翼公司合同约定的首付租金84000元，合同项下手续费11340元、保证金37800元及GPS的安装和使用费3460元，合计136600元；另秦某利向润通公司支付担保费12456元及保险费22144元，合计34600元，润通公司向安徽某投资担保有限公司支付了上述12456元。后除2013年4月16日及2013年4月24日分别向海翼公司支付租金20000元及20000元外，秦某利未按期向海翼公司按期支付租金，直至海翼公司将案涉机器收回。

另查明：在一份仅有润通公司盖章确认的协议书中载明：用户秦某利于2012年9月12日购买厦工挖掘机（机型为XG822LC，机号为CXG00822CLC1B2739）壹台，机器在安徽黄山施工，乙方认为甲方机器出现发动机故障，要求延保，现就相关延保事宜，经甲乙双方友好协商，达成如下协议：一、甲方给予乙方免费更换发动机四配套一套；二、乙方机器在2013年9月9日顺延贰年或3000小时，以先到为准；三、延保范围按厦工质保范围执行；四、甲方给予乙方贰万伍仟元作为经济赔偿，其中贰万元在2014年2月份后作为整机按揭款冲抵，伍仟元作为整机赠送件等。庭审中秦某利主张案涉租赁物自2013年7月中下旬因发动机发生故障致无法使用，其通知出卖人润通公司后该公司将租赁物拉回修理厂维修直至被海翼公司收回，海翼公司则表示是秦某利不再继续经营、故将机器送回润通公司。海翼公司于2013年12月30日收回案涉租赁物。

---

① 审理法院：一审法院为安徽省合肥市蜀山区人民法院，案号：（2015）蜀民二初字第03161号；二审法院为安徽省合肥市中级人民法院，案号：（2016）皖01民终3536号。

法院判决

本案所涉融资租赁合同、产品购买合同不违反法律法规的强制性规定，合法有效，对各方具有法律约束力。合同履行过程中，因秦某利逾期支付租金致海翼公司将案涉租赁物收回，其收回租赁物的行为表达了解除合同的意思表示，且该合同在客观上已无法履行，故依法确认案涉融资租赁合同于2013年12月30日解除；在融资租赁合同解除后，买卖合同在买受人海翼公司及出卖人润通公司间继续有效，加之双方未主张解除合同，故对秦某利要求解除产品买卖合同的诉请不予支持。秦某利因案涉挖掘机发动机质量问题而停工并产生一定的损失，润通公司作为出卖人应承担相应的违约责任，现秦某利要求润通公司赔偿三个月的租金损失有事实及法律依据，依法予以支持，但月租金的标准应参照融资租赁合同的租金标准（23865元/月），故润通公司应赔偿秦某利租金损失合计71595元（23865元×3个月=71595元），超出的部分依法不予支持，润通公司系润通公司的分公司，其财产不足以清偿上述债务的，由润通公司以其他财产予以清偿。各方关于“甲乙两方不负责丙方因产品保修而产生的直接或间接经济损失”显失公平，对该条款效力不予认定。在融资租赁法律关系中，海翼公司作为出租人承担依照秦某利选择购买挖掘机并出租给秦某利使用的义务，并因此享有收取租金的权利，其对依照秦某利指示购买的挖掘机的质量瑕疵所致秦某利的损失不承担赔偿责任。

专家点评

《融资租赁合同》已解除，法院依据机器被收回后保险利益由海翼公司享有、GPS设备被海翼公司收回的事实，并结合秦某利实际租赁期限等因素，确定海翼公司按比例返还秦某利保险费14043元及GPS设备和使用维护费用2577元适当。秦某利交纳的保证金37800元已抵扣其拖欠的租金，秦某利要求返还没有依据。租金系《融资租赁合同》项下的权利义务内容，质量问题则属于《产品购买合同》项下权利义务内容，两者属于不同法律关系。根据民法典合同篇第742条规定，承租人对出卖人行使索赔权，不影响其履行融资租赁合同项下支付租金的义务。秦某利无权以机器存在质量问题为由拒付租金，案涉机器被收回系海翼公司基于秦某利拖欠租金的事实根据《融资租赁合同》的约定行使其权利。因此，机器被海翼公司收回系秦某利自身的违约行为导致，海翼公司收回机器的行为符合合同约定，秦某利要求海翼公司退还首付租金、手续费、担保费没有依据。首付租金、手续费、担保费系《融资租赁合同》项下款项，润通公司并非《融资租赁合同》的相对方，亦不应承担返还责任。

海翼公司和润通公司在一审法院的确认内容、润通公司出具的《情况说明》及润通公司盖章确认的《协议书》，能够相互印证，证明案涉机器出现质量问题，并在润通公司修理过程中被海翼公司收回。即因质量问题，秦某利不能正常使用案涉机器，润通公司作为出卖方应当承担相应的赔偿责任。现案涉机器已被出租方海翼公司收回，《融资租赁合同》已解除，润通公司应当赔偿合同解除前机器不能正常使用而造成的租金损失，法院根据秦某利主张的租金时间及《融资租赁合同》的租金标准确定租金损失为71595元有事实和法律依据，应予确认。

第七百四十一条　出租人、出卖人、承租人可以约定，出卖人不履行买卖合同义务的，由承租人行使索赔的权利。承租人行使索赔权利的，出租人应当协助。

【条文释义】

本条是对承租人对出卖人行使索赔权的规定。

在融资租赁合同中，出租人是根据承租人的委托和选择，向出卖人购买租赁物，出租给承租人使用的，构成融资、买卖和租赁多重合同关系。在这样的复杂法律关系中，三方当事人即出租人、出卖人、承租人可以在融资租赁合同中对索赔权由谁行使作出约定，如约定出卖人不履行买卖合同义务的，由承租人行使索赔的权利，而不是由出租人即买受人行使索赔权。事实上，即使在融资租赁合同中没有这样的约定，按照承租人在融资租赁合同中相当于买受人的地位，承租人也享有这样的索赔权。当承租人向出卖人行使索赔权利时，由于出租人是名义上的买受人，因此应当对承租人行使索赔权负有协助义务，应当予以协助。

【案例评注】

孙某某与公信公司等融资租赁合同纠纷案[1]

基本案情

2011年3月7日，乙方孙某某从甲方徐工租赁公司处以融资租赁的方式租赁

---

① 审理法院：一审法院为江苏省徐州市云龙区人民法院，案号：（2016）苏0303民初5547号；二审法院为江苏省徐州中级人民法院，案号：（2017）苏03民终4106号；再审法院为江苏省高级人民法院，案号：（2018）苏民申4074号。

取得 QY70K－1 型汽车起重机一台，该设备金额合计 196 万元。双方约定：租赁期限：自正式交付之日起 48 个月，即 48 期，首个月租金付款日为 2011 年 3 月 28 日。孙某某应在合同签订后 3 个工作日内支付：履约保证金 9.8 万元、首期租金 9.8 万元、手续费 1.862 万元。每月应支付租金 4.4675 万元，本合同确定的租金总额为 224.24 万元，承租期内，租赁设备的所有权属徐工租赁公司，孙某某仅有使用权。同日，孙某某和徐工租赁公司签订《保证担保合同》，其为上述融资租赁合同的设备租金、违约金等应付款项承担连带担保责任。上述合同还约定，在合同履行期间，在不影响孙某某使用租赁设备的前提下，徐工租赁公司可将合同项下的全部或部分权利转让给第三者。2012 年 6 月 19 日，徐工租赁公司将上述融资租赁合同的权利转让给了公信公司。

法院判决

孙某某以融资租赁的方式从徐工租赁公司处租赁取得 QY70K－1 汽车起重机一台，事实清楚，双方建立了融资租赁合同关系。该合同当事人均当按照合同约定享受各自的权利、履行各自的义务。根据《合同法》第二百三十七条的规定，融资租赁合同是出租人根据承租人对出卖人、租赁物的选择，向出卖人购买租赁物，提供给承租人使用，承租人支付租金的合同。《合同法》第二百四十条规定，出租人、出卖人、承租人可以约定，出卖人不履行买卖合同义务的，由承租人行使索赔的权利。承租人行使索赔权利的，出租人应当协助。据此，涉案融资租赁合同第三条关于租赁设备如存在质量瑕疵问题如何行使索赔权的约定不违反法律规定，孙某某可以按照该约定向租赁设备的出卖人主张索赔权。

专家点评

根据民法典合同篇第 735 条的规定，融资租赁合同是出租人根据承租人对出卖人、租赁物的选择，向出卖人购买租赁物，提供给承租人使用，承租人支付租金的合同。民法典合同篇第 741 条规定，出租人、出卖人、承租人可以约定，出卖人不履行买卖合同义务的，由承租人行使索赔的权利。承租人行使索赔权利的，出租人应当协助。据此，涉案融资租赁合同第三条关于租赁设备如存在质量瑕疵问题如何行使索赔权的约定不违反法律规定，孙某某可以按照该约定向租赁设备的出卖人主张索赔权。

第七百四十二条 承租人对出卖人行使索赔权利，不影响其履行支付租金的义务。但是，承租人依赖出租人的技能确定租赁物或者出租人干预选择租赁物的，承租人可以请求减免相应租金。

【条文释义】

本条是对承租人索赔期间向出租人支付租金的规定。

融资租赁合同的租赁物是出租人按照承租人的选择向出卖人购买的，并且直接交给承租人使用，因而只要出卖人将租赁物交付给承租人，承租人就应当向出租人支付租金。所以，承租人因买卖合同的标的物有瑕疵或者出卖人有其他违约行为，在向出卖人主张索赔权期间，也应当向出租人支付租金，没有理由拒付租金的，承租人应当承担违约责任。除外的情形是，承租人是依赖出租人的技能确定租赁物或者出租人干预选择租赁物的，由于对于租赁物并非真正由承租人所选择，且依赖于出租人的专业技能等作出的选择。因此，承租人在索赔期间，可以向出租人请求减轻或者免除租金。出租人应当根据实际情况，对承租人的减免租金的请求，进行协商，达成合意。如果不能达成合意而发生争议，法院和仲裁机构应当根据实际情况确定租金的减免数额。

【案例评注】

天业通联公司与新疆庆安公司融资租赁合同纠纷案[①]

基本案情

2011年8月8日，中建投公司与新疆庆安公司签订了《融资租赁合同》。第1.1条约定，(1)租赁物：指甲方（中建投公司）根据乙方（新疆庆安公司）的自主选择，向乙方指定的出卖人购买出租给乙方使用的机械设备，本合同租赁物与《买卖合同》中的货物（设备）具有同一性；(2)出卖人：指天业通联公司；(3)《买卖合同》：指由甲方、出卖人与乙方签订的《供货合同》。2011年8月8日，天业通联公司、新疆庆安公司及中建投公司三方共同签订《供货合同》。约定，依据《融资租赁合同》第1.1条第(1)(2)(3)款的约定，中建投公司根据新疆庆安公司的自主选择，向天业通联公司购买TTM100A矿用自卸车15台即本案所涉租赁物，并出租给新疆庆安公司使用，新疆庆安公司依据《融资租赁合

---

① 审理法院：一审法院为北京市第二中级人民法院，案号：(2015)二中民（商）初字第08878号；二审法院为北京市高级人民法院，案号：(2017)京民终334号。

同》之约定向中建投公司支付租赁保证金、租赁手续费、租前息、租金等。

《融资租赁合同》履行过程中，新疆庆安公司已出现逾期支付租金等违反《融资租赁合同》约定的行为，《回购承诺书》中约定的回购条件已成就。

2014年12月18日，天业通联公司与中建投公司签订了《回购及债权转让合同》，第一条约定，截至2014年11月27日，债务人（新疆庆安公司）债务金额：79165479.69元。第二条约定，回购价款金额以及支付：甲方（天业通联公司）向乙方（中建投公司）支付的回购价款数额为52659844.80元。

《回购及债权转让合同》签订后，天业通联公司向中建投公司支付了回购价款，中建投公司将其在《融资租赁合同》项下的租赁物和租赁债权转让给天业通联公司。

2014年12月29日，中建投公司以特快专递方式向新疆庆安公司发出了《租赁物和租赁债权转移通知》并进行了公证送达，告知新疆庆安公司，中建投公司已将《融资租赁合同》项下全部权利转让给天业通联公司及截至2014年11月27日债务金额为79165479.69元之事实，并要求新疆庆安公司按照《融资租赁合同》之约定向天业通联公司履行付款义务。

法院判决

《合同法》第二百四十四条规定，租赁物不符合约定或者不符合使用目的的，出租人不承担责任，但承租人依赖出租人的技能确定租赁物或者出租人干预选择租赁物的除外。《最高人民法院关于审理融资租赁合同纠纷案件适用法律问题的解释》第十九条亦对上述条款规定的出租人承担瑕疵担保责任的例外情形作了进一步明晰。在本案的融资租赁交易中，租赁物是由承租人新疆庆安公司选择的，出租人中建投公司在融资租赁交易中，仅承担融资的功能。因此，出租人中建投公司对租赁物的瑕疵担保免责。本案中，新疆庆安公司关于租赁物存在严重质量问题的抗辩意见，并不符合《最高人民法院关于审理融资租赁合同纠纷案件适用法律问题的解释》第十九条规定的三种例外情形，其无权要求代中建投公司行使索要租金权利的天业通联公司在本案融资租赁合同纠纷中承担租赁物的瑕疵担保责任。

《最高人民法院关于审理融资租赁合同纠纷案件适用法律问题的解释》第六条规定，承租人对出卖人行使追索权，不影响其履行融资租赁合同项下支付租金的义务，但承租人以依赖出租人的技能确定租赁物或者出租人干预选择租赁物为由，主张减轻或者免除相应租金支付义务的除外。新疆庆安公司要求在本案中确认其与天业通联公司、中建投公司签订的《供货合同》无效，一审法院认为，本案审理的是融资租赁合同纠纷，对《供货合同》的效力，在本案中不应予以认定，各方可以另行解决。新疆庆安公司若依据三方的《供货合同》，向其选定的出卖人天业通联公司主张权利，则应依据《供货合同》另行解决，不影响其履行《融资租赁合同》项下支付租金的义务。

专家点评

租赁合同关系下双方当事人为出租人和承租人，不包括出卖人。天业通联公司通过回购债权取得了《融资租赁合同》项下出租人的地位，行使的是原出租人中建投公司的合同权利，承租人新疆庆安公司仅能以中建投公司在《融资租赁合同》项下的违约行为进行抗辩。

同时，本案不存在法定或约定的买卖合同影响融资租赁合同履行的情形。民法典合同篇第 742 条规定，承租人对出卖人行使索赔权，不影响其履行融资租赁合同项下支付租金的义务，但承租人以依赖出租人的技能确定租赁物或者出租人干预选择租赁物为由，主张减轻或者免除相应租金支付义务的除外。本案《融资租赁合同》第 2.1 条约定“新疆庆安公司自主选择租赁物及其制造商和出卖人……新疆庆安公司对上述自主选择及决定负全部责任，中建投公司不承担任何责任”，第 3.4 条约定“若出卖人违约……中建投公司不承担赔偿责任”，因此本案不存在民法典合同编第 742 条规定的例外情形。虽然本案所涉及的融资租赁合同关系与买卖合同关系之间在合同主体上有交叉，即出卖人也是出租人，但权利义务并不存在牵连，当事人之间不会基于租赁物的交付即是否符合质量标准等产生相互牵连的权利义务关系。因此，融资租赁合同案件的审理不会对买卖合同案件的当事人的利益关系产生影响。

第七百四十三条　出租人有下列情形之一，致使承租人对出卖人行使索赔权利失败的，承租人有权请求出租人承担相应的责任：

（一）明知租赁物有质量瑕疵而不告知承租人；

（二）承租人行使索赔权利时，未及时提供必要协助。

出租人怠于行使只能由其对出卖人行使的索赔权利，造成承租人损失的，承租人有权请求出租人承担赔偿责任。

【条文释义】

本条是对出租人行使索赔权利失败承担责任的规定。

在融资租赁合同中，对于出卖人交付买卖合同标的物违约的索赔权，原则上属于承租人。因此，承租人行使索赔权利失败，应当由承租人自己承担后果责任。只有在出租人违反义务，致使承租人对出卖人行使索赔权利失败的，出租人才应当承担责任，承租人有权要求出租人承担赔偿责任。出租人承担行使索赔权利失败责任的事由是：

1. 明知租赁物有质量瑕疵而不告知承租人，将会使承租人因出租人的不作为而使自己无法查知标的物质量瑕疵，因而不能及时行使索赔权，导致索赔逾期。

2. 承租人行使索赔权利时，未及时提供必要协助，违反出租人对承租人索赔的协助义务，也是索赔失败的原因。

出现这两种情形之一的，承租人有权向出租人主张其承担赔偿责任。

在融资租赁合同或者买卖合同中约定只能由出租人对出卖人行使的索赔权利，承租人无权行使，只能由出租人行使。如果出租人怠于行使索赔权，造成承租人的利益损害的，承租人有权要求出租人承担相应的赔偿责任。

【案例评注】

段某等诉电建公司融资租赁合同纠纷案[①]

基本案情

电建公司系由水电租赁公司于2014年9月变更而来，而水电租赁公司又系电建公司于2005年12月更名而来。2006年1月16日，水电租赁公司与段某签订《工程机械租赁合同》，约定由水电租赁公司向段某出租神钢sk350型挖掘机一台，租期24个月，租金每月48234元，租赁物由新兴公司负责运输，因该合同发生的争议应向合同签订地法院解决，合同签订地为成都市武侯区。合同签订后，段某向新兴公司支付首付款及月供款共计344840元，新兴公司共向水电租赁公司转付494702元。

关于段某与水电租赁公司、新兴公司之间的诉讼过程，（2014）川民提字第470号民事判决书，判决认为：1. 本案为融资租赁纠纷，段某、水电租赁公司及新兴公司系融资租赁关系的参与者；2. 关于水电租赁公司应否赔偿因挖掘机质量问题及擅自锁机给段某造成损失的问题。（1）关于水电租赁公司是否应赔偿因挖

① 审理法院：一审法院为成都市武侯区人民法院，案号：（2015）武侯民初字第5804号；二审法院为四川省成都市中级人民法院，案号：（2017）川01民终2995号。

掘机质量问题给段某造成损失问题。本案系融资租赁关系，租赁物的选定为段某根据其需要自主选定……根据《最高人民法院关于审理融资租赁合同纠纷案件若干问题的规定》（以下简称《融租规定》）第12条“在供货人有迟延交货或交付的租赁物质量、数量存在问题以及其他违反供货合同约定的行为时，对其进行索赔应区别不同情形予以处理：（一）供货合同或租赁合同中未约定转让索赔权的，对供货人的索赔应由出租人享有和行使，承租人应提供有关证据；（二）在供货合同和租赁合同中均约定转让索赔权的，应由承租人直接向供货人索赔”的规定，对交付的租赁物质量存在问题的索赔权，无论是出租人或是承租人行使，索赔对象均为供货人，而本案挖掘机的供货人为新兴公司，并非水电租赁公司，故原审判决认为段某应向供货人主张挖掘机质量问题的索赔正确。3. 关于水电租赁公司是否应赔偿因擅自锁机给段某造成损失的问题。水电租赁公司因段某拖欠租金，确对涉案挖掘机进行了锁机，故而段某要求水电租赁公司向其赔偿因锁机造成的损失。段某提供了台班费计算清单以证明其损失金额，水电租赁公司对该清单不予认可。段某未提供其他证据证明锁机的持续时间，锁机导致的停工时间及锁机行为与损失金额之间的因果关系，故在水电租赁公司对段某提供的损失金额不认可，段某又未提供其他证据佐证所及行为与损失金额之间的因果关系的情况下，无法认定台班费计算清单上载明的损失金额为因锁机行为造成的实际损失金额，因此原审判决不予支持段某要求水电租赁公司赔偿因擅自锁机给其造成的损失，并无不当，段某要求水电租赁公司赔偿因擅自锁机给其造成的损失的再审申请理由不能成立。综上，判决维持（2013）成民终字第3115号民事判决。

对于段某在本案诉讼中以涉案挖掘机存在质量问题为由提出主张，且于2015年期间向电建公司递交索赔函要求后者向新兴公司行使索赔权，以及向新兴公司递交索赔函。

法院判决

《合同法》第二百四十四条规定：“租赁物不符合约定或者不符合使用目的的，出租人不承担责任，但承租人依赖出租人的技能确定租赁物或者出租人干预选择租赁物的除外”。《最高人民法院关于审理融资租赁合同纠纷案件适用法律问题的解释》第六条规定：“承租人对出卖人行使索赔权，不影响其履行融资租赁合同项下支付租金的义务，但承租人以依赖出租人的技能确定租赁物或者出租人干预选择租赁物为由，主张减轻或者免除相应租金支付义务的除外。”第十八条规定：“出租人有下列情形之一，导致承租人对出卖人索赔逾期或者索赔失败，承租人要求出租人承担相应责任的，人民法院应予支持：（一）明知租赁物有质量瑕疵而不告知承租人的；(二) 承租人行使索赔权时，未及时提供必要协助的；(三) 怠于行使融资租赁合同中约定的只能由出租人行使对出卖人的索赔权的；(四) 怠于行使买卖合同中约定的只能由出租人行使对出卖人的索赔权的。”第十七条规定：“出租人有下列情形之一，影响承租人对租赁物的占有和使用，承租人依照合同法第二百四十五条的规定，要求出租人赔偿相应损失的，人民法院应予支持：(一) 无正当理由收回租赁物；(二) 无正当理由妨碍、干扰承租人对租赁物的占有和使用；(三) 因出租人的原因导致第三人对租赁物主张权利；(四) 不当影响承租人对租赁物占有、使用的其他情形。”现段某主张租赁物的质量瑕疵，其中并未提及电建公司是否具有该司法解释第十七条所规定的行为，此外，本案所涉法律关系三方即段某、电建公司、新兴公司之间的融资租赁合同关系、买卖合同关系是清楚明确的，段某不存在起诉出卖人的法律障碍，故也不属于出租人应当承担责任的上述司法解释第十六条之情形。此外，四川省高级人民法院（2014）川民提字第470号民事判决已明确“对交付的租赁物质量存在问题的索赔权，无论是出租人或是承租人行使，索赔对象均为供货人，而本案挖掘机的供货人为新兴公司，并非水电租赁公司，故原审判决认为段某应向供货人主张挖掘机质量问题的索赔正确。”

综上认为，在段某行使质量问题的索赔权无任何法律障碍的情况下，起诉要求出租人电建公司承担赔偿责任，属主体错误，应予驳回。

专家点评

根据民法典合同篇743条之规定，出租人在明知租赁物有质量瑕疵而不告知承租人、承租人行使索赔权时未及时提供必要协助、怠于行使融资租赁合同或买卖合同中约定的只能由出租人行使对出卖人的索赔权并导致承租人对出卖人索赔逾期或者索赔失败时对承租人承担相应责任。而本案中段某仅以索赔函未获新兴公司答复为由主张已构成索赔失败的理由不能成立，亦不能证明电建公司存在上述导致其向新兴公司索赔逾期或索赔失败的法定情形从而应当向其承担赔偿责任。因此，段某在其有权直接向新兴公司主张质量赔偿而仅向新兴公司发出索赔函未获回复的情况下，尚未满足依据《最高人民法院关于审理融资租赁合同纠纷案件适用法律问题的解释》第18条要求电建公司承担相应责任的起诉条件。

第七百四十四条 出租人根据承租人对出卖人、租赁物的选择订立的买卖合同，未经承租人同意，出租人不得变更与承租人有关的合同内容。

【条文释义】

本条是对出租人不得擅自变更买卖合同内容的规定。

在通常情况下，融资租赁合同约定购买的租赁物，是由承租人选择确定的，出租人再与出卖人订立买卖合同。因此，出租人购买的标的物，体现的是承租人的需求和意思表示。因此，出租人与出卖人订立租赁物的买卖合同之后，出租人没有独立行使的合同变更权，不能擅自与出卖人协商变更买卖合同。如果要变更买卖合同，须经承租人同意，按照承租人的意志进行变更。出租人自己不能单独决定变更买卖合同。

【案例评注】

三井公司等与党某等融资租赁合同纠纷案①

基本案情

2014 年 7 月 15 日，原告三井公司与被告党某签订《融资租赁合同（融资性售后回租合同)》，约定被告党某作为融资租赁业务中的承租人，将从新疆天农公司购买的 4MZ－6（620）型自走式棉花收获机一台出卖给原告三井公司，原告三井公司以融资租赁的形式出租给被告党某。该棉花收获机买卖价款为 3200000 元。

被告党某于 2014 年 8 月 5 日对 4MZ－6（620）型自走式棉花收获机一台进行经验收后，于当日交纳首付租金 960000 元及履约保证金 160000 元，合计 1120000 元，该款由新疆天农公司代收。原告三井公司于 2014 年 8 月 5 日向新疆天农农机有限责任公司支付剩余货款 2080000 元。

被告党某按合同约定日期和金额向原告三井公司支付租金至 2015 年 12 月 20 日，合计支付租金 1920000 元，2016 年 1 月 20 日以后的租金 1770000 元未向原告支付。截至 2016 年 10 月 30 日，逾期租金累计 890000 元，减去已经向原告支付的履约保证金 160000 元，实际逾期租金为 730000 元。

法院判决

经查，租赁物采棉机系被告党某指定购买，原告起诉只要求被告支付租金，

---

① 审理法院：一审法院为新疆维吾尔自治区玛纳斯县人民法院，案号：（2017）新 2324 民初 2212 号；二审法院为新疆维吾尔自治区昌吉回族自治州中级人民法院，案号：（2017）新 23 民终 1417 号。

本案的处理与出卖方在法律上无利害关系，法院对其申请依法不予准许。《最高人民法院关于审理融资租赁合同纠纷案件适用法律问题的解释》第十九条规定，租赁物不符合融资租赁合同的约定且出租人实施了下列行为之一，承租人依照合同法第二百四十一条、第二百四十四条的规定，要求出租人承担相应责任的，人民法院应予支持：（一）出租人在承租人选择出卖人、租赁物时，对租赁物的选定起决定作用的；（二）出租人干预或者要求承租人按照出租人意愿选择出卖人或者租赁物的；（三）出租人擅自变更承租人已经选定的出卖人或者租赁物的。承租人主张其系依赖出租人的技能确定租赁物或者出租人干预选择租赁物的，对上述事实承担举证责任。被告未向一审法院提供证据证实存在上述情形，故对被告称采棉机质量存在问题，不予支付剩余租金的答辩意见，法院不予采纳。

专家点评

本案中，租赁物采棉机系被告党某指定购买，原告并未对租赁物的选择发挥决定作用或者干预承租人的选择等情形。因此，被告作为承租人要求原告承担相应责任没有法律依据。关于迟延损害金如何确定。三井公司与党某签订的《融资租赁合同（融资性售后回租合同）》中对于租金支付的时间有明确约定，上诉人党某并未按照合同约定的支付时间按时向上诉人三井公司支付租金，应当承担迟延损害金。

第七百四十五条 出租人对租赁物享有的所有权，未经登记，不得对抗善意第三人。

【条文释义】

本条是对融资租赁合同租赁物所有权的规定。

融资租赁合同的租赁物的所有权，归属于出租人。这是因为融资租赁合同是租赁合同，租赁物的所有权只有属于出租人，承租人才能够依据租赁合同对自己没有所有权的标的物进行占有、使用和收益。如果租赁物归属于承租人所有，就失去了租赁合同的意义，不构成融资租赁合同。

融资租赁的租赁物多数是大型的机器设备等，属于准不动产，需要依照法律或者行政法规的规定进行登记。出租人对租赁物未按照规定进行登记的，不得对抗善意第三人。对此，出租人应当善尽所有权人的注意义务，因为租赁物尽管属于自己所有，但是占有和使用、收益权能均脱离了自己而在承租人手中，为避免意外，应当善尽登记手续，避免发生意外造成损失。

【案例评注】

安徽信成公司诉沙湾中盛公司、某银行沙湾支行融资租赁合同案①

基本案情

2012年2月10日，安徽信成公司、沙湾中盛公司与广东科达公司签订了合同编号为第XB111123RZ、KDXB20111102CRZ、XB20111015RZ、KDXB20111020RZ、XB201201RZ的五份《购销合同》，约定广东科达公司向沙湾中盛公司供应KD3800C瓷质砖自动液压机五台、瓷质砖全自动抛光生产线一条、工程一套等设备。应沙湾中盛公司融通资金的要求，上述设备由安徽信成公司从广东科达公司处购买后，再以融资租赁设备出租给沙湾中盛公司。

2012年4月25日，安徽信成公司与沙湾中盛公司签订了《融资租赁合同》（第AHXC－RZ/20120500029号），约定安徽信成公司从广东科达公司处购买的上述设备出租给沙湾中盛公司。根据该合同第二条约定，该合同期限，指从合同生效之日至安徽信成公司收到沙湾中盛公司所有租金和应付的一切款项后出具《租赁物所有权转移证明书》之日。该合同第十四条约定，租赁期满且沙湾中盛公司向安徽信成公司付清全部租金及其他款项后，由安徽信成公司向沙湾中盛公司出具《租赁物所有权转移证明书》，租赁物即归沙湾中盛公司所有。

2012年7月11日，安徽信成公司就上述融资租赁设备在中国人民银行征信中心融资租赁登记系统进行了融资租赁物初始登记，并在五台KD3800C瓷质砖自动液压机的显著位置上标示："本机器属于融资租赁设备，所有权人为：安徽信成融资租赁有限公司。"同时，设备发票均备注："本发票涉及之货物属安徽信成融资租赁有限公司所有。未经安徽信成融资租赁有限公司的同意，不得转让、转租、抵押或其他侵犯所有权的行为。在安徽信成融资租赁有限公司未出具《所有权转移证明书》之前该设备的所有权不转移。"

2015年4月22日，沙湾中盛公司与某银行沙湾支行签订了《流动资金借款合同》，沙湾中盛公司向某银行沙湾支行借款1800万元。同日，沙湾中盛公司与某银行沙湾支行签订了《最高额抵押合同》，将上述融资租赁物中的"工程一套"设备抵押给某银行沙湾支行，为沙湾中盛公司的上述借款提供抵押担保，双方在沙湾区工商行政管理局办理了动产抵押登记书［川乐沙工商抵字（2015）第18

---

① 审理法院：一审法院为四川省乐山市沙湾区人民法院，案号：（2015）沙湾民初字第850号。

号]。另查明，《最高额抵押合同》中动产抵押物清单中所涉融资租赁物“工程一套”系编号为第 XB20111015RZ《购销合同》中的所有设备。某银行沙湾支行在与沙湾中盛公司签订抵押合同时，未要求沙湾中盛公司提供抵押设备的增值税发票原件。

法院判决

根据《最高人民法院关于审理融资租赁合同纠纷案件适用法律问题的解释》第九条的规定：“承租人或者租赁物的实际使用人，未经出租人同意转让租赁物或者在租赁物上设立其他物权，第三人依据物权法第一百零六条的规定取得租赁物的所有权或者其他物权，出租人主张第三人物权权利不成立的，人民法院不予支持，但有下列情形之一的除外：（一）出租人已在租赁物的显著位置作出标识，第三人在与承租人交易时知道或者应当知道该物为租赁物的……（三）第三人与承租人交易时，未按照法律、行政法规、行业或者地区主管部门的规定在相应机构进行融资租赁交易查询的。”本案中，首先，原告已在租赁设备的显著位置上作出标识，表明此批设备属于融资租赁物且属于原告所有；其次，某银行沙湾支行与被告沙湾中盛公司签订抵押合同时，未按照银行行业规定登录融资租赁登记公示系统进行融资租赁交易查询；最后，某银行沙湾支行亦未要求被告沙湾中盛公司提供抵押设备的增值税发票原件，以确定该抵押设备确为被告沙湾中盛公司所有。鉴于以上情形，被告某银行沙湾支行提出的其与被告沙湾中盛公司签订抵押合同时尽到了审查义务，有理由相信案涉设备属于被告沙湾中盛公司所有，属于善意第三人的抗辩与法院查明事实不符，被告某银行沙湾支行应当知道抵押物“工程一套”设备属于融资租赁物且属于原告所有，其不属于善意第三人，对其抗辩不予采信。被告某银行沙湾支行不能享有对上述融资租赁物的抵押物权。

鉴于二被告对上述融资租赁设备设定抵押的行为无效，二被告理应到乐山市沙湾区工商行政管理局对上述融资租赁设备的抵押登记予以注销。

专家点评

融资租赁合同中，在出租人对租赁物的显著位置进行有效标识，且按中国人民银行有关规定对融资租赁物进行了初始登记的情况下，未经出租人同意，承租人将租赁物抵押给第三人的行为依法应当认定为无效，第三人不能以善意第三人进行抗辩，出租人要求承租人及第三人注销抵押登记的诉讼请求，法院应予支持。本案中，安徽信成公司已经对标的设备进行了登记，可以对抗某银行沙湾支行的抵押权。

第七百四十六条　融资租赁合同的租金，除当事人另有约定外，应当根据购买租赁物的大部分或者全部成本以及出租人的合理利润确定。

【条文释义】

本条是对融资租赁租金构成的规定。

确定融资租赁合同租赁物的租金，有两个办法：（1）约定方法。当事人双方约定，按照约定的租金确定承租人支付租金数额。（2）法定方法。按照本条规定，融资租赁合同租赁物的法定租金构成，是由购买租赁物的成本加上出租人的合理利润两个部分构成。购买租赁物的成本，可以是大部分，也可以是全部。合理利润，应在合理的限度内确定，不得约定过高，避免显失公平。将这两个部分加到一起，就是法定的租金数额。事实上，即使双方当事人对租金进行约定，也应当按照这样的租金构成因素确定，使租金的约定更为公平。

计算租金，究竟是购买租赁物所支出的大部分还是全部费用，主要是根据出租人和承租人如何在租赁合同中约定租赁期限届满时租赁物的归属而定，约定租赁期限届满租赁物的所有权即转归承租人所有的，出租人收取的租金应包括购买租赁物的全部费用；约定在租赁期限届满出租人有权收回租赁物或者约定承租人在租赁期限届满时再支付一部分价金即可取得租赁物的所有权的，出租人应收取的租金构成就只应包括购买租赁物的部分价金。

【案例评注】

济宁中科公司等与华电融资公司融资租赁合同纠纷案[①]

基本案情

2014年5月8日，华电融资公司（出租人或甲方）与济宁中科公司（承租人或乙方）签订了编号为xxx《融资租赁合同》，约定：第三条“租赁物及租赁物的

① 审理法院：一审法院为北京市第二中级人民法院，案号：（2018）京02民初83号；二审法院为北京市高级人民法院，案号：（2019）京民终185号。

取得”(1)本次融资租赁采用售后回租的方式，由甲、乙双方根据本合同的约定，乙方将其未设置抵押权、质押权和其他担保权益、不存在优先权、拥有完全所有权的租赁物转让给甲方，再由甲方出租给乙方使用。(2)根据租赁物购入的年限和完好情况，甲乙双方商定租赁物的转让总价为2亿元。(3)出租人与承租人一致确认，在出租人按照上述第2款约定支付租赁物转让价款时，相应租赁物的所有权自承租人转让给出租人，自此出租人拥有租赁物的完整所有权（法律、行政法规规定应办理相应登记或备案手续的，以法律、行政法规的规定为准），并且是租赁物的唯一所有权人，承租人在租赁期限内享有租赁物的使用权。在承租人清偿本合同项下的所有债务前，全部租赁物的所有权始终属于出租人，除出租人外的其他任何人无权处置租赁物。

2014年5月8日，华电融资公司依据济宁中科公司于同日向其出具的《扣款委托书》，扣除案涉《融资租赁合同》项下的保证金1600万元及《融资租赁咨询服务合同》项下咨询服务费800万元后，向济宁中科公司支付1.76亿元租赁物转让款。

法院判决

关于济宁中科公司是否应当向华电融资公司支付全部未付租金。《合同法》第二百四十八条规定，承租人应当按照约定支付租金。承租人经催告后在合理期限内仍不支付租金的，出租人可以要求支付全部租金；也可以解除合同，收回租赁物。本案中，案涉《融资租赁合同》约定，济宁中科公司承租租赁物须支付租金给华电融资公司。合同期限内，济宁中科公司未按时、足额支付和/或补足任何到期租金、租赁保证金或其他应付款项构成本合同项下济宁中科公司违约，华电融资公司有权立即向济宁中科公司追索本合同项下所有到期未付租金、逾期利息、全部未到期租金、其他与本合同相关的应付款项。按照《融资租赁合同》附件《租金调整通知书》的约定，济宁中科公司应于2018年2月8日向华电融资公司支付第15期租金，而济宁中科公司并未支付。华电融资公司于2018年4月3日向一审法院起诉后，济宁中科公司仍未全额支付上述第15期租金。现华电融资公司要求济宁中科公司支付全部未付租金，具有法律和合同依据，一审法院予以支持。案涉《融资租赁合同》约定，华电融资公司有权将租赁保证金用来抵扣留购价款、租赁物保险费用、未付租金的全部或部分款项。华电融资公司在要求济宁中科公司支付全部未付租金时主张将案涉《融资租赁合同》项下保证金1600万元抵扣部分未付租金，符合合同约定，一审法院亦予支持。济宁中科公司、安徽盛运公司关于华电融资公司应当使用保证金抵扣第15期欠付租金，故济宁中科公司并无到期欠付租金之辩称，事实和合同依据不足，一审法院不予支持。济宁中科公司辩称华电融资公司未进行催告，但结合华电融资公司于2018年4月3日向一审法院起诉济宁中科公司后，济宁中科公司在合理期限内仍未支付欠付租金的事实，对于济宁中科公司该项辩称，一审法院亦不予支持。

专家点评

华电融资公司已取得案涉租赁物所有权，且根据《融资租赁合同》的约定，租赁期限届满，在济宁中科公司清偿完毕该合同项下应付华电融资公司的全部租金、留购价款及其他应付款项后，济宁中科公司按“现时现状”留购租赁物，取得租赁物的所有权，留购价款为1万元。合同期限内，济宁中科公司未按时、足额支付和/或补足任何到期租金、租赁保证金或其他应付款项构成该合同项下济宁中科公司违约，华电融资公司有权立即向济宁中科公司追索该合同项下所有到期未付租金、逾期利息、全部未到期租金、其他与该合同相关的应付款项。本案中，济宁中科公司未按期向华电融资公司支付租金，已构成《融资租赁合同》约定的违约事项。因此，华电融资公司要求济宁中科公司支付全部未付租金后，支付留购价款1万元留购租赁物，具有合同依据，应予支持。济宁中科公司关于其无需向华电融资公司支付1万元留购价款的上诉理由，不能成立。

第七百四十七条 租赁物不符合约定或者不符合使用目的的，出租人不承担责任。但是，承租人依赖出租人的技能确定租赁物或者出租人干预选择租赁物的除外。

【条文释义】

本条是对租赁物质量瑕疵担保责任的规定。

融资租赁合同成立，在履行期限内，出现租赁物不符合约定或者不符合使用目的的情形的，有责任的一方应当承担租赁物质量瑕疵担保责任。租赁物质量瑕疵担保责任分配的规则是：（1）一般规则，是出租人不承担责任，而是由承租人承担该责任。理由是，租赁物的选择是由承租人确定的，承租人承担租赁物质量瑕疵担保责任具有正当性。（2）特殊规则，如果承租人选择租赁物买卖，是依赖出租人的技能确定或者是出租人干预选择租赁物的，由于在租赁物的选择上加进了出租人的意志。因此，租赁物质量瑕疵担保责任应当由出租人承担。

【案例评注】

杨某某、国银公司融资租赁合同纠纷案①

基本案情

被告杨某某与娄新慧系夫妻关系。第三人洪某森系第三人通程公司遵义分公司工作人员。

2016年10月20日，洪某森书写了一份《销售申请单》，申请单载明客户即被告杨某某的基本身份信息、购买性质、从业年限等，型号为ST365，销售方式为融资租赁，已收定金50000元，设备总价1500000元，其中机价1455000元，代收运费45000元，办理85成3年融资租赁，提机时付款224394元（提机款=首期货款+融资租赁费用+代收运费）。

庭审中，国银公司提交了一份其作为出租人，被告杨某某作为承租人、通程公司作为出卖人，合同编号为“国金租〔2016〕租字第（SY－0274211）号”的《工程机械设备融资租赁合同》，合同内容为：出租人基于承租人的选择，向出卖人购买SANY液压挖掘机一台（型号：SY365H，发动机号：596646，出厂/机器编号：×××）承租人租赁使用，租赁期限自2017年1月15日至2019年12月15日，租赁本金1455000元，承租人应于2016年12月20日支付首期租金219000元，首期租金与工程机械购买首付款金额一致，出租人授权承租人将首期租金支付给出卖人，出卖人出具收取首付款的书面凭证即视为出租人向出卖人履行了支付首付款的义务，剩余租金1236000元及租赁利息123813.6元，承租人应依据本合同的约定和《租金支付表》支付出租人租金，在每月扣款日前，承租人应当将当期的后期租金交付至扣款账户，以便出租人扣划当期租金，《租金支付表》载明支付期限自2017年1月至2019年12月共计36个月，每月15日前支付，每期每月租金为37772.6元（含利息）。租赁期间，若遇中国人民银行调整利率，则租赁利率在3月21日、6月21日、9月21日、12月21日随之调整，承租人应在每月扣款日前，将当期租金支付至扣款账户（开户行：建行重庆渝中支行观音岩分理处、户名：杨某某、账号：62×××31），便于出租人委托银行代扣当期租金；租赁物所有权自出卖人交付之日起归出租人所有，租赁期限届满后，承租人

① 审理法院：一审法院为贵州省贵阳市花溪区人民法院，案号：（2017）黔0111民初3942号；二审法院为贵州省贵阳市中级人民法院，案号：（2018）黔01民终7237号。

在付清全部租金及租赁合同项下应付的所有款项，并支付100元的名义价款，租赁物的所有权转移给被告，如承租人未能按时足额支付租金的，则承租人应当支付违约金（逾期租金金额×万分之五×实际逾期天数）。承租人逾期支付一期或一期以上租金，扣款日违约状态持续达90个自然日的，出租人有权解除合同，承租人应当在收到出租人发出的解除合同通知之日起10个工作日内向出租人支付所有到期未付及未到期的租金、违约金、名义价款及其他应付款项，合同还对双方其他的权利义务进行了约定。后来，机器出现故障，被告杨某某以此为由拒绝向原告国银公司支付租金，原告随即提起诉讼。

法院判决

杨某某的租金付款情况：原告陈述其仅收到杨某某首期租金219000元和三期租金共计113317.8元，共计332317.8元，而杨某某仅举证其向融资租赁合同项下银行账户付款100000元，对于杨某某举证支付的其他款项是支付给通程公司等人还是与通程公司达成的协议，不应作为向原告的付款，故对于其他款项其可另案主张权利。因此，该院认定杨某某已付租金金额为332317.8元，根据合同约定到期未付及未到期租金共计1246495.8元。因被告杨某某确实存在逾期支付租金的情形，杨某某虽辩称逾期支付系产品存在问题未进行维修，并且已将案涉挖掘机转让给张同友，不应承担付款责任，因本案系融资租赁法律关系，对于被告主张的产品故障问题，根据《合同法》第二百四十四条“租赁物不符合约定或者不符合使用目的的，出租人不承担责任，但承租人依赖出租人的技能确定租赁物或者出租人干预选择租赁物的除外”之规定，杨某某并未举证案涉挖掘机依赖原告的技能确定或受原告的干预选择，因此案涉挖掘机的故障问题不能作为不支付租金的法定事由，杨某某可另案向相关义务人主张权利。对于杨某某与张同友签订的《挖掘机转让协议》虽然通程公司员工洪某森见证同意，但案涉挖掘机的实际所有权人系原告，该转让行为并未取得原告的同意或追认，故该转让协议对于原告而言并不具有约束力。

专家点评

根据杨某某提交的洪某森书写杨某某签名捺印确认的《销售申请单》，载明案涉挖掘机的销售方式为融资租赁，在申请单中对于融资租赁的金额和费用以及融资租赁月均还款进行了明确约定，故原告与杨某某分别在案涉融资租赁合同签章的行为产生合同订立的法律后果。对于租赁物产品故障问题，由于被告不能证明其是根据原告的技能确定租赁物或者在原告的干预下选择租赁物的，故而不能以租赁物的故障作为抗辩理由，来拒绝支付租金。根据民法典合同篇第752条“承租人应当按照约定支付租金。承租人经催告后在合理期限内仍不支付租金的，出租人可以要求支付全部租金；也可以解除合同，收回租赁物”之规定，因杨某某逾期支付租金，作为承租人应当向原告支付全部未付租金。

第七百四十八条 出租人应当保证承租人对租赁物的占有和使用。

出租人有下列情形之一的，承租人有权请求其赔偿损失：

（一）无正当理由收回租赁物；

（二）无正当理由妨碍、干扰承租人对租赁物的占有和使用；

（三）因出租人的原因致使第三人对租赁物主张权利；

（四）不当影响承租人对租赁物占有和使用的其他情形。

【条文释义】

本条是对出租人保证承租人占有和使用租赁物的规定。

既然融资租赁合同是租赁合同，出租人就必须保证承租人对租赁物的占有和使用。这是租赁合同出租人对承租人租赁权的起码保障。在融资租赁合同中，出租人履行这一义务，还具有以下含义：

1. 出租人既不得妨碍承租人依照融资租赁合同所拥有的承租权，也不得擅自变更原来约定的承租条件。

2. 承租人在租赁期限内，对租赁物拥有独占的使用权，对使用租赁物的收益可以独立处分。

3. 出租人应当保证承租人在租赁期限内对租赁物的占有和使用，不受第三人的干扰，即使出租人在租赁期限内转让租赁物的所有权或者设置抵押等，也须受到买卖不破租赁规则的规制，不得影响承租人的承租权。如果受到第三人的干扰，出租人应当承担违约责任。

在融资租赁合同存续期限内，出租人违反保证承租人对租赁物的占有和使用义务，造成承租人损失的，应当承担违约责任。

出租人承担不履行保证承租人对租赁物占有和使用义务违约责任的情形是：

1. 无正当理由收回租赁物，构成根本违约。

2. 无正当理由妨碍、干扰承租人对租赁物的占有和使用，如组织人员对租赁物的占有和使用进行阻挠、干扰、破坏、封锁等。

3. 因出租人的原因致使第三人对租赁物主张权利，如出租人将租赁物转让他人或者设置抵押。

4. 不当影响承租人对租赁物占有和使用的其他情形。

当出现上述情形之一，致使承租人无法正常使用租赁物，不能正常发挥租赁物的效益，造成承租人损失的，有权向出租人行使损害赔偿请求权，出租人应当承担赔偿责任。

【案例评注】

果某某与国某某、宏展公司融资租赁合同纠纷案[①]

基本案情

2013 年 9 月 30 日被告宏展公司与原告果某某签订《运输车融资租赁及留购合同》、《锦州市宏展物流有限责任公司挂靠营运合同书》、《借款合同》，约定被告宏展物流贷给原告果某某 44 万元，月利息 2%，用于以融资租赁方式购置货运车辆，并将车辆挂靠于宏展物流，以公司名义进行经营活动，分 24 期向宏展公司给付租金。基于与果某某的融资合同，宏展公司向中国邮政储蓄银行股份有限公司沈阳分公司申请贷款，国某某提供了抵押担保。后来，宏展公司未及时支付贷款，导致标的车辆被查封、拍卖，果某某因此遭受了经营损失。

法院判决

法院认为，本案中因宏展公司未及时支付贷款导致车辆被查封、拍卖，宏展公司应承担责任。同时，国某某作为贷款、抵押合同的担保人，在明知出租车辆存在抵押贷款的情况下仍违约不及时交纳租金，对于损失的发生也存在过错，应承担一定的责任。结合双方的过错情况，宏展公司应承担 60% 的损失，国某某应承担 40% 的损失。

专家点评

在金融租赁交易中，出租人对租赁物享有所有权，负有向承租人提供租赁

---

① 审理法院：一审法院为辽宁省锦州市黑山县人民法院，案号：（2016）辽 0726 民初 919 号；二审法院为辽宁省锦州市中级人民法院，案号：（2017）辽 07 民终 340 号；再审法院为辽宁省锦州市中级人民法院，案号：（2018）辽 07 民再 32 号。

物，并保障承租人占有和使用的义务。本案中，承租人果某某与宏展公司签订融资租赁合同后，宏展公司应当及时向银行支付贷款，以保证承租人的占有和使用。在租赁物因宏展公司没有及时清偿银行贷款，导致被查封、拍卖后，果某某的经营受到损失，根据《民法典》第748条的规定，宏展公司应当赔偿果某某的损失。

第七百四十九条 承租人占有租赁物期间，租赁物造成第三人人身损害或者财产损失的，出租人不承担责任。

【条文释义】

本条是对租赁物造成第三人损害出租人免责的规定。

在一般情况下，物件造成第三人损害，应当适用侵权责任编关于物件损害责任的规定，由物件的所有人、使用人、管理人承担赔偿责任。按照这样的规则，租赁物造成第三人损害，也应当由所有人、使用人承担责任，使用人就是承租人。由于在融资租赁合同中，承租人对租赁物享有独占使用的权利，特别是出租人依照承租人的意志购买，交付承租人占有、使用。因此，对租赁物造成第三人损害的，不论是人身损害还是财产损失，都排除出租人的责任，对损害不承担任何责任。其责任，应当由承租人负责。

【案例评注】

兴海公司与高某某、欧阳某某追偿权纠纷案[①]

基本案情

2011年10月28日，被告高某某、欧阳某某向原告兴海公司融资租赁赣C×××××号货车用于运输经营，双方签订了一份汽车融资租赁合同，合同约定原告根据被告的要求及被告的自主选定，以租给被告为目的，为被告融资购买福田厂生产的赣C×××××号货车。被告则向原告承租，并享有该汽车的占有、使用、收益权。租赁期限为2011年10月28日起至2018年10月27日止，租金总额为20

① 审理法院：江西省高安市人民法院；案号：（2019）赣民0983初4516号。

万元。合同第9条第3点载明“被告承租车辆如发生交通事故、运输事故或意外事故，造成本人或他人的伤亡或财产损失，一切费用和赔偿责任全部由被告承担，原告不承担任何责任，原告可尽力协助被告处理有关事宜，所需费用由被告承担"。合同发生争议，依法向高安市人民法院提起诉讼。

2012年1月14日，中飞公司接受鸿运公司药湖运输业务，以湖南中飞公司名义与被告欧阳某某签订车辆租赁运输协议，约定由被告欧阳某某驾驶赣C×××××号货车承载一批货物，从广州市×××区运往长沙黄花机场。2012年1月15日，被告高某某、欧阳某某共同聘请的司机陈全洪驾驶承运货物的赣C×××××号车辆行驶至衡阳市耒阳市小水镇江波村107国道华海石化福建时发生翻车事故，导致运输货物部分毁损。事故发生后，该批货损由保险公司向投保人珠海联邦制药股份有限公司赔付602374.47元。保险公司向承运人鸿运公司主张追偿权，经法院调解达成由鸿运公司赔付450000元的协议。后鸿运公司扣除应支付给中飞公司运费450000元，因被告高某某与被告欧阳某某系合伙关系，两被告与原告公司是挂靠关系，中飞公司向长沙县人民法院提起诉讼，经长沙县人民法院2014年3月31日作出（2014）长县民初字第174号判决书，判决第一项被告高某某、欧阳某某赔偿中飞公司损失360000元，判决第二项原告兴海公司对该债务承担连带赔偿责任，诉讼费用由原告承担1550元，被告高某某、欧阳某某承担1550元。后被告高某某、欧阳某某不服上诉至湖南省长沙市中级人民法院，湖南省长沙市中级人民法院2014年6月13日作出（2014）长中民二终字第02718号判决书，判决撤销长沙县人民法院（2014）长县民初字第174号判决第二项。湖南中飞物流有限公司向至湖南省高级人民法院申诉，湖南省高级人民法院2017年6月21日作出（2017）湘民再33号判决书，判决撤销了（2014）长中民二终字第02718号判决，维持（2014）长县民初字第174号判决。判决生效后长沙县人民法院分别于2018年2月1日、2018年3月8日依法扣划原告兴海公司江西高安农村商业银行龙潭支行账户人民币1710.17元+32000元+原告在中国建设银行账户人民币333186元，合计人民币366896.17元。2018年4月11日长沙县人民法院出具（2017）湘0121执2426号执行案件通知书，告知原告和被告关于中飞公司与被告高某某、欧阳某某、原告兴海公司公路货物运输合同纠纷一案已执行完毕。尔后原告通过车辆保险公司理赔车上货物赔偿金50000元。垫付余款311550元原告曾多次催讨被告，无奈之下诉至法院。

法院判决

本院认为，原告兴海公司与被告高某某、欧阳某某签订的融资租赁合同合法有效，合同中约定因被告车辆发生交通事故、运输意外事故等造成他人财产损失的，一切费用和赔偿责任由被告高某某、欧阳某某自行承担，该约定符合法律规定，双方都应依法遵守。本案中，原告兴海公司替被告高某某、欧阳某某赔偿了（2017）湘民再33号判决书中对中飞公司理赔款311550元后，原告有权向被告高某某、欧阳某某追偿。被告拒不向原告偿还原告已代其支付的款项，是造成本案纠纷的主要原因。原告的诉讼请求于法有据，本院予以支持。综上，为维护当事人的合法权益，依照《担保法》第三十一条，《民法通则》第八十九条，《民事诉讼法》第一百四十二条、第一百四十四条之规定，判决如下：由被告高某某、欧阳某某在本判决生效后十日内归还原告代为赔偿的理赔款人民币311550元。

专家点评

在融资租赁合同中，出租人虽然是租赁物的所有权人，但承租人对租赁物享有占有、使用的权利，实际控制着租赁物。如果租赁物造成第三人的人身或财产损失的，出租人并无可以归责的原因，故应由承租人承担损害赔偿责任，民法典合同编第749条作出了确认。本案中，货物损失实际是在被告经营期间损坏的，虽然法院基于原告与被告之间的挂靠关系要求原告承担了损害赔偿责任，但最终责任人仍应是被告，故原告在承担赔偿责任之后有权向被告追偿。

第七百五十条 承租人应当妥善保管、使用租赁物。

承租人应当履行占有租赁物期间的维修义务。

【条文释义】

本条是对承租人保管、使用、维修租赁物的规定。

在租赁期限内，承租人占有和使用租赁物，因而对租赁物负有妥善保管、使用的义务。承租人在对租赁物使用、收益时，应当充分顾及对出租人利益的保护，应予妥善保管、正确使用，防止对租赁物造成损害，使出租人对租赁物所有权受到损害。

承租人在占有租赁物期间，还须承担租赁物维修义务。融资租赁合同具有较强的融资性，因而与一般的租赁合同有所不同，不是由出租人承担维修义务，而是由承租人履行在租赁物占有期间的维修义务。承租人应当善尽此项义务，未尽此义务造成租赁物损坏的，应当承担赔偿责任。

【案例评注】

勤俭公司与卡特彼勒公司、威斯特公司朔州分公司等融资租赁合同纠纷案[①]

基本案情

2012年6月18日，卡特彼勒公司作为出租人与勤俭公司作为承租人签订了编号为835－70028132的《融资租赁协议》，田某为担保人，见证人为苏某。同日，卡特彼勒公司与威斯特公司朔州分公司签订了涉案设备的订单。当日，经威斯特公司朔州分公司向勤俭公司交付了该设备。威斯特公司朔州分公司告知勤俭公司购买的设备需到其单位购买纯正的配件并由其专业人员进行维修。

2012年6月8日，苏某给勤俭公司出具了收到20000元定金的收据。合同签订后，勤俭公司向卡特彼勒公司支付了首付款及1—10期的租金，第11期（2013年5月18日开始）支付了820元。之后，涉案设备发生了事故受损，勤俭公司通知了威斯特公司及保险公司，并向威斯特公司支付了50000元前期修理费用。后因设备维修及保险理赔双方发生了争议，自此，勤俭公司未向卡特彼勒公司支付租金。

法院判决

涉案合同2·1、9·1约定承租人对租赁物有维护义务，并承担相应费用。同时，该合同的约定符合《合同法》第二百四十七条“承租人应当妥善保管、使用租赁物。承租人应当履行占有租赁物期间的维修义务”的规定，所以，涉案设备进行维修时，应由承租人勤俭公司自行维修，并承担相应的费用。卡特彼勒公司要求勤俭公司支付到期租金共计1690884.88元的诉讼请求，事实清楚，证据充分，符合双方合同约定，予以支持，但勤俭公司支付的20000元定金，应当予以核减。

专家点评

依照民法典合同篇第742条融资租赁合同的规定及协议约定，承租方不得以设备迟延维修拒付租赁费，且根据苏某的证明设备迟延维修是因设备零件需从国

---

① 审理法院：一审法院为山西省朔州市朔城区人民法院，案号：（2014）朔民初字第104号；二审法院为山西省朔州市中级人民法院，案号：（2018）晋06民终404号。

外运回所需时间长和勤俭公司未及时支付足额修理费用共同造成，故勤俭公司和威斯特公司在履行合同中均存在违约行为，双方应各自承担因违约所造成的损失。

第七百五十一条 承租人占有租赁物期间，租赁物毁损、灭失的，出租人有权请求承租人继续支付租金，但是法律另有规定或者当事人另有约定的除外。

【条文释义】

本条是对融资租赁物意外灭失后承租人继续支付租金的规定。

融资租赁合同与一般的租赁合同的不同之处在于其融资性，等于是承租人向出租人融资，购买自己需要的标的物，出租给自己使用。因此，在融资租赁的租赁物在出租人占有期间，因不可归责于当事人的原因导致租赁物毁损、灭失的，需要对不利益进行适当的分配，意外灭失的风险固然要由所有权人承担，但是承租人不能因此而免除租金支付义务。故本条规定，租赁物即使因意外毁损、灭失，出租人仍然有权请求承租人继续支付租金。除外的是，如果法律另有规定或者当事人另有约定，则按照法律规定或者当事人的约定处理，不适用前述的规则。

【案例评注】

张某某、波地公司船舶融资租赁合同纠纷案[1]

基本案情

2012年3月13日，波地公司与泓港公司签订编号为“BDZL（12）HZ002－GM001”的《买卖合同》，约定：波地公司以42160945.95元的价格向泓港公司购买“新鸿顺7”轮；鉴于本合同是在1号《融租合同》解除的基础上重新订立2号《融租合同》所订立，双方共同确认1号《融租合同》解除后，泓港公司结欠波地公司应付款项为29780945.95元，该款项直接抵作本合同项下波地公司向

① 审理法院：一审法院为武汉海事法院，案号：（2013）武海法商字第00992号；二审法院为湖北省高级人民法院，案号：（2018）鄂民终653号。

泓港公司购买“新鸿顺7”轮价款中的一部分，在合同签订之日视为已经支付；鉴于本合同为“新鸿顺7”轮售后回租合同项下的买卖合同，船舶实物交付为文件交付，当卖方签署船舶卖据并交付给买方、买方签署船舶购买验收证明书并交付给卖方时，视为船舶已交付买方。当日，波地公司与泓港公司签订2号《融租合同》，约定：波地公司将“新鸿顺7”轮租赁给泓港公司，泓港公司向波地公司支付租金；租赁期间为4年（48个月），起租日为2012年5月15日；租金以“新鸿顺7”轮的买卖合同价格即42160945.95元作为计算本金；在租赁期内，承租人应付计息租金共48期，每月一期，每月15日支付，按等额年金法计算还租；在中国人民银行公布实施的人民币三年至五年期贷款基准利率（合同签订当日为6.9%）的基础上增加2个百分点作为租赁利率计算确定租金；当中国人民银行公布实施的人民币三年至五年期贷款基准利率进行调整，租赁利率将按前述约定作相应调整，出租人将重新核算并确定租金；承租人同意，自本合同生效至履行完毕，出租人有权以中国人民银行公布的前述基准利率调整之日为本合同的租金调整日，自该日起调整租赁利率及该日之后的所有租金；第一期租前息为303571.18元，第二期租前息为312693.68元，第三期租前息为312693.68元，合计928958.54元；租赁保证金为738万元，出租人可将租赁保证金抵扣未清偿租金和/或租赁手续费；租赁管理费按出租人向承租人提供的计息融资额（42160945.95元）的5%计算，即2108047.30元，由承租人于合同生效后五个工作日内一次性支付给出租人；承租人逾期支付约定款项则应向出租人支付迟延履行金，迟延履行金以迟延支付金额为基数，按到期支付日至实际支付日期间的迟延支付天数，以每日千分之二计算；在租赁期间，如船舶发生灭失、损害或毁坏、或者以任何方式导致不适合使用，本合同项下应付的租金不得全部或部分减少，并且承租人不得解除任何付款义务或其他义务；承租人在支付完毕最后一期租金、租赁管理费和其他应付款之后有权行使船舶购买权，出租人同意承租人以42160.95元的价格购买“新鸿顺7”轮所有权。当日，泓港公司书面确认其按照2号《融租合同》的约定接收了“新鸿顺7”轮。

法院判决

《最高人民法院关于审理融资租赁合同纠纷案件适用法律问题的解释》第七条规定：“承租人占有租赁物期间，租赁物毁损、灭失的风险由承租人承担，出租人要求承租人继续支付租金的，人民法院应予支持。但当事人另有约定或者法律另有规定的除外”。“新鸿顺7”轮于2013年4月17日被青岛海事法院依法公开变卖。自此，租赁物灭失，依照前述规定，原审法院对波地公司提出的要求泓港公司支付全部四十八期租金的诉讼请求予以支持。根据2号《融租合同》及波地公司与泓港公司于2012年3月29日签订的补充协议的约定，泓港公司在2012年4月、5月、6月应支付租前息（利息金额为每月312693.68元，合计938081.04元），2012年7月28日起正常支付租金，租赁本金为42160945.95元，租金金额采用等额年金法、在剩余租赁期内按月、期末支付的条件计算确定，共48期，每月一期，租金利率根据中国人民银行公布同期人民币贷款基准利率增加2个百分点确定。

专家点评

依据2号《融租合同》第25.3条“在租赁期间，如果船舶的任何部分发生任何灭失、损害或毁坏或者以任何方式导致不适合使用，本合同项下应付的租金不得全部或部分减少，并且承租人不得解除其在本合同项下的任何付款义务或其他义务”及第26条“承租人对出租人赔偿事项”中的相关约定，泓港公司应支付租金并赔偿波地公司的损失。

第七百五十二条 承租人应当按照约定支付租金。承租人经催告后在合理期限内仍不支付租金的，出租人可以请求支付全部租金；也可以解除合同，收回租赁物。

【条文释义】

本条是对承租人支付租金义务的规定。

支付租金，是融资租赁合同的承租人应当履行的主要义务。承租人支付租金，应当按照约定的租金数额和方式履行，不得违反合同的约定。

如果承租人不按照约定支付租金，出租人应当对承租人进行催告，并且确定合理的宽限期，要求出租人在宽限期内支付租金。承租人在宽限期届满后仍不支付的，可以采取的措施是：（1）请求承租人支付到期和未到期的全部租金。支付全部租金的，如果约定支付全部租金即可取得租赁物所有权的，应当转移标的物的所有权；如果约定取得租赁物所有权须补交价款的，则补交价款后取得租赁物的所有权，不补交价款的，所有权仍归出租人所有。（2）解除合同，收回租赁物。如果当事人已经约定租赁期满租赁物归承租人所有，承租人已经支付大部分租金，只是无力支付剩余租金，出租人因此解除合同收回租赁物的，收回租赁物的价值超过承租人欠付的租金以及其他费用的，承租人可以要求部分返还。

【案例评注】

永泰公司、国网租赁融资租赁合同纠纷案①

基本案情

2017年5月22日，国网租赁与永泰公司、华瀛公司签订了编号为SGIL362.2017.001号的《融资租赁合同》。约定国网租赁与永泰公司、华瀛公司有意进行融资租赁交易，国网租赁向永泰公司、华瀛公司购买包括电动平板闸阀等机器设备，并出租给永泰公司、华瀛公司使用，永泰公司、华瀛公司同意出售并回租该设备；永泰公司、华瀛公司确认，对设备有完整的所有权，有权将设备销售给国网租赁；国网租赁向永泰公司、华瀛公司支付购买价2亿元冲抵保证金500万元后的剩余购买价1.95亿元。永泰公司、华瀛公司的租赁和使用期限为36个月，起租日以国网租赁支付设备购买价款之日起算。国网租赁于2017年6月22日向永泰公司、华瀛公司支付1.95亿元。永泰公司、华瀛公司向国网租赁出具了《设备交接暨所有权转移证书》，确认设备的所有权于起租日转移至国网租赁，国网租赁现场接收后，交由永泰公司、华瀛公司租赁使用。

永泰公司、华瀛公司前三期租金均正常履行。2018年6月22日，第4期租金还款1997009.45元，欠付16118417.55元；2018年9月22日，第5期租金欠付18115427元。

法院判决

国网租赁支付购买价款后，永泰公司、华瀛公司未按约支付租金，构成违约。国网租赁有权主张合同加速到期，要求永泰公司、华瀛公司偿还合同项下全部未付租金、迟延利息等款项。国网租赁以诉讼的方式向永泰公司、华瀛公司追索全部租金，起诉状副本送达永泰公司、华瀛公司的时间分别为2018年8月31日，9月21日，故提前到期日为2018年9月21日。

关于永泰公司、华瀛公司应支付款项。2018年9月21日，永泰公司、华瀛公司应支付国网租赁租金156041833.55元（第4期到期租金16118417.55元+第5~12期租金144923416元-保证金5000000元）。合同约定迟延利息为月利率

---

① 审理法院：一审法院为天津市高级人民法院，案号：（2018）津民初99号；二审法院为最高人民法院，案号：（2019）最高法民终417号。

2.5%，计算标准过高，一审酌定按年利率24%的标准计算，截至2018年9月20日迟延利息为977850.66元（16118417.55×24%÷360×91）。提前到期后的利息以156041833.55元为基数，自2018年9月21日至实际清偿之日止，按年利率24%计算。国网租赁主张永泰公司、华瀛公司向其支付设备留购价款1000元，一审予以支持。

专家点评

案涉融资租赁属售后回租模式。根据合同约定，在国网租赁向永泰公司和华瀛公司购买并支付案涉设备全部价款取得所有权后，永泰公司和华瀛公司租回案涉设备，并负有支付租金和购回该租赁物的义务。民法典合同编第751条规定："承租人应当按照约定支付租金。承租人经催告后在合理期限内仍不支付租金的，出租人可以要求支付全部租金；也可以解除合同，收回租赁物"。本案中，在承租人未如约支付租金的情形下，国网租赁作为出租人，选择了主张合同加速到期而非解除合同的方式主张权利。因此，案涉合同仍处于继续履行的状态。

第七百五十三条 承租人未经出租人同意，将租赁物转让、抵押、质押、投资入股或者以其他方式处分的，出租人可以解除融资租赁合同。

【条文释义】

本条是对出租人法定解除权的规定。

在融资租赁合同中，承租人对租赁物有权占有、使用、收益，出租人应当予以保证。但是，承租人对租赁物不享有处分权，如果承租人对租赁物行使处分权，就是对出租人对租赁物所有权的侵害。因此本条规定，承租人一旦未经出租人的同意而处分租赁物，如将租赁物转让、转租、抵押、质押、投资入股或者以其他方式进行处分的，不仅侵害了出租人的所有权，而且构成根本违约，因此，出租人可以行使法定解除权，解除该融资租赁合同，收回自己的租赁物。

【案例评注】

铜陵大江公司与铜陵发展公司、皖江租赁公司等保证合同纠纷案[①]

基本案情

2012年9月27日，皖江租赁公司与浩荣电子公司签订《资产转让合同》和编号0201号《融资租赁合同》，约定皖江租赁公司向浩荣电子公司购买《租赁物清单》所列资产，转让价款1亿元，皖江租赁公司受让资产后再返租给浩荣电子公司使用，浩荣电子公司按季分20期向皖江租赁公司支付租金及其他应付款项。同日，铜陵发展公司与皖江租赁公司签订编号1304号《保证合同》，约定为确保皖江租赁公司与浩荣电子公司签订的《融资租赁合同》项下承租人义务的正常履行，铜陵发展公司自愿承担连带保证责任。此前一日，铜陵发展公司与铜陵大江公司签订了《反担保保证合同》。因浩荣电子公司不能按期支付剩余租金，皖江租赁公司于2015年9月向安徽省芜湖市中级人民法院起诉浩荣电子公司和铜陵发展公司［案号（2015）芜中民二初字第00321号］，要求浩荣电子公司和铜陵发展公司连带清偿到期租金和相应损失，铜陵发展公司遂作为保证人于2015年12月25日为浩荣电子公司代偿了第10期、11期、12期、13期租金23484821.82元，后该案以皖江租赁公司撤诉结案。2016年4月，皖江租赁公司再次向安徽省芜湖市中级人民法院提起诉讼［案号〔2016〕皖02民初39号］，铜陵发展公司于2016年6月3日又代偿了第14期、15期、16期、17期、18期、19期、20期租金及逾期罚息等共计38614138.22元，后皖江租赁公司撤诉结案。

法院判决

对于浩荣电子公司在《融资租赁合同》履行过程中对外抵押部分租赁物的行为是否影响皖江租赁公司主张权利的问题。铜陵大江公司认为，该抵押事实使皖江租赁公司丧失了对租赁物的所有权，故其无权收取租金，继而不能向铜陵发展公司主张担保责任。《最高人民法院关于审理融资租赁合同纠纷案件适用法律问题的解释》第十二条第一项规定，承租人未经出租人同意，将租赁物转让、转租、抵押、质押、投资入股或者以其他方式处分租赁物的，出租人请求解除融资

① 审理法院：一审法院为安徽省铜陵市中级人民法院，案号：（2016）皖07民初35号；二审法院为安徽省高级人民法院，案号：（2017）皖民终254号。

租赁合同的，人民法院应予支持。可见，在此情形下，皖江租赁公司不是丧失对租赁物的所有权，而是依法享有合同解除权，并有权请求浩荣电子公司按照《融资租赁合同》第 17.3 条的约定承担相应的偿付责任。由于铜陵发展公司在《保证合同》中承诺为《融资租赁合同》项下浩荣电子公司对皖江租赁公司“所负全部债务承担连带保证责任”，故皖江租赁公司在浩荣电子公司未如期履约的情况下向铜陵发展公司主张担保责任符合合同约定。铜陵大江公司的此节上诉理由于法无据，本院不予采纳。

专家点评

皖江租赁公司与浩荣电子公司签订《融资租赁合同》后，浩荣电子公司多次将《租赁物清单》所列租赁物抵押给他人并办理登记，且未解除抵押登记，因为抵押租赁物行为未经皖江租赁公司同意，该《融资租赁合同》构成法定解除的条件。

第七百五十四条　有下列情形之一的，出租人或者承租人可以解除融资租赁合同：

（一）出租人与出卖人订立的买卖合同解除、被确认无效或者被撤销，且未能重新订立买卖合同；

（二）租赁物因不可归责于当事人的原因毁损、灭失，且不能修复或者确定替代物；

（三）因出卖人的原因致使融资租赁合同的目的不能实现。

【条文释义】

本条是对融资租赁合同双方当事人法定解除权的规定。

在融资租赁合同成立之后，当出现的情形使融资租赁合同无法继续履行的时候，出租人或者承租人都产生法定解除权，都可以解除融资租赁合同。本条规定出租人或者承租人都可以解除融资租赁合同的事由是：（1）出租人与出卖人订立的买卖合同解除、被确认无效或者被撤销，且未能重新订立买卖合同。出现这种情形即失去了融资租赁合同存在的意义，当然可以解除合同。（2）租赁物因不可归责于当事人的原因毁损、灭失，且不能修复，融资租赁合同无法继续履行，合同继续存在对双方都没有意义，因而可以解除合同。（3）因出卖人的原因致使融资租赁合同的目的不能实现，如出卖人破产无法交付标的物等。

本条规定的法定解除权，是出租人和承租人都享有的解除权，各方都可以行使该解除权而使融资租赁合同解除。

【案例评注】

中恒公司与铜仁医院融资租赁合同纠纷案[1]

基本案情

2016年1月30日，中恒公司（出租人）与铜仁医院（承租人）签订《融资租赁合同（直租）》，约定由承租人选定出卖人及租赁医疗设备，由出租人向出卖人购买租赁设备并租赁给承租人使用；租赁物转让价款为31000000元，租金总额为37164611.4元。2016年1月30日，中恒公司（买受人）、远程金卫公司（出卖人）、铜仁医院（承租人）签订《设备买卖合同》，载明：最晚交付日2016年6月30日，设备购买价款合计3100万元。截至庭审，铜仁医院已支付了18期租金，共计11149383.42元。但是，铜仁医院仅收到了价值30万元的热灌注化疗仪1台，另有价格105万元的生物实验室仅完成了外部的局部装饰、装修。随后，中恒公司向法院起诉要求铜仁医院支付剩余租金，铜仁医院提起反诉要求解除《融资租赁合同（直租）》。

法院判决

法院认为，因铜仁医院未实际收到其所融资租赁的绝大部分医疗设备，导致合同目的无法实现，故其有权要求解除《融资租赁合同（直租）》，并驳回了中恒公司的诉讼请求。

专家点评

融资租赁包括买卖和租赁两个合同，牵涉出租人、承租人和出卖人三方主体，相互关联，各方应共同保障融资租赁合同目的的实现。如果因为其中一方当事人的原因，导致合同目的不能实现的，其他两方都有权主张解除合同。本案中，铜仁医院没有收到大部分的标的医疗设备，导致融资租赁合同的目的不能实现，有权主张解除合同。

---

① 审理法院：北京市大兴区人民法院；案号：（2018）京0115民初8921号。

第七百五十五条 融资租赁合同因买卖合同解除、被确认无效或者被撤销而解除，出卖人、租赁物系由承租人选择的，出租人有权请求承租人赔偿相应损失；但是，因出租人原因致使买卖合同解除、被确认无效或者被撤销的除外。

出租人的损失已经在买卖合同解除、被确认无效或者被撤销时获得赔偿的，承租人不再承担相应的赔偿责任。

【条文释义】

本条是对承租人承担出租人损失赔偿责任的规定，《合同法》对此没有规定，本条借鉴司法解释的规定确立新规则。

在融资租赁合同履行过程中，如果融资租赁合同因买卖合同解除、被确认无效或者被撤销而解除，对于造成的损失承担责任的基本标准是，究竟是谁选择的出卖人及租赁物。对此，《最高人民法院关于审理融资租赁合同纠纷案件适用法律问题的解释》第16条规定："融资租赁合同因买卖合同被解除、被确认无效或者被撤销而解除，出租人根据融资租赁合同约定，或者以融资租赁合同虽未约定或约定不明，但出卖人及租赁物系由承租人选择为由，主张承租人赔偿相应损失的，人民法院应予支持。""出租人的损失已经在买卖合同被解除、被确认无效或者被撤销时获得赔偿的，应当免除承租人相应的赔偿责任。"这一规定较好地解决了这个问题。

本条借鉴司法解释的这一规定，对融资租赁合同因买卖合同解除、被确认无效或者被撤销的，究竟应当由谁承担责任，确定的规则是：第一，出卖人及租赁物系由承租人选择的，出租人有权要求承租人赔偿相应损失。第二，出卖人及租赁物是由出租人选择的，出租人自己承担损失后果，不得向承租人主张赔偿责任。这是因为，融资租赁合同的买卖合同，是租赁合同的基础，租赁物是谁选择的，谁就应当对租赁物的买卖合同的效力负责。承租人选择租赁物，并据此由出租人与出卖人签订买卖合同，进行交易，取得租赁物，租赁合同的效力发生问题，承租人当然要承担责任。故规定出租人有权要求承租人破产相应的损失。但是，因出租人原因致使买卖合同解除、被确认无效或者被撤销的，不适用前述的规则，出租人不能请求承租人承担赔偿损失的责任。

在上述前一种情形下，即承租人选择租赁物，如果出租人的损失已经在买卖合同解除、被确认无效或者被撤销时，从出卖人那里获得了赔偿的，根据“同一来源规则”，应当免除承租人应当承担的赔偿责任中相应的部分。

【案例评注】

瑞达公司等诉华融公司船舶融资租赁合同纠纷案①

基本案情

2007年6月1日，航畅公司与瑞达公司签订《23800DWT散货船合作建造协议》一份。签约后，瑞达公司按约于2010年7月29日支付了服务费270万元、保证金1200万元，华融公司按约于2010年7月29日向航畅公司支付了4000万元建造款，2010年11月9日，航畅公司向华融公司提供了有航畅公司和瑞达公司盖章并有余乃光签名的《付款通知书》及《内河通航水域安全作业报备书》、航畅公司说明以及照片，付款通知书载明，船舶已于2010年11月9日正式下水，要求华融公司支付第二期1000万元造船款，并由瑞达公司和航畅公司加盖公章和代表人签字确认。华融公司经书面形式审查后于2010年11月16日向航畅公司支付了第二期1000万元造船款。发生纠纷后经核查涉案船舶并未于2010年11月9日下水，系航畅公司、瑞达公司等因其资金短缺需提前支取而故意为之。华融公司付款后，航畅公司未按合同约定进行重新开工建造，瑞达公司未履行监造义务，涉案船舶的后续建造一直拖延。瑞达公司从2011年2月15日起至同年9月15日止按租金支付计划表支付租金，但从次月起逾期支付部分租金且一直没有支付，虽经华融公司多次催讨，均以经济困难为由拖延履行融资租赁合同。航畅公司后又因多起其他债务纠纷使租赁物被视为航畅公司财产扣押，无法履行造船、交船义务。后续涉案在建船舶的交付或续建事宜，因航畅公司其他问题，经多方努力无法协调解决，未在原船台上续建，涉案在建船舶一直闲置在原地至今。

法院判决

本案的争议焦点是《融资租赁合同》何时解除以及解除后华融公司是否有权主张融资租赁合同债权而放弃租赁物。

涉案船舶在建过程中基本处于停工状态的情况下，瑞达公司才向华融公司提

① 审理法院：一审法院为，宁波市海事人民法院，案号：（2014）甬海法商初字第448号；二审法院为，浙江省高级人民法院，案号：（2015）浙海终字第292号。

出融资租赁。华融公司将5000万元融资款投放后，航畅公司未按约定建造涉案船舶，瑞达公司也不履行监造义务，基于三方继续履行《融资租赁合同》的意思表示明确，故华融公司庭审中撤回了主张判决生效后十日内向华融公司交付船舶的诉请，同意继续履行《融资租赁合同》、共同努力船舶续建。但因后续涉案在建船舶的交付或续建事宜因社会集资等问题，经多方努力未能协调解决，涉案船舶闲置至今。而瑞达公司未按约履行融资租赁合同，逾期支付租金已构成违约。

此外，《船舶建造合同》明确约定瑞达公司有派驻代表进船厂监造义务，其派驻代表知道或者应当知道涉案船舶的建造进度，华融公司在2010年7月29日投放4000万元船款后部分资金被挪用，导致涉案船舶基本处于停工状态，与瑞达公司监造不力有重大关系。故涉案船舶至今仍未建造完成且闲置，系因航畅公司未按约按进度建造以及瑞达公司不履行监造义务和怠于履行续建义务共同所致。而瑞达公司逾期支付租金、后以经济困难为由长期拖延履行融资租赁合同的根本违约行为是造成融资租赁合同解除的直接原因。华融公司提出解除《融资租赁合同》的请求合法有理，予以采纳，由此造成的损失应由瑞达公司直接向华融公司赔偿，航畅公司与其他担保人共同负连带责任。故本案《融资租赁合同》法律关系在华融公司于2014年6月10日依法提起诉讼时解除，华融公司有权依据《最高人民法院关于审理融资租赁合同纠纷案件适用法律问题的解释》第十六条、第二十二条规定和《融资租赁合同》的约定，向瑞达公司等提出主张融资租赁合同债权而放弃租赁物的诉请。

专家点评

法院判决认定涉案船舶至今未建造完成且闲置，系航畅公司和瑞达公司共同所致并无不当。瑞达公司作为融资租赁合同项下的承租人按约支付租金系其主要合同义务，根据查明的事实，瑞达公司未按约支付租金，虽经华融公司催讨，均以经济困难为由长期拖延履行融资租赁合同，其行为已构成根本违约。法院据此判决认定瑞达公司的根本违约行为系造成涉案融资租赁合同解除的直接原因，融资租赁合同自2014年6月10日起解除，并无不妥。

第七百五十六条　融资租赁合同因租赁物交付承租人后意外毁损、灭失等不可归责于当事人的原因解除的，出租人可以请求承租人按照租赁物折旧情况给予补偿。

【条文释义】

本条是对租赁物意外毁损灭失承租人应补偿损失的规定。

融资租赁合同存续期间，租赁物交付承租人后，因意外毁损、灭失等不可归责于当事人的原因，融资租赁合同被解除的，按照标的物意外灭失风险负担规则，应当由租赁物的所有人承受损害。由于融资租赁合同的特殊性，特别是承租人在租赁物意外毁损灭失之前已经占有、使用、收益租赁物，获得利益。因此，应当适当分担租赁物意外灭失风险的后果，按照本条的规定，出租人可以要求承租人按照租赁物的折旧情况给予补偿，承租人应当在此范围内予以补偿。具体的办法是，按照意外风险发生之时标的物的折旧情况，如当时的折旧是五成，则承租人补偿出租人损失的范围就是50%左右为宜。

【案例评注】

某保险公司苏州分公司与驰瑞公司保险人代位求偿权纠纷案①

基本案情

2012年12月6日，被保险人邑富租赁公司为其所有的租赁给生产企业的机械设备向某保险公司苏州分公司投保财产一切险（保险单号为ASUZ59102413Q000343U）。保险期间2013年3月8日至2014年3月7日。保险金额为RMB390000，免赔额为每一事故5000元或损失金额的5%，两者以高者为准。附件设备清单中列明：资产名称为立式加工中心，型号CNM560，数量为1台，设备原值390000，设备净值390000。

2013年3月4日，驰瑞公司（承租人、乙方）与富邑租赁公司（出租人、甲方）签订融资租赁合同一份。2013年11月5日，苏州市公安消防支队工业园区大队出具《火灾事故认定书》一份，写明：2013年9月30日3时10分，苏州市110指挥中心接到报警称，位于苏州工业园区鑫塘路124号苏州工业园区唯亭联发投资有限公司西区富民孵化基地发生火灾，火灾未造成人员伤亡。火灾主要烧毁设备、房屋等。经调查，对起火原因认定如下：此次火灾的起火部位是孵化基

① 审理法院：一审法院为江苏省苏州市工业园区人民法院，案号：（2014）园商初字第0872号；二审法院为江苏省苏州市中级人民法院，案号：（2014）苏中商终字第00921号。

地2幢2-11号跨塘建英建材经营部，起火点位于经营部北侧墙体窗户下方。火灾原因可排除线路短路和遗留火种引发火灾的可能，不可排除外来不明火种引燃可燃物所致的可能。富邑租赁公司（甲方）与驰瑞公司（乙方）于火灾事故发生后签订协议书一份，就融资租赁合同项下相关内容达成如下协议：一、甲乙双方确认，截至本协议签订之日，融资租赁合同项下尚有剩余租金人民币202200元未履行，因乙方迟延履行产生之迟延利息人民币74.89元，合计人民币202274.89元。二、租赁设备残值处理价款为人民币10500元，该笔款项已由乙方直接收取；保险公司拟支付之保险金为人民币360525元，因融资租赁合同及财产一切险保险单所约定之第一受益人为甲方，故该笔款项将由保险公司直接支付予甲方。三、为保险各方权益，甲乙双方同意：甲方收到保险公司支付之保险金人民币360525元后，需将扣除本协议第一条所述之全部款项后之剩余款项人民币158325元支付予乙方，以补偿乙方因租赁设备烧毁而产生之部分损失。四、甲乙双方同意：自甲乙双方按照本协议上述内容完全履行各自义务后，编号为×××-02119-001-01的《融资租赁合同》项下之双方义务即视为履行完毕，甲乙双方之间的融资租赁关系即解除，双方就本案再无其他纠葛。

法院判决

某保险公司苏州分公司承保的被保险设备发生保险事故，其已经按约理赔并取得代位求偿权，有相应的证据予以证实。但其称驰瑞公司在履行融资租赁合同时违约，故应对某保险公司苏州分公司支出的涉案设备的损失360525元承担赔偿责任的问题，某保险公司苏州分公司并未提交证据证明本案中保险事故的发生系驰瑞公司未按融资租赁合同的约定履行所致。某保险公司苏州分公司称，依据融资租赁合同第八条，租赁物不论任何原因的毁损、灭失均应由承租人承担损害赔偿。但经查，该条款仅明确了毁坏、损害致无法修复或永久丧失其使用价值的情况下，驰瑞公司的给付义务并不减轻或免除，并未明确约定由驰瑞公司承担相应的损害赔偿责任。虽然被保险人富邑租赁公司曾出具权益转让书，写明应由第三者即本案驰瑞公司负责赔偿损失，但此表述系单方陈述，并未经驰瑞公司确认。综上，原审法院认为，某保险公司苏州分公司要求驰瑞公司赔偿苏州分公司支出的涉案设备的损失360525元的主张，缺乏事实依据，原审法院不予支持。综上，遂依照《保险法》第六十条第一款、《民事诉讼法》第六十四条第一款、《最高人民法院关于民事诉讼证据的若干规定》第二条之规定，判决：驳回某保险公司苏州分公司的诉讼请求。案件受理费6708元，减半收取3354元，由某保险公司苏州分公司负担。

专家点评

首先，不论是本案所涉融资租赁合同第八条关于租赁物毁、损灭失情形下承租人仍应承担给付义务的约定，还是民法典合同篇第751条关于租赁物毁损、灭失的风险由承租人承担的规定，均是明确租赁物毁损、灭失情形下的风险负担规则，并不能据此直接推定租赁物毁损、灭失的，承租人即当然存在违约行为进而应承担违约责任，而是仍应根据租赁物毁损、灭失的原因来进行判断。若租赁物系意外毁损、灭失即由于不可归责于承租人的原因而产生，承租人对于出租人因此而产生的损失并不负赔偿责任，其所应承担的给付义务仅是基于法律规定或合同约定而承担的风险负担义务。

其次，本案中，融资租赁合同项下标的物系在火灾中受损，而依据《火灾事故认定书》可知，火灾发生的起火部位是在第三方建英建材经营部，而非在融资租赁合同的承租人驰瑞公司处发生，且某保险公司苏州分公司未能举证证明驰瑞公司在融资租赁合同的履行过程中对于租赁物的毁损、灭失存在违约行为。故本案所涉租赁物的毁损、灭失系由于不可归责于承租人驰瑞公司的原因而发生，虽然驰瑞公司依据合同约定仍负有向出租人富邑租赁公司给付租金的义务，但这并非驰瑞公司存在违约行为而应承担的违约责任。

第七百五十七条 出租人和承租人可以约定租赁期限届满租赁物的归属；对租赁物的归属没有约定或者约定不明确，依据本法第五百一十条的规定仍不能确定的，租赁物的所有权归出租人。

【条文释义】

本条是对租赁期限届满租赁物权利归属确定方法的规定。

融资租赁合同租赁期限届满后，租赁物的权利归属的处理办法是：

1. 双方当事人约定，出租人和承租人在合同中约定了租赁物权利归属的，按照约定处理。

2. 对租赁物的权利归属没有约定或者约定不明确的，依照民法典第510条规定，由双方当事人补充协议，达成合意的，按照合意处理。

3. 仍然不能达成补充协议，不能确定租赁物的权利归属的，租赁物的所有权归属于出租人。

【案例评注】

信达金融公司与温州长江公司、浙江长江公司、杨某船舶融资租赁合同纠纷案①

基本案情

2010年7月23日，温州长江公司与案外人江润造船公司签订船舶建造买卖合同，约定船舶总造价为9100万元。

2011年7月31日，信达金融公司与温州长江公司签订融资租赁合同。信达金融公司于2011年7月31日、2012年8月13日与浙江长江公司、杨某建分别签订保证合同及上述保证合同的补充协议。上述保证合同和补充协议约定，浙江长江公司、杨某建为温州长江公司在融资租赁合同项下的全部债务提供不可撤销的连带责任保证。

2011年8月15日，信达金融公司向温州长江公司支付购船款9000万元。至一审法庭辩论终结之日，温州长江公司尚未向信达金融公司支付任何一期租金。2013年7月4日，信达金融公司、江润造船公司和温州长江公司签订《确认书》，共同确认信达金融公司是"长能7"轮的所有权人，可以就现时现状取回"长能7"轮；江润造船公司依法对"长能7"轮享有留置权；与船舶建造有关的债务和所有后续建造费用均应由温州长江公司承担，在温州长江公司未支付的情况下，信达金融公司负有付款义务。

2014年8月22日，上海船舶保险公估有限责任公司（以下简称上海船舶公估公司）接受信达金融公司委托，出具《"长能7"轮船舶技术状况勘验及价格评估报告》（以下简称《评估报告》），载明"长能7"轮的安放龙骨时间为2010年12月28日，船舶主船体工程接近竣工，评估结论为"长能7"轮在目前状态下的现值约为2912万元。

法院判决

《最高人民法院关于审理融资租赁合同纠纷案件适用法律问题的解释》第二十二条第二款规定："前款规定的损失赔偿范围为承租人全部未付租金及其他费

① 审理法院：一审法院为天津海事法院，案号：（2014）津海法商初字第156号；二审法院为天津市高级人民法院，案号：（2015）津高民四终字第13号。

用与收回租赁物价值的差额。合同约定租赁期间届满后租赁物归出租人所有的，损失赔偿范围还应包括融资租赁合同到期后租赁物的残值。”本案中，温州长江公司已全额支付了服务费、保证金和租前息，其全部未付租金及其他费用应为全部未付租金扣减保证金；信达金融公司已经拥有在建船舶“长能7”轮的船舶所有权，经评估“长能7”轮在目前状态下的现值约为2912万元，即收回租赁物的价值为2912万元；融资租赁合同约定租赁物的留购价为90万元，即融资租赁合同到期后租赁物残值为90万元。

专家点评

根据融资租赁述司法解释的规定，合同约定租赁期限届满后租赁物归出租人所有的，损失赔偿范围还应包括融资租赁合同到期后租赁物的残值。涉案融资租赁合同及其补充协议未约定合同到期后租赁物的归属，仅约定承租人有权选择以90万元留购船舶。对此，本院认为，合同该项约定系将取得租赁物所有权的选择权赋予承租人，且行使选择权利的时间点为租赁期限届满之时，即融资租赁合同订立以及合同履行期限均无法确定租赁期限届满后租赁物的归属，应属于对租赁物归属约定不明确的情形。根据民法典合同篇第757条“对租赁物的归属没有约定或者约定不明确，依据本法第510条的规定仍不能确定的，租赁物的所有权归出租人”之规定，租赁期限届满后租赁物应认定为归出租人所有。

第七百五十八条　当事人约定租赁期限届满租赁物归承租人所有，承租人已经支付大部分租金，但是无力支付剩余租金，出租人因此解除合同收回租赁物，收回的租赁物的价值超过承租人欠付的租金以及其他费用的，承租人可以请求相应返还。

当事人约定租赁期限届满租赁物归出租人所有，因租赁物毁损、灭失或者附合、混合于他物致使承租人不能返还的，出租人有权请求承租人给予合理补偿。

【条文释义】

本条是对租赁期限届满租赁物归属及处理办法的规定。

融资租赁合同的租赁期限届满，租赁物的归属应当依照融资租赁合同的约定确定。对于确定租赁物权利归属出现的不同情况，具体处理方法，应当根据约定租赁期限届满租赁物权利归属的不同，确定具体的办法：

1. 当事人约定租赁期限届满租赁物归承租人所有的，如果承租人已经支付了大部分租金，无力支付剩余租金，出租人因此解除合同收回租赁物的，应当解决承租人欠付的租金及其他费用与租赁物价值之间的差额，是否可以请求部分返还的问题。办法是，如果出租人收回的租赁物的价值超过承租人欠付的租金以及其他费用的，承租人可以请求部分返还；反之，承租人不能要求返还。

2. 当事人约定租赁期限届满租赁物归出租人所有，因租赁物毁损、灭失或者附合、混合于他物，致使承租人不能返还的，应当解决的问题是如何处理出租人不能收回租赁物的损失问题。办法是，既然承租人不能返还租赁物，则出租人有权请求承租人对于不能返还的租赁物给予合理补偿。

【案例评注】

融资租赁公司与坤源公司融资租赁纠纷案①

基本案情

2011 年 4 月 2 日，融资租赁公司作为出租人、坤源公司作为承租人、大为公司作为建造人，三方签订了一份《融资租赁合同》。作为《融资租赁合同》的补充，附件一《概算表》、附件二《租赁物品明细表》、附件三《租赁物价款支付明细表》和附件四《租金偿还计划表》对租赁物名称、租赁期限、租金总额、租金支付时间及方式、名义货价等作了具体约定。2011 年 4 月 2 日，坤源公司将“金源 2011”船抵押给融资租赁公司，抵押期至 2016 年 10 月 2 日，双方办理了抵押权登记手续。同年 5 月 12 日，坤源公司向融资租赁公司汇款 630 万元，其中保证金 300 万元、手续费 330 万元。5 月 13 日，融资租赁公司向大为公司支付首期租赁物价款 1200 万元。

2012 年 1 月 10 日，涉案两艘船舶建造完毕。2012 年 1 月 13 日，融资租赁公司与坤源公司进行了船舶交接。之后，按照交接文件的约定，融资租赁公司向重庆海事局申请办理两艘船舶的所有权登记手续。从 2011 年 6 月起至 2012 年 2 月，坤源公司向融资租赁公司支付了依照《租金偿还计划表》确定的每期租金。2012 年 2 月 13 日，坤源公司支付租金 609836. 44 元。

① 审理法院：一审法院为武汉海事法院，案号：（2014）武海法商字第 01236 号；二审法院为湖北省高级人民法院，案号：（2015）鄂民四终字第 00129 号。

法院判决

根据《融资租赁合同》第三条约定，融资租赁公司、坤源公司及大为公司一致确认租赁物价款总额为31042744元，其中融资租赁公司应支付大为公司3000万元，坤源公司应支付1042744元。现查明，融资租赁公司向大为公司实际支付的船舶建造款为2900万元。《融资租赁合同》解除后，融资租赁公司实际上收取了部分租金、手续费，坤源公司还代其垫付100万元船舶建造款，则融资租赁公司收回船舶的价值中应亦包括坤源公司承担的部分。坤源公司关于融资租赁公司既收取租金又收回租赁船舶属不当得利的主张，但其未提供证据证明收回的租赁船舶价值超过尚欠付的租金，没有事实依据。最终，法院驳回了坤源公司的主张。

专家点评

关于融资租赁公司收取租金并收回租赁船舶，是否构成不当得利的问题。《融资租赁合同》明确约定，在租赁期内，租赁物的所有权归融资租赁公司所有；在坤源公司付清所有款项，租赁期届满，坤源公司向融资租赁公司支付一定的名义货价之后，方可获得租赁物的所有权；提前终止合同，融资租赁公司有权向坤源公司追索本合同项下所有到期未付租金等，并有权取回租赁物。目前，融资租赁合同因坤源公司根本违约而解除，融资租赁公司收取合同解除之前的到期租金并收回租赁船舶，既符合《融资租赁合同》中的上述约定，亦符合法律的规定。

第七百五十九条　当事人约定租赁期限届满，承租人仅需向出租人支付象征性价款的，视为约定的租金义务履行完毕后租赁物的所有权归承租人。

【条文释义】

本条是对租赁期限届满租赁物所有权归属于承租人的规定。

在融资租赁合同中，如果当事人约定租赁期限届满，承租人仅需向出租人支付象征性价款就足以证明支付了象征性价款的后果，就是取得租赁物的所有权。例如，约定在租赁期限届满时，承租人需向出租人支付1元人民币，这就意味着，租赁期限届满，出租人已经支付了租金，再支付若干价款，如果不取得租赁物的所有权，是没有道理的。因此，本条规定，对此视为约定的租金义务履行完毕后，租赁物的所有权归承租人。

【案例评注】

一银公司与镭铭纳公司等融资租赁合同纠纷案[①]

基本案情

2015年，原告（出租方）与被告镭铭纳公司（承租方）、被告赵某（保证人）、被告王某（保证人）签订了《融资租赁合同》。《融资租赁合同》约定，租赁期限届满后，承租人可以支付1000元留购租赁物。

合同签订后，原告与被告镭铭纳公司签订了《各期租金数额之变更协议书》，变更了各期租金的金额。被告镭铭纳公司签署《租赁物验收证明书》，确认上述《融资租赁合同》及《购买合同》项下的标的物已全部送达，且验收无误。2016年3月30日，被告镭铭纳公司向原告发出《申请书》，载明因第八期至第十期的租金费用332746元未予以支付，故申请在第十一期至十七期逐月支付，十八期后恢复正常。经原告及被告镭铭纳公司确认，被告镭铭纳自第24期（2017年5月15日）开始未再支付租金，计算至第32期为835892元。因被告迟延支付租金，故原告向被告寄送《催款函》，要求被告支付已到期租金。

庭审中，被告镭铭纳公司明确表示愿意按合同约定租期届满后的1000元的价格购买租赁物。

法院判决

本院认为，本案所涉融资租赁合同，约定租赁期限届满后承租人可以支付一定的价款留购租赁物，即将租赁物所有权的选择权利留给了承租人，而且行使选择权利的时间点应为租赁期限届满之时，该约定应当属于当事人对租赁物归属约定不明的情形，当事人对租赁物归属约定不明确的，租赁物的所有权归出租人。但上述情形，存在例外，即合同中约定有租赁期限届满后承租人可以支付象征性价款留购租赁物的条款的，实际上，出租方在计算租金时即已将期满后租赁物的残值计入，租金相对较高，可以视为双方订立合同时对租赁期限届满后租赁物的归属已经达成共识，应确认这种情形下双方明确约定了租赁期限届满后租赁物归承租人所有，本案双方约定的1000元留购价，相对于原价值300多万元的租赁物租赁三年期满后的残值，即象征性留购价，因此，原告提出的租赁物的所有权应

---

① 审理法院：江苏省苏州工业园区人民法院，案号：（2018）苏0591民初2683号。

归原告所有，但相应的残值也应归原告所有的主张，本院不予支持。至于被告镭铭纳公司应支付的留购价 1000 元，应在原告取回的租赁物残值中予以扣除。

专家点评

民法典合同篇第 759 条规定将租赁物归属的选择权赋予承租人，适用该条款以融资租赁合同双方约定为前提，如果没有约定，原则上不能适用，但双方当事人在合同中约定租赁期限届满后承租人可以支付象征性价款留购租赁物的条款的，可以视为承租人同样享有取得租赁物所有权的选择权，本案即该种情形。

第七百六十条　融资租赁合同无效，当事人就该情形下租赁物的归属有约定的，按照其约定；没有约定或者约定不明确的，租赁物应当返还出租人。但是，因承租人原因致使合同无效，出租人不请求返还或者返还后会显著降低租赁物效用的，租赁物的所有权归承租人，由承租人给予出租人合理补偿。

【条文释义】

本条是对融资租赁合同无效租赁物权利归属的规定。

融资租赁合同无效，解决合同无效后的租赁物权利归属问题，应当根据原合同是否有约定而确定。（1）融资租赁合同无效，当事人就合同无效情形下租赁物的归属有约定的，按照其约定；（2）当事人对合同无效情形下租赁物的归属没有约定或者约定不明确的，租赁物应当返还出租人；（3）如果因承租人原因致使合同无效，出租人不要求返还租赁物或者返还出租人后会显著降低租赁物效用的，租赁物的所有权归承租人，并由承租人给予出租人合理补偿。

【案例评注】

泰和公司与长城公司等融资租赁合同纠纷案[①]

基本案情

2017 年 8 月 21 日，长城公司与泰和公司签订《所有权转让协议》，约定以售

① 审理法院：北京市第二中级人民法院，案号：（2018）京 02 民初 177 号。

后回租交易方式，长城公司将约定的租赁物厚薄剪切机、油雾回收系统等11件物件所有权转让给泰和公司并租回使用，泰和公司向长城公司支付租赁物转让价款5亿元人民币。2017年8月21日，泰和公司与长城公司签订《售后回租赁合同》（合同编号：×××），约定泰和公司向长城公司出租《所有权转让协议》约定的租赁物，租赁期限为5个月，自2017年8月23日起计算租赁期；每一个月为一期计算租金、共计5期，长城公司同时按照12%的年利率向泰和公司支付租赁利息。2017年8月23日，泰和公司向长城公司支付了租赁物转让价款5亿元。

2017年9月22日，长城公司向泰和公司支付《售后回租赁合同》（合同编号：×××）中约定的第一期租金5166666.67元，2017年10月23日，长城公司向泰和公司支付第二期租金5000000元，2017年11月23日，长城公司向泰和公司支付第三期租金5166666.67元，2017年12月23日，长城公司向泰和公司支付第四期租金5000000元，2018年1月22日，长城公司向泰和公司支付第五期部分租金250000000元。2018年1月23日，泰和公司与长城公司签订《补充协议》（编号：×××－BCXY），载明截至2018年1月23日，长城公司尚欠泰和公司租赁本金2.5亿元，双方协商同意延展8个月租赁期，延展后租赁期终止日为2018年9月23日，出租人与承租人确认和同意延展期间租赁利率为9%。

泰和公司为证明租赁物真实存在且特定化，向法院提交了长城公司盖章的租赁物购销合同及租赁物增值税发票复印件、《中国人民银行征信中心动产权属统一登记》、租赁物照片、《财产一切险保险单》，长城公司、中融公司认为租赁物购销合同及增值税发票虚假，租赁物低值高估。

经本院释明，泰和公司于2018年11月21日在庭审中表示：如果法院认为依据《破产法》的规定，涉案融资租赁合同已经解除，其诉讼请求变更为解除涉案融资租赁合同，判令长城公司依法赔偿损失，返还融资租赁合同项下的租赁物，其他诉讼请求不变。

法院判决

综合本案具体情形，法院认为不宜判决返还涉案租赁物，理由如下：一是涉案租赁物系长城公司定制的生产设备，返还泰和公司会显著降低租赁物的使用价值和效用。二是涉案租赁物已经固定于厂区土地上及生产车间内，返还泰和公司必须先行拆卸，拆卸会导致租赁物受损，甚至不能使用，价值明显降低。三是法院依据泰和公司提供的发票及照片等证据能够确定涉案合同项下的具体租赁物，但照片并未完全反映租赁物的全貌，故租赁物的范围不能完全确定，返还租赁物可能存在争议。四是泰和公司开展融资租赁交易的主要目的为获取租金，取得租赁物并非其主要合同目的，而长城公司现进入破产重整阶段，租赁物系其生产设备，租赁物归长城公司，有利于破产重整顺利进行，亦有利于保护破产债权人的利益。五是在法院已经判决确认泰和公司享有的债权为其依法在涉案融资租赁合同项下享有的全部利益的金钱化债权的情形下，不支持泰和公司返还租赁物的请求，亦不损害其合法利益，不会产生明显不公平的结果。

专家点评

民法典合同篇第760条规定：融资租赁合同被认定无效，当事人就合同无效情形下租赁物归属有约定的，从其约定；未约定或者约定不明，且当事人协商不成的，租赁物应当返还出租人。但因承租人原因导致合同无效，出租人不要求返还租赁物，或者租赁物正在使用，返还出租人后会显著降低租赁物价值和效用的，人民法院可以判决租赁物所有权归承租人，并根据合同履行情况和租金支付情况，由承租人就租赁物进行折价补偿；该条还规定，当事人约定租赁期限届满后租赁物归出租人的，因租赁物毁损、灭失或者附合、混同于他物导致承租人不能返还，出租人要求其给予合理补偿的，人民法院应予支持。上述规定表明在承租人应当返还租赁物的情形下，法院并非必须判决返还租赁物，亦可以根据个案情况，判决租赁物归承租人所有。

第十六章　保理合同

第七百六十一条　保理合同是应收账款债权人将现有的或者将有的应收账款转让给保理人，保理人提供资金融通、应收账款管理或者催收、应收账款债务人付款担保等服务的合同。

【条文释义】

本条是对保理合同和应收账款概念的规定。

保理合同是应收账款债权人将现有的和将有的应收账款转让给保理人，保理人提供资金融通、应收账款管理或者催收、应收账款债务人付款担保等服务的合同。其法律特征是：(1) 保理合同是以货物贸易合同和服务贸易合同所产生的应收账款的转让为前提；(2) 基于应收账款的转让，受让方为转让方提供综合型的金融服务；(3) 提供金融服务的内容是提供资金融通、应收账款管理或催收、应收账款债务人的付款保证等服务。以保理人对应收账款是否享有追索权为标准，保理合同分为有追索权保理和无追索权保理。在保理合同中，转让应收账款债权的一方是应收账款债权人，接受应收账款债权并提供金融服务的一方是保理人。

保理业务最早起源于18世纪的英国，并在20世纪50年代的美国和西欧国家发展成型，成为新型的贸易融资方式，近20年来得到广泛应用。我国的保理业务发展较晚，发展也比较慢。本法对保理合同的规定将会促进我国保理业务的发展。

应收账款是指企业在正常的经营过程中因销售商品、产品、提供劳务等业务，应向购买单位收取的款项，包括应由购买单位或接受劳务单位负担的税金、代购买方垫付的各种运杂费等。应收账款是伴随企业的销售行为发生而形成的一项债权。应收账款包括已经发生的和将来发生的债权。前者如已经发生并明确成立的债权，后者是现实并未发生但是将来一定会发生的债权。

【案例评注】

核电公司、某银行武汉分行金融借款合同纠纷案①

基本案情

2013年10月31日，某银行武汉分行与华鑫科公司签订编号为ZHl300000215184的《贸易融资主协议》，双方约定：华鑫科公司可以申请使用的贸易融资业务产品为有追索权国内卖方明保理，该贸易融资额度为某银行武汉分行与华鑫科公司签订的编号为ZHl300000215184的《综合授信合同》中，授予华鑫科公司用于贸易融资业务的本金额度限额；华鑫科公司提出使用申请后，经银行审核同意的应按约定办理相关业务；华鑫科公司在该协议项下的全部或部分债务应由保证人李某、张某与银行签订编号分别为个高保字第DBl300000217799、DBl300000217800的《最高额保证合同》予以担保，并作为该协议不可分割的组成部分。同日，某银行武汉分行与华鑫科公司还签订《保理服务合同》和《保理服务合同－附属合同》各一份，双方约定：某银行武汉分行为华鑫科公司提供保理融资服务(包括但不限于直接提供预付款含代付、汇票贴现、汇票承兑、押汇、开证、保函等)，在《综合授信合同》和《贸易融资主协议》项下约定的最高保理融资额度内，就某银行武汉分行所受让的应收账款，于华鑫科公司提交保理融资申请书并经某银行武汉分行核准后，某银行武汉分行依保理融资比率计算的金额或华鑫科公司与某银行武汉分行所约定的其他金额核定具体保理融资金额和具体业务模式，并与华鑫科公司签署融资附件和具体业务协议办理保理融资，某银行武汉分行有权行使追索权，即某银行武汉分行有权要求华鑫科公司偿付所有未清偿保理融资金额。

2013年11月8日，某银行武汉分行与华鑫科公司签订编号为公授信字第ZH1300000215184的《综合授信合同》，双方约定：华鑫科公司在该合同可向某银行武汉分行申请使用的最高授信额度为8000万元，有效使用期限为一年，自2013年11月8日至2014年11月8日，适用授信种类为有追索权国内卖方明保理，并注明在该合同签订前，某银行武汉分行和华鑫科公司根据已签订的《综合授信合同》或其他合同而授予华鑫科公司或其子公司的授信额度，可继续按原授

---

① 审理法院：二审法院为湖北省高级人民法院，案号：(2016) 鄂民终500号；再审法院为中华人民共和国最高人民法院，案号：(2018) 最高法民再100号。

信合同及相应的具体业务合同的约定履行，但原授信合同项下未结清的额度应转入本合同约定的授信额度内计算和管理；担保方式包括保证人李某、张某与某银行武汉分行签订《最高额保证合同》《贸易融资主协议》《保理服务合同》。同日，李某、张某分别与某银行武汉分行签订个高保字第DB1300000217799、DB1300000217800《个人最高额保证合同》，约定李某、张某分别对前述《综合授信合同》项下发生的主债权本金和其他应付款项（包括利息、罚息、复利、违约金、损害赔偿金、实现债权和担保权利的费用）承担连带保证责任，保证期间为两年。

法院判决

关于某银行武汉分行能否依据保理合同向核电公司主张案涉应收账款债权的问题。保理合同是指债权人与保理商之间就债权人现在或将来的、基于债权人与债务人订立的销售商品、提供服务、出租资产等基础合同所产生的应收账款债权转让给保理商，保理商向债权人提供应收账款催收、应收账款管理、坏账担保、保理融资等服务达成的协议。本案中，某银行武汉分行与华鑫科公司签订有《保理服务合同》，该笔保理业务的基础是华鑫科公司与核电公司之间基于《采购合同》履行所形成的应收账款，某银行武汉分行作为保理商通过债权转让方式，取得上述应收账款的相关权益，核电公司作为债务人则应履行向债权人还款的义务，以确保华鑫科公司与某银行武汉分行签订的保理合同项下融资款的偿付，据此案涉应收账款的转让和保理合同的履行形成一笔完整的保理业务，某银行武汉分行、华鑫科公司、核电公司之间基于案涉保理合同的履行从而形成权利义务对应关系。虽然从合同形式上看，核电公司并非案涉保理合同的当事人，但该保理合同标的为华鑫科公司与核电公司签订《采购合同》所对应的应收账款，某银行武汉分行依据其与华鑫科公司签订的保理合同，代为向用款人的债务人即核电公司追偿应收账款并无不当。至于应收账款指定账户的归属并非确认债权转让有效成立的构成要件，不应作为案涉债权转让的直接依据。因此，核电公司辩称债权转让应另行起诉的理由缺乏事实依据，不予支持。

专家点评

某银行武汉分行与华鑫科公司签订的《贸易融资主协议》《综合授信合同》《保理业务合同》，以及某银行武汉分行与李某、张某签订的《个人最高额保证合同》，均系当事人真实意思表示，不违反法律法规效力性、强制性规定，应为合法有效。某银行武汉分行与华鑫科公司签订的保理合同，以华鑫科公司向某银行武汉分行转让华鑫科公司对核电公司享有的应收账款为先决条件，在华鑫科公司向核电公司出具发票清单、介绍信，核电公司在回执上盖章确认后，基于应收账款业务形成权利义务对应关系，某银行武汉分行作为保理商通过债权转让方式，取得应收账款的相关权益，核电公司作为债务人则应履行向债权人还款的义务。

第七百六十二条　保理合同的内容一般包括业务类型、服务范围、服务期限、基础交易合同情况、应收账款信息、保理融资款或者服务报酬及其支付方式等条款。

保理合同应当采用书面形式。

【条文释义】

本条是对保理合同主要内容和形式的规定。

保理合同是要式合同，必须采用书面形式订立。

保理合同的主要内容是：

1. 业务类型：保理分为三类，一是商业保理，指由非银行保理人开展的保理业务。二是国内保理，指保理人为在国内贸易中的买方、卖方提供的保理业务。三是国际保理，指保理人为在国际贸易中的买方、卖方提供的保理业务。

保理的立法分类是：有追索权的保理和无追索权的保理，合同应当写清楚是哪一种保理。

2. 服务范围：即保理人为应收账款债权人承担的是何种保理服务，确定提供的服务是融资、对应收账款管理或者催收，还是为应收账款债务人的付款担保，明确约定具体的服务范围是什么。

3. 基础交易合同情况：基础交易合同是应收账款债权人据以产生应收账款债权的交易合同，合同中应当记载清楚。

4. 应收账款信息：合同应当写明交给保理人的应收账款债权的具体信息，便于保理人按照约定对该应收账款债权提供服务，获得利益等。

5. 保理融资款：应收账款债权人将应收账款债权交给保理人应当支付的价款。

6. 服务报酬及支付方式：保理人为应收账款债权人进行保理，应当得到的服务报酬的数额及支付的方式。

【案例评注】

红湖公司诉爱建公司合同纠纷案①

基本案情

2015 年 1 月 5 日，红湖公司与郎特公司签订编号 PCP－2014042－15－1－2 的《订单合同》，约定红湖公司向郎特公司订购触媒 25，000 只，总价 2920 万元。2015 年 3 月 27 日，爱建公司与郎特公司签订了合同编号为 F－AJBL201503002 的《国内保理合同》，约定债权人为郎特公司、保理商为爱建公司；该合同 2.1.1 条约定，爱建公司与郎特公司协商，为郎特公司核定一个总体的应收账款转让额度 2920 万元，该总体额度包括爱建公司为郎特公司核定的对债务人的所有应收账款额度；第 2.3.1 条约定，爱建公司收到郎特公司提供的《应收账款转让申请书》等材料后，进行审核，爱建公司对郎特公司提供的材料确认无误，同意接受郎特公司的应收账款转让申请时，将加盖爱建公司公章的《应收账款转让确认书》发送给郎特公司。

法院判决

爱建公司与郎特公司签订的《国内保理合同》系双方当事人真实意思的表示，且于法无悖，双方理应恪守。红湖公司收到《应收账款转让通知书》并在《回执》上盖章，应收账款转让行为已对债务人即红湖公司生效，红湖公司应履行涉案《订单合同》项下的债务。关于红湖公司辩称，根据其与郎特公司、案外人某公司 2015 年 3 月 25 日的三方《备忘录》，郎特公司应放弃该笔债权即该笔债权不再存在，一审法院认为，红湖公司于 2015 年 3 月 27 日在爱建公司及郎特公司向其出具的《应收账款转让通知书》回执上加盖了公章，根据该《回执》，红湖公司确认了涉案应收账款对应的合同、金额、到期日等信息，并确认不存在与涉案应收账款相关的欺诈、争议、抗辩、抵销或其他付款反请求或索赔。

专家点评

保理业务存在基础合同及保理合同两个合同关系，债权人（供应商）、债务

---

① 审理法院：一审法院为上海市浦东新区人民法院，案号：（2015）浦民六（商）初字第 13327 号；二审法院为上海市第一中级人民法院，案号：（2016）沪 01 民终 13444 号。

人（购买方）、保理商三方主体。其中债权人与债务人之间形成买卖、服务等基础合同关系，并基于该基础关系与保理商签订保理合同，将应收账款转让给保理商，由保理商向债权人提供融资等综合性金融服务，形成保理合同关系。本案中，上诉人红湖公司与被上诉人郎特公司签订的《订单合同》真实有效，相关应收账款的基础合同关系切实存在。正是基于该基础买卖合同，被上诉人爱建公司与被上诉人郎特公司签订《国内保理合同》，爱建公司在提供保理服务过程中审慎且无恶意。对于红湖公司根据其与郎特公司、案外人某公司 2015 年 3 月 25 日的三方《备忘录》，郎特公司应放弃该笔债权故可对爱建公司进行抗辩的主张，该《备忘录》是红湖公司、郎特公司和案外人某公司的三方约定，不能对抗《国内保理合同》下善意保理商爱建公司基于保理合同所行使的债权。

第七百六十三条 应收账款债权人与债务人虚构应收账款作为转让标的，与保理人订立保理合同的，应收账款债务人不得以应收账款不存在为由对抗保理人，但是保理人明知虚构的除外。

【条文释义】

本条是对虚构应收账款设置保理的规定。

在保理合同中，设置保理的应收账款应当是真实存在的应收账款债权，保理人基于转让的应收账款债权，为应收账款债权人提供融资服务。如果应收账款债权人和应收账款债务人虚构应收账款作为转让标的，与保理人订立保理合同，其实质是骗取保理人的融资等服务。如果保理人是善意且无过失的，在订立了保理合同之后，就实际取得了应收账款债权，有权对应收账款债务人主张债权。如果应收账款债务人以应收账款债权是虚构的、并不存在的债权，将会使保理人接受转让的应收账款债权落空，失去保理合同订立的基础，使善意的保理人受到损失。

因此，应收账款债务人不得以应收账款不存在为由对抗保理人，即应收账款债务人必须承担应收账款的清偿债务。只有在应收账款债权人和应收账款债务人虚构应收账款，保理人明知其转让的应收账款为虚构时，才不受这一规则的约束，法律不保护不具有善意的保理人的利益。

【案例评注】

中厦公司、中国建设银行股份有限公司上海第二支行合同纠纷案[①]

基本案情

2014年4月30日，某银行上海分行与麟旺公司签订编号为×××的《有追索权国内保理合同》，约定甲方（麟旺公司）采用赊销方式销售货物，并向乙方（建行上海分行）申请获得有追索权的保理业务服务。

为保障保理合同的有效履行，某银行上海分行与李林某、东关公司分别签订了《本金最高额保证合同（保理业务专用）》，保证人均承诺为麟旺公司在主合同项下不超过壹亿捌仟万元本金余额及其他全部债务提供连带责任保证，担保范围包括主合同项下全部债务，包括但不限于全部本金、利息、罚息、复利、违约金、补偿金及实现债权的费用（包括但不限于诉讼费、律师费等）和麟旺公司所有其他应付费用。

2015年9月17日，某银行上海分行与某银行二支行签订《协议书》，约定：由于某银行上海分行机构调整原因，与某银行二支行达成债权转让协议，将以麟旺公司为申请人的保理合同业务及票据贴现业务的全部权利转让给某银行二支行，由某银行二支行行使全部权利。

法院判决

保理合同的核心内容是应收账款的转让。虽然基础债权的真实、合法、有效是债权转让的前提，但基础债权债务关系不真实并不当然导致保理合同无效。本案当事人间签订的保理合同并未违反法律法规强制性规定，也未损害国家及社会公共利益，不存在认定无效的情形。但是，保理合同签订过程中，融资申请人麟旺公司故意隐瞒真实情况，虚构基础交易关系，制作虚假材料，诱使银行作出错误意思表示，应当依据《合同法》第五十四条“一方以欺诈、胁迫的手段或者乘人之危，使对方在违背真实意思的情况下订立的合同，受损害方有权请求人民法院或者仲裁机构变更或撤销”之规定，认定系争保理合同因融资方欺诈而使银行

---

① 审理法院：一审法院为上海市第二中级人民法院，案号：（2015）沪二中民六（商）初字第142号；二审法院为上海市高级人民法院，案号：（2017）沪民终172号；再审法院为中华人民共和国最高人民法院，案号：（2019）最高法民申1533号。

方有权撤销。在某银行二支行坚持不请求撤销合同的情况下，一审法院认定系争保理合同合法有效，合同当事人仍应依约履行。

专家点评

首先，本案各方当事人对中厦公司与麟旺公司串通虚构基础交易对某银行二支行构成合同欺诈这一事实均不持异议。根据《合同法》第54条“一方以欺诈、胁迫的手段或者乘人之危，使对方在违背真实意思的情况下订立的合同，受损害方有权请求人民法院或者仲裁机构变更或撤销”的规定，某银行二支行可以据此行使撤销权并要求中厦公司承担赔偿责任。但经一审法院释明，某银行二支行明确表示不行使撤销权，该行为属于某银行二支行自由处分民事权利的行为，一、二审法院认定案涉保理合同仍属合法有效，并无不当。在案涉保理合同合法有效的前提下，中厦公司依约应承担相应付款义务。其次，中厦公司与麟旺公司通谋所为的虚伪意思表示，在其二者之间发生绝对无效的法律后果，但与第三人某银行二支行之间，则应视某银行二支行是否知道或应当知道该虚伪意思表示而确定不同的法律后果。本案中，某银行二支行在开展保理业务过程中，审核了麟旺公司提交的《付款承诺书》《应收账款转让通知书》《已转让应收账款确认通知书及回执》《钢材购销合同》《销售清单》等材料，其中《付款承诺书》《钢材购销合同》及《已转让应收账款确认书回执》上有中厦公司及其法定代表人张某的盖章确认。对于并非基础合同当事人的第三人某银行二支行而言，其根据上述材料已经尽到了审慎的注意义务，其有理由相信麟旺公司对中厦公司享有相应的债权。尽管从某银行二支行经办人肖某的询问笔录以及沪银监访复［2016］51号答复来看，某银行二支行在开展本案保理业务过程中，存在未严格依照监管要求履行审核义务，尤其是对基础合同项下发票真实性审核不当的问题，但该工作瑕疵的存在，并不影响本案的事实认定。本案中并无证据证明某银行二支行知晓中厦公司与麟旺公司之间虚伪意思表示，中厦公司主张的基础债权瑕疵不得对抗作为善意第三人的某银行二支行，二审法院判决中厦公司应当以其承诺行为向某银行二支行承担清偿责任并无不当。

第七百六十四条　保理人向应收账款债务人发出应收账款转让通知的，应当表明保理人身份并附有必要凭证。

【条文解读】

本条是对保理人向债务人行使权利的规定。

在保理合同中，保理人接受了应收账款债权人转让的应收账款，并支付了提供融资服务的对价之后，就取得了应收账款债权，成为应收账款债权的实际债权人，因而有权利请求应收账款债务人对其清偿债务，自己受领应收账款债务人清偿给付。保理人对应收账款债务人行使应收账款债权，应当遵守的规则是：

1. 向应收账款债务人发出应收账款转让通知，说明对其行使债权；

2. 表明自己是保理人的身份，说明自己取得保理人的事实依据；

3. 在通知中，须负有转让应收账款债权以及自己取得保理人身份的必要凭证。这是因为，保理合同的当事人是应收账款债权人和保理人，并不包括应收账款债务人，保理人依据保理合同向应收账款债务人主张债权，须让应收账款债务人明确保理人的身份、地位以及事实依据和法律依据。

【案例评注】

烽火通信公司、华嵘保理公司合同纠纷案①

基本案情

2014年12月至2015年11月，华嵘保理公司与中天信公司以中天信公司与烽火通信公司间的产品和服务交易为基础开展保理融资业务，于2014年12月9日签订了HR06－ZTX－20141208号《国内商业保理合同（附追索权）》；于2015年1月12日、2015年4月3日在HR06－ZTX－20141208号合同基础上，签订了［补］字HR06－ZTX－20141208－05号和［补］字HR06－ZTX－20141208－06号《国内商业保理合同补充协议》；于2015年4月30日、2015年5月14日、2015年6月11日、2015年7月3日、2015年9月1日、2015年9月29日签订了HR06－ZTX－20150429号、HR06－ZTX－20150513号、HR06－ZTX－20150610号、HR06－ZTX－20150702号、HR06－ZTX－20150901号、HR06－ZTX－20150929号《国内商业保理合同（附追索权）》；因中天信公司和烽火通信公司之间SAP系统对账数量和金额有变化而于2015年10月12日在HR06－ZTX－20150929号《国内商业保理合同（附追索权）》合同基础上形成了［补］字HR06－ZTX－20150929－05号《国内商业保理合同之补充协议》；于2015年11月签订了HR06－ZTX－20151116号《国内商业保理合同（附追索权）》。依据上

① 审理法院：一审法院为湖北省武汉市中级人民法院，案号：（2016）鄂01民初1252号；二审法院为湖北省高级人民法院，案号：（2017）鄂民终3301号。

述合同所形成的保理融资关系以及合同定义，华嵘保理公司系甲方、受让人，中天信公司系乙方、转让人，烽火通信公司为买方、债务人。保理业务类型为有追索权保理业务，即指中天信公司将其因向烽火通信公司销售商品、提供服务或其他原因所产生的应收账款债权转让给华嵘保理公司，华嵘保理公司向中天信公司支付相应的债权转让款及向其提供其他综合性的服务，并且中天信公司对烽火通信公司到期付款承担连带担保责任，即烽火通信公司如未按期向中天信公司支付应收账款，华嵘保理公司有权向中天信公司追索，同时在华嵘保理公司要求下中天信公司还应承担回购该应收账款的责任。每份保理融资合同单列条款对应收账款、交易合同等名词进行了定义。每份保理融资合同对被转让的应收账款范围有明确约定，同时将邮寄送达给烽火通信公司的《应收账款债权转让通知书》作为合同附件。

HR06－ZTX－20141208 号《国内商业保理合同（附追索权）》的附件之一，即 HR06－ZTX－20141208－02 号《应收账款债权转让通知书》载明：中天信公司与华嵘保理公司共同通知烽火通信公司，中天信公司与烽火通信公司目前已经形成的基于 2013 年 5 月 8 日签署的《ODM 合作框架协议》项下的在《应收账款转让明细表》文件中所记载的 2014 年 9 月至 11 月形成的发票金额合计为 6028596.76 元的应收账款以及就该应收账款所享有的全部债权及债权的从属权利，均自动转归华嵘保理公司享有。请烽火通信公司向华嵘保理公司履行上述应收账款项下的付款义务，并将应收账款按照合同约定的要求，直接付至以下指定监管账户。此后的在系列保理合同中作为附件的应收账款债权转让通知书与前述通知书的条款、主要内容、行文方式基本一致。

法院判决

参照《商业银行保理业务管理暂行办法》的有关规定，保理合同是债权人与保理商之间约定将现在或将来的基于债权人与债务人订立的销售商品、提供服务、出租资产等基础合同所产生的应收账款债权转让给保理商，由保理商为债权人提供融资、销售分户账管理、应收账款催收、资信调查与评估、信用风险控制及坏账担保等至少一项服务的合同。因此，债权人与债务人间的基础合同是成立保理的前提，而债权人与保理商间的应收账款债权转让则是保理关系的核心。本案《国内商业保理合同（附追索权）》虽约定华嵘保理公司就实收应收账款受偿保理融资款本息后将余款归属中天信公司，还约定了应收账款回购条款，但并未改变华嵘保理公司与中天信公司之间依保理合同形成的应收账款转让的法律关系实质。华嵘保理公司签订保理合同后即与债权人中天信公司共同向债务人烽火通信公司发送书面债权转让通知，亦可印证华嵘保理公司具有使应收账款转让行为对烽火通信公司发生效力并实际受让该债权的主观意愿，而非仅以应收账款转让形式向中天信公司提供借款。烽火通信公司关于各方当事人间名为保理，实为借贷或应收账款让与担保法律关系的主张仅系对保理法律关系认识的某些理论观点，在本案中并不具有事实依据，本院不予支持。案涉保理业务属有追索权的保理，华嵘保理公司依据前述合同安排，有权向烽火通信公司主张应收账款债权，在账款未受清偿的情况下，亦有权向中天信公司追索保理融资款本息债权。故华嵘保理公司向中天信公司破产管理人申报债权并不反向影响华嵘保理公司主张本案债权。烽火通信公司关于华嵘保理公司已就保理融资款申报破产债权，无权向其主张案涉账款债权的上诉理由不能成立。

专家点评

保理业务核心法律关系为债权转让，民法典合同篇认可转让未来账款行为的效力，案涉保理合同约定中天信公司将未来一年内的应收账款均转让给华嵘保理公司。中天信公司对烽火通信公司的货款债权已于一年前转让给华嵘保理公司，依转让通知内容，该转让行为从烽火通信公司接收该通知时对其生效。

第七百六十五条 应收账款债务人接到应收账款转让通知后，应收账款债权人与债务人无正当理由协商变更或者终止基础交易合同，对保理人产生不利影响的，对保理人不发生效力。

【条文释义】

本条是对应收账款转让通知发出后对应收账款债务人发生效果的规定。

应收账款债权人订立保理合同，将应收账款债权转让给保理人后，保理人向应收账款债务人发出应收账款转让的通知，就完成了应收账款转让的行为，保理人取得应收账款债权人的地位。应收账款债务人收到应收账款转让通知后，该通知对应收账款债务人发生法律效力，即保理人成为应收账款债务人的债权人，应收账款债务人负有对保理人履行应收账款债务的义务。如果应收账款债权人和债务人无正当理由协商变更或者终止基础交易合同，对保理人产生不利影响，由于应收账款债权人将债权转让给保理人后，已经无权对已经转让的应收账款进行变更或者终止。因此，对保理人不发生效力，保理人仍然按照保理合同的约定行使保理的权利。

【案例评注】

能港发电公司与信达公司合同纠纷案[①]

基本案情

华能煤业公司与能港发电公司签订《煤炭购销合同》，能港发电公司向华能煤业公司每月订购3万吨煤，订购一年共计36万吨，并约定了账期。2013年9月18日，某银行白山分行与华能煤业公司签订《有追索权国内保理合同》，华能煤业公司将部分债权转让给某银行白山分行。同日，华能煤业公司向能港发电公司出具《应收账款转让通知书（受让后）》，能港发电公司为该通知出具《应收账款转让通知书回执》，回执载明：收到上述通知。能港发电公司于2014年4月15日向华能煤业公司账户付款1000万元。嗣后，华能公司以偿还自身所欠的保理预付款的名义向某银行白山分行转账1000万。后来，某银行白山分行把上述保理债权转让给信达公司，并通知了能港发电公司。诉讼中华能公司强调该支付行为并非代能港发电公司偿还欠款。某银行信达公司因债权未能得到清偿诉至吉林省白山市中院，请求判令：华能煤业公司、能港发电公司给付欠款1770.2万元及利息。

法院判决

本院认为，根据《合同法》第八十条的规定，债权人转让权利的，应当通知债务人。故自能港发电公司收到应收账款转让通知后，债权转让即已发生效力，能港发电公司与信达资产公司之间形成新的债权债务关系，根据合同相对性原则，能港发电公司应当直接向债权受让人信达资产公司履行给付义务。而本案中，能港发电公司未按照《应收账款转让通知书（受让后）》的要求向付款账户付款，而是仍然向华能煤业公司账户付款的行为，不能构成其作为债务人对债权受让人信达资产公司的有效还款。华能煤业公司根据其与某银行白山分行之间的《有追索权国内保理合同》之约定，即使在债权转让后，仍有义务向某银行白山分行还款，故其将能港发电公司向其账户汇入的1000万元款项划转至某银行白山分行要求的保理专户的行为，构成其对某银行白山分行的还款。另外，二审法院及本院审查查明，能港发电公司在向华能煤业公司还款1000万元之后仍欠华能煤

---

① 审理法院：二审法院为吉林省高级人民法院，案号：（2015）吉民二终字第99号；再审法院为最高人民法院，案号：（2016）最高法民申1519号。

业公司2000余万元煤款。换言之，能港发电公司在还款1000万元之前尚欠华能煤业公司3000余万元，即其对华能煤业公司所负债务除去已经转让给某银行白山分行的经法院查明确认为14988246.60元的金额外，尚欠的煤款超过1000万元，那么，能港发电公司在同时对某银行白山分行、华能煤业公司负有债务的情况下，向其中一方还款的行为，不能当然构成对另一方的还款，能港发电公司主张该笔还款系归还某银行白山分行，未能提供证据予以佐证。相反，本案中华能煤业公司表示其接收的款项用以消灭其自己对能港发电公司的债权，其向某银行白山分行还款的行为亦属于偿还自身负债，并非代能港发电公司还款。此外，能港发电公司主张其并未接收到华能煤业公司发出的《应收账款转让通知书（受让后）》，而是在其提供的空白回执上加盖公章，用以配合华能煤业公司获取贷款。本院认为，某银行白山分行向华能煤业公司发放贷款的前提条件之一即能港发电公司出具《应收账款转让通知书回执》，换言之，正是能港发电公司在《应收账款转让通知书回执》上加盖公章的行为，协助华能煤业公司获取了金额为2770.2万元的贷款，虽然一、二审法院经审理查明后均认定能港发电公司仅在实际发生的煤炭交易范围内承担还款责任，但不能忽视能港发电公司配合华能煤业公司获取贷款这一事实。同时，在能港发电公司举示的空白《应收账款转让通知书回执》上亦载明债权已经转让给某银行白山分行，其不经核实仍然向华能煤业公司付款的行为与常理不符，故本院对能港发电公司该项主张不予支持。

专家点评

在债务人对原债权人和债权受让人（保理商）均负有债务时，债务人向原债权人支付款项的行为很难被认定为是对保理商所受让债权的清偿。尤其在原债权人和保理商已经按照法律规定履行了通知义务时，债务人更难举证证明自己向原债权人支付款项的行为是对保理商所受让债权的清偿。保理商与债权人签订债权转让协议时应注意设定追索权以降低坏账风险。如本案，签署的是公开且具有追索权的债权转让协议。所谓有追索权是指，当保理商受让的债权因任何原因不能按时足额收回时，保理商有权向原债权人进行追索，原债权人对债务人应按时足额向保理商支付的款项承担还款责任。在有追索权的保理合同中，无论任何情形，原债权人应无条件按时足额偿还保理商支付给原债权人的保理预付款，并支付预付款利息、发票处理费、应收账款管理费、保理资信调查费、延期管理费等全部应付款项。债权人在与保理商进行债权转让时，应注意保存债务人的《债权转让通知书回执》原件，以备未来诉讼风险中能够证明己方已履行通知义务，债权转让自债务人收到转让通知时，即已对债务人产生法律效力。

第七百六十六条 当事人约定有追索权保理的，保理人可以向应收账款债权人主张返还保理融资款本息或者回购应收账款债权，也可以向应收账款债务人主张应收账款债权。保理人向应收账款债务人主张应收账款债权，在扣除保理融资款本息和相关费用后有剩余的，剩余部分应当返还给应收账款债权人。

【条文释义】

本条是对有追索权的保理人行使权利及后果的规定。

在保理合同中，如果当事人约定为有追索权保理的，保理人享有追索权，可以向应收账款债权人主张返还保理融资款的本息或者回购应收账款债权，也可以向应收账款债务人主张应收账款债权。保理人享有的追索权，就是有权选择向应收账款债权人主张返还保理的融资款或者主张应收账款债权人回购应收账款债权。行使了追索权，保理人就可以保障自己的合法权益不受损害。如果保理人不行使追索权，可以直接向应收账款债务人主张实现债权。保理人向应收账款债务人主张应收账款债权，实现其债权的，在扣除保理融资款的本息和相关费用后有剩余的，剩余部分应当返还给应收账款债权人。

【案例评注】

中厦公司、某银行上海支行合同纠纷案[①]

基本案情

2014年4月30日，某银行上海分行与麟旺公司签订编号为××××××××××的《有追索权国内保理合同》，约定甲方（麟旺公司）采用赊销方式销售货物，并向乙方（某银行上海分行）申请获得有追索权的保理业务服务。

为保障保理合同的有效履行，某银行上海分行与李林某、东关公司分别签订了《本金最高额保证合同（保理业务专用）》，保证人均承诺为麟旺公司在主合同

① 审理法院：一审法院为上海市第二中级人民法院，案号：（2015）沪二中民六（商）初字第142号；二审法院为上海市高级人民法院，案号：（2017）沪民终172号；再审法院为中华人民共和国最高人民法院，案号：（2019）最高法民申1533号。

项下不超过壹亿捌仟万元本金余额及其他全部债务提供连带责任保证，担保范围包括主合同项下全部债务，包括但不限于全部本金、利息、罚息、复利、违约金、补偿金及实现债权的费用（包括但不限于诉讼费、律师费等）和麟旺公司所有其他应付费用。

2015年9月17日，某银行上海分行与某银行二支行签订《协议书》，约定：由于某银行上海分行机构调整原因，与某银行二支行达成债权转让协议，将以麟旺公司为申请人的保理合同业务及票据贴现业务的全部权利转让给某银行二支行，由某银行二支行行使全部权利。

法院判决

中厦公司主张，中厦公司对某银行二支行承担的仅为补充赔偿责任，在未穷尽对麟旺公司及其担保人的法律追索措施之前，某银行二支行是否有损失及损失金额还处于不确定状态，不满足其承担责任的条件。对此，本院认为，根据中厦公司出具的付款承诺书，其承诺不可撤销地对某银行二支行承担付款义务，并不得以任何理由迟付或拒付。该付款承诺并未以某银行二支行穷尽对麟旺公司及其担保人的法律措施为前提条件。

专家点评

关于某银行二支行向中厦公司的求偿权和向麟旺公司追索权能否同时并存的问题。根据案涉保理合同的约定，本案保理业务系有追索权的保理，在某银行二支行的债权不能获得清偿时，某银行二支行除有权以债权受让人身份要求应收账款债务人中厦公司清偿债务外，还享有向麟旺公司行使追索权的权利。而求偿权与追索权是否能够并存，关键在于对有追索权的保理业务性质的认定问题。结合本案相关事实，有追索权的保理业务所包含债权转让合同的法律性质并非纯正的债权让与，而应认定为是具有担保债务履行功能的间接给付契约，并不具有消灭原有债务的效力，只有当新债务履行且债权人的原债权因此得以实现后，原债务才同时消灭。据此，在某银行二支行债权未获得清偿的情况下，保理商某银行二支行不仅有权请求基础合同的债务人中厦公司向其清偿债务，同时有权向基础合同债权的让与人麟旺公司进行追索。某银行二支行不承担应收账款不能收回的商业风险，其受让麟旺公司对中厦公司所享有的债权，目的是为了清偿麟旺公司对其所欠的债务，故二审法院将某银行二支行在本案中对中厦公司所能主张的权利范围，限缩在某银行二支行对麟旺公司所能主张的权利范围之内，并未超出当事人的诉讼请求。因本案某银行二支行对中厦公司的债权尚未得到实际清偿，为避免某银行二支行就同一债权双重受偿，二审法院判决中厦公司、麟旺公司或保证人东关公司、刘某星、李某任何一方对债务的清偿行为，都应相应免除另一方的清偿义务，认定正确，并未损害中厦公司的实体权益。

第七百六十七条 当事人约定无追索权保理的，保理人应当向应收账款债务人主张应收账款债权，保理人取得超过保理融资款本息和相关费用的部分，无需向应收账款债权人返还。

【条文释义】

本条是对无追索权保理合同的保理人行使权利的规定。

在保理合同中，如果当事人约定为无追索权保理的，保理人不享有追索权，不能选择向应收账款债权人主张返还保理融资款本息或者回购应收账款债权，只能向应收账款债务人主张应收账款债权。保理人实现应收账款债权取得的利益，取得了超过保理融资款本息和相关费用部分的，也无需向应收账款债权人返还，应收账款债权人无权请求保理人返还超过保理融资款本息和相关费用剩余的部分利益。

【案例评注】

盛威昌公司诉新一佳公司等合同纠纷案①

基本案情

2016年6月12日，原告盛威昌公司（甲方，保理商）与勇记公司（乙方，卖方）、被告新一佳公司（丙方，买方）签订编号为×××-001的《无追索权保理合同》，约定：鉴于乙方业务需求，就乙方与丙方之间的应收账款向甲方申请国内保理业务，融资额度：本次融资占用丙方在甲方的融资额度为1746937元，根据应收账款金额的70%融资比例确定的融资款金额为1222856元。同日，原告（甲方，保理商）与盛泽公司（乙方，卖方）、被告新一佳公司（丙方，买方）签订编号为×××-002的《无追索权保理合同》，约定：本次融资占用丙方在甲方的融资额度为427460.56元，根据应收账款金额的70%融资比例确定的融资款

① 审理法院：广东省深圳市福田区人民法院，案号：（2016）粤0304民初18246号。

金额为299222元，其他内容与前述×××-001《无追索权保理合同》一致。同日，原告（甲方，保理商）与源峰盛公司（乙方，卖方）、被告新一佳公司（丙方，买方）签订编号为×××-003《无追索权保理合同》，约定：本次融资占用丙方在甲方的融资额度为3952010元，根据应收账款金额的70%融资比例确定融资款为2766470元。

上述三份《无追索权保理合同》的附件《应收账款转让确认函》均约定：勇记公司、盛泽公司、源峰盛公司已与新一佳公司签订了商务合同，新一佳公司对商务合同项下卖方应收账款金额、付款日期确认无误，现该三家公司因经营发展的需要，将与新一佳公司签署的商务合同项下的应收账款以及该部分应收账款所享有的权利转让给盛威昌公司，应收金额依次为1746937元、427460.56元、3952010元，转让应收款依次为1222856元、299222元、2766407元。涉案《无追索权保理合同》签订后，原告于2016年6月15日向勇记公司转账支付保理融资款1222856元，于2016年6月21日向盛泽公司转账支付保理融资款299222元，于2016年6月24日向源峰盛责任公司转账支付保理融资款1120000元，于2016年6月30日向源峰盛公司转账支付保理融资款1646407元。

《无追索权保理合同》到期后，被告未按照合同约定事项支付到期款项，且被告近期经营恶化，经沟通后仍不能按时支付相应款项，原告遂诉至法院，请求法院判令被告新一佳公司原告支付编号为×××-001《无追索权保理合同》款项1222856元、编号为×××-002《无追索权保理合同》款项299222元、编号为×××-003《无追索权保理合同》款项2766407元。

法院判决

法院认为，涉案《无追索权保理合同》系双方当事人的真实意思表示，内容不违反法律及行政法规的强制性规定，合法有效，应受到法律保护。原告请求被告新一佳公司偿还4288485元，有合同依据，予以支持。

专家点评

根据是否附有追索权，保理合同分为有追索权和无追索权两种。在无追索权的保理合同关系中，双方把标的债权的风险收益全部转移给保理人，保理人有权向债务人主张债权。在本案中，原告与东莞市盛泽食品有限公司、深圳市源峰盛实业发展有限责任公司、深圳市源峰盛实业发展有限责任公司签订了无追索权的保理合同后，获得了向被告新一佳公司主张债权的权利。由于被告没有按照保理合同约定清偿债务，原告有权向被告主张债权，应予支持。

第七百六十八条 应收账款债权人就同一应收账款订立多个保理合同，致使多个保理人主张权利的，已经登记的先于未登记的取得应收账款；均已经登记的，按照登记时间的先后顺序取得应收账款；均未登记的，由最先到达应收账款债务人的转让通知中载明的保理人取得应收账款；既未登记也未通知的，按照保理融资款或者服务报酬的比例取得应收账款。

【条文释义】

本条是对多个保理人主张权利顺序的规定。

应收账款债权人将同一应收账款重复转让，订立多个保理合同，形成多重保理合同。就同一应收账款重复设置保理合同后，致使多个保理人主张权利的，确定行使保理权利顺序的方法是：

1. 登记在先权利优先：即已经登记的保理权利先于未登记的保理权利优先取得应收账款；

2. 时间在先权利优先：多重保理合同的保理权利均已登记的，按照登记的先后顺序取得应收账款；

3. 通知在先权利优先：多重保理合同的保理权利均未登记的，由最先到达应收账款债务人的转让通知中载明的保理人优先取得应收账款；既未登记也未通知的，按照保理融资款或者服务报酬的比例取得应收账款。

【案例评注】

瑞力公司、某铁路公司与畅富公司、鼎瑞公司合同纠纷案[①]

基本案情

2016 年 8 月 1 日，原告瑞力公司与被告畅富公司签订编号为 RL××××××××× 的国内保理合同，约定被告畅富公司将其对被告某铁路公司享有的应收账款转

① 审理法院：一审法院为上海市杨浦区人民法院，案号：（2017）沪 0110 民初 4700 号；二审法院为上海市第二中级人民法院，案号：（2018）沪 02 民终 3074 号。

让给原告，原告核定此应收账款转让额度为4000万元，被告畅富公司在此基础上向原告申请保理融资。嗣后，被告畅富公司及原告向被告某铁路公司云桂铁路（广西段）YGZQ－4项目部发送应收账款转让通知书，说明已申请将与被告某铁路公司采购合同项下的应收账款及全部债权、从属权利等合计45537684.40元转让给原告，被告某铁路公司在应收账款到期日将款项支付至专门保理账户才能解除付款义务。2016年8月6日，被告某铁路公司出具回执，称已收到应收账款转让通知书，承诺对于该通知书载明的45537684.40元最迟不晚于2017年2月1日支付，如未按该通知书付款或履行其他义务，原告有权直接向被告某铁路公司追索。2016年8月1日，被告畅富公司提交应收账款转让申请书，原告于同日出具应收账款转让确认书，双方明确保理预付款金额为36500000元，保理预付款年利率10%。应收账款转让申请书及确认书附件确认转让应收账款45537684.40元。嗣后，被告鼎瑞公司与原告签订最高额保证合同，约定被告鼎瑞公司在4000万元最高额范围内对被告畅富公司与原告签订的涉案保理合同项下被告畅富公司的债务提供连带保证，保证期间为被告畅富公司收到单笔保理预付款之日起至该笔保理预付款本息及相关费用的偿还或支付期限届截止日后两年内止。2016年8月10日，原告向被告畅富公司发放保理预付款36430000元。款项到期后，被告畅富公司、被告某铁路公司均未按约偿还，被告鼎瑞公司未履行保证人义务，原告故向法院起诉。

法院判决

首先，根据《瑞力保理合同》《应收账款转让申请书》《应收账款转让确认书》《应收账款转让通知书》《回执》，并结合中国人民银行征信中心的登记证明文件，本案保理项下的基础交易合同编号为HT－YG4－×××××××，债务人为某铁路公司集团有限公司云桂铁路（广西段）YGZQ－4项目部。其次，保理商并非应收账款基础关系当事人，难以完全知悉相关履行情况，债务人在应收账款转让通知书回执上盖章并承诺付款的行为使保理商有理由相信应收账款真实存在，债务人不得再以应收账款虚假、基础交易合同未实际履行或未完全履行等事由向保理商进行抗辩。

专家点评

本案中，某铁路公司云桂铁路（广西段）YGZQ－4项目部在《回执》上盖章，确认应收账款信息并承诺最迟不晚于2017年2月1日付款，故某铁路公司也不得再以应收账款第二次转让无效向瑞力保理公司进行抗辩。至于某铁路公司提出的畅富公司未向其发送《应收账款转让通知书》、涉案应收账款转让对其不生效的主张，尽管《回执》抬头载明“上海鼎瑞贸易有限公司及上海瑞力商业保理有限公司”，但结合《应收账款转让通知书》以及《回执》内容来看，应当认定畅富公司与瑞力公司就本案保理项下的应收账款转让事宜向某铁路公司发送了通知，涉案应收账款转让对某铁路公司发生法律效力。

第七百六十九条　本章没有规定的，适用本编第六章债权转让的有关规定。

【条文释义】

本条是对保理合同准用债权转让有关规则的规定。

保理合同在以往的法律中没有规定，民法典只是将保理合同的基本规则作了规定，缺少细节的规定。由于保理的实质就是应收账款债权的转让。因此，本章没有规定的，准用合同编第六章关于合同债权转让的具体规则，补充立法的不足。

【案例评注】

某银行苏州分行诉塑胶公司、科技公司等借款合同纠纷案[①]

基本案情

2006年，塑胶公司就其对科技公司的应收账款债权与银行签订《保理协议》与《综合授信协议》，并通知了科技公司。科技公司将部分应收账款汇入塑胶公司设在银行的监管账户。2008年，就逾期未付的应收账款200万余美元，银行诉请科技公司偿还，并要求塑胶公司依回购型保理条款约定承担补充清偿责任。科技公司以其与塑胶公司所签购销合同中约定的禁止转让条款进行抗辩。

法院判决

有追索权或回购型保理实质应为以债权质押的借贷契约。我国未加入《国际保理公约》，在涉外民商事司法实践中，《国际保理通则》作为国际惯例在我国适用。根据该通则规定，国内贸易基础合同双方所约定的禁止债权转让条款，不影

---

① 审理法院：江苏省高级人民法院，案号：（2008）苏民二终字第0333号。

响国际保理合同的效力。但对于国内贸易纠纷，我国法律、行政法规和规章对保理合同无明确规定。根据《合同法》第七十九条规定，债权人可以将合同的权利全部或者部分转让给第三人，但按照当事人约定不得转让的除外。本案中，科技公司与塑胶公司所签购销协议明确约定了禁止转让合同权益和义务的条款，符合《合同法》第七十九条规定的除外情形。银行作为保理商在与塑胶公司签订《保理协议》与《综合授信协议》时，对保理所涉基础交易合同条款未尽审查注意义务，故塑胶公司在未征得科技公司同意下，将其对科技公司应收账款擅自转让给银行，违反前述法律规定，即使债权人通知了债务人，对科技公司亦不发生效力。因此，应依《合同法》第七十九条规定认定债务人就禁止让与的应收账款对保理商享有抗辩权，但债务人实际履行中以明示行为表示同意转让的除外。科技公司虽按塑胶公司指示向银行监管账户支付了部分到期货款，但并不能以此认定科技公司同意塑胶公司将其对科技公司的应收账款债权均转让给银行，该部分付款行为可视为部分接受债权转让。鉴于科技公司与塑胶公司已结算相应货款，本案所涉主债务是基于银行与塑胶公司之间因《保理协议》与《综合授信协议》项下贸易融资业务而产生，且《保理协议》明确约定银行对贸易融资本息保留向塑胶公司追索的权利，故本案主债务即保理融资款应由塑胶公司向银行偿还。

专家点评

对于国内贸易纠纷，依民法典合同篇关于债权转让规定，认定债务人就禁止让与的应收账款对保理商享有抗辩权，但债务人实际履行中以明示行为表示同意转让的除外。本案中，科技公司提出购销合同中约定禁止转让条款的抗辩，保理合同对此没有规定，应当依据上述债权转让的规定来处理。

《中华人民共和国民法典释义与案例评注丛书》编委会

本书系教育部人文社会科学重点研究基地重大项目
“中华人民共和国民法典评注”（18JJD820001）的研究成果

杨立新 / 主 编
李付雷 / 副主编

中华人民共和国
民法典
释义与案例评注

3 合同编 ㊦

撰稿人
（以撰写章节为序）
杨立新 李付雷 王艺璇
叶 翔 蔡颖雯 吴万军
王 琦 于 晓 焦清扬

中国法制出版社
CHINA LEGAL PUBLISHING HOUSE

目　　录

第三分编 准合同

第十七章 承揽合同

第七百七十条 承揽合同是承揽人按照定作人的要求完成工作，交付工作成果，定作人支付报酬的合同。

承揽包括加工、定作、修理、复制、测试、检验等工作。

【条文释义】

本条是对承揽合同概念的规定。

承揽合同，是指承揽人按照定作人的要求完成工作，交付工作成果，定作人支付报酬的合同。根据当事人间订立的承揽合同，承揽人应使用自己的设备、技术和劳力，为定作人加工、定作、修理或完成其他工作；定作人则应给付相应报酬的合同。提出工作要求并给付报酬的一方是定作人，按照要求完成一定工作的人是承揽人，都可以是自然人、法人或者非法人组织。承揽合同是双务、有偿、诺成合同，其特征是：(1）承揽合同以完成一定的工作并表现为一定的劳动成果为目的；(2）承揽合同的定作物是具有特定性质的物；(3）承揽人须以自己的设备、技术和劳力独立完成主要工作；(4）承揽人在工作中自己承担风险；(5）承揽合同以留置定作物的方式实现担保。

承揽合同的种类主要是：(1）加工合同，是指由承揽人利用定作人提供的原材料或半成品，按照双方约定的产品、规格、数量、质量和期限等要求，加工特定产品，并由定作人按照约定给付报酬的协议。(2）定作合同，是指由承揽人根据定作人提出的品种、规格、质量和数量等要求，使用自己的原材料为定作人制成特定产品并向定作人收取相应报酬的协议。(3）修理合同，是指承揽人按照定作人的要求为其修复损坏的物品，并由定作人给付约定的报酬的协议。修理合同的标的物一般是机器设备、工具等物品，当标的物是房屋时，修理合同又称修缮合同。在修理合同中，如果修理所需的材料由承揽人提供，定作人除给付承揽人工作报酬外，还应向其支付修理材料的价款。(4）复制合同，是指由承揽人按照定作人提出的要求为其重新制作与其提供的样品相类似的制品，并由定作人支付相应报酬的协议。(5) 其他承揽合同，包括测试合同、检验合同，以及改造、改制、翻译、医疗护理等承揽形式的合同。

【案例评注】

顺达公司、海龙公司承揽合同纠纷案[①]

基本案情

2012 年 4 月 26 日，海龙公司与顺达公司签订《技术协议》一份，同年 5 月 21 日，双方又签订《装配线合同》一份，与前述的《技术协议》相配套。该合同签订后，海龙公司于 2012 年 5 月 28 日向顺达公司付款 85 万元，少支付 3.5 万元。同年 6 月 24 日，顺达公司传真给海龙公司一份工作联络单，主要内容是：为海龙公司设计制作的抓钢机总装车间装配线项目，在 2012 年 5 月 21 日确定合同后，我司就开始对所有合同内容要求进行制造，现已全部制作完成，按合同要求 45 天交货给海龙公司，为此我司今天正式通知贵司速派相关人员到我司厂部进行部件清点，并对相关部件进行出厂前验收，以便我司组织车辆进行发货和进一步工程进度安排。次日，海龙公司向顺达公司回复，6 月 28 日至 7 月 10 日派人过去验收。2012 年 7 月 22 日，海龙公司派人到顺达公司验收，并向顺达公司出具"关于装配生产线整改意见"。

法院判决

顺达公司与海龙公司在《装配线合同》第一条第（一）项约定：本合同总造价 295 万元，该套设备价格为交钥匙工程（顺达公司完成项目的设计、制造、安装、调试、培训全部合格，达到有关技术协议及合同要求，双方验收合格后交给海龙公司，保证海龙公司能够正常使用）的总费用。《合同法》第二百五十一条规定："承揽合同是承揽人按照定作人的要求完成工作，交付工作成果，定作人给付报酬的合同。承揽包括加工、定作、修理、复制、测试、检验等工作。"因此，双方当事人签订的合同性质属于承揽合同。

专家点评

定作合同仅是承揽合同的一类。在承揽合同中，定作人所需要的不是承揽人

---

① 审理法院：二审法院为辽宁省高级人民法院，案号：(2016) 辽民终 454 号；再审法院为中华人民共和国最高人民法院，案号：(2018) 最高法民申 4870 号。

的单纯劳务，而是能满足一定工作要求的劳务成果。本案中，根据装配线合同和技术协议的约定，顺达公司的合同义务不但需为海龙公司设计、制造上车线、下车线和总装线三条生产线的零配件，还需在海龙公司厂房内安装生产线，安装完毕后需调试生产线，调试正常后，为海龙公司培训员工正常操作生产线，最后双方进行验收，验收合格，视为顺达公司交付合格的工作成果，而且需在一年的质保期内承担质保义务。定作合同只是受托人向委托人交付定作的产品，不能涵盖本案顺达公司的安装、调试、培训、验收、质保等全部合同义务。本案合同标的即生产线的特殊性和专业性，决定了顺达公司的合同义务，也决定了本案合同性质属于承揽合同。

第七百七十一条　承揽合同的内容一般包括承揽的标的、数量、质量、报酬，承揽方式，材料的提供，履行期限，验收标准和方法等条款。

【条文释义】

本条是对承揽合同主要内容的规定。

承揽合同的内容包括：(1) 承揽的标的：是指承揽合同权利义务所指向的对象，是承揽人按照定作人要求所应进行的承揽工作；(2) 数量、质量：是承揽合同标的的具体条件，约定数量的计算单位和方法，质量是标的的技术指标、具体要求、规格等；(3) 报酬：是指定作人应当支付承揽人进行承揽工作所付出的技能、劳务的酬金；(4) 承揽方式：是指承揽合同究竟是加工、定作、修理、复制、测试、检验的具体方式；(5) 材料的提供：是指完成承揽工作所需原料由哪一方提供及提供的具体要求；(6) 履行期限：是指双方当事人履行义务的时间，主要是指完成工作、交付工作成果的时间，以及对方支付报酬或者价款的时间；(7) 验收标准和方法：约定具体的验收标准和方法；(8) 其他条款：如争议解决方法、违约条款等。

【案例评注】

许继风电公司、新能公司承揽合同纠纷案①

基本案情

原告新能公司与被告许继风电公司于2011年9月30日签订《2.0MW风力发电机组塔筒（含基础环）技术协议》，由原告加工承揽许继风电公司在达坂城托里一期风电场的塔筒基础环的制作。原告按通知单要求在2011年10月31日前完成10套基础环的制作，由于许继风电公司要求塔筒在2012年4月、5月全部交货，原告已按照许继风电公司的要求完成25套基础环及塔筒的加工和制作，但许继风电公司不接收货物也拒绝支付货款。现双方已无继续履行的事实基础和可能，原告已向许继风电公司发函解除了双方之间的加工承揽合同关系，请求法院支持原告诉讼请求。（1）依法确认《加工承揽合同》解除；（2）判令被告赔偿原告赔偿经济损失31632684.08元。

法院判决

《合同法》第二百五十一条规定："承揽合同是承揽人按照定作人的要求完成工作，交付工作成果，定作人给付报酬的合同。"《合同法》第二百五十二条规定："承揽合同的内容包括承揽的标的、数量、质量、报酬、承揽方式、材料的提供、履行期限、验收标准和方法等条款。"本案中，从任务通知单以及涉案技术协议看，任务通知单中许继风电公司所作要约，只有"先期安排25套基础环"有明确的数量和价格内容，对塔筒的规格、报酬的支付、材料的提供、履行的期限、验收的标准和方法均没有明确的内容，任务通知单中许继风电公司发出的是"在十一假期后十个工作日签订"相关合同的要约，而新能公司在向许继风电公司所发函件中也确认双方并未按任务通知单的约定"在十一假期后十个工作日"签订正式的承揽合同。故任务通知单中关于塔筒的内容是预约的意思表示，双方未正式就塔筒的承揽合同达成合意。

专家点评

许继风电公司与新能公司往来的任务通知单、涉案技术协议、传真等文件只

---

① 审理法院：一审法院为新疆维吾尔自治区高级人民法院，案号：（2013）新民二初字第19号；二审法院为中华人民共和国最高人民法院，案号：（2017）最高法民终239号。

是双方就将来签订正式的定作承揽合同所作的意向性安排，根据任务通知单所载内容，双方明确未来需要进一步磋商订立正式的本约。因此，双方尚未就承揽合成达成合意，合同没有成立。

第七百七十二条　承揽人应当以自己的设备、技术和劳力，完成主要工作，但是当事人另有约定的除外。

承揽人将其承揽的主要工作交由第三人完成的，应当就该第三人完成的工作成果向定作人负责；未经定作人同意的，定作人也可以解除合同。

【条文释义】

本条是对承揽人应当独立完成主要工作的规定。

承揽人应当以自己的设备、技术和劳力独立完成主要工作，但是当事人另有约定的除外。主要工作，是指对定作人提交的工作构成实质意义的部分，即对定作物的质量有决定性作用的部分，或者是指定作工作中数量上的大部分。

经过定作人的同意，承揽人可以将其承揽的主要工作交由第三人完成，并应当就该第三人完成的工作成果向定作人负责，而不是第三人向定作人负责。未经定作人的同意，承揽人将其承揽的主要工作交由第三人完成的，定作人享有法定解除权，可以解除合同。解除权的行使以通知的方式进行。

【案例评注】

尧盛公司与九舜公司船舶建造合同纠纷案[①]

基本案情

2007 年 4 月 30 日，九舜公司、上海九舜公司作为共同甲方与尧盛公司作为乙方签订合同编号分别为 06KNE131、120－5YS（下称《合同一》）。2007 年 8 月 15 日，九舜公司（甲方）与尧盛公司（乙方）签订合同编号分别 06KNE111、

① 审理法院：一审法院为武汉海事法院，案号：（2014）武海法重字第 00002 号；二审法院为湖北省高级人民法院，案号：（2016）鄂民终 243 号；再审法院为中华人民共和国最高人民法院，案号：（2016）最高法民申 2243 号。

112YS（下称《合同二》)。合同约定：乙方同意按以下条款建造2艘110米机动船船体，甲方同意按以下条款收购该船。2008年2月28日，尧盛公司与九舜公司作为共同甲方与永兴公司作为乙方签订合同编号为06KNE130，131（下称《合同三》)。合同约定：乙方同意按以下条款建造1组内河顶推驳船，甲方同意按以下条款收购该船。2009年12月16日，尧盛公司与九舜公司作为共同甲方与永兴公司作为乙方签订《船体建造合同变更协议》(以下简称《变更协议》)。

法院判决

本案中，在签订《合同三》《变更协议》之前，尧盛公司与九舜公司曾分别于2007年4月30日、8月15日签订两份船舶建造合同（即《合同一》《合同二》)，约定由九舜公司定作两艘总长106.58米、83.38米的驳船和六艘110米内河机动船船体，尧盛公司实际完成四艘110米船舶交付九舜公司，后九舜公司通知尧盛公司解除《合同一》部分内容，双方共同作为合同一方与永兴公司签订《合同三》《变更协议》，约定由永兴公司完成船舶建造，且只建造一艘106.58米驳船，同时还约定83.38米驳船已做分段加工费的计算方法和已交给永兴公司的材料的处理事宜。《合同一》和《变更协议》均涉及106.58米和83.38米的两艘顶推驳船，且两份协议所涉顶推驳船的长度、高度和型深完全一致。原审在双方当事人就《合同三》《变更协议》项下权利义务没有作出明确约定的情况下，结合《合同一》对双方之间的法律关系性质进行综合分析和认定，并无不当。在《合同一》《合同二》项下，九舜公司与尧盛公司之间为承揽合同关系，九舜公司为定作方，尧盛公司为承揽方。根据《合同法》第二百五十三条第二款规定："承揽人将其承揽的主要工作交由第三人完成的，应当就该第三人完成的工作成果向定作人负责；未经定作人同意的，定作人也可以解除合同"。尧盛公司与九舜公司作为合同一方与永兴公司签订《变更协议》，将《合同一》约定由尧盛公司建造的106.58米船舶交给永兴公司建造，应视为尧盛公司经定作人九舜公司同意将其承揽的主要工作交由第三人永兴公司完成。原审判决认定"在《合同三》《变更协议》项下，九舜公司是定作人，尧盛公司是承揽人，双方形成事实上的承揽合同关系"，符合本案基本事实。

专家点评

在《合同三》《变更协议》项下，九舜公司是定作人，尧盛公司是承揽人，双方形成事实上的承揽合同关系。上述法律关系的认定既尊重尧盛公司一审时的主张，也符合双方在订立《变更协议》以及履行该协议时的真实意思表示。同时，《变更协议》约定尧盛公司向永兴公司提供材料，支付船舶建造款，永兴公司向尧盛公司开立发票等内容，表明九舜公司与尧盛公司存在特别的约定，即定作人九舜公司同意承揽人尧盛公司将全部船舶建造事宜委托给实际承揽人永兴公司完成。

第七百七十三条 承揽人可以将其承揽的辅助工作交由第三人完成。承揽人将其承揽的辅助工作交由第三人完成的，应当就该第三人完成的工作成果向定作人负责。

【条文释义】

本条是对承揽工作辅助部分可交由第三人完成的规定。

承揽人可以将其承揽的辅助工作交由第三人完成，不必征求定作人的同意。承揽工作中的辅助工作，是指承揽工作中主要工作之外的部分，如定制服装合同，缝扣子、熨烫等工作就是主要工作之外的辅助工作。承揽人将其承揽的辅助工作交由第三人完成的，应当就该第三人完成的工作成果向定作人负责，如果第三人完成的辅助工作不符合承揽合同的要求，承揽人应当承担违约责任，而不是由第三人承担违约责任。

【案例评注】

吴某、益通公司承揽合同纠纷案①

基本案情

益通公司与赛拉德公司于 2013 年 1 月 29 日签订《承包合同》，约定由赛拉德公司（甲方）将其承包的亿瑞公司原料车间设备工程中的料仓施工工程部分，以包工包料的方式承包给益通公司（乙方）施工，所用材料、质量标准按甲方与亿瑞公司的合同执行，所有质量问题、售后服务由乙方负责。施工的料仓，按每个料仓 48500 元计算，共计 80 个料仓，总金额（税前价）388 万元。工期

① 审理法院：一审法院为广东省佛山市中级人民法院，案号：(2016) 粤 06 民初 57 号；二审法院为广东省高级人民法院，案号：(2016) 粤民终 1596 号。

要求为在进厂后60天内全部完工，如超工期被罚款，由乙方负责。付款方式为：(1)甲方收到亿瑞公司定金后付20%；(2)甲方收到亿瑞公司银行按揭款后付50%；(3)余款在亿瑞公司还清银行按揭款后一次结清。此外，双方还约定了双方的其他权利义务及争议解决方式等条款。吴某在该合同后部以担保人身份签名。现经三方当庭共同确认，益通公司施工的料仓已完工并交付使用。但益通公司认为赛拉德公司尚未付清最后一期款项116.4万元。为此，益通公司提起本案诉讼。

2015年11月10日，赛拉德公司向本院申请破产重整，佛山中院于2015年12月8日作出（2015）佛中法民二破字第64－5号民事裁定书，裁定受理该司提出的破产重整申请，并根据（2015）佛中法民二破字第64－7号指定管理人决定书指定广东某律师事务所为管理人。现该管理人已接管赛拉德公司有关财务账册、公章、资产，并根据现有资料通知债权人申报债权（因赛拉德公司账册资料不完整，导致债权确认困难，现有多起债权确认诉讼），因赛拉德公司账册中并无益通公司债权有关记载，在管理人通知债权人过程中，并没有通知益通公司申报债权。

法院判决

《合同法》第二百五十四条规定："承揽人可以将其承揽的辅助工作交由第三人完成。承揽人将其承揽的辅助工作交由第三人完成的，应当就该第三人完成的工作成果向定作人负责。"本案中，赛拉德公司为亿瑞公司承建原料车间设备工程，并将其工程中的辅助工作80个料仓的施工工作交由第三人益通公司完成。上述行为，符合承揽合同的要素，益通公司与赛拉德公司、吴某之间签订的《承包合同》是合法有效的合同，应受法律保护。庭审中，益通公司、赛拉德公司、吴某均确认益通公司所施工的80个料仓的工作已经完成，益通公司已完成《承包合同》约定的施工的义务。因此，赛拉德公司、吴某应履行《承包合同》约定的付款的义务，向益通公司支付《承包合同》所约定的第三期款项116.4万元。

专家点评

由于益通公司与赛拉德公司、吴某之间签订《承包合同》所承担的工作是辅助性质的工作，因此《承包合同》中约定的付款期限，也是根据赛拉德公司与亿瑞公司合同的履行情况来决定，体现在合同条文上，赛拉德公司向益通公司所约定的三期付款，均与亿瑞公司有直接联系。且根据益通公司陈述，赛拉德公司实际支付的款项，第二期部分是直接由亿瑞公司向益通公司支付。因此，虽然《承包合同》中约定的付款期限并不明确，但鉴于赛拉德公司的付款，大部分是在益通公司交付工作成果后才支付，应当认定为付款期限是在益通公司完成施工义务后。由于益通公司已经完成承揽义务，有权向赛拉德公司主张付款。

第七百七十四条 承揽人提供材料的，应当按照约定选用材料，并接受定作人检验。

【条文释义】

本条是对承揽人提供材料的规定。

承揽合同的材料来源有两种：(1) 由承揽合同的承揽人提供；(2) 由定作人提供。当事人有约定的依照约定，没有约定的，一般是由承揽人提供。

由承揽人提供原材料的，承揽人应当按照合同的约定选用材料。合同对原材料的质量有约定的，承揽人提供的原材料应当符合约定的质量标准。不符合约定质量要求的，承揽人应当对此负责，造成违约的，应当承担违约责任。承揽人提供的材料质量高于合同约定的，未经定作人同意而使用，视为材料质量符合约定标准，承揽人不得要求定作人支付增加的费用。承揽合同未约定材料质量标准的，承揽人应当按照通常的加工定作物所需要材料的质量标准提供材料。同时应当考虑承揽合同中有关定作物的质量要求及定作物的使用目的选择提供材料。承揽合同没有约定材料的质量要求的，承揽人自行选定的材料，在加工前应当征求定作人的同意。

承揽人选用材料应当接受定作人检验。定作人对材料的检验是定作人的一项权利，是承揽人的法定义务，不以当事人在合同中有约定为必要。

【案例评注】

周某某与王某某承揽合同纠纷案[①]

基本案情

2004 年 3 月 15 日，周某某与王某某签订《彩钢瓦棚制作协议》，约定由王某

① 审理法院：一审法院为重庆市合川区人民法院，案号：(2011) 合法民初字第 03882 号；二审法院为重庆市第一中级人民法院，案号：(2013) 渝一中法民终字第 04322 号；再审法院为重庆市高级人民法院，案号：(2016) 渝民再 43 号。

某以包工包料的方式为周某某制作彩钢瓦棚，由周某某按照每平方米80元的标准支付报酬。该协议第三条约定："该雨棚由乙方（王某某）包30年，在使用期间防锈措施由甲方（周某某）自行实行；属质量或结构问题，甲方（周某某）不负任何责任，由乙方（王某某）负全责"；同时，该协议第六条备注标明了制作彩钢瓦棚的材料的相关参数标准，其中立柱钢管壁厚为3毫米，跨空钢管壁厚为2毫米，彩钢瓦厚度为37.6毫米。2004年4月9日，王某某完成该彩钢瓦棚的制作并交付周某某使用，周某某按照约定支付王某某报酬9.9万元。后该彩钢瓦棚在使用过程中因锈蚀而逐渐出现空洞现象，周某某与王某某协商处理未果，诉至法院，请求：(1) 判令王某某更换材料重新制作彩钢瓦棚；(2) 诉讼费用由王某某承担。王某某答辩称，同意免费提供劳务重新制作彩钢瓦棚，但所需的材料应由周某某提供。该彩钢瓦棚制作完毕后已经周某某验收并投入使用，彩钢瓦符合国家质量标准，出现穿孔漏雨的现象系周某某采取防锈措施不力所致，王某某不构成违约。

在一审法院审理的过程中，经周某某申请，一审法院委托重庆市钢铁产品质量监督检验站就王某某为周某某制作的彩钢瓦棚是否符合合同约定进行了鉴定，结论为：该彩钢瓦棚所使用的立柱钢管壁厚、跨空钢管外径和壁厚均不符合双方合同约定，也不符合GB/T13793－1992的规定；该彩钢瓦棚所使用的彩钢瓦厚度虽符合双方合同约定，但其镀层过薄，不能达到使用30年的要求。

法院判决

《合同法》第二百五十五条规定，承揽人提供材料的，承揽人应当按照约定选用材料，并接受定作人的检验。双方在《彩钢瓦棚制作协议》第六条对制作瓦棚所用材料进行了约定，王某某应当按照该约定选用材料。对王某某所用材料是否符合双方约定，双方发生争议，一审法院为此委托重庆市钢铁产品质量监督检验站出具司法鉴定意见书，该鉴定意见书一审经双方当事人质证无异议。而根据该鉴定意见，王某某制作彩钢棚所用立柱钢管壁厚、跨空钢管外径和壁厚均不符合双方约定，构成违约。且双方协议第三条约定该雨棚由王某某包30年，质量问题由王某某负责，王某某用材质量违约，应当承担相应的违约责任。

专家点评

承揽人应当确保对其选用材料的质量符合合同约定。制作彩钢瓦棚的各项材料均由承揽人王某某提供，周某某不负有检验义务。周某某支付了报酬不能认定承揽人王某某提供的工作成果符合合同约定，在出现故障后，王某某应当承担违约责任。

第七百七十五条　定作人提供材料的，应当按照约定提供材料。承揽人对定作人提供的材料应当及时检验，发现不符合约定时，应当及时通知定作人更换、补齐或者采取其他补救措施。

承揽人不得擅自更换定作人提供的材料，不得更换不需要修理的零部件。

【条文释义】

本条是对定作人提供材料要求的规定。

由定作人提供原材料的，定作人应当按照约定提供材料。具体要求是：(1) 定作人提供材料的质量应当符合约定。不符合约定的，承揽人有权要求其更换材料。(2) 定作人提供的材料数量应当符合约定。定作人提交材料，承揽人应当进行相应的验收，发现定作人提供的材料数量不足时，定作人应当及时补足。(3) 定作人提交材料应当符合时间的约定。定作人应当在合同约定的期限内向承揽人交付材料，一般不得违反。如果迟延履行，承揽人有权相应的推迟工作物的交付时间。

承揽人应当及时接受定作人交付的材料。及时接受，是在定作人向其提出材料的交付时，能够按照合同的约定接受材料，不得拒不接受或者迟延接受。因承揽人不能及时接受材料，造成的材料的一切损失以及其他增加的一切必要费用，应当由承揽人承担或者赔偿。

【案例评注】

耀华公司诉洪涛公司定作合同纠纷案①

基本案情

2000 年 5 月 15 日，耀华公司给洪涛公司出具北京饭店改建工程玻璃桥报价分析，内容为面层玻璃面积 75 平方米，每平方米 1162 元，立面支撑玻璃面积 80

① 审理法院：一审法院为北京市东城区人民法院，案号：（2002）东民初字第 2347 号；二审法院为北京市第二中级人民法院，案号：（2003）二中民终字第 02040 号。

平方米，每平方米1805元，玻璃桥综合单价为每平方米1493元，玻璃桥工程造价231415元，洪涛公司单位陈某某于6月9日在该报价分析上签字。2000年6月11日，耀华公司与洪涛公司签订定作合同，约定由耀华公司为洪涛公司定作玻璃流水墙及玻璃桥，玻璃流水墙每平方米2700元，玻璃桥，按实际玻璃发生面积结算；质量要求为按洪涛公司提供的图纸方案的要求加工；验收方法为现场验收；工期1个月；付款方式为合同签订日预付30%合同款，玻璃进场施工之日付工程款45%，工程交付后付20%工程款，余下5%工程款作为保修款；违约责任为任何一方违约，由违约方承担违约责任；工程保修期为1年。另双方约定，于工程交付验收后7日内结清该合同所定款项。合同签订之日，洪涛公司按合同的约定给付耀华公司120000元预付款，耀华公司亦按合同的约定、按洪涛公司提供的图纸方案定作了玻璃流水墙及玻璃桥，并将玻璃流水墙及玻璃桥安装在北京饭店新中楼。实际发生面积为玻璃桥立面玻璃52平方米，平面玻璃74.31平方米，流水墙玻璃面积56平方米，总价款为331408元。2000年7月19日，洪涛公司给付耀华公司价款90000元。2000年8月中旬，耀华公司将玻璃流水墙及玻璃桥安装完毕后撤离北京饭店。2001年11月21日，洪涛公司给付耀华公司价款30000元。尚欠价款91408元未付。后北京饭店已使用了耀华公司定作、安装的玻璃桥及玻璃流水墙。2002年10月16日，耀华公司与洪涛公司到北京饭店经核查确认现有五块玻璃出现裂痕。

法院判决

耀华公司与洪涛公司签订的定作合同，系双方当事人的真实意思表示，且无违法、违规之处，应为有效，签约双方均应按合同的规定履行己方义务。洪涛公司在签订合同后，按约向耀华公司支付了预付款，耀华公司亦按合同的约定及洪涛公司提供的图纸定作玻璃桥及流水墙的玻璃，并进行了安装。安装工程竣工后，耀华公司即撤离了施工场地；洪涛公司亦应按合同的约定对耀华公司的安装工程进行验收后，给付耀华公司合同款项。现洪涛公司以耀华公司提供的玻璃有质量问题为由，要求在耀华公司更换有裂痕的玻璃并经验收合格后给付耀华公司货款。虽耀华公司现无证据证明洪涛公司对玻璃流水墙及玻璃桥进行验收后，耀华公司才撤离了安装工程现场。但在2000年8月中旬耀华公司撤离安装工程现场后，洪涛公司亦无证据证明在2001年10月前因玻璃存在裂痕等质量问题曾通知耀华公司修理、更换。使用即视为验收，现耀华公司安装的玻璃流水墙及玻璃桥北京饭店已经使用，应视为洪涛公司对玻璃流水墙及玻璃桥已验收合格。北京饭店改建扩建办公室及银建监理公司第六项目部虽在洪涛公司出具的说明中盖章确认耀华公司安装的玻璃桥及玻璃流水墙在2000年8月18日时就存在有裂痕等质量问题。但因洪涛公司是承包、施工单位，北京饭店是建设单位，银建监理公司是该工程的监理单位，故洪涛公司与北京饭店改建扩建办公室及银建监理公司第六项目部有利害关系，且该说明中也未明确说明玻璃存在裂痕的具体情况。故对北京饭店改建扩建办公室及银建监理公司第六项目部出具的证明，不予认证。现洪涛公司又无证据证明造成玻璃出现裂痕的责任在于耀华公司，故对洪涛公司以耀华公司提供的玻璃有质量问题为由，要求在耀华公司更换有裂痕的玻璃并经验收合格后给付耀华公司货款的主张，不予支持。

专家点评

民法典合同编第775条规定，定作人提供材料的，定作人应当按照约定提供材料。承揽人对定作人提供的材料，应当及时检验，发现不符合约定时，应当及时通知定作人更换、补齐或者采取其他补救措施。耀华公司与洪涛公司签订的定作合同，耀华公司在按合同的约定及洪涛公司提供的图纸定作了玻璃桥及玻璃水墙并进行安装之后，依法享有向洪涛公司追索报酬的权利。现北京饭店对耀华公司安装的玻璃流水墙及玻璃桥已经使用，应视为洪涛公司对玻璃流水墙及玻璃桥已验收合格。因此，洪涛公司应向耀华公司支付剩余的定作及安装报酬。

第七百七十六条 承揽人发现定作人提供的图纸或者技术要求不合理的，应当及时通知定作人。因定作人怠于答复等原因造成承揽人损失的，应当赔偿损失。

【条文释义】

本条是对定作人提供图纸、技术要求的规定。

在承揽合同中，如果约定承揽的工作由定作人提供图纸、技术要求的，承揽人在接受其提供的图纸、技术要求后，发现定作人提供的图纸或者技术要求不合理的，享有通知的权利，承揽人应当及时通知定作人，要求定作人改进。双方意见不一致的，应当进行协商，达成合意。如果因定作人怠于答复等原因，给承揽人造成损失的，定作人应当承担赔偿责任，赔偿承揽人因此造成的损失。

【案例评注】

富国公司与垦鑫达公司承揽合同纠纷案①

基本案情

2014年12月20日，垦鑫达公司（甲方）与富国公司（乙方）签订《模具制造合同》（合同编号×××合同），约定甲方委托乙方加工5.5贴皮项目产品模具6套，包括面壳组件、底壳、闪光灯镜片、电池盖、摄像头装饰件及MIC软胶套支架各一套，模具费为163800元。

垦鑫达公司已经按照模具加工合同支付了相应的款项，但是富国公司因自身原因一直无法向垦鑫达公司提供合格的样品，以便确认模具开模成功，使得垦鑫达公司向富国公司下订单订货。双方为模具多次进行沟通，并于2015年7月17日专门召开会议，就模具加工的5.0金刚一号和5.5贴皮项目，最终确认富国公司提供合格样品的时间分别为2015年7月25日、2015年7月20日，但是，到期后富国公司并未提交合格的样品供垦鑫达公司确认，致使垦鑫达公司和富国公司签署模具加工合同的目的无法实现，因此垦鑫达公司在一审当中主张撤销合同，返还已预付的款项，要求富国公司承担违约责任，赔偿垦鑫达公司因此遭受的损失。

法院判决

依据《合同法》第二百五十七条的规定，承揽人发现定作人提供的图纸或技术要求不合理的，应当及时通知定作人。从现有证据来看，垦鑫达公司虽未举证证明其向富国公司提供了样品的品质标准，但从双方的邮件内容来看，富国公司确认垦鑫达公司曾于2015年6月提出5.5贴皮项目达到苹果手机的标准，且双方在2015年7月17日的会议中对5.0金刚一号最终的交期和5.5贴皮项目解决方案的作出时间有了明确约定，富国公司却在2015年7月30日的邮件中才予以回复，要求垦鑫达公司修改设计方案。由此可见，富国公司未尽及时通知的义务，也未如期交付产品；同时，从常理来看，垦鑫达公司在邮件中所列举的“装饰件间隙过大”“面壳周边铝合金边框粘胶不平，也不牢固”“亮光边与按键位刮手”等属于显而易见的品质问题，并不属于设计缺陷，富国公司应承担相应的违约责任，

---

① 审理法院：一审法院为广东省深圳市福田区人民法院，案号：（2016）粤0304民初7463号；二审法院为广东省深圳市中级人民法院，案号：（2018）粤03民终1383号。

其主张的违约金缺乏依据，不予支持，而垦鑫达公司所提交的用于证明其损失的证据均由其单方制作，没有其他证据予以辅证，综合全案情况，酌定富国公司应向垦鑫达公司支付违约金及损失赔偿金共计12万元，超出部分，不予支持。

专家点评

富国公司在最终可签样的时间2015年7月25日已过的2015年7月30日才向垦鑫达公司提出未给其提供金刚一号明确具体的标准，就5.5贴皮项目解决方案要求垦鑫达公司修改设计方案。富国公司履行合同有违诚实信用原则，既未履行及时通知义务，更未如期交付产品，应承担相应的违约责任。

第七百七十七条　定作人中途变更承揽工作的要求，造成承揽人损失的，应当赔偿损失。

【条文释义】

本条是对定作人变更承揽工作要求的规定。

承揽合同的基本要求，是承揽人按照定作人对承揽工作的要求进行工作，交付工作成果。定作人对承揽工作的要求，是通过承揽合同的要求进行的，承揽人按照承揽合同的约定进行工作，交付的工作成果符合合同的约定，就履行完了合同义务。在承揽合同的履行过程中，定作人认为确有必要，可以中途变更承揽工作的要求，承揽人应当按照定作人的变更要求进行，完成承揽工作。依照公平原则，定作人改变承揽工作要求，给承揽人造成损失的，应当承担赔偿责任。对于已经按照原来要求完成的部分工作，定作人应当支付这一部分工作的报酬。

【案例评注】

华锐公司与信远公司承揽合同纠纷案[1]

基本案情

华锐公司于2011年1年6日向信远公司发出预投通知，要求信远公司马上组

[1] 审理法院：一审法院为山东省烟台市中级人民法院，案号：(2013) 烟商初字第119号；二审法院为山东省高级人民法院，案号：(2015) 鲁商终字第18号；再审法院为中华人民共和国最高人民法院，案号：(2015) 民申字第2753号。

织生产100件1.5MW行星架，图号4926727342A（系4926727343A之笔误），材质G32NiCrMo8-5-4。信远公司收到华锐公司预投通知后，即组织生产。2011年2月21日，华锐公司向信远公司传真要求停止投料，传真内容载明，截至2011年2月21日，信远公司已投产1.5MW行星架56件（包括2010年结转的15件），但因设计原因可能将要改图，请立即停止投料，超出预投部分有待双方协商，具体情况及投料日期另行通知。传真中未明确如何处理已生产的行星架，信远公司主张其按照华锐公司要求停止生产后，多次要求华锐公司以8万元单价收购已生产行星架，华锐公司以图纸变更可能按照新图纸进行整改为由拒绝。华锐公司则主张双方至本案起诉前并未协商如何处理已生产行星架。

法院判决

双方之间已成立合法有效的承揽合同。合同履行过程中，华锐公司作为定作人以设计变更为由通知承揽人信远公司停止生产。嗣后，双方长期未就已生产产品的处理及合同继续履行问题达成合意。信远公司以合同目的不能实现为由，诉请解除合同，并无不当。

本案中，信远公司按照华锐公司预投通知生产出行星架之后、交付之前，即因华锐公司通知停止生产而未再继续履行。华锐公司在信远公司诉请解除合同、赔偿损失后，要求信远公司继续履行合同，交付已生产行星架，于法无据。就赔偿损失的具体数额而言，信远公司主张依据已生产的32件行星架的当时市价和现有残值之间的差价进行计算，行星架单价参照双方以往业务往来所签合同及增值税发票确定为8万元/件，残值则经信远公司申请，一审法院委托鉴定机构评估为602272元。鉴定报告经双方当事人质证后均无异议。华锐公司申请再审以照片显示行星架铸造编号修改为由，主张案涉32件行星架并非按照其预投通知生产，信远公司未提供试块和检测报告，行星架质量不合格，不能依据单价8万元/件确定当时市价。但其上述主张与其在2011年2月21日传真中确认信远公司已投产行星架56件（信远公司主张损失的32件即包含其中），及其在2013年12月16日经双方现场清点形成的备忘录中确认在信远公司处看到32件行星架的事实不符。双方就案涉同一型号和规格行星架的加工承揽具有多年业务往来，华锐公司就案涉承揽合同的停产通知中仅载明系因设计图纸变更，未提及产品存在质量问题，直至信远公司起诉长达两年期间内，华锐公司从未就产品质量提出过异议。因此，法院对华锐公司的再审理由不予采信。

专家点评

本案系信远公司按照华锐公司通知投料生产加工行星架，因定作人华锐公司设计变更通知停产而未继续履行。根据民法典合同编第 777 条“定作人中途变更承揽工作的要求，造成承揽人损失的，应当赔偿损失”之规定，应由华锐公司承担因此给信远公司造成的损失。

第七百七十八条 承揽工作需要定作人协助的，定作人有协助的义务。定作人不履行协助义务致使承揽工作不能完成的，承揽人可以催告定作人在合理期限内履行义务，并可以顺延履行期限；定作人逾期不履行的，承揽人可以解除合同。

【条文释义】

本条是对定作人协助义务的规定。

当承揽人为完成工作需要定作人协助时，定作人有予以协助的义务。协助义务的内容是：(1) 根据承揽的工作性质，双方约定由定作人提供原材料的，定作人应当按照约定的标准提供原材料；(2) 约定由定作人提供设计图纸或者技术要求、技术资料的，定作人应当按照约定的期限提供设计图纸、技术要求和技术资料；(3) 约定由定作人提供样品的，定作人应当按照约定提供所需的样品；(4) 约定由定作人提供工作场所的，定作人应当提供工作场所；(5) 约定由定作人提供承揽人完成工作所需要的工作环境和生活条件的，定作人应当按照合同的约定予以提供。

定作人不履行协助义务，致使承揽工作不能完成的，承揽人的权利是：(1) 催告：可以催告定作人在合理期限内履行义务，催告以通知的方式进行，该合理期限就是宽限期；(2) 顺延：可以按照定作人迟延履行协助义务的时间，顺延履行期限；(3) 定作人超过宽限期而仍不履行：承揽人享有解除权，可以解除该承揽合同。

【案例评注】

兰剑公司、伟业公司承揽合同纠纷案[①]

基本案情

2012 年 4 月 6 日，伟业公司（承揽方）与兰剑公司（定作方）签订《承揽

---

① 审理法院：一审法院为辽宁省葫芦岛市中级人民法院，案号：(2015) 葫民初字第 75 号；二审法院为辽宁省高级人民法院，案号：(2016) 辽民终 181 号；再审法院为中华人民共和国最高人民法院，案号：(2017) 最高法民申 4464 号。

协议》约定，伟业公司承揽兰剑公司厂房等设施的拆除工作，在建昌县政府规定的时间内（原则上105天）拆除并清渣平整完毕。拆除的机械设备、电气材料和钢材归伟业公司所有，合同签订后三日内由伟业公司支付折价款12130000元，并约定由于兰剑公司原因致使拆除工程不能正常开展和延误的，工期顺延。合同签订后，伟业公司支付兰剑公司废旧物资、钢材等折价款12130000元及履约保证金1000000元，即组织人员进行拆迁。在拆迁过程中，由于与兰剑公司存在承包关系的案外人兰河公司的下岗职工及水泥经销商使用各种车辆及物品封堵进出大门，阻止通行，打骂伟业公司拆迁工人等手段干扰施工，导致伟业公司无法正常实施拆迁工作。兰剑公司主张当地派出所证明及《建昌县政府意见》证明其积极履行了协助义务，而签订《承揽协议》的时间为2012年4月6日，约定的工期原则上为105天内，但直至2012年11月1日，尚有当地派出所因接到伟业公司报案而赶往现场处理的情形发生，证实兰剑公司作为定作方无法在合理期限内为承揽方伟业公司提供适于实施拆除的场地和环境。实施阻拦行为的第三人系与兰剑公司存在承包关系的兰河公司下岗职工及兰剑公司的水泥经销商，兰剑公司有责任排除妨碍，履行协助义务。

法院判决

本案中，双方签订的厂房、设备拆除协议约定伟业公司拆除兰剑公司院内部分厂房、设备，伟业公司系承揽人，兰剑公司系定作人，兰剑公司作为定作人应协助伟业公司顺利完成厂房及设备的拆除工作。在伟业公司实施拆迁行为过程中，遭到了与兰剑公司存在承包关系的兰河公司水泥经销商及职工的阻拦，虽然兰剑公司与兰河公司在《解除合同协议书》中约定了兰河公司要保证拆迁工作正常进行，并约定了违约责任。但兰剑公司与兰河公司系承包关系，相关人员的阻拦涉及兰剑公司与兰河公司解除承包合同后的相关问题，故兰剑公司对于发生阻挠拆迁情况负有排除妨碍的责任。当拆迁工作受阻后，伟业公司及时将情况向兰剑公司反映，并敦促兰剑公司处理妥当与内部承包人和水泥经销商间经济纠纷。兰剑公司在获知拆迁工作不能正常进行时，也是采取配合态度，与有关部门沟通、协调，但并没有具体的解决措施，导致现存矛盾仍未解决，拆迁工作难以正常开展，合同目的难以实现，故伟业公司提出解除合同的诉请应予支持。

专家点评

承揽合同强调履行的协作性，为使承揽人伟业公司及时完成工作，定作人兰剑公司有义务协助伟业公司完成承揽工作。本案中，由于兰剑公司未积极履行协作义务，未采取具体措施排除阻碍，致使拆迁工作难以正常开展，合同目的难以实现，伟业公司有权主张解除合同。

第七百七十九条 承揽人在工作期间，应当接受定作人必要的监督检验。定作人不得因监督检验妨碍承揽人的正常工作。

【条文释义】

本条是对定作人监督检验的规定。

承揽人在完成工作期间，应当接受定作人必要的监督、检验。必要的要求是，在承揽合同中已经约定监督检验范围的，应当在约定的范围内进行监督检验；合同中没有约定的，定作人应当根据承揽工作的性质对承揽工作质量进行检验。在定作人提出对承揽工作进行检验时，承揽人不得拒绝。承揽人对定作人的监督检验应当提供必要的方便。承揽人应当如实向定作人反映工作情况，不得故意隐瞒工作中存在的问题。

定作人在对承揽人的工作进行监督检验时，不得妨碍承揽人的正常工作。不得妨碍，是定作人的监督检验工作不得给承揽人带来不合理负担，不得影响承揽人的正常工作秩序。如果定作人的监督检验工作给承揽人的定作工作带来妨碍的，承揽人可以拒绝，对造成的损失可以要求赔偿。

【案例评注】

通和机械厂与长天机械公司承揽合同纠纷案[①]

基本案情

2007年10月29日，通和机械厂和长天机械公司在签订的购销合同中约定，由通和机械厂为长天机械公司加工不同型号的不锈钢316L法兰产品，合同签订后，通和机械厂为长天机械公司加工了法兰产品。通和机械厂称，长天机械公司因其前期加工的法兰产品质量不合格而认定涉案合同加工的产品亦不合格，在其

① 审理法院：一审法院为山东省烟台市芝罘区人民法院，案号：（2012）芝商重初字第3号；二审法院为山东省烟台市中级人民法院，案号：（2014）烟商二终字第22号；再审法院为山东省高级人民法院，案号：（2016）鲁民申190号。

将法兰产品加工完毕后，长天机械公司一直不告知交货时间及交货地点，使其无法交货，导致其加工好的法兰产品至今仍在其处保管。2008年10月18日，长天机械公司在发给通和机械厂的传真件中载明：由于前期贵公司给我公司的法兰产品存在质量问题（尺寸不合格、材料不合格、锻件有裂纹等缺陷），出口后由客户检出，致使客户取消已下订单，要求将不合格产品全部退回，并提出索赔。从而导致我公司与贵公司合同无法正常履行。经过我公司后续有效的沟通，以及贵公司的积极配合，屡次提供样品，终于样品达标，获得客户确认，最终客户同意接收最后一个订单所订的不锈钢法兰产品，发货按原订单执行。但是要我们提供到门服务，即货物进口的全部手续由我公司负责，由此产生的一切费用由我公司承担。由于订单价格按美元签订，这一年来美元兑人民币价格跌落不止10%，再加上额外负担的进口及港上至客户工厂的陆运费，又将产生约占合同总金额10%的费用，如果执行该订单，将导致我公司巨额亏损。而且由于前期的质量问题导致的双方磨擦，发运该批货物我公司将承担巨大的货款回收风险。但考虑到该批货物推销给其他客户或销售到市场会有困难，我公司愿勉力承担该批货物的发货风险，但请贵公司予以降价10%的特惠措施，以降低我公司亏损额度和货款回收不到的风险。如果该批货物合格，我公司无论能否回收货款，将如约付给该批货物货款。同意请盖章回传。如不同意，我公司将向客户表示不再继续供货，包括目前的不锈钢法兰产品，退回不合格产品后供货关系终结。请于3日内答复，否则视为不接受，将不安排发运。

法院判决

通和机械厂作为承揽人负有依约为长天机械公司加工合格货物的义务以及享有要求长天机械公司支付报酬的权利，长天机械公司作为定做人则负有支付报酬的义务以及享有验收货物质量的权利。涉案合同及所附产品图纸对于法兰产品的规格、质量等均有明确的约定，长天机械公司要求按照合同约定验收通和机械厂所加工法兰产品质量，于理相合、于法有据。通和机械厂拒绝长天机械公司验收货物质量，排除了长天机械公司的主要权利，在货物未经通和机械厂验收合格后，长天机械公司有权拒绝支付价款，故对通和机械厂要求长天机械公司支付其价款149944.36元的请求法院不应支持。通和机械厂主张2008年10月18日传真已证实法兰产品已经外商验收合格，根据合同约定法兰产品质量应由外商验收，因该传真中载明外商认可的仅为法兰样品而非通和机械厂加工的所有法兰产品，而且涉案合同中关于“如遇长天机械公司国外客户提出该批货物有关型号、质量、数量，与本合同及相关技术文件不符要求索赔的情况，则通和机械厂需负全部责任”的表述并未排除长天机械公司验收货物质量的权利，通和机械厂该主张有违合同相对性原则，故对通和机械厂之该主张法院依法不予支持。

专家点评

依据民法典合同编第779条规定，承揽人工作期间，应当接受定作人必要的监督检验，被申请人法定代表人在申请人加工制作涉案产品过程中，依法有权对产品制作过程进行监督检验，但此种监督检验不能等同于产品质量验收，除非双方在合同中对此有明确约定。通和机械厂主张其加工的产品已经获得国外客户的认可，涉案产品的质量最终由外国客户验收，但长天机械公司是涉案承揽合同中的定作人，既是履行合同的主体，也是涉案加工产品的验收主体，国外客户作为终端消费者，即使认可涉案产品的质量，也不代表其对涉案加工产品具有验收的权利，通和机械厂以其加工产品获得国外客户认可来证明涉案产品无需验收的理由缺乏关联性和证明力。因此，原判决认定通和机械厂拒绝被申请人对涉案加工制作的产品因进行验收，是导致涉案产品迟延交付和被申请人拒付报酬的主要原因具有充分的事实和法律依据。

第七百八十条 承揽人完成工作的，应当向定作人交付工作成果，并提交必要的技术资料和有关质量证明。定作人应当验收该工作成果。

【条文释义】

本条是对承揽人交付工作成果的规定。

向定作人按期交付工作成果是承揽人的主要义务之一。交付工作成果，首先应当按时交付，对工作成果的交付期限有约定的，承揽人应当按照合同约定的期限交付工作成果。不能按约交付的构成违约。如果不能按约交付是由于定作人的原因造成的或者是由于不可抗力，则迟延交付工作成果不构成违约。对交付期限没有约定的，承揽人应当在完成工作后的合理期限内向定作人交付工作成果。

承揽人交付定作物应当按照合同约定的方式和地点进行，可以由承揽人送交交付或者由定作人自提，也可以通过运输部门代为运送或邮政部门代为寄送。由承揽人送交的，以定作人指定的地点为交付的地点，定作人实际接受的日期即为承揽人实际交付的日期；由定作人提货的，交付地点应为承揽人工作完成的地点或者承揽人指定的地点，以承揽人通知定作人提货的合理日期为交付日期；由运输部门代为运送或邮政部门代为寄送的，一般应以合同约定的运（寄）送部门收货的地点为交付地点，运（寄）送部门接受运送的货物的日期为实际交付日期。按照合同的约定无须为特别交付的承揽工作，则于承揽人完成工作之日即为交付。

承揽人向定作人交付工作成果，应当向定作人提交必要的技术资料和有关质量证明，如实反映工作成果的情况，以便定作人进行验收。

在承揽人交付工作成果时，定作人应当对工作成果进行验收，对承揽人提交的工作成果的数量、质量进行检验，以确定与合同约定的工作成果的质量和数量是否相同。

【案例评注】

瑞庆公司、京兰公司承揽合同纠纷案[①]

基本案情

2012年7月6日，京兰公司与翔悦公司签订《测绘协议书》，协议约定翔悦公司委托京兰公司对位于青海省海南州共和县上卡力冈村1：2000地形图进行测绘，并对测绘工作量、费用、双方的义务、付款方式、违约责任等进行了约定。《测绘协议书》第十条付款方式中约定："提交成果资料后甲方在青海柴达木能源投资开发股份有限公司项目落实后一次结清所有测绘费用"。2012年7月6日京兰公司将测绘成果交付翔悦公司，翔悦公司在成果资料交接及顾客意见反馈表中签署验收了符合要求的反馈意见。因京兰公司催要测绘费，致使双方纠纷产生。翔悦公司于2014年4月22日经西宁市工商行政管理局核准名称变更为瑞庆公司。

法院判决

首先，从双方签订的《测绘协议书》的具体内容和该条款的文义表达来看，该内容约定于协议书第十条付款方式项下，而非付款条件。其次，本院认为，案涉承揽合同中"甲方在青海柴达木能源投资开发股份有限公司项目落实后"不是附条件的付款约定，而是关于履行期限的约定。以此为付款条件，既不符合承揽

① 审理法院：一审法院为青海省西宁市中级人民法院，案号：（2014）宁民二初字第284号；二审法院为青海省高级人民法院，案号：（2014）青民二终字第111号；再审法院为中华人民共和国最高人民法院，案号：（2017）最高法民申1041号。

合同的法律属性，也不符合当事人签约本意。若将瑞庆公司的项目落实与否视为附条件付款，如果该项目落实的条件始终不成就，翔悦公司得以免责，不承担付款义务，京兰公司已付诸履行并已实际交付了测绘成果的劳动将无法得到对价，显然有失公平。从双方当事人为此条款内容的具体理解产生分歧，该如何正确解释和理解合同的角度来看，本案双方签订承揽性质的合同，定作人的目的在于获取符合定作要求的工作成果，承揽人的目的是获得工作成果的对价，双方签订的合同中并不能得出还存在“翔悦公司在青海柴达木能源投资开发股份有限公司项目落实”与否的合同目的。换言之，翔悦公司项目的落实与否并不成为京兰公司是否获取定作对价的限定条件。由于京兰公司与翔悦公司之间的承揽合同已经实际履行，京兰公司已经向翔悦公司交付了承揽成果，并得到翔悦公司的认可，翔悦公司应依约履行付款义务。

专家点评

根据民法典合同编第780条的规定，承揽人完成工作的，应当向定作人交付工作成果，并提交必要的技术资料和有关质量证明，定作人应当验收该工作成果。京兰公司提交了工作成果，瑞庆公司负有及时进行验收的义务。虽然《测绘协议书》未明确约定检验时间，但瑞庆公司应当在合理的期限内对京兰公司提交的测绘成果进行验收，并在合理期限内将检验结果通知京兰公司。瑞庆公司提交的《测绘成果检验结果通知单》是在双方测绘成果提交两年之后出具的，瑞庆公司也没有其他证据证明其在合理时间内进行了检测并通知京兰公司。法院未予采信《测绘成果检验结果通知单》并无不当。

第七百八十一条 承揽人交付的工作成果不符合质量要求的，定作人可以合理选择请求承揽人承担修理、重作、减少报酬、赔偿损失等违约责任。

【条文释义】

本条是对承揽人交付工作成果不符合质量要求的规定。

承揽合同的基本内容是承揽人按照定作人的请求完成承揽工作，交付工作成果。对工作成果的最主要要求，是符合定作人在合同中约定的质量标准。承揽人交付的工作成果不符合约定的质量标准，要承担违约责任。构成该违约责任的要件是：(1) 承揽人交付的工作成果不符合质量要求：承揽合同对工作成果的质量有约定的，依照其约定确定是否符合质量要求，对工作成果的质量没有要求或者约定不明确的，应当补充协商或者按照工作成果的性质和交易习惯确定质量标准。(2) 定作人在合理期限内提出质量异议：合同约定异议期的，应当在异议期内提出，没有约定异议期的，应当在接收成果后的合理期限内提出。

承揽人交付的工作成果不符合质量要求，定作人提出异议的，承揽人根据定作人的合理选择应当承担修理、重作、减少报酬的责任，造成定作人损失的，还应当承担赔偿损失的违约责任。

【案例评注】

帕米尔公司与慕峰公司承揽合同纠纷案①

基本案情

2011 年 3 月 30 日，慕峰公司作为乙方与帕米尔公司作为甲方签订了《帕米尔远古冰川矿泉水定制合同》，合同签订后，于 2011 年 7 月双方开始正式履行合同。

在履行合同过程中，慕峰公司的经销商九通公司、商族公司、龙脑公司分别致函慕峰公司，反映其定制的帕米尔远古冰川矿泉水存在水质有异味、外包装箱规格不统一并且有破损、瓶体标签粘贴不平整并且有气泡、瓶身变形的质量问题，并提出退货请求。2012 年 6 月 8 日，慕峰公司与帕米尔公司签订《补充协议》，约定：帕米尔公司同意将 2012 年 3 月生产的规格为 330ML、500ML 和 1000ML 共计 46610 箱的帕米尔远古矿泉水全部召回，由双方派人到现场销毁。

定制合同签订后，慕峰公司为了履行合同，分别与龙脑公司等签订了《帕米尔远古冰川矿泉水总经销协议》，建立了 13 个省级经销总代理，并由省级代理发展地市级代理。根据经销协议的约定，慕峰公司同意经销商在指定的区域按照协议开展营销活动，其提供的“帕米尔远古冰川矿泉水”质量以及包装标准符合生产企业标准。并根据经销商市场开发进度，协助其进行市场品牌宣传，包装产品特性、销售技巧、活动推荐等。

---

① 审理法院：一审法院为新疆维吾尔自治区喀什地区中级人民法院，案号：(2013) 喀民初字第 31 号；二审法院为新疆维吾尔自治区高级人民法院，案号：(2014) 新民二终字第 76 号；再审法院为中华人民共和国最高人民法院，案号：(2015) 民提字第 171 号。

法院判决

帕米尔公司不存在违约，不应承担合同解除后的损失赔偿责任。首先，虽双方在合同履行过程对46610箱矿泉水的质量问题产生争议，但通过签订《补充协议》对该问题予以协商解决，故46610箱矿泉水是否存在质量问题，都不是影响双方后续合同的履行以及导致合同最终解除的因素；其次，虽然慕峰公司提供证据证明帕米尔公司向经销商推销“帕米尔冰川矿泉水”420ML的产品，但该产品规格与双方定制合同中的矿泉水规格并不相同，而且在合同履行过程中，慕峰公司亦曾向帕米尔公司另行购买过该产品，慕峰公司主张帕米尔公司销售的矿泉水与涉案矿泉水存在混淆构成违约的理由不能成立；最后，双方对矿泉水包装箱的规格没有约定，慕峰公司以此主张帕米尔公司违约缺乏合同依据。2012年4月20日，《食品安全国家标准预包装食品标签规则》要求食品的标签上应标示配料表，慕峰公司书面发函要求按规定更换标签，帕米尔公司认为可以加贴配料表的方式解决原来的未用完标签，双方签订合同时未曾预料到标签标示配料表的问题，因合同未有约定故不属违约问题，该问题亦不足以导致合同不能继续履行，双方对此未能协商一致都存在过错。慕峰公司前述主张解除合同后帕米尔公司应承担违约责任的理由都不能成立。

专家点评

民法典合同编第781条规定“承揽人交付的工作成果不符合质量要求的，定作人可以要求承揽人承担修理、重作、减少报酬、赔偿损失等违约责任”。但如果双方通过签订《补充协议》对该些问题予以协商解决，就不能认定帕米尔公司违约，不应承担合同解除后的损失赔偿责任。

第七百八十二条 定作人应当按照约定的期限支付报酬。对支付报酬的期限没有约定或者约定不明确，依据本法第五百一十条的规定仍不能确定的，定作人应当在承揽人交付工作成果时支付；工作成果部分交付的，定作人应当相应支付。

【条文释义】

本条是对定作人支付报酬的规定。

定作人应当按照约定的期限支付报酬。按期支付报酬的要求是：(1) 承揽合同对报酬的支付期限有约定的，按照约定的期限支付报酬。(2) 对支付报酬的期限没有约定或者约定不明确，应当依照民法典第510条规定补充协议，按照补充协议确定支付期限。(3) 补充协议仍不能确定的，定作人应当在交付工作成果的同时支付报酬；工作成果部分交付的，定作人应当作相应支付。

本条未对支付报酬的数额作出规定。对此，应当按照约定的数额支付报酬。承揽合同中对定作人须支付的报酬标准有约定的，按照约定的报酬支付；没有约定的，则按照通常标准支付，即工作成果交付的当时、当地的同种类工作成果的一般报酬为标准。

【案例评注】

中节能公司、红星电瓷公司承揽合同纠纷案①

基本案情

中节能公司与红星电瓷公司于2010年12月2日签订《新建三座143m^3全自动控制抽屉窑总承包合同》，合同约定，红星电瓷公司新厂区所需的三座143m^3全自动控制抽屉窑，委托中节能公司对上述工程及相关附属设备和控制系统进行安装和调试总承包。总承包价为4550000元。工期为合同生效后145天。合同还约定了双方的责任、工程验收及事项、付款规定、违约责任等条款。其中付款规定为，签订合同后将于2010年12月25日前，红星电瓷公司向中节能公司支付100万元作为预付款；2011年12月20日前，红星电瓷公司向中节能公司支付3550000元作为工程最终的结清款。2011年1月4日，中节能公司与红星电瓷公司签订《自贡三座抽屉窑技术交底纪要》，总价款扣除200000元为4350000元。合同签订后，中节能公司对三座抽屉窑进行了制作安装，红星电瓷公司也先后支付价款共计1915000元，按合同尚欠价款2435000元。但三座抽屉窑至今未投入使用。

法院判决

双方签订的《新建三座143全自动控制抽屉窑总承包合同》合法有效，中节

① 审理法院：一审法院为四川省自贡市贡井区人民法院，案号：(2017) 川0303民初728号；二审法院为四川省自贡市中级人民法院，案号：(2018) 川03民终96号；再审法院为四川省高级人民法院，案号：(2019) 川民再90号。

能公司与红星电瓷公司承揽合同关系成立。根据总承包合同的约定：红星电瓷公司按期按合同规定的付款规定和数量向中节能公司支付工程款，向施工现场提供水电供应；付款约定：（1）2010 年 12 月 25 日前，红星电瓷公司向中节能公司支付 100 万元作为预付款；（2）2011 年 12 月 30 日前，红星电瓷公司向中节能公司支付 355 万元（后双方于 2011 年 1 月 4 日签订《自贡三座抽屉窑技术交底纪要》，约定从总价款扣除 20 万元）作为工程结算款；（3）中节能公司开具 17% 的增值税发票给红星电瓷公司。合同签订后，中节能公司对三座抽屉窑进行了制作安装，完成了合同约定的绝大部分义务，但案涉工程并未进行后期的热态调试和验收。红星电瓷公司作为承揽合同的定作人，案涉工程是双方的第三期工程，施工在红星电瓷公司进行。红星电瓷公司对案涉工程的施工情况进展和设备安装情况应当知情，工程水电等供应也在其支配下，按照合同约定以及本案定作工程的操作惯例，本工程项目应当先进行热态调试，然后才能进行整个工程验收。总承包合同约定的具备热态调试的时间 2011 年 4 月 30 日距本案一审起诉时已经将近六年。此期间，红星电瓷公司并未对工程提出任何质量异议以及整改要求，也没有证据证明提出要求中节能公司共同进行热态调试；相反，红星电瓷公司在此期间却一直陆续支付工程款。根据总承包合同的约定和红星电瓷公司陆续付款的事实，以及（2017）陕 01 民终 12463 号民事判决对案涉工程具备热态调试条件的认定，本院认为中节能公司要求红星电瓷公司支付剩余工程款符合《合同法》第二百六十三条规定的情形，即定作人应当按照约定的期限支付报酬。因此，红星电瓷公司应当支付剩余工程款 2435000 元。

专家点评

涉案合同约定不是以“工程验收”为支付工程款条件，系分期付款。红星电瓷公司对自己应当按照合同约定结清工程款是明知的，也在实际履行。因此，应依据民法典合同编第 782 条规定的情形，定作人应当按照约定的期限支付报酬。

第七百八十三条 定作人未向承揽人支付报酬或者材料费等价款的，承揽人对完成的工作成果享有留置权或者有权拒绝交付，但是当事人另有约定的除外。

【条文释义】

本条是对承揽人留置权和拒绝交付权的规定。

定作人未向承揽人支付报酬或者材料费等价款的，构成违约行为。对此，承揽人享有两项权利：（1）留置权。承揽人可以留置定作物，并应当向定作人催告，给予合理的宽限期，宽限期届满仍未支付报酬或者材料费等价款的，可以拍卖或者变卖加工物，实现留置权。（2）拒绝交付权，承揽人拒绝交付工作成果，直至定作人支付报酬或者材料费等价款后交付，或者责令其承担违约责任。如果当事人在承揽合同中另有约定的，则应当依照约定处理。

【案例评注】

东兴公司与宝高玩具公司承揽合同纠纷案①

基本案情

2010 年 6 月 30 日，宝高玩具公司原法定代表人林某代表宝高玩具公司与东兴公司法定代表人高某代表东兴公司签订合作生产塑料积木玩具协议一份。协议签订后，2010 年 10 月 29 日，宝高玩具公司向东兴公司下达编号为 DX20100041029 号的委托生产加工订单，约定交货日期为 2010 年 12 月 1 日，订单总额为 230981.6 元，并备注具体制作要求见包装及装配工艺文件、不明之处，可与驻厂人员联系。2012 年 2 月 23 日，宝高玩具公司向东兴公司送达关于终止《合作生产塑料积木玩具协议》的通知，通知东兴公司自即日起终止双方签订的《合作生产塑料积木玩具协议》，并提出在东兴公司执行支付逾期交货违约金、赔偿质量问题损失、返还模具等事项后，其可从东兴公司回购不超过 5 吨的半成品库存及未满 12 个月生产所需添加购置的工装夹具（该回购夹具应事先由宝高玩具公司确认备案，未确认备案的不予回购），并将与东兴公司结算前期所有产品生产订单尚未支付的剩余加工费。东兴公司收到该通知后，则于 2012 年 2 月 27 日向宝高玩具公司发出催缴通知书，要求宝高玩具公司于 2012 年 3 月 6 日支付尚欠的承揽报酬 1339074.86 元。宝高玩具公司收到东兴公司该催缴通知书后，于 2012 年 3 月 5 日向东兴公司发出关于终止合作生产塑料积木玩具有关事宜进展的回复，重申其终止合同通知的内容。双方因此产生纠纷诉至一审法院。

---

① 审理法院：一审法院为福建省泉州市中级人民法院，案号：（2012）泉民初字第 518 号；二审法院为福建省高级人民法院，案号：（2015）闽民终字第 793 号；再审法院为中华人民共和国最高人民法院，案号：（2017）最高法民申 1941 号。

法院判决

东兴公司作为承揽人负有组织生产加工的合同义务，宝高玩具公司作为定作人依约也负有配合生产加工的协助义务。合同履行过程中，因双方共同原因导致部分委托生产加工订单项下的定作物未能依订单约定交货期限交付，故双方达成变更定作物交付期限的合意。但宝高玩具公司作为定作人依法有权行使其单方合同解除权，本案讼争承揽合同应确认已于 2012 年 2 月 23 日解除。合同解除后，东兴公司依约应向宝高玩具公司返还交付给其使用的模具 703 套、模架 3 套，以及宝高玩具公司移交给其使用的总价值为 263520.53 元、总吨数为 9.4 吨的半成品材料。宝高玩具公司则应向东兴公司支付其尚欠的承揽报酬 1339074.86 元及相应利息。

专家点评

关于东兴公司主张有权留置案涉模具问题。本案中，东兴公司主张留置的模具是由宝高玩具公司向东兴公司提供的，目的是让东兴公司按照模具生产产品，故模具只是生产中的工具而非工作成果。民法典合同编第 783 条规定："定作人未向承揽人支付报酬或者材料费等价款的，承揽人对完成的工作成果享有留置权，但当事人另有约定的除外。"根据该规定，承揽人只能对完成的工作成果享有留置权，故本案中东兴公司对模具不享有留置权，且双方签订的《合作生产塑料积木玩具协议》也约定：合同期满双方不续约或双方中途停止执行合同，东兴公司需将所有模具在 15 日内全部无偿退还给宝高玩具公司。故本案中东兴公司应当在合同解除后返还模具，其主张留置模具缺乏合同和法律依据。

第七百八十四条　承揽人应当妥善保管定作人提供的材料以及完成的工作成果，因保管不善造成毁损、灭失的，应当承担赔偿责任。

【条文释义】

本条是对承揽人保管工作成果和材料的规定。

承揽人对定作人提供的材料和已经完成的工作成果，负有妥善保管的义务。承揽人应当以善良管理人的注意履行保管义务。因保管不善，造成定作材料和工作成果毁损、灭失的，应当承担损害赔偿责任。这种赔偿责任既是违约责任，也是侵权责任，构成责任竞合，应当依照民法典总则编第186条规定，由定作人根据自己的利益选择应当承担的责任。

本条没有规定工作成果意外灭失风险负担规则。这是指承揽人完成承揽工作，工作成果仍由承揽人占有时的意外毁损、灭失风险负担规则，即：（1）工作成果须实际交付的，在工作成果交付前发生风险的，由承揽人负担；交付后发生风险的，由定作人负担；（2）工作成果的毁损、灭失是在定作人受领迟延后发生的，则应由定作人承担该风险；（3）工作成果无须实际交付的，工作完成即视为交付，在工作完成前发生的风险由承揽人负担；在工作完成后发生的风险则由定作人负担。

【案例评注】

宝徽公司与中泰公司承揽合同纠纷案①

基本案情

2011年9月7日，宝徽公司作为甲方与乙方中泰公司签订了《锌锭来料加工合同》。合同签订后，中泰公司于2011年10月10日至13日陆续向宝徽公司交付加工原料锌精矿共计湿量2925.26吨。2011年12月16日，双方就锌锭加工进行了结算，中泰公司应向宝徽公司支付加工费7918081.50元，宝徽公司应该向中泰公司交付0#锌锭1387.55吨。2011年12月19日，宝徽公司根据合同约定向中泰公司出具7918081.50元加工费增值税发票。2012年1月12日，经双方对2011年5月9日的合同与2011年7月12日的合同业务进行结算，宝徽公司以欠中泰公司7836520.83元的欠款折抵本案中中泰公司应向宝徽公司支付的加工费7918081.50元后，中泰公司尚欠宝徽公司加工费81560.67元。后宝徽公司以欠中泰公司的其他款项抵清了剩余的加工费81560.67元。宝徽公司在合同约定的提货期限内全部完成了1387.55吨0#锌锭的加工工作，中泰公司并未在合同约定的期限内提货，宝徽公司加工完成的1387.55吨成品0#锌锭一直由宝徽公司保管。2015年5月5日，中泰公司作为甲方与乙方宝徽公司签订了《锌锭贸易销售合同》，合同约定：2011年9月7日签订《锌锭来料加工合同》项下乙方应返还甲方1387.55吨宝徽牌0#锌锭，该批货物货权属甲方所有，甲方委托乙方在上海有

① 审理法院：一审法院为甘肃省陇南市中级人民法院，案号：（2018）甘12民初12号；二审法院为甘肃省高级人民法院，案号：（2018）甘民终643号。

色金属现货市场将该批锌锭予以现货成交销售。销售期限自合同签订之日起至2015年5月20日止，双方根据销货当日上海有色网公布的0#锌锭价格及现货成交行情，商议确认当日计划成交量，每次成交数量以不超过300吨为宜，当日锌锭现货成交后，在甲乙双方认可的成交价格基础上扣减400元/吨作为甲乙双方当日当批次锌锭的最终结算价格，并由甲乙双方书面确认，锌锭全部销售完毕后，双方正式结算，由甲方向乙方开具17%的全额增值税专用发票后结算清货款。2015年5月11日，宝徽公司以16860元/吨的价格代中泰公司销售0#锌锭296.341吨，扣除宝徽公司代销费用后，向中泰公司支付了代销货款4877772.86元。后双方又签订了补充合同，将宝徽公司的代销期限延至2015年5月31日，宝徽公司代销期限届满后，双方再未就锌锭代销问题进行约定。中泰公司于2016年11月至12月从宝徽公司处拉走共计530.544吨0#锌锭。综上，宝徽公司向中泰公司交付加工的0#锌锭共计826.885吨，剩余560.665吨未交付。

法院判决

本案中被盗锌锭的责任承担问题。经查，宝徽公司如约履行了《锌锭来料加工合同》约定全部义务且在合同约定中泰公司提货期限届满后，多次催促中泰公司提货，中泰公司均未提货，双方对已加工完成锌锭的保管问题再未进行约定。中泰公司的该违约行为，导致宝徽公司对该批货物无偿进行保管，其间被盗3.69吨0#锌锭。《合同法》规定，当事人对保管费没有约定或者约定不明确，保管是无偿的。保管期间因保管人保管不善造成保管物灭失、保管人无重大过失的，不应承担损害赔偿责任。故宝徽公司无偿保管中泰公司0#锌锭时被盗3.69吨的责任应由中泰公司承担。

专家点评

根据民法典合同编第784条之规定，承揽人具有妥善保管完成的工作成果的义务，因保管不善造成毁损、灭失的，承揽人应该承担赔偿责任。但如果因为定作人的原因导致承揽人对于工作成果无偿进行保管，则承揽人对于工作成果的毁损、灭失不承揽赔偿责任。

第七百八十五条 承揽人应当按照定作人的要求保守秘密，未经定作人许可，不得留存复制品或者技术资料。

【条文释义】

本条是对承揽人保密义务的规定。

承揽合同约定保密条款，或者虽然没有约定保密条款，但是定作人有保密要求的，承揽人对其所完成的工作负有保密义务，未经定作人许可，不得泄露定作人的秘密，不得留存定做成果的复制品或者技术资料。否则，定作人因此而受到的损失应由泄密的承揽人负责赔偿。

【案例评注】

海方动力公司、特普生公司承揽合同纠纷[①]

基本案情

2017年7月10日，特普生公司与海方动力东莞公司签订《温度传感器视觉分拣系统技术协议》，该协议约定：(1)本协议经双方确认后作为订货合同的附件，与合同正文具有同等效力；(2)货期为合同签订起60天内；(3)甲方(海方动力东莞公司)未在约定的货期内交货，乙方(特普生公司)可以放宽15天，但超出15天后仍未交出合格产品，视为违约，全部预付款须在一周内退回，并处违约金100000元。同日，特普生公司的法定代表人将款项300000元支付至庞某的银行账户。

另查，海方动力东莞公司是海方动力公司的分公司，没有独立法人资格。海方动力公司是马某某设立的一人有限公司。

法院判决

特普生公司请求判令海方动力东莞公司返还预付款300000元，并承担10万元的违约金。海方动力公司提出抗辩称，其与特普生公司合同中约定的保密条款，属于技术合同纠纷，合同尚未成立。

庭审过程中，海方动力东莞公司对收取特普生公司预付款的事实予以认可，一审法院对此事实亦予以确认。庭审中，双方当事人均认可没有签订订货合同，

---

① 审理法院：一审法院为广东省深圳市龙岗区人民法院，案号：(2017)粤0307民初20850号；二审法院为广东省深圳市中级人民法院，(2018)粤03民终21496号。

一审法院据此认为由于双方当事人没有签订订货合同，故涉案买卖合同不成立，特普生公司请求判令海方动力东莞公司承担合同违约责任的诉讼请求没有事实依据，一审法院对此诉讼请求不予支持。由于海方动力东莞公司依据双方签订的《温度传感器视觉分拣系统技术协议》收取了特普生公司支付的款项，因买卖合同不成立，海方动力东莞公司应将收取的款项退回特普生公司，特普生公司请求判令海方动力东莞公司退回预付款300000元的诉讼请求有事实和法律依据，一审法院对此诉讼请求予以支持。根据本案案情，一审法院判令海方动力东莞公司自收取款项之日即自2017年7月10日起至返还款项之日止按银行同期贷款利率向特普生公司支付款项占用期间的利息。海方动力东莞公司是海方动力公司的分公司，没有独立法人资格，故海方动力东莞公司依法应承担的法律责任由海方动力公司承担。海方动力公司是马某某设立的一人有限公司，马某某没有提交证据证明公司财产独立于自己的财产，依法应对海方动力公司的上述债务承担连带清偿责任。

海方动力公司不服一审判决，提起上诉，上诉法院认为：特普生公司与海方动力公司签订《温度传感器视觉分拣系统技术协议》，该协议虽名为技术协议，但其内容并非是双方之间就技术开发、转让、咨询或者服务订立的确立相互之间权利义务的合同，而是海方动力公司按照特普生公司的要求在一定期限内完成机器人的订制工作，待交付合格后，由特普生公司给付款项。故本案的合同纠纷应为承揽合同纠纷。该合同中的内容对具体的货物名称、合同总金额、合同预付款的时间、交货期限、违约责任以及保密条款等均已作出约定，故该合同已成立。因双方签订的合同为真实意思表示，没有违反法律、行政法规强制性公司，应为合法有效，双方均应依约行事。

特普生公司已按照合同约定在合同签订之日向海方动力公司预付款项30万元，但海方动力公司未按照合同约定在合同签订之日起六十天内交付货物，尽管有十五天交付货物的宽限期，仍未能按期交付货物，故海方动力公司构成违约，按照合同约定，海方动力公司收取的预付款应予退还。双方约定违约金为10万元，但一审法院未予支持，特普生公司并未就此提出上诉，故本院对于一审未支持特普生公司主张违约金的请求应予确认。

专家点评

在承揽合同中，定作人为了能够使得承揽人制作出合乎用途的产品，往往需要向承揽人披露相应的技术资料。为了防止承揽人泄露相关技术信息，双方可能会在合同中约定相应的保密义务，但这并不会改变承揽合同的性质。本案中，海方动力公司与特普生公司合同中约定的保密条款，海方动力公司以此条款的约定而主张该合同纠纷为技术合同纠纷，其理由不能成立。

第七百八十六条 共同承揽人对定作人承担连带责任，但是当事人另有约定的除外。

【条文释义】

本条是对共同承揽及责任的规定。

在承揽合同中，有两个以上承揽人时，有三种情况：（1）共同承揽：承揽工作由共同承揽人共同完成，每一个承揽人都负有完成承揽工作的义务。构成共同承揽关系的，各承揽人承担连带责任。在承揽工作未能按约定完成或者因承揽人的原因造成其他损失的，定作人可以向共同承揽人全体或其中的任何一个请求赔偿，被请求者应当承担全部责任。其中一个承揽人对定作人承担法律责任后，其实际承担的部分超过其应当承担的份额的，有权向其他承揽人追偿。本条规定的主要内容是共同承揽及连带责任的规则。（2）按份承揽：数个承揽人中的每一个承揽人只按照既定的份额完成承揽工作的，各承揽人为按份承揽人，承担责任是按份承担，而不是连带责任。（3）每一个承揽人单独承揽：在各承揽人单独向定作人负责的承揽合同中，各承揽人只对自己的履行合同行为负责，对于其他承揽人的工作不负任何责任，是单独责任。

【案例评注】

欧派公司诉杜某某等承揽合同纠纷案①

基本案情

2016 年 7 月 27 日，杜某某因其位于重庆紫御江山 2 期 8－23－7 房屋装修订购橱柜，与欧派公司聚信商场签订预购单（编号：CQ1534189），订购了欧派地柜、吊柜、台面等，该单中明确了柜体材料、型号、单价。2016 年 8 月 14 日，杜某某通过刷卡消费模式支付 2 万元，收款单位为南岸区欧派橱柜经营部，开具

① 审理法院：一审法院为重庆市渝北区人民法院，案号：（2017）渝 0112 民初 12343 号；二审法院为重庆市第一中级人民法院，案号：（2017）渝 01 民终 7180 号。

的收据是欧派公司收款收据（NO1617445），但无欧派公司法人印章或财务印章，只盖有欧派字样印章。2016年9月10日，杜某某作为购买方，欧派橱柜作为乙方，签订聚信名家汇建材城商品销售单（B0007663），该商品销售单载明杜某某购橱柜1套，规格型号/材质见预约单，杜某某用信用卡支付1万元，该销售单上用加黑加粗方式特别提示：乙方委托商场代收此销售单货款，商场收到甲方所交货款视为乙方收到该货款；甲方同意此货款的支付方式；商场不承担退款、供货和保证责任。在销售单上盖有聚信名家汇客户服务专用章，无欧派公司印章，亦无鑫吉经营部印章。2016年11月16日，鑫吉经营部作为供货方，杜某某作为购货方，签订欧派公司橱柜订购单。在订购单中载明双方最终成交金额为30100元，购货方清楚并同意：供货方是为购货方定制产品，购货方需在供货方产品送货前付清本定单的全部货款，供货方才能出货。在订购单交货期限及违约责任条款中约定因供货方原因未能按时交货，每天按实付货款的1‰赔偿给购货方。

2017年4月26日，重庆欧派客户服务中心（甲方）与杜某某（乙方）达成补充协议，载明客户欧派橱柜安装完毕后出现以下问题：（1）橱柜门板因为质量原因全部发黄变色；（2）洗衣机位置石材由于沟通原因导致效果不美观；（3）柜脚板及消毒柜收口条安装不达标。经双方商定一致达成如下协议：（1）更换全套门板、罗马柱、顶线及灯线，原门板材料更换为珍珠贝PWNG0057（加工工艺与原门板加工工艺一致）；（2）重新设计生产洗衣台，适用欧派石材金沙白加工（依图纸确认方案，客户允许重新加工之石材与原石材存在细微色差）；（3）安装不合格之柜脚板及收口条因门板材料更换也一同重新更换；（4）一次性补偿客户15000元。以上方案客户接受认可，自客户确认后次日立即下单，交货周期30天，到货后立即安装。同时约定协议生效，乙方不得再就协议上述问题主张任何权利。如有违约，违约方需支付守约方违约金4500元。该协议由杜某某之母郭某代表杜某某签字，甲方加盖重庆欧派客户服务中心印章。由于杜某某要求先支付15000元的补偿金再安装，而鑫吉经营部要求边安装边付补偿金或安装完再给补偿金，杜某某不同意，双方未能按照补充协议履行发生纠纷，至今杜某某未能入住待装修房屋。

法院判决

本院注意到，杜某某陈述到聚信名家汇商场建立本案承揽合同关系时，门店为欧派橱柜门店。在相关合同凭证方面，预约单左上角印制有显著的“欧派”商标标识，抬头印制加黑加粗的“欧派家居集团股份有限公司某某商场（填充式）客户定购橱柜预约单”，落款印制“欧派家居集团股份有限公司聚信商场”（“聚信”为填写）；销售单抬头印制“聚信名家汇建材城商品销售单”，其中供货方填写为“欧派橱柜”，并在落款“乙方确认”处填写为“欧派橱柜”；定购单左上角印制有显著的“欧派”商标标识，抬头印制加黑加粗的“欧派家居集团股份有限公司橱柜定购单”，供货方印制为“欧派家居集团股份有限公司聚信商场”（“聚信”为填写），落款供货方盖章处加盖“渝北区鑫吉橱柜经营部”印章；收款收据左上角印制有显著的“欧派”商标标识，抬头印制加黑加粗的“欧派家居集团股份有限公司收款收据，下方填写“聚信店”。

从以上交易凭证来看，除销售单为聚信名家汇统一制作外，预约单、定购单及收款收据均在抬头或落款有显著的“欧派”商标标识或“欧派家居集团股份有限公司”企业名称，对于普通消费者而言，其有理由相信欧派公司为承揽合同相对方，其是在与欧派公司的相关门店进行交易。即便定购单落款处有“渝北区鑫吉橱柜经营部”印章，但在抬头显著标明“欧派”商标及企业名称的情况下，消费者并不能分辨鑫吉经营部是否为欧派公司的分支机构或与欧派公司有某种业务联系，是欧派公司的共同承揽方。

根据《橱柜代理商合作协议书》的约定，欧派公司有权亦应当对代理商的经营活动进行管理、引导和监督，无论预约单、定购单及收款收据为鑫吉经营部制作还是欧派公司制作，还是如鑫吉经营部二审陈述由其制作并经欧派公司审定，欧派公司如果认为鑫吉经营部应以其自身名义对外签订合同，则在合作协议履行过程中亦应当对上述误导消费者的交易凭证予以制止和修订，其怠于行使合同权利，对鑫吉经营部即便超越代理权订立的合同仍应当承担合同责任。此外，即使重庆欧派客户服务中心系鑫吉经营部所设，同样由于该中心会使消费者误认为是欧派公司的机构从而认为《补充协议》系与欧派公司达成，而欧派公司怠于行使合同权利对该机构名称及其行为予以管理，亦应承担相应的合同责任。

专家点评

本案中，首先，杜某某作为定作人具有订购欧派橱柜的明确意思表示，到聚信名家汇欧派橱柜专卖店目的是定制欧派橱柜，目的明确；其次，预约单、销售单、定购单均显示供货方为欧派橱柜，收据单显示收款方为欧派，欧派橱柜为合同载明的相对方；再次，最终的工作成果由欧派公司生产制作完成；最后，售后事宜由欧派负责处理，纠纷发生后由欧派公司内设机构与杜某某达成补充协议。综上所述，鑫吉经营部与欧派公司系共同的承揽人，根据民法典合同编第786条规定：共同承揽人对定作人承担连带责任，但当事人另有约定的除外。鑫吉经营部与欧派公司应共同就工作成果向杜某某承担连带责任。

第七百八十七条 定作人在承揽人完成工作前可以随时解除合同，造成承揽人损失的，应当赔偿损失。

【条文释义】

本条是对定作人任意解除权的规定。

本法规定的合同解除权有协商解除、约定解除和法定解除。在承揽合同中，定作人享有的是任意解除权，即在承揽合同成立后至承揽人完成承揽工作前，定作人随时可以行使任意解除权，解除承揽合同。这是承揽合同特有的解除权，是由承揽合同的性质决定的。承揽合同是按照定作人的要求完成定作工作，当定作人出现了定作工作已经没有必要的时候，再继续完成定作工作，会造成双方的损失。因此，解除合同就是必要的，可以避免更大的损失。定作人行使任意解除权的要求是：（1）定作人在合同有效期间内提出解除合同，行使解除权，即在承揽合同成立后至承揽人完成定作工作之前。（2）定作人行使解除权，应当通知承揽人，通知到达承揽人时，承揽合同解除。（3）定作人解除合同给承揽人造成损失的，应当承担全部损失的赔偿责任，包括已经完成的工作部分的保持、支出的材料费、解除合同的实际损失。

承揽合同解除后，双方各自负有返还义务。承揽人应当将已经完成的部分工作成果交付定作人，定作人提供材料有剩余的，返还定作人。定作人预先支付报酬的，在扣除已完成部分的报酬外，承揽人应当将剩余部分返还定作人。

【案例评注】

鑫亚公司与青枫公司加工合同纠纷案①

基本案情

2011 年 8 月 3 日，鑫亚公司与青枫公司签订《268 合同》，该合同签订后，鑫亚公司依约向青枫公司提供了 4000 吨进口打成麻。2012 年 5 月 20 日，鑫亚公司与青枫公司又签订《268 补充协议》，约定对《268 合同》的纱支规格、加工费

① 审理法院：一审法院为黑龙江省高级人民法院，案号：（2013）黑高商初字第 15 号；二审法院为中华人民共和国最高人民法院，案号：（2015）民二终字第 68 号。

及用料系数作出调整，其中纱支规格及加工费增加为长麻32支3万元/吨，长麻26支23000元/吨，短麻13.5支、12支、10.5支均18000元/吨，用料系数调整为1.44吨进口打成麻纺1吨长麻纱，梳成麻纺纱系数为1.07，梳成麻损耗率为1%，短麻纱用料系数为1.21。用料系数调整后，青枫公司需多向鑫亚公司交付953.821吨长麻纱。《268合同》到期后，青枫公司并未按前述《268补充协议》约定的用料系数交付产成品，而是按《268合同》约定的用料系数完成加工，其交付给鑫亚公司的产成品中不包括调整用料系数后增加的953.821吨长麻纱，但鑫亚公司向青枫公司支付了953.821吨长麻纱的加工款20984062元。2012年11月10日，鑫亚公司又与青枫公司签订了编号为XY－QFYM20121110－YMS－GJ－154的《购销合同》，约定青枫公司从鑫亚公司购买长麻纱953.821吨，单价为54000元，总价款51506334元。后鑫亚公司将该部分款项作为年度利润入账，但鑫亚公司并未向青枫公司交付953.821吨长麻纱，青枫公司亦未向鑫亚公司交付价款。

2012年12月13日，鑫亚公司与青枫公司签订《156合同》，约定由青枫公司为鑫亚公司加工长麻、短麻半漂纱。该合同约定的用料系数为4.628吨进口打成麻纺1吨长麻纱，梳成麻纺纱系数为2.608，梳成麻损耗率为6%，短麻纱用料系数为1.83，合同有效期限为一年，除此，其他合同内容与《268合同》的约定内容相同。该合同签订后，鑫亚公司依约向青枫公司提供了3994.304吨进口打成麻。2013年5月5日，青枫公司向鑫亚公司出具《第三批委托加工亚麻纱业务周报表》，其中记载已消耗亚麻数量为2285.696吨，已加工长麻纱数量为85.13吨。2013年5月7日，鑫亚公司向农垦中院提起诉讼，请求解除《156合同》，并主张青枫公司应按2.2的用料系数返还已加工的成品及未加工的原材料。

法院判决

本案争议焦点是鑫亚公司行使合同解除权应否得到支持。本案中，《156合同》名称为《亚麻纱加工合同》，其内容为由鑫亚公司提供原料并支付加工费用，由青枫公司按鑫亚公司的要求完成加工成果，其性质符合《合同法》第二百五十一条关于“承揽合同是承揽人按照定作人的要求完成工作，交付工作成果，定作人给付报酬的合同。承揽合同包括加工、定作、修理、复制、测试、检验等工作”的规定，故该合同性质应认定为承揽合同。青枫公司主张该合同系“无名实践性合同”缺乏事实及法律依据。根据《合同法》第二百六十八条关于“定作人可以随时解除承揽合同，造成承揽人损失的，应当赔偿损失”的规定，在承揽合同中，定作人在合同未完全履行完毕之前享有合同的随时解除权，故鑫亚公司作为定作人在《156 合同》的履行过程中，以直接起诉的方式请求判令解除合同符合前述法律规定，其该项诉讼主张应予支持。对于鑫亚公司主张青枫公司存在未能按时交货等违约行为的问题，由于《156 合同》中并无交货时间及不允许青枫公司另行销售亚麻纱的约定，而鑫亚公司举示的证据亦不足以证实青枫公司阻碍其监管加工，故法院对鑫亚公司的该部分主张不予支持。

专家点评

《156 合同》签订后，鑫亚公司依约向青枫公司提供进口打成麻 3994.304 吨。而青枫公司在长达五个月时间内，一直未向鑫亚公司交付任何产成品，亦不允许鑫亚公司对加工情况进行监管，且私自销售产成品，已严重违反合同相关约定，侵犯了鑫亚公司的合法权益，鑫亚公司有权主张解除合同。

第十八章　建设工程合同

第七百八十八条　建设工程合同是承包人进行工程建设，发包人支付价款的合同。

建设工程合同包括工程勘察、设计、施工合同。

【条文释义】

本条是对建设工程合同概念的规定。

建设工程合同，是承包人进行工程建设，发包人支付价款的合同，是承揽合同的一种。其特征是：(1) 合同的标的物仅限于基本建设工程，指土木建筑工程和建筑业范围内的线路、管道、设备安装，工程的新建、扩建、改建，以及大型的建筑装修装饰活动。(2) 合同的承包主体应当具备相当的条件，要受法律规定的资质的限制和要求。(3) 建设工程合同具有很强的国家管理性，具有强烈的国家干预色彩。

建设工程合同包括建设工程勘察合同、建设工程设计合同和建设工程施工合同三种不同形式。

【案例评注】

广西四建、全拓公司建设工程施工合同纠纷[①]

基本案情

2013 年 4 月 17 日，全拓公司向广西四建发出《中标通知书》，确认广西四建为尚岛蝶院地块项目施工的中标人，中标价为 10000 万元。2013 年（具体日期空

---

① 审理法院：一审法院为云南省高级人民法院，案号：(2017) 云民初 60 号；二审法院为中华人民共和国最高人民法院，案号：(2019) 最高法民终 344 号。

白)，诸某代表广西四建与全拓公司签订《建设工程施工合同》，约定合同价款暂估1亿元，并予以备案。全拓公司在证据交换时提交一份与此备案合同内容完全一致的《建设工程施工合同》，此份合同与备案合同的不同之处在于，手写添加了开工和竣工日期，手写添加了合同订立时间“2013年6月8日”。

2013年，广西四建与全拓公司针对同样的工程项目签订《建设工程施工合同》，约定全拓公司将其开发的尚岛蝶院项目工程发包给广西四建施工建设，约定工程承包范围和分包范围，并约定合同价款暂定为1亿3千万元，实际合同价款以竣工结算造价为准。2013年6月8日，全拓公司（甲方）与广西四建（乙方）签订《建设工程施工合同补充协议》，载明“双方已于2013年5月8日订立《富民“尚岛蝶院”项目建设工程施工合同》……为进一步确定相关问题，明确双方的责、权、利，甲乙双方经平等、自愿协商，订立补充协议，共同遵守履行。”双方在补充协议中就乙方垫资时段、质量标准、工程款支付、工程变更补充约定、竣工验收和结算、补充条款等内容进行了约定，并对2013年5月8日的《建设工程施工合同》的相关条款进行了补充说明。

2016年9月12日，广西四建向全拓公司发出《关于要求组织工程竣工（初验）验收的申请函》。2016年11月3日，全拓公司向广西四建发出《建筑工程预验收存在问题整改回复单》。同日，双方签订《工程交工协议书》，协议书第1条载明“乙方已于2016年9月20日前完成了《建设工程施工合同》及设计文件的全部工作内容，并于2016年9月24日由监理单位组织了工程预验收……”；协议书第4条约定“因甲方原因导致竣工验收无法按期进行，由甲方组织五方（勘察单位、设计单位、监理单位、施工单位和建设单位）进行验收，并签署相关验收文件资料，相关责任与乙方无关。”同日，全拓公司向广西四建出具《工程款承诺书》，同日，广西四建向全拓公司移交工程结算资料，双方制作《工程结算资料移交单》。

法院判决

关于工程造价的问题，法院依法委托司法鉴定确认广西四建所完成工程的造价，云南云审建设工程造价咨询有限公司按照法院的委托，依据双方当事人实际履行的2013年5月8日《建设工程施工合同》和《建设工程施工合同补充协议》，作出云审造（2018）鉴字2号工程造价鉴定意见书，对广西四建所完成工程的造价鉴定结论为116400562.45元。另外，关于尚欠工程款金额问题，法院认为，双方对于已付工程款8250万元无争议，工程造价116400562.45元扣减已付工程款，再扣减广西四建起诉状中同意扣减的5%质保金后，全拓公司尚欠广西四建工程款28080534.33元（工程造价116400562.45元－已付工程款8250万元－质保金5820028.12元）。关于工程欠款利息，法院认为，广西四建主张的工程款利息（即违约金3260007.36元）的起算时间点2017年1月4日为其提交工程结算资料（2016年11月3日）后的两个月，广西四建据以主张利息的合同依据系《建设工程施工合同补充协议》第5.2.1条关于“甲方对于乙方报送的工程结算在二个月内未审结即视为甲方认可乙方提交的结算”，但广西四建在本案一审开庭前已提交鉴定申请，并不坚持以自己提交给全拓公司的结算资料作为工程结算价款的依据，案涉工程的造价和全拓公司尚欠的工程款系通过诉讼当中的鉴定予以明确，故广西四建要求按照补充协议的约定以其报送结算资料后的第二个月作为利息起算点的主张与最终工程价款确定的时间，一审法院结合本案工程价款确定的客观情况，确认案涉工程欠款利息的起算点为广西四建提起诉讼之日，即2017年5月4日。至于计付利息的标准，《最高人民法院关于审理建设工程施工合同纠纷案件适用法律问题的解释》第十七条规定：“当事人对欠付工程价款利息计付标准有约定的，按照约定处理；没有约定的，按照中国人民银行发布的同期同类贷款利率计息。”本案双方当事人在《建设工程施工合同补充协议》第6.4条约定逾期付款利息标准为日息1.5‰，但该违约金约定过高，广西四建自行调整为月息2%，并未违反法律规定，法院予以支持。

专家点评

民法典合同编第788条规定：“建设工程合同是承包人进行工程建设，发包人支付价款的合同。”本案中，2016年11月3日形成的《工程交工协议书》《工程款承诺书》《工程移交后遗留问题的处理办法》证明全拓公司认可广西四建已经履行完毕合同义务，并同意支付工程款，该意思表示真实有效，且广西四建已向全拓公司移交工程结算资料和工程项目，全拓公司应当向广西四建支付工程款。全拓公司关于其不应支付工程款的抗辩理由不能成立。

第七百八十九条　建设工程合同应当采用书面形式。

【条文释义】

本条是对建设工程合同形式的规定。

建设工程合同为要式合同，应当采用书面形式，不得采用口头形式。原因是，建设工程合同的标的通常是规模大，时间长，要求高，涉及安全问题，采用要式形式订立合同比较稳妥。同时，这也是国家对基本建设实行监督的需要，因为建设工程合同的签订大多经过招标投标程序，履行经常需要发包方派驻工地代表、监理工程师和承包人会签文件等特点所决定的。

这一条文在实践中最大的问题是存在“黑白合同”“阴阳合同”的问题，即提交备案的合同与实际执行的合同不是一个合同。对此，司法机关的态度是以备案合同为准。

【案例评注】

红旗公司、69×××部队建设工程施工合同纠纷案[①]

基本案情

2013年5月14日，69×××部队对宿舍楼及食堂新建工程进行邀请招标，建设地点为吐鲁番红星路一号营院内，建筑规模宿舍楼总建筑面积9640.48平方米。红旗公司作为投标单位于2013年5月27日制作69×××部队宿舍楼及食堂新建工程经济标，标书载明69×××部队工程项目投标总价为25760841.38元，同时标书对工程宿舍楼及食堂项目的分项建筑费用、管理费、利润等均作了载明。开标后，69×××部队宣布红旗公司预中标。2013年6月10日，红旗公司在双方未签订建筑工程施工合同的情况下，经69×××部队同意，进场施工。2013年6月22日，69×××部队在施工过程中，给红旗公司发送停工通知书中，停工通知书中内容为“你部负责建设的炮兵营宿舍楼及综合食堂新建工程由于上级通知要求，于2013年6月23日开始暂停施工，请组织好相关工作，复工时间见《复工通知书》”。红旗公司接到69×××部队的停工通知后，于次日2013年6月23日按要求停工，并向69×××部队致工作联系函，就目前施工进展予以通报，并在函件中提出因停工通知书上的复工时间不明确，红旗公司无法做停工阶段的相关工作，包括项目管理人员及劳务人员的去留安置、材料及机具的去留及管理、资金周转调配等，红旗公司在函件中同时提出：(1) 红旗公司按通知停止施工，进场材料存放现场，项目部留管理人员看守等待复工；(2) 69×××部队返还投标保证金，支付承建工程款10%，用于支付进场材料款及工人工资；(3) 69×××部队

---

① 审理法院：一审法院为新疆维吾尔自治区吐鲁番地区中级人民法院，案号：(2014) 吐中民二初字第49号；二审法院为新疆维吾尔自治区高级人民法院，案号：(2016) 新民终4号；再审法院为中华人民共和国最高人民法院，案号：(2017) 最高法民申829号。

应承担停工期间损失。69×××部队接受此函后未予书面回复，但于2013年7月1日将红旗公司投标保证金150万元予以返还。2013年10月28日，红旗公司致函69×××部队，在请示报告中请求部队解决停工期间的项目部的损失。同年12月27日，红旗公司致函69×××部队，要求解决工人返乡工资及材料款。同日，红旗公司的工人在部队门口聚集上访，经双方协商，红旗公司于2013年12月30日出具承诺书，69×××部队支付工程款100万元，红旗公司在收到工程款100万元后，三日内解决全部人工工资及材料供应商资金问题，如因红旗公司款项支付不到位或拖欠情况，导致出现工人上访的一切问题由其自行承担。

法院判决

依照《合同法》第十条的规定，当事人订立合同，有书面形式、口头形式和其他形式。法律、行政法规规定采用书面形式的，应当采用书面形式。当事人约定采用书面形式的，应当采用书面形式。第三十六条规定，法律、行政法规规定或者当事人约定采用书面形式订立合同，当事人未采用书面形式但一方已经履行主要义务，对方接受的，该合同成立。第二百七十条规定，建设工程合同应当采用书面形式。本案中，红旗公司与69×××部队就涉案工程虽未签订书面合同，但红旗公司已履行了部分施工义务，69×××部队予以认可并接收了红旗公司的工作成果，双方已形成事实上的建设工程施工合同关系，从合同实际履行情况来看，从2013年6月10日进场施工到23日停工，直至本案双方发生诉讼，共计施工13天。2016年4月8日，红旗公司与69×××部队在二审法院主持下达成《协议书》，明确约定69×××部队同意支付红旗公司原判决款项767322.19元（含案件受理费、鉴定费），红旗公司在收到款项当天对施工现场进行移交。4月12日，69×××部队将上述款项支付给红旗公司，红旗公司出具了收据。基于上述事实，双方当事人已通过自己的行为实际解除了合同，因此二审法院对红旗公司与69×××部队解除合同的行为予以确认，定性准确，本院予以维持。

专家点评

民法典合同编第789条规定，建设工程合同应当采用书面形式。民法典合同编490条规定，法律、行政法规规定或者当事人约定采用书面形式订立合同，当事人未采用书面形式但一方已经履行主要义务，对方接受的，该合同成立。本案中，红旗公司与69×××部队虽未就案涉工程订立书面合同，但是红旗公司已履行了部分施工义务，69×××部队亦予认可并接收了红旗公司的工作成果，则双方已形成建设工程施工合同关系。从履行的过程看，当事人对解除该合同关系，红旗公司退出工地无异议，并且双方已通过自己的行为实际解除了合同，所以法院对红旗公司与69×××部队解除合同的行为予以确认。

第七百九十条　建设工程的招标投标活动，应当依照有关法律的规定公开、公平、公正进行。

【条文释义】

本条是对建设工程招标投标的规定。

我国有关建设工程招标投标活动的法律，是《招标投标法》，该法于1999年8月30日第九届全国人民代表大会常务委员会第十一次会议通过，自2000年1月1日起施行，2017年12月28日第十二届全国人民代表大会常务委员会第三十一次会议修订。按照该法的要求，在我国境内进行下列工程建设项目包括项目的勘察、设计、施工、监理以及与工程建设有关的重要设备、材料等的采购，必须进行招标：（1）大型基础设施、公用事业等关系社会公共利益、公众安全的项目；（2）全部或者部分使用国有资金投资或者国家融资的项目；（3）使用国际组织或者外国政府贷款、援助资金的项目。这些所列项目的具体范围和规模标准，由国务院发展计划部门会同国务院有关部门制订，报国务院批准。法律或者国务院对必须进行招标的其他项目的范围有规定的，依照其规定。该法第5条也规定，招标投标活动应当遵循公开、公平、公正和诚实信用的原则，与本条规定相一致。

【案例评注】

金陵集团与汉之源公司、沛县国资公司等建设工程施工合同纠纷案[①]

基本案情

2007年7月12日，金陵集团与沛县国资公司签订《江苏沛县汉源宾馆建设

---

① 审理法院：一审法院为江苏省高级人民法院，案号：（2014）苏民初字第27号；二审法院为中华人民共和国最高人民法院，案号：（2016）最高法民终687号。

项目合作协议书》(以下简称《合作协议书》),约定沛县国资公司为汉源宾馆工程项目的建设方(发包方),金陵集团为总承包方,同时约定了工程的承包范围、造价计算原则、工程进度款的支付方式与时间以及工程决算方式等。同日,金陵集团与汉之源公司、沛县国资公司签订了《协议书》,约定《合作协议书》中原建设主体沛县国资公司的权利义务全部由汉之源公司承继;建设方要求金陵集团提前进场施工所造成的各项损失,均由汉之源公司承担,沛县国资公司承担连带责任;对工程补充协议中的支付工程款本息、违约金、赔偿金等义务,沛县国资公司予以连带责任担保,担保期从工程开工满100天起计算,至工程款结清。同日,金陵集团与汉之源公司签订《建设工程施工合同》及其补充条款,补充条款约定了工程价格的计算原则。2007年7月12日,沛县政府出具《特别承诺函》,承诺工程竣工后所欠的60%工程款,若汉之源公司不能按期偿还,将由沛县政府用财政资金予以支付。上述协议和合同签订后,金陵集团于2007年7月16日起进入施工现场施工,2008年5月10日将涉案工程交付汉之源公司使用,并于2008年5月12日向汉之源公司提出工程竣工验收,办理了相关报审手续。汉之源公司组织竣工验收后,经金陵集团多次交涉和催促,为拖延付款,汉之源公司拒不向金陵集团出具工程竣工验收证明书。金陵集团于2008年7月1日至9月24日,分数次按汉之源公司要求,将书面的工程竣工结算审计相关资料全部按规定交付汉之源公司等相关部门,金陵集团确定的工程总造价为243937990.58元,减去汉之源公司已支付的工程款74953096.85元,汉之源公司尚欠金陵集团工程款168984893.73元。然而,汉之源公司为拖延支付工程款,不按照合同约定对工程造价进行审核。此外,因汉之源公司、沛县国资公司的种种过错,在施工过程中给金陵集团造成直接或间接经济损失16850823.25元。金陵集团认为,当事人之间就汉源宾馆的建设签订的施工合同与协议合法有效,金陵集团按照合同约定如期完成工程建设并交付使用,也提交了相关工程资料,已经履行了全部合同义务,汉之源公司不按照约定90天期限确定工程造价,因此工程造价应以金陵集团的结算为准,确定为243937990.58元。汉之源公司在施工过程中和工程交付使用后均不按照约定支付工程款,已构成违约,应承担违约责任;沛县国资公司对于全部付款应承担连带担保责任;根据沛县政府于2007年7月12日出具的《特别承诺函》,其应承担向金陵集团支付14636794.35元工程款的责任。由于汉之源公司一直故意拖欠工程款,并提前将汉源宾馆转让,其行为构成违约,金陵集团有权请求其履行未到期的债务。金陵集团对建设工程享有法定的优先受偿权。汉之源公司、沛县国资公司、沛县政府的违约行为损害了金陵集团的合法权益,故提起诉讼,请求依法判决。

法院判决

根据《招标投标法》第三条的规定，全部或者部分使用国有资金投资或者国家融资的项目属于必须招标项目。国家发展计划委员会制定的《工程建设项目招标范围和标准规定》进一步明确了使用国有资金投资项目的范围及必须进行招标的规模标准，其中施工单项合同估算价在200万元人民币以上的或施工单项合同估算价虽不足200万元，但在3000万元人民币以上的使用国有资金投资项目工程，属于必须招标的工程。案涉工程建设使用的是国有资金，且项目总投资额超过1亿元，属于必须招标工程。本案当事人虽然形式上履行了招投标程序，但案涉工程招投标时，汉之源公司尚未成立；根据《招标投标法》第二十四条规定，依法必须进行招标的项目，自招标文件开始发出之日起至投标人提交投标文件截止之日止，最短不得少于二十日，案涉工程于2007年6月11日发布第一次招标公告，于2007年6月26日发布第二次招标公告，在十余天内进行了两次招投标，违反了《招标投标法》法定最低不得少于二十日的规定；根据《招标投标法》第三十二条的规定，投标人不得与招标人串通投标，损害国家利益、社会公共利益或者他人的合法权益，案涉工程在招投标过程中，金陵集团于2007年6月25日即进场施工，故当事人存在明标暗定的串标行为，违反了法律强制性规定。综合上述事实，当事人针对案涉工程订立的合同依法应认定为无效。

专家点评

根据《招标投标法》的规定，全部或者部分使用国有资金投资或者国家融资的工程建设项目，必须进行招标，任何单位和个人不得以任何方式规避招标。案涉工程作为使用国有资金且预算过亿的建设项目，属于必须招标的工程，应当严格遵守招投标程序确定工程承包人。本案中，案涉工程招投标时汉之源公司尚未成立；案涉工程两次招标公告的间隔时间仅为十余日；2007年6月26日第二次发布招标公告，而金陵集团在2007年6月25日已经进场施工。当事人在招投标过程中的上述行为违背工程招投标程序，违反了法律的强制性规定。法院据此认定当事人之间存在明标暗定的串标行为、案涉建设工程合同无效正确。

第七百九十一条　发包人可以与总承包人订立建设工程合同，也可以分别与勘察人、设计人、施工人订立勘察、设计、施工承包合同。发包人不得将应当由一个承包人完成的建设工程支解成若干部分发包给数个承包人。

总承包人或者勘察、设计、施工承包人经发包人同意，可以将自己承包的部分工作交由第三人完成。第三人就其完成的工作成果与总承包人或者勘察、设计、施工承包人向发包人承担连带责任。承包人不得将其承包的全部建设工程转包给第三人或者将其承包的全部建设工程支解以后以分包的名义分别转包给第三人。

禁止承包人将工程分包给不具备相应资质条件的单位。禁止分包单位将其承包的工程再分包。建设工程主体结构的施工必须由承包人自行完成。

【条文释义】

本条是对建设工程合同订立方式的规定。

建设工程合同的订立主要采取两种方式：

1. 总发包。发包人与总承包人就整个建设工程从勘察、设计到施工签订总承包协议，由总承包人对整个建设工程进行承包。

2. 平行发包。由发包人分别与勘察人、设计人、施工人签订勘察、设计、施工承包合同，实行平行发包，各个承包人分别就建设工程的勘察、设计、建筑、安装阶段的质量、工期、工程造价等与发包人发生债权债务关系。

无论是总发包还是平行发包，都必须贯彻禁止肢解建设工程承包合同的原则，即发包人都不得将应当由一个承包人完成的建设工程支解成若干部分发包给几个承包人。

建设工程合同可以分包。分包是指工程的总承包人或者勘察、设计、施工合同的承包人经发包人同意后，依法将其承包的部分工程交给第三人完成的行为。对建设工程合同的分包法律适用的规则是：

1. 分包须经发包人同意，承包人将自己承包的部分工作交由第三人完成，第三人就其完成的工作成果与总承包人或者勘察、设计、施工承包人向发包人承担连带责任。

2. 禁止承包人将工程分包给不具备相应资质条件的单位。

3. 禁止分包单位将其承包的工程再分包，建设工程主体结构的施工必须由承包人自行完成。

4. 禁止全部转包，承包人不得将其承包的全部建设工程转包给第三人。

5. 禁止支解工程转包，即承包人不得将其承包的全部建设工程支解以后以分包的名义分别转包给第三人。转包是指施工单位以赢利为目的，将承包的工程转给其他的施工单位，不对工程质量承担任何法律责任的行为。

6. 分包人须具备相应的建设资质，并且分包只能分包一次，不得再次分包。

【案例评注】

中建六局与凯盛源公司建设工程施工合同纠纷案[①]

基本案情

2012 年 5 月 27 日，中建六局与凯盛源公司签订《施工协议书》，约定中建六局承建“玖郡 6 号庄园”工程。中建六局承诺本工程全部管理人员及施工人员均来自中建六局江苏管理团队及江苏施工队，任何情况下不得转包，否则由中建六局负全责。

中建六局于 2012 年 7 月 15 日开始施工，其实际施工住宅楼 76 栋，仅挖基坑未施工 10 栋，1 栋未施工。中建六局将案涉工程的基础和主体全部转包给天津洪天建筑工程有限公司、重庆丰都县长江建筑有限公司等七家公司。2013 年 6 月，工程监理部门陆续给中建六局下达 10 份《联检整改通知》，要求中建六局对工程存在的大量质量问题进行整改。2013 年 7 月，中建六局以凯盛源公司拖欠工程进度款为由停止施工。2013 年 9 月 2 日，哈尔滨经济技术开发区建设工程质量安全监督站给双方当事人及工程监理部门下达《工程质量问题整改通知单》，要求凯盛源公司组织施工单位对报告中存在的质量问题进行逐项全面检查，提出限期整改方案。

2013 年 12 月 19 日，中建六局向一审法院提起诉讼；2014 年 1 月 10 日，凯盛源公司向一审法院提起诉讼。鉴于中建六局及凯盛源公司提起诉讼的请求所涉及的法律关系及标的相同，故本案合并审理。

法院判决

一审法院经审理认为，双方约定中建六局不得将工程转包，否则造成的损失全部由中建六局承担。但中建六局在实际履行施工协议过程中，将案涉工程的基础和主体全部转包于其他七家施工企业，故中建六局应对案涉工程质量问题承担

---

① 审理法院：最高人民法院，案号：（2017）最高法民终 730 号。

责任。鉴于中建六局现已撤离施工现场，故一审法院判令凯盛源公司自行维修，中建六局承担案涉工程质量不合格部分对应的维修费用，并从凯盛源公司尚欠其工程款中扣除。

二审法院经审理认为，中建六局存在转包行为，违反了《施工协议书》中禁止转包的有关约定。因此，一审认定中建六局转包证据充分，适用法律正确。

专家点评

本案中，中建六局将其作为总承包方承建的讼争建设工程转包给低施工资质等级的施工企业或自然人施工，有违诚信且有损承揽合同的信赖基础。实际施工人的施工能力较合同约定的施工人中建六局有所减损，案涉工程质量缺陷与中建六局转包行为间存在一定的因果关系，故中建六局应对因转包而给发包人造成的损失承担责任。

第七百九十二条 国家重大建设工程合同，应当按照国家规定的程序和国家批准的投资计划、可行性研究报告等文件订立。

【条文释义】

本条是对国家重大建设工程合同订立要求的规定。

建设工程合同中的国家重大建设工程合同，关乎国计民生的重大利益，应当按照国家规定的程序和国家批准的投资计划、可行性报告等文件订立。

对于哪些属于国家重大建设工程，法律没有具体规定。一般认为，属于国家重大建设工程的有：

1. 列入国家重点投资计划而且投资数额巨大，建设周期特别长，由中央政府全部投资或者参与投资的工程，属于国家重大建设工程，如三峡工程。

2. 有的虽然没有列入国家重点投资计划，投资额不算巨大，但是影响很大的工程项目，也属于国家重大建设项目，如国家大剧院工程。

3. 有些地方工程，虽然主要是地方政府的投资，但其投资计划是经过国家批准的，也属于国家重大建设工程项目，如亚运工程项目。

对这些建设工程订立合同，都要符合本条规定的程序要求。

【案例评注】

鸿基公司与西部公司建设工程施工合同纠纷案[①]

基本案情

2007年4月6日，鸿基公司与西部公司签订《如皋西部工业区城西大道工程项目投资建设合同》，约定由鸿基公司建设如皋市城西大道工程；由鸿基公司垫资完成该项工程，西部公司依约回购。但案涉工程未取得国有土地使用权证以及规划许可证，亦未办理招投标手续。

2012年1月20日，双方达成了《城西大道工程延期还款协议》，约定将工程款延期支付。甲方保证于2013年1月9日前付清全部剩余工程款，并同时向鸿基公司支付剩余工程款利息及滞纳金。2012年8月，双方当事人就工程款结算事宜进行商谈，达成口头协议，但双方对于口头协议的内容存在争议。

鸿基公司于2014年12月10日提起诉讼，要求西部公司支付剩余的工程款及相应利息，并支付滞纳金。

法院判决

一审法院经审理认为，本案所涉道路工程需要办理规划许可证和国有土地使用权证，而案涉工程未取得合法手续，违反了我国法律的强制性规定。此外，在我国境内建设大型基础设施、公用事业等关系到社会公共利益、公众安全的项目以及全部或者部分使用国有资金投资或者国家融资的项目均需要进行招投标。本案所涉工程为基础设施工程，双方订立合同时预估的造价为2400万元，故属于必须进行招投标的工程项目。此外，案涉工程虽是以西部公司名义作为发包方，但政府是该项目的实际控制人，使用的回购资金最终体现为国有资金。如果放任此类工程不进行招投标而任由当事人自行确定包括滞纳金、投资回报在内的合同条款，有可能损害国家和社会公共利益。因此，双方当事人的行为还违反了我国招标投标法的强制性规定。综上，双方当事人签订的案涉工程相关合同，无论是基础的建设合同还是属于补充合同的延期还款协议，均属于无效合同。根据最高院司法解释的规定，对于无效的建设工程施工合同所涉工程竣工验收的，法院可以参照合同约定确定工程价款。双方约定案涉工程的工程价款以审计结果为准，同

① 审理法院：江苏省南通市中级人民法院，案号：(2015) 通中民初字第00002号。

时双方还约定鸿基公司自愿将工程施工费按审定价让利3%，故本院参照上述约定确定案涉工程的工程价款。案涉合同对于垫资利息的约定无效，该约定不产生任何法律效力。双方约定的滞纳金属于违约条款，因合同无效，故约定的违约条款亦为无效。

专家点评

本案所涉工程为道路工程，需要办理规划许可证和国有土地使用权证，且依法进行招投标。国家重大建设工程合同，应当根据国家规定的程序和国家批准的投资计划、可行性研究报告等文件订立。国家重大建设工程合同必须实行公开招标发包，发包人应当按照法定的程序和方式，发布招标公告，提供载有招标工程的主要技术要求、主要合同条款、评标的标准和方法以及开标、评标、定标的程序等内容的招标文件。

第七百九十三条 建设工程施工合同无效，但是建设工程经验收合格的，可以参照合同关于工程价款的约定折价补偿承包人。

建设工程施工合同无效，且建设工程经验收不合格的，按照以下情形处理：

（一）修复后的建设工程经验收合格的，发包人可以请求承包人承担修复费用；

（二）修复后的建设工程经验收不合格的，承包人无权请求参照合同关于工程价款的约定折价补偿。

发包人对因建设工程不合格造成的损失有过错的，应当承担相应的责任。

【条文释义】

本条是对建设工程合同无效建设工程验收合格或不合格的规定。

建设工程合同无效，应当是自始无效，不具有法律的拘束力。但是，建设工程合同本身无效，而建造的建筑工程已经完成，且经过验收合格的，应当本着实事求是、物当其用的效益原则，对施工者予以补偿。因此，建设工程施工合同无效，但是建设工程经验收合格的，可以参照合同关于工程价款的约定折价补偿承包人，实际上还是要实事求是地给付承包人应当给付的工程费用。

对于建设工程施工合同无效，建设工程经验收不合格的，不适用上述原则，处理的方法是：

1. 修复后的建设工程经验收合格的，发包人可以要求承包人承担修复费用，尽管可以参照合同关于工程价款的约定补偿承包人，但是承包人要负担修复的费用。

2. 修复后的建设工程经验收不合格的，承包人无权请求参照合同关于工程价款的约定折价补偿，应当自负其责。

如果发包人对因建设工程不合格造成的损失有过错的，应当依照过错责任原则的要求，自己承担相应的责任，而不是把责任都推给承包人。

【案例评注】

建工集团与杜某建设工程施工合同纠纷案[①]

基本案情

建工集团与杜某于2011年9月2日签订了天津碧桂园映月庭一期九标段项目目标责任书一份，约定由原告杜某分包该项目主体结构中所有模板工程的施工。双方同时约定了相应的施工价格。双方约定的付款方式为主体工程完工验收60天后双方核对工程量办理结算手续，建工集团支付杜某工程款至总产值的95%，竣工验收3个月后付清全部工程款。合同签订后，杜某带领民工进行了施工，但其并不具有施工资质。合同履行完毕后，建工集团尚有总价款的5%未付。因建工集团支付剩余工程款的日期已到但并未支付，故双方产生争议，杜某向法院提起诉讼。

法院判决

一审法院认为，原告以个人名义承揽工程，带领民工进行施工不具备法定资质，依据相关司法解释应认定双方签订的天津碧桂园映月庭一期九标段项目目标责任书不具有法律效力。但双方约定原告施工的工程已施工完毕且已经验收合格，故依据《最高人民法院关于审理建设工程施工合同纠纷案件适用法律问题的解释》第二条的规定“建设工程施工合同无效，但建设工程经竣工验收合格，承包人请求参照合同约定支付工程价款的，应予支持”的规定，对原告主张支付剩

① 审理法院：天津市第二中级人民法院，案号：（2014）二中民四终字第449号。

余工程款的主张予以支持。

二审法院认为，因杜某不具备法定资质，故双方当事人签订的目标责任书属无效协议。现有证据能够证明双方约定由杜某施工的工程已施工完毕且已经验收合格，故建工集团应依法支付工程款。原审法院根据本案的事实和相关法律、法规所作判决并无不妥，本院应予维持。故判决驳回上诉，维持原判。

专家点评

建设工程施工合同具有特殊性，合同履行的过程，就是将劳动和建筑材料物化在建筑产品的过程。合同被确认无效后，已经履行的内容不能适用返还的方式使合同恢复到签约前的状态，而只能按照折价补偿的方式处理。从建设工程施工合同的实际履行情况看，当合同被确认无效后，参照合同约定结算工程价款的方式不仅符合双方当事人在订立合同时的真实意思，而且还可以节省鉴定费用，提高诉讼效率。

第七百九十四条 勘察、设计合同的内容一般包括提交有关基础资料和概预算等文件的期限、质量要求、费用以及其他协作条件等条款。

【条文释义】

本条是对勘察、设计合同主要内容的规定。

勘察、设计合同是对勘察合同和设计合同的统称，是指建设工程的发包人或承包人与勘察人、设计人之间订立的，由勘察人、设计人完成特定的勘察、设计工作，发包人向承包人支付相应对价的合同。勘察是指勘察人对工程的地理状况进行调查研究，包括对工程进行测量，对工程建设地址、水文进行调查等工作。设计是指设计人对工程结构进行设计、工程价款进行概预算。

勘察、设计合同与施工合同不同，其主要内容是：

1. 提交勘察或设计基础资料和概预算文件的期限，勘察、设计的基础资料和文件是勘察人、设计人进行勘察、设计工作所依据的基础文件和情况，应当约定提交的期限。

2. 勘察、设计的质量要求，是对发包人对勘察设计工作提出的质量标准和具体要求。

3. 勘察、设计的费用，即工作报酬。

4. 其他协作条件，是双方当事人为了保证勘察设计工作顺利完成所应当履行的相互协助的内容。

【案例评注】

某煤矿设计院与长盛公司建设工程设计合同纠纷案①

基本案情

2012年12月26日，长盛公司向某煤矿设计院出具《设计委托书》，委托某煤矿设计院对“金座丽景”项目进行设计。2013年2月，双方就工程设计问题进行联系，但并未协商一致，未签订建设工程设计合同。2012年12月24日至2013年3月14日，某煤矿设计院多次向长盛公司提供“金座丽景”项目设计方案文本、桩基图、地下室蓝图、总平面蓝图。

2013年3月27日，某煤矿设计院开始重新设计工作。2013年元月，长盛公司向某煤矿设计院支付设计费426368元。2013年4月，长盛公司与案外人合道公司签订《建设工程设计合同》，委托合道公司就“金座丽景”项目进行设计。长盛公司已采用合道公司的设计方案，并进行施工。

某煤矿设计院认为，其已完成设计工作的70%，扣除长盛公司支付的部分设计费用，现仍需赔偿煤矿设计院的损失2590492元。长盛公司提出反诉请求：某煤矿设计院提交的初步设计方案因存在未设置消防通道、停车场等重大瑕疵而未通过审核，长盛公司要求进行修改，但某煤矿设计院迟迟未提交方案，导致延误工程进度，故要求某煤矿设计院返还长盛公司已支付的设计费用，并赔偿长盛公司多支付的设计费及因工程延误造成的各项经济损失。

法院判决

一审法院经审理认为，某煤矿设计院要求长盛公司支付设计费的主张依据不足，不能成立。首先，长盛公司虽然向某煤矿设计院出具了设计委托书，但双方之间未签署任何合同或协议，对设计工作的范围、进度和质量要求、提交设计文件的期限以及设计标准、设计费用的收费标准、支付方式、违约责任等合同重要条款双方均未协商一致，在履行过程中也无达成补充协议，所以某煤矿设计院要求长盛公司支付设计费缺乏合同依据；其次，某煤矿设计院没有提供证据证明已

① 审理法院：福建省高级人民法院；案号：（2016）闽民终1479号。

向长盛公司提供符合要求的重新设计文本。长盛公司认为本案双方未对就“金座丽景”项目的设计达成一致，不同意支付设计费的主张应予采信。

二审法院经审理认为，某煤矿设计院无证据证明其与长盛公司就支付本案讼争设计费存在相关合同或是双方已就相关合同重要条款协商一致。在本案建设工程设计合同法律关系中，按要求完成项目设计并交付设计成果，是设计方的主要义务。无证据证明设计方某煤矿设计院已经履行主要义务即已向长盛公司提供符合要求的设计文本。综上，某煤矿设计院要求长盛房地产公司支付设计费并无合同依据和法律依据，其主张不能成立。

专家点评

本案纠纷产生的根源在于双方当事人之间未签署任何合同或协议，对设计工作的范围、进度和质量要求、提交设计文件的期限以及设计标准、设计费用的收费标准、支付方式、违约责任等合同重要条款作出规定，所以某煤矿设计院要求长盛公司支付设计费缺乏合同依据。需注意的是，本条规定的内容是建议性的，只是根据勘察设计合同的性质作出的一般性规定，当事人约定的勘察设计合同中不具备上述内容的，并不导致合同无效。

第七百九十五条 施工合同的内容一般包括工程范围、建设工期、中间交工工程的开工和竣工时间、工程质量、工程造价、技术资料交付时间、材料和设备供应责任、拨款和结算、竣工验收、质量保修范围和质量保证期、相互协作等条款。

【条文释义】

本条是对建设施工合同主要内容的规定。

建设施工合同，是指发包方即建设单位与承包方即施工人为完成商定的施工工程，明确相互权利、义务的协议。依照施工合同，施工单位应当完成建设单位交给的施工任务，建设单位应当按照约定提供必要的条件并支付工程价款。

建设施工合同的主要内容是：

1. 工程范围：主要包括工程名称、地点、建筑物的栋数、结构、层数、面积等。

2. 建设工期：是指施工人完整施工工程的时间或者期限，是重要的合同条款。

3. 中间交工工程的开工和竣工时间：一个整体的工程中有很多中间工程，前后相序，必须有明确的开工、完工时间，否则影响后续工程的开工。

4. 工程质量：对建设工程的设计、施工方法和安全要求，要按照统一的技术标准进行，合同应当规定清楚，并且由建设主管部门对工程质量进行监督。

5. 工程造价：在以投标招标方式订立的合同中，应以中标时确定的金额为准。如果按初步设计总概算投资包干时，应以经审批的概算投资中与承包内容相应的部分的投资为工程款。如按施工图预算包干，则应以审查后的施工图总预算或综合预算为准。

6. 技术资料交付时间：工程的技术资料，如勘察、设计资料等，发包方必须全面、客观、及时的交付给施工人，以保证工程的顺利进行。

7. 材料和设备的供应责任：应当明确约定，由哪一方承担这个责任。

8. 拨款和结算：采用何种方式拨款、结算，合同均要明确约定：（1）预付款；（2）工程进度款；（3）竣工结算款；（4）保修扣留金。

9. 竣工验收：对建设工程的验收方法、程序和标准，国家制定了相应的行政法规予以规范，应当遵守。

10. 质量保修范围和质量保证期：施工工程在办理移交验收手续后，在规定的期限内，因施工、材料等原因造成施工质量缺陷的，施工单位应当负责维修、更换。对于建筑工程的质量保证期限，国家都有明确的要求。

11. 相互协作条款：各方当事人不仅需要各自积极履行义务，还需要相互协作，协助对方履行义务。

【案例评注】

宝鸿照明公司与鸿森旅游公司建设工程合同纠纷案①

基本案情

鸿森旅游公司在开发某景区项目过程中，将景区的亮化工程项目交给王某承建。2017 年 9 月 26 日，鸿森旅游公司支付王某工程款 30000 元。宝鸿照明公司认为王某仅是公司业务负责人，工程项目原材料的采购、施工人员的安排及其工资支付均由该公司负责，因此，宝鸿照明公司才是项目工程的施工方，鸿森旅游

① 审理法院：河南省郑州市中级人民法院，案号：（2019）豫 01 民终 14185 号。

公司应将工程款支付给宝鸿照明公司。鸿森旅游公司认为工程的直接对接人为王某，且并未签订书面施工合同。为此，双方产生纠纷，诉至法院。

法院判决

一审法院经审理认为，建设工程合同应当采用书面形式，施工合同的内容包括工程范围、建设工期、中间交工工程的开工、竣工时间、工程质量、工程造价、技术资料交付时间、材料和设备供应责任、拨款和结算、竣工验收等条款。宝鸿照明公司并未提供与鸿森旅游公司签订的书面建设工程施工合同，也未提供由鸿森旅游公司签字认可的工程核算单。鸿森旅游公司辩称其与王某之间存在亮化工程施工合同关系，其提供了向王某支付工程款的转账记录加以证明，故对宝鸿照明公司的主张不予支持。

二审法院经审理认为，宝鸿照明公司提交的王某曾在其公司任职的文件，不足以证明王某完成案涉工程系代表公司的职务行为，且未提交已完工工程造价结算的相关凭证，不能证明欠付工程价款的具体金额。故宝鸿照明公司的上诉主张不能成立。

专家点评

采用书面形式订立建设施工合同是明确双方当事人权利义务关系的基础。本案中当事人之间并未订立书面形式的建设施工合同，法院只能根据相关证据材料并按照举证责任的分配确定案涉合同关系的实际当事人。为维护自身的合法权益，当事人应当采用书面形式订立建设施工合同，并在其中对工程范围、建设工期、中间交工工程的开工和竣工时间、工程质量、工程造价、技术资料交付时间、材料和设备供应责任、拨款和结算、竣工验收、质量保证期、双方互相协作等条款作出明确约定。

第七百九十六条 建设工程实行监理的，发包人应当与监理人采用书面形式订立委托监理合同。发包人与监理人的权利和义务以及法律责任，应当依照本编委托合同以及其他有关法律、行政法规的规定。

【条文释义】

本条是对工程监理合同的规定。

建设工程监理，是由具有法定资质条件的工程监理单位，受发包人的委托，依据国家批准的工程项目建设文件、有关工程建设的法律、法规和工程建设监理合同及其他工程建设合同，代表发包人对承包人的工程建设工作实施监督的专业服务活动。其特点是：（1）是一种有偿的工程咨询服务；（2）是受发包方委托进行工程建设的监督；（3）监理的主要依据是法律、法规、技术标准、相关合同及文件；（4）监理的准则是守法、诚信、公正和科学；（5）监理目的是确保工程建设质量和安全，提高工程建设水平，充分发挥投资效益。

对建设工程进行监理，发包人应当与监理人采用书面形式订立委托监理合同。建设单位将勘察、设计、保修阶段等相关服务一并委托的，应在合同中明确相关服务的工作范围、内容、服务期限和酬金等相关条款。发包人与监理人的权利和义务以及法律责任，应当依照本编委托合同以及其他有关法律、行政法规的规定制定。

【案例评注】

硕研监理公司与灵武农场建设工程监理合同纠纷案[①]

基本案情

2014年3月，硕研监理公司与灵武农场就灵武农场棚户区改造工程签订了《建设工程监理合同》，合同约定工程规模为3.613395万平方米，工程监理费36万元，监理期限自2014年3月15日至2014年11月9日。因非监理人原因导致本合同期限延长时，应支付附加工作酬金。另外，监理人应在每月的5日前向委托人提供一份上月《监理月报》。

合同签订后，由于灵武农场的原因，工程规模实际为1.8万平方米，且工程超期至2015年5月4日。在合同履行期间，灵武农场向硕研监理公司支付了36万元监理费。硕研监理公司在合同履行过程中，监理人员未履行部分签字及盖章义务，工程截至目前没有竣工验收。经法院调查，涉案工程楼房于2016年7月具备入住条件，部分住户已开始装修入住。

硕研监理公司诉至法院要求灵武农场支付超期附加工作酬金（超期监理费）及逾期付款利息合计32万余元。

① 审理法院：宁夏回族自治区银川市中级人民法院；案号：（2017）宁01民终2952号。

法院判决

一审法院经审理认为，双方签订的《建设工程监理合同》合法有效，合同当事人应严格履行合同约定的义务。关于双方争议的合同超期问题，在本案合同履行过程中，硕研监理公司按照合同约定履行监理义务，由于灵武农场的原因导致工程超期，灵武农场应按照合同约定支付超期工作酬金。合同约定超期工作酬金计算到工程延期的时间，而不是工程竣工验收的时间，故应以硕研监理公司提交的最后一期监理月报日期，即认定2015年5月25日为履行监理责任的日期。关于灵武农场主张在合同履行过程中，监理人员未履行部分签字及盖章义务，违反了合同的约定，应承担继续履行合同义务的责任，故应当继续为被告提供监理备案资料。

二审法院经审理认为，双方合同约定监理人应在每月的5日前向委托人提供上月的《监理月报》，硕研监理公司提交的监理月报日期为2015年5月25日，对之后履行的监理义务不能提供有效证据证实。依据双方合同约定，灵武农场履行了支付合同价款的合同义务，硕研监理公司即负有向灵武农场提供监理服务并提供相关备案资料的义务。一审判决结果无误，应予维持。

专家点评

对需要实行工程监理的建设工程，发包人应当委托具有相应资质条件的工程监理人进行监理。发包人与其委托的工程监理人应当订立书面委托监理合同，该合同是委托监理合同中工程监理人对工程建设实施监督的依据。发包人与工程监理人之间的关系在性质上是平等主体之间的委托合同关系，因此发包人与监理人的权利和义务关系以及法律责任，应当依照本法委托合同以及建筑法等其他法律、行政法规的有关规定制定。

第七百九十七条 发包人在不妨碍承包人正常作业的情况下，可以随时对作业进度、质量进行检查。

【条文释义】

本条是对发包人检查权的规定。

发包人是将自己建设的工程的勘察、设计、施工工程发包给承包人进行，故发包人有权对承包人进行的勘察、设计、施工工程的作业进度和质量进行检查，行使自己的检查权。发包人行使检查权的方式，一是委派工地代表进行，二是委托工程监理人进行。工地代表和监理人为了维护发包人的利益，保证工程质量和进度，随时可以进行检查，发现问题，及时提出，予以解决，防止出现工程拖延和质量不符合要求的问题。

对发包人行使检查权的要求是，不得妨碍承包人正常作业。如果发包人的工地代表或者监理人对工程行使检查权的行为不当，造成承包人停工、返工、窝工等损失的，有权要求发包人承担损害赔偿责任。

【案例评注】

中建四局与新世界公司建设工程施工合同纠纷案①

基本案情

2007 年 5 月 7 日，新世界公司与中建四局签订《新世界国际纺织服装城中心区公寓工程合同书》，约定由中建四局承建新世界某公寓的土建工程。2013 年 9 月 25 日，新世界公司向中建四局邮寄《履行义务通知书》，告知因施工单位施工过程中存在严重过错，导致地下室的地面和墙面等部位产生大面积开裂、渗水等严重质量问题，要求在通知书发出之日起十日内到现场整改修复。

新世界公司向法院提出工程质量原因鉴定申请，法院依法委托建研鉴定公司进行鉴定。鉴定结论为地下室底板、墙板钢筋间距以及地下室底板、墙板保护层厚度不符合设计及验收规范要求，对裂缝的产生及发展存在一定的影响；地下室底板及墙体裂缝主要由混凝土收缩和温度变形造成；地下室墙体的墙体斜向裂缝主要由混凝土收缩和变形、沉降因素共同造成。

中建四局对鉴定报告不予认可。中建四局认为出现裂缝的主要原因为设计原因，设计方案未充分考虑无锡地区的地质实际情况，且新世界公司强行要求中建四局违反相应规定提前封闭后浇带，沉降不均的责任在于新世界公司。

法院判决

一审法院经审理认为，施工单位需对施工不符合规范要求承担责任，而作为主要原因的混凝土收缩和温度变形主要受自然因素、施工因素、材料因素影响，在无证据证明存在其他外来影响因素的情况下，该部分责任均属施工单位在质保

① 审理法院：江苏省无锡市中级人民法院，案号：(2017) 苏 02 民终 2180 号。

期应履行的保修责任。作为次要原因的施工质量不符合要求的责任，自然理当由施工单位承担。

二审法院经审理认为，一审判决并无不当。虽然新世界公司作为发包人曾发函严令中建四局限期封闭后浇带，对提前封闭后浇带的情形负有一定责任，但中建四局作为具有专业施工经验和判断能力的施工单位，对于发包人不合理的有损工程质量的要求应当作出专业判断和建议，而非盲目按照指令施工。故判决驳回上诉，维持原判。

专家点评

在建设工程合同的履行过程中，发包人可以随时对工程作业的进度和质量进行检查。承包人应当接受发包人的检查，为工地代表和监理人的工作提供方便和协助。如果承包人的勘察、设计、施工等工作不符合工程质量要求的，当发包人或工地代表、监理人提出改正要求的，承包人应当立即改正，不得拒绝。

第七百九十八条 隐蔽工程在隐蔽以前，承包人应当通知发包人检查。发包人没有及时检查的，承包人可以顺延工程日期，并有权请求赔偿停工、窝工等损失。

【条文释义】

本条是对隐蔽工程隐蔽前检查的规定。

对建设工程的隐蔽工程的检查验收，要早于主体工程进行检查验收，不能在隐蔽工程被覆盖后再与主体工程一起进行检查验收。对此，法律规定承包人承担通知义务，在隐蔽工程隐蔽以前，应当及时通知发包人进行检查验收，以确定隐蔽工程的质量是否符合合同约定和法律规定的要求。

怠于通知或未及时通知造成的损失，由承包人负担。发包人负有及时进行检查验收的义务。不过，即使发包人没有及时对隐蔽工程进行检查，承包人也不能自行检查后将工程隐蔽。

发包人不及时履行检查验收义务时，承包人可以要求顺延工期，并享有请求赔偿停工、窝工损失的权利。

【案例评注】

双龙公司与空港公司建设工程合同纠纷案[①]

基本案情

双龙公司与空港公司于2012年2月20日签订《建设工程施工合同》一份，约定双龙公司承包空港公司的昆明新机场旅客过夜用房通风空调工程。开工日期为2012年3月1日，竣工日期为2012年6月1日。工程质量一次性验收合格。承包人向发包人承诺按照合同约定进行施工、竣工并在质量保修期内承担工程质量保修责任。

2013年9月14日，包含于双龙公司承包工程范围内的酒店一楼大堂吊顶中央空调风机盘管发生爆裂渗水，导致工行云南省分行位于该酒店内的三台自助设备ATM机及其配套设备损坏。保险公司在赔付工行云南省分行的财产损失后，空港公司向相关保险公司支付了赔偿费用。

空港公司认为，通风空调由双龙公司供应和施工，施工过程中发生的事故所导致的损失应由双龙公司承担赔偿责任，故诉至法院。

法院判决

一审法院经审理认为，被告承包工程范围内的百事特悦航酒店一楼大堂吊顶中央空调风机盘管发生爆裂渗水，导致工行云南省分行自助设备ATM机三台及其配套设备损坏，被告并未履行合同约定的相关义务，应承担相应的违约责任。

二审法院经审理认为，双龙公司承建的中央空调系统工程，应当按照合同的约定使用质量合格的材料履行合同，且《合同法》第二百七十八条明确规定“隐蔽工程在隐蔽以前，承包人应当通知发包人检查”，双龙公司并未举证证明发生事故的隐蔽工程大厅中央空调风机盘管在隐蔽以前，已经通过空港公司检查。该隐蔽工程一经隐蔽，即应由施工人对该工程材料和工程质量承担责任。本案事故的原因为大堂吊顶中央空调风机盘管发生爆裂渗水所致。因此，双龙公司应当对该工程质量瑕疵所造成的损失承担赔偿责任。

---

① 审理法院：云南省昆明市中级人民法院，案号：（2017）云01民终1244号。

专家点评

在隐蔽工程隐蔽以前，承包人应当及时通知发包人进行检查验收，以确定隐蔽工程的质量是否符合合同约定和法律规定的要求。如果承包人未通知发包人检查而自行进行隐蔽工程的，事后发包人有权要求对已隐蔽的工程进行检查。如果经检查隐蔽工程不符合要求的，承包人应当返工，重新进行隐蔽。

第七百九十九条 建设工程竣工后，发包人应当根据施工图纸及说明书、国家颁发的施工验收规范和质量检验标准及时进行验收。验收合格的，发包人应当按照约定支付价款，并接收该建设工程。

建设工程竣工经验收合格后，方可交付使用；未经验收或者验收不合格的，不得交付使用。

【条文释义】

本条是对建设工程验收的规定。

建设工程完工后，验收是发包人的义务，也是发包人的权利。承包人通知发包人工程竣工后，发包人应当及时对工程进行验收。

验收依循的依据是：(1) 施工图纸及说明书。施工图纸有更改的，验收时应当以更改后的施工图纸为准。(2) 国家颁发的施工验收规范。(3) 国家颁发的建设工程质量验收标准。施工验收规范和质量检验标准是指国家制定、颁发的，在全国范围内统一实行的考核基本建设投产项目的重要技术经济法规，是进行基本建设项目竣工验收和检查建筑安装工程质量的依据和标准。

在建设工程施工合同中，验收合格是发包人支付全部工程款的条件。建设工程验收合格的，发包人应当按照约定，在扣除一定的保证金后，将剩余工程价款按约定方式付给承包人。给付工程价款是发包人的主要合同义务。如果发包人逾期支付，应当承担逾期付款的违约责任。同时，发包人应当与承包人办理移交工程手续，正式接收建设工程，可以投入使用。建设工程未经验收，或者验收不合格的，不得交付使用。

【案例评注】

沙岭社区居委会与大地春公司房地产合同纠纷上诉案[①]

基本案情

大地春公司系具有资质凭证从事房地产开发的企业法人。2012 年 12 月 26 日，沙岭社区居委会与大地春公司签订《沙岭社区西门口酒店工程合作协议书》，协议约定乙方还建甲方 2560 平方米建筑物。涉案项目于 2016 年 1 月竣工。2016 年 1 月 5 日，大地春公司通知沙岭社区居委会，因工程造价增高，相关费用应由沙岭社区居委会承担。涉案项目西苑大厦并未进行竣工验收，亦未取得建筑工程竣工验收备案登记证。双方协商未果后，沙岭社区居委会向法院提起诉讼。

法院判决

一审法院经审理认为，竣工验收合格是房屋交付使用的条件。涉案项目至今未进行竣工验收，亦未取得建筑工程竣工验收备案登记证，尚不具备交付使用条件，故对沙岭社区居委会请求大地春公司向其交付 2560 平方米房屋的诉讼请求不予支持。

二审法院经审理认为，根据《合同法》第二百七十九条规定："建设工程竣工经验收合格后，方可交付使用；未经验收或者验收不合格的，不得交付使用。"本案中，涉案项目西苑大厦至今未进行竣工验收，亦未取得建筑工程竣工验收备案登记证，尚不具备法定交付使用条件。沙岭社区居委会可以依据其与大地春公司之间的合同主张权利，但不得违反法律强制性规定，故沙岭社区居委会要求交付房屋的上诉请求无事实和法律依据，本院不予支持。

专家点评

建设工程的竣工验收是工程建设全过程的最后一道程序，是对工程质量实行控制的最后一个重要环节。竣工验收合格后，发包人应当按照约定支付价款。建设工程必须经竣工验收合格后，方可交付使用；没有经过竣工验收或者经过竣工验收确定为不合格的建设工程，不得交付使用。如果发包人在竣工验收前，擅自使用工程，发生质量问题的，由发包人自行负责。

---

① 审理法院：湖北省黄冈市中级人民法院，案号：（2018）鄂 11 民终 510 号。

第八百条 勘察、设计的质量不符合要求或者未按照期限提交勘察、设计文件拖延工期，造成发包人损失的，勘察人、设计人应当继续完善勘察、设计，减收或者免收勘察、设计费并赔偿损失。

【条文解读】

本条是对勘察、设计合同违约责任的规定。

依照勘察、设计合同的要求，勘察人、设计人应当依照质量要求和期限的要求完成勘察设计工作，提交勘察、设计文件。

依约履行勘察、设计合同的要求是：（1）符合有关法律、行政法规的规定；（2）符合建设工程质量、安全标准；（3）符合建设工程勘察、设计技术规范；（4）符合合同的约定。

勘察人、设计人的违约行为主要是：

1. 勘察、设计质量不符合要求，质量没有达到合同要求或者勘察、设计不符合法律、法规的强制性标准。

2. 勘察人、设计人未按照合同约定的期限提交勘察、设计文件，致使工期拖延。勘察、设计人因上述违约行为，给发包人造成损失的，承包人应当对发包人承担违约责任。

勘察人、设计人承担违约责任的方式是：

1. 实际履行：继续完成勘察、设计。

2. 赔偿损失：方法是减收或者免收应得的勘察、设计费用，以补偿相对人的损失，如果减收或者免收勘查、设计费用仍不足以赔偿的，应当继续承担赔偿损失的责任。

【案例评注】

贝莱特公司与恒信公司建设工程施工合同纠纷案[①]

基本案情

2003年10月26日，恒信公司与贝莱特公司签订《建筑工程施工合同》，合同约定贝莱特公司1号轻钢厂房及配套办公楼工程由恒信公司施工。

---

① 审理法院：山东省德州市中级人民法院，案号：（2018）鲁14民终1637号。

项目竣工后，贝莱特公司在合同约定时间内未能支付所欠工程款。恒信公司起诉要求贝莱特公司支付上述工程款并承担违约金。贝莱特公司则认为恒信公司负责设计、施工的厂房主体结构存在严重质量问题和重大安全隐患，依据法律规定，无论工程是否验收，发包人是否擅自使用，如建筑工程在合理的使用寿命期内地基基础、主体结构出现问题，施工单位必须承担责任。

法院判决

一审法院经审理认为，贝莱特公司未按照约定向恒信公司支付工程款，其行为已构成违约，恒信公司要求贝莱特公司支付上述工程款并承担违约金的请求，符合法律规定和双方合同的约定，本院应予支持。

二审法院经审理认为，恒信公司作为涉案工程施工单位，既无设计责任，也无合同义务对相关设计上的缺陷承担责任。依据《合同法》第二百八十条规定，设计单位应是涉案工程的赔偿主体，而非作为施工单位的恒信公司。因法院判决恒信公司承担涉案工程主体设计缺陷的整改责任，致使贝莱特公司未支付所欠工程款，其行为属于行使抗辩权。故贝莱特公司未支付工程欠款的行为并不构成违约。一审判决贝莱特公司向恒信公司支付欠款正确，但判决贝莱特公司支付违约金错误，应予纠正。

专家点评

勘察、设计的质量是决定整个建设工程质量的基础，因此工程的勘察、设计必须符合质量要求。勘察人、设计人提交的勘察、设计文件不符合要求的，发包人可以请求勘察人、设计人承担以下违约责任：继续完善勘察、设计，减收或者免收勘察、设计费，赔偿损失。需要指出的是，如果勘察、设计质量只有轻微质量瑕疵的，发包人可以请求勘察人、设计人继续完善勘察、设计，如果勘察人、设计人不具备完成符合要求的勘察、设计工作能力或者提交的勘察、设计质量严重不符合约定的，发包人可以解除合同，重新委托其他勘察人、设计人完成勘察、设计工作。如果勘察、设计不符合约定造成工程质量问题的，勘察人、设计人应当承担相应的赔偿责任。

第八百零一条　因施工人的原因致使建设工程质量不符合约定的，发包人有权请求施工人在合理期限内无偿修理或者返工、改建。经过修理或者返工、改建后，造成逾期交付的，施工人应当承担违约责任。

【条文释义】

本条是对建设工程质量违约责任的规定。

工程施工合同的施工人对建设工程施工质量负有义务，必须保证建设工程的质量符合要求，达到合格的标准。施工人因自己的原因致使建设工程质量不符合约定，构成质量违约，施工人应当承担违约责任。

发包人有权要求施工人承担的违约责任是：

1. 在合理期限内无偿修理或者返工、改建。修理是对建设工程质量不符合要求的部分进行改进，返工是对不符合质量要求的部分重新进行施工，改建是对已经建好的部分重新建设。

2. 经过修理或者返工、改建后，即使质量符合约定，对造成建设工程逾期交付的，也构成迟延履行，承包人应当承担迟延履行的违约责任，施工人还应当承担逾期交付的违约责任，赔偿发包人因此而遭受的损失。

【案例评注】

逸凡公司与浩华公司建设工程施工合同纠纷案[①]

基本案情

2014年3月29日，逸凡公司与浩华公司签订《水磨石地面工程承包合同》，合同约定如因逸凡公司施工造成质量事故，所有返工损失均由逸凡公司自负。2014年8月6日，逸凡公司按浩华公司要求整改了隔条修复、地面沙眼的修补，但对色差、裂痕未予整改。经鉴定，逸凡公司按照浩华公司要求修复后，现浇水磨石地面局部未达到约定的“合格”标准。

逸凡公司认为，涉案工程经验收合格后投入使用，双方约定工程质保期为一年，浩华公司在质保期内没有提出质量异议，质保期后出现裂痕和裂缝是其使用不当所致，浩华公司对涉案工程使用三年后又提出质量鉴定要求没有法律依据。浩华公司认为，涉案工程存在质量问题，逸凡公司称涉案工程在使用三年后进行鉴定与事实不符，浩华公司称其并未使用涉案工程。

---

① 审理法院：黑龙江省哈尔滨市中级人民法院，案号：（2017）黑01民终7083号。

法院判决

一审法院经审理认为，在合同履行过程中，虽经浩华公司2014年7月2日提出整改修复要求，但逸凡公司整改修理后，仍未达到约定标准。因此，作为施工方的逸凡公司应承担修复费用，该费用应在工程款中予以扣减。

二审法院经审理认为，逸凡公司只对浩华公司提出的质量问题进行部分整改，对色差、裂痕问题未予整改，整个工程质量一直处于未达标状态亦未交付使用，一审判令逸凡公司承担修复费用及鉴定费用并无不当。双方虽然在合同中约定了质保期，但质保期应从工程验收合格之日起算，因案涉工程存在质量问题，一直未予验收，故逸凡公司以此为由进行的抗辩不成立。故判决驳回上诉，维持原判。

专家点评

如果因施工人原因致使工程质量不符合约定的，发包人可以请求施工人在合理期限内无偿对工程进行修理或者返工、改建以达到约定的质量要求。如果经过修理或者返工、改建后，造成工程迟延交付的，施工人应当承担逾期交付的违约责任。这里的违约责任包括赔偿发包人因逾期交付受到的损失，按照约定向发包人支付违约金、减少价款、执行定金罚则等。发包人可以根据施工人的违约程度和损失大小，合理选择请求施工人承担上述违约责任。

第八百零二条 因承包人的原因致使建设工程在合理使用期限内造成人身损害和财产损失的，承包人应当承担赔偿责任。

【条文释义】

本条是对承包人对建设工程在合理使用期限内造成损害承担赔偿责任的规定。

因承包人的原因致使建设工程在合理使用期限内造成人身损害和财产损失的，是承包人承包建设的工程质量不符合约定，造成建设工程施工合同期待利益以外的人身损害或者财产损失的固有利益损害。这种损害，构成不动产的加害给付责任。

加害给付责任，是指因债务人交付的标的物存在缺陷或者瑕疵，因而造成他人的人身、财产损害的给付行为而由违约行为人承担的损害赔偿责任。加害给付责任既是违约责任，也是侵权责任，构成违约责任和侵权责任的竞合。对此，受害人可以选择依照民法典总则编第186条规定，要求承包人承担违约责任或者依照侵权责任编的规定，要求承包人承担侵权责任。承包人应当对因此造成的损害承担赔偿责任。

【案例评注】

天龙矿业公司与华联建安公司建设工程施工合同纠纷案①

基本案情

2009年5月27日，双方签订《建设工程施工合同》。合同签订后华联建安公司组织人员、设备进行施工，将涉案工程于2009年年底交付给天龙矿业公司，双方未履行书面交接手续，也未形成书面验收材料。工程交付后，由第三方对焙烧车间轨道铺设和焙烧炉架设进行施工，2010年施工完毕后该焙烧车间开始投入生产。生产过程中焙烧炉发生炉体塌陷，2016年5月，天龙矿业公司对该焙烧车间进行技术改造，在拆除焙烧炉过程中发现筏板有裂缝，且筏板基础顶标高与设计图纸不符。2016年5月17日，昌吉市公证处与天龙矿业公司工作人员对焙烧车间原地基基础地面的现状进行了查看，并对查看过程进行了记录。2016年5月30日–2016年6月1日，天龙矿业公司与华联建安公司、昌吉市公证处、新疆建设工程质量安全监测中心对焙烧车间进行现场查看，由新疆建设工程质量安全监测中心对车间地面、南面墙体、北面墙体进行踩点取样，并对墙体构造柱进行了回弹检测。

新疆建设工程质量安全监测中心受天龙矿业公司委托，对筏板厚度、顶标高、混凝土强度、钢筋位置及规格、排架柱混凝土强度、挡土墙混凝土浇筑质量及混凝土强度进行检测、鉴定。2016年6月22日，该中心出具（2016）新建质鉴字第1774号鉴定报告，鉴定意见为：（1）该工程车间筏板厚度、筏板板顶标高、筏板钢筋位置及规格、筏板混凝土强度推定值不符合图纸设计要求；（2）该工程排架柱混凝土强度推定值符合图纸设计要求；（3）该工程车间挡土墙混凝土强度推定值不符合图纸设计要求；（4）检测情况第5条中所提裂缝产生的主要原因为温度应力及材料收缩所致，该裂缝为非结构性受力裂缝；（5）应请原设计单位或有资质的设计单位根据上述检测情况出具处理意见。因天龙矿业公司与华联建安公司交涉后未达成一致处理意见，天龙矿业公司遂诉至法院。

① 审理法院：一审法院为新疆维吾尔自治区昌吉回族自治州中级人民法院，案号：（2016）新23民初145号；二审法院为新疆维吾尔自治区高级人民法院，案号：（2018）新民终125号。

法院判决

本院认为，《建筑法》第五十八条规定：“建筑施工企业对工程的施工质量负责。建筑施工企业必须按照工程设计图纸和施工技术标准施工，不得偷工减料”。《建设工程质量管理条例》第二十六条规定，“施工单位对建设工程的施工质量负责”，第二十八条规定：“施工单位必须按照工程设计图纸和施工技术标准施工，不得擅自修改工程设计，不得偷工减料”。依据上述法律、行政法规的规定，施工人在施工过程中必须履行严格遵循设计图纸及施工技术标准，对工程的施工质量负责，向发包人交付竣工验收合格的工程。本案中，经天龙矿业公司单方委托的鉴定机构以及双方在原审中共同委托的鉴定机构所出具的鉴定意见，均对华联建安公司施工的涉案工程存在基础钢筋设置及钢筋直径不符合设计要求的事实予以确认。原审查明，双方订立的建设工程施工合同约定，涉案工程由华联建安公司负责采购材料设备。因此，华联建安公司对其是否严格按照工程设计图纸和施工技术标准施工，负有举证证明责任。华联建安公司在原审中提交的涉案工程的设计单位出具的变更说明载明：天龙矿业公司从经济角度考虑，要求变更涉案工程的筏板基础钢筋。根据本案已经查明的事实，天龙矿业公司与华联建安公司所订立的建设工程施工合同约定涉案工程价款为固定价 800 万元，在工程造价固定的前提下，天龙矿业公司作为建设单位基于节约成本而主动降低基础钢筋的标号，不能成立。因此，该设计单位出具的变更说明不符常理，不能排除合理怀疑，本院不予采信。在华联建安公司未能提交其他有效证据足以证明其依据天龙矿业公司或者设计单位指令对工程筏板基础钢筋进行了变更的情形下，其应当承担举证不能的不利后果，对由此造成的工程质量应当承担责任。《合同法》第二百八十二条规定：“因承包人的原因致使建设工程在合理使用期限内造成人身和财产损害的，承包人应当承担损害赔偿责任”。天龙矿业主张华联建安公司偿付焙烧车间拆除、重新施工费用有事实和法律依据，应予支持。

专家点评

根据司法鉴定中心出具的鉴定意见，华联建安公司施工过程中筏板基础的钢筋设置及钢筋直径确实不符合设计要求，根据民法典合同编第 802 条规定：“因承包人的原因致使建设工程在合理使用期限内造成人身和财产损害的，承包人应当承担损害赔偿责任”的规定，天龙矿业公司主张华联建安公司偿付焙烧车间拆除、重新施工费用有事实和法律依据，应予支持。

第八百零三条 发包人未按照约定的时间和要求提供原材料、设备、场地、资金、技术资料的，承包人可以顺延工程日期，并有权请求赔偿停工、窝工等损失。

【条文释义】

本条是对发包人违反协助义务违约责任的规定。

在建设工程施工合同中，发包人负有协助义务，保证建设工程承包合同得以顺利履行。发包人必须履行的协助义务包括按照约定提供相关材料、设备、场地、资金、技术资料等。发包人违约行为的表现是：（1）违反材料和设备的协助义务：发包人应当按照约定提供材料和设备。在承包人包工不包料、包工半包料的情形下，发包人应当负责材料和设备的全部或者部分的供应。未按照约定的时间和要求提供原材料、设备的，即构成违约。（2）发包人提供场地：是发包人负责办理的正式工程和临时设施所需土地使用权的征用、民房的拆迁、施工用地和障碍物的拆除等许可证。发包人未按期完成这些工作，没有按照约定的实践对承包人提供施工场地，构成违约。（3）发包人应当按时提供建设资金：没有按照约定的时间和支付方式支付工程价款的，应当承担责任。（4）发包人应当按照合同要求及时全面地提供相关的技术资料：不得无故拖延和隐匿，违反者，构成违约行为。

发包人违反上述协助义务，如果影响建设工程进度的，应当承担违约责任。对此，承包人既可以要求发包人顺延工期，还可以请求赔偿停工、窝工给自己造成的实际损失。

【案例评注】

万木公司与帝尊公司建设工程施工合同纠纷案[①]

基本案情

2013年7月15日，帝尊公司与万木公司签订了《福慧苑A、B楼建设工程施

① 审理法院：一审法院为江苏省徐州市铜山区人民法院，案号：（2015）铜张民初字第1097号；二审法院为江苏省徐州市中级人民法院，案号：（2017）苏03民终5963号。

工合同》。合同签订当日，双方又签订《补充协议》一份。施工合同及补充协议签订后，帝尊公司入场进行施工，万木公司未能按照补充协议约定的进度给付工程款，导致工程停工。

2014 年 7 月 3 日，双方签订《福慧苑工程复工合同书》，约定万木公司自愿将工程的 B 楼 1 ~6 层（除已销售的两户），按照建筑面积，以 2000 元每平方的价格折抵给帝尊公司所有，万木公司负责办理房屋产权证书等，帝尊公司保证于 2014 年 9 月 1 日前完成全部工程并交付验收使用。复工协议签订后，帝尊公司继续进场施工。

2014 年 12 月 12 日，双方签订了《房村福慧苑零星工程合同》一份，约定零星工程的具体施工内容为水泥路面、地坪、下水管道以及绿化地面等项目。施工方式为包工包料，总价款为 326000 元。

2014 年 12 月 28 日，帝尊公司取得房村福慧苑小区 A 某楼、B 某楼附属工程签证单，签证单注明：根据甲乙双方 2014 年 12 月 12 日签订的合同，乙方于 2012 年 12 月 7 日开工，2014 年 12 月 24 日竣工，并验收合格交付使用，附工程量清单及图纸。监理公司徐州市五星建设项目管理有限公司在签证单上签字认可。2016 年 6 月 1 日，万木公司提出对徐州铜山区福慧苑小区 A、B 楼未施工部分工程进行造价鉴定。2016 年 12 月 19 日，徐州市建设工程监理有限公司出具司法鉴定报告书，认定未施工项目的鉴定工程造价为 452290. 35 元，其中土建部分工程造价 391580. 45 元，安装部分工程造价为 60709. 9 元。

法院判决

关于该工程日期顺延的违约责任问题。该院认为，依据《合同法》第二百八十三条之规定：“发包人未按照约定的时间和要求提供原材料、设备、场地、资金、技术资料的，承包人可以顺延工程日期，并有权要求赔偿停工、窝工等损失”。本案中，双方在合同中亦明确约定“发包人不按合同约定支付工程款（进度款），双方又未达成延期付款协议，导致施工无法进行，承包人可停止施工，由发包人承担违约责任”。双方在合同中约定福慧苑小区工程的竣工日期为 2013 年 11 月 26 日，但万木公司未能按照双方《补充协议》中约定的付款计划支付工程款，帝尊公司有权依据合同约定停止施工。2014 年 7 月 3 日，经协商后双方签订《福慧苑工程复工合同书》，但是万木公司仍未能按照该合同约定交付房屋并办理相关手续的义务，导致施工工期顺延，应当承担工期顺延的违约责任。因此，帝尊公司对工期顺延的问题无过错，不应当承担违约责任。

专家点评

涉案承包合同及补充协议对工程范围、价款等作出了明确的约定，承包人按照发包人的要求及合同约定全面履行了合同义务，发包人未能按照该合同约定交付房屋并办理相关手续，导致施工工期顺延，应当承担工期顺延的违约责任。

第八百零四条 因发包人的原因致使工程中途停建、缓建的，发包人应当采取措施弥补或者减少损失，赔偿承包人因此造成的停工、窝工、倒运、机械设备调迁、材料和构件积压等损失和实际费用。

【条文释义】

本条是对发包人造成工程停建、缓建违约责任的规定。

在建设工程合同履行中，发包人应当对承包人进行必要的协助，相互配合完成施工任务。如果是因发包人的原因，包括未履行协助义务、未及时获得建设手续等，致使建设工程在中途停建、缓建的，构成发包人的违约行为，发包人应当承担违约责任：（1）采取措施弥补；（2）采取其他措施减少损失；（3）赔偿承包人因此造成的停工、窝工、倒运、机械设备调迁、材料和构件积压等损失，赔偿实际支出的费用。

【案例评注】

中色十二冶公司、本溪庆永公司建设工程施工合同纠纷案[①]

基本案情

2012年7月5日，本溪庆永公司（甲方）与中色十二冶公司（乙方）签订建设工程施工合同。建设工程施工合同签订后，中色十二冶公司实际承建了天龙家园18栋楼。2013年6月19日，中色十二冶公司以本溪庆永公司未依约支付工

① 审理法院：一审法院为辽宁省高级人民法院，案号：（2014）辽民一初字第00021号民事判决；二审法院为中华人民共和国最高人民法院，（2018）最高法民终1313号。

程进度款为由予以停工。2013 年 6 月 20 日，本溪庆永公司向中色十二冶公司发出通知，指出：现天龙家园 20#、19#、18#、17#、26#、25#、24#、23#楼处在停工状态，如你单位因自身原因进行停工，务必向建设单位打停工报告，否则按擅自停工单方面违反甲乙双方签订的施工合同，违反合同法有关规定，给当地政府和建设单位造成不良影响，阻碍安置回迁工程顺利进行，要承担法律责任。2013 年 8 月 8 日，本溪县住房保障办公室主持双方就停工事宜进行了调解，双方签订了《关于解决天龙家园安置区建设存在问题的会议纪要》。2013 年 11 月 8 月，因气温降低，不符合施工要求，中色十二冶公司向本溪庆永公司提交停工报告，经本溪庆永公司批准后停工，停工日期为 2013 年 11 月 7 日，拟复工日期为 2014 年 4 月 1 日。

中色十二冶公司主张因本溪庆永公司付款违约造成其 2013 年 6 月 19 日至 2013 年 8 月 13 日停工 56 天期间停工损失 7534402. 61 元（包括人员窝工损失费、塔吊窝工损失费、脚手架租赁费损失等）。

法院判决

中色十二冶公司主张 2013 年 6 月 19 日至 2013 年 8 月 13 日期间停工 56 天停窝工损失 7534402. 61 元。根据双方提供的证据来看，其主要原因是本溪庆永公司支付工程进度款不足，以房屋、车辆、设备等方式抵顶的数额较大，在一定程度上影响了中色十二冶公司的资金周转包括支付施工人员的工资和材料商的货款等。而中色十二冶公司作为该工程的总承包商，存在自身管理不到位、未及时支付农民工工资、欠交农民工工资保障金等问题。因此，此次工程停工，主要责任在于中色十二冶公司，其要求本溪庆永公司赔偿其遭受的停窝工损失，法院不予支持。中色十二冶公司主张 2014 年 3 月 15 日至 2014 年 7 月 31 日期间未复工的经济损失 11962306. 51 元。虽然案涉工程存在未按合同约定日期开工、本溪庆永公司支付工程款不到位、发生了设计变更和现场签证等增加工程量等工期应予顺延的情况，以及施工过程中存在拆迁户阻挠施工、有关部门要求停工、材料供应不及时以及招投标和施工手续不全被有关部门数次要求整改、处罚等影响工期的情况，但双方于 2013 年 8 月 8 日签署的《关于解决天龙家园安置区建设存在问题的会议纪要》约定，中色十二冶公司应于 2013 年 11 月 30 日将工程竣工交付使用。事实上，中色十二冶公司从 2013 年 11 月 7 日申请进入冬休阶段，已无法按照上述会议纪要约定的日期即 2013 年 10 月 30 日交付工程。因此，对于案涉工程逾期未竣工并导致合同终止履行，中色十二冶公司负有一定责任。且中色十二冶公司主张的该项损失发生的证据不足。故中色十二冶公司要求本溪庆永公司赔偿其上述未复工的经济损失，法院不予支持。

专家点评

根据民法典合同编第804条规定，支持承包人停窝工损失的前提是损失属于业主方原因造成，承包人应当就停工原因、损失已实际发生以及损失具体数额等承担举证责任。本案中，中色十二冶公司主张的停窝工，区分为两个阶段，具体分析如下。中色十二冶公司主张，本溪庆永公司未按约定支付工程款，导致中色十二冶公司于2013年6月19日至2013年8月13日停工，产生包括人工费用、机械设备租赁费等停窝工损失共计700多万元。关于该阶段停工原因，根据证据可知，该阶段的停工原因主要是实际施工人未发放工人工资、行政部门勒令停工等。中色十二冶公司在施工管理方面，未依法依约履行总包职责，放任或疏于施工现场管理，明显存在不当，是导致该阶段停窝工主要原因。因此，中色十二冶公司要求本溪庆永公司赔偿该阶段停窝工损失，理据均不充分，法院不予支持，并无不当。

第八百零五条 因发包人变更计划，提供的资料不准确，或者未按照期限提供必需的勘察、设计工作条件而造成勘察、设计的返工、停工或者修改设计，发包人应当按照勘察人、设计人实际消耗的工作量增付费用。

【条文释义】

本条是对勘察、设计合同发包人违约责任的规定。

在勘察、设计合同中，因发包人的原因而造成勘察人、设计人损失的，构成发包人的违约行为。其主要违约行为是：（1）发包人变更计划，使勘察人、设计人增加工作量；（2）提供的资料不准确，造成勘察人、设计人工作成果出现问题；（3）未按照期限提供必需的勘察、设计工作条件，使勘察人、设计人无法正常进行工作。发包人的这些违约行为造成的后果是，使勘察人、设计人进行的勘察、设计返工、停工或者修改设计，造成财产上的损失。对此，发包人应当承担的违约责任是，按照勘察人、设计人实际消耗的工作量，增加付出的实际费用。

【案例评注】

李某诉余某某合同纠纷案[①]

基本案情

2015年9月11日，原告李某与被告余某某签订《设计委托合同》，约定由被告余某某委托原告李某承担该合同所列室内外装饰工程项目方案的制定与设计，工程面积为400平方米，设计费32000元，由被告余某某在原告李某进行设计前支付10000元定金，施工图效果图全部确认后付清余款，并约定尾款在2015年11月10日前结清。合同签订后，被告余某某向原告李某支付了设计费定金8000元，原告李某对藏珑小区三期13栋×号房屋进行了测量，并向被告余某某交付了该房屋室内外装饰工程的设计图纸。后在该房屋的装饰工程施工过程中，被告余某某多次要求原告李某对设计图纸进行修改，并以业主不满意设计图纸为由，要施工人员将部分已完工的工程予以拆除，原告李某在经过几次修改设计图纸之后，就设计图纸的继续修改问题与被告余某某产生争议，被告余某某遂未向原告李某支付剩余设计费。原告遂诉至法院请求被告支付，被告余某某提出抗辩，其拒绝支付剩余设计费是因原告李某拒绝更改设计图纸。

法院判决

法院认为，原告李某已经按照合同的约定制定出涉案房屋装修工程的设计图纸，被告余某某应当及时进行验收、确认，即如果其对该设计图纸有合理的修改意见，应当于装修工程施工前向原告李某提出，但被告余某某在装修工程施工过程中要求修改设计图纸，系业主根据实际的需求临时提出变更，应属增加的工作量。另外，证人龚某某也陈述在施工过程中，原告李某已经多次修改设计图纸，但因业主不满意，导致部分已完工工程全部拆除。故原告李某经过几次修改设计图纸后，其有权要求被告余某某增加设计费用或双方在未达成一致协议的情况下，原告李某有权拒绝变更设计图纸。因此，被告余某某的抗辩于法无据，不予采信。

---

① 审理法院：湖南省长沙市天心区人民法院，案号：（2017）湘0103民初2013号。

专家点评

在设计合同中，承包人履行合同义务需要依靠发包人提供必要的工作条件，如果发包人变更工作计划、提供的资料不准确，可能会导致承包人返工或者修改设计成果，从而加大合同约定的工作量。对此，由于发包人原因导致承包人返工或修改设计成果的，法律规定承包人有权要求增加设计费用。在本案中，原告李某已经根据合同约定完成了设计任务，被告余某某临时提出变更设计方案，属于事后增加的工作量，原告有权要求增加设计费用，否则拒绝进行修改。被告以原告没有修改设计方案为由，拒绝支付合同约定的报酬，不应予以支持。

第八百零六条 承包人将建设工程转包、违法分包的，发包人可以解除合同。

发包人提供的主要建筑材料、建筑构配件和设备不符合强制性标准或者不履行协助义务，致使承包人无法施工，经催告后在合理期限内仍未履行相应义务的，承包人可以解除合同。

合同解除后，已经完成的建设工程质量合格的，发包人应当按照约定支付相应的工程价款；已经完成的建设工程质量不合格的，参照本法第七百九十三条的规定处理。

【条文释义】

本条是对发包人、承包人法定解除权的规定。

发包人产生法定解除权的事由，是承包人将建设工程转包、违法分包。法律规定禁止承包人转包工程，从中获利。法律准许在符合条件的情况下，承包人分包部分工程，但违法进行分包也构成严重违约行为。所以，凡是承包人进行转包或者违法进行分包的，发包人产生法定解除权，可以通知承包人解除建设工程合同。

承包人产生法定解除权的要件是：（1）发包人提供的主要建筑材料、建筑构配件和设备不符合强制性标准，或者不履行协助义务；（2）上述原因须致使承包人无法施工；（3）承包人进行了催告，在催告的合理期限内仍未履行相应义务。符合上述三个要件的要求，承包人产生法定解除权，可以通知发包人解除建设工程合同。

建设工程合同解除后，应当处理好的善后事宜是：（1）已经完成的建设工程质量合格的，发包人应当按照约定支付相应的工程价款；（2）已经完成的建设工程质量不合格的，参照民法典合同编第 793 条的规定处理，即：①修复后的建设工程经竣工验收合格的，发包人可以要求承包人承担修复费用；②修复后的建设工程经竣工验收不合格的，承包人不能要求参照合同关于工程价款的约定补偿。发包人对因建设工程不合格造成的损失有过错的，应当承担相应的责任。

【案例评注】

山西三建、泰和春公司建设工程施工合同纠纷案[①]

基本案情

2009 年 9 月 5 日原告山西三建与被告泰和春公司签订《建设工程施工合同》，合同约定由原告承建被告开发的云兴大厦基坑支护及土石方工程、A 区（兴旺商贸大厦及其住宅）、C 区（酒店式办公楼）工程，合同金额约壹亿捌千万元，最终工程造价以有资质的第三方审定的工程造价为准，待工程量完成至 8000 万元（按双方认可的工程计价为准）15 天内，首次支付 3200 万元，2010 年年底支付 2000 万元，待住宅楼主体封顶后支付 1600 万元，余下工程款待竣工验收合格后付至 97%，余款作为工程质保金。待工程量达到 8000 万元后，按每月工程量的 85% 支付进度款，付款时间不迟于下月 5 日，工程完工后支付到 90%，竣工验收合格后付到 97%，预留 3% 的质保金至竣工验收合格后两年后返还。2013 年 5 月 30 日双方签订《施工补充合同》，约定商贸大厦住宅工程 2013 年 7 月 1 日竣工，商场和酒店办公楼工程 2013 年 8 月 31 日竣工，前提是配套工程外墙保温、外墙涂料、消防门窗、电梯自来水等分包工程在 2013 年 5 月 31 日前竣工，否则原告工程完工期限顺延；被告收到原告工程进度资料一个月内委托工程造价咨询公司进行审核作为支付工程款的依据等。2013 年 7 月 12 日，被告通知原告酒店办公楼土建施工十层以下停工。2014 年 11 月 14 日，被告发告知函，通知原告解除双方的建设工程施工合同。工程停工后，双方就工程量未再进行审核确认。截至

---

① 审理法院：一审法院为山西省大同市中级人民法院，案号：（2015）同商初字第 6 号；二审法院为山西省高级人民法院，案号：（2018）晋民终 298 号；再审法院为中华人民共和国最高人民法院，案号：（2018）最高法民申 5998 号。

2014 年 11 月 20 日，被告发包的工程未完工。经鉴定，由山西三建承建的泰和春公司云兴大厦基坑支护及土石方工程、A 区、C 区建筑安装工程已完成工程的造价为 172031989.32 元。截止到 2013 年 11 月 20 日，被告累计支付工程款 145268000 元。

法院判决

《最高人民法院关于审理建设工程施工合同纠纷案件适用法律问题的解释》第十条规定："建设工程施工合同解除后，已经完成的建设工程质量合格的，发包人应当按照约定支付相应的工程价款。"按照该司法解释第十四条第（二）项、第（三）项规定，承包人已经提交竣工验收报告，发包人拖延验收的，以承包人提交验收报告之日为竣工日期；建设工程未经竣工验收，发包人擅自使用的，以转移占有建设工程之日为竣工日期。就本案而言，案涉《建设工程施工合同》约定的竣工日期为 2011 年 12 月 30 日。山西三建在合同解除之后，案涉工程 A 区（兴旺商贸大厦及其住宅）的住宅已经实际入住使用，泰和春公司也未举证证明涉案工程存在验收不合格等质量问题，因此，案涉工程可以视为竣工验收。按照案涉《建设工程施工合同》关于工程款支付的约定，泰和春公司至少应向山西三建支付 97% 的工程款。

专家点评

现工程虽未完工，但双方已停止履行各自的合同义务，且山西三建请求解除双方之间的建设工程施工合同。根据民法典合同编第 806 条第 3 款的规定，建设工程施工合同解除后，已经完成的建设工程质量合格的，发包人应当按照约定支付相应的工程价款。本案中，诉争工程已经投入使用，可以视为竣工验收。因此，泰和春公司应当按照工程完工的标准，根据合同约定支付山西三建工程款。

第八百零七条 发包人未按照约定支付价款的，承包人可以催告发包人在合理期限内支付价款。发包人逾期不支付的，除根据建设工程的性质不宜折价、拍卖外，承包人可以与发包人协议将该工程折价，也可以请求人民法院将该工程依法拍卖。建设工程的价款就该工程折价或者拍卖的价款优先受偿。

【条文释义】

本条是对承包人建设工程留置权的规定。

建设工程验收合格后，发包人未按照约定支付价款，承包人有权对其进行催告，并确定支付价款的宽限期，通知发包人在宽限期内支付价款。发包人逾期不支付，应当依照法律规定承担违约责任，承包人享有法定的建设工程留置权。其基本规则是：(1) 发包人未按时支付建设工程价款，由于此时建设工程仍由承包人控制，只要不交付给发包人，实际上就是在留置，以担保自己的价款受偿权，应当对发包人进行催告，同时规定支付价款的合理期限，即付款宽限期。(2) 宽限期届满发包人仍不支付的，发包人可以行使该权利，方式有：①通过发包人与承包人之间的协议，对建设工程折价，发包人在支付折价款与工程款的差额之后，取得该项建设工程的所有权，使承包人的工程价款债权得到实现。②对建设工程进行拍卖，在拍卖变价款中，承包人优先受偿。(3) 优先受偿权的优先顺位，优先于发包人已经在在建工程上为其他债权人所设定的抵押权，即工程价款受偿权优先实现之后，其他抵押权才可以行使。(4) 对建设工程留置权没有规定要进行登记。原因是，由于建设工程留置权的性质属于法定担保物权，是基于法定条件的满足而直接取得，因此不需要进行登记。

【案例评注】

宁波建工、毛某建设工程施工合同纠纷[①]

基本案情

2010 年 9 月 27 日，宁波建工与喜瑞地产签订《建设工程施工合同》《房屋建筑工程质量保修书》各一份。合同签订后，宁波建工进场施工，兰溪世贸大饭店于 2010 年 10 月 23 日开工，2012 年 12 月 28 日竣工验收，并于 2013 年 2 月 5 日，完成竣工验收备案登记。2013 年 6 月 19 日、2013 年 8 月 27 日，宁波建工分别将世贸大饭店土建及安装工程的结算资料提交给喜瑞地产。2014 年 5 月，宁波建工

---

① 审理法院：一审法院为浙江省金华市中级人民法院，案号：(2015) 浙金民初字第 10 号；二审法院为浙江省高级人民法院，案号：(2018) 浙民终 179 号；再审法院为最高人民法院，案号：(2019) 最高法民再 105 号。

将世贸151公馆1～6#楼及公共地下室土建及安装工程的结算资料提交给喜瑞地产。

2013年2月25日，宁波建工、喜瑞地产签订《关于9#楼抢工的备忘录》一份，约定：（1）±0.00节点在2013年4月5日前完成，最迟不得在4月10日后，完成目标即奖励40万元。（2）主体结顶（大屋面）在2013年9月15日前完成，最迟不得在9月20日后，完成目标即行奖励80万元。2013年10月23日，宁波建工、喜瑞地产又签订《补充协议》一份。

2014年9月20日，宁波建工（甲方）与喜瑞地产（乙方）签订《补充协议》一份，约定：鉴于甲、乙双方于2010年9月27日签订建设工程施工合同，乙方将兰溪世贸大饭店、世贸151公馆小区交于甲方总承包施工。

法院判决

关于宁波建工作为建设工程承包方对世贸大饭店、世贸151公馆1～6#楼及地下室是否享有优先受偿权的问题

1. 关于建设工程价款优先受偿权行使期限起算点的确定问题。《最高人民法院关于建设工程价款优先受偿权问题的批复》第四条规定："建设工程承包人行使优先权的期限为六个月，自建设工程竣工之日或者建设工程合同约定的竣工之日起计算"。该批复是基于《合同法》第二百八十六条的规定，对建设工程承包人工程价款优先受偿权行使期限的具体规定，二者并不矛盾。《合同法》第二百八十六条规定："发包人未按照约定支付价款的，承包人可以催告发包人在合理期限内支付价款。发包人逾期不支付的，除按照建设工程的性质不宜折价、拍卖的以外，承包人可以与发包人协议将该工程折价，也可以申请人民法院将该工程依法拍卖。建设工程的价款就该工程折价或者拍卖的价款优先受偿。"该规定一方面从法律的层面确认承包人对建设工程价款的优先受偿权，另一方面规定了承包人行使优先受偿权的前提条件，即只有在发包人逾期不支付工程价款时才可以行使优先受偿权。建设工程价款优先受偿权的行使对象是建设工程折价或者拍卖的价款，而工程折价或者拍卖的前提是发包人逾期不支付工程款。据此，建设工程优先受偿权行使期限的起算时间一般应为工程竣工之日或者建设工程合同约定的竣工之日，但若工程价款在工程竣工之日或者建设工程合同约定的竣工之日仍未确定或者未届清偿期的，此时行使优先受偿权的前提条件尚不成立，亦无起算优先受偿权行使期限的必要，此种情况下的工程价款优先受偿权应待工程价款确定并应受清偿之日起算。这也与2019年2月1日起施行的《最高人民法院关于审理建设工程施工合同纠纷案件适用法律问题的解释（二）》第二十二条关于"承包人行使建设工程价款优先受偿权的期限为六个月，自发包人应当给付建设工程

价款之日起算”的规定精神相一致。

2. 关于案涉工程不能以工程竣工之日作为优先受偿权行使期限起算点的依据。本案中，根据案涉《建设工程施工合同》的约定，世贸大饭店和世贸151公馆的付款均是分期付款，在竣工之前按工程量付款，工程竣工之后分三期付款，具体为：单体工程经四方竣工验收合格后按预算价支付至85%的工程款，房建工程竣工验收合格且备案通过后按预算价支付至92%的工程款，其余部分工程款待工程决算审核完毕留足审核造价的3%工程保修金后一次性付清；关于工程决算，房建工程竣工验收合格，承包人向发包人提供完整、清晰的工程竣工结算报告和竣工结算资料后，发包人在五个半月内提交审核报告并经双方确认后作为最终结算依据。结合上述约定可知，合同约定的付款方式为分期付款，后三期付款期限均在竣工验收之后，其中最后一笔款项在双方决算之后。因此，在当事人明确约定的工程款支付时间晚于工程竣工之日的情况下，承包人根据《合同法》第二百八十六条享有的建设工程价款优先受偿权行使的前提条件尚不具备，也就不存在自工程竣工之日起算六个月行使期限的问题，本案中应当以工程款应支付时间作为建设工程优先受偿权的起算点。一、二审判决以工程竣工之日作为建设工程优先受偿权六个月行使期限的起算点，适用法律错误，应予纠正。

3. 关于案涉建设工程价款优先受偿权未过行使期限的确定。虽然双方在《建设工程施工合同》中约定了付款的期限及方式，但是由于喜瑞地产未能按时足额支付工程款，2014年6月4日宁波建工以喜瑞地产欠付工程款为由提起诉讼，要求喜瑞地产支付工程款。在该案审理过程中，双方于2014年7月14日达成《和解协议》，对案涉工程价款的付款期限和付款方式进行了重新约定，约定喜瑞地产2014年8月20日前支付2000万元进度款，同时喜瑞地产收取的政府退税、住宅售房款、股东投资款、股东出借款、项目融资款、项目资产出售款项作为还款来源应当在进账后七日内优先支付宁波建工的工程款，不足部分再由宁波建工向喜瑞地产追偿，并由三联集团对全部未付工程款承担连带保证责任，马某、毛某、朱某、赵某、胡某对2000万元进度款按各自在喜瑞地产的出资份额承担保证责任。由于喜瑞地产没有履行《和解协议》的义务，2014年9月20日，宁波建工和喜瑞地产又签订《补充协议》，约定喜瑞地产以未出售的八套商品房以预售合同的形式备案给宁波建工或其指定人员，但约定《和解协议》仍然有效。据此，案涉建设工程价款的支付时间由《建设工程施工合同》约定的分期付款、直至工程决算审核完毕一次性付清变更为不确定的付款期限。2015年3月5日，由于喜瑞地产未履行《和解协议》的约定义务，宁波建工提起本案诉讼要求喜瑞地产支付案涉工程价款，可视为其享有的建设工程价款优先受偿权的行使期限的起点，故宁波建工2015年4月27日主张案涉工程价款优先受偿权，并未超过六个月的行使期限。

4. 关于喜瑞地产和三联集团主张案涉世贸大饭店，世贸151公馆1～6#楼、地下室以及××楼是否应各自独立起算优先受偿权行使期限的问题工程施工合同》中虽然对世贸大饭店和世贸151公馆分别规定了工期和付款期限，宁波建工也就世贸大饭店、世贸151公馆1～6#楼及地下室、世贸151公馆7～9#楼分别提交结算资料，但是喜瑞地产的付款并未按照三部分工程独立付款，而且在宁波建工提起的第一次诉讼中各方达成的《和解协议》中对剩余工程款的支付一并作出约定，并未区分前述各部分工程的价款。因此，在世贸大饭店、世贸151公馆1～6#楼及地下室、7～9#楼的工程价款系整体支付的情况下，喜瑞地产和三联集团关于案涉工程价款的优先受偿权应分别起算的主张，与客观事实不符。一、二审判决认定案涉工程系三项相对独立工程，仅认定宁波建工对世贸151公馆7～9#楼享有优先受偿权有误，本院予以纠正。

综上，宁波建工作为建设工程承包方对世贸大饭店、世贸151公馆1～6#楼及地下室享有的工程价款优先受偿权，并未超过行使期限。至于宁波建工享有的工程价款优先受偿权能否对抗其他可能的相关权利人问题，本院同意二审判决的释明：因该问题涉及案外相关权利人利益，不宜在本案中作出审查，应由宁波建工与相关权利人另行解决。

专家点评

依据民法典合同编第807条规定，主张优先受偿权的前提是“发包人未按照约定支付价款”，实质上是要达到价款确定且支付期限届满的条件。本案工程竣工之时工程价款尚未确定，更未达到约定的付款期限，一、二审法院机械地按照工程竣工验收之日起算工程价款优先受偿权期限，不利于保护承包人的权利。优先受偿权应以双方当事人约定的工程价款支付期限届满之日起算。案涉《建设工程施工合同》约定的付款时间晚于工程竣工时间。后经多次协商，达成《补充协议》后，约定的付款时间更加晚于实际竣工时间。故一审法院立案受理本案之日（2015年3月26日）才为本案工程款届期之日，应从该日起算兰溪世贸项目（世贸大饭店、世贸151公馆）整体工程的优先受偿权。若工程价款支付期限约定不明的，应以结算达成之日起算。本案的工程价款系一审法院依据浙江宏誉工程咨询有限公司关于兰溪世贸项目的工程造价鉴定报告确定。因此，即便未以工程价款支付届期之日作为优先受偿权的起算日，也应以一审判决书送达之日作为工程价款确定之时，即优先受偿权的起算日期。若合同解除或者终止履行的，应以合同解除或终止履行之日起算。案涉《建设工程施工合同》履行过程中，喜瑞地产未按合同约定支付相应款项，也未按 2014 年 7 月 14 日达成的《和解协议》之约定支付工程进度款，导致复工条件未成就，后其于 2015 年 4 月 27 日起诉宁波建工，要求宁波建工办理竣工验收，无须继续施工。故喜瑞地产起诉之日应视为双方合同终止履行之日，应以此起算优先受偿权。如前所述，从实际履行过程、双方达成的协议来看，兰溪世贸项目是作为一个整体工程进行验收和结算的。即便以竣工验收之日起算，也应以整体工程全部竣工验收之日即喜瑞地产诉宁波建工完成 7 ~9#楼竣工验收一案二审判决生效之日起算。综上，宁波建工已于 2015 年 4 月 27 日向一审法院主张行使优先受偿权，无论按照哪个时间起算优先受偿权，宁波建工的主张都未超过保护期限。

第八百零八条 本章没有规定的，适用承揽合同的有关规定。

【条文释义】

本条是对建设工程合同准用承揽合同规则的规定。

建设工程合同的本质属性是承揽合同，建设工程实际上也是承揽。故承揽合同是建设工程合同、技术服务合同、技术开发合同的基准性合同。尽管本章对建设工程合同的规则作了详细规定，但是仍有不足部分。由于建设工程合同也是承揽合同，故本章对建设工程合同规则没有规定的内容，应当适用承揽合同的有关规定。例如，本编第 774 条关于“承揽人提供材料的，应当按照约定选用材料，并接受定作人检验”的规定，第 775 条关于“定作人提供材料的，应当按照约定提供材料。承揽人对定作人提供的材料，应当及时检验，发现不符合约定时，应当及时通知定作人更换、补齐或者采取其他补救措施”“承揽人不得擅自更换定作人提供的材料，不得更换不需要修理的零部件”的规定，第 776 条关于“承揽人发现定作人提供的图纸或者技术要求不合理的，应当及时通知定作人。因定作人怠于答复等原因造成承揽人损失的，应当赔偿损失”的规定，第 784 条关于“承揽人应当妥善保管定作人提供的材料以及完成的工作成果，因保管不善造成毁损、灭失的，应当承担赔偿责任”的规定，以及第 785 条关于“承揽人应当按照定作人的要求保守秘密，未经定作人许可，不得留存复制品或者技术资料”的规定，本章都没有具体规定，可以适用于建设工程合同。

【案例评注】

双鸭山体育局、五环公司建设工程施工合同纠纷案[①]

基本案情

2005年4月10日，强大公司与双鸭山体育局签订建设工程施工合同，由强大公司承包体健中心建设工程，2006年8月25日，工程施工中，另一施工队远大公司电焊工汤某明在电焊作业时引燃可燃性材料，导致火灾。火灾发生后，强大公司撤离施工现场。双鸭山体育局将强大公司未完成工程及火灾毁损的工程部分委托其他单位进行施工。2007年1月16日，强大公司向双鸭山体育局提交了工程竣工验收图纸、工程档案等材料要求工程结算，双鸭山体育局不同意按强大公司的主张结算。强大公司现称火灾前由其所承建的工程除雨蓬工程15%未完成之外，其他工程已全部完工，故请求双鸭山体育局、五环公司给付工程款3084777.60元及利息，并由双鸭山体育局、五环公司承担违约责任。诉讼中，双鸭山体育局提交了其在（2009）双民初字第2号案件审理中由双鸭山名宣司法鉴定中心出具的双名宣司鉴字［2009］工鉴字第23号司法鉴定意见书，鉴定意见为：（1）强大公司施工完成的体健中心室内铝塑板装饰工程火灾后已无剩余的可利用的工程成品量；室外玻璃幕墙装饰工程火灾后剩余的可利用的工程成品量合计为2739.287m^2、铝塑板幕墙装饰工程火灾后剩余的可利用的工程成品量面积为44.40m^2。（2）体健中心全部工程中（含其他单位施工部分）玻璃幕墙装饰工程总面积为3697.89m^2、铝塑板幕墙面积总计126.27m^2；室内铝塑板装饰工程总面积为1948.216m^2。后双鸭山体育局和五环公司对晚开业四个月的经济损失提出补充鉴定申请，经委托黑龙江国惠会计师事务所有限公司对晚开业四个月的经济损失进行司法鉴定。黑龙江国惠会计师事务所有限公司出具黑国惠会鉴证字［2014］J002号经济鉴证意见书，鉴定结论为：体健中心晚开业四个月经济损失约38万元人民币。强大公司对其施工的工程量提出司法鉴定申请，经委托双鸭山市新正司法鉴定所对强大公司施工的工程量（按双方合同约定确定工程价款）进行司法鉴定。

---

① 审理法院：一审法院为黑龙江省双鸭山市中级人民法院，案号：（2008）双民初字第5号；二审法院为黑龙江省高级人民法院，案号：（2016）黑民终370号；再审法院为中华人民共和国最高人民法院，案号：（2017）最高法民申3660号。

法院判决

关于案涉工程火灾损毁责任的承担问题。依据《合同法》第二百六十五条的规定：承揽人应当妥善保管定作人提供的材料以及完成的工作成果，因保管不善造成损毁、灭失的，应当承担损害赔偿责任。本案中，强大公司合同义务是完成并交付工作成果，在交付前，工作成果是在强大公司占有之下的，强大公司应当妥善保管工作成果。但这种妥善保管是在双方没有特别约定的情况下，按照本行业的一般要求进行的保管。案涉工程在施工过程中引起火灾并非系强大公司未采用适当的保管措施所造成，且双鸭山体育局亦未举示证据证实强大公司对引起火灾具有过错。故强大公司对火灾造成的损失不应承担损害赔偿责任。虽双方签订的《建设工程施工合同》中第9.1.6条约定“承包方负责成品保护”以及第四十七条约定“由于承包方自身原因发生的安全事故，承包方自行承担责任”，但均是对强大公司保管义务以及自身原因造成安全事故需承担责任的一般约定，对于强大公司自身以外的原因造成安全事故的责任，双方对此并未特别约定。案涉工程为双鸭山市体健中心的外装工程，损毁的部分非装饰材料本身，强大公司通过施工已将装饰材料物化到体健中心主体之上。远大公司引起火灾侵害的是建设单位双鸭山体育局与五环公司的财产权，故应由双鸭山体育局与五环公司要求侵害人远大公司承担赔偿责任。同时，因强大公司、远大公司均系案涉工程的施工单位，由建设单位提出索赔更有利于损害赔偿问题的一并解决。

专家点评

民法典合同编第808条规定“本章没有规定的，适用承揽合同的有关规定。”本案对火灾责任的承担，直接涉及强大公司能否得到工程款。案涉工程并非因强大公司未采取适当的保管措施所造成，且五环公司、双鸭山体育局也不能举证证明强大公司对火灾的发生具有过错。案涉《建设工程施工合同》对于因他人引起的安全事故责任承担没有明确约定。案涉工程发生火灾时，强大公司的劳动成果已经物化到体育健身中心主体工程之上，二者不可分割。远大公司因施工引起火灾时，强大公司根本不可能再转移劳动成果，不存在对施工现场管理的事实。因此，强大公司不应对案涉火灾毁损承担责任。

第十九章 运输合同

第一节 一般规定

第八百零九条 运输合同是承运人将旅客或者货物从起运地点运输到约定地点，旅客、托运人或者收货人支付票款或者运输费用的合同。

【条文释义】

本条是对运输合同概念的规定。

运输合同又叫运送合同，是指承运人将旅客或者货物从起运点运输到约定地点，旅客、托收人或者收货人支付票款或者运输费用的合同。运输合同是实现人流、物流的重要法律形式，其特征是：(1) 运输合同是双务、有偿合同；(2) 运输合同为诺成合同；(3) 运输合同多为格式条款。

运输合同的分类是，以运输的对象为标准，运输合同可以分为旅客运输合同与货物运输合同；以运输工具为标准，运输合同可以分为铁路运输合同、公路运输合同、航空运输合同、水上运输合同、海上运输合同以及管道运输合同等；以承运人的多少为标准，运输合同可以分为单一运输合同和联合运输合同。

【案例评注】

某保险公司上海市分公司、奥海公司航次租船合同纠纷案①

基本案情

2014 年 1 月 29 日，振华公司与唐山港公司签订购置合同，约定由唐山港公

① 审理法院：一审法院为武汉海事法院，案号：(2015) 武海法商字第 01245 号；二审法院为湖北省高级人民法院，案号：(2019) 鄂民终 955 号。

司向振华公司购置9台4××~4××和1台2××~3××四连杆港口门座式起重机，交货地点为唐山港公司指定地点，交货时间为2014年8月31日前，该合同为固定总价合同，合同价款中包括货物到达指定交货地点及售后服务和产品检验的一切费用。上述合同签订后，振华公司安排由其控股的港机公司生产合同项下货物，并授权港机公司以自己的名义代理振华公司办理货物运输事宜，包括签署相应的合同或协议文件及支付运费等。

2014年7月15日，港机公司与奥海公司签订沿海运输合同，约定由港机公司向奥海公司租用“海澄168”轮、“华富708”轮、“勇洲107”轮、“奥海大件”轮（或同类型船舶），将门座式起重机（分二大件运输，门架12件、转盘系统13件）自张家港基地码头运至唐山码头。奥海公司随后于2014年7月19日与华富公司签订沿海运输合同，约定由奥海公司向华富公司租用“华富219”轮（拖轮）、“华富708”轮（驳船）船组将门座式起重机（4个门架，4个转盘，分二大件运输）自张家港基地码头运至唐山码头。以上两份沿海运输合同均约定：货物装船、绑固、解绑、卸船由租船人负责，受载期为2014年7月18日至2014年8月8日，装卸船时间各4天，可合并计算；船东应使船舶在开航前和开航当时处于适航、适载状态，并妥善配备船员、装备船舶和配备供应品，并保持船舶在抵达卸货港之前及当时处于适航、适载状态；在拖运过程中，由于自然灾害或其他人力不可抗拒的情形造成拖轮、驳船、运输船舶或装于其上面的货物损坏或者灭失时，合同双方各自承担自己的损失；因租船人原因造成的一切损失由租船人负责，因船东原因造成的一切损失由船东负责；合同未尽事宜双方协商解决，协商不成的，向中国海事仲裁委员会上海分会提起仲裁。合同中还就运费、滞期费/速遣费、装卸时间的计算、免责及保险等事项进行了约定。

2014年8月1日，“华富219”轮拖带“华富708”轮抵达张家港。2014年8月14日，“华富709”轮受载门架4台、机房总成3台以及相关配件完毕。其中，每台门架重183吨，长13.5米，宽20米，高25米；每台机房总成重453吨，长10.5米，宽8.5米，高28米。涉案货物的绑扎系固由港机公司设计方案并完成施工。中国船级社江阴办事处对拖航计划书、门机散件驳运完整稳性计算书、门机绑扎计算书等资料进行审查，并对拖船“华富219”轮、被拖物“华富708”轮及其拖曳设备进行检验后，于2014年8月14日颁发了海上适拖证书，该证书核准的航线为张家港至京唐港单程一水，证书有效期至2014年9月13日止，该证书载明“本次拖航限在蒲氏六级及以下风力进行”。

2014年8月15日16时，“华富219”轮拖带“华富708”轮从港机公司码头开航，前往京唐港。2014年8月17日23时40分，船组航行在黄海海域时，因风浪较大，船员通过探照灯及望远镜观察发现“华富708”轮横摇大约10度至15度，为了减少驳船横摇，“华富219”轮转向顶浪航行。2014年8月18日1时35分，船员发现“华富708”轮后甲板上的3台机房落入海中，当时船位34°23′243″N、122°46′000″E。经向船公司汇报，为保证船组及其他货物的安全，船组改向大连港继续航行。2014年8月19日23时10分，船组靠好大连港。船长于次日出具海事声明。港机公司随后向振华公司书面报告了事故情况。

法院判决

《合同法》第二百八十八条规定，运输合同是承运人将旅客或者货物从起运地点运输到约定地点，旅客、托运人或者收货人支付票款或者运输费用的合同。《海商法》第九十二条规定，航次租船合同，是指船舶出租人向承租人提供船舶或者船舶的部分舱位，装运约定的货物，从一港运至另一港，由承租人支付约定运费的合同。案涉合同关系的性质应为航次租船合同。某保险公司上海分公司系依据《发运交接清单》提起本案诉讼，但清单上载明的“华富708”为无动力驳船，单独使用并不能达到运输的目的。泛华公估公司出具的公估报告中附有港机公司与奥海公司签订的《沿海运输合同》，合同约定的船舶亦包括“华富708”，且公估报告还记载了《发运交接清单》签署后，“华富219”拖带包括“华富708”在内的四艘驳船组成的船组装载了案涉货物并开航，在船组航行过程中发生了案涉保险事故，因该公估报告系某保险公司上海分公司提交，则可以认定《发运交接清单》系基于港机公司与奥海公司签订的《沿海运输合同》的约定，履行货物交接义务的凭证，而《沿海运输合同》的条款是审理本案的基础。该合同虽然名为《沿海运输合同》，但合同中明确约定港机公司为租船人，奥海公司为船东，且对船东提供船舶的标准以及航次、替代船舶等事宜进行了约定，故案涉《沿海运输合同》的约定内容更符合航次租船合同的特征。

专家点评

判断合同性质的依据是合同内容而不是合同名称，案涉合同约定的各项内容符合航次租船合同的特征，应定性为航次租船合同，本案案由也应认定为航次租船合同纠纷。华富公司和欧兰特公司不是运输合同的相对人，根据合同相对性原则，华富公司和欧兰特公司不应承担货损责任。

第八百一十条 从事公共运输的承运人不得拒绝旅客、托运人通常、合理的运输要求。

【条文释义】

本条是对公共运输承运人强制缔约义务的规定。

公共运输，是班轮、班机和班车运输，以及其他对外公布的固定路线、固定时间、固定价格进行商业性运输的运输服务行为。公共运输合同承运人承担的义务，既包括运送旅客的活动，也包括运送货物的活动，都是关乎广大群众利益的工作，具有重要的社会意义，因而法律赋予公共运输承运人以强制缔约义务，即从事公共运输的承运人对要求订立合同的旅客和承运人，负有必须签订合同，不得拒绝旅客、托运人通常、合理的运输要求的义务。换言之，承运人不得拒绝旅客和托运人的订约要求，对于旅客和托运人的通常的、合理的订约要求，必须作出承诺。如果拒载，就是违反了强制缔约义务，应当对旅客、承运人承担违约责任。

【案例评注】

钟某、黄某3合同纠纷案[①]

基本案情

2017年10月7日，黄某3与受害人钟某原计划从龙南站乘车到东莞东站，两人通过12306网站购买了K105次列车2号车厢无座龙南站至定南站，票价为10元的车票各一张。当日22时48分，两人登上了该次列车，列车在抵达定南站时，黄某3与钟某未下车继续乘坐列车。10月8日0时38分，列车行驶在龙川站至河源站区间，黄某3及钟某在2号车厢与同车乘客管某因车厢拥挤发生争执，产生肢体冲突，当日1时28分，管某通过拥挤车厢时遭到黄某3再次威胁阻拦后，管某持刀刺向黄某3腹部，后与黄某3、钟某扭打在一起，管某挥刀乱刺乱划致黄、钟二人多处受伤。1时31分，K105次列车到达河源车站，站务员拨打120急救电话，黄某3及钟某被救护车接至河源市人民医院救治。2017年11月，河源市人民医院出具居民死亡医学证明书证实钟某于2017年10月8日死亡，死亡原因为全身多处刀刺伤。2017年12月6日，经广州铁路公安局惠州公安处鉴

① 审理法院：一审法院为广州铁路运输法院，案号：（2018）粤7101民初92号；二审法院为广州铁路运输中级法院，案号：（2019）粤71民终20号。

定黄某3的损伤程度属轻伤二级。案外人管某于案发当日被抓获归案。2018年3月23日，经广州铁路运输中级法院审理，管某被判犯故意伤害罪，判处死刑缓期两年执行。双方当事人庭审中确认，该刑事案件二审维持原判。一审庭审中，黄某3确认直至庭审之日，仍未补交其与钟某二人定南站至河源站的车票费用。北京局公司一审庭审中表示不同意继续履行黄某3和钟某二人超过定南站后行程的铁路旅客运输合同。再查明，钟某、曾某3分别为钟某的父亲和母亲，黄某3和钟某为夫妻关系，黄某1、黄某2为钟某和黄某3的子女。

法院判决

本案受害人黄某3、钟某持当天当次有效车票上车，非无票人员。此外，北京局公司亦未有证据证明列车人员向黄某3、钟某补收票款遭到拒绝以及列车人员明示拒绝补票的事实，因此，双方的运输合同发生变更，双方继续享有合同权利、履行合同义务。一审认定案外人管某对黄某3和钟某实施伤害时，黄某3、钟某与北京局公司之间已经不存在铁路旅客运输合同关系错误，本院予以纠正。

专家点评

黄某3、钟某未在车票目的地定南站下车属于越站乘车。按照民法典合同编第810条、《铁路旅客运输规程》第38条的规定，从事公共运输的承运人不得拒绝旅客通常、合理的运输要求；对于越站乘坐的旅客，有运输能力的承运人应当予以办理续乘，承运人有加收票款的权利；只有当旅客拒绝支付票款的时候，承运人方可拒绝运输。可见，根据合同法鼓励交易原则和公共运输合同中的强制缔约原则，只要旅客有继续乘坐的意愿，一般情况下铁路运输企业应当接受，双方的运输合同发生变更但仍然成立。本案中，列车长在黄某3、钟某上车前向前方车站发送电报，要求前方车站控制票额。按照正常的文义理解，列车长只是提醒前方车站少售、停售车票或者拒绝旅客无票乘车，而非禁止乘坐人变更目的地。

第八百一十一条 承运人应当在约定期限或者合理期限内将旅客、货物安全运输到约定地点。

【条文释义】

本条是对承运人按时、安全运送义务的规定。

在运输合同中，承运人的主要义务是按时、安全地将旅客、货物运输到约定的地点。这是运输合同适当履行义务的表现，具体为按照运输期限、地点和约定方式，由特定主体履行，承运人在运输期限将客货运送到目的地的义务。具体的要求是：(1) 承运人按照约定期间或者合理期间履行运送义务。法律之所以强调合理期限，是因为时间对旅客或货物具有重要影响，超出约定期间或合理期限有可能导致运输合同的目的不能实现。(2) 安全运输义务，旅客持票上了承运人的运输工具后，或者托运人将货物交付承运人之后，承运人即负有将客货安全运输到目的地的义务。非因法定的免责原因而造成客货损害的，应当承担相应责任。(3) 承运人按照约定的地点履行，包括起始地点和运送终点都应符合约定。运送到约定地点并交付合同载明的收货人的义务。不履行按约定地点运送客货的，承运人对造成的损害承担违约责任。

【案例评注】

某保险公司天津分公司、恒荣船务公司船舶碰撞损害责任纠纷案①

基本案情

"恒鑫"轮登记共有人为恒荣船务公司、林某，分别拥有51%和49%股份，船籍港连云港，总吨6362，净吨3562。2014年9月16日，恒荣船务公司与鑫海公司签订《航次租船合同》，约定"恒鑫"轮载运10，500吨钢材，货物不足也按此数量结算，超过部分据实计算，运费63.5元/吨，装3天卸4天，受载期19日（+/-1天），预付定金50000元。

2014年9月15日，海诚船务公司以船舶出租人身份分别与李某、华某签订《运输合同》，9月30日，"恒鑫"轮航行至福建沿海海域遭遇东北大风，因船舶摇摆剧烈，当日21时32分在平潭岛澳前湾附近海域抛锚避风。锚泊期间，当地海域东北风6~7级，阵风7~8，大浪。在风和浪的作用下，"恒鑫"轮发生走锚。10月1日4时41分，"恒鑫"轮与锚泊在附近海域的"瑞达6"轮发生碰撞，导致"恒鑫"轮船货沉没。

2015年1月8日，福州海事局作出《碰撞事故调查报告》认为，"恒鑫"轮在大风浪天气条件下，当班大副未能充分履行值班义务，没有进行有效瞭望和检

---

① 审理法院：一审法院为厦门海事法院，案号：(2015) 厦海法事初字第56号；二审法院为福建省高级人民法院，案号：(2018) 闽民终1305号。

查船位、定时巡视甲板，发现船舶走锚后，未采取有效应急措施，违反了《海上交通安全法》第9条以及《海船船员值班规则》（以下简称“船员值班规则”）第46条第2款、第3款、第5款、第6款、第7款、第11款规定，负事故主要责任；而“瑞达6”轮对危险局面估计不足，未能及早采取避碰措施，违反了《船员值班规则》第46条第3款、第6款、第11款规定，负次要责任。

2015年5月12日，福州海事局作出［2015］2号《水上交通事故认定书》，认为本起事故当事船舶双方均存在过失所致，“恒鑫”轮过失程度大于“瑞达6”轮，应负事故主要责任，“瑞达6”轮负次要责任。

法院判决

根据《合同法》第二百九十六条规定：“承运人应当在约定期间或者合理期间内将旅客、货物安全运输到约定地点。”故除《运输合同》另有约定外，海诚船务公司作为承运人，负有将其掌管期间的货物，安全、快捷运送的法定义务。而且《合同法》第三百一十一条明确规定：“承运人对运输过程中货物的毁损、灭失承担损害赔偿责任，但承运人证明货物的毁损、灭失是因为不可抗力、货物本身的自然性质或者合理损害以及托运人、收货人的过错造成的，不承担损害赔偿责任。”故其作为承运人应对其责任期间的货物灭失或者损坏，承担损害赔偿责任。而且其作为运单所载明的托运人，将其承揽运送的货物进行投保，当然具有法律上的利害关系。某保险天津公司作为案涉货物运输保险人，根据《水路货物运输保险条款》承保案涉货物，进而签发《保险单》，查有实据，应予认定。故在发生保险事故后，人寿保险天津公司作为案涉货物运输保险人，依据合同约定与相关法律规定，对涉案货物运输保险赔付后取得代位求偿权，进而提起侵权损害赔偿，于法有据，应予确认。

专家点评

本案中，福州海事局的《碰撞事故调查报告》认为，“恒鑫”轮负事故主要责任；“瑞达6”轮对事故负次要责任。作为承运人的“恒鑫”轮的登记人恒荣船务公司、林某应为货物的损失承担责任。

第八百一十二条 承运人应当按照约定的或者通常的运输路线将旅客、货物运输到约定地点。

【条文释义】

本条是对承运人按照约定运输路线运送的规定。

在运输合同中，承运人负有按照约定的或者通常的运输路线运送旅客或者货物的义务。对运输线路的不同选择，影响着客货的运输时间以及其他利益，关系重大，故承运人负有按照通常的运输路线将旅客、货物运输到约定地点的义务。对按照约定的运输线路运送，是运输合同选择运输线路的基本要求。不过也会存在出现异常情形难以按照约定的运输路线运送的情形，如约定的运输线路出现异常天气而合理绕行，约定的运输线路出现危险而选择约定路线以外的路线运送，都是通常的运输路线，不能认为凡是没有按照约定的运输路线运送都是违约行为。承运人没有按照约定的或者通常的运输路线运送旅客、货物，构成违约行为，应当承担违约责任。

【案例评注】

黄某某、精益公司公路货物运输合同纠纷案[①]

基本案情

2018 年 9 月 29 日，经人介绍，豫 A ××××× 车辆的实际负责经营人赵某接受黄某某委托，派司机高某 1、高某 2 将重量为 2886.60 斤，单价每斤 133 元，总货款为 383910 元的活东星斑从海南省琼海市运输至宁波市水产交易中心路林市场，收货人为郑某，双方口头约定到达宁波路林水产批发市场时间为 2018 年 10 月 1 日，运费为 21500 元。双方未签订书面的运输合同。黄某某指派卓某随车押运。对于运输路线，卓某要求由高某 1、高某 2 按照导航行驶。运输途中，在广东湛江给鱼换过一次海水，后在江西境内要给鱼换水时，因无海水而未换水。2018 年 10 月 2 日凌晨 1 点，鱼运至宁波市水产交易中心路林市场，在卸车过程中，发现鱼死亡，黄某某委托收货方郑某等立即销售了鱼。另认定，车牌号为豫 A ××××× 车辆登记在精益公司名下，该车系赵某挂靠在精益公司名下经营，双方签订了《车辆挂靠经营协议书》，约定：挂靠期间为 2018 年 7 月 9 日至 2023 年 7 月 8 日，

---

① 审理法院：一审法院为浙江省宁波市江北区人民法院，案号：（2018）浙 0205 民初 5050 号；二审法院为浙江省宁波市中级人民法院，案号：（2019）浙 02 民终 2795 号。

挂靠期间赵某每年支付精益公司1000元，作为代办该车辆的各种事项及各项管理的服务费用。挂靠期间，赵某可以完全自主使用挂靠车辆，自负盈亏，产生的效益归其支配和使用，同时产生的一切责任和损失由其承担。赵某应自行承担自己及雇佣人员的行政、民事、刑事责任；自行聘请的驾驶员，该驾驶员必须具有驾驶挂靠车辆的资格，同时应承担聘请的驾驶员所产生的法律责任等各方的权利义务。司机高某1、高某2系由赵某出面聘用。

法院判决

该院认为造成鱼死亡的原因是多种的，根据经营活鱼交易的两证人陈述，未及时给鱼更换海水应该是主要的原因。涉案运输标的物为活的东星斑鱼，作为承运人赵某是专业运输鲜活鱼货的，其所有的豫A×××××车辆亦配备了相应的装置，在本次运输途中在广东湛江已经换过一次海水，故作为承运人赵某雇佣的两驾驶员对东星斑鱼从海南运输至宁波期间需要更换水是知晓的。根据《合同法》第二百九十一条的规定：“承运人应当按照约定的或者通常的运输路线将旅客、货物运输到约定地点。”双方未签订书面的运输合同，对运输路线也未作约定，虽然托运人指派了卓某随车押运，关于运输路线，卓某只是要求按照导航行使，具体导航是由驾驶员高某1、高某2来选择，导航的路线不只一条，驾驶员理应选择靠近沿海的线路行驶以方便于更换海水。由于驾驶员选择了内陆线路，在行使至江西境内时想要给鱼更换海水时已经不可能，故驾驶员在选择行使线路上存在过错。因驾驶员系由车主赵某雇佣，故应由赵某承担因其过错造成黄某某的损失的赔偿责任。同时，托运人黄某某委派了随车押运员卓某，理应对活的东星斑鱼在运输途中应注意的事项比较精通，卓某在驾驶员选择导航路线时未明确告知应选择靠近沿海的线路，对损失的产生是有过错的，应对自己的损失承担相应的责任。至于路上拥堵导致鱼运输到达目的地的时间相较约定时间晚到了几个小时，该院认为，在鱼正常换水的情况下，延长几个小时并不会导致鱼死亡。综合鱼死亡的原因、各方的过错，该院酌定由承运人赵某对黄某某的损失承担35%的责任。

专家点评

机动车被挂靠单位有义务和责任对挂靠在自己名下的车辆进行管理和约束。根据有关法律规定，公民、法人从事道路运输经营活动必须依法定程序向有关行政机关申请道路运输经营许可资质，可见国家对道路运输经营行业采取了行政准入的管理制度。车辆被挂靠单位作为道路运输经营行业的经营单位，在取得道路运输经营许可资质后，即有权决定所辖车辆的经营路线、运营时间和安全检修等相关业务，有责任监管车辆如何以单位名义提供服务，有义务对驾驶知识安全教育，并承担因之带来的不利后果。车辆被挂靠单位的运营利益不仅仅体现为挂靠费，还包括因挂靠车辆所为其带来的规模效益、信誉利益等，均应认定为挂靠单位的运行利益，因此需对受侵害的第三人须与挂靠人承担连带赔偿责任。

第八百一十三条　旅客、托运人或者收货人应当支付票款或者运输费用。承运人未按照约定路线或者通常路线运输增加票款或者运输费用的，旅客、托运人或者收货人可以拒绝支付增加部分的票款或者运输费用。

【条文释义】

本条是对旅客、托运人或收货人支付票款或运费的规定。

旅客、托运人或者收货人应当按照约定支付票款和运费，是其在运输合同中的主要义务。对于客货运输中杂费的支付，也属于旅客、托运人、收货人的义务，不应拒绝。支付费用的主要依据是运输合同约定，只要约定的费用不违反国家强制性规定，旅客、托运人、收货人予以承诺的，就应当依约履行。

承运人未按照约定的或者通常路线运送，使旅客、托运人或者收货人增加票款或者运费的，应当承担违约责任，具体方式是旅客、托运人、货运人有权拒绝支付增加的部分票款和运费，对承运人未按照规定多收的杂费等，旅客、托运人、货运人也有权拒付。

【案例评注】

宋某某诉腾辉采石场运输合同纠纷案[①]

基本案情

2011 年 2 月至 6 月 1 日，原告宋某某为被告腾辉采石场运输碎石，宋某某的车号为 xxx，雇请司机宋某某一并开车。发货时，先由司机在腾辉采石场发货薄

① 审理法院：湖南省汝城市人民法院；案号：（2012）汝民初字第 772 号。

上签名，发货后，司机凭收货单位的收货单到腾辉采石场结算运费，腾辉采石场再凭收货单与收货单位结算货款。2011 年 6 月 3 日，宋某某持自已车及部分朋友的收货单与腾辉采石场结算运费，结算后，腾辉采石场尚欠宋某某运费 56000 元，由工作人员何某某具下欠条，至今未付款。随后，原告向法院提起诉讼，请求被告支付运费款。

法院判决

法院认为，原、被告之间的运输合同合法有效，双方均应全面履行，现原告宋某某已履行了运输义务，被告腾辉采石场应按双方的结算履行支付运费的义务，故对本诉原告的诉讼请求予以支持。

专家点评

合同是当事人之间的法律，一方提供运输服务后，对方应当按照合同约定给付相应的运输费用。本案中，原告宋某某已经根据运输合同履行了运输碎石的义务，被告应当及时足额支付相应的运输费用。经双方结算后，腾辉采石场尚欠原告运输费 56000 元，原告请求法院判决被告支付尚欠运输费，应予支持。

第二节 客运合同

第八百一十四条 客运合同自承运人向旅客出具客票时成立，但是当事人另有约定或者另有交易习惯的除外。

【条文释义】

本条是对客运合同成立时间的规定。

客运合同也叫旅客运输合同，是指承运人与旅客关于承运人将旅客及其行李安全运输到目的地，旅客为此支付运费的运输合同。其特征是：（1）客运合同的标的是运输旅客的行为；（2）客运合同为格式合同，旅客只能选择购票或者不购票，没有讨价还价的余地。

客运合同以承运人向旅客出具客票时起成立，旅客提出购票的请求为要约。在特殊情况下，承运人交付客票并不是合同成立，如旅客先上交通工具而后补票的，承运人准许其乘用交通工具时，是承诺之时，只不过乘用交通工具时尚未有书面合同而已。这属于另有约定。在当前实行的电子客票形式中，交付客票的形式基本不存在，通常是网上购票，网上申请购票，得到确认，即为合同成立。这属于另有交易习惯。这是规定当事人另有约定或者另有交易习惯的除外条款的原因。

客运合同何时生效，本条没有规定，一般认为是客票剪口、办理登机、乘船手续时生效，开始约束双方当事人。实行电子客票的，按照交易习惯确定生效时间。

【案例评注】

张某某、刘某某海上、通海水域旅客运输合同案[①]

基本案情

2015年3月16日，张某某、刘某某、王某的亲属王某某租用案外人李某所有、车牌号为鄂L×××××五菱牌小型普通客车往返嘉鱼县鱼岳镇和洪湖市龙口镇。双方口头约定，车辆由李某驾驶，租车租金100元。12时许，李某驾驶其五菱客车乘载王某某搭乘渡口管理所所有的汽渡船从嘉鱼县石叽头码头至洪湖市龙口码头。抵达洪湖市龙口镇后，王某某通过电话寻人未着，欲返回嘉鱼县。14时许，李某驾车搭乘渡口管理所所有的“龙口汽渡驳3号”汽渡船从洪湖市龙口码头返回嘉鱼县石叽头码头。李某驾车上船后，下车去了拖轮。当日天气状况良好，汽渡船在从洪湖市龙口码头至嘉鱼县石叽头码头全程航行中没有发生任何事故，也无人发现有人落水。汽渡船抵达嘉鱼县石叽头码头后，李某以王某某不在车上经寻找未着为由向公安机关电话报警。嘉鱼派出所随即出警并展开调查，没有发现王某某的踪迹。2015年4月3日，长江航运公安局在嘉鱼县簰洲镇新洲村江边水域发现王某某的尸体。2015年6月5日，湖北同济法医学司法鉴定中心对王某某的死亡原因出具法医学鉴定意见书，认为王某某为溺死。

法院判决

渡口管理所经营的嘉鱼县石叽头码头至洪湖市龙口码头之间的轮渡船系汽运轮渡，收取费用方式是按车辆型号收费，不收取随车乘员费用。本案中，渡口管理所只是收取了鄂L×××××五菱牌小型普通客车的摆渡费用，双方对此均予以

---

① 审理法院：一审法院为武汉海事法院，案号：（2018）鄂72民初902号；二审法院为湖北省高级人民法院，案号：（2019）鄂民终139号。

确认。渡口管理所与该车的司驾人员即所有人李某构成通海水域车辆运输合同关系，有义务将该车安全运输至约定地点。退一步而言，即使如证人李某所述，王某某随车上船并支付了过渡费，王某某支付的也只是上述车辆的过渡费，而不是其作为旅客的票款。因此王某某与渡口管理所也不构成通海水域旅客运输合同关系，渡口管理所与王某某之间没有合同约定和合同法规定的权利义务关系，只有负责船舶适航、适载、安全驾驶、在船人员安全管理的法定义务。即本案中，渡口管理所对船上乘员安全只应承担侵权法上的过错责任，而不应承担水路旅客运输合同法律规定的严格责任。因此张某某、刘某某、王某起诉选择的案由为通海水域旅客运输合同纠纷，没有事实和法律依据，张某某、刘某某、王某的诉讼请求所依据的请求权基础法律关系不成立，一审法院依法不予支持。

专家点评

根据民法典合同编第814条规定，客运合同自承运人向旅客交付客票时成立，持票旅客或经承运人许可搭乘的无票旅客在运输过程中发生伤亡，承运人应承担损害赔偿责任。本案争议涉及的渡口管理所轮渡为汽渡轮渡而非客运轮渡，因此，张某某、刘某某、王某依据旅客运输合同向渡口管理所主张损害赔偿，应首先举证证明，王某某实际搭乘渡口管理所的汽渡船从洪湖市龙口码头返回嘉鱼县石矶头码头即王某某与渡口管理所之间成立事实上的旅客运输合同关系。由于张某某、刘某某、王某未能证明王某某与渡口管理所建立了事实上的旅客运输合同关系，三人依据旅客运输合同向渡口管理所主张损害赔偿缺乏事实和法律依据。

第八百一十五条 旅客应当按照有效客票记载的时间、班次和座位号乘坐。旅客无票乘坐、超程乘坐、越级乘坐或者持不符合减价条件的优惠客票乘坐的，应当补交票款，承运人可以按照规定加收票款；旅客不支付票款的，承运人可以拒绝运输。

实名制客运合同的旅客丢失客票的，可以请求承运人挂失补办，承运人不得再次收取票款和其他不合理费用。

【条文释义】

本条是对旅客须持有效客票乘坐的规定。

在客运合同中，客票是表示承运人负有运送其持有人义务的书面凭证，是收到旅客乘坐费用的收据，是旅客和承运人双方当事人之间存在客运合同的有效债权文书。旅客必须出示有效客票，按照有效客票记载的时间、班次和座位号乘坐，不能无票乘坐。旅客无票乘坐，持不符合减价条件的优惠客票乘坐，都是逃票行为；旅客超程乘坐、越级乘坐，属于违约行为，应当承担违约责任。旅客违反须持有效客票承运义务的违约责任，主要方式是补交票款，承运人可以按照规定加收票款。旅客不支付票款的，承运人可以拒绝运输。

当前多数客运合同都实行实名制，对此，《合同法》没有规定。本条第 2 款作出新规定，实名制客运合同的旅客丢失客票的，可以请求承运人挂失、补办，承运人不得再次收取票款和其他不合理费用。这样的规定合情合理，有利于保护旅客的合法权益。

【案例评注】

高某某与某铁路局铁路旅客运输合同纠纷案[①]

基本案情

高某某通过中国铁路客服中心网站即 12306. cn 网站以 399 元购得徐州至无锡东的火车票，后因故凭身份证将车票改签为 2014 年 12 月 2 日徐州东至无锡东 G213 次，并取得纸质车票。高某某于车票记载当日乘坐列车到达无锡东站后出站时，因未能出示有效车票，某铁路局工作人员要求其按规定补交票款 399 元及手续费 2 元。高某某事后找到前述改签车票，并于 2015 年 1 月期间与某铁路局交涉，要求退还补票款 401 元。双方未达成一致而致涉讼。一审法院另认定，按照《铁路互联网售票暂行办法》和《铁路互联网购票须知》规定，旅客通过 12306. cn 网站购票后，铁路售票系统中即形成一张电子客票，当乘车站和下车站均具备居民身份证检票条件的，乘客可以将居民身份证作为乘车凭证，直接通过自动检票机自动识读居民身份证办理进出站检票；在列车上由工作人员通过核对居民身份证、铁路电子客票信息和乘车人办理验票。但是，旅客按规定的任一方式取得纸质车票后，铁路电子客票即失效，需凭纸质车票办理进出站检票和列车验票。换取纸质车票后丢失车票的，需按原车票车次、席位、票价重新购买一张新车票；持新车票乘车时，向列车工作人员声明；到站前经列车长确认该席位使

① 审理法院：一审法院为上海铁路运输法院，案号：（2015）沪铁民初字第 705 号；二审法院为上海铁路运输中级法院，案号：（2016）沪 71 民终 15 号。

用正常后，开具客运记录。在到站后24小时内，凭客运记录、新车票和乘车人有效身份证件原件，到售票窗口办理新车票退票。上述规定内容在用户注册12306. cn网站时，已提示用户阅读并同意遵守上述规定，网站主页的“客运首页”栏目下的“相关规章”中亦设置了上述管理规定的链接，购票旅客点击后即能查看。

法院判决

本案双方的争议焦点为，某铁路局要求出站时无法出示有效车票的高某某进行补票的行为是否构成违约。本案系铁路旅客运输合同纠纷，合同双方都有按照法律规定与合同约定全面履行合同的义务，否则应当承担相应的违约责任。本案高某某自于12306. cn网站购得火车票时，即与某铁路局成立了铁路旅客运输合同关系，该合同合法有效，双方应当根据法律规定及合同约定履行合同。高某某事后改签纸质车票系双方变更合同的行为，也是其对车票形式的选择，该纸质车票即为高某某乘车的有效车票，而之前从网站购得的电子客票同时失效。根据《合同法》第二百九十四条、《铁路法》第十四条之规定，客运合同在履行过程中，旅客应当持有效客票乘车，承运人应当按照客票载明的时间和班次运输旅客。旅客无票乘车、持失效客票乘车等情况的，应当补交票款，承运人可以按照规定加收票款。《铁路旅客运输规程》第九条和第十条亦规定，旅客有支付运输费用，当场核对票、款，妥善保管车票，保持票面信息完整可识别等义务；承运人有确保旅客运输安全正点，为旅客提供良好的旅行环境和服务设施等义务。本案中，首先，某铁路局要求高某某补票时，已经将高某某自铁路徐州东站安全运送至无锡东站，某铁路局完成了客运合同的义务。目前，虽然采用实名制方式购买火车票，但是铁路固有的承运方式没有变化，并且法律或者合同约定亦未因此增加铁路承运人的合同义务，故高某某主张某铁路局在履行合同过程中存在违约行为的意见缺乏法律和合同依据。其次，关于有效客票的形式、检票查验的要求在相关购票须知及售票暂行办法中予以明示，并提示网上购票的乘客在注册时阅读且承诺同意遵守。因此，前述须知、办法及规程规定的内容均系铁路旅客运输合同的内容，对合同双方均具有约束力。高某某系通过网上购得车票，对相关权利义务应当视为知晓，应当遵守履行。再次，根据合同约定，旅客按规定的任一方式取得纸质车票后，铁路电子客票即失效，需凭纸质车票办理进出站检票和列车验票；电子客票和纸质车票只能选择其一作为有效的乘车凭证。高某某将原来网购的车票改签为纸质车票时，即对有效车票的形式进行了选择，按约定该纸质车票即为其在乘运过程中的唯一有效乘车凭证。高某某在履行客运合同过程中有妥善保管纸质车票以供某铁路局查验的义务。现高某某在出站时不能出示有效乘车凭证，应当承担相应的违约责任，故某铁路局向高某某补收票款依法有据，并无不当。最后，根据合同约定，旅客补票后找到原来车票要求退票的，须在到站后24小时内，凭客运记录、新车票和乘车人有效身份证件原件，到售票窗口办理新车票退票。高某某在客运合同履行完毕后找到原改签车票，要求某铁路局退回补票款时，既未办理客运记录，又超出了约定的申请退票时限，故其请求缺乏合法依据。综上所述，某铁路局已经完成了铁路旅客运输合同中承运人的义务。因高某某未尽到妥善保管有效车票的义务，某铁路局向高某某补收票款，由高某某承担相应的违约责任，符合法律规定及合同约定。

专家点评

根据民法典合同编第815条的规定，实名制客运合同的旅客丢失客票的，有权要求挂失补办车票。本案中，高某某采用实名制订票，并且可以通过网上订票系统查询得到，在丢失纸质票面凭证之后，有权向某铁路局申请挂失补票。某铁路局发现高某某丢失纸质车票后，径直要求高某某重新交纳票款的行为违反了上述规定，值得商榷。

第八百一十六条　旅客因自己的原因不能按照客票记载的时间乘坐的，应当在约定的期限内办理退票或者变更手续；逾期办理的，承运人可以不退票款，并不再承担运输义务。

【条文释义】

本条是对旅客退票或改签的规定。

在客运合同中，旅客由于自己的原因，不能按照客票记载的时间乘坐的，可以退票或者改签。退票，是解除客运合同；改签，是变更客运合同。旅客由于自己的原因，可以解除合同或者变更合同，这是旅客的权利。不过，旅客要求退票或者改签，应当在约定的时间内进行办理，办理好退票或者改签的手续后，解除客运合同或者变更客运合同。旅客逾期办理退票和改签的，承运人可以不退票款，并不再承担运输义务。旅客应当注意保护自己的期限利益，避免超过期限要求而使自己承担不利后果。

【案例评注】

唐某与中国铁路某局集团有限公司铁路旅客运输合同纠纷案[①]

基本案情

2018年8月31日，唐某使用“铁路12306”手机客户端实名购买了一张当日G7292次由上海站至南京南站的二等座车票，票面开车时间为17：43，票价为139.50元。当日17：33唐某在上海虹桥站自助取票机换取了上述车次的纸质车票。唐某又于当日18：03在上海虹桥站窗口实名购买一张当日G1378次由上海虹桥站至南京南站的二等座车票，开车时间19：28，票价134.50元。唐某所购的G7292次车票未办理改签或退票。唐某从上海虹桥站乘坐当日G1378次火车前往南京。另查明，纸质车票背面乘车须知载明：“……如改签、变更到站或退票请提前办理……12306.cn（含“铁路12306”手机客户端）是唯一官方网站……未尽事项详见《铁路旅客运输规程》等有关规定和车站公告。”上海虹桥站售票窗口电子显示屏的退票须知显示：“……1. 旅客应在票面指定的开车时间前到车站办理退票……3. 开车后改签的车票不能办理退票手续……”、车票改签须知显示：“持有车票的旅客不能按票面指定的乘车站、日期、车次乘车，在车站售票预售期内且有其他列车余票时，可办理一次始发城市相同的车票改签手续……2. 开车前48小时以内，可改签开车前的其他列车，也可改签开车后至票面日期当日24：00之间的其他列车，不办理票面日期次日及以后的改签。3. 开车之后，旅客仍可改签当日其他列车，但只能在票面始发站办理改签。”又查明，旅客手机客户端等网络方式购票须进行用户注册，只有在注册页“同意服务条款”的选项前打勾，方能进行下一步注册流程，即视为用户已阅读、了解并完全同意服务条款中的各项内容，包括该网站对服务条款所作的任何修改，自愿遵守《铁路互联网售票暂行办法》《铁路互联网购票身份核验须知》以及相关公告的规定，办理互联网售票的各项相关业务。再查明，在“铁路12306”手机客户端“我的12306”中“信息服务”栏目下的“相关规章”中设置了包括《铁路互联网购票须知》《铁路旅客运输规程》等管理规定的链接，点击后即能查阅。《铁路互联网购票须知》中写明：“……8. 改签、变更到站、退票 8.1 用户在12306.cn网站购票后，尚未换取纸质车票的，在有运输能力的前提

① 审理法院：一审法院为上海铁路运输法院，案号：（2018）沪7101民初1117号；二审法院为上海市第三中级人民法院，案号：（2019）沪03民终16号。

下，可以在12306.cn网站办理改签、变更到站、退票……8.2用户在12306.cn网站购票后，在有运输能力的前提下，无论是否换取纸质车票，均可在车站售票窗口并比照7.2办理改签、变更到站、退票：8.2.1开车前48小时（不含）以上，可改签、变更到站预售期内的其他列车；开车前48小时以内，可改签开车前的其他列车，也可改签开车后至票面日期当日24：00之间的其他列车，不办理票面日期次日及以后的改签。开车之后，旅客仍可改签当日其他列车，但只能在票面始发站办理改签……8.2.2以下情形，请到车站售票窗口办理：8.2.2.1已经换取纸质车票的，凭纸质车票办理改签、变更到站、退票……”“信息服务”栏目下的“常见问题”中“售票窗口退票”项下写明：“1.如何办理退票？旅客要求退票时，请在票面载明的开车时间前到车站办理……”审理中，唐某确认其已实名注册“铁路12306”手机客户端并选择同意遵守相关条款。

法院判决

唐某与铁路某局之间建立了铁路旅客运输合同关系。旅客因自己的原因不能按照客票记载的时间乘坐的，应当在约定的时间内办理退票或者变更手续。逾期办理的，承运人可以不退票款，并不再承担运输义务。唐某记错发车站，在上海虹桥站换取纸质车票后仍未注意G7292次火车的发车站为上海站，在抵达候车室或者检票口时也未核实发车车次及发车时间，且未预留足够时间转至上海站，导致唐某无法乘坐G7292次火车是其自身的原因。双方之间的铁路旅客运输合同内容包括纸质车票票面上所载事项、用户在注册时同意遵守的《服务条款》内容及相关公告的内容，对于改签及退票的约定清楚明确。铁路某局工作人员的告知、纸质车票背面的购票须知及车站的售票改签窗口的电子显示屏的提示，均表明铁路某局已经尽到了相应的提示、说明义务。铁路某局以发车时间已过且并非票面始发站为由拒绝为唐某办理退票或改签，符合双方合同约定。唐某无法乘坐G7292次火车后，经权衡重新购买车票时已经可以预见其没有时间到上海站办理G7292次车票的签改手续，现其以自助取票机在换取纸质车票时未能提示所购车票发车站与取票站不一致，改签窗口排队旅客过多，纸质车票背面乘车须知不详细为由，要求返还一半的购票款，于法无据。

专家点评

在本案中铁路某局完全依法依规操作，不应负任何责任。唐某因自己的原因不能按照客票记载的时间乘坐的，且逾期办理退票或者变更手续，铁路某局可以不退票款，并不再承担运输义务。

第八百一十七条 旅客随身携带行李应当符合约定的限量和品类要求；超过限量或者违反品类要求携带行李的，应当办理托运手续。

【条文释义】

本条是对旅客随身携带行李的规定。

旅客在运输中随身携带行李，既是权利也是义务，可以携带行李是权利，携带行李须受到限量和品类要求的限制则是义务。客运合同准许旅客携带行李一同乘运，为保障旅客旅行安全需要而限制旅客携带行李的数量和品类要求，旅客应当履行义务，原因是客运合同不是货运合同。旅客随身携带行李超出限量的，旅客应当凭客票办理行李托运手续，承运人应当向旅客出具行李票。

这里包括两种情形：（1）可以随身携带行李超出限量和品类要求的，要托运；（2）超出免费托运行李的限量和品类要求的，超量部分的托运实际上是订立了货运合同，应当缴纳托运费用。

【案例评注】

谢某某诉某航空公司航空旅客运输合同纠纷案①

基本案情

原审查明，2012 年 3 月 12 日，谢某某购买一张某航空公司 2012 年 7 月 4 日由加拿大多伦多市经赫尔辛基至上海浦东机场，并于 2012 年 9 月 4 日由上海浦东机场经赫尔辛基至多伦多市的往返机票。2012 年 7 月 4 日，谢某某乘坐某航空公司“AY32”航班转“AY57”航班到达上海。2012 年 9 月 4 日上午，谢某某准备乘坐“AY58”航班赴加拿大，在其父亲陪同下至上海浦东机场，办理行李托运，通过安检完成登机手续进关。在登机口，某航空公司机场工作人员以谢某某随身携带行李不符合规定为由，拒绝谢某某登机。谢某某对于多携带的行李未采取任

---

① 审理法院：一审法院为上海市徐汇区人民法院，案号：（2013）徐民一（民）初字第 6427 号；二审法院为上海市第一中级人民法院，案号：（2014）沪一中民一（民）终字第 1473 号。

何措施，最终未能登机。后谢某某父亲为谢某某另行购买一张当日下午 15 时 45 分加拿大航空公司的机票，支付机票款 10388 元。

2013 年 9 月，谢某某以某航空公司违约为由诉至原审法院，要求赔偿其经济损失 10388 元。

法院判决

原审认为，合同当事人应当按照约定全面履行自己的义务。谢某某作为旅客向作为承运人的某航空公司购买机票，支付票款，双方建立航空旅客运输合同关系。根据法律规定，旅客在运输中应当按照约定的限量携带行李。超过限量携带行李的，应当办理托运手续。某航空公司网页上对于随身携带行李的限量有明确规定，该规定公开、公示，与法无悖，谢某某作为旅客，理应充分了解并遵守相关规定，对于超过限量的行李办理托运手续。尽管双方对于谢某某随身携带行李的件数、重量陈述不一，但是，即使按谢某某所述，其随身携带的行李数亦超过某航空公司的限制规定，由此导致其无法登机，谢某某对此应承担主要责任。然而，某航空公司明知谢某某系未成年人，理应对其随身携带行李超过限量的行为可能导致的后果作更详尽的解释、说明，并在处理措施上给予一定的指导、帮助。本案中，某航空公司并未向谢某某充分阐明后果并作应急处理，而是放任谢某某自行处理，最终导致谢某某未能正常登机，对此某航空公司应承担一定的责任。结合双方过错程度，故酌定某航空公司按照 20% 的比例承担谢某某因此而产生的损失。

法院审理后，依照《合同法》第六十条、第九十七条、第一百零七条、第二百九十六条的规定，于 2014 年 4 月 30 日作出判决：某航空公司于判决生效之日起十日内支付谢某某 2078 元。如果未按判决指定的期间履行给付金钱义务，应当依照《民事诉讼法》第二百五十三条的规定，加倍支付迟延履行期间的债务利息。案件受理费 59 元（谢某某已预缴），由谢某某负担 39 元，某航空公司负担 20 元。

专家点评

谢某某否认其乘坐某航空公司“AY58”航班赴加拿大时多携带了行李，但从双方的举证情况来看，某航空公司相对而言更具有证据优势，某航空公司陈述谢某某随身超额携带了行李的事实可予采信。谢某某并非第一次单独出境，其监护人对航空公司对携带行李都有限制性规定应有一定认知，谢某某可以在出行前了解一下某航空公司相关规定。谢某某在登机口被某航空公司工作人员拒绝登机时，对某航空公司提出的解决措施可以考虑采纳或者与其监护人商议后采取措施，但谢某某不采取任何措施导致未能登机，而某航空公司在处理整个事件的过程中对仍属未成年人的乘客谢某某，应当给予更恰当、更人性化的处理方式，而不是采取放任的态度。由此可见，本案航空旅客运输合同的当事人双方在处理问题的过程中均有责任，法院基于客观事实酌定某航空公司按照20%的比例承担谢某某的再次购票损失无明显不当。

第八百一十八条 旅客不得随身携带或者在行李中夹带易燃、易爆、有毒、有腐蚀性、有放射性以及可能危及运输工具上人身和财产安全的危险物品或者违禁物品。

旅客违反前款规定的，承运人可以将危险物品或者违禁物品卸下、销毁或者送交有关部门。旅客坚持携带或者夹带危险物品或者违禁物品的，承运人应当拒绝运输。

【条文释义】

本条是对不得携带或夹带危险物品或违禁物品的规定。

旅客在行使客运合同的权利时，负有保障运输安全的义务，不得随身携带或者在行李中夹带易燃、易爆、有腐蚀性、有放射性以及有可能危及运输工具上人身和财产安全的危险物品或者其他违禁物品。这些义务旅客都须履行，不得违反。旅客违反上述义务，应当承担违约责任，后果是，承运人有权将上述影响公共安全的物品予以卸下、销毁或者送交有关部门。如果旅客坚持携带或者夹带的，承运人有权拒绝运输，即强制解除客运合同。

【案例评注】

孙某某与某航空公司买卖合同纠纷案[①]

基本案情

孙某某购买了某航空公司的联程机票由美国纽约飞往济南。因某航空公司没

① 审理法院：一审法院为山东省济南市高新技术产业开发区人民法院，案号：（2018）鲁0191民初1320号；二审法院为山东省济南市中级人民法院，案号：（2018）鲁01民终8540号。

有将孙某某行李中携带的12个打火机一同随机运输到目的地，而是通过快递方式邮寄给孙某某，孙某某对此提出异议。

法院判决

故本案争议焦点为：(1)某航空公司是否应当向孙某某赔偿邮寄费300元及误工损失；(2)孙某某主张某航空公司赔礼道歉的请求是否成立。

《合同法》第二百九十七条规定，旅客不得随身携带或者在行李中夹带易燃、易爆、有毒、有腐蚀性、放射性以及有可能危及运输工具上人身和财产安全的危险物品或者其他违禁品。旅客违反前款规定的，承运人可以将违禁物品卸下、销毁或者送交有关部门。旅客坚持携带或者夹带违禁物品的，承运人应当拒绝运输。故旅客应当履行法律规定的义务，不得在行李中夹带违禁物品；而承运人对旅客行李中的违禁品，应当拒绝运输。本案中，孙某某认为其行李中携带的打火机为金属外壳，只有火石，没有机油，不属于中国民用航空局民用司颁布的《航空运输危险品目录》中所指的打火机。《航空运输危险品目录》第25页中文名称中第1057号有“打火机，装有易燃气体”一项，但该目录第13页中文名称中第0314号、第0315号有“点火器”一项，从该项来讲，孙某某所携带的打火机带有火石，可以归为点火器，也应属于《航空运输危险品目录》中的禁运物品。中国民用航空局［2008］3号《关于禁止旅客随身携带打火机、火柴乘坐民航飞机的公告》、［2015］7号《关于重申禁止旅客携带打火机、火柴乘坐民航飞机的公告》均明确规定禁止旅客将打火机、火柴放置在托运行李中运输。由于航空运输具有高空飞行的特点，旅客的生命及财产安全尤其需要得到最大程度的保障，任何可能危及航空运输安全的物品都不被允许带上飞机。中国民用航空局作为航空主管部门，某航空公司应遵循主管部门的规定，禁止打火机放置在行李中托运并无不当。另外，安全检查属于机场的职责范围，并非航空公司所为，安检机构发现违禁物品予以扣留，并不为某航空公司所掌控，孙某某要求某航空公司承担货物扣留产生的损失没有依据。孙某某也未提交证据证明某航空公司承诺其可以在行李中托运打火机，打火机在转机时被扣留系孙某某托运违反中国民用航空局的相关规定所致，责任在孙某某，并不是由于某航空公司在履行合同中的过错而造成的损失。打火机由广州速运到济南花费300元是孙某某收取涉案打火机的必要花费，其要求某航空公司赔偿邮寄费300元的请求，不予支持。

《合同法》第一百零七条规定，当事人一方不履行合同义务或者履行合同义务不符合约定的，应当承担继续履行、采取补救措施或者赔偿损失等违约责任。

本案是运输合同纠纷，对其违约的救济方式应当是财产性的，故孙某某提出的要求某航空公司改正工作并公开赔礼道歉的请求，于法无据，不予支持。孙某某主张其因维权误工 3 天并要求赔偿损失 3000 元，因其没有提供证据予以证明，亦不予支持。综上，孙某某的诉讼请求无事实及法律依据，一审法院不予支持。依照《合同法》第一百零七条、第二百九十七条，《民事诉讼法》第一百五十二条、第一百五十七条、第一百六十条之规定，判决：驳回原告孙某某的诉讼请求。案件受理费 50 元，由原告孙某某负担。

专家点评

孙某某与某航空公司之间存在运输合同关系，孙某某由美国纽约飞往济南的航程中，在行李中携带打火机的事实清楚，双方对此均无异议。因中国民用航空局明令禁止旅客将打火机放置在托运行李中运输，故孙某某在广州转机时，被安检机构发现行李中有违禁物品而予以扣留，导致打火机由广州快递到济南而产生运费 300 元。上述对打火机处置过程中，某航空公司并无违反运输合同及法律规定之处。一审法院认定造成打火机被扣留的责任在孙某某并无不当。因某航空公司在履行涉案运输合同中无过错及违约行为，孙某某要求某航空公司承担涉案快递邮寄费、误工损失并向其赔礼道歉的诉讼请求均不成立。

第八百一十九条 承运人应当严格履行安全运输义务，及时告知旅客安全运输应当注意的事项。旅客对承运人为安全运输所作的合理安排应当积极协助和配合。

【条文释义】

本条是对承运人承担安全运输义务的规定。

在客运合同中，承运人在应当履行的义务中，安全运输义务是重要内容。承运人在履行安全义务中，应及时告知旅客安全运输应当注意的事项，要求旅客按照要求进行，如乘坐飞机要系好安全带。旅客对承运人为安全运输所作的合理安排，负有积极协助和配合的义务，按照承运人的要求做好。

【案例评注】

冯某某与林某某运输合同纠纷案[①]

基本案情

2013年2月8日，冯某某与妻子陈某、儿子冯某1三人欲往郭坑火车站搭乘火车回江西老家，冯某某先乘坐老乡冯某2的电动车到龙海市汽车站门口雇请的士，在车站门口遇林某某停车搭讪，林某某同意驾车搭载原告一家三人前往漳州，双方口头约定，冯某某应支付运输费用70元（后因发生交通事故，冯某某未支付被告运输费）。

林某某遂驾驶其闽EU00××号轿车与冯某某一同到冯某某暂住地——榜山镇平宁村严溪头社。陈某抱着儿子冯某1坐在副驾驶座，冯某某坐后排座。林某某驾车驶出不久，约当天20时52分，在龙海市平宁开发区十字路口，林某某的车与高某驾驶的闽E996××号轿车发生碰撞，造成冯某某、陈某、冯某1三人不同程度受伤及两车局部受损的交通事故。龙海市公安局交通管理大队认定：林某某负本事故的全部责任，高某及冯某某一家三口人不负事故责任。当晚，冯某某一家三口人前往龙海市中医院治疗，冯某某从2月8日入院至2月20日出院，共住院治疗12天，花费医疗费计人民币4181.8元（本判决以下所涉金额均指人民币）。起诉前，冯某某委托福建宗证司法鉴定所对其伤情鉴定为10级伤残。庭审中，林某某对上述10级伤残有异议并申请重新鉴定。原审法院依法委托福建寻真司法鉴定所对冯某某伤残等级重新鉴定，福建寻真司法鉴定所出具鉴定意见：冯某某右侧第6、7肋骨不作评定。福建寻真司法鉴定所指派主检法医师郭某出庭作证，认为从冯某某提供的2月8日、2月28日两次X光胸片可以确定冯某某第4、5肋骨骨折，但无法确定第6、7肋骨骨折。

法院判决

冯某某及妻子陈某、儿子冯某1搭乘林某某驾驶的轿车至漳州市区，约定支付运输费用，双方形成了运输合同关系。林某某应当将冯某某安全运输到约定地点，但林某某未能履行安全运输义务，应当承担赔偿冯某某损失的违约责

---

① 审理法院：一审法院为福建省龙海市人民法院，案号：（2013）龙民初字第2243号；二审法院为福建省漳州市中级人民法院，案号：（2014）漳民终字第297号。

任。故冯某某请求林某某赔偿支付的医疗费用，于法有据，应予以支持。冯某某因受伤住院治疗期间缺乏生活自理能力和劳动能力，林某某以冯某某无收入证明等否定误工费、护理费的赔偿，于法无据，不予采纳。冯某某请求林某某按10级伤残支付残疾赔偿金19934元，因福建寻真司法鉴定所出具鉴定意见：冯某某右第6、7肋骨不作评定，未作出冯某某构成伤残的鉴定意见，故冯某某请求支付残疾赔偿金19934元及精神损害赔偿金5000元不应支持。冯某某请求福建宗证司法鉴定所鉴定费1300元是冯某某举证费用，应由其自己负担。冯某某除支付医疗费用4181.8元的损失外，还存在营养费、误工费、护理费等相关损失，其请求赔偿的数额应当根据受伤住院情况及相应赔偿标准计算，营养费按医疗费用的5%计算为209.09元、伙食补助费按住院期间每天15元计算为180元、误工费按住院期间每天88.5元计算为1062元、护理费按住院期间每天88.5元计算为1062元、交通费则酌情确定为120元。据此，原审法院依照《合同法》第一百零七条、第二百八十八条、第二百九十条、第二百九十八条的规定，判决：一、林某某应于本判决生效后十日内偿付冯某某医疗费及营养费、伙食补助费、误工费、护理费、交通费等相关损失合计6814.09元。二、驳回冯某某其他诉讼请求。如果未按判决指定的期间履行金钱给付义务，应当依照《民事诉讼法》第二百五十三条之规定，加倍支付迟延履行期间的债务利息。案件受理费784元，减半收取392元，由冯某某负担324元，林某某负担68元，鉴定费800元，由林某某负担。

专家点评

林某某搭载冯某某一家，约定收取运输费用，双方形成了事实上的运输合同关系。林某某履行运送义务过程中致冯某某受伤，应当承担未尽安全运送义务的责任，赔偿冯某某的损失。冯某某请求林某某赔偿医疗费用、营养费及住院期间的误工费、护理费、交通费等相关损失，于法有据，应予支持。

第八百二十条 承运人应当按照有效客票记载的时间、班次和座位号运输旅客。承运人迟延运输或者有其他不能正常运输情形的，应当及时告知和提醒旅客，采取必要的安置措施，并根据旅客的要求安排改乘其他班次或者退票；由此造成旅客损失的，承运人应当承担赔偿责任，但是不可归责于承运人的除外。

【条文释义】

本条是对承运人不能正常运输时应负的义务和造成损失的赔偿责任的规定，与《合同法》第 299 条规定相比，增加了新规则。

客票上载明的时间、班次和座位号，是客运合同双方当事人的合意。承运人应当按照客票载明的时间、班次和座位号运输，将旅客安全运送到约定地点。承运人迟延运输或者有其他不能正常运输的情形，应当承担的责任是：第一，对旅客承担及时履行告知和提醒义务，满足旅客的知情权。第二，采取必要的安置措施。承运人不能按照约定的内容履行运输义务，除了需要满足旅客的知情权之外，还需要妥善安置旅客，而不是放任旅客不管。第三，根据旅客的要求安排改乘其他班次或者退票，即变更或者解除合同，这是旅客的权利，承运人负有应当予以满足的义务。第四，因承运人迟延运输或者出现了其他不能正常运输的情形而给旅客造成损失的，承运人应当承担赔偿责任，但是不可归责于承运人的除外，例如天气原因以及其他不可抗力的原因导致的运输迟延，承运人不承担赔偿责任。

本条增加的新规则是：

1. 承运人迟延运输或者有其他不能正常运输的情形，应当及时告知和提醒乘客，采取必要的安置措施，也应当同时履行原来规定的安排改乘其他班次或者退票的义务。这些义务不履行，应当承担后果责任。

2. 不能正常运输时，承运人不履行上述义务的后果责任是，给旅客造成损失的，应当承担赔偿责任，只有属于不可归责于承运人的除外，例如暴雨、雷电所致航班延误等。

【案例评注】

郝某某与某铁路局铁路旅客运输合同纠纷案[①]

基本案情

2015 年 8 月 4 日，原告通过 12306 铁路客服网站购买了 2015 年 8 月 13 日从

① 审理法院：一审法院为河南郑州铁路运输法院，案号：（2015）郑铁民初字第 34 号；二审法院为郑州铁路运输中级法院，案号：（2016）豫 71 民终 2 号。

郑州到江苏泰州的K420次列车车票一张，该次列车由被告某铁路局担当。车票显示发车时间为8月13日凌晨1时53分，8月13日凌晨原告赶到郑州火车站候车。由于8月12日下午至晚间K420次列车所经西安铁路局管内区域出现较强降雨天气，为确保运营安全，西安铁路局管内部分线路区间临时封锁检修，K420次列车因此受到影响，不能正点到达郑州车站。原告从候车室显示屏显示的晚点信息及广播中得知该车晚点后，办理了退票手续，并改乘飞机前往目的地。原告认为，其改乘飞机、出租车的花费计1525元，系K420次列车晚点、被告未按约定履行合同义务给其造成的损失，要求被告赔偿。

法院判决

本案系铁路旅客运输合同纠纷，在旅客运输活动中，承运人按照约定时间安全运输旅客是其基本义务。但是，由于运输活动极易遭受天气等自然灾害、线路及故障等突发因素影响，承运人的“准时运输”义务与“安全运输”义务之间常常不可避免地发生冲突，在发生上述冲突的情况下，承运人优先履行“安全运输”义务，是出于最大限度地保障合同双方当事人利益的选择，也符合一般社会价值观念。故《合同法》第二百九十条并未要求承运人必须严格按照约定期间运送乘客，而是表述为“按照约定期间或者合理期间”。对承运人出于优先保证安全运输考虑而造成的迟延运输，《合同法》和《铁路法》均规定承运人对旅客所负的义务为及时将迟延运输的事项向旅客告知，按照旅客的要求为旅客办理全额退票或者改签其他车次。本案K420次列车途经区间发生暴雨，铁路运输企业采取临时封闭线路措施来保证包括K420次列车在内的所有经过列车的安全，并因此造成K420次列车晚点。被告在列车晚点后，通过郑州站候车室电子屏幕和广播向旅客进行了告知和致歉，并按照原告要求为其办理了全额退票手续，已经履行了法律规定的相关义务。办理退票后，原告与被告之间的铁路旅客运输合同关系已经解除，之后原告选择乘坐飞机、出租车等交通工具前往目的地花费1525元，系原告自愿与其他承运人订立运输合同而产生的费用，与被告无关。因此，原告要求被告承担因违约给原告造成的损失1525元，缺乏事实和法律依据，不予支持。依照《合同法》第二百九十条、第二百九十八条、第二百九十九条，《铁路法》第十二条之规定，一审法院判决驳回原告郝某某的诉讼请求。案件受理费50元，由原告郝某某承担。

专家点评

本案系铁路旅客运输合同纠纷，系因K420次列车延迟到达郑州火车站而引起。因旅客列车系公共运输工具，必须注重公共利益及公众安全，在运输过程中，承运人基于暴雨、线路检修等原因接受相应铁路调度部门的指令而采取停车、减速等措施导致列车延迟到达的，应认定具备正当理由，同时承运人应履行其相应的法定义务。

民法典合同编第820条规定，承运人应当按照有效客票记载的时间、班次和座位号运输旅客。承运人迟延运输的，应当履行告知和提醒义务，采取必要的安置措施并根据旅客的要求安排改乘其他班次或者退票。《铁路法》第12条规定："铁路运输企业应当保证旅客按车票载明的日期、车次乘车，并到达目的地站。因铁路运输企业的责任造成旅客不能按车票载明的日期、车次乘车的，铁路运输企业应当按照旅客的要求，退还全部票款或者安排改乘到达相同目的站的其他列车"。本案中，承运人就K420次列车晚点情况已通过候车室电子显示屏和广播等方式及时履行了相应的告知义务并致歉，同时按照郝某某的要求，为其办理了全额退票手续，承运人已承担了相应的法定责任，无需对郝某某改乘飞机、出租车的花费承担责任。

第八百二十一条　承运人擅自降低服务标准的，应当根据旅客的请求退票或者减收票款；提高服务标准的，不得加收票款。

【条文释义】

本条是对承运人擅自降低服务标准的规定。

在客运合同中，承运人应当按照约定的标准提供运输工具。承运人没有经过旅客的同意而擅自变更运输工具等降低服务标准，会引起法律上的后果：

1. 承运人擅自变更运输工具等降低服务标准的，旅客享有解除权和减收票款的变更权，承运人应当根据旅客的请求退票即解除合同或者减收票款即变更合同价款条款。

2. 承运人擅自变更运输工具而提高服务标准的，对旅客有利。因此，旅客没有规定解除权和变更权，而是对承运人规定了不得加收票款的义务，如因航空公司超售的原因，将旅客由经济舱升为公务舱的，承运人不得增收票款。

【案例评注】

张某某与爱思开公司服务合同纠纷案[①]

基本案情

2017年2月11日，张某某在爱思开公司购买一张沈阳到通辽的汽车客票，票价81元，车票上载明：开车时间为15时50分。当天，张某某乘坐爱思开公司调配的车牌号为辽AF06××的运营车辆，从沈阳站到达沈阳北站，到达沈阳北站后，司机通知车上乘客换乘另一辆去往通辽的客车，车上其他乘客全部下车换乘到了另一辆车牌号为蒙G511××的运营车辆，张某某称自己当时因一直在打电话，未听到司机的通知，等他打完电话，发现车上就剩张某某自己。后张某某下车，看到了车牌号为蒙G511××的运营车辆，并上了车，车上没有司机及售票员，但是有乘客，张某某询问这趟车几点发车，车上没有人回答。张某某从这辆车上下来，自行乘坐出租车回到沈阳站向爱思开客运站内的总服务台反映情况，后张某某在沈阳站租了一辆车并于当天晚上到达了通辽市。庭审中，张某某提供收条一份，欲证明其包车从沈阳到通辽共计支付租车费2780元，爱思开公司对此不予认可。另查，爱思开公司已为张某某购买的涉案客车票办理了退票。再查，当天还有一趟客车及一趟火车发往通辽市。

上述事实，有张某某提供的辽宁省道路汽车客票以及双方当事人的当庭陈述笔录等在卷佐证，已经庭审质证和审查，一审法院予以确认。

法院判决

本案案涉合同内容为爱思开公司将张某某及其行李按照约定的时间和路线安全运送到目的地，张某某为此支付票款。故本案案由为公路旅客运输合同纠纷。旅客运输合同为格式合同，通常采用票证的形式。本案中上诉人张某某在被上诉人爱思开公司购买客车票，约定目的地为通辽市。张某某支付购票款后，爱思开公司向其交付车票，双方合同成立并生效，对合同双方具有法律效力。爱思开公司应对张某某持该车票能够乘坐指定客车、指定时间到达指定目的地承担合同义务，现张某某持票乘坐指定客车后，在未到达指定目的地时，承运人中途更换车

---

① 审理法院：一审法院为辽宁省沈阳市和平区人民法院，案号：（2017）辽0102民初5969号；二审法院为辽宁省沈阳市中级人民法院，案号：（2017）辽01民终9241号。

辆，本院认为，被上诉人爱思开公司应按合同约定履行合同义务，现被上诉人未按照合同约定提供指定的客车运载乘客，属于违约行为。应按照《合同法》第一百零七条之规定承担违约责任：当事人一方不履行合同义务或者履行合同义务不符合约定的，应当承担继续履行、采取补救措施或者赔偿损失等违约责任。关于违约责任如何承担问题。根据《合同法》第一百一十三条的规定，当事人一方不履行合同义务或者履行合同义务不符合约定，给对方造成损失的，损失赔偿额应当相当于因违约所造成的损失，包括合同履行后可以获得的利益，但不得超过违反合同一方订立合同时预见到或者应当预见到的因违反合同可能造成的损失。本案中，上诉人张某某的损失，应包括张某某乘车从沈阳北站前往被上诉人处进行投诉的出租车费 13 元及张某某自行选择其他交通工具前往目的地的合理交通费用。对于合理交通费用，本院认为鉴于当天为元宵节，同时考量合同法中守约方应当采取适当措施防止损失的扩大的意旨，且在审理中，双方均对当日乘坐出租车到通辽需 500 元价格表示认可，综合以上本院酌定该合理交通费用为 500 元。

专家点评

依据民法典合同编第 821 条规定："承运人擅自降低服务标准的，应当根据旅客的请求退票或者减收票款；提高服务标准的，不得加收票款。"爱思开公司应按合同约定履行合同义务，现爱思开公司未按照合同约定提供指定的客车运载乘客，属于违约行为，不但应承担退票的责任，还应承担旅客支付的其他必要费用。

第八百二十二条 承运人在运输过程中，应当尽力救助患有急病、分娩、遇险的旅客。

【条文释义】

本条是对承运人救助义务的规定。

在客运合同履行过程中，承运人对旅客负有救助义务。在运输过程中，如果承运的旅客出现意外情况，如患病、分娩、遇险等，承运人应当尽力救助，尽力采取救助措施，使旅客脱离危险。这是承运人负担的安全运输义务的表现，也是保障旅客安全的内容，承运人应当善尽这一义务。违反该义务造成后果的，应当承担违约责任。

【案例评注】

姜某与吉运公司旅客运输合同纠纷案[①]

基本案情

2018年6月5日，姜某在中途上车，乘坐吉运公司所有吉AB63××由长春市发往五大连池的客运客车，途中突发心脏病感觉心脏难受难忍，与客车司机交流，向司机说明情况并要求吉运公司驾驶员停车，由同行乘客照顾，吉运公司驾驶员将车停在德惠收费站附近高速公路边，姜某下车后半小时，高速交警巡逻至此，发现姜某，询问了情况后，有经验的民警为姜某做了紧急心肺复苏。后在交警协助下，同后续赶到的家属将姜某送至德惠市医院，经抢救，姜某脱离生命危险，后转到吉大一院。姜某家属与吉运公司驾驶员取得联系，征得家属同意后将姜某放在路边，姜某在发病时意识清醒。

法院判决

姜某乘坐吉运公司运营的吉AB63××长春发往五大连池的长途客运汽车，已形成了运输服务合同关系，该车辆由司机关恒某驾驶。途中姜某突发心脏病感觉心脏难受，要求司机停车。姜某在发病时意识清醒，经其本人与家属沟通，姜某要求将姜某放到车下，吉运公司将姜某放到车下，并由同行乘客照顾，车辆司机将车辆开到不远处德惠收费站出口等待，至交警及家人将其送至医院抢救，姜某没有要求司机及随行乘客打110及120电话，并且即使120抢救，经交警网站确认120车辆无法及时赶到事发现场，后姜某经抢救治疗完毕，没有发生耽误治疗情形，姜某提出吉运公司司机没有展开救助，也没有利用通讯工具及时报警及拨打急救中心电话，置姜某的生命危险而不顾的主张，不予支持。请求判令吉运公司赔偿姜某医疗费、住院伙食补助费、营养费、护理费、误工费、交通费等相关损失共计64391.74元的请求，不予支持。综上所述，依据《合同法》第二百八十八条、第三百零一条，《最高人民法院关于民事诉讼证据的若干规定》第二条的规定，判决：驳回姜某的诉讼请求。案件受理费705元，由姜某负担。

---

① 审理法院：一审法院为吉林省长春市南关区人民法院，案号：（2018）吉0102民初4739号；二审法院为吉林省长春市中级人民法院，案号：（2019）吉01民终1794号。

专家点评

民法典合同编第822条规定："承运人在运输过程中，应当尽力救助患有急病、分娩、遇险的旅客。"这是承运人在履行旅客运输合同时的法定义务。本案事发地点是高速公路，存在不能随意停车的特殊性，吉运公司将姜某放在高速公路路边系按照姜某本人及其子女的要求，并非置姜某于不顾，吉运公司在姜某下车同时还安排乘客予以陪同，在高速公路出口处等待，未离开。可见，吉运公司在运输过程中应旅客要求尽到了救助义务。根据陪同姜某下车的乘客证言，能够证实姜某下车前意识状态清醒，此时要求一名司机能够准确判断出姜某是否突发急病，应否拨打急救电话，过于苛刻。因此，姜某主张吉运公司没有在第一时间停车违反救助义务无事实及法律依据，法院未支持姜某的诉讼请求并无不当。

第八百二十三条 承运人应当对运输过程中旅客的伤亡承担赔偿责任；但是，伤亡是旅客自身健康原因造成的或者承运人证明伤亡是旅客故意、重大过失造成的除外。

前款规定适用于按照规定免票、持优待票或者经承运人许可搭乘的无票旅客。

【条文释义】

本条是对旅客伤亡损害赔偿责任的规定。

承运人应当保证旅客的人身安全，对旅客在运输过程中伤亡的，应当承担赔偿责任。这种赔偿责任，既是违约责任，也是侵权责任，应当适用民法典总则编第186条规定，由受到损害的旅客选择适当的请求权。承运人免除责任的事由是：(1)旅客因自身健康原因造成的伤亡；(2)承运人能够证明伤亡是由旅客的故意、重大过失造成的。承运人对旅客伤亡的损害赔偿责任及免责事由，不仅适用于正常购票乘运的旅客，而且也适用于按照规定免票、持优待票或者经承运人许可搭乘的无票旅客。对于没有合法有效的合同关系、未经允许乘坐的无票乘坐人，承运人对其伤亡不承担赔偿责任。

【案例评注】

马某某、中林运输公司运输合同纠纷案[①]

基本案情

马某某与儿子龚某户籍一起迁回南阳市卧龙区蒲山镇，母子二人共同居住在南阳市××小区××楼××室。龚某，男，汉族，1993年9月7日生，公民身份号码，未结婚成家，无子女。豫R×××××号客车属于中林运输公司所有，承包给周某个人经营，周某女儿彭某负责联系顾客。2019年2月10日，龚某乘坐中林运输公司豫R×××××号客车前往深圳，票价400元。该车九点从南阳市八一路与车站路交叉口东北角发车。豫R×××××号客车行至湖北××服务区进行休息。豫R×××××号客车又出发时，龚某未上车。龚某发现后，与彭某联系，电话为151××××××××。下午2点48分，龚某与彭某互加微信。彭某将车上司机的电话135××××××××发给龚某。龚某于2点49分、4点42分与车上司机的电话135××××××××联系，但均未接通。后，龚某自行到达湖南省耒阳市。2019年2月11日20时21分，龚某从京广线K1817+270米处东侧开口进入永耒铁路线路，翻越隔离栏进入京广线内，由北向南行走至湖南省××市××—××区间××米处，与火车相撞，导致龚某死亡。龚某在此事故中负直接和主要责任。2019年2月14日，中国铁路某局集团有限公司衡阳车务段与马某某达成民事调解协议，由中国铁路某局集团有限公司衡阳车务段一次性赔偿马某某50000元。上述事实，有当事人陈述、书证等证据予以证实，并有全部卷宗材料相佐证，一审法院予以确认。

法院判决

本院认为，依照《合同法》第一百零七条的规定，当事人一方不履行合同义务或者履行合同义务不符合约定的，应当承担继续履行、采取补救措施或者赔偿损失等违约责任。中林运输公司与龚某之间成立运输合同关系，中林运输公司负有将龚某安全送至目的地的义务。现中林运输公司未按照约定将龚某送至目的地，中林运输公司构成违约，应当承担相应的违约责任。

---

① 审理法院：一审法院为河南省南阳市卧龙区人民法院，案号：(2019) 豫1303民初2515号；二审法院为河南省南阳市中级人民法院，案号：(2019) 豫13民终4031号。

龚某因故不幸身亡，对中林运输公司的违约行为与龚某死亡后果之间是否具有因果关系，应当按照法律规定来进行认定。从本案查明事实来看，龚某的死亡地点为湖南省耒阳市，其因翻越隔离栏进入京广线内与火车相撞而导致死亡，龚某作为一个具备正常认知能力的成年人，行为具有自主性，其应当知道违反规定进入铁路线的危险性，但仍选择实施该不当行为，其死亡后果系该不当行为所直接导致，龚某应当对自己的过错行为承担责任。中林运输公司对龚某的不当行为不能预见，亦不能控制，因此，一审法院认定龚某的死亡结果与中林运输公司的违约行为不具有直接因果关系并无不当，本院予以维持。

对于中林运输公司是否构成非法营运的事实，因马某某未能提供充分证据证明案涉事故发生当天中林运输公司运输许可证被暂扣或被暂停营运的事实，本院对该主张不予支持。

关于中林运输公司的责任问题。在客运合同的履行过程中，相较于乘客，承运人是专业的从业人员，其对于所进行的运输事务更为熟悉，对旅客安全具有更高的注意义务，如在运输途中出现突发状况，承运人应当及时采取必要措施予以适当处理，以充分保障旅客的安全。因此，中林运输公司在承担旅客正常乘车时的安全保障义务之外，在出现漏载乘客的情形时，也应及时采取妥善的处理措施，来保证漏载乘客的基本安全。法律具有指引、评价、预测和教育作用，并应承担践行社会主义核心价值观及社会价值的导向责任。从本案情况来看，中林运输公司漏载乘客龚某的事实清楚，在龚某被中林运输公司漏载后，中林运输公司并未采取适当的方法寻找、帮助龚某，而是自行离去，由此可以看出，中林运输公司对乘客安全持淡漠态度，企业社会责任感严重缺失。虽然中林运输公司的违约行为与龚某的死亡结果之间无直接因果关系，但其在运输过程中，确实漏载了乘客龚某，行为存在过错，其后中林运输公司亦未采取有效措施对龚某进行安排，也与社会主义核心价值观倡导的善良行为导向不相符。考虑到中林运输公司对龚某的死亡后果确不能预见，马某某要求中林运输公司承担150000元赔偿责任的依据不足。综合本案情况，本院酌情由中林运输公司一次性给予马某某经济补偿人民币30000元。本院也希望通过本判决能够促使中林运输公司吸取教训，完善管理，警醒对旅客安全的高度注意，形成良好的行为导向。

专家点评

民法典合同编第823条规定，承运人应当对运输过程中旅客的伤亡承担损害赔偿责任，但伤亡是旅客自身健康原因造成的或者承运人证明伤亡是旅客故意、重大过失造成的除外。从该条规定分析，承运人在运输合同中对旅客承担违约损害赔偿责任的条件是：一、旅客的伤亡是在承运人的运输过程中；二、承运人有违法、违约行为；三、承运人的违法、违约行为与旅客的伤亡有直接的因果关系；四、旅客对自己的伤亡无故意或重大过失。就本案来说，中林运输公司在龚某未坐上车的情况下，自行离去，其行为构成违约。但龚某的死亡，并非发生在中林运输公司的运输途中，而是龚某自行到达湖南省耒阳市，并违反铁路法律法规规定从京广线 K1817 + 270 米处东侧开口进入永耒铁路线路，又翻越隔离栏进入京广线内，与火车相撞，导致龚某的死亡。该死亡后果与中林运输公司的违约没有直接的因果关系。且龚某在此事故中负直接和主要原因，具有重大过失。法院认定中林运输公司违约与马某死亡没有直接因果关系，并无不当。

第八百二十四条 在运输过程中旅客随身携带物品毁损、灭失，承运人有过错的，应当承担赔偿责任。

旅客托运的行李毁损、灭失的，适用货物运输的有关规定。

【条文释义】

本条是对旅客随身携带行李毁损、灭失损害赔偿责任的规定。

在客运合同中，承运人对运输过程中旅客随身携带的行李毁损、灭失承担赔偿责任。这种行李损害赔偿责任分为两种情形：

1. 旅客随身携带的行李毁损、灭失的，承运人应当承担过错责任的损害赔偿责任，承运人对行李的毁损、灭失有过错的，承担赔偿责任，没有过错则不承担责任。

2. 旅客托运行李的毁损、灭失，适用货物运输的有关规定，即民法典合同编第 832 条关于"承运人对运输过程中货物的毁损、灭失承担赔偿责任。但是，承运人证明货物的毁损、灭失是因不可抗力、货物本身的自然性质或者合理损耗以及托运人、收货人的过错造成的，不承担赔偿责任"的规定，确定赔偿责任。

【案例评注】

抚州市临川汽车运输有限公司、王某某运输合同纠纷案①

基本案情

2009年11月13日，皖K×××××号、赣F×××××号、浙1B7××号、赣F×××××号、赣B10××号五车发生燃烧损毁及车上货物、行李被烧毁的特大道路交通事故。2009年11月13日11时30分，江西省公安厅交通警察总队直属五支队第四大队民警对王某2进行询问笔录显示：王某2事故当天躺在赣F×××××车的右侧第一排上铺。2010年1月5日10时11分，江西省公安厅交通警察总队直属五支队第四大队民警对王某某进行询问笔录显示："我和我弟弟王某2在车上聊天，事故发生后，车上的旅客下车，我就往车厢后面走，想到后面卧铺上去拿我的货物玉器，姓罗的司机叫乘客下车，快跑，车子要爆炸了，我看来不及了，就下车了。"2009年11月16日，王某某、王某2委托江西赣州司法鉴定中心对赣F×××××号车所载物作恢复原貌性价值评估（市场比较法），该鉴定中心作出赣虔司鉴（财）评字［2009］第1101号《关于赣F×××××号车所载物品财产损失评估报告》（以下简称《评估报告》），鉴定意见为：1. 和田玉白玉双耳瓶：高14.5cm，两耳宽10.5cm，约550克，白色，鉴定结果为和田玉，现有的器物原貌价值推测估价5万元；2. 和田玉茶壶摆件：高7.5cm，宽12cm，厚5.5cm，约1100克，青白色，鉴定结果为和田玉，现有的器物原貌估价8000元；3. 和田黄玉香炉盖：质量309克，形态为三狮凤凰盖，白色，鉴定结果为和田玉，现有的器物原貌估价1万元；4. 和田玉五件套五牛摆件：每件牛约重1750克，高9cm，长19cm，鉴定结果为和田玉，估价75000元；5. 寿山石关公骑马摆件：重1650克，高21cm，宽14cm，厚7cm，灰色，估价2万元；6. 和田玉灵芝摆件：重1700克，白色，鉴定结果为和田玉，该器物原件估价4万元；7. 铜香炉：重3700克，高12cm，宽23cm，厚13cm，表面有铜绿，该件物品原件估价5000元；8. 十件玉石和一件铜器均被严重烧损。评估确定该批物品的总"市场价值"208000元；委托江西省矿产品质检站珠宝玉石鉴定评估所出具《鉴定评估

---

① 审理法院：一审法院为抚州市临川区人民法院，案号：（2010）临民初字第1099号；二审法院为抚州市中级人民法院，案号：（2014）抚民二终字第35号；再审法院为江西省高级人民法院，案号：（2015）赣民提字第18号。

报告》鉴定评估费12000元；综上所述，王某某、王某2所属物品在此次事故中，烧损的十件玉石和一件铜器损失价值鉴定评估为22万元。

2010年3月30日江西省公安厅交通警察总队直属五支队第四大队出具《证明》：2009年11月13日00时30分许，在大广高速龙南段发生交通事故，王某某、王某2所属的物品（十件玉石和一件铜器）在事故现场赣F×××××号车上被烧毁。烧毁物品损失由赣州司法鉴定中心评估。江西省公安厅交通警察总队直属五支队第四大队加盖事故处理专用章。2010年11月29日，运输公司申请一审法院调查取证，要求查明本案诉争的标的物是否与本次连环交通事故具有因果关系。经原审法院到交警部门核实，2011年1月5日，交警葛超某将事情经过反映如下："未逐一对所有车上损坏的物品进行核实、拍照。事后在赣F×××××号车行李箱内发现类似'鼎'样的物品，数量不明。王某2称还有其他物品在车上没有找到。直至2010年1月5日才将其随车物品拿来。根据当事人现场描述及提供的损毁物品，我大队于2010年3月30日出具了相关证明。"

法院判决

根据民事诉讼中的"谁主张，谁举证"原则，王某某、王某2作为本案原告，对于烧毁物品来源于2009年11月13日的交通事故现场负有举证责任。本案交通事故发生于2009年11月13日，11月16日王某某、王某2自行将烧毁物品委托江西赣州司法鉴定中心作恢复原貌性价值评估，但直至2010年1月5日才将烧毁物品交当时现场办案的交警查看。2011年1月5日，办案交警向一审法院陈述称事发时未逐一对所有车上损坏的物品进行核实、拍照，该陈述并未证明烧毁物品来自现场。虽然2010年3月30日江西省公安厅交通警察总队直属五支队第四大队出具了《证明》，但《证明》中没有单位负责人签名或盖章，也没有加盖单位印章，只有事故处理章，依据《最高人民法院关于适用〈中华人民共和国民事诉讼法〉若干问题的意见》第七十七条的规定，依照民事诉讼法第六十五条由有关单位提出的证明文书，应由单位负责人签名或盖章，并加盖单位印章。该《证明》不符合上述法律规定，同时，该《证明》中所称物品在事故现场烧毁与办案交警调查核实时所称"未逐一对所有车上损坏的物品进行核实、拍照"内容相矛盾，该《证明》不具有证据的法律效力，不予采信。因此，从整个案件查明的事实来看，没有充分证据证明王某某、王某2从烧毁现场提取了涉案物品，也不能证明江西赣州司法鉴定中心鉴定的物品是从2009年11月13日车祸现场提取，依据《最高人民法院关于适用〈中华人民共和国民事诉讼法〉的解释》第九十条的规定，王某某、王某2应承担举证不能的法律后果。

专家点评

民法典合同编第 824 条规定，在运输过程中旅客自带物品毁损、灭失，承运人有过错的，应当承担损害赔偿责任。旅客托运的行李毁损、灭失的，适用货物运输的有关规定。适用该条应予注意的是，旅客应对其自带物品承担举证责任，否则将面临举证不能，不予以赔偿的风险。本案中，虽然王某某、王某 2 主张自带物品遭受毁损，但未提交充分证据证明，应承担举证不能的不利后果。

第三节　货运合同

第八百二十五条　托运人办理货物运输，应当向承运人准确表明收货人的姓名、名称或者凭指示的收货人，货物的名称、性质、重量、数量，收货地点等有关货物运输的必要情况。

因托运人申报不实或者遗漏重要情况，造成承运人损失的，托运人应当承担赔偿责任。

【条文释义】

本条是对货运合同及托运人如实申报的规定。

货运合同，是指承运人将托运人交付的运输货物运送到约定地点，托运人支付运费的合同。其特征是：（1）货运合同往往涉及第三人即收货人；（2）货运合同的标的是运输行为，不仅要将运输的货物运输到目的地，而且要把货物交付给收货人。货运合同的成立，以托运人提出运输货物的请求为要约，以承运人的同意运输为承诺。

托运人托运货物应当办理托运手续，负有如实申报义务，如实填报托运单，承运人在托运单上签字认可后，货运合同即告成立。如实申报的内容是：（1）收货人：向承运人准确表明收货人的姓名（自然人）或者名称（法人或者非法人组织）或者凭指示的收货人；（2）托运的货物：货物的名称、性质、重量、数量；（3）收货地点；（4）有关货物运输的必要情况：如是否为鲜活物品等。托运人不如实申报的后果是：因托运人申报不实或者遗漏重要情况，造成承运人损失的，托运人应当承担赔偿责任。

【案例评注】

陈某某、华迅公司与中海公司海上货物运输合同纠纷案[①]

基本案情

2012年6月11日，陈某某委托中海公司将箱号为CCLU6940093的40尺集装箱从广州市鸦岗运至营口。中海公司作为承运人，安排驳船“横县四官665”轮承运该集装箱及其他货物由鸦岗至南沙新港。6月14日，该驳船靠泊南沙码头时，因该集装箱内私自夹带160件属于易燃危险货物的固化剂，导致集装箱发生爆炸。固化剂为华迅公司所有，由其委托陈某某代办运输。华迅公司和陈某某作为货物的托运人，在货物包装或货物申报中都未能依法进行标注、警示与说明，应就中海公司因事故所遭受的损失承担连带赔偿责任。请求法院判令陈某某与华迅公司连带赔偿中海公司经济损失共计325761.93元，并承担本案的全部诉讼费用。

法院判决

本案事故发生后，中海公司委托颐盛保险公司对事故进行调查、检验，认为造成爆炸事故的原因可合理归结为发货人未按相关安全规定申报危险品，导致固化剂在高温下发生爆炸。广州海事局作为海上安全管理机关，在本案事故发生后，对“横县四官665”轮装载危险品未申报导致集装箱爆炸进行海事行政处罚。鉴于发生事故的第CCLU6940093号集装箱内除装载易燃物品固化剂外，其他的物品均为日用品，因此可认定第CCLU6940093号集装箱的膨胀爆炸事故是由于固化剂的易燃所引起。《合同法》第三百零四条规定，托运人办理货物运输，应当向承运人准确表明收货人的名称或者姓名或者凭指示的收货人，货物的名称、性质、重量、数量，收货地点等有关货物运输的必要情况。因托运人申报不实或者遗漏重要情况，造成承运人损失的，托运人应当承担损害赔偿责任。华迅公司为第CCLU6940093号集装箱内固化剂的实际托运人，其经营范围包括危险货物运输，对固化剂在包装、运输方面的要求应是清楚明确的。但华迅公司在将固化剂交付运输时，没有妥善包装，外包装上没有写明货物的储运方式，也没有对固化

---

① 审理法院：一审法院为广州海事法院，案号：（2013）广海法初字第616号；二审法院为广东省高级人民法院，案号：（2014）粤高法民四终字第28号。

剂的特性和搬运方式作出明确具体的说明，在案外人卢某甲和陈某某提出疑问后，仍然试图隐瞒固化剂的性质和特点，主观上存在故意隐瞒的心理，对因固化剂自燃导致集装箱膨胀爆炸的事故负有不可推卸的责任，应对中海公司因此所遭受的损失承担赔偿责任。陈某某作为托运人，应对托运货物的性质、是否属于危险品有一定的认识，在货物装箱过程中发生泄漏并出现伤害人体皮肤的情况下，仍然没有引起警惕，并在明知卢某甲委托的货物为固化剂的情况下，却以“日用品”申报货物品名，违反如实申报的义务，陈某某也应对中海公司因该起事故造成的损失承担赔偿责任。陈某某与华迅公司对该事故的发生存在共同过错，两者的过错行为共同导致了事故的发生，应对承运人因该事故而遭受的损失承担连带赔偿责任。

专家点评

根据民法典合同编第 825 条的规定，陈某某作为托运人，在托运时应向中海公司如实申报所托运货物的品名，如实填写沿海内贸货物托运委托书托运的货物名称。但陈某某违反上述法律规定，在明知托运的货物为固化剂的情况下，仍申报为日用品，由此造成本案事故的发生。承运人中海公司因此而遭受了损失，陈某某应对该损失承担赔偿责任。

第八百二十六条　货物运输需要办理审批、检验等手续的，托运人应当将办理完有关手续的文件提交承运人。

【条文释义】

本条是对托运人提交审批、检验等文件的规定。

对于货物的运输，有些会涉及各种审批、检验等手续问题。如国际货物运输合同，须向海关办理出口货物的报关，须为出口的货物办理检疫、检验等手续。这些手续是货物运输所必须的，没有这些手续，无法进行正常的运输。因而，对需要国家审批、检验之后才可以运输的货物，托运人应当按照规定办理，并将办理的审批、检验手续的文件提交给承运人，以保证货物运输的正常进行。

【案例评注】

孙某某与金海港船务公司、奥龙航运公司水路货物运输合同纠纷案[①]

基本案情

2011年5月25日，孙某某与金海港船务公司在山东蓬莱签订了一份物流代理委托合同，主要约定孙某某运输硫铁矿（每月3000吨~6000吨）自山东蓬莱港到安徽铜陵港，孙某某特委托金海港船务公司代为办理货物在山东蓬莱港的堆放、过磅、装运上船、离港等一切手续，单价18元/吨，运输船进山东蓬莱新港前预付定金10元/吨，离港前付清全部费用。

2011年6月15日，孙某某以承租人身份与金海港船务公司以出租人身份签订了一份国内水路货物运输合同，主要约定金海港船务公司用“奥龙18”轮的舱口散装孙某某的3800吨硫矿土从山东蓬莱港运往安徽铜陵港，运费为每吨85元。合同签订承租人即付出租人定金5万元至金海港船务公司指定的银行卡号（签订盖章、支付定金后合同生效），出租人收到定金后即按合同约定派船，余额运费于船舶抵达卸货港卸货前一次性付清。货物保险由孙某某全额参保。货物的一切手续必须合法有效，否则一切责任和损失均由承租人承担，本合同如有未尽事宜双方将友好协商解决，解决不了的由原审法院裁决。该合同的右上角注明：本合同经承租人与出租人签章后生效，有关承租人与出租人之间的权利、义务和责任界限，适用于《水路货物运输规则》及运价、规费的有关规定。金海港船务公司不具有国内水路运输经营资质。2011年6月17日，金海港船务公司收到了孙某某支付的“奥龙18”号轮的租船定金5万元。

2011年6月24日，奥龙航运公司签发了一份水路货物运单，运单号为0000251，该运单记载：船名“奥龙18”，起运港蓬莱，到达港铜陵，托运人金海港船务公司，收货人孙某某，货物名称硫铁矿，包装方式散装，重量为3729.18吨。当天上午9时30分，该轮起航开往安徽铜陵港，2011年6月27日下午15时55分许，该轮在山东荣成石岛以南的苏山岛附近海域沉没，沉没位置为36°43′4″N，122°17′4″E，硫铁矿随船沉没，无人员伤亡。

---

① 审理法院：一审法院为青岛海事法院，案号：（2012）青海法海商初字第635号；二审法院为山东省高级人民法院，案号：（2015）鲁民四终字第35号。

2011 年 9 月 2 日，山东省威海海事局作出“奥龙 18”轮自沉事故责任认定书，该认定书认定由于该轮装载的货物移位造成船舶倾斜自沉，属重大事故；事故发生时气象情况：受 2011 年第五号台风“米雷”影响，2011 年 6 月 25 日至 27 日，山东威海海域东北风达 9～10 级，阵风 12 级，海面伴有巨浪、巨涌；事故原因：（1）船舶剧烈摇摆，使货物移位是导致船舶失去稳性而颠覆的直接原因；(2) 恶劣天气和海况是导致船舶颠覆的客观原因；(3) 船员对所装载货物特性缺乏足够的了解，对该类货物移位使船舶出现倾斜的危险性估计不足，冒险开航，这也是导致事故发生的直接原因之一。

法院判决

2012 年 12 月 21 日公布施行的《最高人民法院关于国内水路货物运输纠纷案件法律问题的指导意见》（以下简称《指导意见》）第三条规定，根据《国内水路运输管理条例》和《国内水路运输经营资质管理规定》的有关规定，从事国内水路运输的企业和个人，应当达到并保持相应的经营资质条件，并在核定的经营范围内从事水路运输经营活动。没有取得国内水路运输经营资质的承运人签订的国内水路货物运输合同，人民法院应当根据《合同法》第五十二条第（五）项的规定认定合同无效。金海港船务公司不具备国内水路运输经营资质，其与孙某某签订的国内水路货物运输合同应认定为无效。

关于当事人的过错问题。中华人民共和国交通部于 1988 年发布《海运精选矿粉及含水矿产品安全管理暂行规定》（以下简称《暂行规定》）的通知中特别提到，含水精选矿粉以及大量含水的散矿货物，在海上运输时产生矿、水游离现象，当矿粉及矿产品含水率达到或超过 8% 时，矿粉及含水矿产品受船舶航行摇摆、振动后，会在货物表面上产生大量泥水而形成一个自由液面，降低船舶稳性，甚至导致船舶倾侧、翻沉，以往国内外在海运中均发生过这类事故，教训是深刻的。本案运输的货物是硫矿土，根据 2011 年 6 月 8 日和 2011 年 7 月 13 日分别检验孙某某已运输货物和留存货物的含水率报告，本案货物属于含水散矿货物，且含水率超过上述《暂行规定》中特别提到的 8% 的危险值。孙某某是第一次托运硫铁矿，奥龙航运公司是第一次承运硫铁矿，起运港山东蓬莱新港是第一次装载硫铁矿，金海港船务公司也是孙某某货物运输在蓬莱新港的代理人，应当按照国家的相关规定，积极稳妥地为孙某某办好运输手续，特别是作为专业公司，有条件引起货方和船方以及相关方对本案货物安全运输的足够重视，本案货物的相关方如果不按上述《暂行规定》的要求去做，发生船沉货灭的概率很高。

关于“奥龙 18”轮自沉的原因。上海悦之保险公估有限公司的公估报告和山东省威海海事局的责任认定书，都提到船方对装载货物的特性认识不足，是本次事故发生的真正原因和直接原因，可以认定船舶的自沉与货物的自然属性具有直接的因果关系。

《暂行规定》第一条规定托运人托运精选矿粉及含水矿产品，应向起运港、港务监督（含港航监督）、承运船舶提供由装船口岸地方产品质量监督检验部门签发的下列证明文件：(1) 含水率：平均含水率、成流含水率；(2) 静止角；(3) 货物的物化性能（吸湿、氧化、自燃或挥发毒性气体）；(4) 积载因数。《合同法》第三百零五条规定货物运输需要办理审批、检验等手续的，托运人应当将办理完有关手续的文件提交承运人。按照《暂行规定》的要求，本案孙某某应提交山东蓬莱产品质量监督检验部门签发的上述证明文件，孙某某未尽到将上述证明文件提交给相关方的义务，违反了上述规定，致使实际承运人不能充分判断货物是否适运，造成货物随船沉没灭失，应对货物灭失承担相应的过错责任。

《暂行规定》第四条规定托运人提供上述证明文件后，船方应签认托运人提供的计划积载图以及装货注意事项交给起运港，并要求起运港应严格按照计划积载图，密切配合船方进行装载，在装货过程中保持船体正浮，装载完毕后，船方要求起运港按自己的要求做好平舱工作。第五条规定船方应认真计算船舶稳性，保证船舶在恶劣海况中航行时有良好的稳性；第六条规定装船前，船方应适当取样，用简易方法检验含水率是否符合运输要求，如发现问题，应及时通知货方申请地方产品质量监督检验部门重新检验。第九条规定凡使用一般货船装运水选精矿粉和被水湿浸过的矿产品，精选矿粉和矿产品的含水率不得超过可运含水率。一般可按含水率不超过 8% 的标准执行，超过此标准的，可不予承运。第十条规定为防止或减少货物在运输中的横向移动，可将部分精选矿粉装袋，用以设置中纵向隔堵。本案奥龙航运公司作为涉案货物的实际承运人，没有依据上述规定确认货物是否适运，造成货物随船沉没灭失，应对货物灭失承担相应的过错责任。

综合考虑本案的实际情况及孙某某、奥龙航运公司的过错程度，确定奥龙航运公司承担 50% 的赔偿责任，孙某某自行承担 50% 的过错责任较为合理。

专家点评

金海港船务公司不具备国内水路运输经营资质，其与孙某某签订的国内水路货物运输合同为无效合同。国内水路货物运输合同无效，运输过程中货物发生了毁损、灭失，托运人或者收货人向承运人主张损失赔偿的，人民法院可以综合考虑托运人或者收货人和承运人对合同无效和货物损失的过错程度，依法判定相应的民事责任。金海港船务公司与孙某某签订国内水路货物运输合同，对于合同无效，金海港船务公司与孙某某均有过错。根据《暂行规定》的规定，托运人托运精选矿粉及含水矿产品，应向起运港、港务监督（含港航监督）、承运船舶提供由装船口岸地方产品质量监督检验部门签发的有关含水率、静止角、货物的物化性能和积载因数的证明文件。民法典合同编第826条规定，货物运输需要办理审批、检验等手续的，托运人应当将办理完有关手续的文件提交承运人。依照上述规定，孙某某托运本案所涉货物，应向起运港、港务监督（含港航监督）、承运船舶提供由装船口岸地方产品质量监督检验部门签发的有关含水率、静止角、货物的物化性能和积载因数的证明文件，但其未提供，致使船方不能了解货物是否适运，对货物损失的发生有过错，应当承担50%的民事责任。

第八百二十七条　托运人应当按照约定的方式包装货物。对包装方式没有约定或者约定不明确的，适用本法第六百一十九条的规定。

托运人违反前款规定的，承运人可以拒绝运输。

【条文释义】

本条是对托运货物包装的规定。

在货运合同中，托运人对托运的货物负有包装的义务，以保证货物在运输途中因包装不妥而毁损、灭失。托运人履行对运输货物包装义务的方法是：（1）合同对包装方式有约定的，托运人应当按照约定的方式包装货物。（2）合同中对包装方式没有约定或者约定不明确的，包装方式应当按照本编第619条规定的方法确定，即补充协议，按照补充协议约定的方法包装；补充协议仍然不能确定的，应当采用通用的方式包装；没有通用方式的，应当采取足以保护货物的包装方式进行包装。

托运人违反包装义务，没有采取适当方式包装托运货物，承运人有权拒绝运输，这并不违反强制缔约义务的规定。

【案例评注】

浩凯公司与何某某、杨某某通海水域货物运输合同纠纷案[①]

基本案情

2010年11月20日，杨某某与浩凯公司签订航次出租合同，约定：浩凯公司用“海鑫66”轮为杨某某承运134件红砖自广西钦州港水产码头至海南三亚港红沙勤务船码头，受载期限2010年11月22日，装货时间1天，运费43000元，合同签订时原告杨某某即支付运费定金5000元，余款到目的港卸货前一天内一次性付清。杨某某应对货物投保足额综合险，否则造成的一切损失由其承担。双方还约定合同未尽事宜按交通部《国内水路货物运输规则》及《合同法》协商解决。合同签订后杨某某即向浩凯公司支付定金5000元。11月22日，颜某某向何某某支付定金10万元。同日，何某某向钦州石西砖厂购买128件壹级红砖，每件3000块，每块0.5元（含打包等费用），总价192000元。11月23日，钦州祥顺公司将上述红砖运至钦州港水产码头，并由钦州远大公司将红砖装上被告所有的“海鑫66”轮，该公司在货物交接清单上记载：托运人何某某；货物名称：红砖；件数：128件，共计961.48吨，浩凯公司签章予以确认。何某某向上述两家公司分别支付运输费13200元、装卸费14422.20元。同日10时00分，“海鑫66”轮装货完毕离港，开往三亚港。17时00分，“海鑫66”轮转向时船体发生激烈震动，船员检查货舱、机舱及船体未见异常。21时30分，主机停机，机舱大量进水，由于船上已停电，无法抛锚，中、高频呼救无回应，船舶在风、浪的影响下向西南方向漂移。23时00分，因风力增大，船舶左右摇摆增大。24日2时00分，船舶出现右倾8~10度，水已淹上右舷甲板约10公分，浪不断盖过舱口。2时40分，船舶右倾15度，货舱口离水面不足50公分。船长下令弃船。03时00分，“海鑫66”轮右倾沉没，船员被过往渔船救起。12月28日，何某某、杨某某与颜某某签订违约赔偿协议书，双方约定：何某某、杨某某返还颜某某定金10万元，并支付违约定金10万元，双方终止11月1日签订的红砖买卖合同。同日，何某某、杨某某向颜某某返还定金10万元，并支付违约定金10万元。

2011年1月6日，钦州远大公司出具“海鑫66”作业证明，证实该轮在装

---

① 审理法院：一审法院为北海海事法院，案号：（2011）海商初字第60号；二审法院为广西壮族自治区高级人民法院，案号：（2012）桂民四终字第26号。

卸过程中发生过红砖绑扎带断裂，红砖散落的现象。6月22日，防城港海事局作出防港海事责（2011）006号水上交通事故责任认定书，该认定书认定：船舶触碰水下不明障碍物，导致船底破损，机舱逐渐进水致主、辅机停机，是船舶沉没的主要原因。红砖的包装绑扎不牢固，在船舶左右摇摆增大时部分包装件破损，红砖向舱内一侧空隙散落，致使船舶向一侧（右）倾斜进水，是船舶沉没的直接原因。船员在船舶触碰水下不明障碍物后，未能及时发现潜在的隐患并采取相应的补救措施。并据此得出“海鑫66”轮自沉事故是一起船舶在习惯航路上正常航行时突然触碰水下不明障碍物，导致船底破损，机舱进水主、辅机停机，失去动力后的船舶在大风浪作用下左右摇摆幅度增大，舱内包装件绑带断裂，货物散落及移位致船舶倾斜进水沉没的单方意外事故。该局认为，直接原因是指离事故发生最近的原因。单方意外事故是指将船舶和船载货物视为一个整体进行事故调查，不涉及人为故意的事故。

法院判决

《合同法》第三百零六条规定：“托运人应当按照约定的方式包装货物。对包装方式没有约定或者约定不明确的，适用本法第一百五十六条的规定。托运人违反前款规定的，承运人可以拒绝运输。”本案中托运人与承运人并无包装的约定，依《合同法》第一百五十六条的规定，应当按照通用的方式包装，没有通用方式的，应当采取足以保护标的物的包装方式，在托运人未采取相应足以保护货物的包装的情况下，承运人有权拒绝运输。本案浩凯公司在红砖装船时未对货物的包装提出质疑，放弃了对标的物包装不合格拒绝运输的权利。作为承运人，应当有判断货物的基本包装是否满足最低运输标准的能力，其允许货物装船并起运，应当视为认可了承载货物的包装是合格的，不会产生航运的风险，诉讼中再以此抗辩本院不予支持。

浩凯公司主张本案事故为不可抗力所致，经查，防城港海事局海事责（2011）006号《水上交通事故责任认定书》中没有不可抗力情形的表述。同时，防城港海事建议（2010）006号《安全管理建议书》第一条建议，“船长在计划航线时应当充分了解经过水域安全情况，尽量避免接近岛屿航行，尤其是避免在事故多发水域航行，以免触碰水下不明障碍物。建议船公司对所属船舶的船长进行安全生产警示教育。”第二条则指出了事故中值班人员对船舶应急设备及应急反应程序不熟悉，未能有效启动应急程序和发出应急警报信号，争取岸基的支持。由此可见，该事故是可以预见、避免并克服的，不属于不可抗力的范畴，不适用《合同法》第三百一十一条承运人不承担损害赔偿责任的规定。

专家点评

根据民法典合同编第827条的规定，浩凯公司作为承运人负有检查红砖包装是否符合安全运输的义务。在码头装运红砖时，浩凯公司清楚红砖绑扎带发生过断裂，但其未拒绝承运，只是由何某某、杨某某重新包装后继续承运，亦未声明对因红砖包装原因造成的损失不负赔偿责任，浩凯公司的行为可视为其认可何某某、杨某某对红砖的包装，现浩凯公司以此抗辩理由拒绝赔偿，违反诚实信用原则不应予以支持。

第八百二十八条 托运人托运易燃、易爆、有毒、有腐蚀性、有放射性等危险物品的，应当按照国家有关危险物品运输的规定对危险物品妥善包装，做出危险物品标志和标签，并将有关危险物品的名称、性质和防范措施的书面材料提交承运人。

托运人违反前款规定的，承运人可以拒绝运输，也可以采取相应措施以避免损失的发生，因此产生的费用由托运人负担。

【条文释义】

本条是对托运人托运危险物品的规定。

托运人托运易燃、易爆、有毒、有腐蚀性、有放射性等危险物品，负有托运危险物品应当履行的义务，包括：(1) 应当按照国家有关危险物品运输的规定对危险物品妥善包装；(2) 作出危险物标志和标签；(3) 将有关危险物品的名称、性质和防范措施的书面材料提交承运人。托运人通过履行这些义务，保障托运的危险物品不发生危险，保护好托运人、承运人以及公众的安全。

托运人违反托运危险物品义务的后果是：(1) 承运人可以拒绝运输，拒绝签订货运合同；(2) 也可以采取相应措施以避免损失的发生，因此产生的费用由托运人负担，如承运人对托运的危险物品进行妥善包装，费用由托运人承担。上述两种方法，由承运人选择。

【案例评注】

东宝公司与顺泰公司、樊某某运输合同纠纷案①

基本案情

2011年10月22日，东宝公司与樊某某签订“东宝化工运输合同”，其主要内容为：(一) 甲方（托运方）为东宝公司，乙方（承运方）为樊某某，承运单位为顺泰公司；(二) 货物名称为五硫化二磷，装货地点为东宝公司厂区，卸货地点为昊阳公司指定地点，货物总价258000元。2011年10月23日上午11时许，樊某某与案外人刘某驾驶苏G×××××号、苏G93××号货车，运输30吨五硫化二磷，行驶至山东省梁山县赵堌堆乡鲁豫酒店附近，等待昊阳公司一方接货。因当日下雨，双方未能及时交接货物。同日下午4时许，五硫化二磷发生燃烧，樊某某、刘某将车辆停至京九线孙口黄河特大桥附近进行救火。因采取措施不当，致火势过大，危及特大桥安全，后来樊某某拨打报警电话请求救援，火被扑灭。经梁山县价格认定中心鉴定，特大桥的整修费用为1553388元。《危险品化学名录》证实五硫化二磷系4类3项遇湿易燃危险品，樊某某、刘某具备从事道路危险货物运输押运人员的资格。苏G×××××号、苏G93××货车的车辆经营范围为：危险品2类3项、危险品3类、危险品6类1项、危险品8类，不能运输属于4类3项的易燃危险品五硫化二磷。工商部门许可的顺泰公司经营范围为：危险品2类3项、危险品3类、危险品6类1项、危险品8类，无运输4类3项的易燃危险品五硫化二磷的资质。苏交运管许可连字320706301461号道路运输经营许可证所许可顺泰公司经营的范围为：危险品2类1项、危险品2类3项、危险品3类、危险品4类1项、危险品4类2项、危险品4类3项、危险品6类1项、危险品8类。顺泰公司有运输4类3项的易燃危险品五硫化二磷的资质。

法院判决

东宝公司与顺泰公司签订的涉案运输合同是双方当事人的真实意思表示，不违反法律法规强制性的效力规定，合法有效，双当事人均应当遵照履行。关于东

① 审理法院：一审法院为江苏省连云港市海州区人民法院，案号：(2013) 海商初字第341号；二审法院为江苏省连云港市中级人民法院，案号：(2014) 连商终字第0268号；再审法院为江苏省高级人民法院，案号：(2016) 苏民再300号。

宝公司产品包装是否符合国家标准的规定及其应否承担责任的问题。《合同法》第三百零七条第一款规定："托运人托运易燃、易爆、有毒、有腐蚀性、有放射性等危险物品的，应当按照国家有关危险物品运输的规定对危险物品妥善包装，作出危险物标志和标签，并将有关危险品的名称、性质和防范措施的书面材料提交承运人"（GB13258 –91）国标规定"五硫化二磷应用移动顶或宽口钢桶包装，桶身有两道外凸环筋或两组若干道波纹，桶口边缘与桶底应双重卷边，桶身与桶盖或箍圈配套卡牢扣紧并加橡胶密封圈，内包装用塑料薄膜，袋口双层扎口或热合封口，应严密不漏"，但事实上东宝公司只是采用"双重内胆、外面是编织袋"的包装方法，东宝公司的包装明显不符合国家标准的规定。东宝公司上诉主张可以按客户要求协议办理产品包装，但作为危险品五硫化二磷的生产企业，无论客户有何特殊要求，其双方协议的包装方式均不应低于国家标准，东宝公司产品外包装以编织袋代替密封钢桶的方式明显不当，其应承担危险品包装不符国家标准的责任。另外，顺泰公司虽办理了五硫化二磷的道路运输许可手续，但并未取得工商登记许可，东宝公司未严格审查承运人的工商许可登记，也存在选择承运单位不当的过错。顺泰公司在仅办理五硫化二磷产品道路运输许可，尚未取得工商登记许可的情况下，承接该危险品的业务，其在委派车辆及安排的相关人员采取的处置措施等方面，均存在过错。因此，东宝公司、顺泰公司对于本次遇湿起火引起的事故均负有过错责任。一审法院依法确定东宝公司承担本案60%责任，顺泰公司承担40%责任并无不当。

专家点评

纵观本案查明的事实和证据，货物损毁系因遇湿自燃，究其原因，既有顺泰公司的运输车辆超出经营范围运输危险品及其驾驶及押运人员违规操作，措施不当的原因，亦存在货物包装方式不当的因素。综合分析双方当事人在本案事故中的责任比例，一、二审认定由顺泰公司承担40%责任欠妥，应由双方承担同等责任。

第八百二十九条 在承运人将货物交付收货人之前，托运人可以要求承运人中止运输、返还货物、变更到达地或者将货物交给其他收货人，但是应当赔偿承运人因此受到的损失。

【条文释义】

本条是对托运人变更、解除货运合同的规定。

在货运合同履行过程中，托运人享有特别的解除权和变更权，这是由于货物运输是一个过程，在这个过程中，托运人有可能对托运的货物作出新的处分行为，因而应当享有这样的权利。故托运人在货物运输过程中，只要是未将货物交付收货人之前，都可以向承运人行使变更权和解除权，按照自己的意愿，对货运合同中的具体内容进行变更或解除：（1）中止履行合同：由承运人中止运输；（2）解除合同：要求承运人返还货物；（3）变更到达地：将原定货运合同的到达地由甲地变更为乙地；（4）变更收货人：即将货物交付原收货人之外的其他收货人。

托运人的变更权和解除权行使的期限，为承运人未将托运的货物交付收货人之前。承运人已经将托运的货物交付给收货人的，托运人不得变更或解除货运合同。

托运人变更或解除货运合同的后果是，因变更或者解除货运合同而给承运人增加额外负担的，应当对承运人因此而受到的损失承担赔偿责任。

【案例评注】

隆达公司与马士基公司海上、通海水域货物运输合同纠纷案[①]

基本案情

2014年6月，隆达公司由中国宁波港出口一批不锈钢无缝产品至科伦坡，货物报关价值为366918.97美元。隆达公司通过货代向马士基公司订舱，涉案货物于同年6月28日装载于4个集装箱内装船出运，出运时隆达公司要求做电放处理。2014年7月9日，隆达公司通过货代向马士基公司发邮件称，发现货物运错目的地要求改港或者退运。马士基公司于同日回复，因货物距抵达目的港不足2天，无法安排改港，如需退运则需与目的港确认后回复。次日，隆达公司的货代

---

① 审理法院：一审法院为宁波海事法院，案号：（2015）甬海法商初字第534号；二审法院为浙江省高级人民法院，案号：（2016）浙民终222号；再审法院为中华人民共和国最高人民法院，案号：（2017）最高法民再412号。

询问货物退运是否可以原船带回，马士基公司于当日回复“原船退回不具有操作性，货物在目的港卸货后，需要由现在的收货人在目的港清关后，再向当地海关申请退运。海关批准后，才可以安排退运事宜”。涉案货物于2014年7月12日左右到达目的港。马士基公司应隆达公司的要求于2015年1月29日向其签发了编号603386880的全套正本提单。根据提单记载，托运人为隆达公司，收货人及通知方均为VENUSSTEELPVTLTD，起运港中国宁波，卸货港科伦坡。2015年5月18日，隆达公司向货代发邮件称决定向马士基公司申请退运。次日，隆达公司向马士基公司发邮件表示已按马士基公司要求申请退运。马士基公司随后告知隆达公司涉案货物已被拍卖。

法院判决

本案系具有涉外因素的海上货物运输合同纠纷。因双方当事人明确同意适用中国法，按照《涉外民事关系法律适用法》第三条的规定，本案适用中华人民共和国法律。

隆达公司系涉案货物托运人且持有全套正本提单，马士基公司系承运人，双方当事人之间成立海上货物运输合同法律关系。货物到港前，隆达公司要求马士基公司改港或者退运，但马士基公司已明确告知货物距抵达目的港不足2天，无法安排改港或退运。货物抵港后，隆达公司作为涉案货物的托运人和正本提单持有人，理应及时关注货物状态并采取有效措施，但直至货物被海关拍卖长达半年时间内，隆达公司均未采取自行提货等有效措施，相应货损风险应由隆达公司承担。隆达公司主张马士基公司未按指示改港或者退运，违反法定义务，但证据与理由不足，不予采信。一审法院依据《涉外民事关系法律适用法》第三条，《最高人民法院关于审理无正本提单交付货物案件适用法律若干问题的规定》第八条，《民事诉讼法》第二十七条、第二百五十九条的规定，判决：驳回隆达公司的诉讼请求。一审案件受理费人民币25000元，由隆达公司负担。

专家点评

隆达公司在涉案货物海上运输途中请求承运人改港或者退运，因海商法未就航程中托运人请求变更运输合同的权利予以规定，故本案适用合同法的有关规定。依据民法典合同编第829条的规定，在承运人将货物交付收货人之前，托运人享有请求变更运输合同的权利，但双方当事人仍要遵循合同法第五条规定的公平原则确定各方的权利和义务。海上货物运输具有运输量大、航程预先拟定、航线相对固定等特殊性，托运人要求改港或者退运的请求有时不仅不易操作，还会妨碍承运人的正常营运或者给其他货物的托运人或收货人带来较大损害。在此情形下，如果要求承运人无条件服从托运人变更运输合同的请求，显失公平。因此，在海上货物运输合同下，托运人并非可以无限制地行使请求变更运输合同的权利，承运人也并非在任何情况下都应无条件服从托运人请求变更运输合同的指示。为合理平衡海上货物运输合同中各方当事人的利益，在托运人可以行使请求变更运输合同权利的同时，承运人也相应地享有一定的抗辩权。如果变更运输合同难以实现或者将严重影响承运人正常营运，承运人可以拒绝托运人改港或者退运的请求，但应当及时通知托运人不能执行的原因。涉案运输方式为国际班轮运输，载货船舶除运载隆达公司托运的四个集装箱外，还运载了其他货主托运的众多货物。涉案货物于2014年6月28日装船出运，7月12日左右到达目的港，而隆达公司于7月9日才要求马士基公司改港或者退运。在承运船舶距离到达目的港只有两三天时间的情形下，马士基公司主张由于航程等原因无法安排改港、原船退回不具有操作性，客观合理。

第八百三十条 货物运输到达后，承运人知道收货人的，应当及时通知收货人，收货人应当及时提货。收货人逾期提货的，应当向承运人支付保管费等费用。

【条文释义】

本条是对承运人通知和收货人及时提货的规定。

货运合同履行中，货物运输到达运送地点后，承运人和收货人都负有相应的义务：（1）承运人的通知义务：承运人知道收货人的，应当及时通知收货人，通知的内容是货到、提货地点及提供时间，提示收货人按期提货。（2）收货人按期提货义务：收货人没有参与订立货运合同的活动，但其享受接收货物的权利，应当承担按期提货的义务。收货人提货后，货运合同消灭。收货人逾期提货，即为违反按期提货义务，应当向承运人支付保管费等逾期提货的费用。

【案例评注】

云天化公司、洋浦泰源公司运输合同纠纷案①

基本案情

2014年7月16日，云天化公司与万鸿公司、洋浦泰源公司三方签订了编号为YNYTH－DLWH－YPLY－20140716的《油轮运输合同》。云天化公司为承租人，洋浦泰源公司为出租方，万鸿公司为委托方，云天化公司接受万鸿公司委托向洋浦泰源公司租船，将货权属于云天化公司的货物运输至卸货港。

2014年7月18日，为履行三方合同，洋浦泰源公司单方面委托华鸿公司，指示华鸿公司可以华鸿公司名义与恒晖公司签订《油轮运输合同》。2014年7月7日，华鸿公司与恒晖公司签订合同编号为HH140707的《油轮运输合同》。合同约定恒晖公司为出租人，接受洋浦泰源公司委托的华鸿公司为承租人，由“恒晖98”轮运输5000吨±5%柴油，装货港天津，卸港南京，运费102/吨不含税，受载日期为2014年7月9日（±1）。

2014年7月24日，恒晖公司所属的“恒晖98”轮在天津新港汇洋油库装货完毕，云天化公司在仓储单位的货物交接单上签字确认出罐数量为4971.127吨(2号外管线保持实线)。在由华鸿公司与恒晖公司盖章确认的货物交接清单载明托运与收货人均为云天化公司。商检单位BTS公司出具检验报告，并经“恒晖98”轮大副签字确认，实际装船数量为4965.164吨。恒晖公司签发的《水路货物运单》载明托运人及收货人均为云天化公司，同时约定承运人、实际承运人、托运人、收货人的有关权利、义务，适用《国内水路货物运输规则》。2014年8月1日，“恒晖98”轮将货物运输到南京。万鸿公司指示洋浦泰源公司，洋浦泰源公司指示华鸿公司，华鸿公司再指示恒晖公司将货物卸入金翔石化油库。编号为2014080004的《成品油入库单》载明发货单位为江浦经贸，收货单位为金翔公司。上海英斯贝克商品检验有限公司出具《岸罐报告》，载明卸货数量是4854.9吨，扣除合理损耗后存在货差102.864吨。

2014年8月25日，承租人华鸿公司与恒晖公司达成一份《和解协议》，约定由恒晖公司在扣除本航次运费、滞期费后再支付给华鸿公司货差赔偿款人民币18

① 审理法院：一审法院为大连海事法院，案号：（2016）辽72民初673号；二审法院为辽宁省高级人民法院，案号：（2019）辽民终1061号。

万元，以了结本航次纠纷。2014 年 10 月 8 日，恒晖公司将 18 万元汇入刘某个人账户。至此，恒晖公司与华鸿公司的本航次运输合同已履行完毕，双方的权利义务已全部结清。

2014 年 8 月 21 日，云天化公司向洋浦泰源公司发送《关于“恒晖 98”轮违规放货告知函》，要求洋浦泰源公司积极配合云天化公司追索货款并且保留通过法律途径向洋浦泰源公司追索的权利。2014 年 9 月 6 日，云天化公司分别向洋浦泰源公司与恒晖公司发送律师函，要求二公司采取有效措施收回全部货物并完成向云天化公司的交付，否则将向人民法院起诉；但律师函均被退回拒收。2014 年 9 月 10 日，云天化公司以电子邮件分别向洋浦泰源公司与恒晖公司送达了上述律师函。

法院判决

洋浦泰源公司是否应当承担连带赔偿责任。

洋浦泰源公司对万鸿公司实际控制人赵某合同诈骗行为并不知情，一审法院审查的焦点为洋浦泰源公司在履行三方签订的《油轮运输合同》中有无违约行为。本案中《油轮运输合同》约定，云天化公司接受万鸿公司的委托向洋浦泰源公司进行租船，因此云天化公司作为受托人，万鸿公司作为委托人，双方之间构成委托代理关系，并且洋浦泰源公司对此亦知晓。《合同法》第四百零二条规定，受托人以自己的名义，在委托人的授权范围内与第三人订立的合同，第三人在订立合同时知道受托人与委托人之间的代理关系的，该合同直接约束委托人和第三人，但有确切证据证明该合同只约束受托人和第三人的除外。因此，《油轮运输合同》直接约束万鸿公司、洋浦泰源公司，洋浦泰源公司按照万鸿公司指令进行货物的运输，并不违反合同约定。《合同法》第二百九十一条规定，承运人应当按照约定的或者通常的运输路线将旅客、货物运输到约定地点。因此，洋浦泰源公司依据合同约定，将案涉货物运输至南京港，已经完成了《油轮运输合同》项下的义务，并无违约行为。货物到达南京港后，云天化公司未能积极履行收货人义务，既未能提前准备好委托卸货协议与货物代管协议，亦未参与办理卸货手续，未能做到及时提货。《合同法》第三百零九条规定，货物运输到达后，承运人知道收货人的，应当及时通知收货人，收货人应当及时提货。收货人逾期提货的，应当向承运人支付保管费等费用。因此，洋浦泰源公司接受万鸿公司指令，将油品卸入金翔油库，并无违约行为或侵权行为，云天化公司要求洋浦泰源公司承担连带赔偿责任，无事实与法律依据。

专家点评

卸货指令系万鸿公司作出，洋浦泰源公司、华鸿公司、刘某接受船舶承租人万鸿公司卸货指令，靠泊交付货物，系合同约定义务。卸货码头南京或常州是三方签订的《油轮运输合同》中所确定的，云天化公司是明知的，即便万鸿公司中途变更了收货人，但却未变更卸货码头，合同约定货物的货权属于云天化公司，云天化公司应当对货物在移库中进行有效监管，但云天化公司疏于对货物的监管，特别是在船舶到达卸货港时，云天化公司未安排人员接货，造成货物损失，客观上存在过错。

第八百三十一条 收货人提货时应当按照约定的期限检验货物。对检验货物的期限没有约定或者约定不明确，依据本法第五百一十条的规定仍不能确定的，应当在合理期限内检验货物。收货人在约定的期限或者合理期限内对货物的数量、毁损等未提出异议的，视为承运人已经按照运输单证的记载交付的初步证据。

【条文释义】

本条是对收货人按期检验货物的规定。

承运人通知收货人货到、提货的通知，或者接到托运人的货到通知后，应当如期检验货物，确定是否收货。收货人检验货物的期限确定方法是：

1. 按照约定的提货期限检验货物，即约定的是什么期限，按照约定的期限确定。

2. 对提货期限没有约定或者约定不明确的，依据民法典合同编第510条的规定重新协议，按照协议确定的期限检验货物。

3. 重新协议仍不能确定的，应当在合理期限内检验货物。

收货人在约定的期限或者合理期限内对货物的数量、毁损等未提出异议的，视为承运人已经按照运输单证的记载进行交付的初步证据。之所以强调这种情形是交付的初步证据，是因为收货人即使未在约定的或者合理期限内提出异议，但以后也仍可以提出据此进行异议和索赔的相反的证据，一旦有证据证明货物的毁损、灭失是发生在运输期间的，承运人仍然应当承担赔偿责任。也就是说，收货人在约定的期限或者合理期限内对货物的数量、毁损等未提出异议的，推定承运人交付的货物符合运输单证记载相符、货物状况良好，承运人已经按照运输单证的记载进行了交付；如果收货人有相反证据证明推翻这一推定的，则按照证明的实际情况认定事实。

【案例评注】

神驰化工公司与京博物流公司运输合同纠纷案[①]

基本案情

2012年4月5日，神驰化工公司、京博物流公司签订《运输合同》，由京博物流公司作为承运人委派运输车辆将货物——国Ⅲ93#及符合中国石化销售有限公司（以下简称中石化公司）技术标准的汽油从神驰化工公司成品装车区运至日照岚山港童海油库，然后由船运至广东销售给中石化公司指定的接货商。《运输合同》对承运方在运输过程中承担的责任作出了约定。2012年4月8日至12日，京博物流公司委派的个别车辆在运输过程中，中途擅自盗卖部分油品，用含甲缩醛的劣质油品充数量，造成神驰化工公司的油品2788.217吨受到污染，给神驰化工公司造成经济损失5158201.45元，并产生闽长航轮滞期费损失225000元，给神驰化工公司产生利息损失计531482元。请求判令京博物流公司赔偿神驰化工公司各项经济损失5914683元，本案诉讼费、保全费及其他涉案费用等由京博物流公司承担。

法院判决

法院认为，《合同法》第一百一十九条第一款规定："当事人一方违约后，对方应当采取适当措施防止损失的扩大；没有采取适当措施致使损失扩大的，不得就扩大的损失要求赔偿。"本案中对于损失的扩大，神驰化工公司已经采取了适当措施，不应承担责任。具体理由为：

首先，神驰化工公司不应因铅封措施承担责任。京博物流公司作为承运人，将油品保质保量运输至指定地点是其合同义务。而且，京博物流公司在本案中提供车辆，神驰化工公司已在运输车辆的装油口和卸油口打了铅封，一个铅封一个

---

① 审理法院：一审法院为山东省东营市中级人民法院，案号：（2012）东商初字第82号；二审法院为山东省高级人民法院，案号：（2015）鲁商终字第22号；再审法院为中华人民共和国最高人民法院，案号：（2015）民申字第3266号。

编号，只要铅封未被破坏，神驰化工公司就有理由相信运送设备未被私自调整或开启。而京博物流公司司机盗换油品的行为是在不破坏铅封的情况下将阀门整体转动打开油罐口，将所运部分汽油换成调和油，对此被上诉人在卸油时通过检查铅封是不能发现的。因此，神驰化工公司在油品质量的防范上已尽到合理注意义务，并无过错。

其次，神驰化工公司不应因油品在入库和装船前未进行检验而承担责任。神驰化工公司的油品在出厂前进行了检测，并采取了铅封措施，运到童海油库后，因铅封完好，神驰化工公司有理由相信京博物流公司车辆运到的油品、装入储油罐的油品、从储油罐中装船外运的油品就是其出厂已检验合格的油品。上诉人主张被上诉人应在油品在入库和和装船前再次进行检验，但并未提供相应的行业惯例或合同约定等证据，故应承担举证不能的责任，神驰化工公司不应因油品在入库和和装船前未进行检验而承担责任。

最后，神驰化工公司不存在发现油品质量问题后故意拖延导致损失扩大的情况。涉案油品海上运输过程中，神驰化工公司在发现油品可能受到甲缩醛污染后及时通知运输途中的船舶中途依靠，在进一步确认油品质量问题的情况下通知船舶返航，没有扩大损失而是有效防止了船舶继续航行造成的损失扩大；金海油 2 船返航后，神驰化工公司租罐储存问题油品，积极采取各种措施查找油品出现问题的根源，并向公安机关报案，在此期间及时寻找买方处理问题油品，在当时责任主体尚无法确定、可能遭受重大经济损失的情况下，神驰化工公司采取的一系列处置措施连续可行，没有明显的人为故意拖延从而导致损失扩大的情形。

专家点评

关于神驰化工公司的检验义务以及是否存在未履行检验义务而至损失扩大的问题，民法典合同编第 831 条规定了货运合同项下收货人提货时应按照约定的期限检验货物。根据原审查明的事实，京博物流公司安排的运输车辆装完油后均由神驰化工公司对加油口和卸油口打铅封，铅封有不同的编号且只能使用一次，密封的运输车辆到达目的地油库后，经神驰化工公司工作人员检查铅封完好后直接卸货。由于运输车辆的铅封完好，故神驰化工公司有理由相信所卸油品与加封前所运油品一致，神驰化工公司的行为表明其已经完成了收货时的检验义务。京博控股公司关于神驰化工公司未履行法定的收货检验义务的主张缺乏事实依据。

第八百三十二条 承运人对运输过程中货物的毁损、灭失承担赔偿责任。但是，承运人证明货物的毁损、灭失是因不可抗力、货物本身的自然性质或者合理损耗以及托运人、收货人的过错造成的，不承担赔偿责任。

【条文释义】

本条是对承运人对货损赔偿责任和免责事由的规定。

在货运合同中，对于在运输过程中发生的货损，即托运货物毁损、灭失，根据运输中的货物毁损、灭失风险负担规则的要求，应当由承运人负担。即承运人将货物交付收货人后，收货人检验发现货物毁损或者灭失，承运人基于运输合同对承运的货物毁损、灭失负赔偿责任的规则，应当承担赔偿责任。不过，这种货物毁损、灭失负担规则并非绝对，如果存在免责事由，承运人应当免责。承运人具体的免责事由是：（1）不可抗力所致：由于运输过程中的货物所有权仍属于托运人或者收货人，因而在运输过程中货物毁损、灭失是因不可抗力所致，承运人不承担赔偿责任。（2）货物本身的自然性质或者合理损耗：货物本身自然性质，如气体因自然属性而挥发；合理损耗是货物在长时间运输过程中必然发生的一部分损失。（3）托运人、收货人的过错造成的损失：如包装缺陷所致、收货人负责卸货造成的损失等。符合上述情形要求的损失，承运人不承担赔偿责任。

【案例评注】

徐某某、恒锋公司海上、通海水域货物运输合同纠纷案[①]

基本案情

2014年9月26日，油脂公司就“豫江海666”轮将涉案豆粕从南通一德码头运至重庆港一事，委托其全资子公司凯欣公司签订水路货物运输合同。同年9月28日，凯欣公司按照油脂公司委托书的指示，与恒锋公司签订HQTSL－0897号《水路货物运输合同（航次合同）》。上述合同签订后，恒锋公司与徐某某签订《水路运输航次合同》，约定由“豫江海666”轮承运豆粕约2300吨，由南通一德码头运至重庆码头，运输价格61元/吨，“豫江海666”轮在运输过程中对所装货物安全负责，但人力不可抗拒的损失与船无关，该合同同时对运输期限、交付货物、

① 审理法院：一审法院为武汉海事法院，案号：（2015）武海法商字第01411号；二审法院为湖北省高级人民法院，案号：（2018）鄂民终1020号。

违约责任等进行了约定。徐某某在该《水路运输航次合同》上签字予以确认。

2014年10月30日，“豫江海666”轮在湖北宜昌临江坪抛锚待闸期间，与“川马66”轮和“仲泰66”轮发生碰撞事故。碰撞事故造成“豫江海666”轮左舷破损，船舱进水，涉案豆粕遭受湿损。中华人民共和国宜昌海事局出具《内河交通事故调查结论书》，认定：本次事故是在宜昌水位持续上涨、锚地待闸船舶密集的条件下发生的，“豫江海666”轮采取的应对措施不力，对本次事故有一定的责任。

货损事故发生后，油脂公司和人保公司派员前往事故现场组织货物施救并评估损失。2014年11月1日，油脂公司与港埠公司签订豆粕作业合同，以存放打捞上岸的1185吨残损豆粕。为此，油脂公司于2014年11月18日向港埠公司支付包括装卸费在内的全部费用共计46435.05元。人保公司指派的公估公司评估后确定：涉案豆粕的装船数量为2352.64吨；港埠公司堆存的残损货物数量为1185吨；留存于“豫江海666”轮的9456袋和65.2吨散装豆粕，折合727.12吨。据此，公估公司推断尚有440.48吨豆粕灭失。

法院判决

关于本案水路货物运输合同承运人的认定。法院认为，徐某某与姜某、江海公司均确认涉案船舶“豫江海666”轮已由姜某出卖给徐某某，结合《水路运输航次合同》、《货物交接单》以及（2015）武海法商字第01096号民事判决书查明的事实，“豫江海666”轮由徐某某实际经营，且徐某某承认涉案《水路运输航次合同》系其签署，仅辩称该合同系事后补签，同时对其实际承运涉案豆粕的事实予以认可，故可以确认徐某某为本案水路货物运输合同关系的承运人，其应就涉案损失承担赔偿责任。

关于是否存在免责事由。徐某某辩称涉案货损事故的发生为不可抗力，应予以免责。一审法院认为，徐某某的该项抗辩不能成立。《合同法》第一百一十七条第二款规定：“本法所称不可抗力，是指不能预见、不能避免并不能克服的客观情况。”不能预见，即以一般人的预见能力无法提前知晓事件是否发生、何时何地发生、发生的情况如何；不能避免，即无论采取什么措施，或即使尽了最大努力，也不能防止或避免事件的发生；不能克服，即以当事人自身的能力和条件无法战胜该客观情况。三个条件同时成立才能构成不可抗力，缺一不可。徐某某主张不可抗力，则应对不可抗力的构成要件进行举证。涉案事故发生前后，宜昌水位持续上涨，锚地待闸船舶密集，但若及时采取合理的应对措施，货损可以避免而不必然发生，即非不可避免且不能克服。宜昌海事局出具的《内河交通事故调查结论书》认定“‘豫江海666’轮采取的应对措施不力，对本次事故有一定的责任”，说明徐某某对涉案事故的发生负有过错。因此，对于徐某某提出的涉案货损的发生系不可抗力所致的抗辩主张，一审法院不予支持。

专家点评

本案系通海水域货物运输合同纠纷。恒锋公司与案外人签订涉案货物的《水路运输合同（航次合同）》后，将货物实际委托给“豫江海666”轮承运。因“豫江海666”轮在履行涉案运输合同之前已由登记所有人姜某出售给徐某某，涉案《水路运输航次合同》上仅有徐某某的签字，货物交接单和事故处理均由徐某某经手负责，且登记经营人江海公司与姜某签订的《船舶委托经营合同》已明确约定江海公司仅协助姜某办理船舶检验、营运和船员证书等有关手续，不对任何海损事故承担经济赔偿责任，可见“豫江海666”轮在涉案运输和事发时确由徐某某实际经营。故在涉案货物运输合同关系中，恒锋公司为合同承运人，亦是直接委托徐某某运输货物的托运人，徐某某为实际承运人，姜某和江海公司并非合同当事人。根据民法典合同编第811条关于“承运人应当在约定期限或者合理期限内将旅客、货物安全运输到约定地点”的规定，徐某某有义务将涉案货物安全运输至目的港。但涉案货物在运输途中因遭遇船舶碰撞事故受损，故恒锋公司有权依据民法典合同编第832条关于“承运人对运输过程中货物的毁损、灭失承担赔偿责任，但是承运人证明货物的毁损、灭失是因不可抗力、货物本身的自然性质或者合理损耗以及托运人、收货人的过错造成的，不承担赔偿责任”的规定，向徐某某主张货损赔偿责任。

第八百三十三条 货物的毁损、灭失的赔偿额，当事人有约定的，按照其约定；没有约定或者约定不明确，依据本法第五百一十条的规定仍不能确定的，按照交付或者应当交付时货物到达地的市场价格计算。法律、行政法规对赔偿额的计算方法和赔偿限额另有规定的，依照其规定。

【条文释义】

本条是对货物毁损、灭失赔偿数额的规定。

在货运合同中，货损发生后，确定由承运人承担赔偿责任的，其具体的赔偿数额的确定方法是：

1. 货运合同对赔偿数额有约定的，按照其约定确定。

2. 货运合同对赔偿数额没有约定或者约定不明确的，依据民法典合同编第510条规定补充协议，按照补充协议约定的数额赔偿。

3. 补充协议仍然不能确定的，按照交付或者应当交付时货物的到达地的市场价格计算。

4. 法律和行政法规另有计算方法和赔偿数额规定的，依照规定，例如对某些货运合同的货物关于限额赔偿的规定。

【案例评注】

某汽车运输公司、颜某某公路货物运输合同纠纷案①

基本案情

颜某某系银川市个体经营利达货运部业主，从事货物运输代理与信息中介。2013年1月4日，利达货运部与樊某签订《承运合同》一份，约定颜某某将所揽代办托运的货物委托樊某驾驶甘L×××号重型半挂牵引车（挂车号：甘L0××号）自银川市运至固原市，运输日期为2013年1月4日至1月5日。合同载明："本批次货物总价值约为100万元，由承运方安全、准时运抵目的地，经协商，采用包干形式，全程运杂费为肆仟贰佰元（4200元）""货物经承运方清点数目，无误无损，装车后，在运输途中，如有被遗失、损坏淋湿等意外事故，均由承运方负责一切经济损失"。合同签订后，利达货运部将货物和随车货物托运凭据交付樊某，双方共同在《货运清单》上签字捺印。该《货运清单》记载了货物编号、品名、货主姓名、收货方联系电话、代收货款和运费金额等信息。2013年1月5日凌晨2时许，樊某驾车载货由银川市行至吴忠市利通区福银高速公路关马湖服务区时发生火灾，造成甘L0942号挂车及车上货物不同程度烧毁。2013年1月29日，吴忠市利通区公安消防大队作出利公消火认字（2013）第0002号《火灾事故认定书》，认定起火原因系甘L×××号重型半挂车牵引甘L0942号挂车"行驶过程中挂车左侧由前至后第三组轮胎刹车片与刹车鼓摩擦产生高温引燃轮胎等周围可燃物引发火灾"，造成直接经济损失1310628元。事故发生当日，颜

① 审理法院：一审法院为宁夏回族自治区银川市中级人民法院，案号：（2013）银民商初字第85号；二审法院为宁夏回族自治区高级人民法院，案号：（2017）宁民终115号；再审法院为中华人民共和国最高人民法院，案号：（2018）最高法民申163号。

某某将尚未烧毁价值计31416元的货物自行取回，并在《货运清单》上标注“货在”字样。2013年4月3日，颜某某给樊某出具收条一张，载明：“取走已烧坏、不能使用的损坏电瓶47小件、原子灰5桶”。

法院判决

《合同法》第三百一十二条规定：“货物的毁损、灭失的赔偿额，当事人有约定的，按照其约定；没有约定或者约定不明确，依照本法第六十一条的规定仍不能确定的，按照交付或者应当交付时货物到达地的市场价格计算。法律、行政法规对赔偿额的计算方法和赔偿限额另有规定的，依照其规定。”本案中，颜某某与樊某在承运合同第一条中约定：“本批次货物总价值约为100万元，由承运方安全、准时运抵目的地，经协商，采用包干形式，全程运杂费为4200元整。”某汽车运输公司认为，上述合同条款对货物价值的约定不明确，不应以此金额作为认定货物损失的依据。本院认为，其该项申请再审理由不能成立。根据本案查明事实，樊某所驾驶的车辆发生火灾后，宁夏回族自治区吴忠市利通区公安消防大队对该次火灾事故进行了认定，其中关于事故直接经济损失认定为1310628元。事故认定书认定的损失数额虽未明确是否包含车辆本身损失价值，但根据樊某与陈某之间签订的《购车分期付款合同书》，案涉车辆系樊某以19万元的价格从案外人陈某处购买，故即便扣减车辆本身的损失价值，货物损失价值亦超过颜某某主张的数额。结合上述事故认定书，一、二审法院以承运合同约定的总货物价值为依据，扣减颜某某取回的未损毁货物的价值，认定本次货物损失价值共计968584元并无不当。

专家点评

民法典合同编第833条规定，货物的毁损、灭失的赔偿额，当事人有约定的，按照其约定。颜某某与樊某签订的《承运合同》中，约定拉运货物价值约为100万元。吴忠市利通区公安消防大队出具的《火灾事故认定书》中，认定火灾直接财产损失为1310628元，法院根据在案证据，在扣减尚未烧毁的部分货物价值后，认定樊某赔偿颜某某货物损失968584元，符合案件事实及法律规定。

第八百三十四条 两个以上承运人以同一运输方式联运的，与托运人订立合同的承运人应当对全程运输承担责任；损失发生在某一运输区段的，与托运人订立合同的承运人和该区段的承运人承担连带责任。

【条文释义】

本条是对单式联运合同货损赔偿责任的规定。

单式联运合同，也叫相继运输合同，是指托运人与两个以上承运人以同一种运输方式就货物运输所订立的合同。单式联运合同的特点是存在转车、转机、转船的运输，实行一票到底，托运人只要与第一承运人签订了运输合同，就可以享受全程所有区段的运输。

对于单式联运合同中各承运人的责任负担方式是：(1）与托运人订立合同的承运人即第一承运人，应当对全程运输的货物风险承担责任，凡是在全程运输中发生的货损，第一承运人都应当承担赔偿责任。(2）损失发生在某一个运输区段的，与托运人订立合同的承运人和该区段的承运人都应当承担赔偿责任，责任形态是连带责任，托运人或者收货人可以向任何一方主张承担全部赔偿责任，任何一方都应当对全部损失承担赔偿责任。

【案例评注】

中谷物流、华航船务与南通中外运海上、通海水域货物运输合同纠纷案①

基本案情

2014年10月10日，王子制纸委托南通中外运运输内贸集装箱货物，托运人及收货人均为王子制纸，货物名称为纸，件数为20件，毛重为22，635.7742公斤，装载在1个20英尺的集装箱内，箱号/封号为TEMU47XXXXX/6XXXXX。

南通中外运接受委托后，与中谷实业签订了《沿海内贸货物托运委托书》。

中谷实业接受了南通中外运的委托后，再委托华航船务将涉案货物由南通运往上海港，承运驳船为“环球878”轮，航次号为14118，2014年10月12日，涉案货物运抵上海港。

2014年10月15日，涉案货物在上海港装上“华鑫858”轮，由海路运往厦门。同年10月20日，涉案货物运抵厦门，之后通过公路集装箱运输于10月22

① 审理法院：一审法院为上海海事法院，案号：(2017）沪72民初128号；二审法院为上海市高级人民法院，案号：(2017）沪民终215号。

日下午送到收货人仓库，收货人在验收时发现涉案货物湿损，收货人拒收货物。

东方公估接到报案后即派员对涉案货物进行了检验并出具了编号为 OIS（15）XXXXX 的公估报告。公估人意见：涉案货物卷纸受到水损，失去卷纸本身的光滑、挺括，只能做全损处理；涉案货物原价值 102264.37 元，残值 18000 元，损失 84264.37 元；考虑本案运输全过程，涉案货损最大原因是驳船运输过程中所致。

2015 年 1 月 13 日，王子制纸向南通中外运发出《货物运输事故求偿书》，求偿书称：根据双方合同约定，造成的损失由南通中外运完全承担，王子制纸将受损货物按出厂价格销售给南通中外运后，货物由南通中外运自行处理；求偿金额为 102264.37 元。2014 年 10 月 31 日，王子制纸开具了编号为 11411035 的江苏增值税专用发票，购货单位为南通中外运，销货单位为王子制纸，价税合计 102264.37 元。2015 年 2 月 4 日，南通中外运支付给王子制纸 102264.37 元。

2015 年 7 月 17 日，南通中外运向中谷实业发出《公司法务索赔函》，要求中谷实业向其赔付 84264.37 元，中谷实业盖章确认收到索赔函。2016 年 7 月 10 日，南通中外运再次向中谷实业发出《公司法务索赔函》，中谷物流盖章确认收到索赔函。

法院判决

本案系海上、通海水域货物运输合同纠纷，南通中外运系托运人，中谷物流系全程承运人，华航船务系内河运输区段承运人。

关于涉案货损发生的运输区段。涉案货物由驳船“环球 878”轮从南通运至上海港，在上海港装上“华鑫 858”轮，由海路运往厦门，之后通过公路集装箱运输至收货人仓库，经过了内河、沿海、公路三个运输区段，中谷物流系全程承运人，华航船务系内河运输区段承运人。涉案货物运至收货人仓库后，发现货损，经东方公估检验，认为涉案货损最大原因是驳船运输过程中所致。华航船务抗辩其未将涉案货物放置在船舶最底层，该货物不可能在华航船务承运期间遭受货损，但华航船务并未提供充分的证据予以佐证，故对华航船务的上述抗辩一审法院不予采信。涉案货损发生在华航船务所承运的内河运输区段。

关于中谷物流、华航船务是否承担连带责任。在涉案货物运输中，中谷物流系与托运人订立合同的全程承运人，华航船务系内河运输区段承运人。华航船务抗辩称《国内水路货物运输规则》（以下简称《水规》）已于 2016 年 5 月 25 日被废止，中谷物流、华航船务承担连带责任没有法律依据。一审法院认为，《水规》本身并非裁判的法律依据，人民法院仅是参照执行，审理国内水路货物运输合同案件的法律依据为《民法通则》《合同法》等法律规定，货损发生在某一运输区段的，与托运人订立合同的承运人和该区段的承运人应承担连带责任。故对华航船务的上述抗辩，一审法院不予采信，中谷物流、华航船务应对涉案货损承担连带赔偿责任。

专家点评

关于中谷物流、华航船务是否应对涉案货损承担连带责任。根据《民事诉讼法》第 64 条第 1 款之规定，当事人对自己提出的主张，有责任提供证据。根据南通中外运提供的东方公估出具的公估报告记载：考虑本案运输全过程……涉案货损最大原因是驳船运输过程中所致。从目前在案证据以及本院对华航船务二审证据的分析来看，华航船务并未能提交有效证据推翻东方公估对涉案货损事故的原因认定，也未能提交有效证据证明其在上海港与中谷物流交接时涉案货物的状况，因此其关于涉案货损不可能发生在驳船运输过程的上诉理由无事实依据，本院不予采纳。根据民法典合同编第 832 条规定，承运人对运输过程中货物的毁损、灭失承担赔偿责任。但是，承运人证明货物的毁损、灭失是因不可抗力、货物本身的自然性质或者合理损耗以及托运人、收货人的过错造成的，不承担赔偿责任。第 834 条规定，两个以上承运人以同一运输方式联运的，与托运人订立合同的承运人应当对全程运输承担责任。损失发生在某一运输区段的，与托运人订立合同的承运人和该区段的承运人承担连带责任。本案各方当事人对于法院认定的南通中外运为托运人，中谷物流为全程承运人，华航船务为内河运输区段承运人并无异议。如上所述，在案有效证据显示，涉案货损最大原因系发生在内河运输区段，中谷物流对此也予以确认。法院依据法律和事实，认定中谷物流和华航船务对南通中外运的货损承担连带赔偿责任，并无不当。

第八百三十五条 货物在运输过程中因不可抗力灭失，未收取运费的，承运人不得请求支付运费；已经收取运费的，托运人可以请求返还。法律另有规定的，依照其规定。

【条文释义】

本条是对不可抗力致托运货物灭失运费处理规则的规定。

在货运合同中，货物在运输过程中因不可抗力灭失，因货物的所有权在托运人或者收货人，因而应当承担意外灭失风险，不得向承运人主张赔偿责任。对如何处理该货物的运费，关系到当事人之间的利益平衡问题，确定的规则是：(1) 未收取运费的，承运人不得请求支付运费；(2) 已收取运费的，托运人可以请求返还，承运人应当返还；(3) 法律另有规定的，依照其规定。

【案例评注】

乐山公司与金安公司、金东公司合同纠纷案[①]

基本案情

2010 年 12 月 28 日，金安公司与乐山公司签订 APPJA（储运）2011 第 001 号《纸浆运输服务合同》（含附件 A），约定：由乐山公司承运金安公司从四川雅安工厂发往金东公司码头的竹浆，包干运价为每风干吨 305 元，由金安公司负责支付；合同有效期自 2011 年 1 月 1 日至同年 6 月 30 日。

2011 年 6 月，乐山公司组织陆路、水路联运，将 2000 吨竹浆从四川雅安运至宜宾港。同年 6 月 13 日，乐山公司与佳轮公司签订运输协议，约定由佳轮公司承运上述货物。其后，佳轮公司与九五公司联系，由“九五 118”轮实际承运该批货物。2011 年 6 月 23 日，“九五 118”轮装货完毕，并从长江宜宾天原码头起航。在掉头作业过程中，发生触礁事故，船舶沉没，货物毁损灭失。其后，经平量行保险公估（上海）有限公司评估确认，涉案货物按照订单计算总价为 1041 万元，扣除残值 578973.41 元，损失共计 9831026.59 元。2011 年 12 月，金东公司作为原告在一审法院对重庆轮船公司、乐山公司以及九五公司提起诉讼，要求三公司连带赔偿货物损失 9831026.59 元，并承担其他损失。

法院判决

根据《纸浆运输服务合同》的约定及法律规定，乐山公司作为多式联运经营人，负有将承运货物安全运抵目的地的义务，由于不可免责的原因造成货物毁损灭失的，应承担相应的赔偿责任。根据已生效的（2012）武海法商字第 00012 号民事判决，乐山公司最终应向收货人金东公司承担的货物损失为 9831026.59 元。该损失金额的计算依据为金东公司和金安公司签订的《木浆订单》中约定的货物售价。由于涉案货物的交付方式为镇江金东码头交货，即卖方金安公司送货上

---

① 审理法院：一审法院为武汉海事法院，案号：（2015）武海法商字第 01001 号；二审法院为湖北省高级人民法院，案号：（2016）鄂民终 187 号。

门。因此，上述赔偿款项中包括金安公司应承担的运费成本。而金安公司在涉案货物出运后从金东公司已收取的2082万元货款中自然也包括金安公司应向承运人支付的运费成本。本案中涉及的货物为2000吨，包干运价为305元/风干吨，金安公司应承担的运费成本为61万元。金安公司辩称，其开业以来一直处于亏损运营状态，与金东公司签订的销售价也是亏本价，涉案货款的组成并非通常的成本加利润加运费。一审法院认为，不论金安公司在涉案货物的销售业务中是盈利还是亏损，其从金东公司收取货款的对价之一就是安排货物运输，并承担运费，该笔运费的产生与金安公司是否亏本销售没有关联。因此，金安公司收取的2082万元货款中包括61万元的运费成本。由于金安公司收回了全部货款，但至今未实际支出相应运费，根据《民法通则》第九十二条的规定，金安公司目前就该笔运费的占有没有合法依据，构成不当得利，当返还给受损失的人。乐山公司造成承运货物灭失，其本无权向托运人金安公司收取运费，但鉴于其应向收货人金东公司赔偿货物损失中包含了尚未收取的运费，而该部分货款金东公司已付给了金安公司，因此，乐山公司有权要求金安公司将该部分为运费的赔偿款61万元予以返还。一审法院对乐山公司的该部分诉讼请求予以支持。至于乐山公司要求金东公司支付61万元运费的主张，依据不足，不予支持。

专家点评

托运人金安公司已按照5205元/吨的价格收到收货人金东公司支付的全部货款，且买卖合同约定在收货人金东公司的码头交货，即该货款实质上包含了货物运费，而金安公司并未向承运人乐山公司支付相应的运费。虽然“九五118”轮在起运港码头触礁沉没造成货损，但收货人金东公司已向乐山公司、九五公司提起货损赔偿之诉。已生效的《货损判决》也认定承运人乐山公司应按照货物到岸价格减去残值，向收货人金东公司承担9831026.59元的赔偿责任。换言之，金东公司向金安公司支付的货款是货物的到岸价格，则乐山公司根据生效民事判决赔偿给金安公司的费用中包含了涉案货物的运费。民法典合同编第835条规定“货物在运输过程中因不可抗力灭失，未收取运费的，承运人不得要求支付运费；已经收取运费的，托运人可以要求返还”，上述规定体现了承运人权利义务对等原则，即不赔偿货损，则无权收取运费。参照该规定所包含权利义务对等的立法精神，承运人乐山公司向收货人金东公司赔偿货损，且托运人金安公司收到的货款包含运费，所以承运人乐山公司有权向托运人金安公司主张运费。

第八百三十六条 托运人或者收货人不支付运费、保管费或者其他费用的，承运人对相应的运输货物享有留置权，但是当事人另有约定的除外。

【条文释义】

本条是对承运人对运输货物享有留置权的规定。

在货运合同中，托运人应当承担支付运费等费用的义务，有的是由收货人承担支付运费等费用的义务，如约定“到付”的情形。托运人或者收货人不支付运费、保管费以及其他费用，由于承运人对运输货物的实际占有，当出现托运人或者收货人拒绝支付费用的情形时，承运人对相应的运输货物享有留置权，作为清偿运费等费用债权的担保。按照留置权的规定，承运人可以继续占有该运输货物，进行催告，给予宽限期，宽限期届满，可以对占有的运输货物进行拍卖、变卖，以其价款优先受偿。但是，如果当事人对支付价款的担保另有约定的，则依照约定处理。

【案例评注】

王某某、龙羽公司海上、通海水域货物运输合同纠纷案[①]

基本案情

2018年1月，龙羽公司业务人员毛某电话联系王某某，委托王某某自南京港四公司码头承运2000吨氯化钾至湖北港，双方口头约定运费49元/吨，受载完毕预付80%运费，余款到港卸货后支付。同年1月8日，龙羽公司为“广通826”轮加船用燃油3吨后，王某某将“广通826”轮开至指定地点受载，1月15日夜间受载完毕。1月16日，龙羽公司的员工余某通过网上银行向王某某转账运费7万元，“广通826”轮载货开航。1月22日，“广通826”轮载货抵达沙市港。1月30日，收货人代表高某通知船舶靠码头待命上档卸载，当日卸货4车，1月31日卸货4车，2月1日卸货4车，共计卸货554吨。2月2日，毛某电话通知王某某停止卸货，待货主协商后再定，并同意再支付5000元未结运费。2月3日，毛某通过微信支付5000元运费。2月7日下午，毛某用手机短信通知王某某，要求

---

① 审理法院：一审法院为武汉海事法院，案号：（2018）鄂72民初1436号；二审法院为湖北省高级人民法院，案号：（2019）鄂民终370号。

“广通826”轮晚上上档卸载，并告知不卸货产生的所有责任和损失由其自行负责。王某某回复要求谈船舶滞期费，表示付清滞期费和运费后一定上码头卸货。双方因是否应支付滞期费发生争议，“广通826”轮未上档卸载，致货主9辆受载车辆放空和码头停止作业，龙羽公司为此向浩斯特公司支付受载车辆放空损失9000元、高价购买1500吨替代货物支付费用3万元，支付荆轮公司码头停止作业损失5000元。3月5日，龙羽公司的员工余某联系王某某卸货事宜，双方协商由龙羽公司连同运费尾款共支付65000元后，王某某将“广通826”轮靠码头卸货。3月6日，余某向王某某发送“附加合同”短信，载明“……由于卸货耽误时间，现双方谈妥由龙羽公司支付该船滞港费陆万元，该船收到后无条件靠码头卸货直至卸完为止（运费尾款5000元，还是按原约定，货物卸完后无误，龙羽公司在一个工作日内给船方），确保在五日之内卸完（雨天顺延，超期按1元每吨天支付滞港费）。若无异议，请回复：同意以上约定，加上你的船号，姓名，电话。（本附加合同以短信的方式签订具备同等的法律效力）。”当日，王某某短信回复同意以上“附加合同”内容，余某向王某某转账6万元。次日，“广通826”轮上档卸货，3月9日卸完。3月13日，余某通过网上银行向王某某转账4939元，结清运费尾款。

法院判决

根据查明的案件事实，涉案“广通826”轮于1月8日开始受载，1月15日受载完毕；1月22日载货抵目的港待卸，1月30日开始卸载；2月2日停止卸载，2月7日通知继续卸载。按照此类船舶通常的装三卸四标准，船舶已在装货港和目的港实际滞期20天左右。涉案货物为龙羽公司委托王某某运输，其有疏通港口和货主及时安排装、卸货物的义务。“广通826”轮在装货港和目的港发生滞期系因龙羽公司未能及时安排装、卸货物，卸货延误为货主之间因货物质量产生争议而停卸，以及龙羽公司不认可应承担船舶滞期费，王某某拒卸所致。依据《合同法》第三百零九条相关规定，货物运输到达后，收货人应当及时提货，收货人逾期提货的，应当向承运人支付保管费等费用。据此，王某某依法享有向龙羽公司主张船舶滞期费用的权利。涉案“附加合同”的内容，即王某某收到龙羽公司支付的滞期费6万元后无条件将“广通826”轮靠码头卸清货物，系余某向王某某发出的邀约，且王某某亦回复予以承诺。鉴于存在“广通826”轮滞期事实，且双方亦未约定滞期费支付标准，龙羽公司在货物停卸近一个月后自愿向王某某支付的6万元滞期费并不存在显失公平，亦不存在重大误解。龙羽公司不能因其主观上不愿支付依法应承担的费用，而以王某某不卸货主张其遭受了胁迫。

因此，双方签订的“附加合同”应为真实意思表示，龙羽公司主张撤销的情形不存在，其诉请王某某返还已付 6 万元并承担利息，不予支持。《合同法》第三百一十五条规定，托运人或者收货人不支付运费、保管费以及其他运输费用的，承运人对相应的运输货物享有留置权，但当事人另有约定的除外。本案双方当事人口头约定货物卸完后结清运费尾款，但未约定“广通 826”轮滞期费亦应在货物卸完后支付，故王某某在货物卸载前要求龙羽公司付清船舶滞期费不违反法律规定，其在未收到滞期费前有权留置相当于滞期费债务金额的货物。即便按照滞期费率 2 元/吨天的标准计算，2 月 7 日前“广通 826”轮滞期 20 天左右的费用约为 4 万元，王某某拒绝卸载约 1500 吨货物，其价值明显超出债务金额合理范围，属留置不当，应对 2 月 7 日其拒绝卸货产生的受载车辆放空和码头停止作业损失承担赔偿责任。龙羽公司因“广通 826”轮未上档卸载已向浩斯特公司支付受载车辆放空损失 9000 元，向荆轮公司支付码头停止作业损失 5000 元，上述损失客观、合理，一审法院予以认定。龙羽公司向浩斯特公司支付的高价购买替代货物费用 3 万元，属王某某不可以预见的损失，该费用不应由王某某承担。

专家点评

根据案件事实，王某某虽有权留置其承运的货物，但其留置的货物数量和价值远超龙羽公司应承担的船舶滞期费用，一审认为王某某留置行为不当，应承担由此造成的损失并无不当。龙羽公司为证明损失金额，提交了案外人浩斯特公司、荆轮公司出具的函件及分别向两公司支付车辆损失 9000 元、码头停止作业损失 5000 元的银行付款电子回单，上述证据形成证据链，可以作为认定相关损失的依据。在案涉“附加合同”中，双方仅就滞期费的金额和运费的支付达成一致意见，并未达成一切运输事项均已了结的一致意见。故，王某某应该承担案涉车辆损失 9000 元和码头停止作业损失 5000 元。

第八百三十七条　收货人不明或者收货人无正当理由拒绝受领货物的，承运人依法可以提存货物。

【条文释义】

本条是对运输货物提存的规定。

提存是履行债务的方式之一，经过提存，债务人就完成了交付标的物的债务，债权人就实现了债权。在货运合同的履行中，收货人不明或者收货人无正当理由拒绝受领货物的，承运人无法向收货人交付货物，不能将运输义务履行完毕。在这种情形下，承运人就具备了以提存方式消灭债务的条件，可以依照民法典合同编第570条关于难以履行债务，可以将标的物提存的规定，承运人提存货物，即完成交付，履行完毕运输债务，消灭货运合同的债权。

【案例评注】

吉某某、胡某某公路货物运输合同纠纷案①

基本案情

2018年6月，吉某某通过新疆西瓜代办刘某购得一批西瓜并由刘某代办运输。2018年6月13日，刘某通过石河子信息部联系到胡某某，由胡某某驾驶豫D×××××号半挂冷藏车承运该批西瓜，约定运费为10500元，车到后卸货支付运费。同年6月15日，在刘某的安排下，胡某某将西瓜装车启运。6月18日，车辆到达吉某某指定卸货地三门峡市卢氏县后，因预定客户拒绝接货，吉某某要求胡某某将车开往灵宝市场出售。当天晚上胡某某将车开至灵宝市场。2018年6月19日，吉某某在灵宝市场出售了部分西瓜，得款4654元，剩余的西瓜仍置放于豫D×××××号半挂冷藏车上。6月20日早上，胡某某未告知吉某某将车开走，并将车上剩余西瓜运至河南省南阳市自行出售，引起诉讼。经查，吉某某共向刘某转账25000元用于购买西瓜。

法院判决

法院认为，胡某某为吉某某运输西瓜，双方形成运输合同关系，胡某某应当按照约定将西瓜安全运送至吉某某指定的地点，吉某某应按照约定向胡某某支付运费。胡某某按照协议约定和吉某某要求将西瓜拉至指定地点，吉某某没有及时卸货，支付运费，存在违约，对本案的发生负有一定过错。胡某某在吉某某已经接收货物后以吉某某不支付运费为由将剩余西瓜拉走并进行出售，明显不当，其行为构成侵权，对吉某某所造成的损失，应承担赔偿责任。吉某某本次购瓜花费25000元，扣除吉某某销售西瓜所得4654元和应支付胡某某的9500元运费外，吉某某实际损失为10846元，胡某某应予赔偿。吉某某要求绿通运输公司进行赔

---

① 审理法院：一审法院为河南省灵宝市人民法院，案号：（2018）豫1282民初3076号；二审法院为河南省三门峡市中级人民法院，案号：（2019）豫12民终602号。

偿，于法无据，不予支持。依照《合同法》第六十条、第二百八十八条，《侵权责任法》第六条，《民事诉讼法》第一百四十四条之规定，判决：（1）胡某某赔偿吉某某损失 10846 元，限判决生效后十日内履行完毕；（2）驳回吉某某要求平顶山市绿通运输有限责任公司赔偿的诉讼请求。如果未按本判决指定的期间履行给付金钱义务，应当依照《民事诉讼法》第二百五十三条之规定，加倍支付迟延履行期间的债务利息。案件受理费 1175 元，由吉某某负担 1000 元，胡某某负担 175 元。

专家点评

本案纠纷系在货物运送到达指定地点后，收货人吉某某未及时履行卸货及支付运费的合同义务，承运人胡某某自行将货物出售导致收货人吉某某产生货物损失。对于收货人吉某某货物灭失的损失，应视双方是否有过错及过错责任大小划分责任。本案中收货人吉某某在承运人胡某某将货物运送到指定地点后，应当承担卸货付款的合同义务，由于吉某某未及时卸货并支付运费，也未就占用运输车辆出售货物或支付货物保管费的事宜与胡某某达成一致意见，吉某某违约在先，应当对货物损失的后果承担责任；承运人胡某某在收货人吉某某拒绝卸货受领货物并支付运费时，依据上述法律规定，有留置货物、提存货物或货物变卖价款的权利，但是胡某某未依法律规定适当行使权利，而是将货物以低于货物交付地的市场价格出售，亦应当对货物损失的后果承担责任。吉某某确因本案纠纷产生货物损失，关于货物损失的数额，应由收货人吉某某承担举证证明责任，但是依据吉某某向法庭提交的证据，无法确切计算出货物损失的具体数额，故应由吉某某承担不利后果。

第四节 多式联运合同

第八百三十八条 多式联运经营人负责履行或者组织履行多式联运合同，对全程运输享有承运人的权利，承担承运人的义务。

【条文释义】

本条是对多式联运经营人及权利义务的规定。

多式联运，是与单一运输以及单式联运相对立的运输形式。多式联运合同，是指多式联运经营人与托运人订立的，约定以两种或者两种以上的不同运输方式，采用同一种运输凭证将货物运输至约定地点的合同。其特点是，一次托运、一次收费、一票到底、一次保险、全程负责的“一条龙”服务的综合性运输，有独特的优越性，对于满足人民生活需要，促进国民经济发展，都具有重要意义。

多式联运经营人，是多式联运活动的组织者、经营者，负责履行或者组织履行多式联运合同，对全程运输享有承运人的权利，承担承运人的义务。多式联运经营人是与托运人相对应的多式联运合同的另一方当事人，负责对多式联运合同的履行和组织履行，享有全程运输的全部权利，包括收取运输费用，在托运人违约时请求赔偿等；同时也履行全部义务和承担全部责任，在各实际承运人在运送中造成迟延或者货物损害的，经营人都要承担赔偿责任。

【案例评注】

红土地公司、某保险公司广东分公司合同纠纷案[①]

基本案情

2014年5月8日，红土地公司与信威公司签订运输合同，信威公司委托红土地公司将家具从湛江市宝满码头运到上海市嘉定区星华公路2369号（CY－DR），运费按每个40尺集装箱5000元计算（此报价含税金，不含保险费）。红土地公司需派遣集装箱拖车至信威公司指定仓库装运集装箱，合同中保险赔付按《国内水路、陆路运输保险条款（2009版）》执行。

2015年7月15日，海口南青湛江分公司签发两份编号为ZH025254和ZH025256的国内水路集装箱货物运单，记载发货单位为红土地公司，收货单位为坤实公司，始发港湛江，目的港上海，船名“金轮9号”，收款对象红土地公司，货物分别为编号TGHU8818840和XINU8037516的2个40尺集装箱家具，服务要求为堆场至堆场（CY－CY）。同日，红土地公司为两个集装箱货物向某保险公司投保。

7月15日，海口南青湛江分公司将涉案两个集装箱运往海口港等待中转。7月16日，国家海洋环境预报中心网页登载的“威马逊”迅速逼近，南海中部将出现狂浪到狂涛区的报告。7月20日，海口码头公司出具证明函给海口南青公司称该公司在港重箱处于底层有243个自然箱（178个小柜、65个大柜），因特大

① 审理法院：一审法院为广州海事法院，案号：（2015）广海法初字第1023号；二审法院为广东省高级人民法院，案号：（2016）粤民终1527号。

台风影响，堆场地面有不同程度积水（雨水及海水倒灌），可能存在箱内货物损失。在海口码头公司所附受影响集装箱列表中包括了涉案两个集装箱。

8月4日，涉案两个集装箱运抵目的地上海嘉定，发现集装箱内货物水湿受损，信威公司随即向某保险公司报案。某保险公司委托上海恒量保险公估有限公司现场进行了查勘，在公估报告附件中附有信威公司出具的事故经过及原因分析，称该公司于2014年7月1日委托红土地公司代理从湛江港国际集装箱码头有限公司发运4个40尺集装箱的家具到上海。此4个集装箱于7月9日在该公司装完柜后，于当天还柜湛江港宝满码头。7月21日，该公司收到红土地公司通知，受“威马逊”超强台风影响，4个集装箱货柜被卸在海口秀英港码头，其中有2个箱号为TGHU8818840和XINU8037516的集装箱堆放在堆场底层，但由于港口刚恢复通电，很多码头常规作业正常开展，无法确认是否被水浸过。货物在到达目的港后，直接送货到上海仓库，开箱后发现货物出现水浸，随后立刻向保险公司报案，并进行理赔。信威公司于2015年11月10日另行向一审法院出具函件称，涉案两个集装箱于2014年7月18日由南青船务海上运输至海口港时遭受台风“威马逊”的影响，当时海口码头堆场受到水浸，下层的集装箱都出现不同程度水浸，因两个集装箱处于码头堆场下层也遭到水浸。两个集装箱是该公司同意红土地公司投保，保险费用由红土地公司支付给保险公司。

法院判决

本案是保险人根据保险合同赔付被保险人货物损失后，代位被保险人提起的海上货物运输合同纠纷。

红土地公司与信威公司签订的运输合同约定，红土地公司负责将货物从堆场运输到门，因此涉案货物的运输是包括海运和公路运输的多式联运，红土地公司是涉案运输的多式联运经营人，依照《合同法》第三百一十七条的规定：“多式联运经营人负责履行或者组织履行多式联运合同，对全程运输享有承运人的权利，承担承运人的义务。”红土地公司辩称其与信威公司之间实为代理关系，陆路运输的承运人是由信威公司找的，但没有提交证据证明，故应以运输合同的约定来认定红土地公司的身份进而确定该公司享有的权利和承担的义务要求红土地公司承担赔偿责任。

由于涉案运输的海运区段系国内沿海港口之间的海上运输，不适用《海商法》第四章的规定，处理本案赔偿责任问题应适用《合同法》等法律。红土地公司提供的国内水路集装箱货物运单记载，涉案货物的海运区段由海口南青湛江分公司负责，运单记载的托运人为红土地公司，收货人为坤实公司，信威公司不是运单记载的托运人和收货人，无权就水路货物运单上所载的货物损坏向承运人索赔。同时《合同法》第三百一十三条关于“两个以上承运人以同一运输方式联运的，与托运人订立合同的承运人应当对全程运输承担责任。损失发生在某一运输区段的，与托运人订立合同的承运人和该区段的承运人承担连带责任”的规定，系对单式联运合同中合同承运人及区段承运人责任承担的规定，而本案的运输方式为多式联运，法律没有明确规定多式联运经营人与区段承运人需要承担连带责任，故作为代位信威公司索赔的某保险公司请求海口南青湛江分公司及海口南青公司承担赔偿责任及连带责任没有法律依据，不予支持。

专家点评

本案为保险人代位求偿提起的多式联运合同纠纷。信威公司与红土地公司签订运输合同，由红土地公司负责将涉案家具由湛江市宝满码头运送至上海市嘉定区（CY－DR），双方之间成立多式联运合同，红土地公司为涉案运输的多式联运经营人。涉案货物在运输过程中发生保险事故，某保险公司已经向被保险人信威公司作出赔付，依法取得代位求偿权。

涉案货物由红土地公司派遣拖车至信威公司指定仓库装运集装箱，并由海口南青湛江分公司实际负责水路运输，由湛江港运至上海，货物运抵目的港时被发现货损。根据民法典合同编第838条关于：“多式联运经营人负责履行或者组织履行多式联运合同，对全程运输享有承运人的权利，承担承运人的义务”的规定，红土地公司作为涉案货物运输的多式联运经营人应对全程运输承担责任，涉案货物在目的港被发现货损，除非红土地公司能够证明存在法定或约定的免责事由，否则，其应对涉案货损承担责任。红土地公司关于其仅从事陆路运输业务，涉案货损发生在海运之后，与其无关的主张缺乏法律依据，不能成立。

第八百三十九条 多式联运经营人可以与参加多式联运的各区段承运人就多式联运合同的各区段运输约定相互之间的责任；但是，该约定不影响多式联运经营人对全程运输承担的义务。

【条文释义】

本条是对多式联运合同责任规则的规定。

多式联运经营人对多式联运承担责任，是多式联运合同责任承担的基本原则。由于多式联运的各区段承运人之间都存在通过共同合作从事联合运输的内部协作，所以，在各承运人之间存在一种事实上的合同型的联营关系。在多式联运经营人与托运人签订了多式联运合同后，各承运人都参与了这一合同关系，都应当承担责任。基本规则是：（1）多式联运经营人可以与参加多式联运的各区段承运人就多式联运合同的各区段运输约定相互之间的责任，这种约定是有效的，可以依照该约定确定责任归属。（2）该约定的效力不影响多式联运经营人对全程运输承担的责任，即就联运的各个承运人尽管可以约定各区段的责任归属，但是对托运人而言，多式联运经营人仍然要承担全部责任，上述约定对这一责任规则不发生作用。

【案例评注】

泓源公司与中谷公司海上、通海水域货物运输合同纠纷案[①]

基本案情

2016 年 5 月，金达公司委托原告泓源公司办理 2 个集装箱钢珠货物从山东日照至广东揭阳运输业务。原告接受上述委托后，遂与被告中谷公司取得联系，委托被告将上述 2 个集装箱钢珠货物运输至目的地。被告接受原告委托后，以多式联运经营人身份组织了对上述货物的运输，装载上述货物的集装箱编号分别为 RFCU ×××××××，ZGXU ×××××××，其中涉案货物装载于 ZGXU ××××××× 集装箱内。

2016 年 5 月 27 日至 30 日，装载涉案货物的 ZGXU ××××××× 集装箱由“日照盛世”轮 1615S 航次从山东日照运输至广州南沙。同年 6 月 2 日至 3 日，由“江信 9”轮 1612N 航次从广州南沙运输至福建厦门。2016 年 6 月 5 日，ZGXU ××××××× 集装箱在厦门港装船，由“长鑫 99”轮 1632S 航次经内河水路运往揭阳，到达揭阳后由汽车从陆路运送至收货地点。涉案货物在“长鑫 99”轮运输区段，被告向原告签发了集装箱货物运单，作为目的港收货人提货凭证。该份运单抬头为被告企业名称，记载的主要内容为，船名“长鑫 99”轮，航次 1632S，装货港日照，卸货港揭阳，托运人为原告，运输的集装箱编号分别为 RFCU ×××××××、ZGXU ×××××××。

2016 年 6 月 7 日，上述两只集装箱抵达揭阳港码头交由被告安排的明捷车队进行公路运输，同年 6 月 9 日送至揭阳机械厂仓库，收货人揭阳机械厂开箱验货

① 审理法院：一审法院为上海海事法院，案号：（2017）沪 72 民初 132 号。

时发现，编号 ZGXU ××××××× 集装箱有大量水流出，且涉案货物湿损，负责涉案货物陆路运输的明捷车队驾驶员范某和宋某对上述情况在送货签收单上进行了注明，注明的具体内容为："ZGXU ××××××× 箱体和封条完整，开箱后大量水流出，钢珠损失 1000 件"。收货人揭阳机械厂经与被告和实际承运人长鑫公司核实，涉案货物水湿原因为 ZGXU ××××××× 集装箱在长鑫公司所属船舶"长鑫 99"轮内被船舱水浸泡，在从起运港运至目的港过程中长时间堆存在集装箱内发生生锈腐蚀导致货损。对上述涉案货物湿损原因，"长鑫 99"轮于 2016 年 6 月 7 日出具了书面报告。

涉案货物在作残值处理后，金达公司按最高报价收取了残值处理费人民币 33800 元。金达公司对剩余的损失，于 2016 年 12 月 1 日向原告发出通知函，以扣除金达公司应付原告运输费人民币 216320 元的方式，了结原告在涉案货物运输中应负的赔偿责任。

法院判决

本院认为，多式联运经营人可以与参加多式联运的各区段承运人就多式联运合同的各区段运输约定相互之间的责任，但该约定不影响多式联运经营人对全程运输承担的义务。根据查明事实，长鑫公司是由被告中谷公司组织多式联运中厦门港至广东揭阳区段的实际承运人，涉案货物在运输过程中因长鑫公司的管货过失导致损失。因此，根据相关法律规定，被告对作为托运人的原告泓源公司负有过错责任。

专家点评

当事人应当按照约定全面履行自己的义务。根据现已查明的事实，金达公司委托原告将涉案货物从山东日照运往广东揭阳，原告随后委托被告从事上述运输业务。通过被告组织安排，涉案货物经多区段的水路和陆路运输抵达目的地，最终收货人揭阳机械厂在验收时发现货损而拒收涉案货物。以上事实足以表明原、被告之间存在多式联运合同关系，上述合同关系主体适格，双方意思表示真实，内容合法，具有法律约束力。原告作为托运人负有支付运费的义务。被告作为多式联运经营人负有将涉案货物安全和完好运送至目的地的义务，现原告已支付了相应运费，而被告未能将涉案货物妥善和完好运输至目的地，违反合同约定，故原告依法享有请求被告承担相应违约责任的权利。

第八百四十条 多式联运经营人收到托运人交付的货物时，应当签发多式联运单据。按照托运人的要求，多式联运单据可以是可转让单据，也可以是不可转让单据。

【条文释义】

本条是对多式联运单据的规定。

多式联运的托运人在办理多式联运手续时，在交付货物、支付运费的同时，还应当填写相关的联运单据，确认相关事项。多式联运经营人在受到托运人交付的货物时，根据托运人提供的资料，签发多式联运单据。多式联运单据既是债权文书，也是货权凭证。

多式联运单据，既可以是可转让单据，也可以是不可转让单据。是否为可转让，多式联运经营人应根据托运人的要求签发，托运人对此有选择权。其意义在于，取得不可转让单据，托运人对托运的货物不可转让权属；取得可转让单据，在运输过程中可以转让货物的权属。

【案例评注】

飞扬公司与美裕通公司货运代理合同纠纷案[①]

基本案情

2012 年 12 月 3 日，飞扬公司（乙方）与美裕通公司（甲方）签订《货物运输代理合同》（合同编号：121201），约定：乙方应当为甲方提供空运物流服务；甲方在乙方的服务范围内，以附件的“BookingForm”的形式向乙方下达具体的委托计划，乙方接到委托计划后，将航班信息以书面形式通知甲方；货物品名为木/PVC/铝透气窗；货物起运地点珠海，到达地点悉尼；甲方有责任控制货物的重量不超过航空公司限重要求；甲方应当按照合同约定按时向乙方支付物流费用；乙方应当根据甲方委托计划，妥善、及时、正确地安排物流作业，以空运订仓单为准；在物流过程中，因乙方责任造成货物毁损、灭失，乙方应依法承担赔偿责任；但如果货物的毁损、灭失是因不可抗力、货物本身的自然性质或合理损耗以及甲方或收货人的过错等原因造成的，乙方不承担赔偿责任；物流费用以乙方书

---

① 审理法院：一审法院为广东省珠海市斗门区人民法院，案号：（2014）珠斗法民二初字第 284 号；二审法院为广东省珠海市中级人民法院，案号：（2015）珠中法民二终字第 80 号。

面报价、甲方书面确认的为准；乙方把货物从工厂装载完毕后，乙方安排开具对账单给甲方，甲方在货物到达目的地前付款给乙方。合同签订后，飞扬公司安排物流作业。涉案货物装箱后，飞扬公司委托某船务有限公司将涉案货物从珠海九州港运往香港。该公司于2012年12月5日签发提单。后飞扬公司委托国泰航空公司将涉案货物从香港机场运至悉尼机场，并为此段运输向某保险公司投保。某航空公司签发订仓单。涉案货物于2012年12月9日到达悉尼机场。后因涉案货物产生货损，某保险公司赔付美裕通公司保险金50000元。

法院判决

法院认为，(1）从涉案合同的内容约定来看，飞扬公司按照美裕通公司的委托计划安排物流作业并收取物流费；合同实际履行中，飞扬公司先后委托了船运公司及航空公司运送涉案货物。故涉案货物的实际承运人系该船运公司与航空公司，并非飞扬公司。此外，合同第二条第一款第四点约定美裕通公司有责任控制货物的重量不超过航空公司的限重要求，即美裕通公司对涉案货物是由航空公司运输的情况是知悉的。因此，涉案合同并非由飞扬公司作为承运人的运输合同。(2）涉案合同仅约定了航空运输一种运输方式，虽然在合同实际履行中飞扬公司采取了先海运再空运两种运输方式，但其收取的费用中仅包括空运费以及为空运所缴纳的保险费，且其向美裕通公司签发的也并非一份单证，而是包括了海运的提单与空运的订仓单。故涉案合同并非多式联运合同，飞扬公司也并非多式联运经营人。(3）涉案合同的名称为《货物运输代理合同》，且关于飞扬公司权利义务的约定也是其作为涉案货物运输安排人的约定，故涉案合同实为货运代理合同。综上，本案案由应为货运代理合同纠纷。

专家点评

根据《海商法》第102条及第319条的规定：多式联运合同是指多式联运经营人以两种以上的不同运输方式，其中一种是海上运输方式，负责将货物从接收地运至目的地交付收货人，并收取全程运费的合同；多式联运经营人收到托运人交付的货物时，应当签发多式联运单据。可见，若双方签订的是多式联运合同，则飞扬公司作为多式联运经营人，应以其名义向美裕通公司签发一份多式联运单证，但本案中飞扬公司并未以承运人身份签发运输单证，而是由某船务有限公司、某航空公司分别向美裕通公司签发了提单及空运单，而上述两份单证中记载的托运人均是美裕通公司，故美裕通公司与某船务有限公司及某航空公司之间是运输关系。

第八百四十一条 因托运人托运货物时的过错造成多式联运经营人损失的，即使托运人已经转让多式联运单据，托运人仍然应当承担赔偿责任。

【条文释义】

本条是对托运人承担赔偿责任的规定。

在多式联运合同中，由于托运人托运货物时的过错造成多式联运经营人损失的，托运人应当承担赔偿责任；即使托运人已经转让了多式联运单据，并不因为其转让了多式联运单据而免除其责任或者将赔偿责任转移给多式联运单据的权利人承担，托运人也仍然对自己的过错行为造成的损害承担赔偿责任，并不因为托运人已经不是该货物的所有人而免除责任。

【案例评注】

某保险股份有限公司诉联某深圳分公司等多式联运合同纠纷案[①]

基本案情

2007年5月，深圳某公司与被告联某深圳分公司签订了物流服务合约，约定深圳某公司委托被告提供从深圳某公司工厂至欧洲、美洲（经深圳港口及机场）过程中所需进出口运输、仓储和报关等物流服务。

2007年10月，被告按深圳某公司的要求办理2304片液晶显示屏从深圳至美国洛杉矶的运输事宜。10月28日，被告根据被告联某深圳分公司的指示，派拖车前往位于深圳宝安区的深圳某公司运货，深圳某公司将2304片显示屏分别装于三个集装箱内，其中的BSIU9000328号集装箱内装有720片液晶显示屏，深圳某公司在该集装箱外贴上了纸封条，之后，被告某公司派去的粤B38343号拖车将装有货物的BSIU9000328号集装箱从深圳某公司运出。被告出具的集装箱运输收据记载BSIU9000328号集装箱的铅封号为CJB9047，深圳某公司在工厂出口处拍

① 审理法院：广州海事法院；案号：（2008）广海法初字第540号。

下的照片显示该集装箱的柜门上有纸封条、右锁栓处有一绿色栓式铅封，但铅封号未能显示。BSIU9000328号集装箱后被运至深圳某港码头。30日，海关在查验时发现BSIU9000328号集装箱所装的涉案货物失踪，CJB9047号铅封被新近剪开。涉案货物虽未能装船离港，但被告还是就失踪的720片液晶显示屏向深圳某公司交付了以联合集运有限公司（United express container line limited）名义签发的SZX－LAX003319A号提单作为收据，用以说明情况。该提单记载：托运人为深圳某公司，收货人和通知方为三星公司，装货港为深圳某，目的地为美国加利福尼亚州洛杉矶（Los angeles，Ca），责任期间从门到堆场（Door－Cy）；并注明托运人负责装载、装箱、铅封和有关货物失踪的情况。根据广东省深圳市某区人民法院（2008）某法刑初字第129号刑事判决书的认定，BSIU9000328号集装箱所载的720片液晶显示屏在自深圳某公司至某港的运输途中被某公司派去的、假名“喻明月”的拖车司机杨某喜伙同他人盗走并变卖。

涉案货物被盗后，深圳某公司向原告申请保险赔偿，并授权中某公司管公司接收此保险赔偿金，并同意在中某公司管公司收到保险赔偿金后，将其对承运人以及相关责任方的权利转移、转让给原告。原告经MCW MARINE SERVICES LIMITED理算对涉案货物灭失定损为306000美元。原告于2008年1月30日经由合作金库商业银行复兴分行向台湾地区中央银行填写了《外汇收支或交易申报书（结购外汇专用）》，就向中某公司管公司支付理赔支出359269.55美元提出结汇申报，其上记载受款人为中某公司管公司，汇款用途记载77567101S0等9组号码。同日，合作金库银行复兴分行出具的汇出汇款卖汇水单记载，向中某公司管公司电汇了359269.55美元。原告另行出具的汇款明细列明上述359269.55美元为在9个保险单项下向中某公司管公司支付的保险赔偿金，其中包括对应0069TOPEP0078501号保险单（索赔号为77567101S0）的306000美元保险赔偿金。原告出具了中某公司管公司已收到0069TOPEP0078501号保险单项下306000美元保险赔偿金的收据，并再次表明深圳某公司同意将涉案货物的所有权利转让给原告。

原告随即向法院提起诉讼，请求被告承担违约责任，赔偿因货物灭失给原告造成的损失和费用共计306000美元及其利息。被告联某深圳分公司辩称，深圳某公司对于货物被盗，存在过错行为，应当承担相应责任。深圳某公司将货物装柜后，仅仅在集装箱上贴上了纸封条，未能在货柜离厂前监督锁上栓式铅封，从而给货物被盗提供了方便，存在明显过错。对因托运人过错导致的货物损失，承运人不负赔偿责任。

法院判决

涉案货物运输是含海运区段的多式联运，货物灭失的赔偿责任应当根据《海商法》关于多式联运合同的特别规定确定。该法第一百零三条规定，多式联运经营人对多式联运货物的责任期间，自接收货物时起至交付货物时止；第一百零四条第一款规定，多式联运经营人负责履行或者组织履行多式联运合同，并对全程运输负责；第一百零五条规定，货物的灭失或者损坏发生于多式联运的某一运输区段的，多式联运经营人的赔偿责任和责任限额，适用调整该区段运输方式的有关法律规定确定。涉案货物的灭失发生在公路运输区段，多式联运经营人的赔偿责任确定，具体应根据《合同法》第三百一十一条关于“承运人对运输过程中货物的损毁、灭失承担损害赔偿责任，但承运人证明货物的毁损、灭失是因不可抗力、货物本身的自然性质或者合理损耗以及托运人、收货人的过错造成的，不承担损害赔偿责任”的规定。

深圳某公司交付运输的涉案货物在公路运输区段因被盗而灭失，根据物流服务合约的约定，该货物损失发生在被告联某深圳分公司的责任期间，被告联某深圳分公司作为多式联运经营人未依约履行将货物安全运至目的地的义务，构成违约，在无免责事由的情形下，应对货物灭失承担违约赔偿责任。

调查报告所附的照片表明涉案集装箱离厂时右锁栓处有铅封，且海关工作人员剪开的铅封也为该集装箱的原铅封，故仅依据调查报告中未有深圳某公司仓库工作人员关于看到拖车司机将栓式铅封锁上的陈述，尚不足以证明集装箱离开深圳某公司时未锁上栓式铅封。三被告关于深圳某公司未能在涉案集装箱离厂前监督锁上栓式铅封，给货物被盗提供了方便，对货物灭失应当分担部分过错责任的抗辩主张，因无事实基础，不能成立。

据上，被告联某深圳分公司未举证证明涉案货物灭失是由法律规定的或物流服务合约中约定的可免责事由所导致，根据《合同法》第三百一十一条应当对其违约行为承担损害赔偿责任。

专家点评

在多式联运合同中，为将标的物安全顺利运送到目的地，需要托运人和承运人共同协作。如果托运人在托运货物时具有过错，可能会导致给多式联运经营人带来损失，托运人应当承担相应的损害赔偿责任。本案中，虽然联某深圳分公司主张深圳某公司未能在涉案集装箱离厂前监督锁上栓式铅封，给货物被盗提供了方便，具有过错，但其没有提供足够的证据予以证明，法院驳回其主张并无不当。

第八百四十二条 货物的毁损、灭失发生于多式联运的某一运输区段的，多式联运经营人的赔偿责任和责任限额，适用调整该区段运输方式的有关法律规定；货物毁损、灭失发生的运输区段不能确定的，依照本章规定承担赔偿责任。

【条文释义】

本条是对多式联运经营人货损赔偿责任和责任限额的规定。

在多式联运合同履行中，由于是用不同的运输方式进行货物运输，而我国的专门运输法律、法规对不同的运输方式中的赔偿责任和责任限额的规定是不同的，因而出现不同运输区段有不同的赔偿责任和责任限额的问题。依据能否确定货损发生的运输区段的标准，适用不同的规则：

1. 货物的毁损、灭失发生于多式联运的某一运输区段的，如果法律、法规对某种运输方式、某种运输工具、某一运输区段的赔偿责任和责任限额有特别规定的，多式联运经营人的赔偿责任和责任限额应当适用调整该区段、该运输方式的有关法律规定予以确定。例如，在海运或者空运中发生的货物毁损、灭失，就不能用铁路运输法律法规的损害赔偿责任的规定，而要适用海运或者空运的法律法规规定的损害赔偿责任的规定确定责任。

2. 货物毁损、灭失发生的运输区段不能确定的，依照本章规定承担损害赔偿责任。对此，适用“隐蔽损害一般原则”规定确定多式联运经营人的责任，即对这一类货损采用某项统一规定的办法确定经营人的责任。实际上就是民法典合同编第 839 条关于“多式联运经营人可以与参加多式联运的各区段承运人就多式联运合同的各区段运输约定相互之间的责任”的规定，确认承担责任的规则。

【案例评注】

三井保险与恒业公司、惠文公司多式联运合同纠纷案[①]

基本案情

被保险人上海神钢与三井保险签订了内陆货物运输保险合同，保险期限自

① 审理法院：广州海事法院，案号：(2018) 粤 72 民初 366 号。

2014 年 6 月 25 日起至 2016 年 6 月 24 日止。广州日松与上海神钢签订购货合同，向上海神钢购买价值 419802 元的焊丝。上海神钢与恒业公司签订海运运输承运服务合同，委托恒业公司负责货物在国内沿海地区门到门的运输。货物从唐山曹妃甸港运至广州南沙港后，恒业公司转委托惠文公司将货物运至广州天河区大观路的工业园仓库。2015 年 6 月 4 日，冯某某驾驶车辆将货物运抵该仓库，在卸货时，平板拖车的支撑架断裂，集装箱摔落地面，致焊丝受损。经保险公估，原告于 2015 年 10 月 23 日向被保险人上海神钢赔付 229152.90 元，并取得了代位求偿权。另查明，平板拖车行驶证记载该车辆的所有人为惠文公司。三井保险基于其代为求偿权向法院提起诉讼，请求恒业公司、惠文公司连带赔偿其货物损失 198912.90 元。

法院判决

关于原告起诉是否超过诉讼时效期间的问题，人民法院经审理认为，《合同法》第三百二地下一条规定："货物的毁损、灭失发生于多式联运的某一运输区段的，多式联运经营人的赔偿责任和责任限额，适用调整该区段运输方式的有关法律规定。货物毁损、灭失发生的运输区段不能确定的，依照本章规定承担损害赔偿责任。"本案中，由于涉案货损发生于汽车陆路运输区段，时效期间应适用《民法通则》第一百三十五条"向人民法院请求保护民事权利的诉讼时效期间为二年，法律另有规定的除外"的规定，诉讼时效期间为二年。再根据《最高人民法院关于适用〈中华人民共和国保险法〉若干问题的解释（二)》第十六条第二款的规定，根据《保险法》第六十条第一款的规定，保险人代位求偿权的诉讼时效期间应自其取得代位求偿权之日起算，三井保险 2015 年 10 月 27 日进行保险赔付取得代位求偿权，二年的诉讼时效期间从次日开始起算，可计算至 2017 年 10 月 27 日。自 2017 年 10 月 1 日起生效实施的《民法总则》第一百八十八条第一款规定："向人民法院请求保护民事权利的诉讼时效期间为三年。法律另有规定的，依照其规定。"三井保险享有的时效利益跨越《民法总则》所规定的三年时效期间，其应按照新法所规定的三年时效期间享受时效利益。因此，三井保险于 2018 年 4 月 2 日向本院提起本案诉讼，未超过法律规定的诉讼时效期间。

专家点评

民法典合同编第 842 条是对多式联运经营人承担赔偿责任所适用法律的规定，该条确立了两个原则：第一，如果货物发生毁损灭失的区段是确定的，多式联运经营人的赔偿责任和责任限额，适用调整该区段运输方式的有关法律的规定。对于货物发生毁损灭失的运输区段不能确定的，多式联运经营人应当按照本章关于承运人赔偿责任和责任限额的规定负赔偿责任。本案中，涉案货损发生于汽车陆路运输区段，请求承担损害赔偿责任的诉讼时效期间应适用调整该区段（中华人民共和国境内）运输方式的有关法律的规定。在原告三井保险享有的时效利益跨越《民法总则》所规定的三年时效期间的情况下，应按照新法所规定的三年时效期间享受时效利益。

第二十章　技术合同

第一节　一般规定

第八百四十三条　技术合同是当事人就技术开发、转让、许可、咨询或者服务订立的确立相互之间权利和义务的合同。

【条文释义】

本条是对技术合同概念的规定。

技术合同，是指当事人就技术开发、转让、咨询或者服务订立的确立相互之间权利和义务的合同。技术合同的特征是：

1. 技术合同的标的是技术成果，无论是技术开发、技术转让还是技术服务，当事人权利义务共同指向的都是技术成果。

2. 技术合同受多重法律调整，除遵循民法关于债的一般规定，受民法典合同编的调整外，还要受知识产权法的调整。

3. 技术合同是双务、有偿合同。

4. 技术合同的主体一方具有特定性，通常至少有一方是能够利用自己的技术力量从事技术开发、技术转让、技术服务或咨询的法人、自然人或者非法人组织。

技术合同包括技术开发合同、技术转让合同、技术许可合同、技术咨询合同和技术服务合同。

【案例评注】

山东钢铁公司济南分公司诉阳光基业公司技术服务合同纠纷案[①]

基本案情

2012年5月25日，被告阳光基业公司作为甲方与济钢公司作为乙方签订

① 审理法院：山东省临沂市罗庄区人民法院，案号：（2015）临罗商初字第2173号。

《临沂烨华焦化有限公司干熄焦余热发电 EMS 项目 75t/h 干熄焦系统和 125t/h 干熄焦系统设计审查和现场技术服务合同》，约定：乙方派遣工程师对烨华焦化公司干熄焦余热发电 EMS 项目 75t/h 干熄焦系统和 125t/h 干熄焦系统进行技术审查和施工现场服务；本技术合同总价为 70 万元。合同签订后，济钢公司依约履行了合同义务。后依据山东钢铁重组方案，济钢公司并入山东钢铁公司，济钢公司将与被告签订的《设计审查和现场技术服务合同》所产生的权利义务转让给原告钢铁公司济南分公司。2014 年 10 月 21 日，原告向被告邮寄《合同主体变更及催款函》。2015 年 4 月 21 日，原、被告经结算，签订《烨华焦化公司干熄焦余热发电 EMS 项目设计审查和现场技术服务合同结算协议》，约定剩余欠款 25 万元于 2015 年 11 月 30 日前付清。付款期限到期后，被告未按《结算协议》约定支付剩余欠款，原告多次催要未果，为此成诉。

法院判决

人民法院经审理认为，技术合同是当事人就技术开发、转让、咨询或者服务订立的确立相互之间权利和义务的合同。济钢公司与被告阳光基业公司签订的《烨华焦化公司干熄焦余热发电 EMS 项目 75t/h 干熄焦系统和 125t/h 干熄焦系统设计审查和现场技术服务合同》属于技术服务合同。当事人一方经对方同意，可以将自己在合同中的权利和义务一并转让给第三人。济钢公司将上述合同中的权利和义务转让给作为第三人的山东钢铁公司济南分公司，并将合同主体变更事宜通知被告，后被告与钢铁公司济南分公司签订《结算协议》，应认定被告已知晓并同意该转让事宜。因此，济钢公司基于《设计审查和现场技术服务合同》所产生的权利义务应由原告承担。现原告要求被告支付价款 25 万元，理由正当合法，人民法院依法予以支持。

专家点评

民法典合同编第 843 条对技术合同的定义作出了规定。根据该条的内容，技术合同的标的是技术成果，无论是技术开发、技术转让还是技术服务，当事人权利义务共同指向的都是技术成果。本案中，济钢公司与被告阳光基业公司签订的《设计审查和现场技术服务合同》的内容包括“乙方派遣工程师对烨华焦化公司干熄焦余热发电 EMS 项目 75t/h 干熄焦系统和 125t/h 干熄焦系统进行技术审查和施工现场服务”，即技术服务。由此，当事人之间就技术服务订立了确立相互之间权利和义务的技术合同。

第八百四十四条　订立技术合同，应当有利于知识产权的保护和科学技术的进步，促进科学技术成果的研发、转化、应用和推广。

【条文释义】

本条是对技术合同订立原则的规定。

订立技术合同，须遵循有利于科学技术的进步，促进科学技术成果的转化、应用和推广的原则。这是因为，人类智慧凝成的各项科技成果，已成为现代经济发展的主要动力。要从根本上推动科学技术进步，发挥科学技术第一生产力的作用，就必须实现科学技术与经济建设的结合，加速科研成果的物化过程，使之广泛运用于生产实践，转化为直接的生产力。实践表明，通过合同制度能够加速科学技术成果的应用和推广，能够使技术充分发挥出社会效益，不断启迪新技术思想，为新科学技术成果的诞生提供基础。将引领科学技术进步、加速科学技术成果应用和推广作为技术合同订立原则，目的在于鼓励和引导当事人正确运用技术合同这一法律形式，在科研与生产之间架起桥梁。非法垄断技术、妨碍技术进步的技术合同是无效技术合同，从订立时起就没有法律约束力。根据有利于科学技术进步原则，一切封锁、垄断、妨碍科学技术成果推广应用，进行不正当竞争的行为，都是不符合这一原则要求的。

【案例评注】

眉山中能研究所、西宁信利公司技术转让合同纠纷上诉案[①]

基本案情

2009年4月1日，眉山中能研究所与西宁信利公司签订了《合作协议》。协议签订后，眉山中能研究所负责人李某某到西宁信利公司，通过板书形式向部分职工讲解了多功能植物气化炉的技术，后在眉山中能研究所的指导下生产了两台多功能植物气化炉的样品。2009年5月，西宁信利公司生产出第一批70台多功能植物气化炉，在经销中生产的70台多功能植物气化炉均因无法正常点火使用而未能销售出一台，西宁信利公司遂中止了生产活动。

---

① 审理法院：一审法院为青海省西宁市中级人民法院，案号：（2011）宁民三初字第39号；二审法院为青海省高级人民法院，案号：（2012）青民三终字第4号。

二审过程中，关于合同应否继续履行的问题，上诉人眉山中能研究所认为，上诉人转让的多功能植物气化炉技术取得了“实用新型专利”证书，并且经点火成功、验收合格，被上诉人支付了20000元技术入门费，足以证明被转让技术是成熟和成功的，合同应继续履行。被上诉人西宁信利公司认为，眉山中能研究所未向技术受让人提供完整、无误、有效的技术资料，且生产出的70台多功能植物气化炉点火困难、烟雾大、无法使用，合同目的无法实现，合同应予解除。

法院判决

二审法院认为，依照《合同法》第三百二十三条“订立技术合同，应当有利于科学技术的进步，加速科学技术成果的转化、应用和推广”的规定，双方生产的70台多功能植物气化炉不被市场所认可，已全部滞销的事实，能够证明该项技术尚不能具备应用并推广的条件，无法实现合同预期的经济指标，也使合同继续履行成为不可能。若继续履行合同将造成损失进一步扩大。依据《最高人民法院关于适用〈中华人民共和国合同法〉若干问题的解释（二）》第二十六条的规定，眉山中能研究所以销售盈利不是合同目的为由，主张继续履行合同理由不足，西宁信利公司反诉主张解除合同有理有据，应予支持。

专家点评

民法典合同编第844条是对订立技术合同应当遵循的原则的规定。技术合同是技术成果商品化的法律形式，实行技术合同的目的，是将技术成果推向市场，创造更大的经济效益和社会效益。因此，当事人在订立技术合同时，应当从推动科学技术进步，促进科技与经济发展出发，确定权利义务，努力研究开发新技术、新产品、新工艺、新材料及其系统，促进先进适用的科技成果在生产实践中获得应用，使科学技术更好地为社会主义现代化建设服务。本案中，双方生产的70台多功能植物气化炉不被市场所认可，已全部滞销，说明该技术合同的实施无法创造预期的经济效益和社会效益，因而无法达到实行技术合同的目的。

第八百四十五条 技术合同的内容一般包括项目的名称，标的的内容、范围和要求，履行的计划、地点和方式，技术信息和资料的保密，技术成果的归属和收益的分配办法，验收标准和方法，名词和术语的解释等条款。

与履行合同有关的技术背景资料、可行性论证和技术评价报告、项目任务书和计划书、技术标准、技术规范、原始设计和工艺文件，以及其他技术文档，按照当事人的约定可以作为合同的组成部分。

技术合同涉及专利的，应当注明发明创造的名称、专利申请人和专利权人、申请日期、申请号、专利号以及专利权的有效期限。

【条文释义】

本条是对技术合同主要内容的规定。

技术合同的内容由当事人约定，包括的条款是：

1. 项目名称：是指技术合同标的涉及项目的名称，应当准确约定。

2. 标的的内容、范围和要求：明确约定标的的具体内容、技术范围、技术指标要求。

3. 履行的计划、进度、期限、地点、地域和方式：其中履行地点是指合同的履行地，地域是指履行技术合同所涉及的区域范围，履行方式是指当事人采用什么样的方式和手段履行合同规定的义务。

4. 技术信息和资料的保密：约定保密事项、保密范围、保密期限及违反保密义务的责任。

5. 技术成果的归属和收益的分配办法：即知识产权的归属与获得利益的分配方法。

6. 验收标准和方法：约定对技术成果的验收项目、验收标准和验收办法。

7. 名词和术语的解释。

上述条款是技术合同应当具备的条款，也是示范性条款，当事人可以按照双方约定确定技术合同的条款和内容。

技术合同的特点是，与履行合同有关的技术背景资料、可行性论证和技术评价报告、项目任务书和计划书、技术标准、技术规范、原始设计和工艺文件，以及其他技术文档，都可以按照当事人的约定，作为合同的组成部分。

技术合同涉及专利的，还应当遵守《专利法》的有关规定，合同中应当注明发明创造的名称、专利申请人和专利权人、申请日期、申请号、专利号以及专利权的有效期限。

【案例评注】

怡韬公司、建材公司技术合作开发合同纠纷上诉案[①]

基本案情

2012年10月26日，怡韬公司（甲方）与建材公司（乙方）签订《〈远程控制配料站项目〉合作合同书》，约定甲乙双方采用资源整合方式共同开发《远程控制配料站项目》。之后，在合同履行过程中，双方发生争议。关于《〈远程控制配料站项目〉合作合同书》约定的样机是否已经生产调试完工，怡韬公司主张建材公司未能提交符合合同约定的工艺设计图纸、技术控制参数等资料，导致无法完成样机设备的生产，生产出来的样机不能正常运转。而建材公司主张样机已经生产调试完工，可以正常运转。

法院判决

二审法院认为，根据《合同法》第三百二十四条第一款的规定，技术合同的内容一般应包括技术成果的验收标准和方法。本案中，双方当事人签订的《〈远程控制配料站项目〉合作合同书》没有对样机的检验标准进行约定，且该样机为非标产品，无法按照国家质量标准或行业标准对样机是否合格进行检验。在此情况下，仅能依据《〈远程控制配料站项目〉合作合同书》的约定及双方当事人对样机的解释，通过观察涉案机器是否能正常运转来进行初步判断。但从涉案证据分析，怡韬公司提交的证据均是为了证实其为履行合同而支付了费用，无法证实样机的状况是否符合合同约定。建材公司主张样机已经生产调试完工，但其提交的证据仅能证实涉案机器设备的存在，而不能直接证实样机已经达到了《〈远程控制配料站项目〉合作合同书》约定的运转条件。综上，双方当事人均不能举证证实涉案机器设备处于何种状态，是否能够按照《〈远程控制配料站项目〉合作合同书》约定的内容进行正常的运转。因此，双方当事人关于样机状况的主张均不能成立。

专家点评

民法典合同编第845条是对技术合同条款内容的规定。技术合同的内容即合

---

① 审理法院：一审法院为广东省广州市越秀区人民法院，案号：（2013）穗越法民二初字第3071号；二审法院为广东省广州市中级人民法院，案号：（2014）穗中法民终字第332号。

同条款是当事人权利和义务的体现，也是当事人履行合同、判明违约责任的主要依据。技术合同条款一般由合同双方当事人协商约定，不需要由法律作出具体规定，但考虑到技术合同内容的复杂性，有必要在法律中作一些规定，以指导当事人订立技术合同。本案中，双方当事人签订的《〈远程控制配料站项目〉合作合同书》没有对样机的检验标准进行约定，且该样机为非标产品，无法按照国家质量标准或行业标准对样机是否合格进行检验。在此情况下，仅能依据《〈远程控制配料站项目〉合作合同书》的约定及双方当事人对样机的解释，通过观察涉案机器是否能正常运转来进行初步判断。

第八百四十六条 技术合同价款、报酬或者使用费的支付方式由当事人约定，可以采取一次总算、一次总付或者一次总算、分期支付，也可以采取提成支付或者提成支付附加预付入门费的方式。

约定提成支付的，可以按照产品价格、实施专利和使用技术秘密后新增的产值、利润或者产品销售额的一定比例提成，也可以按照约定的其他方式计算。提成支付的比例可以采取固定比例、逐年递增比例或者逐年递减比例。

约定提成支付的，当事人可以约定查阅有关会计账目的办法。

【条文释义】

本条是对技术合同价款、报酬和使用费支付方法的规定。

技术合同价款、报酬和使用费的支付方式多样，由当事人自由约定。可以采用的支付方式是：

1. 一次总算、一次总付：与实物形态商品交易的支付方式类似，在签订合同时，将所有合同价款一次算清，一次付清，付款时间通常是在技术转让方的技术资料交付完毕，经受让方核对验收后进行。

2. 一次总算，分期支付：也叫定额支付，是把技术合同的价款总额按照合同履行的先后顺序分期分批地支付给转让方。支付的原则是使合同价款与转让方完成的工作量挂钩，基本上形成“按劳付酬”的合同对价关系，每次付款的金额根据合同的具体约定而定。

3. 提成支付：是指将技术实施以后所产生的经济效益按一定的比例和期限支付给转让方，作为对转让方出让技术的经济补偿，全部提成费仅在受让方（合同工厂）的产品正式销售之后才向转让方支付，在此之前，受让方不需向对方进行任何支付。

4. “入门费+提成”的支付方式：是把合同价款分为固定价款和提成价款两部分。固定价款部分的支付方法与一次总算的支付方法相同，即在合同生效后的一段时间内一次或者分期付清。这部分固定价款叫作“入门费”或初付费，再加上约定的提成。

约定提成方式支付价款、报酬或者使用费，应当注意的问题是：

1. 约定提成支付的，可以按照产品价格、实施专利和使用技术秘密后新增的产值、利润或者产品销售额的一定比例提成，也可以按照约定的其他方式计算。提成支付的比例可以采取固定比例、逐年递增比例或者逐年递减比例。

2. 为克服信息不对称可能给合同当事人利益带来的影响，当技术合同的双方当事人约定采用提成支付方式（包括附加入门费的提成支付）时，转让方、开发方或提供服务、咨询的一方有权查核受让方的账目。双方当事人应当在合同中约定查阅有关会计账目的办法。

【案例评注】

辅仁开发公司与南京海陵公司技术转让合同纠纷案①

基本案情

2011年11月29日，辅仁开发公司与南京海陵公司签订《技术转让合同》一份，协议载明双方就甲磺酸多拉司琼原料及片剂的临床批件的生产技术转让和技术转让报酬的支付达成协议，协议内容第四条规定了经费及一次总算、分期支付的支付方式。2012年4月7日南京海陵公司依约支付给辅仁开发公司第一笔技术转让费63万元，支付给辅仁集团公司21万元，共计84万元。辅仁开发公司向南京海陵公司提供全套资料后，南京海陵公司于2012年5月16日支付给辅仁开发公司第二笔技术转让款110.25万元，支付给辅仁集团公司36.75万元，共计147万元。尚余189万元技术转让款未支付。辅仁开发公司向人民法院提起诉讼，请求法院判令南京海陵公司支付辅仁开发公司剩余技术转让费。

① 审理法院：河南省郑州市中级人民法院，案号：（2014）郑知民初字第305号。

法院判决

人民法院经审理认为，根据《中华人民共合国合同法》第三百二十五条第一款规定的规定，技术合同价款、报酬或者使用费的支付方式由当事人约定，可以采取一次总算、一次总付或者一次总算、分期支付，也可以采取提成支付或者提成支付附加预付入门费的方式。《合同法》第三百五十二条规定“技术转让合同的受让人未按照约定支付使用费的，应当补交使用费并按照约定支付违约金”。本案中，南京海陵公司于2012年5月16日支付给辅仁开发公司第二笔技术转让款147万元后，尚余189万元技术转让款未支付，应当承担补交使用费并支付违约金的民事责任。

专家点评

民法典合同编第846条规定了技术合同价款、报酬和使用费支付方式。价款、报酬和使用费是技术作为技术合同标的的价金，也是一方当事人获取、使用技术所应支付的代价。价款是技术作为知识形态的商品价值的货币表现形式，也是技术作为商品进行等价交换的结果。由于技术在形成过程中所耗费的人类劳动、使用的资金、运用的科技知识、信息、经验、技能和研究方法的不同以及技术产生的经济效益和社会效益的不同，技术没有统一的市场价格，也不能由国家根据经济理论和价格政策确定。技术合同的价款、报酬和使用费由当事人协商确定。技术合同价款、报酬或者使用费的支付方式由当事人约定，可以采取一次总算、一次总付或者一次总算、分期支付，也可以采取提成支付或者提成支付附加预付入门费的方式。本案中，辅仁开发公司与南京海陵公司签订的《技术转让协议》中约定的是采用分期付款的方式支付技术转让费，南京海陵公司应当依约履行每一期的技术转让费支付义务。

第八百四十七条 职务技术成果的使用权、转让权属于法人或者非法人组织的，法人或者非法人组织可以就该项职务技术成果订立技术合同。法人或者非法人组织订立技术合同转让职务技术成果时，职务技术成果的完成人享有以同等条件优先受让的权利。

职务技术成果是执行法人或者非法人组织的工作任务，或者主要是利用法人或者非法人组织的物质技术条件所完成的技术成果。

【条文释义】

本条是对职务技术成果及财产权的规定。

职务技术成果包括两种：（1）执行法人或者非法人组织的工作任务，创造的技术成果；（2）主要是利用法人或者非法人组织的物质技术条件所完成的技术成果，如主要是由于利用本单位提供的资金、设备、零部件、原材料或者不向外公开的技术资料才得以完成，如果没有这些来自本单位物质上和技术上的各种条件，该发明创造的技术成果是不可能成功的。

职务技术成果的权利归属的原则是：

1. 使用权和转让权。职务技术成果的使用权、转让权属于单位，法人或者非法人组织可以就该项职务技术成果订立技术合同。

2. 完成人的优先受让权。对于职务技术成果，成果完成人享有优先受让权，单位转让职务技术成果时，职务技术成果的完成人在同等条件下，享有优先受让的权利。

【案例评注】

杨某某与杨某技术成果完成人报酬纠纷案①

基本案情

被告杨某于2000年5月19日申请了蒸汽喷射真空制冷水装置实用新型专利，并于2001年2月24日获得了实用新型专利证书。该专利的设计人为杨某、杨某某。2016年4月20日，原告杨某某向人民法院提起诉讼，请求被告杨某向其支付设计费10万元。

法院判决

关于原告杨某某称其作为专利设计人，被告杨某作为专利权人应向其支付设计费用一节，人民法院经审理认为，依据《合同法》第三百二十六条的规定，职务技术成果的使用权、转让权属于法人或者其他组织的，法人或者其他组织可以就该项职务技术成果订立技术合同。法人或者其他组织应当从使用和转让该项职

① 审理法院：辽宁省沈阳市中级人民法院，案号：（2016）辽01民初176号。

务技术成果所取得的收益中提取一定比例，对完成该项职务技术成果的个人给予奖励或者报酬。法人或者其他组织订立技术合同转让职务技术成果时，职务技术成果的完成人享有以同等条件优先受让的权利。根据《专利法》第六条第一款的规定，执行本单位的任务或者主要是利用本单位的物质技术条件所完成的发明创造为职务发明创造。职务发明创造申请专利的权利属于该单位；申请被批准后，该单位为专利权人。根据《专利法》第十六条的规定，被授予专利权的单位应当对职务发明创造的发明人或者设计人给予奖励；发明创造专利实施后，根据其推广应用的范围和取得的经济效益，对发明人或者设计人给予合理的报酬。上述规定表明，由于发明创造的设计人（职务发明人）与获得专利权企业之间存在劳务关系，在企业法人获得专利权后，应当给予职务发明人奖励、报酬。本案的涉案专利人为自然人杨某，其身份并不符合法人或其他组织的特征，原告杨某某完成的也不是职务发明创造，不适用《合同法》第三百二十六条、《专利法》第六条第一款、第十六条之相关规定，故对于原告杨某某的该项诉讼请求，人民法院不予支持。

专家点评

民法典合同编第 847 条是对职务技术成果及职务技术成果财产权归属的规定。按照该条的规定，职务技术成果是执行法人或非法人组织工作任务或者主要是利用法人或其他组织的物质技术条件所完成的技术成果。本案中，涉案民事主体均非法人或非法人组织，而是自然人，因而并不适用民法典合同编第 847 条中对职务技术成果及职务技术成果财产权归属的规定。

第八百四十八条 非职务技术成果的使用权、转让权属于完成技术成果的个人，完成技术成果的个人可以就该项非职务技术成果订立技术合同。

【条文释义】

本条是对非职务技术成果及财产权的规定。

非职务技术成果，是民法典合同编第 847 条第 2 款规定确认的属于职务技术成果以外的其他技术成果。由于非职务技术成果不是执行法人或者非法人组织的工作任务，也不是利用法人或者非法人组织的物质技术条件所完成的技术成果，而是利用自己的条件和能力完成的技术成果，因而对于非职务技术成果，其使用权和转让权都属于技术成果的完成人，完成人可以就该项成果与他人订立相应的技术合同。

【案例评注】

上诉人贾某某与被上诉人卧凤沟乡政府其他科技成果权纠纷案[①]

基本案情

贾某某于1994年3月起在卧凤沟乡政府扶持帮助下，以卧凤沟乡工贸总公司非职务科研人员身份参与开发“合成炭黑”等矿种的研制工作，1997年11月完成“合成炭黑”、《千枚岩在橡胶行业的应用》两项成果和《一种合成改性的千枚岩填料及其制备方法》的发明。经贾某某等研制人员同意，“合成炭黑”成果以卧凤沟乡政府企业办为完成单位并报请市政府职能部门审核备案，当事人之间没有签订合成炭黑权益归属问题书面合同。2003年2月14日，阜新市人民政府颁发“合成炭黑荣获2002年阜新市政府科学技术进步三等奖。完成单位：阜新县卧凤沟乡企业办”奖励证书，同时还为贾某某等三人分别颁发“荣获2002年阜新市政府科学技术进步奖励。成果名称合成炭黑；奖励等级三等”奖励证书。法院经审理查明，合成炭黑技术研制非财政资金投入，没有履行科技成果登记，该技术成果进行过产品试验，尚未形成科技成果转化。关于“合成炭黑”科技成果的权利归属，贾某某与卧凤沟乡政府发生纠纷，遂成此诉。

法院判决

关于“合成炭黑”科技成果权利的归属，二审法院认为，《合同法》第三百二十七条规定：“非职务技术成果的使用权、转让权属于完成技术成果的个人，完成技术成果的个人可以就该项非职务技术成果订立技术合同。”虽然2003年2月14日阜新市人民政府在给“合成炭黑”颁发的奖励证书上标明“完成单位：阜新县卧凤沟乡企业办”，但该非职务技术成果的主要完成人是贾某某，贾某某应该是该科技成果的权利人。

专家点评

民法典合同编第848条规定了非职务技术成果财产权的归属。既未执行法人或非法人组织的工作任务，也未利用法人或非法人组织的物质技术条件所完成的

---

① 审理法院：一审法院为辽宁省阜新市中级人民法院，案号：（2014）阜民二初字第1号；二审法院为辽宁省高级人民法院，案号：（2015）辽民三终字第00046号。

技术成果，是非职务技术成果。非职务技术成果的财产权即非职务技术成果的使用权、转让权属于完成技术成果的个人。完成技术成果的个人有权就该项非职务技术成果订立技术合同，有权获得因使用或转让该技术成果所取得的收益。本案中，该非职务技术成果的主要完成人是贾某某，贾某某是该科技成果的权利人，其与卧风沟乡政府的技术合同转让关系属于民事法律关系中的财产关系，应受民法中等价有偿原则的调整。

第八百四十九条　完成技术成果的个人享有在有关技术成果文件上写明自己是技术成果完成者的权利和取得荣誉证书、奖励的权利。

【条文解读】

本条是对技术成果人身权的规定。

技术成果的权利包括财产权和人身权。技术成果的完成人所享有的人身权，其实就是完成人与技术成果之间的身份关系，表明该技术成果完成人的身份，其基本性质属于身份权。

技术成果人身权属于完成技术成果的个人，其身份权的内容是：

1. 有在有关技术成果文件上写明自己是技术成果完成者的权利，这是确认技术成果与技术成果完成人之间身份关系的证明。

2. 取得荣誉证书、奖励的权利。完成技术成果的个人，是指对技术成果单独作出或者共同作出创造性贡献的人，不包括仅提供资金、设备、材料、试验条件的人员，进行组织管理的人员，协助绘制图纸、整理资料、翻译文献的人员。技术成果文件，是指专利申请书、科学技术奖励申报书、科技成果登记等确认技术成果完成者身份和授予荣誉的证书和文件。

【案例评注】

某研究所与吴某某技术成果完成人署名权、荣誉权纠纷上诉案[①]

基本案情

1980 年至 1989 年吴某某在某研究所从事 GR5 系列发射药研究，该项技术成

① 审理法院：一审法院为陕西省西安市中级人民法院，案号：(2009) 西民四初字第 80 号；二审法院为陕西省高级人民法院，案号：(2009) 陕民三终字第 33 号。

果获部级成果三等奖。1984 年至 1989 年吴某某又投入 GR5 改 1 即航空抛放弹发射药研制，吴某某与王某某主要负责该课题的技术研究，吴某某在 GR5 和 GR5 改 1 发射药的研制中，参与了配方设计、工艺研究各种性能测试、定型文件的编写全部研制过程。WD5260203 航空抛放弹的工厂鉴定试验和设计定型试验已于 1987 年至 1989 年进行，其结果满足有关战术技术指标要求。吴某某发现某研究所申报的 WD5260203 航空抛放弹技术成果报奖名单中没有其本人后，请求确认其为 WD5260203 航空抛放弹科研项目完成人的资格和享有署名权，给其补发 WD5260203 航空抛放弹抛放弹获奖荣誉证书。

法院判决

本案争议焦点之一为是否属于人民法院受理民事案件的范围。关于这一争议焦点，二审法院经审理认为，《民法通则》第九十七条第二款规定，公民对自己的发明或者其他科技成果，有权申请领取荣誉证书、奖金或者其他奖励。《合同法》第三百二十八条规定，完成技术成果的个人有在有关技术成果文件上写明自己是技术成果完成者的权利和取得荣誉证书、奖励的权利。由此规定说明，科技成果的署名权以及申请领取荣誉证书、奖金或者其他奖励的权利，是公民享有的民事权利，当事人因科技成果署名权以及领取荣誉证书、奖金或者其他奖励发生争议诉至人民法院的，属于民事争议。本案中，吴某某发现研究所申报的 WD5260203 航空抛放弹技术成果报奖名单中没有其本人，请求确认其为 WD5260203 航空抛放弹科研项目完成人的资格和享有署名权，给其补发 WD5260203 航空抛放弹抛放弹获奖荣誉证书，属于人民法院受理民事案件的范围。

专家点评

民法典合同编第 849 条对技术成果的人身权作出了规定。技术成果的人身权，即在有关技术成果文件上署名以及取得国家荣誉证书、奖章和其他奖励的权利。这一权利与技术成果的完成者人身紧密相联，因此应当属于对完成技术成果作出了创造性贡献的个人。本案中，当事人因科技成果署名权以及领取荣誉证书、奖金或者其他奖励发生争议诉至人民法院，属于与技术成果的人身权有关的争议，因而属于人民法院受理民事案件的范围。

第八百五十条　非法垄断技术或者侵害他人技术成果的技术合同无效。

【条文释义】

本条是对技术合同无效特别事由的规定。与《合同法》第 329 条规定相比，删除了妨碍技术进步为技术合同无效的法定事由。

我国法律一方面采取必要的措施保障技术合同当事人在合法的范围内行使自己的权利，另一方面又不允许当事人滥用这种权利损害社会公共利益。故本条规定，技术合同除适用民事法律行为无效的一般规定外，特别规定以下两种技术合同一律无效：（1）涉及非法垄断技术的技术合同；（2）侵害他人技术成果的技术合同。

本条不在认可妨碍技术进步的技术合同为合同无效的法定事由。妨碍技术进步与非法垄断技术和侵害他人技术成果不同，因为获得的专利就是独享技术成果，禁止他人非法侵害。有时候，妨碍技术进步恰好就是保护自己专利的需要。例如，将禁止他方根据市场需求充分合理地实施专利和使用非专利技术的合同，认定为妨碍技术进步的合同，就与保护专利的立法宗旨相违背。因此，将妨碍技术进步不再作为技术合同无效的法定事由，是正确的。

【案例评注】

吴某诉思路高公司技术合同纠纷案①

基本案情

2001 年 11 月 29 日，原告（乙方）与思路高公司（甲方）签订《联合商品化靶浓度输注麻醉泵系列产品协议书》（以下简称协议 1），就联合商品化靶浓度输注麻醉泵系列产品达成协议。协议书第 8 条第 3 款约定：甲方不得通过其他方法获得具有靶浓度输注功能的单片机芯片，否则视为违约，需双倍赔偿乙方的损失。

2002 年 4 月 18 日，原告（乙方）与思路高公司（甲方）签订了《〈联合商品化靶浓度输注麻醉泵系列产品协议书〉补充协议》。该协议载明：思路通公司于 2002 年 4 月 17 日被思路高公司并购，思路高公司的主要控股股东仍为原思路通公司股东，为保障原合同双方权益及原合同的延续性，在原合同条款不变的条

① 审理法院：北京市第一中级人民法院，案号：（2005）一中民初字第 10224 号。

件下，由思路高公司继续履行原思路通公司的责任义务。同日，原告（乙方）与思路高公司（甲方）签订了《联合商品化靶浓度输注麻醉泵系列产品协议书》（简称协议2）。协议2的内容与协议1的内容相同。

法院判决

关于协议2第八条第三款的约定是否属于无效条款，人民法院经审理认为，《合同法》第三百二十九条规定，非法垄断技术、妨碍技术进步或者侵害他人技术成果的技术合同无效。根据《最高人民法院关于审理技术合同纠纷案件适用法律若干问题的解释》第十条的规定，限制当事人一方从其他来源获得与技术提供方类似技术或者与其竞争的技术属于《合同法》第三百二十九条所称的“非法垄断技术、妨碍技术进步”的情形。协议2第八条第三款约定思路高公司不得通过其他方法获得具有靶浓度输注功能的单机芯片，限制了思路高公司从其他来源获得类似的技术，该约定属于《合同法》第三百二十九条所称的“非法垄断技术、妨碍技术进步”的情形，是无效的约定。

专家点评

民法典合同编第850条对技术合同无效的情形作出了特别规定。按照该条规定，技术合同的当事人不得约定非法垄断技术的内容，否则该内容无效。根据《最高人民法院关于审理技术合同纠纷案件适用法律若干问题的解释》（法释［2004］20号）第10条的规定，限制当事人一方从其他来源获得与技术提供方类似技术或者与其竞争的技术属于合同法第329条所称的“非法垄断技术、妨碍技术进步”的情形。民法典合同编第850条的内容直接来源于《合同法》第329条的规定，故上述司法解释的内容也可以作为民法典合同编第850条的说明。本案中，协议2第8条第3款约定思路高公司不得通过其他方法获得具有靶浓度输注功能的单机芯片，限制了思路高公司从其他来源获得类似的技术，该约定属于《合同法》第329条所称的“非法垄断技术”的情形，是无效的约定。

第二节　技术开发合同

第八百五十一条　技术开发合同是当事人之间就新技术、新产品、新工艺、新品种或者新材料及其系统的研究开发所订立的合同。

技术开发合同包括委托开发合同和合作开发合同。

技术开发合同应当采用书面形式。

当事人之间就具有实用价值的科技成果实施转化订立的合同，参照适用技术开发合同的有关规定。

【条文释义】

本条是对技术开发合同概念的规定。

技术开发合同，是指当事人之间就新技术、新产品、新工艺或者新材料及其系统的研究开发所订立的合同。定义中的新技术、新产品、新工艺或者新材料及其系统，是指当事人在订立技术合同时尚未掌握的技术、产品、工艺、材料及其系统等技术方案，但在技术上没有创新的现有产品改型、工艺变更、材料配方调整以及技术成果的检验、测试和使用的除外。

技术开发合同的特征是：（1）技术开发合同的标的是具有创造性的技术成果。（2）技术开发合同是双务合同、有偿合同、诺成合同、要式合同。（3）技术开发合同的当事人须共担风险。

技术开发合同包括：

1. 委托开发合同，是指当事人一方委托另一方进行研究开发所订立的合同，即委托人向研究开发人提供研究开发经费和报酬，研究开发人完成研究开发工作并向委托人交付研究成果的合同。

2. 合作开发合同，是指当事人各方就共同进行研究开发所订立的合同，即当事人各方共同投资、共同参与研究开发活动、共同承担研究开发风险、共享研究成果的合同。

当事人之间就具有实用价值的科技成果实施转化订立的合同，参照适用技术开发合同的有关规定。这是因为，当事人就科技成果转化订立的合同，是为适应技术创新和科技产业化的需要，具有与技术开发合同相似的特点，因此准用技术开发合同的规定。

【案例评注】

钱某、赛瑞达公司合同纠纷上诉案①

基本案情

赛瑞达公司与钱某于2012年1月28日订立合同。根据相关约定，该合同的目的为开发一款太阳能离子注入机。赛瑞达公司需提供资金、人力资源，依约支付钱某顾问费、安家费以及工资、三险一金等；钱某需帮助赛瑞达公司设计一款太阳能离子注入机，依约完成该机器安装调试工作，保证达到合同约定的性能指标。该项目的合作期限为本合同签订日期起至第一台离子注入机成功销售后三个完整年度。就赛瑞达公司、钱某签订的合同，赛瑞达公司主张为技术开发合同，钱某主张为劳动合同。

法院判决

二审法院将争议焦点之一确认为“本案案由应否确定为技术开发合同纠纷”。关于本案案由应否确定为技术开发合同纠纷的问题，二审法院认为，《合同法》第三百三十条第一款、第二款规定：“技术开发合同是指当事人之间就新技术、新产品、新工艺或者新材料及其系统的研究开发所订立的合同。技术开发合同包括委托开发合同和合作开发合同。”根据涉案合同的内容，双方当事人签订涉案合同的目的是通过合作开发一款太阳能离子注入机，具体合作方式为赛瑞达公司提供人力财力保障，钱某提供技术支持，合同还约定了合作期限。其中，合同中关于工资的约定内容仅为赛瑞达公司支付钱某技术开发费的一种具体方式，相应的还有顾问费、安家费等其他支付方式，不能仅因双方当事人将技术开发费约定为工资的支付方式即认定涉案合同性质为劳动合同。钱某关于涉案合同为劳动合同、受劳动合同法规制的上诉理由与事实不符，不能成立。涉案合同的性质应为技术开发合同。

专家点评

民法典合同编第851条对技术开发合同的定义和种类作出了规定。根据该条对技术开发合同定义和种类的规定，技术开发合同的内容一般应当包括下列条

① 审理法院：一审法院为山东省青岛市中级人民法院，案号：（2016）鲁02民初120号；二审法院为山东省高级人民法院，案号：（2018）鲁民终872号。

款：（1）项目名称；（2）标的技术的内容、形式和要求；（3）研究开发计划；（4）研究开发经费或者项目投资的数额及其支付、结算方式；（5）利用研究开发经费购置的设备、器材、资料的财产归属；（6）履行的期限、地点和方式；（7）风险责任的承担；（8）技术成果的归属和分享；（9）验收的标准和方法；（10）报酬的计算和支付方式；（11）违约金或者损失赔偿额的计算方法；（12）技术协作和技术指导的内容；（13）争议的解决办法；（14）名词和术语的解释。本案中，涉案合同的主要内容“赛瑞达公司需提供资金、人力资源，依约支付钱某顾问费、安家费以及工资、三险一金等；钱某则需帮助赛瑞达公司设计一款太阳能离子注入机，依约完成该机器安装调试工作，保证达到合同约定的性能指标”涵盖了技术开发合同所应具备的主要权利义务内容，由此产生的纠纷应当认定为技术开发合同纠纷。

第八百五十二条　委托开发合同的委托人应当按照约定支付研究开发经费和报酬，提供技术资料，提出研究开发要求，完成协作事项，接受研究开发成果。

【条文释义】

本条是对委托开发合同委托人义务的规定。

委托开发合同的委托方应当履行的义务是：

1. 按照合同约定支付研究开发费用和报酬：研究开发费用是指完成研究开发工作所必需的成本，除合同另有约定外，委托方应当提供全部研究开发费用。研究开发报酬是指研究开发成果的使用费和研究开发人员的科研补贴，委托方应按合同约定按时支付。

2. 提供研究开发所需要的技术资料：应研究开发方的要求，委托人应补充必要的背景材料和数据，以研究开发方为履行合同所必需范围为限。

3. 提出研究开发要求：对于研究开发的具体要求，应当向研究开发方提出，使委托方能够按照要求进行研究。

4. 按照约定完成协作事项：委托方应依合同约定，对委托方研究开发所需要的事项提供协作。

5. 按期接受研究开发成果：委托方应当按期接受研究开发方完成的研究开发成果。委托方不及时接受研究开发方交付的已完成的成果时，应承担违约责任并支付保管费用。

【案例评注】

大仝数码公司与世纪北斗公司技术委托开发合同纠纷案[①]

基本案情

2015年11月2日，大仝数码公司与世纪北斗公司签订“北斗通讯铁塔智能管理平台”软件开发合同。合同约定：大仝数码公司按世纪北斗公司要求，进行软件开发；世纪北斗公司给付软件开发费70万元整。大仝数码公司按约定完成了合同规定的全部义务，而世纪北斗公司至今没有给付大仝数码公司开发费。2016年8月22日，大仝数码公司将世纪北斗公司诉至法院。

法院判决

人民法院经审理认为，《合同法》第331条规定：“委托开发合同的委托人应当按照约定支付研究开发经费和报酬；提供技术资料、原始数据；完成协作事项；接受研究开发成果。”本案中，大仝数码公司与世纪北斗公司签订“北斗通讯铁塔智能管理平台”软件开发合同，系双方当事人真实意思表示，且不违反法律、法规的强制性规范，属有效合同。双方均应依约履行各自的合同义务。现大仝数码公司按约定完成了合同规范的全部义务，而世纪北斗公司至今没有给付大仝数码公司开发费，显属违约，理应承担违约责任。故大仝数码公司请求给付“北斗通讯铁塔智能管理平台”软件开发费70万元及违约金5万元的诉讼请求应予支持。

专家点评

民法典合同编第852条规定了委托开发合同的委托人应当承担的主要义务：第一，按照合同的约定，支付研究开发经费和报酬；第二，按照合同的约定，提供技术资料、原始数据、完成协作事项；第三，按期接受研究开发成果。本案中，世纪北斗公司没有给付大仝数码公司开发费，违反了委托开发合同的委托人“按照合同的约定，支付研究开发经费和报酬”的义务，应当承担违约责任。

第八百五十三条 委托开发合同的研究开发人应当按照约定制

① 审理法院：吉林省吉林市中级人民法院，案号：（2017）吉02民初305号。

定和实施研究开发计划，合理使用研究开发经费，按期完成研究开发工作，交付研究开发成果，提供有关的技术资料和必要的技术指导，帮助委托人掌握研究开发成果。

【条文解读】

本条是对研究开发人应负义务的规定。

委托开发合同的研究开发人承担的义务是：

1. 依约制定和实施研究开发计划：研究开发人应当按照约定制定研究开发计划，亲自履行研究开发计划。研究开发人不亲自履行研究开发义务的，委托方有权解除合同，请求返还研究开发经费和赔偿损失。

2. 合理使用研究开发费用：研究开发人应当依合同约定合理使用研究开发费用，将研究开发费用用于履行合同以外的目的的，委托方有权制止并要求其退还，以用于研究开发工作。

3. 按期完成研究开发工作并交付成果：研究开发人应当按照合同约定的条件按期完成研究开发工作，及时组织验收并将工作成果交付委托方。研究开发人在完成研究开发工作中不得擅自变更标的内容、形式和要求。由于研究开发人的过错，致使研究开发成果不符合合同约定条件的，研究开发方应当支付违约金或者赔偿损失；致使研究开发工作失败的，应当返还部分或全部研究开发费用，支付违约金或赔偿损失。

4. 研究开发方的后续义务：研究开发人还应当提供有关的技术资料，并给予必要的技术指导，对委托方人员进行技术培训，帮助委托方掌握该项技术成果。不得向第三人泄露技术开发成果的技术秘密，不得向第三人提供该项技术成果，但当事人另有约定或法律另有规定的除外。

【案例评注】

寸草公司与薄某某计算机软件开发合同纠纷上诉案[①]

基本案情

2011年7月27日，新联网公司与寸草公司签订了《新联名医在线项目研发

① 审理法院：一审法院为上海市杨浦区人民法院，案号：（2012）杨民三（知）初字第309号；二审法院为上海市第二中级人民法院，案号：（2013）沪二中民五（知）终字第100号。

建设和实施协议》。新联网公司为甲方，股东为薄某某、陈某、洪某某；寸草公司为乙方。2012 年 3 月 31 日，寸草公司项目负责人程某在《“特需门诊挂号”和“医患互动社区”两栏目功能确认列表》中签字确认。经程某确认，“特需门诊挂号”所涉及的 18 项功能模块中有会员信息管理功能、医疗机构对预约挂号管理功能、代理商收入管理功能等 3 项未完成，“医患互动社区”所涉及的 28 项功能模块中有专家发布视音频、会员发布视音频等 19 项未完成。

2012 年 4 月 13 日，广东华商律师事务所向寸草公司发出律师函称：在合同约定开发周期到期之后，经多次督促寸草公司仍未能向新联网公司方面（薄某某、陈某、洪某某）交付合格的软件产品，构成严重违约，寸草公司应于收到该函之日起 15 日内向新联网公司方面（薄某某、陈某、洪某某）支付违约金 900000 元。

法院判决

二审过程中，关于上诉人寸草公司是否已交付项目软件代码，已全面完成《协议》约定义务的问题，人民法院经审理认为，根据《合同法》第三百二十二条规定，委托开发合同的研究开发人应当按期完成研究开发工作，交付研究开发成果。寸草公司作为开发方，应就其主张按约完成涉案项目开发工作承担相应的举证义务。寸草公司虽然曾经先后向新联网公司发送了客户测试端版本，但这并非《协议》约定的最终开发成果。原审法院认为据此无法认定寸草公司已经按照《协议》及附件约定完成涉案项目的开发工作并无不当。综上，寸草公司没有按照《协议》约定及时全面完成项目软件开发任务，应当承担主要责任。

专家点评

民法典合同编第 853 条规定了委托开发合同的研究开发人的主要义务：第一，按照约定制定和实施研究开发计划；第二，合理使用研究开发经费；第三，按期完成研究开发工作，交付研究开发成果，提供有关的技术资料和必要的技术指导，帮助委托人掌握研究开发成果。本案中，寸草公司作为开发方，没有按照《协议》约定及时全面完成项目软件开发任务，违反了委托开发合同研究开发人“按期完成研究开发工作，交付研究开发成果”的义务，应当承担违约责任。

第八百五十四条 委托开发合同的当事人违反约定造成研究开发工作停滞、延误或者失败的，应当承担违约责任。

【条文释义】

本条是对委托开发合同当事人违约责任的规定。

委托开发合同的当事人违反约定造成研究开发工作停滞、延误或者失败的，应当承担违约责任。构成违约责任的要件是：

1. 一方当事人违反委托开发合同约定的行为，包括违反民法典合同编第852条和第853条规定的委托人义务和研究开发人义务的行为。

2. 研究开发工作停滞、延误或者失败。停滞是一时性无法继续进行，延误是超出约定的研究开发时间，失败是研究开发目的无法实现。

3. 一方当事人违约行为与研究开发工作停滞、延误或者失败之间具有因果关系。

具备上述要件，违约一方当事人应当承担违约责任。确定违约责任，应当依照合同约定和民法典的规定进行。

【案例评注】

贝思特公司与保安公司技术合同纠纷上诉案[①]

基本案情

2002年9月9日，原审原告贝思特公司（上诉人）与原审被告（被上诉人）签订技术开发合同，合同约定原审原告委托原审被告开发保安公司管理信息系统软件，开发费人民币10万元，合同履行期限从2002年9月9日至2003年9月9日止。合同签订后，原审被告开始研究开发该软件，2002年11月5日，原审原告向原审被告支付了开发费用人民币10万元，2003年1月24日，原审被告将约定开发的软件的10个模块、使用说明书及培训考试情况表交付给原审原告。在软件调试过程中，因原审原告未提供统计数据，致使约定开发的技术成果未进行调试和验收，原审原告以原审被告违约，未交付开发技术成果为由，要求解除双方所签订的技术开发合同，并退还其支付的开发费用人民币10万元及利息。

① 审理法院：云南省一审法院为昆明市官渡区人民法院，案号：（2004）官法民二初字第359号；二审法院为云南省昆明市中级人民法院，案号：（2005）昆民六终字第1号。

法院判决

二审法院将本案的争议焦点之一认定为“双方合同约定的调试和验收工作未能完成是否是因为上诉人的原因造成的”。二审法院认为，根据《合同法》第三百三十三条的规定，委托人违反约定造成研究开发工作停滞、延误或者失败的，应当承担违约责任。本案中，上诉人作为委托人因未履行其应负的义务（提供与进行调试相关的数据资料）而导致研究开发工作被阻断，其应自行承担相应的违约责任。

专家点评

民法典合同编第854条规定了委托开发合同当事人的违约责任。根据民法典合同编第852条的规定，委托开发合同的委托人应当按照约定支付研究开发经费和报酬；提供技术资料、原始数据；完成协作事项；接受研究开发成果。本案中，因为委托人未提供与进行调试相关的数据资料造成该软件未能进行调试和验收，研究开发工作因而被阻断，委托人应自行承担相应的违约责任。

第八百五十五条　合作开发合同的当事人应当按照约定进行投资，包括以技术进行投资，分工参与研究开发工作，协作配合研究开发工作。

【条文释义】

本条是对合作开发合同当事人主要义务的规定。

在合作开发合同中，双方当事人应当负担的主要义务是：

1. 应当依照合同约定投资：合作开发合同当事人各方应依合同的约定投资。以资金以外的形式，如以技术投资的，应当折算成相应的金额，明确当事人在投资中所占比例。

2. 依照合同约定的分工参与研究开发工作：各方当事人都有共同进行研究开发工作的权利和义务，当事人可以由双方代表组成指导机构，对研究开发工作中的重大问题进行决策，协调和组织研究开发工作。

3. 协作配合研究开发工作：当事人各方均应按照合同的约定，在研究开发工作中相互协作，相互配合，共同完成，保守技术情报、资料和技术成果的秘密。

【案例评注】

德峰公司与运丰公司、魏某某技术合作开发合同纠纷案①

基本案情

2011年7月14日，德峰公司与运丰公司（法定代表人魏某某）签订《挖掘机项目开发合作协议书》。协议签订后，运丰公司员工朱某某向德峰公司员工杨某某出具《移交单》一份，载明："本人已将120轮式挖掘机成套整机图纸电子版用U盘移交给德峰集团杨某某。"该图纸为WYL－120轮胎式液压挖掘机设计图纸。2011年8月至2012年8月，运丰公司指派员工林某某、王某某、朱某某前往德峰公司协助组装WYL－120轮胎式液压挖掘机，德峰公司还与利众公司签订合作协议，并以该公司名义购买挖掘机组装材料。上述期间，林某某负责协助总经理管理日常事务，王某某负责组装，朱某某负责采购，三人工资由德峰公司支付，三人协助德峰公司组装完成五台挖掘机后离开德峰公司。

法院判决

关于运丰公司是否依法依约履行了合作开发合同义务，人民法院经审理认为，《合同法》第三百三十五条规定，合作开发合同的当事人应当按照约定进行投资，包括以技术进行投资，分工协作配合研究开发工作。本案中，《挖掘机项目开发合作协议书》签订后，运丰公司依约提供了WYL－120轮胎式液压挖掘机设计图纸，并指派员工协助德峰公司组装WYL－120轮胎式液压挖掘机，因而已经尽到以技术进行投资、分工协作配合研究开发工作的义务。

专家点评

民法典合同编第855条规定了合作开发合同各方当事人的主要义务：第一，按照合同的约定进行投资，包括以技术进行投资；第二，按照合同约定的分工参与研究开发工作；第三，协作配合研究开发工作。本案中，《挖掘机项目开发合作协议书》的当事人德峰公司与运丰公司均按照约定履行了投资义务、参与研究开发工作的义务及协作配合研究开发工作的义务，因而无需承担违约责任。

---

① 审理法院：福建省南平市中级人民法院，案号：（2016）闽07民初58号。

第八百五十六条　合作开发合同的当事人违反约定造成研究开发工作停滞、延误或者失败的，应当承担违约责任。

【条文释义】

本条是对合作开发合同当事人违约责任的规定。

在合作开发合同履行过程中，任何一方当事人违反合同，造成研究开发工作停滞、延误或者失败的，应当承担违约责任。

合作开发合同当事人的违约行为主要表现为：（1）不按照合同约定进行投资（包括以技术进行投资）；（2）不按照合同约定的分工参与研究开发工作；（3）不按照合同约定与其他各方完成协作配合任务。

违约方承担责任的方式，应当依照合同约定和民法典合同编的规定，包括继续履行、采取补救措施、支付违约金以及损害赔偿。

【案例评注】

天人公司诉周某某技术合同纠纷案①

基本案情

2002年9月15日，原告天人公司、被告双方就2002年广西创新计划课题“精制白糖生产技术研究与开发”中的试研究达成协议，并签订一份《合作协议》，约定：原告从科研拨款中出资与被告合作共同开发“精制白糖生产技术研究与开发”中的试设备及配套工艺。协议签订后，原、被告开展了技术研究合作，由原告提供资金租用实验室、购买所需设备，并支付日常开支，被告则负责具体的技术研究工作。原告还派出其主要技术人员薛某、王某某参与到研究工作中。但就在2003年3月，被告与原告的主要技术人员薛某、王某某开始筹建中科火炬公司，并于4月向工商部门申请注册登记。与此同时，被告向原告提出签订一份《补充协议》，但未获原告同意，双方遂产生分歧，以致于合作未能继续进行。2003年3月底，薛某、王某某离开原告。2003年5月，中科火炬公司经批准成立，公司的股东为被告、薛某、王某某三人。由于被告终止了合作，以及原告

① 审理法院：广西壮族自治区南宁市中级人民法院，案号：（2016）南市民三初字第22号。

主要技术人员的离开，原告不得不另行投入人员和资金重新开展项目的研究工作，“精制白糖生产技术研究与开发”项目未能如期完成。

法院判决

关于被告是否存在违约行为及原告要求被告赔偿经济损失是否合理有据的问题，人民法院经审理认为，第一，在《合作协议》的履行过程中，原告已依约投入了资金、相关技术和人员，但被告未能按约定完成协议约定的技术研发工作，并中途中止与原告的合作，带走原告的主要技术人员，使原、被告双方合作研究的项目不能完成，被告的行为已构成违约。第二，《合同法》第三百三十六条规定：“合作开发合同的当事人违反约定造成研究开发工作停滞、延误或者失败的，应当承担违约责任。”本案中，由于被告的违约行为，导致了原、被告合作开发的项目停滞和不能如期完成，故被告应承担相应的违约损害赔偿责任。

专家点评

民法典合同编第856条规定了合作开发合同当事人的违约责任。合作开发合同的当事人违反约定造成研究开发工作停滞、延误或者失败的，应当承担违约责任。《合同法》第855条规定了合作开发合同各方当事人的主要义务，其中之一为按照合同约定的分工参与研究开发工作。本案中，被告不按照合同约定的分工参与研究开发工作，单方终止与原告的合作，导致了原、被告合作开发的项目停滞和不能如期完成，故被告应承担相应的违约责任。

第八百五十七条 作为技术开发合同标的的技术已经由他人公开，致使技术开发合同的履行没有意义的，当事人可以解除合同。

【条文释义】

本条是对技术开发合同法定解除权的规定。

技术开发合同在履行过程中，作为技术合同标的的技术如果已经由他人公开，技术开发合同的履行就可能没有意义，故规定，当出现这种情形时，当事人的任何一方都可以行使法定解除权，解除该合同。合同解除之后，应当依照合同解除后的规则处理。

在委托开发合同中，如果研究开发人明知受委托的技术开发合同标的是已有技术，该合同应当改为技术转让或者技术服务合同。在合作开发合同中，合作开发的各方当事人有义务将自己知道技术开发合同的标的已经公开的情况及时通知另一方当事人，以减少或避免不必要的损失。

【案例评注】

小裴汽车修理厂与前海公司技术委托开发合同纠纷案[①]

基本案情

2017 年 6 月 11 日，原告小裴汽车修理厂（甲方）与被告前海公司（乙方）签订了《微信小程序委托开发协议》，该协议约定："开发小程序的名称为总修汽配服务，服务项目开发费用为 19800 元。"同日原告向被告支付了全部小程序开发费用。被告在签订协议后 10 日左右开发出了小程序软件，原告以该小程序已经由他人公开，致使涉案合同的履行没有意义为由，要求解除合同。

法院判决

人民法院经审理认为，根据《合同法》第三百三十七条的规定，因作为技术开发合同标的的技术已经由他人公开，致使技术开发合同的履行没有意义的，当事人可以解除合同。而原告并未提供证据证明合同标的的技术已被他人公开，其据以请求解除合同的事实依据无法成立，故对原告解除合同的诉讼请求，人民法院不予支持。

专家点评

民法典合同编第 857 条规定了技术开发合同的特别解除条件。根据技术开发合同的特点，民法典合同编规定了技术开发合同可以解除的特别情形，即作为技术开发合同标的的技术已经由他人公开，致使履行该合同没有意义。本案中，原告并未提供证据证明合同标的的技术已被他人公开，因而不符合民法典合同编第 857 条规定的技术合同特别解除权的规定，其解除合同的诉讼请求无法得到人民法院支持。

第八百五十八条 技术开发合同履行过程中，因出现无法克服

---

① 审理法院：山西省太原市中级人民法院，案号：（2017）晋 01 民初 643 号。

的技术困难，致使研究开发失败或者部分失败的，该风险由当事人约定；没有约定或者约定不明确，依据本法第五百一十条的规定仍不能确定的，风险由当事人合理分担。

当事人一方发现前款规定的可能致使研究开发失败或者部分失败的情形时，应当及时通知另一方并采取适当措施减少损失；没有及时通知并采取适当措施，致使损失扩大的，应当就扩大的损失承担责任。

【条文释义】

本条是对技术开发合同风险分担和通知义务的规定。

技术开发的本身就是探索性研究活动，包含着开发失败的风险。在技术开发合同履行过程中，因出现无法克服的技术困难，致使研究开发失败或者部分失败，未能取得合同约定的预期目的，就是技术开发合同的风险。

合作开发合同风险负担方法是：

1. 该风险如何分担，由当事人约定。

2. 当事人对风险负担没有约定或者约定不明确的，应当依据民法典合同编第510条的规定，进行补充协议，达成协议的，按照协议确定的方法分担。

3. 补充协议仍然不能确定的，研发的风险由当事人合理分担。合理分担并不是指平均分担。

当合同当事人遇有技术风险需要变更或解除合同时或者仲裁机关或人民法院在审理此类纠纷时，应充分考虑技术开发合同履行中的具体情况（如合同的标的、价金、风险的程度等）并斟酌当事人双方的财产状况，最终使合同双方对由于技术风险造成的财产损失得到公平、合理的解决。

在技术开发合同中，当事人都负有风险通知义务。当事人一方如果发现研发风险可能出现，致使研究开发失败或者部分失败的情形时，应当及时通知另一方当事人，并采取适当措施以减少损失。发现风险的一方未履行通知义务，没有及时通知并采取适当措施，致使损失扩大的，应当就扩大的损失向对方承担赔偿责任。

【案例评注】

正方公司与诺康公司合同纠纷案[①]

基本案情

2011年3月7日，原告正方公司与被告诺康公司签订《“匹多莫德片”技术开发合作协议》，约定被告将化药仿制药“匹多莫德片”技术转让给原告，以原告名义进行药品注册。其中的第3条第3款对“可预见的合同执行中断、终止处理办法”进行了约定：如果确因被告技术原因而导致本项目退审，无法取得临床或生产批件，责任由被告负责，并在五个工作日内退还原告已支付的全部经费。2015年11月24日，国家食品药品监督管理总局下达审批意见通知件，对申请人正方公司申请的“匹多莫德片”药品注册，审批意见如下：根据《药品管理法》及有关规定，经审查，本品不符合药品注册的有关要求，不批准本品的注册申请，理由如下：本品为手性药物，未采用合适的分析方法考察制剂生产与旋转过程中的异构情况，质量研究与稳定性研究中缺少该重要质量控制项目，不符合《手性药物质量控制研究技术指导原则》国食药监注（2006）639号的技术要求。

由于涉案项目被国家食品药品监督管理总局退审，原告委托律师于2016年3月12日向被告发出律师函，要求被告返还技术服务费16万元及利息，并赔偿经济损失。

法院判决

人民法院经审理认为，依照《合同法》第三百三十八条关于“在技术开发合同履行过程中，因出现无法克服的技术困难，致使研究开发失败或者部分失败的，该风险责任由当事人约定……”之规定，原告申请的“匹多莫德片”药品注册因技术原因被国家食品药品监督管理总局退审，已符合原、被告双方签订的协议第三条第三款“可预见的合同执行中断、终止处理办法”的约定，即被告应在申请退审后的五个工作日内退还原告所支付的全部费用。故原告要求被告退还其已支付的服务费16万元及逾期付款违约金，有合同依据，人民法院依法予以支持。

---

① 审理法院：山东省烟台市中级人民法院，案号：（2016）鲁06民初82号。

专家点评

民法典合同编第858条规定了技术开发合同的风险分担和通知义务。由于技术开发存在着风险，风险一旦出现，将使技术开发合同无法履行，给当事人造成损失。因此，当事人应当在订立合同时明确约定风险责任的承担。如果当事人没有约定或者约定不明确，风险发生后，当事人可以协议补充风险责任。不能达成补充协议的，可以按照合同的有关条款或者交易习惯确定，仍不能确定，风险责任由当事人合理分担。本案中，原告申请的“匹多莫德片”药品注册因技术原因被国家食品药品监督管理总局退审，已符合原、被告双方签订的协议第3条第3款“可预见的合同执行中断、终止处理办法”的约定，即被告应在申请退审后的五个工作日内退还原告所支付的全部费用。故原告要求被告退还其已支付的服务费16万元及逾期付款违约金，有合同依据。

第八百五十九条 委托开发完成的发明创造，除法律另有规定或者当事人另有约定外，申请专利的权利属于研究开发人。研究开发人取得专利权的，委托人可以依法实施该专利。

研究开发人转让专利申请权的，委托人享有以同等条件优先受让的权利。

【条文释义】

本条是对委托开发合同技术成果权益归属的规定。

确定委托开发合同技术成果权益归属的规则是：

1. 委托开发所完成的技术成果如属可以申请专利的，申请专利的权利在一般情况下归研究开发人。当事人约定申请专利的权利归委托人或由双方当事人共同行使的，从其约定。委托开发所完成的技术成果如属不可以申请专利或虽可以申请专利但当事人不欲申请专利的，对于此项技术秘密成果当事人各方都有使用、转让和收益的权利；当事人就此另有约定的除外。

2. 研究开发人取得专利权的，委托人有权依法实施该项专利，如依照法律规定可以免费使用等。

3. 研究开发人转让专利权的，委托人有优先受让权，在同等条件下，委托人有权优先受让该专利。对于履行委托开发合同所取得的技术秘密成果，研究开发人不得在向委托人交付研究开发成果之前，将研究开发成果转让给第三人，违反此项义务，应承担违约责任。

【案例评注】

辰辰帮帮公司与祈飞公司技术委托开发合同纠纷案①

基本案情

2016年8月1日，辰辰帮帮公司（甲方）与祈飞公司（乙方）签订涉案合同，合同第3条第1款约定，乙方根据甲方需求，按甲方已有产品（智能急救站室外机）的技术升级要求定制研发智能急救站（室内机、室外机）产品。涉案合同第八条约定了知识产权归属，该条约定，本合同约定项目的专利申请权、所有权及3C认证归甲方所有。祈飞公司于2017年3月至4月间，申请了涉案专利，并于2017年10月至12月获得了专利授权。

法院判决

关于辰辰帮帮公司是否有权要求祈飞公司无偿转让涉案专利，法院经审理认为，本案属于合同纠纷，辰辰帮帮公司依据涉案合同向本院提出要求无偿转让涉案专利的请求，其主张的合同依据是涉案合同第八条双方关于知识产权归属的约定（权属条款）。

《合同法》所调整的民事权利义务关系为债权债务关系，债权是指权利人请求特定义务人为或者不为一定行为的权利。本案中，从文义来看，涉案合同的权属条款并未约定辰辰帮帮公司可依据该条款请求祈飞公司为或不为一定行为。可见，双方在签订合同时，对合同条款如何通过具体约定使得合同主体负有为或不为一定行为的义务是清楚的，从前述权属条款内容来看，仅为双方对知识产权归属的约定，不能确认双方就一方在特定情形下负有为或不为一定行为之债务亦达成合意。

在权属条款内容不包含指向行为的合意的前提下，辰辰帮帮公司是否能依据合同要求祈飞公司无偿转让涉案专利，还需要确认，权属条款本身是否当然包含要求祈飞公司负担的行为内容。《合同法》第三百三十九条规定，委托开发完成的发明创造，除当事人另有约定的以外，申请专利的权利属于研究开发人。研究

① 审理法院：北京知识产权法院，案号：（2018）京73民初300号。

开发人取得专利权的，委托人可以免费实施该专利。研究开发人转让专利申请权的，委托人享有以同等条件优先受让的权利。依据该条规定，双方可以通过约定确认权属，但需要注意的是，该条所指通过约定所确认的是原始权利的归属，而非继受权利，在约定生效的情况下，约定的权利人可以直接获得相关权利，不需要经过相对方的行为来继受取得相关权利。由此可见，权属条款本身并不包含要求特定相对人负担一定行为的内容，辰辰帮帮公司要求祈飞公司无偿转让涉案专利没有合同依据。

专家点评

民法典合同编第 859 条对履行委托开发合同完成的技术成果的归属和分享作出了规定。委托开发合同的当事人可以在合同中约定委托开发完成的发明创造的权利归属。本案中，双方已经在合同中约定专利申请权归原告所有，被告依然申请了涉案专利，并获得了专利授权。虽然原告无权要求被告无偿把涉案专利转移给自己，但可向对方主张违约责任。

第八百六十条 合作开发完成的发明创造，申请专利的权利属于合作开发的当事人共有；当事人一方转让其共有的专利申请权的，其他各方享有以同等条件优先受让的权利。但是，当事人另有约定的除外。

合作开发的当事人一方声明放弃其共有的专利申请权的，除当事人另有约定外，可以由另一方单独申请或者由其他各方共同申请。申请人取得专利权的，放弃专利申请权的一方可以免费实施该专利。

合作开发的当事人一方不同意申请专利的，另一方或者其他各方不得申请专利。

【条文释义】

本条是对合作开发研究成果权属的规定。与《合同法》第 340 条规定相比，修改了合作开发完成的技术成果权属规则的除外规则。

(1) 合作开发所完成的技术成果属可以申请专利的，申请专利的权利属于合作开发的当事人共有。如属不可以申请专利，或虽可以申请专利但当事人不欲申请专利的，对于此项技术秘密成果，合作开发的各方当事人均有使用和转让、收益的权利。确定共有后，当事人一方转让专利申请权的，其他各方当事人在同等条件下享有优先受让权，其他各方当事人都行使优先受让权的，应当按原有份额共同受让。此项优先受让权的行使，在本质上系属准共有关系中共有人所享有的优先购买权。《合同法》第340条在规定另有约定，限制的是关于当事人共有，即如果当事人约定归其中一方或几方所有，而不是共有的，从其约定。本条将当事人另有约定的除外规则放置在这一款的结尾处，另有约定约束的就不只是关于共有权属，也约束共有的技术成果共有人之一出让其份额，其他各方享有的优先购买权，也是可以另有约定的，另有约定可以对抗其优先购买权，按照约定处理。

（2）在合作开发合同中，当事人有放弃专利申请的权利。一方如果声明放弃其共有的专利申请权，除了当事人另有约定之外，可以由另一方单独申请或者由其他各方共同申请；另有约定的，按照约定处理。申请人取得专利权的，由于放弃专利申请权的一方也是该专利的合同研发者，因而可以免费实施该专利。

（3）在合作开发合同中，当事人对申请专利享有否决权，任何一方如果不同意对研发成果申请专利的，另一方或者其他各方不得申请专利。

【案例评注】

郑武公司与源生公司专利权权属纠纷案①

基本案情

2011年11月4日，被告源生公司作为甲方与原告郑武公司作为乙方签订《技术开发（合作）合同》一份，约定双方共同参与研究开发“机车限鸣系统高指向性电笛”项目。该合同第13条约定，合作双方享有申请专利的权利，一方申请专利的，应当取得另一方的同意，并由合作双方作为共同申请人；专利权取得后，因该专利权所获得的收益由双方按照9:1的比例进行分配。2012年10月16日，被告源生公司单方向国家知识产权局提出名称为“机车限鸣系统高指向性电笛”的实用新型专利申请，并于2013年3月27日获得专利授权。

① 审理法院：湖北省武汉市中级人民法院，案号：（2015）鄂武汉中知初字第00023号。

法院判决

关于被告源生公司单方将研发技术成果申请专利是否属于违约行为，人民法院经审理认为：本案属于合作开发完成的发明创造权属纠纷。依据《合同法》第三百四十条的规定，合作开发完成的发明创造，除当事人另有约定的以外，申请专利的权利属于合作开发的当事人共有。合作开发的当事人一方不同意申请专利的，另一方或者其他各方不得申请专利。根据上述规定，对合作开发完成的发明创造的权利归属，首先应依据当事人之间的约定进行处理。本案中，双方签订的《技术开发（合作）合同》第十三条约定，对因履行合同产生的最终研发技术成果及相关知识产权由双方共同享有。由此，被告源生公司单方将研发技术成果申请专利属于违约行为。

专家点评

民法典合同编第 860 条对履行合作开发合同完成的技术成果的归属和分享作出了规定。根据上述规定，对合作开发完成的发明创造的权利归属，首先应依据当事人之间的约定进行处理，当事人之间没有约定的，申请专利的权利以及专利申请后的专利权为合作各方共同享有。本案中，依据双方签订的《技术开发（合作）合同》第 13 条的约定，因履行合同产生的最终研发技术成果及相关知识产权由双方共同享有，被告源生公司单方将研发技术成果申请专利属于违约行为。

第八百六十一条　委托开发或者合作开发完成的技术秘密成果的使用权、转让权以及收益的分配办法，由当事人约定；没有约定或者约定不明确，依据本法第五百一十条的规定仍不能确定的，在没有相同技术方案被授予专利权前，当事人均有使用和转让的权利。但是，委托开发的研究开发人不得在向委托人交付研究开发成果之前，将研究开发成果转让给第三人。

【条文释义】

本条是对技术开发合同产生技术秘密成果分配方法的规定。

技术秘密成果是商业秘密成果的一种，是指不为公众所知悉、能为权利人带来经济利益、具有实用性并经权利人采取保密措施的技术信息和经营信息，如技术秘诀、工艺流程、设计图纸、技术数据、化学配方、制造方法、技术资料、技术情报等技术科学方面的研究成果。

委托开发或者合作开发完成的技术秘密成果，尽管不申请专利或者不能申请专利，但是其仍然存在权属问题。对其使用权、转让权以及收益的分配办法的确定方法是：

1. 由当事人约定，当事人有明确约定的，依照当事人的约定确定。

2. 没有约定或者约定不明确的，依据民法典合同编第510条规定进行补充协议，按照补充协议的约定确定。

3. 补充协议仍然不能确定的，在没有相同技术方案被授予专利前，当事人均有使用和转让的权利，但是委托开发的研究开发人不得在向委托人交付研究开发成果之前，将研究开发成果转让给第三人。

【案例评注】

南京金吾公司与四川科奥达公司技术合作开发合同纠纷案①

基本案情

2013年5月21日，南京金吾公司与四川科奥达公司签订《联合研制协议》，约定双方共同完成“汽车激光防撞系统”的研制开发与产业化工作，同时还约定双方共同拥有开发部分之技术专利及产品使用权。后四川科奥达公司主张由其单独享有涉案样机的使用权，遂与南京金吾公司发生纠纷。

法院判决

关于四川科奥达公司单独享有涉案样机的使用权的主张是否应当依法予以支持，人民法院经审理认为，根据《合同法》第三百四十一条关于“委托开发或者合作开发完成的技术秘密成果的使用权、转让权以及利益的分配办法由当事人约定”的规定，双方《联合研制协议》明确约定由双方共同拥有开发部分之技术专利及产品使用权，故四川科奥达公司的该主张与合同约定不符，且在其研制生产的一台初步样机确系履行《联合研制协议》的成果、其已将该样机交付南京金吾公司的情况下，其主张没有事实与法律依据，对此人民法院不予支持。

---

① 审理法院：四川省成都市中级人民法院，案号：(2014) 成知民初字第426号。

专家点评

民法典合同编第861条对履行技术开发合同产生的技术秘密的归属和分享作出了规定。根据该条规定，委托开发或者合作开发完成的技术秘密成果的使用权、转让权以及利益的分配办法可以由当事人约定。本案中，四川科奥达公司主张由其单独享有涉案样机的使用权，但双方《联合研制协议》明确约定由双方共同拥有开发部分之技术专利及产品使用权，故四川科奥达公司的该主张与合同约定不符，且在其研制生产的一台初步样机确系履行《联合研制协议》的成果、其已将该样机交付南京金吾公司的情况下，四川科奥达公司的主张没有事实与法律依据，不应予以支持。

第三节　技术转让合同和技术许可合同

第八百六十二条　技术转让合同是合法拥有技术的权利人，将现有特定的专利、专利申请、技术秘密的相关权利让与他人所订立的合同。

技术许可合同是合法拥有技术的权利人，将现有特定的专利、技术秘密的相关权利许可他人实施、使用所订立的合同。

技术转让合同和技术许可合同中关于提供实施技术的专用设备、原材料或者提供有关的技术咨询、技术服务的约定，属于合同的组成部分。

【条文释义】

本条是对技术转让合同和技术许可合同概念的规定。

技术转让合同有广、狭义之分，广义的技术转让合同包括技术转让合同和技术许可合同，狭义的技术转让合同单指技术转让合同。本条将两种合同并列，技术转让合同采狭义概念。

技术转让合同是合法拥有技术的权利人，将现有特定的专利、专利申请、技术秘密的相关权利让与他人所订立的合同。其法律特征是：(1) 技术转让合同的标的是现有的技术成果；(2) 技术转让合同为双务合同、有偿合同、诺成合同、要式合同；(3) 依技术转让合同所转移的是技术成果的使用权、所有权。

技术许可合同是合法拥有技术的权利人，将现有特定的专利、技术秘密的相关权利许可他人实施、使用所订立的合同。其与技术转让合同的基本区别是，技术转让合同的技术让与方法，是将特定的专利、技术秘密的相关权利让与他人，本人不再作为权利主体；技术许可合同的技术让与，则是许可他人使用，只转让使用权，不转让其他权属。

技术转让合同和技术许可合同的特殊问题是，关于提供实施技术的专用设备、原材料或者提供有关的技术咨询、技术服务的约定，属于合同的组成部分，具有合同的法律效力。

【案例评注】

王某诉洪旺公司技术转让合同纠纷案[①]

基本案情

2006年1月1日，原、被告双方签订《技术转让合同》一份，合同约定：王某向洪旺公司转让属本人自行特定设计开发的桃树胶等项目生产工艺，洪旺公司负有不得泄露技术工艺的保密义务。双方合作期限为8年，洪旺公司每年向王某付款50万元。2008年12月31日，被告洪旺公司出具一份《欠款证明》称，根据我公司与王某2005年12月8日签订的《技术转让合同》规定，我公司尚欠王某三年技术使用费150万元。由于公司资金紧张，目前尚未付款，待公司资金情况好转时支付。原告王某在庭审中称，合同约定由被告洪旺公司向原告王某支付的费用为许可使用费，该合同应当继续履行，目前鉴于被告洪旺公司的支付能力有限，故只主张其中的100万元欠款。

法院判决

关于涉案《技术转让合同》的性质，人民法院经审理认为，依照《最高人民法院关于审理技术合同纠纷案件适用法律若干问题的解释》第二十二条第一款的规定，技术转让合同是指合法拥有技术的权利人，包括其他有权对外转让技术的人，将现有特定的专利、专利申请、技术秘密的相关权利让与他人，或者许可他人实施、使用所订立的合同。从本案所涉《技术转让合同》的各项条款来看，首先，合同约定的标的物为原告王某自行设计开发的桃树胶生产工艺，且

① 审理法院：上海市第一中级人民法院，案号：（2009）沪一中民五（知）初字第91号。

被告洪旺公司负有不得泄露技术工艺等保密义务，故该技术应属于技术秘密。其次，该合同约定了双方合作期限为 8 年、每年付款 50 万元的合作方式，由此，该合同在性质上应为原告王某许可被告洪旺公司使用上述桃树胶技术的技术许可使用协议。

专家点评

民法典合同编第 862 条是对技术转让合同和技术许可合同概念的规定。从本案所涉《技术转让合同》的各项条款来看，首先，合同约定的标的物为原告王某自行设计开发的桃树胶生产工艺，且被告洪旺公司负有不得泄露技术工艺等保密义务，故该技术应属于技术秘密。其次，该合同约定了双方合作期限为 8 年、每年付款 50 万元的合作方式，被告洪旺公司在合同终止后如继续生产该产品，原告王某继续享有该合同各项条款的权利，因此该合同应为原告王某许可被告洪旺公司使用上述桃树胶技术的技术许可使用协议。与《合同法》及相关司法解释不同的是，民法典合同编将技术许可合同与技术转让合同进行了区分，技术许可合同因而独立于技术转让合同。由此，民法典合同编实施后，该类合同应作为技术许可合同处理。

第八百六十三条　技术转让合同包括专利权转让、专利申请权转让、技术秘密转让等合同。

技术许可合同包括专利实施许可、技术秘密使用许可等合同。

技术转让合同和技术许可合同应当采用书面形式。

【条文释义】

本条是对技术转让合同和技术许可合同类型和形式的规定。

技术转让合同的类型包括：（1）专利权转让合同；（2）专利申请权转让合同；（3）技术秘密转让合同。

技术许可合同的类型包括：（1）专利实施许可合同；（2）技术秘密使用许可合同。

技术转让合同和技术许可合同都是要式合同，都应当采用书面形式。

【案例评注】

涂某诉锡业公司实用新型专利实施许可合同纠纷案[①]

基本案情

原告系实用新型专利放气止水阀、多功能平板集热器边框型材、平板型系统集成整体式家用太阳热水器、建筑一体化楼层网络互济太阳热水器、节水四功能紧凑型太阳热水器的专利权人。2012年1月28日，原告与被告签订了《专利实施许可合同》，约定：原告授权被告使用上述五项专利（合同中注明了节水四功能太阳热水器的专利申报材料已准备完善待申报），许可方式是普通使用许可，许可实施期限为三年。合同签订后，被告未向原告支付技术入门费，双方发生争议。

法院判决

对于双方当事人签订的《专利实施许可合同》的效力问题，人民法院经审理认为，《合同法》第三百四十二条规定，技术转让合同包括专利权转让、专利申请权转让、技术秘密转让、专利实施许可合同。技术转让合同应当采用书面形式。本案中，原告系本案所涉五项实用新型专利的专利权人（“建筑一体化楼层网络互济太阳热水器”还有另一共有权人柯某），其有权通过签订书面合同，以普通许可方式许可被告实施上述专利。被告虽辩称实用新型专利“节水四功能紧凑型太阳热水器”是在双方合同签订后原告才获得授权，但双方在《专利实施许可合同》中已明确了该专利申报材料已准备完善待申报，可见被告在签订合同时知情并同意，原告并未隐瞒该情况。且在合同签订后，原告已于2012年9月19日获得了授权，故双方签订的《专利实施许可合同》不存在导致合同不成立或无效的情形，该合同依法成立并生效。

专家点评

民法典合同编第863条对技术转让合同和技术许可合同的类型和形式作出了规定。其中第2款规定了技术许可合同的类型：第一，专利实施许可合同；第二，技术秘密使用许可合同。本案中，原告系本案所涉五项实用新型专利的专利权人，其有权通过签订书面合同，以普通许可方式许可被告实施上述专利。

---

① 审理法院：云南省昆明市中级人民法院，案号：（2014）昆知民初字第231号。

第八百六十四条 技术转让合同和技术许可合同可以约定实施专利或者使用技术秘密的范围，但是不得限制技术竞争和技术发展。

【条文释义】

本条是对技术转让合同和技术许可合同使用范围的规定。

技术转让和技术许可都能够促进社会经济发展，故法律鼓励进行。当事人在签订技术转让合同和技术许可合同时，可以依照自己的意愿，约定实施专利或者使用技术秘密的范围，双方都应当按照约定的范围使用专利或者技术秘密，超出范围使用构成违约行为，应当承担违约责任。不过，技术转让合同和技术许可合同的当事人不得以合同条款限制技术竞争和技术发展，基本要求是：

1. 不得通过合同条款限制另一方在合同标的技术的基础上进行新的研究开发。

2. 不得通过合同条款限制另一方从其他渠道吸收技术或者阻碍另一方根据市场的需求，按照合同的方式充分实施专利和使用技术秘密。

【案例评注】

爱科公司与微生物公司等专利侵权纠纷上诉案①

基本案情

2004年5月26日，原告爱科公司（甲方）与爱大公司（乙方）、第三人微生物公司（丙方）签订《硫酸依替米星大输液剂专利实施许可合同》，约定：乙方同意将和丙方签订的《硫酸依替米星大输液剂专利使用权国内独家转让合同书》终止并同意丙方将硫酸依替米星大输液剂性的专利独家使用权许可给甲方；本专利许可合同授权甲方在有任何其他第三方侵犯甲方的独家许可权的情况下，甲方拥有单独或和丙方一同向第三方提起法律诉讼的权利。另查，第三人微生物

① 审理法院：一审法院为海南省海口市中级人民法院，案号：（2007）海中法民三重字第8号；二审法院为海南省高级人民法院，案号：（2008）琼民二终字第21号。

公司在此之前曾将硫酸依替米星大输液剂性的专利许可给山禾公司，许可合同至《硫酸依替米星大输液剂专利实施许可合同》生效时仍然有效。

法院判决

关于原告爱科公司获得的专利实施许可权方式，二审法院认为，《最高人民法院关于审理技术合同纠纷案件适用法律若干问题的解释》第二十五条规定："专利实施许可包括以下方式：（一）独占实施许可，是指让与人在约定许可实施专利的范围内，将该专利仅许可一个受让人实施，让与人依约定不得实施该专利；（二）排他实施许可，是指让与人在约定许可实施专利的范围内，将该专利仅许可一个受让人实施，但让与人依约定可以自行实施该专利；（三）普通实施许可，是指让与人在约定许可实施专利的范围内许可他人实施该专利，并且可以自行实施该专利。"该解释第二十八条规定："合同法第三百四十三条[①]所称'实施专利或者使用技术秘密的范围'，包括实施专利或者使用技术秘密的期限、地域、方式以及接触技术秘密的人员等。"本案中，虽然在双方的合同中约定为独家许可，但第三人微生物公司在此之前曾将硫酸依替米星大输液剂性的专利许可给山禾公司，许可合同至《硫酸依替米星大输液剂专利实施许可合同》生效时仍然有效，故原告并非独家获得许可，其在约定许可实施专利的范围内获得的是普通实施许可。

专家点评

民法典合同编第 864 条规定技术转让合同和技术许可合同可以约定实施专利或使用技术秘密的范围。根据《最高人民法院关于审理技术合同纠纷案件适用法律若干问题的解释》第 28 条的规定："合同法第 343 条所称'实施专利或者使用技术秘密的范围'，包括实施专利或者使用技术秘密的期限、地域、方式以及接触技术秘密的人员等。"根据该解释第 25 条的规定，专利实施许可包括以下方式：（一）独占实施许可，是指让与人在约定许可实施专利的范围内，将该专利仅许可一个受让人实施，让与人依约定不得实施该专利；（二）排他实施许可，是指让与人在约定许可实施专利的范围内，将该专利仅许可一个受让人实施，但让与人依约定可以自行实施该专利；（三）普通实施许可，是指让与人在约定许可实施专利的范围内许可他人实施该专利，并且可以自行实施该专利。本案中，

---

① 技术转让合同可以约定让与人和受让人实施专利或者使用技术秘密的范围，但不得限制技术竞争和技术发展。

虽然爱科公司与专利权人微生物公司签订了硫酸依替米星大输液剂独家使用许可合同，但从事实来看，山禾公司也与专利权人微生物公司签订有《专利使用权国内独家许可合同书》等协议。由此，原告并非独家获得许可，其在约定许可实施专利的范围内获得的是普通实施许可。

第八百六十五条　专利实施许可合同仅在该专利权的存续期限内有效。专利权有效期限届满或者专利权被宣告无效的，专利权人不得就该专利与他人订立专利实施许可合同。

【条文释义】

本条是对专利实施许可合同有效期限的规定。

《专利法》规定，发明专利权的期限为20年，实用新型专利权和外观设计专利权的期限为10年，均自申请之日起计算。专利实施许可合同只在该专利权的上述存续期间内有效。如果专利权有效期限届满，或者专利权被宣告无效的，专利权人不得就该专利与他人订立专利实施许可合同，订立者，亦为无效的专利实施许可合同，不发生合同的拘束力。

【案例评注】

朝明公司与育恒公司专利合同纠纷案①

基本案情

2004年3月22日，被告育恒公司（乙方受让方）与陆某某（甲方许可方）签订了《发明专利实施许可合同》，合同约定主要内容：甲方同意许可乙方独占实施其拥有的“一种防近视书簿”发明专利。2006年11月1日，被告育恒公司（许可方、甲方）又将该发明专利授权给原告朝明公司（受让方、乙方）实施。2017年，原告朝明公司得知其被授权实施的涉案专利已被国家知识产权局于2009年3月18日做出无效宣告决定，遂提起本案诉讼。另查明，中华人民共和国国家知识产权局对涉案“一种防近视书簿”发明专利宣告专利权全部无效，全部无效

① 审理法院：青海省西宁市中级人民法院，案号：（2017）青01民初246号。

宣告决定结案日期：2009年3月18日，全部无效宣告决定公告日期：2010年11月3日。

法院判决

关于案涉《专利实施许可合同》是否应予解除的问题，人民法院经审理认为，双方当事人于2006年11月1日签订了《专利实施许可合同》，2009年3月18日案涉专利被国家知识产权局做出无效宣告决定。《合同法》第344条规定："专利实施许可合同只在该专利权的存续期间内有效。专利权有效期间届满或者专利被宣布无效的，专利权人不得就该专利与他人订立专利实施许可合同"，据此双方所签订的《专利实施许可合同》自2009年3月18日作为合同标的物的案涉专利被宣布无效时亦应终止，故原告要求解除双方签订的《专利实施许可合同》的主张符合以上法律规定，应予支持。

专家点评

民法典合同编第865条对专利实施许可合同的有效期限作出了规定。按照该规定，专利实施许可合同的让与人应当在合同有效期内维持专利的有效性。在合同有效期内，专利权被终止的，合同同时终止，让与人应当支付违约金或赔偿损失。专利权被宣告无效的，让与人应当赔偿由此给受让人造成的损失。本案中，案涉专利于2009年3月18日被国家知识产权局做出无效宣告决定，据此，双方所签订的《专利实施许可合同》自2009年3月18日亦应终止。

第八百六十六条 专利实施许可合同的许可人应当按照约定许可被许可人实施专利，交付实施专利有关的技术资料，提供必要的技术指导。

【条文释义】

本条是对专利实施许可合同许可人主要义务的规定。

专利实施许可合同许可人的主要义务是：

1. 按照约定许可被许可人实施专利，许可被许可人在约定的范围、期限内实施专利技术，保证其对专利技术享有许可他人使用的权利，保证被许可人依合同约定使用其技术不会损害第三人的权利。如果合同约定专利实施许可为排他实施许可，则许可人不得在已经许可被许可方实施专利的范围内，就同一专利与第三人订立专利实施许可合同，如果合同中约定专门实施许可为独占实施许可的，许可人和任何第三人都不得在已经许可被许可方实施专利的范围内实施该专利。

2. 交付实施专利有关的技术资料。

3. 提供必要的技术指导。

【案例评注】

高某某与金璞公司著作权权属、侵权纠纷案[①]

基本案情

2014年5月28日，原告（甲方）与被告（乙方）签订《协议书》一份，约定甲方将两个专利项目“滴灌带收获机”和“牵引式打瓜联合收获机”转入乙方名下。2014年7月4日，原告就双方签订的《协议书》在国家知识产权局办理了专利实施许可合同备案登记。

法院判决

关于原告是否交付了技术资料，人民法院经审理认为，《合同法》第三百四十五条规定，专利实施许可合同的让与人应当按照约定许可受让人实施专利，交付实施专利有关的技术资料，提供必要的技术指导。双方所签协议中并未约定原告应交付的技术资料名称、种类及应交付的期限，原告认为申报材料即技术资料，被告对此不予认可，双方各执一词，但庭审中原告确未提交已将相关技术图纸交付被告的证据，本院认为技术图纸当属技术资料的重要组成部分，因此可以认定原告并未完全履行交付技术资料的义务。

专家点评

民法典合同编第866条规定了专利实施许可合同许可人的主要义务：第一，保证自己是所提供的专利技术的合法拥有人，并且保证所提供的专利技术完整、无误、有效，能够达到合同约定的目的。第二，按照合同的约定，许可受让人实施专利，交付实施专利有关的技术资料，提供必要的技术指导。第三，排他实施许可合同的许可人不得在已经许可让与人实施专利的范围内，就同一专利与第三

---

① 审理法院：新疆维吾尔自治区乌鲁木齐市中级人民法院，案号：（2015）乌中民三初字第218号。

人订立专利实施许可合同，独占实施许可合同的许可人不得在已经许可受让人实施专利的范围内实施该专利。本案中，双方所签协议中并未约定原告应交付的技术资料名称、种类及应交付的期限，原告认为申报材料即技术资料，被告对此不予认可，双方各执一词，但庭审中原告确未提交已将相关技术图纸交付被告的证据，法院认为技术图纸当属技术资料的重要组成部分，因此可以认定原告并未完全履行交付技术资料的义务。

第八百六十七条 专利实施许可合同的被许可人应当按照约定实施专利，不得许可约定以外的第三人实施该专利，并按照约定支付使用费。

【条文释义】

本条是对专利实施许可合同被许可人主要义务的规定。

专利实施许可合同被许可人的主要义务是：

1. 按照约定实施专利，在约定的范围、期限内实施专利技术。

2. 不得许可约定以外的第三人实施该专利，被许可人将许可使用的专利许可第三人使用构成违约行为，应当承担违约责任。

3. 按照约定支付专利使用费。

【案例评注】

李某某与梁某发明专利实施许可合同纠纷案[①]

基本案情

2013 年 7 月 1 日，原告作为许可方与被告作为被许可方签订《专利实施许可合同》，该合同约定：本合同自签订之日起生效并对双方具有约束力；许可方李某某是“许可专利”的合法专利权人，被许可方梁某希望从李某某许可方处获得本合同项下的独占许可而制造、使用和销售专利产品。该合同第 4.1 条约定：许可方和被许可方同意，专利使用费为零元。之后，原被告又签订《补充协议》，

① 审理法院：北京知识产权法院，案号：（2015）京知民初字第 1326 号。

对《专利实施许可合同》的内容进行了补充，该协议载明被告应支付相应的使用费。合同履行过程中，被告拒不按照约定支付使用费，原告遂要求解除合同。

法院判决

关于原告是否有权解除合同，人民法院经审理认为，依照法律的有关规定，专利实施许可合同的让与人应当按照约定许可受让人实施专利，专利实施许可合同的受让人应当按照约定实施专利并按照约定支付使用费。本案中，原告与被告所签订的《专利实施许可合同》及《补充协议》系双方当事人的真实意思表示，未违反法律及行政法规的有关规定，应属合法有效并具有法律约束力。双方当事人均应按照该合同的约定履行自己的义务。根据《专利实施许可合同》及《补充协议》的约定，原告作为让与人许可被告以独占许可的方式使用涉案专利，被告应按照约定实施专利并支付使用费。虽然《专利实施许可合同》未对如何实施涉案专利作出明确约定，并约定使用费为零元，但根据《补充协议》载明的内容可知，原告与被告就具体实施专利事宜及使用费作出约定。原告提交的《专利登记簿副本》能够证明，在签订《专利实施许可合同》后，原告已将涉案专利独占许可在国家知识产权局备案登记，故原告已经完成法律规定的专利实施许可合同让与人的主要义务。据此，被告作为专利实施许可合同受让人应按照法律规定及《补充协议》的有关约定实施专利并支付使用费。截止至本案开庭审理时，被告未提交实施专利或支付使用费的相关证据，足以认定被告作为受让人未履行法律规定及协议约定的主要义务。对让与人而言，专利实施许可合同的目的在于通过许可被许可人使用专利，使专利得以实施并且获得相应费用。综合现有证据，被告未实施涉案专利且未支付许可使用费的行为已构成根本违约，导致《专利实施许可合同》及其《补充协议》的目的无法实现，原告有权解除合同。

专家点评

民法典合同编第867条规定了专利实施许可合同被许可人的主要义务：第一，按照合同约定的范围、方式、期限等实施专利技术；第二，未经许可人同意，不得许可合同约定以外的第三人实施该项专利技术；第三，按照合同的约定支付使用费。本案中，根据《补充协议》载明的内容可知，原告与被告就具体实施专利事宜及使用费作出了约定。被告未实施涉案专利且未支付许可使用费的行为已构成根本违约，导致《专利实施许可合同》及其《补充协议》的目的无法实现，原告有权解除合同。

第八百六十八条 技术秘密转让合同的让与人和技术秘密使用许可合同的许可人应当按照约定提供技术资料，进行技术指导，保证技术的实用性、可靠性，承担保密义务。

前款规定的保密义务，不限制许可人申请专利，但是当事人另有约定的除外。

【条文释义】

本条是对技术秘密转让合同让与人和技术秘密使用许可合同许可人主要义务的规定，与《合同法》第 347 条规定相比，增加规定了技术秘密使用许可许可合同许可人的义务以及保密义务与申请专利的权利不冲突的新规则。

技术秘密转让合同让与人与技术秘密使用许可合同许可人应当履行的主要义务是：第一，按照约定提供技术资料；第二，进行技术指导；第三，保证技术的实用性、可靠性；第四，承担保密义务。违反上述义务构成违约行为，应当承担违约责任。

前款规定的保密义务，不限制让与人与许可人申请专利，但是当事人另有约定的除外。让与人和许可人承担技术秘密转让合同和技术秘密使用许可合同的保密义务，因为一旦泄露该技术秘密，受让人所受让的或者许可使用的技术秘密将不成其为秘密，将会使其合同约定的权利受到严重损害。不过，让与人和许可人承担保密义务的履行，并不限制让与人、许可人申请专利，可以向专利管理机构申请专利。但是，如果当事人在合同中另有约定，例如约定在技术秘密转让或者使用期间让与人不得申请专利的，则应当按照约定办理，让与人即技术秘密的所有人不得申请专利。

本条新规则的要点是：

（1）新增了技术秘密许可合同的许可人的义务。在技术转让合同中，技术秘密转让合同的让与人应当遵守提供技术资料，进行技术指导，保证技术的适用性、可靠性以及保密的义务。技术秘密使用许可合同的许可人的法律地位与技术秘密转让合同的让与人本质上是一致的，同样应当履行这些义务。

（2）新增了保密义务与申请专利权不冲突的规则。《合同法》第 347 条未规定让与人或者许可人承担的保密义务是否影响了其专利申请。考虑到技术秘密的转让和技术秘密的许可使用并未转让专利申请权，且在技术秘密的申请专利中，并不会损害受让人的合法权益，本条规定新增了保密义务与申请专利权不冲突的规则。不过，本条同样基于意思自治的考虑，允许让与人或者许可人与受让人或者被许可人之间同样可以达成一致的意思表示，排除这一规定的适用。

【案例评注】

宏基公司与范某某技术转让合同纠纷案①

基本案情

2012 年 11 月 29 日，宏基公司与范某某签订《技术转让合同》，合同载明双方就替代日本“FO”产品的研磨抛光粉体复合材料技术转让和技术转让报酬的支付达成协议。合同签订后，2012 年 11 月 29 日宏基公司支付范某某技术转让费 30 万元，并从 2013 年 4 月至 10 月支付范某某薪资共计 17.5 万元。

法院判决

关于范某某是否存在违约行为并应当承担相应的违约责任，人民法院经审理认为：《合同法》第三百四十七条规定，技术秘密转让合同的让与人应当按照约定提供技术资料，进行技术指导，保证技术的实用性、可靠性，承担保密义务。本案中宏基公司依约支付了范某某 30 万元技术转让费，并支付薪资（服务费）17.5 万元，范某某负有交付技术资料和帮助宏基公司生产出合格产品的义务。范某某提交的《范某某交付宏基公司技术资料目录》因为没有提供具体技术资料，而且宏基公司也不认可曾经收到这些技术资料，所以无法证明范某某已经向宏基公司转让过这些技术材料。从该目录上无法说明合同约定所转让的“FO”产品具体是什么技术，也不能证明购买的设备进行生产调试能生产出合格产品，另范某某也明确表示其离开宏基公司后，宏基公司利用现有设备无法生产出合同约定的“FO”产品。故范某某提供的证据不足以证明其已经履行合同约定的义务，致使合同目的不能实现，其行为构成根本违约，应当承担相应的违约责任。

专家点评

民法典合同编第 868 条规定了技术秘密转让合同让与人和技术秘密使用许可合同的许可人的主要义务。按照该条规定，技术秘密转让合同的让与人应当按照约定提供技术资料，进行技术指导，保证技术的实用性、可靠性，承担保密义

---

① 审理法院：河南省郑州市中级人民法院，案号：（2014）郑知民初字第 304 号。

务。本案中，范某某提交的《范某某交付宏基公司技术资料目录》因为没有提供具体技术资料，范某某也明确表示其离开宏基公司后，宏基公司利用现有设备无法生产出合同约定的“FO”产品。故范某某的行为致使合同目的不能实现，构成根本违约，应当承担相应的违约责任。

第八百六十九条 技术秘密转让合同的受让人和技术秘密使用许可合同的被许可人应当按照约定使用技术，支付转让费、使用费，承担保密义务。

【条文释义】

本条是对技术秘密转让合同受让人和技术秘密使用许可合同的被许可人主要义务的规定。

技术秘密转让合同的受让人和技术秘密使用许可合同的被许可人应当承担的主要义务是：（1）按照约定使用技术；（2）支付转让费、使用费；（3）承担保密义务。违反上述义务，构成违约行为，应当承担违约责任。

【案例评注】

益民公司与伟伟公司技术转让合同纠纷上诉案[①]

基本案情

2003年6月14日，益民公司与伟伟公司签订《YMGX型冠心病检查仪生产权技术权转让合同》，该合同约定：益民公司将YMGX型冠心病检查仪生产权技术权转让给伟伟公司，转让费181000元。2003年6月16日、7月1日、8月6日，益民公司向伟伟公司移交了《医疗器械生产企业许可证》、《医疗器械许可证》、渝食药监械（准）字第2000第221002号《医疗器械产品生产制造认可表》、NO2003－230668号《检验报告》、《益民公司生产冠心病检测仪所用设备工具配件移交表》和价值15000的工具、配件和外加工部件。伟伟公司分别向益民

① 审理法院：一审法院为重庆市第一中级人民法院，案号：（2004）渝一中民初字第337号；二审法院为重庆市高级人民法院，案号：（2005）渝高法民终字第3号。

公司出具了《益民公司移交原件明细表》、《冠心病检查仪外加工情况》和冠心病检查仪软件9张的《收条》。同年6月14日、9月29日，伟伟公司向益民公司支付技术转让费141000元，下欠技术转让费4万元。由于伟伟公司拒付下欠的4万元转让费，益民公司以给付技术转让费、赔偿损失为由诉至人民法院。

法院判决

二审法院经审理认为，根据《合同法》的规定，技术秘密转让合同的受让人应当按照约定支付使用费，受让人未按照约定支付使用费的，应当补交使用费并按照约定支付违约金。伟伟公司作为该技术的受让人，拒不足额支付合同规定的技术转让费，不仅应当补交转让费，还应采取继续履行或者采取补救措施或者赔偿损失等办法承担违约责任。

专家点评

民法典合同编第869条规定了技术秘密转让合同受让人和技术秘密使用许可合同的被许可人的主要义务：第一，按照合同的约定使用技术，支付转让费、使用费；第二，未经让与人同意，不得擅自许可第三人使用该项技术秘密；第三，使用技术秘密不得超越合同约定的范围；第四，承担保密义务。本案中，伟伟公司作为该技术的受让人，拒不足额支付合同规定的技术转让费，不仅应当补交转让费，还应承担违约责任。

第八百七十条　技术转让合同的让与人和技术许可合同的许可人应当保证自己是所提供的技术的合法拥有者，并保证所提供的技术完整、无误、有效，能够达到约定的目标。

【条文释义】

本条是对技术转让合同让与人和技术许可合同的许可人保证义务的规定。与《合同法》第349条规定，增加了技术许可合同的许可人亦负有保证技术合法的义务。

技术转让合同和技术许可合同转让或者许可使用的是技术，受让人支付费用，换取的是使用该技术的效益，为自己创造价值。在技术转让合同和技术许可合同中，让与人必须对自己提供的技术提出保证，并且应当履行自己的保证义务，使受让人能够实现技术转让合同或者技术许可合同的预期利益。

技术转让合同或者技术许可合同的让与人负有两项保证义务：

（1）保证自己是所提供技术的合法拥有者，而不是剽窃、冒充、仿造的技术，自己有权转让或者有权许可他人使用、实施该技术。

（2）保证所提供的技术是完整的、无误的、有效的，通过受让人对受让技术的使用，能够达到约定的目标，实现技术转让合同和技术许可合同的预期利益。

《合同法》第349条只对技术转让合同的让余人规定负有上述义务，事实上，技术许可合同的让与人同样也应当负有这样的义务。因此，民法典对此进行可补充规定。

【案例评注】

于某某与凯皇公司技术转让合同纠纷案[①]

基本案情

2018年10月2日，原告（乙方）与被告（甲方）签订《合同书》，约定被告将碳氢油技术体系转让给原告使用，向原告提供相关设备并派技术人员进行指导；原告向被告支付技术转让使用费60000元整。合同签订后，原告按合同约定向被告支付技术转让使用费60000元。被告向原告提供了12吨设备1台、全自动灌装机1台、家用小灶1个、圆形五孔猛火1台、立式风机灶1台、工具1套，并派技术人员进行技术指导进行生产。

法院判决

关于原告与被告签订的《合同书》的效力问题，人民法院经审理认为，根据《最高人民法院关于适用〈中华人民共和国民事诉讼法〉的解释》第90条的规定，当事人对自己提出的诉讼请求所依据的事实或者反驳对方诉讼请求所依据的事实，应当提供证据加以证明。在作出判决前，当事人未能提供证据或者证据不足以证明其事实主张的，由负有举证责任的当事人承担不利的后果。本案中，原告与被告签订了《合同书》，被告将碳氢油技术体系转让给原告使用，收取原告技术转让使用费60000元，向原告提供了相关设备并派技术人员进行指导，故原、被告之间形成技术转让合同法律关系。根据《合同法》第349条的规定，技术转

① 审理法院：辽宁省盘锦市大洼县人民法院，案号：（2019）辽1104民初1384号。

让合同的让与人应当保证自己是所提供的技术的合法拥有者，并保证所提供的技术完整、无误、有效，能够达到约定的目标。本案中，被告未提供证据证明上述事实，故原告与被告签订的《合同书》无效，被告应返还原告技术转让使用费60000元，原告将被告提供的相关设备返还给被告。

专家点评

民法典合同编第870条规定了技术转让合同让与人和技术许可合同的许可人的保证义务。技术转让合同让与人和技术许可合同的许可人订立技术转让合同的主要目的是通过转让技术收取报酬。因此，向受让人转让技术是技术转让合同让与人的基本义务。让与人转让的技术不能是剽窃、冒充、仿造的，必须是自己合法拥有的，也就是说，让与人应当保证自己是所提供技术的合法拥有者或者保证自己有权转让或有权许可、使用、实施该项技术。让与人在转让技术时，还应当保证所提供的技术或文件资料的完整、准确、有效，能够达到合同预期的目标。本案中，被告未提供证据证明自己尽到了上述保证义务，故原告与被告签订的《合同书》无效。

第八百七十一条 技术转让合同的受让人和技术许可合同的被许可人应当按照约定的范围和期限，对让与人、许可人提供的技术中尚未公开的秘密部分，承担保密义务。

【条文释义】

本条是对技术转让合同受让人和技术许可合同的被许可人保密义务的规定。

与《合同法》第350条的规定相比，增加了技术许可合同的被许可人对未公开的秘密负有保密义务的新规则。

技术转让合同受让人受让的技术，或者技术许可合同的被许可人被许可使用的技术，有的尚处于秘密状态并未给另开，有的技术虽然已经公开，但是相关的背景资料、技术参数等仍未公开，需要保密。由于这些秘密部分对当事人的利益重大，一旦泄露，将会造成重大影响。因此，技术转让合同受让人和技术许可合同的被许可人应当履行的主要义务，是按照约定的范围和期限，对让与人和许可人提供的技术中尚未公开的秘密部分，承担保密义务，不得泄露。一旦泄露，造成让与人和许可人损失的，应当承担赔偿责任。

《合同法》第350条只规定了技术转让合同受让人负有该保密义务，没有规定技术许可合同的被许可人负有该保密义务，有所疏漏，本条予以补充，完善了技术许可合同的权利义务关系，有利于保护许可人的合法权益。

【案例评注】

张某某与雷曼公司技术转让合同纠纷案①

基本案情

2012年6月20日，张某某（乙方）与雷曼公司（甲方）签订《技术转让合作协议》，张某某向雷曼公司转让促生长产品技术配方，雷曼公司支付技术转让费200万元。该协议第10条规定了甲方的义务，其中包括“对乙方提供的所有配方，甲方必须做到严格保密，不让第三方知道。严格做好保密措施，原料采购以白包装编码代号。承担保密义务责任。违反约定的保密义务的，应当承担违约责任。”合同订立后，乙方向人民法院提起诉讼，认为所转让的技术秘密配方经雷曼公司按协议约定验收，达到约定标准条件且已经交付，但雷曼公司至今未按协议履行支付技术转让费的义务，请求人民法院判令雷曼公司履行支付技术转让费的义务。

法院判决

一审法院经审理认为，根据《技术转让合作协议》第五条的约定：“产品验收后，甲方确认上述标准验收试验成功后，甲乙双方签约生效，若甲方试验不达标，本协议自动取消。”故涉案协议属于附生效条件的合同，其生效的条件为产品验收后，雷曼公司确认标准验收试验成功。而原告张某某提供的证据无法证明其所转让的技术秘密配方“经雷曼公司按协议约定验收，达到约定标准且已经交付”的事实。由此，无法确认合同所附条件已经成就。根据《民事诉讼法》第六十四条第一款的规定：“当事人对自己提出的主张，有责任提供证据”，张某某虽主张雷曼公司已经出具书面促生长产品试验成功声明书，但是对其主张未能提供合法有效的证据予以证明，应当承担不利的法律后果。在全面考虑、综合分析双方协议的约定及双方的履约行为基础上，一审法院认为张某某与雷曼公司签订的涉案《技术转让合作协议》生效条件尚未成就，该协议并未生效。因涉案协议未

① 审理法院：一审法院为山东省潍坊市中级人民法院，案号：（2014）潍知初字第272号；二审法院为山东省高级人民法院，案号：（2015）鲁民三终字第146号。

生效，故张某某要求雷曼公司向其支付技术转让费的诉讼请求，缺乏事实和法律依据，不予支持。二审法院经审理认为，一审判决认定事实清楚，适用法律正确，应予维持。

专家点评

技术转让合同的受让人负有按照合同约定支付转让费的义务。如果没有按照合同约定支付转让费，应当依法依约承担违约责任。本案中，原被告双方签订的《技术转让合作协议》为附生效条件的合同。原告未能举证证明所附条件已经成就，应当承担举证不能的不利法律后果。由此，人民法院认定《技术转让合作协议》并未生效。因涉案协议未生效，被告不承担支付转让费的义务。技术转让合同的受让人除负有按照合同约定支付转让费的义务外，还负有依约保密的义务。根据民法典合同编第 871 条的规定，技术转让合同的受让人应当按照约定的范围和期限，对让与人提供的技术中尚未公开的秘密部分，承担保密义务。本案中，涉案协议对受让人的保密义务做出了约定。待涉案协议的生效条件成就后，受让人雷曼公司除依约负有支付转让费的义务外，还应承担保密义务。

第八百七十二条 许可人未按照约定许可技术的，应当返还部分或者全部使用费，并应当承担违约责任；实施专利或者使用技术秘密超越约定的范围的，违反约定擅自许可第三人实施该项专利或者使用该项技术秘密的，应当停止违约行为，承担违约责任；违反约定的保密义务的，应当承担违约责任。

让与人承担违约责任，参照适用前款规定。

【条文释义】

本条是对技术许可合同许可人以及技术转让合同让与人违约责任的规定。《合同法》第 351 条规定的是技术转让合同中让与人的违约责任。本条规定将主体修改为技术许可合同中的许可人，同时规定了技术转让合同让与人参照适用技术许可合同许可人违约责任规定。

在技术许可合同中，许可人未履行其应当承担的义务，应当承担违约责任。本条规定了许可人三种违约责任：

1. 许可人未按照约定许可技术的，应当承担的违约责任是：返还部分或者全部使用费，并应当承担继续履行、采取补救措施、支付违约金、损害赔偿等违约责任。

2. 实施专利或者使用技术秘密超越约定的范围的，违反约定擅自许可第三人实施该项专利或者使用该项技术秘密的，是两种不同的违约行为，都应当停止违约行为，承担支付违约金、损害赔偿等违约责任。

3. 违反约定的保密义务的，应当承担采取补救措施、支付违约金、损害赔偿等违约责任。

本条新规则的要点是：将主体由技术转让合同中的让与人修改为技术许可合同中的许可人，并且新增了技术转让合同让与人参照适用技术许可合同许可人违约责任的规定。《合同法》第 351 条规定的是让与人未按照约定转让技术时的违约责任。技术许可合同中的许可人承担的违约责任性质与转让人是相同的。因而，2019 年 12 月 22 日民法典草案第 872 条在沿袭《合同法》第 351 条的基础上，增加了"许可人应当承担违约责任的，参照前款规定"的新规则。但是，考虑到相对于转让而言，许可是程度较低的处分方式。基于举轻以明重的原理，《民法典》合同编第 872 条对《合同法》第 351 条规定的主体修改为许可人，同时新增了让与人参照适用的规则。这样一来，技术许可合同和技术转让合同违约责任更为体系化。

【案例评注】

万和新公司与何某实用新型专利实施许可合同纠纷案①

基本案情

万和新公司和何某于 2010 年 11 月 10 日签订协议，何某作为甲方，将自己的专利号为 ZL20062003 ××××.7. ZL20042009 ××××.8. ZL20052004 ××××.9. ZL20062004 ××××.1 和 ZL200820157307.2 共五项专利权普通许可给万和新公司实施。许可协议签订后，万和新公司依约支付了第一年许可费 390000 元给何某。

另查明，国家知识产权局的官方网站显示专利号为 ZL20042009 ××××.8 的专利权于 2010 年 12 月 1 日公告，自 2009 年 10 月 23 日始因未缴年费终止。

① 审理法院：广东省佛山市中级人民法院，案号：(2011) 佛中法知民初字第 450 号。

法院判决

关于何某应否将已经收取的专利许可费390000元返还的问题，人民法院经审理认为，依据《合同法》第三百五十一条规定："让与人未按照约定转让技术的，应当返还部分或者全部使用费，并应当承担违约责任……"因ZL20042009××××.8号专利已终止，专利技术已进入公有领域，任何人均可使用，故何某就该技术要求万和新公司支付该项专利的许可费应予返还。因无明确证据证明协议中五项专利所占比重，人民法院按照五项专利比重相同的计算方法确认ZL20042009××××.8号专利的许可费用为390000元/5＝78000元，故何某应返还费用为78000元。

专家点评

民法典合同编第872条规定了技术转让合同让与人和技术许可合同许可人的违约责任。其中，技术许可合同许可人的违约责任参照适用技术转让合同让与人违约责任的规定：第一，让与人未按照约定转让技术的，应当返还部分或者全部使用费，并应当承担违约责任；第二，实施专利或者使用技术秘密超越约定的范围的，应当停止违约行为，承担违约责任；第三，违反约定擅自许可第三人实施该项专利或使用该项技术秘密的，应当停止违约行为，承担违约责任；第四，违反约定的保密义务的，应当承担违约责任。本案中，因ZL20042009××××.8号专利已终止，专利技术已进入公有领域，任何人均可使用，应参照适用"让与人未按照约定转让技术"的违约责任规定，故何某就该技术要求万和新公司支付的该项专利的许可费应予返还。

第八百七十三条　被许可人未按照约定支付使用费的，应当补交使用费并按照约定支付违约金；不补交使用费或者支付违约金的，应当停止实施专利或者使用技术秘密，交还技术资料，承担违约责任；实施专利或者使用技术秘密超越约定的范围的，未经许可人同意擅自许可第三人实施该专利或者使用该技术秘密的，应当停止违约行为，承担违约责任；违反约定的保密义务的，应当承担违约责任。

受让人承担违约责任，参照适用前款规定。

【条文释义】

本条是对技术许可合同被许可人以及技术转让合同受让人违约责任的规定。《合同法》第352条规定的是技术转让合同中受让人的违约责任。本条规定将主体修改为技术许可合同中的被许可人，同时规定了技术转让合同受让人参照适用技术许可合同被许可人违约责任规定。

技术许可合同的被许可人违反自己应当承担的义务，构成违约行为，应当承担违约责任。被许可人违约行为及责任有四种情形：

1. 被许可人未按照约定支付使用费的，可能有很多种原因，但无论因何种原因，都是违约行为，应当承担的违约责任方式是补交使用费，并按照约定支付违约金，只要被许可人补交使用费并按照约定支付违约金的，许可人没有理由解除合同。

2. 不补交使用费或者支付违约金的，构成根本违约，许可人有权行使解除权，应当停止实施专利或者使用技术秘密，交还技术资料，承担违约责任。

3. 实施专利或者使用技术秘密超越约定的范围的，未经许可人同意擅自许可第三人实施该专利或者使用该技术秘密的，也是两种违约行为，都应当停止违约行为，按照约定的范围使用，以及禁止第三人继续使用，还承担违约责任。

4. 违反约定的保密义务的，应当承担违约责任，该支付违约金的支付违约金，该承担赔偿责任的承担赔偿责任。

本条新规则的要点是：将主体由技术转让合同的受让人修改为技术许可合同中的被许可人，同时规定了技术转让合同受让人参照适用技术许可合同被许可人违约责任规定。《合同法》第352条规定的是受让人未按照约定使用技术时的违约责任。技术许可合同中的被许可人承担的违约责任性质与受让人也是相同的。因而，2019年12月22日民法典草案第873条在沿袭《合同法》第352条的基础上，增加了“被许可人应当承担违约责任的，参照前款规定”的新规则。但是，相对于转让而言，许可是程度较低的处分方式。基于举轻以明重的考虑，《民法典》合同编第873条对《合同法》第353条作出了全面的改造，不仅将主体修改为被许可人，同时新增了受让人参照适用的规则。该规定与《民法典》合同编第872条共同构成了完整的技术转让合同以及技术许可合同违约责任规则体系。

【案例评注】

林某某与蔡某某实用新型专利实施许可合同纠纷案[①]

基本案情

2012年7月30日，林某某与蔡某某经营的个体工商户和风厂签订了案涉《专利实施许可合同》。根据该合同约定可知：(1) 林某某以排他实施许可的方式将案涉专利授权和风厂使用，许可使用期为2年；(2) 合同约定的许可使用费总额为200000元，采用分期付款方式支付。被许可方（即和风厂）延期支付使用费的，每逾期1天，需支付给许可方（即林某某）违约金为合同总额的千分之一，逾期超过30天，许可方有权终止合同，并要求支付违约金50000元。合同签订后，和风厂于2012年8月24日、2012年11月30日及2013年3月21日分三次共计向林某某支付许可使用费120000元。现林某某以蔡某某经营的和风厂逾期未支付后两期许可使用费为由，请求本院判处解除案涉《专利实施许可合同》，判令蔡某某支付违约金50000元及许可使用费49444元。

法院判决

关于林某某主张的许可使用费及违约金是否合法有据的问题，人民法院经审理认为：案涉《专利实施许可合同》明确约定蔡某某应分六期向林某某支付许可使用费合计200000元，但是蔡某某在支付前四期共计120000元使用费后，超过付款期限30天仍没有向林某某支付剩余两期款项，违反了合同约定。根据《合同法》第三百五十二条的规定，受让人未按照约定支付使用费的，应当补交使用费并按照约定支付违约金。因此，林某某根据合同约定请求蔡某某支付违约金50000元及合同持续期间未支付的专利许可使用费49444元合法有据，人民法院予以支持。

专家点评

民法典合同编第873条规定了技术许可合同被许可人以及技术转让合同受让人的违约责任：第一，未按照约定支付使用费的，应当补交使用费并按照约定支付违约金；第二，不补交使用费或支付违约金的，应当停止实施专利或者使用技

---

① 审理法院：广东省东莞市中级人民法院，案号：(2014) 东中法知民初字第105号。

术秘密，交还技术资料，承担违约责任；第三，实施专利或使用技术秘密超越约定的范围的，应当停止违约行为，承担违约责任；第四，未经让与人同意擅自许可第三人实施该专利或使用该技术秘密的，应当停止违约行为，承担违约责任；第五，违反约定的保密义务，应当承担违约责任。本案中，《专利实施许可合同》明确约定蔡某某应分六期向林某某支付许可使用费合计200000元，但是蔡某某在支付前四期共计120000元使用费后，超过付款期限30天仍没有向林某某支付剩余两期款项，违反了合同约定。蔡某某应向林某某依约支付违约金及合同持续期间未支付的专利许可使用费。

第八百七十四条 受让人或者被许可人按照约定实施专利、使用技术秘密侵害他人合法权益的，由让与人或者许可人承担责任，但是当事人另有约定的除外。

【条文释义】

本条是对实施专利、使用技术秘密侵害他人合法权益责任的规定。

在技术转让合同的履行中，如果受让人或者被许可人按照约定实施专利、使用技术秘密，却侵害了他人合法权益的，构成侵权行为。造成这种实施专利或者使用技术秘密行为构成侵权的原因，一般应当是让与人或者许可人对转让的专利或者技术秘密的权属出现了问题，即有权利瑕疵，该侵权责任应当由让与人或者许可人承担。不过，当事人对此情形如何承担侵权责任，如果另有约定的，则不受此规则的限制，应当依照约定办理。

【案例评注】

荣光公司与明宇公司外观设计专利实施许可合同纠纷上诉案[①]

基本案情

2015年1月15日，双方签订《协议书》1份，约定明宇公司授予荣光公司花

① 审理法院：一审法院为江苏省高邮市人民法院，案号：（2017）苏1084民初1455号；二审法院为江苏省扬州市中级人民法院，案号：（2017）苏10民终1938号。

灯生产专利权（专利号为 ZL20133050 ××××.4）。2015 年 11 月 4 日，案外人华体公司以荣光公司为被告向扬州市中级人民法院提起诉讼。2016 年 4 月 27 日，扬州市中级人民法院出具（2015）扬知民初字第 00092 号民事判决书，认为荣光公司提供了使用在湖南省常德市常德大道与洞庭大道交汇处至二广高速芦荻山互通连接线新建道路上的路灯 124 套，该路灯与明宇公司专利号为 ZL20133050 ××××.4 的外观设计专利基本一致、该路灯外观设计与华体公司专利号为 ZL20103017 ××××.7 的外观设计专利构成近似的外观设计，侵犯了华体公司的外观设计专利权。2016 年 6 月 14 日，荣光公司根据判决书的要求向华体公司支付人民币 26.08 万元。

法院判决

二审法院认为，明宇公司应对荣光公司实施专利时侵犯他人合法权益承担责任。《合同法》第三百五十三条规定：受让人按照约定实施专利、使用技术秘密侵害他人合法权益的，由让与人承担责任，但当事人另有约定的除外。本案中，荣光公司作为受让人在按照让与人提供的专利灯型实施专利过程中，被生效法律文书认定明宇公司使用的路灯外观设计专利侵犯了第三人华体公司的在先专利权，对此，明宇公司未能确保其许可荣光公司实施的外观专利不会侵害他人在先专利权，存在过错。荣光公司提供有效凭据证明自己已向华体公司支付了相关赔偿费用 26.08 万元，依照《合同法》第三百五十三条规定，在荣光公司按照约定实施专利、双方未对给他人权利造成损害费用承担有另行约定的情况下，该费用损失应由明宇公司承担。

专家点评

民法典合同编第 874 条规定了技术转让合同让与人或者许可人的侵权责任。技术转让合同的实质是科学技术知识、信息和生产实践经验在民事法律关系不同主体之间的传递和扩展。这种传递和扩展同时也是技术权益的转移，即采用合同形式把专利权、专利申请权、专利使用权和技术秘密的使用权转移给受让人。让与人转让的是某项技术成果，不是利用公知的技术知识为对方提供咨询服务，因此转让人有义务保证受让人按照合同约定实施专利、使用技术秘密不会导致侵害他人的合法权益。如果受让人按照合同约定实施专利、使用技术秘密侵害他人合法权益的，该侵权责任由让与人承担，但合同当事人另有约定的除外。本案中，双方形成的外观专利实施许可合同合法有效，属于合同法规定的技术转让合同。明宇公司作为技术转让合同的让与人，应当保证所提供的外观专利设计无误，能够达到受让人实施专利许可的目的。然而，荣光公司作为受让人在按照让与人提供的专利灯型实施专利过程中，被生效法律文书认定明宇公司使用的路灯外观设计专利侵犯了第三人华体公司的在先专利权。对此，明宇公司未能确保其许可荣光公司实施的外观专利不会侵害他人在先专利权，存在过错，应当承担荣光公司遭受的损失。

第八百七十五条 当事人可以按照互利的原则，在合同中约定实施专利、使用技术秘密后续改进的技术成果的分享办法；没有约定或者约定不明确，依据本法第五百一十条的规定仍不能确定的，一方后续改进的技术成果，其他各方无权分享。

【条文释义】

本条是对技术转让合同后续改进技术成果分享办法的规定。

在技术转让合同履行中，一方或者双方当事人对作为合同标的的专利技术或者技术秘密成果进行了革新和改良，取得了后续改进技术成果，不仅实现了技术转移、推广的作用，而且还改进了技术，取得了新的成果。对此，本条规定了该后续改进技术成果的分享办法：

1. 当事人可以按照互利的原则，在合同中约定实施专利、使用技术秘密后续改进的技术成果的分享办法，按照约定的分享办法处理。

2. 没有约定或者约定不明确，依据民法典合同编第 510 条规定进行补充协议，按照补充协议约定的办法处理。

3. 补充协议仍不能确定的，一方后续改进的技术成果，属于改进技术成果的一方享有，其他各方无权分享。

【案例评注】

小星星幼儿园与领跑者公司合同纠纷案[①]

基本案情

2015 年 5 月 27 日，小星星幼儿园与领跑者公司签订了一份协议，约定小星星

① 审理法院：北京市通州区人民法院，案号：（2016）京 0112 民初 47831 号。

幼儿园成为领跑者公司的加盟幼儿园，小星星幼儿园于2015年5月27日向领跑者公司支付加盟费8万元。2015年12月18日，小星星幼儿园与领跑者公司签订《项目升级确认函》，约定将原协议升级为本案诉争的《合作协议》。其中，小星星幼儿园为乙方，领跑者公司为甲方。2016年下半年，小星星幼儿园与领跑者公司产生纠纷，双方未再继续履行《合作协议》。2016年12月，小星星幼儿园提起本案诉讼。

法院判决

人民法院经审理认为：本案争议的焦点为小星星幼儿园与领跑者公司签订的《合作协议》是否应当解除的问题。关于《合作协议》是否应予解除的问题，人民法院认为小星星幼儿园与领跑者公司签订的《合作协议》系双方当事人的真实意思表示，且不违反法律、法规的强制性规定，合法有效，但该《合作协议》已经失去了继续履行的可能性，应予解除。《合作协议》的签订是基于小星星幼儿园信赖领跑者公司能够提高小星星幼儿园的教学水平和办园质量，能够在未来一定时间内为小星星幼儿园带来更多收益，此种信赖的存在与否是《合作协议》能否继续履行的基础和关键。另《合作协议》的履行也需要双方当事人相互配合，否则双方无法进行合作。本案中，小星星幼儿园明确表示无法继续与领跑者公司进行合作，拒绝予以配合，且认为领跑者公司非但无法为小星星幼儿园带来收益，反而给幼儿园造成了损失。在此种情况下，双方继续履行合同已无可能，根据《合作协议》的性质、订立合同的目的及双方履行合同的情况，人民法院认为小星星幼儿园要求解除《合作协议》的诉讼请求应予支持。

专家点评

从争议焦点上看，本案涉及合同解除权的行使，为普通的合同纠纷。涉案合同第10条“关于知识产权”部分有如下约定：在本协议履行期间，乙方对领跑者公司授权的做人教育活动课程、“启智训练课程”相关专利、技术、方法、秘密在原基础上做出的后续改进的技术成果，其权利归领跑者公司所有。民法典合同编第875条规定：“当事人可以按照互利的原则，在合同中约定实施专利、使用技术秘密后续改进的技术成果的分享办法。没有约定或者约定不明确，依据本法第510条的规定仍不能确定的，一方后续改进的技术成果，其他各方无权分享。”本案中，涉案合同对后续改进的技术成果的归属作出了明确的约定，在涉案合同效力存续期间内，应当按照此约定确定后续改进技术成果的归属。

第八百七十六条 集成电路布图设计专有权、植物新品种权、计算机软件著作权等其他知识产权的转让和许可，参照适用本节的有关规定。

【条文释义】

本条是对其他知识产权转让和许可准用技术转让合同和技术许可合同规则的规定。

民法典总则编第123条规定的集成电路布图设计专有权、植物新品种权、计算机软件著作权等其他知识产权，与专利权等具有同样的性质，都可以转让实施或者许可使用。对于这些知识产权的转让和许可使用，参照适用民法典合同编关于技术转让合同和技术许可使用合同的规定，调整让与人与受让人之间的权利义务关系。

【案例评注】

聚吧公司诉同志广告公司等软件许可使用合同纠纷案[①]

基本案情

2006年8月4日，原告与被告同志广告公司签订了一份《软件销售合同》，约定：被告同志广告公司向原告购买《聚吧中国杀人游戏软件及设备》一套，总费用（含安装费）共计5.5万元；确定购买软件后需要支付定金16500元；原告对硬件安装调试正常后，被告同志广告公司需立即支付余款38500元等条款。合同签订后，被告同志广告公司向原告支付定金16500元。原告亦向被告同志广告公司提供了合同约定的设备和软件，并于2006年9月初安装、调试完毕，但被告未依约向原告支付余款，原告因追索未果向本院起诉成讼。

法院判决

人民法院经审理认为，原告与被告同志广告公司签订的《软件销售合同》内容涉及计算机软件、硬件等。从软件部分看，双方签订的不是软件销售合同，而是软件许可使用合同。根据《最高人民法院关于审理技术合同纠纷案件适用法律若干问题的解释》第四十六条第二款的规定“计算机软件开发、许可使用和转让

① 审理法院：广西壮族自治区南宁市中级人民法院，案号：（2007）南市民三初字第90号。

等合同争议，著作权法以及其他法律、行政法规另有规定的，依照其规定；没有规定的，适用合同法总则的规定，并可以参照《合同法》第十八章和本解释的有关规定处理”。原告与被告同志广告公司签订的《软件销售合同》，主体合格，意思表示真实，内容未违反法律、行政法规的强制性规定，故合法有效，对合同当事人具有法律约束力。原告已按合同约定将《聚吧中国杀人游戏软件及设备》交给被告同志广告公司，并于2006年9月初安装、调试完毕，已依合同约定履行了义务。而被告同志广告公司未按合同约定支付原告剩余货款38500元，已构成违约，依法应承担违约责任。

专家点评

根据民法典合同编第876条的规定，计算机软件著作权等其他知识产权的转让和许可，参照适用民法典合同编第20章第3节“技术转让合同和技术许可合同”的有关规定。本案中，被告同志广告公司作为计算机软件著作权的被许可人，未按合同约定支付原告剩余货款38500元，已构成违约，应参照适用技术许可合同被许可人违约责任的相关规定承担违约责任。

第八百七十七条　法律、行政法规对技术进出口合同或者专利、专利申请合同另有规定的，依照其规定。

【条文释义】

本条是对技术进出口合同和专利、专利申请合同法律适用的规定。

技术进出口合同，是指我国境内的自然人、法人或者非法人组织从国外引进或者向国外输出技术，与技术输出国或者技术引进国的当事人订立的合同。这些合同的性质是技术使用合同和技术许可合同，由于技术进出口的情况比较复杂，订立技术进出口合同虽然是市场主体的自主行为，但对涉及产业发展或者国计民生的重大技术进出口，还要经过有关部门的审批，故在适用法律上，法律、行政法规另有规定的，应当依照法律、法规的特别规定。

专利权的转让、专利申请权转让涉及专利问题，当事人订立专利权转让合同或者专利申请权转让合同，要遵守民法典的规定，法律、行政法规另有规定的，也应当适用法律、法规的特别规定。

【案例评注】

联塑公司等不服国家知识产权局作出手续合格通知书案①

基本案情

被告国家知识产权局针对第200810125023.X号专利申请作出手续合格通知书，其中认定：上述专利申请，申请人于2009年1月19日提交的著录项目变更申报书，经审查，符合《专利法》第10条及2002年12月28日修订的《专利法实施细则》第118条第2款的有关规定，并且申请人在《专利法实施细则》第97条规定的期限内，按规定缴纳了著录项目变更费，准予变更申请人，即将涉案专利的申请人由联塑公司和陆某变更为联塑公司、陆某和韩某。2009年12月7日，原告联塑公司和陆某不服被诉通知书，向被告提起行政复议。被告经审查，作出行政复议决定，维持了被诉通知书。原告联塑公司和陆某仍不服被诉通知书，诉至法院。原告认为，本案中，申请人由两原告变更为两原告和第三人韩某，已经涉及中国内地单位专利申请权的摊薄。换言之，本案涉及中国内地的单位向台湾地区的个人转让专利申请权，应当获得相关行政部门的审批。被告在缺乏相应审批文件的情形下作出被诉通知书，同意变更涉案专利申请的申请人，违反了涉外专利申请转让的相关法律的规定。综上，请求法院依法撤销被诉通知书。

法院判决

北京市第一中级人民法院经审理认为，根据《专利法》和《专利法实施细则》的相关规定，中国内地的个人或单位向香港、澳门或者台湾地区的个人、法人或者其他组织转让专利申请权或者专利权的，应当先行获得相关行政部门的批准并取得相应的技术出口审批文件。本案中，涉案专利申请权的转让人之一联塑公司为中国内地的单位，而受让人之一韩某为台湾地区的个人。因此，涉案专利申请权在转让之前须取得相关行政部门的技术出口审批文件。在缺乏技术出口审批文件的情形下，被告核准涉案专利申请权的转让显然违反了上述法律规定，本院依法予以撤销。

① 审理法院：北京市第一中级人民法院，案号：（2011）一中行初字第1257号。

专家点评

民法典合同编第 877 规定："法律、行政法规对技术进出口合同或者专利、专利申请合同另有规定的，依照其规定。"根据《专利法》和《专利法实施细则》的相关规定，中国内地的个人或单位向香港、澳门或者台湾地区的个人、法人或者其他组织转让专利申请权或者专利权的，应当先行获得相关行政部门的批准并取得相应的技术出口审批文件。本案中，涉案专利申请权的转让人之一联塑公司为中国内地的单位，而受让人之一韩某为台湾地区的个人。在缺乏技术出口审批文件的情形下，被告核准涉案专利申请权的转让违反了上述法律规定，依法应予以撤销。

第四节　技术咨询合同和技术服务合同

第八百七十八条　技术咨询合同是当事人一方以技术知识为对方就特定技术项目提供可行性论证、技术预测、专题技术调查、分析评价报告等所订立的合同。

技术服务合同是当事人一方以技术知识为对方解决特定技术问题所订立的合同，不包括承揽合同和建设工程合同。

【条文释义】

本条是对技术咨询合同和技术服务合同概念的规定。

技术咨询合同，是当事人一方以技术知识为对方就特定技术项目提供可行性论证、技术预测、专题技术调查、分析评价报告等所订立的合同。技术咨询合同的特征是：

1. 技术咨询合同的调整对象，是合同当事人完成一定技术项目的可行性论证、技术预测、专题技术调查。

2. 履行技术咨询合同的目的，在于受托方为委托方进行科学研究、技术开发、成果推广、技术改造、工程建设、科技管理等项目提出建议、意见和方案。

3. 技术咨询合同的风险责任承担原则，是实施咨询报告而造成的风险损失，义务人可免于承担责任。

技术服务合同，是指当事人一方以技术知识为另一方解决特定技术问题所订立的合同。不包括建设工程的勘察、设计、施工合同和承揽合同。技术服务合同的种类包括：

1. 技术辅助服务合同，是指当事人一方利用科技知识为另一方解决特定专业技术问题所订立的合同。

2. 技术中介合同，又称技术中介服务合同，是指一方当事人为另一方当事人提供订立技术合同的机会或者作为订立技术合同的媒介的合同。

3. 技术培训合同，又称技术培训服务合同，是指一方当事人为另一方当事人所指定的人员进行特定技术培养和训练的合同。

【案例评注】

鲲鹏公司诉达飞安评公司合同纠纷案[①]

基本案情

2016年10月11日，鲲鹏公司与达飞安评公司签订《安全生产标准化技术服务合同》，约定达飞安评公司负责对鲲鹏公司进行水利水电施工企业安全生产标准化二级达标咨询服务；合同中的技术服务是指对双方约定范围内的服务对象进行安全标准化二级技术服务；达飞安评公司具体服务内容包括咨询指导、专业培训、自评检查、自评报告编制等；鲲鹏公司支付技术服务费总额为6万元。合同签订后，鲲鹏公司按照合同约定将第一期技术服务费2万元转入达飞安评公司账户，但达飞安评公司一直未按合同约定向鲲鹏公司提供任何技术服务，经鲲鹏公司多次催促仍拒绝履行，鲲鹏公司遂向本院提起诉讼。

法院判决

关于涉案合同是否为技术服务合同，人民法院经审理认为，《合同法》第三百五十六条第二款规定，技术服务合同是指当事人一方以技术知识为另一方解决特定技术问题所订立的合同，不包括建设工程合同和承揽合同。《最高人民法院关于审理技术合同纠纷案件适用法律若干问题的解释》第三十三条规定，合同法第三百五十六条第二款所称"特定技术问题"，包括需要运用专业技术知识、经验和信息解决的有关改进产品结构、改良工艺流程、提高产品质量、降低产品成本、节约资源能耗、保护资源环境、实现安全操作、提高经济效益和社会效益等

① 审理法院：四川省成都市中级人民法院，案号：（2018）川01民初157号。

专业技术问题。本案中，鲲鹏公司提交的与达飞安评公司签订的《安全生产标准化技术服务合同》约定达飞安评公司负责对鲲鹏公司进行水利水电施工企业安全生产标准化二级达标咨询服务，并无技术问题和解决难度；达飞安评公司提供的具体服务内容既未解决改进产品结构、改良工艺流程、提高产品质量、降低产品成本、节约资源能耗、保护资源环境、实现安全操作、提高经济效益和社会效益的特定技术问题，工作成果也未有具体的质量和数量指标，故并非技术服务合同。

专家点评

民法典合同编第 878 条规定了技术咨询合同和技术服务合同的定义。其中，技术咨询合同包括就特定技术项目提供可行性论证、技术预测、专题技术调查、分析评价报告等合同；技术服务合同是指当事人一方以技术知识为另一方解决特定技术问题所订立的合同。《最高人民法院关于审理技术合同纠纷案件适用法律若干问题的解释》第 33 条对《合同法》第 356 条“特定技术问题”的外延，包括需要运用专业技术知识、经验和信息解决的有关改进产品结构、改良工艺流程、提高产品质量、降低产品成本、节约资源能耗、保护资源环境、实现安全操作、提高经济效益和社会效益等专业技术问题。民法典合同编第 878 条直接来源于《合同法》第 356 条的规定，故上述司法解释对“特定技术问题”外延的界定也可以适用于民法典合同编第 878 条。本案中，涉案合同内容虽然名为技术服务合同，但合同内容并无技术问题和技术难度，依据“实质重于形式”的原则，不应认定为技术服务合同。

第八百七十九条　技术咨询合同的委托人应当按照约定阐明咨询的问题，提供技术背景材料及有关技术资料，接受受托人的工作成果，支付报酬。

【条文释义】

本条是对技术咨询合同委托人主要义务的规定。

在技术咨询合同中，委托人应当负担的义务是：

1. 阐明咨询的问题，并按照合同的约定向受托人提供有关技术背景资料及有关材料、数据。

2. 按时接受受托人的工作成果并按约定支付报酬。委托方迟延支付报酬的，应当支付违约金。不支付报酬的，应当退还咨询报告和意见，补交报酬，支付违约金或者赔偿损失。

【案例评注】

永业公司与湘东公司技术咨询服务合同纠纷案[①]

基本案情

2014年9月5日，原告与被告签订《〈攸县义乌国际商贸城项目水土保持方案报告书〉及〈项目咨询报告〉编制技术咨询服务合同》。合同约定，被告湘东公司委托原告永业公司编制《攸县义乌国际商贸城项目水土保持方案》和《攸县义乌国际商贸城项目咨询报告（即可行性研究报告与节能评估报告）》，被告需支付报酬20万元。合同签订后，原告于同年10月完成《攸州义乌国际商贸城项目水土保持方案报告书》报批稿、《攸州义乌国际商贸城项目可行性研究报告》及《固定资产投资项目节能评估报告表》并获得被告认可，而被告仅于2014年9月9日支付原告9万元（含另案首期款3万元），余款14万元一直未付。

法院判决

关于原告要求被告支付涉案技术咨询合同报酬余款、逾期利息及实现债权费用的诉讼请求是否有事实和法律依据，人民法院经审理认为，《合同法》第三百五十七条规定："技术咨询合同的委托人应当按照约定阐明咨询的问题，提供技术背景材料及有关技术资料、数据；接受受托人的工作成果，支付报酬。"本案中，原告依约提供了可行性论证、专题研究调查及分析评价报告，被告应根据合同约定支付报酬。由此，原告要求被告支付涉案技术咨询合同报酬余款、逾期利息及实现债权费用的诉讼请求有事实和法律依据。

专家点评

民法典合同编第879条规定了技术咨询合同委托人的主要义务：第一，按照合同约定，阐明咨询问题，提供技术背景材料及有关技术资料、数据；第二，为受托人进行调查论证提供必要的工作条件；第三，除合同另有约定外，承担受托人进行调查研究、分析论证、试验鉴定的经费；第四，应受托人的要求及时补充

---

① 审理法院：湖南省株洲市中级人民法院，案号：（2017）湘02民初7号。

有关资料和数据；第五，应受托人的要求，对受托人提供的技术资料和数据予以保密，只有在合同没有约定的情况下，可以引用、发表和向第三人提供；第六，按照合同约定的期限和方式接受受托人的工作成果，及时支付报酬。本案系技术咨询合同纠纷，原告依约提供了可行性论证、专题研究调查及分析评价报告，被告应根据合同约定支付报酬。

第八百八十条　技术咨询合同的受托人应当按照约定的期限完成咨询报告或者解答问题，提出的咨询报告应当达到约定的要求。

【条文释义】

本条是对技术咨询合同受托人主要义务的规定。

在技术咨询合同中，受托人应当负担的主要义务是：

1. 应当依照合同约定的期限，完成咨询报告或者解答问题。技术咨询要有实用性和针对性，应在系统、全面考虑的基础上，抓住问题的核心，提出解决的方法。

2. 提出的咨询报告应当达到约定的要求，受托人应当在咨询报告中向委托人提供全面、可靠的信息资料，具体标准应达到约定的要求。

【案例评注】

地学科技公司与七个井矿业公司、靳某某技术咨询合同纠纷案[①]

基本案情

2013年2月5日被告七个井矿业公司作为甲方，原告地学科技公司作为乙方，双方签订《地质勘查合同书》一份，约定：勘查项目为甘肃省金塔县七个井一带铜多金属矿普查；本次普查程度为地质普查，最终普查资金为人民币500万元。履行合同过程中，原被告发生纠纷。原告向人民法院提起诉讼，声称自己已经依照合同约定，完成了咨询报告的制作、技术成果的转交等合同义务，而被告支付了220万元后不再依合同约定履行付款义务，故请求被告支付余款并赔偿损失。

---

① 审理法院：甘肃省酒泉市中级人民法院，案号：（2014）酒民二初字第73号。

法院判决

关于原告是否已经依照合同约定，完成了咨询报告的制作、技术成果的转交等合同义务，人民法院经审理认为，根据《合同法》第三百五十八条规定，技术咨询合同的受托人应当按照约定的期限完成咨询报告或者解答问题；提出的咨询报告应当达到约定的要求。本案由于被告未到庭参加诉讼，证据材料均属原告单方提交，为完整、全面地查明案情，本院依职权向专业技术部门进行调查了解。根据技术部门的要求，原告提交了“设计书”“地形图”“地质剖面图”“槽探图”“钻探工程资料”“采样登记表”“单项工作甲方确认表”等资料。技术部门经审查后认为，原告提交的资料较为零乱，且互相不吻合，项目实际施工资料与收集资料未进行分割，提供的资料未能证明得到七个井矿业公司的认可，因而无法通过技术手段来认定原告完成项目的事实。由此，原告并未提供相关证据证实已经依照合同约定，完成了咨询报告的制作、技术成果的转交等合同义务。

专家点评

民法典合同编第 880 条规定了技术咨询合同受托人的主要义务，技术咨询合同的受托人应当全面履行合同约定的各项义务：第一，对技术项目进行调查、论证；第二，发现委托人提供的技术资料、数据有明显错误和缺陷的，应当及时通知委托人补充、修改；第三，利用自己的技术知识和人才优势，按照合同约定完成咨询报告或者解答问题，保证咨询报告和意见符合合同约定的要求；第四，应委托人的要求，对委托人提供的技术资料和数据予以保密；第五，按照合同约定，承担调查研究、分析论证、试验测定的经费；第六，维护委托人的技术、经济权益。在合同有效期内，就同类技术项目与委托人的竞争者订立技术咨询合同的，应当征得委托人的同意。本案中，技术部门经审查后认为，原告提交的资料无法据以认定原告完成项目的事实。故原告并未提供相关证据证实已经依照合同约定，完成了咨询报告的制作、技术成果的转交等合同义务，应承担举证不能的不利后果。

第八百八十一条 技术咨询合同的委托人未按照约定提供必要的资料，影响工作进度和质量，不接受或者逾期接受工作成果的，支付的报酬不得追回，未支付的报酬应当支付。

技术咨询合同的受托人未按期提出咨询报告或者提出的咨询报

告不符合约定的，应当承担减收或者免收报酬等违约责任。

技术咨询合同的委托人按照受托人符合约定要求的咨询报告和意见作出决策所造成的损失，由委托人承担，但是当事人另有约定的除外。

【条文释义】

本条是对技术咨询合同当事人违约责任和风险负担规则的规定。

技术咨询合同委托人的违约行为是：（1）未按照约定提供必要的资料和数据，影响工作进度和质量，主要表现是迟延提供、提供的资料和数据有严重缺陷、不提供三种情形。（2）不接受或者逾期接受工作成果。承担的违约责任是，支付的报酬不得追回，未支付的报酬应当支付。

技术咨询合同受托人的违约行为是：（1）未按期提出咨询报告；（2）提出的咨询报告不符合约定。承担的违约责任是，应当承担减收或者免收报酬等责任。

技术咨询合同的委托方采纳和实施受托方作出的符合合同约定的咨询报告和意见后出现的风险责任，承担的原则是：除合同另有规定外，委托方按照受托方符合约定要求的咨询报告和意见作出决策所造成的损失，应当由委托方承担，受托方不承担责任。

【案例评注】

华朔公司与际标公司合同纠纷案[①]

基本案情

原被告双方于2012年12月16日签订一份《管理咨询合同》，咨询项目为：认证咨询，咨询服务范围为：本安型钢丝绳芯输送带便携式检测仪。被告收到首期咨询服务费后即按照合同约定开展工作，按照原被告双方确定的MA安全标志认证全程工作计划，被告先后向原告提交了首期的需要制作的相关内容并将上述内容通过电子邮件发送给原告，而原告未在规定期限内予以答复。后被告督促原告完善第一阶段的工作相关资料并将第二期工作的文件资料即MA质量手册、程

① 审理法院：江苏省徐州市泉山区人民法院，案号：（2015）泉商初字第167号。

序文件、管理制度通过电子邮件的方式交由原告。后原告未按照咨询合同的要求完成自己应该提交的企业技术资料，且要求被告返还原告先前支付的报酬。

法院判决

关于被告是否应当返还原告先前支付的报酬，人民法院经审理认为，原被告所签订的《管理咨询合同》合法有效，系双方真实意思表示，不违反法律、法规的强制性规定，该合同依法成立有效，双方均应按约履行。原告按照该合同约定支付给被告首期管理咨询费用，被告按照该合同约定完成了第一期的工作，且催促原告及时完成自己应该完成的工作，为使整个咨询合同顺利完成，被告将第二期的工作成果即MA质量手册、程序文件、管理制度通过电子邮件的方式交由原告，因为原告未按照咨询合同的要求完成自己应该提交的企业技术资料，使得双方签订的咨询合同无法如期进行，属于违约。依照《合同法》第三百五十九条“技术咨询合同的委托人未按照约定提供必要的资料和数据，影响工作进度和质量，不接受或者逾期接受工作成果的，支付的报酬不得追回，未支付的报酬应当支付”的规定，故因为原告违约致使双方签订的《管理咨询合同》无法履行，依照法律规定原告支付的报酬不得追回。

专家点评

民法典合同编第881条规定了技术咨询合同当事人的违约责任和风险负担规则。其中，委托人未按期支付报酬的，应当补交报酬，并承担违约责任；未按照约定提供必要的数据和资料或者所提供的数据、资料有严重缺陷，影响工作进度和质量的，已支付的报酬不得追回，未支付的报酬应当支付，给受托人造成损失的，应当承担损害赔偿责任。委托人逾期不提供或不补充有关技术资料、数据或工作条件，导致受托人无法开展工作的，受托人有权解除合同，委托人承担违约责任。委托人不接受或者逾期不接受工作成果的，向受托人支付的报酬不得追回，未支付的报酬应当支付，并且还应当支付受托人因保管工作成果所支出的费用。本案中，因为原告未按照咨询合同的要求完成自己应该提交的企业技术资料，使得双方签订的咨询合同无法如期进行。因为原告违约致使双方签订的《管理咨询合同》无法履行，依照法律规定原告支付的报酬不得追回。

第八百八十二条 技术服务合同的委托人应当按照约定提供工作条件，完成配合事项，接受工作成果并支付报酬。

【条文释义】

本条是对技术服务合同委托人主要义务的规定。

在技术服务合同中，委托人负担的主要义务是：

1. 按照约定提供工作条件，完成配合事项。

2. 按照合同的约定按期接受受托方的工作成果，在验收工作成果时，发现工作成果不符合合同规定的技术指标和要求，应当在约定的期限内及时通知对方返工或改进。

3. 应当按照约定对受托人给付报酬。

【案例评注】

龙驰公司与海泰公司技术服务合同纠纷案[①]

基本案情

根据原、被告签订的《互联网宽带接入测试合同》，表明原告以光线方式向被告提供互联网数据接入服务，并提供至少32个G固定互联网IP地址。被告向原告支付2014年4月1日至同年4月30日的网络使用费15万元，并于次月的10日之前支付原告；被告向原告支付2014年5月1日至同年5月30日的网络使用费15万元，亦于次月的10日之前支付原告。原告依约履行了上述合同约定的义务，但被告未能支付涉案网络使用费30万元。对此，原、被告签订了《欠款证明》，该证据表明被告尚欠原告网络使用费30万元人民币。此外，原告要求被告按照上述合同约定的付款期限支付其逾期付款的利息损失，该损失标准按照自2014年6月11日至被告实际付款之日的同期银行贷款利率进行计算。

法院判决

人民法院经审理认为，原、被告签订的涉案合同为技术服务合同，合法有效，受到法律保护。原、被告之间属于互联网数据接入服务合同关系，原告为提供涉案技术服务的受托人，被告为接受涉案技术服务的委托人。原告依约履行了涉案合同的义务，被告未能按照合同约定支付相应的报酬。根据《合同法》第三

① 审理法院：天津市和平区人民法院，案号：（2014）和知民初字第0510号。

百六十条的规定，技术服务合同的委托人应当按照约定提供工作条件，完成配合事项；接受工作成果并支付报酬。当事人一方未支付价款或者报酬的，对方可以要求其支付价款或者报酬。故对原告依约要求被告支付其报酬，即网络使用费 30 万元，本院依法予以支持。

专家点评

民法典合同编第 882 条规定了技术服务合同委托人的主要义务。技术服务合同的委托人应当全面履行合同约定的义务：第一，按照合同的约定提供工作条件，完成配合事项；第二，按照合同的约定，承担受托人完成专业技术工作、解决技术问题需要的经费；第三，应受托人的要求，在约定的期限内补充、修改或更换已提供的、不符合合同约定的技术资料、数据、样品、材料或者工作条件，并及时通知受托人；第四，在履行合同期间，对受托人因发现继续工作对材料、样品或者设备等有损坏危险，而中止工作的通知以及处理建议，在约定的期限内作出答复；第五，接受工作成果并支付报酬；第六，对受托人完成的工作成果承担保密义务。本案中，原告为提供涉案技术服务的受托人，被告为接受涉案技术服务的委托人。原告依约履行了涉案合同的义务，被告未能按照合同约定支付相应的报酬，故对原告依约要求被告支付报酬，即网络使用费 30 万元的诉讼请求，人民法院依法予以支持。

第八百八十三条 技术服务合同的受托人应当按照约定完成服务项目，解决技术问题，保证工作质量，并传授解决技术问题的知识。

【条文释义】

本条是对技术服务合同受托人主要义务的规定。

在技术服务合同中，受托人的主要义务是，按照合同约定完成服务项目，解决技术问题，保证工作质量，并传授解决技术问题的知识。此外，应当履行的义务是：

1. 未经委托人同意，不得擅自改动合同中注明的技术指标和要求。

2. 在合同中有保密条款时，不得将有关技术资料、数据、样品或其他工作成果擅自引用、发表或提供给第三人。

3. 发现委托人提供的技术资料、数据、样品、材料或工作条件不符合合同约定时，应在约定期限内通知委托人改进或者更换。

4. 应对委托人交给的技术资料、样品等妥善保管。

【案例评注】

蒋某某与昆智公司技术合同纠纷案[①]

基本案情

原、被告原有业务往来。2015 年 5 月，原告委托被告为其建设“中国五金网”网站及手机 APP。同年 5 月 19 日，原告向被告支付服务费 44000 元。同年 6 月 3 日，被告向原告开具收款收据。后原告向人民法院提起诉讼，以被告未依约交付工作成果为由要求被告返还服务费。

法院判决

人民法院经审理认为，技术服务合同的受托人应当按照约定完成服务项目，解决技术问题，保证工作质量，并传授解决技术问题的知识，[②] 受托人未按照合同约定完成服务工作的，应当承担免收报酬等违约责任。本案被告系涉案技术服务合同的受托人，其接受原告的委托，为原告建设“中国五金网”网站及手机 APP，被告负有交付工作成果的举证责任。因被告未提供相关证据，故本院认定被告未履行合同，应当承担过错责任。原告主张被告返还服务费的诉讼请求，本院予以支持。

专家点评

民法典合同编第 883 条规定了技术服务合同受托人的主要义务。技术服务合同的受托人应当全面履行合同约定的义务：第一，按照约定完成服务项目，解决技术问题，保证工作质量，并传授解决技术问题的知识；第二，除合同另有约定外，承担完成专业技术工作，解决技术问题的经费；第三，发现委托人提供的技术资料、数据、样本、材料或工作条件不符合合同约定的，应当及时通知委托人在约定的期限内补充、修改或者更换；第四，在履行合同期间，发现继续工作对材料、样品或者设备等有损坏危险时，应当中止工作，并及时通

① 审理法院：上海市普陀区人民法院，案号：（2016）沪 0107 民初 26893 号。

② 《合同法》第三百六十一条。

知委托人或者提出建议；第五，对委托人提供的技术资料、数据、样品承担保密义务。本案被告系涉案技术服务合同的受托人，其接受原告的委托，为原告建设“中国五金网”网站及手机 APP，被告负有交付工作成果的举证责任。因被告未提供相关证据，故人民法院认定被告未履行按照约定完成服务项目的义务，应当承担违约责任。

第八百八十四条 技术服务合同的委托人不履行合同义务或者履行合同义务不符合约定，影响工作进度和质量，不接受或者逾期接受工作成果的，支付的报酬不得追回，未支付的报酬应当支付。

技术服务合同的受托人未按照约定完成服务工作的，应当承担免收报酬等违约责任。

【条文释义】

本条是对技术服务合同当事人违约责任的规定。

技术服务合同的委托人违约行为的表现是，不履行合同义务或者履行合同不符合约定，影响工作进度和质量，不接受或者逾期接受工作成果。应当承担的违约责任是，已经支付的报酬不得追回，未支付的报酬应当继续支付。

技术服务合同的委托人的违约行为是，未按照合同约定完成服务工作。应当承担的违约责任是免收报酬等违约责任。

【案例评注】

工程检测公司与龙鼎置业公司技术服务合同纠纷案①

基本案情

2015 年 3 月，工程检测公司与龙鼎置业公司签订《技术服务合同》，合同约定，龙鼎置业公司委托工程检测公司就“武夷天地·玫瑰园”项目进行回弹法检测混凝土现龄期抗压强度及桩基检测的专项技术服务，并支付相应的技术服务报酬。2016 年 5 月 23 日，工程检测公司完成 31 份检测报告，经核算，龙鼎置业公

① 审理法院：福建省南平市中级人民法院，案号：（2019）闽 07 民初 75 号。

司应支付工程检测公司技术服务费64000元。其后，工程检测公司通知龙鼎置业公司领取检测报告并要求支付技术服务费，还向龙鼎置业公司发出《关于请求尽快支付技术服务费的函》，但龙鼎置业公司未支付该技术服务费，工程检测公司遂诉请龙鼎置业公司支付技术服务费64000元。

法院判决

人民法院经审理认为，《合同法》第三百六十二条规定，技术服务合同的委托人不履行合同义务或者履行合同义务不符合约定，影响工作进度和质量，不接受或者逾期接受工作成果的，支付的报酬不得追回，未支付的报酬应当支付。可见，接受工作成果并支付报酬是技术服务合同的委托人应当履行的义务。工程检测公司已按照《技术服务合同》的约定提供了技术服务，即出具了检测报告，且经核算检测费用为64000元，根据《技术服务合同》的约定，检测费用应于领取报告前一次付清，且不得超过检测结束后30个工作日。工程检测公司于2016年5月23日出具检测报告，检测结束后30个工作日为2016年7月4日，故龙鼎置业公司最迟应于2016年7月4日支付检测费用，但龙鼎置业公司未依约支付该检测费用，已构成违约。工程检测公司诉请龙鼎置业公司支付技术服务费64000元，具有合同和法律依据，应予支持。

专家点评

民法典合同编第884条规定了技术服务合同当事人的违约责任，包括委托人和受托人的违约责任。其中，技术服务合同的委托人不履行合同义务或者履行合同义务不符合约定，影响工作进度和质量，不接受或者逾期接受工作成果的，支付的报酬不得追回，未支付的报酬应当支付。根据民法典合同编第882条的规定，接受工作成果并支付报酬是技术服务合同的委托人应当履行的义务。本案中，受托人工程检测公司已按照《技术服务合同》的约定提供了技术服务，即出具了检测报告，但龙鼎置业公司未依约支付该检测费用，已构成违约，应当承担继续支付服务费的违约责任。

第八百八十五条 技术咨询合同、技术服务合同履行过程中，受托人利用委托人提供的技术资料和工作条件完成的新的技术成果，属于受托人。委托人利用受托人的工作成果完成的新的技术成果，属于委托人。当事人另有约定的，按照其约定。

【条文释义】

本条是对技术咨询合同、技术服务合同新技术成果归属的规定。

在技术咨询合同、技术服务合同履行过程中，如果产生了新的技术成果，该成果的归属规则是：

1. 受托人利用委托人提供的技术资料和工作条件完成的新的技术成果，属于受托人，理由是受托人是该新的技术成果的发明创造人。

2. 委托人利用受托人的工作成果完成的新的技术成果，属于委托人，理由是委托人委托受托人完成工作成果，就是要予以利用，进行技术开发，将利用其工作成果完成的新的技术成果归属于委托人，名正言顺。

3. 当事人另有约定的，当事人的约定优先，应当按照其约定处理，不适用上述规则。

【案例评注】

奔成公司与米某技术服务合同纠纷案[①]

基本案情

2014 年 1 月 1 日，原告奔成公司与被告米某签订技术服务合同，约定被告为原告提供打药机生产的技术服务。后被告米某就该项技术申请专利，原告为被告支付申请专利费用 9300 元。后原告向人民法院提起诉讼，请求人民法院判令被告返还原告为其支付的专利申请费用 9300 元。

另查明，米某主张双方口头协商原告为被告支付申请专利费用，被告为原告独家许可使用该项专利，但原告不予认可，被告亦未举证证明。

法院判决

人民法院经审理认为，根据《合同法》第三百六十三条的规定，在技术咨询合同、技术服务合同履行过程中，受托人利用委托人提供的技术资料和工作条件完成的新的技术成果，属于受托人。本案中，被告米某为原告提供技术服务，并就提供的技术申请个人专利，成果应归米某，申请专利的相关费用应由被告承

---

① 审理法院：新疆维吾尔自治区塔城地区乌苏市人民法院，案号：（2016）新 4202 民初 368 号。

担。米某未举证证实双方约定原告支付费用，被告独家许可原告使用，故对于9300元申请专利的费用应当向原告退还。

专家点评

民法典合同编第885条对技术咨询、技术服务合同履行过程中产生的技术成果的归属和分享的规定。新的技术成果是指技术咨询合同或者技术服务合同的当事人在履行合同义务之外派生完成的或者后续发展的技术成果。处理这类技术成果的归属和分享的基本原则是：第一，谁完成谁拥有；第二，允许当事人作特别约定。故民法典合同编在本条规定，技术咨询合同、服务合同履行过程中，受托人利用委托人提供的技术资料和工作条件完成的新的技术成果，归受托人；委托人利用受托人的工作成果完成的新的技术成果，归委托人。当事人另有约定的除外。本案中，被告米某为原告提供技术服务，并就提供的技术申请个人专利，成果应归米某，申请专利的相关费用应由被告承担。

第八百八十六条　技术咨询合同和技术服务合同对受托人正常开展工作所需费用的负担没有约定或者约定不明确的，由受托人负担。

【条文释义】

本条是对技术咨询合同和技术服务合同受托人工作费用的规定。

技术咨询合同和技术服务合同都是有偿合同，在规定委托人的义务中，都有支付报酬的规定。既然技术咨询合同和技术服务合同的委托人需要支付报酬，受托人正常开展工作所需费用的负担规则是：

1. 遵守约定，在合同中约定由谁负担，就由哪一方负担。

2. 合同中没有约定或者约定不明确的，由受托人负担，这与委托方支付报酬的规定是一致的。

【案例评注】

新信通公司诉信微公司技术服务合同纠纷案[①]

基本案情

信微公司作为甲方与新信通公司作为乙方签署了《云浮智慧医疗项目技术服务合同》，该合同第5条“付款方式”约定，合同签订后，甲方向乙方支付合同所列产品金额的60%，剩余部分由甲方收到云浮市卫生局付款后的1个月内向乙方支付。

法院判决

关于被告信微公司是否应向原告新信通公司支付合同所列产品金额的60%即186万元款项及逾期付款利息的争议，人民法院经审理认为，案涉合同第五条约定，合同签订后，被告向原告支付合同所列产品金额60%的款项，剩余部分由被告收到云浮市卫生和计划生育局付款后1个月内支付原告。按该条内容分析，被告应当支付的是“合同所列产品”即合同所列的九项软硬件系统产品款项，支付时间是在“合同签订后”。纵观整个合同内容，原告以其技术专业经验就云浮智慧医疗项目向被告提供协助合同义务是转让约定软硬件系统产品的前提及辅助，双方对履行该部分合同义务并没有约定相应的对价。依据《最高人民法院关于审理技术合同纠纷案件适用法律若干问题的解释》第三十五条第一款的规定：“当事人对技术服务合同受托人提供服务所需费用的负担没有约定或者约定不明确的，由受托人承担。”因此，原告不能直接援引合同第五条的约定要求支付相关协助义务的费用。

合同约定了186万元的对价是九项软硬件系统产品，则需要考察该笔款项的支付是否必须以交付产品为前提。合同第五条约定了付款时间为“合同签订后”，只有起算时间没有截止时间，应当视为双方对付款期限约定不明。依据《合同法》第六十二条第（四）项规定：“履行期限不明确的，债务人可以随时履行，债权人也可以随时要求履行，但应当给对方必要的准备时间。”同时，该法第六十六条规定：“当事人互负债务，没有先后履行顺序的，应当同时履行。一方在对方履行之前有权拒绝其履行要求。一方在对方履行债务不符合约定时，有权拒

① 审理法院：广州知识产权法院，案号：（2015）粤知法著民初字第91号。

绝其相应的履行要求。”案涉合同第七条“二、乙方权利与义务”约定原告应当按预定工期计划表完成相应时段的工作任务，但当事人并没有出示该预定工期计划表，因此，原告履行交付软硬件系统产品义务的时间也没有明确约定。在此情况下，原告要求被告支付软硬件系统产品 60% 的款项，应当证明已经向被告交付了产品，否则，无权要求被告支付。

专家点评

民法典合同编第 886 条对技术咨询合同和技术服务合同受托人工作费用作出了规定。当事人对技术服务合同受托人提供服务所需费用的负担没有约定或者约定不明确的，由受托人承担。本案中，纵观整个合同内容，原告以其技术专业经验就云浮智慧医疗项目向被告提供协助合同义务是转让约定软硬件系统产品的前提及辅助，双方对履行该部分合同义务并没有约定相应的对价。因此，原告不能直接援引合同第 5 条的约定要求支付相关协助义务的费用，只能根据民法典合同编第 886 条的规定承担该部分费用。

第八百八十七条 法律、行政法规对技术中介合同、技术培训合同另有规定的，依照其规定。

【条文释义】

本条是对技术中介合同和技术培训合同法律适用的规定。

技术中介合同，是指能够使一方以知识、技术、经验和信息为另一方与第三方订立技术合同进行联系、介绍、组织工业化开发，并对履行合同提供服务所订立的合同。

技术培训合同，是指当事人一方委托另一方对制定的专业技术人员进行特定项目的技术指导和专业训练所订立的合同，不包括职业培训、文化学习和按照行业、单位的计划进行的职工业余教育。

对这两种技术合同，民法典合同编没有作出具体规定，应当适用本章第一节的一般规定，法律、行政法规另有规定的，应当适用特别规定。

【案例评注】

陶某某与秀华机动车驾驶员培训学校技术培训合同纠纷案[①]

基本案情

原告陶某某到被告秀华机动车驾驶员培训学校报名参加机动车驾驶培训时，与唐某签订了《秀华驾驶员培训学校学员培训合同》，并将培训费4700元交给唐某，唐某收取原告陶某某的培训费后，于2012年6月19日出具了4700元的《收据》给原告持有，该《收据》未盖秀华机动车驾驶员培训学校。合同签订后，唐某一直未向原告陶某某安排培训计划并确定培训时间，而发生纠纷。为此，原告向人民法院起诉，请求判决确认《秀华驾驶员培训学校学员培训合同》无效，判令被告秀华机动车驾驶员培训学校退还原告的培训费4700元，本案诉讼费由被告承担。

法院判决

人民法院经审理认为，《全国法院知识产权审判工作会议关于审理技术合同纠纷案件若干问题的纪要》（2001年6月15日）规定："合同法第三是六十四条所称技术培训合同，是指当事人一方委托另一方对指定的人员（学员）进行特定项目的专业技术训练和技术指导所订立的合同，不包括职业培训、文化学习和按照行业、单位的计划进行的职工业余教育。"本案中，原告陶某某到被告秀华机动车驾驶员培训学校报名参加机动车驾驶培训时，与唐某签订了《秀华驾驶员培训学校学员培训合同》，并将培训费4700元交给唐某，唐某出具的《收据》上没有被告秀华机动车驾驶员培训学校加盖的公章。同时，原告陶某某持有的《秀华驾驶员培训学校学员培训合同》虽然有秀华机动车驾驶员培训学校的公章，但没有签订的时间及签订人签名，应属于唐某的个人行为，被告秀华机动车驾驶员培训学校不是适格的诉讼主体。

专家点评

民法典合同编第887条对技术中介合同和技术培训合同的法律适用作出了规定，该规定直接来源于《合同法》第364条。按照《全国法院知识产权审判工作

---

① 审理法院：云南省文山市人民法院，案号：（2015）文民二初字第392条。

会议关于审理技术合同纠纷案件若干问题的纪要》（2001 年 6 月 15 日）的规定，《合同法》第 364 条所称技术中介合同，是指当事人一方以知识、技术、经验和信息为另一方与第三人订立技术合同进行联系、介绍、组织商品化、产业化开发并对履行合同提供服务所订立的合同，但就不含有技术中介服务内容订立的各种居间合同除外；该条所称技术培训合同，是指当事人一方委托另一方对指定的人员（学员）进行特定项目的专业技术训练和技术指导所订立的合同，不包括职业培训、文化学习和按照行业、单位的计划进行的职工业余教育。对于这两种技术合同，《合同法》没有作出具体规定，应当适用第 18 章第 1 节的一般规定，法律、行政法规另有规定的，应当适用特别规定。本案中，原被告之间的纠纷并不涉及法律、行政法规的特别规定，因而应当适用一般规定予以处理。

第二十一章　保管合同

第八百八十八条　保管合同是保管人保管寄存人交付的保管物，并返还该物的合同。

寄存人到保管人处从事购物、就餐、住宿等活动，将物品存放在指定场所的，视为保管，但是当事人另有约定或者另有交易习惯的除外。

【条文释义】

本条是对保管合同概念的规定。

保管合同，又称寄托合同、寄存合同，是指保管人保管寄存人交付的保管物，并返还该物的合同。交付物品保管的一方为寄存人，保管物品的一方为保管人，其所保管的物品为保管物。保管合同包括一般保管合同和仓储合同，本法分别作出规定。保管合同的特征是：(1) 保管合同为实践合同，寄托人交付保管物是保管合同成立的要件。(2) 保管合同为无偿合同、不要式合同、双务合同。(3) 保管合同的标的是保管行为，是由保管人保管物品，保管人的主要义务是保管寄存人交付其保管的物品。(4) 保管合同移转保管物的占有，但不是以保管人获得保管物的所有权或使用权为目的，只是将保管物交由保管人保管。

本条第2款规定的是特殊保管合同，即到商店、饭店、旅店等购物、就餐、住宿等活动的人，将自己的物品存放在这些单位的指定场所的，如将行李交付给饭店寄存，洗浴中心将衣物放在保管箱内等，都视为保管，构成保管合同关系，保管人和寄存人产生保管合同的权利义务。但是，当事人另有约定或者另有交易习惯的除外，如将贵重物品交付宾馆未作声明，通常认为超出保管范围，不承担保管物遗失的责任。

【案例评注】

曹某与富汇丽宫休闲中心保管合同纠纷上诉案①

基本案情

2014年11月23日下午2时，曹某前往富汇丽宫休闲中心进行消费。消费期间，富汇丽宫休闲中心的服务员协助曹某将衣物及随身物品装入黑色塑料袋后放置于富汇丽宫休闲中心为顾客设置的储物柜里进行保管。曹某将储物柜上锁后，在富汇丽宫休闲中心处接受洗浴及按摩服务。完毕后，曹某于当天下午4时更衣时发现储物柜里的黑色塑料袋里面的财物灭失。经查，曹某在富汇丽宫休闲中心消费期间共支付服务费200元。

法院判决

关于原、被告双方是否成立保管合同，二审法院经审理认为，《合同法》第三百六十五条规定："保管合同是保管人保管寄存人交付的保管物，并返还该物的合同。"曹某与富汇丽宫休闲中心虽未签订保管合同，也未口头约定有关保管合同的权利义务，但按照休闲服务行业的交易习惯，富汇丽宫休闲中心在为顾客提供服务的同时，其应为顾客存放在其设置的储物柜里的财物负有保管义务。虽然富汇丽宫休闲中心未明确要求曹某支付保管费，但曹某在接受富汇丽宫休闲中心提供的服务后已支付200元，该笔费用应视为已经包含相应的保管费，曹某与富汇丽宫休闲中心之间的保管合同应为有偿的保管合同。

专家点评

民法典合同编第888条规定了保管合同的定义，保管合同是保管人保管寄存人交付的保管物，并返还该物的合同。保管合同是实践合同，即保管合同的成立不仅需要当事人双方对保管寄存物品达成一致的意思表示，而且需要寄存人向保管人移转寄存物的占有。本案中，虽然富汇丽宫休闲中心未明确要求曹某支付保管费，但曹某在接受富汇丽宫休闲中心提供的服务后已支付200元，该笔费用应视为已经包含相应的保管费，曹某与富汇丽宫休闲中心之间的保管合同应为有偿

---

① 审理法院：一审法院为广东省台山市人民法院，案号：(2015) 江台法民一初字第284号；二审法院为广东省江门市中级人民法院，案号：(2016) 粤07民终590号。

的保管合同。

第八百八十九条 寄存人应当按照约定向保管人支付保管费。

当事人对保管费没有约定或者约定不明确，依据本法第五百一十条的规定仍不能确定的，视为无偿保管。

【条文释义】

本条是对保管费的规定。

保管合同可以是有偿合同，也可以是无偿合同。确定保管费的规则是：

1. 当事人约定为有偿保管合同的，寄存人应当按照约定向保管人支付保管费。

2. 如果当事人对保管费没有约定或者约定不明确，应当依据民法典合同编第510条的规定进行补充协议，按照补充协议的规定确定保管费。

3. 补充协议仍然不能确定的，应当确定保管是无偿的，理由是，保管合同主要是社会成员之间相互提供帮助或者服务部门向社会提供服务的方式，这种保管合同通常是无偿的，因而在无法确定保管合同是否有偿时，按照无偿保管处理。

【案例评注】

党某某与大荔公司和刘某保管合同纠纷案①

基本案情

2012年1月18日，被告刘某驾驶其所有的陕EXXX号东风牌重型仓栅式货车，停放于原告党某某经营的佳通招待所院内，停车费未定。被告刘某存车后离开，再未返回取车，该车一直停放在原告党某某经营的佳通招待所院内。2015年7月15日，因佳通招待所院内开发，原告经营的佳通招待所搬迁，所保管车辆经城固县公安局三里桥派出所协调，将车拖移至城固县XX石英砂场院内保管，保管费每天15元。

① 审理法院：陕西省汉中市城固县人民法院，案号：（2015）城民初字第00975号。

法院判决

关于被告是否应向原告党某某支付陕 EXXX 号汽车自 2012 年 1 月 18 日起至 2015 年 7 月 15 日止共计 1274 天的保管费，人民法院经审理认为，保管合同自保管物交付保管时成立。寄存人应当按照约定向保管人支付保管费，对保管费没有约定或者约定不明的，可以补充协议，不能达成补充协议的，可以按照交易习惯确定。[①] 2012 年 1 月 18 日，被告刘某将陕 EXXX 号车停放于佳通招待所院内，由原告党某某保管。自车辆交付保管时起，双方保管合同成立。原告党某某保管车辆，按照约定收取保管费，符合法律规定，应予支持。原告称和刘某约定停车费一天 30 元，因被告刘某未到庭，无法证实（原告提交的停车登记簿（复印件）收费栏内空白，未提供原件）。根据原告提供的停车登记簿登记的同期同类型车每天收费 20 元的标准，确定陕 EXXX 号车每天保管费为 20 元。原告诉求每天按照 30 元收取保管费的请求，不予支持。

专家点评

民法典合同编第 889 条规定了保管合同的报酬。按照该条规定，寄存人和保管人可以约定保管是有偿的，也可以约定保管是无偿的。如果约定保管是有偿的，寄存人应当按照约定的数额、期限、地点向保管人支付报酬，否则承担违约责任。寄存人和保管人没有就是否支付报酬作出约定或者约定不明确的，双方可以协议补充，不能达成补充协议的，按照合同有关条款或交易习惯确定。本案中，被告刘某将陕 EXXX 号车停放于佳通招待所院内，由原告党某某保管。自车辆交付保管时起，双方保管合同成立。原告党某某保管车辆，按照约定收取保管费，符合法律规定，人民法院依法予以认可。关于保管费用的数额，现有证据无法证实原告的主张，故应当根据原告提供的停车登记簿登记的同期同类型车每天收费 20 元的标准，确定陕 EXXX 号车每天保管费为 20 元。

第八百九十条 保管合同自保管物交付时成立，但是当事人另有约定的除外。

---

① 《合同法》第三百六十六条："寄存人应当按照约定向保管人支付保管费。当事人对保管费没有约定或者约定不明确，依照本法第六十一条仍不能确定的，保管是无偿的。"该法第 61 条规定："合同生效后，当事人就质量、价款或者报酬、履行地点等内容没有约定或者约定不明确的，可以协议补充；不能达成补充协议的，按照合同有关条款或者交易习惯确定。"

【条文释义】

本条是对保管合同成立时间的规定。

保管合同是实践性合同，不是诺成性合同。保管合同的成立，不仅须当事人双方意思表示一致，而且须有寄存人将保管物交付给保管人，即寄存人交付保管物是保管合同成立的要件。故本条规定，保管合同自保管物交付时成立。如果当事人对保管合同的成立另有约定的，则除外，依照约定确定合同成立的时间。

【案例评注】

冯某某与交投公司保管合同纠纷案①

基本案情

2016年10月14日0时55分，原告将其自有的苏E×××××的本田CRV汽车停放在被告管理的位于成都市高新西区中海国际社区蓝岸街南岸小区一期大门外的临时占道停车场内，并开始计时收费。原告于2016年10月14日10时许到该停车场取车时，发现涉案车辆被盗。

法院判决

关于原、被告之间形成的是何种法律关系，原告认为其将车辆停放在被告管理的停车场内，是将车辆交由被告保管，双方形成保管合同关系。被告抗辩认为，被告管理的停车场属于临时占道停车场，双方形成的是场地租用合同关系。人民法院认为，保管合同是保管人保管寄存人交付的保管物，并返还该物的合同。要判断原、被告之间是否建立保管合同关系，应着重从行为特征的角度考察双方之间的权利义务履行方式是否符合保管合同的成立要件。《合同法》第三百六十七条规定，保管合同自保管物交付时成立，但当事人另有约定的除外。由此可见，保管合同原则上属于实践合同，其成立并非仅依当事人的合意，而必须有寄存人将保管物交付给保管人的行为。交付保管物是将保管物的控制权暂时转移给保管人，以达到对抗寄存人以外不特定第三人的保管目的。这种控制权必须是实际控制。具体到车辆保管，“实际控制”应注重考虑以下三个方面的因素。一

---

① 审理法院：四川省成都市高新技术产业开发区人民法院，案号：（2017）川0191民初5371号。

是停车场的具体情况。即是否是封闭场所、停车场的性质，是否有门卫等。本案中，被告管理的停车场为成都市交管局按照城市规划的要求，在马路边划定的停车临时占道停车泊位，是为了缓解城市停车位不足而设置，并未对场地进行严格的控制，也并非以营利为目的专门从事停车经营活动，停车场仅负责实施停车收费、停车安全、停车秩序等具体管理。虽有专人负责收费管理，但该费用作为停车服务费，而非保管费。二是车辆进出停车场的自由度。如是否需要履行手续，该种手续实际产生何种作用等。本案中，车辆进入停车场后，停车场工作人员对车辆进行了登记，并未向原告发放停车证、出入证或停车卡之类的凭证供原告驶出停车场使用，原告也并未交付足以控制车辆出入的物件，如交押车钥匙、行驶证等。原告主张其支付了停车费，被告以电子计价器的方式接收了车辆，形成了保管凭证。本院认为，电子计价器不能视为保管合同关系中的保管凭证以及车辆交付，它只是计价设备，不能起到控制车辆进出的作用，而发票的作用主要在于证明车辆已交费的事实，而并非车辆进出，尤其是驶出停车场的凭证。虽然原告主张被告停车场工作人员用轮胎锁将车子的左后轮锁上了，使原告在驶离停车场时必须经停车场工作人员开锁，该行为表达了对该车辆进行保管的意思，并对车辆进行了实际控制。但本院认为，轮胎锁上锁的时间在原告把车停好离开之后，双方并没有作出保管的明确意思表示，而是停车场工作人员对这款被盗率比较高的车提供的附加的服务，是对风险的防控以及对车辆的安全保障措施，这不仅不应当作为被告对车辆进行保管的意思表示，反而应当作为被告尽到了一定的看护义务的依据。三是考虑双方义务的权利义务对等性。法律公平正义理念的必要要求是当事人各方权利享有与义务承担的对等性。因此，在推定当事人真实意思表示的过程中，应当将其视为理性民事主体确保权利享有与义务的对等是推定的基础。本案中，涉案车辆的新车购买价格为177770元（含增值税），被告收取的停车费标准为“19：00～08：00小型车临时停放起价2元/4小时，滚动计费（不足4小时按4小时计算）”。原告停放一夜支付停车费4元。本院认为，根据每小时0.5元的停车费用，考虑停车场的性质，其停车场并不包含保管车辆的义务，若要求其承担车辆丢失的巨大风险，则造成权利享有与义务承担之间的失衡，对停车场而言有失公允。至于原告关于被告未在收费凭证上明确表明是停车场地临时租用合同关系的主张，因被告已在临时占道停车场停车公告牌显要处表明“临时停车场”字样，所收费用也表示为“停车服务费”，故也不应当认定为保管合同关系。另外，原告认为临时占道停车场接受机动车辆停放过夜的，停车场与存车人之间就建立了机动车辆保管合同关系。由于原告并没有证据证明其已向停车场明确提出了过夜停放的要求并征得同意，故该主张本院不予支持。具体到场地租用关系，是一方将停车的场地交给车主停放车辆使用，从而收取场地使用费，是一种车位有偿使用关系。本案应为停车场地临时租用合同关系。

专家点评

民法典合同编第890条规定了保管合同的成立时间。根据该规定，如果当事人没有通过约定排除该条的适用，保管合同自保管物交付时成立。只要没有当事人的特别约定，保管合同是实践合同，其成立不仅须有当事人双方意思表示一致，而且须有寄存人将保管物交付给保管人的事实。交付保管物是将保管物的控制权暂时转移给保管人，以达到对抗寄存人以外不特定第三人的保管目的。这种控制权必须是实际控制。具体到车辆保管，“实际控制”应注重考虑以下三个方面的因素。一是停车场的具体情况。即是否是封闭场所、停车场的性质，是否有门卫等。二是车辆进出停车场的自由度。如是否需要履行手续，该种手续实际产生何种作用等。三是考虑双方义务的权利义务对等性。法律公平正义理念的必要要求是当事人各方权利享有与义务承担的对等性。因此，在推定当事人真实意思表示的过程中，应当将其视为理性民事主体确保权利享有与义务的对等是推定的基础。本案中，涉案停车场并非封闭场所，车辆可以自由进出，停车费用与因车辆保管而承担的巨大风险不成比例。双方当事人既不存在保管的一致意思表示，也不存在被告对车辆“实际控制”的事实，因而不能认定原被告双方存在车辆保管合同关系。

第八百九十一条 寄存人向保管人交付保管物的，保管人应当出具保管凭证，但是另有交易习惯的除外。

【条文释义】

本条是对保管人给付保管凭证的规定。

由于保管合同是实践性合同，因而当寄存人向保管人交付保管物后，在通常情况下，保管人应当对寄存人给付保管凭证，证明收到了保管物，成立了保管合同。保管凭证既是保管合同成立的证明，也是领取保管物的凭证，如果没有订立书面的保管合同，保管凭证就是保管合同的债权文书。

保管凭证的作用是：（1）表明保管人收到了保管物；（2）证明保管合同关系已经存在；（3）寄存人凭保管凭证领取保管物。

不过，在很多情况下，保管合同并不需要交付保管凭证，例如，在商场的停车场，按照交易习惯就不给付保管凭证，有车位就可以停车，出场时付款即可，因而规定另有交易习惯的除外条款。

【案例评注】

赵某某与刘某某保管合同纠纷案[①]

基本案情

原告赵某某于2014年6月13日起将其购买的新雅马哈摩托车停放于被告刘某某所管理的维也纳商业广场二期天簇三十二停车场内，并向被告交付了2014年6月13日至2014年8月13日的停车费120元。后原告车辆于2014年6月29日被盗，至今未追回，故原告认为被告不认真履行保管职责，致使原告车辆丢失，给原告造成经济损失，要求被告承担赔偿义务。

法院判决

关于本案原告举出的停车发票是否是保管凭证，人民法院经审理认为，根据《合同法》第三百六十八条“寄存人向保管人交付保管物的，保管人应当给付保管凭证，但另有交易习惯的除外”之规定，作为保管凭证，除双方有交易习惯外，其应该记载保管物交付的时间、地点、当事人的名称、保管物的种类、性质、保管期限等事项。在本案中，原告赵某某提供的停车场收据上既没有车号记载，也没有载明关于原告车辆的停放、保管、领取、风险承担等权利义务，故该票据根本无法证明原告何时将何种车辆停放或领取于被告管理的停车场，因此人民法院认定此票据不具有唯一性和排他性，所以并不能成为证明保管合同成立的凭证。

专家点评

民法典合同编第891条规定了保管人向寄存人给付保管凭证的义务。寄存人向保管人交付保管物后，保管合同成立。保管人应向寄存人给付保管凭证。给付保管凭证不是保管合同成立的形式要件，如果当事人另有约定或依交易习惯无须给付保管凭证的，也可以不给付保管凭证。作为保管凭证，除双方有交易习惯外，其应该记载保管物交付的时间、地点、当事人的名称、保管物的种类、性

---

① 审理法院：四川省成都市新都区人民法院，案号：（2015）新都民初字第330号。

质、保管期限等事项。在本案中，原告赵某某提供的停车场收据上既没有车号记载，也没有载明关于原告车辆的停放、保管、领取、风险承担等权利义务，不具有唯一性和排他性，所以并不能成为证明保管合同成立的凭证。

第八百九十二条 保管人应当妥善保管保管物。

当事人可以约定保管场所或者方法。除紧急情况或者为维护寄存人利益外，不得擅自改变保管场所或者方法。

【条文释义】

本条是对保管人妥善保管保管物的规定。

妥善保管保管物，是保管人应负的主要义务。保管人对保管物的保管，在保管合同为无偿时，应尽与处理自己的事务为同一的注意，负具体过失责任；在保管合同为有偿时，应尽善良管理人的注意，负抽象过失责任。为充分保护消费者的利益，商业经营场所对顾客寄存的物品，不论其保管是有偿的还是无偿，都应尽善良管理人的注意。

对保管物的保管方法和场所，当事人有约定的从其约定；无约定的应依保管物的性质、合同的目的以及诚实信用原则确定。除紧急情况或者为维护寄存人利益外，不得擅自改变保管场所或者方法。

【案例评注】

九洲公司与安代投资公司保管合同纠纷案[①]

基本案情

2014 年 12 月 29 日，原告因资金周转需要，经被告介绍以其名下的浙 C×××××号揽胜牌 SALMN1E4 牌小型越野客车进行抵押，向第三人借款 30 万元。三方于同日签订一份《借款合同》，该合同主要约定，原告向第三人借款 300000 元，借款期限自 2014 年 12 月 29 日起至 2015 年 3 月 28 日止；还约定原告向被告支付咨询服务费 6000 元；原告将涉诉抵押车辆的车钥匙 1 把、机动车行驶证 1 本、机

① 审理法院：浙江省温州市鹿城区人民法院，案号：（2015）温鹿西商初字第 884 号。

动车登记证书1本交由被告保管；车辆停放在被告指定的车库，三方均不能开。同日，原告将涉诉车辆连同车钥匙1把及机动车行驶证移交给被告，被告将该车辆停放在温州市鹿城区东明锦园的地下车库。涉诉车辆停放在东明锦园地下车库一个月左右，被告在未告知原告及第三人的情况下将该车辆开至台州市。2015年6月12日，原告得知涉诉车辆在台州市××区××路与××路交叉口发生违章，遂认为被告在保管车辆期间擅自移动、使用涉诉车辆，经协商无果遂诉至法院。

法院判决

本案双方争议的焦点为：被告是否应对擅自移动、使用涉诉车辆的行为承担违约责任。人民法院经审理认为，根据《合同法》第三百六十九条的规定，保管人应当妥善保管保管物。当事人可以约定保管场所或者方法，除紧急情况或者为了维护寄存人利益以外，不得擅自改变保管场所或者方法。本案中，《借款合同》第七条第二款约定，车辆停放在被告（甲方）指定的车库，三方均不能开。本案中，被告在原告不知情的情况下擅自将保管的车辆开至台州市，该行为并无法定或合同约定的依据，因而应对擅自移动、使用涉诉车辆的行为承担违约责任。

专家点评

民法典合同编第892条对保管人课以妥善保管保管物的义务。根据该条第2款的规定，当事人可以约定保管场所或保管方法。当事人约定了保管场所或保管方法的，除紧急情况或为了维护寄存人利益外，不得擅自改变保管场所或者方法。本案中，被告在原告不知情的情况下擅自将保管的车辆开至台州市，该行为并无法定或合同约定的依据。被告的上述行为违反了涉诉《借款合同》中对保管讼争车辆的约定，显属违约，故原告有权要求被告赔偿在擅自移动、使用涉诉车辆期间对原告造成的损失。

第八百九十三条 寄存人交付的保管物有瑕疵或者根据保管物的性质需要采取特殊保管措施的，寄存人应当将有关情况告知保管人。寄存人未告知，致使保管物受损失的，保管人不承担赔偿责任；保管人因此受损失的，除保管人知道或者应当知道且未采取补救措施外，寄存人应当承担赔偿责任。

【条文释义】

本条是对寄存人告知义务的规定。

在保管合同中，寄存人对保管人负有通知义务的情形有两种：（1）保管物有瑕疵，应当将保管物的真实情况告知保管人；（2）根据保管物的性质需要采取特殊保管措施的，寄存人应当将其特殊要求告知保管人，如保管物属于易燃、易爆、有毒、有腐蚀性、放射性等危险物品或者易变质物品等。

寄存人未尽告知义务的责任是：

1. 因寄存人未告知致使保管物受损失的，保管人不承担赔偿责任。

2. 由于保管物本身的性质或者瑕疵使保管人受到损害的，寄存人应当承担赔偿责任。在保管人于合同成立时已知保管物有发生危险的性质或瑕疵的情况下，寄存人免除赔偿责任，但保管人因过失而不知上述情形时，寄存人不能免责，应适用过失相抵原则。寄存人以保管人于合同成立时知道保管物有发生危险的性质或瑕疵而主张免责的，应负举证责任。

3. 因保管物的性质或瑕疵而给第三人造成损害的，寄存人应负侵权赔偿责任，本条对此没有规定，依照民法典侵权责任编的规定应负此责。

【案例评注】

张某与葫芦山庄保管合同纠纷案①

基本案情

2016 年 5 月 29 日上午 9 时左右，原告带家人到葫芦山庄游玩，将车停在葫芦山庄停车场内，并交纳了停车费 10 元，当天中午 12 时左右，原告准备开车离开时，发现车窗被砸，原告找到葫芦山庄保安，并向公安机关报案，公安机关接警后出警并受理此案，此案尚在侦查中。当日，被告将原告被砸坏车窗修理、安装完毕。原告主张车内笔记本电脑一台、银联 POS 机一台、公司公章、营业执照、商标注册许可证书丢失，给原告造成损失约 10140 元，要求被告予以赔偿，双方协商未果，原告提起诉讼要求被告赔偿经济损失 10000 元并承担诉讼费用。

---

① 审理法院：辽宁省葫芦岛市龙港区人民法院，案号：（2016）辽 1403 民初 903 号。

法院判决

人民法院经审理认为，寄存人交付的保管物有瑕疵或者按照保管物的性质需要采取特殊保管措施的，寄存人应当将有关情况告知保管人。寄存人未告知，致使保管物受损失的，保管人不承担损害赔偿责任。[①] 本案中，原告在寄存汽车时，未向被告工作人员明示汽车内存放有财物，庭审中原告也未能提供证据证实有财物放在车内、该财物在汽车停放停车场期间丢失的证据，因此原告主张赔偿车内财物损失的诉讼请求所依据的事实不清、证据不足，故对原告该诉讼请求依法不予支持。

专家点评

民法典合同编第 893 条规定了寄存人的告知义务。寄存人对保管人负有告知的义务，包括以下两种情况：一是如果保管物有瑕疵的，应将真实情况告知保管人。二是按照保管物的性质需要采取特殊保管措施的，寄存人应当告知保管人。所谓“保管物的性质”，如保管物属于易燃、易爆、有毒、有腐蚀性、有放射性等危险物品或易变质物品。寄存人未告知，致使保管物受损失的，保管人不承担损害赔偿责任；保管人因此受损失的，除保管人知道或者应当知道并且未采取补救措施的外，寄存人应当承担损害赔偿责任。本案中，原告在寄存汽车时，未向被告工作人员明示汽车内存放有财物，违反了保管合同的告知义务，故人民法院对原告的该诉讼请求依法不予支持。

第八百九十四条　保管人不得将保管物转交第三人保管，但是当事人另有约定的除外。

保管人违反前款规定，将保管物转交第三人保管，造成保管物损失的，应当承担赔偿责任。

【条文解读】

本条是对保管人亲自保管的规定。

寄存人将保管物交付保管人保管，是基于对保管人的信任，保管人应当依照

① 《合同法》第三百七十条：“寄存人交付的保管物有瑕疵或者按照保管物的性质需要采取特殊保管措施的，寄存人应当将有关情况告知保管人。寄存人未告知，致使保管物受损失的，保管人不承担损害赔偿责任；保管人因此受损失的，除保管人知道或者应当知道并且未采取补救措施的以外，寄存人应当承担损害赔偿责任。”

诚实信用原则，亲自履行保管行为，不得将保管物转交第三人保管。当事人另有约定或者保管人因特殊事由不能亲自履行保管行为的除外。

保管人违反亲自保管义务，将保管物转交第三人保管，构成违约行为，造成保管物损失的，应当承担赔偿责任。

【案例评注】

安达汽车公司与增某某、卢某某保管合同纠纷案[①]

基本案情

被告卢某某于2013年10月30日为原告看管展销车辆，保管费用为每天150元。2013年11月6日下午，原告将展销车辆交付保管人被告卢某某，卢某某又将保管物转交第三人被告增某某进行保管。后发生了被看管车辆被损事件。损害车辆为长安金牛星面包车、新长安之星星卡小型货车，经贵州鑫泰保险公估司法鉴定所对机动车损失评估，意见为长安小客车修复费用为11898元，贬值损失为3569.40元；长安小货车修复费用为13362元，贬值损失为4676.70元；以上修复费用共计25260元，贬值损失共计8246.10元。

法院判决

关于被告卢某某是否应当承担损害赔偿责任，人民法院经审理认为：根据《合同法》第三百七十一条"保管人不得将保管物转交第三人保管，但当事人另有约定的除外。保管人违反前款规定，将保管物转交第三人保管，对保管物造成损失的，应当承担损害赔偿责任"，第三百七十四条"保管期间，因保管人保管不善造成保管物毁损、灭失的，保管人应当承担损害赔偿责任，但保管是无偿的，保管人证明自己没有重大过失的，不承担损害赔偿责任"之规定，被告卢某某作为有偿保管合同的相对方，因无证据证明其将保管物转交第三人被告增某某进行保管一事获得了原告知晓并许可，则被告卢某某在保管合同成立期间，造成原告的车辆修复费用25260元、贬值损失费8246.10元理应赔偿。

专家点评

民法典合同编第894条是关于保管人负有亲自保管保管物的义务的规定。寄

---

① 审理法院：贵州省遵义市红花岗区人民法院，案号：(2014) 红民长初字第57号。

存人将保管物交付保管人保管，是基于对保管人的信任，保管人应当依照诚实信用原则，亲自履行保管义务，不得将保管物转交第三人保管。保管人违反亲自保管保管物的义务，擅自将保管物转交第三人保管，使保管物因此受到损害，保管人应当承担损害赔偿责任。对保管物造成的损害强调的是基于保管人转保管的过错造成的损害，即如果保管人不将保管物转交第三人保管，而是亲自保管，就不会发生这种损害。本案中，被告卢某某作为有偿保管合同的相对方，因无证据证明其将保管物转交第三人被告增某某进行保管一事获得了原告知晓并许可，则被告卢某某在保管合同成立期间，造成原告的车辆修复费用25260元、贬值损失费8246.10元理应赔偿。

第八百九十五条　保管人不得使用或者许可第三人使用保管物，但是当事人另有约定的除外。

【条文释义】

本条是对保管人或第三人不得使用保管物的规定。

交付保管人保管的保管物，其所有权并未转移，仍为寄存人享有，保管人享有的是占有权，基于保管合同而有权占有保管物，不得使用保管物，也不得许可第三人使用。只有寄存人与保管人约定或者基于保管物的性质必须使用（即保管物的使用属于保管方法的一部分）的情形除外。如果没有约定，保管人未经寄存人同意，使用也不为保管物的性质所必要，擅自使用保管物或者许可第三人使用保管物的，则无论保管人有无过错，均应向寄存人支付相当的报酬，以资补偿。

【案例评注】

郝某某与爱诺酒店、李某某保管合同纠纷案[①]

基本案情

2015年12月20日，原告郝某某向被告爱诺酒店交纳了300元的车辆管理费，由爱诺酒店保管车牌号云A·7FG××的车辆，保管时间为2015年12月20

① 审理法院：昆明铁路运输法院，案号：（2016）云7101民初102号。

日至2016年1月20日，爱诺酒店向原告出具了其签章的收费“收据”。2015年12月31日，被告李某某作为被告爱诺酒店员工，在履行保管车辆的职务过程中，未经原告同意，私自将原告停放在被告爱诺酒店停车场的牌照为云A·7FG58的林肯牌小轿车开出使用，后导致该车辆左前部毁损，经修理，该车辆维修费为17353元。

法院判决

关于被告是否应对原告所支付的车辆维修费承担赔偿责任，人民法院经审理认为，《合同法》第三百七十二条规定：“保管人不得使用或者许可第三人使用保管物，但当事人另有规定的除外。”《合同法》第三百七十四条规定：“保管期间，因保管人保管不善造成保管物毁损、灭失的，保管人应当承担损害赔偿责任，但保管是无偿的，保管人证明自己没有重大过失的，不承担损害赔偿责任。”本案中，郝某某的林肯牌小轿车停放在爱诺酒店停车场保管期间，被告李某某作为爱诺酒店的停车场管理员，私自将原告的车辆开出使用并造成该车辆部分毁损，爱诺酒店作为保管人应当承担赔偿责任。

专家点评

民法典合同编第895条是关于保管人不得使用或许可第三人使用保管物义务的规定。保管合同，寄存人只将保管物的占有转移给保管人，而不转移使用和收益权，即保管人只有权占有保管物，而不能使用保管物，这是保管合同的一般原则。保管合同的目的是为寄存人保管保管物，一般要求是维持保管物的现状，虽然没有使保管物升值的义务，但却负有尽量避免减损其价值的义务，因此除当事人另有约定外，法律规定禁止保管人使用或者许可第三人使用保管物。本案中，郝某某的林肯牌小轿车停放在爱诺酒店停车场保管期间，被告李某某私自将原告的车辆开出使用并造成该车辆部分毁损，违反了保管合同的保管义务，爱诺酒店作为保管人应当承担赔偿责任。

第八百九十六条　第三人对保管物主张权利的，除依法对保管物采取保全或者执行措施外，保管人应当履行向寄存人返还保管物的义务。

第三人对保管人提起诉讼或者对保管物申请扣押的，保管人应当及时通知寄存人。

【条文解读】

本条是对第三人对寄存物提出权利主张时保管人义务的规定。

第三人对保管物主张权利的，会对寄存人对保管物的权属产生危险，保管人知悉后，应当对寄存人承担的义务是：

1. 返还保管物：除是人民法院依法对保管物采取保全或者执行措施外，保管人应当履行向寄存人返还保管物的义务，使保管人占有自己的保管物，行使自己的权利，避免发生危险。

2. 危险通知义务：危险通知，是指在出现寄存人寄存的保管物因第三人的原因可能会丧失的危险情形时，应当及时通知寄存人，使寄存人了解自己寄存的保管物，采取必要措施，保全自己的权利。在保管物受到意外毁损、灭失或者保管物的危险程度增大时，保管人也应及时将有关情况通知寄存人。

【案例评注】

海源商贸公司与陈某某保管合同纠纷上诉案①

基本案情

2016年4月19日晚11时许，陈某某将自己购买的挂靠在龙祥公司的重型半挂牵引车（号牌为赣CN2570）、登记所有人为鑫发公司的重型低平板半挂车（号牌为赣FA780）刷卡后停放在海源商贸公司的停车场内。2016年4月20日下午，陈某某去停车场取车，发现停放的牵引车及挂车不见了。陈某某在向值班保安询问无果的情况下遂向公安机关报警，临洮县公安局民警赶到后，向当晚值班保安询问情况并调取现场监控录像。后来，公安机关口头告知陈某某不予立案。海源商贸公司未向公安机关报案。该车至今未找回。另查明，海源商贸公司停车场为收费停车场。车辆进入停车场时由值班保安发停车卡并刷卡进入，出停车场时再刷停车卡，按照车型和停车时间的长短收费。2016年4月19日晚，陈某某停车后不久，有两个人到停车场，称自己丢失了停车卡，值班保安让交了50元停车卡卡费后即让两人把车开走了。陈某某向人民法院提起诉讼，请求判令海源商贸公司返还车辆及赔偿车辆以外的其他损失，若不能返还车辆就赔偿损失。

---

① 审理法院：一审法院为甘肃省定西市临洮县人民法院，案号：（2017）甘1124民初1465号；二审法院为甘肃省定西市中级人民法院，案号：（2018）甘11民终15号。

法院判决

一审法院认为，保管合同是保管人保管寄存人交付的保管物，并返还该物的合同。保管合同中的保管物并不以寄存人享有所有权为限。第三人对保管物主张权利的，除依法对保管物采取保全或者执行的以外，保管人应当履行向寄存人返还保管物的义务。保管期间，因保管人保管不善造成保管物毁损、灭失的，保管人应当承担损害赔偿责任。本案中，陈某某将自己购买的挂靠在江西省宜丰县龙祥汽车运输有限公司的重型半挂牵引车（号牌为赣 CN25××）和登记所有权人为东乡县鑫发物流有限公司的重型低平板半挂车（号牌为赣 FA7××）刷停车卡后交由海源商贸公司保管，双方之间形成保管合同法律关系。海源商贸公司在保管期间，在他人开车时未尽严格审查义务，只是让开车人交了 50 元停车卡卡费后即放行，致使陈某某寄存在海源商贸公司停车场的车辆被他人开走。海源商贸公司应当承担向陈某某返还保管物的义务。陈某某起诉主体适格。如果海源商贸公司不能返还保管物，就应当承担赔偿损失的责任。二审法院经审理认为，一审判决认定事实清楚，适用法律正确，应予维持。

专家点评

保管期间，第三人对保管物主张权利，会危及寄存人与寄存物之间的归属关系。由此，民法典合同编第 896 条规定了上述情形下保管人的义务，第三人对保管物主张权利的，除依法对保管物采取保全或者执行措施外，保管人应当向寄存人返还保管物。本案中，海源商贸公司在保管期间，在他人开车时未尽严格审查义务，只是让开车人交了 50 元停车卡卡费后即放行，致使陈某某寄存在海源商贸公司停车场的车辆被他人开走。海源商贸公司未尽到向寄存人返还保管物的义务，导致保管物灭失，应当对此承担赔偿损失的违约责任。

第八百九十七条 保管期内，因保管人保管不善造成保管物毁损、灭失的，保管人应当承担赔偿责任。但是，无偿保管人证明自己没有故意或者重大过失的，不承担赔偿责任。

【条文释义】

本条是对保管物毁损灭失责任的规定。

保管物毁损灭失责任，是保管物在保管期内毁损、灭失，应当由哪一方当事人承担责任的规则。本条规定了两个规则：

1. 在一般情况下，保管物在保管期间，因保管人保管不善造成毁损、灭失的，保管人应当承担损害赔偿责任。这是保管人的职责所在，必须承担这样的违约责任。

2. 如果保管行为是无偿的，只要保管人能够证明自己没有故意或者重大过失，即使存在一般过失，也不承担赔偿责任；不能证明自己没有故意或者重大过失的，应当承担赔偿责任。

【案例评注】

郑某某与强某甲、强某乙保管合同纠纷案①

基本案情

被告强某甲系孝千公司工作人员，原告于2007年在孝千公司购买装载机时与被告强某甲相识。2013年10月，原告欲出售其所有的厦鑫牌40型装载机，遂与被告强某甲口头约定，由被告强某甲帮原告介绍买主，同时，为了方便出售，原告将其装载机放置在孝千公司院内，被告强某甲从中协调放车事宜，不收取场地费。2013年10月28日，原告遂将其装载机运至孝千公司院内停放，并将装载机钥匙交给被告强某甲。2014年4月，被告强某甲未经原告同意将装载机运至被告强某乙沙石场。该装载机在被告强某乙沙石场与其他车辆发生碰撞，致装载机受损。2014年11月中旬，原告前往孝千公司，发现其装载机不在该公司院内，经原告向被告强某甲讨要，被告强某甲于2015年2月11日将受损的装载机返还给了原告，原告对该装载机至今未进行修理。

法院判决

关于被告强某甲是否应当承担违约损害赔偿责任，人民法院经审理认为，根据原告与被告强某甲口头约定，被告强某甲给原告介绍装载机买主，原告将其装载机放置在被告强某甲工作单位院内，并将装载机钥匙交给被告强某甲，被告强某甲对原告的装载机负有保管义务，原告与被告强某甲之间形成了事实上的保管合同关系。根据《合同法》的相关规定，保管人不得将保管物转交第三人保管，也不得许可第三人使用保管物，在保管期间，因保管人保管不善造成保管物损毁

---

① 审理法院：陕西省宝鸡市陈仓区人民法院，案号：（2016）陕0304民初464号。

的，保管人应承担损害赔偿责任，如果保管是无偿的，保管人证明自己没有重大过失的，不承担损害赔偿责任。本案中保管是无偿的，被告强某甲未经原告同意，擅自将保管物装载机转移，致使该装载机受损，且被告强某甲没有提供证据证实自己无重大过失，故依法应当承担损害赔偿责任。

专家点评

民法典合同编第 897 条规定了保管物在毁损、灭失的情况下保管人的损害赔偿责任。保管人应当对保管物尽到妥善保管的义务。保管期内，因保管人保管不善造成保管物毁损、灭失的，原则上保管人都应当承担损害赔偿责任。在有偿保管的情形下，保管人无论是故意还是过失，无论是重大过失还是一般过失，都应当承担损害赔偿责任；在无偿保管的情形下，保管人只对故意或重大过失造成的保管物毁损、灭失负损害赔偿责任。本案中，保管是无偿的，被告强某甲未经原告同意，擅自将保管物装载机转移，致使该装载机受损，对保管物的损害具有重大过失，故依法应当承担损害赔偿责任。

第八百九十八条 寄存人寄存货币、有价证券或者其他贵重物品的，应当向保管人声明，由保管人验收或者封存；寄存人未声明的，该物品毁损、灭失后，保管人可以按照一般物品予以赔偿。

【条文释义】

本条是对寄存贵重物品及责任的规定。

在保管合同中，保管一般物品和保管贵重物品的责任不同，规则也不相同。具体规则是：

1. 声明义务：寄存人寄存货币、有价证券或者其他贵重物品，如珠宝、金银首饰等的，应当向保管人作出特别声明，并且要由保管人验收或者封存。保管人验收、封存之后，应当尽最大的注意义务保管贵重物品，避免毁损、灭失，使自己承担更大的责任。

2. 寄存人寄存贵重物品未按照要求声明的，该物品毁损、灭失后，保管人可以按照一般物品予以赔偿，如按件或者其他方法进行赔偿，不能按照贵重物品的价值进行赔偿。

【案例评注】

上诉人任某某与李某某、被上诉人名之流洗浴中心服务合同纠纷案①

基本案情

李某某为名之流洗浴中心实际经营人。2016 年 1 月 30 日，任某某到名之流洗浴中心，洗浴后发现存放在名之流洗浴中心储物柜中的 iPhone6S 手机丢失。任某某向人民法院提起诉讼，请求人民法院判令被告按照 iPhone6S 手机的价值予以赔偿。

另查明，名之流洗浴中心在门口张贴有明显的“贵重物品请寄存”等字样，并有监控摄像。

法院判决

一审法院认为，由于任某某未按照名之流洗浴中心的提示将贵重物品寄存，主观具有过错，也应承担相应的过错责任。因任某某提供的手机发票等不能证明其丢失手机的价值，考虑到双方的过错程度，本院酌定名之流洗浴中心赔偿任某某经济损失 1500 元。

关于酌定赔偿 1500 元是否得当的问题，二审法院认为：参照《合同法》第三百七十五条规定，寄存人寄存货币、有价证券或者其他贵重物品的，应当向保管人声明，由保管人验收或者封存。寄存人未声明的，该物品毁损、灭失后，保管人可以按照一般物品予以赔偿。本案中，任某某在存放手机及衣物时，并没有向名流之洗浴中心声明其有贵重物品，也未提出验收及封存的要求，且名之流洗浴中心已做到适当的提示义务，任某某主张按照 iPhone6S 手机的价值予以赔偿，人民法院不予支持。一审法院认定名之流洗浴中心只负按一般手机的价值予以赔偿的责任，酌定 1500 元符合立法精神，二审法院予以维持。

专家点评

民法典合同编第 898 条是关于寄存贵重物品及责任的规定。寄存人将货币、

---

① 审理法院：一审法院为辽宁省沈阳市浑南区人民法院，案号：（2016）辽 0112 民初 1791 号；二审法院为辽宁省沈阳市中级人民法院，案号：（2016）辽 01 民终 9580 号。

有价证券或者其他贵重物品夹杂于其他物品之中，按一般物品寄存，且在寄存时未声明其中有贵重物品并经保管人验收或者封存的，如果货币、有价证券或者其他贵重物品与一般物品一并毁损、灭失，保管人不承担货币、有价证券或者其他贵重物品毁损、灭失的损害赔偿责任，只按照一般物品予以赔偿。本案中，任某某在存放手机及衣物时，并没有向名流之洗浴中心声明其有贵重物品，也未提出验收及封存的要求，且名之流洗浴中心已做到适当的提示义务，任某某自身也有过错，主张按照苹果6S手机的价值予以赔偿，没有法律依据，依法应当酌减赔偿额度。

第八百九十九条 寄存人可以随时领取保管物。

当事人对保管期限没有约定或者约定不明确的，保管人可以随时请求寄存人领取保管物；约定保管期限的，保管人无特别事由，不得请求寄存人提前领取保管物。

【条文释义】

本条是对保管期限的规定。

保管合同无论是否约定期限，无论是否已经到期，寄存人都可以随时领取寄存物，保管人有返还义务。保管人返还保管物的时间为保管合同终止之时。

变更合同的保管期限，由当事人约定，按照约定的期限确定。如果保管合同没有约定期间或者约定不明确的，保管人可以随时要求寄存人领取保管物。在保管期限之内，除非有特别理由，保管人不得要求寄存人提前领取保管物。

【案例评注】

曾某某与林某某合同纠纷案[①]

基本案情

原告曾某某分别于2017年4月28日和同年6月25日将201#不锈钢角料3562公斤、1505公斤寄存在被告林某某处，并由被告林某某立下条据交原告存

① 审理法院：广东省潮州市潮安区人民法院，案号：（2019）粤5103民初480号。

执，双方没有约定保管期限和保管费用。后原告曾某某要求被告林某某返还该不锈钢角料，被被告林某某拒绝，遂向人民法院提起诉讼。

法院判决

人民法院经审理认为，本案系寄存物返还纠纷。根据《合同法》第三百六十五条“保管合同是保管人保管寄存人交付的保管物，并返还该物的合同。”及第三百七十六条“寄存人可以随时领取保管物。当事人对保管期间没有约定或者约定不明确的，保管人可以随时要求寄存人领取保管物”的规定，原告曾某某可随时要求被告林某某返还由其保管的201#不锈钢角料5067公斤，被告林某某应当承担返还的责任。

专家点评

民法典合同编第899条是关于领取保管物的规定。保管合同未约定保管期限的，寄存人可以随时领取保管物；保管合同约定了保管期间的，寄存人也可以随时领取保管物。这是寄存人的权利，同时又是保管人的义务，即保管人得应寄存人的请求，随时返还保管物。当事人未约定保管期限或约定不明确的，保管合同自然可以随时终止。不但寄存人可以随时领取保管物而终止合同，保管人也可以随时请求寄存人领取保管物而终止合同。当事人约定保管期间的，保管人无特别事由，如保管人患病、丧失行为能力等事由，不得请求寄存人提前领取保管物。本案中，双方没有约定保管期限和保管费用，原告曾某某可随时要求被告林某某返还保管的201#不锈钢角料5067公斤，被告林某某应当承担返还的责任。

第九百条 保管期限届满或者寄存人提前领取保管物的，保管人应当将原物及其孳息归还寄存人。

【条文释义】

本条是对返还保管物应同时返还保管物孳息的规定。

依照民法典物权编第321条的规定，对于物的孳息，原则上由所有权人取得。在保管合同中，保管物的孳息主要是自然孳息，应当适用这一规则，属于保管物的所有权人即寄存人取得。因此，无论是在保管期间届满后或者寄存人提前领取保管物的，保管人都应当将原物及其孳息一并归还寄存人。

【案例评注】

原告张某诉被告代某某、黄某某保管合同纠纷案①

基本案情

2007年年底经媒人介绍原告与被告之女隗某某认识并订婚，双方商定于2008年农历2月2日举行结婚典礼。2008年农历1月28日双方家人和媒人在被告家商量典礼的相关事宜时，被告要求原告拿出68000元作为婚后建房款。并约定典礼时由隗某某把此钱带给原告。2008年农历2月2日原告与隗某某举行典礼仪式时，被告未将此68000元建房款交给其女儿隗某某带给原告。原告诉至本院后，被告以原告尚未建房为由拒绝返还此笔现金。为此，双方成讼。

法院判决

人民法院经审理认为，原告应被告的要求将68000元存放在被告处作为原告与隗某某婚后的建房款。原、被告之间产生了保管合同关系。因双方当时未约定保管费用，故应为无偿保管合同。原告为寄存人，被告为保管人。根据《合同法》第三百七十六条第一款、第三百七十七条的规定，寄存人可以随时领取保管物，故原告有权随时要求被告返还保管物即68000元现金。保管人应当将原物及其孳息归还寄存人。② 本案中因原物为现金，其孳息应为同期银行存款利息。原告要求自其与隗某某举行典礼时即2008年农历2月2日（公历2008年3月9日）起计算利息符合法律规定，人民法院予以支持。

专家点评

民法典合同编第900条规定了保管人返还保管物及其孳息的义务。保管期限届满保管人返还保管物，或者应寄存人的要求随时返还保管物，是保管人的一项基本义务。但是保管人还应当将保管物的孳息一并返还寄存人。孳息是指原物产生的物，包括天然孳息和法定孳息。根据民法典物权编相关规定，除法律或合同另有约定外，孳息归原物所有人所有。在保管合同中，保管人并不享有保管物的

---

① 审理法院：河南省驻马店市正阳县人民法院，案号：（2009）正民初字第583号。

② 《合同法》第三百七十七条："保管期间届满或者寄存人提前领取保管物的，保管人应当将原物及其孳息归还寄存人。"

所有权，所有权仍归寄存人享有。因此保管人除返还保管物外，如果保管物有孳息的，还应一并返还孳息。本案中因原物为现金，其孳息应为同期银行存款利息。原告有权随时要求被告返还保管物即68000元现金及同期银行存款利息，被告应当将原物及其孳息归还原告。

第九百零一条　保管人保管货币的，可以返还相同种类、数量的货币；保管其他可替代物的，可以按照约定返还相同种类、品质、数量的物品。

【条文解读】

本条是对消费保管合同的规定。

消费保管合同又称不规则保管合同，是指保管物为种类物，双方约定保管人取得保管物的所有权（或处分权），而仅负以种类、品质、数量相同的物返还寄存人义务的合同。消费保管合同也以保管物的保管为目的，属于实践合同，并以寄存人将物品交付保管人时为成立。但其与一般保管合同有以下不同：(1) 消费保管合同的保管物须为种类物；(2) 消费保管合同须移转保管物的所有权（或处分权）于保管人；(3) 消费保管合同的保管人须以种类、品质、数量相同的物予以返还；(4) 消费保管合同的保管物所有权（或使用权）既已移转于保管人，则保管物利益及危险亦由保管人享受和负担；(5) 在保管人破产时，寄存人对于保管物无取回权。

在消费保管合同中，保管人负有返还种类、品质、数量相同的保管物品的义务。如果当事人约定有利息的，还应负支付利息的义务，寄存人无须付报酬和偿还费用。约定由保管人支付利息的，则寄存人应就保管物的瑕疵负瑕疵担保责任。

【案例评注】

靳某与靳某某保管合同纠纷案[①]

基本案情

靳某与靳某某系父子关系。

2010年4月19日，北京市朝阳区孙河乡拆迁腾退办公室作为甲方与作为乙

① 审理法院：北京市朝阳区人民法院，案号：(2014) 朝民（商）初字第37501号。

方的靳某签订《孙河乡城市化建设项目住宅房屋腾退货币补偿协议》，根据该协议，甲方应在本协议签订之日起15个工作日内，将腾退补偿款、补助费共计6975361元，向被腾退人开具领款凭证，被腾退人按照有关规定持领款凭证到银行支取补偿款。

2010年4月23日，靳某领取腾退补偿款、补助费共计6975361元。

2010年4月29日，靳某与靳某某达成口头约定，腾退补偿款、补助费6975361元由靳某某代靳某保管。同日，靳某将腾退补偿款、补助费6975361元转账至靳某某账户。后经核算，腾退补偿款、补助费在扣除靳某自己支出和消费外，剩余600万元。靳某向人民法院提起诉讼，请求判令被告靳某某返还由其代其保管的剩余腾退补偿款、补助费600万元。

法院判决

人民法院经审理认为，靳某与靳某某成立口头保管合同关系，由靳某某代靳某保管腾退补偿款、补助费共计6975361元，靳某亦实际将上述款项转账至靳某某账户。《合同法》第三百七十六条第一款规定："寄存人可以随时领取保管物。"《合同法》第三百七十八条规定："保管人保管货币的，可以返还相同种类、数量的货币。保管其他可替代物的，可以按照约定返还相同种类、品质、数量的物品。"现靳某要求靳某某返还由靳某某代其保管的剩余腾退补偿款、补助费600万元，合法有据，人民法院予以支持。

专家点评

民法典合同编第901条是关于消费保管的规定。消费保管也称不规则保管，是指保管物为可替代物时，如约定将保管物的所有权移转于保管人，保管期间届满由保管人以同种类、品质、数量的物返还的保管而言。本案中，靳某与靳某某成立口头保管合同关系，由靳某某代靳某保管腾退补偿款、补助费共计6975361元，靳某亦实际将上述款项转账至靳某某账户。现靳某要求靳某某返还由靳某某代其保管的剩余腾退补偿款、补助费600万元，靳某某可以返还相同种类、数量的货币。

第九百零二条 有偿的保管合同，寄存人应当按照约定的期限向保管人支付保管费。

当事人对支付期限没有约定或者约定不明确，依据本法第五百一十条的规定仍不能确定的，应当在领取保管物的同时支付。

【条文释义】

本条是对寄存人应当按期支付保管费的规定。

保管合同为有偿合同，寄存人负有向保管人支付保管费的义务。有关部门对保管费有规定的，应从其规定。无规定的，按照当事人的约定确定。在一般情况下，保管人自得依合同的约定期限请求保管费的全额，保管合同因不可归责于保管人的事由而终止时，除合同另有约定外，保管人可以就其已为的保管部分请求保管费。对其他为保管保管物支出的必要费用，寄存人应当一并支付。保管合同因可归责于保管人的事由而终止的，除当事人另有约定外，保管人不得就其已为保管的部分请求保管费，但仍可主张偿还费用。保管合同中的保管费给付采报酬后付原则的，保管人不得就保管费未付与保管物的保管主张同时履行抗辩权，但可以就保管费的给付与保管物的返还主张同时履行抗辩权。当事人对保管费没有约定的，保管合同为无偿合同，寄存人无保管费给付义务。

对于支付保管费期限的确定方法是：

1. 当事人有约定的，依照其约定确定。

2. 当事人没有约定或者约定不明确的，依据民法典合同编第 510 条规定确定，即由当事人补充协议，按照补充协议的约定确定。

3. 补充协议仍然不能确定的，领取保管物的时间是支付保管费的期限。

【案例评注】

白某某与杨某某、刘某某保管合同纠纷案[①]

基本案情

2013 年 4 月 30 日，原告为保管人、二被告为寄存人，双方签订《机头保管协议》，约定：原告为二被告保管泥水平衡机头一个，保管场所北辰区东马道，保管费按每天 120 元计算，保底 5000 元，自 2013 年 6 月 1 日起每天 120 元，在提取保管物时必须有双方当事人到场，由第三方宜兴埠派出所警官赵某某到场后确定，方可拉走。同日，被告刘某某向原告支付保管费 5000 元，其余保管费至今未付。

---

① 审理法院：天津市北辰区人民法院，案号：（2015）辰民初字第 2172 号。

法院判决

人民法院经审理认为，原告与二被告之间的保管合同系当事人真实意思表示，已实际履行，合法有效，受法律保护，双方应当按约履行义务。有偿的保管合同，寄存人应当按照约定的期限向保管人支付保管费。本案中，双方对保管期限没有明确的约定，二被告应当在领取保管物的同时向原告支付保管费。① 故对原告要求二被告取走保管物并支付保管费的诉讼请求，人民法院依法予以支持。

专家点评

民法典合同编第902条对有偿的保管合同的保管费支付期限作出了规定。有偿的保管合同，寄存人应当按照约定的期限向保管人支付保管费。当事人对支付期限没有约定或者约定不明确，可以协议补充；不能达成补充协议的，按照合同有关条款或者交易习惯确定；通过上述方式仍然不能确定的，应当在领取保管物的同时支付。本案中，双方对保管期限没有明确的约定，双方无法达成补充协议，根据《机头保管协议》的相关规定亦无法确定，又无相关交易习惯，故二被告应当在领取保管物的同时向原告支付保管费。

第九百零三条 寄存人未按照约定支付保管费或者其他费用的，保管人对保管物享有留置权，但是当事人另有约定的除外。

【条文释义】

本条是对被告人对保管物享有留置权的规定。

寄存人未按照约定支付保管费以及其他费用的，由于保管物被保管人所占有，并且具有同一法律关系等要件，因而保管人对保管物享有留置权。可以依照本法物权编关于留置权的规定，进行留置、催告、规定宽限期，宽限期届满寄存人仍不履行的，即可变卖、拍卖保管物，就其价金优先受偿。如果当事人约定保管人不得行使留置权等，保管人不得因此行使留置权，依照约定办理。

---

① 《合同法》第三百七十九条："有偿的保管合同，寄存人应当按照约定的期限向保管人支付保管费。当事人对支付期限没有约定或者约定不明确，依照本法第六十一条的规定仍不能确定的，应当在领取保管物的同时支付。"

【案例评注】

宜达物流公司与昌华物流公司保管合同纠纷案①

基本案情

2013年10月3日，被告昌华物流公司公司所属鲁P655××重型半挂牵引车（挂车车牌为鲁PU3××）停放在原告公司停车场内，后驾驶员在未缴纳任何费用的情况下弃车不辞而别，现被告车辆在原告停放车场内停放两年多，且未缴纳停车费，原告认为被告的行为严重侵犯了其合法财产权益，特向法院提起诉讼。

另查明，原告宜达物流公司公告半挂车（13米及以上）的收费标准为每天30天，超过48小时只停车不住宿的，从第三天开始每车每天加收20元。

法院判决

本院认为，保管合同自交付保管物时成立，被告昌华物流公司自将所属的鲁P655××重型半挂牵引车（挂车车牌为鲁PU3××）停放在原告宜达物流公司停车场内时保管合同成立，原告宜达物流公司是经登记注册具备存车服务的企业，且对车场内不同类别车辆的停车标准收费进行了公告，故被告对其车辆应按原告公告的停车标准进行缴费，原告提出的暂计至2015年9月30日，其停车费为：30元/天×2+50元/天×724天=36260元。另根据《合同法》第380条之规定“寄存人未按约定支付保管费及其他费用的，保管人对保管物享有留置权，但当事人另有约定的除外。”故原告宜达物流公司在被告昌华物流公司未付清停车保管费之前，对鲁P655××重型半挂牵引车（挂车车牌为鲁PU3××）享有留置权。

专家点评

民法典合同编第903条规定了保管人的留置权。寄存人违反约定不支付保管费以及其他费用的，保管人对保管物享有留置权，即以该财产折价或者以拍卖、变卖该财产的价款优先受偿的权利。民法典物权编第449条规定：“法律规定或者当事人约定不得留置的动产，不得留置。”因此，因保管合同发生的

① 审理法院：湖南省常德市武陵区人民法院，案号：（2015）武民初字第02387号。

债权，当事人可以通过约定排除保管人的留置权。本案中，双方当事人并未通过约定排除保管人的留置权，故原告宜达物流公司在被告昌华物流公司未付清停车保管费之前，对鲁 P655××重型半挂牵引车（挂车车牌为鲁 PU3××）享有留置权。

第二十二章　仓储合同

第九百零四条　仓储合同是保管人储存存货人交付的仓储物，存货人支付仓储费的合同。

【条文释义】

本条是对仓储合同概念的规定。

仓储合同是保管人储存存货人交付的仓储物，存货人支付仓储费的合同。故仓储也称为仓库营业或者仓库内寄托。仓储营业是一种专为他人储藏、保管货物的商业营业活动，发端于中世纪西方的一些沿海城市，随着国际和地区贸易的不断发展，仓库营业的作用日渐重要。当代的仓库营业已经成为社会化大生产和国际、国内商品流转中不可或缺的环节。

以经营目的为标准，仓库分为保管仓库和保税仓库。保管仓库指仅以物品的堆藏和保管为目的的仓库。保税仓库是存储进口手续未完成的货物的处所。以营业对象为标准，仓库分为营业仓库和利用仓库。营业仓库是指接受他方报酬，并为他方提供货物的堆藏及保管的仓库；利用仓库是指为储藏或保管自己的物品而经营的仓库。民法典所说的仓储合同，指的是与保管仓库与营业仓库相关的货物储藏及保管合同关系。

仓储合同的特征是：（1）保管人须有仓储设备并专事仓储保管业务的仓库营业人；（2）仓储合同的保管对象须为动产，不能以不动产为保管对象而订立仓储合同。（3）仓储合同为诺成、双务、有偿、不要式合同；（4）存货人主张货物已交付或行使返还请求权以仓单为凭证。

【案例评注】

魏某某与王某某租赁合同纠纷案[①]

基本案情

2012年8月16日，王某某与李某某签订一份《冷库租赁协议书》，约定李某某作为出租方、王某某作为承租方，王某某从李某某处承租双宏冷库的1号、2号、3号、4号、5号库，由王某某自主经营、自我管理，承担租赁期间的安全责任和设备运行、维护，租赁期限自2011年8月20日至2016年8月20日。2015年10月2日，原告魏某某与被告王某某经协商，双方签订了一份名为"证明"的协议，内容为"今八乡五号库租给魏某某，每年库费捌万元正，进出库由他自己负责，温度保持在0度至零下1度之间，双方共同来把温度控制好，现在付租库定金壹万元，剩余的柒万元在装最后一车货时全部付清，双方谁要违约，罚金肆万元，特此证明，在2016年4月30日前出货完，若没出完付正常的电费"。

自2015年11月10日开始，原告将其收购的套袋红富士苹果（约11000箱、130吨）存放于从被告王某某处租赁的"双宏冷库"5号库内，魏某某和王某某在入库时未对苹果的种类、数量及规格进行核实；苹果入库后，双方没有对冷库上锁，双方共同负责调控温度，原告随时可以进货、出货。魏某某于2015年10月2日签订协议当日向王某某支付库费10000元，于2016年1月3日、1月8日分别支付20000元，累计支付库费50000元。原告魏某某自2015年12月10日开始出货，截至2016年1月17日，5号库剩余苹果3517箱。

法院判决

关于原、被告之间是仓储合同关系还是租赁合同关系，人民法院经审理认为：仓储合同，又称仓储保管合同，是保管人储存存货人交付的仓储物，存货人支付仓储费的合同。仓储合同具有以下特点：（1）仓储合同是诺成合同，即仓储合同自成立时起生效；（2）保管人必须是拥有仓储设备并从事保管业务的人，即保管人必须是经工商行政管理机关核准，依法从事仓储保管业务的法人；（3）仓储合同为双务有偿合同，即仓储合同的双方当事人互负给付义务，保管人提供仓储服务，存货人给付报酬和其他费用。根据仓储合同的特点和性质，保管人应当

---

① 审理法院：新疆维吾尔自治区喀什地区泽普县人民法院，案号：（2017）新3124民初181号。

按照约定对入库仓储物进行验收，存货人交付仓储物的，保管人应当给付仓单，“交付验收”是仓储合同成立的必备条件，也是仓储合同中仓储物风险转移的界限。租赁合同是指出租人将租赁物交付给承租人使用、收益，承租人支付租金的合同。租赁合同具有以下特点：（1）租赁合同是转移租赁物使用收益权的合同，承租人取得租赁物的使用收益权，出租人只转让租赁物的使用收益权，而不转让其所有权，租赁合同终止时，承租人必须返还租赁物；（2）租赁合同是双务、有偿合同，交付租金和转移租赁物的使用收益权之间存在对价关系。本案中，从原、被告双方签订的“证明”的内容来看，双方约定“被告王某某将泽普县园艺场双宏冷库的5号库租给原告魏某某使用，魏某某向王某某支付库费80000元，进出库由‘他’负责，双方共同把温度调控好”，可以看出本案标的物为5号冷库。在实际履行过程中，原告魏某某将其收购的套袋红富士苹果储存于5号库内，根据上述约定，魏某某自行负责苹果的进出库，王某某不进行验收，实际上王某某既未验收也没有向魏某某出具仓单，只是协助魏某某调控温度，即王某某没有作为保管人来履行保管义务；结合本案具体情况，王某某将双宏冷库5号库的使用收益权转让给了魏某某，魏某某向王某某支付租赁费。不论从双方签订“证明”的文本解释还是合同的法律属性来分析，魏某某与王某某之间形成了租赁合同法律关系，而非仓储合同关系，也即本案系租赁合同纠纷。

专家点评

民法典合同编第904条规定了仓储合同的定义，根据该定义，仓储合同具有如下特征：第一，保管人必须是具有仓库营业资质的人，即具有仓储设施、仓储设备，专事仓储保管业务的人。这是仓储合同主体上的重要特征。第二，仓储合同的对象仅为动产，不动产不可能成为仓储合同的对象。第三，仓储合同是诺成合同，自合同成立时起生效。第四，仓储合同为不要式合同，可以是书面形式，也可以是口头形式。第五，仓储合同为双务、有偿合同，保管人提供储存、保管的义务，存货人承担支付仓储费的义务。第六，仓单是仓储合同的重要特征。本案中，从原、被告双方签订的“证明”的内容来看，双方约定“被告王某某将泽普县园艺场双宏冷库的5号库租给原告魏某某使用，魏某某向王某某支付库费80000元，进出库由‘他’负责，双方共同把温度调控好”，可以看出王某某仅仅是出租仓库给魏某某使用，而不负有保管义务，原被告双方并不存在仓储合同关系。

第九百零五条　仓储合同自保管人和存货人意思表示一致时成立。

【条文释义】

本条是对仓储合同成立时间的规定。

仓储合同是诺成性合同，尽管在学说上有主张为实践性合同的，但立法采取的立场是诺成性合同，以此区别仓储合同与保管合同之间的区别。仓储合同是诺成性合同，仓储合同的成立就是保管人和存货人就货物进行仓储的意思表示一致的时间，而无须以仓储物交付给保管人时为成立时间。

【案例评注】

武某某与樊某某仓储合同纠纷案[①]

基本案情

2016年11月14日，原告（反诉被告）武某某（乙方）与被告（反诉原告）樊某某（甲方）签订一份协议书，双方约定："1. 乙方武某某于2016年11月15日租赁甲方樊某某的冷库，存放乙方的水果萝卜约拾伍万斤，（结算时以实际吨位为准）。2. 租赁费以每吨100元结算。3. 如存放期间出现萝卜损坏事宜，由甲方按市场行情赔偿，存放时间约2个月。4. 付款方式：乙方出库时按时交纳库存费。"合同签订后，原告将2008件水果萝卜存放于被告冷库。原告提交了被告出具的入库证明，上面载明"今存入武某某水萝卜2008件，樊某某2016年11月14日"。

法院判决

关于本案纠纷的法律属性、法律关系问题，原告主张双方系仓储合同关系，被告主张双方系租赁合同和保管关系。人民法院经审理认为，根据我国合同法的规定，租赁合同是出租人将租赁物交付承租人使用、收益，承租人支付租金的合同。租赁合同中，提供物的使用或收益权的一方为出租人，对租赁物有使用或收益权的一方为承租人，承租人的目的是取得租赁物的使用收益权。保管合同是保管人保管寄存人交付的保管物，并返还该物的合同。仓储合同是保管人储存存货人交付的仓储物，存货人支付仓储费的合同。保管合同系实践合同，仓储合同是

① 审理法院：河南省安阳市内黄县人民法院，案号：（2017）豫0527民初1323号。

诺成合同。[1] 仓储合同中保管人应是拥有仓储设备并从事仓储保管业务的人，保管人提供仓储服务，存货人给付报酬和其他费用。保管合同给付保管凭证，仓储合同给付仓单。本案中，原告将萝卜存放在被告冷库中，明显不属于租赁合同关系。被告从事冷库经营，系从事专业仓储业的人员，原告作为存货人将水果萝卜存放在被告冷库中，由被告保管，双方之间的行为符合仓储合同的合同行为，故本案原、被告之间应认定为仓储合同关系。

专家点评

仓储合同，又称仓储保管合同，是保管人储存存货人交付的仓储物，存货人支付仓储费的合同。仓储合同具有以下特点：第一，仓储合同是诺成合同，即仓储合同自成立时起生效；第二，保管人必须是拥有仓储设备并从事保管业务的人，即保管人必须是经工商行政管理机关核准，依法从事仓储保管业务的法人；第三，仓储合同为双务有偿合同，即仓储合同的双方当事人互负给付义务，保管人提供仓储服务，存货人给付报酬和其他费用。根据仓储合同的特点和性质，保管人应当按照约定对入库仓储物进行验收，存货人交付仓储物的，保管人应当给付仓单。租赁合同是指出租人将租赁物交付给承租人使用、收益，承租人支付租金的合同。租赁合同具有以下特点：第一，租赁合同是转移租赁物使用收益权的合同，承租人取得租赁物的使用收益权，出租人只转让租赁物的使用收益权，而不转让其所有权，租赁合同终止时，承租人必须返还租赁物；第二，租赁合同是双务、有偿合同，交付租金和转移租赁物的使用收益权之间存在对价关系。此外，根据民法典合同编第 890 条和第 905 条的规定，保管合同与仓储合同的重要区别在于：保管合同系实践合同，而仓储合同系诺成合同。本案中，原被告双方的权利义务关系自合同成立时生效，被告从事冷库经营，系从事专业仓储业的人员，原告作为存货人将水果萝卜存放在被告冷库中，由被告保管，双方之间的行为符合仓储合同的特征，故本案原、被告之间应认定为仓储合同关系。

第九百零六条　储存易燃、易爆、有毒、有腐蚀性、有放射性等危险物品或者易变质物品的，存货人应当说明该物品的性质，提供有关资料。

存货人违反前款规定的，保管人可以拒收仓储物，也可以采取

---

① 《合同法》第三百八十二条：“仓储合同自成立时生效。”

相应措施以避免损失的发生，因此产生的费用由存货人负担。

保管人储存易燃、易爆、有毒、有腐蚀性、有放射性等危险物品的，应当具备相应的保管条件。

【条文释义】

本条是对储存危险物品和易变质物品的规定。

对于储存危险物品或者易变质物品的仓储合同，由于储存物具有危险性和不易保管性，因而法律提出特别要求：

1. 说明义务：储存易燃、易爆、有毒、有腐蚀性、有放射性等危险物品或者易变质物品，存货人应当说明该物品的性质，提供有关资料。存货人应当善尽此义务。

2. 拒收或者采取相应措施：存货人违反说明义务的，保管人可以拒收仓储物，也可以采取相应措施以避免损失的发生，采取相应措施的目的是为保障存货人的利益，因此产生的费用由存货人负担。

3. 保管人储存易燃、易爆、有毒、有腐蚀性、有放射性等危险物品的，应当具备相应的保管条件，保管人没有相应的保管条件而进行仓储的，损害后果由其承担责任。

【案例评注】

徐某某与冷冻食品公司仓储合同纠纷案①

基本案情

原告于2016年6月6日至6月15日，将177.44吨洋葱委托被告冷藏保鲜，并于2016年7月6日向被告预交冷藏保鲜费10000元。被告于同日开具越州冷链物流中心商品冷藏费用收款凭证一份。2016年10月13日、19日，原告提货将洋葱销往温州、上海等地。出库后，原告发现洋葱变质，不能食用，无法销售，遂向人民法院提起诉讼，请求人民法院判令被告赔偿其所受损失。

---

① 审理法院：浙江省绍兴市越城区人民法院，案号：（2017）浙0602民初59号。

法院判决

本案的争议焦点之一为原告对涉案洋葱的变质损坏是否亦存在过错。关于这一争议焦点，人民法院经审理认为，根据《合同法》第三百八十三条规定，储藏易变质物品，存货人应当说明该物品的性质，提供相关资料。存货人违反上述规定的，保管人可以拒收仓储物，也可以采取相应措施以避免损失的发生。现未有证据证明原告在交付洋葱之时已将涉案洋葱的具体品种和适宜的储藏温度明确告知被告，故原告对涉案洋葱的变质损坏也存在一定的过错。

专家点评

民法典合同编第906条是关于储存危险物品和易变质物品的规定。其中，存货人储存易变质物品，应当向保管人说明该物的性质。所谓“说明”，应当是在合同订立时予以说明，并在合同中注明，这是诚实信用原则的必然要求。存货人还应当提供有关易变质物品的资料，以便保管人进一步了解该易变质物品的性质，为储存该易变质物品作必要的准备。如果存货人未说明所存货物是易变质物品而导致该物品变质损坏的，保管人不承担赔偿责任。本案中，没有证据证明原告在订立合同时向被告说明了该物的性质，也没有证据证明原告在交付洋葱时将洋葱的具体品种和适宜的储藏温度明确告知被告，人民法院因此认为原告对涉案洋葱的变质损坏存在过错。

第九百零七条 保管人应当按照约定对入库仓储物进行验收。保管人验收时发现入库仓储物与约定不符合的，应当及时通知存货人。保管人验收后，发生仓储物的品种、数量、质量不符合约定的，保管人应当承担赔偿责任。

【条文释义】

本条是对保管人应当验收仓储物的规定。

仓储合同标的是储存实物，保管人对仓储的实物承担保管责任。因此，保管人在仓储物入库时，应当按照约定对入库仓储物进行验收。保管人在验收时发现入库仓储物与约定不符合的，应当及时通知存货人，进行核对和确认，避免出现责任不清的问题。正因为对仓储物验收的重要性，因而当保管人对仓储物验收后，发生仓储物的品种、数量、质量不符合约定的，保管人应当承担赔偿责任，而不是由存货人负责。

【案例评注】

楼某某、夏之雪冷冻服务部财产损害赔偿纠纷案[①]

基本案情

2018年2月9日、2月11日，原告将其采摘于成都市蒲江县的两批春见粑粑柑计3206件（于2018年2月5日、2月6日采摘）存放于被告处冷藏，并预交了冷藏费2000元。双方未签订书面仓储合同。2018年3月，原告提货销售时发现粑粑柑干叶掉蒂，已经变质。之后，原告为减少损失，陆续提取了2879件，计59190斤粑粑柑进行销售。尚余被告处327件、计3652.5公斤粑粑柑。经原告申请，本院依法进行了委托评估，弘信资产评估公司出具了评估报告，结论为：楼某某存放于夏之雪冷冻服务部冷库的粑粑柑鲜果，在2018年4月4日的市场价值为人民币47012元。被告在庭审中陈述，入库验收时，只对果品的品种及数量进行了查验，未对质量进行查验。双方多次协商未果。

法院判决

关于被告是否应对原告受到的损失承担赔偿责任，人民法院经审理认为，依据《合同法》第三百八十四条之规定，保管人应当按照约定对入库仓储物进行验收。保管人验收时发现入库仓储物与约定不符合的，应当及时通知存货人。保管人验收后，发生仓储物的品种、数量、质量不符合约定的，保管人应当承担损害赔偿责任。据此，保管人在对仓储物进行查验入库后，对此后出现的仓储物瑕疵依法承担赔偿责任。依据被告的当庭陈述，被告作为保管人，在对原告提交储存的粑粑柑进行验收入库时，仅对果品的品种、数量进行了查验，未对粑粑柑的质量进行查验，即未尽到审慎查验的注意义务，对此后出现的果品质量瑕疵，被告理应承担违约责任。且被告未能提供充分证据证明其已尽到了谨慎操作、科学保管的义务，也无证据证明损失是由于包装不当、超期及其他免责事由所致，故被告应对原告受到的损失承担赔偿责任。

---

① 审理法院：浙江省金华市金东区人民法院，案号：（2018）浙0703民初1589号。

专家点评

民法典合同编第 907 条是关于仓储物验收的规定。保管人和存货人应当在合同中对入库货物的验收问题作出约定。验收问题的主要内容有三项：一是验收项目，二是验收方法，三是验收期限。其中，保管人的正常验收项目为：货物的品名、规格、数量、外包装状况，以及无需开箱拆捆直观可见可辨的质量情况。依据被告的当庭陈述，被告作为保管人，在对原告提交储存的粑粑柑进行验收入库时，仅对果品的品种、数量进行了查验，未对粑粑柑的质量进行查验，即未尽到审慎查验的注意义务，对此后出现的果品质量瑕疵，被告理应承担违约责任。

第九百零八条　存货人交付仓储物的，保管人应当出具仓单、入库单等凭证。

【条文释义】

本条是对保管人出具仓单、入库单义务的规定。

仓单，是指保管人在收到仓储物时，向存货人出具的表示收到了一定数量的仓储物的法律文书。存货人交付了仓储物的，保管人应当向存货人开具由其签名的仓单。

仓单的作用是：(1) 证明保管人已经收到仓储物，保管人与存货人之间仓储关系客观存在。(2) 是有价证券，是记名的物权证券，存单可以背书转让；(3) 是提取仓储物的凭证，存货人或者仓单持有人可以凭仓单提取仓储物。

仓单的立法例是：(1) 以法国为代表的两单主义，又称复券主义，保管人同时填发两张仓单，一是提取仓单，用以提取保管物，并可转让；二是出质仓单，可用为担保。(2) 以德国商法为代表的一单主义，保管人仅填发一张仓单，该仓单既可用以转让，又可用于出质。(3) 以日本商法为代表的两单与一单并用主义。保管人应存货人的请求填发两单或者一单。我国立法采取一单主义，保管人应存货人的请求仅填发一仓单，不填发两份仓单。

入库单，是仓储合同的保管人收到存货人的仓储物所给付给存货人的凭证。

【案例评注】

王某某与广康仓储公司仓储合同纠纷案[①]

基本案情

2010年，陈某某委托极目公司加工（原材料由陈某某提供）“凡客诚品”羽绒服27644件。2011年1月26日，坤懋公司代陈某某支付加工费100万元，极目公司于同日将上述羽绒服打包1538箱后交付陈某某，后陈某某又将上述1538箱羽绒服转让给王某某。2011年5月10日，原告王某某将上述1538箱羽绒服存储至被告广康仓储公司名下的仓库。被告广康仓储公司向原告王某某出具了编号为0039843的入库单，该份入库单载明：付给王某某，品名为羽绒服，单位为箱，数量为1538。原告王某某于2013年1月凭上述入库单要求提取上述货物未果，于是诉至法院。

法院判决

关于原、被告之间是否存在仓储合同关系的问题。人民法院经审理认为，仓储合同是保管人储存存货人交付的货物，存货人支付仓储费的合同。存货人交付货物的，保管人应当给付仓单。本案中，原、被告之间虽未签订书面的仓储合同，但原告王某某将货物交给被告广康仓储公司存储，被告广康仓储公司向原告王某某出具了仓单并收取了仓储费用，应当认定原、被告之间存在仓储合同关系。

专家点评

民法典合同编第908条规定了保管人出具仓单的义务。仓单是保管人收到仓储物后给存货人开付的提取仓储物的凭证，以便存货人取回或处分其仓储物。仓单不能代替仓储合同，保管人给付仓单是仓储合同义务的履行行为之一。本案中，原、被告之间虽未签订书面的仓储合同，但原告王某某将货物交给被告广康仓储公司存储，被告广康仓储公司向原告王某某出具了仓单并收取了仓储费用，以上事实证明了原、被告双方之间存在订立仓储合同的一致意思表示。仓储合同为诺成、不要式合同，原、被告就双方权利义务形成一致意思表示时，其间即成立仓储合同关系。

---

① 审理法院：江苏省南京市秦淮区人民法院，案号：（2013）白商初字第212号。

第九百零九条 保管人应当在仓单上签名或者盖章。仓单包括下列事项：

（一）存货人的姓名或者名称和住所；

（二）仓储物的品种、数量、质量、包装及其件数和标记；

（三）仓储物的损耗标准；

（四）储存场所；

（五）储存期限；

（六）仓储费；

（七）仓储物已经办理保险的，其保险金额、期间以及保险人的名称；

（八）填发人、填发地和填发日期。

【条文释义】

本条是对仓单应记载事项的规定。

仓单是仓库营业人应存货人的请求而签发的一种有价证券，除保管人应当签名或者盖章外，还须明确记载以下内容：

1. 存货人的名称或者姓名和住所：因为仓单是记名证券。

2. 仓储物的品种、数量、质量、包装、件数和标记：因为仓单可经背书而产生物权转移的效力，必须明确以上事项。

3. 仓储物的损耗标准：避免发生纠纷。

4. 储存场所：便于被背书人明确仓储物的所在位置。

5. 储存期限：便于被背书人及时提取仓储物。

6. 仓储费：明确缴纳数额和时间。

7. 仓储物已经办理保险的，其保险金额、期间以及保险公司的名称：便于保险费记入成本。

8. 填发人、填发地和填发日期：填发人应当签名或者盖章。

【案例评注】

大连港公司、中铁公司港口货物保管合同纠纷案①

基本案情

2013年1月1日，中铁公司与大连港公司签订《仓储合同》，约定：中铁公司自2013年1月1日至2013年12月31日在大连港公司库场内存放进口铁矿，货物所有权为中铁公司，中铁公司有权随时提走存放在大连港公司的铁矿，中铁公司货物进入大连港公司库场后，大连港公司应向中铁公司出具入库证明。

2013年3月29日至2013年6月4日，沈阳东方公司向大连港公司提供了5份货物过户证明，记载沈阳东方公司将存放在大连港的沈阳东方公司的“蓝月亮”船粉矿共计149962吨过户给中铁公司。大连港公司均于收到货物过户证明的同日出具入库证明，记载中铁公司在大连港公司库存共计149962吨进口粉矿，船名“蓝月亮”，并标明存放地。

法院判决

关于大连港公司向中铁公司出具的入库证明是否应当认定为仓单，二审法院经审理认为，《合同法》第三百八十六条规定：保管人应当在仓单上签字或者盖章。仓单包括下列事项：（1）存货人的名称或者姓名和住所；（2）仓储物的品种、数量、质量、包装、件数和标记；（3）仓储物的损耗标准；（4）储存场所；（5）储存期间；（6）仓储费；（7）仓储物已经办理保险的，其保险金额、期间以及保险人的名称；（8）填发人、填发地和填发日期。根据上述规定，仓储合同的保管人接收了存货人交付的仓储物，应当向存货人交付仓单。仓单应当记载存货人的基本信息、仓储物情况以及储存地点和时间等相关信息。本案中，大连港公司接收并仓储案涉货物之后，依据沈阳东方公司出具的货物过户证明，向中铁公司出具了入库证明，该入库证明明确记载中铁公司在大连港公司库存进口矿粉，并载明了相应的数量、货物运输的船舶名称和存放地点，其内容符合《合同法》第三百八十六条规定的仓单形式要件和实质要件，故该入库证明应当认定为仓单。

---

① 审理法院：一审法院为大连海事法院，案号：（2015）大海商初字第487号；二审法院为辽宁省高级人民法院，案号：（2018）辽民终462号。

专家点评

民法典合同编第909条规定了仓单应记载的事项。仓单应当记载存货人的基本信息、仓储物情况以及储存地点和时间等相关信息。本案中，大连港公司接收并仓储案涉货物之后，依据沈阳东方公司出具的货物过户证明，向中铁公司出具了入库证明，该入库证明明确记载中铁公司在大连港公司库存进口矿粉，并载明了相应的数量、货物运输的船舶名称和存放地点，其内容符合民法典合同编第909条规定的仓单形式要件和实质要件，故结合中铁公司与大连港公司签订的《仓储合同》互相呼应的情况，应当认定案涉《入库证明》具有仓单的属性。

第九百一十条 仓单是提取仓储物的凭证。存货人或者仓单持有人在仓单上背书并经保管人签名或者盖章的，可以转让提取仓储物的权利。

【条文释义】

本条是对仓单作用的规定。

仓单以给付一定的物品为标的，为物品证券，是提取仓储物的凭证。由于仓单上所载货物的移转，须移转仓单始生所有权转移的效力，故仓单又称为物权证券或处分证券。由于仓单上记载的事项须依法律的规定作成，故为要式证券。仓单的记载事项决定当事人的权利义务，当事人须依仓单上的记载主张权利义务，故仓单为文义证券、不要因证券。又因为仓单是由保管人自己填发的，由自己负担给付义务，所以仓单为自付证券。

仓单上所载明的权利与仓储物是不可分离的，故仓单的效力是：

1. 提取仓储物的效力。仓库营业人一经填发仓单，则持单人对于仓储物的受领，不仅应提示仓单，而且还应缴回仓章。

2. 移转仓储物的效力。仓单上所记载的货物，由货物所有人在仓单上背书，并经仓库营业人签名，发生所有权转移的效力。

3. 以仓单出质的效力。存货人或者仓单持有人可以凭仓单设立质权。

当存货人或者仓单持有人转移仓单的货物时，应当在仓单上背书，并经保管人签字或者盖章，将背书的仓单交给受让人，提取仓储物的权利即转移给被背书人享有。

【案例评注】

方某某与靖童公司、陶某某仓储合同纠纷案[①]

基本案情

方某某和陶某某于2014年共同到青海购买羊肉后，双方存在债权债务关系，方某某是债权人。2015年11月23日，陶某某将166只2.82吨整羊在自家冷库整理装车后，准备到靖童公司入库冷冻储存。方某某随同前往，同时提出条件，要求陶某某将羊肉储存在自己名下。入库时，方某某以自己名义与靖童公司办理了入库手续，靖童公司在“货物进出库凭证”“进出明细单”上均载明存货人为方某某。陶某某在现场没有表示异议。当晚，方某某到靖童公司增加了“凭本人身份证取”的提货条件。2015年11月30日，陶某某在没有单据和方某某身份证的情况下从靖童公司取走羊肉并以7.9万元的价格销售。

法院判决

靖童公司在方某某没有到场同意、陶某某没有提交仓单的情况下就同意陶某某提走货物，是否构成违约？人民法院经审理认为，《合同法》第三百八十七条规定：“仓单是提取仓储物的凭证。存货人或者仓单持有人在仓单上背书并经保管人签字或者盖章的，可以转让提取仓储物的权利。”本案中，方某某是合同中的存货人并持有仓单，是仓储合同相对人，且方某某要求靖童公司“凭本人身份证取”，靖童公司在方某某没有到场同意或背书的情况下由陶某某取走仓储物，显然违约，方某某是《合同法》上的“存货人”“仓单持有人”，靖童公司作为保管人应对“存货人”负责，故靖童公司应向方某某承担违约责任。

专家点评

民法典合同编第910条明确了仓单的作用。仓单以给付一定的物品为标的，为物品证券，是提取仓储物的凭证。当存货人或仓单持有人转移仓单的货物时，应当在仓单上背书，并经保管人签字或盖章，将背书的仓单交给受让人，提取仓储物的权利方可转移给被背书人享有。本案中，方某某是合同中的存货人并持有仓单，是仓储合同相对人，且方某某要求靖童公司“凭本人身份证取”，靖童公

① 审理法院：安徽省六安市舒城县人民法院，案号：(2016) 皖1523民初2013号。

司在方某某没有到场同意或背书的情况下由陶某某取走仓储物，显然违约，靖童公司应向方某某承担违约责任。

第九百一十一条 保管人根据存货人或者仓单持有人的要求，应当同意其检查仓储物或者提取样品。

【条文释义】

本条是对存货人或仓单持有人检查仓储物或提取样品的规定。

仓储合同生效之后，仓储物在保管人占有，存放于保管人的仓库。存货人或者仓单持有人为了了解仓库堆藏及保管的安全程度与保管行为，有权检查仓储物或者提取仓储物样品，保管人应当同意其进行检查或者提取。

【案例评注】

邵某某与马某某、李某某等仓储合同纠纷案[①]

基本案情

李某某与马某某系夫妻，共同经营冷库仓储业务。2012 年 7 月 9 日，马某某以李某某（甲方）的名义与邵某某（乙方）签订协议，约定马某某、李某某以自己的冷库为邵某某收购的土豆 177.68 吨进行储存。合同签订后，邵某某将土豆 177.68 吨放置马某某、李某某的冷库储藏。2012 年 12 月，邵某某到马某某、李某某处要求提取储藏的土豆样品以供质量检验，被马某某、李某某拒绝，遂诉至人民法院。

法院判决

二审法院经审理认为，根据仓储合同的有关法律规定，保管人根据存货人或者仓单持有人的要求，应当同意其检查仓储物或者提取样品。具体到本案，2012 年 12 月，邵某某向马某某、李某某要求提取储存的土豆样品以供质量检验时，马某某、李某某应依约并根据有关规定同意其要求。

---

① 审理法院：一审法院为山东省高密市人民法院，案号：（2013）高商初字第 545 号；二审法院为山东省潍坊市中级人民法院，案号：（2015）潍商终字第 571 号。

专家点评

民法典合同编第911条赋予了存货人或仓单持有人检查仓储物或者提取样品的权利。存货人将货物存置于仓库，有权了解仓储物保管的状况。保管人因存货人的要求，应允许其进入仓库检查仓储物或提取样品。由于仓单是物权凭证，存货人可以转让仓单项下仓储物的所有权，也可以对仓单项下的仓储物设定担保物权，即出质。仓单经背书并经保管人签字或盖章而转让或出质的，仓单受让人或质权人即成为仓单持有人。无论是转让仓单还是出质仓单，仓单持有人与存货人一样，都有检查仓储物或提取样品的权利。本案中，邵某某作为存货人，如果要求检查仓储物或提取样品，保管人应当允许其进入仓库检查仓储物或提取样品。

第九百一十二条 保管人发现入库仓储物有变质或者其他损坏的，应当及时通知存货人或者仓单持有人。

【条文释义】

本条是对保管人通知义务的规定。

仓储物在仓储期间有可能发生变质或者其他损坏。遇有这样的情形，保管人负有通知义务，应当将上述情况及时通知存货人或者仓单持有人，由他们对仓储物进行妥善处理，以避免损失扩大。存货人或者仓单持有人在接到通知后，应当及时处理仓储物。存货人或者仓单持有人处理不及时或者不处理，造成损失的，由自己承担损失。

【案例评注】

常某某与昌泰公司仓储合同纠纷案[1]

基本案情

2018年10月8日，常某某将共计6.789吨“富士”苹果送入昌泰公司冷库

[1] 审理法院：河南省新郑市人民法院，案号：（2019）豫0184民初963号。

保存，由昌泰公司出具入库单。2018 年 12 月 21 日，因需要对储存苹果进行零售，常某某在进行提货时发现部分苹果上面出现黑色斑点。常某某向人民法院提起诉讼后，人民法院于 2019 年 1 月 30 日对昌泰公司冷库中所存放的常某某的苹果进行现场勘验，截至当日尚库存 382 件苹果，部分存在黑色斑点，同时对常某某已从冷库中提走并放置在销售市场的苹果进行了勘验和抽样称重，经双方确认，市场内存放出现黑色斑点的苹果共计 32 件，抽样称重后，每件净重 11.7 千克，折算 374.4 千克。该批苹果情况结合日常生活经验可以确定已不具备销售条件。

法院判决

人民法院经审理认为，保管人对入库仓储物发现有变质或者其他损坏的，应当及时通知存货人或者仓单持有者。[①] 昌泰公司作为保管人，负有妥善保管、定期查验义务。常某某于 2018 年 10 月 8 日将苹果入库储存，在 2018 年 12 月 21 日提货时才自行发现苹果出现变质，可以证明昌泰公司在保管期间，未尽到定期查验及通知存储人的义务，应当根据其过错程度对常某某的损失承担赔偿责任。

专家点评

民法典合同编第 912 条规定：“保管人对入库仓储物发现有变质或者其他损坏的，应当及时通知存货人或者仓单持有人。”根据该条规定，保管人应当按照诚实信用原则，根据仓储合同的性质、目的及交易习惯，在仓储物有变质、损坏或者有变质、损坏的危险时，及时通知存货人或仓单持有人。本案中，昌泰公司作为保管人，负有妥善保管、定期查验及在仓储物变质或有其他损坏的情况下的通知义务。常某某于 2018 年 10 月 8 日将苹果入库储存，在 2018 年 12 月 21 日提货时才自行发现苹果出现变质，可以证明昌泰公司在保管期间，未尽到定期查验及通知存储人的义务，应当根据其过错程度对常某某的损失承担相应的损害赔偿责任。

第九百一十三条 保管人发现入库仓储物有变质或者其他损坏，危及其他仓储物的安全和正常保管的，应当催告存货人或者仓

---

① 《合同法》第三百八十九条：“保管人对入库仓储物发现有变质或者其他损坏的，应当及时通知存货人或者仓单持有人。”

单持有人作出必要的处置。因情况紧急，保管人可以作出必要的处置；但是，事后应当将该情况及时通知存货人或者仓单持有人。

【条文释义】

本条是对仓储物变质或损坏危及其他仓储物的规定。

在仓储物仓储期间，保管人如果发现入库仓储物有变质或者其他损坏，危及其他仓储物的安全和正常保管的，处理的规则是：

1. 应当及时催告存货人或者仓单持有人，对其仓储物作出必要的处置。

2. 如果因情况紧急，保管人可以作出必要的处置，但是事后应当将该情况及时通知存货人或者仓单持有人，使存货人或者仓单持有人了解情况，便于处理。

【案例评注】

于某某与邵某某仓储合同纠纷案[①]

基本案情

2013年8月20日、8月21日，原告于某某将从山东省蓬莱市小门家镇南邢村购买的一批巴梨储存在被告邵某某所有的冷仓库内，双方口头约定储存温度应在0－1度之间。2013年8月20日、8月21日共存入巴梨2851箱。原告在存储期间售出1092箱，自用524箱，剩余1235箱。2013年10月27日，原告向被告邵某某交纳巴梨存储费6500元，并将剩余1235箱巴梨出库，运送至平邑县康发食品有限公司，后经该公司取样检验，巴梨已经发黄变质，且有腐烂。除去原告所述用于检验以及腐烂扔掉的巴梨，原告于2013年10月28日将剩余1209箱巴梨运回被告所有的仓库内，原告为此支付运送巴梨费用600元。原告于2014年5月7日诉至人民法院，要求被告邵某某支付原告损失42219元，并退还货物储存费用6500元。

法院判决

关于原告对巴梨的腐烂变质是否也有过错，人民法院经审理认为，《合同法》

---

① 审理法院：山东省临沂市兰山区人民法院，案号：（2014）临兰商初字第1554号。

第三百九十条规定："保管人对入库仓储物发现有变质或者其他损坏，危及其他仓储物的安全和正常保管的，应当催告存货人或者仓单持有人作出必要的处置。因情况紧急，保管人可以作出必要的处置，但事后应当将该情况及时通知存货人或者仓单持有人。"在原告提交的录音中可以得知，被告邵某某在发现部分巴梨变黄以后已经通知原告要尽快处理巴梨，原告并未立即处理，而是于 20 天后处理，原告对此亦存在过错。

专家点评

民法典合同编第 913 条是关于保管人对有变质或者其他损坏的仓储物如何处理的规定。保管人对入库仓储物发现有变质或者其他损坏，危及其他仓储物的安全和正常保管的，应当催告存货人或者仓单持有人作出必要的处置。存货人或仓单持有人在接到保管人的通知或催告后，应当及时对变质的仓储物进行处置，这是存货人或仓单持有人应尽的义务。本案中，被告邵某某在发现部分巴梨变黄以后，已经通知原告要尽快处理巴梨，原告迟至 20 天后才进行处理，对此亦存在过错。

第九百一十四条　当事人对储存期限没有约定或者约定不明确的，存货人或者仓单持有人可以随时提取仓储物，保管人也可以随时请求存货人或者仓单持有人提取仓储物，但是应当给予必要的准备时间。

【条文释义】

本条是对储存期限不明提取仓储物的规定。

当事人对仓储合同的储存期限没有约定或者约定不明确的，处理的方法是：

1. 存货人或者仓单持有人可以随时提取仓储物。

2. 保管人也可以随时要求存货人或者仓单持有人提取仓储物。

3. 不论是存货人或者仓单持有人提取仓储物，还是保管人要求存货人或者仓单持有人提取仓储物，都应当给予必要的准备时间，以便妥善处置提取仓储物的准备工作。

【案例评注】

崔某某与天赐宝公司仓储合同纠纷上诉案①

基本案情

被上诉人天赐宝公司系从事储藏水果、蔬菜的企业。2011年6月底，上诉人崔某某、被上诉人双方商谈由被上诉人为上诉人储存圆葱事宜，双方约定仓储费每吨400元，双方未签订书面仓储合同。自2011年7月1日起至同年7月7日止，上诉人陆续将收购的品种为“地球”的圆葱180.12吨、品种为“中生”的圆葱168.4吨，共计348.12吨先后送至被上诉人处的恒温库储藏。被上诉人收到上诉人的圆葱后，均由其工作人员为上诉人出具入库单。2012年2月10日，上诉人向被上诉人支付仓储费2万元。

2012年元旦前后，被上诉人以手机短信方式通知上诉人圆葱保存时间不宜过长，建议其尽快出库并交纳保鲜费，上诉人未予理睬。2012年1月16日，被上诉人又通过特快专递向上诉人发送通知一份，告知上诉人圆葱保存期不能超过三个月，建议尽快出库并交纳储存费，上诉人仍未理睬。2012年2月28日，被上诉人又采取委托公证处公证人员送达方式向上诉人送达了催告通知书，通知上诉人于7日内将存储的圆葱全部提取并支付仓储费13万余元，上诉人仍未处置。2014年8月21日，崔某某向人民法院起诉，要求天赐宝公司返还其圆葱348吨。审理中天赐宝公司表示在2012年5月因上诉人仓储的圆葱全部腐烂，被上诉人已将其清理出库，圆葱已不存在。

法院判决

关于上诉人对圆葱全部腐烂是否存有过错，二审法院经审理认为，《合同法》第三百九十一条规定：“当事人对存储期间没有约定或者约定不明确的，存货人或者仓单持有人可以随时提取仓储物，保管人也可以随时要求存货人或者仓单持有人提取仓储物，但应当给予必要的准备时间”。依此规定，本案上诉人在接到被上诉人将存储的圆葱全部提取并支付仓储费的通知后，应当及时联系被上诉人提取仓储物，但上诉人收到相关的通知后却怠于处理，致使仓储物过了有效的仓

---

① 审理法院：一审法院为山东省莱州市人民法院，案号：（2014）莱州商初字第528号；二审法院为山东省烟台市中级人民法院，案号：（2016）鲁06民终69号。

储时间而灭失。由此，上诉人对圆葱的全部腐烂存有过错。

专家点评

民法典合同编第 914 条规定了存储期限不明确时提取仓储物的规则。当事人对存储期限没有约定或者约定不明确的，存货人或者仓单持有人可以随时提取仓储物。保管人根据自己的存储能力和业务需要，也可以随时要求存货人或者仓单持有人提取仓储物，但应当给予必要的准备时间。所谓“给予必要的准备时间”，是指保管人预先通知提货，然后确定一个合理的期限，以给存货人或仓单持有人留出必要的准备时间，在期限届至前提货即可。本案上诉人（存货人）在接到被上诉人（保管人）将存储的圆葱全部提取并支付仓储费的通知后却怠于处理，致使仓储物过了有效的仓储时间而灭失。上诉人对仓储物的灭失存在过错，应承担由此产生的不利法律后果。

第九百一十五条　储存期限届满，存货人或者仓单持有人应当凭仓单、入库单等提取仓储物。存货人或者仓单持有人逾期提取的，应当加收仓储费；提前提取的，不减收仓储费。

【条文释义】

本条是对储存期限届满提取仓储物的规定。

仓储物的储存期限届满，存货人或者仓单持有人应依约提取仓储物。存货人或者仓单持有人提货应当持仓单、入库单等进行，保管人“认单不认人”，凭单付货。存货人或者仓单持有人提货逾期的，应当对逾期部分补交仓储费用。提前提货的，由于没有按照合同的约定提货，对已经收取的仓储费用不予减收。

【案例评注】

厚德坤公司与掌合天下公司仓储合同纠纷案[①]

基本案情

掌合天下公司作为甲方、厚德坤公司作为乙方签订《仓储合同》，约定：由

① 审理法院：北京市朝阳区人民法院，案号：（2018）京 0105 民初 11609 号。

乙方及其关联公司在为甲方提供仓储服务，库房租用时间为 2017 年 3 月 8 日起至 2018 年 3 月 7 日止。

2017 年 6 月 3 日前，掌合天下公司已将涉案仓储货物全部搬出涉案仓库。掌合天下公司未支付 2017 年 6 月 3 日至 2018 年 3 月的仓储费用。

法院判决

关于厚德坤公司是否有权要求掌合天下公司支付 2017 年 6 月 3 日之后的仓储费用，人民法院经审理认为，仓储合同自成立时生效；储存期间届满，存货人或者仓单持有人应当凭仓单提取仓储物。存货人或者仓单持有人逾期提取的，应当加收仓储费；提前提取的，不减收仓储费。[①] 涉案《仓储合同》已约定了储存期间，掌合天下公司虽已于 2017 年 6 月 3 日将仓储货物全部搬清，但双方并未就仓储合同的解除协商达成一致意见。故掌合天下公司仍应依约履行支付仓储费的义务。故对厚德坤公司要求掌合天下公司支付合同期间剩余仓储费的诉讼请求，人民法院予以支持。

专家点评

民法典合同编第 915 条规定："储存期限届满，存货人或者仓单持有人应当凭仓单提取仓储物。存货人或者仓单持有人逾期提取的，应当加收仓储费；提前提取的，不减收仓储费。"该条是关于存储期间有明确约定时如何提取仓储物的规定。本案中，涉案《仓储合同》约定的储存期间为自 2017 年 3 月 8 日起至 2018 年 3 月 7 日止，掌合天下公司虽已于 2017 年 6 月 3 日将仓储货物全部搬清，但双方的仓储合同关系依然有效，故掌合天下公司仍应依约履行支付 2017 年 6 月 3 日至 2018 年 3 月 7 日的仓储费的义务。

第九百一十六条 储存期限届满，存货人或者仓单持有人不提取仓储物的，保管人可以催告其在合理期限内提取；逾期不提取的，保管人可以提存仓储物。

【条文释义】

本条是对存货人或仓单持有人逾期提货的规定。

---

① 《合同法》第三百九十二条："储存期间届满，存货人或者仓单持有人应当凭仓单提取仓储物。存货人或者仓单持有人逾期提取的，应当加收仓储费；提前提取的，不减收仓储费。"

储存期限届满，存货人或者仓单持有人不按时提货的规则是：

1. 保管人应当对存货人或者仓单持有人进行催告。

2. 确定宽限期，通知存货人或者仓单持有人，限其在宽限期内提货。

3. 在催告的合理期限内仍不提货的，保管人可以对该仓储物予以提存，其后果由仓单持有人负责。

【案例评注】

中远公司与可本公司仓储合同纠纷案①

基本案情

2010年1月18日，原告中远公司作为甲方，与乙方即被告与本公司签订钢管仓储协议，约定由甲方提供位于成都市青白江区大同工业园区的室内场地为乙方提供钢管仓储，仓储时间为期六个月。合同期满，被告既未提取存放的钢管，也未支付到期仓储费。原告向人民法院提起诉讼，请求人民法院判令被告立即提取存放的全部钢管，并支付自存货之日到提货之日的仓储费用。

法院判决

人民法院经审理认为，根据《合同法》第392条、第393条的规定，储存期间届满，存货人或者仓单持有人不提取仓储物的，保管人可以催告其在合理期限内提取，逾期不提取的，保管人可以提存仓储物。存货人或者仓单持有人逾期提取的，应当加收仓储费。被告在仓储到期后，既未提存仓储物，也未与原告另行协商仓储费，抑或提起诉讼要求被告提取仓储物，应视为仓储期间的延长，仓储费仍应按原协议执行。

专家点评

民法典合同编第916条规定了仓单持有人不提取仓储物时的处理规则。存储期限届满，存货人或仓单持有人提取仓储物，既是存货人或仓单持有人的权利，也是存货人或仓单持有人的义务。如果存储期限届满，存货人或仓单持有人不能或拒绝提取仓储物，保管人可以确定一个合理的期限，催告存货人或仓单持有人在此期限内提取。如果逾期不提取，保管人可以将仓储物提存。本案中，原告在

① 审理法院：四川省成都市青白江区人民法院，案号：（2015）青白民初字第2395号。

仓储到期后，未提存仓储物，应视为仓储期间的延长，仓储费仍应按原协议执行。

第九百一十七条 储存期内，因保管不善造成仓储物毁损、灭失的，保管人应当承担赔偿责任。因仓储物本身的自然性质、包装不符合约定或者超过有效储存期造成仓储物变质、损坏的，保管人不承担赔偿责任。

【条文释义】

本条是对仓储物毁损、灭失的赔偿责任的规定。

在仓储合同中，仓储物在储存期内，因保管人保管不善造成毁损、灭失的，构成违约行为，应当承担的违约责任是，对存货人或者仓单持有人予以赔偿。

如果仓储物的毁损、灭失是因仓储物本身的自然性质、包装不符合约定或者超过有效储存期造成的，不可归责于保管人的，保管人不承担赔偿责任，由存货人或者仓单持有人自负其责。

【案例评注】

某保险公司厦门分公司与国际物流公司仓储合同纠纷案[①]

基本案情

2015 年 6 月 5 日，建发公司与被告国际物流公司签订了《贸易物流服务协议》，协议约定由被告为建发公司提供货物的进出口通关、运输、装卸、仓储等服务。协议签订后，建发公司自 2015 年 7 月 30 日至 2015 年 8 月 12 日，先后将 8 个提单项下共计 22797 包乳清粉存入被告位于天津市滨海新区的验放中心一场仓库。2015 年 8 月 12 日，瑞海公司危险品仓库发生特别重大火灾爆炸事故，因被告验放中心一场仓库距离爆炸中心仅 1 公里，属于事故中心区，涉案货物部分受损。对于货损原因，公估报告结论为：货损原因是爆炸产生的冲击波将仓库的门窗及装修破坏所致。

① 审理法院：天津海事法院，案号：（2017）津 72 民初 884 号。

法院判决

关于被告对原告的损失是否应当承担赔偿责任，人民法院经审理认为，《合同法》第三百九十四条规定："储存期间，因保管人保管不善造成仓储物毁损、灭失的，保管人应当承担损害赔偿责任。因仓储物的性质、包装不符合约定或者超过有效储存期造成仓储物变质、损坏的，保管人不承担损害赔偿责任"。可见被告作为保管人是否应该承担责任，取决于被告在保管货物过程中是否存在过错。

泛华公司的评估报告认定涉案货损是由于"8.12"爆炸事故造成仓库的门窗及装修破坏所致，原告也在起诉状中陈述爆炸事故后涉案货物受损，可见货损发生于爆炸事故后，由此可以认定被告在爆炸事故发生前对货物的保管没有过错。根据国务院《天津港"8.12"瑞海公司危险品仓库特别重大火灾爆炸事故调查报告》，"8.12"爆炸事故的责任人是瑞海公司而非被告，因此被告对爆炸事故的发生也没有过错。综上所述，被告对爆炸事故发生没有责任，货物受损后尽到了适当的减损义务，在仓储合同履行过程中不存在过错，不应就原告所称损失承担赔偿责任。

专家点评

民法典合同编第917条是对仓储物毁损、灭失损害赔偿责任的规定。储存期内，保管人负有妥善保管仓储物的义务。所谓"妥善保管"，主要应当是按照仓储合同中约定的保管条件和保管要求进行保管。保管人除应按照约定的保管条件和保管要求进行保管外，还应尽到善良管理人的注意义务。因为保管人的保管行为是有偿的，保管仓储物应当比保管自己的货物给予更多的注意。保管人如果尽了妥善保管义务，则对仓储物的毁损、灭失不负损害赔偿责任。本案中，保管人在爆炸事故前后对仓储物的保管均无过错，对爆炸事故的发生没有责任，货物受损后尽到了适当的减损义务，在仓储合同履行过程中尽到了妥善保管义务，不应就原告所称损失承担赔偿责任。

第九百一十八条　本章没有规定的，适用保管合同的有关规定。

【条文释义】

本条是对仓储合同准用保管合同规则的规定。

在所有的合同中，仓储合同与保管合同是最相类似的合同类型，在很多方面适用的规则是一样的。因此，本章在规定了仓储合同的主要规则之后，规定关于仓储合同没有规定的部分，适用保管合同的规定。如保管人不得将仓储物转交第三人保管、保管人不得使用或者许可第三人使用仓储物等规定，都可以适用于仓储合同。

【案例评注】

星誉物流与远大公司仓储合同纠纷案[①]

基本案情

2013年6月1日原告星誉物流（乙方）与被告远大公司（甲方）签订了编号为YD20130601XY的《协议书》，约定乙方在协议有效期内接受甲方委托为甲方提供存放场地、存放服务。甲方存放的货物标的为各种型号的进口汽车。该协议第1条约定了协议有效期自2013年6月1日至2014年5月31日。上述协议书签订后，双方又于2014年1月2日签订了编号为YD20140102XY的《协议书》，该协议书有效期自2014年1月2日至2015年1月1日。该协议书约定的内容与2013年6月1日签订的《协议书》基本一致，对于服务费项目、标准及结算方式，该协议第七条约定，出入库费及仓储费：双方另行约定。结算方式为甲方或甲方授权人将车辆提出仓库时，须向乙方支付出入库费。

上述协议签订后，被告远大公司自2014年2月至2014年10月向原告库区陆续存入进口车辆，由原告星誉物流向其提供车辆的仓储服务。原告星誉物流庭审中诉称，被告远大公司存放的车辆自2014年2月18日至2014年12月25日陆续从协议约定的库区提出，共计出库483辆，产生出入库费72450元、仓储费1823475元，被告远大公司未与原告星誉物流结算相关仓储费用。

---

① 审理法院：天津市滨海新区人民法院，案号：（2016）津0116民初1390号。

法院判决

关于原告向被告主张的 483 辆车产生的欠付出入库费及仓储费一节，人民法院经审理认为，根据《合同法》第三百九十五条："仓储合同一章没有规定的，适用保管合同的有关规定。"及第三百七十九条："有偿的保管合同，寄存人应当按照约定的期限向保管人支付保管费。当事人对支付期限没有约定或者约定不明确，依照本法第六十一条的规定仍不能确定的，应当在领取保管物的同时支付"的规定，根据双方合同约定，同时结合双方的当庭陈述，被告应于提车出库时向原告支付出入库费及仓储费，但案涉合同实际履行过程中，对案涉 483 辆车在提车之时被告并未向原告支付相应的出入库费及仓储费，由于案涉协议书约定的合同有效期均已届满，因此被告未按合同约定向原告支付出入库费及仓储费已构成违约，应当承担相应的违约责任。

专家点评

民法典合同编第 918 条是对仓储合同准用保管合同规则的规定。尽管仓储合同与保管合同有几项重要区别，如保管合同是实践合同，而仓储合同为诺成合同。再如保管合同是否有偿由当事人约定，而仓储合同均为有偿合同等。但仓储合同与保管合同的本质是一样的，即都是为他人保管财物。有些学者认为仓储合同就是特殊的保管合同。因此，仓储合同部分没有特别规定的，适用保管合同的有关规定。本案中，在当事人就入库费及仓储费支付期限约定不明且达不成补充协议、又无交易习惯的情形下，被告应于提车出库时向原告支付出入库费及仓储费。

第二十三章　委托合同

第九百一十九条　委托合同是委托人和受托人约定，由受托人处理委托人事务的合同。

【条文释义】

本条是对委托合同概念的规定。

委托合同也称委任合同，是指委托人和受托人约定，由受托人处理委托人事务的合同。委托他方处理事务者为委托人，允诺为他方处理事务者为受托人。

委托合同是一种古老的合同类型。古巴比伦《汉谟拉比法典》就有关于委托合同的规定。罗马帝政时期出现了委托、代理的法律规定，不区分委托和代理的关系，认为委托合同必含有代理权的授予。《法国民法典》承袭了罗马法传统。自《德国民法典》以后，各国立法都严格区分委托合同和代理，一般在总则规定代理制度，在债编规定委托合同。

委托合同的特征是：(1) 委托合同是以为他人处理事务为目的的合同；(2) 委托合同的订立以委托人和受托人之间的相互信任为前提；(3) 委托合同是诺成合同、不要式合同；(4) 委托合同是否有偿在于当事人的约定。

【案例评注】

天马公司与张某土地租赁合同纠纷案①

基本案情

原告天马公司与被告张某于2009年12月29日签订合作协议书，该合作协议约定：天马公司将柳林监狱高速公路西北约20亩、高速公路西南约15亩，九用

① 审理法院：北京市第一中级人民法院，案号：(2016) 京01民初289号。

东南210亩、十一用西鱼池10亩、十二用东、十三用东200亩，共455亩水面，委托被告张某自主经营。委托期限五年，自2010年1月1日起至2014年11月30日止。期间，被告张某按每年82000元交纳管理费，于每年前一年的11月15日前交纳。

原、被告均提供了一份盖有原告天马公司公章的委托书，该委托书记载内容为："兹委托张某负责管理公司所属养殖水面。委托期间张某负责所有养殖水面的经济益。并完成公司规定的利润。委托期自2011年到2021年"。该委托书上只有委托方天马公司所盖公章，没有天马公司法定代表人及委托人签名，也没有受托方张某的签名。

法院判决

关于2011年元月盖有天马公司公章的委托书的合同类型问题，原、被告作了不同类型的解读。原告天马公司认为该委托书的类型是委托管理，和委托经营有区别，将合同期限延期至2021年没有道理；被告张某认为盖有天马公司公章的委托书是对2009年12月29日签订的合作协议的补充，是对委托期限的变更，合同是从2014年延续到2021年。人民法院经审理认为，《合同法》第三百九十六条规定，委托合同是委托人和受托人约定，由受托人处理委托人事务的合同。原告天马公司与被告张某于2011年元月签订的委托书，基于合同标题和约定内容及在案其他证据，该委托书系委托合同性质，原、被告应当遵循诚实信用原则，按照约定全面履行自己的义务。

专家点评

民法典合同编第919条对委托合同的定义作出了规定。根据该定义，委托合同有如下特征：第一，委托合同的标的是劳务；第二，委托合同是诺成、非要式、双务合同；第三，委托合同可以是有偿的，也可以是无偿的。本案中，原、被告双方提供的一份盖有原告天马公司公章的委托书，其上虽无天马公司法定代表人及委托人的签名，也无受托人张某的签名，但结合其标题和内容以及其他在案证据，可以看出双方当事人就"受托人处理委托人事务"形成了一致的意思表示，由此可以确定原、被告双方就委托事务已成立委托合同关系。

第九百二十条 委托人可以特别委托受托人处理一项或者数项事务，也可以概括委托受托人处理一切事务。

【条文释义】

本条是对特别委托与概括委托的规定。

根据委托权限的不同，可以将委托合同分为特别委托和概括委托：（1）特别委托，是指委托受托人处理一项或者数项特别事务的委托。如不动产出售、出租或者就不动产设定抵押权，赠与，和解，诉讼，仲裁等，都可以进行特别委托。（2）概括委托，是指委托人委托受托人处理一切事务的委托。如委托人委托受托人处理其买卖业务或者租赁业务的所有事宜，就是概括委托。

【案例评注】

李某某、神华公司委托合同纠纷案[1]

基本案情

李某某原系神华公司职工。2014 年年初，神华公司与煤制油公司签订协议，约定神华公司受职工委托，以团购方式购买由煤制油公司取得的土地由泛华集团按煤制油公司要求开发的商品房。

2014 年 5 月 20 日，神华公司向该公司所属各单位印发了神新发〔2014〕215 号文件，标题为《关于印发的通知》，主要内容为公司为解决无房职工的住房需求与煤制油公司商谈在享受同等优惠政策的基础上，新建职工集资建房 800 套。在该文件后所附的《神华公司无房职工集资建房办法》的主要内容有……贷款和现金必须在限定期限内一次性交清（5 万元保证金可抵购房款），否则按自动放弃处理，伍万元保证金不退……李某某在交纳了 5 万元保证金后，神华公司出具收款收据，此后李某某通过向乌鲁木齐市商业银行贷款方式，由乌鲁木齐市商业银行将 15 万元划款至神华公司账户，李某某向乌鲁木齐市商业银行归还贷款本息。

2017 年 9 月，神华公司向本单位集资购房职工印发了制式的承诺书，内容为“本人自愿解除神华怡园购房认购权，承诺：1. 已付款项（含保证金）退还后，不再向神华公司、新疆泛华众孚房地产公司提出任何形式的民事主张……”神华公司在承诺书下发后要求职工不得另行删除或增加内容，否则视为无效，并重新签订。如未签订承诺书按违约处理，首付房款中 5 万元定金不予退还。李某某接

---

① 审理法院：新疆维吾尔自治区乌鲁木齐市中级人民法院，案号：（2019）新 01 民终 1791 号。

到承诺书后，在承诺书中增加第4条，内容为“若公司未按2017年9月17日通知承诺的在2018年8月31日至2018年12月31日前足额退还本人的集资购房款20万元，否则本承诺第1条、第2条、第3条无效”。李某某在加注了第4条内容后在承诺书后签字。后双方因该合同及履行问题发生争议。

法院判决

一审法院认为，本案中李某某与神华公司之间是何种法律关系是解决本案争议的首要问题。对于双方具体法律关系，神华公司虽与其他单位进行协商，但相对于李某某，双方的权利义务均在神新发〔2014〕215号文件中予以体现，在文件的主文中神华公司将公司发此通知的目的使用了“公司与煤制油公司商谈……煤制油公司拟安排”等文字，在文件所附的神新能源公司无房职工集资建房办法中神华公司对自己在合同中的地位描述为“公司联系煤制油公司，在享有同样优惠政策的基础上，参与在乌市米东区政府公务员小区对面）单位集资建房”，神华公司在文件中对自己主要义务的描述为“联系”，“联系”的目的描述为“参与在乌市米东区政府公务员小区对面）单位集资建房”，同时李某某对神华公司并非房产开发企业是明知的，在文件中也明确此房屋为参与煤制油公司的集资建房，双方不存在直接的集资建房的权利义务，由于神华公司主要义务为“联系”，故认定双方的法律关系为委托合同法律关系……

二审法院认为李某某与神华公司系房屋买卖合同关系还是委托合同关系为本案焦点之一。依照《合同法》第三百九十六条：“委托合同是委托人和受托人约定，由受托人处理委托人事务的合同”，第三百九十七条：“委托人可以特别委托受托人处理一项或者数项事务，也可以概括委托受托人处理一切事务”的规定，李某某与神华公司之间虽未签订书面的委托合同，但双方之间的权利义务及法律关系符合委托合同关系的法律特征，并不符合商品房买卖合同法律关系的法律特征，双方之间系委托合同关系。

专家点评

本案中，李某某原系神华公司员工，其与神华公司之间除〔2014〕215号这一对集资建房的性质、参加资格、选房标准等进行明确的文件外，并未签订商品房买卖合同。同时，李某某对于神华公司并不是集资建房的开发方、亦不是集资房的建设方，以及神华公司是代表集资购房人完成集资购房的相关事项是明知的，所以李某某与神华公司所签订的合同为委托合同关系，这一委托关系更偏于概括委托，即李某某将洽谈、联系、收款、退款及将款项交付给房屋开发方或建设方等所有涉及集资购房的事宜均委托给神华公司，形成的就是委托合同关系。

第九百二十一条 委托人应当预付处理委托事务的费用。受托人为处理委托事务垫付的必要费用，委托人应当偿还该费用并支付利息。

【条文释义】

本条是对委托人支付处理委托事务费用的规定。

受托人是以委托人的名义和费用为委托人处理委托事务的，因此，受托人在委托权限中处理事务的后果，包括有利的后果即处理委托事务所获得的利益以及不利后果即处理委托事务所产生的债务，均由委托人承受。所以，不论委托合同是否有偿，委托人都负有支付委托事务费用的义务。委托人履行支付费用的义务有两种方式：（1）预付费用：委托人应预付费用的多少以及预付的时间、地点、方式等，应依据委托事务的性质和处理的具体情况而定。预付费用系为委托人利益而使用的，与委托事务的处理并不成立对价关系，二者之间不存在适用同时履行抗辩权的问题。（2）偿还费用：当事人约定受托人垫付委托事务费用的，委托人应当偿还费用，偿还费用的范围一般应限于受托人为处理事务所支出的必要费用并支付利息。非经约定，受托人并无垫付费用的义务，如果受托人为处理委托事务垫付必要费用的委托人应当偿还该费用及利息。在有偿委托合同中，因委托人拒付费用以致影响受托人基于该合同的收益或给受托人造成损失时，受托人有权请求赔偿。

【案例评注】

祁某某与亿源煤业公司委托合同纠纷案[①]

基本案情

原万发沟煤矿于2006年开始与达旗耳糖化联办矿整合为亿源煤业公司，至

① 审理法院：内蒙古自治区高级人民法院，案号：（2017）内民终331号。

2011年一直处于整改阶段，未进行生产。高某、张某、黄某某于2009年出具授权委托书，亿源煤业公司盖章，授权祁某某负责亿源煤业公司的对外融资，煤矿开采、施工建设（包括当地村民搬迁、征用土地）以及上级主管部门的应缴费用，全部由祁某某全权代表负责该矿的一切事务工作。

亿源煤业公司2010年5月1日至2011年3月30日各项费用支出情况统计中工人工资、电费及其他费用支出共计300311元，王某某作为该公司会计签名，高某于2011年3月24日签注：情况属实，全部应由孟某某在煤矿转让款中支付。亿源煤业公司2005年至2011年3月25日各项费用支出情况统计中购材料等费用支出、灭火工程支出、借款利息支出、2006年至2011年4月送人情无单据支出共计20456631.05元，原万发沟煤矿应支付14803531.05元，亿源煤业公司应支付5631000元。王某某签名，高某于2011年3月24日签注：情况属实，全部应由孟某某在股权转让款中支付。前述两项费用支出共计20756942.05元，王某某于2011年3月30日统计并签名，该统计中盖有亿源煤业公司财务专用章。

祁某某诉称，其与亿源煤业公司之间是委托经营关系，且自己为了亿源煤业公司的管理经营而对外进行民间借贷。祁某某在委托经营期间所做的工作均按照委托人亿源煤业公司法定代表人及股东的要求，并且报告委托事务的处理情况及支出情况。受托人处理委托事务取得的成果，也按约交给委托人，即祁某某已经完成委托事务，亿源煤业公司应当返还祁某某代垫的费用并支付报酬。祁某某主张的费用均得到亿源煤业公司财务人员王某某核实，且得到法定代表人及各股东确认。祁某某与亿源煤业公司之间的委托关系既未违反法律、行政法规禁止性规定，也未损害社会公共利益、违反公序良俗，是当事人真实意思表示；委托事项也未超过当事人约定。祁某某尽心尽力完成委托事项，为亿源煤业公司争取到了最大利益。基于公平和诚实信用原则，亿源煤业公司应当按照约定支付祁某某垫付的费用、利息及应得的报酬。

法院判决

本案一审、二审法院均认为，祁某某要求亿源煤业公司偿还垫付款及利息是否有事实及法律依据为本案焦点之一。

2006年，万发沟煤矿与达旗耳糖化联办矿整合为亿源煤业公司，在案证据表明，三方当事人对整合前及整合期间产生的债务如何负担无约定，且亿源煤业公司及其股东未能举证证明煤矿整合前的债务不应由亿源煤业公司负担。整合期间原股东委托祁某某经营管理煤矿，2009年亿源煤业公司股东签字并加盖亿源煤业公司公章书面授权祁某某管理煤矿并进行对外融资等事宜，为双方真实意思表示，授权委托书合法有效。依照《合同法》第三百九十八条的规定："委托人应当预付处理委托事务的费用。受托人为处理委托事务垫付的必要费用，委托人应当偿还该费用及其利息"，故祁某某依据委托管理煤矿所垫付的费用，依法应由亿源煤业公司承担清偿责任。祁某某完成委托事项并垫付款事实是否存在应当由主张该事实的祁某某承担证明责任，祁某某提供的证据为财务账册，但其一直不同意对财务账册进行审计鉴定，一审法院多次释明，直到2016年9月6日祁某某才申请对财务账册进行审计。经一审法院委托，鄂尔多斯市中大会计师事务所认为祁某某所提供的费用凭证无法鉴别是否属于亿源煤业公司而无法进行鉴定，并退回委托。故本案以无法鉴别的财务账册不能证明祁某某的实际支出，但亿源煤业公司对祁某某在接受亿源煤业公司书面委托前后有票据支持的合理支出费用应予以偿还。故判决亿源煤业公司偿还祁某某可以证明的垫付款若干元，并按银行同期贷款利率支付该款项的相应利息。

专家点评

本案中的情形是受托人为处理委托事务垫付了必要费用，委托人应当偿还该费用并支付利息。祁某某与原公司股东的授权委托协议合法有效，其作为经营管理煤矿并负责对外融资的负责人，尽职负责地先行垫付了必要的管理费用，对此，委托人应当进行偿还。至于该部分费用的具体计算，应当依据合理、必要的原则，且有相应的证据证明的情况方能认定，故法院判决将无法证明的部分从垫付款中扣除后，亿源煤业公司应当按照本条的规定支付受托人祁某某垫付的费用以及相应的利息。

第九百二十二条 受托人应当按照委托人的指示处理委托事务。需要变更委托人指示的，应当经委托人同意；因情况紧急，难以和委托人取得联系的，受托人应当妥善处理委托事务，但是事后应当将该情况及时报告委托人。

【条文释义】

本条是对受托人应当按照委托人指示处理委托事务的规定。

受托人是以委托人的名义和费用为委托人处理委托事务的，故受托人应当按照委托人的指示处理委托事务，不能背离委托人的指示而为委托行为。只有在两种情形才可以变更委托人的指示：(1) 委托人同意变更指示。受托人需要变更委托人指示，应当经委托人同意，委托人同意变更委托指示，受托人当然可以按照委托人新的指示处理受托事务；(2) 因情况紧急需要变更指示，紧急情况出现后需要变更指示，又难以和委托人取得联系的，受托人应当妥善处理委托事务，事后应当将该情况及时报告委托人。

【案例评注】

郑某某与杨某委托合同纠纷案①

基本案情

2012年郑某某因急需钱款，于2012年12月与某贷款股份有限公司（以下简称“小贷公司”）签订借款合同一份，约定原告向小贷公司借款45万元并约定期限。同日，郑某某就买卖涉讼房屋事宜与杨某及刘某签订委托协议。协议载明：原告是涉讼房屋的产权人，现委托杨某或刘某办理相关事宜，委托权限为全权委托，委托人对受托人办理的相关手续及签署的相关合同、协议、文件予以认可，并享有相关权利，承担相关义务。同日，上述协议在上海市宝山公证处经过公证。

2013年6月，杨某以郑某某名义与案外人周某、蔡某签订《上海市房地产买卖合同》。合同约定，由周某、蔡某向杨某购买涉讼房屋，双方同意郑某某于2013年8月31日前腾出该房屋并通知周某、蔡某进行验收交接。双方确认，在2013年7月30日之前，双方共同向房地产交易中心申请办理转让过户手续。上述房地产权利转移日期以宝山区房地产登记处准予该房屋转移登记之日为准。郑某某应于2013年6月3日收到买方的定金，首期房款买方应于签订合同之后向郑某某支付，第二期房款则通过银行贷款支付，房屋尾款买方应于房地产交付交接时支付给郑某某。合同签订后至2013年6月3日，案外人周某、蔡某分四笔共计向被告支付了房款92.80万元。并且涉讼房屋已于2013年11月30日登记为案外人周某、蔡某所有。

此后，案外人周某、蔡某至涉讼房屋要求原告搬离，并称房款已经支付给了被告杨某。郑某某经查询后方得知涉讼房屋已被登记为他人所有。无奈之下，搬离涉讼房屋，且为追回房款，遂致诉。

---

① 审理法院：上海市长宁区人民法院，案号：(2014) 长民三（民）初字第1183号。

法院判决

原、被告双方就出售涉讼房屋订立的《委托合同》为双方真实意思表示，合法有效，本院予以确认，双方当事人均应本着诚实信用的原则依约履行。受托人应当按照委托人的指示处理委托事物。原告郑某某虽对卖房具体事宜一无所知，但委托合同的签署确为其真实意思表示，被告的卖房行为并没有违反委托合同的约定。然受托人处理委托事务取得的财产，应当转交给委托人。原告委托被告卖房，被告可代收房款，但被告并无权利占有该款项，应及时向原告返还全部房款。故原告要求被告返还房款诉请于法有据，本院予以支持。据此，法院判决杨某向郑某某返还房款并支付利息。

专家点评

委托合同即表征了受托人应当依照委托人的指示处理事务，这已经形成了受托人的义务，而且该义务仅在有急迫之情事，并可以推定委托人在此急迫情事下也将会允许变更指示时受托人才可以变更的委托人的指示，而且变更指示后，应当负有通知义务。本案中，郑某某与杨某、刘某就涉诉房屋签订委托协议，并且约定全权委托，且杨某、刘某并未违反相关约定，而是遵照委托处理涉诉房屋的相关事务，故符合该条规定，其卖房行为应予得到法律保护。

第九百二十三条 受托人应当亲自处理委托事务。经委托人同意，受托人可以转委托。转委托经同意或者追认的，委托人可以就委托事务直接指示转委托的第三人，受托人仅就第三人的选任及其对第三人的指示承担责任。转委托未经同意或者追认的，受托人应当对转委托的第三人的行为承担责任；但是，在紧急情况下受托人为了维护委托人的利益需要转委托第三人的除外。

【条文释义】

本条是对受托人亲自处理委托事务和转委托的规定。

由于委托合同的当事人之间有相互信赖关系，故原则上受托人应亲自处理受托事务，意在防止出现受托人有负委托人信任致委托人利益受损的情形。这是法谚“委托的结果，不得再委托”的精神。

如果委托人同意转委托，或者有紧急情况发生，受托人可以转委托。

转委托有两种原因：(1) 经委托人同意，受托人可以转委托。转委托经同意的，委托人可以就委托事务直接指示转委托的第三人，受托人仅就第三人的选任及其对第三人的指示承担责任。转委托未经同意的，受托人应当对转委托的第三人的行为承担责任。(2) 在紧急情况下，受托人为维护委托人的利益进行转委托，是准许的，为的是委托人的利益而转委托。例如，受托人临时患急病，不能前去处理，由于情况紧急，如果不转委托第三人代为处理，就会使委托人的利益受到损失，即可临时转委托。

【案例评注】

延升公司诉誉名公司海上货运代理合同纠纷案①

基本案情

2014年11月21日，被告誉名公司与达原公司签订《内装箱业务协议书》，约定由被告委托达原公司承办出口货物装卸、储存、中转、装箱、送港等业务。协议约定有效期为两年，期满后如双方无异议，协议自动延续两年。

2015年1月1日，原告延升公司与达原公司签订《代办出口放箱合同》，约定达原公司委托原告代办集装箱放箱、排计划业务，合同约定有效期一年，合同期满，双方无异议，则自动顺延一年。

2015年4月8日，为安排货物出运，被告向达原公司发送内装通知单，委托达原公司分别就提单号JJTH724056和JJTH724057项下的货物提取20个20尺集装箱。同年4月9日，达原公司向原告出具委托书，委托原告就前述提单项下的货物提取20个20尺集装箱。原告随即向锦诚公司提交了涉案20个集装箱的出口集装箱发放申请书，锦诚公司于同日开具了涉案20个集装箱的发放/设备交接单，其上显示的用箱人/运箱人系原告。次日，原告从锦诚公司处实际提取了20个集装箱。

2015年4月8日，被告为涉案货物出运事宜，通过QQ聊天软件向万升公司发送了两份订舱委托书，其中货物描述为碎矿渣，每票货物均系10个20尺集装箱。万升公司接受委托后，向锦江公司订舱。2015年4月14日，被告通过QQ聊天软件向万升公司发送了两份提单确认通知书。提单号分别为JJTH724056和

---

①　审理法院：上海市高级人民法院，案号：(2018) 沪民终418号。

JJTH724057，货物描述为镁氧矿，共20个集装箱。万升公司根据被告的确认，在锦江公司的订舱系统中将货物品名更改为镁氧矿。

2015年4月14日，上海海关作出《海关进出口货物商品归类认定书》，认定涉案货物为煅烧镁氧矿，因上海海关认为货物申报品名不实，故对涉案货物及集装箱进行了扣押。庭审中，原、被告确认目前涉案集装箱仍被海关扣押。

原告认为，涉案货物的报关事宜由被告负责，因报关不实导致原告承担的赔偿责任应由被告负担。据此提起诉讼。

法院判决

法院认为，被告与达原公司订有《内装箱业务协议书》，就涉案货物出运，被告向达原公司发送了内装箱通知单，要求其提取20个集装箱，达原公司接受了委托，双方之间成了海上货运代理合同关系。原告与达原公司订有《代办出口放箱合同》，就涉案货物出运，达原公司在接受被告委托后，转委托原告安排涉案集装箱的提取，原告接受了达原公司的委托，并从锦诚公司处实际提取了涉案20个集装箱，原告和达原公司之间成立海上货运代理合同关系……根据《合同法》第四百条的规定，受托人应当亲自处理委托事务。经委托人同意，受托人可以转委托。转委托未经同意的，受托人应当对转委托的第三人的行为承担责任，但在紧急情况下受托人为维护委托人的利益需要转委托的除外。本案中，被告明确表示并未同意达原公司转委托原告，且涉案业务并未涉及紧急情况，故被告与达原公司、原告与达原公司之间成立各自独立的委托合同关系。……故，驳回原告延升公司的全部诉讼请求。

专家点评

委托合同基于双方当事人的信赖关系，有着一定的人身依附属性，故并不能随意进行转委托，而是应当以亲自履行作为原则。法条规定，只有在委托人同意或者出现紧急情况时，转委托才能发生，这也是出于对委托人的保护。本案中，委托人誉名公司并未向受托人达原公司表示可以将业务转委托给延升公司，且案涉义务亦并非出于紧急状况，故不适用于本条的但书条款。所以，本案应当遵照亲自办理委托事务的原则，保护委托关系中的信赖关系。

第九百二十四条　受托人应当按照委托人的要求，报告委托事务的处理情况。委托合同终止时，受托人应当报告委托事务的结果。

【条文释义】

本条是对受托人及时报告义务的规定。

受托人在履行委托事项中，应当按照委托人的要求，随时或者定期向委托人报告委托事务的处理情况。受托事务终了或者委托合同终止时，受托人应当将处理委托事务的始末经过和处理结果报告给委托人，并提交必要的证明文件，如各种账目、收支计算情况等。受托人此项义务的具体内容一般不由法律直接规定，而由当事人约定。受托人作有关汇报不以有委托人的请求为前提，尤其是委托事务办理终了的报告应包括有关收支的计算及提交必要的证明文件，如清单、发票等。受托人因怠于报告所致损害，委托人有权请求受托人赔偿。

【案例评注】

洞泉物业管理处、洞山新村业委会委托合同纠纷案[①]

基本案情

洞山新村业委会与洞泉物业管理处分别于2006年9月30日、2012年12月31日签订《委托协议》两份，约定洞山新村业委会将洞山新村小区幼儿园委托洞泉物业管理处对外招租使用，并约定租金由洞泉物业管理处代收设专户保管，洞泉物业管理处依法代交（扣除）折旧费、维修基金、税金等法定费用外对洞山新村业委会前期购置的办公用品费用列明细据实报销，每月从此费用中为洞山新村业委会解决必要的办公费用，剩余按照《安徽省物业管理条例》第四十条执行。两份《委托协议》约定的租赁期间合计为2006年至2015年。2017年5月21日，洞山新村业委会向洞泉物业管理处送达《关于要求洞泉物业管理处公示并移交我委委托其代管账目一事的催促函》要求洞泉物业管理处将2007年11月1日以来有关代管的账目予以公示并移交洞山新村业委会，另将余款转入洞山新村业委会账户。2017年6月26日，洞泉物业管理处向洞山新村业委会送达《关于东山新村幼儿园账目公示及代管事宜的回复函》，回复称：关于洞山新村幼儿园历届账目问题，小区物业均都给予公布，并由历届业委会签章确认。因此，不存在对历届账目重新公布的事宜。本届业主委员会若对上届业委会进行离职审计，应由上

① 审理法院：安徽省淮南市中级人民法院，案号：（2019）皖04民终71号。

届业委会主任共同参与执行。洞泉物业管理处未按照洞山新村业委会的要求将代管账目进行公示并移交。2017 年 7 月 28 日，洞山新村业委会再次向洞泉物业管理处送达《回复函》催促洞泉物业管理处按照《关于要求洞泉物业管理处公示并移交我委委托其代管账目一事的催促函》履行移交事务。

现洞山新村业委会诉请：洞泉物业管理处移交委托代管期间（从 2006 年至 2014 年 12 月底止）的洞山新村幼儿园租金使用情况所有的账目及凭证票据，承担诉讼费用。

法院判决

法院认为，双方签订的委托协议合法有效。对委托事务结果的报告，系受托人的法定义务，包括处理事务有关经过和具体的结果，相关结果需要证明的，还应提交必要的书面材料和证明文件等。本案中，洞泉物业管理处受洞山新村业委会委托，对外招租洞山新村小区幼儿园并设专户代管租金使用，其行为是一种委托管理行为，洞泉物业管理处作为受托人，在对代管期间针对租金使用情况所作财务记录，仍然属于受托范围。双方虽未在委托协议中具体列明洞泉物业管理处应将幼儿园租金账目和票据凭证移交洞山新村业委会，但从有利于实现合同目的出发，洞泉物业管理处应在受托事务结束后，将幼儿园租金和账目凭证票据一并移交洞山新村业委会。本案中，出租幼儿园所获租金节余部分系合同主物，而租金账目凭证票据作为租金使用情况的证明，系合同从物，如无特殊约定，主物移转时，从物应当随主物一并移转，因移转从物而产生的合同义务为合同从义务。所谓合同从义务，是指不具有独立的意义，仅具有辅助主义务的功能，其存在的目的不在于决定合同的类型，而在于确保债权人的利益能得到最大满足。洞山新村业委会要求洞泉物业管理处移交有关幼儿园租金的账目及相关根据凭证的诉讼请求，合理合法，应予支持。

专家点评

本案是一则典型的受托人负有随时或定期报告受托事务进展或结果义务的案例。案件不仅涉及报告事务进展，还涉及提交相关证明文件的争议。从法院的判决可以看出，司法的裁判逻辑是代管期间所必要的事务均应当视为委托范围的应有之意，被涵摄在委托范围之内。同时，亦可将例如账目凭证票据视为租金的从物，根据从物随主物转移以及从义务补足主义务的原则，认定相关账目及凭证亦应当转移的合法性、合理性。

第九百二十五条 受托人以自己的名义，在委托人的授权范围内与第三人订立的合同，第三人在订立合同时知道受托人与委托人之间的代理关系的，该合同直接约束委托人和第三人；但是，有确切证据证明该合同只约束受托人和第三人的除外。

【条文释义】

本条是对间接代理第三人知道代理关系规则的规定。

间接代理，是指受托人接受委托人的委托，以自己的名义，在委托人的授权范围内与第三人实施民事法律行为的代理。间接代理与直接代理的区别是：（1）代理人从事法律行为的名义不同，间接代理是代理人以自己的名义从事法律行为，而直接代理的代理人行使代理权是以被代理人的名义进行。（2）代理的效果不同，间接代理的效果不是直接对被代理人发生效力。（3）法律根据不同，间接代理不适用直接代理的规定。

间接代理的基本内容是：（1）基本代理关系是：委托人欲从事一项民事交易，委托代理人进行。受托人接受委托，取得了间接代理的权利，然后以自己的名义而不是用委托人的名义，寻找交易的相对人，直接与其进行交易，实施民事法律行为。受托人与第三人之间的民事法律关系终结，受托人将其结果交付委托人，委托人从中获得佣金。（2）具体的法律关系是：①委托人与受托人之间的委托合同关系，在其中确定双方的权利义务。②受托人接受委托，与第三人之间订立民事法律行为，按照委托人的意思表示，确定该民事法律行为的内容，最终实现交易目的。③按照第一个合同的规定，将实施第二个民事法律行为的利益，交还委托人，取得受托人的利益，终结间接代理关系。

在间接代理法律关系中，订约时第三人知道代理关系，就是在受托人与第三人订立第二个法律关系的时候，已经知道受托人是在为委托人从事交易。这个“知道”应当是确定的，知道的内容是：（1）知道具体的委托人；（2）知道委托授权的内容和期限；（3）知道的时间，即在订约时知道这个代理关系。在履行合同关系中知道的，不构成间接代理关系。在这种情况下，受托人与第三人之间发生的民事法律关系直接约束委托人和第三人，即委托人可以根据受托人与第三人之间订立的合同直接请求第三人履行合同义务或者接受第三人的履行；也可以在对方违约时，请求对方承担违约责任或者直接向对方承担责任。

【案例评注】

瑞帆公司与乾元小贷公司借款合同纠纷案[①]

基本案情

2013年10月23日，瑞帆公司与乾元小贷公司签订《公司借款合同》；同日，瑞帆公司向乾元小贷公司出具《承诺函》；2013年10月24日，张某某、天诚公司分别与乾元小贷公司签订《个人无限连带责任保证合同》和《保证合同》，约定：因瑞帆公司向乾元小贷公司借款2000万元，张某某、天诚公司自愿为瑞帆公司的债务向乾元小贷公司提供连带责任保证。同日，瑞帆公司向乾元小贷公司出具《委托支付申请》，载明："本司向贵司申请借款2000万元，现委托贵司将上述借款支付给天诚公司，账号为×××，开户行为浙江民泰商业银行成都分行营业部。"同日，乾元小贷公司向瑞帆公司前述指定账户转款2000万元。

2014年9月28日，银汾公司（甲方）、张某某（乙方）与乾元小贷公司（丙方）签订《合同书》，约定："鉴于瑞帆公司向丙方借款2000万元，何某某向丙方借款1000万元，乙方就上述3000万元向丙方提供了连带保证担保，而甲方与乙方于2014年9月22日签订的《股权转让回购协议书》，约定乙方向甲方融资1.5亿元，并将其持有的罗汉山公墓公司49%的股份转让给甲方。现各方协商一致达成协议如下：甲方为乙方的保证义务向丙方提供担保，甲方向丙方将第一笔款项结清后，该责任自行解除。待甲方将第一笔股权转让款3000万元全部支付给丙方后，即视为乙方向丙方履行了担保责任……"

现乾元小贷公司诉请：瑞帆公司偿还借款本金、利息、逾期利息、复利……张某某、天诚公司、银汾公司为瑞帆公司上述债务承担连带清偿责任；审理中，乾元小贷公司否认其知晓天诚公司与瑞帆公司之间存在委托代理关系。

法院判决

法院认为《公司借款合同》是否应当直接约束乾元小贷公司与天诚公司是本案焦点之一。

根据庭审查明的事实，瑞帆公司与乾元小贷公司于2013年10月23日签订

---

① 审理法院：重庆市高级人民法院，案号：（2017）渝民终351号。

《公司借款合同》，约定瑞帆公司向乾元小贷公司借款2000万元。该合同还约定了涉案借款的借款期限、计息标准和违约责任等合同条款。瑞帆公司于同日向乾元小贷公司出具《承诺函》，承诺其将严格按照《公司借款合同》的约定还本付息，否则愿意按约承担相应的违约责任。瑞帆公司又于2013年10月24日向乾元小贷公司出具《委托支付申请》，委托乾元小贷公司将涉案借款2000万元直接划付至天诚公司银行账户。乾元小贷公司亦根据瑞帆公司的上述委托履行了支付借款的合同义务。从上述事实可以认定，瑞帆公司应系《公司借款合同》的合同相对方，瑞帆公司应当向乾元小贷公司履行还本付息的义务。因天诚公司与瑞帆公司之间系委托代理关系，即天诚公司委托瑞帆公司向乾元小贷公司借款，根据《合同法》第四百零二条之规定："受托人以自己的名义，在委托人的授权范围内与第三人订立的合同，第三人在订立合同时知道受托人与委托人之间的代理关系的，该合同直接约束委托人和第三人，但有确切证据证明该合同只约束受托人和第三人的除外。"瑞帆公司主张《公司借款合同》应当直接约束天诚公司与乾元小贷公司，涉案借款应当由天诚公司履行还本付息的义务，则应当对乾元小贷公司在订立《公司借款合同》时即知道天诚公司与瑞帆公司之间的委托代理关系的事实承担举证证明责任。综合瑞帆公司在一审、二审中举示的所有证据材料，法院认为，尚不足以证明乾元小贷公司在订立《公司借款合同》时即知道天诚公司与瑞帆公司之间的委托代理关系。瑞帆公司认为《公司借款合同》应当直接约束天诚公司与乾元小贷公司的上诉理由均不成立。主要事实及理由：（1）虽然天诚公司出具的《借款委托书》载明将该委托书作为涉案借款合同的组成部分，并由贷款人乾元小贷公司持有两份，但乾元小贷公司并未在该委托书上签章，也没有证据证明该委托书已送达乾元小贷公司，或者乾元小贷公司在订立《公司借款合同》时已知晓委托书的具体内容。（2）乾元小贷公司虽然在二审中认可天诚公司有支付涉案借款利息的行为，但这并不能免除作为借款合同相对方的瑞帆公司的还款义务，也不能就此推断乾元小贷公司在订立《公司借款合同》时即知道天诚公司与瑞帆公司之间委托代理关系的事实。（3）乾元小贷公司将涉案借款直接支付至天诚公司账户，系依据瑞帆公司出具的《委托支付申请》所为，不能就此推断乾元小贷公司已知道瑞帆公司系代理天诚公司向其借款的事实。（4）虽然张某某分别于2014年7月24日和7月25日划付24万元、12万元至乾元小贷公司银行账户，两份电子银行回单均附言"代天诚公司支付乾元小贷利息"，但该附言并非乾元小贷公司所填写，也不能就此证明乾元小贷公司在订立借款合同时知道瑞帆公司系代理天诚公司向其借款的事实。综上所述，瑞帆公司现举示的证据尚不足以证明乾元小贷公司在订立《公司借款合同》时即知道天诚公司与瑞帆公司之间的委托代理关系，瑞帆公司主张《公司借款合同》应当直接约束天诚公司与乾元小贷公司的上诉理由不能成立。

专家点评

如前所述，间接代理是由三个法律关系构成的，前两个法律关系是基础；可是，间接代理的最重要的关系不在于此，而是在于委托人和第三人之间的关系，法律规定，在一定的情形下，委托人与第三人之间相互享有权利义务关系。这是间接代理的关键之点。此外，如何判断订约时第三人是否知道代理关系是实践中的难点。本案中，瑞帆公司主张间接代理关系形成，案涉借款合同直接约束天诚公司与乾元小贷公司，结合诉讼法的举证规则，瑞帆公司需要举证证明乾元小贷公司在订立案涉借款合同时就知道天诚公司与瑞帆公司之间的委托代理关系，且这种“知道”必须是明确的、确定的，且不包括应当知道或不确切的情形。显然，瑞帆公司的证据无法支撑上述“知道”的标准，故此时案涉借款合同自然不能约束天诚公司与乾元小贷公司。

第九百二十六条 受托人以自己的名义与第三人订立合同时，第三人不知道受托人与委托人之间的代理关系的，受托人因第三人的原因对委托人不履行义务，受托人应当向委托人披露第三人，委托人因此可以行使受托人对第三人的权利。但是，第三人与受托人订立合同时如果知道该委托人就不会订立合同的除外。

受托人因委托人的原因对第三人不履行义务，受托人应当向第三人披露委托人，第三人因此可以选择受托人或者委托人作为相对人主张其权利，但是第三人不得变更选定的相对人。

委托人行使受托人对第三人的权利的，第三人可以向委托人主张其对受托人的抗辩。第三人选定委托人作为其相对人的，委托人可以向第三人主张其对受托人的抗辩以及受托人对第三人的抗辩。

【条文释义】

本条是对间接代理第三人订约时不知道委托关系的规定。

在间接代理中，在受托人以自己的名义与第三人订立合同时，第三人不知道受托人与委托人之间的代理关系的，受托人由于第三人的原因，对委托人不履行义务，受托人应当向委托人披露第三人。委托人因此可以行使受托人对第三人的权利，但是第三人与受托人订立合同时如果知道该委托人就不会订立合同的，则不得披露。

具体规则是：（1）委托人的介入权：是指当委托人因第三人的原因对委托人不履行合同义务时，委托人介入受托人与第三人之间的合同关系，直接向第三人主张合同权利。其前提条件是：①受托人因第三人的原因对委托人不履行义务；②受托人已经向委托人披露了第三人；③第三人在与受托人订立合同时，不存在如果知道该委托人就不会订立合同的情形。委托人的介入权是形成权，完全可以基于自身的利益和意志而决定是否行使该项权利，不需要征得受托人或者第三人的同意。委托人如果愿意行使该权利，则将取代受托人的地位，而受托人以自己的名义从事的法律行为将直接对委托人发生效力，也就是发生了直接代理的后果。（2）第三人的选择权：在上述关系中，受托人已经向他方披露了委托人或者第三人，第三人主张权利可以进行选择，既可以选择向受托人主张权利，也可以选择向委托人主张权利。第三人对受托人或者委托人的选择权一经行使，就确定了所选择的相对人，选择之后不得变更。其要件是：①第三人在订立民事法律行为时，不知道受托人与委托人之间的代理关系；②受托人因委托人的原因对第三人不履行合同义务；③受托人已经向第三人披露了委托人；④第三人作出了选择。这种选择权也是形成权，其行使与否，决定于第三人自己的意愿，无需他人同意。选择了相对人后，选择委托人作为相对人的，构成直接代理的后果。选择受托人作为相对人的，仍然执行原来的合同关系。（3）第三人和委托人的抗辩权：①委托人行使受托人对第三人的权利的，第三人可以向委托人主张其对受托人的抗辩；②第三人选定委托人作为其相对人的，委托人可以向第三人主张其对受托人的抗辩以及受托人对第三人的抗辩。其基本规则是，只要委托人行使了介入权，第三人行使了选择权，相对方原来对另一方当事人的抗辩权，都可以行使，由行使权利的对方当事人享有该抗辩权。具体的情况是：①委托人行使介入权，并根据介入权向第三人主张权利时，第三人可以向委托人主张抗辩，对抗委托人的请求权。②第三人选择委托人为相对人的，委托人可以向第三人主张其对受托人的抗辩，以及委托人对第三人的抗辩。

【案例评注】

何某某、李某某买卖合同纠纷案[①]

基本案情

李某某自2012年3月1日至2012年6月30日，向何某某在哈力开设的鲜奶收购站出售鲜奶，何某某累计拖欠四个月鲜奶款若干元，何某某为李某某出具三张凭条（载有牛奶斤数和价款）。该款经多次索要未果，故诉至法院要求何某某给付鲜奶款并承担诉讼费。何某某称该鲜奶是为朱某某代收，不应由自己支付鲜奶款。经查，何某某确实受雇于朱某某，朱某某系奶站经营者。

法院判决

法院从认证逻辑、证据采信和事实评判、法律适用四个方面对案件进行审理。

1. 在认证逻辑上，即使何某某确曾受雇于朱某某，也并不能得出即应由朱某某承担还款责任的结论。法院指出，从现实可能性考察，某人受雇于他人，并不必然导致该人所从事的受雇事务均须应由雇主承担责任，在以自己名义从事受雇事务的情形下，交易相对人依法可以选择责任由何人承担。本案中，在理论及实际均可能存在何某某一方面以朱某某雇员身份，以明示或者默示方式使奶农知悉其受雇于朱某某，对外收购鲜奶；另一方面亦可同时单独以自己名义，奶农不知晓其受雇于朱某某，而仍从事鲜奶收购。因此，在认证逻辑上，何某某是否为朱某某之雇员，仅是判断何某某从事鲜奶收购是否为职务行为的必要条件，该职务行为对相对人会产生何种效力、应由何人承担责任，仍需结合其他事实依法作出裁判。

……

3. 在事实评判上，依法不能认定李某某与朱某某建立了合同关系。本案中，案涉奶站所使用房屋为何某某自有房屋，该奶站未经有关行政部门审批获取经营许可，李某某所送鲜奶系由何某某接收，至月底则系由何某某儿媳换开签写载有欠付鲜奶重量、具体金额的书面凭据。以上种种事实，均指向鲜奶收购方为何某某本人，而非朱某某。并且，民间所称“打酒朝提酒瓶的要钱”，其所蕴含的

---

① 审理法院：黑龙江省高级人民法院，案号：（2019）黑民再125号。

“东西交给你了，你出具收条了，自该由你给款”等理由，即朴素地说明了在没有其他证据予以推翻的情形下，某项交易的直接经手人即应认定为负有相应权利义务的合同相对人。

4. 在法律适用上，依据民法原理及法律规定，雇主与雇员之间，既有内部基于雇佣与被雇佣所存在的管理与被管理关系。也有外部雇员受雇主委托，代表雇主对外从事职务行为而产生的有关法律关系。认定某人的职务行为应由雇主承担责任，其既须满足具有受雇于雇主的事实，也须满足交易相对人明确知悉受雇的事实。雇员从事职务行为时，如系以自己名义行使，相对人并不知悉其受雇从事职务行为的，依照“受托人因委托人的原因对第三人不履行义务，受托人应当向第三人披露委托人，第三人因此可以选择受托人或者委托人作为相对人主张其权利”的规定，相对人既可以向作为受托人的雇员主张权利，也可以向作为委托人的雇主主张权利。本案中，李某某提起本案诉讼，在何某某表示系受朱某某所雇、权利应向朱某某主张时，李某某明确表示只以何某某为被告，而不要求朱某某承担责任，亦无不可。故判决何某某须支付鲜奶款。

专家点评

本案中典型地展示了在间接代理中第三人的选择权。本案中，受托人何某某已经披露了朱某某为自己的雇主，此时李某某可以选择进行主张，既可以选择对受托人主张权利，也可以选择对委托人主张权利。李某某明确表示以何某某为被告，即表明其行使了选择权，选择向何某某主张权利。这种选择权也是形成权，其行使与否，决定于自己的意愿无需他人同意。选择了相对人之后，选择委托人作为相对人的，构成直接代理的后果。选择受托人作为相对人的，仍然执行原来的合同关系。

第九百二十七条 受托人处理委托事务取得的财产，应当转交给委托人。

【条文释义】

本条是对受托人办理事务所得利益交给委托人的规定。

受托人因处理委托事务所取得的财产，应当转交给委托人。这些财产包括金钱、物品及其孳息、权利等，不论是以委托人名义取得的，还是以受托人自己名义取得的，也不管是由次委托人取得的，还是由受托人自己在处理事务时直接取得的，受托人均应将其交还给委托人。委托人可以请求受托人交付财产的各项权利，也可以让与他人。

【案例评注】

潘某某与钟某某、袁某某委托合同纠纷案①

基本案情

2014年10月10日，天赫公司与杰玛公司签订HLHH1073－2014－A01号《合同》，约定天赫公司向杰玛公司购买非转基因大豆，单价2500元，数量20000吨，总金额5000万元人民币。

2015年3、4月，潘某某与钟某某相识，双方协商合作进口俄罗斯大豆事宜，并就双方权利义务作出了口头约定。经钟某某介绍，潘某某、钟某某与天赫公司取得联系，并指定天赫公司为进口大豆的合作公司。为掌握双方资金往来情况，潘某某、钟某某经协商决定由袁某某在中国农业银行开立账户，该账户由钟某某掌控。自2015年5月14日—7月24日，潘某某共向该账户汇款2818499.05元，钟某某收到上述款项后将1815684元转汇至天赫公司，其余款项以现金形式支取。自2015年6月25日—2016年2月2日，潘某某另向天赫公司汇款4595000元。2015年6月23日—7月18日，潘某某收到天赫公司发送的五船大豆共计2230.58吨，大豆价款、关税、袋皮等合计6596949.05元，上述五船大豆进口货物报关单备注的合同号均为HLHH1073－2014－A01。

潘某某向法院起诉请求：钟某某返还货款1016550元，并承担本案诉讼费用。

法院判决

本案中，潘某某向钟某某汇款2818499.05元，该款系潘某某向钟某某预付的从事委托事项的费用，钟某某作为受托人负有说明、报告将上述费用作何用途的义务。庭审中，双方对钟某某将收到款项中的1815684元转汇至天赫公司、支付关税70000元、购买袋皮72000元均无异议，对于剩余款项860815.05元的用途，钟某某陈述为将其中50万元人民币兑换为卢布后用于在俄罗斯洽谈业务支出，其余款项用于支付口岸建设费、接船卸货费用、租船费用等，但潘某某均不认可。对于钟某某无法证明具体用途且潘某某不予认可的费用，钟某某应当予以返还。

---

① 审理法院：黑龙江省高级人民法院，案号：（2017）黑民终178号。

双方合作进口大豆过程中，潘某某除委托钟某某向天赫公司付款外，另行向天赫公司直接汇款4595000元，上述款项合计金额远超大豆货款，钟某某关于潘某某仅支付300余万价款却收到600余万大豆的主张与事实相悖，本院不予支持。

专家点评

受托人处理委托事务取得的财产应当转交给委托人，本案中潘某某向钟某某汇款若干，其实质是预付委托事项的费用。作为受托人的钟某某，其不仅负有对上述费用支出的说明义务，同时亦负有处理委托事务取得财产转交委托人的义务。钟某某将上述汇款用于合理处理委托事务后，还应当将取得的资金、孳息或物品以及剩余费用均转交潘某某。故法院判决受托人钟某某返还相应款项给委托人潘某某。

第九百二十八条　受托人完成委托事务的，委托人应当按照约定向其支付报酬。

因不可归责于受托人的事由，委托合同解除或者委托事务不能完成的，委托人应当向受托人支付相应的报酬。当事人另有约定的，按照其约定。

【条文释义】

本条是对有偿委托合同应当支付报酬的规定。

有偿的委托合同，委托人应负支付报酬的义务，如委托律师进行诉讼或提供其他法律服务等。报酬的标的和数额由双方当事人自行约定，无约定的从习惯。对于报酬数额的确定，除有强制的报酬率或价目表外，不受限制。支付报酬的日期，各国民法大都采后付主义，即除当事人另有约定事先支付报酬的外，非于委托关系终止及受托人明确报告后，受托人不得请求给付。因可归责于受托人的事由而致委托合同终止或委托事务不能完成时，受托人无报酬请求权。因不可归责于受托人的事由而致合同解除或者委托事务不能完成的，委托人应当支付相应的报酬。不可归责于受托人的事由是：（1）委托人的原因，如委托人不提供委托事务费用等；（2）客观原因，如不可抗力、受托人死亡或者破产等。

【案例评注】

中企众信公司与中盛鑫公司服务合同纠纷案①

基本案情

2009年4月3日，中企众信公司与中盛鑫公司原破产管理人签署了一份《业务约定书》，约定中企众信公司接受委托，对中盛鑫公司破产清算及清算期财务收支进行审计。关于责任和义务，双方约定：委托人应健全内部控制制度，保护资产的安全、完整，保证会计资料的真实、合法、完整，保证会计报表及其他资料充分披露相关信息。应及时提供注册会计师所要求的全部资料，为审计人员提供必要的工作条件和配合。按照约定条件及时足额支付审计费用。中企众信公司应按照职业准则的要求出具审核报告，保证审核报告的真实性、合法性。保守审计过程中知悉的商业秘密，按照约定完成审计业务，出具审核报告。关于出具审核报告的时间，双方约定：委托人于2009年4月30日之前提供审计所需全部资料。受托人根据法院的要求完成审计工作，并出具审核报告。关于审计收费，双方约定：受托人审计业务的收费按国家规定标准计算，破产清算以及清算期财务收支审计应收费人民币肆拾玖万元，委托人应在取得第一笔拍卖收入后，付人民币肆拾柒万元，其余两万元在提交最后报告书时一次付清。关于违约责任：双方约定委托人与受托人按照合同法承担违约责任。

后中企众信公司出具了中企众信专字［2010］第15号专项审核报告。审核报告指出，中企众信公司责任是在北京九州昊天会计师事务所有限责任公司出具的京昊专审字［2009］第139号以及京昊专审字［2009］第143号专项审核报告基础上，对中盛鑫公司公司截至2009年3月31日的资产、负债以及权益情况以及国家发展和改革委员会宏观经济研究院代垫的职工安置补偿金以及中盛鑫公司的日常费用出具审核意见。该报告书对中盛鑫公司的相关财务状况进行了全面审核，但是，该报告书也指出，因中盛鑫公司计提坏账准备证据未能获取，未能提供重要的经济合同、工程结算资料，未能发函询证往来账款，固定资产未能进行盘点，大部分证照原件未能核对，且无法实施替代审计程序，中企众信公司无法对中盛鑫公司资产、负债及权益情况发表意见，无法对截至2009年3月31日国家发展和改革委员会宏观经济研究院代垫的职工安置经济补偿金以及中盛鑫公司

① 审理法院：北京市高级人民法院，案号：（2016）京民终278号。

的日常费用发表意见。

对于上述审核报告，中企众信公司主张其已经完成工作，至于未能发表最终意见，系中盛鑫公司自身原因。同时，依据相关规范意见，“未能发表最终意见”亦是一种结论性意见。中盛鑫公司认为中企众信公司未能作出适当结论，说明其没有尽到相应的勤勉义务。中盛鑫公司在诉讼中认可公司因主要负责人涉嫌犯罪，确实存在会计凭证不完整等情况，但其向该院提交了债权人会议纪要以及与其他机构签订的《业务约定书》，从而反证中企众信公司在相同的条件下没有完成审计工作，说明其没有尽到相应的义务。中企众信公司对证明目的均不予认可。中企众信公司向法院起诉请求：判令中盛鑫公司支付审计费用以及违约金。

法院判决

本案双方系委托合同法律关系，依据《业务约定书》的约定，中企众信公司作为受托人对委托人中盛鑫公司破产清算及清算期财务收支进行审计。

对于中企众信公司应得的报酬，依据“受托人完成委托事务的，委托人应当向其支付报酬。因不可归责于受托人的事由，委托合同解除或者委托事务不能完成的，委托人应当向受托人支付相应的报酬。当事人另有约定的，按照其约定”的规定，尽管中企众信公司出具的审核报告未能对中盛鑫公司资产、负债、权益发表意见，也未能对截至 2009 年 3 月 31 日国家发展和改革委员会宏观经济研究院代垫的职工安置经济补偿金以及中盛鑫公司的日常费用发表意见的原因在于中盛鑫公司提供的会计凭证不完整等因素，与中企众信公司自身无关，但中企众信公司在客观上确未完成《业务约定书》约定的委托事务。因此，中企众信公司仅能获得与其劳务付出相应的费用，其要求中盛鑫公司全额支付费用的主张，缺乏事实和法律依据，不予支持。最终酌情确定中盛鑫公司应向中企众信公司支付的费用为全部审计费用（49 万元）的 60%，即 29.4 万元。

专家点评

在有偿委托合同中，委托人具有应当支付报酬的义务。若因可归责于受托人的事由而致委托合同终止或委托事务不能完成时，受托人无报酬请求权；若非因可归责于受托人的事由而导致委托合同终止或者委托事项不能完成时，受托人有权获得相应的报酬。本案中，中企众信公司确实未能按照约定的合同履行完全的审核意见，故无法获得全部的费用，但是其有权获得与其自身劳务付出相对应的费用。这也符合民法、合同法所蕴含的公平原则。

第九百二十九条 有偿的委托合同，因受托人的过错造成委托人损失的，委托人可以请求赔偿损失。无偿的委托合同，因受托人的故意或者重大过失造成委托人损失的，委托人可以请求赔偿损失。

受托人超越权限造成委托人损失的，应当赔偿损失。

【条文释义】

本条是对受托人承担赔偿责任的规定。

在委托合同中，受托人对委托人承担赔偿责任的规则是：（1）有偿的委托合同，因受托人的过错（包括故意、重大过失、过失）给委托人造成损失的，委托人可以要求赔偿损失，受托人应当承担赔偿责任。（2）无偿的委托合同，因受托人的故意或者重大过失（不包括过失）给委托人造成损失的，委托人可以要求赔偿损失，受托人应当承担赔偿责任。（3）受托人超越权限给委托人造成损失的，应当对委托人承担赔偿损失的责任，与民法典总则编第一百七十条第三款规定的超越代理权承担的赔偿责任相一致。

【案例评注】

王某1、王某2民间委托理财合同纠纷案[①]

基本案情

2011年9月14日，王某1向郭某某出具投资理财借据一份，该借据载明："今借到郭某某1079万元，收取理财管理费用（理财利息的2%），到期归还后借据自动失效"。在王某1出具该借据之前，郭某某已通过转账方式将1079万元转入王某1账户。2011年10月14日、10月18日王某1、王某2两次共计偿还郭某某借款本金11万元。2012年3月（签字日期为2011年10月18日）王某1在该借据复印件上签字确认：现余1068万元。2012年2月和3月王某2在该借据上借款人处签名并捺指印。自2011年10月开始，郭某某多次向王某1、王某2催要以上借款及利息，王某1、王某2至今未还款。现，郭某某诉请法院，要求王某1、

① 审理法院：河南省高级人民法院，案号：（2018）豫民终696号。

王某2偿还本金及利息。另查明，自2011年3月以来，郭某某与王某1之间有多笔资金往来，签订多份《投资理财借据》……郭某某主张双方约定款项放在银行进行拆借，郭某某收取款项相应的利息，后郭某某在索要欠款过程中得知其款项以王某1、王某2名义投入圣沃公司，为配合对圣沃公司事件的清理，郭某某填写了资金确认数额1068万元……郭某某以王某1、王某2名义在圣沃公司共有款项1068万元。

法院判决

本案案由确定为民间委托理财合同纠纷……根据“有偿的委托合同，因受托人的过错给委托人造成损失的，委托人可以请求赔偿损失”“受托人超越权限给委托人造成损失的，应当赔偿损失”的规定，双方在履行过程中，虽然对款项投资目的没有书面约定，但根据庭审调查、录音证据、证人证言等均可认定，双方口头约定由郭某某将款项交与王某1投入银行进行短期拆借，以达到赚取较高利息的目的。自2011年3月开始双方发生多笔款项的委托，也按照双方口头约定正常履行并无争议。但至2011年10月9日涉及本案本金1079万元，王某1以王某1、王某2二人的名义将款项投入圣沃公司并且未明确告知郭某某，圣沃公司向王某1、王某2支付日3.5‰的高息，致使郭某某委托投资的款项目的地发生变化，增大投资风险，最终造成因圣沃公司涉嫌刑事犯罪郭某某款项本息不能偿还的严重损失。对此，王某1具有主观过错，应当承担赔偿责任。郭某某作为委托人，应当明知投资理财具有一定风险，对其本息灭失的损失也应当自行承担相应的责任。因双方对委托理财的风险责任承担未进行约定，根据双方过错程度，委托人郭某某自行承担损失的20%责任，王某1作为受托人承担损失的80%责任。

专家点评

本案表征的是在有偿的委托合同中，因受托人的过错造成委托人损失的，委托人可以请求赔偿损失的情形。王某1在未告知郭某某的情况下，将其款项投入圣沃公司，对于郭某某的委托投资款项而言无疑加大了投资风险，且具有主观过错，并最终造成了委托人郭某某的财产损失。所以，郭某某享有对王某1请求赔偿损失的权利。

第九百三十条　受托人处理委托事务时，因不可归责于自己的事由受到损失的，可以向委托人请求赔偿损失。

【条文释义】

本条是对受托人受到损失请求委托人赔偿的规定。

受托人处理委托事务时，因不可归责于自己的事由受到损失的，可以向委托人要求赔偿损失。理由是，受托人依据委托人的委托为委托人处理委托事务，而非为其他原因，按照权利义务相一致的原则，既然受托人为委托人执行委托事务，只要不是因为受托人自己的故意、过失或者其他可归责于自己的原因造成自己损害的，委托人应当对受托人的损害承担赔偿责任。这一点，有些类似工伤事故责任的规则，虽然不是一回事。

【案例评注】

徐某某、阙某某委托合同纠纷案①

基本案情

2010年12月，阙某某与徐某某达成口头协议，将其与张某某（阙某某之妻）、阙某（阙某某之女）共有的房屋及附属屋十余间和部分经营土地交由徐某某进行房地产开发，徐某某返还房屋两套、车库一间。徐某某在开发时因相关手续不全，其已建造的四层楼房被政府强制拆除。2016年12月25日，阙某某向徐某某出具委托书，内容为"阙某某现全权委托徐某某办理东宝区控违办执法通知书所示内容所需的规划手续完善、申请行政复议、损失赔偿、诉讼等各项事宜"。徐某某持该委托书与荆门市东宝区牌楼镇政府协商后，于2017年3月28日领取了补偿款55万元。

阙某某等三人认为徐某某从牌楼镇人民政府领取的55万元系受阙某某的委托并以阙某某的名义领取的，只有阙某某有资格获得该补偿安置款，徐某某是没有资格领取该款的，故作为受托人的徐某某应当将完成委托事项所取得的款项返还给委托人阙某某，故诉请判令徐某某按委托合同向阙某某等三人转交拆迁安置费20万元，但徐某某认为其从牌楼镇人民政府领取的55万元系对其投资改建房屋损失的补偿，而不是对阙某某等3人原始附属房屋的补偿。

---

① 审理法院：湖北省荆门市中级人民法院，案号：（2018）鄂08民终720号。

法院判决

法院认为，受托人处理委托事务取得的财产，应当转交给委托人。同时，《合同法》规定，受托人处理委托事务时，因不可归责于自己的事由受到损失的，可以向委托人要求赔偿损失。根据上引法律规定；一方面，徐某某应当将领取的补偿款交由阙某某，另一方面，因徐某某在处理委托事务时，存在损失，如果是不可归责于自己的事由，是可以向阙某某主张赔偿的。关于徐正安损失造成的原因，在徐某某与荆门市××牌楼镇人民政府签订的《关于牌楼镇拆除新生村六组存量违建后续安置协议》中记载，该房屋被拆是因市、区违法建设等政策原因。因此，徐某某有权要求阙某某赔偿损失。上述徐某某因处理委托事务取得的财产与徐某某因处理委托事务所产生的损失均属于委托合同所产生，因此可以相互抵销。关于徐某某的损失数额，安置协议所附的费用明细中所指的房屋拆迁安置费用55万元，应视为徐某某以阙某某的名义所建房屋进行的补偿，故最终驳回阙某某三人的诉讼请求。

专家点评

委托人应对自己的委托负责，如因其指示不当或其他过错致使受托人蒙受损失的，委托人应予以赔偿。即使委托人自己没有过错，若受托人因不可归责于自己的事由受到损害时，受托人也可以请求委托人赔偿其所受损失。本案中，房屋被拆是因市、区违法建设等政策原因而非受托人徐某某的过错，故其可以向委托人阙某某请求赔偿相应的损失。

第九百三十一条　委托人经受托人同意，可以在受托人之外委托第三人处理委托事务。因此造成受托人损失的，受托人可以向委托人请求赔偿损失。

【条文释义】

本条是对委托人委托第三人处理部分委托事务的规定。

在委托合同存续期间，受托人依照委托人的委托进行委托事项，委托人不得将已经委托事项再委托他人。如果委托人有必要将部分委托事务委托第三人处理的，须经受托人同意。委托人另行委托第三人处理委托事务，给受托人造成损失的，如报酬减少等，受托人可以向委托人要求赔偿损失，委托人应当承担赔偿责任。

【案例评注】

鼎杰律所与邓某某诉讼、仲裁、人民调解代理合同纠纷案[①]

基本案情

2015年8月10日，邓某某（合同甲方）与鼎杰律所（合同乙方）签订民事委托代理合同1份，代理律师的职责合同签订后，合同约定的指定律师李某律师及程某某律师代理了邓某某诉陈某某等民间借贷纠纷一案的诉讼。一审判决作出后，邓某某及另一当事人北海公司不服，提起上诉，李某律师为邓某某书写上诉状1份，2015年12月30日，邓某某向李某律师出具授权委托书1份，委托权限为特别授权。一审判决后邓某某要求增加一名其他律所代理律师，鼎杰律所帮忙联系了国曜律所律师。2016年6月13日，山东省滨州市中级人民法院关于邓某某诉陈某某等二审开庭，邓某某提交了代理人变更通知1份，该通知载明的相关内容为……邓某某现已委托国曜律所郭某某律师和民颂律所刘某某律师作为邓某某在本案二审阶段的代理人，鼎杰律所李某律师不再代理本案，特此通知。2017年11月3日，山东省滨州市中级人民法院作出（2016）鲁16民终864号民事判决书，判决驳回上诉，维持原判，该判决载明邓某某的委托诉讼代理人分别为国曜律所郭某某律师和民颂律所刘某某律师。2016年6月13日，李某律师向邓某某发送异议函1份，邓某某未予回复。鼎杰律所认为邓某某二审更换代理人的行为从根本上终止了鼎杰律所律师的诉讼代理，邓某某已经符合了民事委托代理合同中单方终止合同的情形。为此，形成诉讼。对此，邓某某不认可，辩称其至今未与鼎杰律所解除委托代理合同，也没有单方终止合同的违约行为，邓某某愿意依据风险代理合同的约定待执行回款后支付费用……邓某某聘请国曜律所的律师代理二审诉讼是经过鼎杰律所律师同意的。

法院判决

法院认为，邓某某与鼎杰律所签订的涉案民事委托代理合同，合法有效。合同性质为风险代理，鼎杰律所的合同目的系通过自己的代理服务获取约定的律师代理费。该合同虽然委托鼎杰律所律师代理邓某某与陈某某等人民间借贷纠纷一案，但并未对邓某某另行增加其他律师参与该案件作出禁止性规定，且一审判决

---

① 审理法院：山东省济南市中级人民法院，案号：（2018）鲁01民终5491号。

后应邓某某要求，鼎杰律所帮其联系了国曜律所律师参与该案件，即鼎杰律所对邓某某二审期间增加或更换代理人是有预知的，且对此未提出异议。邓某某增加其他律师后并未通知鼎杰律所解除双方的委托代理合同，且邓某某诉讼中明确表示愿意按照双方委托代理合同约定向鼎杰律所支付约定的代理费，故鼎杰律所的合同目的并未因邓某某增加或更换其他代理人而不能实现。关于民间借贷案件二审判决之后鼎杰律所未再参与案件过程的原因，双方说法不一。因邓某某并未解除双方之间委托代理合同，鼎杰律所在案件执结前可以随时要求参与该案件执行程序。故，鼎杰律所主张邓某某单方终止合同构成违约并要求其支付违约损失的证据不足。

专家点评

民法典合同编的本条赋予了委托人经受托人同意，可以在受托人之外委托第三人处理委托事务的权利。但是，也对此进行了一定的限制，即若因新的委托行为给原受托人造成损失，则原受托人有权要求委托人赔偿相应的损失。本案中，邓某某与鼎杰律师事务所形成委托关系，且邓某某在鼎杰律师事务所知晓并帮助联系的情况下，与新律师事务所达成另一委托关系，这是邓某某依法行使自己权利的体现，应当受到法律保护。此外，本案中，由于新律师事务所的介入由鼎杰律师事务所推荐，且邓某某明确表示会按照原委托合同支付鼎杰律师事务所的费用，不会给鼎杰律师事务所造成损失，故法院鼎杰律师事务所请求赔偿的诉请无法得到支持。

第九百三十二条　两个以上的受托人共同处理委托事务的，对委托人承担连带责任。

【条文释义】

本条是对共同委托及责任的规定。

共同委托是对单独委托而言。单独委托是指受托人为一人的委托。共同委托是根据受托人为两人以上的委托。可见，单独委托和共同委托是指受托人的数量所作的划分。委托人为二人以上，受托人是一人的，不是共同委托，而是单独委托。

共同委托的数个受托人，应当共同处理委托人的委托事务。共同委托中的一个或者数个受托人违反了受托人的义务，给委托人带来损失的，委托人可以向所有受托人或其中任何一个委托人要求赔偿，受托人相互之间负连带责任。

【案例评注】

程某某与曾某某、李某委托合同纠纷案[①]

基本案情

原告程某某与被告曾某某系朋友关系。2014年年初，原告找到被告曾某某，希望曾某某能帮其办理采砂证。曾某某于是联系被告李某，经二人打听、商量，曾某某答应了原告的要求。后原告与案外人李某某共计向被告曾某某支付200万元用于办理此事。因案外人李某某与两被告起初并不相识，该笔款项以原告的名义向曾某某支付，曾某某收到款项后将此款交于被告李某，由李某负责采砂证的办理事宜。2014年1月23日，被告曾某某向原告出具借条一张，写明“今借到程某某采砂证办理费人民币贰佰万元整。采砂证办理到位此借条作废”。双方口头约定，若能够办理成功，就尽量办理；若不能办理，相关费用由被告李某承担，以上200万元退还给原告。后采砂证未能办理。两被告共计退还原告150万元，尚欠50万元。2014年8月1日，被告李某向原告出具借条一张，写明“今借到程某某人民币陆拾万元整，至2014年12月1日还清，超过2014年12月1日未还清，每天按人民币伍仟元收取违约金，并以房产证为抵”，同时注明担保人为曾某某。该60万元中，含有被告应支付的10万元利息。双方因此发生纠纷，原告诉至本院。

法院判决

本案应按委托合同关系审理。委托合同是委托人和受托人约定，由受托人处理委托人事务的合同。委托人可以特别委托受托人处理一项或者数项事务，也可以概括委托受托人处理一切事务。双方达成的口头协议，符合委托合同关系的特征，是双方当事人的真实意思表示，该口头协议合法有效。后办证未果，被告李某向原告出具借条，表示愿还清尚未退还的费用。此应视作双方解除了此前达成的口头委托合同。根据双方口头协议，被告应退还相关费用。被告李某在借条上所写的60万元，虽包含10万元利息，但此系双方就解除委托合同被告所应承担责任的合意，也系双方真实意思表示，不违反法律强制性规定，被告李某应向原告退还此60万元。被告曾某某在李某出具的借条上作为担保人，且被告曾某某作

① 审理法院：湖北省武汉市洪山区人民法院，案号：（2016）鄂0111民初1011号。

为受托人之一，根据《合同法》第四百零九条的规定，应对该笔债务承担连带责任。

专家点评

本案委托关系中的委托人为程某某，受托人为曾某某和李某，即符合法条规定的“两个以上的受托人共同处理委托事务的”之情形，即曾某某与李某帮助程某某办理采砂证。曾某某与李某某作为两个受托人，二人对于委托事项所产生的债务应当互相承担连带责任。

第九百三十三条　委托人或者受托人可以随时解除委托合同。因解除合同造成对方损失的，除不可归责于该当事人的事由外，无偿委托合同的解除方应当赔偿因解除时间不当造成的直接损失，有偿委托合同的解除方应当赔偿对方的直接损失和合同履行后可以获得的利益。

【条文释义】

本条是对委托合同当事人任意解除权的规定。

在委托合同中，合同的当事人双方均享有任意终止权，可任意终止合同。这是因为委托基于信任关系而产生主观任意性。如果当事人在信念上对对方的信任有所动摇时，就应不问有无确凿的理由，均允许其随时终止合同。

因解除合同给对方造成损失的，属于不可归责于该当事人的事由的，该方当事人不承担赔偿责任。除此之外，承担赔偿责任的规则是：（1）无偿委托合同的解除方应当赔偿因解除时间不当给对方造成的直接损失，由于是无偿委托合同，因而只对解除时间不当造成的损失承担责任，其他原因均不构成赔偿责任的根据；（2）有偿委托合同的解除方应当赔偿对方的直接损失和合同履行后可以获得的利益，即直接损失和间接损失。理由是，既然是有偿委托，就应当承担行使任意解除权所造成的后果。

【案例评注】

胡某、大成婚介所服务合同纠纷案[①]

基本案情

2017年5月30日，胡某（乙方）与大成婚介所（甲方）签订《婚介服务协议书》一份，该合同约定内容概括如下：1. 甲方为乙方胡某服务的时限为6个月……8. 甲乙双方商定服务费用为18880元……11. 本协议双方签字后，立即生效。甲方或乙方单方撕毁协议均视为违约。由违约一方承担全部经济责任。征婚是一个多次和长期的选择过程，乙方对推荐人选和自选人选不满意，应另选他人。乙方因自身因素要求终止婚介服务，应视为乙方单方违约……该婚介服务合同签定的同时，胡某在大成婚介所处还填写了一份《女士猎头卡基本信息表》，该信息表对征婚异性要求表述为：找年龄45岁以内、身高在1米70左右、学历为进修本科、正规专科、正规本科，以结婚为目的、家庭关系简单，人有文化素养、人品好。

2017年5月30日、6月3日，胡某通过其银行卡转账方式向大成婚介所投资人胡某某银行卡转账支付服务费合计10000元。2017年6月3日，大成婚介所向胡某介绍了一位男性会员詹某某（有婚史已离婚、有硕士学历、年龄45岁以内、身高1米56）见面履行婚介服务。此后2017年6月6日、2017年6月13日，大成婚介所经办人多次打胡某的联系电话向其介绍男性会员约定见面事宜，但胡某不予理睬。2017年8月27日、11月18日、11月23日，胡某及其委托代理人尹某某一起到大成婚介所办公室要求查看上述《婚介服务协议书》及《女士猎头卡基本信息表》等内容时，胡某、尹某某与大成婚介所相关人员发生争执和吵闹。2017年11月24日，胡某、尹某某到大成婚介所办公室向大成婚介所发出一份《撤销要约通知书》。该通知书内容如下："武汉市大成婚姻介绍所暨胡某某：鉴于本人于2017年5月30日到你处签定有'婚介服务协议书'，并在你处作了登记，后多次与你交涉要求给一份婚介服务协议书原件，你均找理由不予以提供，并表示因为另有8千元没有交齐，所以不能给。现本人依法向你撤销要约，即撤销上述婚介服务协议书中本人发出的约定；同时要求你收到本通知之日起一天内返还本人对你的银行转账1万元。"后胡某诉至法院。

---

① 审理法院：湖北省武汉市中级人民法院，案号：（2018）鄂01民终6093号。

法院判决

本案双方于2017年5月30日签订《婚介服务协议书》，该合同系当事人之间真实意思表示，未违反法律、行政法规禁止性规定，自双方签字或盖章后即成立并生效。合同成立后双方订约过程完成，任一合同方均无法撤销已在合同订立过程中完成的邀约或承诺，故胡某2017年11月24日发出的《撤销要约通知书》不发生导致《婚介服务协议书》不成立的后果。另外，撤销要约与解除合同在性质上有本质区别，胡某发出的《撤销要约通知书》不应认定为解除合同的意思表示，当然不具有解除合同的法律效力。从本案有关证据来看，大成婚介所在收到胡某交付的1万元服务费后，开始向胡某履行约定义务并安排了一次婚介服务，虽然该次婚介中胡某不符合男方征婚要求，但大成婚介所在安排见面之前向胡某告知了男方的全部有关信息并征得胡某同意，故该次婚介服务不应认定大成婚介所违约。由于该次婚介未成功，胡某因此未再配合大成婚介所继续履行合同，转而要求大成婚介所退还服务费。虽然大成婚介所在履约过程中确实存在未按约定向胡某交付一份协议以及与接受服务方沟通不畅等瑕疵，但基本是按照《婚介服务协议书》的约定履行义务，故法院认为大成婚介所不存在根本性或者重大违约行为，该合同无法继续履行系因胡某未予配合，大成婚介所无须承担违约责任。鉴于本案双方订立的合同系服务性质，接受服务方有权随时停止接受服务，故胡某在本案诉讼中要求解除《婚介服务协议书》于法有据，但胡某应为解除合同赔偿大成婚介所相应的损失。同时，考虑到大成婚介所已为胡某提供了部分约定婚介服务，胡某要求大成婚介所退还全部费用于法无据。法院根据双方合同履行情况，酌情确定大成婚介所退还胡某2000元。

专家点评

本案中，委托人胡某与受托人大成婚介所建立委托合同关系，大成婚介所确已提供一定婚介服务，胡某理应支付相应报酬。现胡某单方要求解除双方的《婚介服务协议》，必然给合同对方造成一定的损失，且该解除事由并非属于不可归责于当事人，故胡某应当赔偿损失。法院酌情确定赔偿服务费10000元中的合理部分，即2000元。根据现行规定，案涉合同为有偿合同，如果胡某行使任意撤销权，则大成婚介所可以主张的赔偿包括直接损失和间接损失。

第九百三十四条　委托人死亡、终止或者受托人死亡、丧失民事行为能力、终止的，委托合同终止；但是，当事人另有约定或者根据委托事务的性质不宜终止的除外。

【条文释义】

本条是对委托合同终止原因的规定。

在委托法律关系存续期间，委托关系终止的事由是：（1）委托人或者受托人一方死亡；（2）受托人一方丧失民事行为能力；（3）法人或者非法人组织破产。除外的情形是：（1）双方当事人另有约定，如委托律师诉讼的委托合同约定不因委托人死亡而停止代理诉讼。（2）根据委托事务的性质不宜终止，如对委托人死亡或者丧失行为能力发生过疑问。

本条规定与民法典总则编第 173 条第 3 至第 5 项的规定相一致。

【案例评注】

季某与北京大学返还原物纠纷案[①]

基本案情

2001 年 7 月 6 日，季某的父亲季某某先生与北京大学签订捐赠协议，约定将协议附件一概列的 14 类藏书、手稿、古今字画等珍贵文物分批捐赠。协议第 10 条约定：双方指定专人办理交接手续，交接清单一式两份，赠与人和受赠人签字后生效。2008 年 12 月 5 日，季某某先生书嘱声明："原来保存在北大图书馆里的一切书籍文物只是保存而已，我从来没有说过全部捐赠。"12 月 6 日书嘱："全权委托我的儿子季某全权处理有关我的一切事物、务。"北京大学于 2009 年 1 月 13 日向季某某先生及全权受托处理撤销协议的季某报告保存文物清点数共 577 件。2009 年 7 月 11 日，季某某先生逝世。虽经季某一直登门追返上述存物，但北京大学至今未予原物返还。

法院判决

关于季某是否可以依据该书嘱提起本案诉讼的问题，人民法院经审理认为，北京大学在本案中主张，根据《合同法》第四百一十一条之规定，委托人或者受托人死亡、丧失民事行为能力或者破产的，委托合同终止。本案中，季某某先生作为委托人已于 2009 年 7 月 11 日逝世，2008 年 12 月 6 日的书嘱也应终止，因而

① 审理法院：北京市第一中级人民法院，案号：（2013）一中民初字第 5602 号。

季某并非提起返还原物之诉的权利人。但是，《合同法》第四百一十一条同时还规定，当事人另有约定或者根据委托事务的性质不宜终止的除外。即在当事人另有约定或者委托事务依其性质不宜终止的情况下，原委托合同并不终止。季某某先生作为文化巨人，逝世后必然有很多生前以其名义开展的具体事务需要做后续处理，本案所涉捐赠事宜的后续处理就属于这种情况。因此，本院认定2008年12月6日的书嘱在尊重季某某先生生前意愿处理其后续事务的范围内不宜终止。在此前提之下，就履行委托合同的后续事宜发生争议的，季某应有权提起诉讼。

专家点评

民法典合同编第934条对委托合同的终止原因作出了规定。在委托法律关系存续期间，委托关系终止的事由是：第一，委托人或受托人一方死亡；第二，受托人一方丧失民事行为能力；第三，法人或非法人组织终止。除外的情形是：第一，双方当事人另有约定；第二，根据委托事务的性质不宜终止。北京大学在本案中主张，季某某先生作为委托人已于2009年7月11日逝世，2008年12月6日的书嘱也应终止，因而季某并非提起返还原物之诉的权利人。但是，根据民法典合同编第934条的规定，在委托人死亡的情况下，根据委托事务的性质不宜终止委托合同的，原委托合同并不终止。季某某先生作为文化巨人，逝世后必然有很多生前以其名义开展的具体事务需要做后续处理，本案所涉捐赠事宜的后续处理就属于这种情况。因此，人民法院认定2008年12月6日的书嘱在尊重季某某先生生前意愿处理其后续事务的范围内不宜终止。在此前提之下，就履行委托合同的后续事宜发生争议的，季某应有权提起诉讼。

第九百三十五条　因委托人死亡或者被宣告破产、解散，致使委托合同终止将损害委托人利益的，在委托人的继承人、遗产管理人或者清算人承受委托事务之前，受托人应当继续处理委托事务。

【条文释义】

本条是对委托合同终止后受托人继续处理委托事务的规定。

因委托人死亡或者终止，委托合同当然终止。但是，如果出现致使委托合同终止将损害委托人利益的情况时，委托人负有继续处理委托事务的义务，即在委托人的继承人、遗产管理人或者清算人承受委托事务之前，受托人应当继续处理委托事务，不能停止委托事务的处理。与民法典总则编第 174 条的规定相衔接，继续处理委托事务义务的期间，是自委托人死亡或者终止之时起，至委托人的继承人或者清算组织承受委托事务之前。超过这个期间的，受托人不再承担继续处理委托事务的义务。

【案例评注】

金英某、金银某与金某委托合同纠纷案[①]

基本案情

金某某与刘某某于 2016 年 4 月 25 日签订采砂场转让协议书，协议书的主要内容为：甲方恒丰建筑公司，乙方宏卫采砂场。甲方以人民币 150 万元的价格购买乙方的采砂场一处。付款方式为甲方用图们市光明街鑫源二期四号楼（住宅）顶给乙方，以上两户房屋作价 100 万元，余款 50 万元，甲方在 2016 年 9 月末支付给乙方。

上述协议签订后，因恒丰建筑公司和刘某某一直未全部履行合同义务。金某某与金某达成口头协议，口头协议的内容为：金某替金某某向恒丰建筑公司和刘某某追讨拖欠的采砂场转让款 100 万元，追讨成功后，金某某应向金某支付 40 万元。金某某于 2018 年 1 月 11 日因病去世。金某某的第一顺位法定继承人分别为大女儿金英某，小女儿金银某。金某某去世后，金英某和金银某均未要求金某停止替金某某向恒丰建筑安装有限公司和刘某某索要欠款。

法院判决

金某某去世后，金某是否应当继续处理金某某委托他的事务？人民法院经审理认为，因委托人死亡、丧失民事行为能力或者破产，致使委托合同终止将损害委托人利益的，在委托人的继承人、法定代理人或者清算组织承受委托事务之前，受托人应当继续处理委托事务。本案中，首先，在金某某去世之前，该委托事务已经开始实施。其次，被告金某在办理委托事务时，经与金某某协调后已将该笔债权转移至被告金某名下，如此时委托合同终止，将因债权已被转让损害到委托人利益。最后，二原告作为金某某的继承人，在金某某去世之前已经知道金某某与被告金某之间的口头协议内容，但其二人在金某某去世后，并未要求被告

---

① 审理法院：吉林省图们市人民法院，案号：（2018）吉 2402 民初 727 号。

金某停止办理委托事务，亦未表示由其二人承受委托事务。综上，被告金某在金某某去世后继续处理委托事务的行为有效。

专家点评

民法典合同编第935条规定了受托人继续处理委托事务的义务。因委托人死亡、丧失民事行为能力或者终止，委托合同当然终止。但是，如果出现致使委托合同终止将损害委托人利益的情况时，委托人负有继续处理委托事务的义务，即在委托人的继承人、遗产管理人、法定代理人或者清算人承受委托事务前，受托人应当继续处理委托事务，不能停止委托事务的处理。本案中，金某某去世时，金某已经开始实施委托事务，如果金某停止实施委托事务会损害委托人的利益，因此金某应继续处理委托事务。

第九百三十六条 因受托人死亡、丧失民事行为能力或者被宣告破产、解散，致使委托合同终止的，受托人的继承人、遗产管理人、法定代理人或者清算人应当及时通知委托人。因委托合同终止将损害委托人利益的，在委托人作出善后处理之前，受托人的继承人、遗产管理人、法定代理人或者清算人应当采取必要措施。

【条文释义】

本条是对受托人的继承人、遗产管理人、法定代理人或者清算人采取必要措施的规定。

在委托合同关系存续期间，因受托人死亡、丧失民事行为能力或者终止，致使委托合同终止的，受托人的继承人、遗产管理人、法定代理人或者清算人应当负担的义务是：

1. 及时通知义务：将委托人死亡、丧失民事行为能力或者终止的情形，及时通知委托人，便于委托人尽快选择新的受托人，作出善后处理。

2. 采取必要措施义务：如果因委托合同终止将损害委托人利益的，在委托人作出善后处理之前，受托人的继承人、遗产管理人、法定代理人或者清算组织应当依照诚实信用原则，采取必要措施。必要措施包括消极的保存行为和积极的对委托事务的处理，如保存好与委托事务有关的单证和资料，保管好委托事务的财产，以便交付给委托人。采取措施的期间是，自受托人死亡、丧失民事行为能力或者终止之时起，至委托人作出善后处理之前。

【案例评注】

刘某某与丁某某、闫某物权保护纠纷案[①]

基本案情

青州市聚墨轩画廊系闫某江于2013年8月2日经青州市工商行政管理局注册成立的个体工商户，经营者为闫某江。闫某江于2014年12月20日因病去世，2015年1月14日青州市聚墨轩画廊被注销。2015年1月19日，闫某经青州市工商行政管理局注册成立个体工商户，名称为青州市聚墨轩画廊，经营者为闫某。

2013年12月25日，闫某江为原告刘某某出具收到条一份，并加盖了“青州市聚墨轩画廊”公章。该收到条载明：“今收到刘某某院长作品5幅共计27.5平尺，按每平尺2万元销售，售后即付款；如售不出，画家随时可以收回作品。作品在画廊期间要保证保管好，达到完好无损。”闫某江与被告丁某某系夫妻关系，与被告闫某系父子关系。2016年11月13日，原告与被告丁某某通电话，被告丁某某在电话中认可闫某江去世一个月后在青州市聚墨轩画廊里见到原告的绘画作品，被告丁某某陈述将青州市聚墨轩画廊内的财产包括原告绘画作品交给案外人杨某变卖，此后这些绘画作品下落不明。原告向人民法院提起诉讼，请求人民法院判令被告丁某某、闫某支付原告刘某某五幅绘画作品货款55万元。

法院判决

人民法院经审理认为，因受托人死亡，丧失民事行为能力或者破产，致使委托合同终止的，受托人的继承人、法定代理人或者清算组织应当及时通知委托人。因委托合同终止将损害委托人利益的，在委托人作出善后处理之前，受托人的继承人、法定代理人或者清算组织应当采取必要措施。本案中，闫某江作为受托人死亡，委托合同终止，丁某某、闫某作为闫某江的继承人应当及时通知原告并采取必要措施防止其利益受损，但丁某某、闫某未及时返还原告五幅绘画作品亦未支付代售绘画作品的等值价款。诉讼过程中，被告丁某某、闫某已明确表示

---

① 审理法院：山东省青州市人民法院，案号：（2018）鲁0781民初3171号。

已不能返还五幅绘画作品，故原告要求二被告支付五幅绘画作品货款55万元的诉讼请求，有事实及法律依据，人民法院予以支持。

专家点评

根据民法典合同编第936条的规定，在委托合同关系存续期间，因受托人死亡、丧失民事行为能力或者终止，致使委托合同终止的，受托人的继承人、遗产管理人、法定代理人或者清算人应当负担的义务是：第一，及时通知义务：将受托人死亡、丧失民事行为能力或者终止的情形，及时通知委托人，便于委托人尽快选择新的受托人，作出善后处理；第二，采取必要措施义务：如果因委托合同终止将损害委托人的利益，在委托人作出善后处理之前，受托人的继承人、法定代理人或清算组织应当依照诚实信用原则，采取必要措施，必要措施包括消极的保存行为和积极的对委托事务的处理。采取措施的期间是，自受托人死亡、丧失民事行为能力或者终止之时起，至委托人作出善后处理之前。本案中，闫某江作为受托人死亡，委托合同终止，丁某某、闫某作为闫某江的继承人应当及时通知原告并采取必要措施防止其利益受损。但丁某某、闫某并未履行“采取必要措施”的义务，致使五幅绘画作品下落不明，应当对此承担损害赔偿责任。

第二十四章　物业服务合同

第九百三十七条　物业服务合同是物业服务人在物业服务区域内，为业主提供建筑物及其附属设施的维修养护、环境卫生和相关秩序的管理维护等物业服务，业主支付物业费的合同。

物业服务人包括物业服务企业和其他管理人。

【条文释义】

本条是对物业服务合同和物业服务人的概念的规定。

物业服务合同，是物业服务人在物业服务区域内，为业主持续提供建筑物及其附属设施的维修养护、环境卫生和相关秩序的管理维护等物业服务，业主支付物业费的合同。其法律特征是：

1. 物业服务合同的主体是享有建筑物区分所有权的业主和物业服务人，互为权利义务主体。

2. 合同的内容是物业服务，即在物业服务区域内，为业主提供建筑物及其附属设施的维修养护、环境卫生和相关秩序的维护等物业方面的服务。

3. 物业服务合同是双务、有偿合同，业主负有支付物业费的义务。

物业服务人是通过物业服务合同承担区分所有建筑物管理服务的民事主体，既包括具有专业资质和法人资格的物业服务企业，也包括其他物业管理人，如单个的具有专业物业管理技能的自然人或者非法人组织。

【案例评注】

建明物业与田某某物业服务合同纠纷案①

基本案情

2012年9月5日，唐山市南港新城业主委员会解聘顺祥服务公司对南港新城的物业管理，重新招聘原告建明物业对南堡开发区南港新城小区进行物业管理，并与建明物业签订《南港新城业主委员会委托物业公司合同》。该合同对物业管理内容，管理形式、期限，合同双方权利义务，合同更改、补充、终止等事项进行了约定，其中物业收费标准为每平方米每月1元，物业管理期限自2014年9月1日至2017年8月31日。被告田某某系南港新城小区115－4－××号房屋业主，自2016年9月1日起至2017年8月31日止，未向原告如期缴纳物业管理费用共计1125元。

法院判决

人民法院经审理认为，物业服务合同是物业服务企业与业主之间签订的，约定由物业服务企业提供对房屋及配套设施、相关场所进行维修、维护、管理以及对相关区域的环境卫生进行清洁，维护区域内公共秩序，并由业主支付报酬的服务合同。本案中，原告建明物业与案涉小区业主委员会签订的《南港新城业主委员会委托物业公司合同》，系双方真实意思表示，且不违反法律、法规强制性禁止性规定，应认定为合法有效，该合同由业主委员会签订，故对案涉小区全体业主产生法律约束力。上述合同对物业服务管理事项、内容及收费标准、期限等进行了详细的约定，合同双方应当按照协议约定全面履行合同义务。原告在如约履行物业服务义务后，被告田某某应如约按期、足额缴纳物业费用，逾期、拒绝缴纳，构成违约，应当承担相应的违约责任。

专家点评

民法典合同编针对现实生活中大量存在的物业服务合同纠纷，在总结有关法律、行政法规和司法解释的基础上，结合相关学说理论，将物业服务合同列为有名合同之一作出了规定。根据民法典合同编第937条的规定，物业服务合同是物

---

① 审理法院：河北省唐山市曹妃甸区人民法院，案号：（2018）冀0209民初3675号。

业服务人在物业服务区域内，为业主持续提供建筑物及其附属设施的维修养护、环境卫生和相关秩序的管理维护等物业服务，业主支付物业费的合同。本案中，人民法院出于审判工作的需要，在裁判文书上对物业服务合同作出了定义，与民法典合同编对物业服务合同的界定基本相符。

第九百三十八条 物业服务合同的内容一般包括服务事项、服务质量、服务费用的标准和收取办法、维修资金的使用、服务用房的管理和使用、服务期限、服务交接等条款。

物业服务人公开作出的有利于业主的服务承诺，为物业服务合同的组成部分。

物业服务合同应当采用书面形式。

【条文释义】

本条是对物业服务合同主要内容和形式的规定。

物业服务合同的内容包括：

1. 服务事项：是双方约定的物业服务的具体事项，包括区分所有建筑物的维护、管理、修缮等内容。

2. 服务质量：是物业服务事项应当达到的质量标准和要求。

3. 服务费用的标准和收取办法：约定按照什么样的标准收费，如每平方米应当收取多少钱，月交、季交还是年交等。

4. 维修资金的使用：约定在何种项目、何种情况下使用维修基金。

5. 服务用房的管理和使用：对属于业主共有的服务用房，物业公司如何进行管理，如何使用等。

6. 服务期限：约定物业服务合同的起止时间。

7. 服务交接：约定在终止服务合同时如何移交管理业务。

8. 其他条款：如违约条款、纠纷解决办法等合同应有的条款。

对物业服务合同内容的特别规定是：物业服务人无论是在宣传、广告以及以其他形式所作的承诺，究竟是否具有拘束力，应当区分具体内容。对于物业服务人通过这些形式公开作出的有利于业主的服务承诺，属于物业服务合同的组成部分，对物业服务人具有合同拘束力。对于那些不利于业主的承诺，以及其他不具有有利于业主的服务承诺的内容，不具有合同的拘束力，不是物业服务合同的内容。

物业服务合同是要式合同，应当采用书面形式，目的是将双方当事人的权利义务关系用文字形式固定下来，避免发生争议。

【案例评注】

中盛物业与杨某某物业服务合同纠纷案[①]

基本案情

2013年9月25日，杨某某与中盛置业公司签订了商品房买卖合同，杨某某购买了中盛置业公司开发的面积101.86平方米房屋，同年入住。2013年9月、2015年9月中盛置业公司与中盛物业签订了《前期物业服务合同》，由中盛物业为该小区进行物业服务。杨某某2015年度、2016年1月至3月的物业费用未缴纳。2015年3月、2015年7月、2015年10月、2016年3月，中盛物业向杨某某发出了书面缴纳通知，杨某某仍未缴纳。

法院判决

人民法院经审理认为，《物业管理条例》第三十五条规定："业主委员会应当与业主大会选聘的物业服务企业订立书面的物业服务合同。物业服务合同应当对物业管理事项、服务质量、服务费用、双方的权利义务、专项维修资金的管理与使用、物业管理用房、合同期限、违约责任等内容进行约定。"[②] 第四十二条第一款规定："业主应当根据物业服务合同的约定交纳物业服务费用。"《最高人民法院关于审理物业服务纠纷案件具体应用法律若干问题的解释》第一条规定："建设单位依法与物业服务企业签订的前期物业服务合同，以及业主委员会与业主大会依法选聘的物业服务企业签订的物业服务合同，对业主具有约束力。"第六条规定："经书面催交，业主无正当理由拒绝交纳或者在催告的合理期限内仍未交纳物业费，物业服务企业请求业主支付物业费的，人民法院应予支持。"根据上述规定，被告杨某某应承担补交2015年度、2016年1月至3月的物业费的违约责任。

---

① 审理法院：吉林省通化市东昌区人民法院，案号：(2016) 吉0502民初1459号。

② 《物业管理条例》(根据2016年2月6日《国务院关于修改部分行政法规的决定》第二次修订)第三十四条。

专家点评

民法典合同编第938条是对物业服务合同内容和形式的规定。物业服务合同一般应就物业管理事项、服务质量、服务费用、双方的权利义务、专项维修资金的管理与使用、物业管理用房、合同期限、违约责任等内容进行约定。根据民法典合同编第939条的规定，在业主委员会与业主大会依法选聘的物业服务企业签订的物业服务合同签订之前，建设单位依法与物业服务企业签订的前期物业服务合同对业主具有约束力。前期物业服务合同也需要对与物业服务相关的必要内容作出约定。本案中，关于服务费用，涉案前期物业服务合同是按每平方米多少元进行计算的，不违反民法典合同编对服务费用的相关规定。因此，被告杨某某应承担补交物业费的违约责任。

第九百三十九条 建设单位依法与物业服务人订立的前期物业服务合同，以及业主委员会与业主大会依法选聘的物业服务人订立的物业服务合同，对业主具有法律约束力。

【条文释义】

本条是对不同主体订立物业服务合同对业主效力的规定。

从物业服务合同订立主体的角度为标准，可以将物业服务合同分为建设单位与物业服务人订立的前期物业服务合同和业主委员会、业主大会依照法律规定选聘的物业服务人订立的物业服务合同。前一种物业服务合同之所以称为前期物业服务合同，是因为在区分所有建筑物的建设和销售过程中，尚未成立业主大会和业主委员会，建设单位只能先指定自己的物业公司或者与其他物业服务公司签订物业服务合同，对区分所有建筑物进行物业管理。当区分所有建筑物的业主成立了业主大会或者业主委员会后，该业主大会或者业主委员会才是选聘物业管理人的法定主体，他们代表全体业主选聘物业管理人签订的物业服务合同，是正式的、有效的物业服务合同。

两相比较，前期物业服务合同的签订并没有体现业主的意志，后者才是根据全体业主的意志选聘物业服务人订立的物业服务合同。不过，无论是建设单位依法与物业服务人订立的前期物业服务合同，还是业主委员会与业主大会依法选聘的物业服务人并订立的物业服务合同，都是合法的、有效的物业服务合同，签订之后都具有合同的法律效力，对双方当事人都具有法律效力。本条之所以特别规定两种物业服务合同对业主都具有法律约束力，除强调这一点外，还特别强调的是，前期物业服务合同尽管没有业主参与，但是对业主具有同样的法律拘束力。

【案例评注】

星元公司与被告王某某、魏某物业服务合同纠纷案[①]

基本案情

金土地公司开发了位于牡丹江市阳明区的金河湾小区。2011 年 7 月 3 日原告星元公司与金土地公司签订了金河湾一期共十栋楼的住宅及非住宅的前期物业管理委托服务合同，期限自 2011 年 7 月 3 日至业主委员会与物业管理企业签订的物业服务合同生效时止。被告王某某在 2009 年 10 月入住其购买的金河湾小区住宅，被告魏某于 2012 年 6 月与被告王某某结婚并入住。自 2011 年 8 月至 2014 年 2 月两被告未向原告交纳过物业管理费。

法院判决

人民法院经审理认为，根据《最高人民法院关于审理物业服务纠纷案件具体应用法律若干问题的解释》第一条的规定，建设单位依法与物业服务企业签订的前期物业服务合同，以及业主委员会与业主大会依法选聘的物业服务企业签订的物业服务合同，对业主具有约束力。业主以其并非合同当事人为由提出抗辩的，人民法院不予支持。本案中，二被告所居住的房屋位于原告与金土地公司签订的前期物业管理委托服务合同范围内，对二被告有法律约束力，二被告应当承担补交物业费的违约责任。

专家点评

民法典合同编第 939 条是对不同主体订立物业服务合同对业主效力的规定。从物业服务合同订立主体的角度而言，可以将物业服务合同分为建设单位与物业服务人订立的前期物业合同和业主委员会与业主大会依照法律规定选聘的物业服务人订立的物业服务合同。无论是建设单位依法与物业服务人订立的前期物业服务合同，还是业主委员会与业主大会依法选聘的物业服务人订立的物业合

---

① 审理法院：黑龙江省牡丹江市阳明区人民法院，案号：（2014）阳民初字第 60 号。

同，都是合法有效的物业服务合同，签订之后都具有合同的法律效力，都对业主具有约束力。原告与金河湾小区开发建设单位金土地公司签订了金河湾一期前期物业管理委托服务合同，两被告所居住的房屋位于金河湾小区一期，在原告提供的物业服务范围内。民法典合同编第939条规定建设单位依法与物业服务企业签订的前期物业服务合同，以及业主委员会与业主大会依法选聘的物业服务企业签订的物业服务合同，对业主具有约束力，因此原告与被告之间形成物业服务合同关系。

第九百四十条 建设单位依法与物业服务人订立的前期物业服务合同约定的服务期限届满前，业主委员会或者业主与新物业服务人订立的物业服务合同生效的，前期物业服务合同终止。

【条文释义】

本条是对前期物业服务合同与业主选聘订立的物业服务合同衔接的规定。

对区分所有建筑物的管理和维护，是一个持续不断的专业管理事业，既关系到区分所有建筑物的安全和寿命问题，更关系到全体业主的根本利益问题，无论哪一种物业服务合同及聘任的物业管理人，都必须对此认真负责，不可以在物业服务人的交替中出现衔接不上的问题，损害业主的利益。因此，前期物业服务合同与业主代表订立的物业服务合同在交替中，须实现无缝对接。不仅如此，在业主选任的物业服务人订立的物业服务合同生效，建设单位依法与物业服务人订立的前期物业服务合同约定的服务期限尚未届满的，业主委员会或者业主与新物业服务人订立的物业服务合同效力优先，一经生效的，前期物业服务合同即行终止，新的物业服务合同的物业管理人即时取得物业管理权，履行物业管理职责，前期物业服务合同的物业管理人不得以任何理由拒绝移交管理的物业。即使双方以何理由发生争执，都不得违背新的物业服务合同效力优先、可以对抗前期物业服务合同的这一规则。理由是，新的物业服务合同具有业主的意志，而前期物业服务合同没有业主的意志，因而才出现效力上的先后之分。

【案例评注】

三和新城业主委员会与瑞驰物业物业服务合同纠纷案[①]

基本案情

瑞驰物业系三和新城小区开发企业即三和房地产公司选聘的前期物业服务企业。三和房地产公司与瑞驰物业于2012年3月13日签订了一份《三和新城物业服务合同》，委托瑞驰物业对三和新城小区提供前期物业管理，合同约定的委托管理期限为长期。

兴义市三和新城业主委员会于2015年9月成立并登记备案。2017年5月19日，经评标后选出的中标物业企业为福顺居物业。2017年5月20日，福顺居物业与三和新城业主委员会签订《小区物业管理委托合同》，委托福顺居物业实施三和新城小区物业管理，委托管理期间为2017年5月20日至2022年12月31日，合同第三十四条约定："本合同自签字之日起生效"。

法院判决

关于三和房地产公司与瑞驰物业签订的前期5个月服务合同《三和新城物业服务合同》何时终止，人民法院经审理认为，根据国务院《物业管理条例》第二十六条的规定，前期物业服务合同可以约定期限；但是，期限未满、业主委员会与物业服务企业签订的物业服务合同生效的，前期物业服务合同终止。现福顺居物业与三和新城业主委员会签订的《小区物业管理委托合同》已于2017年5月20日生效，故三和房地产公司与瑞驰物业签订的前期物业合同即《三和新城物业服务合同》于2017年5月20日终止。

专家点评

民法典合同编第940条是对前期物业服务合同与业主选聘订立的物业服务合同效力的规定。该条有两层意思。第一，前期物业服务合同可以约定期限。第二，前期物业服务合同是一种附解除条件的合同。虽然期限未满，但业主委员会与物业服务企业签订的物业服务合同生效的，前期物业服务合同仍然终止。这是由前期物业服务本身的过渡性决定的。一旦业主组成了代表和维护自己利益的业

---

① 审理法院：贵州省兴义市人民法院，案号：（2017）黔2301民初5185号。

主大会，选聘了物业服务企业，进入了正常的物业管理阶段，则前期物业管理就不再有存在的必要，应自动终止，终止的时间以业主委员会与物业服务企业签订的物业服务合同生效时间为准。本案中，福顺居物业与三和新城业主委员会签订的《小区物业管理委托合同》已经生效，故三和房地产公司与瑞驰物业签订的前期物业合同即《三和新城物业服务合同》应随即终止。

第九百四十一条 物业服务人将物业服务区域内的部分专项服务事项委托给专业性服务组织或者其他第三人的，应当就该部分专项服务事项向业主负责。

物业服务人不得将其应当提供的全部物业服务转委托给第三人，或者将全部物业服务支解后分别转委托给第三人。

【条文释义】

本条是对物业服务人委托第三人管理部分专项服务事项的规定。

从性质上看，物业服务合同类似于承揽合同，受到承揽人亲自履行承揽业务规则的约束。这是因为，物业服务人是业主大会或者业主委员会以及建设单位根据其资质和管理业务水平等因素选聘的，物业服务人如果在接受选聘后，不是亲自进行物业管理业务而是转包给他人，就失去了选聘的意义。不过，这一规则并不意味着物业管理人不得将任何物业管理事项委托给他人进行。有些专项服务事项具有专业性质，是物业管理人无法胜任或者须委托他人进行的，法律允许委托第三人负责。所以，物业服务人将物业服务区域内的部分专项服务事项委托给专业性服务组织或者其他第三人的，是可以的，不违反自己履行原则。不过，这不是转委托，而是部分委托，并且对于部分委托的事项，物业管理人仍然不能推脱责任，应当就该部分的专项服务事项仍然向业主负责，而不是由接受部分委托的专业性服务组织或者第三人向业主负责。

正因如此，本条第 2 款规定，物业服务人必须自己亲自履行，不得违反。违反该规则的行为是：（1）将其应提供的全部物业服务转委托给第三人，这是公然违反亲自履行原则的严重违约行为；（2）将全部物业服务支解后分别转委托给第三人，这是变相违反亲自履行原则的违约行为。出现这些情况，都须承担违约责任。

【案例评注】

盛世华城业主委员会与伟琦物业公司、陈某某物业服务合同纠纷案①

基本案情

2016年12月20日，梁山县盛世华城业主委员会作为委托方（甲方）与受托方伟琦物业公司（乙方）签订《盛世华城物业服务协议》，约定伟琦物业公司为涉案小区提供物业服务。2017年12月21日、2018年1月11日，盛世华城业主委员会分别向伟琦物业公司致函，通知物业服务期限届满，终止服务合作，并要求伟琦物业公司腾退物业管理用房并办理物业交接手续。伟琦物业公司于2018年1月24日向盛世华城业主委员会复函，载明："贵会2018年1月11日的信函收悉，贵会也曾于2017年12月21日发函给我公司，我立即向合作人吕某某、郑某某、陈某某和担保人苏某某发函，于2017年12月31日终止与我公司的合作，并正式通知他们：1. 我公司与盛世华城物业服务项目合同已到期，请你们接通知后尽快按程序进行相关物业的交接；2. 截至12月31日，我公司正式解除与吕某某、郑某某、陈某某的该项目委托管理关系，请合作人吕某某、郑某某于2017年12月28日之前，到我公司办理相关解除合约手续；3. 我公司将发表社会声明：2018年1月1日之后我公司物业合同已到期，该小区发生的物业管理事项与我公司无关。因此，从2018年1月1日之后，相关人员在贵小区的行为属于其个人行为，与我公司无关。"

法院判决

关于伟琦物业公司在履行合同过程中是否存在违约，人民法院经审理认为，《物业管理条例》第三十九条规定："物业服务企业可以将物业管理区域内的专项服务业务委托给专业性服务企业，但不得将该区域内的全部物业管理一并委托给他人。"且在双方签订的《盛世华城物业服务协议》中双方权利义务部分也对物业服务转委托作出禁止性约定。被告伟琦物公司在履约过程中，擅自将涉案小区物业管理委托吕某某、陈某某、郑某某，已构成违约。

---

① 审理法院：山东省济宁市任城区人民法院，案号：（2018）鲁0811民初6876号。

专家点评

民法典物权编第 941 条是对物业服务企业委托第三人管理部分专项服务事项的规定。该规定有两层含义：第一，物业服务企业可以将专项服务业务委托给专业化公司。在专项服务业务转委托之后，物业服务企业和业主之间，仍然是物业服务合同关系，物业服务企业就专业服务企业提供的服务向业主负责。第二，物业服务企业不得把整体服务业务委托给他人。这一规定的原因在于，合同具有相对性，且业主需要的是物定化的物业服务。业主是根据物业服务企业的资质、业绩、履约能力等选择的，如果物业服务企业再把全部物业服务委托给他人，势必违背业主选择该物业服务企业的目的，损害合同相对人的合法权益。本案中，被告伟琦物公司在履约过程中，擅自将涉案小区物业管理委托吕某某、陈某某、郑某某，已构成违约。

第九百四十二条 物业服务人应当按照约定和物业的使用性质，妥善维修、养护、清洁、绿化和经营管理物业服务区域内的业主共有部分，维护物业服务区域内的基本秩序，采取合理措施保护业主的人身、财产安全。

对物业服务区域内违反有关治安、环保、消防等法律法规的行为，物业服务人应当及时采取合理措施制止、向有关行政主管部门报告并协助处理。

【条文释义】

本条是对物业服务人的物业服务职责范围的规定。

物业管理人履行物业管理职责的依据，是物业服务合同的约定和物业服务的性质。物业服务人应当履行的主要管理职责是：

1. 妥善维修、养护、清洁、绿化和经营管理物业服务区域内的业主共有部分：维修、养护是对建筑物及其附属设施的本身功能、寿命而言，清洁、绿化是对物业内环境的美化和保持，使业主的生活环境能够保持适宜，经营是对共有部分的利用并获得收益，例如用公共空间刊登广告等，使业主获得利益。对于这里提到的共有部分，不可作为狭义理解，对于建筑物的基础部分、外墙部分等，都应解释为共有部分。

2. 维护物业服务区域内的基本秩序：包括公共生活秩序、道路交通秩序、环境管理秩序等。

3. 采取合理措施保护业主的人身、财产安全：负有安全保障义务，防止建筑物对业主的危害，防范违法犯罪人员实施侵害业主的人身和财产的行为；对于业主之外接近或者进入物业管理区域的人员的人身安全，也应负有职责，防止建筑物的脱落物、坠落物致害他人，否则，将依照民法典侵权责任编第1254条规定承担责任。

本条第2款规定的是物业管理人纠正违法违规行为的职责范围。对物业服务区域内违反有关治安、环保、消防等法律、法规的行为，其行为主体不仅有外来人员，也包括自己物业管理区域的业主，只要是在物业管理区域之内的人员实施上述行为，物业服务人都有权及时采取合理措施予以制止，防止损害全体业主的利益。在对违法、违规的上述行为进行制止的同时，物业管理人应当及时向有关行政管理部门报告并协助处理，特别是需要采取相应措施而物业管理人并无此种权利的制止措施，物业管理人自己不得实施。

【案例评注】

东方尊峪物业服务中心与方某某物业服务合同纠纷案[①]

基本案情

原告是万科物业公司所属分公司，万科物业公司是一家专门从事小区物业管理的企业。2008年10月1日，万科物业公司与东方尊峪公司签订《前期物业服务合同》，约定东方尊峪公司委托原告为深圳市罗湖区莲塘罗沙路东方尊峪小区提供物业管理服务。

被告是东方尊峪花园的业主，房屋用途为住宅。被告自2008年入伙以来，一直依约向原告交纳物业管理费用。2012年，因被告相邻业主占用公共走廊安装防盗门等违规装修，原、被告产生物业管理纠纷。2012年，深圳市罗湖区规划土地监察局针对涉案房产相邻房产东方尊峪×栋××的业主存在违规装修的事实，先后作出《行政处罚决定书》《行政处罚告知书》《责令改正通知书》《停止违法行为通知书》，要求该业主拆除违章装修。

被告以原告未尽物业管理职责损害被告通风权、采光权为由，未向原告交纳物业服务费。

---

① 审理法院：广东省深圳市罗湖区人民法院，案号：（2019）粤0303民初16805号。

法院判决

人民法院经审理认为，我国《物业管理条例》第四十五条规定，对物业管理区域内违反有关治安、环保、物业装饰装修和使用等方面法律、法规规定的行为，物业服务企业应当制止，并及时向有关行政管理部门报告。《物业管理条例》第五十二条规定，业主需要装饰装修房屋的，应当事先告知物业服务企业。物业服务企业应当将房屋装饰装修中的禁止行为和注意事项告知业主。上述规定明确了物业企业对装修事项负有管理职责，有权且有义务制止不当装修行为。本案，原告并未提交证据证明其已将房屋装饰装修中的禁止行为和注意事项告知涉案房产相邻的违章装修的业主，更未制止该业主的违章装修行为，且该违章装修行为给涉案房产的通风、采光造成影响。因此，本院确认原告未能全面、恰当履行物业管理职责。有鉴于此，本院酌定被告按 80% 的比例向原告承担补交物业服务费的义务。

专家点评

民法典合同编第 942 条规定了物业服务企业纠正违法违规行为的职责。对物业服务区域内违反有关治安、环保等法律法规的行为，其行为主体不仅有外来人员，也包括自己物业服务区域内的业主。只要是在物业服务区域之内的人员实施该条所列违法违规行为，物业服务企业都有权及时采取合理措施予以制止，防止损害全体业主的利益。在对违法违规行为进行制止的同时，物业服务企业应及时向相关行政管理部门报告并协助处理。原告物业服务企业并未提交证据证明其已将房屋装饰装修中的禁止行为和注意事项告知涉案房产相邻的违章装修的业主，更未制止该业主的违章装修行为，且该违章装修行为给涉案房产的通风、采光造成影响。因此，人民法院确认原告未能全面、恰当履行物业管理职责。

第九百四十三条　物业服务人应当定期将服务的事项、负责人员、质量要求、收费项目、收费标准、履行情况，以及维修资金使用情况、业主共有部分的经营与收益情况等以合理方式向业主公开并向业主大会、业主委员会报告。

【条文释义】

本条是对物业服务人公开履行管理职责情况的规定。

说到底，物业管理人是全体业主的“管家”，应当按照业主的意志和利益管理物业，并对业主负责。物业服务人在履行管理职责的同时，负有报告的义务，将履行管理职责的情况及时报告和公开，使全体业主掌握物业管理的实际情况，以便根据业主自己的利益，决定自己的行为。

需要定期报告和公开的事项是：

1. 服务的事项：须一一列明。

2. 负责人员：包括总负责人和各项事项的负责人。

3. 质量要求：每一种具体管理事项的质量要求。

4. 收费项目：哪些项目是收费项目。

5. 收费计算标准：应当执行约定的标准，是否超出标准。

6. 履行情况：各项服务事项的履行情况。

7. 维修资金使用情况：依据何种根据使用、使用标准、使用数额、结余数额等。

8. 业主共有部分的经营与收益情况：特别是如何处置的结果。

9. 其他情况。

对于上述物业管理事项的情况，物业管理人应以合理方式向业主公开或者向业主大会、业主委员会报告，以便接受业主的监督，改进工作。

【案例评注】

金达园小区业主委员会诉华特物业公司物业服务合同纠纷案①

基本案情

华特物业公司于2000年接管金达园小区物业服务工作，且于2004年签订《物业管理合同》并提供物业服务至今。2012年8月6日，本届小区业主委员会经回龙观街道办事处备案成立后，屡次要求华特物业公司公开小区相关物业资料，华特物业公司予以拒绝，遂向人民法院起诉，请求判令华特物业公司公开小区相关物业资料。

法院判决

一审法院经审理查明，2012年8月6日，金达园小区经备案成立了金达园业

① 审理法院：一审法院为北京市昌平区人民法院，案号：（2013）昌民初字第4891号；二审法院为北京市第一中级人民法院，案号：（2013）一中民终字第14415号。

委会。金达园业委会成立后，华特物业公司就小区内中修费收支情况、外供暖服务收费及供暖维修情况进行了说明，并按照相关规定对 2010 年、2011 年、2012 年的物业服务项目收支情况进行了公示。一审法院认为，根据《最高人民法院关于审理建筑物区分所有权纠纷案件具体应用法律若干问题的解释》第十三条的规定，业主有权要求公示建筑物及其附属设施的维修资金的筹集、使用情况，物业服务合同、共有部分的使用和收益情况，建筑区划内规划用于停放汽车的车位、车库的处分情况。金达园业委会基于法律规定要求华特物业公司公示相关材料，而华特物业公司在向金达园业委会的复函以及在建委的公示材料中对涉及的中修费、对外供暖情况及供暖维修情况、小修费及车位费的收支情况均予以公布，应视为华特物业公司已经履行了公示义务。二审法院经审理认为，一审法院认定事实清楚，适用法律正确，遂予以维持。

专家点评

根据民法典合同编第 943 条的规定，物业服务人在履行管理职责的同时，负有报告的义务，将履行管理职责的情况及时报告和公开，使全体业主掌握物业管理的实际情况，以便根据业主自己的利益，决定自己的行为。本案中，华特物业公司就小区内中修费收支情况、外供暖服务收费及供暖维修情况进行了说明，并按照相关规定对 2010 年、2011 年、2012 年的物业服务项目收支情况进行了公示，应视为华特物业公司已经履行了报告义务。

第九百四十四条 业主应当按照约定向物业服务人支付物业费。物业服务人已经按照约定和有关规定提供服务的，业主不得以未接受或者无需接受相关物业服务为由拒绝支付物业费。

业主违反约定逾期不支付物业费的，物业服务人可以催告其在合理期限内支付；合理期限届满仍不支付的，物业服务人可以提起诉讼或者申请仲裁。

物业服务人不得采取停止供电、供水、供热、供燃气等方式催交物业费。

【条文释义】

本条是对业主向物业管理人支付物业费的规定。

物业服务合同是双务合同、有偿合同，物业管理人提供物业服务，接受物业服务的业主应当支付物业费。业主应当按照约定向物业服务人支付物业费，是业主的义务，是必须履行的。业主违反支付物业费的义务，应当强制履行。

业主履行支付物业费义务的强制性，包括三两个方面。

1. 不得无理拒绝：物业管理人进行物业管理，是按照合同的约定和有关规定进行的，只要提供了这些服务的，就是对全体业主提供的服务。如果业主以自己未接受或者无须接受相关物业服务为由，拒绝支付物业费，就是无理拒绝支付物业费，构成违约行为，应当承担违约责任。

2. 逾期支付物业费：业主违反约定逾期不支付物业费的，首先，物业服务人可以对业主进行催告，并且确定宽限期，要求其在合理宽限期限内支付；其次，业主超过宽限期仍不支付的，物业服务人可以提起诉讼或者申请仲裁，由法院或者仲裁机构进行裁决，对支付物业费的义务赋予强制执行力，当业主拒不履行裁决确定的支付报酬义务，法院可以强制执行。

3. 不得采取停止供电、供水、供热、供燃气等方式催交物业费。对于生活中存在的物业服务人采用供电、供水、供热、供燃气等方式催交物业费的行为，由于给业主生活带来极大不便，法律进行了明确禁止。

【案例评注】

三竹分公司与王某某物业服务合同纠纷案[①]

基本案情

王某某系北京市房山区××镇××小区××号楼××单元××室业主。2013年11月24日，王某某（甲方）委托他人与三竹分公司（乙方）签订《××物业服务合同》，约定甲方委托乙方提供物业管理服务；甲方需按时足额交纳物业服务费用及其他相关费用。

合同签订后，王某某足额交纳了2017年之前的物业服务费，欠交2017年全年物业服务费至今。

王某某在答辩意见中，认为自己不应该交物业费中的电梯费，因为王某某家住一楼，不使用电梯。

---

① 审理法院：北京市房山区人民法院，案号：（2018）京0111民初9017号。

法院判决

关于王某某提出的电梯费的问题，人民法院经审理认为，根据《最高人民法院关于审理物业服务纠纷案件具体应用法律若干问题的解释》第六条的规定，物业服务企业已经按照合同约定以及相关规定提供服务，业主仅以未享受或者无需接受相关物业服务为抗辩理由的，人民法院不予支持。涉案小区的电梯系公共设备设施，由三竹分公司负责运行维护，由此产生的费用应由业主共同负担，且双方物业合同中对电梯费有明确约定，对王某某有约束力。因此对王某某该项答辩意见，本院不予采纳。

专家点评

民法典合同编第944条是对业主向物业服务企业支付物业费的规定。物业服务企业已经按照合同约定以及相关规定提供服务的，业主不得以未接受或者无需接受相关物业服务为由拒绝支付物业费。本案中，涉案小区的电梯系公共设备设施，由三竹分公司负责运行维护，由此产生的费用应由业主共同负担，且双方物业合同中对电梯费有明确约定，对王某某有约束力。王某某以自己家住一楼不使用电梯为由拒绝支付物业费中的电梯费，属于违约行为。

第九百四十五条 业主装饰装修房屋的，应当事先告知物业服务人，遵守物业服务人提示的合理注意事项，并配合其进行必要的现场检查。

业主转让、出租物业专有部分、设立居住权或者依法改变共有部分用途的，应当及时将相关情况告知物业服务人。

【条文释义】

本条是对业主装饰装修、转让、出租等应事先告知的规定。

业主是建筑物区分所有权专有部分的所有权人，对其专有部分享有与所有权几乎没有区别的支配权。但是，在区分所有的建筑物中，不仅有专有部分，还有共用部分的共有权和共同管理的成员权，特别是全体业主共居同一小区，一举一动都关涉其他业主的利益。所以，业主在对自己专有部分的房屋进行装饰装修、转让、出租、设立居住权、依法改变共有部分用途的，都应当事先向物业管理人告知，使物业管理人知悉并掌握情况，便于行使管理职责。

对于业主的上述事项，本条分为两个层次作出规定：

1. 业主装饰装修房屋，原则上是自己的事情，自己做主，但是业主进行装饰装修虽然是行使支配权的行为，但是一家装修，会影响其他业主的安宁生活，处理不当，还会影响建筑物的安全和寿命，关乎全体业主的利益。所以，业主应当事先告知物业服务人，物业服务人提示的合理注意事项，业主应当遵守，不得违反，物业管理人还有权进行必要的现场检查。

2. 业主转让、出租专有部分、设立居住权，也是业主行使支配权的行为，他人无权干涉。即使依法改变共有部分用途而不违反物业管理公约的，也应当及时将相关情况告知物业服务人，使物业管理人掌握情况，便于行使管理职责。

【案例评注】

李某与中固安物业公司物业服务合同纠纷案[①]

基本案情

原告李某是北京市海淀区中关村南大街×号×区×号楼×单元×室业主，2018年4月18日下午与原业主到被告的综合服务厅办理了物业交接手续，同时缴纳了2018年全年物业费。2018年4月30日原告开始房屋装修，5月7日被告以原告未办理《装饰装修许可证》和装修不符合《中国农业科学院中关村院区住宅室内装饰装修管理办法》为由强制停电。5月9日上午原告按被告要求和安排前去被告处分别办理了《装饰装修许可证》，签署了《中国农业科学院中关村院区住宅物业管理服务协议》和《住宅室内装饰装修管理协议》，并缴纳装修押金5000元。后被告向人民法院提起诉讼，对其装修前到物业单位办理相关手续的义务不予认可，并请求人民法院判令被告返还已收取的5000元装修押金。

法院判决

对于原告是否有义务在装修前到物业单位办理相关手续以及是否应当返还5000元装修押金的问题，人民法院经审理认为，《物业管理条例》第五十二条明确规定，业主需要装饰装修房屋的，应当事先告知物业服务企业。物业服务企业应当将房屋装饰装修中的禁止行为和注意事项告知业主。原告李某购买房屋后，

① 审理法院：北京市海淀区人民法院，案号：（2018）京0108民初32552号。

未按规定告知物业并办理装修手续，违反规定自行装修导致纠纷，引发本案。对于原告李某所交装修押金5000元，为了约束不正当装修行为，且系按双方约定交纳，并无不当。原告李某现尚未装修完毕，其主张返还，无事实依据，人民法院不予支持。

专家点评

民法典合同编第945条旨在规范房屋装饰装修行为。其中第1款规定了业主装饰装修房屋前对物业服务企业的告知义务，第2款规定了物业服务企业对业主的告知义务。装饰装修房屋是业主的权利，但这一权利的行使应以不损害他人利益和社会公共利益为前提。在一个存在多位业主的物业管理区域内，业主装饰装修房屋的行为可能对其他业主造成影响。同时，物业服务企业有义务根据物业服务合同的约定对物业进行管理，而对物业及其共用部位、共用设施设备的结构、功能、使用等情况的了解是履行这一义务的前提。有鉴于此，民法典合同编第945条设定了业主装修房屋前对物业服务企业的告知义务。业主装饰装修房屋时，不得有违反法律法规规定及管理规约明确禁止的行为，并应该尽到合理的注意义务。考虑到业主对相关法律法规及管理规约并不一定完全了解，对房屋装饰装修中的禁止行为和注意事项并不一定都清楚，民法典合同编规定物业服务企业应当将房屋装饰装修中的禁止行为和注意事项告知业主。原告李某购买房屋后，未按规定告知物业并办理装修手续，违反规定自行装修，违反了业主装饰装修房屋前对物业服务企业的告知义务。

第九百四十六条 业主依照法定程序共同决定解聘物业服务人的，可以解除物业服务合同。决定解聘的，应当提前六十日书面通知物业服务人，但是合同对通知期限另有约定的除外。

依据前款规定解除合同造成物业服务人损失的，除不可归责于业主的事由外，业主应当赔偿损失。

【条文释义】

本条是对业主解聘物业管理人的规定。

业主以及业主大会、业主委员会与物业管理人的关系，是合同关系。业主有权依照自己的意志选聘物业管理人订立物业管理合同，也有权解除物业管理合同，解聘物业管理人。

业主对物业管理人行使解聘权的方法是：

1. 解聘程序和方法：业主行使解聘权，依照法定程序共同决定。按照民法典物权编第 278 条的规定，选聘和解聘物业服务企业或者其他管理人是全体业主共同决定的事项，应当由专有部分面积占比三分之二以上的业主且人数占比三分之二以上的业主参与表决，应当经参与表决专有部分面积过半数的业主且参与表决人数过半数的业主同意。按照这样的程序作出解聘决定后，行使解聘权的方法是，通过解除物业服务合同，解聘物业管理人。

2. 行使解聘权的时间要求：决定解聘物业管理人的，应当提前 60 日书面通知物业服务人，如果物业管理合同对通知期限另有约定，应当依照其约定，不适用 60 日的规定。

3. 行使解聘权的损害赔偿责任：解聘物业管理人是单方解除合同，因解除物业管理合同造成物业服务人损失，是否承担赔偿责任，标准在于解除合同是否具有可归责于业主的事由，如果解除合同不可归责于业主的决定，而是物业管理人的责任，业主不承担赔偿责任；否则业主应当赔偿损失，例如业主无正当理由解除物业管理合同而解聘物业管理人的。

【案例评注】

中辉恒佳物业与公园一号小区业主委员会物业服务合同纠纷上诉案①

基本案情

九江市公园一号小区业主于 2013 年 7 月 14 日组建该小区业主委员会即原告，并于 2013 年 8 月 13 日在九江市浔阳区房产管理局和九江市浔阳区白水湖街道办事处办理了备案。2014 年 3 月 12 日，原、被告签订《公园 1 号小区物业服务合同》及《物业服务合同补充协议》，约定物业服务期限为 3 年，自 2014 年 1 月 1 日至 2016 年 12 月 31 日，由被告给原告所在小区业主提供物业服务。2016 年 2 月 28 日，在九江市浔阳区物业与住宅室内装饰装修管理办公室及九江市浔阳区白水湖街道花果园社区居委会的见证下，九江市公园一号小区召开业主大会投票，同

① 审理法院：一审法院为江西省九江市浔阳区人民法院，案号：（2016）赣 0430 民初 890 号；二审法院为江西省九江市中级人民法院，案号：（2016）赣 04 民终 1466 号。

意起诉解聘被告的业主占总业主数的60.76%，专有面积占总建筑面积的52.99%，并形成决议起诉要求解聘被告。

法院判决

一审法院认为，原、被告之间的物业服务合同关系事实清楚、证据充分，予以认定。依据物权法及物业服务相关司法解释规定，解聘物业服务企业应当经专有部分占建筑物总面积过半数的业主且占总人数过半数的业主同意，因本案中原告所在小区已在相关部门的见证下召开业主大会，投票方式符合法律规定，其投票结果为起诉解聘被告，故原告要求解除与被告的物业服务合同符合法律规定，予以支持，被告应在解除合同后及时搬离公园一号小区并与原告办理交接。被告不服一审判决，提起上诉。二审法院经审理认为，一审法院认定事实清楚，适用法律正确，遂予以维持。

专家点评

本案中，业主依照法定程序共同决定解聘了物业服务人。根据民法典合同编第946条的规定，业主解聘物业服务人，除需依照法定程序共同决定外，还需符合行使解聘权的时间要求，即决定解聘物业管理人的，应当提前60日书面通知物业服务人，如果物业管理合同对通知期限另有约定，应当依照其约定，不适用60日的规定。此外，依照上述规定解除合同造成物业服务人损失的，除不可归责于业主的事由外，业主应当赔偿损失。

第九百四十七条 物业服务期限届满前，业主依法共同决定续聘的，应当与原物业服务人在合同期限届满前续订物业服务合同。

物业服务期限届满前，物业服务人不同意续聘的，应当在合同期限届满前九十日书面通知业主或者业主委员会，但是合同对通知期限另有约定的除外。

【条文释义】

本条是对业主续聘或物业管理人不同意续聘的规定。

续聘物业管理人，实际上相当于选聘，是继续选聘已聘的物业管理人继续作为物业管理人。续聘的程序是：

1. 时间要求：是在物业服务期限届满前。

2. 依照物权编第278条规定的业主共同决定的程序作出续聘的决定：须符合前述三分之二和二分之一规定作出续聘决议的，方为有效。

3. 续订物业服务合同：由代表业主的业主委员会或者业主大会（业主人数少的可以是全体业主），与原物业服务人在合同期限届满之前，续订物业服务合同，双方履行新的合同。

物业管理人在合同到期不同意续聘的，原物业服务合同消灭，双方当事人的权利义务终止，双方不再受到该合同的约束。物业服务合同不续聘，存在与新的物业管理人进行交接和原物业管理人的利益问题。故物业管理人不同意续聘的程序是：

1. 物业管理人有不同意续聘的权利：不再续聘的主张，可以是业主提出，也可以由物业管理人提出。物业管理人提出不再续聘，可以是自己主动提出，也可以是业主主张续聘而物业管理人不同意续聘，都是物业管理人行使权利的行为。

2. 不同意续聘的时间要求在物业服务期限届满前：物业服务人应当在物业服务合同期限届满前的90日，用书面通知的形式，通知业主或者业主委员会，但是合同对通知期限另有约定的除外。

3. 不同意续聘的后果：是物业服务合同期限届满时物业服务合同消灭，双方不再受该合同的约束，物业管理人不再承担管理职责。

【案例评注】

永旺永乐公司与王某某物业服务合同纠纷案①

基本案情

2011年11月10日，苏州万达广场B区业主大会授权业主委员会（甲方）与苏房物业（乙方）签订《苏州万达广场B区物业服务合同》，约定由甲方委托乙方实行物业服务，委托服务期限自2011年12月1日起至2014年11月30日止。2012年12月11日，苏房物业名称发生变更，更名为永旺永乐公司。合同期满后，业主大会未作出选聘或者续聘决定，物业公司按照原合同继续提供服务至今。王某某系苏州万达广场B区范围内X幢××××室房屋（建筑面积127.11平

① 审理法院：江苏省苏州市姑苏区人民法院，案号：（2019）苏0508民初8152号。

方米）业主，其自 2015 年 1 月 1 日起未向永旺永乐公司交纳过物业服务费。物业公司遂向人民法院提起诉讼，请求判令王某某依约支付物业服务费。

法院判决

人民法院经审理认为，苏房物业与苏州万达广场 B 区业主委员会签订的物业服务合同是双方当事人的真实意思表示，合法有效，该合同适用于苏州万达广场 B 区的全体业主和物业使用人。王某某作为苏州万达广场 B 区业主，应当根据物业服务合同的约定交纳物业服务费用。合同期限届满后，业主大会未作出重新选聘或者续聘的决定，社区委员会也对永旺永乐公司在合同到期后继续提供物业服务的事实予以了确认，根据《江苏省物业管理条例》的相关规定，原合同权利义务对双方具有约束力。故本院确定永旺永乐公司有权按照原物业服务合同的相关规定向王某某主张义务。

专家点评

根据民法典合同编第 947 条第 1 款的规定，物业服务期限届满前，业主依法共同决定续聘的，应当与原物业服务人在合同期限届满前续订物业服务合同。本案中，在物业服务期限届满之前，业主大会并未作出选聘或者续聘的决定，而物业公司按照原合同继续提供着服务。在这种情况下，应根据民法典合同编第 948 条第 1 款的规定，认定原物业服务合同继续有效，但是服务期限为不定期。

第九百四十八条 物业服务期限届满后，业主没有依法作出续聘或者另聘物业服务人的决定，物业服务人继续提供物业服务的，原物业服务合同继续有效，但是服务期限为不定期。

当事人可以随时解除不定期物业服务合同，但是应当提前六十日书面通知对方。

【条文释义】

本条是对物业服务合同转变为不定期合同的规定。

物业服务合同具备一定的条件，会由定期合同转变为不定期合同。物业服务合同通常是定期合同，只有具备必要条件时，方能转变为不定期合同。转变的条件是：（1）物业服务期限已经届满；（2）业主没有依法作出续聘或者另聘物业服务人的决定；（3）物业服务人按照原合同继续提供物业服务。具备上述三个条件，物业服务合同就由定期合同转变为不定期合同。其后果是，原物业服务合同继续有效，双方当事人仍然受到该合同的拘束。

物业服务合同转变为不定期合同后，适用不定期合同的规则。不论是哪一方的当事人，都可以随时解除该不定期物业服务合同。行使不定期合同解除权的要求是：（1）应当提前通知行使解除权，通知的方式是要式行为，即用书面形式行使通知权通知对方。（2）给予对方 60 日的准备时间，该期限届满，不定期合同归于消灭。

【案例评注】

金钥匙物业李某某物业服务合同纠纷案[①]

基本案情

被告李某某曾是苍南县灵溪镇新世纪花园×幢×室业主。2015 年 9 月 20 日，新世纪花园业主委员会作为甲方与金钥匙物业作为乙方签订《物业管理委托合同》，委托该公司为新世纪花园小区提供物业管理服务，委托管理期限自 2015 年 10 月 1 日起至 2016 年 9 月 30 日止。前述《物业管理委托合同》的合同期限届满后，原告继续在新世纪花园小区提供物业管理服务。原告履行了提供物业管理服务的义务，但被告拖欠 2015 年 10 月 1 日至 2018 年 6 月 20 日的物业服务费。经催讨未果，原告诉至法院。

法院判决

人民法院经审理认为，金钥匙物业与新世纪花园业主委员会签订的物业管理委托合同，系当事人的真实意思表示，不违反法律、行政法规强制性规定，依法应认定为有效，对作为新世纪花园业主的被告具有约束力。物业管理委托合同期满后未续签，原告继续提供物业服务，应当认定构成事实物业服务合同关系，双方权利义务可参照原物业服务合同确定。因此，在原告提供服务的期间内，被告应当按照约定及时支付物业服务费用。现被告拖欠物业服务费，显属不当。故判决被告向原告支付欠缴的物业服务费用。

---

① 审理法院：浙江省苍南县人民法院，案号：（2019）浙 0327 民初 6863 号。

专家点评

根据民法典合同编第948条的规定，物业服务期限届满后，业主没有依法作出续聘或者另聘物业服务人的决定，物业服务人继续提供物业服务的，原物业服务合同继续有效，但是服务期限为不定期。本案中，涉案《物业管理委托合同》的期限届满后，金钥匙物业继续在新世纪花园小区提供物业管理服务，由此，原涉案合同继续有效。被告李某某应当按照约定及时支付物业费用。

第九百四十九条 物业服务合同终止的，原物业服务人应当在约定期限或者合理期限内退出物业服务区域，将物业服务用房、相关设施、物业服务所必需的相关资料等交还给业主委员会、决定自行管理的业主或者其指定的人，配合新物业服务人做好交接工作，并如实告知物业的使用和管理状况。

原物业服务人违反前款规定的，不得请求业主支付物业服务合同终止后的物业费；造成业主损失的，应当赔偿损失。

【条文释义】

本条是对物业管理人后合同义务的规定。

在物业服务合同终止后，物业管理人应当做好善后工作，完成自己应当完成的义务。这些义务是：(1) 退出义务：应当在约定期限或者合理期限内退出物业服务区域，不能继续占用这些区域；(2) 交还资料义务：原物业管理人应当将物业服务用房、相关设施、物业服务所必需的相关资料等交还给业主委员会、决定自行管理的业主或者其指定的人如新的物业管理人；(3) 配合新的物业服务人做好交接工作：使物业管理的新旧交替正常进行；(4) 如实告知物业的使用和管理状况：便于业主了解账务情况，便于新的物业管理人做好物业管理工作。

如果原物业服务人违反前款规定的后合同义务，其后果是：(1) 不得请求业主支付物业服务合同终止后的物业费，即使物业服务合同终止后提供了物业服务的，也不得请求支付该物业费；(2) 原物业管理人不履行上述义务，给业主造成损失的，应当对业主的损失承担赔偿责任。

【案例评注】

壹江南物业有限公司、壹江南商住小区业主委员会物业服务合同纠纷案①

基本案情

壹江南物业是壹江南商住小区前期物业服务公司，该公司与壹江南商住小区全体业主均签订有《壹江南前期物业服务协议》。2017 年 9 月间，壹江南小区召开业主大会，根据《物权法》《物业管理条例》的相关规定，表决通过了解除前期物业服务协议，选聘新的物业服务企业、邀请有资质有经验的物业管理服务公司进行投标等决议事项，业主大会决定终止《壹江南前期物业服务协议》，解聘前期物业公司壹江南物业。业主大会授权壹江南商住小区业主委员会作为招标人选用邀标的方式开展更换物业公司的系列工作。壹江南商住小区业主委员会确认了中标公司，签订了《物业管理服务合同》，并于 2018 年 2 月 24 日、2018 年 3 月 24 日函告壹江南物业解聘及交接事宜，但壹江南物业一直不予配合，未能完成物业管理权的交接，2018 年 5 月 15 日，壹江南商住小区业主委员会向原审法院提起诉讼，请求判令壹江南物业停止对壹江南全体业主的侵权行为，立即撤出壹江南商住小区，依法向壹江南业主委员会移交物业管理权并承担诉讼费用。壹江南物业在答辩期间，对管辖权提出异议，认为其是壹江南商住小区前期物业服务公司，与壹江南商住小区全体业主均签订有《壹江南前期物业服务协议》。人民法院不应受理本案，应裁定驳回壹江南商住小区业主委员会起诉。2018 年 6 月 27 日，广东省梅州市梅江区人民法院作出（2018）粤 1402 民初 1017 号民事裁定，裁定驳回壹江南物业对本案管辖权提出的异议。

法院判决

民事案件案由应当依据当事人主张的民事法律关系的性质来确定。本案是因新选聘的物业服务公司与前期物业服务公司交接物业管理权过程中产生的纠纷。《物业管理条例》第三十八条规定：“物业服务合同终止时，物业服务企业应当将物业管理用房和本条例第二十九条第一款规定的资料交还给业主委员会。物业服

① 审理法院：广东省梅州市中级人民法院，案号：（2018）粤 14 民辖终 43 号。

务合同终止时，业主大会选聘了新的物业服务企业的，物业服务企业之间应当做好交接工作”。《合同法》第六十条规定：“当事人应当按照约定全面履行自己的义务。当事人应当遵循诚实信用原则，根据合同的性质、目的和交易习惯履行通知、协助、保密等义务”，第九十二条规定“合同的权利义务终止后，当事人应当遵循诚实信用原则，根据交易习惯履行通知、协助、保密等义务”。依《物业管理条例》规定，移交包括物业管理用房及资料在内的物业管理权是物业服务公司在物业服务合同终止后须承担的责任，即《合同法》所规定的“合同附随义务”，因此，物业管理交接纠纷其法律性质属合同一方不履行“合同附随义务”而产生的合同纠纷。据此，本案案由应当确定为物业服务合同纠纷……请求壹江南物业向壹江南业主委员会移交物业管理权。其实质是代表梅州市壹江南商住小区全体业主，请求终止全体业主与壹江南物业签订的《壹江南前期物业服务协议》，并要求壹江南物业履行该合同的“合同附随义务”，即移交包括物业管理用房及资料在内的物业管理权。因此，本案是因《壹江南前期物业服务协议》引起的纠纷。而《壹江南前期物业服务协议》第十六条明确“本协议在履行中如发生争议，双方协商解决或向物业管理行政主管部门申请调解；调解不成的向梅州市仲裁委员会申请仲裁”，按照《仲裁法》第五条规定“当事人达成仲裁协议，一方向人民法院起诉的，人民法院不予受理，但仲裁协议无效的除外”，本案依法不属于人民法院管辖范围。

专家点评

本案中，法院对于物业服务合同终止后，原物业服务所涉及的必要资料的归属作出明确判定，即根据《物业管理条例》要求原物业服务人应当将物业管理用房和相关必要资料交还给业主，并援引《合同法》规定，将此行为认定为附随义务的履行，具言之即广义附随义务下的后合同义务。这与本条所规定的内容基本一致，即物业服务合同终止后，原物业服务人退出物业服务区域、退还相应设施、归还相应资料并配合新的物业服务人做好交接工作等，是其应当履行的义务。

第九百五十条 物业服务合同终止后，在业主或者业主大会选聘的新物业服务人或者决定自行管理的业主接管之前，原物业服务人应当继续处理物业服务事项，并可以请求业主支付该期间的物业费。

【条文释义】

本条是对物业服务合同终止后原物业管理人继续处理物业服务事项的规定。

物业服务事项是专业服务事项，应当是连续行为，不能中断，一旦物业服务中断，业主的权利将受到重大损害，甚至酿成危险。物业服务合同终止，如果没有新的物业管理人接替，就会形成物业服务行为中断，上述后果就会发生。为了避免出现这样的问题，本条要求物业管理人负有继续提供物业服务行为的义务。即物业服务合同终止后，在业主或者业主大会选聘的新物业服务人或者决定自行管理的业主接管之前，原物业服务人应当继续处理物业服务事项，不得推辞和推诿。按照权利义务相一致原则，继续处理物业服务事项的物业管理人，享有请求业主支付该期间的报酬的权利，其标准应当与已经消灭的物业服务合同的约定相一致。如果原物业管理人拒不履行该继续处理物业服务事项的义务，给业主造成损害的，应当从承担赔偿责任。

【案例评注】

皇冠物业徐州公司与丁某某物业服务合同纠纷案①

基本案情

2013 年 6 月 6 日，中茵置业公司（甲方）、原告皇冠物业徐州公司（乙方）和被告丁某某（丙方）签订中茵龙湖国际家苑前期物业管理服务协议，合同三方当事人还就前期物业管理服务内容、物业管理服务质量、代收费用和其他有偿服务费用、违约责任等事项进行了约定。徐州市云龙区房产服务中心物业管理科对中茵置业公司和原告签订的前期物业管理委托合同进行了登记备案，合同起止日为 2009 年 12 月 20 日至 2015 年 12 月 30 日。前期物业管理服务协议签订后，原告皇冠物业徐州公司即开始为本市云龙区中茵龙湖国际家苑小区提供物业管理服务。被告丁某某系中茵龙湖国际家苑 11# -1 -1501 室房屋所有权人，房屋建筑面积 125.04 平方米，其尚欠原告 2014 年 6 月 1 日至 2016 年 5 月 31 日的物业服务费。

另查明，2015 年 9 月，原告在中茵龙湖国际家苑张贴收费通知，告知该小区

---

① 审理法院：江苏省徐州市云龙区人民法院，案号：（2019）新 01 民终 1791 号。

全体业主：本小区各项费用已停收近3个月，给原告的正常运营产生了极大影响，同时小区的管理和服务产生了混乱局面。鉴于此，原告参考新城区同类小区的收费标准，并报上级主管部门批准，决定于2015年9月1日起开始收取各项费用。又查明，原告皇冠物业徐州公司在为中茵龙湖国际家苑小区提供物业管理服务期间未能按照中国物业管理协会中物协〔2004〕1号《普通住宅小区物业管理服务等级标准》（试行）二级项目内容与标准及前期物业管理服务协议中约定的服务质量标准提供服务。现，原告诉请被告缴纳物业费。

法院判决

本案涉及多个争点，就其中被告所称2016年3月6日小区召开第二次业主大会，大会决定解聘原告后，原被告之间的权利义务关系，法院认为……《江苏省物业管理条例》第三十一条第三款规定，前期物业服务合同可以约定期限；但是，期限未满、业主委员会与物业服务企业签订的物业服务合同生效的，前期物业服务合同终止。第五十六条第一款规定，业主大会决定解聘物业服务企业的，被解聘的物业服务企业应当按照规定办理移交手续。被解聘的物业服务企业在办理交接至撤出物业管理区域前的期间内，应当维持正常的物业管理秩序，但物业服务合同另有约定的除外。在徐州市中茵龙湖国际家苑业主委员会与新的物业服务企业签订的物业服务合同生效前，中茵龙湖国际家苑前期物业管理服务协议仍然有效，原告在办理交接至撤出本小区前的期间内，应当维持正常的物业管理秩序。

专家点评

本案涉及物业服务合同终止后，业主和原物业服务人员之间的权利义务关系问题。本案中，由于并无上位法的规定，法院引用的是当地物业管理条例。本法出台后，类似情形可以直接援引本条，即物业服务合同终止后，在业主或者业主大会选聘的新物业服务人或者决定自行管理的业主接管之前，原物业服务人应当继续处理物业服务事项，这成为其法定义务，同时其享有向业主支付该期间的报酬的权利。如此规定，能够更好地保护业主的权利，在缺乏物业服务期间，能够正常维持办公或者生活秩序。

第二十五章　行纪合同

第九百五十一条　行纪合同是行纪人以自己的名义为委托人从事贸易活动，委托人支付报酬的合同。

【条文释义】

本条是对行纪合同概念的规定。

行纪合同，又称信托合同，是指行纪人以自己的名义为委托人从事贸易活动，委托人支付报酬的合同。其中以自己名义为他方办理业务者，为行纪人；由行纪人为其办理业务并支付报酬者为委托人。

行纪合同是随着信托业务的发展，出现了独立从事行纪业务的行纪组织后产生的。在欧洲中世纪，由于国际贸易的兴起，出现了专门从事受他人委托以办理商品购入、贩卖或其他交易事务并收取一定佣金的经纪人。现代各国大都有关于行纪合同的规定。我国汉代就已出现经营行纪业务的行栈，称为牙行。1949 年后，曾相继在许多城市成立国营信托公司和贸易货栈，后被撤销。改革开放后，行纪业又兴盛起来，至今已成规模。

行纪合同是双务有偿合同、诺成合同和不要式合同。其法律特征是：（1）行纪合同主体的限定性，是经批准经营行纪业务的法人、非法人组织或自然人。（2）行纪人以自己的名义为委托人办理业务。（3）行纪人为委托人的利益办理业务，所产生的权利义务最终归属于委托人承受。（4）行纪合同的标的是行纪人为委托人实施一定法律行为，是行纪合同的标的。

【案例评注】

邱某 1、邱某 2 行纪合同纠纷案[①]

基本案情

2016 年 10 月初，张某某因运输需要欲购置货车一辆，通过 58 同城网站联系到邱某 1，并委托其为其购买货车车头。张某某之后与邱某 1 一起去了梁山县二手车市场，查看了现车并决定购买，分别于 2016 年 10 月 31 日、11 月 9 日、11 月 10 日转款 10000 元、10400 元、5000 元。

张某某经邱某 1 介绍认识邱某 2，并委托邱某 2 为其定作挂车。张某某根据邱某 2 要求，分别于 12 月 4 日、12 月 12 日向邱某 2 转款各 10000 元。张某某诉称，邱某 1 和邱某 2 在收到自己的预付款后，就以各种理由搪塞原告，不再就购车事宜与自己交流，至今拖延近二年。故诉请法院判决被告支付货款及利息。

法院判决

本案争议点之一即为案涉合同为定金合同还是行纪合同。法院认为，行纪合同是行纪人以自己的名义为委托人从事贸易活动，委托人支付报酬的合同。从本案查明的事实来看，邱某 1、邱某 2 受张某某委托进行车辆买卖活动，均是以其自己的名义进行，张某某支付的定金，亦由邱某 1、邱某 2 收取，故本案应系行纪合同纠纷。

专家点评

所谓行纪合同，是行纪人以其自身名义为委托人从事贸易活动，而委托人支付相应报酬的行为。本案中，合同是双务有偿合同，邱某 1 和邱某 2 以及张某某作为自然人，符合行纪合同的主体要求。邱某 1 和邱某 2 以自己的名义为张某某买车及办理后续事宜，且最终车辆的权利义务归属于张某某承受，以上行为均符合行纪合同的特征，故法院认定案涉合同为行纪合同。

---

① 审理法院：山东省青岛市中级人民法院，案号：(2019) 鲁 02 民终 1502 号。

第九百五十二条　行纪人处理委托事务支出的费用，由行纪人负担，但是当事人另有约定的除外。

【条文释义】

本条是对行纪人负担行纪费用的规定。

与委托合同不同，行纪人处理委托事务支出的费用，应当由行纪人负担，而不是由委托人负担。这就是行纪业的商业风险负担规则，将行纪费用作为行纪的成本，如果发生没有处理好行纪委托事务，所付出的代价就是行纪风险，由行纪人自己负担。如果当事人另有约定的，依照约定处理，不适用这一规则。行纪费用，是指行纪人在处理委托事务时所支出的费用，不仅包含行纪的必要费用，还应该包含改换包装费、保险费等有益的费用。

【案例评注】

优鸿公司诉大秦公司行纪合同结算纠纷案[①]

基本案情

原告优鸿公司诉称，2001 年 11 月 22 日，优鸿公司与大秦公司签订进货协议一份，约定优鸿公司向大秦公司提供法国产白兰地 X. O 酒 450 箱，计 10800 瓶，5400 升；由优鸿公司从法国运至武汉，交大秦公司提领后在武汉、上海两地代为销售；销售价格为单瓶（无包装）零售价 250 元，礼盒装每瓶零售价 280 元；货款结算由大秦公司向卖场请款后算交优鸿公司；大秦公司的销售报酬以货物进价的 30% 在结算时扣除。2002 年 1 月 8 日，大秦公司与武汉市粮油食品进出口公司签订代理进口协议一份，约定由该公司办理货物进关手续，同时载明货主为优鸿公司，货物进关发生的费用由优鸿公司支付。2002 年 2 月 6 日，大秦公司在武汉粮油食品进出口公司办妥进关手续之后，从武汉海关提领货物进入武汉、上海各大卖场销售，但至今未向优鸿公司算交任何款项。故诉请法院判令大秦公司给付货款及逾期付款的利息。大秦公司辩称，优鸿公司与大秦公司之间就酒水代销关系未签订书面协议，优鸿公司提供的进货意向书、进货协议、补充协议缺乏真实

① 审理法院：湖北省武汉市中级人民法院，案号：（2003）武经初字第 123 号。

性，主张的有关事实没有根据。双方形成的是事实上的行纪合同关系，对于优鸿公司主张的代销货物数量10800瓶，行纪人的报酬按销售价的30%计算，大秦公司支付货物入关时关税、消费税、增值税等事实不持异议。提出在结算时，已售部分2528瓶应按市场简装销售价计算，扣除报酬、商标使用费、手续费、进场费、增值税等项费用后，余款为优鸿公司的应收款；对于未售部分8272瓶退给优鸿公司。

法院判决

法院认为，案涉合同为行纪合同并无争议，双方争点之一即为行纪费用。关于行纪费用，大秦公司从优鸿公司委托销售货物成本、利润的角度，认为优鸿公司在扣除行纪报酬之后获利较高，自己因代销货物所产生的进场手续费（按售价的10%）、增值税（税率17%）、商标使用费（售价的10%），应于报酬后从货款中扣除。对此，法院认为，行纪合同是行纪人以自己的名义为委托人从事贸易活动，委托人支付报酬的合同；行纪人处理委托事务支出的费用，由行纪人负担，但当事人另有规定的除外。大秦公司以自己的名义代为优鸿公司销售货物，所发生的进场手续费、税费，甚至包括未主张或未发生的运费、保险费等均属于行纪费用，在双方未另作约定的情况下，应由大秦公司负担。至于商标使用费，双方对此并无约定，大秦公司将文字“优鸿”“优龙”注册为商标使用在所代销的货物上，表明商标注册人与货物之间在销售问题上所存在的关系，虽然商标注册需支付一定费用，且商标随其知名程度，具有相应的无形资产价值，但大秦公司使用该商标于代销的货物上，也是处理行纪事务的活动，仍属于行纪费用的范畴。

专家点评

行纪人处理委托事务支出的费用，由行纪人负担，当事人另有约定的除外。本案中，大秦公司认为，合同另一方优鸿公司获利较高，故认为自己代销货物所产生的手续费、税费等均应扣除，不由自己负担。这一理由是违背行纪合同商业风险负担特点的，未能得到法院的支持，即行纪合同中，除非当事人约定，否则行纪人处理委托事务所支出的费用，均应由行纪人承担，这也是与一般委托合同有所不同之处。

第九百五十三条　行纪人占有委托物的，应当妥善保管委托物。

【条文释义】

本条是对行纪人妥善保管委托物的规定。

行纪人在占有其代委托人进行交易所买入的物品时，负有妥善保管义务。行纪合同为有偿合同，行纪人对物的保管应尽善良管理人的注意。除非委托人另有指示，行纪人并无为保管的物品办理保险的义务。对于物的意外灭失，只要行纪人已尽到善良管理人的注意，行纪人不负任何责任。委托人指示行纪人为保管物品办理保险，行纪人未予保险，行纪人应对此种情况下的保管物的毁损灭失负损害赔偿责任。委托人未为投保的指示，但行纪人自动投保的，投保费用为行纪费用。

【案例评注】

黎某某、徐某某合同纠纷案[①]

基本案情

2017年10月7号，黎某某打电话给徐某某称宿迁有人要和田玉。10月9日晚，徐某某带和田玉至宿迁，黎某某接到后带其至宿迁汽车站附近自己入住的快捷酒店，徐某某也入住该酒店。黎某某在徐某某的房间看货后，又打电话给住在同一酒店的吴某某、李某某、王某某来看货。2017年10月10日上午，吴某某、李某某称王某某要和田玉挂件十件和摆件二件。黎某某至徐某某房间拿了十件和田玉挂件和二件和田玉摆件并向徐某某出具了收条。然后，黎某某将上述和田玉带到吴某某的房间，并告诉李某某总价不能低于120万元。徐某某同意从120万元中扣除5万元为黎某某的佣金，对此黎某某亦认可。后吴某某、李某某将十件和田玉挂件和二件和田玉摆件带走交给薛某，黎某某称给薛某的价格是138万元。2017年10月13日，徐某某找黎某某将收条换成借条，借条落款时间为2017年10月10日。2017年10月22日，吴某某向黎某某出具欠条载明：欠到黎某某和田玉籽料手把件十件、摆件二件，合计人民币壹佰贰拾万元正。李某某作为证明人在欠条中签名。后，黎某某归还五件和田玉，尚欠七件和田玉未归还，徐某某索要和田玉未果，向江苏省宿迁市公安局报案，并诉请返还原物。

---

① 审理法院：安徽省滁州市中级人民法院，案号：（2018）皖11民终1388号。

法院判决

本案的焦点之一是法律关系的认定，法院认为徐某某与黎某某均是从事玉器行业的人，徐某某应黎某某的要求将12件和田玉器带到宿迁，其目的亦系将玉器出售。徐某某并不认识将要购买玉器的买受人，而是由黎某某将玉器取走后交由他人。黎某某在将玉器交由他人时，其自己陈述报价为138万元，而不是徐某某给其的报价120万元，徐某某认可扣除5万元为黎某某的佣金，黎某某也认可徐某某将支付其佣金5万元。徐某某没有与他人商谈玉器买卖合同，也没有将玉器直接交付他人，而是由黎某某与他人商谈并交付玉器。综上，本案当事人的行为符合行纪合同的法律特征。因此，从双方的行为上看，应当是行纪行为，故本案应为行纪合同纠纷。行纪人占有委托物的，应当妥善保管委托物。双方当事人均认可在玉石行业存在货不过手的行规，黎某某在与他人交易时没有遵守该行规，将玉器交由他人，违反了委托人的指示。行纪人与第三人订立合同的，行纪人对该合同直接享有权利、承担义务。第三人不履行义务致使委托人受到损害的，行纪人应当承担损害赔偿责任，但行纪人与委托人另有约定的除外，所以根据此规定，徐某某既未收到黎某某出售玉器的货款，也未收到玉器，黎某某应当承担损害赔偿责任。故徐某某请求黎某某返还玉器，符合法律规定，应当予以支持。

专家点评

行纪人占有委托物的，应当妥善保管委托物。由于行纪合同是有偿合同，所以行纪人的保管义务应当达到善良管理人的标准。本案中，黎某某作为行纪人，欲将玉器进行买卖，在此期间应当妥适保管玉器，但本案中七件玉器无法归还徐某某，黎某某并未尽到妥善保管的义务，应当承担相应的责任。

第九百五十四条　委托物交付给行纪人时有瑕疵或者容易腐烂、变质的，经委托人同意，行纪人可以处分该物；不能与委托人及时取得联系的，行纪人可以合理处分。

【条文释义】

本条是对行纪人合理处分委托物的规定。

委托人委托行纪人出卖的物品，交付给行纪人时有瑕疵或者容易腐烂、变质的，行纪人为了委托人的利益，负有合理处置委托物的义务。履行该义务的要求是：(1) 经过委托人同意的，行纪人可以处分该委托物。(2) 在不能及时将委托物的瑕疵及易腐、变质状况告知委托人，取得委托人同意的，行纪人可以合理处分，处分委托物时须负有合理的注意。行纪人违反对委托物的合理处分义务，如发现委托物有瑕疵或者即将腐烂、变质，怠于通知委托人，没有采取合理措施处置，致使损失进一步扩大，给委托人造成损失的，应承担违约责任，赔偿给委托人造成的损失。

【案例评注】

李某某与四季美农贸城刘某某蔬菜商行买卖合同纠纷案[①]

基本案情

2018 年 6 月 30 日，原告李某某将 10180 公斤西瓜运至四季美农贸城销售。在案外人肖某某商行售卖部分西瓜后，经肖某某介绍，原告于 2018 年 7 月 3 日将剩余西瓜运至被告刘某某蔬菜商行出售。2018 年 7 月 3 日至 2018 年 7 月 8 日，被告为原告售出西瓜二千余公斤，共计得款 1438 元。在扣除搬运费 300 元并提取行费 418 元后，被告将卖瓜所得货款 720 元交还给了原告。原告认为，被告未按双方约定及市场交易习惯进行销售，且在无法完全销售时，又未及时履行通知义务，导致原告的合法权益受到损害。后双方经多次协商亦未达成一致意见，由此引发诉争。原告认为，按照双方约定及市场交易习惯，被告应该以不低于 0.8 元/斤的单价销售 8 吨西瓜。在出现特殊情况无法完全销售时，应当及时通知原告，积极寻求解决办法。但被告对以上义务置之不理，严重侵犯了原告的合法权益，故诉至法院。

法院判决

被告刘某某蔬菜商行以其名义，为原告李某某销售西瓜的行为，符合行纪合同的法律特征，双方之间成立行纪合同法律关系。本案中，原告交给被告销售的西瓜属于时令水果，极易受天气、温度的影响发生腐烂、变质。原告于 2018 年 7 月 3 日将西瓜运至被告商行时，在双方未对货物的重量、品质及价款等诸多问题交接一致时随即离开，其行为本身存在疏忽大意的重大过失。另，被告在代销期

① 审理法院：湖北省武汉市黄陂区人民法院，案号：(2018) 鄂 0116 民终 4895 号。

间曾打电话向原告报告了西瓜销售的实际状况，但原告未能及时作出明确指示，而是交由被告进行处理。因此，被告按当时情势作出应急销售并不违反行纪人应尽的审慎义务，属于合理处分。故，原告主张被告给付货款13680元的诉讼请求，不仅缺乏充足的证据证实其依据和来源，而且忽略了时令水果销售会受外界条件影响的客观因素，同时被告收取行费的金额亦在市场行情、交易习惯准许的范围内，故原告要求被告支付货款13680元及利息的诉讼请求，因无事实基础和法律依据，本院不予支持。

专家点评

本条规定，委托物交付给行纪人时有瑕疵或者容易腐烂、变质的，经委托人同意，行纪人可以处分该物；和委托人不能及时取得联系的，行纪人可以合理处分。这是充分考虑到相关标的物有特殊属性时，行纪人具有处分的权利，从另一个角度看，赋予行纪人处分的权利，也是对委托人利益的保护，即经过同意可以合理处分或者无法及时联系时，能够最大限度地减小经济损失。故，本条规定极具经济意义，通过给予行纪人处分权利的方式，充分保护委托人的利益。

第九百五十五条 行纪人低于委托人指定的价格卖出或者高于委托人指定的价格买入的，应当经委托人同意；未经委托人同意，行纪人补偿其差额的，该买卖对委托人发生效力。

行纪人高于委托人指定的价格卖出或者低于委托人指定的价格买入的，可以按照约定增加报酬；没有约定或者约定不明确，依据本法第五百一十条的规定仍不能确定的，该利益属于委托人。

委托人对价格有特别指示的，行纪人不得违背该指示卖出或者买入。

【条文释义】

本条是对行纪人依照委托人指示处理事务的规定。

在行纪合同中，对于委托人所指定的卖出委托物的价格或买入价格，行纪人有遵从指示的义务。具体的处理方法是：（1）行纪人以低于指定价格卖出或者高于指定价格买进的，应当经委托人同意或者行纪人补偿其差额的，该买卖对委托人发生效力。适用的要件是：①须有委托人所指定的价格；②须超越了指定价格卖出或买进；③须经委托人同意或行纪人同意补偿其差额。（2）行纪人以高于指定价格卖出或低于指定价格买进委托物的，可以按照约定增加报酬。没有约定或者约定不明确的，依照民法典合同编第510条的规定仍不能确定的，该利益属于委托人。适用的要件是：①委托人指定了委托物的卖出价格或买进价格；②行纪人以对委托人更有利的价格卖出或买进委托物；③行纪人可以按照约定增加报酬；④所增加的利益一般应归于委托人享有。（3）委托人对价格有特别指示的，不允许行纪人予以变更，行纪人只能依照委托人指定的价格卖出或买进委托物。

【案例评注】

天则公司与三嘉公司行纪合同纠纷案①

基本案情

2014年12月6日，周宁国投公司作为发包方、被告三嘉公司作为投资人、天则公司作为承包人签订了涉案工程即关于周宁县七步镇110千伏输变电工程的建设工程施工合同，由天则公司负责施工，工程价款约定为24026730元。之后天则公司又于2014年12月15日与三嘉公司签订了设备采购协议，约定涉案工程的设备材料采购由三嘉公司按天则公司的中标价格采购，还约定采购设备材料的款项先期由三嘉公司支付，待业主周宁国投公司在履行工程承包合同过程中将设备材料款支付到天则公司的账户上后，再由天则公司支付给三嘉公司；三嘉公司采购设备如以天则公司的名义采购，因此而产生的债务仍应由三嘉公司承担，三嘉公司负责缴纳设备部分应开具给业主的建安发票所产生的税金和费用，由天则公司代为代缴代扣；三嘉公司在包干采购过程中所涉及的设备均应当全面提供采购方为天则公司的增值税发票。但作为委托方的天则公司并未向受托人三嘉公司指定、指示采购设备的价格，也未约定三嘉公司的报酬和三嘉公司不履行采购协议的违约责任，关于设备采购的包干价款只是约定等待设备采购完毕之后由审计部门出具审计报告再行确定。事后，天则公司自行与若干公司签订了买卖合同，购买了共计为11929150元的相关设备，并缴纳了相关税费，三嘉公司在这些买卖合同中只是作为天则公司的担保人，无权决定设备的购买价格，并未按照上述设备采购协议的约定受天则公司之托采购相关设备。涉案工程价款经天则公司确认实

---

① 审理法院：福建省周宁县人民法院，案号：（2018）闽0925民初66号。

际共计17689386元，在本案诉讼之前天则公司已经领取了全部工程价款。其中，天则公司在履行涉案工程建设过程中将涉案工程的土建部分发包给三嘉公司，三嘉公司完成土建工程后，天则公司也已经向三嘉公司付清了工程款。现天则公司诉称，在被告三嘉公司包干采购过程中，自己为被告垫付了相应货款及为被告代缴代扣了税款，请求返还。

法院判决

法院认为，在本案中，天则公司与三嘉公司所签订的设备采购包干协议实际是行纪合同，天则公司的诉讼请求若要得到支持，则应当提供证据证明其与三嘉公司约定了三嘉公司为其采购的设备价款不得超过一定的数额或已经向三嘉公司指定、指示了采购设备的价格，而且事后三嘉公司在履行采购包干协议时未经其同意而高于其指定、指示的价格或约定的包干价格买入设备后，又要求其向设备供应商支付了相应的货款；如果其只是为三嘉公司垫付了按协议约定本应由三嘉公司先行支付的货款和税费，而该货款的数额又在包干价款的范围内，则该货款和税费也因最终要由其返还给三嘉公司，那么天则公司的请求则不能得到支持。但本案事实并非如上所述，天则公司与三嘉公司签订采购协议时并未约定设备采购的包干价格，也未向三嘉公司指定、指示设备价格，因此不存在三嘉公司未经天则公司的同意高于天则公司指定、指示的价格或约定的包干价格买入设备而使天则公司实际支付的货款高于包干价款的情形；而且三嘉公司并未履行双方签订的设备采购协议，因为涉案工程所需的设备均由天则公司自己与他人签订买卖协议后买入，并由自己支付货款和缴纳税款，在这期间三嘉公司只是作为无权决定设备价格的天则公司的担保人，故同样不存在天则公司为三嘉公司垫付了所谓的按协议约定本应由三嘉公司先行支付的货款和税费。天则公司认为三嘉公司已经返还其115882840元款项，但该事实并不存在，只是天则公司自己的违反事理逻辑的错误认识。无论哪种情形之下都不存在行纪人反而要返还委托人货款和税费的缘由，何况在本案中天则公司与三嘉公司所签订的设备采购协议并未约定报酬，该协议也未实际履行，而该协议又未约定三嘉公司未履行采购协议应承担何种责任。同时，由于天则公司已经领取了承包涉案工程所应得的全部工程价款，三嘉公司作为投资人应付给天则公司的工程价款已经付清，不再因涉案工程欠付天则公司款项。因此，天则公司要求三嘉公司支付货款以及开具发票代缴代扣的税款和利息损失的诉讼请求因缺乏事实根据，既不符合事理、情理，也没有法律依据，法院不予支持。

专家点评

本案中，法院认为如果天则公司的诉求要得到支持，则需要证明作为行纪人的三嘉公司在履行行纪合同时未经过天则公司同意而提高价格或者天则公司对价格有明确指示而三嘉公司却未予遵循。这其实就是对于本条款的反向运用，换言之，行纪人若以低于委托人指定的价格卖出或者高于委托人指定的价格买入的，则必须征得委托人的同意，而且当委托人对价格有特别指示的时候，行纪人则不得违背该指示卖出或者买入。这是对行纪人依照委托人指示处理事务的规定，是对行纪人处理委托事务的限制和要求。

第九百五十六条　行纪人卖出或者买入具有市场定价的商品，除委托人有相反的意思表示外，行纪人自己可以作为买受人或者出卖人。

行纪人有前款规定情形的，仍然可以请求委托人支付报酬。

【条文释义】

本条是对行纪人介入权的规定。

行纪人的介入权，也叫行纪人的自约权，是指行纪人接受委托买卖有市场定价的证券或其他商品时，除委托人有反对的意思表示外，行纪人自己可以作为出卖人或买受人的权利。如委托人委托行纪人以一定价格出卖某物，行纪人直接以自己名义按此价格买下。行纪人此时所行使的就是介入权。行纪人行使介入权的要件又称介入要件，包括积极要件和消极要件。积极要件是指所受委托的物品须为有市场定价的有价证券或其他商品；消极要件包括：（1）委托人未做出反对行纪人介入的意思表示；（2）行纪人尚未对委托事务作出处理；（3）行纪合同有效存在。

介入权行使的后果，使委托人和行纪人之间产生了买卖合同，民法关于买卖的规定均可适用。行纪人行使介入权之后仍有报酬请求权，委托人应按合同约定付给行纪人报酬。

【案例评注】

泰和公司与益民公司买卖合同纠纷案①

基本案情

2013年3月16日，泰和公司（甲方）与益民公司（乙方）签订《工矿产品供销合同》一份主要内容为：一、甲方向乙方供应低氮增碳剂156.42吨。由乙方销售给厂方，甲方直接开票给厂方，甲方给乙方每吨300元费用，货款由乙方负责付给甲方；二、甲方向乙方供应低氮细粉300.7吨，每吨1450元（含税价）；三、其他材料210.43吨，按每吨740元（含税价）。2013年9月20日，泰和公司向益民公司开具增值税发票两张，货物名称均为低氮增碳剂，但规格型号不同，价税总额为162000元的票据，数量为60吨，无规格型号特别记载；价税总额为159807.20元的票据，数量为228.296吨，规格型号为次品，上述两张增值税发票，益民公司均予以入账处理。2014年1月4日，泰和公司与益民公司进行对账，确认截至2013年12月15日，案外人朱某从益民公司运走货物低氮包装料54.642吨、低氮细粉料110.037吨、碳粉及其他料210.43吨；并确认截至2014年元月4日，扣除朱某运走的货物，益民公司收到泰和公司货物总数为低氮包装料101.778吨、"低氮细粉料190.663吨"（该部分被划去改为"待全部拉完后结账"）。2014年1月5日，益民公司法定代表人亦确认低氮增碳剂101吨。此外，泰和公司自认，对账后朱某从益民公司又拉走低氮细粉52吨，对于朱某运走的部分，均在益民公司收到的货物中予以扣除。《工矿产品供销合同》签订后，益民公司支付给泰和公司货款1万元。现泰和公司诉请益民公司支付货款。

法院判决

法院认为，本案争点之一即为泰和公司与益民公司形成的是买卖关系，还是代销关系。法院认为，双方签订的合同中约定，泰和公司向益民公司供应低氮增碳剂、低氮细粉和其他材料，其中对低氮细粉和其他材料均约定了单价并包含税价在内，符合买卖合同的要素，因此对于该两类产品，双方形成的是买卖合同关系。对低氮增碳剂，益民公司以自己的名义为泰和公司从事低氮增碳剂的销售，泰和公司支付每吨300元的报酬，符合行纪合同的性质。行纪人卖出或者买入具

① 审理法院：江苏省张家港市人民法院，案号：（2014）张乐商初字第0027号。

有市场定价的商品，除委托人有相反的意思表示的外，行纪人自己可以作为买受人或者出卖人。行纪人有前款规定情形的，仍然可以要求委托人支付报酬。而在协议实际履行过程中，益民公司是以自己的名义与其他公司开展贸易，并开具相应税务票据，泰和公司没有将税务票据开给第三方，而是直接开具给益民公司，益民公司亦确认收到低氮增碳剂，并支付了部分货款，益民公司行使了介入权，应认定行纪人益民公司作为买受人购买了上述货物。

专家点评

本案展现的是行纪合同因为行纪人的介入衍生出买卖合同关系的情形，即行纪人作为买方买入委托人的商品，进而与委托人形成了新的法律关系，即买卖合同关系。在这种情况下，只要委托人没有相反的意思表示，则行纪人的介入权是得到保护的，而且这并不影响委托人需要支付报酬的义务。本案中，益民公司行使介入权，即自己作为买方买入泰和公司原本委托其销售的货物，从而与泰和公司形成了买卖合同关系。行纪人的介入权彰显了行纪合同灵活性和商业性。

第九百五十七条　行纪人按照约定买入委托物，委托人应当及时受领。经行纪人催告，委托人无正当理由拒绝受领的，行纪人依法可以提存委托物。

委托物不能卖出或者委托人撤回出卖，经行纪人催告，委托人不取回或者不处分该物的，行纪人依法可以提存委托物。

【条文释义】

本条是对委托人拒绝受领买入物与拒绝取回卖出物的规定。

委托人委托行纪人买入委托物，委托人有及时受领的义务，应当及时受领，支付报酬，终止委托合同。委托人不予受领的，行纪人应当对其进行催告。经过催告，委托人仍无正当理由而拒绝受领的，行纪人依照民法典合同编第570条关于提存的规定，可以提存委托物，消灭行纪合同关系。

委托人委托行纪人出卖委托物的，行纪人应当依照约定将委托物卖出。委托物不能卖出或者委托人撤回出卖，行纪人应当催告委托人取回委托物或者处分委托物。经行纪人催告，委托人仍不取回或者不处分该物的，行纪人依照民法典合同编第570条关于提存的规定，可以将委托物提存，消灭行纪合同关系。

【案例评注】

徐某某与田旺商行、田某等行纪合同纠纷案①

基本案情

2015年1月24日，原告徐某某（发货方）与被告田某（收货方）签订发货清单一份，由原告向被告发送瓜子若干，成本价值558760元。2015年1月26日，原告为被告提供发货清单一张，载明发送的瓜子品种为“三道眉”“六六三九”“零四零九”，共计净重73630千克，价值为558760元。发货清单下方说明：1. 上述单价为发货方收购成本单价（本金），不包含发货方应得的利润。2. 发货方负责在新疆北屯市收购货物，收货方负责运输费用及在山东临沂的相关销售事宜，收货方需充分考虑发货方本金以及收货方支付的运费及双方利润，经双方同意后，再进行出售，出售价应不低于双方成本之和。3. 货物总量以此清单数量为准，双方签字确认，销售量根据每批实际销售数量双方共同确定。4. 结算方式采用批售批结方式，利润分配根据双方协商结果，扣除双方成本后，五五分成。被告在收货单位处注明“收到条”并签名认可。原告分两车将上述货物发送给被告田某所在的兰山区义堂镇南楼瓜子市场。此后，被告共计卖出瓜子50430千克，所得货款并未支付给原告。原、被告因瓜子出卖价格及货款问题发生争议，引起诉讼。

法院判决

法院认为，原告与被告之间系行纪合同关系，双方应当按照合同约定履行各自的义务。被告田某主张瓜子价格下跌，不得已以低价出卖，但并未提供证据证明经双方同意。现根据合同约定，出售价格不应低于双方成本，对于已经卖出的50430千克（三道眉36230千克，每千克7.43元；“六六三九”14200千克，每千克8元），按照收购成本价应为382788.9元。按照约定，被告出卖瓜子的价格，扣除被告田某自身成本后，其价款不应低于382788.9元。现原告主张被告支付其货款，本院对于已经出卖的50430千克瓜子，其价款按照382788.9元予以支持。由于委托物不能卖出或者委托人撤回出卖，经行纪人催告，委托人不取回或者不处分该物的，行纪人可以提存委托物，故对于剩余的瓜子，原告应当及时取回，如不及时取回，被告田某可将剩余瓜子提存。

① 审理法院：山东省临沂市兰山区人民法院，案号：（2015）临兰商初字第1667号。

专家点评

本案情形符合民法典合同编第957条的规定，即委托物不能卖出或者委托人撤回出卖，经行纪人催告，委托人不取回或者不处分该物的，行纪人依照本法第三百六十条的规定可以提存委托物。本案中，对于超出合同约定价款后剩余的瓜子，原告应当及时取回，如不及时取回，被告田某可将剩余瓜子提存。原告主张由被告以及商行共同承担损失，于法无据，故法院未予以支持。

第九百五十八条　行纪人与第三人订立合同的，行纪人对该合同直接享有权利、承担义务。

第三人不履行义务致使委托人受到损害的，行纪人应当承担赔偿责任，但是行纪人与委托人另有约定的除外。

【条文解读】

本条是对行纪人与第三人订立合同的规定。

行纪合同与委托合同有所不同，存在两重法律关系，即行纪人与委托人之间订立的行纪合同关系，以及行纪人与第三人之间订立的买卖合同关系。在这两重法律关系中，行纪人既是行纪合同的行纪人，又是买卖合同的当事人。在这样的法律关系中，行纪人与第三人订立合同，是合理合法的。故对行纪人与第三人订立的合同，行纪人对该合同直接享有权利、承担义务。

在这样的法律关系中，如果第三人不履行义务致使委托人受到损害的，究竟由哪一方承担赔偿责任，基本规则是由行纪人承担赔偿责任，因为第三人不履行义务造成委托人的损害，也是应当由行纪人负责的。只有在行纪人与委托人另有约定的情况下，才不适用这一规则。

【案例评注】

赵某某、佳顺租赁部合同纠纷案[①]

基本案情

2012年5月4日，赵某某与佳顺租赁部签订了一份《车辆寄存协议》，将自

① 审理法院：安徽省淮南市中级人民法院，案号：(2017) 皖04民终1118号。

己名下的皖 DXXXXX 号车辆寄存于佳顺租赁部，由佳顺租赁部对外出租，约定“寄存车辆租赁期间所发生一切事故，碰擦，由车主与甲方共同追究承租人责任，甲方不承担任何费用及责任。”2015 年 3 月 31 日，佳顺租赁部在验证了余某某的身份证和驾驶证的真实性后，与余某某签订《协议书》，将赵某某寄存的车辆皖 DXXXXX 租赁给余某某并收取 2000 元借车押金。在租赁期间，余某某伙同他人将该车辆以 20000 元的价格以抵押的形式出售给他人。2016 年 12 月 1 日，淮南市谢家集区人民法院以合同诈骗罪判处余某某有期徒刑十年。现赵某某认为被告将涉案车辆出租给他人，致使该车辆目前无法追回，损失 10 万元，两被告应承担赔偿责任。经协商未果，遂成讼。

法院判决

法院认为，本案的争议焦点为：赵某某涉案车辆的损失应否由佳顺租赁部承担。赵某某上诉称其与佳顺租赁部签订的《车辆寄存协议》为行纪合同，且行纪人在第三人不履行合同造成委托人损失的情况下负有向委托人承担赔偿损害的责任。因此佳顺租赁部在第三人余某某不能依照其与佳顺租赁部签订的租车协议书约定归还其车辆造成车辆灭失的情况下，应当赔偿其车辆灭失的损失。本院认为，双方当事人之间签订的《车辆寄存协议》包含有行纪合同内容，根据法律规定，行纪人与第三人订立合同的，行纪人对该合同直接享有权利、承担义务。第三人不履行义务致使委托人受到损害的，行纪人应当承担损害赔偿责任，但行纪人与委托人另有约定的除外。本案中，赵某某与佳顺租赁部签订的《车辆寄存协议》第三条规定了在寄存车辆租赁期间发生的一切事故，碰擦，由车主即赵某某与佳顺租赁部共同追究承租人责任，佳顺租赁部不承担任何费用。可见，赵某某与佳顺租赁部对于寄存车辆出租后所发生的损失的承担问题作了特别约定，该约定不违反法律规定，亦是当事人双方的真实意思表示，合法有效，对双方当事人具有约束力。故本院对赵某某的此上诉理由不予采信。

专家点评

民法典合同编第 958 条是对行纪人与第三人签订合同的规定，即行纪人与第三人订立合同的，行纪人对该合同直接享有权利、承担义务。第三人不履行义务致使委托人受到损害的，行纪人应当承担赔偿责任，但是行纪人与委托人另有约定的除外。本案中，赵某某与佳顺租赁部形成行纪合同关系，租赁部又与第三人签订合同，一般而言按照法律规定，租赁部作为行纪人对合同直接享有权利和承担义务，如果因为第三人不履行义务致使原委托人赵某某受损的，租赁部应当承担赔偿责任。但是，本案中赵某某与租赁部的协议中有特别约定，明确指出租赁部不承担任何费用，该约定不违反法律法规，依法有效。所以本案应当适用本条款的但书部分，即行纪人与委托人另有约定的除外，故法院据此认定租赁部对车辆的损失不承担责任。

第九百五十九条　行纪人完成或者部分完成委托事务的，委托人应当向其支付相应的报酬。委托人逾期不支付报酬的，行纪人对委托物享有留置权，但是当事人另有约定的除外。

【条文释义】

本条是对委托人支付报酬的规定。

委托人应当对行纪人支付报酬。具体规则是：(1) 报酬数额的确定：该报酬是行纪人履行行纪行为的对价，其数额应由双方当事人约定，无约定的，依习惯确定。习惯上行纪人的报酬多以其所为交易的价额依一定的比例提取，在证券交易中尤为常见。(2) 行纪人行使报酬请求权的条件：其仅与第三人订立合同是不够的，只有该买卖合同已经履行，买入物品已由第三人交付给行纪人或已由委托人直接介入履行。行纪人在请求报酬时须将第三人履行的标的，如委托买入的物或委托卖出物的价金交给委托人，并有义务向委托人汇报所为行为的始末经过。否则，委托人有权以此为由拒绝支付报酬。(3) 丧失报酬请求权：由于行纪人自己的过失致使不能向委托人交付委托卖出物的价金或买进物品的，行纪人丧失报酬请求权。(4) 部分报酬请求权：因不可归责于行纪人的事由发生，致使行纪人不能完成行纪行为的，如果行纪人已做了部分履行，且该部分履行相对于全部委托事务来说可以独立存在，则行纪人有权就委托事务完成的部分请求委托人支付报酬。(5) 另有约定：行纪人和委托人对行纪报酬另有约定的，依其约定。

行纪人完成全部或部分委托事务，委托人应当支付报酬却逾期不支付的，行纪人有权留置委托物，并依照法律规定以委托物折价或从拍卖、变卖该财产所得的价款中优先受偿的权利。

【案例评注】

四方公司与京海公司行纪合同纠纷案①

基本案情

2007年6月20日，四方公司（供方）与凤源热力公司（需方）签订了一份供货合同（设备）。双方商定：供方愿以总价格1413560元向需方提供换热机组。2007年7月6日，四方公司（乙方）与京海公司（甲方）签订了一份《协议》，协议约定："一、乙方代理甲方的产品在本项目销售运作。二、乙方对凤源热力公司签订供货合同，甲方提供设备，乙方可提取总合同额的5%作为提成款。当收到凤源热力公司的货款后，在一周内应返回到甲方，当收到90%的款项后，乙方可按照比例在货款中提取提成款……"供货合同签订后，京海公司依据上述2007年7月6日协议向凤源热力公司提供了换热机组设备。截至2011年8月1日，四方公司向京海公司三次支付货款865424元，尚欠548136元。2012年7月31日，京海公司向山西省运城市盐湖区人民法院提起诉讼，要求四方公司给付所欠货款，经审理，双方当事人自愿达成协议，法院于2012年9月18日出具了调解书，该调解书应执行部分已执行完毕。因四方公司向京海公司索要报酬未果，原告诉于法院。

法院判决

法院认为，本案中京海公司与四方公司所签订的协议及补充协议，系双方真实意思表示，且不违反相关法律、法规的规定，应属有效。双方均应按约履行义务、享有权利。关于原、被告所签订2007年7月6日协议及2008年4月2日补充协议的性质问题，应当符合"行纪合同是行纪人以自己的名义为委托人从事贸易活动，委托人支付报酬的合同"的规定，进而行纪合同的报酬问题，应当遵循"行纪人完成或者部分完成委托事务的，委托人应当向其支付相应的报酬。委托人逾期不支付报酬的，行纪人对委托物享有留置权，但当事人另有约定的除外"的规定。结合四方公司与凤源热力公司签订的供货合同，本案完全符合行纪合同的特征。四方公司在完成供货合同后，已向京海公司支付了全部货款，按约四方公司应提取总合同额的5%作为提成款，即报酬，故原告的此部分诉讼请求，证据充分，理由正当，法院予以支持。

---

① 审理法院：北京市密云区人民法院，案号：（2014）密民初字第3784号。

专家点评

关于行纪合同的报酬问题，民法典合同编第959条规定，行纪人完成或者部分完成委托事务的，委托人应当向其支付相应的报酬，这赋予了行纪人请求报酬的权利，而报酬的数额方面，应当遵循有约定按约定，无约定按习惯进行确定。本案中，四方公司作为行纪人，其依据合同完成了其合同义务，有权依照本条规定请求京海公司支付相应的报酬，报酬的具体标准应当参照其与京海公司的约定，即总合同额的5%，故法院支持了四方公司这一部分的诉讼请求。

第九百六十条　本章没有规定的，参照适用委托合同的有关规定。

【条文解读】

本条是对行纪合同准用委托合同规则的规定。

行纪合同与委托合同最为相近，行纪关系中委托人与行纪人的基础关系就是委托，只不过是委托的事项特殊、固定而已。就此而言，行纪合同就是一种特殊的委托合同。所以，本条规定，本章关于行纪合同没有规定的规则，适用委托合同的有关规定。

【案例评注】

广大公司与康贤公司行纪合同纠纷案①

基本案情

2015年7月27日，广大公司、康贤公司签订了一份产品代理合同，合同约定广大公司授权康贤公司为其在山东地区的区域代理商，代为销售摇架、下销、分压器、皮辊测压仪等产品。代理期限暂定为自合同签订之日起三年，双方可根据合同约定提前终止或到期续签。双方明确以合同所附产品目录价格2015－08版的代理价格为结算依据（目录中对第五代气动摇架、百压式摇架、带槽专利下销、紧密纺分压器、皮辊测压仪的代理价及市场销售价做出了约定）。康贤公司应按广大公司建议销售价格销售产品。广大公司免费向康贤公司提供一定数量的

① 审理法院：江苏省苏州市中级人民法院，案号：（2017）苏05民终865号。

产品样本及其他进行广告宣传所需的资料。在康贤公司正常履约的情况下，广大公司有权在不损害康贤公司利益的前提下直接与康贤公司的客户进行商务接触或达成协议。广大公司执行款到发货原则，产品运费由广大公司承担。康贤公司应以书面形式向广大公司下达订货计划，应写明产品名称、型号规格、数量及特殊要求等，订货人签名并加盖公章后传真给广大公司，广大公司收到后予以回复确认。合同有效期已过一半以上时间，康贤公司仍未能实现销售，广大公司可以终止协议。合同另对双方其他的权利义务做出了相应约定。

合同签订后，康贤公司以自己的名义在山东地区为广大公司销售了部分纺机零配件产品，康贤公司于2015年4月14日至2016年1月29日共支付给广大公司1532962元款项。广大公司开具给康贤公司126568元的增值税发票七笔。现双方发生争执，原告诉请判令解除双方于2015年7月27日签订的产品代理合同并判令康贤公司立即给付广大公司欠款若干。

法院判决

针对能否解除案涉合同，一审法院认为，广大公司、康贤公司签订的产品代理合同合法有效，康贤公司以自己的名义为广大公司销售产品并由广大公司支付报酬，该合同属于行纪合同性质。康贤公司为广大公司销售产品后理应按照约定及时与广大公司结清产品价款，双方虽然约定了款到发货的结算条款，但在实际交易过程中双方并未严格执行，事实上变更了结算方式。现广大公司要求解除合同，但广大公司不能证明康贤公司有严重违约情形，不符合法定解除条件，亦未出现约定解除的事实，故广大公司该诉请属于行使任意解除权，基于委托人可以随时解除委托合同的法律规定，故予以支持。二审法院认为，广大公司、康贤公司的《产品代理合同》符合行纪合同的权利义务关系，不违反法律规定，应认定合法有效，双方均应按约履行。在行纪合同对于解除未作规定的情况下，可适用委托合同的有关规定，故随时解除委托合同不违反法律规定。

专家点评

对于能否解除案涉合同，一审法院和二审法院作出了相同的判断，即虽然行纪合同的相关法律规没有涉及解除的问题，但是由于可以援引委托合同，故案涉合同可以随时解除。民法典合同编第960条规定的“本章没有规定的，参照适用委托合同的有关规定”即对本案这种情况妥适的处理方式，法条背后的逻辑是行纪合同从法理上属于特殊的委托合同，在法条未对特殊情况进行规定时，应当适用一般规定。

第二十六章　中介合同

第九百六十一条　中介合同是中介人向委托人报告订立合同的机会或者提供订立合同的媒介服务，委托人支付报酬的合同。

【条文释义】

本条是对中介合同概念的规定。

中介合同，是指中介人向委托人报告订立合同的机会或者提供订立合同的媒介服务，委托人支付报酬的合同。报告订约机会的中介称为报告中介，媒介合同的中介称媒介中介。在中介合同中，提供报告订约机会或提供交易媒介的一方为中介人，给付报酬的一方为委托人。

中介也叫居间，是古老的商业现象，在古希腊时代即已出现。中世纪的中介带有公职性质，非为中介人团体成员不得进行中介活动。其后的中介活动都带有官营性质，禁止私自从事中介活动。我国古代将中介人称为“互郎”，是指促进双方交易成交而从中取酬的中间人，习惯称之为“牙行”或“牙纪”，民间将其称为“对缝”。

中介合同的特征是：(1) 中介合同为有名合同，立法承认中介合同的独立地位，不予禁止。(2) 中介合同是一方为他方报告订约机会或为订约媒介的合同。(3) 中介合同为有偿、诺成和不要式合同。(4) 中介合同委托人给付义务的履行有不确定性，是否付给中介人报酬也是不确定的。(5) 中介合同的主体具有特殊性，须为经过核准可以从事中介营业的法人或自然人。

【案例评注】

宁波市顺得房地产经纪有限公司与徐某某居间合同纠纷案[①]

基本案情

2018年10月29日，经原告中介，原、被告与案外人罗某某、柴某某签订《存量房屋买卖中介合同》，约定罗某某、柴某某将其所有的位于宁波市鄞州区邱隘镇汇悦湾花苑15幢28号×室的不动产卖予被告。合同对价款、支付方式等均作了约定，同时约定被告向原告支付中介服务费45000元。合同签订后，被告向原告出具中介服务费欠条一份，承诺该费用最迟于2018年11月20日付清。但被告至今未予支付。

法院判决

中介合同即居间合同，是居间人即中介人向委托人报告订立合同的机会或者提供订立合同的媒介服务，委托人支付报酬的合同。在居间活动中。居间人不介入委托人与第三人所订的合同关系中，只是按照居间合同的内容提供中介服务，既不为委托人或第三人任何一方的代理人或者当事人，也不参与委托人与当事人之间具体的订约商洽活动，不对其订约发表独立的意思表示。居间合同具有有偿性，是诺成、不要式合同，居间人与委托人的意思表示一致，居间合同即可成立，无需实际交付。原告已促成被告与卖方签订《存量房屋买卖中介合同》，居间服务即完成，被告应按约支付服务费。原告的诉讼请求于法有据，本院予以支持。

专家点评

中介合同亦为居间合同，其最重要的特点就是不介入双方的合同关系中，只是为合同双方提供中介服务，主要服务内容有提供订约机会、提供交易媒介等。本案中，原告作为房地产经纪公司，其义务即提供相应房屋信息、买卖家信息、促成房屋买卖合同成立，符合本条对中介合同的规定，即中介是中介人向委托人报告订立合同的机会或者提供订立合同的媒介服务，进而中介人有权基于其中介服务要求委托人支付相应的报酬。

---

① 审理法院：浙江省宁波市鄞州区人民法院，案号：（2019）浙0212民初1707号。

第九百六十二条　中介人应当就有关订立合同的事项向委托人如实报告。

中介人故意隐瞒与订立合同有关的重要事实或者提供虚假情况，损害委托人利益的，不得请求支付报酬并应当承担赔偿责任。

【条文释义】

本条是对中介人报告义务和忠实义务的规定。

中介人应当就订立合同的事项向委托人如实报告，是中介合同中介人应负的主要义务。在报告中介中，中介人对于订约事项，应就其所知据实地报告给委托人，中介人对相对人没有报告委托人有关情况的义务。在媒介中介中，中介人应将有关订约的事项据实报告给各方当事人，媒介中介的报告义务是向双方报告义务。

忠实义务，是指中介合同不管是单务的还是双务的，中介人就自己所为的中介活动都负有遵守诚实信用原则的义务，不得对订立合同实施不利影响，影响合同的订立或者损害委托人的利益，对所提供的信息、成交机会及后来的订约情况，负有向其他人保密的义务。中介人故意隐瞒与订立合同有关的重要事实或者提供虚假情况，损害委托人利益的，不得要求支付报酬，造成委托人损害的，应当承担损害赔偿责任。

【案例评注】

武某某与周某某、王某某行纪合同纠纷案[①]

基本案情

原告武某某通过曹某某经营的兰桐服务部介绍，在2017年12月17日与被告周某某签订了房屋买卖合同，被告周某某将位于兰考县城区西城花园12－2－×、×层的房屋（房产证号兰房字第××号），以900000元的价钱转让给原告，约定如被告拒绝或故意拖延过户承担总房款50%的违约金，同时向曹某某经营的兰桐

① 审理法院：河南省兰考县人民法院，案号：（2018）豫0225民初607号。

服务部部交纳了中介费9000元，后于2017年12月25日又向该中介服务部交纳了5300元的评估费。

合同签订后，原告向被告周某某支付了首付款650000元，被告将房屋钥匙交给了原告，原告为购买、装修该房屋及搬家、保洁、装橱柜等花费了728300元。后原告催促被告周某某进行过户时，才得知因被告周某某欠钱，该房屋被法院进行了查封，无法进行过户，并且查封该房产的时间在双方签订购房合同之前。故原告起诉认为，因该房产系被告周某某与王某某的夫妻共同财产，因此给原告造成的经济损失二被告应共同承担责任。曹某某经营的兰桐服务部因提供购房信息有误，导致原告受到了经济损失，其应承担连带赔偿责任。

法院判决

法院认为，本案的争议焦点之一在于原告武某某、被告周某某与被告兰桐服务部是否存在中介合同关系问题。被告兰桐服务部为原告武某某及被告周某某提供订立购房合同媒介服务，并在双方达成协议后，向双方收取了中介费，因此，原告武某某、被告周某某与被告兰桐服务部之间虽未签订书面合同，但均已形成事实上的中介合同关系。本案另一争议焦点在于原告是否可以拒绝支付中介人报酬。法院认为，中介人不得要求支付劳动报酬并承担损害赔偿责任前提是，中介人故意隐瞒与订立合同有关的重要事实或者提供虚假情况，损害委托人利益。本案中，被告兰桐服务部，虽在订立合同之日未对被告周某某、王某某房屋的保全、抵押情况进行调查，但被告兰桐服务部经营者曹某某表示在此之前的调查显示，被告的房屋并未被法院查封。被告兰桐服务部虽然未尽到如实提供本案房屋最新信息义务，但也仅仅是过失，并不存在的主观上的故意，故被告兰桐服务部可以收取劳动报酬，且对原告之损害无赔偿责任。

专家点评

中介人应当就订立合同的事项向委托人如实报告，这是中介合同中介人应负的主要义务，基于此义务，中介人也相应享有索要报酬的权利。中介人不得要求支付报酬并应当承担损害赔偿责任的前提是中介人故意隐瞒与订立合同有关的重要事实或者提供虚假情况，损害委托人利益。本案中，中介人兰桐服务部未能完全尽到其报告义务，并且确实导致了原告的损失，但是其并非是故意隐瞒，即其在调查时也不知道案涉房屋被法院查封，不存在主观上的故意，所以不满足本条所规定的可以拒绝支付中介人报酬的条件，所以法院对原告的该诉求并未支持。

第九百六十三条 中介人促成合同成立的，委托人应当按照约定支付报酬。对中介人的报酬没有约定或者约定不明确，依据本法第五百一十条的规定仍不能确定的，根据中介人的劳务合理确定。因中介人提供订立合同的媒介服务而促成合同成立的，由该合同的当事人平均负担中介人的报酬。

中介人促成合同成立的，中介活动的费用，由中介人负担。

【条文释义】

本条是对委托人支付报酬的规定。

中介报酬支付的一般规则是“约定报酬制”，即中介人从事中介活动收取报酬的多少，主要依中介人和委托人的约定，在中介人促成合同有效成立后，委托人就应按约定支付报酬。中介人促成合同成立后，委托人应当按照约定支付报酬。因中介人提供订立合同的媒介服务而促成合同成立的，由该合同的当事人平均负担中介人的报酬。

数个中介人确定报酬权利人的规则：(1) 报告中介，先向委托人报告订约信息并促成其订立合同者，享有中介报酬请求权。(2) 媒介中介，如果委托人与相对人之间所成立的合同可归功于某个中介人时，则此中介人享有收取中介报酬请求权，其他中介人无此项权利；如果是数中介人同心协力，致使不能确定其中哪个中介人为当事人与相对人交易的达成起了决定性作用时，则应视情况而定：①委托人以数中介人为一整体，只给予一次报酬，由各中介人平均分配该报酬；②委托人对各中介人分别委托同一事项，中介人也独立地开展产生中介结果的活动时，中介人可以各个请求报酬；③各中介人就同一事项分别受同一委托人的委托，但在实施中介行为时，各中介人相互结合为共同的媒介，则各中介人只能共同地享受一次报酬。(3) 交易双方各自委托中介人，双方委托的两个中介人又共同协力促成委托人和交易相对人订立合同，则委托人和交易相对人分别对自己所委托的中介人支付中介报酬。

对中介人的报酬没有约定或者约定不明确，依据民法典合同编第510条的规定补充协议仍不能确定的，根据中介人的劳务合理确定。因中介人提供订立合同的媒介服务而促成合同成立的，由该合同的当事人平均负担中介人的报酬。

中介人促成合同成立的，中介活动的费用由中介人负担，因为中介人已经取得了应得的报酬，该报酬中包含中介活动的费用。

【案例评注】

福禄禧公司与李某某居间合同纠纷案①

基本案情

2019年5月7日，通过福禄禧公司居间介绍，原告（丙方）、被告（乙方）与申某某（甲方）三方签订《21世纪不动产郑州区域房屋买卖合同》一份，合同约定的主要内容为：乙方李某某购买甲方申某某所有的位于郑州市××镇××国道西侧正商红河谷66号楼1单元1-3层×房产。合同约定房屋总价款2900000元，乙方应于本合同签订时支付定金、佣金及代办费共计人民币70000元，其中佣金及代办费人民币60000元，余额作为丙方代甲方保管的购房定金。居间人（丙方）促成合同成立的，委托人应当按照约定支付报酬，现甲乙丙三方已经签订房屋买卖合同，应向丙方支付居间佣金。乙方应向丙方支付佣金人民币58000元。在合同履行过程中，如因甲乙任意一方违约或双方违约而导致本合同解除、终止履行，或甲乙双方协商解除本合同，丙方不承担佣金返还责任，非违约方所受佣金损失由违约方承担同等数额的赔偿责任。甲乙双方同意共同委托丙方代为办理房屋交易贷款和过户手续，并商定于签订本合同时，由乙方向丙方支付代办费用人民币2000元。乙方应于2019年5月15日支付丙方佣金及权证代办费6万元整。合同签订后至2019年5月15日，原告通过微信多次向被告催促履行合同，被告一直推脱拒绝如约履行相关义务，双方发生纠纷。

法院判决

法院认为，原告福禄禧公司作为居间方与被告李某某及房屋所有人申某某以合同书的形式就涉案房屋价款及支付方式、房屋交付及佣金、代办产权费用、违约责任等形成合意，并由三方当事人签章确认，具备了合同成立的主体、客体及内容要件，故该合同自当事人签字或盖章时生效。故原告福禄禧公司作为居间方与出售方申某某、买受方被告李某某签订的《21世纪不动产郑州区域房屋买卖合同》系当事人真实意思表示，不违反法律、行政法规的强制性规定，合法有效，原告及被告均应按照合同约定履行各自的义务。关于佣金的支付问题，依据法律规定，中介人促成合同成立的，委托人应当按照约定支付报酬，故关于原告要求

① 审理法院：河南省新郑市人民法院，案号：（2019）豫0184民初9736号。

被告支付佣金6万元的诉讼请求，法院予以支持。

专家点评

本条规定，中介人促成合同成立的，委托人应当按照约定支付报酬，这是对中介人报酬权的规定。本案中，作为中介方的福禄禧公司促成了李某某与房屋所有人申某某的房屋买卖合同，完成了中介人的义务，应当有权获得报酬。报酬的价款，应当按照约定进行确定。根据合同约定，佣金及代办费共计6万元，故，本案中李某某应当支付中介人6万元报酬。

第九百六十四条 中介人未促成合同成立的，不得请求支付报酬；但是，可以按照约定请求委托人支付从事中介活动支出的必要费用。

【条文释义】

本条是对中介人未促成合同成立可请求支付中介活动费用的规定。

中介费用一般包含在报酬中，中介成功时，中介费用未经约定不得请求委托人支付，应由中介人自己负担。在居间人已尽报告义务或者媒介义务，但仍不能使合同成立，未达到委托人预期目的的，由于中介人获得报酬的前提是完成中介活动并达到中介目的，因而就未完成中介委托人的委托不得请求支付报酬，但是，可以按照约定要求委托人支付从事中介活动支出的必要费用，如中介人在实施中介活动中的旅差费等。

【案例评注】

潘某某与朱某某居间合同纠纷案[①]

基本案情

被告潘某某向原告朱某某承诺可以帮其介绍协调承包学校食堂窗口。2014年7月20日，原告向被告交付50000元，同日，被告潘某某出具收条一份，载明：

① 审理法院：河南省郑州市中级人民法院，案号：(2019) 豫01民终12710号。

今收到朱某某现金5万元，尚欠1万元整，收款人潘某某。双方之间未签订书面合同。被告收取原告相应费用后，并未如约完成其帮助原告承包学校食堂窗口事宜。现原告要求被告退还上述费用，未果。2018年5月16日，原告诉至法院。

法院判决

法院认为，中介合同是中介人向委托人报告订立合同的机会或者提供订立合同的媒介服务，委托人支付报酬的合同。本案中，被告潘某某口头承诺为原告朱某某提供承包经营学校食堂的机会，原告也向被告支付了50000元费用，原、被告双方之间已形成中介合同关系。根据法律规定，中介人未促成合同成立的，不得要求支付报酬，但可以要求委托人支付从事中介活动支出的必要费用。原、被告双方虽未签订书面合同，但双方就中介事宜协商一致达成合意后，原告向被告支付了中介费用50000元，后被告未能在约定时间内协助原告承包学校食堂窗口，被告的行为已构成根本违约，被告应当返还原告所交的50000元费用。故对原告的该项诉讼请求，应当予以支持。

专家点评

民法典合同编第964条规定，中介人未促成合同成立的，不得请求支付报酬；但是，可以按照约定请求委托人支付从事中介活动支出的必要费用。本案中，原告朱某某与被告潘某某之间形成中介合同，潘某某为朱某某提供承包经营学校食堂的机会。但是，最终的结果是潘某某并未成功给朱某某提供约定的机会，即并未促成中介合同的成立，其不得请求朱某某支付报酬，故法院判决退还中介费用。当然，如果潘某某在从事中介活动中产生了必要费用的，该部分费用可以要求朱某某承担。

第九百六十五条 委托人在接受中介人的服务后，利用中介人提供的交易机会或者媒介服务，绕开中介人直接订立合同的，应当向中介人支付报酬。

【条文释义】

本条是对委托人“跳单”应支付中介报酬的规定。

“跳单”行为也叫“跳中介”，是指合同的一方或者双方当事人已经与中介人订立了合同，中介公司已经按照协议履行了提供中介信息，并促使买卖双方见面洽谈等促进交易的义务或者媒介服务，买卖一方或双方为了规避或减少按照协议约定履行向中介人交付中介费的义务，跳过中介而私自签订合同的行为。这是中介合同的严重违约行为，应当承担违约责任。只要委托人接受了中介人的中介，利用中介人提供的交易机会，却绕开中介人直接与第三人订立合同的，仍然应当承担支付中介报酬的义务，满足中介人的权利请求。

在实践中，委托人“跳单”，中介人向委托人主张报酬权利，委托人不认可的，可以直接向法院起诉，请求法院依照本条规定满足报酬请求权。中介人在中介活动中，应当注意保存证据，一方面可以避免出现委托人的跳单行为，另一方面是出现了跳单行为在诉讼中有证据证明自己的主张。

【案例评注】

汇隆置业公司滨州分公司与邵某居间合同纠纷案①

基本案情

2016 年 9 月 7 日，汇隆置业公司的业务员带领邵某到滨州市滨城区黄河二路 584 号 26 号楼 2 单元 × 室查看待售二手房。看房结束后，应业务员要求，邵某在业务员提供的名为“汇隆置业客户委托买房协议”中的买房人一栏中签字并写下自己的手机号码。事后双方未再联络接洽。尔后，由德佑房产帮助邵某与房屋出卖人议价、沟通、协商，邵某于 2016 年 9 月 8 日与房屋出卖人程某某签订房屋买卖合同，随后办理房屋所有权转移登记，取得了房屋所有权证。汇隆置业客户委托买房协议载明的内容为：“……2. 若与卖方私下交易，除支付代理费外，应按代理费的两倍支付中介方违约金（以下几条均属于私下成交）：（1）客户以及该客户的亲友与卖方私下交易；（2）向汇隆的业务人员支付好处费等行为；（3）代理费收取基数以双方私下交易的价格为准……”汇隆置业公司得知上述房屋交易完成的信息以后，认为邵某私下与客户交易，违约协议约定，几次与邵某洽谈，要求支付代理费和双倍违约金，因意见分歧太大未能达成一致。汇隆置业公司于 2017 年 6 月 23 日向法院提起诉讼。

法院判决

法院认为，本案争议的焦点为涉案委托买房协议的性质是否为中介合同，该

① 审理法院：山东省滨州市中级人民法院，案号：（2018）鲁 16 民终 79 号。

协议约定的禁止私下交易应支付代理费和双倍违约金的条款是否有效，若有效，邵某另行签订协议的行为是否构成违约。

案涉的委托买房协议是邵某与汇隆置业公司在看房后共同签署，尽管该协议是由汇隆置业公司单方印制，但是该协议并非向不特定的大众发出的，而是向具体的购房人邵某发出，该协议所委托中介的房屋不是不特定的房屋，而是双方看房确定的涉案房屋“建工南院”也即邵某最终购买的房屋。双方签署的“委托买房协议”对于邵某委托汇隆置业公司中介买房事宜和有关其他服务的事项作出了约定，双方的要约和承诺达成一致，委托合同成立。该委托合同包括中介合同的内容，但是不限于中介合同中中介人提供订立合同的媒介和报告订立合同机会的义务，还包括其他的协助贷款、过户等内容。在该合同中，对于私下交易支付双倍违约金的条款，即俗称的“禁止跳单条款”，并不存在免除一方责任，加重对方责任，排除对方主要权利的情形，故应认定为合法有效。

但是判断是否构成“跳单”违约行为的关键点在于委托人是否利用中介人提供的房源信息和机会等条件。如果委托人并未利用中介人提供的信息和机会，而是通过其他公众可以获知的正当途径获得同一房源信息，则委托人有权另行选择报价低、服务好的其他中介公司作为中介人促成房屋买卖合同的成立，而不构成违约。本案中，中介人汇隆置业公司并未提供证据证实其为售房人程某某售房信息的唯一发布方，而邵某提交的证据证实其在德佑公司的见证下与程某某达成房屋买卖协议，因此综合双方陈述和举证情况，本院认为汇隆置业公司无法证实邵某系利用其公司信息后通过私下与购房人交易，因此不能认定邵某未通过汇隆置业公司签署购房协议构成违约。汇隆置业公司请求邵某支付代理费和违约金的诉求不成立，本院不予支持。

专家点评

本条规定，委托人在接受中介人的服务后，利用中介人提供的交易机会或者媒介服务，绕开中介人直接订立合同的，应当向中介人支付中介报酬。这是对实践中常有发生的“跳单”行为进行的规定。诚如本案，法院给出了判断是否属于“跳单”的方法，即如果本案中委托人利用了中介人提供的信息和机会，却故意以其他方式不支付中介人的报酬，即为“跳单”。但是，本案中汇隆置业公司并未提供证据证实其为售房人程某某售房信息的唯一发布方，所以无法认定邵某只能从汇隆置业公司获取信息并接受中介服务，不符合本条法律规定，法院最终未支持中介费用的支付请求。

第九百六十六条　本章没有规定的，参照适用委托合同的有关规定。

【条文释义】

本条是对中介合同准用委托合同规则的规定。

中介合同的性质，也是委托合同，只是与委托合同有所区别而已。除本章规定的中介合同的特有规则外，其他都是可以适用委托合同的规定的。故本条规定，中介合同在本章没有规定的，适用委托合同的有关规定。

【案例评注】

安泰公司、潘某房屋买卖合同纠纷案[①]

基本案情

2017 年 3 月 5 日，安泰公司（丙方）与李某某、林某（甲方）、潘某（乙方）签订了《房屋买卖合同》，约定：潘某以总费用 1580000 元购买李某某、林某所有的位于宜昌西陵区 × 号房屋，此外不再支付任何与房屋交易相关及佣金等相关费用……同时应支付中介方按总房款计算的 2% 的佣金。乙方违约，甲方有权解除合同，甲方已收取的定金不退，还需赔偿甲方总房款的 15% 的违约金，并应付中介方总房款 2% 的佣金；该房屋交易的程序由丙方代办《不动产权证书》等全套相关手续。在交易过程中，李某某、林某与潘某发生纠纷，潘某于 2017 年 7 月 19 日向葛洲坝人民法院提起诉讼，要求解除双方签订的《房屋买卖合同》并要求李某某、林某返还定金、赔偿违约金。庭审过程中，双方达成调解意见：解除潘某与李某某、林某签订的《房屋买卖合同》；李某某、林某于 2017 年 9 月 11 日返还潘某定金 20000 元，并补偿潘某 22500 元。安泰公司认为，该合同中明确约定不得以任何理由解除合同，否则应支付总房款 2% 的佣金，且委托人应按合同约定支付报酬，故诉请法院：判令李某某、林某和潘某支付佣金三万元整并承担案件诉讼费用。

① 审理法院：湖北省宜昌市中级人民法院，案号：（2018）鄂 05 民终 809 号。

法院判决

法院认为，本案的争议焦点之一在于案涉合同是否能够解除。中介合同的订立以委托人与中介人之间的相互信任为前提，中介合同是一种特殊的委托合同，委托合同中任意解除权的规定应当适用于中介合同。换言之，对于中介合同专门设置的法律规则，相对于委托合同的规定，属于特别规定。因此中介合同在进行法律适用时，仅在法律对其未设专门规定时，才适用委托合同的相关规定。关于委托合同，法律规定委托人或者受托人可以随时解除委托合同。因解除合同给对方造成损失的，除不可归责于该当事人的事由外，应当赔偿损失。这相对中介合同而言为一般规则，法律对此并无其他规定。故，从委托合同和中介合同相关法律规定的关系来看，亦应认为中介合同双方当事人有权随时解除合同。

专家点评

本条规定中介合同章节中没有规定的，应参照适用委托合同的有关规定，其法理依据即中介合同也是委托合同之一种，且无特别规则时应当适用一般规则。本案中，关于中介合同的解除权问题，法律并无规定，故法院援引适用有关委托合同解除权的规定，判定中介合同双方当事人亦有权随时解除合同。

第二十七章　合伙合同

第九百六十七条　合伙合同是两个以上合伙人为了共同的事业目的，订立的共享利益、共担风险的协议。

【条文释义】

本条是对合伙合同概念的规定。

合伙合同是两个以上的合伙人为了共同的事业目的，订立的共享利益、共担风险的协议。合伙合同的特征是：（1）当事人为两个以上的合伙人，包括自然人、法人、非法人组织，通常是自然人。（2）合伙合同的设立目的是两个以上的合伙人为了实现共同的事业目的，主要是经营性的目的。（3）合同的内容是约定合伙人共同投资、共同经营、共担风险。（4）合伙合同设立的是普通合伙，不包括设立合伙企业的合同。合伙企业是民法典总则编第102条规定的非法人组织。

通过合伙合同设立的是合伙，两人以上通过合伙合同，按照约定，为共同的事业目的，各自提供资金、实物、技术等，合伙经营、共同劳动，共享收益，共担风险。

合伙的法律特征是：

1. 合伙由两个以上的自然人、法人或者非法人组织组成，以合伙人的意思表示一致为基础。

2. 合伙由合伙人共同投资成立，其财产属于合伙人共有。

3. 合伙由合伙人共同经营管理，共担经济利益和风险。

4. 合伙以其名义独立从事民事活动，合伙人对外承担无限连带责任。

【案例评注】

林某乙、陈某合伙协议纠纷案[①]

基本案情

陈某、林某甲与林某乙三方于2010年11月签订了《股东协议》，约定陈某、林某甲入股投资林某乙的某煤矿项目，入股比例：陈某35%，林某甲22%，林某乙43%。该协议还约定，林某乙负责筹备开工所需的排土场、煤场、开采所需的爆破材料，负责解决理顺与政府各相关部门、相邻各矿以及当地村民的关系，并负责生产经营。后陈某、林某甲依约向林某乙支付了入股款。而林某乙一直未办理该煤矿项目的初步设计、环评、采矿许可证，其未能依据《股东协议》的约定使该煤矿具备开采条件，已经构成根本违约，《股东协议》的目的不能实现。故林某甲、陈某起诉请求法院判令：解除三方的《股东协议》、返还投资款。

法院判决

关于《股东协议》的性质及效力：

一审法院认为，协议内容中均体现陈某、林某甲与林某乙双方共同出资，共同经营案涉煤矿项目并分享收益，故《股东协议》应认定为双方当事人之间达成的合伙协议，该协议系双方真实意思表示，合法有效，双方均应依约履行。

二审法院认为，案涉《股东协议》是名为双方合作经营，实为采矿权购买及权益分配。由于林某乙并非本案煤矿的采矿权人，其采矿权的买卖及权益分配行为未经依法批准，违反《合同法》第五十二条第五项、《矿产资源法》第六条之法律强制性规定，依法应认定为无效合同。

再审法院认为，首先，从《股东协议》约定的内容分析，三方当事人系就案涉煤矿的合作事宜约定共同出资、共同经营，并共享收益。从《股东协议》的履行情况来看，三方当事人亦实际共同经营了该煤矿，并共享了经营收益。无论是《股东协议》的约定内容，还是该协议的实际履行情况，均体现的是法律规定的合伙合同所具有的共同出资、共同经营、共享利润的特征。本案《股东协议》应

---

① 审理法院：一审法院为福建省福州市中级人民法院，案号：（2015）榕民初字第1281号；二审法院为福建省高级人民法院，案号：（2016）闽民终695号；再审法院为最高人民法院，案号：（2017）最高法民再228号。

认定为合伙合同。其次，关于《股东协议》的效力问题。《股东协议》主要内容涉及陈某、林某甲、林某乙三方合作开发案涉煤矿，具体包括三方合伙投资总额、各自投资比例、投资款项用途，以及三方合作开发中各方权利义务等，上述内容不违反法律和行政法规的禁止性规定，故《股东协议》应当确认为有效合同。

专家点评

本案涉及民法典合同编第967条关于合伙合同概念的规定，该规定在《民法通则》第30条规定的基础上予以完善。民法典合同编第967条规定，合伙合同是两人以上为了共同的事业目的，订立的共享利益、共担风险的协议。

本案中，林某甲、陈某起诉请求法院判令解除其二人与林某乙的《股东协议》并返还投资款。案件的争议焦点在于《股东协议》的性质及效力。而案涉《股东协议》就林某甲、林某乙及陈某对案涉煤矿的出资、经营等作出约定，从其内容来看，其符合民法典合同编第967条规定的合伙合同共享收益、共担风险的基本特征，因此应认定三方之间成立合伙关系，因案涉协议系三方当事人真实的意思表示，且不违反法律、行政法规的强制性规定，应认定为有效。

第九百六十八条 合伙人应当按照约定的出资方式、数额和缴付期限，履行出资义务。

【条文释义】

本条是对合伙人出资义务的规定。

合伙人的出资，是合伙财产的最初来源。合伙人在合伙合同中应当约定合伙人的出资方式、数额和交付期限，履行出资义务。各合伙人应按约定，向合伙投资，投资财产构成合伙的财产基础。投资可以是资金，也可以是设备；可以是财产，也可以是其他用益物权，如将建设用地使用权、土地经营权等投资入股；可以是知识产权，也可以是技术。合伙财产一经发生，合伙即可进行经营活动。

合伙人的出资义务具有强制性。在所有的合伙人中，如果一个或者数个合伙人不履行出资义务的，可以要求他出资或者不承认其合伙人资格，但是其他合伙人不能因此而拒绝出资，因为都拒绝出资，将使合伙无法设立、无法经营。

【案例评注】

房某与陈某合伙协议纠纷案①

基本案情

房某与陈某签订了《协议书》约定合伙共同出资承包某公司的建设项目，工地由陈某主要负责。后法院生效判决判定某公司给付陈某工程款11554699.23元及相应利息。房某起诉请求：1. 确认双方系合伙承建工程关系；2. 确认房某应分得合伙利润9534887.13元及利息。

法院判决

关于涉案《协议书》是否实际履行，双方是否存在合伙关系的问题。本案双方当事人对涉案《工程内部承包合同》《协议书》的真实性均无异议，但对涉案工程的履行依据及《协议书》是否实际履行，双方各执一词。从涉案《协议书》的形式上看，该《协议书》双方均签字确认，应自双方当事人签字时合同即成立。一般而言，依法成立的合同，自成立时生效。而合同的成立、生效并不等同于合同的履行，对于涉案《协议书》是否得到实际的履行，则是判断双方是否实际存在合伙关系的前提与基础。而从现有证据来看，房某无法证明其按照涉案《协议书》实际履行了出资义务，也无证据证明实际参与建设了涉案工程。因此，该《协议书》未实际履行，现房某以此要求确认双方存在合伙关系并分割合伙利润，依据不足，对其请求不予支持。

专家点评

本案涉及民法典合同编第968条关于合伙人出资义务的规定。本案中，争议焦点在于房某是否依《协议书》履行了出资义务，能否请求分割合伙利润。依据第968条第1款，合伙人应当按照约定的出资方式、数额和缴付期限，履行出资义务。合伙人履行出资义务是合伙人分享合伙利润的前提，本案中，房某与陈某合伙承包案涉工程的协议虽然合法有效，但是现有证据并不足以证明房某履行了协议书约定的出资义务，因此，对其请求分割合伙利润的主张不应予以支持。

---

① 审理法院：一审法院为江苏省新沂市人民法院，案号：（2017）苏0381民初7714号；二审法院为江苏省徐州市中级人民法院，案号：（2018）苏03民终3634号。

第九百六十九条　合伙人的出资、因合伙事务依法取得的收益和其他财产，属于合伙财产。

合伙合同终止前，合伙人不得请求分割合伙财产。

【条文释义】

本条是对合伙财产及禁止分割合伙财产的规定。

合伙财产是指由合伙人依照合伙协议向合伙投资的财产和合伙在共同经营中积累的财产构成的，由全体合伙人共有的财产所有关系。

合伙财产的特征是：(1) 合伙财产依合伙关系而发生，依法律规定基于合伙关系的存在而必然发生。(2) 合伙财产具有组合性，包括合伙人的投资、合伙经营的收益积累以及其他财产。(3) 合伙财产体现全体合伙人的共有权，全体合伙人都是共有人，平等地享受权利，分担义务。(4) 合伙人对合伙财产对外享有连带权利，承担连带义务，每个合伙人都是连带债权人，每个合伙人都是连带债务人。

正是由于合伙财产的组合性和整体性，故在合伙合同终止前，合伙人不得请求分割合伙财产，但不妨碍合伙人对合伙收益进行分红。

【案例评注】

常某与朱某合伙协议纠纷案[①]

基本案情

2016 年，原告常某与被告朱某合伙承建某中学食堂工程，并挂靠在某甲公司名下，朱某系某公司的合伙人。常某与朱某对出资比例、如何出资、盈余分配均未进行明确约定。现常某认为在案涉项目工程款到位后，朱某私自截留，故起诉请求朱某向其支付合伙利润 40 万元。庭审中原被告一致认可涉案工程成本尚未进行核算、涉案工程总价款尚未支付完毕、双方合伙出资具体数额亦未进行确认。

① 审理法院：一审法院为江苏省沛县人民法院，案号：(2019) 苏 0322 民初 821 号；二审法院为江苏省徐州市中级人民法院，案号：(2019) 苏 03 民终 6817 号。

法院判决

一审法院认为，原告主张支付合伙利润40万元，实质即为合伙财产分割。庭审中，原被告双方均未能提供合伙期间完整、真实无异议的合伙账目或其他可供清算依据，且原告常某与被告朱某一致认可涉案工程成本尚未进行核算、涉案工程总价款尚未支付完毕、双方合伙出资具体数额亦未进行确认。在合伙事务未经清算、出资不详、盈亏不明的情况下，原告主张分配合伙利润，无事实与法律依据，不予支持。

二审法院认为，本案中，各方当事人均未能提供合伙期间完整、真实无异议的合伙账目或其他可供清算的依据，且一审中常某与朱某一致认可涉案工程成本尚未进行核算、工程总价款尚未支付完毕、双方合伙出资具体数额亦未进行确认。现合伙事务属于未经清算、出资不详、盈亏不明的情况，二审期间上诉人亦未提供证据证实合伙工程可供分配的盈余已达80万元，因此上诉人的上诉理由不能成立，本院不予支持。一审判决驳回上诉人分割合伙财产的诉讼请求，并无不当。

专家点评

本案涉及民法典合同编第969条第2款关于合伙财产分割的规定。合伙财产是合伙运行的基础，合伙合同终止前，合伙人不得请求分割合伙财产，且合伙财产的分割应在合伙事务清算后。依据民法典合同编第969条第2款的规定，合伙合同终止前，合伙人不得请求分割合伙财产。从本案事实来看，常某请求支付合伙利润的请求其实是请求对合伙财产予以分割，由于合伙事务属于未经清算、出资不详、盈亏不明的情况，且常某未能举证证明合伙可供分配的盈余数额，因此对常某的诉请不予支持。

第九百七十条 合伙人就合伙事务作出决定的，除合伙合同另有约定外，应当经全体合伙人一致同意。

合伙事务由全体合伙人共同执行。按照合伙合同的约定或者全体合伙人的决定，可以委托一个或者数个合伙人执行合伙事务；其他合伙人不再执行合伙事务，但是有权监督执行情况。

合伙人分别执行合伙事务的，执行事务合伙人可以对其他合伙人执行的事务提出异议；提出异议后，其他合伙人应当暂停该项事务的执行。

【条文释义】

本条是对合伙事务执行的规定。

合伙事业经营，包括合伙的经营决策、合伙事务执行和合伙负责人三个方面的内容。合伙人对合伙事务作出决定，除合伙合同另有约定外，应当经全体合伙人一致同意。合伙人有执行和监督的权利。合伙人可以推举负责人。合伙负责人和其他人员的经营活动，由全体合伙人承担民事责任。

合伙事务执行，是合伙事业经营中的一个环节，是指合伙事业经营决策确定之后，究竟由哪些合伙人负责执行，执行人之外的合伙人有哪些权利实现合伙经营目的的活动。合伙的经营决策作出后，具体的执行方式有三种：

1. 共同执行，即由全体合伙人共同执行。

2. 代表执行，即按照合伙合同的约定或者全体合伙人的决定，可以委托一个或者数个合伙人执行合伙事务；其他合伙人不再执行，但是有权监督执行情况。

3. 分别执行，即合伙人分别执行合伙事务的，执行事务合伙人可以对其他合伙人执行的事务提出异议；提出异议后，其他合伙人应当暂停该项事务的执行。

合伙事务执行不论采取哪种方式执行，都应由全体合伙人共同承担责任，而不是由合伙事务执行人个人承担民事责任。不论采取何种执行方式，所有的合伙人或者没有执行合伙事务的合伙人都对合伙事务执行享有监督权，监督合伙事务执行人的执行活动，发现问题，都有权提出监督意见，提交全体合伙人讨论，由全体合伙人作出决定。

【案例评注】

陈某甲、陈某乙民间借贷纠纷案①

基本案情

周某是某矿的投资人，陈某甲是某选厂的投资人。2010 年 11 月，陈某甲与周某将某矿及某选厂合并合伙经营。双方于 2010 年 11 月 5 日就合伙事宜签订

---

① 审理法院：一审法院为湖南省衡阳市中级人民法院，案号：（2013）衡中法民三初字第 44 号；二审法院为湖南省高级人民法院，案号：（2015）湘高法民一终字第 376 号；再审法院为最高人民法院，案号：（2017）最高法民再 292 号。

《合同》，其中约定，矿山、选厂的经营生产事务由乙方（即陈某甲）全权负责，甲方（即某矿，负责人周某）有权进行矿山、选厂行政财务监督。在合伙过程中，陈某甲作为经手人于2010年11月至2011年6月陆续向冯某借款共计380万元，但一直未向冯某出具借条。8月30日，周某、陈某甲吸收陈某乙入伙，三人于当日签订《合股协议》，约定："……二、乙方（即陈某乙）愿意用人民币伍百万元收购甲方（即某矿及某选厂）的33%股份，原甲方债务680万元由三股东共同负担……四、签订本协议之日前所有的债务与乙方无关（乙方只承认680万元债务）。"2011年9月1日，陈某甲就380万元的借款向冯某出具一张《借条》载明："今借到冯某现金叁佰捌拾万元人民币，借款期限由2011年9月1日至2012年12月30日……借款单位：某矿、某选厂。借款经手人：陈某甲。"

后因某厂停产歇业，冯某认为陈某甲、陈某乙、周某未偿还其借款，故诉至法院请求三人赔偿。

法院判决

一审法院认为，冯某已提供借条、汇款凭条等证据证明其已支付给陈某甲380万元借款的事实。陈某甲对该笔借款无异议，且主张其与周某、陈某乙签订的《合股协议》中所涉及的680万元债务即包含此380万元借款。此笔借款应系周某与陈某甲合伙期间的借款。故冯某与周某、陈某甲间的借贷关系成立，周某、陈某甲应当承担偿还冯某借款的民事责任。另根据周某、陈某甲、陈某乙签订的《合股协议》，陈某乙明确表示对周某、陈某甲合伙期间的680万元债务愿意承担偿还责任，陈某乙亦应承担清偿借款的民事责任。综上，冯某主张周某、陈某甲、陈某乙偿还其380万元借款及利息的请求成立，予以支持。

二审法院认为，首先，陈某甲、陈某乙、周某之间签订《合股协议》的时间为2011年8月30日，《合股协议》约定某矿对外所欠债务680万元由三股东共同承担，其应理解为该协议签订之前形成的债务，但《借条》的出具时间为2011年9月1日，其形成于协议签订之后，且《借条》未载明系对之前债权债务关系的重新确认。其次，陈某乙、周某并未在《借条》上签字，冯某、陈某甲亦无证据证明陈某乙与周某对此事进行了追认。故该债务应由陈某甲个人偿还。最后，虽然《合股协议》约定，某矿对外所欠债务680万元由三股东共同承担，但未对680万元债务予以具体确定。故本案中冯某无权依据三股东之间的《合股协议》向陈某乙、周某主张权利。综上，对冯某的请求不予支持。

再审法院认为，根据《民法通则》第三十四条、第三十五条、《最高人民法院关于贯彻执行〈中华人民共和国民法通则〉若干问题的意见》第四十七条的规定，合伙人对合伙债务对外应当负连带责任。而陈某甲与周某签订的《合同》约定，二人合作期间矿山、选厂的经营生产事务，由陈某甲全权负责。陈某甲为合伙事务对外筹借资金，属于履行前述合同约定的经营生产事务职责范围。陈某乙、周某及陈某甲签订的《合股协议》亦载明，原债务 680 万元由三股东共同负担。综合现有证据可以证明，陈某甲为合伙经营对外借款形成 380 万元债务的事实不仅真实存在，而且属于其与周某合伙期间形成的合伙债务，并在《合股协议》时得到三人共同确认。因此，陈某甲、周某、陈某乙应向冯某承担连带清偿责任。

专家点评

依据民法典合同编第 970 条，合伙人可就合伙事务的执行作出约定。而依据民法典合同编第 973 条，因执行合伙事务产生的债务，应由全体合伙人承担连带责任。本案中，陈某甲与周某签订的《合同》中约定，二人合作期间矿山、选厂的经营生产事务，由陈某甲全权负责。陈某甲为合伙事务对外筹借资金，属于履行前述合同约定的经营生产事务职责范围，因此周某应承担连带责任。陈某乙入伙后，三人签订的《合股协议》明确约定，某矿对外所欠债务 680 万元由三股东共同承担。因此，陈某乙亦应对该债务承担连带责任。

第九百七十一条　合伙人不得因执行合伙事务而请求支付报酬，但是合伙合同另有约定的除外。

【条文释义】

本条是对合伙人执行合伙事务不支付报酬的规定。

合伙人与合伙雇佣的人不同。合伙雇佣的人员不是合伙的成员，而是合伙的工作人员，其向合伙提供劳务，合伙对其给付报酬。合伙人是合伙的共有人之一，是合伙组织的成员，其在合伙中的经济利益是通过合伙盈利进行分红实现的，而不是在执行合伙事务中取得报酬。因此，合伙人在执行合伙事务时，不得请求合伙对其另行支付报酬。如果合伙合同对执行合伙事务的合伙人另外计算报酬另有约定，那体现的是合伙的意志，另当别论。

【案例评注】

何某、洪某船舶经营管理合同纠纷案[1]

基本案情

2007 年至 2008 年，洪某、何某及另外五人合伙出资建造某船舶。该船建造完工并登记后，七合伙人决定继续合伙经营船舶运输业务，并于 2009 年 2 月 16 日签订了《股份合作协议书》，确认由何某组织，洪某等其他六人参股合伙购买了 5000 吨散货船一艘。协议约定，该船由某公司（公司股东之一、监事为何某）管理；该船购船款为 1900 万元，其中何某出资 1062.5 万元、洪某出资 75 万元；该船由公司相关工作人员负责每月结算账目一次，并告知各股东盈亏情况；如遇大的事情由何某通知各股东商量决定。

在案涉船舶运营期间，参与该船经营管理的何某因个人原因挪用合伙体自 2014 年 10 月 23 日至 2017 年 1 月 27 日的经营利润。2017 年 3 月 21 日，洪某起诉何某等其余合伙人要求退出涉案船舶合伙关系，由其余合伙人共同支付其涉案船舶截至 2017 年 1 月 27 日的经营利润，由何某赔偿其应得经营利润的利息损失。法院生效判决支持其诉求。2018 年 1 月 10 日，何某向法院起诉请求洪某支付其经营管理涉案船舶的工资报酬及利息。

法院判决

一审法院认为，何某要求洪某支付其经营管理涉案船舶的工资报酬及利息，依据不足，理由如下：第一，何某系涉案船舶实际共有人之一，亦系涉案船舶登记所有权人暨管理人某公司的股东、监事，何某参与经营管理涉案船舶的相对方难以直接认定为涉案船舶合伙体，何某与洪某等其他合伙体成员之间亦无有关何某受合伙体委托实际经营管理涉案船舶的共同约定。第二，2016 年 2 月 5 日，何某书写并由洪某等所有合伙体成员签字确认的涉案船舶结算清单中写明“以上所产生利润无债务，无工资拖欠”，该记述表明结算清单所载利润为可直接分配的纯利润，涉案船舶所涉工资等债务均已结清。第三，何某所举同意支付工资决定书及工资明细清单中部分签字人员身份不明且未到庭陈述有关事实或出庭作证，

[1] 审理法院：一审法院为宁波海事法院，案号：（2018）浙 72 民初 62 号；二审法院为浙江省高级人民法院，案号：（2018）浙民终 799 号。

何某亦未提供有效证据证实其上所载何某工资标准与数额的合理性，对该证据不予采信。第四，何某主张其实际经营管理涉案船舶的工资报酬及利息，但其始终未能提供涉案船舶合伙体财务账册以供核查，导致涉案船舶日常经营管理费用产生与支出情况不明，何某须承担举证不能的不利法律后果。第五，何某的主张已超过法定诉讼时效。

二审法院认为，首先，根据法院查明的事实，涉案合伙体成立时未就何某的工资报酬问题作出约定；2016 年 2 月 5 日，全体合伙成员签字确认的结算清单载明自 2014 年 10 月 23 日起至 2017 年 12 月 31 日止产生的利润无债务无工资拖欠；何某二审中亦认可在洪某就涉案船舶提起共有权纠纷诉讼前从未向合伙体主张过船舶经营管理的工资报酬，可见从上述合伙体存续期间何某从未主张工资报酬，直至洪某提出退伙诉讼时方主张工资报酬的情况来看，何某所主张的工资报酬情况与合伙体经营时的实际情况不符。其次，何某所主张的从合伙体成立以来每月 4000 元的工资报酬未有相应依据，亦未有合伙体经营时的相应财务账册予以佐证，因此前述工作报酬不能作为合伙债务在合伙终止时用合伙财产进行清算。最后，除洪某外，在《同意支付工资决定书》上签名的合伙股东与《股份合作协议书》中载明的股东不符，亦与 2016 年 2 月 5 日合伙体结算清单载明的股东不符，对此何某亦未能作出合理说明。综上，何某要求洪某向其支付工资报酬的主张依据不足。

专家点评

本案涉及民法典合同编第 971 条关于执行事务合伙人是否可请求支付报酬的规定。在一般的民事合伙中，合伙人在合伙中的经济利益系通过合伙盈利进行分红而实现，而非通过在执行合伙事务中取得报酬。因此，若非合伙合同另有约定，执行事务合伙人不得请求合伙对其另行支付报酬。民法典合同编第 971 条即对此作出规定，合伙人不得因执行合伙事务而请求支付报酬，但是合伙合同另有约定的除外。本案中，首先，根据法院查明的事实，涉案合伙体成立时未就何某的工资报酬问题作出约定，合伙运行过程中亦未对此达成合意，因此何某支付报酬的请求无法律依据，对其请求不应予以支持。

第九百七十二条　合伙的利润分配和亏损分担，按照合伙合同的约定办理；合伙合同没有约定或者约定不明确的，由合伙人协商决定；协商不成的，由合伙人按照实缴出资比例分配、分担；无法确定出资比例的，由合伙人平均分配、分担。

【条文释义】

本条是对合伙利益分配和亏损分担的规定。

合伙的宗旨是共同出资、共同经营、共享利益、共担风险。按照这一宗旨，合伙利益分配和亏损负担的规则是：

1. 利益分配：合伙人享有合伙共同财产的分取红利权，就是共同共有中共有人的收益权。在合伙经营中，对于经营盈余，合伙除留下足够的积累以供发展外，其盈余按红利分配给合伙人，各合伙人均享此权利。

2. 分担风险：合伙遭遇经营风险，造成亏损，是合伙财产发生的经营亏损，也应当由合伙人即共有人共同分担。

3. 利益分配和亏损分担的确定方法是：（1）应当依照合伙合同的约定办理。（2）合伙合同对利益分配和亏损分担的方法没有约定或者约定不明确的，由合伙人协商确定，按照协商达成的协议办理。（3）协商不成的，由合伙人按照实缴的出资比例分配、分担。（4）无法确定出资比例的，由合伙人平均分配、分担。

【案例评注】

廖某、王某合伙协议纠纷案[①]

基本案情

2002年7月16日，陈某、王某、廖某签订《投资开发合作协议》，联合出资开发建设某商城。协议载明：合伙体管理机构由陈某任项目负责人；王某任出纳兼材料员；廖某任会计兼技术负责人。投资办法：三合伙人在自愿出资的原则下，按不少于40万元出资（出资时间根据项目需要商定），在项目建设中如需增加投资由合伙人另行协商追补出资金额。利润分配原则：在项目建设竣工、售完营业房后，按出资金额比例进行还本分利。在进行利润分配时，给陈某分配利润的10%作为项目前期的各种经费开支。2002年10月12日，三合伙人（乙方）与某甲公司（甲方）签订《投资开发协议》，甲方将承建的某项目交乙方全额投资建设，乙方向甲方支付140万元（包含甲方已付工商局的30万元，甲方不再向

① 审理法院：一审法院为四川省彭州市人民法院，案号：（2017）川0182民初1503号；二审法院为四川省成都市中级人民法院，案号：（2017）川01民终10568号。

乙方收取）项目转让费，2002年10月6日支付20万元，2002年1月10日前支付10万元，其余款项在房屋开始销售后付清。2002年11月10日，双方签订《补充协议》，确定乙方应付给甲方的转让费由110万元变为80万元。2002年12月29日，某甲公司、某乙公司、陈某签订《财务结算协议书》，载明：陈某将在某甲公司处的债权61万元转让给某乙公司，用以折抵合伙体应支付的转让费，陈某及其项目部不再向某甲公司承担支付责任。2003年10月案涉项目完工后，王某代表合伙体与某甲公司签订《以物还款协议》，确认合伙体对某甲公司享有的债权总额为4587500元，某甲公司以案涉建设项目部分产权抵偿该债权，某甲公司协助办理产权登记。三合伙人实际占有该抵偿的房产并享有收益至今。除陈某以自有债权61万元结清项目转让费外合伙人无异议的各方出资金额为：陈某256160元，廖某273570元，王某743627元。现陈某起诉请求确认其61万元亦系合伙出资，其出资比例为51.38%。

法院判决

一审法院认为，陈某以自有债权61万元结清项目转让费是否属实？如果属实，该61万元应作为陈某为合伙体的垫支费用，还是作为陈某合伙出资金额用以还本分利？首先，陈某已提供《财务结算协议书》证明其以自有债权61万元结清项目转让费，王某、廖某对该证据真实性不予认可既不申请鉴定，也未提供证据予以反驳。陈某就该主张的事实完成了举证责任。并且，向某甲公司支付转让费系合伙体的合同义务，陈某作为项目经理履行合同义务的行为并无不妥。案涉项目完工后，《以物还款协议》确认合伙体对某甲公司享有的债权总额，某甲公司以案涉项目部分产权抵偿该债权，说明合伙体与某甲公司之间的金钱给付义务已然结清。《以物还款协议》作为合伙体与某甲公司最后结算依据并未载明转让费问题，可以合理推断向某甲公司支付转让费的合同义务已经履行，从而印证陈某以自有债权61万元结清项目转让费的真实性。其次，根据合伙协议载明的出资原则："三合伙人在自愿出资的原则下，按不少于40万元出资（出资时间根据项目需要商定），在项目建设中如需增加投资由合伙人另行协商追补出资金额""自愿、不少于40万元"说明对于合伙人出资是规定了出资下限，而非规定出资上限限制合伙人出资用以平衡利益分配，"如需增资由合伙人另行协商追补"的规定属于消极规定，"追补"是被动的，意思指向应当理解为合伙体在工程项目资金不足需要增加投资时，由合伙人协商并由各合伙人完成追补出资之义务，而并未限制合伙人出资的权利。利润分配原则"在项目建设竣工、售完营业房后，按出资金额比例进行还本分利"。陈某以自有债权61万元结清项目转让费虽未在合伙财务记账中载明，合伙人对该费用属合伙垫支费用还是合伙出资金额各执一词，但陈某以自有权益履行合伙体之合同义务，实际履行了风险承担，应当享有与其风险承担相应的权益。故陈某以自有债权清结转让费应当作为其合伙出资金额进行还本分利，符合约定的合伙出资原则及合伙利润分配原则。一审法院认为，三人之间的合伙协议系合伙人真实意思表示，合法有效应受法律保护。本案合伙关系中，约定按出资金额比例进行还本分利为原则，并未限制合伙人出资金额上限，陈某作为合伙事务项目经理以自有债权61 万元结清项目转让费，履行了约定的合伙体义务，并不违背合伙协议的约定，该61 万元应当作为陈某合伙出资金额进行还本分利。故对陈某请求判令确认合伙利润分配比例分别为：陈某51.4%，王某35.55%，廖某13.05%的主张，一审法院予以支持。

二审法院认为，三合伙人所签订的《投资开发合作协议》系当事人真实意思表示，内容并不违反法律、行政法规的强制性规定，合法有效。依据《民法通则》第三十条“个人合伙是指两个以上公民按照协议，各自提供资金、实物、技术等，合伙经营、共同劳动。”的规定，评判三人间的权利义务应当按照三人所签订的合伙协议进行。在合伙协议对于利润分配比例予以明确约定的情况下，合伙人的出资比例对于利润分配并不产生影响，但在合伙协议未对利润分配比例进行约定的情形下，出资比例则成为利润分配比例的一个重要参数。本案中，三人对于合伙的利润分配比例并未约定，因此，出资比例即成为三人合伙的利润分配比例标准，故，本案的出资比例的判断对于三人合伙的权利义务影响重大。合伙人按照书面或口头合伙协议各自提供资金，揭示的是合伙中的资本固定原则，其意义在于配置各合伙人的出资义务以及在没有约定利润分配比例的情形下替代成为利润分配比例，在这个认识的基础上，合伙的出资在合伙经营过程中不能随意进行，即使出现与合伙协议约定的出资比例不一致的情形，也须取得合伙人一致认同，方可成为合伙人的实际出资。否则，合伙人的超出协议约定外的投入资金的行为将可能对其他合伙人造成权利义务上的不公平。本案中，如果陈某所主张的以61 万元债权抵偿项目转让费的事实不成立，那无需评述，其提出的61 万元应作为出资的观点显然不能成立。如果陈某所主张的61 万元债权抵偿项目转让费的事实成立，那亦应当征得其余合伙人的一致同意后，方可作为陈某在合伙中的出资额度，如果未能得到其余合伙人同意，那这笔款项只能作为合伙组织的共同债务，由合伙人承担清偿责任。陈某主张其在以61 万元债权抵偿项目转让费的时候向廖某、王某二人进行了告知，但廖某、王某二人并不认可该事实，故陈某所谓的61 万元的出资并未得到其余合伙人的认同，不应被认定为陈某在本案所涉合伙中的出资。除61 万元外，三人对于各自的出资额均一致认可为：陈某256160

元，廖某 273570 元，王某 743627 元，故三人的利润分配比例是：陈某 20.12%、廖某 21.48%、王某 58.40%。同时，依据三人所签订的《投资开发合作协议》的约定，利润确定后，应当优先分配其中的 10% 给陈某，剩余 90% 再由三人按比例分配。

专家点评

本案涉及民法典合同编第 972 条关于合伙的利润分配和亏损分担的规定。依据该规定，合伙的利润分配和亏损分担，按照合伙合同的约定办理；合伙合同没有约定或者约定不明确的，由合伙人协商决定；协商不成的，由合伙人按照实缴出资比例分配、分担；无法确定出资比例的，由合伙人平均分配、分担。本案中，当事人约定了利润分配按出资比例进行，案件的争议焦点是各合伙人的出资比例如何确定，三人对于各自的出资额均一致认可为：陈某 256160 元，廖某 273570 元，王某 743627 元。此外，在合伙运行过程中，陈某另以自有债权 61 万元抵偿合伙的债务，其主张应将 61 万元亦认定为其对合伙的出资，但是，对出资比例的认定对其他合伙人影响甚重，欲将 61 万元认定为对合伙的出资，须取得合伙人一致认同。否则，将可能对其他合伙人造成权利义务上的不公平。

第九百七十三条　合伙人对合伙债务承担连带责任。清偿合伙债务超过自己应当承担份额的合伙人，有权向其他合伙人追偿。

【条文释义】

本条是对合伙债务清偿承担连带责任的规定。

合伙债务属于合伙的消极财产，是合伙对他人所负的债务。合伙债务产生于合伙关系存续期间，产生债务的原因是合伙人对第三人的合同行为或侵权行为，以及不当得利和无因管理等发生债务的原因。

对于合伙债务，承担债务的主体是合伙，履行债务的担保或承担债务的财产范围是合伙财产和每个合伙人的个人财产。

合伙债务与合伙人的个人债务不同。合伙人的个人债务是合伙人个人对他人所欠的债务，合伙人与债权人是债权债务关系的当事人，与合伙事务和合伙毫无关系，因此应当由合伙人个人承担清偿责任。

合伙债务清偿责任的形式是无限连带责任。具体规则是：（1）合伙债务由合伙财产承担；（2）合伙财产清偿不足，各合伙人以自己的全部个人财产，连带承担；(3) 个人财产清偿不足部分，由其他合伙人承担；(4) 各合伙人以个人财产偿还合伙债务超过自己股份份额的合伙人，有权向其他合伙人追偿。

当合伙人应当以自己个人财产承担无限责任时，又负有个人债务应当清偿的，哪一个债权优先，没有规定，通常认为合伙负担的债务和合伙人负担的个人债务都是债权人的债权，具有同等的效力。能够清偿的，分别清偿；不足清偿的，按比例清偿。

【案例评注】

韩某等与吴某土地租赁合同纠纷案[①]

基本案情

某公司（甲方）与韩某、李某（乙方）于2015年6月3日签订《虾池承包协议书》，合同约定，甲方同意将案涉虾池约2200亩承包给乙方养鱼、虾使用，承包期限一年，承包费每亩600元共计132万元。付款方式为，乙方前期支付22万元，在出鱼、虾时付清甲方承包费，最晚不超过10月1日。该合同上乙方的签约人为韩某和李某。经查明，《虾池承包协议书》中乙方的签约人之一李某并非真实姓名。韩某、赵某、运某等六名合伙人系以口头协议方式在案涉虾池合伙进行鱼虾养殖。某公司已于2016年9月注销，吴某为该公司的原股东，且在清算过程中被指定为清算组负责人。现吴某起诉请求韩某、赵某、运某共同给付租金及逾期利息，二审韩某请求追加其他三名合伙人为本案当事人。

法院判决

一审法院认为，根据《民法通则》第三十五条的规定，合伙的债务，由合伙人按照出资比例或者协议的约定，以各自的财产承担清偿责任。合伙人对合伙的债务承担连带责任。偿还合伙债务超过自己应当承担数额的合伙人，有权向其他合伙人追偿。韩某、赵某、运某及其他合伙人共同在案涉地块上以个人合伙形式进行鱼虾养殖，未及时给付的租金系合伙债务，合伙人对合伙债务应承担连带责任。故韩某、赵某、运某应共同对租金及利息承担连带清偿责任。其清偿合伙债务超过自己应当承担数额的，有权向其他合伙人追偿。

---

① 审理法院：一审法院为北京市第一中级人民法院，案号：(2017) 京01民初583号；二审法院为北京市高级人民法院，案号：(2018) 京民终297号。

二审法院认为，《民法通则》第三十五条规定，合伙人对合伙的债务承担连带责任，法律另有规定的除外。第八十七条规定，负有连带义务的每个债务人，都负有清偿全部债务的义务，履行了义务的人，有权要求其他负有连带义务的人偿付他应当承担的份额。本案中，韩某主张其与赵某、运某等六人为承包合同的合伙人。根据上述规定，合伙债务是连带责任的债务，连带责任的对外效力要求每个连带责任人都要对债务承担全部清偿责任，债权人可以选择对全体连带责任人或其中任何一个或几个连带责任人起诉请求清偿全部连带债务。本案中，一审原告选择韩某、赵某、运某作为一审被告符合法律规定，韩某关于法院必须追加其他合伙人参加诉讼的主张不予支持。如果韩某认为其偿还的合伙债务超过自己应当承担的数额，其有权向其他合伙人追偿。

专家点评

本案涉及民法典第973条关于合伙债务中合伙人责任承担的规定。依据该规定，合伙人对合伙债务承担连带责任。清偿合伙债务超过自己应当承担份额的合伙人，有权向其他合伙人追偿。本案中，韩某、赵某、运某等六人为承包合同的合伙人，其应对因承包虾池欠付的租金承担连带责任。债权人可以选择对全体连带责任人或其中任何一个或几个连带责任人起诉请求清偿全部连带债务。吴某选择请求韩某、赵某、运某支付租金，此三人应承担支付租金的责任，不过，就超出其应承担数额的部分可以向其他合伙人追偿。

第九百七十四条　除合伙合同另有约定外，合伙人向合伙人以外的人转让其全部或者部分财产份额的，须经其他合伙人一致同意。

【条文释义】

本条是对限制合伙人转让合伙份额的规定。

合伙人对合伙的份额，是其享有的财产权利（也包括一定的身份权），合伙人自己对其合伙份额有权进行支配，包括将其转让给他人。由于合伙具有人身性，尤其是合伙人相互之间具有信赖关系，如果对合伙人转让自己的合伙份额不加任何限制，将会使受转让人加入合伙，成为新的合伙人，破坏合伙人相互之间的信赖关系，造成合伙关系的损害。因此，法律适当限制合伙人转让合伙的全部或者部分财产份额。

适当限制，并非绝对禁止合伙人转让，只是对转让加以限制：

1. 合伙人将其合伙份额转让给其他合伙人的，法律不予以限制，只要双方同意即可。

2. 合伙人将其合伙份额转让给合伙人以外的人，须经全体合伙人一致同意，否则不得转让。这是因为合伙人之间具有人格信赖关系，而合伙份额的转让具有入伙和退伙的双重性质，属于一种人的变动，应当严格履行程序。

3. 对于合伙人将其合伙份额转让给他人的，如果合伙合同另有约定，则依其约定。

【案例评注】

王某与刘某合伙协议纠纷案①

基本案情

2009年10月8日，被告王某与第三人何某签订《合伙经营某幼儿园协议书》一份，约定共同经营某幼儿园，各占50%的股份。合同第六条约定“若今后合伙一方不愿继续合作经营，应经合伙人双方共同协商或作价转让……”2013年8月22日，第三人何某将自己的50%的股份转让给了原告刘某，双方签订《某幼儿园股份转让协议》，第三人以100000元的价格转让某幼儿园自己所享有的50%的经营权和财产所有权给原告。2013年9月6日，幼儿园的学生李某在幼儿园上学期间受伤住院，原告于2013年9月6日至2013年10月12日负责照看李某，此期间垫支了大部分费用，被告在此期间也垫支了部分费用。李某住院期间原、被告就照顾李某及费用问题多次电话联络，有多份通话录音。录音中显示：1. 被告不愿接受第三人要转让的股份，称没有钱，没有能力，并同时认可不管第三人将股份转让给谁都认可；2. 被告与原告讨论幼儿园学生李某的伤害是否系原告造成以及相关费用如何处理；3. 被告称原告是老板，既然就要承担责任，敢做敢当，但同时被告又称她现在觉得原告系代表第三人成为合伙人，或者和第三人各占25%的比例。

原告诉请：1. 确认原告刘某与第三人何某于2013年8月22日签订的《某幼儿园股份转让协议》有效；2. 判决刘某作为某幼儿园合伙人的合法地位，即拥有某幼儿园50%的股权。

---

① 审理法院：一审法院为重庆市黔江区人民法院，案号：（2014）黔法民初字第03068号；二审法院为重庆市第四中级人民法院，案号：（2016）渝04民终102号。

法院判决

一审法院认为，原告与第三人签订的股份转让协议是二人真实意思表示，该协议真实合法有效，予以认可。关于原告是否为合伙人的问题。根据《合伙企业法》第二十三条之规定，合伙人向合伙人以外的人转让其在合伙企业中的财产份额的，在同等条件下，其他合伙人享有优先购买权。从视频资料及经营幼儿园的事实上看，第三人在转让幼儿园股份征求被告意见时，被告已明确表示因其欠缺资金和能力，放弃其优先购买权，系其真实意思表示，故原告与第三人之间的协议并未侵犯被告的优先购买权。根据《最高人民法院关于贯彻执行〈中华人民共和国民法通则〉若干问题的意见（试行）》第66条之规定，一方当事人向对方当事人提出民事权利的要求，对方未用语言或者文字明确表示意见，但其行为表明已接受的，可以认定为默示。本案中，被告虽未书面明确表示同意原告与第三人的转让行为，但被告允许原告参与幼儿园的管理及处理受伤学生的相关事宜，其行为已默示原告的合伙人身份。原告提供的多份视听资料及园务日记、钥匙、医疗费单据等证据，形成了证据链，可证实原告在与第三人签订转让协议后实际参与学校经营管理，实际享有合伙人身份，因此，原告通过转让成为了某幼儿园合伙人，故对原告要求确认其作为某幼儿园合伙人，享有某幼儿园50%股权的请求予以支持。

二审法院认为，本案中，刘某与何某签订《某幼儿园股份转让协议》，实际上是何某退伙、刘某入伙的过程。对于合伙人之间的退伙与入伙行为，如合伙协议有明确规定的，应首先遵守协议约定。王某与何某签订的《合伙经营某幼儿园协议书》第六条明确约定“若今后合伙一方不愿继续合作经营，应经合伙人双方共同协商或作价转让，或一方继续经营，或另找其他愿入伙经营者顶替，放弃经营方才能退出”。虽然王某未在刘某与何某签订《某幼儿园股份转让协议》上签字，且王某与刘某之间未形成书面协议，但根据录像资料可以反映何某在转让合伙份额时征求过合伙人的同意，王某明确表示不愿意接收何某的合伙份额，王某亦表示对何某转让给任何人都没有异议，同时结合录音资料、园务日记、医疗费单据等证据，可以证明王某允许刘某参与幼儿园管理并处理李某受伤事宜，王某实际已默认了何某与刘某之间的转让行为。因此，刘某与王某形成了合伙关系，并实际取得了某幼儿园50%的财产份额。

专家点评

本案涉及民法典合同编第974条关于合伙人对外部分或全部转让合伙份额的

规定。在一般合伙中，合伙人对外转让合伙份额其实是该合伙人退伙，受让人与原其他合伙人形成新的合伙的过程，因此应经其他合伙人一致同意。民法典合同编对此予以明确，其第974条规定，除合伙合同另有约定外，合伙人向合伙人以外的人转让其全部或者部分财产份额的，须经其他合伙人一致同意。本案中，何某将其合伙份额转让给合伙人以外的刘某，从现有证据来看，王某对此表示认可，因此应认定转让行为有效，王某与刘某之间成立合伙关系。

第九百七十五条 合伙人的债权人不得代位行使合伙人依照本章规定和合伙合同享有的权利，但是合伙人享有的利益分配请求权除外。

【条文释义】

本条是对限制合伙人的债权人代位行使合伙人债权的规定。

合伙债权是合伙的财产，属于合伙人共同共有，各合伙人虽然对此享有权利，但不是个人的债权，应由全体享有。所以，此种债权的债务人必须对合伙履行债务，如果某合伙人个人对该债务人负有债务，则禁止该债务人将合伙债权与该合伙人的个人债务相抵销。这是因为，合伙人个人债务应以个人财产清偿，如果直接以全体合伙人享有的债权相抵销，则该合伙人就侵害了全体合伙人的共有权。

债权人为保全其债权，可依债权人代位权，代位行使债务人对他人行使的权利，民法典合同编第535条等对此已经有明确规定。对合伙人的债权人代位权予以禁止，是合伙人的债权人在合伙存续期间，对该合伙人对合伙的权利，不得代合伙人的债权人之位行使债权人代位权。这是因为，合伙人对合伙的权利有专属权性质，不能与合伙人的地位相分离，一旦合伙人的债权人对合伙人对合伙的权利行使代位权，将会损害全体合伙人的利益。不同的是，对合伙人享有的分取红利权，因其已成为合伙人自己独立享有的权利，并无专属性，所以，合伙人的债权人可以对其行使债权人代位权，以保全自己的债权。

【案例评注】

袁某与刘某、尹某等债权人代位权纠纷案①

基本案情

莫某系梁某之妻，梁某于2015年6月24日死亡。自2012年4月起，梁某与刘某、尹某、杨某合作开发某工程项目，并出资收购某房地产开发有限公司的股权。梁某因经营缺少周转资金，于2014年2月24日向袁某借款20万元，梁某死亡后，袁某遂以莫某、刘某、尹某、杨某、某房地产开发有限公司为被告向法院起诉，要求各被告共同连带偿还借款20万元及利息96000元。

其中，对刘某、尹某、杨某的起诉理由是：袁某认为刘某、尹某、杨某应当向梁某支付其在合伙期间的应收本息，因梁某已死亡，莫某作为梁某之妻至今未通过诉讼方式或仲裁方式向刘某、尹某、杨某主张权利。因此起诉要求此三人向其履行代位清偿义务。根据邵阳市中级人民法院的委托，湖南天圣联合会计师事务所于2017年7月5日作出天圣所（2017）审字第N-253号司法会计鉴定意见书，鉴定意见为：截至2015年3月31日，梁某在四人合作期间，应收本息39581094.2元（未收回投资款29838130元-未归还借款300000元+合计计息金额10042964.2元=39581094.2元）。

法院判决

一审法院认为，本案系债权人代位权纠纷。本案的争议焦点是：袁某能否对刘某、尹某、杨某行使代位权。(1)《合同法》第七十三条规定："因债务人怠于行使其到期债权，对债权人造成损害的，债权人可以向人民法院请求以自己的名义代位行使债务人的债权，但该债权专属于债务人自身的除外。"根据此规定，债权人代位权是债权人为了保全其债权不受损害而以自己的名义代债务人行使权利。(2)《最高人民法院〈关于适用中华人民共和国合同法〉若干问题的解释(一)》第十三条规定："合同法第七十三条规定的"债务人怠于行使其到期债权，对债权人造成损害的"，是指债务人不履行其对债权人的到期债务，又不以诉讼方式或者仲裁方式向其债务人主张其享有的具有金钱给付内容的到期债权，

① 审理法院：一审法院为湖南省邵阳市大祥区人民法院，案号：(2019)湘0503民初1361号；二审法院为湖南省邵阳市中级人民法院，案号：(2019)湘05民终2106号。

致使债权人的到期债权未能实现。”根据此规定，债权人行使代位权的前提条件之一是债务人怠于行使其具有金钱给付内容的到期债权，从而导致债权人的到期债权未能实现。就本案而言，根据生效的法律文书，可以确定袁某对莫某享有到期债权，莫某是袁某的债务人。本案中，袁某认为，根据湖南天圣联合会计师事务所出具的司法会计鉴定意见书，可以确定截至2015年3月31日，梁某在与刘某、尹某、杨某合作期间，应收的投资款本息有39581094.2元，在梁某死亡后，该笔款项应为莫某对刘某、尹某、杨某享有的到期债权，而莫某不履行其对袁某的到期债务，又不以诉讼方式或者仲裁方式向后者主张到期债权，致使袁某的到期债权未能实现。刘某、尹某、杨某认为，袁某提交的司法会计鉴定意见书系复印件而不是原件，对其真实性存有异议，且并不能达到梁某存在到期债权的证明目的。不管是债权人对债务人的债权，还是债务人对次债务人的债权，都应当是到期债权。本案中，袁某虽然提供了司法会计鉴定意见书，但不能足以证明莫某对刘某、尹某、杨某享有到期债权，不能认定刘某、尹某、杨某是莫某的债务人及莫某怠于行使其到期债权。根据《最高人民法院关于适用〈中华人民共和国民事诉讼法〉的解释》第九十条“当事人对自己提出的诉讼请求所依据的事实或者反驳对方诉讼请求所依据的事实，应当提供证据加以证明，但法律另有规定的除外。在作出判决前，当事人未能提供证据或者证据不足以证明其事实主张的，由负有举证证明责任的当事人承担不利的后果。”的规定，袁某应当承担举证不能的不利后果。因此，袁某提起的代位权诉讼，不符合《合同法》第七十三条以及最高人民法院司法解释的规定，对其此项代位权的主张不予支持。

二审法院认为，本案系债权人代位权纠纷。刘某、尹某、杨某与梁某为共同开发房地产项目形成合伙关系，袁某以梁某、莫某与刘某、尹某、杨某之间存在债权债务关系为由，向刘某、尹某、杨某主张债权人代位权，而主张债权人代位权的基础就是梁某、莫某与刘某、尹某、杨某之间确实存在已经到期的债权债务，但袁某在本案中的举证不能证明梁某、莫某与刘某等人之间存在债权债务关系。袁某向一审法院提交的由湖南天圣联合会计师事务所作出的天圣所（2017）审字第N-253号司法会计鉴定意见书系其他案件中的资料，鉴定意见书所使用的鉴定材料是由梁某之妻莫某单方提供，刘某、尹某、杨某未参与鉴定过程，无证据证明刘某等人在其他案件中对该鉴定意见予以认可或进行了质证，袁某亦不能证明该鉴定结论已经作为生效案件的定案依据，故天圣联合会计师事务所作出的天圣所（2017）审字第N-253号司法会计鉴定意见书不足以证明梁某、莫某与刘某等人存在债权债务关系。一审因此判决驳回袁某的诉讼请求并无不当，上诉人就此提出的上诉请求及理由均不能成立，本院不予支持。

专家点评

本案涉及民法典合同编第 535 条关于代位权行使要件的规定及第 975 条合伙人的债权人代位行使合伙人权利、第 977 条关于合伙人死亡时合伙合同终止、第 978 条关于合伙合同终止后合同财产分配等的规定。依据民法典第 975 条，合伙人的债权人不得代位行使合伙人依照本章规定和合伙合同享有的权利，合伙人享有的利益分配请求权除外。

本案中，争议焦点在于袁某对刘某、尹某、杨某的债权人代位权是否成立。应当说，依据民法典合同编草案第977 条的规定，在梁某死亡后，合伙合同终止，根据第 978 条，梁某及其妻子莫某可主张分配合伙财产。因莫某怠于主张权利，影响了袁某债权的实现，而该权利属于第 975 条规定的利益分配请求权，因此袁某可向刘某等主张代位权。不过，本案的问题在于袁某应举证梁某应分配的合伙财产份额，因案涉会计师事务所出具的会计鉴定意见书未经刘某等的认可，亦未经质证，因此难以作为袁某主张的依据，

第九百七十六条　合伙人对合伙期限没有约定或者约定不明确，依据本法第五百一十条的规定仍不能确定的，视为不定期合伙。

合伙期限届满，合伙人继续执行合伙事务，其他合伙人没有提出异议的，原合伙合同继续有效，但是合伙期限为不定期。

合伙人可以随时解除不定期合伙合同，但是应当在合理期限之前通知其他合伙人。

【条文释义】

本条是对合伙期限的规定。

合伙成立之后，不可能永久存在，故合伙存在合伙期限问题。

对合伙期限的确定方法是：

1. 合伙人在合伙合同中对合伙期限有约定的，依照其约定确定合伙期限。

2. 合伙人对合伙期限没有约定或者约定不明确，依照民法典合同编第 510 条的规定进行补充协议，按照补充协议约定的合伙期限确定。

3. 补充协议仍然不能确定合伙期限的，视为该合伙的合伙期限为不定期合伙。

合伙合同约定的合伙期限届满，合伙应该散伙。如果合伙人还在继续执行合伙事务，而其他合伙人对此也没有提出异议的，合伙人是以其各自的行为确认合伙合同继续履行，该合伙继续存在，原合伙合同继续有效，但是该合伙的合伙期限变为不定期，为不定期合伙。

对于不定期合伙，包括约定为不定期合伙、确定为不定期合伙以及推定为不定期合伙的，合伙人都可以随时解除不定期合伙合同，即散伙，但是，解除不定期合伙合同应当通知其他合伙人，并且留出合理期限，以便其他合伙人做好准备。

【案例评注】

曹某与卢某及刘某合伙协议纠纷案[①]

基本案情

2000年5月，曹某与某客运公司甲签订《承包合同》，约定由曹某承包经营长沙至株洲客运业务，承包期限为5年；同年10月，曹某与某客运公司乙签订《客运班线承包经营合同》，约定由曹某承包经营株洲至长沙客运专线，承包期限为8年。2003年，曹某与卢某签订协议，约定双方合伙经营客运专线，出资比例各占50%，并就经营事项作了约定。前述承包合同到期后，曹某分别与甲公司、乙公司续签了合同。2009年8月，曹某向卢某发出《关于终止合作经营关系的函》，认为二人原合伙承包经营的合同已到期，其后二人之间的合作关系为不定期合作关系，要求自2009年6月起终止二人之间的合作关系，卢某不同意，双方就是否继续合伙出现矛盾。2009年7月（含7月）以前的利润卢某已领取，其后的利润曹某不同意分配给卢某。卢某向法院起诉请求：1. 确认其合伙人身份；2. 判令曹某向其支付至2010年7月的合伙利润。

法院判决

关于卢某是否仍具有合伙人身份：

一、二审法院均认为，原客运承包经营合同虽然已经到期，但曹某分别与该

---

① 审理法院：一审法院为湖南省郴州市中级人民法院，案号：（2010）株中民一初字第13号；二审法院为湖南省高级人民法院，案号：（2011）湘高法民一终字第72号；第一次再审法院为湖南省高级人民法院，案号：（2012）湘高法民再终字第86号；第二次再审法院为最高人民法院，案号：（2016）最高法民再138号。

两公司签订合同。原来的合伙经营仍然继续。2009 年 7 月以前长株、株长线路经营的利润也是由曹某、卢某二人平分，因此卢某仍具有合伙人身份。

再审湖南高院认为，曹某与卢某合伙经营的是曹某与两客运公司所签承包合同取得的客运业务，在曹某所签承包合同到期后，双方未经充分协商一致，双方之间合伙关系并不自然终止。且实际情况是，在曹某与客运公司合同到期后，曹某仍在实际经营，并按原合伙份额向卢某分配利润。后在曹某单方向卢某发出终止合作经营关系的函及原一、二审诉讼中，在卢某提起要求分配利润诉讼时，曹某既未主张合伙关系解除，清算合伙财产的诉求，又未提供充分证据证明合伙关系解除的抗辩，故双方合伙关系事实上并未解除，卢某仍是合伙人。

再审最高院认为，卢某与曹某经营株长及长株客运专线合伙人身份正确。首先，合伙可因法定原因或当事人约定的原因而终止。合伙协议约定的期限届满后，当事人的合伙关系并不必然终止。合伙人仍从事合伙经营事务，并分配合伙盈余，体现了个人合伙的实质内涵，应视为合伙关系继续存在，仅是合伙的期限为不固定期限。本案中，针对合伙经营期限，曹某与卢某虽对此并未予以明确约定，但基于双方合伙经营的前提为曹某所取得的案涉线路的经营权，故应以曹某与两客运公司签订合同中所约定的期限为依据加以认定。案涉第一个客运专线的合伙经营期限为五年，案涉第二个客运专线的合伙经营期限为八年。根据法院已查明的事实，合伙期限届满后，曹某仍在实际经营，双方也在一直分配合伙利润。由此，曹某与卢某的合伙法律关系在曹某与两客运公司签订合同中所约定的期限届满后仍继续存在。其次，曹某于 2009 年 8 月 27 日向卢某发出的《关于终止合作经营关系的函》记载，案涉承包经营期限届满后，曹某与卢某的经营合作关系依法属于不定期合作关系。该事实表明，作为合伙人的曹某已认可案涉承包经营期限届满后，其与卢某之间的合伙法律关系并未终止，而是属于合作期限不固定的合伙法律关系。最后，即使在案涉《车辆承包经营合同》到期及曹某单方向卢某发出终止合作经营关系的函后，曹某仍在实际经营并分配利润。且现有证据表明，合同到期后，曹某、卢某就长株、株长线的营运事宜，并未与两客运分公司进行清算，而是仍继续承包经营，并继续分配合伙利润。至本案诉讼前，当事人在长达数年的时间里对共同经营、共享利润的合伙事实并无异议。因此应对卢某的合伙人身份予以确认。

专家点评

本案涉及民法典合同编第 976 条关于合伙期限的规定。依据民法典合同编第 976 条第 2 款，民法典合同编草案亦对做出明确规定，其第 976 条第 2 款规定，合伙期限届满，合伙人继续执行合伙事务，其他合伙人没有提出异议的，原合伙合同继续有效，但是合伙期限为不定期。本案中，争议焦点为在本案诉讼前，卢某是否仍具有合伙人身份。关于合伙期限，曹某、卢某虽对此未明确约定，但基于合伙经营的事项为案涉客运线路的经营权，故应以曹某与两客运公司签订合同中所约定的承包期限为依据加以认定。而在承包经营合同到期后，曹某与两客运公司续签合同，继续从事该经营，且仍向卢某分配合伙利润。据此，双方的合伙关系并未解除，只是转为不定期。故，在本案诉讼前，卢某仍具有合伙人身份。但在转为不定期合伙后，曹某可以随时解除不定期合伙合同，但是应当在合理期限之前通知卢某。

第九百七十七条 合伙人死亡、丧失民事行为能力或者终止的，合伙合同终止；但是，合伙合同另有约定或者根据合伙事务的性质不宜终止的除外。

【条文释义】

本条是对合伙人死亡、丧失民事行为能力或者终止使合伙散伙的规定。

散伙是指合伙的解散。在通常情况下，散伙的事由是：(1) 合伙合同约定的合伙经营期限届满，合伙人不愿意继续经营的；(2) 合伙合同约定散伙的事由出现；(3) 全体合伙人决定解散；(4) 合伙人已经不具备法定人数，例如只剩下一个合伙人；(5) 合伙合同约定的合伙目的已经实现或者不能实现；(6) 出现法律、行政法规规定的合伙解散的其他原因。当合伙出现上述事由时，合伙应当散伙。

本条规定的合伙人死亡、丧失民事行为能力或者终止的，合伙合同终止，是说当合伙人为自然人已经死亡或者丧失民事行为能力或者合伙人为法人、非法人组织已经终止的，合伙合同终止，合伙应当解散。其实并不这样简单：如果是合伙人为多人，其中之一死亡或者终止，其他合伙人仍然健在或者存在，只要没有达到只剩一人的条件的，该合伙其实并不必然导致散伙；如果所有的合伙人都死亡、终止的，当然合伙合同关系消灭；当合伙人还有一人没有死亡或者终止的，这个合伙合同关系其实也已经消灭，变成一人经营了。因此，这一条文规定的内容不够准确，还应当进一步斟酌。

如果合伙合同另有约定，或者根据合伙事务的性质不宜终止的，合伙合同的关系仍然继续存在。

【案例评注】

陈某丙、邹某甲合伙协议纠纷案[①]

基本案情

陈某甲、陈某乙与邹某合伙承包某荒山地。三人就种植湿地松的具体事宜做了约定，其中找地及组织造林的工作由陈某甲、陈某乙负责，苗木及造林资金由邹某负责，湿地松的产权由邹某、陈某甲、陈某乙共同所有，此后，2004年邹某出资15020元，与陈某甲、陈某乙开荒种植了湿地松约200亩。2006年，三人将所种植的湿地松全部烧掉，不再共同种植松树林及其他树林。2006年11月29日，陈某甲与第三人敖某签订转包合同，将案涉林地转包给敖某。邹某于2007年10月24日去世。2018年1月、2月，第三人敖某依照合同约定向陈某甲支付了承包金。陈某丙是邹某的妻子，邹某甲等是邹某的儿女。陈某丙、邹某甲等知悉陈某甲收到该承包金后，要求继承邹某的合伙权益，分得其中三分之一，遭到拒绝，遂诉至法院。

法院判决

一审法院认为，陈某甲、陈某乙和邹某曾订立合伙协议，约定合伙造林，但在种植部分湿地松后却又全部烧掉，不再共同种植树林，因此，三人关于合伙造林的个人合伙在烧掉共同种植的湿地松时就已经终止。陈某甲在合伙终止后将案涉林地转包，陈某丙、邹某甲等没有提供证据可以证实邹某有权参与分配其中的转包收益（承包金）的权利，对其诉讼请求不予支持。

二审法院认为，《民法通则》第三十条规定："个人合伙是指两个以上公民按照协议，各自提供资金、实物、技术等，合伙经营、共同劳动。"《民法总则》第十三条规定："自然人从出生时起到死亡时止，具有民事权利能力，依法享有民事权利，承担民事义务"，《合伙企业法》第四十八条第一款规定："合伙人有下列情形之一的，当然退伙：（一）作为合伙人的自然人死亡或者被依法宣告死亡……"第三款规定："退伙事由实际发生之日为退伙生效日。"本案中，陈某甲，陈某乙与邹某签订了《合同书》，约定了合伙造林事宜，但邹某于2007年10月24日病

---

① 审理法院：一审法院为广西壮族自治区东兴市人民法院，案号：（2018）桂0681民初646号；二审法院为广西壮族自治区防城港市中级人民法院，案号：（2019）桂06民终957号。

故，本案并没有证据证实陈某甲、陈某乙同意邹某的继承人取得合伙人资格，根据前述法律规定，因个人合伙的基础是共同经营、共同劳动，故邹某与陈某甲、陈某乙之间的合伙关系应于2007年10月24日邹某死亡时终止。而陈某丙、邹某甲等请求陈某甲、陈某乙支付转包土地的承包金的三分之一的请求没有事实和法律依据，本院不予支持。

专家点评

民法典合同编第977条规定，合伙人死亡、终止的，合伙合同的权利义务终止。本案中，陈某甲，陈某乙与邹某签订了《合同书》，约定了合伙造林事宜，但邹某于2007年10月24日病故，本案并没有证据证实陈某甲、陈某乙同意邹某的继承人取得合伙人资格。因此，邹某与陈某甲、陈某乙之间的合伙关系应因邹某死亡时终止。而陈某丙、邹某甲等请求陈某甲、陈某乙支付转包土地的承包金的三分之一的请求没有事实和法律依据，法院判决于法有据。

第九百七十八条 合伙合同终止后，合伙财产在支付因终止而产生的费用以及清偿合伙债务后有剩余的，依据本法第九百七十二条的规定进行分配。

【条文释义】

本条是对合伙散伙时财产利益分配的规定。

合伙散伙的财产利益分配规则，就是合伙散伙时的清算规则。合伙散伙时，必须进行清算。合伙的清算，是对企业的债权、债务、资产进行清理的过程，是合伙退出市场的必经程序，合伙未经清算不得散伙。

合伙财产关系消灭的原因分为两种：（1）合伙解散，即散伙，引起合伙财产的全部消灭。（2）合伙人退伙，引起合伙财产的部分消灭。合伙财产全部消灭，应当对合伙财产进行清算；合伙财产部分消灭，应当对退伙人的应有份进行结算。这种清算和结算，都是对共有财产的分割。

合伙解散，是合伙财产全部消灭的原因。合伙一经解散，发生合伙财产的必要前提即不存在，合伙财产关系当然终止，因此发生合伙财产的清算后果。合伙至清算结束时，为完全消灭。清算的办法是：（1）了结现务；（2）收取债权；（3）清偿债务；（4）返还出资；（5）分配剩余财产。该剩余财产，是合伙财产在清偿合伙债务、返还出资以后所剩的财产。对此剩余财产，由全体合伙人分配，而无论各合伙人以何种方式出资。分配的原则，就是民法典合同编第972条规定的按各合伙人应受分配利益的比例进行分配。经过清算，如全部合伙财产不足以清偿合伙债务的，就是亏损，对内由各合伙人按比例分担，对外连带负责清偿。

合伙人退伙是合伙财产部分消灭的原因。退伙分为：

1. 声明退伙，是合伙人以其一方通过声明的意思表示退出合伙的行为。

2. 法定退伙，不须任何声明，遇有法定事由的发生即当然发生的退伙，如合伙人死亡、合伙人丧失民事行为能力、合伙人被开除。

合伙人无论是声明退伙，还是法定退伙，都使该合伙人丧失合伙人的资格，在合伙财产关系上失去共有人的资格，应对其在合伙财产中的份额进行结算，分配其应得的损益。除此之外，整个合伙关系及合伙财产继续存在。

【案例评注】

苏某与方某合伙协议纠纷案[①]

基本案情

2013年，某县住房和城乡建设局将某道路工程及相关附属工程发包给某公司，2013年3月30日，某公司与苏某、方某签订《某工程施工承包合同》一份，约定由方某、苏某包工包料承建上述工程。2013年8月2日，该工程完工并经验收合格。后因涉案工程款未付清，方某、苏某提起诉讼，法院生效判决判令某公司向苏某、方某支付工程款。该案款经法院执行后，苏某领取了全部工程款，现方某要求苏某返还一半工程款并支付该款利息。

法院判决

一审法院认为，双方基于真实意思表示，就涉案工程的合伙事宜达成口头协议，具备合伙的法定条件，双方形成个人合伙法律关系。合伙事项终止后，合伙人应当进行清算，并以此为基础分配盈余或负担亏损。涉案工程已经竣工并交付使用，且某公司已支付了剩余工程款，双方合伙处于盈利状态，合伙清算的条件已成就。涉案工程由双方实际施工并与某公司进行结算，方某有权要求苏某结算

---

① 审理法院：一审法院为新疆维吾尔自治区察布查尔锡伯自治县人民法院，案号：（2019）新4022民初19号民事判决；二审法院为新疆维吾尔族自治区高级人民法院，案号：（2019）新40民终1620号。

并分配利润，故对方某的诉讼请求予以支持。双方提供的证据并不足以证明双方约定的利润分配方式，故就涉案工程的利润分配方式，参照《合伙企业法》第三十三条的规定，合伙企业的利润分配、亏损分担，按合伙协议的约定办理；合伙协议未约定或者约定不明确的，由合伙人协商决定；协商不成的，由合伙人按照出资比例分配、分担；无法确定出资比例的，由合伙人平均分配、分担。因双方均未明确约定利润分配，且双方亦协商不成，对出资比例亦无明确约定的，应由合伙人进行平均分配。苏某在收取工程款后，未及时与方某进行清算并分配利润，给方某造成一定的损失，故对方某要求苏某支付自领取涉案工程款之日即2015年3月11日起至实际给付之日止的利息的诉讼请求，予以支持。

二审法院认为，2013年3月30日，方某、苏某与某公司签订施工合同，双方即已形成合伙关系，截至2013年8月2日，涉案工程完工并经验收合格，双方合伙目的已实现，合伙关系终止，对合伙财产应当处理，即应处理合伙利润分配及债务分担。在双方对各自出资数额均不能举证证明的情况下，本院认定双方为均等出资，合伙利润应由双方平均分配。关于利息。方某主张苏某支付合伙清算款利息，因双方此前未进行合伙清算，合伙清算数额未确定，且双方并未约定该款应支付利息，方某主张该款利息无法律依据，故一审法院支持方某主张支付合伙清算款利息的诉请于法无据，本院予以纠正。

专家点评

本案涉及民法典合同编第978条关于合伙散伙时合伙财产分配的规定。合伙权利义务终止后，应当进行清算，合伙财产在清偿债务后仍有剩余的，应当向合伙人分配。民法典合同编第978条规定剩余财产的分配依照合伙利润分配和亏损分担的原则，而第972条规定，合伙的利润分配和亏损分担，按照合伙合同的约定办理；合伙合同没有约定或者约定不明确的，由合伙人协商确定；协商不成的，由合伙人按照实缴出资比例分配、分担；无法确定出资比例的，由合伙人平均分配、分担。本案发生时，民法典尚未出台，法律中未有关于个人合伙权利义务终止时剩余财产分配的直接规定，法院参照《合伙企业法》的相关规定，判定在双方均未明确约定利润分配，且双方亦协商不成，对出资比例亦无明确约定的情形下，由合伙人进行平均分配具有合理性。

第三分编

准 合 同

第二十八章 无因管理

第九百七十九条 管理人没有法定的或者约定的义务，为避免他人利益受损失而管理他人事务的，可以请求受益人偿还因管理事务而支出的必要费用；管理人因管理事务受到损失的，可以请求受益人给予适当补偿。

管理事务不符合受益人真实意思的，管理人不享有前款规定的权利；但是，受益人的真实意思违反法律或者违背公序良俗的除外。

【条文释义】

无因管理，是指没有法定的或者约定的义务，为避免他人利益受损失而管理他人事物，符合受益人真实意思的一种法律事实。在无因管理中，管理人和本人之间发生的法律关系，就是无因管理之债，为他人进行管理或者服务的人为管理人，其事务受到管理或者服务的人为受益人，也叫作本人。无因管理的法律特征是：（1）无因管理是债的发生根据之一；（2）无因管理是管理人的自愿行为；（3）无因管理是有益于他人的行为，是法律应当予以鼓励和表彰的行为。民法典总则编第121条规定了无因管理之债。

构成无因管理须具备以下条件：（1）管理人须对他人事务进行管理或者服务；（2）管理人没有法定的或者约定的义务；（3）管理人须为避免他人利益受损失而管理；（4）符合受益人真实意思。

无因管理之债当事人的权利义务是：（1）管理人有权请求受益人偿还因管理行为而支出的必要费用，受益人负有支付管理人因管理行为而支出的必要费用的义务；（2）管理人因管理事务受到损失的，可以请求受益人给予适当补偿，受益人应当对此损失予以赔偿；（3）管理行为不符合受益人真实意思的，管理人不享有上述权利，但是如果管理事务受益人的真实意思违反法律或者违背公序良俗的，仍应依照无因管理的规则处理，管理人享有无因管理之债的权利。

【案例评注】

文某某、奥斯通公司普通破产债权确认纠纷案①

基本案情

2015年6月24日，昆明市中级人民法院作出（2015）昆民破字1-1号民事裁定，立案受理对奥斯通公司进行破产清算，指定奥斯通公司清算组为破产管理人，破产管理人依法开展了债权申报和核查工作。此期间，文某某以其请人看管奥斯通公司相关财产产生费用为由，向管理人申报了本案争议的债权，经核查后，管理人不予确认该笔债权，故文某某诉至昆明市中级人民法院主张本案诉请。文某某诉请理由为：1. 其聘请保安并支付保安费用为奥斯通公司提供看护服务是客观存在的事实，因奥斯通公司场地有几亩地，还有各种车间、房子，奥斯通公司只聘请一个工作人员无法完成日常看护工作，其聘请保安人员进行安保工作亦具有现实必要性。2. 其聘请保安并支付保安费用为奥斯通公司提供看护服务构成无因管理。其本案诉请保安费分为两个阶段，第一个阶段的保安费系其作为申请执行人、财产查封申请人为使自己的合法权益得到保障，为保护奥斯通公司的财产不被其他债权人毁损灭失，聘请保安人员进行看护，该阶段产生的安保费为实现债权的费用，应当作为普通债权予以确认；第二个阶段的保安费系在昆明市中级人民法院受理奥斯通公司破产申请后，其为了保障全体债权人的利益而支出的，属共益债务。

法院判决

本案二审法院经审理认为，根据本案已查明的事实，文某某与奥斯通公司之间自始未成立合同法律关系，双方之间不存在合同之债。再结合文某某的二审上诉主张，其要求确认本案债权的基础法律关系为无因管理。其诉请是否能够支持，关键是看其行为是否构成无因管理之债……无因管理之债应具备以下要件，一是双方之间没有法定的或者约定的义务，二是管理人客观上实施了管理他人事务的行为，三是管理人主观上是为了避免他人利益受到损失。本案文某某主张其行为构成正当无因管理之债不能成立，理由如下：首先，文某某并未能提交有效证据证明其客观上实施了管理行为。其提交的《保安服务合同》《工资表》《询

---

① 审理法院：云南省高级人民法院，案号：（2017）云民终715号。

问笔录》及现场维护照片均系其单方制作，奥斯通公司并不认可，且上述证据亦不能有效证明相关保安人员一直在合同约定的时间、地点从事了保安服务及其实际支付了相应的安保费用。其次，文某某主观上并非为避免奥斯通公司利益受到损失。文某某一、二审均强调，其聘请保安行为系为保障自己他案债权权益能得到实现而为之，即其主观根本上系为自身利益而非为奥斯通公司利益或者全体债权人利益为之。最后，文某某主张的管理行为违反奥斯通公司明示的意思表示。文某某和奥斯通公司均陈述，奥斯通公司在破产申请被受理前后均有一名工作人员从事保安工作，上述事实能证明奥斯通公司已对保安工作进行了安排。奥斯通公司庭审也认为一名保安人员以足够负责相关安保工作，且张贴告示要求无关人员撤离。故此，文某某要求确认本案债权成立的主张，无事实及法律依据，本院不予支持。

专家点评

本案关键是判断文某某另行雇请保安人员的行为是否为无因管理。法院严格遵照无因管理的要素进行法律适用，首先，无因管理应当是债的发生根据之一，是发生在没有法定或约定管理义务的管理人与本人之间；其次，管理人行使了管理行为。本案中，文某某雇请保安的行为系其单方行为，且无证据证明保安客观上完成了管理行为；最后，无因管理应当是有益于他人的行为，即无因管理需有管理人具有为他人谋利益的主观意思表示，然而在本案中，文某某之所以聘请保安，其管理目的并非为奥斯通公司或者全体债权人的利益，而是仅为自己债权的实现。文某某的管理行为并不符合无因管理的基本要素，故法院认为案涉管理行为不是无因管理。

第九百八十条　管理人管理事务不属于前条规定的情形，但是受益人享有管理利益的，受益人应当在其获得的利益范围内向管理人承担前条第一款规定的义务。

【条文释义】

本条是对不适法无因管理及后果的规定。

不适法无因管理是不真正无因管理中的一种，是指欠缺无因管理的法定要件为他人管理事务的行为。不真正无因管理的特征是：（1）管理的是他人的事务。（2）管理人的管理出于主观上的原因，是管理人在主观上出现了认识上的不当，或者是误将他人的事务当成自己的事务或者是明知他人的事务而作为自己的事务进行管理。(3) 管理人将他人的事务作为自己的事务进行管理。(4) 不真正无因管理仍然产生债的关系，但内容有所不同，仍然享有补偿的请求权，但以受益人所得的利益为限。对于不真正无因管理，只要受益人受有管理利益，准用无因管理的规定。

当管理人实施管理行为的管理事务不符合无因管理构成要件，但受益人受有管理利益的，构成不真正无因管理，其管理人享有的权利是：(1) 受益人对于因管理所生的利益，仍然可以享有。(2) 管理人对受益人享有费用及利息的偿还请求权、债务代偿请求权和损害赔偿请求权，但以受益人所得利益为限，超过受益部分的，受益人不负责任。

【案例评注】

某公司与某公司房地产开发经营合同纠纷案[①]

基本案情

2001 年 11 月 8 日，原告某公司与被告某公司签订了《某地块转让开发协议书》，2001 年 11 月 29 日，原告某公司的设立人丽水市丙公司与被告另签订《某地块转让开发协议书》一份，合同约定：被告同意将衢州市经济开发区某某地块建设用地 12720 平方米转让给丙公司开发商住房，丙公司一次性补偿被告 100 万元的费用。2001 年 12 月 14 日，原、被告签订《某地块联合开发协议书》，约定合作开发该项目地块，工程建设、商品房销售等一切经营活动均由原告负责。在开发过程中，衢州市地税局发函否认原、被告联合开发事实，认为该项目系原告单独开发，故要求原、被告双方按土地转让形式缴纳税费合计 96.72 万元，并对原、被告双方应缴份额作出分配，被告应缴税额 65 万元。2009 年 10 月起，原告分批缴纳了 90.48 万元税费，其中代被告缴纳税费 58.76 万元。2011 年 7 月 13 日被告董事长周某某在给衢州市地税稽查局的书面材料中对原告的代缴事实予以认可，后原告向被告追偿未果，故诉至法院。

被告提出抗辩，原告代缴税款是在被告毫不知情的情况下，为其自身利益直接实施代缴税款的行为，属不真正无因管理行为下的不法管理行为，故而不应予以清偿。

---

① 审理法院：一审法院为浙江省衢州市柯城区人民法院；案号：(2012) 衢柯花民初字第 22 号民事判决；二审法院为浙江省衢州市中级人民法院，案号：(2012) 浙衢民终字第 281 号。

法院判决

法官认为，关于垫缴税款事宜，被告在2011年7月13日的声明中明确，系原告某公司“为我公司所垫付”，对于垫付款项的处理，表示“系我两家经济往来”“……由我们自行解决”。显然，被告对税务机关征收税款事宜是知情的，并对垫缴税款事宜作出了转归双方民事关系的安排，不属于不真正无因管理下的不法管理行为，故而支持原告的诉讼请求。

专家点评

民法以意思自治为原则，原则上禁止当事人未经允许管理他人事务，以避免干涉他人。但是，为了提倡人民群众之间守望相助的社会道德，故而规定无因管理制度，允许无因管理人向受益人请求补偿。但是，如果管理人是为了自己利益而管理他人事务，虽然具有无因管理的行为外观，却不是真正的无因管理行为。此时，法律规定只有在受益人享有管理利益的，管理人才能在受益人受益范围内请求补偿。本案中，原被告双方已经对原告代缴税款事宜作出安排，属于合同民事法律关系，原告的抗辩不能成立。

第九百八十一条　管理人管理他人事务，应当采取有利于受益人的方法。中断管理对受益人不利的，无正当理由不得中断。

【条文释义】

本条是对管理人适当管理义务的规定。

管理人对管理事务负有适当管理的义务，应当尽到与管理自己的事务为同一注意。适当管理义务就是在管理受益人的事务时，以管理自己的事务为同一注意，采取有利于受益人的方法进行管理。管理人尽到这种管理义务的，即为适当管理。如果管理人在管理他人事务时未尽到与处理自己的事务为同一注意者，采取的方法不利于受益人，则为有过失，对造成的本人损害，应当承担赔偿责任。

在开始管理受益人的事务后，实行管理不得中断原则，即管理人对管理事务中断管理对受益人更为不利的，在无正当理由的情况下，管理人不得中断管理，否则造成受益人的损害后果，应当承担赔偿责任。

【案例评注】

王某卫与王某民、潘某某无因管理纠纷案①

基本案情

原告王某卫诉称，被告王某民系其兄弟，2014 年 3 月 27 日发生交通事故造成王某民一级伤残。发生交通事故后，王某民于 2014 年 3 月 27 日至 5 月 31 日在德州市中医院治疗；2014 年 6 月 1 日至 9 月 12 日在德州市市立医院治疗后，被告潘某某系属王某民之妻，其放弃给王某民治疗，将王某民接回家中，原告作为王某民的姐姐，不忍心兄弟在家等死，于 2014 年 9 月 17 日将王某民送至德州市立医院分院住院治疗，截至 2015 年 4 月原告先后为王某民垫付各项费用若干元，经德州市德城区人民法院审理的（2015）德城民初字第 1304 号民事判决书，判决被告返还原告垫付的医药费等若干元。之后，被告潘某某拒绝接受王某民的监护和治疗，其间又垫付医疗费、医药费、护理费及住院伙食补助费等若干元。现诉请被告支付相应费用。

法院判决

本案中，在被告王某民处于植物人状态下，原告王某卫未经王某民的法定监护人潘某某的授权，将王某民送往医院医治，原告王某卫出于亲情，明知自己的利益受损仍为之，双方可形成无因管理之债。原告王某卫为王某民治疗及护理期间支出的合理费用，被告应予以偿还。在无因管理中，管理人亦应承担适当管理义务，也即应依本人明示或可推知的意思，以利于本人的方法管理，如本人明确表示拒绝或可推知其不同意，则构成不当管理，对其不当管理造成的损失，管理人应自行承担。在被告王某民处在植物人状态下，原告未经被告王某民法定监护人的同意，擅自将王某民送往医院治疗，侵犯了被告的就医自主选择权。且原告王某卫并未提交被告潘某某放弃对王某民的照顾、治疗，或在植物人状态下仍需长期住院治疗的相关证据。原告王某卫将被告王某民送至医院住院三百四十二天，明显超过合理限度，并造成部分不必要的额外支出，对此额外支出，原告王某卫应自行承担。

---

① 审理法院：山东省德州市德城区人民法院，案号：（2016）鲁 1402 民初 983 号。

专家点评

民法典合同编第981条第1款规定，管理人管理他人事务，应当采取有利于受益人的方法。本案中，管理人王某卫管理其兄弟医疗事务，应当采取有利于王某民以及其法定监护人潘某某利益的方法。然而，其将王某民送至医院342天，明显超过合理限度进而造成经济上的不利益，不属于尽到适当管理义务，故该行为未被法院予以认可，所造成的经济损失亦只能由其自身承担。

第九百八十二条 管理人管理他人事务，能够通知受益人的，应当及时通知受益人。管理的事务不需要紧急处理的，应当等待受益人的指示。

【条文释义】

本条是对管理人通知义务的规定。

管理人于管理开始后，应当将管理开始的事实通知受益人，如果没有急迫情形，应当等待受益人的指示。如果不能进行通知，如管理人不知受益人是谁，或不知受益人的住址，或交通断绝，或因其他原因无法通知，则不负通知义务；如果受益人已知管理开始的事实，则没有必要进行通知，依可得推知受益人的意思，以有利于受益人的方法进行管理。管理人通知受益人之后，应当等待受益人的处置。如果等待收益人的指示会使受益人的利益受到损失时，则不应坐等指示而应直接管理。管理人违反通知义务，应负债务不履行的责任，但继续管理的部分仍成立无因管理，而不是不适法管理；如果受益人反对继续管理，管理人仍继续管理者，则为管理人违反受益人的意思而进行管理。对于造成的损害，管理人应负无过失赔偿责任。

【案例评注】

路村村民委员会与孙某1、孙某2追偿权纠纷案[①]

基本案情

刘某某是原告的村民，是被告孙某1之妻，被告孙某2、孙某3、孙某4、孙

① 审理法院：山东省东平县人民法院，案号：（2018）鲁0923民初2939号。

某5之母。2015年10月17日下午，刘某某在村内被村民发现喝农药后，村民拨打110、120求救，被告孙某1认为刘某某喝农药与原告有关，在现场大声责骂原告，其间有村民多人围观。110出警后，刘某某被送往梁山县人民医院抢救，原告路村村民委员会为其垫付了2015年10月17日至11月23日期间所花费的医疗费、护理费共计115369.9元。其间原告没有告知被告孙某1刘某某的有关治疗情况，其垫付医疗费后，因被告未将该费用偿还于原告，原告向法院提起诉讼，要求被告偿还其为刘某某在梁山县人民医院垫付的费用，双方形成诉讼。

另查明，刘某某于2018年3月24日（农历二月初八）在梁山县人民医院去世，在此之前的救治过程中，一直处于昏迷状态，不具备意思表达能力。刘某某是登记在册的库区移民，享受每人25000元的移民补贴政策，该款项在东平县斑鸠店镇避险解困工程建设指挥部账户内，用于路村拆旧房、购新房时的补贴，该款项未有支出，是刘某某的遗产。被告孙某2、孙某3、孙某4表示放弃刘某某遗产的继承。

法院判决

本案争议的焦点问题是：(1) 原告为刘某某入院急救垫付医疗费、护理费的行为是否构成无因管理；(2) 孙某某对原告为刘某某垫付的费用是否有偿还义务；(3) ……关于第一个争议的焦点问题，无因管理是基于管理人管理他人事务的事实行为而发生，是规范管理人与本人之间债权债务关系的一项法律制度。本案中，原告在刘某某喝农药后被送去医院急救，因原告的丈夫、子女未到场，原告垫付了急救费。原告为刘某某垫付医疗费用，属无因管理，原告在无因管理法律关系中是管理人，刘某某是本人，原告为刘某某垫付医疗费，与刘某某之间形成了无因管理之债，原告对刘某某依法享有该债权的追偿权。关于第二个焦点问题，在无因管理中，管理人亦应承担适当管理义务，即应依本人明示或可推知的意思，以利于本人的方法管理，否则构成不当管理。在刘某某经抢救一直处于昏迷状态，没有意思表示能力的状态下，刘某某的后续治疗方案原告理应征求被告刘某某的法定监护人孙某1的同意。被告孙某1近八十岁高龄，生活条件一般，依靠子女的赡养维持生活，其没有可支付高额医疗费用的能力，原告对此是明知的。原告在刘某某就医后一直昏迷住院持续为其垫付医疗费，一直到原告无力再付为止，长达三十八天之久，且原告未提交刘某某在昏迷状态下仍需长期住院治疗的相关证据，原告向梁山县人民医院交纳高额的医疗费用而没有告知被告孙某1，侵犯了被告孙某1对刘某某的就医自主选择权，属不当管理，因此，原告要求被告孙某1偿还其垫付的巨额医疗费显失公平，本院不予支持。

专家点评

案涉无因管理关系是成立的，但是本案中作为管理人的原告，在管理他人事务时，并没有采取有利于受益人的方法，在其明知孙某1生活条件一般的情况下，仍旧选择需花费高额医疗费用的治疗方式，更为关键的是，其在本人无意思表示能力时，未及时通知受益人，没有等待受益人的指示而是自行选择了管理手段，故法院认为管理人侵犯了被告的就医自主选择权，属于不当管理，所以不支持管理人要求被告偿还巨额医疗费用的诉请。

第九百八十三条　管理结束后，管理人应当向受益人报告管理事务的情况。管理人管理事务取得的财产，应当及时转交给受益人。

【条文释义】

本条是对管理人管理结束后报告和结算义务的规定。

无因管理所得的利益最终须归属于受益人，因而在管理结束后，管理人应当及时将管理的情况报告给受益人。同时，管理人应当进行结算，将管理所得的财产及时转交给受益人。管理人为了自己的需要而使用的部分，除应交付给受益人外，还应当自使用之日起支付利息。

【案例评注】

金柳公司与上水公司无因管理纠纷案[①]

基本案情

2010年9月29日，市政府与上水公司签订《常德柳叶湖低碳生态旅游城项目投资、建设、开发合同书》。约定上水公司投资人民币20亿以上，用于旅游城项目开发建设，并约定上水公司设立上水公司作为其“项目公司”，同时将市政府提供的项目开发用地的土地使用权证办理至“项目公司”名下。该合同签订

① 审理法院：湖南省常德市中级人民法院，案号：（2017）湘07民初86号。

后，上水公司即开始进行旅游城项目的第一期工程“水上乐园”建设。

2014年8月4日，上水公司向市政府递交了《关于常德柳叶湖文化产业开发项目后续开发建设及其经营管理有关问题的申请报告》，该报告称，上水公司于2013年开始投入资金近7亿元进行游旅城项目一期工程“水上乐园”建设，现已基本建成，资金来源全部由自筹解决；因后续项目建设投资额较大，且由于国家经济结构调整，煤炭行业受到严重冲击，上水公司已无资金和能力继续进行后续工程建设；为不影响旅游城项目的整体建设进程，在对上水公司投入资金及财务成本进行审计，并经双方确认的前提下，由市政府以现金方式回购项目或股份；或者在确认土地使用权及资产所有权归上水公司享有、所有的前提下，将营运权托管给市政府。自此，上水公司全面停止对旅游城项目的投资和建设。

2016年5月，实际接管“水上乐园”工程建设的金柳公司向柳叶湖文化产业园建设开发协调领导小组递交《关于申请支付摩天轮质保金的请示》，该报告称，欢乐水世界（水上乐园工程）即将开园，金柳公司经营管理的摩天轮设备厂家上海游艺公司与上水公司签订的《观览车游艺机特种设备购销合同》已支付货款2545万元，尚欠10.5万元；另外5%（134.5万元）设备质保金到今年6月质保期满后再支付给上海游艺公司；因2016年6月中国特种设备检测研究院对摩天轮进行复检，由于摩天轮存在严重安全隐患，须由原厂家进行保修，但游艺公司以未全额收到合同约定的设备款为由，拒绝对摩天轮进行维修保养；又因上水公司账户已被冻结，无法通过其账户向游艺公司支付设备尾款，为确保摩天轮正常营运，恳请同意在摩天轮免费质保期到期后，由金柳公司“以设备债权作为担保预借款项直接支付到相关单位”。计划分两期向游艺公司支付设备尾款134万元，第一期4月支付67万元，第二期免费质保期到期后支付余款67.5万元，该两笔款项待清算工作完成后从回购上水公司项目资金中扣除。该请示报告获常德柳叶湖文化产业园建设开发协调领导小组同意……现，金柳公司诉请法院判令上水公司偿还垫付的工程及设备款。

法院判决

本院认为，上水公司在履行上水公司与市政府签订的《常德柳叶湖低碳生态旅游城项目投资、建设、开发合同书》过程中，因自身资金链断裂，无力继续对旅游城项目进行开发建设。为了减少因该项目停工所造成的损失，金柳公司在没有法定义务和上水公司委托授权等合同约定义务的情况下，接管旅游城项目中的观览车设施，并为保证观览车设施的正常运行，代上水公司支付部分货款，所得利益归于上水公司，该行为符合无因管理的成立要件，由此所产生的债权债务，属于无因管理之债。因此，本案案由是无因管理纠纷。由于无因管理能阻却违法性，排除对他人事物干涉的侵权性，所以，上水公司辩称金柳公司代其支付上海游艺公司观览车设备的部分价款行为无效，金柳公司无权向其主张权利的观点不能成立，上水公司应当偿还金柳公司垫付的观览车设备款。因此，对金柳公司要求上水公司偿还垫付的观览车设备款的诉讼请求，本院予以支持。

专家点评

本案中，金柳公司与上水公司之间形成无因管理，现管理结束，金柳公司接管旅游城项目中的观览车设施，并为保证观览车设施的正常运行而代替上水公司支付部分货款，理应由上水公司支付。同时，金柳公司应向受益人上水公司报告管理事务的情况，并且在自己接管期间内旅游项目所运营的收益转交给受益人上水公司。

第九百八十四条　管理人管理事务经受益人事后追认的，从管理事务开始时起，适用委托合同的有关规定，但是管理人另有意思表示的除外。

【条文释义】

本条是对无因管理转化为委托关系的规定。

无因管理的最显著特征是管理的无因性和受益人的未知性，据此构成无因管理。在现实中，如果管理人为他人管理事务的行为一旦经过受益人的事后追认，无因管理的特征就发生了变化，管理就从无因变为有因，受益人的未知改变为已知。在已经管理事务行为的受益人已经明确，当得到追认后，管理行为就从无因管理变为委托关系，双方当事人实际上形成了委托人和管理人的关系，因而从管理事务开始时起，就应当适用委托合同的有关规定，只有在管理人另有意思表示的时候，不适用这样的规则，例如管理人坚持认可无因管理。

【案例评注】

郑某某诉润兴公司无因管理纠纷案[1]

基本案情

被告润兴公司于2004年11月至2005年12月违反国家对于增值税专用发票的管理规定，让他人为自己虚开增值税发票和发生应税业务后未进行申报纳税，致使国家税款被骗取611601.58元。鄞州国税局于2008年8月20日对被告分别作出追缴税款611601.58元、并加收滞纳金的处理决定和罚款1053457.36元的处罚决定，并限定在收到决定书之日起15日内缴清上述税款及滞纳金、罚款，逾期缴纳罚款的，每日按罚款数额的百分之三加处罚款。因被告一直推托不付，原告基于其妻陆某某系被告的股东、害怕不缴纳会有更加不利的后果以及担心不缴纳则被告的土地厂房被查封而影响被告的两股东陆某某、孙某各自成立的公司在该土地厂房内的正常经营，而于2008年10月21日向鄞州国税局为被告代缴了税款611601.58元及滞纳金377230.04元，合计988831.62元，于2008年12月16日又向蔡某某借款1053457.36元，并委托蔡某某将该款直接汇入鄞州国税局专用账户为被告代缴了罚款1053457.36元。宁波市鄞州区人民检察院于2008年10月14日以本案被告及陆某某等人犯虚开增值税发票罪等罪向本院提起公诉，本院于2008年12月16日对该刑事案件作出宣判，以虚开增值税发票罪判处本案被告罚金40万元，判处陆某某有期徒刑四年六个月，因原告为被告代缴了税款611601.58元及滞纳金377230.04元，本院在该刑事案件中将该事实作为酌定量刑情节对陆某某作出了从轻处罚。被告是由孙某与陆某某共同出资设立的，因未参加2007年度年检已于2008年11月21日被工商部门吊销营业执照。

法院判决

蔡某某以自己名义为被告代缴罚款1053457.36元由于是受原告的委托将向其所借款项直接汇入鄞州国税局专用账户的，其行为符合隐名代理的特征，应视同原告代为被告缴纳了罚款1053457.36元。因原告为被告代缴税款、滞纳金及罚款在本案庭审中原告亦称确实未受被告的委托，也无证据证明得到被告的追认，故双方之间并不存在委托合同关系。双方的争议焦点主要在于：原告自愿为被告代

---

[1] 审理法院：浙江省宁波市鄞州区人民法院，案号：（2009）甬鄞商初字第1780号。

缴税款、滞纳金及罚款的行为性质该如何认定。本院认为，原告自愿为被告代缴税款、滞纳金及罚款，被告由此取得利益，两者之间形成无因管理之债。无法定义务或约定义务而为他人管理事务或者服务的事实行为，被称为无因管理。无因管理基于管理人管理他人事务的事实行为而发生，是规范管理人与本人（被管理人）之间双方债权债务关系的一项法律制度。具体而言，无因管理的成立须具备以下条件：（1）为他人管理事务或服务；（2）有为他人谋利益的意思，但是也可以是兼顾自己利益，如邻居长期不在家，其房屋被风吹雨淋，为避免倒塌而损毁自家房屋，自己主动替邻居维修房屋等；（3）无法律规定或合同约定的义务，如果从权利的角度观察，亦即没有管理他人事务的权利或权限。本案中，原告作为无因管理人代为缴纳税款等，履行了其适当管理之义务，一是被告受到行政机关税务处理、罚款处罚，缴纳税款、罚款是被告本应该履行的法律义务，在被告未缴纳的情况下，原告代其履行法律义务属于替被告管理事务。庭审中被告亦表示曾要求税务部门对公司的土地使用权进行拍卖以支付税款等，这说明原告为被告代缴税款等也并不违背被告本人的意思。二是原告作为管理人依有利于本人的方法进行了管理（服务）。管理方法是否有利于本人，应以客观上能否避免本人利益受损失为标准。原告代为被告缴纳税款、罚款，客观上减少了其后续税款滞纳金之损失、加处罚款损失及信用损失，故原告实际有利于被告进行了管理。本案的特殊之处在于，原告之妻陆某某作为被告单位直接负责的主管人员因涉嫌犯虚开增值税发票罪，原告为被告清偿税务债务主观上可能具有为其妻减轻刑事处罚的动因，客观上也起到了为其妻从轻处罚的效果，确实兼顾到了原告自己的利益，但这并不能改变原告为被告管理事务的实质。三是原告代为清偿税务债务的确既没有法律根据，也没有合同约定，即本无权缴纳。因此，本案原告与被告之间产生的债权债务是无因管理之债。因该管理所负债务，依法可以请求被管理人清偿。故原告诉请被告偿付 2042288. 98 元，于法有据，依法应予以支持。

专家点评

本案所涉及的焦点法律关系是无因管理，值得思考的是，诚如法院判决所述，原告为被告代缴税款、滞纳金及罚款在本案庭审中原告亦称确实未受被告的委托，也无证据证明得到被告的追认，故双方之间并不存在委托合同关系；换言之，倘若原告为被告代缴税款、滞纳金及罚款得到被告的追认，则应当适用本条款即案涉焦点法律关系由无因管理转化为委托关系，适用委托合同的相关规定。

第二十九章　不当得利

第九百八十五条　得利人没有法律根据取得不当利益的，受损失的人可以请求得利人返还取得的利益，但是有下列情形之一的除外：

（一）为履行道德义务进行的给付；

（二）债务到期之前的清偿；

（三）明知无给付义务而进行的债务清偿。

【条文释义】

本条是对不当得利及一般规则的规定。

不当得利，是指没有法律根据，取得不当利益，他人财产因此受到损失的法律事实。不当得利的特征是：（1）不当得利是债的发生根据之一；（2）得利人不具有产生债的关系的效果意思；（3）不当得利具有使受损人受到损害的不正当性。没有法律根据而取得利益的一方当事人叫作得利人（也叫作受益人），受有损害的一方叫作受损人。受损人依据不当得利之债所享有的权利，是不当得利返还请求权。不当得利的性质是法律事实，其意义在于，法律规定不当得利的目的并不是对人或者行为的非难，而在于消除不当得利由于没有法律上的原因而取得利益，并同时造成他人受到损害的当事人之间利益的不当变动的事实状态，恢复正常的民法秩序。只有当受领不当得利非法利益之人明知是不当得利，仍然将不当利益据为己有的，才应当受到法律谴责。

构成不当得利的要件是：（1）须一方受有财产利益；（2）须他方受有损失；（3）须受有损失与取得利益之间须有因果关系；（4）一方受有财产利益须无法律根据。具备上述构成要件，发生不当得利之债的后果，即因不当得利受到损失的人成为债权人，享有请求得利人返还所获利益的请求权，得利人成为债务人，负有返还所获利益的义务，构成债的关系。

按照本条规定，有下列有情形之一的，不构成不当得利之债：（1）为履行道德义务进行的给付，虽然受领人无合法根据而受领，但给付人不得请求返还；(2) 债务到期之前的清偿，在期限系为债务人的利益而设时，清偿期未届至，债务人并无清偿义务，如果其不存在提前清偿的目的而为清偿，属于欠缺给付目的的清偿。受领人受领并非无合法根据，并且这种清偿也发生债务消灭的后果，所以债务人清偿之后，为避免增繁法律关系考虑，受损人不得以不当得利为由请求返还；(3) 明知无给付义务而进行的债务清偿，如债务人对诉讼时效完成的债务本可以拒绝给付而故意给付时，推定其有意抛弃其给付返还请求权，不能再请求返还。

【案例评注】

杨某某、夏某某不当得利纠纷案[①]

基本案情

2015年1月20日晚，三盛公司因办公楼封顶，公司负责人夏某1、陈某某宴请建设方华兴建筑公司项目经理赵某某及相关设计、施工人员，就餐地点为赤马港办事处莲花塘村干洞山庄，晚餐结束后约21时许，赵某某等人搭乘陈某某驾驶的北京现代越野车返回赤壁市城区，该车行驶至莲花塘村二组路段时不慎驶入道路右侧水塘，致使乘车人赵某某等人死亡。

2015年1月27日，原、被告双方在赤壁市中伙铺镇人民调解委员会的主持下达成调解意见：甲方当事人杨某某、夏某某等人，乙方当事人三盛公司。一、为尊重殁者及安抚受害家属情绪，甲、乙双方先放弃有关是否是工亡争议，待后事安排完毕后由乙方及时向劳动部门申请工伤认定。二、签订本协议时，由乙方对甲方家属先行预支300000元。甲方家属收到此款后自行对殁者赵某某进行安葬。……当天三盛公司即向杨某某、夏某某等人支付了人民币300000元。

2015年4月16日，杨某某向赤壁市人力资源和社会保障局提出工伤认定申请，2015年8月19日该局以赤人社工伤认定（2015）60号认定赵某某为因工死亡，2015年11月18日该局向赵某某家属支付丧葬费，一次性死亡补助金等共计591874元。

2015年8月17日，本案被告杨某某、夏某某等人在刑事案件作为原告人与作为被告人的肇事者陈某、黄某某达成刑事和解，后三盛公司向本案被告索要预付款未果，逐提起诉讼。

---

① 审理法院：湖北省高级人民法院，案号：(2016) 鄂12民终938号。

法院判决

本院认为，构成不当得利应当具备四个条件：一是一方受有利益；二是他方受有损失；三是一方受有利益与他方受有损失间具有因果关系；四是没有合法根据。首先，一方受有利益是指一方当事人因一定的事实结果而使其得到一定的财产利益，包括财产总量的增加或财产本应减少而未减少。就本案而言，赵某某作为华兴建筑公司项目经理，因交通事故死亡，赵某某近亲属基于劳动关系有权请求用人单位给付工伤保险待遇，亦可基于侵权责任法律关系向侵权责任人主张赔偿，二者请求权不同，赔偿项目亦不相同，不构成重复赔偿。事实上，赵某某近亲属获得工伤保险待遇后，直接侵权责任人陈某仅支付精神抚慰金200000元，在侵权责任法律关系中，直接侵权责任人的赔偿并不充分，难言赵某某近亲属应得财产总量得到了增加，况且生命无价，故即使出现工伤保险待遇给付的事实，亦不能将三盛公司支付的30万元视为赵某某近亲属应得财产总量得到了增加。其次，没有合法根据是不当得利构成的实质性条件，任何利益的取得应当根据法律或民事法律行为。民事法律行为是公民或者法人设立、变更、终止民事权利和民事义务的合法行为。民事法律行为从成立时起具有法律约束力。行为人非依法律规定或者取得对方同意，不得擅自变更或者解除。《最高人民法院关于审理涉及人民调解协议的民事案件的若干规定》第一条规定，经人民调解委员会达成的、有民事权利义务内容，并由双方当事人签字或者盖章的调解协议，具有民事合同性质。当事人应当按照约定履行自己的义务，不得擅自变更或者解除调解协议。本案中，双方当事人在赤壁市中伙铺镇人民调解委员会的主持下达成的调解协议，没有违反法律、行政法规的强制性规定或者社会公共利益，不具有法律规定合同无效的情形。之后，三盛公司也未在法律规定期间行使撤销权，调解协议成立并生效。赵某某近亲属取得三盛公司支付的30万元具有合法根据。最后，关于三盛公司支付的30万元性质确定的问题。赵某某接受三盛公司宴请，所乘车辆驶入水塘导致死亡，三盛公司虽非直接侵权责任人，但其宴请活动可合理预见减少赵某某逃避危险的能力，即便其不承担侵权责任，亦不排除其自愿履行道德义务。此外根据三盛公司的请求，三盛公司主张的是非债清偿不当得利，根据民法原理，在给付目的自始不存在的情形下，有两种情形，当事人一方虽没有给付义务，另一方的得利也不构成不当得利，一是履行道德义务而给付，二是明知无给付义务而给付财产，视为赠与。就本案而言，三盛公司明知赵某某并非公司员工，没有给付工伤保险待遇的义务，但调解协议中亦要求赵某某近亲属向劳动部门主张权利，没有为赵某某用人单位清偿债务的意思表示，属于明知无给付义务而给付财产，故其向赵某某近亲属支付的30万元，要么属于履行道德义务的给付，要么属于赠与性质，对此赵某某近亲属均不构成不当得利。

专家点评

构成不当得利所应当具备的四个条件为一方受有利益、他方受有损失、一方受有利益与他方受有损失间具有因果关系以及没有合法根据。本案中，赵某某近亲属所获得的30万元当然不属于不当得利。其原因不仅在于案涉30万元既难言“受有利益”，毕竟这30万元的表面“对价”是赵某某的死亡；同时，赵某某近亲属获得30万是有合法依据的，即依据调解获得。此外，结合本案案情亦可以认为，三盛公司所给付的30万元属于履行道德义务，或者属于赠与性质，如此即落入本条的但书之中，亦可认定赵某某近亲属所获得的30万元并非不当得利。

第九百八十六条　得利人不知道且不应当知道取得的利益没有法律根据，取得的利益已经不存在的，不承担返还该利益的义务。

【条文释义】

本条是对善意得利人返还范围的规定。

善意得利，是指得利人在取得利益之时不知道其受益没有法律上的原因。确认善意得利的依据是：（1）在取得利益时得利人不知其没有法律上的原因；（2）对其不知得利人应以没有故意为标准。

善意得利人不当得利返还的范围，以现存利益为限。法律之所以对于善意得利人给予照顾，意义在于不当得利制度不是以补偿受损人的损失为目的，而在于恢复利益不平衡的状态，因而仅使善意得利人返还其现存的不当利益，对已不存在的利益不承担返还义务，因而不使得利人的财产状况受不利影响。

判断现存利益应以受损人行使返还请求权之时尚存的利益为限。这种判断标准是差额说，即利益是否存在应依得利人整个财产是否较受益前有所增加而为判断。有增加的为既存利益，没有增加的为无既存利益。但现存利益并不是指其所受领利益的物质形态现在仍然存在；得利人因消灭其受领的利益而取得的对价，无论其对价是否低于原物的通常价值，其利益也为存在。所得利益受到侵权行为的侵害而灭失的，如果得利人取得赔偿金或者补偿金，应当将其认定为所得利益。

利益已经消灭的，不论消灭的原因如何，善意得利人均不必返还原物或者偿还价额。得利人主张其所得利益已经不存在的，应当由其举证，不能证明者，不认为现存利益不存在。

返还现存利益时，得利人在受益过程中所受到的损失和支出应予以扣除。

【案例评注】

易百公司与胡某甲不当得利纠纷案①

基本案情

2016年1月11日，被告胡某甲在天锐公司购买昌河牌小型普通客车一辆，该车总价为43800元，被告向天锐公司支付首付款13800元。被告作为借款人，晋城银行股份有限公司作为贷款人，原告易百公司作为贷款服务商，三方签订个人汽车贷款合同，该合同并未实际履行。原告员工李某乙受公司指派由其个人银行卡向天锐公司转款30000元并注明“垫付胡某甲车款”。随后，天锐公司将车辆交付被告，并告知有人垫付余款30000元。原告为向被告主张垫付的车款，2016年10月26日与陕西睿和律师事务所签订委托代理合同，支付3000元律师费。

法院判决

法院认为，原告交付首付款后取得车辆，对剩余车款仍有清偿义务。原告替被告垫付剩余车款，使被告受益，自己财产受到损失。原告垫付车款的行为，并不是在被告财产可能受到损失的情况下，为避免造成损失而实施的，故不构成无因管理，但本案中被告取得原告垫付的车款既无法律规定也无合同约定，当属不当得利，被告应依法返还原告。被告当庭表态自愿返还垫付人30000元车款，合法合理，法院予以准许。原告垫付车款时并未经被告许可，被告主观上认为自己办理了银行贷款业务，对原告垫付车款并不知情，故被告系善意的受益人，被告向原告返还利益的范围仅以原告垫付车款的数额为限，对原告主张因垫付车款遭受的利息损失，法院不予支持。对于原告提出因向被告主张垫付车款产生的律师费，因被告对垫付车款的权利人并不知情，不存在滥用诉讼权利、拖延承担诉讼义务等不当行为，原告主张被告承担律师费的诉讼主张于法无据，法院不予支持。综上所述，原告主张被告返还垫付车款30000元的诉讼请求，法院予以支持。原告主张利息损失以及律师费的诉讼请求，法院不予支持。

---

① 审理法院：陕西省泾阳县人民法院，案号：（2016）陕0423民初2420号。

专家点评

善意得益人的返还范围应当是现存利益；恶意受益人的返还范围则为受益人取得利益时的数额；受益人先为善意，后为恶意的，返还范围以恶意开始时存在的利益为准。这样的判断标准实则是法律对于行为的指引与导向，即将善意受益人与恶意受益人区别对待。本案中，被告在不当得利中并无任何恶意，其所需要返还的利益仅限于现存利益即车款数额。

第九百八十七条　得利人知道或者应当知道取得的利益没有法律根据的，受损失的人可以请求得利人返还其取得的利益并依法赔偿损失。

【条文释义】

本条是对恶意得利人返还范围的规定。

恶意得利，是指得利人在受益时明知没有法律上的根据或受领后知道得利没有法律上的根据的不当得利。

基于过失而不知的不属于明知，因而不构成恶意。在具有无效或者得撤销原因的民事法律行为中，该民事法律行为被宣告无效或者被撤销的，得利人在受领时明知其无效或者被撤销的，也属于明知没有法律上的原因。得利人明知时间的确定，一般应当在受领利益之时，即自始恶意。在受领时不知，但在其后知道的，自其知晓之时成为恶意得利人，即嗣后恶意。得利人在成立恶意之前，仍适用关于善意得利人返还义务的规则。受领人为法人机关的，如法定代表人，则该机关明知即为法人明知，代理人明知即由本人负责。得利人是未成年人的，其善意与否，根据其法定代理人是否知道无法律上的原因而确定，因为法定代理人对未成年人的财产有管理的权利和义务。

恶意得利人的返还利益范围，为加重责任，即其返还的不当利益不仅包括受领时的所得利益，还包括本于该利益所生的利益。如所受领利益为金钱时，应附加利息。返还利益不足以弥补损失的，不足部分须另行损害赔偿。这是因为，恶意得利人明知没有法律根据而获得利益，主观上有致他人利益损害的目的，具有可谴责性，故在返还不当利益时，对其没有必要加以照顾，而应给予其较重的返还义务，以示制裁，同时，给受损人以更周全的保护，使其不因他人的恶意而遭受损失。恶意得利人不得主张所受利益不存在而免予返还，对因受领利益所支出的费用，恶意得利人不得主张扣除，但为保持或者增加标的物的价值而支出的必要费用和有益费用，受损人应予补偿。

嗣后恶意得利人的返还义务分两个阶段，在知道无法律上的原因以前，仅返还现存利益，取得利益时所支出的费用也可以请求扣除；在知道无法律上的原因之后，负加重责任，即将现存利益附加利息一并偿还，如有损害仍需赔偿。

【案例评注】

陈某良与被告梁某永不当得利纠纷案①

基本案情

原告陈某良系某县某机械有限公司法定代表人。2013 年 8 月 26 日，被告梁某永在原告所在公司务工时受伤，经某县人力资源和社会保障局认定为工伤，经调解，需支付梁某永各项费用合计人民币 93687.60 元，并约定支付日期。在执行过程中，原告陈某良多转款人民币 78000 元给被告梁某永。同年 11 月 18 日，某县人民法院向某县某机械有限公司及梁某永发出（2015）台玉执民字第 2870 号结案通知书，告知（2015）台玉民初字第 767 号民事调解书已于 2015 年 10 月 9 日全部执行完毕。后原告陈某良多次打电话通知被告梁某永返还人民币 78000 元，被告梁某永则以原告陈某良迟延履行协议款项导致申请执行造成损失为由拒绝返还。原告遂于 2015 年 11 月 23 日诉至本院，请求依法判决如前诉请。庭审中，经组织调解，因双方意见分歧较大，协议未果。

法院判决

法院认为，被告梁某永在申请执行某县某机械有限公司劳动争议一案中，原告陈某良作为该公司的法定代表人通过转账方式转款人民币 78000 元给被告梁某永，被告梁某永在知道执行依据民事调解书所载明的内容已全部执行完毕时，明知原告多转款人民币 78000 元到自己账上，应本着诚实信用的原则及时返还该款，但却以该款偿还了债务和要求原告赔偿损失为由拒绝返还，致使原告陈某良利益受损，属不当得利，故对原告要求被告返还人民币 78000 元的诉讼请求，法院予以支持。对于原告请求赔偿利息损失的请求，虽然被告梁某永作为受益人在取得时不知情，属善意取得，但在某县人民法院于 2015 年 11 月 18 日向其发出结案通

① 审理法院：贵州省铜仁市石阡县人民法院，案号：（2015）石民初字第 1108 号。

知书后，明知没有合法根据仍对该款恶意占有，故除返还利益外，还应当支付从恶意占有利益之日起至返还利益之日止的利息。

专家点评

诚如本案，不当得利中受益人返还利益的范围受他是善意或是恶意的影响，即在 2015 年 11 月 18 日前，梁某永作为不当得利受益人，对于多转款项其是善意的；但是在法院向其发出结案通知书后，其知道或应当知道自己对于该多转款项系属于恶意占有，是恶意受益人，故其除返还多转款项外，还应当支付从恶意占有之日起至返还利益之日止的利息。

第九百八十八条　得利人已经将取得的利益无偿转让给第三人的，受损失的人可以请求第三人在相应范围内承担返还义务。

【条文释义】

本条是对得利人将利益无偿转让给第三人的规定。

无论是善意得利人还是恶意得利人，在取得不当利益之后，将已经获得的利益无偿转让给第三人的，受损人的债权所指向的债务人变更为第三人，第三人成为不当得利的债务人。其原因在于，第三人获得的利益是无偿取得，而非有偿取得。其后果是，受损人是不当得利之债的债权人，有权向第三人主张在相应范围内承担返还责任；第三人取得债务人的地位，负有向受损人在相应范围内返还利益的责任。如果第三人取得的利益并非无偿，而为支付对价的，则构成善意取得，受损人不得向其主张返还利益，而应当向得利人主张承担损害赔偿责任。

【案例评注】

王某某与信都村镇银行、任某某、陈某某不当得利纠纷案[①]

基本案情

被告王某某与被告任某某、陈某某存在买卖合同关系，被告王某某欠被告任

① 审理法院：山西省晋城市中级人民法院，案号：（2017）晋 05 民终 376 号。

某某、陈某某货款若干。2016年3月26日16时04分、05分，被告王某某通过手机银行从其在山东昌邑农村商业银行仓街支行6223190741×××的账户向被告任某某在高平市农村信用合作联社马村信用社6215805010000×××账户分两笔汇款151000元（第一笔为100000元，第二笔为51000元），由于银行系统错误，该两笔款项汇入了原告信都村镇银行股份有限公司，形成挂账。原告经查证，收款人任某某不是原告的客户，故于2016年3月27日9时28分将该款退回了被告王某某原账户。被告王某某于当日9时58分收到了退回的款项151000元。2016年3月28日9时40分、41分，被告王某某分两笔向被告陈某某在高平市农村信用合作联社马村信用社6230515010000×××账户汇款151000元（第一笔为100000元，第二笔为51000元）。同日10时21分、25分，原告也分两笔再次给被告王某某原账户退汇151000元（第一笔为100000元，第二笔为51000元）。被告王某某于同日10时29分收到100000元、33分收到51000元。同日11时20分、21分，被告王某某再次分两笔向被告任某某在中国农业银行高平市支行6228481308288×××账户汇款151000元（第一笔为100000元，第二笔为51000元），被告王某某汇给被告陈某某、任某某的款项，均成功到账。事后，原告曾向三被告催要多退汇的151000元，被告陈某某也曾答应退还被告王某某151000元，但被告陈某某又以被告王某某还欠其货款为由，最终未予退还。被告王某某也未退还原告。

法院判决

本案中，由于信都村镇银行的疏忽大意，将应退还王某某151000元款项，重复退汇了一次，致其损失151000元，而王某某的账户增加了151000元的事实清楚。王某某无合法根据，取得不当利益并给尖草坪区信都村镇银行造成损失，根据相关法律规定，王某某应当将取得不当得利151000元返还给信都村镇银行。王某某主张其作为善意受让人已将不当得利转移给任某某、陈某某，其现有不当得利已经不存在，不负有返还义务，应由任某某和陈某某承担返还责任。因我国现行法律对不当得利涉及第三人返还义务的问题并没有明确的规定，根据债的相对性原理以及维持社会法律关系的稳定性，不宜轻易扩大不当得利返还义务主体的范围，与信都村镇银行形成不当得利之债的当事人是王某某，而非任某某、陈某某。法院据此采直接因果关系说确认王某某对信都村镇银行承担不当得利返还责任。

专家点评

本案在审判当时本条款并未出台，所以法院援用的是理论学说以及当时有效的《民法通则》。法院采取的理论学说即是不当得利受领人将其所受领的标的物无偿让与第三人，则于受领人因此免除返还义务的限度内，第三人对受损失者负返还责任。但法院考虑到我国现行法律对此没有明确的规定，认定本案中应当由王某某向尖草坪区信都村镇银行返还不当得利。但是，根据现有本条款规定，本案可能会另有结论，即信都村镇银行可以向任某某、陈某某请求在相应范围内承担返还义务，即打破了直接因果关系，让受损人直接向第三人请求返还。

图书在版编目（CIP）数据

中华人民共和国民法典释义与案例评注．合同编／杨立新主编．—北京：中国法制出版社，2020

ISBN 978－7－5216－1093－2

Ⅰ．①中…　Ⅱ．①杨…　Ⅲ．①合同法－法律解释－中国②合同法－案例－中国　Ⅳ．①D923.05

中国版本图书馆 CIP 数据核字（2020）第 080225 号

策划编辑　谢雯　　责任编辑　谢雯　白天园　　封面设计　李　宁

中华人民共和国民法典释义与案例评注·合同编

ZHONGHUA RENMIN GONGHEGUO MINFA DIAN SHIYI YU ANLI PINGZHU ·HETONGBIAN

主编/杨立新

经销/新华书店

印刷/三河市国英印务有限公司

开本/730 毫米×1030 毫米　16 开　　总印张/72　总字数/943 千

版次/2020 年 6 月第 1 版　　2020 年 6 月第 1 次印刷

中国法制出版社出版

书号 ISBN 978－7－5216－1093－2　　总定价：246.00 元

北京西单横二条 2 号

邮政编码 100031　　传真：010－66031119

网址：http：//www.zgfzs.com　　**编辑部电话：010－66071862**

市场营销部电话：66033393　　**邮购部电话：010－66033288**

（如有印装质量问题，请与本社印务部联系调换。电话：010－66032926）